册府元龜

第四册

中華書局影印

冊府元龜第四冊目錄

宗室部

冊府元龜

巡按福建監察御史臣李嗣京　訂正

知長樂縣事臣夏允彝叅閱

知建陽縣事臣黃國琦較釋

宗室部

總序

古者糾合宗族所以展親建立子孫用為夾輔故能庇於本根謂之藩屏亦以寶玉禮之賑膰故孝悌之道達骨肉之恩厚焉雖復商周已往典籍靡全然其大抵亦可槩見昔者黃帝二十五子凡一十四姓故

其裔緒後世尤盛高陽氏生一子後世有才子八人是曰八凱高辛氏生四子皆有天下後世有才子八人是曰八元又黃帝之後有驩兜少昊之後有共工顓頊之後有鯀繫帝者之胄而其德不類焉堯有庶子九人舜亦有庶子其嫡子不立故庶子之封爵無聞焉然自黃帝以迄舜禹皆同姓而異號則其宗枝盛矣禹之後以國為氏者凡十有三人盖夏后氏有扈氏有男氏斟尋氏彤城氏褒氏曹氏杞氏繒氏辛氏冥氏斟氏戈氏焉其孫大康有弟五人號曰五觀即夏書所謂五子之歌者也湯之後以國為氏者凡七盖商氏來氏宋氏空桐氏穉氏北殷氏自夷氏焉其後帝乙正妃生三子微子微仲紂也庶妃生一子箕子也紂生一子武庚也紂雖失國武庚雖不祀而微子箕子皆聞於周焉周初封國八百而同姓者五十有餘國詩謂周文王則百斯男經史所載正妃大姒之子十人餘莫可知其國存者十六而已文武周公之胄分封而受國者即左氏所謂管蔡郕霍魯衛毛聃郜雍曹滕畢原酆郇文之昭也邘晉應韓武之穆也凡蔣邢茅胙祭周公之裔也秦氏分封以國為姓有徐氏郯氏莒氏終黎氏運奄氏菟裘氏將梁氏

黃氏江氏修英氏白冥氏蜚廉氏始皇并有天下而子弟不得封建長子扶蘇及諸公子將閭昆弟皆為胡亥所殺故其祚殲焉漢制非劉氏不王皇子封王金璽盭綬掌治其國高祖尊王子弟大啓九國連城數十景帝用晁錯削地之謀而吳楚七國皆叛及七國既誅五年乃令諸侯王不得治國又以諸侯王疆土過制或僭差失軌而子弟為匹夫輕重不相準於是制詔諸侯王或欲推恩分子弟邑者令各條上自是支庶畢侯矣然而藩國自折其後皇子始封者大國不過十餘城至於哀平之際皆繼體苗裔宗屬疎

遂不爲士民所尊勢與富室亡異後漢皇子爲王皆安車朱班輪青蓋畫轓文輈金塗故名曰王青蓋車赤綬四采長二丈一尺三百首皇孫綠車名白皇孫車諸侯王法官屬傳相已下皆備鹵簿似京都官騎張弓帶韃遮迾出入稱課促封者受茅土歸立社稷爲宮室其列侯以肺腑在京都者亦隨時見食位在博士議郎謂之猥侯諸王皆就封東平王蒼以明帝母弟爲驃騎大將軍輔政後亦罷歸因其餘宗室以才能爲公卿者多矣晉制諸侯王青蓋車皇孫綠蓋車並駕三左右騑諸王有勳德者特加皂蓋車國初

諸王皆在京都咸寧中衛將軍楊珧與中書監荀勗以齊王攸有時望所歸懼有後難同追故司空裴秀立五等封建之旨共言於武帝以爲異姓諸將居邊宜參以親戚帝下詔議其制有司奏從制爲大國次國小國非皇子不得爲王而諸王之支庶亦各以土推恩受封其大國次國始封之王支子爲公所封王之支子爲侯繼承王之支子爲伯小國五千戶已上始封王之支子爲子不滿五千戶始封王之支子及始封公侯之支子皆爲男大國中國置三軍中軍二千人上下軍各千五百人次國二軍上軍二千人下軍千人小國一軍其未之國大國置守土百人次國八十人小國六十人西晉諸王皆主兵臨州以威勢相陵干戈並搆隊于屠滅蓋有漸爾宋世諸王得白服裙帽出入齊閤唯太極四朝乃備朝服孝武以南郡王義宣亂逆彌於強盛欲削弱之江夏王義恭乃表諸省易九事有司附益凡成二十條聽事不得南向坐施帳并帷國官正冬不得跣登國殿及夾侍國師傳令及細鎧公主妃傳令不得朱服轝不得重欄鄣扇不得雉尾劒不得鹿盧槊不得孔雀白氅夾轂隊不得絳襖平乘俱馬不得過二匹胡伎不得綵

衣舞伎正冬著袿衣不得粧面冬會不得鐸舞林長蹻秀狹舒劒博山綠大幢升五案自非正冬會奏舞曲不得舞朱妃主不得著緄帶信幢非臺省官悉用絳郡縣內史相及封內官長於其封君既非在三罷官則不復追敬不合稱臣宜從下官而已諸當行車前後不得過六隊白直夾轂不在其限刀不得過銀銅爲飾諸王女封縣主諸王子孫襲封之王妃及封侯者夫人行並不得鹵簿諸王子繼體爲王者婚葬吉凶悉依諸國公侯之禮不得同皇弟皇子專非軺車不得同油幢平乘舫皆下兩頭作露平形不得擬

象龍冊悉不得朱油帳鏤不得作五花及鑒筒形詔
可又王之世子金印紫綬進賢兩梁冠佩山玄玉支
子爲侯者食邑皆千戶南齊諸王遠遊冠玄纓公臣並同
平晃各以組爲纓八流衣山龍九章纁朱綬者黃縹
緋金璽龜紐文四中郎將晉世庶姓爲之宋齊以來
以處諸王而劉氏蕭氏宗室諸子皆罹非命其傳爵
士蓋亦鮮矣梁制諸王皆假金虎符第一至第五佐
領使第一至第十其言曰令境內稱之曰殿下自稱
曰寡人並乘通幰平乘車其有勲德者亦時皆駕皂
輪車其封公侯者皆假銅虎符竹使符第一言曰教

境內稱曰第下自稱寡人國相以下公文上事皆詣
典書自諸王皇宗並青傘朱裏此雖云梁制然江右
相承有自來矣陳因梁制有親王嗣王藩王之別親
王起家則爲侍中皇太子冢嫡封王起家依諸王餘
子並封公起家中書郎諸王子并諸侯世子起家給
事江左承西晉諸王開國並以戶數相差爲大小三
品陳自永定訖於禎明唯衡陽王昌特加至五千戶
其餘不過二千小國至千戶後魏皇子封王宮室立
宗師州置三制刺郡置三太守縣至三令長其一以
宗塋爲之北齊親王位列大司馬上多與梁制同其

封內之調盡以入臺二分食一隋制皇伯叔昆弟皇
子謂之親王乘通幰車初受冊入朝助祭親迎則服
衮冕青珠九旒九章常服則遠遊三梁冠黑介幘纓
朱綬長一丈八尺二百四十首自漢而下五輅之制
金象革木通得乘之但臧旒章駕馬以爲等級自晉
親王公以下車服卑雜故不得乘馬唐制宗正寺掌
九族六親之屬籍以別昭穆之序凡五等親有昇降
皆立簿籍三年一遣凡大祭祀及冊命朝會之禮皇
親應陪位預會者亦爲宗皇弟兄皆封籍國謂之親
王王之子承嫡者謂之嗣王皇太子諸子並封郡王

王子承恩澤者亦封郡王諸子封郡公其嗣王郡王
及特進王子孫承襲者降封國公舊制親王食封八
百戶有至千戶高宗朝以沛縣三王武后所生食封
逾於嘗制神龍初有封五千戶三千戶者相王封五千戶衛王
封三千戶開元之後明皇睦親以寧王寂長封至五千五
百戶岐薛愛弟著勲至五千戶申王家微至四千戶
邠王以外枝至一千八百戶其後皇子封王者二千
戶舊以七丁爲限至是以三丁爲限降封國公先是
高祖受禪以天下未定廣封宗室以威天下皇從弟
及姪年始孩童數十人皆封爲郡王又文皇即位因

舉宗正屬籍以問侍臣尚書右僕射封德彝謂非至
公之道於是宗室率以屬疏降爵爲郡公唯有功者
封王貞觀十年又詔諸王爲代襲刺史都督俄又罷
之文皇至高祖朝其親王有年雖長而不出閣者其
出閣者皆爲刺史都督上佐亦有爲卿監將軍同正
員開元之後有爲大都護節度大使者皆不之任以
副都護副大使典其事先天之後皇子幼則居內東
封年以漸成長乃於安國寺東附苑城同爲大宅分
院居爲十王宅令中官押之於夾城中起居每月家
令進膳又引詞學工書之人入教謂之侍讀十王謂

慶忠棣鄂榮光潁永延濟盖舉全數其後盛儀壽陳
豐鐘涼六王又就封入內宅二十五年鄂光得罪忠
繼大統天寶中慶棣又殁唯榮儀等十四王居院而
府幕列於外坊歲時通名起居而已外諸孫成長又
於十宅外置百孫院每歲幸華清宮宮側亦有十王
院百孫院宮人每院四百餘人百孫院二四十人又
於宮中置維城庫諸王月俸物納之而給用諸孫納
妃嫁女亦就十宅中太子不居於東宮但居於乘輿
所幸之別院太子亦分院而居婚嫁則同親王公主
在於宗仁之禮院天寶之末祿山犯順得明皇之子
儀潁而下十一王及扈從其餘宗室多罹於兵難然
而天寶艱難之後宗室子弟賢而立功者唯鄭王曹
王子孫耳代宗大曆九年諸王皆幼多未封建大臣
奏議請封親王分領戎帥以威天下於是皇子勝衣
者盡加王爵而不出閣建中初詔親王子弟帶開府
朝秩者出就本班自先天兵興之後皇族子弟皆散
棄無位或流落他縣湮沉不齒無異匹庶及德宗即
位叙用枝屬公族長幼莫不悲感將有大禮必與諸
父昆弟同其齋沐五代之制大約遵於唐室夫以託
霄極之尊依蘿圖之盛承本枝之蕃茂齊盤石之疏

封是日君宗咸居屬籍雖親疏之節著於字人而善
惡之名紀乎惇史或以德行振或以才藝升或以悖
逆廢或以荒怠黜或以猜忌擯或以至親顯並著之
簡編垂夫龜鑑見善善之有因惡惡之無爽也凡宗
室部四十二門

封建

太史公稱封建之制商氏以前尚矣周監二代列爵
五等三聖之法厥用垂世詩云懷德惟寧宗子維城
豈徒敦叙宗黨推廣仁愛蓋欲其枝葉相持臂指易
使犬牙交錯磐石彌固者爾然而俗有淳漓道或消

長泥於古者未爲通變故秦據勢勝專宰疆埋矯枉過正蕩滅禮義炎漢建業大啓藩垣既失厥中流濫致譏先儒之論蓋亦多矣自茲已降或沿或革寃其始終隨時疆弱天之視聽在民耳目深根忠附匪特於茲若夫展親睦族典章優渥雖或不以德舉亦疆幹作翰之旨也

舜踐帝位封弟象爲諸侯封之有庳在零陵今庳亭是夏少康封庶子史闕其名於會稽以奉守禹之祀

周武王克商平天下封功臣昆弟於是封叔鮮於管管在榮陽京縣東北封叔度於蔡二人相紂子武庚祿父治殷

遺民封叔旦於魯而相周爲周公一云封周公旦於少昊之墟曲阜是爲魯公臣欽若等曰周公留相於王子伯禽就封封叔振鐸於曹封叔武於成封叔處於霍叔封季載皆少未得封求泰伯仲雍之後得周章周章已君吳因而封之乃封周章弟虞仲於周之北故夏虛在河東太陽縣是爲虞列爲諸侯

成王卽位唐有亂周公誅滅唐成王與叔虞戲削桐葉爲珪以與叔虞曰以此封若史佚曰天子無戲言言則史書之禮成之樂歌之於是遂封叔虞於唐唐在河汾之東方百里周公既誅武庚殺管叔放蔡叔而分殷餘民爲二其一封微子啓於宋以續殷祀其一封康叔封於衛又封季載於冉臣欽若等撿左傳管蔡郕霍魯衛毛聃郜雍曹滕畢豐郇文之昭也邘晉應韓武之穆也凡蔣邢茅胙祭周公之胤也今據史記所封八國餘皆闕又封伯禽於魯曰生以養周公死以爲周公後

宣王二十二年封庶子弟友於鄭一云母弟鄭桓公也

考王封其弟於河南是爲桓公以續周公之官職

漢高祖六年十二月詔曰齊古之建國也今爲郡縣其後以爲諸侯將軍劉賈數有大功及擇寬惠修絜者王齊荊地正月丙午韓王信等奏請以故東陽郡鄣郡吳郡五十三縣立劉賈爲荊王以碭郡薛郡郯郡三十六縣立弟文信君交爲楚王壬子以雲中鴈

門代郡五十三縣立兄宜信侯喜爲代王以膠東膠西臨淄濟北博陽城陽郡七十二縣立子肥爲齊王賈高祖從父兄有功交高祖同父弟與蕭曹等俱從高祖入武關至霸上封文信君從入蜀還定三秦及卽帝位嘗出入卧內高祖廢楚王信分其地爲二國立賈爲荊王交爲楚王先有功也肥之母高祖微時外婦食七十餘城諸民能齊言者皆與齊齊最爲大國以海內初定子弟少感秦孤立亡藩輔故大封同姓以鎭天下

七年十二月匈奴攻代代王喜棄國自歸雒陽赦爲

合陽侯立子如意爲代王是年封兄子姓爲頡羨侯
十一年十二月封兄子濞爲沛侯
正月詔曰代地居常山之北與夷狄邊趙乃從山南有之遠數有胡冠難以爲國頗取山南太原之地益屬代代之雲中以西爲雲中郡則代受邊寇益少矣王相國通使吏二千石擇可立爲代王者燕王綰相國何等三千三十人皆曰子某（文帝名）賢知温良請立爲代王都晉陽
三月詔擇可以爲梁王淮陽王者燕王綰相國何等請立子恢爲梁王子友爲淮陽王罷東郡頗益梁罷潁川郡頗益淮陽

册府元龜　宗室部　封建　卷之二百六十二　十一

七月詔王相國擇可立爲淮南王者郡臣請立子長爲王
十二年十月詔曰吳古之建國也日者荆王兼有其地今死亡後朕欲立吳王其議可者長沙王臣等言沛侯濞重厚可立爲吳王初黥布反高祖自將往誅之濞年二十以騎將從破布軍高祖患吳會稽輕悍無狀王塡之諸子少乃立濞
十一月封兄子廣爲德侯
二月詔諸侯王議可立爲燕王者長沙王臣等（臣者長沙王吳濞之子）請立子建爲燕王
高后元年立惠帝後宮子強爲淮陽王不疑爲常山王弘爲襄城侯朝爲軹侯武爲壺關侯（一云皆呂氏子）
二年五月封楚元王子郢爲下邳侯齊悼惠王子章爲朱虛侯
六年四月封齊悼惠王子興居爲東牟侯
七年正月立營陵侯劉澤爲琅邪王（澤高祖從祖昆弟）
文帝元年十二月立趙幽王子遂爲趙王徙琅邪王澤爲燕王呂氏所奪齊楚地皆歸之二年三月有司請立皇子爲諸侯王詔曰前趙幽王幽死朕甚憐之

册府元龜　宗室部　封建　卷之二百六十二　十二

已立其太子遂爲趙王遂弟辟彊（辟彊言辟禦強梁者一云辟強言闢土地也衛侯朝子周周行人問其名衛侯曰辟疆行人還之曰啟疆天子之號也諸侯弗得用更其名曰幾其義兩說並通）及齊悼惠王朱虛侯章東牟侯興居有功可王乃遂立辟彊爲河間王章爲城陽王興居爲濟北王因立皇子武爲代王參爲太原王揖爲梁王
四年九月封齊悼惠王子十人爲列侯（罷軍爲管侯寗國爲瓜丘侯信都爲營平侯安爲楊丘侯將閭爲楊虛侯辟光爲扐侯志爲安都侯卬爲平昌侯賢爲武成侯雄渠爲白石侯）
八年五月封淮南厲王長子四人爲列侯（安爲阜陵侯勃爲安陽侯賜爲陽周侯良爲東城侯）

十六年五月立齊悼惠王子六人安都侯志爲濟北王刱侯辟光爲濟南王武城侯賢爲菑川王平昌侯卬爲膠西王白石侯雄渠爲膠東王
淮南厲王子三人阜陽侯安爲淮南王安陽侯勃爲衡山王陽周侯賜爲廬江王皆爲王
景帝元年四月封元王寵子五人禮爲平陸侯富爲林侯歲爲沈猶侯王子侯表屬千乘高苑埶爲宛朐侯調爲棘樂侯
二年三月立皇子德爲河間王閼爲臨江王餘爲雎陽王非爲汝南王彭祖爲廣川王發爲長沙王發母唐姬故程姬侍者景帝召程姬程姬有所避不願進

謂月事而飾侍者唐兒使夜進上醉不知以爲程姬而幸之遂有身已乃覺非程姬也及生子因名曰發長沙王生乃發寤已之繆幸唐姬以其母微無寵故王卑溼貧國
三年立皇子端爲膠西王勝爲中山王是年吳楚反膠西王菑川濟南發兵應圍齊孝王將閒恐陰與三國通漢將欒布擊破三國兵齊孝王懼飲藥自殺帝以爲齊首善以追刼有謀非其罪也召立孝王太子壽是爲懿王衡山王勃堅守無心吳楚破來朝帝勞苦之日南方卑溼徙王於齊北以褒之
七年十一月封故皇子越爲廣川王寄爲膠東王
五年五月立皇子舜爲常山王封梁孝王子買爲乘氏侯明爲桓邑侯
六年四月梁孝王薨竇太后泣極哀不食帝哀懼不知所爲與長公主計之迺分梁爲五國盡立孝王子男五人爲王乘氏侯買爲梁王桓邑侯明爲濟川王彭離爲濟東王定爲山陽王不識爲濟陰王

冊府元龜

巡按福建監察御史臣李嗣京　訂正
知閩縣事臣曹胤臣叅閱
知建陽縣事臣黃國琦較釋

宗室部

封建第二

漢武帝元光五年正月封河間獻王子明爲滋侯
六年七月封長沙定王子蒼爲安誠侯成爲宜春侯
黨爲句容侯福爲容陵侯
九月封楚安王子成爲杏山侯不害爲浮丘侯

元朔元年十月封魯恭王子將節爲廣戚侯
十二月封江都易王子敢爲丹陽侯蒙之爲盱眙侯
正月封江都易王子胥行爲胡敦侯　爲秣陵侯定
國爲淮陵侯
二月封梁恭王子仁爲張梁侯
五月封菑川懿王子代爲龍丘侯錯爲劇原侯高遂
爲懷昌侯賞爲平望侯始昌爲陵衆侯寬爲葛魁侯
胡爲益都侯疆爲平的侯黑爲劇魁侯牛爲壽梁侯
行爲平度侯假爲宜城侯奴爲臨朐侯封城陽恭王
弟稀爲云侯子吉爲陳莞侯壯爲辟土侯六月封趙
敬肅王子丙爲尉文侯胡陽爲封斯侯受福爲榆丘
侯建爲襄嚵侯仁爲邯會侯義爲朝節侯遺爲東城
侯蒼爲陰城侯中山靖王子忠爲廣望侯朝平爲將
梁侯未央爲薪館侯貞英爲陸城侯嘉爲薪處侯
二年十月封廣川惠王子嘉爲蒲領侯明爲西熊侯
晏爲棗疆侯嬰爲畢梁侯河間獻王子殷爲旁光侯
旬爲距陽侯退爲蔞節侯豫爲阿武侯免爲參戶侯
禁爲州鄉侯杞爲平城侯順爲廣平侯讓爲蓋胥侯
濟北貞王子不害爲陰安侯騫爲榮關侯何爲周望
侯則爲陪繆侯信爲前侯前或作蔽樂爲安陽侯濟北式

王子罷丘爲五據侯龍爲富侯遂爲平侯成爲羽侯
楚爲胡毋侯
正月封代恭王子綰爲離石侯順爲邵侯嘉爲利昌
侯罷軍爲箇侯賢爲臨河侯忠爲隰成侯郢客爲土
軍侯遷爲皐琅侯遇爲千章侯
三月封齊孝王子就爲博陽侯魯恭王子恬爲寧陽
侯政爲瑕丘侯順爲公丘侯驕爲都根侯敬爲西昌
侯中山靖王子義爲陸地侯趙敬肅王子順爲邯平
侯
四月封趙敬肅王子昌爲武始侯賀爲象氏侯平爲

易安侯
四年三月封長沙定王子童爲路陵侯則爲攸輿侯訢爲荼陵侯拾爲建成侯月爲安衆侯善爲葉平侯娍陽恭王子嬰爲利鄉侯釘爲有利侯慶爲東平侯記爲運平侯齒爲山州侯福爲海當侯寬爲騶丘侯貞爲南城侯衷爲廣陵侯鼻爲杜原侯
四月封中山靖王子光爲樂臨侯章爲東野侯喜爲高平侯頗爲廣川侯河間獻王子擔爲重侯齊孝王子燕爲祓陽侯越爲定敷侯定爲稻夷侯國爲山原侯忠爲繁安侯陽已爲柳亭侯信爲雲夷侯渫爲牟

平侯代爲柴原侯
五年十一月封趙敬肅王子終布爲栢暢侯延平爲歒安侯
三月封中山靖王子將夜爲桑丘侯破胡爲高丘侯蓋爲柳宿侯讓爲戎丘侯修爲樊輿侯楼爲安道侯
長沙定王子義爲夫夷侯
六月封長沙定王賈爲春陵侯定爲都梁侯狩爲洮陽侯燕賢爲衆陵侯
六年四月封衡山碭王子廣置爲終弋侯
元狩二年七月封膠東王寄少子慶爲六安王

六年三月乙亥御史臣光守尚書令丞非下御史書到言丞相臣青翟御史大夫臣湯太常臣充大行令臣息太子少傅臣安行宗正事昧死上言大司馬去病上疏曰陛下過聽使臣去病待罪行間宜專邊塞之思慮暴骸中野無以報乃敢惟他議以干用事者誠見陛下憂勞天下哀憐百姓以自忘虧膳貶樂損郎員皇子賴天能勝衣趍拜至今無號位師傅宮陛下恭讓不卹群臣私望不敢越職而言臣竊不勝犬馬之心昧死願陛下詔有司因盛夏吉時定皇子位唯願陛下幸察制曰可下御史臣謹與中二千石臣

賀等議古者裂地立國並建諸侯以承天子所以尊宗廟重社稷也今臣去病上疏不忘其職因以宣恩乃道天子卑讓自貶以勞天下慮皇子未有號位臣青翟臣湯等宜奉議遵職愚憧而不逮事方今盛夏吉時臣青翟臣湯等昧死請立皇子臣閎（一作閎）臣旦臣胥爲諸侯王昧死請所立國名制曰蓋聞周封八百姬姓並列或子男附庸禮支子不祭云並建諸侯所以重社稷朕無聞焉且天非爲君生民也朕之不德海內未洽乃以未教成者彊君連城即股肱何勸（一作敖一作劚一作亂也）其更議以列侯家之丙子奏未央宮丞

相臣青翟御史大夫臣湯昧死言臣謹與列侯臣嬰中二千石臣賀諫議大夫博士臣安等議曰伏聞周封八百姬姓並列奉承天子康叔以祖考顯而伯禽以周公立咸爲建國諸侯以相傳爲輔百官奉憲諸侯各遵其職而國統備矣竊以爲並建諸侯所以重社稷者四海諸侯各以其職奉貢祭支子不得奉祭宗祖禮也封建使守藩國帝王所以扶德施化陛下奉承天統明開聖緒尊賢顯公興滅繼絶續蕭文終之後於酇襃厲群臣平津侯等昭六親之序明天施之屬使諸侯王封君得推私恩分子弟戸邑錫號尊

建百有餘國而家皇子爲列侯則尊卑相踰列國失序不可以垂統於萬世臣請立臣閎臣旦臣胥爲諸侯王三月丙子奏未央宮制曰康叔親屬有十而獨尊者襃有德也周公祭天命郊故魯有白牡騂剛之牲（魯祭周公用牲白牡魯公用騂剛白牡殷牲也騂剛赤脊周牲也）群公不毛（不毛不純色也）賢不肖差也高山仰之景行嚮之朕甚慕焉所以抑未成家以列侯可臣青翟臣湯博士臣將行等伏聞康叔親屬有十武王繼體周公輔成王其八人皆以祖考之尊建爲大國康叔之年幼周公在三公之位而伯禽據國於魯蓋爵命之時未至成人康叔後扞祿父之難伯禽殄淮夷之亂昔五帝異制周爵五等春秋三等（春秋變周之文從殷之質合伯子男以爲一則殷爵三等者公侯伯也）皆因時而序尊卑高皇帝撥亂世反諸正昭至德定海內封建諸侯爵位二等皇子或在襁褓而立爲諸侯王奉承天子爲萬世法則不可易陛下躬親仁義體行聖德表裏文武顯慈孝之行廣賢能之路內襃有德外討彊暴極臨北海西湊月氏匈奴西域舉國奉師輿械之費不賦於民虛御府之藏以賞元戎開禁倉以賑貧窮減戍卒之半百蠻之君靡不嚮風承流稱意遠方殊俗重譯而朝澤及方外故珍獸至嘉穀

興天應甚彰今諸侯支子封至諸侯王而家皇子爲列侯臣青翟臣湯等竊伏熟計之皆以爲尊卑失序使天下失望不可臣請立臣閎臣旦臣胥爲諸侯王癸未奏未央宮留中不下丞相臣青翟大僕臣賀行御史大夫事太常臣充太子少傅臣安國行宗正事昧死言青翟等前奏大司馬臣去病上疏言皇子未有號位臣謹與御史大夫臣湯中二千石諫議大夫博士臣慶等昧死請立皇子臣閎等爲諸侯王陛下讓文武躬自切及皇子未教群臣之讓儒者稱其術或誖其心陛下固辭不許家皇子爲列侯臣青翟等

竊與列侯臣壽成蕭何之玄孫壽成後爲太常也等二十七人議皆曰以爲尊卑失序高皇帝建天下爲漢太祖王子孫廣支輔先帝法則弗改所以宣至尊也臣請令史官擇吉具禮儀上御史奏輿地圖他皆如前故事制曰可丙申奏未央宮大僕臣賀行御史大夫事昧死言太常臣充言卜入四月二十八日乙巳可立諸侯王臣昧死奏輿地圖諸所立國名禮儀別奏臣昧死請制曰立皇子閎爲齊王旦爲燕王胥爲廣陵王四月丁酉奏未央宮六年四月戊寅朔癸卯御史大夫湯下丞相下中二千石郡太守諸侯相丞書從事下

當用者如律令三王同日立皆賜策各以國土風俗申戒焉齊懷王賜策曰惟元狩六年四月乙巳皇帝使御史大夫湯廟立子閎爲齊王曰嗚呼小子閎受茲青社王者必五色土爲太社封四方諸侯各以其方色土與之苴以白茅歸以立社朕承天序惟稽古法建爾國家封於東土世爲漢藩輔嗚呼念哉共朕之詔惟命不於常人之好德克明顯光義之不圖俾君子怠悉爾心允執其中天祿永終厥有愆不臧廼凶於乃國而害於爾躬嗚呼保國乂民可不敬與王其戒之閎王夫人之子夫人趙人與衛夫人並幸閎且立爲王其母病武帝自臨問之曰子當爲王欲安所置之王夫人曰陛下在妾又何等可言者帝曰雖然意所欲於何王之王夫人曰願置之雒陽武帝曰雒陽有武庫敖倉天下衝阨漢國之大都也先世以來無子王於雒陽去洛陽余盡可王夫人不應武帝曰關東之國無大於齊齊東負海而城郭大古時獨臨菑中十萬戶天下膏腴地莫盛於齊者矣王夫人以手擊頭謝曰幸甚王夫人死帝痛之使使者拜日皇帝謹使使大中大夫明奉璧一賜夫人爲齊王太后燕剌王旦賜策曰嗚呼小子旦受茲玄社建爾國家封於北土世爲漢藩輔嗚呼葷鬻氏虐老獸心以姦巧邊甿朕命將帥徂征厥罪萬夫長千夫長三十有二帥降旗奔師葷鬻徙域北州以妥悉爾心毋作怨毋作棐德棐古匪字也匪非也毋乃廢備非教士不得從徵正其戒之廣陵厲王胥賜策曰嗚呼小子胥受茲赤社建爾國家封於南土世爲漢藩輔

古人有言曰大江之南五湖之間其人輕心楊州保疆二代要服不及以正嗚呼悉爾心祇兢乃惠乃順毋同好逸毋邇宵人惟法惟則書云臣不作福不作威靡有後差王其戒之

元鼎元年四月封城陽頃王子昌爲麥侯發爲鉅合侯羌爲昌侯方爲蕢侯澤爲虖葭侯敢爲原雒侯昆景爲挾衍侯霸爲挾釐侯讓爲初侯光爲文成侯雲爲軟靖侯餘爲庸侯壽爲翟侯應爲鱣侯彊爲彭侯息爲瓡侯禹爲虛水侯類爲東淮侯賢爲枸侯不疑爲涓侯

七月封菑川靖王子何爲陸元侯國爲廣饒侯成爲
缾侯毋害爲俞閭侯廣川膠王子聖爲襄隄侯
四年常山王勃廢月餘以最親詔有司常山憲王早
夭后妾不知適孽誣爭陷於不義以滅國朕甚閔焉
其封憲王子平三萬戶爲眞定王子商三萬戶爲泗
水王
元封元年五月封膠東康王子建爲臯虞侯昌爲魏
其侯延年爲祝兹侯臣欽若等曰時武帝封齊孝王子爲高乘侯失其名廣川惠王子則爲參戶侯喜爲寧波侯河間獻王子自爲沈陽侯失年月
天漢四年六月封皇子髆爲昌邑侯

征和元年封趙敬肅王子樂爲栗侯周舍爲洨侯起
爲虢侯道爲椰裴侯臣欽若等曰時武帝又封趙敬肅王子寬爲漳北侯佗爲南䜌侯虔爲南陵侯丹爲鄗侯福爲安檀侯當爲爰成侯失年月
二年三月封中山靖王子屈氂爲彭侯
昭帝始元五年六月封六安恭王子霸爲松兹侯膠
東戾王子安國爲温水侯魯安王子臨朝爲蘭旗侯
方山爲容丘侯文德爲良成侯
六年五月封清河綱王子祿爲蒲領侯遷爲南曲侯
長沙頃王子爲高城侯
元鳳五年十一月封中山康王子喜爲城侯廣川膠
王子吉爲新市侯
六年十一月封城陽惠王子仁爲江陽侯
宣帝本始元年七月詔立燕剌王太子建爲廣陽王
立廣陵王胥少子弘爲高密王封廣陵厲王子聖爲朝
陽侯曾爲平曲侯昌爲南利侯燕剌王子賢爲安定
侯
三年四月封廣川繆王子寬爲東襄侯
四年二月封中山康王子章爲宣處侯
四月封清河綱王子寅爲修市侯成爲東昌侯豹爲
薪鄉侯福爲修故侯弘爲東陽侯

五月封燕剌王子慶爲新昌侯
地節三年四月封趙頃王子偃爲邯菁侯說爲樂陽
侯廣漢爲桑中侯嵩爲張侯河間獻王子雍爲景成
侯招爲平隄侯佟爲樂鄉侯臨爲高郭侯
四年二月封膠東戴王子光爲樂望侯饒爲成鄉侯
強爲栁泉侯
元康元年正月封長沙頃王子延年爲復陽侯度爲
鍾武侯梁爲高城侯
二年三月封六安夷王子賜爲富陽侯
四月封昌邑哀王子賀爲海昏侯

七月封平干頃王子敬爲曲梁侯
三年四月立皇子欽爲淮陽王
四年三月封貞定烈王子宣爲遽鄉侯
神爵元年四月封膠東戴王子偃爲新利侯
三年四月封廣川繆王子強爲樂信侯元爲昌成侯
七月封平江頃王子明爲廣鄉侯慶爲成鄉侯
四年三月封平干頃王子世爲平利侯玉爲平鄉侯梁爲平纂侯充爲成陵侯廣川戴王子闢兵爲西梁侯
七月封廣川膠王子必勝爲歷鄉侯平干頃王子田

爲陽城侯
五鳳元年四月封平干頃王子仁爲祚陽侯
七月封廣川繆王子朝爲武陶侯
十二月封河間孝王子昌爲陽興侯
甘露元年三月封中山頃王子安爲利鄉侯
二年正月立皇子囂爲定陶王
七月封趙頃王子景爲都鄉侯
九月立皇子宇爲東平王
四年二月封魯孝王子弘爲昌慮侯
閏月封魯孝王子敞爲平邑侯綰爲山鄉侯遂爲建陵侯平爲合陽侯強爲東安侯當爲城鄉侯咸爲建陽侯
十一月封城陽惠王子休爲高鄉侯城陽荒王子弘爲茲鄉侯顯爲籍陽侯丘爲都平侯山爲棗原侯文爲箕侯勲爲高廣侯儉爲卽來侯
元帝初元元年三月封高密哀王子漢爲膠鄉侯廣川繆王子良爲桃侯長沙孝王子習爲安平侯宗爲陽山侯城陽荒王子談爲庸侯光爲昆山侯根爲折泉侯淵爲博石侯勝爲要安侯勇爲房山侯憲爲式侯

五年六月封廣陽頃王子雲爲陵鄉侯容爲西鄉侯
永光三年三月立皇子康爲濟南王是月封廣陽頃王子嬰爲益昌侯膠東頃王子回爲佯石侯理爲不鄉侯根爲新城侯歙爲上鄉侯泗水勤王子定爲于鄉侯璿就鄉侯城陽戴王子玄爲石山侯音爲都陽侯嗣爲參封侯遷爲伊鄉侯
五年三月封廣陽厲王子豊爲襄平侯
建昭元年五月封梁敬王子平爲貫鄉侯義爲樂侯延年爲中鄉侯罷軍爲鄭侯順爲黃侯遷爲平樂侯就爲菑鄉侯方爲東鄉侯訢爲陵鄉侯欽爲溧陽侯

固爲䢴鄉侯發爲高柴侯未央爲臨都侯舜爲高質
侯
二年六月立皇子輿爲信都王陽朔二年徙爲中山王也
四年六月封菑川孝王子譚爲北鄉侯
五年十二月封廣陵孝王子宜爲蘭陵侯德爲廣平
侯
竟寧元年四月封六安繆王子交爲博鄉侯趙哀王
子買爲相鄉侯嘉爲安鄉侯菑川孝王子便爲廣䢴
侯服爲平節侯
成帝建始二年正月封膠東頃王子憲爲昌鄉侯恭

爲順陽侯獲爲樂陽侯邑爲平城侯林爲密鄉侯訢
爲樂東侯高密頃王子都爲甲梁侯恁爲膠陽侯慶
爲武鄉侯安爲成鄉侯賜爲麗茲侯河間孝王子強
爲寶梁侯
河平三年二月封楚孝王子勳爲廣戚侯
陽朔二年正月封楚孝王子回爲陰平侯
閏六月封淮陽憲王子訢爲樂平侯
四年四月封魯頃王子閔爲部鄉侯康爲建鄉侯
鴻嘉元年正月封高密頃王子嘗爲安丘侯
四月封東平思王子護爲栗鄉侯頃爲桑丘侯

二年正月封東平思王子宣爲桃鄉侯
五月封魯頃王子永爲新陽侯
四年六月封膠東恭王子慶爲陵石侯
永始二年五月封梁夷王子賢爲祁鄉侯
三年三月封東平思王子萌爲富陽侯
六月封梁荒王子鳳爲曲鄉侯
四年五月封城陽孝王子欽爲桃山侯
是月封泗水戾王子霸爲昌陽侯膠東恭王子閔爲
臨安侯
元延元年二月封膠東恭王子煥爲徐鄉侯

二年正月封菑川孝王子畛爲臺鄉侯
四月封東平思王子竝爲西陽侯
綏和元年正月封膠東恭王子恢爲堂鄉侯
六月封趙恭王子吉爲安國侯交爲梁鄉侯福爲襄
鄉侯強爲容鄉侯固爲蘊鄉侯河間孝王子賀爲廣
昌侯普爲都安侯永爲樂平侯廣陽惠王子嘗得爲
方鄉侯
是年七月封六安頃王子宰爲庸鄉侯
哀帝建平二年五月封河間惠王子宇爲南昌侯東
平煬王子信爲嚴鄉侯璜爲武平侯

四年三月封楚思王子曾爲陵鄉侯授爲武安侯
五月封長沙王子昌爲湘鄉侯
元壽元年五月封廣陽繆王子嘉爲方樂侯
二年四月封河間孝王子得爲宣禾侯玄爲富春侯
平帝元始元年二月封東平煬王子佩爲桃鄉侯褒爲釐鄉侯且爲昌鄉侯鯉爲新鄉侯楚思王子光爲部鄉侯武爲新城侯豐爲宜陵侯護爲堂鄉侯鄒爲成陵侯衆爲成陽侯休爲復昌侯平爲安陸侯譽爲梧安侯充爲朝鄉侯普爲扶鄉侯淮陽憲王孫並爲高陽侯寵爲平陸侯東平思王子不害爲金鄉侯且

爲平通侯昌爲西安侯開爲湖鄉侯少爲重鄉侯寄生爲陽興侯嘉爲陵陽侯修爲高樂侯閔爲平邑侯況爲平纂侯輔爲合昌侯開爲伊鄉侯不害爲就鄉侯武爲膠鄉侯佩爲宜鄉侯豈爲昌城侯禹爲樂安侯（臣欽若等曰東平思王孫內名開及不害者各有二人必有一誤）
二年四月封廣陽繆王子宣爲方城侯廣陽思王子益爲當陽侯建爲廣城侯東平煬王子光爲春城侯
五年閏月封長沙剌王子賞爲昭陽侯景爲承陽侯貞定王子廣爲信昌侯楚思王子尚爲呂鄉侯殷爲李鄉侯隆爲宛鄉侯承爲壽泉侯遵爲杏山侯

後漢光武建武二年四月封叔父良爲廣陽王兄子章爲太原王（兄縯之子）章弟興爲魯王舂陵侯敞子祉爲城陽王（敞光武族兄也）
五月封更始元氏王歆爲泗水王（歆光武族父）歆子侍中終爲淄川王故貞定王楊子德爲貞定王是歲封族兄賜爲愼侯順爲成武侯順叔父弘子敏爲茸泉侯國爲弋陽侯泗水王歆從父弟茂爲中山王（茂漢兵之起自稱厭新將軍攻下潁川汝南衆十餘萬人降光武故封之）正爲宜春侯五年徙廣陽王良爲趙王
十年封泗水王歆子輝爲堂谿侯淄川王終子鳳爲

曲陽侯
十三年封族兄嘉爲順陽侯城陽恭王祉子平爲蔡陽侯堅爲高鄉侯從愼侯賜爲安城侯又封順陽侯嘉子廥爲黃孝侯更封中山王茂爲穰侯
十五年三月以大司馬吳漢上書請封皇子不許重奏連歲乃詔羣臣議大司空融固始侯通膠東侯復高密侯禹太常登等奏議曰古者封建諸侯以藩屏京師周封八百同姓諸姬並爲建國夾輔王室尊事天子享國永長爲後世法故詩云大啓爾宇爲周室輔高祖聖德光有天下亦務親親封立兄弟諸子不

違舊章陛下德横天地興復宗統褒德賞勳親睦九族功臣宗室咸蒙封爵多受廣地或連屬縣今皇子賴天能勝衣趨拜陛下恭謙克讓抑而未議群臣百姓莫不失望宜因盛夏吉時定號位以廣藩輔明親親尊宗廟重社稷應古合舊壓塞衆心且請大司空上輿地圖太常擇吉日具禮儀制曰可四月戊申以大牢告祠宗廟丁巳使大司空融告廟封皇子輔爲右翊公英爲楚公陽爲東海公康爲濟南公蒼爲東平公延爲淮陽公荆爲山陽公衡爲臨淮公焉爲左翊公京爲琅邪公是年徙兄太原王章爲齊王

十七年十月進皇子右翊公輔爲中山王食常山郡其餘九國公皆即舊封進爵爲王

十九年六月詔曰春秋之義立子以貴東海王陽皇后之子宜承大統皇太子彊崇執謙退願備藩國父子之情重久違之其以彊爲東海王

二十年六月徙封中山王輔爲沛王

二十八年徙魯王興爲北海王

三十年四月徙左翊王焉爲中山王是年封趙節王栩三子爲鄉亭侯齊哀王章子張爲下博侯北海王子復爲臨邑侯又封安城侯子嵩爲白牛侯

中元二年封沛王輔子寶爲沛侯魯王興二子爲縣侯濟南王康子德爲東武城侯

明帝永平元年封沛王輔子嘉爲僮侯東平王蒼子二人爲縣侯

三年四月封皇子建爲千乘王羨爲廣平王

七年徙廣平王羨爲西平王

八年封阜陵質王魴弟十二人爲鄉亭侯

十年封成武侯順弟子三人爲鄉亭侯

十一年遣使手詔東平王蒼國中傳曰日者問東平王處家何等最樂王言爲善最樂其言甚大副是要

腹矣今送列侯印十九枚諸王子年五歲已上能趨拜者皆令帶之

十四年封廣陵思王子元壽爲廣陵侯服王璽綬食荆故國又封元壽弟三人鄉亭侯

十五年四月封皇子恭爲鉅鹿王黨爲樂成王衍爲下邳王暢爲汝南王昞爲常山王長爲濟陰王

十六年七月淮陽王延徙封阜陵王

十八年徙西平王羨爲陳王是年封北海王基二弟爲縣侯二弟爲鄉侯

章帝建初二年封楚王英子楚侯种後徙封陸侯五弟皆

為列侯並不得置相臣吏人又封趙王栩十子為鄉亭侯

四年二月徙鉅鹿王恭為江陵王汝南王暢為梁王常山王昞為淮陽王封皇子伉為千乘王全為平春王

七年六月廢皇太子慶為清河王徙廣平王羨為西平王封琅邪夷王宇弟十三人為列侯

元和元年四月分東平國封憲王蒼子尚為任城王餘五人為列侯是年封琅邪孝王孫二人為列侯

二年五月徙江陵王恭為六安王是年封沛釐王定

弟十二人為鄉侯

章和二年徙封六安王恭為彭城王

和帝永元二年五月分太山為濟北國分樂城涿郡渤海為河間國封皇弟壽為濟北王開為河間王淑為城陽王

三年封趙王相三子為亭侯

四年封中山王憲弟十二人為列侯

五年正月封皇弟萬歲為廣宗王

八年封阜陵王魴弟十二人為鄉亭侯

十年封東平憲王蒼孫梁為矜陽亭侯孝王敞弟六人為列侯

十一年封濟南簡王錯弟七人為列侯

十二年封陳王鈞六弟為列侯（蕃為陽都鄉侯千秋為新平侯參為周亭侯壽為樂陽亭侯實為傅平侯旦為高亭侯）

十四年封任城王安母弟福為桃鄉侯

十六年封東海頃王肅弟二十一人為侯梁恭王堅弟二人為鄉亭侯

元興元年封趙頃王商四子為鄉亭侯沛王正弟十一人為縣侯殤帝延平元年封和帝長子勝為平原王

安帝永初元年二月分清河國封清河孝王慶弟常保為廣川王是年封琅邪恭王壽弟八人為列侯

二年封淮南孝王香弟四人為列侯

三年封樂安王寵子延平為清河王

四年封任成王安弟元為當塗鄉侯

六年封彭城王恭子阿奴為竹邑侯

七年封陳敬王孫安國為耕亭侯

元初五年封陳考王道弟三人為鄉亭侯（丙為都鄉侯國為安鄉侯丁為曾鄉侯）趙惠王乾二弟為鄉亭侯

永寧元年封濟北節王登弟五人為鄉侯皆別食太

山邑又封中山孝王弘弟爲鄉亭侯
延元元年封河間王開子得爲安平王
二年封瑯邪貞王尊弟四人爲鄉亭侯
三年封阜陵王恢兄弟五人爲鄉亭侯北海王睦少
子爲鄉亭侯
順帝永建元年封下邳貞王成兄弟二人及惠王衍
孫二人皆爲列侯
二年封梁懷王正兄弟七人爲鄉亭侯東海孝王臻
二弟敏儉爲鄉侯淮王儀兄二人爲鄉亭侯
五年封濟南王廣弟文爲樂城亭侯

陽嘉元年封河間惠王政弟十三人皆爲亭侯下邳
愍王意弟八人爲鄉亭侯
永和四年立戰鄉侯安國爲濟北王
五年封瑯邪安王據弟三人爲鄉亭侯
六年封中山穆王暢弟荆爲南鄉侯
質帝本初元年封彭城頃王定兄弟九人及趙惠王
乾一子濟北孝王次弟猛皆爲鄉亭侯
弘農王光熹元年封淮陽節王豹兄四人爲鄉亭侯
獻帝建安十六年九月庚戌立皇太子熙爲濟陰王
懿爲山陽王邈爲濟北王敦爲東海王

十八年徙封趙王珪爲博陵王
魏樂城侯洪太祖從弟漢末封國明亭侯文帝即位
進封野王侯邑二千一百戶明帝時更封樂侯
長平侯休太祖族子文帝郎王位封東陽亭侯黃初
中進封安陽鄉侯明帝時更封長平部陵侯貞太祖
族子漢末封靈壽亭侯文帝郎位進封東鄉侯明帝
時更封貞薨五子義訓則彥皚弟彬皆爲列侯
任城王彰太祖子漢末封鄢陽侯黃初二年進爵爲
公三年立爲任城王彰薨子楷嗣徙封中牟五年改
封任城縣大和六年復改封任城國食五縣二千五

百戶
陳思王植大祖子漢末封平原侯又徙封臨菑侯黃
初二年除封鄄城侯三年立爲鄄城王邑二千五百
戶四年徙封雍丘王太和元年徙封浚儀二年復還
雍丘三年徙封東阿太和五年冬詔諸王朝六年正
月其年二月以陳四縣封植爲陳王食邑三千五百
戶
彭城王據太祖子漢末封范陽侯又徙封宛侯黃初
二年進爵爲公三年爲彰陵王其年徙封義陽文帝
以南方下溼又以環太妃彭城人徙封彭城又徙封

齊陰畤改封諸王爲縣王攄改封定陶縣太和六年
改封諸王皆以郡爲國攄復封彭城王景初正元中
累增邑并前四千六百戶
燕王宇太祖子漢末封都鄉侯又改封魯陽侯黃初
二年進爵爲公三年爲下邳王五年改封單父縣王
太和六年改封燕王景初正元中累增邑并前五千
五百戶
沛穆王林太祖子漢末封饒陽又徙封譙黃初二年
進爵爲公三年爲譙王五年改封譙縣七年徙封鄄
城太和六年改封沛景初正元中累增邑并前四千

七百戶
中山恭王衮太祖子漢末封平鄉侯又徙封東鄉侯
其年又改封贊侯黃初二年進爵爲公三年爲北海
王六年改封中山景初正元景元中累增邑并前三
千四百戶
陳留恭王峻太祖子漢末封郿侯又徙封襄邑黃初
二年進爵爲公三年爲陳留王五年改封襄邑縣太
和六年又封陳留景初正元景元中累增邑并前四
千七百戶
趙王幹太祖子漢末封高平亭侯又徙封賴亭侯其
年改封弘農侯黃初二年進爵徙封燕公三年爲河
間王五年改封樂成縣七年徙封鉅鹿太和六年改
封趙王景初正元景元中累增邑并前五千戶
楚王彪太祖子漢末封壽春侯黃初二年進爵徙汝
陽公三年封弋陽王其年徙封吳王五年改封壽春
縣七年徙封白馬太和六年改封楚
樂陵王茂太祖子漢末封萬歲亭侯改封平輿侯黃
初三年進爵徙封乘氏公七年徙封中山太和元年
徙封聊城公其年爲王詔曰昔象之爲虐至甚而太
舜猶侯之有庳近漢氏淮南阜陵皆爲亂臣逆子而

猶或及身而復國或至此而錫土有虞建之於上古
漢文明章行之乎前代斯皆敦叙親親之厚義也聊
城公茂少不閑禮教長不務善道先帝以爲古之立
諸侯也皆命賢者故姬姓有未必侯者是以獨不王
茂太皇太后數以爲言始聞茂頃來少知悔昔之非
欲修善將來君子與其進不保其往也今封茂爲聊
城王以慰太皇太后下流之念正始五年徙封樂陵
嘉平正元景元中累增邑并前五千戶
北海悼王蕤文帝子黃初七年明帝即位立爲陽平
縣王太和六年改封北海正元景元中累增邑三千

五百戶

東武陽懷王鑒文帝子黃初六年立

東海定王霖文帝子黃初三年立爲河東王六年改封館陶縣太和六年改封東海初正元景元中累增邑并前六千二百戶

元城哀王禮文帝子黃初二年封秦公以京兆郡爲國三年改爲京兆王六年改封元城王景初正元景元中累增邑并前四千五百戶

邯鄲懷王邕文帝子黃初二年封淮南公以九江郡爲國三年進爲淮南王四年改封陳六年改封邯鄲

景初正元景元中累增邑并前四千四百戶

清河悼王貢廣平哀王儼並文帝子黃初三年封

明帝以黃初七年即位立皇子冏爲清河王

太和三年九月立皇子穆爲繁陽王

青龍三年八月立皇子詢爲秦王

蜀甘陵王永字公受先主子章武元年六月使司徒靖許靖也立永爲魯王策曰少子永受茲青土朕承天序繼統大業遵修稽古建爾國家封于東土奄有龜蒙世爲藩輔嗚呼恭朕之詔惟彼魯邦一變適道風化存焉人之好德世茲懿美王其秉心率禮綏爾士民是饗是宜其戒之哉建興八年改封甘陵

安平王理字奉先先主子與永異母章武元年六月使司徒靖立理爲梁王策曰小子理朕統承漢序祇順天命遵修典秩建爾于東爲漢藩輔惟彼梁土畿甸之邦民狎教化易導以禮往悉乃心懷保黎庶以永爾國王其敬之哉建興八年改封安平後主延熙元年立子瑾爲安定王

十五年立子琮爲西河王

十九年立子瓚爲新平王

景耀二年六月立子諶爲北地王恂爲新興王虔爲

上黨王

吳大帝黃武五年封從父弟英爲沙羨侯

七年三月封子慮爲建昌侯

赤烏五年八月立子霸爲魯王

大元二年正月立故太子和爲南陽王和赤烏五年立爲皇太子後被廢至是封爵居長沙子奮爲齊王居武昌

廢帝五鳳中封魯王霸子基爲吳侯壹爲宛陵侯

景帝永安元年十一月封太子和子德錢唐侯謙永安侯

後主皓元興元年十月封景帝太子𩅦爲豫章王次

子汝南王次子梁王次子陳王臣欽若等曰按吳志休四子長名𩅦字簡次名霻字覃次名鉅字品次名寇字樊

建衡元年正月立淮陽東平王

鳳凰二年九月改封淮陽爲魯東平爲齊又封陳留章陵等九王凡十一王王給三千兵

天紀二年七月立成紀宣威等十一王王給三千兵

四年春立中山代等十一王

冊府元龜

冊府元龜

巡按福建監察御史臣李嗣京　訂正
知甌寧縣事臣孫以敬　參閱
知建陽縣事臣黄國琦　較釋

宗室部三

封建第三

晉武帝泰始元年十二月即位封皇叔祖父孚爲安平王皇叔父幹爲平原王亮爲扶風王伷爲東莞王駿爲汝陰王肜爲梁王倫爲琅邪王皇弟攸爲齊王鑒爲樂安王幾爲燕王皇從伯父望爲義陽王皇從

叔父輔爲渤海王晃爲下邳王瓌爲太原王珪爲高陽王衡爲常山王子乂爲沛王泰爲隴西王權爲彭城王綏爲范陽王遂爲濟南王遜爲譙王睦爲中山王陵爲北海王斌爲陳王皇從父兄洪爲河間王皇從父弟楙爲東平王

六年十一月立皇子東爲汝南王

七年五月立皇子憲爲城陽王

九年二月立皇子祇爲東海王

十年十二月立太原王緝爲高陽王

咸寧三年正月立皇子裕爲始平王

八月徙扶風王亮爲汝南王東莞王伷爲琅邪王汝陰王駿爲扶風王琅邪王倫爲趙王渤海王輔爲太原王太原王顒爲河間王北海王陵爲任城王陳王斌爲西河王汝南王東爲南陽王濟南王耽爲中山王河間王威爲章武王立皇子瑋爲始平王允爲濮陽王該爲新都王遐爲清河王

九月立齊王子蕤爲遼東王贊爲廣漢王

大康元年八月封皇弟延祚爲樂平王詔曰弟祚早孤無識情所哀愍切得篤疾日冀其差今遂廢痼無復後望意甚傷之封爲樂平王使有名號以慰吾心

四月二月立長樂亭侯寔爲北海王

五年二月立南宮王子玷爲長樂王

九年十二月立河間王洪子英爲章武王

十年十一月改封南陽王東爲秦王始平王瑋爲楚王濮陽王允爲淮南王並假節之國各統方州軍事立皇子乂爲長沙王穎爲城都王晏爲吳王熾爲豫章王皇孫遹爲廣陵王立濮陽王子迪爲漢王始平王子儀爲毗陵王汝南王次子羕爲西陽公徙扶風王暢爲順陽王暢弟歆爲新野公琅邪王覲弟澹爲東安公漼爲廣陵公卷爲東莞公

惠帝永平元年三月進封東安公繇爵爲王八月徙
長沙王義爲常山王進西陽公羕爵爲王
永康元年五月立皇孫尚爲襄陽王
永寧元年七月立吳王晏子國爲漢王八月徙南平
王祥爲宜都王九月封楚王瑋子範爲襄陽王十二
月封齊王冏子冰爲安王英爲濟陽王超爲淮南王
永興二年四月封樂平王紹爲齊王
光熙元年九月進東嬴公騰爵爲東燕王平昌公模
爲南陽王
懷帝以光熙元年十一月卽位十二月封彭城王植

子融爲樂成縣王
永嘉元年三月改封東燕王騰爲新蔡王
二年十二月立長沙王義子碩爲長沙王斟爲臨淮
王
元帝建武元年封王子宣成公裒爲琅邪王
十一月封汝南王子蕣爲新蔡王
大興元年十二月封顯義亭侯渙爲琅邪王
成帝咸和元年十二月封皇弟岳爲吳王
二年十二月徙封吳王岳爲琅邪王
五年九月徙樂成王欽爲河間王封彭城王紘子浚
爲高密王
六年六月封彭城王植子融爲樂成王章武王混子
珍爲章武王
康帝以咸康八年六月卽位封成帝子丕爲琅邪王
奕爲東海王
哀帝升平五年五月自琅邪王入卽位詔曰朕獲承
明命入纂大統顧惟先王宗廟蒸嘗無主太妃喪庭
廓然靡寄悲痛感摧五内抽割宗國之尊情禮兼隆
胤嗣之重義無與二東海王奕戚屬親近宜奉本統
其以奕爲琅邪王

宋長沙景王道憐高祖中弟進封竟陵縣公高祖受
命封長沙王食邑五千戶道憐子桂陽縣侯義融永
初元年封 凡王子侯者食邑皆千戶
義融弟新渝縣侯義宗幼爲高祖所愛字曰伯奴賜
爵新渝縣男永初元年進爵爲侯
義宗子當陽縣侯秉元徽二年封
義宗弟興安縣侯義賓元嘉二年封新野縣侯六年
以新野荒弊改封興安
義賓弟營道縣侯義綦元嘉六年封
營浦侯遵考高祖族弟晉末爲冠軍將軍高祖初郎

位下推恩之詔曰遵考服屬之親國戚未遠宗室無多宜蒙寵爵可封營浦縣侯食邑五百戶

廬陵孝獻王義真高祖子晉末封桂陽縣公食邑千戶永初元年封廬陵王食邑三千戶

彭城王義康高祖子永初元年封食邑三千戶

江夏文獻王義恭高祖子元嘉元年封食邑五千戶孝武即祚增封二千戶孝建元年又增封一千戶

衡陽王義季高祖子元嘉元年封衡陽王食邑五千戶

南陽王義宣高祖子元嘉元年封竟陵王食邑五千

戶九年以竟陵群蠻充斥役刻民數改封南譙王孝武即位改封南郡王食邑萬戶

始興王濬文帝第二子元嘉十三年封

南平穆王鑠字休玄文帝第四子元嘉十六年封

鑠第二子敬淵封安南縣侯

竟陵王誕字子休文帝第六子元嘉二十年封廣陵王食邑二千戶年十一二十六年以廣陵彫弊改封隋郡王孝武孝建初改封竟陵王食邑五千戶

建平宣簡王宏字休度文帝第七子元嘉二十一年年十一封建平王食邑二千戶

廬江王禕字休秀文帝第八子元嘉二十二年始十歲封東海王食邑二千戶大明五年增一千戶明帝踐祚改封廬江

晉熙王昶字休道文帝第九子元嘉二十二年始十歲封義陽王食邑二千戶泰始三年改封晉熙

武昌王渾字休淵文帝第十子元嘉二十四年始九歲封汝陰王食邑二千戶後魏南侵破汝陰郡徙爲武昌王

始安王休仁文帝第十二子元嘉二十九年十歲立爲建安王食邑二千戶明帝即位後降封始安縣王

晉平王休祐文帝第十三子孝建二年年十一封山陽王食邑二千戶明帝即位以山陽荒弊改封晉平

海陵王休茂文帝第十四子孝建二年年十一封食邑二千戶大明二年增食邑千戶

鄱陽王休業文帝第十五子孝建二年年十一封食邑二千戶

臨慶王休倩文帝第十六子孝建元年年九歲疾篤封東平王食邑二千戶未拜薨太始六年追改爲臨慶王以臨賀郡爲臨慶國

桂陽王休範文帝第十八子孝建二年年九歲封順

陽王食邑二千戶大明元年改封桂陽
巴陵王休若文帝第十九子孝建三年年九歲封巴
陵王食邑二千戶
豫章王子尚字孝師孝武第二子孝建二年年五歲
封西陽王食邑二千戶五年改封豫章
晉安王子勛字孝德孝武第二子大明四年年五歲
封食邑二千戶
尋陽王子房字孝良孝武第六子大明四年年五歲
封食邑二千戶
臨海王子頊字孝烈孝武第七子大明四年年五歲

封歷陽王食邑二千戶五年改封戶邑如先
新安王子鸞字孝羽孝武第八子大明四年年五歲
封襄陽王食邑二千戶其年改封戶邑如先
永嘉王子仁字孝餘孝武第九子大明五年年五歲
封食邑二千戶
始安王子真字孝貞孝武第十一子大明五年年五
歲封食邑二千戶
邵陵王子元字孝善孝武第十三子大明六年年五
歲封食邑二千戶
淮南王子孟字孝光孝武第十六子大明七年年六
歲封食邑二千戶文帝改豫章之南梁郡爲淮南國
罷南豫州之地并宣城前廢帝卽位二郡並復舊
晉陵孝王子雲字孝舉孝武第十九子大明六年年
四歲封食邑二千戶未拜薨
南海哀王子師字孝友孝武第二十二子大明七年
年四歲封食邑一千戶
晉熙王亶明帝子泰始六年封
邵陵殤王友明帝第七子元徽二年年五歲封食邑
二千戶
武陵王贊字仲敷明帝第九子泰始六年生其年詔

日世祖孝武皇帝雖恃尊墮惠黷狹政荒樂飲無厭
事因於寧泰任威縱費義緣於務寡故以積愁動天
流殃息嗣景和肇釁義嘉成禍世祖繼體陷憲無遺
昔皇家中圮含生懼弑頼英孝威舊掃雪冤恥勳績
陸歷拯茲窮竭繼絶追遠禮訓攸尚况旣帝且兄而
缺斯典今以第九子智隨奉世祖爲子武陵郡大明
之世事均代邪可封智隨武陵王食邑五千戶尋世
祖一門女累不少旣無釐撫義須防閑諸侯雖不得
祖稱天子而事有一家之切且歸寧有所疹疾相督
得失是任閨房有稟候應天在位思深九族庶此足

申追睦之懷敷受之旨

隋陽王翽字仲儀明帝第十子元徽四年年六歲封南陽王食邑二千戶昇明二年以南陽荒遠改封隋陽

新興王嵩字仲岳明帝第十一子元徽四年年六歲封食邑二千戶

始建王禧字仲安明帝第十三子元徽四年年五歲封食邑二千戶

始平王延年建平王景素子泰始二年封新安王三年改封始平

廬陵王德嗣桂陽王休範第二子泰始三年封

南封王銑侍中韞第二子泰始三年封

江夏王伯猷建安王休仁第二子泰始三年封

始平王延之長沙王纂子泰始五年封

南平王宣曜晉平王休祐子泰始五年封

南齊豫章王嶷太祖第二子建元元年封嶷十六子子廉初封永新侯後襲王爵子恪南康侯子操泉陵侯子行光陽侯子光宜陽侯子範祁陽侯子顯寧都侯子雲新浦侯餘闕

臨川王映太祖第三子建元元年封凡九子皆封侯內第二子嵘封州侯餘闕

長沙王晃太祖第四子建元元年封

武陵王曄太祖第五子建元元年封曄子坦永泰元年封衡陽王

安城王暠太祖第六子建元元年封

鄱陽王鏘太祖第七子建元元年封

桂陽王鑠太祖第八子建元元年封

始興王鑑太祖第十子建元元年封廣興王後國隨郡改名

江夏王鋒太祖第十一子建元三年封

南平王銳太祖第十五子永明元年封

宜都王鏗太祖第十六子永明元年封

晉熙王銶太祖第十八子永明四年封

河都王鉉太祖第十九子永明四年封

安陸侯緬太祖次兄始安貞王道生第三子建元元年封安陸侯食邑千戶

江陵公寶覽緬子建武元年封邑一千五百戶

晉城公寶宏緬子建武元年封汝南公邑一千五百戶三年改封

曲江公遙欣緬兄鳳子建武元年封聞善縣公遷荊州刺史改封

遙欣弟豐城縣公遙昌建武元年封千五百戶

新吳縣侯景先太祖從子建武元年封新吳縣伯邑五百戶武帝即位進爵爲侯

南豐伯赤斧太祖從祖弟宋末封永安亭侯食邑三百七十戶武帝親遇與景先相比封南豐縣伯邑四百戶

衡陽郡公諶於太祖爲絶服族子宋昇明中爲武帝中軍刑獄參軍東莞太守以勲勤封安復縣男三百戶海陵王立進爵爲公建武元年進爵衡陽郡公

臨汝縣公坦之太祖絶服族子隆昌元年追録父勲封臨汝縣男建武元年進爵爲侯假節討始安王進

光平進爵爲公

巴陵王昭秀文惠太子長懋第三子永明中封曲江公邑千五百戶鬱林即位封臨海郡王二千戶建武二年通直常侍庾曇隆啓曰周定雒邑天子置畿內之民漢都咸陽三輔爲社稷之衞中晋南遷事移威弛近郡名邦多有國食宋武創業依擬古典神州部內不復別封而孝武末年分樹寵子苟申私愛有乖訓典惟隆昌之元特開母弟之貴竊謂非古聖明御寓禮舊爲先畿內限斷宜遵昔制賜第授土一出於外州詔付尚書詳議其久改封昭秀爲巴陵王

桂陽王昭粲太子第四子鬱林王立封永嘉郡王建武二年改封桂陽王

竟陵王子良武帝第二子建元元年封聞喜縣公邑千五百戶武帝即位封景陵王邑二千戶

廬陵王子卿武帝第三子建元元年封臨汝縣公千五百戶武帝即位封廬陵王

巴東郡侯子響武帝第四子初豫章王嶷養爲後永明六年有司奏子響體自聖明出繼宗國大司馬臣（時嶷爲大司馬）在昔未有嗣息所以因心鞠養陛下弘天倫之愛臣荷深猶子之恩遂乃繼體扶疎世祚垂改茅

蔣蒼蔚家嗣莫移誠欣敦睦之風實虧立嫡之教臣等參議子響宜還本乃封巴東郡王

安陸王子敬武帝第五子初封應城縣公武帝即位封安陸王

晋安王子懋武帝第七子初封江陵公武帝即位封晋安王

隋郡王子隆武帝第八子初封授江公武帝即位封隋郡王

建平王子貞武帝第九子武帝即位封

西陽王子明武帝第十子永明元年封武昌王三年

復國璽改封西陽王
南海王子罕武帝第十一子永明元年封
巴陵王子倫武帝第十三子永明二年封
邵陵王子貞武帝第十四子永明四年封
臨賀王子岳武帝第十六子永明七年封
西陽王子文武帝第十七子永明七年封蜀郡王建武中改封西陽王
衡陽王子峻武帝第十八子永明七年封廣漢王建武中改封衡陽王
南康王子琳武帝第十九子永明七年封宣成王明

年改南康王
永安王子珉武帝第二十子永明七年封義安王後改永安安一作陽
湘東王子建武帝第二十一子永明八年封
南郡王子夏武帝第二十三子臣欽若等曰以後無封建年月者史闕
晉安王寶義明帝長子建武元年封
江夏王寶玄明帝第三子建武元年封
廬陵王寶源明帝第五子建武元年封
鄱陽王寶寅明帝第六子建武初封建安郡王和帝立宣德太后臨朝梁王爲建安公改封寶寅爲鄱陽王
邵陵王寶攸明帝第九子建武元年封南平郡王二年改封邵陵王
晉熙王寶嵩明帝第十子
桂陽王寶貞明帝第十一子
梁臨川靜惠王宏太祖第六子也武帝踐祚天監元年封臨川郡王食邑二千戶宏子正義平樂侯正德西豐侯後封臨賀郡王正則樂山侯正立羅平侯正表封山侯正信武化侯
安成王秀太祖第七子天監元年封食邑二千戶
南平王偉太祖第八子天監元年封建安郡食邑二

千戶十七年以建安土瘠改封
鄱陽王恢太祖第九子天監元年封食邑二千戶
始興王憺太祖第十子天監元年封食邑二千戶
西昌縣侯藻武帝長兄懿子天監元年封食邑五千戶
吳平縣侯景武從父弟天監元年封食千戶
景弟湘陰侯昂大通二年封邑一千戶
豫章王綜武帝第二子天監三年封邑三千戶
南康王績武帝第四子天監八年封邑二千戶
廬陵王續武帝第五子天監八年封邑二千戶

邵陵王綸武帝第六子天監十三年封邑二千戶綸子汝南侯堅大通元年封邑五百戶堅弟永安侯確大通二年封爲正階侯邑五百戶後徙封永安
武陵王紀武帝第八子天監十三年封邑二千戶
河東王譽字重孫昭明太子統第二子普通二年封
枝江縣公大通三年改封邑二千戶
武昌郡王警昭明太子大同三年封
義陽郡王䜭昭明太子太同三年封
豫章郡王權昭明太子子初封華容公中大通三年
改封
潯陽王大心簡文帝第二子中大通四年以皇孫封

當陽公邑千五百戶大寶元年改封邑二千戶
臨川王大款簡文帝三子初封江夏郡王大寶元年
改封
南海王大臨文帝第四子大通二年封寧國縣公邑
一千五百戶大寶元年改封邑二千戶
南郡王大連簡文帝第五子大通二年封臨城縣公
邑一千五百戶太寶元年改封邑二千戶
安陸王大春簡文帝第六子大同六年封西豐縣公
邑一千五百戶大寶元年改封邑二千戶
桂陽王大成簡文帝第八子即位初封山陽郡王大
寶元年改封
汝南王大封簡文帝第九子即位初封宜都郡王大
寶元年改封
瀏陽王大雅簡文帝第十二子大通九年封邑一千
五百戶
新興王大莊簡文帝第十三子大通九年封高唐縣
邑一千五百戶大寶元年封邑二千戶
西陽王大鈞簡文第十四子大寶元年封邑二千戶
武寧王大威簡文第十五子大寶元年封邑二千戶
建平王大球簡文第十七子大寶元年封邑二千戶

義安王大昕簡文第十八子大寶元年封邑二千戶
綏建王大摯簡文第十九子大寶元年封邑二千戶
樂梁王大圜簡文第二十子大寶元年封邑二千戶
始安王方畧元帝第十子承聖元年封
陳永修縣侯擬高祖疎屬也高祖踐祚與鍾陵侯裦
等十人同封詔曰維城宗子實固有周盤石懿親用
隆大漢故會盟則異姓爲後啟土則非劉勿王所以
糾合之榦廣樹藩屏前王懋典列代嘗規從子持節
員外散騎常侍明威將軍雍州刺史監南徐州擬持
節通直散騎侍郎貞威將軍北徐州刺史襃從子晃

昭從孫假節員外散騎常侍明威將軍詖假節信威將軍北徐州刺史吉陽縣開國侯誼假節通直散騎常侍郎信武將軍祐假節散騎侍郎雄信將軍青州刺史廣梁太守詳貞威將軍通直散騎侍郎惠紀敬雅恭泰並技戚寄近劬勞王室宜列河山以光封建擬可永修縣開國侯褒鍾陵縣開國侯晃建城縣開國侯炤上饒縣開國侯詖虔化縣開國侯誼仍全封祐豫章縣開國侯詳遂興縣開國侯惠紀宜黃縣開國侯敬雅寧都縣開國侯恭泰平固縣開國侯各五百戶

衡陽獻王昌高祖第六子梁元帝除員外散騎常侍荆州陷與宣帝俱遷關右高祖即位頻遣使請宣帝及昌周人許之是時王琳梗於中流昌未得還居於安睦王琳平後天嘉元年二月昌發自睦踰魯山濟江而巴陵王蕭沈等率百寮上表曰臣聞宗子維城隆周之懋軌封建藩屏有漢之弘規是以卜世斯永實資邢衛鼎命靈長實賴河楚伏惟陛下神猷光天聖德欽明道高日月德侔造化徃者王業惟始天步方艱參奉權謀糾合義烈戚畧外舉神武內定故以再康禹迹大庇生民者矣及聖武升遐王師遠次皇嗣叚隔繼業靡歸宗祧危殆綴旒非喻既而傳車言及公卿定策纂我洪基光昭景運民心有奉園寢克寧后來其蘇復在茲日物情天意皎然可求王琳逆命遘誅歲久今者連結犬羊乘流縱釁舟旗野陣緜江蔽陸兵疲民困杼軸用空中外騷然藩籬罔固乃旰食當朝平流授律蒼兕既馳長蛇自翦廓清四表澄滌八紘雄圖遐舉仁聲遠暢德化所覃風行草偃故以功深於微禹道大於惟堯豈直社稷用寧斯乃黔黎是賴第六皇弟昌近以妙年出質提絜寇手偏隔關徼旋踵末繇陛下天倫之愛既深克讓之懷常

切伏以大德無私至公有在豈得徇匹夫之常情忘王業之大計憲章故實式遵典禮欽若姬漢建樹賢戚湘中地維形勢控帶川阜扞城之寄匪親勿居宜啓服衡疑兼崇徽節臣等參議以昌爲使持節散騎常侍都督湘州諸軍事驃騎將軍湘州刺史衡陽郡王邑五千戶加給皂輪三望車後部鼓吹一部班劒二十人啓可奉行詔曰可

鄱陽王伯山文帝第三子初高祖時天下草創諸王授封儀注多闕及伯山受封文帝欲重其事天嘉元年七月丙辰尚書八座奏曰臣聞本枝惟允宗周之

業彌高磐石既建皇漢之基斯遠故能協宣五運規範百王式固靈根克隆卜世第三皇子伯山發睿德於齡年表岐姿於昔日光照冊掖暉映青闈而玉圭未秉金錫靡馮豈所以敦序維翰建樹藩戚臣等參議宜封鄱陽郡王詔曰可乃遣散騎常侍度支尚書蕭睿持節兼太宰告於太廟又遣五兵尚書王質持節兼太宰告於太社其年十月帝臨軒策命之策訖勑令王公已下並醼於王第

新安王伯固文帝第五子天嘉六年封邑二千戶

晉安王伯恭文帝第六子天嘉六年封

廬陵王伯仁文帝第八子天嘉六年子番後封湘濱侯

江夏王伯義文帝第九子天嘉六年封子元箕封湘覃侯

武陵王伯謙文帝第十子天嘉六年封

永陽王伯智文帝第十二子大建中封

桂陽王伯謀文帝第十三子大建中封

豫章王叔英宣帝第三子文帝封建安侯大建元年改封

長沙王叔堅宣帝第四子文帝封豐城侯大建元年改封

建安王叔卿宣帝第五子大建四年封

宜都王叔明宣帝第六子大建五年封

河東王叔獻宣帝第九子大建五年封

新蔡王叔齊宣帝第十一子大建七年封

晉熙王叔文宣帝第十二子大建七年封

淮南王叔彪宣帝第十三子大建八年封

始興王叔重宣帝第十四子後主即位初封

潯陽王叔儼宣帝第十五子後主即位初封

岳陽王叔慎宣帝第十六子大建十四年封

義陽王叔達宣帝第十七子大建十四年封

巴山王叔雄宣帝第十八子大建十四年封

武昌王叔虞宣帝第十九子大建十四年封

湘東王叔平宣帝第二十子至德元年封

臨賀王叔敖宣帝第二十一子至德元年封

陽山王叔宣宣帝第二十二子至德元年封

西陽王叔穆宣帝第二十三子至德元年封

南安王叔儉宣帝第二十四子至德元年封

南郡王叔澄宣帝第二十五子至德元年封

沅陵王叔興宣帝第二十六子至德元年封

岳山王叔韶宣帝第二十七子至德元年封

新興王叔純宣帝第二十八子至德元年封

巴東王叔謨宣帝第二十九子至德四年封
臨江王叔顯宣帝第三十子至德四年封
新會王叔坦宣帝第三十一子至德四年封
新寧王叔隆宣帝第三十二子至德四年封
新昌王叔榮宣帝第三十三子禎明二年封立爲新昌王
太原王叔匡宣帝第三十四子禎明二年封臨汝縣侯
方慶高祖第南康忠壯王休先之孫天嘉中封
吳興王胤後主長子宣帝大建十年封爲永康公後

王即位立爲皇太子禎明二年廢封
南平王嶷後主第二子至德元年封
永嘉王彥後主第三子至德元年封
南海王虔後主第五子至德元年封
信義王祗後主第六子至德元年封
邵陵王兢後主第七子至德元年封
會稽王莊後主第八子至德元年封
東陽王恮後主第九子禎明二年封邑一千戶
吳郡王蕃後主第十子禎明二年封
錢唐王恬後主第十一子禎明二年封

後魏文安公泥國之疎族也道武厚遇之特封泥子屈明元時屈門下出納詔命封元城侯屈子磨渾少爲明元所知封長沙公
上谷公紇羅神元帝曾孫道武即帝位以援立功與弟建同日賜爵爲公子提襲封襄城侯
建德公嬰文貞定侯陸並神光後並仕太武時獲封爵
武陵侯因章帝後從道武平中原以功封曲逆侯太武時改爵
長樂王壽樂章帝後太武時位選部尚書封南安王後改封

望都公頹昭帝後隨道武平中原賜爵望都侯太武時進爵爲公
曲陽侯素延桓帝後以小年從道武征討賜爵
順陽公郁桓帝後文成時位殿中尚書賜爵定都王
目辰桓帝後文成時爲尚書左僕射封南平公獻文傳位有定策勳孝文即位封襄邑子陵平文帝後太武賜爵襄邑男進爵爲子
華山王鷙平文帝後孝文末以軍功賜爵晉陽男永初封
松滋侯度平文帝後道武初賜爵

度孫上黨王天穆莊帝踐祚除太尉封上黨後增封
通前三萬戸元顥乘虛陷雒陽莊帝還宮增邑通前
七萬戸
西河公敦文帝曾孫也太武時賜爵
樂成侯與都烈帝文成時爲河間太守爵賜樂成子
獻文初以子丕貴重進爵
興都子東陽王丕太武時賜爵興平子獻文即位爲
侍中丞相乙渾謀反丕以奏聞詔收誅之改封東陽
公孝文時封東陽王後例降王爵封平陽郡公後詔
以平陽畿甸改封新興公子雋邑並有軍功雋封新

安縣男邑封涇縣男
淮陵侯大頭烈帝曾孫文成初封
河間公齊烈帝玄孫大武時賜爵浮陽侯從征和龍
以功進爵爲公後坐事免官爵後爲前將軍赴仇池
威振羌氐復賜爵河間公齊子蘭孝文初賜爵建陽子齊子志孝明封建忠伯
扶風公處眞烈帝之後少以壯烈聞位殿中尚書
吉陽男地干道武族弟以司衞監討白澗丁零有功
封
江夏公呂道武族弟也以軍功封
衛王儀道武兄秦王翰子道武在賀蘭部侍從出入
登國初賜爵九原公後改封平原公又從封東平公
從平中山進封衛王儀子中山王纂太武踐祚封中
山公進爵爲王
纂弟新蔡公幹從太武南巡賜爵
幹子沛郡公顗孝武初賜爵
陰平王烈衛王儀弟元紹之逆烈迎立明元以功進
爵陰平王
嘗山王遵道武兄壽鳩之子道武初有佐命勳賜爵
雒陽公後封嘗山王
遵子暨陽子可悉陵從太武平凉州殺沮渠茂虔一

驍將帝壯之即日拜都幢將賜爵
可悉陵弟城陽公忠孝文時賜爵忠弟德府河間公
德弟贇爲司州刺史封上谷侯
陳留公虔道武兄紇根之子登國初賜爵陳留公虔
兄蒲城侯顗從道武平中山以功賜爵
毗陵王順紇根弟地干之子登國初賜爵南安公及
道武討中山留順守京師栢肆之敗軍人有亡歸者
言大軍奔散不知帝所在順聞之欲自立納莫題諫
乃止時賀力眷等聚衆作亂於陰館順討之不尅乃
從留宮自白登南人繁畤故城阻㶟水爲固以寧人

心道武善之進封爲王
遼西公意烈地干弟力眞之子道武平中原意烈有戰獲勳賜爵意烈弟勃以勳封彭城公
意烈弟武遂子忮干明元踐祚賜勳
陽豐公庫汗力眞曾孫爲羽林中郎將文成起景穆廟賜爵陽豐侯獻文卽位復造文成廟拜殿中給事進爵爲公
清河王紹道武子天興六年封
陽平王熙道武子天興六年封熙曾孫均封安康縣伯均一子忻爲東阿侯禹爲鄄城縣伯

河南王曜道武子天興六年封
河間王修道武子天錫四年封
長樂王處文道武子天錫四年封
廣平王連道武子天錫四年封
京兆王黎道武子天錫四年封
樂平王丕明元子泰常七年封
安定王彌明元子泰常七年封
樂安王範明元子泰常七年封
永昌王健明元子泰常七年封
建寧王崇明元子泰常七年封

晉王伏羅太武子眞君三年封
東平王翰太武子眞君三年封泰王後改封
臨淮王譚太武子眞君三年封燕王後改封
廣陽王建太武子眞君三年封楚王後改封
南安王余太武子眞君三年封吳王後改封
陽平王新成景穆帝子太安三年封新成子衍封廣安侯
京兆王子推景穆帝子太安五年封子推子遷從孝文南征賜爵饒陽男孫暹莊帝時爲男兗州刺史元顥入暹據州不降封汝陽王
濟陰王小新成景穆子和平二年封
汝陰王天賜景穆子和平三年封天賜子沂封東燕縣男

樂良王萬壽景穆子和平三年封
廣平王雒侯景穆子和平三年封
任城王雲景穆子和平五年封
高平縣侯嵩任城王澄子從孝文南伐嵩勇冠三軍孝文大悅而言曰任城康王大有福德文武出其門以功賜爵高平縣侯
南安王禎景穆子皇興二年封禎子英宣武正始元年封中山王禎孫畧孝明時封東平王肅莊帝時封魯郡王
城陽王長壽景穆帝子皇興二年封長壽孫顯恭以軍功封平陽縣子旭莊帝時封襄城郡王

安定王休景穆帝子皇興二年封及開建五等食邑二千戶休子貴平莊帝初封東萊王孫長壽武定初封滄郡王

安樂王長壽文成第二子皇興四年封建昌王後改封曾孫爽出帝時封頴川郡王

廣川王畧文成子延興二年封

齊郡王簡文成子太和五年封

安豐王猛字秀烈文成子太和五年封

咸陽王禧獻文成子太和九年封後孝文詔以禧元弟之重食邑二千戶自餘五王皆食邑二千戶禧子永初封琅邪縣開國公邑五百戶莊帝初時封太原王

趙郡王幹獻文帝子太和九年封河南王孝文遷雒改封趙郡王幹子謐初以親例封土蔡縣開國公食邑四百戶讓而不受莊帝初封魏郡王食邑一千戶後復封趙郡王謐弟諶孝明時封平鄉縣開國男食邑二百戶

廣陵王羽獻文子也太和九年封及五等開建羽食渤海之東邑二千戶子忻孝莊初封沛郡王邑二千戶後改封淮陽王欣弟業普泰元年封高密郡王邑二千戶

高陽王雍獻文子太和九年封頴川王久之改封高陽五等開建食邑二千戶靈太后增雍封一千戶雍孫瑞封安德縣公叡封濟北郡王誕封昌樂王勤又出帝初封陽平縣叵封濮陽縣伏陀封武陽縣彌陀封新陽縣僧育封頓丘縣居雜封衛國縣並開國伯食邑四百戶

彭城王勰獻文子太和九年封始平王開建五等食邑二千戶改封勰薨靈太后詔曰故太師彭城武宣王謙光守約屢爲增邑之賞辭多受少終保初錫之封可以先後所封戶別封三千爲縣公食邑各一千戶子直眞定縣公子正霸城縣公子貞子劭莊帝初封浮陽王劭弟質封林慮王邑各千戶

北海王詳獻文子太和九年封詳子瑱初封平樂縣公莊帝初進封

京兆王瑜孝文子太和二十一年封

清河王懌孝文子太和二十一年封

廣平王懷孝文子太和二十一年封懷子誨孝宣二年封范陽王

汝南王悅孝文子景明四年封悅孫綽天平二年封琅邪王

樂平王最昭成皇帝宗室從孝武入關封

沛郡王恕前廢帝子普泰元年封渤海王太昌元年改封

陳郡王曜嘗山郡王子興和元年封

宜陽王景植孝靜兄興和二年封

清河王威孝靜弟興和二年封

頴川王謙孝靜弟興和二年封

冊府元龜

巡按福建監察御史臣李嗣京　訂正
分守建南道左布政使臣胡維霖　叅閱
知建陽縣事臣黄國琦較釋

宗室部　四

封建第四

北齊廣平公盛高祖從叔祖高祖起兵於信都以盛爲中軍大都督封廣平公

永安王浚高祖第三子東魏元象中封永安郡公天保元年進爵爲王

平陽王淹高祖第四子東魏元象中封陽平郡公天保元年進爵爲王

彭城王浟高祖第五子東魏元象二年封長樂郡公天保元年封彭城王

上黨王渙高祖第七子東魏元象中封平原郡公天保元年封王

襄城王淯高祖第八子東魏元象中封章武郡公天保元年封王

任成王湝高祖第十子天保元年封

高陽王湜高祖第十一子天保元年封

博陵王濟高祖第十二子天保元年封

華山王凝高祖第十三子天保元年封新平郡王九年改封安定十五年封華山

馮翊王潤高祖第十四子天保初封

漢陽王洽高祖第十五子天保元年封

清河王岳高祖從父弟後魏太昌初封清河郡公食邑二千戸天保元年進封

平秦王歸彦高祖族弟天保元年封

武興王普歸彦兄子天保元年封

襄樂王顯國高祖從祖弟天保元年封

廣武王長弼高祖從祖兄子天保元年以宗室封

上雒王思宗高祖從子天保初封

河南王孝瑜文襄長子東魏封河南郡公天保元年進爵爲王

廣寧王孝珩文襄第二子天保元年封

河間王孝琬文襄第三子天保元年封

蘭陵王長恭一名孝瓘文襄第四子

安德王延宗文襄第五子爲文宣所愛年十二文宣嘗問欲作何王對曰欲作衡天王文宣謂楊愔曰天下無此郡名願使安於德於是封安德爲

漁陽王紹信文襄第六子
太原王紹德文宣第二子
范陽王紹義文宣第三子初封廣陽徙封范陽
西河王紹仁文宣第四子
隴西王紹廉文宣第五子初封長樂後改焉
樂陵王百年孝昭第二子大寧中封
汝南王彥理孝昭子武平初封
始平王彥德城陽王彥基定陽王彥康汝南王彥忠
並孝昭子與汝南同受封
南陽王綽武成第二子初名融字君明出後

漢陽王河清二年改封南陽別爲漢陽置後
琅邪王儼武成第三子天統二年封東平王後改封
齊安王廓武成第四子天統二年封
北平王貞武成第五子天統二年封
高平王仁英武成第六子天統二年封
淮南王仁光武成第七子天統二年封
西河王仁機樂平王仁邕潁川王仁儉安樂王仁雅
丹陽王仁道東海王仁謙並武成子天統三年封
後周晉公護太祖兄子魏帝初封迪木縣伯邑五百
戶太統初進爵中山公增邑通前一千戶孝閔踐祚
封晉國公邑萬戶護子會封譚國公至封莒國公靜封崇業公瀧封昌城公乾嘉封正平公
衛王直太祖子西魏封秦郡公武成初進封衛公建
德三年進爵爲王
齊王憲太祖子西魏封安城郡公明帝即位進爵齊
國公邑萬戶建德三年進爵爲王憲子貴封安定郡公質河間郡王賓中坦公乾禧安城公乾河龍涸公
趙王招太祖子西魏封正平郡公武成初進封趙國
公建德三年進爵爲王大象元年詔以雒州襄國郡
邑萬戶爲趙國招子員封慶德公貫封永康王乾封觬越公

譙王儉太祖子武成初封譙國公建德三年進爵爲
王
陳王純太祖子也武成初封陳國公建德三年進爵
爲王大象元年詔以濟南郡邑萬戶爲陳國
越王盛太祖子武成初封越國公建德三年進爵爲
王大象元年詔以豐州武當安昌二郡邑萬戶爲越
國
代王達太祖子武成初封代國公建德三年進爵爲
王大象元年詔以潞州上黨郡邑萬戶爲代國
冀國公通太祖子武成初封

滕王逌大祖子武成初封滕國公建德三年進爵爲
王大象元年詔以荆州新野郡邑萬户爲滕國
安化王深太祖族子西魏累封長樂縣侯武成元年
改封汝南郡公慶太祖族子從武帝克并州以功封
豳公廣太祖兄子導之子初封蔡公邑萬户武帝時
封豳公
紀王康孝閔子保定初封紀國公建德三年進爵爲
王
畢王賢明帝子保定四年封畢公建德三年進爵爲
王

酆王貞明帝子初封酆國公建德三年進爵爲王
漢王贊武帝子初封漢國公建德三年進爵爲王
秦王贄曹王允道王充蔡王兌荆王元俱武帝子
萊王衎郢王術皆宣帝子大象二年封
隋滕王瓚一名慧高祖母弟周世以太祖軍功封竟
陵郡公高祖作相進邵國公及受禪立爲滕王（子坦封竟陵郡公）
衛王爽高祖異母弟也明皇初立爲衛王二年賜爽
貞食梁安縣千户
河間王弘高祖從祖弟高祖爲丞相嘗置左右委心
腹賜爵永康縣公開皇初進爵郡公尋贈其父爲柱
國尚書令河間郡公其年立弘爲河間王
觀德王雄高祖族子在周封武陽縣公邑千户大象
中進爵邗國公邑五千户高祖受禪進封廣平王食
邑五千户以邗公别封一子雄請封弟士貴許之尋
改封清漳王仁壽初高祖曰清漳之名未允聲望命
職方進地圖上指安德郡以示羣臣曰此號足爲明
德相稱於是改封安德王大業中改封觀德王
雄弟遂寧子達在周封遂寧縣男高祖受禪進爵爲
子

高陽郡公智明開封縣公智才並高祖弟慗之子開
皇元年封
秦王俊高祖第三子開皇元年十一月封（俊子湛大業初封齊北侯）
蜀王秀高祖第四子開皇元年立爲越王未幾徙封
於蜀
漢王諒一名傑高祖第五子開皇元年封
齊王暕煬帝第二子開皇中立爲豫章王食邑千户
煬帝即位進封齊王增邑四千户
趙王杲煬帝小子年七歲以大業九年封

長寧王儼廢太子勇長子六歲封儼弟平原王裕安城王筠安平王嶷襄城王恪高陽王該建安王韶潁川王煚皆勇子也並開皇六年封

燕王倓越王侗並元德太子昭子大業二年封

唐平原王白駒國之宗室隋末封黃瓜公高祖武德元年受禪改封

永安王孝基高祖從父弟隋末封蜀郡公武德元年改封

淮安王神通高祖從父弟武德元年封永康王尋改封貞觀元年賜實封五百戶

神通子膠東王道彥高祖受禪封義興郡公武德五年進封膠東王

道彥弟高密王孝察淄川王孝同廣平王孝慈河間王孝友清河王孝節膠西孝義貞觀初降爵為公初高祖受禪以天下未定廣封宗室以威天下皇從弟及姪年始孩童者數十人皆封為郡王太宗即位因舉宗正屬籍問侍臣曰徧封宗子於天下便乎尚書右僕射封德彞對曰歷觀往古封王者今最為多兩漢已降惟封帝子及親兄弟若宗室既遠者非有大功如周之郇滕漢之賈澤並不得濫封所以別親疎也先朝敦睦九族一切封王爵命既隆多給力役蓋以天下為私殊非至公馭物之道太宗曰朕理天下本為百姓非欲勞百姓以養已之親也於是宗室率以屬疏降爵郡公惟有功者數十人封王是時道彥等隨例降爵神通幼子為逸初封梁郡公光宅元年平徐敬業改封吳國公

襄邑王神符神通弟也義寧初封安吉郡公武德元年進封襄邑郡公神符次子德懋武德初封臨川郡王少子文暕魏郡王後例降為公

長平王叔良高祖從父弟也義寧初封長平郡公武德元年進爵為王

叔良弟新興王德良武德初封

德良弟長樂王幼良武德初封

襄武王琛高祖從父兄子也義寧初封襄武郡公武德元年進爵為王

琛弟河間王孝恭初封趙郡公武德二年進爵為王九年賜實封邑千二百戶貞觀初以功臣之例封河

間郡王

孝恭弟濟北郡王瑊武德中封

瑊弟漢陽郡公瓌武德元年封漢陽郡公五年進爵為王太宗即位例降爵為公

廬江王瑗高祖從父兄子武德元年封

淮陽王道玄高祖從父兄子武德元年封

江夏王道宗道玄從父弟武德元年封雒陽郡公武德五年授靈州總管梁師都據夏州遣弟引突厥兵數萬至其城下道宗閉門拒守伺隙而戰賊徒大破高祖聞而嘉之謂左僕射裴寂等曰道宗今能守邊

以寡制衆若魏任城王彰臨戎却敵道宗勇敢有同於彼遂封爲任城王貞觀三年以功賜實封六百戸十二年改江夏王道宗子景恒封盧國公

隴西王博乂渤海王奉慈皆高祖兄子武德元年封

巢王元吉高祖第四子義師起封姑臧郡公尋進封齊國公武德元年進爵爲王元吉子梁郡王承業魚陽王承鸞普安王承奬江夏王承裕義陽王承度

荆王元景高祖第六子武德三年封趙王貞觀十年徙封

漢王元昌高祖第七子武德三年封爲魯王貞觀十

年改封

鄧王元亨高祖第八子武德三年封

周王元方高祖第九子武德四年封

徐王元禮高祖第十子武德四年封鄭王貞觀六年賜實封七百戸徙封

韓王元嘉高祖第十一子武德四年封宋王五年徙封徐王貞觀六年賜實封七百戸十年改封元嘉子潁川王訓武陵王誼黄公譔

彭王元則高祖第十二子武德四年封荆王貞觀十年改封

鄭王懿高祖第十三子也武德四年封滕王貞觀七年賜實封六百戸十年改封

霍王元軌高祖第十四子武德六年封蜀王八年徙封吳王貞觀七年賜實封六百戸十年改封

虢王元鳳高祖第十五子武德六年封豳王貞觀七年賜實封六百戸十年徙封虢王元鳳子定襄郡公宏東莞郡公融

道王元慶高祖第十六子武德六年封漢王八年改封陳王貞觀九年賜實封八百戸十年改封

鄧王元裕高祖第十七子貞觀五年封鄶王十一年改封

舒王元名高祖第十八子貞觀五年封譙王十一年徙封元名子豫章王亶

魯王雲夔高祖第十九子貞觀五年封魏王十年改封燕王賜實封八百戸十四年改封雲夔子清河王誨范陽王藹

江王元祥高祖第二十子也貞觀五年封許王十一年徙封

密王元曉高祖第二十一子也貞觀五年封

滕王元嬰高祖第二十二子也貞觀十二年封

太原王承宗安陸王承道河東王承德武安王承訓汝南王承明鉅鹿王承義立爲隱太子子史闕封年月

吳王恪太宗第三子武德三年封長沙郡王貞觀初改爲漢王十年徙封

恪子成王千里初名仁永徽中恪被誅流于嶺表尋封爲封林縣侯中興初進封成王千里弟歸政郡王竟中興初封

濮王泰太宗第四子武德三年封宜都郡王四年進封衛王貞觀二年改封越王十年徙封魏王十七年降封東萊郡王尋改封爲順陽王二十一年進封濮王

齊王祐太宗第五子武德八年封宜陽王其年改封

楚王貞觀二年徙封燕王十年改封齊王

蜀王愔太宗第六子貞觀五年封梁王十年改封

蔣王惲太宗第七子貞觀五年封郯王十年改封惲子蔡國公煒

越王貞太宗第八子貞觀五年封漢王十年改封原王尋徙封越王

紀王慎太宗第十子貞觀五年封申王十年改封慎子東平王續義陽王琮楚國公睿襄郡公秀廣化郡公獻建平郡公欽

江王囂太宗第十一子貞觀五年封

代王簡太宗第十二子貞觀五年封

趙王福太宗第十三子貞觀十三年封

曹王明太宗第十四子貞觀二十一年封

原王孝高宗第二子永徽元年封

澤王上金高宗第三子永徽元年封杞王乾封元年有罪削封邑仍於澧安置文明元年封畢王尋又改封澤王

許王素節高宗第四子永徽二年封雍王年十二改封郇王爲則天讒嫉出爲申州刺史則天誣以贓賄降封鄱陽郡王仍於袁州安置文明元年封葛王尋又改封許王

安樂郡王光順高宗太子賢長子天授中封安樂郡王

光順弟守義永安郡王文明中封犍爲郡王垂拱四年徙封

守義弟邠王守禮本名光仁初封嗣雍王神龍元年進封邠王守禮子薦武郡王承宏開元初封燉煌郡王永宗至德二年封

譙王重福中宗第二子初封唐昌王聖曆三年徙封平安王長安四年進封譙王

襄王重茂中宗第四子聖曆三年封北海王神龍初進封溫王爲韋庶人所立韋氏敗茂遜位景雲二年

改封襄王遷於集州湖陽王宗暉中宗太子重俊子
開元初封
寧王憲本名成器睿宗長子初封永平郡王長壽二
年改封壽春郡王中宗即位改封蔡王加實封通舊
七百戶固辭不敢當依舊爲壽春郡王唐隆元年進
封宋王開元四年封寧王憲子汝陽郡王璡濟陰郡王嗣莊同安郡王珣開元初
封蒼梧郡開國公珽晉昌郡開國公瑨魏郡開國公
珦文安郡開國公瓘並天寶十一載封漢中王瑀初
封隴西郡公天寶十五載從玄
宗幸蜀至漢中因封漢中王
申王撝本名承義睿宗第二子垂拱三年封常山王
壽改封衡陽郡王睿宗踐祚進封申王

岐王範本名隆範睿宗第四子初封鄭王壽改封衛
王張壽二年從封巴陵郡王睿宗踐祚進封岐王範子河東郡王瑾
薛王業本名隆業睿宗第五子垂拱三年封
趙王長壽二年改封中山郡王又改封彭城郡王睿
宗即位進封薛王業子樂安郡王瑗榮陽王瑒
汝南王隆悌睿宗第六子則天時封王
慶王琮玄宗長子景雲元年封許昌郡王先天元年
進封郯王開元十三年改封慶王琮子鄭國公儼天寶十載封
新平郡王儼平原郡王仲皆玄宗第四子瑛之子也

並開元二十八年封
棣王琰玄宗第四子開元二年封鄫王十二年改封
棣王琰子汝南郡王侒宜都王徵濟南王僑宋國公僑
鄂王瑤玄宗第五子開元二年封
榮王琬玄宗第六子開元二年封郢王十二年封榮
王琬子濟陽王俯北平王倩
光王琚玄宗第八子開元十三年封
儀王璲玄宗第十一子開元十三年封璲子陵郡王供廣陵王健
臨川王佽
潁王璬玄宗第十三子開元十三年封璬子榮陽郡王伸高邑郡

王𠈌楚國公倪夔國公傳
永王璘玄宗第十四子開元十三年封璘子襄城郡公陽餘姚郡公儹莒國公偵成國公傑
壽王瑁玄宗第十八子開元十三年封瑁子河間郡王僾濟陽郡王僜廣陽郡王倢薛國公伉滕國公俏安德郡王僾
延王玢玄宗第二十子開元十三年封玢子彭城郡王仲陽陵郡王健魯國公倧荊國公偃
盛王琦玄宗第二十一子開元十三年封琦子真定郡王償武都郡王佩徐國公俗許國公係
濟王環玄宗第二十二子開元十三年封環子永嘉郡王像平

樂郡王儼沛國公伸

信王瑝玄宗第二十三子開元十三年封瑝子新安郡王倸晉陵郡王僴吳國公保越國公伋

義王玼玄宗第二十四子開元十三年封玼子舞陽郡王僙高密郡王僇曹國公倠魏國公傛

陳王珪玄宗第二十五子開元二十三年封珪子臨淮郡王佇安陽郡王伩安南郡王倫代國公俘

曹王珙玄宗第二十六子開元二十三年封珙子齊安郡王佻宜春郡王伷甄國公伙江國公佪

甞山王瑱玄宗第二十七子開元二十八年封

涼王璿玄宗第二十九子開元二十三年封璿子盧陽郡王伪安定郡王仕牆國公侶鄭國公仰

汴王璥玄宗第三十子開元二十五年封

越王係本名儋肅宗第二子天寶中封南陽郡王至德二年進封趙王乾元元年封係子武盛郡王建興道郡王道齊國公逾並元年建丑月封

建寧郡王倓肅宗第三子天寶中封代宗即位建寧郡王大曆中追諡承天皇帝

西平郡王佖肅宗第四子天寶中封寶應中追封衛王

彭王僅肅宗第五子天寶中封新城郡王至德二年進封僅子嘗山郡王述元年建丑月封

兗王僴肅宗第六子天寶中封潁川郡王至德二年進封

涇王侹肅宗第七子天寶中封東陽郡王至德二年進封

鄆王榮肅宗第八子天寶中封靈昌郡王寶應中追封鄆王

襄王僙肅宗第九子至德二年封

杞王倕肅宗第十子至德二年封

召王偲肅宗第十一子至德二年封

興王佋肅宗第十二子至德二年封上元元年追贈六子

定王侗肅宗第十三子至德二年封

宋王僖肅宗第十四子初封淮陽王後追封宋王

鄭王邈代宗第二子肅宗元年建丑月封益昌郡王寶曆元年改封天曆九年贈昭靖太子

睦王述代宗第四子大曆十年封述子汝源郡王調貞元四年封

丹王逾代宗第五子大曆十年封郴王建中四年改封逾子寧朔郡王訪貞元四年封

恩王連代宗第六子大曆十年封連子景成郡王蒨貞元四年封

韓王迥代宗第七子初封延慶郡王丹日獨孤皇后以母寵既生而受封寶應二年封韓王迥子安康郡王諧元和元

年封

簡王遘代宗第八子大曆十年封鄜王建中四年改封（遘子年恩郡王誸貞元四年封）

益王廼代宗第九子大曆十四年封

隋王迅代宗第十子大曆十二年封

蜀王遡代宗第十二子大曆十四年封

忻王造代宗第十三子大曆十年封（造子武威郡王諸貞元四年封）

韶王暹代宗第十四子大曆十年封（暹子晉昌郡王詡貞元四年封）

嘉王運代宗第十五子大曆十年封（運子新安郡王訢貞元四年封）

端王遇代宗第十六子大曆十年封（遇子新興郡王誠貞元四年封）

循王遹代宗第十七子大曆十年封（遹子平樂郡王詎貞元四年封）

恭王通代宗第十八子大曆十年封

原王逵代宗第十九子大曆十年封

雅王逸代宗第二十子大曆十年封

舒王誼代宗太子邈之子以其最幼德宗憐之命爲已子大曆十四年封舒王建中四年改封晉王貞元元年復封舒王（誼子寧碁郡王椽貞元四年封）

通王諶德宗第三子大曆十四年封

虔王諒德宗第四子大曆十四年封

肅王詳德宗第五子大曆十四年封

邕王源順宗之子德宗愛之命爲子貞元四年封

資王謙德宗第七子大曆十四年封

代王諲德宗第八子本封晉雲郡王（追封代王）

昭王誡德宗第九子貞元二十一年封

欽王諤德宗第十子順宗即位封

珍王誠德宗第十一子順宗即位封

郯王經本名湶順宗第二子貞元四年封建康郡王二十一年進封

均王緯本名浰順宗第三子貞元四年封洋川郡王二十一年進封

溆王縱本名洵順宗第四子貞元四年封南淮郡王二十一年進封

莒王紓本名涚順宗第五子貞元四年封弘農郡王二十一年進封

密王綢本名泳順宗第六子貞元四年封漢東郡王二十一年進封

郇王總本名湜順宗第七子貞元四年封晉陵郡王二十一年進封

邵王約本名溆順宗第八子初貞元四年封高平郡王二十一年進封

宋王結本名谥順宗第九子貞元四年封雲安郡王二十一年進封
集王緗本名溎順宗第十子初封宣城郡王貞元二十一年進封
冀王絿本名滑順宗第十一子貞元四年封德陽郡王二十一年進封
和王綺本名浥順宗第十二子貞元四年封河東郡王二十一年進封
衡王約順宗第十三子貞元二十一年封
欽王續順宗第十四子貞元二十一年封

會王纁順宗第十五子貞元二十一年封
福王綰本名浥順宗第十六子母莊憲王皇后憲宗同出貞元四年封河東郡王二十一年封
珍王繕本名涀順宗第十七子貞元四年封雒交郡王貞元二十一年進封
元王紘順宗第十八子貞元二十一年封
岳王緄順宗第十九子貞元二十一年封
袁王紳順宗第二十子貞元二十一年封
桂王綸順宗第二十一子貞元二十一年封
翼王綽順宗第二十二子貞元二十一年封

鄆王緋順宗第二十三子咸通八年封臣欽若等按順宗永貞至懿宗咸通凡六十一歲始受史臣之誤也
澧王惲本名寬憲宗第二子貞元二十一年封同安郡王元和元年進封惲子東陽郡王漢安陸郡王泡臨安郡王演一作廣太和八年同封
深王悰本名察憲宗第四子貞元二十一年封彭城郡王元和元年進封悰子河內郡王韋吳興郡王淑徽一作叔太和八年封
洋王忻本名寰憲宗第五子貞元二十一年封高密郡王元和元年進封忻子潁川郡王泲大和八年封
絳王悟本名寮憲宗第六子貞元二十一年封文安

郡王元和元年進封悟子新平郡王㴶高平郡王潒太和八年封
建王恪本名審憲宗第七子元和元年封
鄜王憬憲宗子臣欽若等曰此復不言行第者史闕長慶元年封憬子平陽郡公溥太和八年封
瓊王悅憲宗子長慶元年封悅子河間郡王津
沔王恂憲宗子長慶元年封汚子普陵郡王瀛
婺王懌憲宗子長慶元年封懌子新平郡王清
茂王愔憲宗子長慶元年封愔子武功郡王濾
淄王協憲宗第十四子長慶元年封協子許昌郡王瀚馮翊郡王瀴
衢王憺憲宗子長慶元年封憺子晉平郡王滌

澶王悅憲宗子長慶元年封悅王厲門郡王濘

棣王惴憲宗子大中六年封

彭王惕憲宗子大中三年封

信王憻憲宗子大中十四年封

榮王憒憲宗子咸通三年封

漳王湊穆宗第六子長慶初封

安王溶穆宗第八子長慶元年封

晉王懷普敬宗長子寶曆元年封

梁王休復敬宗第二子開成二年封

襄王執中敬宗第三子開成二年封

樂平郡王宷執中第三子開成三年封

紀王言楊敬宗第四子開成二年封

宣城郡王儠敬宗太子成美子開成三年封

蔣王宗儉文宗第二子開成二年封

杞王峻武宗子開成五年封

益王現兗王峻德王嶧昌王嵯並武宗子會昌二年封

雍王濆宣宗子也會昌六年封

雅王涇宣宗第二子大中元年封

夔王滋宣宗第三子會昌六年封

慶王沂宣宗第四子會昌六年封

濮王澤宣宗第五子大中二年封

鄂王潤宣宗第六子大中五年封

懷王洽宣宗第七子大中八年封

昭王汭宣宗第八子大中八年封

康王汶宣宗第九子大中八年封

衛王灌宣宗子大中十一年封

廣王澭宣宗子大中十一年封

魏王佾懿宗子咸通三年封

涼王侹懿宗子咸通三年封

蜀王佶懿宗子咸通三年封

盛王侶懿宗子咸通六年封

閬王保懿宗子咸通十三年封

睦王倚懿宗子咸通十三年封

建王震僖宗子中和元年封

益王陞僖宗子光啓三年封

德王裕昭宗長子大順二年封

棣王祤昭宗第三子乾寧二年封

虔王禊昭宗第五子乾寧二年封

沂王禋昭宗第六子乾寧二年封

遂王禕昭宗第七子乾寧二年封
景王祕昭宗第八子乾寧四年封
祁王祺昭宗第十子乾寧四年封
雅王禛昭宗第十一子乾寧四年封
瓊王祥昭宗第十二子乾寧四年封
梁廣王全昱太祖長兄也開平元年封子衡王友諒
惠王友能邵王友誨並與父同受封
郢王友珪太祖開平元年封
福王友璋太祖子開平元年封
賀王友雍太祖子開平元年封

建王友徽太祖子開平元年封
康王友孜太祖子乾化三年封
後唐永王存霸莊宗第二弟同光三年封
邕王存美莊宗第三弟同光三年封
申王存渥莊宗第四弟同光三年封
睦王存乂莊宗第五弟同光三年封
通王存確莊宗第六弟同光三年封
雅王存紀莊宗第七弟同光三年封
魏王繼岌莊宗子同光三年封
秦王從榮明宗第二子長興元年封
許王從益明宗幼子長興四年封
兗王從溫明宗猶子長興四年封
洋王從璋明宗猶子長興四年封
雍王從美末帝次子清泰元年封臣欽若等曰自晉至周三代宗室皆授節將而無王爵其追封領鎮各具逐門

冊府元龜

巡按福建監察御史臣李嗣京　訂正
分守建南道左布政使臣胡維霖　參閱
知建陽縣事臣黄國琦　較釋

宗室部五

儀貌　材藝

儀貌

洪範五事其二曰貌盖所謂發乎容止著乎儀表者也矧乃託體霄極毓質禹禁粹靈攸蘊光華允集乃有奇姿雋彩孤標傑出聳羣庶之瞻仰增藩戚之焜

燿至或風度閒曠舉措詳緩威稜峻發眄睞雄毅斯固有儀可象望之儼然者已其於稟肖魁怪方牘所記者亦備載云

後漢東平王蒼光武子爲人美鬚髯腰帶八圍明帝甚愛重之詔曰向者問東平王處家何等最樂王言爲善最樂其言甚大副是腰腹矣

下邳王衍明帝子有容貌章帝即位常在左右

蠡吾侯翼章帝子河間王之後元初六年徵詣京師鄧太后奇翼美儀容以爲平原懷王後

魏鄧哀王冲容貌姿美有殊於衆太祖時特見寵異

晉長沙王乂身長七尺

南陽王世子保體質豐偉嘗自稱重八百斤

清河康王遐字深度美容儀有精彩武帝愛之

宋廬陵王義眞美儀貌神情秀徹

南郡王義宣白晳美鬚眉長七尺五寸腰帶十圍

南齊豫章王嶷身長七尺八寸善持容範文物衛從禮冠百僚每出入殿省皆瞻望嚴肅

嶷弟宜都王鏗身長七尺狀似嶷咸以國器許之

隋郡王子隆年二十一而體過充壯常服蘆茹圓以自消損

西陽王子明丰姿明淨士女觀者咸嗟嘆之

臨汝侯坦之肥黑無鬚語聲嘶時人號爲蕭瘂

恪弟定襄縣侯祇美風儀幼有令譽

鄱陽王範世子嗣容貌豐偉腰帶十圍

宜豐侯修爲衛尉卿美姿貌每屯兵周圍武帝視之移輦

臨川靜惠王宏身長八尺美鬚眉容止可觀

永陽嗣王伯游美風神善玄言

安陸王大春簡文子體貌環偉腰帶十圍

武威王大威簡文子美風儀眉目如畫

陳衡陽王昌高祖子容貌偉麗精神秀朗

都陽王伯山字靜之文帝子偉容儀舉止閒雅喜慍不形於色文帝深器之
新安王伯固文帝子生而龜胷目通睛晳白形狀耿小而俊辯善言論
建安王叔卿字子弼宣帝子性質直有材器容貌甚偉
宜都王叔明字子昭宣帝子儀容美麗舉止和弱狀若婦人
後魏上黨王天穆性和厚美形貌其子儼亦美材貌
華山王鷙容貌魁狀腰帶十圍

東陽王丕淮南王他淮陽王元三人皆狀偉腰帶十圍大耳秀眉鬚鬢班白百僚觀瞻莫不祇聳
望都公頹昭帝之後大武以頹美儀容進止可觀使迎左昭儀於蠕蠕
泰明王幹子儀長七尺五寸容貌甚偉美鬚髯
陽平王他身長八尺美姿貌
南平王霄身長九尺腰帶十圍容貌魁偉雅有風則
貞白卓然甄成縣伯禹淮南王顯之子容貌魁偉
章武王彬子融字永興儀貌壯麗衣冠甚偉性通率有豪氣
永昌王健明元子姿貌魁壯所在征戰常有大功
臨淮王彧美風韻善進止衣冠之下雅有容則
京兆王悰字魏慶善容貌風望儼然
城陽王鸞字宣明身長八尺腰帶十圍
北海王詳字季豫美容儀善舉止
陽平王新成子欽爲尚書右僕射欽色尤黑故時人號黑面僕射
濟南王彧姿制閒裕吐發流靡本名亮字仕明後啓求改名詔曰仕明風神運吐嘗自比荀文若何名字以取定體相倫之美琅邪王誦有名人也見之未嘗

不心醉忘疲
彭城王勰字彥和獻文子美容貌善風儀端嚴若神折旋合度出入言笑觀者忘疲
齊郡王簡字叔亮文成子母沮渠牧犍女簡貌類外祖
咸陽王禧弟樹字秀和一字君立美姿貌位宗正卿後奔梁梁武尤器之封爲魏郡王
清河王懌字宣仁文宗子幼而敏惠美姿貌孝文愛之彭城王勰甚器異之並曰此兒風神外偉黃中內潤若天假之年借二南矣

北齊襄城王清神武子容貌甚美弱年有器望
南康王孝瑜文襄子容貌魁偉精彩雄毅
蘭陵王孝瓘文襄子貌柔心壯音容兼美
安德王延宗文襄子容貌充壯坐則仰偃則伏人笑之乃赫然奮發
趙郡王叡高祖弟之子身長七尺容儀甚偉
清河王嶽字洪畧高祖從父弟長而敦直姿貌嶷然沉深有器量
隋蜀王秀高祖子有膽氣容貌瓌瑋美鬚髯多武藝爲朝臣所憚

觀德王雄高祖族子美姿儀有器度雍容閒雅進止可觀
齊王暕字世朏煬帝子美容儀疎眉目少爲高祖所愛
趙王杲煬帝子聰令美容儀
燕王倓字仁安元德太子美姿儀煬帝於諸孫中特所鍾愛常置左右
建王侗字仁謹元德太子美姿儀性寛厚
唐江王元祥高祖子體質洪大腰帶十圍飲啖亦兼數人時韓王元嘉虢王鳳魏王泰狀貌亦偉不逮於元祥
滕王元嬰子涉壯貌類胡而豐碩
濮王泰太宗子帝以其腰腹洪大趨拜稍難令乘小輿至於朝所
申王撝睿宗子儀形瓌偉善於飲啖
夏悼王一玄宗子生而美秀帝鍾愛無比名之爲一
永王璘玄宗子貌陋視物不正
晉高祖幼子重睿肖高祖故尤鍾愛
漢魏王承訓字德輝高祖之長子少温原美姿儀高祖尤鍾愛

材藝

周官保氏以六藝教國子仲尼有言曰游於藝又曰吾何執執御乎執射乎蓋夫生民之秀自天攸縱靡不多能者矣矧乃鍾靈帝胄毓質宗翰憑席深厚英華發越至有博綜衆藝精覈數術旁通懸解舉臻其妙蓋出夫性習之自然志行之餘力也雖異乎詩書之雅言信義之成德亦猶賢於飽食終日無所用心者歟
周周公旦多材多藝
漢楚元王交多材藝

淮南王安為人好書鼓琴不喜弋獵狗馬馳騁

燕王旦狀大雄偉為人辯略好星曆數術

廣川王去惠王越之子景帝孫也好方技博奕

定陶恭王康多材藝習知音樂

後漢北海王睦光武兄伯升孫也善史書當世以為楷則及寢疾明帝驛馬令作草書尺牘十首牘書版也蓋長一尺因以名焉

陳王寵善弩射十發十中中皆同處寵射其秘法以天覆地載參連為奇又有三微三小三微為經三小為緯經緯相將萬姓之方然在有機牙中平中黃巾賊起國人素聞王善射不敢反叛

樂成靖王黨聦惠善史書喜正文字

魏陳侯仁太祖從弟也少好弓馬

邵陵侯貞太祖族子嘗獵為虎所逐顧射虎應聲而倒

任成王彰太祖子少善射御膂力過人手格猛獸好擊劔

陳思王植太祖子大祖遣邯鄲淳詣植植初得淳甚喜延入坐不先與談時天暑熱植因呼常從取水自澡訖傅粉遂科頭拍祖胡舞五椎鍛跳丸擊劒誦俳優小說數千言訖謂淳曰邯鄲生何如邪於是乃更著衣幘整儀容與淳評說混元造化之端品物區别之意然後論羲皇以來賢聖名臣烈士優劣之差次頌古今文章賦咏及當官政事宜所先後又論用武行兵倚伏之勢乃命厨宰酒炙交至坐席默然無與伉者及暮淳歸對其所知嘆植之材謂之天人

吳建侯慮字子智大子發弟也少敏惠有材藝大帝器愛之

晉通吉亭侯勳宣帝弟恂曾孫便弓馬能左右射以勇聞

齊王攸文帝子善尺牘為世所楷

宋江夏王義恭善騎射解音律

長沙王道憐子義融歷五兵尚書領軍有質幹善於用短楯

南齊臨川王映高帝子善騎射解聲律工左右書左右射

映子州陵侯游亦好音樂解絲竹雜藝

長沙王晃高帝子便弓馬武帝嘗幸鍾山晃從駕以馬矟刺道邊枯蘖帝令左右數人引之銀纏皆卷聚而矟不出乃令晃復馳馬拔之應手便出舟遠州獻駿馬帝輙令晃於林中調試之

武陵王曄高帝子初高帝在淮陰雖爲方伯而居處貧諸子學書無紙筆曄常以指畫空中及畫掌學字遂工篆法少時又無棊局又破荻爲片縱横以爲棊局指點行勢遂至名品射爲當時獨絶

瑯邪王暠亦稱善射而不及曄也武帝幸豫章王嶷東田宴諸王獨不召曄嶷曰風景殊美今日甚憶武陵帝乃呼之曄善射屢發屢中顧謂四座曰手何如帝神色甚怪嶷曰阿五常日不爾今可謂仰藉天威帝意乃釋後於華林射賭帝勅曄疊破丸於六箭五破一皮賜錢五萬

江夏王鋒高帝子年四歲宋蒼梧王欲害鋒高帝匿於張氏舍鋒好學書張家無紙札乃倚井欄爲書書滿則洗之已復更書如此者累月又晨興不肯拂窻塵而先畫塵上學爲書字五歲高帝使學鳳尾詔一學即工高帝大悦以玉麒麟賜之曰麒麟賞鳳尾矣好琴書蓋亦天性嘗覩武帝賜以寶裝琴乃於御前鼓之大見賞帝謂鄱陽王鏘曰闍棃琴亦是柳令之流亞（時柳一隆爲尚書令善彈琴風韻清遠）其人事事有意吾欲試以臨人鏘曰昔鄒忌鼓琴威王委以國政乃出爲南徐州刺史工書爲當時藩王所推南郡王昭業亦稱工謂武帝曰臣書固應勝江夏王武帝荅曰闍棃第一法身第二昭業小名闍棃鋒小名也

宜都王鏗高帝子善射常以堋大濶田終日射侯何難之有乃取甘蔗插地百步射之十發十中

魚復侯子響武帝子勇力絶人弓四斛力數在園池中帖馬馳走竹樹下身無虧傷

竟陵王子良孫賁能書善畫於扇上圖山水咫尺之内便覺萬里爲遥

曲江公遥欣子幾善草隷書

新浦縣侯子雲善草隷書爲時楷法自云善效鍾元

常王逸少而微變體子特亦善草隷

祁陽縣侯子範子乾善隷書得叔父子雲之法

梁廬陵王續武帝子少英果膂力絶人馳射應發命中武帝嘆曰此我之佳城也常馳射於帝前續中兩麞寵於諸人帝大悦

邵陵王綸武子尤工尺牘

汝南侯堅綸之長子亦善草隷

永安侯確綸次子少驍勇尤工楷隷公家碑碣皆使書之又習騎射與兵法

武陵王紀武帝子便騎射尤工舞矟頗學觀占善風

用
南安侯駿長沙王懿孫也善草隸晚更習武膂力絕
人
河東王譽昭明太子子幼有驍勇馬上用矟
南郡王大連簡文子少俊爽能屬文舉止風流雅有
巧思妙達音樂兼善丹青高帝幸朱方大連與兄大
臨並從高祖問曰汝等習騎不對曰臣等未奉詔不
敢輒習勅各給馬試大連兄弟據鞍往還各得驅驟
之節高祖大悅即賜所乘馬及爲啓謝詞又甚美
忠烈世子方等元帝子少聰敏有俊才善騎射尤長

巧思
陳遂興侯詳善書記談論清雅
始興王伯茂文帝子世祖深愛之是時征北軍人於
丹徒盜發晉郗曇墓大獲晉右將軍王羲之書及諸
名賢遺跡事覺其書並沒縣官藏於秘府世祖以伯
茂好古多以賜之繇是大工草隸甚得右軍之法
長沙王叔堅宣帝子少傑黠尤好數術卜筮風角鎔
金琢玉並究其妙
後魏淮陵侯大頭烈帝之後也善騎射
暨陽子可悉陵年十七從大武獵遇一猛獸遂空手
搏之以獻帝曰汝才力絕人當爲國立功立事勿如
此也又從平涼州沮渠茂虔令一騎將與陵相擊兩
槊皆折陵抽箭射之墜馬陵恐其救至未及拔劒以
刀子戾其頸使身首異處帝壯之
高凉王孤平多才藝有志畧
彭城公勃善射御
衛王儀有算畧少能舞劒騎射膂力絕人弓將十石
陳留王虔稍大稱異時人云衛王弓桓王矟
新蔡公幹儀子也善弓馬以騎從明元於白登之東
北有雙鴟飛鳴於上帝命左右射之莫能中鴟旋飛

稍高幹以二箭下雙鴟帝賜之御馬弓矢金帶一以
旌其能軍中於是號幹爲射鴟都將
上黨王天穆射有名
陳留王虔武力絕人每以矛細短大作之猶患其輕
復綴鈴於刃下其弓力倍加常人嘗以矟刺人遂貫
而高舉又嘗以一手頓矟於地馳馬僞退敵人爭取
引不能出虔引弓射之一箭殺二三人擢矟之徒亡
魂而散徐乃令人取矟而去
河南王曜道武子嘗射雀於帝前中之帝驚嘆焉及
長武藝絕人

永昌王徒明元子才藝比陳留桓王而智畧過之從大武襲蠕蠕越涿邪山詔健殿後矢不虛發中皆應弦而斃威震漠北

彭城王槩弟渾少善弓馬大武嘉之會有諸方使命渾射獸三頭發皆中時舉坐咸以爲善

陽豐侯庫汗渾子也爲羽林中郎將從北巡有兎起乘輿前命庫汗射之應弦而斃大武悅賜一金兎以旌其能

南平王渾道武孫好弓馬射鳥輒歷飛而殺之日射兎得五十頭時皆嘆異焉大武嘗命左右分射勝者

中的籌滿詔渾解之三發皆中大武大悅器其藝能甞引侍左右賜馬百匹僮數十人

新興王俊明元子少善騎射多藝

南安王英性識聰敏博聞強記便弓馬解吹笛微曉醫術

北海王詳獻文子嘗從車駕至文城射銘之所孝文停駕詔諸弟及侍臣皆試射遠近唯詳箭不及文成箭所十餘步孝文嘉之拊掌欣笑遂詔勒銘親自爲制

晉陽縣伯贊弟淑彎弓三百斤善騎射

東阿公順任城王澄子篤志愛古解鼓琴

彭城王邵獻文孫也少有氣節善武藝

濮陽王順善射孝武在藩於華林園戲射以銀酒卮容二升許懸於百步外命善射者十餘人共射中者即以賜之順發矢即中帝大悅並賞金帛順仍於箭孔處鑄一銀童足蹈金蓮手持劉炙遂勒背上序其射工

北齊趙郡王琛神武弟少便弓馬有志氣

永南王俊神武子豪爽有氣力善騎射爲文襄所愛

上黨王渙神武子力能扛鼎材武絕倫每謂左右曰

人不可無學但不爲博士耳故讀書頗知梗槩而不甚耽習

河南王孝瑜字正德文襄長子覆棊不失一道

廣寧王孝珩文襄子愛賞人物有技藝甞於廳事壁自畫一蒼鷹見者皆以爲真又作朝士圖亦當時之妙絕

後周東平公神舉文帝族子父顯和膂力絕人彎弓數百斤能左右馳射從孝武入關至瀍水帝素聞其善射而未之見俄而水傍有一小鳥顯和射中之帝笑曰我知卿工矣神舉尤工騎射

汝南王慶神舉弟沉深有器局善射有膽氣好格猛獸從武帝伐齊與賊爭進慶射之所中人必倒賊乃稍却

代王達文帝子性果决善騎射

齊煬王憲之子貴字乾福少聰敏尤便騎射年十一從憲獵於鹽州一圍之中手射野鳥及鹿一十五

隋義城公處剛高祖族父也生長北邊少習騎射

滕穆王瓚子倫字斌籀性弘厚頗解鐘律

齊王暕字世朏煬帝子頗涉經史尤工騎射

唐漢王元昌高帝子性警悟有勇力工騎射頗涉文

史兼能隸書

霍王元軌高祖子少善騎射初爲吳王時嘗從太祖遊獵過群獸命射之矢不虛發獸無遺者太宗撫其背曰汝才藝過人恨今無所施耳當天下未定我得汝豈不要乎

徐王元禮高祖子少恭謹善騎射

瑯邪王冲越王貞長子好文學善騎射歷陳壽博州刺史皆有能名

江都王緒霍王元軌長子少好學有儁才書畫騎射能爲一時之絶

吳王恪太宗第三子少騎射太宗甚愛之

濮王泰太宗第五子少好學善屬文工草隸待賢禮士深爲太宗所愛

紀王愼太宗第十子愼好學解天文明練吏事皇族中與越王貞齊名時人號爲紀越

光王琚玄宗子有才力善騎射

永王璘玄宗第十六子少聰敏善草隸

齊王倓肅宗子英毅有才畧善騎射

梁朱友倫太祖仲兄存次子幼歲從師讀書稍長學歐陽詢筆蹟甚得其體勢弱冠有壯志嘗侍立帝側

陳自試之請帝笑曰昔之東阿今復爾耳

冊府元龜

巡按福建監察御史臣李嗣京　訂正
知長樂縣事臣夏允彝　叅閱
知建陽縣事臣黃國琦　較釋

宗室部　六

孝行

有若有言曰孝弟也者其爲仁之本歟矧乃公族之賢宗室之懿躬履至行出於天性或承顏侍膳就養無方或攀慕時思永懷罔極因心表於童丱寧戚逮於毀傷斯皆國風忠厚之美人倫模範之盛傳所謂

常守富貴能保社稷者諸侯之孝也又何止不驕不溢云乎哉固將錫類以貽休興仁而成化矣

周公旦武王之弟（以太王所居周地爲其菜邑故謂周公）自文王時旦爲孝篤仁異於羣子

漢梁孝王文帝之子爲人慈孝每聞太后病口不能食甞留長安侍太后太后亦愛之

楚孝王囂成帝河平中入朝被疾天子閔之下詔曰蓋聞天地之性人爲貴人之行莫大於孝楚王囂素行孝順朕甚嘉之

河間惠王良脩其祖獻王之行母大后薨服喪如禮哀帝下詔褒揚曰河間王良喪大后三年爲宗室儀表其益封萬戶

後漢淄川王終泗水王歙之子歙薨終居喪思慕哭泣二十餘日亦薨

東海孝王臻頃王肅之子臻及弟蒸鄉侯儉並有篤行母卒皆吐血毀脊（脊或背）至服練紅兄弟追念頃王初喪幼小哀禮有闕因復重行喪制（安祥之後而服練也練衣縓緣縓即紅也）

瑯邪孝王京光武之子性恭孝

東平孝王敞喪母至孝國相陳珍上其行狀任城王

博有孝行喪母服制如禮

清河王慶明帝之子母宋貴人爲竇后所譖自殺慶甞以貴人葬禮有闕每竊感恨至四節伏臘輒祭於私室竇氏誅後（謂竇憲伏誅後）始使乳母於城北遥祠及竇大后崩慶求上冢致哀和帝許之詔大官四時給祭具慶垂泣曰生雖不獲供養終得奉祭祀私願足矣欲求作祠堂恐有自同恭懷梁后之嫌遂不敢言甞泣向左右以爲沒齒之恨後上言外祖母王年老遭憂病下土無醫藥願乞請雒陽療疾於是詔宋氏悉歸京師和帝崩世慶號泣前殿嘔血數升因以發病

及病篤謂宋衍等曰清河埤薄欲乞骸骨於貴人冢傍下棺而已朝廷大恩猶當應有祠室庶母子并食魂靈有所依庇死復何恨乃上書於太后曰臣國土下濕願乞骸骨下從貴人於樊濯雖沒且不朽矣及今口目尚能言視冒昧千請命在呼吸願蒙哀憐遂薨

濟北孝王次釐王安國之子九歲喪父至孝桓帝建和元年梁太后下詔曰濟北王次以幼年守藩躬履孝道父沒哀慟焦毁過禮草廬土席衰杖在身頭不枇沐體生瘡腫諒闇已來二十八月自諸國有憂未

之聞也朝廷甚嘉焉書不云乎用德彰厥善詩云孝子不匱永錫爾類今增次封五千戶廣其土宇以慰孝子惻隱之勞

彭城孝王和頃王定之子性至孝太夫人薨行喪陵次毁脊過禮傳相以聞桓帝詔使奉牛酒迎王還宮

魏長平侯休太祖族子文帝時爲征東將軍領楊州刺史休喪母至孝帝使侍中奪喪服使飲酒食肉休受詔而形體益憔悴乞歸譙葬母帝復遣越騎校尉薛喬基奉詔節其憂哀使歸家治喪一宿便葬葬訖詣行在所帝見親自寬慰之其見愛重如此

陳王志思王植之子遭母憂居喪盡哀因得疾病喜怒失常

晉扶風武王駿宣帝子有孝行母伏太妃隨兄亮在官駿嘗涕泣思慕若聞有疾輒憂懼不食或時委官定省

新野王歆駿之子謹身履道母臧太妃薨居喪過禮以孝聞

齊獻王攸文帝之子景帝無子攸爲嗣景帝山陵攸年十四歲哀動左右大見稱嘆襲封武陽侯奉景獻羊后于別第事后以孝聞及居文帝喪哀毀過禮杖

而後起左右以稻米乾飯雜理中圓進之攸泣而不受太后自往勉喻曰若萬一加以他疾將復如何宜遠慮深計不可專守一志當遣人逼進飲食後太后有疾既瘳武帝與攸奉觴上壽攸以太后前疾危篤因歔欷流涕帝有愧焉攸侍帝病有憂慼之容時人以此稱嘆之攸至性過人有觸其諱者輒泫然流涕雖武帝亦憚之每引之同處必擇言而後發

攸子武閔王冏初攸有疾武帝不信遣太醫診候皆言無疾及攸薨帝往臨喪冏號踊訴父病爲醫所誣詔即誅醫繇是見稱遂得爲嗣

成都王穎武帝子與齊王冏誅趙王倫迎太子反正
穎遂歸鄴遣信與冏别冏大驚馳出送穎至七里澗
及之穎住車言别流涕不及時事惟以太妃疾苦形
於顔色百姓觀者莫不傾心
高陽元王珪安平獻王孚之子爲北中郎將督鄴城
守諸軍事泰始中入朝以父孚年高乞留供養拜尚
書遷僕射
長沙厲王乂武帝子年十五居武帝喪孺慕過禮會
楚王瑋奔喪諸王皆近路迎之乂獨至陵所號慟以
俟瑋

武陵忠敬王遵威王晞之子初襲封新寧時年十二
受拜流涕哀感左右
東安王繇事親孝居喪盡禮
宋建平王景素宣簡王宏之子性甚仁厚事母太妃
朝夕不違侍養太妃有不安景素傍行蓬髮與人言
喣喣嘗傷其情
南齊豫章文獻王嶷高帝第二子居帝喪哀號過度
眼耳俱出血
祁陽縣侯子範嶷子也有孝性丁所生母憂居喪以
毁悶

武陵昭王曅高帝第五子母羅氏從帝淮陰以罪誅
曅年四歲思慕不異成人每慟吐血高帝勑武帝曰
三昧至性如此恐不濟汝可與共住每抑割之三昧
曅小子也
始興王鑑高帝第十子年八歲喪所生母號慕過人
數日中便至骨立豫章文獻王聞之撫其身嗚咽謂
高帝曰此兒操行異人恐其不濟帝亦悲不自勝
衡陽王鈞高帝第十一子年五歲所生區貴人病更
加慘悴左右依嘗以五色餅飴之不肯食曰須待姨
差年七歲出繼衡陽元王年高帝未拜便涕泗横流

高帝執其手曰伯叔父猶父勿怨所以令汝出繼以
汝有意堪奉蒸嘗故耳即勑外如先給通幰車雉尾
扇等事事依正王區貴人卒居喪盡禮服闋尫羸骨
立登車三上不能升乃止典籤曹道人具以聞武帝
即幸鈞邸見之愴然還謂褚蓁曰昨見衡陽猶奇毁
損卿可數相撫悅先是貴人以花釵廚子并剪刻錦
繡中倒炬鳳凰蓮芰星月之屬賜鈞以爲玩弄貴人
亡後每歲時及朔望輒開視再拜哽咽見者皆悲
宜都王鏗高帝第十六子生三歲喪母及有識問母
所在左右告以早亡便思慕蔬食自悲不識母嘗祈

請幽冥求一夢見至六歲遂夢死見一女人云是其母鑑泣向舊左右說容貌衣服事皆如平生聞者莫不歔欷

河東王鉉高帝第十九子年三四歲帝晝卧纏鬢鉉上高帝腹上弄繩高帝因以繩賜鉉及崩帝後鉉以寶函盛繩歲時輒開視嗚咽流涕人才至凡而有此一至孝

竟陵王子良武帝第二子帝爲贛縣時與裴后不諧遣人船送后還都邑已登路子良時年少在庭前不悅帝謂曰汝何不讀書子良曰孃今何處何用讀書

帝異之卽詔后還縣

晉安王子懋武帝第七子年七歲時母阮淑媛嘗病危篤請僧行道有獻蓮花供佛者衆僧以銅甖盛水漬其莖欲花不萎子懋流涕禮佛曰若使阿姨因此和勝願諸佛令花竟齋不萎七日齋畢花更鮮紅視甖中稍有根鬚當時稱其孝感

南海王子罕武帝第十一子母樂容華嘗寢疾子罕晝夜禱祈於時以竹爲燈纘照夜此纘宿昔枝葉大茂母病亦愈咸以爲孝感所致主簿劉瓛及侍讀賀子喬爲之賦頌當時以爲美談

南豐侯頴冑高帝從祖弟赤斧之子遭父喪感腳疾數年然後能行武帝有詔慰勉賜醫藥

新興侯景先高祖從子少遭父敬宗喪有至性帝嘉之

梁安成康王秀高祖第年十二所生母吳太妃亡秀母弟始興王憺時年九歲並以孝聞居喪累日不進飲太祖親取粥授之哀其早孤命側室陳氏並母二子陳亦無子有母德視二子如親生焉

臨川靜惠王宏高祖弟也宏所生母陳太妃寢疾宏與母弟南平元襄王偉侍疾衣不解帶每二宮參問

輒對使泣涕及太妃薨水漿不入口者五日高祖每臨幸慰勉之偉雖奉詔而毀瘠殆不勝喪先是齊宋宏避難潛伏與太妃異處每遣參太妃消息或謂宏曰逃難雖密不宜往來宏銜淚答曰乃可無我不可於此事蹔廢

鄱陽忠烈王恢高祖弟也有孝性初鎮蜀所生費太妃猶停都下後於都不豫恢未之知一夜忽夢還侍疾既覺憂惶便廢寢食俄而都信至太妃已瘳後又有目疾久廢瞻視有北度道人慧龍得治眼術恢請之致至空中忽見聖僧及慧龍下鍼豁然開朗咸謂

精誠所致
恢孫宜豐侯修性至孝年十二丁所生徐氏喪自荊州反葬中江風前後部伍多致沉溺修抱柩長號血淚俱下隨波搖蕩終得無他葬訖因廬墓次先時山中多猛獸至是絶跡野鳥馴狎棲宿簷宇武帝嘉之以頒告宗室
始興忠武王憺高祖弟始數歲所生母吳大妃卒憺哀感傍人後爲荊州刺史慈母陳大妃薨水漿不入口六日居喪過禮高祖優詔勉之使攝州任
憺子新喻侯暎爲淮南太守丁父憂隆冬席地哭不

絶聲不嘗穀粒惟飲冷水因患癥結除太子洗馬
暎弟上黄侯曄自憺不豫侍疾衣不釋帶言與淚并憺薨杖而後起服闋後居太后憂泣血三年
桂陽嗣王象高祖兄子容止閑雅事所生母以孝聞
南康簡王績高祖子爲江州刺史丁董淑儀憂居喪過禮高祖手詔勉之使攝州任固求解職乃徵授安右將軍領石頭戍軍事尋加護軍羸瘠弗堪視事
績子通理生十旬而績薨至三歲能言見内人分散涕泣相送通理問其故或曰此簡王宫人喪畢去耳通理便號泣悲不自勝諸宫人喪畢見之莫不傷感爲之停者三人焉服闋後見高祖又悲泣不自勝高祖爲之流涕謂左右曰此兒大必爲奇士
南海王大臨簡文帝子年十一遭左夫人憂哭泣毁瘠以孝聞
義安王大昕簡文帝子始四歲母陳夫人卒便哀慕毁頓有若成人及簡文居高帝喪大昕奉慰嗚咽不能自勝左右見之莫不掩泣
西昌侯藻高祖兄長沙王懿之子懿仕齊爲東昏侯所害藻嘗布衣蒲席不食鮮禽非在公庭不聽音樂高祖每以此稱之

吳平侯景高祖從父弟父崇之爲東陽太守遇害景八歲隨父在郡居喪以毁聞
景子勵爲太子洗馬以母憂去職殆不勝喪每一思至必徒步之墓或遇風雨仆卧中路坐地號慟起而復前家人不能禁景特所鍾愛曰吾百年後其無此子乎使左右節哭服闋除太子中舍人景薨於郢鎮或以路遠秘其凶問以疾漸爲辭勵乃奔波屆於江夏不進水漿七日廬於墓所親友隔絶會叔父昺下詔獄勵乃率昆弟群從同詣大理雖門生故吏莫能識之後襲封吳平侯封陽人主悲慟嗚咽傍人亦爲

賢弟

陳郡陽王伯山文帝子也丁所生母憂居喪以孝聞後主嘗幸吏部尚書蔡徵宅因往弔之伯山號慟殆絕因起爲鎮衞將軍仍謂群臣曰郡陽王至性可嘉又是西弟之長豫章已兼司空其亦須遷太尉未及發詔而伯山薨

後魏任城康王雲太武帝弟始五歲恭宗薨（太武長子也文成追尊爲景穆皇帝廟號恭宗）號哭不絕聲太武聞之而呼抱之泣曰汝何知而有成人之意後爲征東大將軍開府徐州刺史以太妃蓋氏薨表求解任獻文不許雲悲號

慟疾乃許之

雲子文宣王澄字道鏡少而好學父康王薨澄居喪以孝聞後爲征北大將軍定州刺史孟太妃薨居喪毁瘠當世稱之

澄子東河文烈公順爲太常少卿以父憂去職哭泣嘔血身自負土時年二十五便有白髮免喪服去不復更生世人以爲孝思所致澄初爲吏部尚書兼右僕射順後亦爲之順上省登階向榻見榻甚故問都令史徐仵起仵起曰此曾經先王坐順即哽塞涕泗交流久而不能言遂令換之

南安王楨景穆之子也性忠謹事母以孝聞高祖賜帛千匹以褒之

彭城王勰字彥和獻文帝之子生而母潘氏卒其年獻文崩及有所知啓求追服文明太后不許乃毁瘠三年弗參吉慶孝文大奇之

臨淮王提爲梁州刺史以貪縱削除加罰徙配北鎮久之提子員外郎穎免冠請解所居官代父邊戍孝文不許

提子濟南王昌好文學居父母喪哀號孺慕悲感行人

昌子彧詔封濟南王爲東道行臺會爾朱榮入雒殺害元氏遂奔於梁及知莊帝踐祚彧以母老請還辭旨懇切梁武帝惜其人才又難違其意遣其僕射徐勉私勸彧留彧曰死猶願北況於生也乃以禮遣彧性至孝自經違離不進酒肉憔悴容貌見者傷之

艾陵伯萇子子華母房氏曾就親人飲食夜還大吐人以爲中毒母甚憂懼子華遂掬吐盡噉之其母乃安

饒陽男遥京兆王子推之子爲左衞將軍宣武初遭所生母憂表請解任詔以爲尊所厭不許

馮翊王亨年十二恭帝在儲宮引為交友大統末襲
父季爵邑千戶授拜之日悲痛不能自勝
北齊清河王岳神武從父弟仕魏為京畿大都督元
象元年遭母憂去職岳性至孝盡力色養母若疾衣
不解帶及遭喪哀毀骨立神武深以憂之每日遣人
勞勉
宣城郡公歟高祖弟趙郡王琛之子生三旬而孤為
高祖所愛養於宮中令游娘母之至四歲未嘗識母
其母則魏華陽公主也有鄭氏者歟母之從母姊妹
之女戲語歟曰汝是我姨兒何因到親游氏歟因問

訪遂精神不怡高祖甚以為怪疑其感疾欲命醫看
之歟對曰兒無患若但聞有所生欲得暫見高祖驚
曰誰向汝道耶歟具陳本末高祖命元夫人令就宮
與歟相見歟前跪拜因抱頭大哭高祖甚以悲傷語
於秦王歸彥曰此兒天生至孝我兒子無有及者遂
為休務一日歟初讀孝經至資於事父輒流涕歔欷
十歲喪母高祖親送歟至領軍府為歟發喪舉聲殞
絶哀感左右三日水漿不入口高祖與武明婁聖后
殷勤敦譬方漸順旨居喪盡禮持佛像長齋至於骨
立杖而后起高祖令常山王共臥起日夜說喻之并
勅左右不聽進水雖絶清漱午后輒不肯食繇是高
祖食必喚歟同案其見愍惜如此居高祖喪哭泣嘔
血及壯將為婚娶而貌有憂色世宗謂之我為爾娶
鄭述祖女門閥甚高汝何所嫌而精神不樂歟對曰
自痛孤遺嘗深膝下之慕方從昏冠彌用感切言未
卒嗚咽不自勝世宗為之憫然天統中追贈歟父琛
假黃鉞母元氏趙郡王妃謚曰貞昭華陽長公主如
故有司備禮儀就墓拜授時隆冬盛寒歟跣步號哭
面皆破裂嘔血數升及還不堪參謝帝親就第看問
博陵王濟神武第十二子嘗從文宣巡幸在路忽憶

太后遂逃歸帝怒臨以白刃因自驚悅
平秦王歸彥高祖族弟嫡母康氏所生母王氏並為
大妃善事二母以孝聞是時南陽王綽兄弟皆呼父為兄兄嫡母為家家乳母為姊婦為妹妹
後周惠邵公顥文帝之長兄性至孝居德皇后喪哀
毀過禮德皇帝與衛可瓌戰墜馬顥與數騎奔救乃
免顥遂戰沒保定初追封焉顥曾孫豳公廣母李氏
以廣患彌年憂而成病因此致卒廣居喪更加綿篤
及以毀甍世稱母為廣患廣為母死慈孝之首極於
一門高祖素服親臨百僚畢集故吏儀同李充信等

上表論其忠孝其宿志期以窀穸之禮庶存儉約伏願聽許詔從之葬贈本官加太保塟於隴右

齊王憲所生達步干氏茹人建德三年册爲齊國太妃憲有至性事親以孝聞太妃舊患風熱屢經發動憲衣不解帶扶持左右憲或東西從役每心驚其母必有疾乃馳使參問果如所慮

隋趙王杲煬帝幼子性至孝嘗見帝風動不進膳杲亦終日不食又蕭后灸杲先請試炷后不許之杲泣請曰后所服藥皆蒙嘗之今灸願聽嘗炷悲咽不已后竟爲其停灸繇是尤愛之

燕王倓元德太子次子母曰大劉良娣煬帝於諸孫中特所鍾愛良娣早終倓每至忌日未嘗不流涕嗚咽帝繇是益以奇之

唐韓王元嘉年十五在潞州聞大妃病便流泣不食至京發喪哀毀過禮太宗嗟其至性屢慰勉之

道王元慶事母以孝聞高宗顯慶中太妃薨上表請身修墳塋詔不許之

薛王業母終從母賢妃親鞠養之至是迎賢妃出外宅事之甚謹同母妹淮陽涼國二公主早卒業撫愛其子逾於己子睿宗以業孝友特加親愛

信安郡王褘少有志尚事繼母甚謹撫繼母所生弟祇等以友愛稱玄宗開元中丁母憂去官起復授瀛州刺史又上表固終喪制許之

高平王道立孫涵有名宗室代宗寶應元年初平河朔拜涵左庶子兼中丞河北宣慰使丁母憂起復本官而往每至州縣郵驛公事之外都不發言蔬食飲水席地而息使還固請罷官終喪制代宗以其毀瘠許之

嗣曹王臯奉太妃鄭氏以孝聞後爲衡州刺史時坐小法御史覆訊懼貽太妃憂出則素服入則公服言

貌如平嘗太妃不之知也及爲潮州刺史詭詞謂遷官屬楊炎貶官在道知臯事直後炎作相復以爲衡州刺史方且以事白太妃因泣下具言非疾不敢有聞其沉密重愼如此比貞元初爲江陵尹乃請歸東都祔喪德宗使中使弔之贈臯父右僕射母鄭氏曹國太妃既葬朝於京師詔還鎮出東都將以拜墓觀者榮之

後唐昭義節度使李嗣昭太祖弟克柔之子在昭義爲梁師所圍及莊宗解夾城之圍嗣昭知太祖棄世號踊毀瘠殆不勝喪

卷終

冊府元龜

欽按福建監察御史臣李嗣京　訂正
知閩縣事臣曹胄臣叅閱
知建陽縣事臣黄國琦較釋

宗室部七

來朝　輔政　就國

來朝

昏定長省爲子之道也春朝秋覲事君之義也盖所以正班爵而有叙訓上下而爲典者焉自漢氏之世戚藩列樹連城布土分王同姓愼揀僚寀爲之傅相

雖違顔於咫尺而存心於象魏故得歲自入謁時或召對恭上之體無越於嘗度展親之憂寵如於家人亦有徽詰行在駿奔祀事忠勤形於貢奉孝弟著於誠明爲國邸之表儀推聞望於英哲宜乎優賜名數加進秩封遂其請求曾無所吝者矣魏晉而下奉圭覲見者咸以記云

漢高祖九年十月楚王交朝未央宮（八年九月自雒陽至長安）

十年十月荆王賈楚王交齊王肥來朝

惠帝元年淮南王長入朝（長立三年也）

二年十月齊悼惠王肥來朝獻城陽郡以益魯元公主邑

文帝二年三月立皇子武爲代王叅爲太原王揖爲梁王武後徙爲淮陽王又徙梁王十四年（文帝十五年）入朝十七年十八年比年入朝留（比頻也留謂留在京師）其明年乃之國二十一年入覲叅五年一朝凡三朝揖五年一朝凡再入朝

景帝二年梁王武入朝（武帝二十四年也）

三年梁王武復入朝（武帝二十五年也）

四年衡陽王勃來朝初吳楚王反王堅守無二心是年吳楚已破王朝帝以爲真信乃勞苦之（勞音來到反）曰

南方卑濕徙王於濟北以褒之

七年十月梁王武入朝（武帝二十九年）帝使使持乘輿駟馬迎梁王於關下（天子副車駕駟馬輿即車也）既朝上疏因留中六年冬梁王武復入朝（武帝三十五年也）上疏欲留帝弗許

後二年諸王來朝有詔更前稱壽歌舞長沙定王發但張袖小舉手左右笑其拙帝怪問之對曰臣國小地狹不足回旋帝以武陵零陵桂陽屬焉

武帝元光六年衡陽王賜入朝是時淮南王安河間王德入朝（安德史失其年）

昭帝元鳳中廣陵厲王胥入朝益封萬户

成帝河平中楚孝王囂入朝正月時被疾帝閔之詔與子男一人俱（從王入朝也）是時東平思王宇來朝上疏求諸子及太史公書帝以問大將軍王鳳對曰臣聞諸侯朝聘考文章正法度非禮不言今東平王幸得來朝不思制節度以謹防危失（危失謂失道而傾危也）而求諸書非朝聘之義也諸子書或反經術非聖人或明鬼神信怪物（物亦鬼）大史公書有戰國縱横權譎之謀漢興之初謀臣奇策天官災異地形阨塞皆不宜在諸侯王不可予不許之辭宜曰五經聖人所制萬事靡不畢載王審樂道傳相皆儒者朝夕講誦足以正心

虞意（虞與娛同）夫小辯破義大道不通致遠恐泥皆不足以留意（泥音乃細反滯不通也）諸益於經術者不愛於王（愛惜也於王無所惜）對奏天子如鳳言遂不與

後漢光武中元元年正月東海王彊沛王輔楚王英濟南王康淮南王延趙王盱皆來（盱音詡又況于反）二月從封岱山彊因留京師二年冬歸國

明帝永平二年九月沛王輔楚王英濟南王康淮陽王延東海王政來朝

六年正月沛王輔楚王英東平王蒼淮陽王延瑯邪王京東海王政趙王盱北海王興齊王石來朝

十一年正月沛王輔楚王英濟南王康東平王蒼淮陽王延中山王焉瑯邪王京東海王政來朝

十五年二月帝幸彭城耕於下邳三月徵瑯邪王京會良成（縣名故城在今下邳縣北）徵東平王蒼會陽都（縣名在今沂水縣南）又徵廣陵侯及其三弟會魯祠東海恭王陵

章帝建初七年正月沛王輔濟南王康東平王蒼中山王焉東海王政瑯邪王宇來朝

元和二年九月徵濟南王康中山王焉會孫蒸嘗

三年正月北巡狩濟南王康中山王焉西平王羨六安王恭樂成王黨淮陽王昞任城王尚沛王定皆從

（臣欽若等按元和二年九月徵濟南王康中山王鄢其餘史不書來朝年月）

章和二年正月濟南王康阜陵王延中山王焉來朝

安帝延光三年二月幸大山齊王無忌東海王普樂安王延來朝

魏文帝黃初四年任城王張雍丘王植朝京師

明帝太和五年冬詔諸王朝京師

青龍三年徵燕王宇入朝

景初二年徵燕王宇詣京師

晉武帝泰始四年太原王瓌入朝賜袞冕之服

六年高陽王珪入朝以父年高乞留供養拜尚書

遷右僕射

咸寧中河間王顒與諸王俱來朝帝歎顒可以爲諸國表儀

惠帝永光二年二月鎮南將軍楚王瑋鎮東將軍淮南王允來朝是時秦王柬來朝史不書月

元康九年淮南王允入朝拜驃騎將軍

宋高祖永初二年長沙王道憐自京口朝正入任殿省

後魏獻文和平六年十月徵陽平王新城京兆王子推濟陰王小新城汝陰王天賜任城王雲入朝

後周靜帝卽位趙王招陳王純越王達代王盛滕王道來朝

唐太宗貞觀十一年十一月丁亥潞州刺史韓王元嘉絳州刺史霍王元軌豫州刺史道王元慶並來朝

十二年齊州都督齊王祐入朝因稱疾願留京師

十六年十一月癸丑朔梁州都督漢王元昌徐州都督徐王元禮絳州刺史霍王元軌壽州刺史舒王元名楊州都督越王元貞來朝

二十年十月徐州刺史霍王元軌許州刺史樊王惲來朝

二十一年十月滑州刺史舒王元名相州刺史越王貞來朝貢

二十二年十月絳州刺史徐王元禮襄州刺史紀王愼來朝

梁太祖開平四年十月乙亥東京留守博士友文入覲召之也

後唐愍帝應順元年閏正月癸亥洋王從璋自河中入覲獻甲馬二十疋

輔政

夫右賢左戚古之道也自商周之並建子弟以屏王

室或入爲卿士宰司國政故雖五屬之親而無官蓋尚德也是知熙帝載執國成惟賢明而是託當親羈而並進繇漢而下迄於後周或選自宗英寘於輔弼典掌衡軸彌綸政治蓋有奕葉載德濟美垂裕任職典化式是人望斯固翊戴寅亮之業茂焉非特藩翼懷寧之謂也至或登用非允授受斯失致覆敗者亦時有之斯可監也已

商微子啓帝乙元子爲紂卿士

周公旦武王之弟自武王卽位旦嘗輔翼武王用事居多武王九年東伐至孟津周公輔行十一年伐紂

至牧野周公佐武王作牧誓破殷入商宮封周公旦於少昊之墟曲阜是爲魯公公不就封留佐武王及成王卽位少在襁褓之中周公恐天下畔周乃踐祚代成王攝行政當國成王長能聽政於是周公乃還政於成王就群臣之位 臣欽若等曰周公不就封以子伯禽之國其爲王卿士者世爲周公厲王奔彘時周公與召公立太子靜是爲宣王二相輔之史闕其名其後莊王時有周公黑肩

畢公高文王之子成王懼太子釗之不任乃命召公畢公率諸侯以相太子而立之

衛康叔封 封名也 冉季載周公母弟皆有馴行於是周公舉康叔爲周司寇冉季爲周司空以佐成王治皆

有令名於天下

武公和康叔之後有文章又能聽其規諫以禮自防厲王時入相於周詩人作淇澳以美之

祭公謀父周公之後穆王時爲王卿士

凡伯周公之裔厲王時爲王卿士

虢文公文王母弟虢仲之後宣王時爲王卿士

鄭桓公友周厲王少子而宣王庶弟也 年表云母弟 幽王以爲司徒 幽王八年爲司徒 和集周民周民皆說河雒之間人便思之

武公掘突桓公子父子爲周司徒善於其職國人宜之故作緇衣之詩美其德以明有國善善之功焉

王子虎襄王時爲太宰

漢澎侯 澎東海縣 屈氂中山靖王子武帝時自涿郡太守爲左丞相詔曰夫親親任賢周唐之道也以澎戶二千二百封左丞相爲澎侯

後漢東平王蒼光武子明帝時爲驃騎將軍在朝數載多所隆益而自以至親輔政聲望日重意不自安上疏歸職帝優詔不聽 疏云居宰相之位同氣之親餘具宗室退讓門

魏邵陵侯貞太祖族子文帝黃初三年以貞爲上軍大將軍都督中外諸軍事遷中軍大將軍七年與陳

羣等受遺輔政明帝卽位累遷大將軍司馬

貞子武安侯爽明帝時爲衛武將軍帝寢疾乃引爽入卧內拜大將軍假節鉞都督中外諸軍事錄尚書事與太尉司馬懿並受遺詔輔少主

晉安平王孚宣帝次弟爲魏太傅武帝受禪詔曰太傅勳德弘茂朕所瞻仰以光導弘訓鎭靜宇內願奉以不臣之禮其封爲安平王邑四百戶進拜太宰持節都督中外諸軍事有司奏諸王未之國者所置官屬權未有備帝以孚明德屬尊當宣化樹教爲羣后作則遂備置官屬焉

孚子義陽王望爲魏司徒武帝泰始三年詔曰夫尚賢庸勳尊崇茂親所以體國經化式是百辟也且台司之重存乎天官故周建六職政典爲首司徒中領軍以明德近屬世濟其美祖考創業翼佐大命出典方任入贊朝政文德既著武功宣暢逮朕嗣位弼道惟明宜登上司兼統軍戎内輔帝室外隆威重其進位太尉中領軍如故置太尉軍司一人參軍事六人騎司馬五人又增置官騎并前三十假羽葆鼓吹

汝南文成王亮宣帝子武帝末爲太尉録尚書事遺詔委以後事楊駿索詔視事遂不還及駿誅詔曰太

司馬汝南王亮體道冲粹通識政理宜翼之績顯於本朝二南之風流於方夏將憑遠猷以康王化其以亮爲太宰録尚書事入朝不趨劒履上殿增掾屬十人給千兵百騎與太保衛瓘對掌朝政

亮子西陽王羕元帝太興初録尚書事進位太宰領太尉

梁王肜宣帝子惠帝元康中爲大將軍尚書令領軍將軍録尚書事永康初共趙王倫廢賈后詔以肜爲太宰守尚書令是時改司徒爲丞相以肜爲之倫滅詔肜以太宰領司徒

齊王攸文帝之子武帝踐祚時朝廷草創而攸總管軍事撫寧内外莫不景附遷驃騎將軍開府辟召禮同三司每朝政大義悉心陳之累遷侍中司空

攸子武閔王冏惠帝時爲平東將軍假節鎮許昌與成都河間常山新野四王誅趙王倫惠帝反正以冏爲大司馬於是輔政居攸故宫

成都王穎武帝子助齊王冏誅趙王倫惠帝以穎爲大將軍録尚書事冏敗穎懸執朝政事無巨細皆就鄴諮之

高密王泰宣帝弟馗之子惠帝永熙初爲司空楚王

瑋之被收泰嚴兵將救之祭酒丁綏諫曰公爲宰相不可輕動且夜中倉卒宜遣人參審定問泰從之瑋既誅乃以泰録尚書事遷太尉尚書令

東海孝獻王越惠帝西幸以越爲太傅與太宰顒夾輔朝政讓不受懷帝即位委政於越武陵忠敬王遵元帝孫宋高祖義旗興復朝廷稱受密詔使遵揔攝萬機加侍中大將軍移入東宫内外畢敬遷轉百官稱制書又教稱令書安帝反正更拜太保

會稽文孝王道子孝武帝子大元中録尚書六條事尋領司徒安帝踐祚有司奏道子宜進位太傅揚州

牧中書監假黃鉞備殊禮固辭不拜詔內外衆事動靜諮之帝既冠道子稽首歸政

宋彭城王義康高祖子文帝即位初爲荆州刺史元嘉六年司徒王弘表義康宜還入輔政侍中都督揚南徐兖三州諸軍事司徒録尚書事領平北將軍南徐州刺史持節如故二府並置佐領兵與王弘共輔朝廷弘既多疾且每事推謙自是內外衆務一斷之義康性好吏職鋭意文按糾剔是非莫不精盡既專總朝權事决自己生殺大事以録命斷之凡所陳奏入無不可方伯以下並委義康授用繇是朝野輻湊

勢傾天下義康亦自强不息無有懈倦府門每旦常數百乘車雖復位卑人微皆被引接愛惜官爵未嘗以階級私人凡朝士有才用者引入閣下樂爲竭力不敢欺負

江夏王義恭高祖子文帝元嘉十六年進位司空加侍中都督揚南徐兖三州諸軍事司徒録尚書事二十一年進大尉領司徒義恭既小心恭慎且戒義康之失雖爲總録奉行文書而已故文帝安之孝武即阼累加太宰前廢帝即位詔曰總録之典著自前代孝建始年雖暫并省而因革有宜理存濟務朕煢獨在躬未涉政道百揆庶務允歸尊德太宰江夏王義恭新除中書監太尉地居崇重受遺阿衡實深憑倚冀康庶績可録尚書事本官監太宰王如故

南郡王義宣高祖子孝武帝即位初爲中書監都督揚豫二州丞相録尚書六條事揚州刺史

建平王宏文帝子孝武入嗣以宏爲僕射冠軍將軍中書監宏謙儉周慎禮賢接士明曉政事世祖信伏之

南齊竟陵王子良武帝子帝遺詔使良子輔政安成王知尚書事子良素仁厚不樂世務乃推安成詔云

事無大小悉與鸞參議

巴陵王寶義和帝西臺建以爲侍中司空梁王定京邑宣德太后令以寶義爲太尉領司徒詔云不言之化形於自遠時人皆云此實録也

後魏江夏公呂道武族弟位外都大官委以朝政大見尊重扶風公處貞烈帝之後少以壯烈聞位殿中尚書委以大政甚見尊禮

文安公屈泥國之疎族明元時居門下出納詔命明元東巡命屈泥行右相命掌軍國甚有聲譽

彭城王勰獻文子孝文時除侍中長直禁內參决軍

國大政萬機之事無不預焉

咸陽王禧孝文末爲太尉與司徒彭城王勰司空北海王詳尚書左僕射廣陽王嘉等受遺輔政景明二年春詔曰朕以寡昧夙罹閔凶憂煢在疚罔知攸濟寔賴先帝聖德遺澤宰輔忠賢劬勞王室用能撫和上下肅清内外乃式遵復子歸政告遜辭理懇至邈然難奪便當勵茲空乏親覽機務咸陽王尊唯元叔道性淵凝可進位太保領太尉司空北海王季父英明聲略茂舉可大將軍録尚書事

高陽王雍宣武末爲太尉孝明即位初侍中于忠以

門下議以帝幼年未親機政大尉高陽王雍屬尊望重宜入居西栢臺省决庶政

任城王澄明德茂親可爲尚書令總攝百揆

清河王懌孝明即位靈太后以懌帝之懿叔德允具瞻委以朝政事擬周霍懌竭力輔佐以天下爲已任

汝南王悦正光中爲侍中太尉孝明詔入居門下與丞相高陽王雍參决尚書奏事

東魏孝靜天平二年二月以太尉咸陽王坦爲太傅以司州牧西河王悰爲太尉

三年二月以開府儀同三司華山王鷙爲大司馬

四年正月以汝陽王暹爲録尚書事

興和四年四月以大尉彭城王韶爲録尚書事

武定二年三月以元弼爲録尚書事

北齊任城王湝高祖子自孝昭武成時車駕還鄴常令湝鎮晉陽總并省歷司徒大尉并省録尚書事

彭城景思王浟高祖子皇建初拜大司馬兼尚書令轉太保武成入承大業遷太師録尚書浟明練世務果於斷决事無大小咸悉以情

趙郡王叡河清中爲司空攝録尚書事累加尚書令拜太尉叡久典朝政譽望日隆

後周晉蕩公護太祖之兄邵惠公顥之少子自太祖爲丞相立左右十二軍總屬相府太祖後皆受護處分凡所徵發非護書不行護屯兵禁衛盛於宫闕事無巨細皆先斷後聞孝閔踐祚大司馬封晉國公邑萬戸遷大冢宰高祖立百官總已於護保定元年以護爲都督中外諸軍事令五府總於天官

就國

自漢懲亡秦之失尊王子弟魏晉代興咸進戚屬申畫邦壤署置官號南面君民奕世傳祚所以屏翰王室爲磐石之宗也而史氏或載其就封之始或述其

還國之自乃有勝衣疏爵旣壯而方出明德入輔辭寵以言歸或脩覲而旋或被遣而去至於慈愛隆篤恩紀優洽亦弁而敘之所以記封建沿襲之異宜典章因革之殊制者已

漢營陵侯澤立爲琅邪王與齊人田生之國生勸澤急行毋留出關呂太后果使人追之已出即還

齊悼惠王肥高祖六年立孝惠二年入朝帝與齊王燕飲太后前置齊王上坐如家人禮（以兄弟齒列不從君臣之禮故曰家人也）太后怒欲鴆之齊王自以爲不得脫長安內史士曰（內史王官士者其名）太后獨有帝與魯元公主今王有七

十餘城而公主乃食數城王誠以一郡上太后爲公主湯沐邑太后必喜無患矣於是齊王獻城陽郡以尊公主爲太王后（爲齊王太后言以母禮事之所以自媚也）呂太后喜而許廼置酒齊邸樂飲遣王歸國

梁孝王武孝文十七年十八年比年入朝留（比頻也留謂留在京師）其明年乃之國孝景二十九年入朝帝廢栗太子太后心欲以梁王爲嗣大臣有所關說太后議格乃辭歸國三十五年冬復入朝上疏欲留帝不許乃歸國

燕剌王旦武帝元狩六年四月與齊王閎廣陵厲王胥同日立旦壯大就國

淮陽憲王欽宣帝元康三年立宣帝甚愛之元帝即位乃遣之國東平思王宇宣帝甘露二年立元帝即位就國

春陵仁侯以春陵下濕求減邑內徙元帝初元四年徙封南陽之白水鄉猶以春陵爲國名遂與從弟鉅鹿都尉回及宗族徃家焉

仁子敞襲封爲廬江都尉族兄安衆侯劉崇起兵王莽思惡劉氏徵敞至長安免歸國

後漢魯王興哀王石並建武二十七年就國東海恭

王彊建武二年立爲皇太子十七年而母郭后廢彊不自安數陳懇誠願脩藩國十九年封爲東海王二十八年就國帝以彊廢不以過去就有禮故優以大封兼食魯郡初魯恭王好宮室起靈光殿甚壯是時猶存故詔彊都魯中元元年入朝徙封岱因留京師明年冬明帝乃歸國

沛王輔楚王英濟南王康淮陽王延並建武二十八年就國

中山王焉以郭太后少子請王就國焉獨留京師三十年徙封中山王永平二年冬諸王來會璧雍歸藩

詔焉與俱就國從以虎賁官騎焉上疏辭讓顯宗報曰凡諸侯出境必備左右故夾谷之會司馬以從今五國各官騎百人稱娖前行皆北軍胡騎便兵善射弓不空張發中必決皆夫有文事必有武備所以重藩職也王其無辭

東平王蒼明帝即位爲驃騎將軍表乞上將軍印綬退就藩國辭甚懇切永平五年乃許還國而不聽上將軍印綬六年帝幸魯徵蒼從還京師明年陰大后既葬乃歸國十一年與諸侯朝京師月餘還國帝臨送歸宮悽然懷思乃遣使手詔國中傳曰辭別之後獨

坐不樂因就車歸伏軾而吟瞻望永懷實勞我心誦及采菽以增歎息蒼建初六年冬上疏求朝明年正月帝許之七年三月大鴻臚奏遣諸王歸國帝特留蒼賜以秘書列僊圖道術秘方至八月飲酎畢有司復奏遣蒼乃許之詔賜蒼曰骨肉天性誠不以遠近爲親疎然數見顏色情重昔時念王久勞思得還休署大鴻臚奏不忍下筆顧授小黃門中心戀戀惻然不能言於是車駕祖送流涕而訣復賜乘輿服御珍寶輿馬錢布以億萬計瑯邪王京明帝尤愛幸永平五年乃就國

西平王羨章帝遣詔徙封陳王章和二年就國

陵安王恭章帝遣詔徙封彭城王章和二年就國

樂成王黨與章帝同年尤相親愛章和二年就國

下邳王衍有容貌章帝即位嘗在左右章和二年就國

梁王暢明帝尤愛幸章帝縁先帝之意恩寵甚篤和帝即位就國

常山王章殤帝延平元年就國

清河王慶殤帝延平元年與濟北王壽河間王開常山王章就國慶立凡二十五年乃歸國和帝遵肅宗故事兄弟皆

留京師有司請遣諸王歸藩不忍許之殤帝立乃就國

千乘王伉伉子寵皆薨於京師子鴻嗣順帝即位始就國

魏任城王彰大祖之子文帝即位彰與諸侯就國彰始以先王見任有功冀因此遂見授用而聞當隨例意甚不悅不待遣而去

陳思王植黄初元年與諸侯並就國四年來朝是時待遇諸侯法峻任城暴薨諸侯既懷友于之痛植及白馬王彪還國欲同路東歸以叙隔濶而監國使者不聽植發憤告離作詩以贈彪

晉東平王楙爲侍中與東安公繇善繇欲擅朝政與汝南王亮不平亮託以繇討楊駿頓埊免繇楙等官遣楙就國又鎭平下邳惠帝西幸遣使者劉虔郎拜兖州刺史范陽王虓徙楙青州楙不受命虓遣將田徽擊破楙楙走就國
太原王輔武帝受禪初封渤海王泰始二年之國
下邳王晃泰始二年與太原王瓌之國瓌子河間王顒初襲父爵咸寧二年就國
梁王肜武帝踐阼封梁王及之國遷北中郎將武帝咸寧初遣諸王之國獨平原王幹有篤疾故特詔留之

樂安王鑒泰始中拜越騎軺尉咸寧初以齊之梁鄒益封因之國服侍中之服
汝南王亮繇衛將軍侍中出爲鎭内大將軍都督豫州諸軍事開府假節之國
楚王瑋初封始平王大康末徙封於楚出之國都督荆州諸軍事
趙王倫武帝受禪封瑯邪郡王及之國行東中郎將
齊王攸爲鎭軍大將軍侍中太子太傅武帝諸子並弱太子不令内外屬意於攸中書監荀勗從容言于帝曰百僚内外皆歸心於齊王陛下試詔齊王之國必舉朝以爲不可則臣言有徵侍中馮紞又言曰陛下遣諸侯之國成五等之制者宜先從親始莫若齊王帝既信勗言又納紞說太平三年乃下詔曰古者九命作伯或入毗朝政或出禦方嶽周之呂侯五侯九伯實得征之侍中司空齊王攸明德清暢忠允篤誠以母弟之親受台輔之任佐命立勳劬勞王室宜登顯位以稱具瞻其以爲大司馬都督清州諸軍事侍中如故假節將本營千人親騎帳下司馬大車皆舊增鼓吹一部官騎滿二十置騎司馬五人餘主者詳按舊制施行

秦獻王柬爲鎭西將軍西戎軺尉假節與楚淮南王俱之國
淮南王允初封濮陽王拜越騎軺尉太康十年徙封淮南仍之國
東海王越蕩陰之敗奔于下邳竟陵王楙不納越乃還國
後周宣帝大象元年五月以洺州襄國郡爲趙國以齊州濟南郡爲陳國以豐州武當安富二郡爲越國以潞州上黨郡爲代國以荆州新野郡爲滕國邑各一萬戶令趙王招陳王純越王盛代王達滕王道並

之國

冊府元龜

冊府元龜宗室部就國　卷之二百六十八　二十一

巡按福建監察御史臣李嗣京訂正
知甌寧縣事臣孫以敬參閱
知建陽縣事臣黄國琦較釋

宗室部八

委任　將兵

委任

春秋傳曰内姓選於親又曰親不在外蓋明德之選異姓爲後故有出領方伯式遏外侮入踐樞宰允釐庶政或總戎昭以扈蹕或司留務而居守内外之寄於茲爲

重自非藴忠力以純茂貿才望而籍甚誠心篤固上所倚信風幹明允人用僉屬亦何以處股肱之任而裁決萬機守宗稷之重而厭伏衆志者哉

漢楚元王交高祖同父少弟高祖至霸上封交爲文信君從入蜀漢還定三秦誅項籍郎帝位交與盧綰嘗侍上出入臥内傳言語諸内事隱謀

後漢東平王蒼爲驃騎將軍明帝每巡狩蒼嘗留鎮侍衛皇大后

吳侍中峻堅弟靜之曾孫也大帝臨薨受遺輔政領武衛將軍故典宿衛封都鄉侯

晉秦王柬武帝子帝用王佐之謀遣柬都督關中楚王瑋淮南王允並鎮守要害以彊帝室

河間王顒代梁王肜爲西將軍鎮關中石函之制非親不得都督關中顒於諸王爲疎特以賢舉

嗣譙王恬宗室勳望有才用孝武帝時深仗之以爲都督兖青冀幽并揚州之晉陵徐州之南北郡軍事領鎮北將軍青兖等州刺史假節

宋臨州王義慶出爲使持節都督荆雍益寧州居上流之重地廣兵強資實兵甲居朝廷之半故武帝使諸子居之義慶以宗室令美故特有此授

江夏王義恭孝武立加大尉録尚書六條事及立太子東宮文案使先經義恭

當陽侯秉後廢帝時爲散騎常侍丹陽尹與蕭道成袁粲褚淵分日入直決機事

南齊新吳侯景先高帝從子也爲桂陽國右常侍高帝鎮淮陰景先以本官領軍主自隨防衛城内委以心腹

南豐伯赤斧高帝從祖弟也子穎冑爲中書郎高帝以穎冑勲戚子弟除左軍將軍知殿内文武事得入便殿

豫章王嶷居高帝喪不參朝務而言事密謀多見信納服闋加侍中

晉安王子懋武帝永明十一年爲征北將軍雍州刺史給鼓吹一部豫章王以喪服未畢帝以邊州須威望許得奏之

始平王遥光鬱林王隆昌元年除車騎將軍南東海太守行南徐州事仍除南彭城太守將軍如故又除輔國將軍與太守明帝廢鬱林以除冠軍將軍南蠻校尉西中郎長史南郡太守一歲之内頻五除並不拜是時帝欲即位誅賞諸事唯遥光共謀議明帝

子弟弱小晉安王寶義有廢疾故以遥光爲楊州居中遥欣居陝西在外權勢并在其門遥欣勇聚畜武士以爲形援

梁吳平侯景爲人雅有風力長於辭令其在朝廷爲衆所瞻仰於高祖屬雖爲從弟而禮寄甚隆軍國大事皆與議决

後魏遼西公意烈坐事賜死子枝博知古今父雖有罪道武以枝連宗親委之心腹有計畧屢効忠勤文安公泥子屈與南平公長孫嵩白馬侯崔宏等并决獄訟

安定王彌明元泰常中南巡爲奚斤南討聲援詔彌與北新安同居守樂安王範之長子梁太武之兄子也太武未有子嘗曰兄弟之子猶子也親撫養之長而壯勇多知常參軍國大計

東陽公丕爲太尉求致仕詔不許及文成南伐丕與廣陵王羽留守京師并加使持節詔丕羽曰留守非賢莫可太尉年尊德重位總阿衡羽朕之懿弟温柔明斷故使二人留守京邑授兹二節賞罰在手其祗允成憲以稱朕心丕對曰謹以死奉詔羽對曰太尉宜專節度臣但可副貳而已帝曰老者之知少者之

决汝何得辭也孝文爲大傅録尚書事時車駕北巡就家拜授丕留守詔曰中原始搆須朕營視在代之事一委太傅

城陽王鸞爲涼州刺史朝京師會文帝南討領鎮將軍定都雒陽孝文幸鄴詔鸞留守

趙郡王幹領吏部尚書太妃韓氏薨孝文詔曰季代多務情緣理奪幹既居要任銓衡是荷豈容遂其私志致曠所司可遣黄門郎敦喻令勉從王事朕尋當與之相見拜使持節督南豫郢東荆三州諸軍事征南大將軍開府豫州刺史及爲司州牧孝文南討詔

幹都督中外諸軍事給鼓吹一部甲士三百人出入殿門

廣陵王羽爲太子太保録尚書事孝文將南討遣羽持節安撫六鎮發其突騎夷人寧悅還領廷尉卿車駕既發羽與大尉丕留守加使持節及還都議定詔羽兼大尉告於宗室遷京之後北蕃人夷多有未悟羽鎮撫代京内外肅然帝嘉之

高陽王雍爲中護軍行鎮北大將軍孝文南伐以雍行鎮軍大將軍總攝留事

任城王澄爲吏部尚書時當州刺史穆泰在州謀反

推朔州刺史陽平王頤爲主頤表其狀孝文召澄入見凝閑堂曰適得平陽表曰穆泰謀爲不軌招誘宗室脫或必然遷京甫爾北人戀舊南北紛擾朕雒陽不立也此事非任城不辦可爲我力疾向北如其弱也直往擒翦若其勢強可承制發幷肆兵以殄之此雖知王患然是國家大事不容辭也澄曰泰等愚惑正戀本爲此非有遠圖臣誠怯弱不憚是輩雖復中愍豈敢有辭謹當罄盡心力繼之以死願陛下勿憂帝笑曰得任城此行朕復何憂也遂授節銅虎竹使符御仗左右仍行當州事後遷右僕射南齊遣其大尉陳顯達入寇漢陽是時孝文不豫引澄入見清徽堂詔曰顯達侵亂漢陽不安朕不親行莫攘此賊朕疾患淹年氣力惙敝如有非常委任城大事是役必須從朕澄涕泣對曰臣謹竭股肱之力畢命上報遂從駕南伐

澄子嵩孝明時爲平南將軍表請伐梁詔曰所陳嘉謀深是良計如當機形可進任將軍裁之既而梁武尋克建業乃止

陽平王新成長子頤累遷懷朔鎮大將軍都督三道諸軍事北討詔徵赴京問戰伐之事對曰當仰仗廟

筭使呼韓同渭橋之禮帝歎曰壯哉王言朕所望也

北海王詳從孝文南伐爲散騎常侍帝自雒北巡詳常與侍中彭城王勰並在輿輦陪侍左右又以詳行中領軍留守給鼓吹一部甲仗三百人兼督營搆之務及宣武覽政遷侍中大將軍録尚書事帝講武於鄴詳於右僕射高肇領軍於烈留守京師帝禮敬尚隆憑寄無替軍國大事總而裁決每所敷奏事皆協允

彭城王勰爲司徒太子太傅侍中南齊將陳顯達内寇孝文親討之詔勰使持節都督中外諸軍事總攝

六師帝不豫勰辭曰臣侍疾無暇六軍湏有所託事
不兩興情力又竭更請一王總當軍要帝曰戎務侍
疾皆憑於汝牽痾如此吾深慮不濟安六軍保社稷
者舍汝而誰何容力更請人以違心寄宗社所賴唯
在於汝諸葛孔明異姓受託而况汝乎行次淯陽帝
謂勰曰吾患轉惡汝其努力及至馬圈帝疾甚謂勰
曰修短命也死生大分今吾氣力危惙當成不濟矣
雖敗顯達國家安危在此一舉社稷所仗唯在汝身
霍子孟以異姓受付况汝賢親可不勉也乃手詔宣
武曰吾百年之後其聽勰辭蟬捨冕遂其冲挹之性

也及宣武即位因以勰爲宰輔勰頻口陳遺旨請遂
素懷宣武對勰悲慟每不許之勰頻煩表聞辭義懇
切帝難違遺勑遂其雅情猶逼以外任乃以勰爲使
持節侍中都督冀定幽瀛營安平七州諸軍事驃騎
大將軍開府定州刺史勰仍陳讓乃面申前意宣武
固執不許乃許述職又齊將陳伯之屯肥口勰往討之
分命諸將頻戰伯之宵遁勰還京師帝臨東堂引見
詔勰曰比鳳鳥未至蒼黎未化故仰屈尊謨綏懷邊
附而寇竪昏迷敢闚淮楚叔父英畧高明應機殄定
凱旋今辰伏慰悲停勰謝曰臣忝克戎帥撫安新故
而不能宣武導恩威懷遐邇致小竪伯之驅率蟻徒
虔劉邊堡非唯仰慚天顔實亦俯愧朝列春秋責帥
臣實當之賴陛下慈深捨過故使愚臣獲免罪責勰
頻表辭大司馬領司徒及所增邑乞還中山有詔不
許乃除録尚書侍中司徒如故固辭不免勰雅好恬
素不以勢利嬰心孝文重其事幹勢維不許雖有遺
詔復爲宣武留連毎乖情願嘗悽然歎息以詔旨慇
懃僶俛應命後又録尚書侍中司徒大師勰遂固辭
詔曰蓋二儀分象君臣之位形焉上下旣位唱和之
義生焉自古統天位之主曷嘗不賴明師伏賢輔而

後爕和陰陽彝倫民物者哉往而不返者先民誠有
之斯所謂獨善其身而亂大倫山林之士耳賢人君
子則不然也屈已以安民難身以濟物所謂以先知
覺後知同塵而與天下俱絜者也朕猥以冲年纂臨
寶曆實頼叔父拯濟之功誠宜永兼將相以綱維内
外但逼奪先旨憚違冲挹俛志割心以遂高素自此
水旱乖和陰陽失序是以屈王論道庶爕玆玉燭且
師宰從容無廢清尚故周旦復辟而居之尚父期頤
以終位王義兼國家理絶獨高可遣侍中敦喻宣武
又修家人書於勰曰諱言奉還告承猶執冲遜諱實

庸闇政術多秕輔弼之寄仰屬親尊叔父德望兼重
師訓所歸豈得近遺家國遠崇清尚也便願紆降特
副傾注之心勰不得已而應命
常山王素孫暉宣武時爲侍中領右衛將軍雖無補
益深被親寵凡在禁中要密之事暉別奉旨藏之於
櫃唯暉入乃開其餘侍中黄門莫有知者
北齊趙郡王琛初任東魏爲定州刺史及斛斯椿等
釁結高祖將謀内討以晉陽根本召琛留掌後事以
爲并肆汾大行臺僕射領六州九酋長大都督其相
府政事琛悉決之

琛子叡小名須拔從文宣還晉陽時濟南以太子監
國因立太都督尚書府與尚書省分理衆事仍開府
置佐顯祖特崇其選乃除叡侍中攝大都督後因侍
宴文宣從容顧謂常山王演等曰近來亦有如此長
史不吾用此長史何如常山王對曰陛下垂心庶政
優賢禮物須拔進居蟬珥之榮退當委要之職自昔
以來實未聞如此銓授帝曰吾於此亦自謂得宜及
世祖時爲司空攝尚書事突厥嘗侵軼至并州帝親
御戎六軍進止皆令取叡節度
清河王岳初仕東魏爲晉州刺史西南道大都督得
綏邊之稱時岳遇患高祖令還并治療疾瘳復令赴
職及後爾朱兆猶據并州高祖將討之令岳留鎮京
師遷驃騎大將軍儀同三司
岳子勱文宣之從弟也初除青州刺史拜日文宣戒
之曰叔父前牧青州甚有遺惠故遣汝慰彼黎庶宜
好用心無墜聲績勱流涕對曰臣以蒙幼濫叨拔擢
雖竭庸愚懼忝先政帝曰汝旣能有此言吾不慮也
後周廣川公測太祖長兄太祖爲魏丞相以測爲右
長史委以軍國又測詳定宗室昭穆遠近於屬籍歷
位侍中開府儀同

廣陵郡公孝伯字胡王測弟深之子其生與武帝同
日太祖甚愛之養於第内及長又與武帝同學武帝
嘗謂曰公與我猶漢高與盧綰也賜以十三環金帶
自是常侍左右出入卧内朝務皆得預焉孝伯亦竭
心盡力無所廻避至於時政得失外間細事皆以奏
聞帝信委之當時莫比及將誅晉公護密與衛王直
圖之唯孝伯及王軌宇文神舉等頗得參預大軍東
討拜内史下大夫令掌留臺事軍還帝曰居守之重
無忝戰功於是加授大將軍每車駕巡幸常執其手
令居其中

齊殤王憲大祖第五子晉公護執政時雅相親愛及護誅高祖召憲入免冠拜謝帝謂之曰天下者太祖之天下也吾嗣守洪基常恐失墜冢宰無君淩上將圖不軌吾所以誅之以安社稷汝親則同氣休戚共之事不相涉何煩致謝乃詔憲往護弟收兵符及諸簿籍等尋以憲爲太冢宰

隋河間王弘高祖初爲後周丞相嘗置左右委以心腹

觀德王雄高祖與廣平王參預朝政貴寵冠絶一時與高熲虞慶則蘇威稱爲四貴

漢王諒爲并州總管高祖幸溫湯而送之自山以東至滄海南抵黄河五十二州盡隷焉特許以便宜不拘律令

越王侗仁謹元德太子少子煬帝諸孫也帝每巡幸侗嘗留守東都

唐高祖義師初起授第四子巢王元吉大原郡守封姑臧郡公尋進封齊國公授十五郡諸軍事鎮北大將軍留鎮太原許以便宜行事

德宗貞元二年八月以睦王府長史嗣虢王則之爲左金吾大將軍初帝以沈房趙爲金吾謂宰臣曰朕不欲獨厚外戚亦選宗室子有才行者獎拔之乃特用則之焉

梁太祖幸西京制加建昌宮使金紫光禄大夫簡較司徒守開封尹博士友文爲特進簡較太保依開封尹依前建昌宮使充東都留守

將兵

詩曰大宗維翰蓋言宗室之藩屏王國也自成周之並建子弟犬牙相錯維持夾輔載祀彌久秦漢而下或委以戎重或命之征伐或贊興王之業功參於締搆或遏四夷之侮威宜於徼塞所以肅清邦甸震燀

王靈磐維之業亦云茂矣至有四郊多壘金革未息爰命親賢兼領督帥愼擇副貳大署僚佐賫其風望以一羣志茲亦周室懷柔之道漢家尊王之旨也

秦長安君成蟜始皇弟也始皇八年以成蟜將軍擊趙

公子扶蘇始皇長子也始皇三十五年使扶蘇北監蒙恬軍於上郡

漢荊王賈高帝五年舉九江迎英布兵皆會陔下誅項籍帝因使賈將九江兵與太尉盧綰西南擊臨江王共尉共敖之子

燕王澤高祖十一年以將軍擊陳豨將黃封爲營陵侯

江都易王非初爲汝南王吳楚反時非年十五有材氣上書自請擊吳景帝賜非將軍印擊吳吳已破徙王江都治故吳國（治謂都之劉濞所居也）

後漢順陽懷侯嘉光武族兄初隨更始征伐爲偏將軍及攻破宛封興德侯遷大將軍擊延岑於冠軍降之更始既都長安以嘉爲漢中王扶威大將軍擊持節就國都於南鄭衆數十萬

下博侯張齊王石之子永平十六年與奉車都尉竇

固等並出擊匈奴

魏任城王彰大祖子漢末代郡烏桓反彰行驍騎將軍討之悉平

陳侯仁大祖從弟從大祖征伐有功累遷征南將軍文帝將屯宛權遣將陳邵援襄陽使將軍高遷等徙漢南附化民於漢北帝遣使即拜仁大將軍又詔仁移屯臨潁遷大司馬復督諸軍據烏江還屯合肥

長平侯休大祖族子嘗從征伐文帝即位夏侯惇薨以休爲鎮南將軍假節都督諸軍事車駕臨送乃下輿執手而別

邵陵侯真大祖族子文帝黃初三年以真爲上軍大將軍都督中外諸軍事假節鉞與夏侯尚等征孫權擊牛渚屯破之

吳奮威將軍瑜堅季弟靜之子以恭義校尉始領兵衆是時賓客諸將多江西人瑜虛心綏撫得其歡心建安九年領丹陽大守爲衆所附至萬餘人加綏遠將軍十一年與周瑜共討麻保二屯破之後從大帝拒曹公於濡須帝欲交戰瑜說帝持重帝不從軍果無功遷奮威將軍領郡如故自溧陽徙屯牛渚

瑜弟征虜將軍皎始拜護軍校尉領衆二千餘人是

時曹公數出濡須皎每赴拒號爲精銳遷都護征虜將軍代程普督夏口黃蓋及兄瑜卒又并其軍後呂蒙當襲南郡帝欲令皎與蒙爲左右部大都督蒙說帝曰若至尊以征虜能宜用之呂蒙能宜用蒙昔周瑜程普爲左右部督共攻江陵雖事决於瑜普自恃久將且俱是都督遂共不睦幾敗國事此目前之戒也帝寤謝蒙曰以卿爲大督命皎爲後繼擒關羽定荆州皎有力焉

皎弟沘羨侯奐皎既卒奐代統其衆以揚武中郎將領江夏太守黃武五年大帝攻石陽奐以地主使所

部將軍鮮於丹師五千人先斷淮道自帥吳顧張梁五千人爲軍前鋒降高城得二將大軍引還拜揚威將軍封沙羨侯卒子承嗣以昭武中郎將大統兵領郡卒無子以庶弟壹奉負後襲業爲將孫峻之誅諸葛恪也壹與全熈施績攻恪弟公安督融融自殺壹從鎮南遷鎮軍假節督夏口

平南將軍輔堅兄之子也以揚武較尉佐策平三郡策討丹陽七縣使輔西屯歷陽以拒袁術并招誘餘民鳩合遺散又從策討陵陽 王得祖郎等策西襲廬江大守劉輔隨從身先士卒有功後遷平南將軍

建德侯韶字公禮堅族孫也爲將軍屯京城後封建德侯權稱尊號爲鎮北將軍韶爲邊將數十年善養士卒得其死力

丹徒侯桓年二十三拜安東中郎將與陸遜共拒劉備備軍衆甚盛彌山盈谷桓投刀奮命與遜戮力備遂敗走桓斬上兜道截其徑要備踰山越險僅乃得免忿恚嘆曰吾昔初至京城桓尚小兒而今廹孤乃至此也桓以功拜道武將軍封丹徒侯奉邑自置長吏

建昌侯慮字子智黄武七年封建昌侯後二年丞相雍等奏慮性聰體達所尚日新北方近漢宜進爵稱王帝未許久之尚書僕射存上疏曰帝王之興莫不褒崇至親以光羣后故魯衛於周寵冠諸侯高帝五年封列於漢所以藩屏本朝爲國鎮衛建昌侯慮稟性聰敏才兼文武於古典制宜正名號陛下謙光未肯如舊群寮大小咸用於邑方今姦宄恣雎金鼓未弭腹心爪牙惟親與賢輙與丞相雍等議咸以慮宜爲鎮軍大將軍授任偏方以光大業乃許之於是假節開府治并州

晉陽義成王望字子初泰始中吳將施績寇江夏邊

境騷動以望統中軍步騎二萬出屯龍陂爲二方重鎮節度加大都督諸軍事會荊州刺史胡烈距績破之望乃班師俄而吳將丁奉寇芍陂望又率諸軍以赴之未至而奉退拜大司馬孫皓率衆向壽春詔望統中軍二萬騎三千據淮北皓退軍罷

汝南王亮宣帝子爲侍中撫軍大將軍領後軍將軍統冠軍步兵射聲長水等營

亮子衛將軍祐初從惠帝還雒以征南兵八百人給之特置四部牙門永興初率衆依東海王越討劉喬有功拜揚武將軍

楚王瑋武帝第五子爲衛將軍領北軍中候譙王恬
回子尚之爲前將軍允之爲吳國內史恢之驃騎司
馬丹陽尹休之襄城太守各擁兵馬勢傾朝廷
南齊豫章王嶷太祖第二子宋末爲侍中總管內直
衛沈攸之之難太祖入朝堂嶷出鎮東府加冠軍將
軍袁粲舉兵之夕丹陽丞王遜告變先至東府嶷遣
帳中軍王戴元孫二千人隨薛道淵等俱至石頭焚
門之功元孫預焉
梁安成康王秀太祖子也高祖義師至新林諸王侯
悉自収伏來赴高祖以秀爲輔國將軍是時東昏弟

晉熙王寶嵩爲冠軍將軍南徐州刺史鎮京口長吏
范岫行府州縣事遣使請兵高祖以秀爲冠軍長史
南東海太守鎮京口城建康平仍爲使持節都督南
徐兖州諸軍事南徐州刺史
臨川王宏高祖弟天監四年詔宏都督諸軍侵魏宏
以帝之介弟所領皆器械精新軍容甚盛北人以爲
百數十年所未之有軍次雒口前軍尅梁城
吳平侯景高祖從父弟爲南兖州刺史天監四年王
師北伐景帥衆出淮陽進屠宿豫景丁母憂詔起攝
職

南康簡王績高祖子普通四年自南兖州刺史徵爲
侍中雲麾將軍領石頭戍軍事豫章王綜普通六年
三月爲鎮北將軍南兖州刺史權頓彭城總督衆軍
并攝徐州府事
鄱陽忠烈王恢齊明帝時爲前軍主簿在京師高祖
義兵至恢於新林奉迎以爲輔國將軍三吳多亂高
祖命出頓破崗建康平還爲冠軍將軍右衛將軍
恢子範太清元年六月以前雍州刺史爲征北將軍
揔督漢北征討諸軍事
邵陵王綸高祖子太清二年八月爲安前將軍開府

儀同三司都督衆軍以討侯景
臨賀王正德太清二年八月爲北平將軍都督京師
諸軍屯丹陽郡以備侯景
陳遂興縣侯詳字文幾少出家爲桑門善書記談論
清雅高祖討侯景召詳令反初服配以兵馬從定京
邑
南康郡王曇朗梁末爲著作佐郎高祖北濟江圍廣
陵宿預人東方先據鄉建義乃遣曇朗與杜僧明自
淮入泗應赴之齊援大至曇朗與僧明築壘抗禦尋
奉命班師以宿預義軍三萬濟江高祖誅王僧辯留

曇朗鎮京口知留府事
宜黄縣侯惠紀字元方高祖從孫從平侯景杜龕除貞威將軍通直散騎常侍宣帝大建十年吳明徹北討敗績以紀爲持節智武將軍緑江都督兗州刺史
臨海侯方慶南康愍王子也宣帝大建二年以廣州刺史馬靖久居嶺表大得人心士馬強盛朝廷疑之至是以方慶爲仁威將軍廣州刺史以兵襲靖誅進號宣義將軍
後魏秦明王翰昭成帝子有高氣年十五便請征伐昭成壯之使領騎二千及長統兵號令嚴明多有尅

捷
任城王澄孝文時爲征北大將軍蠕蠕犯塞加澄使持節督北討諸軍事以討之蠕蠕遁走鎮州刺史穆泰在州謀反推朔州刺史陽平王頤爲主頤表其狀孝文召澄入見凝閒堂曰適得陽平表曰穆泰謀爲不軌招誘宗室脫或必然遷京甫爾北人戀舊南北紛擾朕雒陽不立也此事非任城不辨可爲我力疾向北如其弱也直往擒翦若其勢強可乘制發并肆兵以殄之雖知王患既是國家大事不容辭也澄曰泰等愚惑正因戀本爲此非有遠圖臣誠怯弱不憚是輩雖復患惙豈敢有辭謹當罄盡心力繼之以死願陛下勿憂孝文笑曰得任城此行朕復何憂也遂授節銅虎竹使符御仗左右仍行鎮州事及宣武時澄爲楊州刺史表請南伐詔發冀定瀛相并濟六州二萬人馬一千五百匹令仲秋之中畢會淮南并壽陽先兵三萬委澄經略先是朝議有南伐之意以蕭寳寅爲東楊州刺史據東城陳伯之爲江州刺史戍陽石以澄總督二鎮授之節度至是勤兵進討以東關水峴嶮要若東關縱水陽石則合肥有恐懸之切不圖大峴則歷陽有乘險之援淮陵陸道九山水路

並宜經畧
北海王顥爲車騎大將軍儀同三司時葛榮南進稍逼鄴城太武詔以顥爲侍中驃騎大將軍開府儀同三司相州刺史以禦榮
江陽王繼爲平北將軍鎮攝舊都高車酋帥樹者權部民反叛詔繼都督北討諸軍事自淮朔巴東悉稟繼節度
趙郡王幹爲豫州刺史孝文南伐以幹爲使持節車騎大將軍都督關右諸軍事給銅虎符十
高陽王端爲安東將軍青州刺史是時梁將寇逼徐

揚除端撫軍將軍金紫光祿大夫使持節東南道大
使處分軍務
彭城王勰孝文時爲侍中帝南伐以勰行撫軍將軍
領宗子軍宿衛左右
梁郡公元嘉泰和三年十一月進爵爲假王督二將
出淮陰隴西公元琛督三將出廣陵
中山王英正始三年四月爲征南將軍都督揚徐二
道諸軍事指授邊將時郢州治中督榮祖潛引梁
軍以義陽應之三關之戍並據城降梁郢州刺史婁
悅嬰城自守懸瓠城民白早生等殺豫州刺史司馬

悅據城南叛梁將齊苟仁率衆守懸瓠悅子尚華陽
公主王弁爲所劫詔英使持節都督南征諸軍事假
征南將軍出自汝南宣武引英謂之曰婁悅統御失
和銓衡闇於簡授故使郢民引寇關戍外奔義陽孤
窘有倒懸之切王國之召虎威名宿震故屈王親總
元戎掃清氛穢昔衛霍以匈奴之故居無寧歲今南
疆不靖王不得以屢勞爲辭也英對曰臣才非韓白
識闇孫吳徒以宗室之長頻荷推轂之寄規略淺短
失律喪師宜彰子反之戮以謝天下陛下慈深念屢
愛等鍾午使臣得同荀伯再生明世誓追孟氏復爲
後期關郢微寇何足平殄臧賊方略已在臣目中願
陛下勿勞聖慮也宣武曰截彼東南再清隨楚而埜
於將軍鍾離一青豈足以損大德今王董彼三軍朕
無憂矣
北齊蘭陵武王長恭文襄子初爲大尉與段韶討柏
谷又攻定陽韶病長恭總其衆前後以戰功別封鉅
鹿長樂平高陽等郡公
後周陽蕩公護高祖時爲大冢宰東征於齊詔曰神
若軒皇尚云三戰聖如姬武且日一戎弧矢之威干
戈之用帝王大器誰能去兵太祖丕承天命造我周

室日月所照罔不率從高氏乘釁眩竊有并冀世
濟其惡腥穢彰聞皇天震怒假手突厥驅略汾晉掃
地無遺季孟勢窮伯圭日蹙坐待滅亡鑒之愚智故
突厥班師仍屯彼境更集諸部傾國重來星流電擊
數道俱進期在仲冬同會并鄴大冢宰晉公朕之懿
昆任隆伊呂平一宇宙惟公是屬朕當親執斧鉞廟
庭祇授有司宜勤衆軍量程赴集進止遲速委公處
分於是徵二十四軍及左右廂散隸及秦隴巴蜀之
兵諸蕃國兵二十萬人帝於廟庭授護斧鉞出軍於
東平郡公神舉宣政元年爲司武上大夫高祖北伐

令神舉與原國公姚顥等率兵俱入至雲陽班師及幽州人盧昌期等據范陽反詔神舉討擒之
隋衛昭王爽初高祖以爲行軍元帥步騎七萬以備胡出平凉無虜而還
高都縣侯尚希初仕後周爲司憲中大夫高祖總百揆尉迥屯兵武涉遣尚希督宗室兵三千人鎮潼關
唐永安王孝基高祖從父弟武德二年劉武周將宋金剛來寇汾澮夏縣人呂崇茂殺縣令舉兵自稱魏王請援於武周以孝基爲行軍總管討之
淮安王神通高祖從父弟隋末義師起與司竹賊何

潘仁合勢下鄠縣衆踰一萬自稱關中道行軍總管從高祖平京師武德元年爲山東道安撫大使擊宇文化及於衛縣竇建德旣虜化及神通後爲建德所陷及建德敗復授河北道行臺尚書左僕射從太宗平劉黑闥
神通子膠東郡公道彥貞觀中爲岷州都督李靖之擊吐谷渾也詔道彥爲赤水道行軍總管以討之
道彥季弟梁郡公孝逸光宅元年徐敬業據揚州作亂以孝逸爲左玉鈐衛大將軍楊州行軍大總管督軍以討之

河間王孝恭高祖從父兄子武德三年爲夏州總管令大造舟楫教習水戰以圖蕭銑尋授荆湘道行軍總管統水陸十二總管六年輔公祏據江東發兵寇壽陽命孝恭爲行軍元帥以擊之
淮陽王道玄高祖從父兄子武德初從太宗擊宋金剛王世充竇建德以功拜雒州總管五年劉黑闥引突厥寇河北以道玄爲山東道行軍總管以討之
江夏王道宗道玄從父弟武德初從太宗討劉武周王世充有功貞觀三年爲大同道行軍總管與李靖破頡利可汗及吐谷渾寇邊以李靖爲崑丘道行軍

大總管道宗副之
隱太子建成高祖子隋末義師起拜左領大都督引兵畧西河郡從平長安授軍大將軍東討元帥將兵十萬徇雒陽臣欽若等曰武德元年以後事俱儲宮將兵門
巢王元吉高祖子武德四年爲稷州刺史襄州道行臺尚書令太宗征竇建德留元吉圍王世充於東都
榮王琬玄宗子天寶十四載十一月安祿山叛冊琬爲元帥以河西節度高仙芝爲副元帥統諸軍以東征內出錢帛於京師召募十萬衆號曰天武健兒旬日而集屯軍灞上旌旗營帳逵亘二十里照耀於原

野

嗣虢王巨天寶中坐與史敬忠相識於襄陵郡安置屬安祿山反陷東都玄宗擇將帥十五載二月張垍自襄陽追見禁中因奏巨宗室中善騎射有謀畧玄宗追至京遂以爲譙郡太守攝御史大夫河南節度使明日巨稱官御奏謝玄宗驚曰何得令攝即日詔兼御史大夫巨奏曰方今艱難忽爲賊所詐召臣不知何以取信玄宗劈木契分授之遂以巨兼領嶺南南陽三節度使

越王係肅宗子代宗乾元二年詔充天下兵馬元帥

應緣軍署置所司准式

舒王謨代宗子德宗建中四年九月爲楊州大都督持節荆襄江西沔鄂等道節度兼諸軍行營兵馬都元帥賜名誼改封晉王時李希烈悉衆攻襄城德宗將遣江西鄂岳之帥進攻蔡州慮無統帥不能齊一乃命焉以兵部侍郎蕭復爲戶部尚書兼御史大夫元帥統軍長史舊令有行軍長史以復父名衡特更之又以新除潭州刺史孔巢父爲右庶子兼御史大夫充行軍左司馬以山南東道節度行軍司馬簡較兵部郎中兼御史大夫樊澤爲諫議大夫兼御史中丞行軍右司馬刑部員外郎劉從一爲吏部郎中兼御史中丞侍御史韋纘爲工部郎中兼御史中丞並爲判官兵部員外郎高參爲兵部郎中掌書記左金衛大將軍渾瑊爲簡較工部尚書兼御史大夫爲中軍虞侯江西節度使嗣曹王皐爲前軍兵馬使鄂岳都團練使李兼爲之副山南東道節度使賈耽爲中軍兵軍使荆南節度使張伯儀充後軍兵馬使以右神武軍將軍王价爲簡較太子賓客右衛將軍高承謙爲簡較太子詹事司農少卿郭曙爲簡較太子左庶子前秘書省著作郎嘗愿爲簡較秘書少監并充

押衙

輝王祎天復三年二月制爲天下兵馬大元帥

嗣覃王臣欽若等曰史闕名景福二年制以爲京西招討使神武大將軍李鐵副之

通王史失其名乾寧三年二月制以爲開府儀同三司判侍衛諸軍事

梁郢王友珪開平四年十月簡較司徒充左右控鶴都指揮使兼管四蕃將軍乾化元年充諸軍都虞侯

冀王友謙開平五年四月詔曰邠岐未滅關隴多虞宜擇親賢總兹戎重應關西同雍化鄜延夏等六道

兵馬并委冀王叔管指揮凡有抽差先申西面都招討使仍别奏聞庶合機權以寧邊鄙

邵王友誨乾化元年以簡較兵部尚書充控鶴二指揮使

友寧字安仁太祖從子少習詩禮長喜兵法有倜儻之風太祖鎮汴累署軍職每因出師多命驍果以從

友倫太祖仲兄存次子也帝愛其才氣録爲皇子署軍職領騎卒

後唐魏王繼岌莊宗子同光二年三月詔充諸道行營都統鄴都留守興聖宮使判六軍諸衛事伐蜀置

中軍以梁漢顒充軍馬步都虞候兼中軍馬步都指揮事張廷蘊充中軍步軍都指揮使牛景章充中軍左廂馬軍都指揮使沈斌充中軍右廂馬軍都指揮使卓瓌充中軍左廂步軍都指揮使王贊充中軍右廂步軍都指揮使供奉官李從襲充四面行營中軍馬步軍都監押高品李廷安呂知柔充衛王衙通謁工部尚書任圜翰林學士李愚從魏王出征參預軍機

秦王從榮明宗子長興中以本官充天下兵馬大元帥

卷終

冊府元龜

巡按福建監察御史臣李嗣京訂正

新建縣舉人臣戴國士參閱

知建陽縣事臣黄國琦較釋

宗室部九

文學

易之小畜曰懿文德傳曰人不學不知道蓋閔子有將落之嘆宣尼著無文之論是知學問之爲益文辭之爲功其至矣哉乃有聯華帝裔分暉宗胄外膺維翰之寄居有敏德之美而能探考載籍服膺師訓咨

求鴻碩周旋儒雅以至貫通六藝多識前言參預述作書法示後掞藻彰於敏麗屬辭尚乎體要炳焉英發煥乎成章斯固茂公姓振振之風增時文郁郁之盛者也

周公旦武王之弟也多才多藝作七月鴟鴞之詩大誥微子之命歸禾嘉禾康誥酒誥梓材召誥雒誥多士無逸君奭多方立政及周官儀禮周頌等篇

漢楚元王交子游高祖同父少弟也(言同父知其異母)好書多材藝少時嘗與魯穆生白生申公俱受詩於浮丘伯(白生魯國奄里人浮丘伯秦時儒生)伯者孫卿門人也(孫卿姓荀名況爲楚國蘭陵令漢以避宣帝諱改之曰孫)後封楚至國以穆生白生申公爲中大夫高后時浮丘伯在長安元王遣子郢客與申公俱卒業(卒終也)文帝時聞申公爲詩最精以爲博士元王好詩諸子皆讀詩申公始爲詩傳號魯詩(凡言傳者謂爲之解說若今詩毛氏傳也)元王亦次之詩傳號曰先生詩(次謂綴集之)世或有之

梁懷王揖文帝少子好詩書帝愛之異於諸子

河間獻王德景帝子脩學好古實事求是(務得事實每求真是也)從民得善書必爲好寫與之留其真(真正也留其正本也)加金帛賜以招之繇是四方道術之人不遠千里(不以千里爲遠

而自至)或有先祖舊書多奉以奏獻王者故得書多與漢朝等是時淮南王安亦好書所招致率多浮辯獻王所得書皆古文先秦舊書周官尚書禮記孟子老子之屬皆經傳說記七十子之徒所論其學六經立毛氏詩左氏春秋博士脩禮樂被服儒術造次必於儒者山東諸儒多從游武帝時王來朝獻雅樂對三雍宮(辟雍明堂靈臺也)及詔策所問三十餘事其對推道術而言得事之中文約指明文與毛生等共采周官及諸子言樂事者以作樂記獻八佾之舞與制氏不相遠其內史丞王定傳之以授常山王禹禹成帝時爲

謁者數言其儀獻王采禮樂古事稍稍增輯至五百餘篇

淮南王安厲王長之子也爲人好書招致客方術之士數千人作爲内書二十一篇外書甚衆又有中篇八卷言神仙黄白之術（黄黄金白白銀也）亦二十餘萬言武帝方好藝文以安屬爲諸父辨傳善爲文辭甚尊重之每爲報書及賜（賜謂賜書也）嘗詔司馬相如等視草乃遣（草謂爲文之藁草）初安入朝獻所作内篇新出上愛秘之使爲離騷傳（傳謂解說之若毛詩傳）且受詔日食時上又獻頌德及長安都國頌每宴見談說得失及方技賦頌昬

暮然後罷又有賦八十二篇

陽丘侯偃齊悼惠王孫作賦十九篇

燕剌王旦武帝子博學經書雜記

廣川王去惠王越之子景帝孫也師受易論語孝經皆通好文辭

紅侯富之子辟疆字少卿楚元王之孫也好讀詩屬文（屬謂會綴文辭也）武帝時以宗室子隨二千石議論冠諸宗室（議論每出宗室之上也）清靜少欲嘗以書自娱不肯仕有賦八篇

陽城侯德辟疆子有賦九篇

德子向字子政辟疆之孫也本名更生旣冠以行脩飭擢爲諫議大夫是時宣帝循武帝故事招選名儒俊材置左右更生以通達能屬文辭與王褒張子僑等並進對獻賦頌凡數十篇會初立穀梁春秋更生復受穀梁講論五經於石渠成帝時向數奏封事遷光禄大夫時帝元舅陽平侯王鳳爲大將軍秉政倚太后專國政兄弟七人皆封爲列侯時數有大異向以爲外戚貴盛鳳兄弟用事之咎而帝方精於詩書觀古文詔向領較中五經秘書（言中以別於外）向見尚書洪範箕子爲武王陳五行陰陽休咎之應向乃集合上

古以來歷春秋六國至秦漢符瑞災異之說記推迹行事連傳禍福著其占驗比類相從各有條目凡十一篇號曰洪範五行傳論奏之天子心知向忠精故爲鳳兄弟起此論也然終不能奪王氏之權向有賦三十三篇三子皆好學長子伋以易教授官至郡守中子賜九卿丞早卒向少子歆字子駿少以通詩屬文召見成帝待詔官者署爲黄門郎河平中受詔與父向領較秘書講六藝傳記諸子詩賦數術方技無所不究哀帝初郎位大司馬王莽與歆宗室有材行爲侍中大中大夫貴幸復領五經卒父前業歆乃集六

藝羣書種別爲七畧歆及向始皆治易宣帝時詔向授穀梁春秋十餘年大明習及歆較秘書見古文春秋左氏傳歆大好之時丞相史尹咸以能治左氏與歆共較經傳歆畧從咸及丞相翟方進受質問大義初左氏傳多古言學者傳訓故而已及歆治左氏引傳文以解經轉相發明繇是章句義理備焉歆亦湛凈有謀父子俱好傳見彊志（志記也）過絕於人

淮陽憲王欽宣帝子也好經書法律聰達有材作賦二篇

後漢劉般宣孫之玄孫也王莽敗與母流轉至武威

雖尚少而篤志脩行講誦不息其母及諸舅以爲身寄絕域死生未必不宜苦精若此數以曉般猶不改業建武八年隗囂敗河西始通般卽將家屬東至雒陽脩經學於師門

沛王輔光武子也矜嚴有法度好經書善說京氏易孝經論語傳及圖讖作五經論時號之曰沛王通論

東平王蒼光武子少好學書爲驃騎將軍是時中興三十餘年四方無虞蒼以天下化平宜脩禮樂乃與公卿共議定南北郊冠冕車服制度及光武廟登歌八佾舞數明帝以所作光武本紀示蒼蒼因上光武受命中興頌帝甚嘉之以其文典雅特令較書郎賈逵爲之訓詁及甍章詔誥中傳封上蒼自建武以來章奏及所作書記賦頌七言別字歌詩並集覽焉

琅邪王京光武子好經學永平中數上詩賦頌德明帝嘉美下之史官

順陽懷侯嘉光武族兄也與伯升俱學長安習尚書春秋

茸里侯敞光武族昆弟通經有行

臨邑侯復光武兄伯升孫也好學能文章永平中每有講學事輒令復典掌焉與班固賈逵共述漢史傅

毅等皆宗事之復子騊駼及從兄平望侯毅並有才學永寧中鄧太后召毅及騊駼入東觀與謁者僕射劉珍著中興以下名臣烈士傳騊駼又自造賦頌書論凡四篇

北海敬王睦光武兄伯升孫也少好學傳通書傳光武愛之數被延納明帝之在東宮尤見幸待入侍諷誦出則執轡性好讀書常爲愛翫能屬文作春秋旨義終始論及賦頌數十篇

平望侯毅北海敬王子也毅少有文辨安帝時上漢德論十二篇時劉珍鄧耽尹兌馬融共上書稱其美

安帝嘉之
濟南王香光武曾孫也篤行經書
陳敬王羨明帝子傳涉經書有威嚴與諸儒講論於白虎殿劉梁宗室子孫嘗疾世多利交以邪回相黨乃著破羣論時之覧者以爲仲尼作春秋亂臣知懼今此論之作俗士豈不愧心其文不存又著辯和同之論孫禎亦以文才知名
魏陳思王植字子建武帝子也年十歲讀誦詩論及辭賦數十萬言善屬文帝視其文謂植曰汝倩人邪植跪曰言出爲論下筆成章顧當面試柰何倩人時

鄴銅爵臺新成帝悉將諸子登臺使各爲賦植援筆立成可觀太祖甚異之明帝時植甍詔撰録前後所著賦頌詩銘雜論凡百餘篇副藏内外
中山恭王衮武帝子也少好學十餘歲能屬文毎讀書文學左右嘗恐以精力爲病數諫止之然性所樂不能廢也毎兄弟游娯衮獨譚思經典爲北海王時黄龍見鄴西漳水衮上書讚頌凡所著文章二萬餘言才不及陳思王而好與之侔
吳孫瑜堅季弟之子好樂墳典雖在戎旅誦聲不絶
孫承好學有文章作螢火賦行於世

晉安平獻王孚宣帝次子也傳涉經史漢末喪亂與兄弟處危亡之中簞食瓢飲而披閲不勌
扶風王駿宣帝子也幼聰慧五六歲能書疏諷誦經籍見者奇之能著論與荀顗論仁孝先後文有可稱
南陽王睦宣帝弟泰之子也少好學與元帝及范陽王虓俱有稱於宗室
南陽王世子保字景度少有文義好述作
范陽王虓宣帝弟康王綏之子也少好學馳譽妍考經記清辯能言論以宗室選拜散騎常侍
東安王繇宣帝子武王伷之次子也傳學多才

齊獻王攸文帝子也少而岐嶷及長清和平允親賢好施愛經籍能屬文善尺牘爲世所楷才望出武帝之右宣帝毎器之爲太子太傅獻箴於太子世以爲工
高陽王睦子彪出繼宣帝弟敏少篤學不倦專精學習故得傳覧羣籍終其綴集之務注莊子作九州春秋爲續漢書又條譙周古史考中凡百二十二事爲不當多據汲冢紀年之義亦行於世
宋江夏王義恭武帝子也涉獵文義孝武時毎有祥瑞輒上賦頌撰要記五卷起前漢訖晉大元奏上之

詔付秘閣
臨川王義慶武帝弟子也撰徐州先賢傳十卷奏上之又擬班固典叙以述皇代之美義慶性好文義文辭雖不多足爲宗室之表招聚文學之士近遠必至所著世說十一卷撰集林二百卷並行於世文帝與義慶書甞加意斟酌
南平穆王鑠文帝第四子也少好學有文才未弱冠擬古三十餘首時人以爲亞迹陸機
建平宣簡王宏文帝第七子也少而閑素篤好文集
宏子景素少有父風素好文章書籍

晉熙王昶文帝第九子前廢帝子業立懼禍奔於魏昶雖學不淵洽覽子史前後表啓皆其自製魏朝嘉重之
南齊豫章王嶷高帝第二子也嶷有子十六人有文學者子恪子質子顯子雲子暉五人恪甞謂所親曰文史之事諸弟備之矣不煩吾復牽率但退食自公無過足矣子恪少亦涉學頗屬文隨棄其本故不傳文集
子範子恪之弟也爲南平從事中郎王使製千字文其辭甚美王命記室蔡遠注釋之自是府中文章皆使具草及爲簡皇后哀策文詞理哀切前後文集三十卷子滂灌並少有文章
子顯好學工文甞著鴻序賦尚書令沈約見而稱曰可謂明道之高致蓋幽通之流也梁武帝雅愛子顯才又加其容止吐納甞從容請曰我造通史此書若成衆史可廢子顯對曰仲尼讚易道黜八索述職方除九丘聖製符同復在兹日時以爲名對又啓撰武帝集并普通北代記爲國子祭酒於學遞述武帝五經義子顯甞爲自序其畧云余爲邵陵王友忝還京師遠思前比即楚之唐宋梁之嚴鄒追尋平生頗好

辭藻雖在名無成求心已足若乃登高目極臨水送歸風動春朝月明秋夜早鴈初鶯開花落葉有來斯應毎不能已也至前代賈傅崔馬邯戰繆路之徒並以文章顯所以屢上歌頌自比古人天監六年始預九日朝宴稠人廣坐獨受旨云今雲物甚美卿將不斐然賦詩詩旣成又降旨曰可謂才子餘退謂人曰一顧之恩非望而至遂方賈誼何如哉未易當也毎有製作特寡思功須其自來不以力構少來所爲詩賦則鴻序一作體兼衆製文備多方頗爲好事所傳故虛聲易遠子顯所著後漢書一百卷齊書六十卷

普通北伐記五卷貴儉傳三卷文集二十卷
子顯子愷才學譽望時論以方其父簡文在東宮早引接之時中庶子謝嘏出守建安於宣猷堂餞飲並召時才賦詩同用十五劇韻愷時先就其辭又美簡文與湘東王令曰王均本自舊手後進有蕭愷可稱信爲才子先是太學博士顧野王奉令撰玉篇簡文嫌其書詳畧未當以愷博學於文字尤善使更與學士删改
子雲顯之弟子也建武中封新浦縣侯自製拜章便有文采梁天監初降爵爲子長勤學有文采弱冠撰

晉書至年二十六書成百餘卷表奏之詔付秘閣爲太子舍人撰東宮新記奏之梁初郊廟未革牲牷樂辭皆沈約撰至是承用子雲啓宜改之勅答曰此是主者守株宜急改也仍使子雲撰定勅曰郊廟歌辭應典誥大語不得雜用子史文章淺言而沈約所撰亦多舛謬子雲作成勅並施用
子暉子雲之弟也少涉學亦有文才未嘗預重雲殿聽制講三惠經退爲講賦奏之甚見貴重
武陵王曄高帝第五子也與諸王共作短句詩與謝靈運以呈帝帝報曰見汝二十字諸兒作中最爲優者但康樂放蕩作體不辨首尾安士衡深可崇尚顏延之抑其次也
鄱陽王鏘高帝第七子性謙慎好文章
始興王鑑高帝第十子好學善屬文
衡陽王鈞高帝第十一子性好學善屬文瑯邪王智深以文章相會濟陽江淹亦游爲武帝謂王儉曰衡陽王須文學當史華寔相稱不得止取貴游子弟而已乃以太子舍人蕭敷爲文學均嘗手自寫五經部爲一卷置於巾箱中以備遺忘侍讀賀玠問曰殿下家自有墳典復何須蠅頭細書別藏巾箱中荅曰巾

箱中有五經既易蓄且一經手寫則永不忘諸王聞而爭效爲巾箱五經
江夏王鋒高帝十二子也十歲能屬文武帝時藩邸嚴急諸王不得讀異書五經之外唯得看孝子圖而已鋒乃密遣人於市里街巷買圖籍朞月之間殆將備矣
頵胄高帝從弟之子也好文義弟頵基好勇武世祖登烽火樓詔羣臣賦詩頵胄詩合旨帝謂頵胄曰卿文弟武宗室便不乏才
曲江公遥欣高帝諸孫也年十六便博覽經史

幾字德丘逷欣之子也年十歲便能屬文作湯公作
詩沈約見而奇之子淸亦有文才
湘東王寶晊安陵昭王子也爲左衛將軍明帝兄弟
一門皆尚吏事寶晊粗好文章
竟陵王子良武帝第二子也永平五年移居鷄籠山
西邸集學士抄五經百家依皇覽例爲四部要畧千
卷令司徒右長史陸惠曉參知事子良所著內外文
筆數十卷雖無文采多是勸戒
晉安南子懋武帝第七子也謙讓好學撰春秋列苑
三十卷奏之世祖勑付秘閣

隨郡王隆武帝第八子也性和美有文才娶尚書令
王儉女爲妃武帝以子隆能文謂儉曰我之家阿重
出實爲皇家藩屛
昭胄子良之子也汎濫書史有父風
賁昭胄之弟也幼好學有文才好著述嘗著西京雜
記六十卷
梁長沙宣文王懿文帝長子也懿之子藻少立名行
志操淸潔善屬文辭尤好古體自非公讌未嘗妄有
所爲縱有小文成輒棄本
駿操從子也工文章

安成康王秀文帝第七子也精意術學搜集紀記招
學士平原劉孝標使撰類苑書未及畢而已行於世
世子機家多書博學強記所著詩賦千言世祖集而
序之
機弟推少淸敏好屬文所親賞南平襄王偉文帝第
八子也幼淸警好學製性情幾神等論
靜偉子也有文才而篤志好學旣內足於財多聚經
史散書滿席手自集校
鄱陽所烈王恢文帝第九子也年七歲通孝經論語
義發摘無遺長涉獵史籍

範恢子也純和有器識愛奇玩古招集文才率意題
章亦時有奇致
宜豐侯脩範弟也矜力貞固風儀嚴整九歲通論語
十一能屬文鴻臚卿裴子野見而賞之
始興忠武王憺文帝第十一子也憺子映年十二爲
國子生天監十七年詔諸生答策宗室則否帝知映
聰解特令問又曰對並見奇謂祭酒袁昂曰吾家千
里駒也
上黄侯曄映弟也美談吐簡文入居監撫曄獻儲德
頌

吳平侯景子勵弱不好弄聚書至三萬卷披玩不倦尤好東觀漢記畧皆誦憶劉顯執卷策勵酬應如流乃至卷次行數亦不差失

長沙嗣王業武帝長兄懿之子也幼而明敏有文集行於世

孝儼業子也聰慧有文才射策甲科除秘書郎太子舍人從幸華林園於座獻相風烏華光殿景陽山等頌其文甚美祖深賞異之

南康簡王績武帝第四子也績子會理少聰慧好文史

通理會理之第也博覽多識有文才嘗祭孔文舉墓并爲立碑製文甚美

邵陵雋王綸武帝第六子也少聰穎博學善屬文工尺牘嘗預餞衡州刺史元慶和於座賦詩十二韻求句方同廣川國寂寞久無聲大爲武帝所賞曰汝人才如此何慮無聲

確綸之次子也有文才秘書丞武帝謂曰爲汝能文所以特有此授

武陵王紀武帝第八子少勤學有文才屬詞不好輕華甚有骨氣

尋陽王大心簡文帝第二子也幼而聰朗善屬文

南海王大臨簡文帝第四子也少而敏慧後入國學明經射策甲科

大連大臨之弟也少俊爽能屬文與大臨入國學明經射策甲科並從高祖行朱方高祖對曰汝等習騎不對曰臣等未奉詔不敢輒習勅各給馬試之大連兄弟據鞍往還各得馳驟之節高祖大悅即賜所乘馬及爲啓謝文詞甚美

安陸王大春簡文帝第六子也少博涉書記

西陽王大均性厚重年七歲武帝問讀何書對曰學

詩因令諷誦即誦周南音韻清雅

忠壯世子方等元帝長子也性愛林泉特好散逸嘗著論曰人生處世如白駒過隙耳一壺之酒足以養性一簞之食足以怡形生在蓬蒿死葬溝壑瓦棺石槨何以異茲吾嘗夢爲魚因化爲鳥當其夢也何樂如之及其覺也何憂斯類良繇吾之不及魚鳥者遠矣故魚鳥飛浮任其里性吾之進退當在掌握舉手懼觸搖足恐墜若使吾終得與魚鳥同遊則去人世間如脫屣耳方等注范曄後漢書未就所撰三十國春秋及靜任子行於世

大圜簡文帝二十子也元帝嘗自問五經要事數十條大圜辭約指明應荅無滯帝甚歎美之因曰昔河間好學爾旣有之臨淄好文爾亦兼之然東平爲善爾高前載吾重之愛之爾當効焉

方諸元帝第二子也幼聰警博學明老易

後梁安成王欣幼聰警博綜墳籍善屬文後入周因與柳信言當明帝之世俱爲一時文宗有集三十卷

陳衡陽獻王昌高帝第六子也稚性聰辯吳郡杜之偉授昌以經書一覽便誦明於義理剖析如流

永陽王伯智世祖第十二子也少敦厚有器等博涉經史

新蔡王叔齊高宗第十一子也風彩明贍博涉經史善屬文

晉熙王叔文高宗第十二子也好虛譽博涉經史

淮南王叔彪高宗第十三子也少聰慧善屬文

嶽陽王叔慎高宗第十六子少聰敏十歲能屬文後主尤愛文章叔慎與衡陽伯信新蔡王叔齊等日夕陪侍每應詔賦詩嘗被嗟賞

南康愍王曇朗子方慶少清警涉獵書傳

後魏河間公齊烈帝之玄孫也齊之孫志少清辯覽書傳頗有文才

東陽公丕文帝諸孫也孝文時車駕南伐留守京師及帝還伐丕請作歌詔許之歌訖帝曰公傾朕還車故親歌述志今經構旣有次第故暫還舊京願後時亦同茲適

秦明王翰昭成子也翰子孤使於慕容垂垂末年政在羣下遂幸代都次於上黨之銅鞮山路旁有大松樹十數根時孝文進繖遂行而賦詩令人示勰曰吾作詩雖不七步亦不言遠汝可作之比至吾所可就之也時勰去帝十餘步遂且行且作未至帝所而就

詩曰問林松林松經幾冬山川何如昔風雲與古同帝大笑曰汝此詩以調責吾耳又從孝文征沔北大破梁軍帝念勰爲露布勰辭曰臣聞露布者布於四海露之耳目必須揄揚宣畧威示天下以臣小才豈足大用帝曰汝亦爲才達但可爲之及就類帝文有人見者咸謂御筆帝曰汝所爲者人謂吾製非兄則弟誰能辯之勰對曰子夏被嗤於先聖臣又荷責於今來又敦尚文史物務之暇披覽不輟自古帝王賢達至于魏世子孫三十卷名曰要略

清河王懌孝文子也博涉經史兼綜羣言有文才善
談理爲顯忠錄二十卷
京兆王愉孝文子也好文章頗著詩賦時引才人宋
世景李神儁祖瑩邢晏王遵業張始均等共申宴喜
招四方儒學賓客嚴懷貞等數十人館而禮之
北齊襄城景王清神武第八子也清子亮性恭孝好
文章
河南康獻王孝瑜文襄長子也謙厚愛文學讀書敏
速十行俱下
河間王孝琬文襄第三子琬之子正禮幼聰穎能誦

左氏春秋齊亡遷綿州卒
趙郡王琛從王子也琛之子叡勵已勤學嘗夜久方
罷世祖時爲太尉父典朝政清身自守譽望日隆漸
被疎忌乃撰古之忠臣義士號曰要言以致其意
後周齊煬王憲太祖第五子少與高祖受詩傳咸綜
機要得其指歸嘗以兵書繁廣難求指要乃自刊定
爲要五篇至是表陳高祖高祖覽而稱善
貴煬王子也少聰敏涉獵經史始讀孝經便謂人曰
讀此一經足爲立身之本
宋獻王攸文帝子也幼而敏達年七歲誦孝經論語
毛詩尚書
趙僭王招文帝子也幼聰穎博涉羣書好屬文學庾
信體詞多輕豔
滕簡王逌文帝次子也少好經史解屬文所著文集
頗行於世
隋高祖族弟子崇少好學涉獵書記
士遠高祖族子少聰敏有學行
滕穆王瓚好書愛士甚有令名瓚子溫字明籀坐事
從容溫厚好學解屬文既而作零陵賦以自寄其辭
哀思帝見而怒之轉徙南海

燕王倓字仁安元德太子昭之次子敏慧好讀書尤
重儒素造次所及有若成人
唐江夏王道宗高祖從父兄子也晚年好學爲當代
所重
漢王元昌高祖第七子也少好學
韓王元嘉高祖第十一子也少好學聚書至萬卷又
採碑文古迹多得異本
霍王元軌高祖第十四子也少多才藝太宗謂魏徵
曰卿以元軌前代誰比徵曰經書文雅亦漢之間平
也前後爲刺史至州唯閉閤讀書吏事責成長史司

馬
鄧王元裕高祖第十七子好學善談名理
魯王靈蘷高祖第十九子有美譽好學
吳國公孝逸淮安王神通子也少好學解屬文
濮王泰太宗第四子少善屬文太宗以泰好士愛文
學特令就府別置文學館上自引招學士貞觀十二
年泰請撰括地志遂奏引著作郎蕭德言秘書郎顧
胤記室參軍
蔣亞卿功曹參軍謝偃等就府修撰成五百五十卷
奏上太宗閱而嘉之乃下詔曰地記之設繇來尚矣

區外具於山海經內陳于夏載職方王制纔舉淮夷
漢志晉國畧記郡國自茲以降着作實繁或學非博
通多所遺闕或地分南北雅有短長求其折中無聞
盡善左武候大將軍雍州都督魏王泰體業貞固風
鑒凝邈學綜策府文冠詞林樂善表於夙夜好士彰
於吐握討論墳典詳言儒惟傳釆方志得之於舊聞
旁求故老考之於傳信內殫九服外極八荒憲章之
規條目有序兼苞戎夏之域今古無遺簡而能周博
而尤要足以度越前載垂之不朽宜加褒錫以申獎
勸可賜物一萬段其書且付秘閣初泰好學愛文章

司馬蘇勗以自古英王多引賓客以述爲美遂勸泰
表請脩撰詔許之於是大開館宇廣召時俊衛尉供
帳光祿給食朝士學涉者多被奏追赴貴游子弟更
相因致人物㯮湊門庭若市泰稍悟過盛欲其速成
於是分道計州披簡疏錄至是凡四年畫成撰緝之
人咸加給賜
黃國公譔韓王元嘉子譔少以文才見知弘文館學
士孟利貞嘗稱譔文章云雖劉禕之周思茂亦不能
過也諸王子中與琅邪王冲爲一時之秀冲與譔父
子書籍最多皆文句詳定秘閣所不及也號王鳳玄

孫則少以宗室歷官試大嘗丞大僕少卿及長好
學年五十餘嘗執經詣大學聽受
潁王璬玄宗第十三子讀書有文詞
永王璘玄宗第十六子聰敏好學
後唐秦王從榮爲詩與從事高輦等更相唱和自謂
章句獨步於一時有詩千餘首號曰紫府集既受元
帥之命卽令寮佐及四方遊士至者各試檄淮南書
陳已將廓淸宇宙之意

冊府元龜

巡按福建監察御史臣李嗣京　訂正
分守建南道左布政使臣胡維霖　參閱
知建陽縣事臣黃國琦較釋

宗室部　十

武勇　剛正

武勇

夫洸洸之述於周雅佗佗之著於秦誓皆武勇之謂也矧乃挺生公族夾輔王室而特資異禀雄材傑出或參預締構功宣戎旅或遭罹否阨事以戡濟或揚

威以克敵或奮怒以屏盜維城之重垣翰之寄於是乎在矣然而武者取其止戈勇者謂之達德矜能恃力古人所戒故曰天下有事用之於戰勝天下無事用之於禮義苟異於是雖有過人絕倫之藝搏熊扛鼎之力適足爲亂亡之本可不愼乎

漢淮南厲王長高帝少子早失母嘗附呂后孝惠呂后時以故得幸無患然嘗心怨辟陽侯審食其不敢發及孝文即位三年入朝厲王有材力扛鼎乃往請辟陽侯辟陽侯出見之即日袖金椎椎之（謂以金椎擊至袖中出其椎之）命從者刑之（直斷其首也）馳詣闕下肉袒謝曰臣母不當坐趙時辟陽侯力能得之呂后不爭罪一也趙王如意子母無罪呂后殺之辟陽侯不爭罪二也呂后王諸呂欲以危劉氏辟陽侯不爭罪三也臣謹爲天下誅賊報母之仇伏闕下請罪帝傷長其志爲親故不治赦之

江都易王非孝景之次子也孝景前二年立爲汝南王吳楚反時非年十五有材氣上書自請擊吳景帝賜非將軍印擊吳吳已破徙王江都治故吳國（治謂都之劉濞所居也）以軍功賜天子旗元光中匈奴之入漢邊非上書願擊匈奴武帝不許非好氣力治宮館招四方

豪傑

廣陵厲王胥孝武次子也壯大好倡樂逸遊力扛鼎空手搏熊彘猛獸

後漢陳王寵善弩射十發十中中平中黃巾賊起郡縣皆棄城走寵有強弩數千張出軍都亭國人素聞王善射不敢反叛故陳獨得完百姓歸之者衆十餘萬人

魏任城威王彰太祖子也少善射御膂力過人手格猛獸不避險阻數從征伐志意慷慨太祖嘗抑之曰汝不念讀書慕聖道而好乘汗馬擊劍此一夫之用

何足貴也課彰讀詩書彰謂左右曰丈夫之爲衛霍將十萬騎馳沙漠驅戎狄立功建號耳何能作博士邪大祖常問諸子所好使各言其志彰曰好爲將太祖曰爲將柰何對曰被堅執鋭臨難不顧爲士卒先賞必行罰必信太祖大笑彰北征入涿郡界叛胡數千騎卒至時兵馬未集唯有步卒千人騎數百匹用田豫計固守要隙虜乃退散彰追之身自搏戰胡騎應弦而倒者前後相屬戰過半日彰鎧中數箭意氣益厲乘勝逐北至於桑乾（桑乾縣屬代郡今北虜居之號索干都）去代二百餘里長史諸將皆以爲新涉遠士馬疲頓又受

節度不得過代不可深進違令輕敵彰曰率師而行唯利所在何節度乎胡走未遠追之必破從令縱敵非良將也遂上馬令軍中後出者斬一日一夜與虜相及擊大破之斬首獲生以千數彰乃倍常科大賜將士將士無不喜悅時鮮卑大人軻比能將數萬騎觀望強弱見彰力戰所向皆破乃請服北方悉平大祖嘗在漢中而劉備栖於山頭使劉封下挑戰大祖罵曰賣履舍兒長使假子拒汝公乎待呼我黄鬚來令擊之乃召彰彰晨夜進道西到長安而太祖以還從漢中而歸彰鬚黄故以呼之

靈壽亭侯奐嘗獵爲虎所逐顧射之應聲而倒太祖壯其驚勇使將虎騎討靈丘賊拔之封靈壽亭侯

晉長沙厲王乂武帝第六子開朗果斷才力過人

吳昭義中郎將靜字幼臺堅之季弟堅始舉事靜糾合鄉曲及宗室五六百人以爲保障衆咸附焉策破劉繇定諸縣進功會稽遣人請靜靜將家屬與策會于錢塘

丞相大將軍都督中外諸軍事峻靜之曾孫也少便弓馬精果膽決

偏將軍領丹陽太守翊大帝弟也驍悍果烈有兄策

風

南齊豫章文獻王嶷大祖第二子有大才之量嘗桂陽王範之役大祖出頓新亭壘拔嶷爲寧朔將軍領兵衛從範率士卒攻壘南嶷執白帽督戰屢摧却之及大祖在領軍府嶷居青溪宅蒼梧王夜中微行欲掩襲宅内嶷左右儛刀戟於中庭蒼梧從墻間窺見以爲有備乃去

長沙威王晃太祖第四子也少有武力爲大祖所愛昇明二年代兄映爲寧朔將軍淮南宣城二郡太守初沈攸之事起晃使弓馬多從武客煙赫都街騎人

爲之語曰煥煥蕭四繖世祖嘗幸鍾山晃從駕以馬
矟刺道邊枯蘖士令左右數人引之銀纏皆卷聚而
矟不出乃令晃復馳馬拔之應手便去舁遠州獻駿
馬帝輒令晃於華林中調試之
魚復侯子響勇力絶人彎弓四斛力數在園池中帖
騎馳走竹樹下身無虧傷
曲江公遥欣爲左將軍荆州刺史好勇聚畜武士以
爲刑援
梁西昌侯藻武帝長兄懿之子天監初出爲持節都
督益寧三州諸軍事冠軍將軍益州刺史時天下草

創邊徼未安州民軍焦僧護聚數千據郫樊作亂藻
年未冠集僚佐議欲自擊之或陳不可藻大怒斬于
階側乃乘平肩輿巡行賊壘賊聚弓亂射矢下如雨
從者舉楯禦箭又命除之繇是人心大安賊乃夜遁
藻命騎追之斬首數千級遂平之進號信威將軍
豫章王綜武帝第二子也有勇力手制奔馬
廬陵王續武帝第五子也少英果膂力絶人馳射游
獵應發命中帝嘗嘆曰此我之任城也嘗與臨賀王
正德及胡貴通趙伯超等馳射帝大悦
永安侯確邵陵王綸之次子也少驍勇有文才嘗在
第中習騎射學兵法時人皆以爲狂左右或以進諫
確曰聽吾爲國家破賊使汝知之除秘書丞太子中
舍人鍾山之役確苦戰所向披靡郡虜憚之確毋臨
陣對敵意氣詳贍帶甲據鞍自朝及夕馳驟往反不
以爲勞諸將服其壯勇
河東王譽昭明太子之第二子也爲湘州刺史幼而
驍勇兼有膽氣能撫循士卒甚得衆心及被圍旣久
雖内外斷絶而備守猶固
綏建王太摯簡文之子也幼雄壯有膽氣及京城陷
乃嘆曰大丈夫會當滅虜屬嬭媪驚掩其口曰勿妄

言禍將及大摯笑曰禍至此非繇此言
後魏西河公敦平文帝曾孫道武初從征名居諸將
後征中山所向無前
扶風公處真烈帝之後也少以壯烈聞位殿中尚書
吐京胡曹僕渾等叛招引朔方胡爲援處真與高京
王那等討滅之
秦明王翰昭成帝次子少有高氣年十五便請征伐
昭成壯之使領騎二千長統兵號令嚴明多有剋捷
翰子衛王儀少能舞劒騎射絶人道武奉駕蘭部侍
從出入登國初從破諸部有戰功儀膂力過人弓力

將十石陳留公矟大稱異時人云衛王弓桓王矟太
武之初育也道武喜夜召儀入曰卿聞夜喚乃不怪
懼乎儀曰怪則有之懼實無也
儀弟陰平王烈剛武有智畧元紹之逆百僚莫敢有
聲唯烈行出外詐附紹募執明元紹信之自延秋門
出遂迎立明元
烈帝觚勇烈有膽氣少與兄儀從道武侍衛左右使
於慕容垂垂末年政在羣下遂止觚以求賂道武絶
之觚率左右馳還
衛王孫禎膽氣過人太武時從征蠕蠕忽遇賊别部

多少不敵禎乃就山解鞍被馬以示有伏賊果疑而
避之
嘗山王遵昭成帝孫少而壯勇不拘小節道武初有
佐命勳賜爵畧陽公慕容寶之敗也别率騎七百邀
其歸雒踩是有叅合之捷
陳留王虔昭成帝孫也姿貌魁偉武力絶倫每以嘗
矟細短大作之猶患其輕復綴鈴於刄下其弓力倍
加嘗人以其殊異於世代京武軍嘗在而志之虔嘗
臨陣以矟刺人遂貫而高舉又嘗以一手頓矟於地
馳馬僞退敵人爭取引不能出虔引弓射之一箭殺
二三人捉矟之徒亡魂而散徐乃令人取矟而去每
從征討嘗先登陷陣勇冠當時敵無衆寡莫抗其前
者
河陽王曜道武子武藝絶人與陽平王熙等並督諸
軍講武衆服其勇
陽平王他道武帝孫性謹厚武藝絶人從大武討胡
白龍於河西屠其城别除餘黨斬首千級
安康縣伯均長子忻之性麤武有氣力釋褐定州平
北府中兵叅軍
長壽子鸞以武藝著稱頻爲北都大將

嘗山王素子可悉陵年十七從大武獵遇一猛獸陵
遂空手搏之以獻帝曰汝才力絶人當爲國立功立
事勿如此也即拜内行阿干又從平凉州沮渠茂處
令一驍將與陵相擊兩槊皆折陵抽箭射之墜馬陵
恐其救至未及拔劍以力屡其頭使身首異處帝壯
之即日拜都幢將
永昌王健明元帝次子姿貌魁壯大武襲蠕蠕越涿
邪山詔健殿後矢不虛發所中皆應弦而斃威震漠
北健子仁亦驍勇有父風大武奇之
魏與王融字叔融貌甚短陋驍武過人莊帝謀殺爾

朱榮以融爲直閤將軍

任城王澄子嵩爲左中郎將從孝文南伐齊將陳顯達率衆拒戰嵩身傅三伏免冑直前將士從之顯達潰斬獲萬計嵩於爾日勇冠三軍

華山王鷙字孔雀文皇帝之後容貌魁壯腰帶十圍有武藝木訥少言

北齊清河王岳神武從父弟初神武與四胡戰於韓陵神武將中軍高昂將左軍岳將右軍中軍敗績賊乘之岳衆麾大呼橫衝賊陣高祖方得廻師表裏擊因大破賊

上黨剛肅王渙神武第七子天姿雄傑俶儻不羣雖在童幼當以將畧自許神武壯而愛之曰此兒似我乃長力能扛鼎材武絶倫元象中封平原郡公文襄之遇賊渙年尚幼在西學聞宮中讙驚曰大兄必遭難矣彎弓而出

蘭陵武王長恭一名孝瓘文襄第四子累遷幷州刺史突厥入晉陽長恭盡力擊之芒山之敗長恭爲中軍率騎五百再入周軍遂至金墉之下被圍甚急城上人弗識長恭免冑示之面乃下弩手救之於是大捷武士共歌謡之爲蘭陵王入陣曲是也後爲太尉與段韶討栢谷又攻定陽韶病長恭總其衆前後以戰刜封鉅鹿長樂樂平高陽等郡公芒山之捷後主謂長恭曰入陣大深失利悔無所及對曰家事親切不覺其遂然帝嫌其稱家事遂忌之

安德王延宗文襄第五子以平陽之役後主自禦之命延宗率右軍先戰城下擒周開府宗挺及大戰延宗以麾下再入周莫不披靡諸軍敗延宗獨全軍延宗容貌充壯坐則仰偃則伏人笑之乃嚇然奮發氣力絶異馳騁行陣勁捷若飛後禦周齊王於城北奮大稍往來督戰所向無前

後周東平公神舉文帝族子膂力絶人彎弓數百斤能左右馳射

莒莊公維生少任俠尚武藝及壯有大度好施愛士北州賢俊皆與之遊而才能多出其下葛榮破鮮于仲禮乃以維生爲漁陽王領德皇帝餘衆時人呼爲維王善撫將士帳下多驍勇至於陣戰莫有當鋒者是以尅獲常冠諸軍爾朱榮定山東收諸豪傑遷晉陽維生時在虜中榮雅聞其名必憚之爲榮所害

章武公導少雄豪大祖愛之及入關導嘗從征伐大祖討侯莫陳悅以導爲都督鎭原州及悅走故塞導

追斬之
杞簡公連臨敵果毅隨德皇帝追賊定州戰歿
齊王憲太祖第五子也武帝保定中憲爲雍州牧及
晉國公護東伐尉遲迥爲前鋒圍雒陽憲爲達奚武
王雄等軍於邙山自餘諸軍各分守險要齊兵數萬
入奄出軍後諸軍震駭並追退散唯憲與雄等率衆
拒之而雄爲齊人所敗三軍震懾憲親自督厲衆心
乃安建德五年大舉東伐憲爲前鋒憲度汾而西及
帝於王壁帝又令憲率兵六萬還援晉州憲遂進軍
營於涑水齊主攻圍晉州晝夜不息間諜還者或云

已陷憲乃遣柱國越王盛大將軍尉遲迥開府宇文
神舉等輕騎一萬夜至晉州憲進據蒙坑爲其後援
知城未陷乃歸涑水尋而高祖東轅次於高顯憲率
所部先向晉州明日諸軍總集稍逼城下齊人亦大
出兵陣於營南帝召憲馳往觀之憲返命曰易與耳
請破而後食帝悅曰如汝所言吾無憂矣內史柳昂
私謂憲曰賊亦不少王安得輕之憲曰憲受委前鋒
情兼家國掃此逋寇事等摧枯商周之事公所知也
賊雖衆其如我何旣而諸軍俱進應時大潰其後齊
王逌走憲輕騎追之旣及永安高祖續至齊人拔其
餘衆後據高壁及雞女柴高祖命憲攻雞女破之明
日與大軍會於介休時齊王遂奔鄴留其從兄安德
王延據幷州延宗因僭僞號帝圍其城憲攻其西面
克之擒延宗以功封第二子質爲河間王拜第三子
寘一作貞爲大將軍仍詔憲先驅趣鄴
汝南郡公慶衛王直鎮山南引爲左右慶善射有膽
氣好格猛獸直甚壯之後從武帝攻河陰先登攀堞
與賊短兵相接中石乃墜死而後蘇帝勞之曰卿勇
可以賈人也復從武帝拔晉州齊兵大至慶與齊王
憲輕騎覘卒爲賊所窘憲挺身而出慶退據汾橋衆

賊爭進慶射之所中人馬必倒賊乃稍却及拔高壁
尅幷州下信都禽高階功並居最
隋蜀王秀高祖子有膽氣多武勇甚爲朝士所憚
唐淮陽王道玄高祖從父兄子也武德初從太宗擊
宋金剛於介州先登陷陣時年十五太宗壯之賞物
千段後討王世充頻戰皆捷竇建德至武牢太宗以
輕騎誘賊令道玄率伏兵於道左會賊至追擊破之
又從太宗轉戰於汜水麾戈陷陣直至出衆披靡後
衝突而歸太宗大悅命副乘以給道玄又從太宗赴
賊再入再出飛矢亂下箭如蝟毛猛氣益厲射人無

不應弦而倒東都平拜錐州總管後爲劉黑闥所擒
太宗嘗從容謂侍臣曰道玄終始從朕深入賊陣所
向必剋意嘗企慕所以每陣先登蓋學朕也惜其年
少不遂遠圖因爲之流涕贈左驍衛大將軍謚曰壯
江夏王道宗道玄從父弟也武德初從大宗平竇建
德破王世充屢有殊效五年授靈州總管梁師都據
夏州遣弟雒兒引突厥兵數萬至於城下道宗閉門
拒守伺隙而戰賊徒大敗高祖聞而嘉之謂僕射裴
寂中書令蕭瑀曰道宗令能守邊以寡制衆昔魏任
城王彰臨戎却敵道宗勇敢有同於彼初突厥連於

梁師都其郁射設入居五原舊地道宗遂出之振耀
威武開拓疆界井地千餘里邊人悅服貞觀三年爲
大同道行軍總管過李靖襲破頡利可汗頡利以十
餘騎來奔其部道宗引兵逼之徵其執送頡利以數
騎夜奔匿於荒谷沙鉢羅懼馳追獲之遣使送於京
師吐谷渾寇邊詔右僕射李靖爲崑丘道行軍大總
管道宗與吏部尚書侯君集爲之副賊聞兵至走入
嶂山已行數千里諸將議欲息兵道宗固請追討李
靖然之而君集不從道宗遂率邊師并行倍道去大
軍十日追擊之賊據險苦戰道宗潛遣十餘騎踰山
襲其後賊表裏受敵一時奔潰十四年大軍討高麗
令道宗與李勣爲前鋒濟遼水剋蓋牟城逢賊兵大
至軍中僉欲深溝保險待大宗至徐進道宗曰不可
賊赴急遠來兵實疲頓恃重輕我一戰必摧昔耿弇
不以賊遺君父我旣職在前軍當須清道以待輿駕
李勣然之乃與壯士數十騎直衝賊陣左右出入勣
同合擊大破之大宗旣親封高麗初遣營州都督張儉統輕騎先渡遼觀賊形勢儉懼敵不敢深入道宗固請將百騎覘賊大宗許之因問往還幾日對曰往十日返十日周覽十日總經一月望諮陛下遂秣馬束兵倚歷險阻直發遼東城南山觀其地形險易安營置陣之所及還賊已引兵過長城斷其路道宗斬關而出如期謁見太宗嗟歎曰賁育之勇何以過此賜金五十斤絹千匹

梁郴王友裕太祖之長子也氣貌雄傑幼卽明敏嘗
從征伐破黃巢於陳又破賊於寃句後討蔡寇於濮
水又戰於斤溝秦宗權來寇也領軍馬翼帝於府西
板橋大勝之又從破張晊於封立南破鄆之范縣寨
擒都將尹萬榮敗魏卒於黎陽臨河
後唐贈大保從璟明宗長子性忠勇沈厚摧堅陷陣
人罕偕焉
晉韓王暉高祖從弟高祖初爲河東節度使張敬達
之圍晉陽也高祖署暉爲突騎都將嘗引所部出敵
之不意深入敵戰雖夷傷流血矢鏃貫骨而辭氣益

厲高祖壯之

剛正

夫有託景宸極維翰帝室奮立剛毅克揚威望非天資挺特内韞忠亮臨事有守居正不撓又曷能申疾風勁草之節彰烈火真金之操啓發憤悱昭著茂烈若乎繇漢而還可以槩舉至有外屬彊轍怙寵干紀權臣跋扈放命肆害而能激昂正說折挫驕勢嫉邪蹈險執義不廻乃至恪守官次靡受私請修明職事弗畏強禦惡無禮於君側折諸短於言下賦性質重未嘗笑謔斯亦各秉志尚以樹英聲者耳

漢朱虛侯章齊王肥子也高后稱制立諸呂爲三王擅權用事明年章入宿衛章年二十有氣力忿劉氏不得職嘗入侍宴飲高后令帝爲酒吏章自請曰臣將種也請得以軍法行酒高后曰可酒酣章進歌舞已而曰請爲大后言耕田欲申諷論也高后兒子畜之比之於子笑曰顧乃父之田耳顧念也乃汝也汝父謂高帝也若生而爲王子安知田乎章曰臣知之大后曰試與我言田意章曰深耕穊種立苗欲疏穊稠也穊種者言多生子孫也疏立者因散置之令爲藩輔也非其種者鉏而去之以斥諸呂也大后默然頃之諸呂有一人醉亡酒避酒而逃章追拔劍斬之而還報曰有亡酒一人臣謹行軍法斬之大后左右大驚業已許其軍法亡以罪也因罷酒自是後諸呂憚章雖大臣皆依朱虛侯劉氏爲彊

魏任城王彰初治鄢陵塉薄使治中牟及文帝受禪因封爲中牟王是後大駕幸許昌北州諸侯上下皆畏彰之剛嚴毎過中牟不敢不速

晉成都王穎爲車騎將軍賀謐嘗與皇太子博爭道穎在坐厲聲呵謐曰皇太子國之儲君賈謐何得無禮謐懼繇此出穎爲平北將軍鎭鄴

嗣譙王尚之爲前將軍兄弟俱典兵後將軍元顯寵

倖張法順毎宴會坐起無別尚之入朝正色謂元顯曰張法順駈走小人有何才異而暴被拔擢當今聖世不宜如此元顯默然尚之又曰宗室雖多規諫者少王者尚納蒭蕘之言況下官與使君骨肉不遠掌春累世何可坐視得失而不盡言因叱法順令下舉坐失色尚之言笑自若元顯深啣之後符下西府令出勇力二千人尚之不與曰西藩濱接荒餘寇虜無嘗兵止數千不足戍衛無復可分徹者元顯尤忿

嗣譙王恬爲御史中丞值海西廢簡文帝登祚未解嚴大司馬桓溫屯中堂吹警角恬奏劾温大不敬請

科罪温視奏嘆曰此兒乃敢彈我眞可畏也悟忠直有幹局在朝憚之

東安王貔性剛毅有威望

後魏華山王鷙字孔雀爲大司馬侍中鷙木訥少言性方厚毎息直省閨雖暑月不解衣冠曾於侍中高岳之席咸陽王坦恃力使酒衆皆下之坦謂鷙曰孔雀老武官何因得王鷙荅曰斬反人元禧首是以得之衆皆失色鷙怡然如故禧坦之父也

艾陵伯萇性剛毅雖有吉慶未嘗開口而笑孝文遷都萇以代尹留鎮懷朔領大將因別賜萇酒雖拜飲

而顏色不泰帝曰聞公一生不笑今方隔山河當爲朕笑竟不可得

美陽公暉業爲特進中書監錄尚書事齊文襄執政嘗問之曰比何所披覽對曰所尋伊霍之傳不讀曹馬之書

建中伯志字猛畧爲雒陽令不避彊禦與御史中尉李彪爭路俱入見面陳得失彪言御史中尉避承華蓋駐論道劔鼓安有雒陽縣令與臣抗衡志言神鄉縣主普天之下誰不編戶豈有俯同衆官趨避中尉孝文曰雒陽我之豐沛自分路揚鑣自今以後可分路而行及出與彪折尺量道各取其半帝謂邢巒曰此兒竟可所謂王孫公子不鏤自彫巒曰露竹霜條故多勁節非鸞則鳳其在本枝也

東平王字建扶性耿介有氣節宣武卽位累遷給事黃門侍郎時茹皓始有寵百僚微憚之帝曾於山陵還詔建扶陪乘又命皓登車皓褰裳將上建扶諫帝推之令下皓恨建扶失色當時壯其忠謇後爲持度支尚書時宣武委政於高肇宗室傾憚唯建扶與肇抗衡先自造棺置於廳事意欲輿棺詣闕論肇罪惡自殺切諫肇聞而惡之

東河縣公順任城王澄之子起家爲給事中時尚書令高肇帝舅權重天下人士望塵拜伏順曾懷刺詣肇門門者以其年少荅云在坐大有貴客不肯爲通順叱之曰任城王兒可是賤也及見直往登床捧手抗禮王公先達莫不怪慴而順辭吐傲然若無所覩肇謂衆賓曰此兒豪氣尚爾況其父乎及出肇加敬送及爲給事黃門侍郎時領軍元乂威刑在盛凡有遷授莫不造門謝謁順拜表而已曾不詣乂乂謂順曰卿何清也不見我順正色曰天子富於春秋委政宗輔叔父宜以至公爲心舉士報國如何賣恩責人

私謝豈所望也至於朝論得失順嘗鯁言正議曾不阿旨繇此見憚出除平北將軍嘗州刺史順謂乂曰北鎮紛紜方爲國梗桑乾舊都根本所係請假都督爲國捍屏乂疑難不欲授以兵官謂順曰此朝廷之事非我所裁順曰叔父既握國柄殺生繇己自言天之曆數應在我躬何得復有朝廷也乂彌忿憚之乂既解領軍順累遷侍中初中山王熙起兵討元乂不果而誅及靈大后反政乃得改葬順侍坐西遊園因奏太后曰臣昨往看中山家葬非惟宗親哀其冤酷行路士女見其一家七葬皆爲潸然莫不酸泣乂妻

時在太后側順指之曰陛下柰何以一妹之故不伏元乂之罪使天下懷冤太后嘿然不語後營州城民就德興反使尚書盧同往討之大敗而返屬侍中穆紹與順侍坐因語同之罪同先有近宅借紹紹頗欲爲言順勃然曰盧同終將無罪太后曰何得如侍中之言順曰同有好宅與要勢侍中豈盧罪也紹慙不敢復言後徐紇閒順於靈太后出順爲護國將軍太嘗卿順奉辭於西遊園紇侍側順指謂靈太后曰此人衞之宰嚭魏國不滅終不死亡紇脅肩而出順遂抗聲叱之曰爾刀筆小人正堪爲机案之吏寧應忝

執戟戲我彝倫遂振衣而起靈太后默而不言尋除吏部尚書兼右僕射與城陽王徽同日拜職舍人鄭儼於正車門外先謁徽後拜順順怒曰卿是佞人當拜佞王我是直人不受曲拜儼深懷謝順曰卿是高門子弟而爲北宮幸臣僕射李思冲尚與王維試同傳以此度之卿亦應繼其卷下見者爲之震動而順安然自得時三公曹令史朱暉素事錄尚書高陽王雍雍欲以廷尉評頻煩託順順不用爲雍遂不命用之順投之於地雍聞大怒昧爽坐都廳召尚書及丞郎畢集欲待順至於衆挫之順日高方至雍攘袂撫

几而言曰身天子之子天子之叔天子叔祖四海之內尊親莫二元順何人以身成命投棄於地順鬚鬢俱張仰面看屋憤氣奔涌長歎而不言久之搖一白羽扇徐而謂雍曰高祖遷宅中土創定九流官方清濁軌儀萬古而朱暉小子身爲省吏何合爲廷尉清官殿下既先皇同氣宜遵成旨自有短垣而復踰之也雍曰身爲丞相錄尚書如何不得用一人爲官曰庖人雖不治庖尸祝不得越樽俎而代之未聞有別旨令殿下參選事順又厲聲曰殿下必如是順當依事奏聞雍遂笑而言曰豈可以朱暉小人便相忿恨

遂起呼順入室與之極飲順之容貌不撓皆此類也

北齊趙郡王叡累拜大尉監與馮翊王潤安德王延宗及元文遥奏後主云和士開不宜仍居內任并入奏大后因出士開爲兖州刺史太后曰士開舊經驅使欲留過百日叡正色不許數日之內太后數以爲言有中官要人知太后密旨謂叡曰太后意既如此殿下何宜苦違叡曰吾國家事重死且不避若貪生苟全令國家擾攘非吾志也况受先皇遺旨委寄不輕今嗣主幼冲豈可使邪臣反側不守之以正何面戴天遂重進言詞理懇切太后令酌酒賜叡叡正色

曰今論國家大事非爲卮酒言訖便出及明日入朝妻子咸諫止之叡曰自古忠臣皆不顧身今社稷事重吾當以死効之豈容令一婦人傾危宗廟且和士開何物竪子如此縱横吾寧死事先皇不忍見朝廷顛沛至殿門又有人曰願殿下勿入慮有危變叡曰吾上不負天死亦何恨入見太后太后復以爲言叡執之彌固出至永巷遇兵被執送華林園於雀離佛院令劉桃枝拉而殺之

安樂王勵性剛直有才幹甚爲時人所重斛律明月雅敬之毎有征伐則引之爲副遷侍中尚書右僕射及後主爲周師所敗勵奉太后歸鄴時宦官放縱儀同苟子溢尤稱寵幸勵將斬之以狥太后救之乃釋劉文殊竊謂勵曰子溢之徒言成禍福何得如此勵攘袂曰今者西寇日侵朝貴多叛繇此輩弄權致使衣冠解體若得今日殺之明日受誅無所恨也文殊甚愧

唐惠文太子範睿宗子玄宗時王毛仲等本起微賤皆崇貴傾於朝廷諸王毎相見假立引待獨範見之色莊

嗣吳王巘貞元中爲宗正卿性介直毎與人言論好

面折其短

巡按福建監察御史臣李嗣京 訂正
新建縣舉人臣戴國士參閱
知建陽縣事臣 黃國琦較釋

宗室部 十一

令德

夫體自帝室齒於宗戚處有惇叙之美出有藩維之重自非挺信厚之質流愷悌之譽則何以覲耀民望表儀公族哉麟趾以來封建尤盛乃有粹和中積淑美兼著事神撫人而咸悅守法奉上而匪懈樂善以濟物推誠而待下勞謙不伐純儉無驕體仁好施居簡多恕行已以周慎處事以方正寛厚以容衆賢明而通理是皆宗室之英本枝之秀足以蔭王國之垣屏薦策書之褒譽者已蓋夫立愛親親雖古之義又曷嘗不建賢尚德以成固本之義歟

周公旦者多才多藝能事鬼神

衛康叔封冉季載周公母弟也皆有馴行於是周公舉康叔爲周司寇冉季爲周司空以佐成王治皆有令名於天下

蔡侯胡叔度之子也度旣遷而死胡乃改行率德馴善周公聞之而舉胡以爲魯卿士魯國治

漢陽城侯德楚元王曾孫地節中以親親行謹厚封爲陽城侯子安民爲郎中右曹宗家以德得官宿衛者二十餘人德寛厚好施生（言好施恩惠於人而生全之）每行京兆尹事多所平反罪人（反音幡番罪人辭使從輕也）家產過百萬則以振昆弟賓客飲食曰富民之怨也宗正向初以行脩飭擢爲諫大夫

淮南王安厲王之子爲人好書鼓琴不喜弋獵狗馬馳騁亦欲行陰德拊循百姓流名譽

河閒獻王德修學好古及薨中尉常麗以聞曰王身端行治溫仁恭儉篤敬愛下明知深察惠於鰥寡大司令奏謚法曰聰明睿智曰獻宜謚曰獻

楚孝王囂成帝河平中入朝時被疾天子閔之下詔曰蓋聞天地之性人爲貴人之行莫大於孝楚王囂素行孝順仁慈之國以來二十餘年纖介之過未嘗聞朕甚嘉之

後漢城陽恭王祉行淳厚宗室皆敬之

宜春侯正爲人謙遜

東海頃王肅恭王彊之子性謙儉循恭王法度肅子孝王臻性敦厚有恩和睦兄弟恤養孤弱至孝純備

仁義兼著

楚思王孫殷宣帝之玄孫也初宣帝封子囂於楚是爲孝王孝王生思王衍衍生王紆紆生殷自囂至殷積累仁義世有名節而紆尤慈篤殷子愷愷子茂皆以禮讓至三公也

沛王輔光武之子矜嚴有法度在國謹節終始如一稱爲賢王明帝愛重數加賞賜

琅邪孝王京光武之子京性恭孝好經學明帝尤愛幸賞賜恩寵殊厚莫與爲比

東平王蒼光武之子永平十一年蒼朝京師月餘還

國明帝遣使手詔國中傅曰日者問東平王處家何等最樂王言爲善最樂其言甚大副是腰腹矣蒼腰帶八圍故明帝言之

彭城王恭敦厚威重舉動有節度吏人愛敬之恭子孝王和敬賢樂施國中愛之

魏鄧哀王冲幼才敏大祖尤愛之冲每見當刑者輒探覩其寃枉之情而微理之及勤勞之吏以過誤觸罪嘗爲太祖陳說宜寬宥之辯察仁愛與性俱生

吳丹徒侯桓字叔武堅族子河之子器懷聰朗大帝嘗稱爲宗室顏淵

都鄉侯松丹陽太守翊之子善與人交輕財好施鎮巴丘數咨陸遜以得失嘗有小過遜面責松松意色不平遜觀其少釋謂曰君過聽不以其鄙數見訪及是以承來意進盡言便變色何也松笑曰屬亦自忿行事有此豈有望也

假節開府慮大帝子也性聰體達所向日新以皇子之尊富於春秋遠近嫌其不能留意及至臨事遵奉法度延納師友過於衆望

晉安平王孚宣帝次弟也孚溫厚謙遜性通恕以貞白自立未嘗有怨於人武帝元會詔孚乘輿車上殿

帝於阼階迎拜旣坐帝親奉觴上壽如家人禮帝每拜孚跪而止之又給以雲車輦青蓋車孚雖見尊寵不以爲榮嘗有憂色

高密王泰性廉靜不近聲色事親恭謹居喪哀戚謙虛下物爲宗室儀表當時諸王惟泰及下邳王晃以以節制見稱雖並不能振施其餘莫能比焉

孝王畧泰之子也孝敬慈順小心下士少有父風

東海獻王越畧之子也少有令名謙虛持布衣之操爲中外所宗

琅邪王伷宣帝拜大將軍開府儀同三司旣戚屬尊

重加有平吳之功克巳恭儉無矜滿之色僚吏盡力百姓懷化

扶風王駿清貞守道宗室之中最爲俊望

齊獻王攸字大猷少而岐嶷及長清和平允親賢好施才望出武帝之右宣帝每器之武帝時攸雖未之國文武官屬下至士卒分租賦以給之疾病死喪賜與之而時有水旱國内百姓則加振貸須豐年乃責十減其二國内賴之及爲驃騎將軍時驃騎當能營兵兵士數千人戀攸恩德不肯去遮京兆主言之帝乃還攸兵攸以禮自拘鮮有過事就人借書必手刊

其謬然後反之雖武帝亦憚之每引之同處必擇言而後發

長沙王乂開朗果斷虛心下士甚有名譽嘆顒可爲

諸國儀表

河間王顒少有清名輕財愛士與諸王俱來朝武帝

會稽文孝王道子少以清淡爲謝安所稱

下邳王晃孝友廉貞謙虛下士甚得宗室之稱

譙王承爲東海大守有犯夜者爲吏所拘承問其故答曰從師受書不覺日暮承曰鞭撻寧越以立威名非政化之本使吏送令歸家其從容寬恕如此又小吏有盜池中魚者綱紀推之承曰文王之囿與衆共之池魚復何足惜耶

宋長沙王道憐子義宗愛士樂施兼好文籍世以此稱之義宗子秉泰始中累遷吏部尚書時宗室雖多才能甚寡秉少自砥束甚得朝野之譽爲太宗所委

臨川王義慶性謙虛簡素寡嗜欲受任歷藩無浮淫之過

建平王宏少而閑素篤學文籍爲人謙儉周慎明曉政事

南齊豫章王嶷性汎愛不樂聞人過失左右有投書

相告置鞾中竟不視取火焚之齊庫失燒荆州還資評直三千餘萬主局各杖數十武帝遣嶷拜陵還過延陵季子廟觀沸井有水牛突部伍値兵執牛推問不許取絹一匹横繫牛角放歸其家爲存寬厚故得朝野歡心及薨群吏中南陽樂藹彭城劉繪吳郡張稷最被親禮藹與竟陵王子良牋曰道德以可久傳聲風流以浸遠標稱雖復青簡緗芳未若玉石之不朽飛翰圖藻豈伊雕篆之無沬丞相冲粹表於天眞淵照殆乎幾象經邦緯民之範體國成務之規故以業茂惟賢策功惟哲神輝眇邈睿筭不遺感纏奉車

悵百僚滯下官夙稟名節懷恩軫慕望隧結哀輙欲
率荆江湘三州僚吏建碑墓首庶嶽衜有述茂則方
存昔子香淳德留銘江介鉅平遺烈墮淚漢南况道
尊前往惠積聯緜者哉下官今使反假無緊躬事刋
斲須至西州鳩集所資託中書侍郎劉繪營辦藹又
與右率沈約書曰夫道宣餘烈竹帛有時先朽德孚
遺事金石更非後亡丞相獨秀生民旁照日月標勝
丘園素履穆於忠義譽應華袞功迹著於弼諧無得
而稱理絕照載若夫日用闃寂雖無取於錙銖歲功
宏達諒有寄於衡石竊承貴州士民或建碑表俾我

荆南閩感無地且作紀江漢道基分陜衣冠禮樂咸
被後昆若共望碑盡禮我州之舊俗傾壇罷肆鄙士
之遺風庶幾弘烈或不泯墜荆江湘三州策名不少
竝欲各率毫釐少申景慕斯文之託歷選惟疑必待
文蔚辭宗德僉茂履非高明而誰豈能騁無愧之辭
訓式瞻之望吾西州窮士一介寂寥恩周營譽澤遍
衣食永惟道蔭日月彌遠緬尋遺烈觸目推心嘗謂
福齊南生慶種仁壽吾儕小人貽塵惟善豈圖一旦
遂投此請約荅曰丞相風道弘曠獨秀生民凝猷盛
烈方軌伊旦勲遺之感朝野同悲承當刋石紀功傳

華千載宜須盛述實允來談郭有道漢末之匹夫非
蔡伯喈不足以偶三絕謝安石素族之台輔時有麗
藻迄乃有碑無表文獻王寇冕彝倫儀刑寓內自非
一世辭宗難或與此約乃闢門鄙人名不入第欻酬
令旨便是以禮許人聞命慙顏已不覺汗之沾背也
建武中第二子子恪託約及太子詹事孔稚珪爲文
臨川王映爲揚州刺史國家初創映以少年臨神州
吏治聰敏府州曹局皆重足以奉禁令自宋彭城王
義康以後未之有也武帝嘗問映居家何事映曰正
使劉瓛講禮顧越講易朱廣之講莊老臣與一二諸

彥兄弟友生時復擊賞以此爲樂帝大賞之他日謂
豫章王嶷曰臨川爲善遂至於斯嶷曰此大司馬公
之次第安不爾帝仍以玉如意指嶷曰未若皇帝之
次第爲善最多也嶷常戒諸子曰凡富貴少不驕奢
以約失之者鮮矣漢世以來侯王子弟以驕恣之故
大者滅身喪族小者削奪邑地可不戒哉映應接賓
客風韻韶靡及薨朝野莫不惋惜焉
鄱陽王鏘和悌美令有寵於武帝在官理事無壅當
時稱之
始興王鑑爲益州刺史不重華飾器服清素有高士

風與紀室參軍蔡仲熊能登張儀樓商畧先言往行
及士人物鑑言辭和辨仲熊應對無滯當時以爲盛
事
南平王鑠爲左民尚書朝直勤謹未嘗屬疾上嘉之
十年出爲持節都督湘州諸軍事以賞鑠
江夏王鋒清悟有學行爲南豫州刺史都督二州軍
事雖未經庶政而雅得人心及鎮姑孰於時人發桓
溫女冢得金巾箱織金篾爲之嚴器又有金蠶銀繭
等物甚多條以啓聞鬱林勅以物賜之鋒曰今取往
物後取今物如循環豈可熟念使長吏蔡經約自往

修復纖毫不犯永明中制諸王年未三十不得畜妾
及武帝晏駕後有勸取左右者鋒曰在内不無使役
旣先遺旨何忍而違
竟陵王子良少有清尚京邑大水吳興偏劇子良開
倉賑救貧病不能立者第北立廨收養給衣及藥子
良毎勸人善未嘗厭倦以此終致盛名子良薨故吏
范雲上表爲子良立碑事不行
南豐縣伯赤斧大祖從祖弟也歷官爲奉朝請以和
謹爲太祖所知
南康王子通理性慷慨慕立功名毎讀書見忠臣烈
士未嘗不廢卷曰一生之内當無愧古人
梁文宣侯尚之敦厚有德器仕齊爲司徒建安王中
兵參軍一府稱爲長者瑯邪王僧虔尤善之毎事多
與議决至大監初追謚文宣侯
吳平侯景才辯識斷益政佐時蓋宗室令望景子勱
弱不好弄喜愠不行於色性率儉而器度寬裕左右
嘗將羹正覆萌翻之顏色不異徐呼更衣
長沙元王弟藻性謙退不求聞達善屬文詞尤好古
體自非公讌未嘗妄有所爲縱有小文成輒棄本頻
莅數鎮民吏稱之推善下人嘗如弗及性恬靜獨處

一室牀有膝痕宗室衣冠莫不楷則嘗以爵祿大過
毎思屏退門庭閑寂賓客罕通太宗尤敬愛之
桂陽王象容止閑雅簡於交遊位丹陽尹始親庶政
舉無失德朝廷稱之
臨川靖惠王宏性寬和篤厚在州二十餘年未嘗以
吏事按郡縣世稱其長者
安成王秀性方靜雖左右近侍非正衣冠弗之見繇
是親友及家人咸敬焉秀爲平南將軍江州刺史將
發主者取堅船以爲齋舫秀曰吾豈愛財而不愛士
教所繇以牢者給參佐下者載齋物旣而遭風齋舫

遂破秀有容觀每在朝百寮目爲仁恕喜愠不形於色左右嘗以石擲殺所養鵠齋師請案其罪秀曰吾豈以鳥傷人在京師且臨公事厨人進食誤而覆之去而登車竟朝不飯亦弗之詰也秀與高祖布衣昆弟及爲君臣小心畏敬過於疎賤者高祖益以此賢之及薨故佐吏夏侯亶等表立墓碑詔許焉當時高才遊王門者東海王僧孺吳郡陸倕彭城劉孝標河東裴子野各製其文古未之有也

南平元襄王偉性多恩惠尤愍窮乏常遣腹心左右歷訪里閭人士貧困吉凶不舉者即遣贍卹太原王

曼穎亡家貧無以殯友人江革往哭之其妻兒對革號訴革曰建安王當知必爲營理言未訖偉使至給其喪事得周濟焉每祁寒積雪則遣人載樵米隨乏絕者即賦給之

鄱陽忠烈王恢通恕輕財好施凡歷四州所得俸禄隨而散之恢子範溫和有氣識爲衛尉卿每夜自巡警武帝喜其勞苦

邵陵王綸武帝第六子輕財愛士不競人利府無儲積問有輒求既得即散士亦以此歸之

武陵王紀少而寬和喜怒不形於色

後梁安平王巖性仁厚善於撫接歷侍中荆州刺史尚書令

東平王岌性敦和而好學

義興王巘幼有令德能屬文時爲明帝所愛

陳始興郡王伯茂性聰敏好學謙恭

鄱陽王伯山舉止閑雅喜愠不形於色

永陽王伯智少敦厚有器局

尋陽王叔儼性凝重舉止方正

後魏華山王鷙有武藝木訥少言性方厚每息直省閨闥暑月不解衣冠

松滋侯子華爲齊州刺史在官不爲矯潔之行

陽平王熙聰達有雅操爲宗屬所欽重

樂平王丕少有才幹爲世所稱明元愛其器度特優異之

東安王範爲長安鎮都大將謙恭惠下推心撫納百姓稱之

東平王翰大武之子初封秦王拜侍中中軍大將參軍典都曹事忠貞雅正百僚憚之

淮陵王大頭性謹密文成甚重之

常山王素宗屬之懿而年老文成每引入訪以政事

固辭疾歸第雅性方正居官五十載終始若一時論賢之

武昌悼王鑒沈重少言寬和好士

京兆王繼寬和容裕號爲長者

繼子羅字仲綱爲散騎常侍雖父兄貴盛而虚已謙退恂恂接物

彭城王勰姿性不羣小心謹慎初無過失雖閒居宴處亦無慢色惰容愛敬儒彦傾心禮待清正儉素門無私謁性仁孝咸陽王禧謀反被害後諸子每乏衣食唯勰歲中再三賑給之

清河王懌寬仁容裕喜怒不形于色

河間公子蘭以忠謹見寵孝文初賜爵建陽子

京兆王孫悰寬和有度量美容貌風望儼然得喪之閒不見於色性清儉不營産業身死之日家無餘財

趙郡王弟譚性頗強立少爲宗室所推敬

高陽王雍子徽輕忽榮利愛翫琴書起家拜通直散騎侍郎

廣陽簡王建子嘉少沈敏喜愠不形於色

任城王澄子順宣武帝時四方無事國富民康豪貴子弟率以朋遊爲樂而順篤志愛古性謇諤淡於利

北齊平陽靖翼王淹性沈謹以寬厚稱

齊安王廓字仁弘性長者無過行

趙郡王琛除使持節督定州刺史推誠撫納拔用士人甚有聲譽

北平王貞沈審寬恕武成曰此兒得我鳳毛

清河王岳長而敦直沈深有器量

蘭陵王長恭嘗入朝而僕從盡散唯有一人長恭獨還無所譴罰

後周邵公導顥第二子也導爲大將軍性寬明善撫御凡所引接人皆盡誠臨事敬慎常若不及太祖每

出征討導常居守深爲吏人所附朝廷亦以此重之

豳公廣文帝曾姪孫時晉公諸子及杞公亮等服翫侈靡踰越制度廣獨率躬禮則朝野稱焉

虞國公仲德子興性弘厚有志度雖流離世故而風範可觀

廣川公測性仁恕好施在洛陽之日曾被竊盜所失物即其妻陽平主之衣服也州縣禽盜并物俱獲測恐此盜坐之以死不認焉遂遇赦免盜既感恩請爲測左右及測從孝武西遷事極狼狽盜人亦從測入關竟無異志測弟深少喪父事兄甚謹從弟神舉神

慶幼孤深撫訓之義均同氣世亦以此稱之
東平公神舉莅職當官每著聲績尤好施愛士以雄豪自居故得任兼文武聲彰内外百僚無不仰其風則先輩舊齒至於今稱之
隋穆王瓚世有令名於當世時人號曰楊三郎
衛昭王爽有器局所治甚有聲
右衛將軍處綱高祖族父爲性質直在官宏濟亦爲當時所稱
秦孝王俊伐陳之役以爲山南道行軍元帥督三千總管水陸十餘萬屯漢口爲上流節度陳將周羅侯

荀法尚等以勁兵數萬屯鸚鵡洲總管崔弘度請擊之俊慮殺傷不許羅侯亦相率而降於是遣使奉章詣闕垂泣謂使者曰謬當推轂竟無尺寸之功比多慙耳上聞而喜之
上開府達爲人弘厚有局度楊素每言曰有君子之貌兼君子之心者唯楊達耳
唐江夏王道宗敬慕賢士不以地勢凌人宗室中唯道宗及河間王孝恭昆季最爲當代所重
淮陽王道玄性謹厚好學多武藝進止閑雅
盧江王瑗頗尚儒雅爲公子而勵布衣之操

河間王孝恭少沈敏有識量性寬厚以仁孝見稱大宗甚親顧之諸宗室中莫與爲比然崇退讓無矜伐驕貴之色
韓王元嘉閨門修整有類寒素士大夫其脩身潔已内外如一諸王莫能及者唯霍王元軌抑其次焉
元嘉子諤少以才行見知諸王子之中與瑯邪王冲爲一時之秀凡所交結皆當代名流
霍王元軌謙慎自守與物無忤爲人不妄接士在徐州唯與處士劉玄平爲布衣之交或問玄平王之所長玄平曰無長問者怪而復之玄平曰夫人有短所

以見其長至於霍王無所不備吾何以稱之哉嘗使國令徵封令曰請依諸國賦物貨易取利元軌曰汝爲國令當正吾失乃說吾以利邪拒而不納元軌初封吳王太宗嘗問郡臣曰朕子弟孰賢侍中魏徵對曰臣愚闇不盡知其能唯吳王數與臣言未嘗不自失太宗曰朕亦器之卿以爲前代誰比徵曰經學大雅亦漢之間平也繇是寵遇彌厚因令娶徵女焉
同安郡王瑜脩身淳謹不自矜貴閨門之内默如也
信安郡王禕居家嚴整善訓諸子皆有令名禕子恒以門蔭早仕質性簡淡好古慕善在宗室中推爲錯

良
榮王琬素有雅稱風俗秀整祿山反以琬爲元師數日薨于時士庶冀琬有所成功旣殂謝遠近咸失望焉
嗣吳王巘爲宗正卿恤孤遺甥姪友愛過人深爲士大夫之有禮敎者稱慕
平王道立曾孫涵簡素恭愼有名宗室官至右僕射
鄭王曾孫勉爲太子太師眞率素淡好古尚奇清廉簡易爲宗臣之表勉二子纘紳皆廉介有節
後唐武皇季弟克寧凡征行無不衞從於昆仲之間

最推仁孝小心恭謹武皇尤友愛之
晉楚王重信歷事後唐明宗及閔帝末帝不恃貴戚能克已復禮當恂恂如也甚爲時論所稱
幹王暉爲曹州防禦使廉愛部下不營財利不好妓樂部人安之
漢魏王承訓少弘厚美姿儀從帝在藩邸輯睦宗親接下僚友有士君子之風高祖器之每遺從帝主帳下親軍軍中有便宜事則馳以入奏奏必稱旨屢有恩錫嘗歎曰此諸侯賢子弟也少帝時累官至簡較司空及義旗南向贊開創之業人皆服其規畧車駕入汴命爲赤尹尹正之務委親決之每因問安事其利於國者必具以聞帝帝喜而納之及杜重威叛換帝幸鄴以爲東都留守俾之監撫內外咸畏而愛之及薨帝左右公卿大夫聞之者無不流涕

冊府元龜

冊府元龜

延按福建監察御史臣李嗣京　訂正
知閩縣事臣曹與臣參閱
知建陽縣事臣黃國琦較釋

宗室部一十二

智識

智者心之符天下之逵德也大則周物而不遺小則見事於未兆折獄辯惑存乎明識而振振公族源深憑厚天姿英異不亦多乎爰漢已來可得而舉或神

鋒炤朗智慮淵妙奇謀先見越出世類至於封章奏議練達治體者左右應對胳合事機決政務而撥其煩閿簿領而糾其繆權宜以救急精辨而埀裕逮夫明哲保身卷舒繇道觸類而長其流寔繁非夫天下之至精又孰能與於此也

漢陽城侯德有智畧少時數言事召見甘泉宮武帝謂之千里駒（言若駒馬可致千里也年齒幼少故謂之駒）

後漢北海靖王興為人有明畧為弘農太守明帝器重興每有異政輒乘驛問焉

興子敬王睦少好學博通書傳中興初禁網尚闊而睦性謙恭好士千里交結自名儒宿德莫不造門繇是聲價益廣永平中法憲頗峻睦乃謝絶賓客放心音樂然性好讀書常為愛翫歲終遣中大夫奉璧朝賀（中大夫王國官也大夫比六百石掌奉王使京都奉璧賀六月及使諸國本皆持節後去節）召而謂之曰朝廷設問寡人（朝廷謂天子也）大夫將何辭以對使者曰大王忠孝慈仁敬賢樂士臣雖螻蟻敢不以實睦曰吁子危我哉此乃孤幼時進趣之行也（東觀記續漢書並云是吾幼時在春之行也）大夫其對以孤襲爵以來志意衰惰聲色是娛犬馬是好使者受命而行其能屈申若此

清河王慶中傅衛訢私為臧盜千餘萬詔使按理之并責慶不舉之狀慶曰詔訢以師傅之尊選自聖朝臣愚惟知言從事聽不甚有所糾察章帝嘉其對悉以訢臧財賜慶

魏陳思王植上疏陳審舉之義曰臣聞天地協氣而萬物生君臣合德而庶政成五帝之世非皆知三季之末非皆愚用與不用知與不知也旣時有舉賢之名而無得賢之實必各援其類而進矣諺曰相門有相將門有將夫相者文德昭者也將者武功烈者也文德昭則可以輔國朝致雍熙稷契夔龍是也武

功烈則可以征不庭威四夷南仲方叔是也昔伊尹之爲媵臣至賤也呂尚之處屠釣至陋也及其見舉於湯武周文誠道合志同玄謀神通豈復假近習之薦因左右之介哉書曰有不世之君必能用不世之臣用不世之臣必能立不世之功殷周二王是也若夫齷齪近步遵常守故安足爲陛下言哉故陰陽不和三光不暢官曠無人庶政不整者三司之責也疆埸騷動方隅内侵沒軍喪衆干戈不息者邉將之憂也豈可虛荷國寵而不稱其任哉故任益隆者負益重位益高者責益深書稱無曠庶官詩有職思其憂

此其義也陛下體天貞之淑聖登神機以繼統冀聞康哉之歌偃武修文之美而數年以來水旱不時民困衣食師徒之發歲歲增調加東有覆敗之軍西有殪殁之將至使蚌蛤浮翔於淮泗鼲鼬讙譁於林木臣每念之未嘗不輟食而揮餐臨觴而搤腕矣昔漢文發代疑朝有變宋昌曰内有朱虛東牟之親外有齊楚淮南琅邪此則磐石之宗願王勿疑臣伏惟陛下遠覽姬文二號之援中慮周成召畢之輔下存宋昌磐石之固昔騏驥之於吳阪可謂困矣及其伯樂相之孫郵御之形體不勞而坐取千里蓋伯樂善御

馬明君善御臣伯樂馳千里明君致太平誠任賢使能之明效也若朝士惟良萬機内理武將行師方難克弭陛下可得雍容都城何事勞動鑾駕暴露於邉境哉臣聞羊質虎皮見草則悅見豺則戰忘其皮之虎也今置將不良有似於此故語曰患爲知者不知知之者不得爲也昔樂毅奔趙心不忘燕廉頗在楚思爲趙將臣生乎亂長乎軍又數承教於武皇帝伏見行師用兵之要不必取吳孫而闇與之合竊揆之於心嘗願得一奉朝覲排金門蹈玉陛列有職之臣賜須臾之間使臣得一散所懷攄舒蘊積死不恨矣

披鴻臚所下發士息書期會甚急又聞豹尾已建戎軒騖駕陛下將復勞玉躬擾挂神思誠竦息不遑寧處願得策馬執鞭首當塵露撮風后之奇接孫吳之要追慕卜商起予左右効命先驅畢命輪轂雖無太益冀有小補然天高聽遠情不上通徒獨望青雲而拊心仰高天而歎息耳屈平曰國有驥而不知乘焉皇皇而更索昔管蔡放誅周召作弼叔魚陷刑叔向佐國三監之釁臣自當之二南之輔求必不遠華宗貴族藩王之中必有應斯舉者故傳曰無周公之親不得行周公之事唯陛下少留意焉近者漢氏廣建

藩王豐則連城數十約則饗食祖祭而已未若姬周之樹國五等之品制也若扶蘇之諫始皇淳於越之難周青臣可謂知時變矣夫能使天下傾耳注心者當權者是矣誅能移主威能偪下豪右執政不在親戚權之所在雖疏必重勢之所去雖親必輕蓋取齊者田族非呂宗也分晉者趙魏非姬姓也惟陛下察之苟吉專其位凶離其患者異姓之臣也欲國之安祈家之貴存共其榮没同其禍者公族之臣也今反公族疏而異姓親臣竊惑焉臣聞孟子曰君子窮則獨善其身達則兼善天下今因臣與陛下踐冰履炭

登山浮澗寒温燥濕高下共之豈得離陛下哉不勝憤懣拜表陳情若有不合乞且藏之書府不便滅棄臣死之後事或可思若有毫釐少挂聖意乞出之朝堂使夫博古之人糾臣表之不合義者如是則臣願足矣帝輒優文荅報

植子濟北王志字允恭好學有才行晉武帝初為中撫軍迎嘗道鄉公於鄴志夜與帝相見帝與語從暮至旦甚器之

都亭侯仁初為議郎督騎從太祖圍壺關太祖令曰城拔皆坑之連月不下仁言於太祖曰圍城必示之活門所以開其生路也今公告之必死將人自為守且城固而糧多攻之則士卒傷守之則引日久今頓兵堅城之下以攻必死之虜非良計也太祖從之城降

晉新野王歆為荊州都督將之鎮與齊王冏同乘謁陵因說冏曰成都至親（臣欽若等曰成都王穎也）同建大勳今宜留之與輔政若不能耳當奪其兵權冏不從俄而冏敗歆懼自結於成都

秦王柬武帝子帝嘗幸宣武場以三十六軍兵簿令柬料較之柬一省便擿脫謬帝異之於諸子中尤見

寵愛後為大將軍錄尚書事時楊駿伏誅既痛舅氏覆滅甚有憂危之慮屢述武帝旨請還藩而汝南王亮留輔政及亮與楚王瑋被誅時人謂柬有先識

譙王承元帝時為散騎常侍領左軍將軍王敦有無君之心表疏輕慢帝夜召承以敦表示之曰王敦頃年位任足矣而所求不已言至於此如之何承曰陛下早裁之難將作矣帝以承為湘州刺史時王敦據上流承赴任行達武昌釋戎備見王敦敦與之宴欲觀其意謂承曰大王雅素佳士恐非將帥才也承曰公未見知耳鉛刀豈不能一割乎承以敦欲測其情

故發此言致果謂錢鳳曰彼不知權而學壯語此之不武何能爲也聽承之鎮

宋長沙王義欣鎮壽陽時淮西河北長吏悉叙勞人武夫多無政術義欣陳之曰江淮左右土瘠民疎頃年以來荐饑相襲百城彫弊於今爲甚綏牧之宜必俟良吏勞人武士不經政術統内官長多非才授東南殷實猶或簡能况賓荒垂而可輒柔頓闕願勅選部必使任得其人庶不勞而治

廬陵王義貞鎮東城高祖始踐祚義貞色意不悅讀博士蔡茂之問其故義貞曰安不忘危休泰何可恃

江夏王義恭孝武世以西陽王子尚有盛寵解楊州以避之乃進位太宰領司徒義恭嘗慮爲孝武所疑及海陵王休茂於襄陽爲亂乃上表曰古先哲王莫廣植周親以屏帝宇諸侯受爵亦願永固邦家至有管蔡梁燕致禍周漢尚垂顯授之恩下忘血食之業夫善積慶深宜享長久而歷代侯王甚乎疋庶豈異姓皆賢宗室悉不實生於深宮不覩稼穡左右近習未值四蘇富貴驕奢自然而至聚毛折軸遂及危禍漢之諸王普置傅相猶不能禁逆七國連謀實繇強盛晉氏列封正足成永嘉之災尾大不掉終古同疾不有更張賜其源莫救日者庶人恃親殆傾王業去歲西寇藉寵幾敗皇基不圖義熈復生今釁良以地勝兵勇獎成凶惡前事之不忘後事之明兆陛下大明紹祚垂法萬乘臣年邁意塞無所知解忝皇族耆長慚慨内深思管見裨崇萬一竊謂諸王貴重不應居邊當於華州優地時可覽出既已有州不須置相若位登三事止乎長史掾屬若宜鎮御別有扞城大將若情樂冲虚不宜逼以戎事若崇文好武尤宜禁塞僚佐文學足充話語遊從之徒一皆勿許文武從鎮以時休止妻子之累不煩自隨百僚條詣宜遵晉

令悉須宜必齊到儁列賓主之則衛泌之士亦無煩於近諸王器甲於私爲用蓋寡自金銀裝刀劒具衣服皆應輸送還本出突徒薪防之有素庶善者無懼惡者止好

彭城王義康爲司徒録尚書事聰識過人一閱必嘗記所暫過終生不忘稠人廣席標題所憶以示聰明人物益以此推服之

南齊豫章王嶷太祖第二子太子帯南兗州鎮軍府長史在鎮憂危既切期渡江北起兵嶷諫曰主上在凶人不自保單行道路以立功外州起兵鮮有尅勝

物情疑惑必生人受禍今于此立計萬不可失會蒼梧王頊太祖報嶷曰大事巳判汝明早可入及爲荆州刺史禪讓之間世祖欲速定大業嶷依違其事默無所言建元元年太祖卽位赦詔未至嶷先下令蠲除國內昇明二年以前逋負後出鍾東府先是王蘊薦部曲六十人助爲城防實以爲內應也嶷知蘊懷貳不給其仗散處外省及難作搜簡皆巳亡去

始興王鑑爲益州刺史城北門嘗閉不開鑑問其故於虞悰答曰蜀王多夷暴有時抄掠至城下故相承閉之鑑曰古人云善閉無關揵且在德不在門卽令

開之戎夷慕義自是清謐

梁鄱陽忠烈侯王恢在荆州嘗從容問賓客曰中山好酒趙王好吏二者孰愈（臣欽若等曰中山王勝趙王彭祖皆漢景帝子也）衆未有對者顧謂長史蕭琛曰漢時王侯藩屛而巳視事親民自有其職中山聽樂可得任性彭祖代吏近於侵官今之侯王不守藩國當佐天子臨民清白其優乎坐者咸服

長沙嗣王業幼而明敏識度過人

南海王大臨字仁宣爲輕車將軍琅邪彭城二郡太守時侯景亂爲使持節宣惠將軍屯新亭俄又徵還屯端門都督城南諸軍事時議者皆勸收外財物擬供賞賜大臨獨曰物乃賞士而牛可犒軍命取牛得千餘頭城內賴以享士及爲吳郡太守張彪起義於會稽吳人陸令公頼州庾孟卿等勸太臨走投彪大臨曰彪若成功不資我力如其撓敗以我說焉不可往也

後魏陳留王崇性沉厚初衛王義坐事賜死後道武欲敦宗親之義詔引諸王子弟入宴恒山王素等三十餘人或謂與衛王相坐疑懼皆出逃遁將奔蠕蠕唯崇獨至道武見之甚悅厚加禮賜遂寵敬之素等

於是亦安

樂平王丕明元子初馮弘之奔高麗太武詔遣送之高麗不遣太武怒將討之丕上疏以爲和龍新定宜復之使廣脩農殖以饒軍實然後進圖可以舉而滅帝納之乃止

元城侯屈明元時居門下出納詔命性明敏善奏事每合上旨

永昌王健所在征伐皆有大功才藝比陳留桓王而智畧過之

恒山王素爲內都大官文武卽位務從寬征罷雜調

有司奏國用不足固請復之唯素曰臣聞百姓不足
君孰與足帝善而從之
高陽王雍初封潁川王加侍中征南大將軍或說雍
曰諸王皆待士以當聲譽王何以獨否雍曰吾天子
之子位爲諸王用聲名何爲
東陽王丕獻文時爲侍中司徒公時有諸疑事三百
餘條勅丕制决率皆合允及爲太尉録尚書事孝文
文明太后重年敬舊存問周渥丕聲高氣朗博記國
事亨宴之際常居坐端必抗音大言叙列旣往成敗
帝后敬納焉

咸陽王禧爲冀州刺史後朝京師孝文謂王公曰皇
太后平日以朝儀闕然遂命百官更欲撰緝今將舉
脩遺志卿等謂可行不當各盡對無以面從禧對曰
儀制之事用舍各隨其時而人可使繇之不可使知
之臣謂宜述先志備行朝式孝文然之
任城王澄爲徐州刺史朝於京師引見於皇信堂孝
文詔澄曰昔鄭子產鑄刑書而晉叔向非之此二人
皆是賢士得失竟誰對曰鄭國寡弱介於強鄰民情
去就非刑莫制故鑄刑書以示威雖垂古式合今權
道隨時濟世子產爲得而叔向譏議示不忘古可與
論道未可與權孝文曰任城當欲爲魏之子產澄曰
子產道合當時聲流竹素家宜文德以懷天下江外
之阻車書未一季世之民易以威伏難以理治愚謂
子產之法猶可暫用大同之後便以道化之孝文心
方革變深善其對笑曰非任城無以識變化之體朕
方創改朝制當與任城共萬世之功耳及爲尚書孝
文外示南討意在謀遷齊於明堂左介詔太常卿王
諶親令龜易筮南伐之事其兆遇革孝文曰此是湯
武革命順人之卦也羣臣莫敢言澄進曰易言革者
更也將欲應天順民革君臣之命湯武得之爲吉陛

下帝有天下重光累葉今日卜征乃下伐叛不得云
革命此非君人之卦未可全爲吉也孝文厲聲曰此
象云大人虎變何言不吉也澄曰陛下龍興旣久可
方同虎變孝文勃然作色曰社稷在我任城而欲沮
衆也澄曰社稷誠知陛下之社稷然臣是社稷之臣
子豫參顧問敢盡愚衷孝文旣銳意必行澄此對久
之乃解曰各言其志亦得何傷車駕還宮乃召澄未
及昇階遥謂曰向者之革卦今更欲論之明堂之忿
懼衆人競言阻我大計故厲色怖文武耳想解朕意
也乃獨謂澄曰今日之行誠知不易但國家興自北

土徙居平城雖富有四海文軌未一此間用武之地非可文治其欲移風易俗信爲甚難崤函故宅河雒王里因茲大舉光宅中原任城意以爲何如日伊雒中區均天所據陛下輝制華夏諸平荒服蒼生聞之此應當大慶孝文曰北人戀本忽聞將移能不驚擾也澄曰此旣非常之事當非常人所知唯須央之聖懷此輩亦何能爲也孝文曰任城便我之子房加撫軍大將軍太子少保又兼尚書左僕射及駕幸雒陽定遷都之策孝文詔曰遷移之旨必須訪衆當遣任城馳驛向北問彼百司論擇可否近日論華令真所

謂華也王其勉之旣至代都衆聞遷詔莫不驚駭澄援引今古徐以曉之衆乃悅服澄遂南馳還報會車駕於滑臺孝文大悅曰若非任城朕事業不就也時南齊雍州刺史曹虎請以襄陽內附分遣諸將車駕將自赴之豫州又表虎奉誠之使不復重來孝文乃引澄及咸陽王禧彭城王勰司徒馮誕司空穆亮鎮南李沖等議之孝文曰比得邊州表云襄陽慕化朕將鳴鑾江沔爲聲勢今後表稱更無復信於行留之計竟欲如何禧等或云宜行或言宜止孝文曰衆人紛紛意見不等朕莫知所從必欲盡留行之勢使言理俱暢者宜有客主共相起發任城與鎮南爲應留之議朕當爲宜行之論諸公俱坐聽得失長者從之於是孝文曰二賢試言留計也沖對曰臣以徙御草創人斯樂安內而應者未審不宜輕示動發孝文曰襄陽疑問似當是虛亦知初遷之民無宜勞役脫歸誠有實卽當乘其悅附遠則有會稽之會近則略平江北如其送款是虛且可遊巡淮楚問民之瘼使彼土蒼生知君德之所及復何所損而惜此一舉脫降問是實而停不撫接不亦稽阻款誠毀朕大略也澄曰降問若審應有表質而使人一返靜無音問其詐

也可見今代遷之衆人懷戀本細携始就雒邑居無一椽之室家闕擔石之糧而使怨苦即戎泣當白刃恐非歌舞之師也今茲區宇初構又東作方興正是子來百堵之日農夫肆力之秋宜寬彼逋誅惡此民疾且三軍已緩無稽赴接苟其款實力足納撫待尅平襄沔然後動駕今無故勞涉空爲往迴必挫損天威更成賊膽願上覽盤庚始遷之艱難下矜詩人繇庚之至詠輯寧新邑惠康億兆而司空亮以爲宜行公卿皆同之澄謂亮曰公在外見旌鉞旣張而有憂色每聞談論不願此行何得對聖顏更如斯之語也

面背不同事涉欺佞非所謂論道之德更國士之體或有傾側當蹶公輩侍臣李中日任城王可謂忠於社稷願陛下深察其言臣等在外皆僤征惟貴與賤不謀同辭仰願聖心裁其可否孝文日任城適以公等從朕有如此論不從朕者何必皆忠而逼識安在也小忠是大忠之賊無乃似諸澄日小忠要是竭盡微疑不知大忠者竟何據孝文日任城脫居台輔之任欲令大忠在巳也澄日臣誠才非台弼智闕和鼎脫得濫居公鉉庶當官而行不負愚志孝文大笑澄又謂亮日昔汲黯於漢武前面折公孫食脫粟飯卧

布被云其詐也於時公孫謙讓下之武帝嘆日汲黯至忠公孫長者二人稱賢公旣道均昔士願思長者之言孝文笑日任城欲自比汲黯也且所言是公未知得失所在何便謝司空也鴐遂南伐宣武時總督楊江二州伐梁獲其冠軍將軍張惠紹後梁武有移求換惠紹澄表請不許詔付八座會議尚書令廣陽王家等奏宜遂之詔乃聽還後果復寇邊孝明時澄以北邊鎭將選舉旣輕恐賊虜闚邊山陵危廹奏求重鎭將之選脩警備之嚴詔不從賊虜入寇至於舊都鎭將多非其人所在叛亂犯逼山陵如澄所慮

彭城王勰孝文時爲中書令孝文與侍臣昇金墉城顧見堂後桐竹日鳳凰非梧桐不棲非竹實不食今桐竹並茂詎能降鳳乎勰對日鳳凰應德而來豈桐竹能降孝文曰何以言之勰日昔在虞舜鳳凰來儀周之興也鸑鷟鳴於岐山未聞降桐食竹孝文笑日朕亦未望降之也後從孝文征沔北爲使持節都督南征諸軍事中軍大將軍開府詔日明便交敵可勑將士肅參軍儀勰於是親勒大衆須臾有二大鳥從南而來一向行宫一向幕府各爲人所獲勰言於孝文日始有一鳥望旗顛仆臣謂大吉高祖戲之日鳥

之畏威豈獨中軍之略吾亦分其一耳此乃大善兵法成說至明便大破齊將崔惠景蕭衍其夜大雨帝日昔聞國軍獲勝毎逢雲雨今破新亭南陽及摧此賊果降時潤誠哉斯言勰對日水德之應遠稱天心宣武時爲太師議律令勰與高陽王雍八座朝士有才學者毎旦集參論軌制應否之宜而勰夙侍孝文兼聽達博見凡所裁决時彦歸仰

清河王懌宣武初爲尚書僕射懌才長從政明於斷决剖判衆務甚有聲名

廣陽王嘉之子深孝明時以沃野鎭人破六韓陵拔

反叛臨淮王彧討之失利詔浮爲北道大都督受尚書令李崇節度乃李崇徵還浮專總戎政拔陵避蠕蠕南移渡河先是別將李叔仁以拔陵來逼請求迎援浮赴之前後降附二十萬人深與行臺元纂表求恒州北別立郡縣安置降戶隨宜賑賚息其亂心不從詔遣黄門郎楊昱分散之於冀定瀛三州就食浮謂纂曰此輩復爲乞活以禍亂當由此作旣而鮮于修禮叛於定州杜雒周反於幽州

恒山王素孫暉宣武初爲黄門侍郎初孝文遷雒舊貴皆難移時欲和衆情遂許冬則居南夏便居北宣

武頗惑左右之言外人遂有還北之問至於榜賣田宅不安其居暉乃請間言事具奏所聞曰先皇移都以百姓戀土故發冬夏二居之詔權寧物意耳乃是當時之言先皇深意且北來遷人安居歲久公私計立無復還情伏願陛下終高祖旣定之業勿信邪臣不然之說納之

北齊趙郡王琛子叡閑習吏職有知人之鑒

後周齊王憲字毗賀拔太祖嘗賜諸子良馬唯其所擇憲獨取駁者太祖問之對曰此馬色類旣殊或多駿逸若從軍征伐收圉易分太祖喜曰此兒智識不凡當成重器後從獵隴上經官馬牧太祖每駮報曰此我兒馬也因令左右取以賜之

汝南公慶字神慶沉浮有器局少以聰敏見知初受業東觀頗涉經史旣而謂人曰書記姓名而已安能久事筆硯爲腐儒業乎時文州賊亂慶應募從征以功授都督

隋河間王弘性明悟有文武幹畧數從征伐累遷開府儀同三司

觀德王雄高祖族子也有器度或奏高熲朋黨者高祖詰雄於朝雄對曰臣忝衛宮闈朝夕左右若有朋

附豈容不知至尊欽明睿哲萬機親覽頻用心平允奉法而行此乃愛憎之理惟陛下察之高祖深然其言

唐河間王孝恭性寬恕退謙無驕矜自伐之色嘗悵然謂所親曰吾所居宅微有壯麗非吾心也將賣之別營一所粗令充事而已身殁之後諸子若才守此足矣如其不才冀免他人所利也初爲山南道招慰大使自金州出于巴蜀招攜以禮降附者三十餘州孝恭進擊朱粲破之諸將曰此食人賊也爲害寔深請坑之孝恭曰不可自此以來皆爲寇境若聞此事

豈有來降者乎盡赦而不殺蘇是書檄所至相繼降
款又輔公祏據江東反發兵寇壽陽命孝恭爲行軍
元帥以擊之孝恭自荆州趣九江時李靖李勣黃君
漢張鎮州盧祖尚並受孝恭節度將發與諸將宴集
命取水忽變爲血在坐者皆失色孝恭舉止自若徐
諭之曰禍福無門唯人自召自顧無負於物諸君何
見憂之深公祏惡積禍盈今承廟筭以致討盃中之
血乃公祏授首之徵遂盡飲而罷時人服其識度而
能安衆後公祏窮蹙棄揚州東走孝恭命騎將追之
至武康擒公祏及其僞僕射西門君儀等數十人致

於麾下江南悉平

江夏王道宗爲禮部尚書時侯君集立功於高昌潛
有異志道宗嘗因侍宴從容曰君集知小言大舉止
不倫以臣觀之必爲戎首太宗曰何以知之對曰見
其恃有微功深懷矜伐恥在房玄齡李靖之下雖爲
吏部尚書未滿其志非毁時賢常有不平之語太宗
曰豈可億度浪生猜貳其功勳才用無所不堪朕豈
惜重位但次第未到耳俄而君集謀反大宗笑謂道
宗曰君集之事果如公所揣

霍王元軌爲定州刺史突厥之入寇也州人李嘉運
與賊相連謀爲內應高祖令收按其黨元軌以強寇
在境人心不安唯殺嘉運餘無所及因自劾違制高
宗覽表大悦謂使者曰朕亦悔之向無王則失定州
矣後因入朝屢上疏陳時得失多所裨益高宗甚尊
重之及在外藩朝廷每有大事或密制問焉

穎王璬天寶末祿山之亂璬爲劒南節度大使初奉
命之藩卒遽不皇受節綿州司馬史賁進說曰王帝
子也且爲節度大使今之藩而不持節單騎徑進人何
所瞻請建大啓冡之油囊爲旌節狀先驅道路是以
威衆璬笑曰但爲真王何用假旌節

嗣曹王皐多智數善因事以自便奉太妃鄭氏

晉秦王萬友子䎖生而龎厚剛毅雄直有器局行不
繇徑臨事多智故高祖於宗屬之中獨優禮厚遇

冊府元龜

巡按福建監察御史臣李嗣京訂正

知甌寧縣事臣孫以敬叅閱

知建陽縣事臣黃國琦較釋

宗室部

友愛　辨惠　畏慎　悔過

友愛

夫因心則友詩所美也教人以悌禮之經也若乃鍾天倫之愛厚同氣之親人無間言家敦輯睦故曰友於兄弟施於有政矧夫肺腑之親本枝之重而能恊比式好敦叙著稱以貴介之英修布衣之行長惠幼

順發於天性字孤撫弱篤於人倫崇棣蕚是騰芳葛藟無所興刺也

漢陽城侯德爲宗正家產過百萬則以振昆弟振舉救也與賑同

楚王紆尤慈篤早失母同廬弟原鄉侯平尚幼紆親自鞠養嘗與共卧起飲食及成人未嘗離左右病卒紆哭泣歐血數月亦歿

舂陵侯敞謙儉好義盡推父時金寶財產與昆弟荆州刺史上其義行拜廬江都尉南陽郡是荆州所管故刺史上其行義也侯等助祭明堂以衛益戶二百敞以有行義拜爲廬江都尉

後漢趙孝王良字次伯光武之叔父也平帝時舉孝廉爲蕭令光武兄弟少孤良撫循甚篤

北海王睦靖王興子既嗣王爵悉推財產與諸弟雖王車服珍寶非列侯制皆以爲分然後隨以金帛賜之

濟南王香篤行好經書初叔父篤有罪不得西封平昌侯昱坐法失侯香乃上書分爵土封篤子丸昱子嵩皆爲列侯

東海王臻性敦厚有恩嘗分租秩賑給諸父昆弟國

相籍褒具以狀聞順帝美之詔曰東海王臻和睦兄弟恤養孤弱至孝純備仁義兼弘朕甚嘉焉今加臻封五千戶

魏陳王植黃初四年封雍丘王其年朝京師是時待遇諸國法峻任城王彰暴薨諸王既懷友于之痛植及白馬王彪還國欲同路東歸以叙隔闊之思而監國使者不聽

晉臨川獻王郁孝武世其兄會稽王世子道生初以無禮失旨郁數勸以敬慎之道道生不納郁爲之流泣簡文帝深器異之

宋晉熙王昶文帝之子孝武孝建三年昶兄竟陵王誕反伏誅前廢帝即位昶爲征北將軍徐州刺史道經廣陵上表曰竊聞淮南中實眷求遺緒楚英流延愛存丘墓並難結兩臣義聞二王法雖事斷禮情申伏見故賊劉誕稱戈犯節自貽逆命膏斧嬰戮在憲已彰但尋屬忝皇枝位叨列辟而一以罪終魂骸莫斂生均宗籍死同匹豎族窆委雜封樹不修今歲月逾邁愆流釁往踐境與懷感事傷目陛下繼明升運咸與維新太德方臨哀矜未及夫欒布哭市義犯雷霆田叔鉗楮志於夷戮況在天倫何獨無感伏願稽

若前準降申丹志乞薄收槁掛微表窀穸則朽骨知榮窮泉識荷臨紙哽慟辭不自宜詔曰征北表如此省之慨然誕及妻女並可以庶人禮葬并置守衛

南齊豫章王嶷以弟長沙王晃畜私仗武帝將糺以法嶷于御前稽首流涕曰晃罪誠不足宥陛下當憶先朝念白象白象晃小字帝亦垂泣又武陵王曅亦嶷弟也曅數以言語忤武帝武帝幸嶷東田宴諸王獨不召曅嶷曰風景殊美今日甚憶武陵帝乃呼之曅善射命發屢中顧謂四座曰手何如帝神色甚怖嶷曰阿五曅高帝第五子也嘗日不爾今可謂仰藉天威帝意乃釋

竟陵王子良初送文惠太子葬夾石先是豫章王葬金牛山子良臨望祖硎山悲嘆曰北瞻吾叔前望吾兄死而有知請葬茲地既薨遂葬焉

曲江公遥欣子幾字德玄年十歲能屬文早孤有弟九人並皆稚小幾恩愛篤睦聞於朝野

梁始興王憺爲荊州刺史同母兄安成康王秀偏孤憺尤篤愛自天監中嘗以所得俸中分與秀秀稱心愛之亦不辭多也昆弟之睦當世歸之憺天監十四年爲都督荊湘雍寧梁南北秦七州諸軍事鎮石將

軍荊州刺史秀將之雍州薨於道憺聞哀自投于地席藁哭泣不飲食者數日傾財產賻送部伍大小皆取足焉天下稱其悌

後魏中山王英子熙少有文才而輕躁英浮慮非保家主欲廢之而立弟四子畧爲世子宗議不聽畧又固請乃止

臨淮王昌弟爲冀州刺史後爲葛榮所陷爲榮所執而兄祐爲防城都督兄子禮爲録事參軍榮欲先害子禮孚請先死以贖子禮叩頭流血乃捨之又大集將士議其死事孚兄弟各誣已引過爭相爲死又州

人張孟都潘紹等數百人皆叩頭就法請活伎君榮曰此魏之誠臣義士也凡同禁五百人皆得免

北齊安德王延宗兄蘭陵王死妃鄭氏以頸珠施佛廣寧王使贖之延宗手書以諫而淚滿紙河間王琬死延宗哭之淚亦甚河間王孝琬兄河南王之死諸王在宮內莫敢舉聲唯孝琬大哭而出

後周安化公浮性仁愛從弟神舉神慶幼孤浮撫訓之義均同氣世以此稱焉

隋觀德王雄周時爲邦國公高祖受禪封廣平王以邦公別封一子雄請封弟士貴朝廷許之

唐襄邑王神符淮安王逼弟也幼孤事兄以友悌聞

韓王元嘉與其弟靈夔甚相友愛兄弟集見如布衣之禮

信安郡王禕少有志尚撫繼母所生弟祇等以友愛稱

褒信郡王璆許王素節子爲宗正卿友弟聽敏宗子中有一善無不薦援故宗枝居省闥者多璆之所舉

辨惠

傳曰生而知之詩云克岐克嶷皆幼惠早成之謂也乃有席天宗之貴出帝䇞之胄流光憑厚蘊靈毓德肇自童丱逈彰聰悟强記默識經目而不忘知幾會理發言而可述藻翰遒發知畧超邁挺老成之美有先見之明孝心夙著政術懸解嗜好絶俗才辯超世用能馳徽名于宗巽聳偉望於王室隆篩牖之懿增本支之睦者也

周王孫滿魯僖公三十三年春秦師過周北門左右免冑而下（王城之北門冑兜鍪兵車非大將御者在中故左右下御不下）超乘者三百乘王孫滿尚幼觀之言于王曰秦師輕而無禮必敗（謂過天子門不卷甲束兵超乘示勇）輕而寡謀無禮則脫又不能謀能無敗乎（後秦師果爲晉敗于殽）

漢陽城侯德楚元王交之後有智畧少時數言事召見甘泉宮武帝謂之千里駒（言若駿馬可致千里也年齒幼少故謂之駒）

魏陳思王植字子建年十歲餘誦讀詩論及辭賦數十萬言善屬文

鄧哀王沖字蒼舒少聰察岐嶷生五六歲智意所及有若成人之智時吳冑致巨象太祖欲知其斤重訪之羣下咸莫能出其理沖曰置象大船之上而刻其水痕所至稱物以載之則較可知矣太祖大悅即施行焉

晉扶風武王駿字子臧宣帝子幼聰慧年十五六歲

能書疏諷誦經籍見者竒之齊王立駿年八歲爲散騎常侍侍講焉

武陵王澹宣帝孫有罪徙遼東其子禧年五歲不肯隨去曰要當爲父求還無爲俱徙陳訴歷年然後得還

武陵王遵年十二右將軍桓伊嘗詣遵遵曰門何爲通桓氏左右曰伊與桓溫疎宗相見無嫌遵曰我聞人姓木邊便欲殺之况諸桓乎繇是少稱聰惠

齊獻王攸字大猷文帝子少而岐嶷

臨川獻王郁字深仁簡文帝子幼而敏惠其兄道生

初以無禮失旨郁數勸以敬慎之道道生不納郁爲之涕泣深器重之年十七而薨

宋南譙王義宣子恢字景度既嫡長少而辯惠義宣甚愛重之年十一拜南譙王世子

南齊臨川王暎少而警悟美言笑喜容止

江夏王鋒十歲便能屬文

宜都王鏗年十歲嘗與吉景曜商畧先言往行左右誤排栅槢舉風倒壓其背顏色不異言談無輟亦不顧視

巴陵王昭冑初爲竟陵世子舅袁彖監吳興郡事坐逆用禄錢免官付東治昭冑時年八歲見武帝而形容慘悴帝問其故昭冑流涕曰臣舅負罪今在尚方臣母悲泣不食已積日臣所以不寧帝曰特爲兒赦之既而帝遊孫陵望東治曰治中有一好貴囚數日與朝臣幸治履行庫藏因宴飲賜囚徒罪肉勅見彖與語明日釋之

曲江公遥欣年七歲出齋時有一左右小兒善彈飛鳥無不應弦墜落遥欣曰樂事多端何急彈此鳥自空中翔飛何關人事無趣殺此生亦復不急左右感其言遂不復彈鳥時少年通好此事所在遂止

竟陵王子良幼聰敏武帝爲贛縣時與裴后不諧遣船送后還都已登路子良時年少在庭前不悦帝謂曰汝何不讀書子良曰孃今何處何用讀書帝異之卽召后還縣

南康縣侯子恪豫章王嶷第二子年十二和從兄司徒竟陵王高松賦衛將軍王儉見而奇之

子恪弟寧都侯子顯幼聰惠嶷異之愛過諸子

梁鄱陽忠烈王恢字弘達太祖子幼聰穎年七歲能通孝經論語義發擿無所遺

失平侯景字子昭高祖從父弟八歲居喪以毁聞旣

長好學才辯能斷
定襄侯祗美風儀幼有令譽
南康簡王績高祖子爲南徐州刺史時年七歲主者有受貨洗改解書長史王僧孺弗之覺績見而輙詰之便即時首服衆咸歎其聰警
績子會理字長才少聰惠好文史年十一而孤特爲高祖所愛
尋陽王大心簡文子年十三出爲郢州刺史雖不親州務發言每合于理衆皆驚服
建平王大球簡文子性明惠夙成初侯景圍京城高

祖素歸心釋教每發誓願嘗云若有衆生應受諸苦悉諱身代當時大球年甫七歲聞而驚謂母曰官家尚爾兒安敢辭乃六時禮佛亦云凡有衆生應受諸苦報悉大球代受其早慧如此
西陽王大鈞簡文子年七歲高祖嘗問讀何書對曰學詩因命諷誦音韻清雅高祖因賜王羲之書一卷
陳衡陽獻王昌高祖子爲吳興太守時年十六昌雅性聰辯明習政事高祖遣陳郡謝哲濟陽蔡景歷輔昌爲郡又遣吳郡杜之偉授昌以經書一覽便誦明於義理剖析如流

晉安王伯恭字肅之宣帝子初爲平東將軍吳郡大守置佐史時伯恭年十餘歲留心政事官曹治理
南平王嶷字承嶽後主第二子方正有器局年數歲風采舉動有若成人
後魏任城王澄子順字子和九歲師事樂安陳豐書王羲之小學篇數千言晝夜誦旬有五日皆通利豐奇之白澄曰豐十五從師迄白首耳目所經未見此比江夏黃童不得無雙也澄笑曰藍田生玉何容不爾
彭城王勰字彥和獻文帝子少而岐嶷姿性不羣

江陽王繼子乂字景喆少而機警尤爲父寵愛
清河王懌字宣文幼而敏惠孝文愛之
元文遥昭成皇帝六世孫也敏惠夙成濟陰王暉業每云此子王佐才也暉業嘗大會賓客有人將何遜集初入雒諸賢皆贊賞之河間邢邵試命文遥誦之幾遍可得文遥一覽便誦時年十歲濟陰王曰我家千里馬今定如何邢云此殆古未有
北齊永安王浚字定樂神武第三子八歲時問於博士盧景裕曰祭神如神在爲有神耶無神耶對曰有神浚曰當云祭神神在何如字景裕不能答

彭城王溆字子浮神武第五子元象二年拜通直散騎常侍封長樂郡公博士韓毅敎溆書見溆筆迹未工戲溆曰五郎書畫如此忽爲常侍開國今日后宜更用心溆正色答曰昔甘羅幼爲秦相未聞能書凡人惟論才具何如豈必動誇筆迹博士當今能者何爲不作三公時年蓋八歲矣毅甚慙

淸河王岳子勵字敬德幼聰敏美風儀以仁孝聞爲高祖所愛年七歲襲爵

後周齊煬王憲字毘賀拔太祖第五子性通敏有度量雖在童齔而神彩嶷然世宗初除益州總管益寧

巴瀘等一十四州諸軍事益州刺史進封齊國公邑萬戶初平蜀之後太祖以其形勝之地不欲使宿將居之諸子之中欲有推擇遍問高祖已下誰欲安此任並未及對憲先請太祖曰刺史當撫衆治人非爾所及以年授者當歸爾兄憲曰才用有殊不關大小試而無効甘受面欺太祖悅之以憲年幼未之遣也世宗追遵先旨故有此授時年十六

憲子貴字乾福少聰敏涉獵經史尤便騎射始讀孝經便謂人曰讀此一經足爲立身之本天和四年年十歲封安定郡公邑一千五百戶

東平公神舉太祖族子早歲而孤有夙成之量族兄安化公深器異之

宇文深字奴干太祖族子性鯁直有器局年數歲便累石爲營伍并折草作旗旌布置行列皆有軍陣之勢父永遇見之乃大喜曰汝自然知此於後必爲名將

宋獻公震字彌俄突幼而敏達年十歲誦孝經論語毛詩尚書

隋趙王杲煬帝子年七歲聰令帝有所製詞賦杲多能誦之

唐衛王玄霸高祖第三子也幼而聰敏言詞辯惠有異常兒

許王素節高宗子六歲封雍王能日誦古詩賦五百餘言授學於學士徐齊聃精勤不倦帝甚愛之

永王璘玄宗子少聰敏好學

壽王瑁玄宗子開元十五年封永王已下幼小不於殿前引謝瑁纔八歲請從諸兄行玄宗異而許之殿庭拜伏蹈舞深合禮法

晉高祖幼子重睿少帝嗣位初拜開封尹以年幼未出閤命左散騎常侍邊蔚知府事時少帝戲謂重睿

日巳降銜命使臣有何餇物待之重膚日餇物出於
內庫臣何憂焉少帝許之

畏慎

中庸曰戒愼乎其所不覩恐懼乎其所不聞蓋耳目之未能思言動之必中是故夕惕若厲君子所以無咎曰嚴祇肅大夫所以有家若乃聯輝本支席寵天族表穎竊於異稟挺淑哲於令器爵祿之重冠絶於等倫車服之崇輝映於表著復有權參機要職分內外紀律斯在休戚攸繫而能處貴思降居安慮危裁損儀衛之容罔專賞罰之柄凡所興事必遵旨意至

有罷去娛玩謝絶還往特避盛勢靡求虛稱語默兢慄出處端莊協克己之方得率性之理玆所謂淑人君子歟

後漢清河孝王慶章帝子母曰宋貴人慶初立爲皇太子後被譖廢慶時雖幼而知避嫌畏禍言不及宋氏帝更憐之勅皇后令衣服于太子齊等太子特親愛慶入則同室出則同輿慶小心孝恭自以廢黜尤畏事愼法每朝謁陵廟嘗夜分嚴裝衣冠待明約勅官屬不得與諸王車騎競驅

北海敬王睦性謙恭好士千里結交自名儒宿德莫不造門蹊是聲價益廣永平中法憲頗峻睦乃謝絶賓客放心音樂然性好書嘗爲愛翫歲終遣中大夫奉璧朝賀召而謂之曰朝廷設問寡人大夫將何辭以對使者曰大王忠孝慈人敬賢樂士臣雖螻蟻敢不以實睦曰吁子危我哉此乃幼孤時進趣之行也一云是吾幼時狂惷之行也大夫其對以孤襲爵以來志意衰惰聲色是娛犬馬是好使者受命而行

魏中山恭王袞少好學每兄弟游娛袞獨覃思經史文學防輔相與言曰受詔察公舉錯有過當奏及有善亦宜以聞不可匿其美也遂共表稱陳袞美袞聞

之大驚懼責讓文學曰修身自守常人之行耳而諸君乃以上聞是適所以增其負累也且如有善何患不聞而遽共是非益我者其誠愼如此

晉安平獻王孚武帝時爲太宰父子位極人臣子孫咸居大官出則旌旗節鉞入則貂蟬袞冕公族之寵未始有也享年九十然而夙夜謙恭常有履冰之懼元會詔孚輿車上殿帝親奉觴上壽如家人禮又給以雲母輦青蓋車孚雖見尊寵不以爲榮嘗有憂心

宋臨川王義慶少善騎乘及長以世路艱難不復跨馬

南齊豫章王嶷武帝時爲侍中先是宋元嘉世諸王入齋閤得白馬帬帽見人主自此以來此事一斷帝與嶷同生相友睦宮内曲宴許依元嘉嶷固辭啓自陳曰臣自還朝便省儀刀捉刀左右十餘亦省唯郊外遠行或儀𠊓暫有入殿亦省服身今所牽仗二俠轂二白直共七八十人事無大小臣必欲上啓伏度聖心脫未垂曲或有言其事實仰希卽賜垂勅又啓揚州刺史舊有六白領合扇二白拂臣脫以爲疑不審此當云何行園苑中乘轝出籬門外乘轝鳴角皆相仍如此非止於帶神州者未審此當云何方有行

來不可失表帝笑曰儀刀捉刀不應省也俠轂白直乃可共百四五十以還正是耳亦不曾聞人道此吾自不使諸王無仗況復汝耶在私園苑中乘此非疑郊外鳴角及合扇并拂先有不復施用此來甚久凡在鎭自還異京師先廣州乃立鼓吹交部遂有輩事隨時而改亦復有所得依舊者汝若有疑可與王儉諸人量衷但令人臣之儀無失便行也又啓曰臣拙知自處闇於疑訪嘗見素性扶詔或著布𧝞不意爲異臣在西廟拜王儀飾悉依宋武陵事例有二鄣扇仍此下都脫不爲疑小兒奴子並有青布袴衫臣齋中亦有一人意謂外庶所服不疑與羊車相類曲荷慈旨今悉改易臣昔在邊鎭不無羽衛自歸朝以來便相分遣俠轂白直格置三百許人臣須所引不過一百嘗謂京師諸王不煩牽仗若郊外遠行此所不論有仗者非臣一人所以不容方幅啓省又因王儉備宜下情臣出入榮顯禮容優泰第宇華曠事乖素約雖宋之遺制恩處有在猶涔非服之慙威衛之請仰希曲炤帝答曰傳詔臺家人耳不足涉嫌鄣扇吾識及以來未見故有勅耳小兒奴子本非嫌也吾有所聞豈容不勅汝知令物致議耶吾已有勅汝一人

不省俠轂但牽之吾昨不通仗事儉已道吾郎令答不煩有此啓須閑言自更一二又啓曰違遠侍宴將踰一紀憂若聞之始下闕顏近頻侍坐不勝悲喜沾飲過量實欲仰示恩洽令自得知見以杜遊塵陛下留恩子弟此情何異外物政自蹤生間節聲其後薄伏度或未上簡臣前在東田承恩過醉實思歎往秋之謗故言啓至切亦令羣物聞知伏願已炤此心前侍幸諱宅（梁之帝也）臣依嘗乘車至仗監司不能示臣可否便互競啓聞云臣逼突黃屋旄如欲相巾推此用意亦何容易仰賴慈明卽賜垂勅不爾臣終不知闇

貽此累比日禁斷整齊此自嘗理外聲乃云起臣在
華林輒捉御刀因此更嚴度情推理必不容爾爲復
上啓知其風塵易至和會實難伏願猶憶臣石頭啓
無生間者比間侍無次畧附茹亮口宣臣踈華素已
具上簡每欲存哀知慮不存或有乖當且臣五十之
年爲翫幾時爲此亦復不復以理内自剌北第舊邸
本自甚華臣改修正而已小製置已自仰簡往歲收
合得少雜材並蒙賜故振啓榮内許作小眠齋始欲
成就皆補接爲辦無乖格製要是極栢之華一二處
任時雜淨東府又有齋亦爲華屋而臣頓有二處任

止下情竊所未安訊訪東宮玄圃乃有栢屋製甚古
拙内中無此齋臣乃欲壞取以奉太子非但失之於
前且補接既多不可見移亦恐外物或爲異論不審
可以垂許送東府齋理不臣公家住止率爾可安臣
今之啓實無意識亦言者太子不知臣有此屋正以
東宮無而臣有自處之體不宜爾耳所啓蒙允臣便
當敢成第屋安之不疑陛下若不照體臣心便當永
廢不脩臣自謂今啓非但是自處宜然實爲微臣往
事伏願必垂降許伏見以諸王輿貨屢降嚴旨少拙
營生已應上簡府州郡邸舍非臣私有今巨細所資
皆是公潤臣私累不少未知將來罷州之後或當不
能不試學營覓以自贍連年惡疾餘顧影單廻無事
畜聚唯逐手爲樂耳帝荅曰茹亮今啓汝所懷及見
別紙汝勞疾亦復那得不動何意爲作煩長啓事凡
諸並勅此意可尋當不關汝一人也宜有勅事吾亦
必道頃見汝自更悉委書不欲多及屋事愼勿强厝
此意自澤亦當不解何道耶

江夏王鋒明帝輔政時籓邸危懼江祏嘗謂王晏曰
江夏王有才行亦善能匿迹以琴道授羊景之著名
而江夏掩能於世非十紘而已百氏亦復如之鋒聞

嘆曰江祏遂復爲混沌畫眉欲益弊耳寡人聲酒是
耽狗馬是好豈復一毫於平生哉當時以爲話言嘗
忽忽不樂著脩栢賦以見志

河東王鉉建武初爲散騎嘗侍鎮軍將軍置兵佐建
武之世高武子孫憂危鉉朝見嘗鞠躬俯僂不敢平
行直視

梁南平王偉子靜何敬容欲以女妻之靜忌其太盛
拒而不納時論服焉

南郡王大連與兄大臨並從高祖征朱方高祖問曰
汝等習騎否對曰臣等未奉詔不敢輒習勅各給馬

試之
後梁宜都郡王大圜簡文帝子侯景之亂歸江陵時元帝多忌大圜恐讒愬生焉乃屛絶人事門客左右不過三兩人不妄遊狎兄姊之間上牋而已嘗以讀詩禮書易爲事
後魏廣平文貞王匡景穆帝孫爲洛州刺史嘗忤茹皓懼爲所害廉愼自脩甚有聲績
北齊蘭陵王長恭在定陽其屬尉相願謂曰王旣受朝寄何得如此貪賤長恭未答相願曰豈不爲芒山大捷恐以威武見忌欲自穢乎長恭曰然相願曰朝

廷若忌於此犯便當行罰求福反以速禍長恭泣下前膝請以安身術相願曰王前旣有勳今復告捷聲大重宜屬疾在家勿預事長恭然其言未能退反江淮寇擾恐復爲將嘆曰我年面腫今何不發自是有疾不療
後周代奰王達爲荆州刺史所管豐州刺史蔡澤黷貨被訟贓狀分明達以其世著勳庸不可加戮若曲法貸之又非奉上之體乃令所司精加按察密表奏之事竟得釋終亦不言其處事周愼如此
隋蔡王智積父景王昔高祖龍潛時景王與高祖不睦其太妃尉氏又與獨孤皇后不相諧以是智積嘗懷危懼每自貶損高祖知其若是亦哀憐之人或勸智積治産業者智積曰昔平原露朽財帛苦其多也幸無可露何更營乎有五男止教讀論語孝經而已亦不令交通賓客或問其故智積答曰卿非知我者其意恐兒子有才能以致禍也開皇二十年徵還京第無他職任闔門自守非朝覲不出煬帝卽位滕王集以讒搆得罪高陽公智明亦以交遊奪爵智積愈懼大業七年授弘農太守委政寮佐清淨自居

悔過

蓋崇高莫大於富貴而晏安斯爲之酖毒若夫貴而思降富而無驕乃良士之吉德也其或憑藉威寵熏灼勢望未嘗知其憂懼寧復畏於盛滿溺於因習徇乎耳目自非大雅明哲上智不君者又孰能無過哉乃有克己引咎悼心追悔折節改行銜媿沒齒春秋傳曰人孰無過過而能改善莫大焉易所謂不遠而復斯可尚也矣
漢梁孝王文帝子也時鄒陽爲上客羊勝公孫詭欲使王求爲漢嗣王又嘗上書願賜容車之地徑至長樂宮自使梁國士衆築作甬道朝太后袁盎等皆建

以爲不可建謂立議天下不許梁王怒令人刺殺盎帝疑
梁殺之使者冠蓋相望責梁王梁王始與勝詭有謀
陽爭以爲不可故見讒枚先生嚴夫子皆不敢諫先生枚乘夫子嚴忌
及梁事敗勝詭死孝王恐誅廼思陽言深辭
謝之初孝王怒下陽吏將殺之陽客游以讒見禽恐
死而負絫廼從獄中上書書奏孝王孝王立出之卒
爲上客
膠東康王寄以孝景中二年立淮南王謀反時寄微
聞其事私作兵車鏃矢樓車也所以看敵國營壘之虛實也又一說兵車止謂戰車耳鏃矢大鏃之矢今所謂兵箭者也
戰守備淮南之起及吏治淮南

事出之辭語所連出其事寄於帝最親寄母王夫人即王后之妹於上爲從母故寄於兄弟之中又更親也此下有恒山王云天下爲最親其義亦同意自傷發疾而死
不敢置後
東平王宇事太后內不相得元帝遣使奉璽書勅諭
之宇慙懼因使者頓首謝死罪願洒心自改後又殺
姬朐臑有司奏請逮捕有詔削樊元父二縣後三年
天子乃詔有司曰蓋聞仁以親親古之道也前東平
王有闕闕謂過失也有司請廢朕不忍又請削朕不敢專
惟王之至親未嘗忘於今聞王改行自新尊脩經術
親近仁人非法之求不以奸吏朕甚嘉焉傳不云乎
朝過夕改君子與之其復前所削縣如故
後漢梁節王暢少貴驕頗不遵法度又聽從官卞忌
乳母王禮等諂媚言王當爲天子暢心喜與相應答
永元五年豫州刺史梁相舉奏不道考訊不服有司
請徵詣廷尉詔獄和帝不許有司重奏除暢國徙九
眞帝不忍但削成武單父二縣暢慙懼上疏辭謝曰
臣天性狂愚生在深宮長養傅母之手信惑左右之
言及至歸國不知防禁從官侍史利臣財物熒惑臣
暢無所昭見悖自悔無所復及自謂當即時伏顯誅
魂去身歸黃泉不意陛下聖德枉法曲平不聽有司

曲平尚法中恩平處其罪橫貸赦臣戰慄連月未敢自安上念以
負先帝而令陛下爲臣收汙天下汙惡也天下以帝赦王爲惡故言收惡天下也
誠無氣以息筋骨不相連臣暢知大貸不可再
得自誓束身約妻子不復敢出入繩墨不敢復有所
橫貸租人有餘乞裁食睢陽穀熟虞蒙寧陵五縣還
餘所食四縣臣暢小妻三十七人其無子者願還本
家自選擇謹勑奴婢二百人其餘所受虎賁官騎及
諸工技鼓吹倉頭奴婢兵弩廐馬皆上還本署臣暢
以骨肉近親亂聖化汙清流既得生活誠無心面目
以凶惡復居大宮食大國張官屬藏什物願陛下加

大恩開臣自悔之門假臣小善之路今天下知臣蒙
恩得去死就生頗能自悔臣以公卿所奏臣罪惡詔
書嘗置於前晝夜讀誦臣小人貪見明時不能卽時
自引惟陛下哀臣令得喘息漏刻若不聽許臣實無
顏以父生下入黃泉無以見先帝此誠臣二心臣欲
多還所受恐天恩不聽許節量所留於臣暢饒足詔
報曰朕惟王至親之屬淳淑之美傳相不良不能防
邪至今有司紛紜有言今王深思悔過端自克責朕
惻然傷之志匪蹊子殆在彼小子一日克己復禮天
下歸仁王其安心靜意茂率休德易不云乎一謙而

四益小有言終吉彊食自愛暢固讓數上卒不許
魏陳思王植任性而行不自彫勵飲酒不節嘗乘車
行馳道中開司馬門出太祖大怒植內不自安及曹
仁爲關羽所圍太祖以植爲南中郎將征行虜將軍
欲遣救仁呼有所勑戒植醉不能受命文帝卽位植
與諸侯並就國黃初二年監國謁者灌均希指奏植
醉酒悖慢劫脅使者有司請治罪帝以太后故貶爵
安鄉侯其年改封鄄城侯三年立爲鄄城王四年徙
封雍丘王其年朝京都上疏曰臣自抱釁歸藩刻骨
追思罪戾晝分而食夜分而寢誠以天網不可重離

聖恩難可再恃竊感相鼠之篇無禮遄死之義形影
相弔五情愧赧以罪棄生則爲古賢夕改之勸忍活
苟全則犯詩人胡顏之譏伏惟陛下德象天地恩隆
父母施暢春風澤如時雨是以不別荊棘者慶雲之
惠也七子均養者尸鳩之仁也舍罪責功者明君之
舉也矜愚愛能者慈父之恩也是以愚臣徘徊於恩
澤而不能自棄者也前奉詔書臣等繼朝心離志絕
自分黃耉無復執圭之望不圖聖詔猥垂齒召至止
之日馳心輦轂僻處西館未奉闕庭踊躍之懼瞻望
反仄謹拜表獻詩二篇文帝嘉其辭義優詔荅勉

中山恭王衮明帝青龍中來朝犯京師禁爲有司所
奏削縣衮畏懼戒勑官屬愈謹帝嘉其意二年復所
削縣
樂陵王茂性傲佷無寵於太祖文帝太和元年徙封
聊城公少不閒禮教長不務善道先帝以爲古之立
諸侯也皆命賢者故姬姓有未爲侯者是以獨不王
茂太皇太后數以爲言如聞茂頃來少知悔昔之非
今封茂爲聊城王
晉司馬虓字紹統高陽王睦之長子也出後宣帝弟
敏少篤學不倦然好色薄行爲睦所責故不得爲嗣

雖名出繼實廢之也彪縣此不交人事而專精學習故得愽覽羣情籍終其輟集之務

宋彭城王康義輔政十餘年素無學術闇于大體長史劉斌等以朋黨伏誅義康出鎮豫章帝遣沙門釋惠琳視之義康曰弟子有還理不惠琳曰恨公不讀數百卷書後以范曄謀反事免爲庶人徙安城因讀書見淮南厲王長事廢書嘆曰前代乃有此我得罪爲宜

南齊豫章王嶷後房千餘人頴川荀丕獻書於嶷極言其失嶷咨嗟良久爲書荅之爲之減遣

梁蕭昱字子真高祖從父弟也少而狂狷不拘禮度異服危冠交遊冗雜尤善屠牛業以爲嘗於宅内沽酒好騎射位中書侍郎每求試邊州帝以其輕脫無威望抑而不試遷給事黄門侍郎上表請自解帝手詔責之坐免官因此杜門絶朝覲普通五年坐於宅鑄錢爲有司所奏下廷尉得免死徙臨海郡行至上虞有勑追還令受菩薩戒既至恂恂盡禮改意蹈道持戒又精潔帝甚嘉之以爲晉陽太守

南平王恪位雍州刺史年少未閑庶務委之羣下百姓每通一辭數處輸錢方得聞徹賓客有江仲舉蔡遠王壹鄉庾仲容四人俱被接遇並有蓄積故人問歌曰江千萬蔡五百正王新車庾大宅遂達武帝接之曰主人憒憒不如客尋以盧陵王代爲刺史恪還奉見武帝以八間語之恪大慙不敢一言後折節學問所歷以善政稱

後魏秦明王翰孫纂太武踐祚爲定州刺史封中山王纂好酒愛佞政以賄成太武殺其親嬖人後悔過修謹拜内大將軍居守清約簡愼更稱廉平

濟陰王欝孫暉業少險薄多與寇盜交通長乃變節涉子史亦頗屬文而慷慨有志節歷位司空太尉

北齊永安簡平王浚及長嬉戲不節曾以屬請受納大見杖罰拘禁府獄既而見原後稍折節頗以讀書爲務

安德王延宗爲定州刺史驕縱多不法武成使撻之殺其昵近九人從是滓自改悔

唐彭王元則高祖第十二子初爲遂州都督坐事免及還澧州折節自脩甚著聲績

後唐太祖母弟嗣昭洮毅不羣初瞥酒樂太祖微申戒約自是終身不飲

冊府元龜

巡按福建監察御史臣李嗣京　訂正

新建縣舉人臣戴國士參閱

知建陽縣事臣黃國琦較釋

宗室部十四

褒寵

古之有天下者莫不封建宗子夾輔王室親之以服賸之禮厚之以寶玉之賜既以旌賢而彰德亦以脩睦而申恩成周以來或加之殊禮推以蕃錫異其車服之數厚以宴私之意寵遇官屬增給騎從徙國益

賦懋賞延世圖像以昭其美下詔以揚其善乃至耆年尊屬優以几杖之賜送終卽遠殊其窀穸之制極禮命之優渥聳藩維之風望皆所以疆幹固本興仁宣化法敦族於唐典遵立愛於商訓者也

周公旦武王弟歸政成王欲老成王留之爲太師履赤舄（赤舄人君之盛屨也）周公既卒成王乃命魯得郊祭文王魯有天子禮樂者以褒周公之德也又分魯公以大輅大旂（魯公伯禽大輅金輅錫同姓之諸侯車也交龍爲旂周禮同姓以封）夏后氏之璜封父之繁弱（封父古諸侯也繁弱大弓名）以昭周公之明德衛康叔封武王弟也成王賜衛寶祭器以彰有德分康叔以大路少帛綪茷旃旌（少帛雜帛也綪茷大赤取染草名也通帛爲旃）（析羽爲旌）大呂（鐘名）唐叔虞武王子成王分唐叔以大路密須之鼓（密須國名）闕鞏（甲名）沽洗（鐘名）魯公康叔唐叔三叔者有令德故昭之以分物

漢楚元王交高祖同父少弟六年立爲楚王文帝尊寵元王子生爵比皇子（元王生子封爵皆比皇子所以爲尊寵也）

濟北王勃淮南厲王長子初封廬江王七國反吳使者至廬江廬江王不應堅守無二心孝景四年吳楚已破衡山王朝帝以爲貞信乃勞苦之曰南方卑濕

徙王王於濟北以褒之

梁孝王武文帝子竇太后少子太后愛之賞賜不可勝道得賜天子旌旗從千乘萬騎

江都易王非景帝子吳楚反時非年十五上書自請擊吳景帝賜非將軍印擊吳吳已破以軍功賜天子旌旗

淮南王安甾川王志元朔二年冬皆賜几杖毋朝

廣陵王胥武帝子昭帝初立益封胥萬三千戶元鳳中入朝復一萬戶賜錢二千萬黃金二千斤安車駟馬寶劔及宣帝卽位封胥四子聖曾寶昌皆爲列侯

又立胥小子弘爲高密王所以褒賞甚厚
陽城侯德楚元王曾孫少時數言事召見甘泉宮武帝謂之千里駒地節中以親親行謹厚封爲陽城侯子安民爲郎中右曹宗家以德封官宿衛者二十餘人甘露三年單于始入朝帝思股肱之美乃圖畫其人麒麟閣法其形貌署其官爵姓名凡十一人其八曰宗正陽城侯劉德皆有功德知名當世是以表而揚之明著中興輔佐列於方叔召虎仲山甫焉
淮陽王欽宣帝子成帝即位以淮陽王屬爲叔父敬寵之異於它國

楚孝王囂宣帝子成帝河平中入朝時被疾天子閔之下詔曰蓋聞天地之性人爲貴人之行莫大于孝楚王囂素行孝順仁慈之國以來二十餘年纖介之過未嘗聞朕甚嘉之今乃遭命離於惡疾夫子所痛蔑之命矣夫斯人也而有斯疾也朕甚閔焉夫行純茂而不顯異則有國者將何勗哉言不云乎用德章厥善今王朝正月詔與子男一人俱從王入朝也其以廣戚縣戶四千二百封其子勳爲廣戚侯
河間王良獻王後也脩獻王之行太后甍服喪如禮哀帝下詔褒揚曰河間王良喪太后三年爲宗室儀表益封萬戶
後漢城陽王祉光武族兄建武二年封賜乘輿御物車馬衣服十一年疾病上城陽王璽綬願以列侯奉先人祭祀帝自臨其疾
安成侯賜光武族兄以列侯奉朝請帝以賜有恩信故親厚之數蒙宴私時幸其第恩賞特異賜輒賑與故舊無有遺積帝爲營家起祠堂置吏卒如舂陵孝侯
成武侯順與光武同里閈少相厚武成邑戶最大租入倍宗室諸家建武十一年卒帝使使者迎喪親自

臨弔
杼秋侯劉般宣帝玄孫建武十九年行幸沛詔問郡中諸侯行能太守薦言般束脩至行爲諸侯師帝聞而嘉之乃賜般縉錢百萬繒二百匹二十年復與車駕會沛因從還雒陽賜穀什物留爲侍祠侯永平元年徙封居巢侯就國數年揚州刺史觀恂薦般在國口無擇言行無怨惡宜蒙旌顯明帝嘉之十年徵般行執金吾事從至南陽還爲朝侯明年兼屯騎較行時五較官顯職閑而府寺寬敞輿服光麗伎巧畢給故多以宗室肺腑居之每行幸郡國般常府長水胡

騎從帝即位以爲長樂少府建初二年遷宗正般妻卒後加賵贈及賜家塋地於顯節陵下

東海恭王彊光武長子建武十年封爲東海王二十八年就國帝以彊廢不以過去就有禮故優以大封兼食魯郡合二十九縣賜虎賁旄頭宮殿設鐘虡之懸擬於乘輿彊臨之國數上書讓還東海又因皇太子固辭帝不許深嘉嘆之以彊章宣示公卿初魯恭王好宮室起靈光殿甚壯麗是時猶存故詔彊都魯永平元年彊病顯宗遣中常侍鉤盾令將太醫乘驛視疾詔沛王輔濟南王康淮陽王延詣魯及薨臨命

上疏謝曰臣蒙恩得備藩輔特受二國宮室禮樂事事殊異巍巍無量訖無報稱而自修不謹連年被疾爲朝廷憂念皇太后陛下哀憐臣彊感動發中數遣使者太醫令丞方伎道術絡驛不絶臣伏惟厚恩不知所言臣內省視氣力羸弱日夜浸困終不復望見闕庭奉承帷幄孤負重恩銜恨黃泉身既夭命孤弱復爲皇太后陛下憂慮誠悲誠慚息政小人也猥當襲臣後必非所以全利之也誠願還東海郡天恩愍哀以臣無男之故處臣二女小國侯此宿昔常計今天下新罹大憂惟陛下加供養皇太后數進御食臣彊困劣言不能書願並謝諸王不意永不復相見也天子覽書悲慟從太后出幸津門亭發哀使大司空持節護喪事太鴻臚副宗正將作大匠視喪事贈以殊禮升龍旄頭鸞輅龍旂虎賁百人詔楚王英趙王栩北海王興館陶公主比海公主及京師親戚四姓夫人小侯皆會葬帝追惟彊深執謙儉不欲厚葬以違其意於是特詔中常侍杜岑及東海傅相曰王恭謙禮以德自終遣送之物務從約省衣足斂形茅車瓦器物減於制以彰王卓爾獨行之志將作大匠留起陵廟

東平王蒼光武子好經書雅有智思明帝甚愛重之及即位拜爲驃騎將軍置長史掾史員四十餘位在三公上（四府掾史皆無四十人今特置以優之）蒼上疏乞上驃騎將軍印綬退就藩國優詔不聽其後數陳乞辭甚懇切永平五年乃許還國而不聽上將軍印綬以驃騎長史爲東平太傅掾爲中大夫令史爲王家郎加賜錢五千萬布十萬疋六年冬帝幸魯徵蒼從還京師明年蒼乃歸國特賜宮人奴婢五百人布二十五萬疋及珍寶服御器物蒼爲人美須顏腰帶八圍明帝手詔國中傅曰日者問東平王處家何等最樂言爲善最

樂其言甚大副是要腹矣今遂列侯印十九枚諸王子年五歲已上能趨拜者皆令帶之十五年春行幸東平賜蒼錢千五百萬布四萬疋章帝即位尊重恩禮踰於前世諸王莫與爲比建初元年地震蒼上便宜三事朕親自覽讀反覆數周心開目明曠然發矇韋昭注國語曰有眸子而無見曰矇間吏人奏事亦有此言但明智淺短或謂儻是復慮爲非何者灾異之降緣政而見今改元之後年饑人流此朕之不德感應所至又冬春旱甚所被尤廣雖內用克責而不知所定得王深策快然意解詩不云乎未見君子憂心冲冲既見君子

我心則降思惟嘉謀以次奉行冀蒙福應彰報至德特賜王錢五百萬六年冬蒼上疏求朝明年正月帝許之特賜裝錢千五百萬其餘諸王各千萬帝以蒼冒涉寒露遣謁者賜貂裘說文曰貂鼠屬也大而黃黑出丁零國及太官食物珍果使大鴻臚竇固持節郊迎帝乃親自循行邸第豫設帳牀其錢帛器物無不充備下詔曰禮伯父歸寧乃國儀禮曰覲禮諸侯至於郊王使皮弁用璧勞侯氏侯氏亦皮弁迎於帷門之外再拜天子賜舍曰賜伯父舍同姓西面北上異姓東面北上侯氏裨冕釋幣於禰乘龍車載龍旂弧韣乃朝以瑞玉有繅天子負斧扆曰伯父實來余一人嘉之又奉束帛匹馬再拜侯氏降天子辭於侯氏曰伯父無事歸寧乃拜侯氏再拜稽首而歸也詩云叔父建爾元子詩魯頌之文也叔父謂周公也建元子謂封伯禽也敬之至也昔蕭相國加以不名優忠賢也見前漢王莽傳況兼親尊者乎其沛齊南東平中山四王讚皆勿名讚謂讚者不唱其名蒼既至升殿乃拜天子親荅之舊典諸王女皆封鄉主乃獨封蒼五女爲縣公主三月大鴻臚奏遣諸王歸國帝特留蒼賜秘書列仙圖道術秘方至八月飲酎畢有司復奏遣蒼乃許之手詔賜蒼曰骨肉天性誠不以遠近爲親踈然數見顏色情重昔時念王久勞思得還休欲署大鴻臚奏不忍下筆顧授小黃門中心戀戀惻然不能言太臚奏王事國小黃門受詔者於是車駕祖送流涕而訣復賜乘輿服

御珍寶鞍馬錢布以億萬計蒼還國疾病馳遣名醫小黃門侍疾使者冠蓋不絕於道又置驛馬千里傳問起居明年正月薨詔遣太鴻臚持節五官中郎將副監喪及將作使者凡六人令四姓小侯諸王主悉會詣東平奔喪賜錢前後一億布九萬疋及葬策曰惟建初八年三月已卯皇帝曰咨王丕顯勤勞王室親受策命昭於前世出作蕃輔克愼明德率禮不越傳聞在下昊天不弔報上仁俾屏余一人夙夜煢煢靡所有終今詔有司加鑾輅乘馬龍旂九旒虎賁百人送王行匪我憲王其孰離之魂而有靈保茲寵榮

嗚呼哀哉元和三年行東巡狩幸東平宮帝追感念蒼謂其諸子曰思其人至其鄉其處在其人亡因泣下沾襟遂幸蒼陵爲陳虎賁鸞輅龍旂以章顯之祠以太牢親拜祠坐哭泣盡哀賜御劍于陵前

中山王焉光武子以郭太后少子故獨留京師顯宗永平二年冬諸王來會辟雍事畢歸藩詔焉與俱就國從以虎賁官騎焉疏辭讓明帝報曰凡諸侯出境必備左右故夾谷之會司馬以從今五國各官騎百人稱娖（稱娖謂齊整也）前行皆北軍胡騎便兵善射弓不空發中必決皆夫有文事必有武備所以重藩職也王

其勿辭帝以焉郭太后偏愛特加恩寵獨得往來京師永平二年焉薨自中興至和帝時皇太子始封薨者皆賻錢三千萬布三萬疋嗣王薨賻錢千萬布萬疋是時竇太后臨朝竇憲兄弟擅權太后及憲等東海王出也故睦於焉而重於禮加賻錢一億詔濟南東海二王皆會大爲脩冢塋開神道平夷吏人冢墓以千數作者萬餘人發恒山鉅鹿涿郡柏黃腸雜木三郡不能備復調餘州郡工役及送致者數千凡徵發擾動六州十八郡制度餘國莫及

瑯邪孝王京光武之子性恭孝好強學顯宗尤愛幸賞賜恩寵殊異莫與爲比

楚王英光武子少時好遊俠通賓客晚節更喜黃老學爲浮屠齋戒祭祀明帝永平八年詔令天下死罪皆入縑贖英遣郎中令奉黃縑白紈三千疋詣國相曰託在藩輔過惡累積歡喜大恩奉送縑帛以贖愆罪國相以聞詔報曰楚王誦黃老之微言尚浮屠之仁慈絜齋三月與神爲誓何嫌何疑當有悔吝其還贖以助伊蒲塞桑門之盛饌（伊蒲塞即優婆塞也中華翻爲近住言受戒行堪近僧住也桑門即沙門）因以班示諸國中傅

下博侯張齊武王縯孫以善議論永平十六年與奉

車都尉竇固等並出擊匈奴後進者多害其能數被譖訴建初中卒章帝下詔褒揚之復封張子宅人奉其祀

下邳王衍明帝子永平十五年封衍有容貌章帝即位嘗在左右建初初冠詔賜衍師傅已下官屬金帛各有差

清河王慶章帝子建初四年立爲皇太子十年廢爲清河王母宋貴人自殺慶時雖幼而知避嫌畏禍言不敢及帝憐之勅皇后令衣服與太子齊等太子特親愛入則共室出則同輿及太子即位是爲和帝待

慶尤渥諸王莫得為比嘗共議私事永元四年移幸
于北宮章德殿講於白虎觀慶得入省止宿中傳衛
訢私為贓盜千餘萬詔使案理之并責慶不舉之狀
慶曰訢以師傅之尊選自聖朝臣愚唯知言從事聽
不甚有所糾察帝嘉其對悉以訢贓財賜慶殤帝即
位諸王就國鄧太后時聽清河王置中尉內史賜什
物取乘輿上御以外家宋衍等並為清河中大夫鄧
太后以殤帝襁抱留慶長子祜居清河邸後立是為
安帝慶薨遣司空持節與宗正奉弔祭使車騎將軍
鄧隲護喪事又使長樂謁者僕射中謁者二人副護

喪事賜龍旂九斿虎賁百人儀比東海恭王太后使
掖庭丞送安帝所生母左姬喪與王合葬廣丘
濟北惠王壽章帝子立三十一年薨永初以後戎狄
叛亂國用不足始封王薨減賻錢為千萬布萬疋嗣
王薨五百萬布五千疋時惟壽最尊親特賻錢三千
萬布三萬疋
東海王臻恭王彊曾孫性敦厚有恩嘗分租秩賑給
諸父昆弟國相籍褒具以狀聞順帝美之制詔大將
軍三公太鴻臚曰東海王臻以近籓之尊少襲王爵
膺受多福未知艱難而能克己率禮孝敬自然事親
盡愛送終竭哀降儀從士寢苫三年和睦兄弟恤養
孤弱至孝純備仁義兼弘朕甚嘉焉夫勸善厲俗為
國所先曩者東平孝王敞兄弟行孝喪毋知禮有增
戶之封詩云永世克孝念茲皇祖今增臻封五千戶
臻弟儉五百戶光啓土宇以酬厥德
彭城王和性至孝太夫人薨行喪陵次毀瘠殊禮傳
相以聞桓帝詔使牛酒迎王還宮
魏任城王彰武帝子黃初初就國詔曰先王之道庸
勳親親並建母弟開國承家故能籓屏太宗禦侮厭
難彰前受命北伐清定朔土厥功茂焉增邑五千前

萬戶四年朝京都疾薨于邸謚曰威至葬賜鑾輅龍
旂虎賁百人如漢東平王故事
陳思王植武帝之子初封雍丘王黃初六年文帝東
征還過雍丘幸植宮增戶五百
彭城王據武帝子初封義陽文帝以南方下濕又以
據太妃彭城人徙封彭城
中山恭王袞武帝子黃初三年封北海王其年黃龍
見鄴西漳水袞上章贊頌詔賜黃金十斤詔曰昔唐
叔歸禾東平獻頌斯皆骨肉贊美以彰懿親王研精
墳典耽味道真文雅煥炳朕甚嘉之王其克慎明德

以終令問亥有令德青龍三年秋得疾病詔遣太醫視病殿中虎賁齎手詔賜珍膳相屬又遣太妃沛王林並蒞省疾及薨詔沛王林留訖葬使大鴻臚持節典護喪事宗正弔祭賻贈甚厚

安陽鄉侯休太祖族子少值喪亂渡江至吳太祖舉義兵北歸見太祖太祖謂左右曰此吾家千里駒也使與大帝同止見待如子嘗從征伐使領虎豹騎宿衛及爲鎮南將軍假節都督諸軍事車駕臨送帝乃下輿執手而別

陳侯仁太祖從弟也爲征南將軍以從事鄢陵侯彰

北征烏丸文帝在東宮爲詩戒彰曰爲將奉法不當如征南邪及即王位拜仁車騎將軍督都荆陽益州諸軍事增邑二千前三千五百戶追賜仁父熾謚曰陳穆侯置守冢十家

邵陵侯真太祖族子也明帝時爲大將軍蜀諸葛亮圍北山真督諸軍事亮圍陳倉已有備而不能克增邑并前二千九百戶四年朝洛陽遷大司馬賜劍履上殿入朝不趨真病帝自幸其第省疾真薨帝追真功詔曰大司馬蹈履忠節佐命三祖內不恃親戚之寵外不驕白屋之士可謂能持盈守成勞謙其德者也其封真五子爲列侯

武安侯爽邵陵侯真子少以宗室謹重明帝在東宮甚親愛之及即位累遷城門校尉加散騎常侍轉武衛將軍寵待有殊齊王即位賜劍上殿入朝不趨贊拜不名

晉安平王孚宣帝次弟武帝受禪拜太宰持節都督中外諸軍有司奏諸王未之國者所置官屬權未有備帝以孚明德屬尊遂備置官屬焉又以孚內有親戚外有交遊惠下之費而用不豐奉絹二千疋元會詔安平王孚乘輿車上殿帝於阼階迎拜既坐帝親

奉觴上壽如家人禮帝每拜孚跪而止之又給以雲母輦青蓋車孚雖見尊寵不以爲榮常有憂色孚薨武帝於太極東宮舉哀三日詔曰王勳德超世尊寵無二期頤在位朕之所倚庶永百齡諮仰訓導奄忽殂隕哀慕感切其以東園溫明秘器朝服一具衣一襲緋練百匹絹布各五百疋錢百萬穀千斛以供喪事諸所施行皆依漢東平獻王蒼故事帝每臨喪盡哀及葬又幸都亭望柩而拜哀動左右給鑾輅輕車介士虎賁百人吉凶導從二千餘人前後鼓吹配饗太廟

平原王幹宣帝子武帝踐祚給鼓吹駙馬二匹加侍中之服太康末加侍中特假金章紫綬班次三司惠帝即位劒履上殿入朝不趨

瑯邪武王伷宣帝子太康四年薨疾篤賜牀帳衣服錢帛秔粱等物遣侍中馬

扶風武王駿宣帝子咸寧中以氐戶在國界者增封給羽葆鼓吹病薨追贈大司馬加侍中假黃鉞

汝南王亮宣帝子武帝踐祚封扶風王三年徙封汝南王鎮南大將軍都督豫州諸軍事開府假節之國給追鋒車皁輪犢車錢五十萬徵爲侍中武帝寢疾

出爲大司馬假黃鉞大都督豫州諸軍事出鎮許昌加軒懸之樂六佾之舞楊駿誅亮爲太宰錄尚書事入朝不趨劒履上殿增掾屬十人給千兵百騎爲楚王瑋矯詔所殺瑋死追復爵位給東園溫明秘器朝服一襲錢三百萬布萬疋絹三百疋喪禮如安平王故事廟設軒懸之樂

義陽王望安平王子泰始三年詔進位大尉中領軍如故上太尉軍司一人參軍事六人騎司馬五人又增置官騎十人并前三十假羽葆鼓吹

高陽元王珪安平王子泰和十年薨詔遣兼大鴻臚持節監護喪事贈車騎將軍儀同三司珪有美譽於世而帝甚悼惜之

彭城穆王權宣帝弟東武城侯馗子武帝受禪爲北中郎內都督鄴城守諸軍事泰始中入朝賜袞冕之服

太原王瓌安平王孫泰始二年就國四年入朝賜袞冕之服遷東中郎將十年薨詔曰瓌乃心忠篤智器雅亮歷位文武有幹事之績出臨封土夷夏懷附鎮守許都思謀可紀不幸早薨朕甚悼之今安厝在近其追贈前將軍

齊獻王攸文帝子景帝無後命攸爲嗣武帝踐祚封齊王太康三年詔曰齊王攸明德清暢忠允篤誠以母弟之親受台輔之任佐命立勳劬勞王室宜登顯位以稱具瞻其以爲大司馬都督諸軍事侍中如故假節將本營千人親騎帳下司馬大車皆如舊增鼓吹一部官騎滿二十人置騎司馬五人明年詔攸曰惟我有晉受天明命光建羣后越造王國于東是錫茲青社用藩翼我邦家茂哉無怠以永保宗廟又詔下太常議崇錫之物以濟南郡益齊國又以攸子寔爲北海王於是備物典策設軒懸之樂六佾之舞黃

鉞朝車乘輿之副從焉攸甍詔喪禮依安平王孚故事廣設軒懸之樂配饗太廟

河間王顒太原王瓌子初襲父爵咸寧三年改封河間少有清名輕財愛士與諸王俱來朝武帝嘆顒可以爲諸國儀表

西陽郡王羕汝南王亮子永嘉南渡元帝承制拜撫軍大將軍及元帝踐祚進位侍中太保以羕屬尊元會特爲設牀大興初錄尚書事尋領太宗師加羽葆斧鉞班劍六十人進位太宰及王敦平領太尉明帝即位以羕宗室元老特爲之拜明帝寢疾羕與王導

令受顧命輔成帝時帝幼冲詔羕依安平獻王孚故事設牀帳於殿上帝親拜迎

汝南王祐汝南王亮孫永安中從惠帝北征帝遷長安祐反國及帝還雒以征南兵八百人給之特置四部牙門

秦王柬武帝子於諸子中尤是寵愛以左將軍居齊獻王故府甚貴寵於天下所屬元康元年薨朝野痛惜之葬禮如齊獻文王攸故事廣設軒懸之樂

武陵王晞元帝子穆帝即位累遷太宰太和初加羽葆鼓吹入朝不趨贊拜不名劍履上殿固讓

瑯邪王煥元帝子鄭夫人所生母有寵元帝特所鍾愛疾篤帝爲之徹膳及薨年二歲帝悼念無已將葬以煥既封列國加以成人之禮詔立凶門柏歷備吉凶儀服營起陵園功役甚衆

會稽王昱元帝子太和元年進位丞相錄尚書事入朝不趨讚拜不名劍履上殿給羽葆鼓吹班劍六十人昱固讓

會稽王道簡文子大元初進驃騎將軍錄尚書六條事領司徒謝安薨詔領揚州刺史錄尚書假節都督中外諸軍事衛府文武一以配驃騎府固讓不受公

卿又奏進位丞相揚州牧假黃鉞羽葆鼓吹並不受安帝即位有司奏進位太傅假黃鉞備殊禮又不受後並世子元顯俱爲桓玄所害及玄敗大將軍武陵王遵承制下令曰故太傅公阿衡二世契闊皇家親賢之重地元與二騎驃大將軍內總朝維外宣威略志蕩世難以寧國祚天未靖亂禍酷備鍾悲動區宇痛貫人鬼感惟永往心情摧隕今皇祚反正幽顯式叙宜崇明國體以述舊典便可追崇太傅爲丞相加殊禮一依安平獻王故事追贈驃騎爲太尉加羽葆鼓吹丞相墳塋翳然飄薄非所須南道清通便奉迎

神柩太尉宜便遷改可下太史詳吉日定宅兆於是
遣通直常侍司馬珣之迎道子柩於安成時寇賊未
平喪不時達義熙元年合葬於王妃陵追謚會稽文
孝王道子世子元顯曰忠
武陵忠敬王遵威王子桓玄篡位安帝蒙塵於尋陽
義旗興啓詔遵總攝萬機及安平反正更拜太保加
班劒二十人義熙四年薨詔賜東園温明秘器朝服
一具衣一襲錢百萬布千疋策贈太傅葬加殊禮
琅邪王德文安帝母弟元興初桓玄執政進位太宰
加袞冕之服綠綟綬桓玄平拜大司馬領司徒加殊

禮義熙五年置左右長史司馬從事中郎四人加羽
葆鼓吹詔曰大司馬明德懋親太尉道勳光大並徽
序彝倫燮和二氣髦俊引領思佐鼎飪而雅尚冲挹
西門弗闢誠合大雅謙虚之真實違急賢贊世之務
昔蒲輪載徵異人並出東平開府奇士響臻濟濟之
盛朕有欽焉可勅二府依舊辟召必將明敭俊乂嗣
軌前賢矣於是始辟召掾屬時太尉裕都督中外諸
軍詔曰大司馬地隆任重親賢莫二雖府受節度可
身無致敬

巡按福建監察御史臣李嗣京　訂正
分守建南道左布政使臣胡維霖　參閱
知建陽縣事臣黃國琦較釋

宗室部十五

褒寵二

宋長沙景王道憐高祖中弟永初二年朝正入住殿省三年高祖不豫加班劒三十人六月薨追贈太傅持節侍中都督刺史如故祭禮依晉太宰安平王故事鸞輅九旒黃屋左纛轀輬挽歌二部前後部羽葆

鼓吹虎賁班劒百人

長沙成王義欣景王道憐子元嘉七年遷使持節監豫司雍并四州諸軍事征虜將軍如故給鼓吹一部十一年夏入太廟太祖厚加恩禮

臨川烈武王道規高祖少弟晉義熙末位至荊州刺史征西將軍高祖受命贈大司馬追封臨川王文帝少爲道規所養後文帝還本以長沙王子義慶嗣慶爲荊州廟主當隨任江陵文帝下詔褒美勳德及慈蔭之重曰褒道崇德經國之盛典尊親追遠因心之所隆故侍中大司馬臨川烈武王体道欽明至德淵邈睿哲自天孝友光備爰始協規則翼贊景業陵威致討則剋翦梟鯨逮妖逆交侵方難孔棘勢踰累碁人無固志武王神謨獨運靈武宏發輯寧內外誅覆群凶故已化被江漢勳高微管遠猷侔於二南英雅邁於兩獻矣朕幼蒙殊愛德廕特隆豐恩慈訓義深情感永惟仁範感慕纏懷今當擁移寢祐祊祀西夏思崇嘉禮式備徽章庶以昭宣風度允副幽顯其追崇丞相加殊禮鸞輅九旒黃屋左纛給節鉞前後部羽葆鼓吹虎賁班劒百人侍中如故及長沙太妃檀氏臨川太妃曹氏後薨祭皆給鸞輅九旒黃屋左纛

轀輬車挽歌二部前後部羽葆鼓吹虎賁班劒百人

江夏文獻王義恭高祖之子高祖特所鍾愛諸子莫及元嘉十七年徵爲侍中司徒録尚書事給班劒二十人置兵加佐二十一年進位太尉領司徒相府年給錢二千萬他物稱此而義恭性奢用常不足太祖又別給錢年千萬二十六年領國子祭酒時有獻五百里馬者以賜義恭二十七年出鎮彭城二十九年冬還朝帝以御乘蒼鸞船上迎之元凶弒逆義恭上表勸進世祖踐祚特授使持節侍中都督揚南徐三州諸軍事太尉録尚書六條事揚南徐二州刺史給

鼓吹一部班劒二十人又假黄鉞事寧進位太傅領大司馬增班劒爲三十人以藩所服玉環大綬賜之增封二千户孝建元年南郡王義宣臧質魯爽等反加黄鉞白直百人入六門事平以臧質七百里馬賜義恭又增封二千户大明三年省兵佐加領中書監以崇藝昭武永化三營合四百三十七户給府更增吏僮千七百人合爲二千九百人六年觧司徒府太宰司依舊辟召又年給三千匹布撰國史孝武自爲義恭作傳永光元年八月爲廢帝所害明帝定亂追崇使持節侍中都督中外諸軍事丞相領太尉中書

監録尚書事並如故給九旒鸞輅虎賁班劒百人前後部羽葆鼓吹輼輬車又下詔曰皇基崇建屯剥維難弘啓熙載底績忠果故從享世祀勳動宗彝世祖定亂定業實資翼亮故使持節侍中都督中外諸軍事丞相領太尉中書監録尚書事江夏文獻王義恭故使持節中都督南豫三州軍事太尉南豫州刺史巴東郡開國忠烈公元景故侍中司空始興郡開國襄公慶之故持節征西將軍雍州刺史洮陽縣開國肅侯慤或体道冲玄變化康世或盡誠致效夷難龕逆宜式遵國典陪祭廟廷

義恭子伯禽孝建三年生元兇作逆義恭諸子皆遇害朝廷哀之至是孝武名之曰伯禽以擬魯公伯禽周公旦之子也

衡陽王義季高祖之子太祖爲荆州高祖使隨往鎮是特爲太祖所愛元嘉十六年代臨川王義慶爲荆州給鼓吹一部義季素拙書帝聽使餘人書啓事唯自署名而已義季病篤帝遣中書令徐湛之省疾召還京師未及發薨於彭城時年三十三

彭城王義康高祖之子太祖即位進號驃騎將軍加散騎常侍給鼓吹一部元嘉二年改授都督荆湘等八

州諸軍事給班劒三十人九年太妃薨辭班劒解侍中十二年復加侍中班劒

南郡王義宣高祖之子世祖即位以爲中書監進號中軍將軍加散騎常侍給鼓吹一部又都督揚豫二州丞相録尚書六條加羽葆鼓吹給班劒四十人

竟陵王誕文帝第六子元嘉二十六年爲會稽太守加鼓吹一部孝武既平元兇進號驃騎將軍加班劒二十人

建平王宏文帝第七子也文帝寵愛殊常爲立第於雞籠山盡山水之美建平國職高他國一階

廬州王禕文帝第八子大明二年爲散騎常侍中書令領驍騎將軍給鼓吹一部明帝踐祚加侍中中書監給班劒三十人

桂林王休範文帝第十八子永光初以驃騎大將軍還爲江州進督越州諸軍事給三望車一乘明帝遺詔進位司空侍中加班劒三十人

始平王子鸞孝武第八子毋殷淑儀寵傾後宮子鸞愛冠諸子凡爲帝所遇者莫不入子鸞之府國及爲南徐州又割吳郡以屬之六年以本官兼司徒進號撫軍司徒給節禮儀並依正公又加都督南徐諸軍

事八年加中書令領司徒

成安王準明帝第三子拜撫軍將軍置佐史元徽二年進號軍騎將軍都督楊南豫州諸軍事給鼓吹一部刺史如故四年又進驃騎大將軍號開府儀同三司班劒三十人都督刺史如故

營浦侯遵考高祖族弟也明帝即位爲侍中特進右光祿大夫領崇憲太僕給親侍三十人泰始五年賜几杖太官四時賜珍味疾病太醫給藥固辭几杖

當陽侯秉長沙王道憐孫也爲尚書左僕射參選元徽元年領吏部加兵五百人桂楊王休範爲逆中領軍勔出守石頭秉權兼領將軍所給加兵自隨入殿

南譙王世子恢南郡王義宣子也晉氏過江不置城門較尉及衛尉官孝武欲重城禁故復置衛尉卿以恢爲侍中領衛尉衛尉之置自恢始也

南齊豫章王嶷太祖第二子特所鍾愛太祖即位以爲都督荆湘等八州諸軍事南蠻較尉荆湘二州刺史持節侍中將軍開府如故晉宋之際刺史多不領南蠻別以重人居之至是二府二州荆州資費歲錢三千萬布萬疋米六萬斛南蠻資費歲錢三千萬布萬疋緜千斤絹三百疋米千斛近代莫比也尋給油絡夾望車又給班劒二十人入爲都督楊南徐三州

諸軍事中書監司空加兵置佐以前軍臨川王暎府文武配司空府世祖即位進位大尉永明二年中詔曰漢之梁孝寵異列藩晉之泰猷秩殊常序況乃地侔前准勳兼往式雖天倫有本而因事增情宜廣田邑用申恩禮增封爲四千户元嘉世諸王入齋閤得白服帬帽見人主唯出太極四廟乃備朝服自此已來此事一新帝與嶷同生持相友睦宮中曲宴許依元嘉嶷固辭不奉勅唯車駕幸第乃白服烏紗帽侍宴大明八年給皂輪車妃庾氏常有疾瘳帝幸後堂

設金石樂宮人畢至每臨幸輒極日盡歡嶷疾篤表解職不許賜錢百萬營功德嶷又啓曰臣自嬰今患亟降天臨壁降衛宮泉開藏府慈寵優渥備極人臣生年疾迫遽陰無幾願陛下審賢與善極壽蒼旻強德納和爲億兆御臣命違昌數奄奪恩憐長辭明世伏涕嗚咽薨日帝再視疾至薨乃還宮詔曰嶷明哲至親勳高業始德懋王朝道光區縣奄至甍逝痛酷抽割不能自勝奈何今便臨哭九命之禮宜備其制歛以兗冕之服溫明秘器命服一具衣一襲喪事一依漢東平王故事大鴻臚持節護喪事太官朝夕送

奠大司馬太傅二府文書悉停過葬竟陵王子良上啓曰臣聞春秋所以稱王母弟者以尊其所重故也是以禮秩殊品爵命崇異在漢則梁王備出警入蹕之儀在晉則齊王具殊服九命之贈江左以來尊親是闕故致衮冕之典廢而不傳寔緜人缺其位非禮虧省齊王故事與今不殊締構王業功迹不異凡有變革隨時之宜者正緣恩情有輕重德義有厚薄若事籌前規禮無異則且梁齊闕令終之美猶饗褒贈之榮況故大司馬仁和著於天性孝弟終於立身節義表於勤王寬猛彰於御物奉上無驕慢之貌接下無毀傷之容淡矣止於清貞無喜慍之色悠然棲於靜默絶馳競之眄詩有云靡不有初鮮克有終夫終之者理寔爲難在於今行無廢斯德東平樂於小善河間悅於詩書況勳績無間艱危不渉尚致卓爾不群英聲萬代況今協贊皇基經綸覇始功業高顯清譽諭彰富貴隆重廉潔彌峻等古形今孰類茲美臣愚忖度未有斯例凡庶族同氣愛睦尚少豈有仰覩陛下垂友于之性若於此者乎共起布衣俱登天貴生平游處何事不同分甘均味何珍不等未嘗不覲貌而天心懽見形而聖儀悅爰及臨危捨命親瞻喘

息萬分之際沒在聖目號哭動乎天地感動驚乎鬼神乃至撤膳移寢坐泣遷祖神儀損耗隔宿改容奉瞻聖顏誰不悲悚歷古所未聞記籍所不載既有若斯之大德寔不可見典服之贈不彰如其脫致虧忘追改爲煩不令千載之下物有遺恨其德不具美者尚荷嘉隆之命況事先先烈者寧可缺茲盛典臣恐有識之人容致其議且庶族近代桓溫庾亮之類亦隆殊命伏度天心已當有在又詔曰寵章所以表德秩禮所以紀功慎終追遠前王之盛策累行疇庸列代之通詔故使持節都督楊南徐二州諸軍事大司

馬領太子太傅揚州刺史新除中書監豫章王嶷体道秉哲經仁締義挺清譽於弱齡發韶風於早日締綸霸業之物翼賛皇基之始孝睦著於鄉閭忠謨彰乎邦邑及秉德論道揔牧神甸七教必荷六符咸理振風潤雨無踰於時候卹民拯物有篤於矜懷雍容廊廟之華儀刑列郡之觀神凝自遠具瞻允集朕友于之深情兼家國方授以神圖委諸廟勝緝頌九紘陪禪五嶽不慭遺德奄焉薨逝哀痛傷惜震動于厥心今先遠戒期龜筮襲吉宜加茂典以協徽猷可贈假黃鉞都督中外諸軍事丞相揚州牧綠綟綬具九

服錫命之禮侍中大司馬太傅王如故給九旒鸞輅黃屋左纛虎賁班劒百人輼輬車前後部羽葆鼓吹葬送儀依平王故事

臨川獻王映太祖第三子出爲都督荆湘等九州諸軍府鎮西將軍給鼓吹一部永平二年給油絡車七年薨詔賜東園秘器朝服一具衣一襲贈司空

長沙威王晃太祖第四子世祖即位進號車騎將軍侍中如故給油絡車鼓吹一部永明八年薨賜東園秘器朝服一具衣一襲即本號贈開府儀同三司太祖嘗曰此我家任城也世祖緣此意謚曰戚

武陵昭王曄太祖第五子母羅氏從太祖在淮陰以罪誅故曄見愛世祖即位爲丹陽尹嘗侍將軍如故始不復置行事得自親政轉侍中護軍將軍給油絡車又給扶二人世祖遺詔爲衛將軍開府儀同三司給鼓吹一部隆昌元年薨賜東園秘器朝服贈司空侍中如故給節班劒二十人

鄱陽王鏘太祖第七子鏘和悌美令有寵於世祖永明十一年爲領軍將軍領軍之授齊室諸王所未爲車駕遊幸嘗甲仗衛從恩待次豫章王嶷其年給油絡車隆昌元年俄遷侍中驃騎將軍開府儀同三司

領兵置佐

桂陽王鑠太祖第八子性清羸有冷疾嘗枕卧世祖臨視賜床帳衾褥

始興簡王鑑太祖第十子永明九年進爲散騎嘗侍領石頭戍事世祖以與鑑久別車駕幸石頭宴會賞賜

竟陵王子良武帝第二子建元二年爲丹陽尹制東宮官僚以下致敬子良永明元年徙爲侍中都督南兗徐青冀五州征北將軍南兗州刺史持節如故給油絡車明年入爲護軍將軍兼司徒領兵置佐侍中

如故鎮西州三年給鼓吹一部四年進號車騎將軍五年進位司徒給班劒二十人至八年給與三望車欝林及即位進位大傅增班劒三十人隆昌元年加殊禮劒履上殿入朝不趨贊拜不名其年薨欝林嵩慮子良有異志及薨甚悅詔給東園温明秘器斂以衮冕之服東府施喪位大鴻臚持節監護大官朝夕送祭又遣追崇假黄鉞侍中都督中外諸軍事太宰領大將軍揚州牧緑綟綬備九服錫命之禮使持節中書監王如故給九旒鸞輅黄屋左纛轀輬車前後部羽葆鼓吹挽歌虎賁班劒百人葬禮依晉安平王

孚故事

晉安王子懋武帝第七子永明十一年爲使持節都督齊梁等四州二郡諸軍事征北將軍雍州刺史給鼓吹一部豫章王喪服未畢帝以邊州須威望許得奏之

隋郡王子隆武帝第八子帝以子隆能屬文謂王儉曰我家東阿重出寔爲皇家藩屏永明八年爲使持節六州諸軍事荆州刺史給鼓吹一部

南康王子琳武帝子以母寵故最見愛太尉王儉因請婚武帝悅而許之郡臣奉實物名好晝直数百金武帝爲之報荅如此及應封而好郡已盡乃以宣城封之既而以宣城屬楊州不欲爲王國改封南康公褚齊爲巴東公以南康爲王國封子琳

新吳侯景先太祖從子也武帝即位爲侍中領左軍將軍尋兼領軍將軍景先事帝盡心故恩寵特密勑西還帝坐景陽樓召景先語故舊惟豫章王一人在廗而已轉中領軍車駕射雉郊外行游景先常甲仗坐廉察左右永明五年爲征虜將軍丹陽尹摠率步騎屯義陽遇疾卒帝傷惜之詔曰西信適至景先奄至喪逝悲懷切割不能自勝今便舉哀賻錢十萬布

二百疋景先喪還詔曰新吳侯景先器懷開亮幹局通敏綢繆少長義兼勲戚誠著夷險績茂所司方升寵秩用伸任寄奄至喪逝悲痛良深贈侍中征北將軍南徐州刺史給鼓吹一部假節鉞侯如故謚曰忠侯

南豐伯赤斧太祖從祖弟也世祖親遇與蕭景先相比及卒無儲積無絹爲衾帝聞之愈悼惜詔賻錢五萬上材一具布百疋蠟二百斤追贈金紫光禄大夫謚曰懿伯子穎胄起家秘書郎太祖謂赤斧曰穎胄輕肥被身覺其進轉美足慰人意遭父喪感脚疾数

年然後能行世祖有詔慰勉賜醫藥頴冑好文弟頴基好武世祖登烽火樓詔賦詩合旨帝曰卿文弟武宗室便不乏才明帝廢立賜頴冑甞所乘白㘽牛中興元年爲侍中尚書令監八州軍事行荆州刺史及卒和帝出臨詔賜侍中丞相本官如故前後部羽葆鼓吹班劍三十人轀輬車黄屋左纛

曲江縣公遥光太祖兄衡陽元王道度子明帝初郎位詠賞諸事唯遥光共謀議建武二年進號撫軍將軍加散騎常侍給通幰車鼓吹後加侍中中書令給仗永元元年給班劍二十人即本號開府儀同三司

豐城縣公遥昌遥光弟也建武中官至征虜將軍豫州刺史永泰元年卒帝愛遥昌兄弟如子甚痛惜之贈車騎將軍儀同三司帝以問徐孝嗣孝嗣曰豐城本資尚輕贈以班台如爲小過帝曰卿乃欲存萬代準則此我孤兄弟子不得與計

南郡王昭業文惠太子長子永明七年有司奏給班劍二十人鼓吹一部高選友學十一年給皂輪三望車詔高選國官

巴陵王寶義明帝長子爲南徐州刺史東昏即位進征北大將軍開府儀同三司給仗永元元年給班劍二十人

梁長沙王業武帝長兄懿之子也仕齊至侍中尚書令征虜將軍爲東昏侯所害和帝中興元年追贈侍中中書監司徒太后臨朝改贈太傅天監元年追崇丞相王爵給九旒鸞輅轀輬車黄屋左纛前後部羽葆鼓吹挽歌二部武賁班劍百人一依晉安平王故事

臨川靖惠王宏太祖第六子天監元年爲後軍將軍揚州刺史又給鼓吹一部七年三月以疾累表自陳詔許改揚州餘如故四月薨自疾至於薨輿駕七出

臨視及葬詔曰侍中大尉臨川王宏器宇冲貴雅量弘通爰初弱齡行彰素履逮于應務嘉猷載緝自皇業起基地惟介弟久司神甸歷位台階論道登朝物無異議朕友于之至家國兼情方弘燮贊儀刑列辟天不慭遺奄焉弗永哀痛抽切震動于厥心宜增峻禮秩式昭懋典可贈侍中大將軍揚州牧假黄鉞王如故并給羽葆鼓吹一部增班劍爲六十人給温明秘器歛以衮服

安成康王秀太祖第七子天監五年以右將軍加領軍中書令給鼓吹一部十六年爲雍州刺史寧蠻校尉

十七年薨高祖聞之甚痛惜遣皇子南康王績緣道迎候

南平元襄王偉太祖第八子齊和帝以爲雍州刺史寧蠻校尉天監元年進督荆寧二州俄給鼓吹一部十三年改爲左光祿大夫加親信四十人歲給米萬斛布絹五千匹藥直三百四十萬厨供月二十萬并二衛兩營雜役二百人先置防閤白直左右職局一百人偉末年疾浸劇不復出藩故俸秩加焉大通四年遷中書令大司馬五年薨詔斂以袞冕給東園秘器又詔曰矜德紀功前王令典愼終追遠列代通規

故加侍中中書令及大司徒南平王偉器宇宏曠監識弘簡爰在弱齡清風載穆翼佐草昧勳高樊沔契濶艱難劬勞任寄及贊務論道弘茲袞職奄焉薨逝朕用震慟于厥心宜降寵命式昭茂典可贈侍中大宰王如故給羽葆鼓吹一部并班劒四十人

鄱陽忠烈王恢太祖第九子天監十一年爲平西將軍雍州刺史給鼓吹一部七年爲荆州刺史進號驃騎大將軍普通七年九月薨于州詔曰故使持節散騎常侍都督荆湘雍涼益寧南北秦八州諸軍事驃騎大將軍開府儀同三司荆州刺史鄱陽王恢風度開朗器清凝質爰在弱歲美譽克宣洎于從政嘉猷載緝方入政論道弘變台階奄焉薨逝朕用傷悼于厥心宜隆寵命以申朝典可贈侍中護喪事

始興忠武王憺太祖第十子天監初爲平西將軍荆州刺史三年加鼓吹一部十四年遷鎮右將軍荆州刺史十八年徵爲侍中中撫將軍開府儀同三司領軍將軍普通三年十一月薨追贈侍中司徒驃騎將軍給班劒三十人羽葆鼓吹一部冊曰咨故侍中司徒驃騎將軍始興王夫忠爲令德武謂止戈于以用之載在前志王有佐命之元勳利人之厚德契濶二

紀終始不渝是用方軌往賢稽擇故訓鴻名美號允臻其極今遣大鴻臚程爽謚曰忠武魂而有靈歆茲顯號嗚呼哀哉

西昌侯藻長沙王懿之子大通三年爲中將軍太子詹事出爲丹陽尹高祖每嘆曰子弟並如迦葉吾復何憂迦葉者藻之小名也

吳平侯景高祖從父弟天監初爲冠軍將軍南兖州刺史詔封母毛爲國太夫人禮如王國大妃假金章紫綬十三年又徵爲鎮軍將軍直殿省知十州損益事月加祿五萬十九年爲安西將軍郢州刺史將行

幸建興苑餞別爲之流涕給鼓吹一部
廬陵威王續高祖第五子中大通二年爲雍州刺史南蠻校尉平北將軍給鼓吹一部
邵陵携王綸高祖第六子普通七年拜侍中大通元年加信威將軍置佐史
武陵王紀高祖第八子授揚州刺史中書詔成武帝加四句曰貞白儉素是其清也臨財能讓是其廉也知法不犯是其愼也庶事無留是其勤也紀特爲帝所愛
南郡王大連簡文帝大同十年高祖幸朱方與兄大

臨並從高祖各給馬試之俱得馳驟之節高祖大悅他日謂太宗曰昨見大臨大連風韻可愛足以慰吾老年
忠壯世子方等元帝長子也征河東王溺死世祖後追思其才贈侍中中軍將軍揚州刺史爲招魂以哀之
陳末脩侯擬高祖踈屬也文帝郎位爲冊陽尹天嘉元年卒贈領軍將軍凶事所須並官資給二年配饗高祖廟廷
宜黄侯慧紀高祖之從孫也至德二年遷雲麾將軍荆州刺史賜女妓一部
南康愍王曇朗高祖母弟忠壯王休先子也休先爲質於齊爲齊所害時與齊絶尚弗之知高祖踐祚以曇朗襲封南康郡王奉忠壯王祀禮秩一同皇子天嘉二年齊人結好方始知之世祖詔曰夫追遠愼終抑聞前誥南康王曇朗明哲懋親藩維是屬入質北齊用紓時難皇運肇興未獲旋反永言歎望日夜不忘齊使始至凶問奄出追懷痛悼兼倍常情宜隆寵数以光常序可贈侍中安東將軍開府儀同三司南徐州刺史謚曰愍

衡陽献王昌高祖第六子荆州陷與高祖俱遷關右天嘉元年乃得還百寮上表曰扞城之寄匪親勿居宜啓服衡疑兼崇徽飾臣等參議請以爲散騎常侍都督湘州諸軍事驃騎將軍湘州刺史衡陽郡王加給皂輪三望車後部鼓吹一部班劒二十人詔可奉行三月入境詔令中書舍人緣道迎接丙子濟江于中流船壞以溺薨柩至京師上親出臨哭乃下詔曰夫寵章所以嘉德禮数所以崇親乃歷代之通規固前王之令典新除使持節散騎常侍都督湘州諸軍事驃騎將軍湘州牧衡陽王昌明哲在躬珪璋早秀

孝敬內湛聰睿外宣梁季覬虞宗社頗墜西京淪覆陷身闕隴及鼎業朸基外藩逆命聘問斯阻音信莫通睠彼機橋將憐烏白今者群公戮力多難克清輕傳入郡無勞假道周朝敦其繼好駿駕歸來欣此朝聞庶歡昏定報施徒語曾莫輔仁人之云亡殄瘁斯在奄焉薨殞倍增傷悼津門之慟空在輦岫之竊不追靜言念之心焉如割宜隆懋典以協徽猷可贈侍中假黃鉞都督中外諸軍事太宰揚州牧給東園溫明秘器九旒鑾輅黃屋左纛武賁班劒百人轀輬車前後部羽葆鼓吹葬送之儀一依漢東平獻王齊豫

章文獻王故事仍遣大司空持節迎護喪事大鴻臚副其羽衛殯送所須隨豐備辦

始興王伯茂文帝第三子帝纂位詔封始興王以奉昭烈王道談嗣時舊制諸王受封未加戎號者不置佐吏於是尚書八座奏曰夫增崇徽號飾表車服所以闡彰厥德下變民望第二皇子新除始興王伯茂体自尊極神姿明穎玉映齠辰蘭芬綺歲清暉美譽日茂月昇道齊平河聲超袞植皇情追感聖性天深以本宗闕緒纂承藩嗣雖珪社是膺而戎章未襲豈所以光崇睿哲寵樹皇枝臣等參議宜加寧遠將軍置佐吏詔曰可以太子母弟深愛之征北軍人盜發晉郗曇墓大獲晉右將軍王羲之書及諸名賢遺迹文帝以伯茂好古多以賜之

鄱陽王伯山文帝第三子帝深器之高祖特天下草創諸王受封儀注多闕及伯山受封帝欲重其事天嘉元年七月八座奏封伯山乃遣持節兼太宰蕭睿告于太宰王質告于大社十月帝臨軒冊命策訖令王公以下讌于王第

冊府元龜

巡按福建監察御史臣李嗣京　訂正

知長樂縣事臣夏允彝叅閱

知建陽縣事臣黃國琦較釋

宗室部

褒寵三

後魏陳留桓王虔昭成帝孫也武力絕倫與慕容垂戰没道武追惜傷慟者數焉配享廟庭封其子悅爲朱提王悅外和内佷道武以桓王死王事特加親寵

秦明王翰子儀道武之孫爲左丞相從征討有功太

武之初育也道武喜夜召儀入曰卿聞夜喚乃不惟懼乎儀曰惟則有之懼寔無也帝告以太武生因賜儀御馬御帶縑錦等道武以儀器望待之尤重數幸其第如家人禮

中山王纂秦明王翰孫㓜道武養於宫中太武踐祚除定州刺史封中山公進爵爲王賜步挽車以優異之

嘗山王遵子素道武之曾孫明元從毋所生特見親寵

陳留王虔兄覬性嚴重少言道武甚敬之雅有謀策從平中山以功賜爵蒲城侯平盧太守特見寵厚給鼓吹羽儀禮同岳牧涖政以威信著稱

陽平王熈道武子明元治兵於東部詔熈督十二軍較閲甚得軍儀明元嘉之賞賜隆厚泰常六年薨明元哀慟不已賜温明秘器禮物備焉

河間公與都初封樂成子獻文初以子東陽王丕貴重進爵樂城侯謝老歸家帝益禮之賜几杖服物致膳於第其妻妻氏爲東陽王太妃卒追贈定州刺史河間公

任城王雲景穆之子爲征東大將軍徐州刺史以大

妃蓋氏薨表求解任百姓所遺錢貨一無所受顯祖聞而嘉之復拜侍中賜錢千貫羊千口出爲雍州刺史州民頌之者千人文明太后嘉之賜帛千匹薨於州喪至京師車駕親臨哭

北海王詳獻文之子孝文自雒北巡詳常與侍中彭城王勰並在輿輦陪侍左右至文成射銘之處詔詳與侍臣皆試射遠近唯詳箭箭不及文成箭所十餘步孝文嘉之拊掌欣笑遂詔勒銘親自爲製車駕南伐行中領軍留守給鼓吹一部甲仗三百人

咸陽王禧獻文之子太和中爲冀州刺史孝文餞於

南郊來朝京師將還州親餞之賦詩叙意入爲司州牧都督司豫荆郢雍東荆六州諸軍事詔以禧元弟之重食邑三千户自餘五王皆食二千户

趙郡靈王幹獻文之子孝文南伐以幹爲車騎將軍都督関右諸軍事給銅虎符十别賜詩書班師還雍除都督冀定瀛三州諸軍事征東大將軍冀州刺史開府如故賜雜物五百叚又密賜黄金十斤孝文親餞於近郊後轄司州牧車駕南討詔幹都督中外諸軍事給鼓吹一部甲士三百人出入殿門太和二十三年薨給東園秘器斂服十五稱贈帛三千疋陪葬

長陵

廣陵惠王羽獻文之子太和中進號驍衛將軍征東大將軍開府青州刺史孝文幸羽第與諸弟言曰朕昨親受人訟始知廣陵之明了咸陽王禧曰臣年爲廣陵兄明爲廣陵弟孝文曰我爲汝兄汝爲羽昆汝復何假親餞之華林園宣武即位面受司徒薨於宣府武親臨哀慟給東園温明秘器朝服一具衣一襲錢六十萬布一千匹蠟三百斤大鴻臚護喪事大殮帝親臨之舉哀于都亭贈使持節侍中驃騎大將軍司徒公冀州刺史給羽葆鼓吹班劒四十人及葬帝親臨送

彭城王勰獻文之子孝文南討漢陽假勰中軍大將軍加鼓吹一部及爲中書令孝文宴大臣於清徽堂日宴移於流化池芳林之下孝文曰向宴之始君臣肅然及將軍觴也而流景將頽竟不盡適戀戀餘光故重引卿等因仰觀桐葉之茂曰其桐其椅其實離離愷悌君子莫不令儀今林下諸賢足敷謌詠遂令黄門侍郎崔光讀暮春群臣應詔詩至勰詩孝文仍爲之改一字曰昔祁奚舉子天下謂之至公今見勰詩始知中令之舉非私也勰對曰臣露此拙方見聖

朝之私賴蒙神筆賜刋得有令譽孝文曰雖雕琢一字猶是玉之本體勰曰臣聞詩三百一言以蔽今陛下賜刋一字足以價等連城後從孝文征沔北大破梁將崔慧景孝文不豫内侍醫藥孝文有廖車駕還京會百僚於皇極堂行飲至策勳之禮命舍人宣旨勰翼弼六師纂戎荆楚沔北之勳每毗廟筭從討新野有尅城之謀受命鄧城致大捷之効功爲群將之最也别當受賞不替厥庸孝文謂勰曰吾與汝等早罹艱苦中逢契闊妄詐情意隨事而疎比纏患經歲危同寒葉非汝孔懐情敦忠孝孰能動止躬親必先

藥膳每尋此事感思殊遠緦悲泣對曰臣等宿遭不天酷恨長世賴陛下撫育得參人伍豈謂上靈無鑒復使聖躬違和萬國所懸蒼生繫望寢興之勞豈申荼蓼以彼慧景等勳增邑五百戶又詔曰朕形疲稚年心勞長歲積思成痾頃發汝頻第六弟緦孝均周弟誠侔姬旦遺食捨寢動止必親敦醫勸膳誠力俱竭求言保康是賴同氣又秉務緝政百司是憑綱維折衷萬揆獲濟撫師於霖浩之辰處戎於荐逼之日安外靜內功濟大道侍省之績可以孔懷無褒翼亮之勤實乃勳高社稷宜有酬賞以旌國功可增邑一

千戶緦辭曰臣受遇緣親榮枯事等以此獲賞深乖情願乞追成旨用息謗言詔曰汝在私能孝處公必忠比來勤憂足布朝野但可祗膺尋以緦爲司徒太子太傅侍中如故宣武即位以有功任宰輔緦固讓宣武雖許之猶逼以外尚書令王肅等奏臣等聞旌功表德道貴前王庸勳親親義高盛典是故姬旦翼周光宅曲阜東平宰漢寵絶列蕃彭城王緦景思內昭英風外發協廓乾規掃氛漢沔屬先帝在天鳳旌旋旆靜一六師肅寧南服登聖皇於天衢開有魏之靈祐論道中鉉王猷以穆七德丕宣九功在詠臣等參議宜增邑一千五百戶詔曰覽奏倍增殞絶未足以上酬勳德且可如奏緦頻表固讓宣武與緦書曰諱奏辭暨今悲戀哽咽歲月易遠便迫暮冬每思聞道奉承風教父既辭榮開外無容頃違至德出蕃累朝荒馳宜深今遣主書劉道斌奉宣悲戀願父來望必當留京展洩哀窮枯不云遠緦乃朝於京師景明初齊豫州刺史裴叔業以壽春內屬詔緦都督南征諸軍事餘如故與尚書令王肅迎接壽春詔曰五教治樞古難其選自非親賢兼切莫應斯舉王以明德懋親任屬保傅出居藩陝入御袞章內外克諧民神

攸屬今董率戎麾威號宜重可復授司徒以光望寔又詔緦以本官領揚州刺史

廣川剛王諧莊王畧之子大和中襲將大殯孝文素服深衣哭之入室哀慟撫尸而出詔贈諸武衞將軍及葬孝文親臨送之東陽王丕孝文嗣位累遷大尉錄尚書事淮南王他淮陽王尉元河東王苟頹並以耆老見禮每有大事引入禁中乘步挽杖于朝進退相隨文明太后爲王叡造宅故亦爲丕造甲第第成帝后幸之率百官文武享燕焉使尚書令王叡宣詔賜丕金印一鈕又特賜金券帝北巡狩丕留守賜所乘

車馬往來府省帝幸平城子隆謀逆丕免死爲太原百姓丕年垂八十猶自平城力載隨駕至雒留雒陽帝每遣左右慰勉之乃還晉陽孝文沒丕自并來赴宣武引見之以丕舊老禮有加焉尋勑晉雒陽後宴于華林都亭特令二子扶侍坐起丕歷仕六世年垂七十位極公輔而還爲庶人然猶心戀京邑不能自絕人事詔以丕爲三老襲嘗山宣王忠字仙德孝文世累遷右僕射賜爵城陽公太和四年疾篤辭退養病於高柳輿駕親送都門之外群僚友臣執別者莫不涕泣及卒皆悼之命有司爲立碑銘

淮南王他陽平王熙之子太和初拜侍中轉征西大將軍遷司徒賜安車几杖入朝不趨太和十二年薨孝文有事宗廟始薦聞他薨爲之廢祭輿駕親臨慟詔有司監護喪事

南平王渾陽平王熙之第二子太武器其藝能掌引侍左右賜馬百匹子霄嗣霄好直言正諫孝文特垂欽重詔曰自今奏事相稱可去姓名唯南平王一人可直言其封太和十七年薨賜朝服冥衣一襲東國第一秘器絹千疋孝文緦衰臨霄喪哀慟左右靡不舉樂贈衛將軍定州刺史賜帛五百疋

江陽王繼南平王霄第二子乂先納靈太后妹及太后臨朝數與孝明幸繼宅置酒高會班賜有加尋遷侍中驃騎大將軍儀同三司特進領軍如故徙封京兆王繼疾患積年就養于家每至靈太后與孝明遊幸於外時令扶入宮守禁内及節慶宴饗皆力疾參焉特轉太保侍中加後部鼓吹孝明詔曰至節嘉辰禮有朝慶親尊戚老理宜優異王位高年宿可依齊郡王簡故事朝訖引坐甄其拜伏轉太傅侍中類讓不許大官給酒饌供賓客又詔令乘步挽至殿庭兩人扶侍禮秩與丞相高陽王相埒後除使持節侍中

太師大將軍録尚書事大都督節度西道諸軍出師之日車駕臨餞傾朝祖送賞賜萬計繼啓求還復江陽詔從之繼長子乂娶靈太后妹孝明初以侍中領軍輔政威振於内外乃封其子亮平原郡開國公食邑一千户及拜孝明御南門臨觀并贈賜御馬帛千疋

廣陽王嘉偷王廷之子宣武時拜衞大將軍尚書令除儀同三司嘉好飲酒或沉醉在宣武前言笑自得無所顧忌帝以屬尊年老常優容之與彭城北海高陽諸王每入宴集極懽彌夜數加賞賜帝以時幸其

第
廣陵侯衍陽平王新成之次子爲徐州刺史至州病重孝文勑徐成伯乘傳療疾差成伯還帝曰卿定名醫賚絹三千疋成伯辭請受一千帝曰詩云人之云亡邦國殄瘁以是而言豈惟三千疋乎其爲帝所重如此

南安惠王楨性忠謹事毋以孝聞孝文賜帛千疋以褒之徵赴講武

楨子英字虎兒時梁平三關戍宣武詔曰知賊城已下復克三關展威闢境聲略宣振公私稱泰良以欣

然將軍淵規內斷忠謀外舉受律揚旌克申廟筭雖方叔之制蠻荆召虎之掃淮浦匹茲蔑如也新州初附宜廣經略想善簡督必令周固有所委付然後凱旋耳

安定靖王休太和中爲大司馬從駕幸鄴命休率從駕文武迎家于平城孝文親餞休於漳水之北十七年春與大保齊郡王簡並謁朔望之禮十八年休寢疾高祖幸其第流涕問疾中使醫藥相望於路薨贈帛三千疋自薨至殯車駕三臨孝文至其門改服錫衰素弁加絰皇太子百官皆從行弔禮及將葬又贈布帛二千疋詔假黃鉞加羽葆鼓吹虎賁劒班六十三人悉准三老尉元之儀孝文親送出郊慟哭而返諸王恩禮莫比焉宣武世配饗廟庭

任城文宣王澄從孝文征南至懸瓠以篤疾還京駕餞之汝墳賦詩而別崋山刺史穆泰反以澄行州事遂授節銅虎竹使符御仗左右孝明世爲司空侍中西域之厭達波斯諸國各因公使並送澄駿馬一疋澄請付公僕以充國閑詔曰王廉貞之德也有過楚湘可勑付廐以成君子大哉之美後爲司徒尚書令薨詔百寮會喪贈假黃鉞使持節都督中外諸軍事

太傅領大尉公加以殊禮備九錫依晉大司馬齊王攸故事謚曰文宣澄之葬也凶飾甚盛靈太后親送郊外停輿悲哭哀慟左右百官會赴千餘人莫不歔欷當時以爲哀榮之極

澄子嵩爲安南將軍楊州刺史累戰有功後爲蒼頭李太伯所害宣武爲嵩舉哀於東堂贈絹一千匹贈車騎將軍領軍

嵩弟順爲左僕射爾朱榮之亂爲鮮于康奴所害家徒四壁無物殮尸止有書數千卷而已門下通事令史王才達裂裳覆之莊帝還宮遣黃門侍郎山偉巡

喻京邑偉臨順喪悲慟無已旣還莊帝怍而問曰黄門何爲聲散偉以狀對莊帝勑侍中元祉曰宗室亡非一不可周贍左僕射清苦之節死乃益彰特贈絹百疋餘不得爲例贈驃騎大將軍尚書令司徒公定州刺史諡曰文烈

高陽王雍獻文之子爲驃騎大將軍司州牧宣武時幸雍第盡家人之禮孝明初詔入居太極西栢堂諮决大政給温信二十人又詔雍爲宗師進太傅侍中領大尉公王如故別勑將作營國子學寺給雍居之靈太后詔雍乘步挽入掖門又以本官録尚書事雍

頻表辭遜優答不許詔侍中敦喻孝明覽政詔雍乘車出入大司馬門進位丞相給後部羽葆皷吹倍加班劒催令速拜詔雍依齊郡順王簡太和故事朝訖引坐特優拜伏之禮孝昌初詔曰比相府弗開陰陽未變王秉哲居宗勲望隆重道庇蒼生威被華裔躬國猶家匪躬在節可開府置佐吏又詔曰丞相高陽王道德淵廣明允篤誠儀刑太階垂風下國寔所以予違汝弼致治責成宜班新制宜之遐邇其州郡先上司徒公文悉可改上相府施所符告皆亦如之後遇害於河陰贈假黄鉞相國

城陽王徽爲安西將軍秦州刺史詔書且至夕發徽以將之秦部請詣闕恭授仍表啓固陳請不之職改授輔國將軍加度支尚書元顥入雒徽從莊帝北廵及車駕還宮以與謀之功除侍中大司馬大尉公加羽葆皷吹增邑通前三萬户

章武王融與葛榮戰敗見殺孝明舉哀於東堂賜東園秘器朝服一具絲二千八百段尋以融死事進贈司徒加後部皷吹

襲嘗山王素孫暉孝明世爲尚書令攝吏部選事神龜元年卒賜東園秘器贈使持節都督中外諸軍事

司空公將葬給羽葆皷吹班劒二十人羽林二百二十人

趙郡王謐靈王幹之子除都官尚書加安西將軍正光四年薨給東園秘器朝服一具衣一襲贈帛五百疋

謐弟惠羽林監直閤將軍早卒賵帛五百疋贈鎮遠將軍嘗州刺史

武川鎮將軍蘭子志爲雒陽令與御史中尉爭路帝謂邢巒曰此兒竟可謂王孫公子不鏤自雕巒曰露竹霜條故多勁節非鸞則鳳其在本枝也

武昌王鑒宣武時爲征虜將軍徐州刺史拔渠角城帝詔鑒曰知獲角城威謀展稱良以欣然此帶淮遊州路衝要自經昔弄未能剋之蟻固積紀每成邊害將軍淵規潛運妙略克宣關境剋城功著不日攙要扼喉津徑勢阻可謂勳高三捷朕甚嘉焉守禦諸軍善以量度宣慰之使尋當別遣

上黨王天穆以平邢杲之亂莊帝加太宰羽葆鼓吹增邑通前七萬户

北齊廣平公盛神武從叔祖也歷位太尉天平三年薨贈假黃鉞太尉太師録尚書事

平秦王歸彦神武族弟天保中以討侯景功封爲長郡公除領軍大將軍領軍加大自歸彦始也文宣誅高德政金寶財貨悉以賜之及爲司空時孝昭將入雲龍門都督成休寧列拒而不内歸彦諭之然後得入進向指閤永巷亦如之孝昭踐祚以此彌見優重每入嘗在平原王段韶上以爲司空兼尚書令齋宮内唯天子紗帽臣下皆戎帽特賜歸彦紗帽以寵之

平陽王淹神武子皇建初爲太傅與彭城王浟河間王孝琬並給使身羽林百人

彭城王浟神武子爲太師録尚書事河清三年車駕巡幸浟留鄴爲郡盜所害贈假黃鉞大師大尉録尚書事給轀輬車

襄城王淯神武子天保三年薨朝明元年贈假黃鉞大師大尉録尚書事

高陽王湜神武子廢帝初薨乾明初贈假黃鉞太師司徒録尚書事

馮翊王潤神武子爲太師太宰薨贈假黃鉞左丞相

琅琊王儼武成第三子也爲領軍大將軍領御史中丞魏氏舊制中丞出清道與皇太子分路行王公皆遥住車去牛頓軛於地以待中丞過其或遲違則赤

棒棒之自都鄴後此儀浸絶武成欲雄寵儼乃使一依舊制儼初從北宮出將上中丞凡京畿步騎領軍之官屬中丞之威儀司徒之鹵簿莫不畢備帝與后在華林園東門外張幕隔青紗步障觀之觀者傾京邑儼嘗在宮中坐含光殿以視事

後周晋公護太祖兄子爲大冢宰明帝立拜太師賜路車冕服又爲雍州牧并賜金石之樂武帝保定三年詔曰大冢宰晋國公智周萬物道濟天下所以克成我帝業安養我蒼生况親則懿昆任當元輔而可同班庶品齊位衆臣自今詔誥及百司文書並不得

稱公名以彰殊禮護固讓五年詔曰先宅曲阜魯用郊天之樂地處參虛晉有大蒐之禮所以言時計功昭德紀行使持節太師都督中外諸軍事柱國大將軍大冢宰晉國公體道居貞含和誕德地居戚右才表棟隆國步艱難寄深夷險皇綱締構事均休感故以迹冥殆庶理契如仁今文軌尚隔方隅猶阻典策未備聲名多闕宜賜軒懸之樂六佾之舞

趙王招陳王純越王盛滕王逌皆文帝子靜帝即位加招等入朝不趨劒履上殿

代王達字度介天性果決善騎射初封代公出為荆

州刺史在州有政績高祖手勑褒美之高祖東伐以為將軍摠管齊淑妃馮氏尤為齊後主所幸齊平帝以達不邇聲色以馮氏賜之靜帝即位詔與趙王招等入朝不趨劒履上殿

蔡公廣太祖兄邵惠王顥孫也廣毋李氏以廣患羸年憂而成疾因此致卒廣乃以毀薨武帝素服親臨百寮畢集故吏儀同李充信等上表褒述申其宿志庶存儉約詔曰昔河間才藻追叙于中尉東海謙約見稱於身後可斟酌前典率繇舊章使易簀之言得申遺志黜殯之請無虧令終於是贈本官加太保隴右十四州諸軍事秦州刺史謚曰文葬於隴右所司一遵儉約之典

廣陵公孝伯與武帝同日生嘗謂曰公於我猶漢高與盧綰也賜以十三環金帶自是嘗侍左右出入卧內朝務皆預焉

隋安德王雄初進封廣平王改封清漳王仁壽初高祖曰清漳之名未允聲望命職方進地圖上指安德郡以示群臣曰此號足以名德相稱於是改封安德王

遂寧子達開皇中為鄰鄭趙三州刺史俱有能名平陳之後四海大同帝差品天下牧宰達為第一賜

雜綵五百段加以金帶擢拜工部尚書

秦王俊為并州摠管三十四州軍事頗有令聞高祖聞而大悅下書獎勵焉

齊王暕煬帝第二子大業初為豫州牧俄而元德太子薨朝野注望咸以暕當為嗣文帝勑吏部尚書牛弘妙選官屬公卿繇是多進子弟明年轉雍州牧尋徙河南開府儀同三司元德太子左右二萬餘人悉隸於暕寵遇益隆自樂平公主及諸戚屬競來致禮百官稱謁填咽道路

唐淮安王神通高祖從父弟也為河北道行臺尚書

左僕射太宗即位是月甲戌詔曰褒崇賢戚有國彝典厚秩清階式隆朝望左武衛大將軍上柱國淮安王神通宗室之長德器優弘締構之初早樹勳績右武衛大將軍上柱國燕郡王藝風著嘉庸志懷彊毅乂司戎禁見稱貞確宜加榮寵式允具瞻並可開府儀同三司四年薨太宗爲之廢朝鴻臚護喪事贈司空謚曰靖

淮陽王道玄高祖從父兄子也從太宗擊宋金剛先登陷陣時年十五太宗壯之賞物千段後擊劉黑闥戰没太宗每追痛之嘗從容謂侍臣曰道玄始終從

朕深入賊陣所向必剋意嘗企慕所以每陣先登蓋學朕也惜其幼少力不遂心及於難平後以其弟武都王道明徙封於淮陽國

河間王孝恭高祖從父兄子也武德二年授信州摠管承制拜假蕭銑平高祖大悅拜孝恭荊州大摠管使畫工貌而視之及平輔公祏璽書褒賞賜甲第一區女樂二部奴婢七百人金寶珍翫甚衆授東南道行臺尚書右僕射太宗甚加親待諸宗室中莫與比焉貞觀十四年暴薨太宗素服舉哀哭之甚慟

江夏王道宗高祖從父兄子爲吏部尚書太宗討高麗爲前鋒大破賊兵太宗至深加賞勞賜奴婢四十人道宗在陣損足太宗親爲其鍼賜以御膳

濟北公瑊河間王孝恭弟也爲尚書左丞貞觀十年夏五月幸其第敦親親也

襄邑郡王神符貞觀三年爲宗正卿後以疾辭位歸第拜光祿大夫每月别給羊酒太宗將幸九成宮就第問疾賜以縑帛又令乘小輿引見紫微殿以其脚疾遣三衛舁之而升

齊王元吉高祖子武德四年太宗討竇建德於滎陽留元吉與屈突通圍王世充於東都世充出兵拒戰

元吉設伏擊破之斬首八百級生擒其大將軍樂仁昉甲士千餘人世充平拜司空加賜衮冕之服前後部鼓吹樂二部班劒二十人黄金二十斤與太宗各聽三鑪錢以自給九年詔曰三台望重佐叶辰曜五教任隆俯安邦國實資懿德式寄親賢侍中并州大都督左衛大將軍上柱國齊王元吉器量凝邈風神爽邁徽猷夙著嘉譽早隆出蒞方岳政績兼懋入侍帷扆獻納允屬推轂閫外備展勳庸職司禁旅戎章以緝燮理之任朝典攸宜可司徒餘如故

鄫王元亨高祖子貞觀二年爲金州刺史及之藩太

宗以其幼小甚思之中路賜以金盞遣使爲之設晏
徐王元禮高祖子貞觀十七年爲絳州刺史以善政
聞太宗降璽書勞勉賜以錦綵
鄭王元懿高祖子總章中爲絳州刺史元懿頗好學
數斷大獄甚有公平之譽高宗特降璽書褒美賜物
三百段
舒王元名高祖子元名性高絜矜莊門庭清肅嘗誡
其子豫章王亶等曰藩王所之不慮無錢財官職但
勉行善事忠孝持身此吾志也及亶爲江州刺史以
善政聞高宗手勑褒美元名以賞其義方之訓

魏王泰太宗第二子也貞元十四年太宗幸泰延康
坊宅因曲赦雍州及長安大辟罪巳下免延康坊百
姓無出今年租賦又賜泰府官僚帛有差泰好事愛
文學特令就府別置文學館任自引召學士又以泰
腰腹洪大趨拜稍難復令乘小輿至於朝所其寵異
如此
營州都督晦河間王孝恭子也乾封中以善政聞璽
書勞問賜物三百段
紀王慎太宗第十子爲襄州刺史以善政稱高宗璽
書勞勉

宋王憲初名成器睿宗長子睿宗將建儲貳以成器
嫡長而玄宗有平帝氏之功成器涕泣固讓儲副玄
宗又抗表固讓睿宗不許乃下制曰左衛將軍宋王
成器朕之元子當踐副君以隆基作社稷大功人神
僉屬繇是朕前懇讓言在必行天下至公誠不可奪
爰示立季之典庶叶從人之願可雍州牧揚州大都
督太子太師別加實封二千户賜物五千段細馬二
十疋奴婢十房甲第一區良田三十頃其年十一月
拜尚書左僕射尋遷司徒景雲二年兼同州刺史賜
物二千匹廄中馬二十疋開元二十八年冬憲寢疾

玄宗令中使送醫藥及珍膳相望於路僧崇一療憲
稍瘳帝大悅特賜緋袍魚袋以賞異崇一時申王等
皆先薨唯憲獨在上施加恩貸每年至憲生日必幸
其宅移時晏樂居常無日不賜酒酪及異饌等尚食
總監及四方有所進獻食之稍甘即皆分以賜之憲
常奏請年終錄付史官每年數百紙
汝陽王璡憲子也天寶九載薨輟朝一日制曰睦親
之恩理貫存歿飾終之禮義表哀榮故特進上柱國
汝陽郡王璡植性謙和執心恭懿聞詩禮而稟訓用
忠信而飭躬脩詞立誠不虧於道依仁遊藝克著於

名況久戢崇班彌彰勳勵異其末固藩翰有光公族奄茲殞歿良多憫念宜加寵贈用旌幽穸可贈太子太師應緣喪量事官供仍令京兆尹一人簡較葬事嗣中王珣憲子珣出繼申王撝開元二十五年薨玄宗甚悼之輟朝三日制曰循子之恩特深於情禮睦親之義必備於哀榮同安郡王珣稟氣浮和執心忠順邦國垣翰宗枝羽儀磐石蹶封將期永固逝川不捨俄歎促齡悼往之懷因心所切宜增寵命用飾幽泉可贈太子少保葬事官給陪葬橋陵

榮王滉後名彥玄宗開元十五年授京兆牧二十三年

七月以京兆牧榮王滉廣州都督領南牧儀王潍後名璲荆州大都督永王澤後名璘益州大都督壽王清後名瑁安西大都護延王洄一作泂後名玢揚州大都督盛王沐後名琦第二十二男濟王溢後名環第二十三男信王沔後名瑁第二十四男義王泚後名玼第二十五男陳王漼後名珪並加開府儀同三司第二十六男豐王澄後名珙爲左衛大將軍第二十八男嵩王潓後名瑱爲右衛大將軍第二十九男凉王漩後名璿爲左千牛衛大將軍第三十男汴王滔後名璥爲右千牛衛大將軍滉等謝恩于朝悉命詣尚書省上自慶王已下咸送之命有司帳設置饌大嘗供樂敕曰榮王滉等既已封建近又拜官在於府寮合依典故有司准式十二月慶王潭忠王浚棣王洽鄂王涓榮王滉儀王潍潁王澐永王澤壽王清延王洄盛王沐濟王溢義王泚陳王漼豐王澄嵩王潓凉王漩汴王滔加上柱國

故邠王男承宣承寀承寔承寓承賓等天寶七載六月皆授朝請郎東宮六品官員外置同正員仍賜緋魚袋詔曰故邠王男承宣等地惟戚屬器表溫良伯仲輝光溫溫有裕推恩之典既叶於分官賜服之榮宜崇於寵命八月敕諸王長子及先帶郡王名任職事官階卑諸並聽著紫佩金

魚袋

濟南郡王售棣王之子也天寶十四年十月與濟王男光祿卿平樂郡王概信王男太常卿新安郡王脩陳王男太常卿臨淮郡王佗義王男大僕卿舞陽郡王儀盛王男太常卿眞定郡王僨永王男太常卿餘姚郡王僨陳王男殿中監安南郡王倫潁王男鴻臚卿高邑郡王傒延王男殿中監平陽郡王健信王男光祿卿晉陵郡王倜豐王男宗正卿齊安郡王僥凉王男大僕卿宜春郡王佃盛王男殿中監信都王佩壽王男鴻臚卿廣楊郡王偡儀王男宗正卿高密郡王

僇京王男殿中監安定郡王仕延王男大僕卿佐汞王男國子祭酒儀徐王男秘書監任靖德太子男太嘗卿韓國公儆靖德太子男太僕卿倫棣王男光祿卿安棣王男太僕卿僚棣王男國子祭酒俠棣王男殿中監仁棣王男大僕卿史失其名棣王男秘書監僾汞王男衛尉卿莒國公偵汞王男秘書監郇國公偰汞王男國子祭酒伶壽王男光祿卿薛國公伉壽王男殿中監滕國公侑壽王男國子祭酒傑延王男宗正卿皐國公保延王男國子祭酒荊國公偃濟王男衛尉卿沛國公佴濟王男國子祭酒倖信王男秘書監

吳國公保信王男國子祭酒越國公伋義王男國子祭酒曹國公佳義王男秘書監魏國公傛陳王男秘書監代國公仿陳王男太僕卿代國公俘義王男光祿卿虢國公供潁王男國子祭酒楚國公倪潁王男光祿卿蘷國公傳盛王光男光祿卿徐國公俗盛王男國子祭酒許國公倸豊王男國子祭酒江國公侚梁王男衛尉卿蒲國公侶凉王男秘書監鄭國公侳榮王男衛尉卿僚榮王男秘書監償榮王男鴻臚卿佩等五十五人並授上柱國

韓王迥代宗第七子以毋寵既生而受封雖沖幼恩在鄭王之亞

嗣吳王祗爲簡較工部尚書兼太子賓客大曆五年詔祗集賢院待制時四郊無虞勳勞大臣在闕下者雖爵秩崇高多無職事求泰初乃詔左僕射裴冕等一十三人同於集賢院待制特給飧錢及繕修廨宇以厚其禮自後遷者非一無代之者以祗宗室勳舊加寵之也

宗正卿嗣吳王𤪌貞元十三年奏簡王府諮議叅軍嗣寧王子淑葵請鹵簿宰臣等議以子淑官卑不合給因下詔自今以後嗣甍日宜令所司供鹵簿求爲

嘗式

梁廣王全昱大祖兄乾化元年還雎陽命內臣拜餞都外親王出宿至於偃師仍詔其子衡王友諒侍從以歸

後唐開府儀同三司簡較大尉充北都留守興聖宮使判六軍諸軍事兼御史大夫上柱國隴西縣開國伯食邑七百户繼岌同光元年授簡較大尉同中書門下平章事仍進封開國侯加食邑三百户充東京留守餘如故繼岌皇子也魏州興建時宰相豆盧革奏曰皇子之職故事合帶宮使革因進擬以興聖爲

名泰王從榮明宗長子也天成二年自鄴中至洎於至德宮帝幸其第宣禁中女伎及教坊樂歡宴至晩後爲天下兵馬元帥四年九月勑從榮位隆將相望重盤維委任既崇等威合異班位宜在宰臣之上亳州團練使重吉末帝子早薨清泰元年詔贈太尉仍令來州選隙地置廟洋王從璋明宗猶子泰清元年詔從璋及涇王從敏月各給俸錢一十萬米麥各五十石傔三十人衣糧馬五十疋芻粟二王自方鎮入朝自是留雒陽私第

隴西郡公重美末帝子清泰元年授成德軍節度等使命樞密使韓昭嘗送重美領鎮州旌節官牒于府署重美迎授其禮甚盛

晉皇子重信高祖第二子也高祖即位出鎮孟津到任踰月去民病十餘事朝廷有詔褒之是歲范延光叛命於鄴詔遣前雲武節度張從賓發河橋屯兵東討延光從賓與延光合謀爲亂遂害重信於理所時年二十遠近聞者爲之歎惜制贈太尉執事奏曰兩漢子弟生死無歷三公位者帝曰此兒爲善被禍予甚愍之自我作古寧有例乎遂行册命

太師萬友高祖仲父太尉萬銓高祖季父太傅敬儒高祖兄並天福六年正月追贈

周大將軍守筠奉超定哥皆太祖姪乾祐末遇害廣順元年二月太祖姪乾筠贈左領軍將軍改名愿奉超贈左監門將軍定哥贈左千牛將軍賜名愻顯德四年四月制曰故皇從弟贈左領軍衛將軍守愿贈左監門衛將軍奉超贈左千牛衛將軍愻等天潢演派棣蕚騰芳咸敦悌悌之情並著謙和之譽頃因季代不享遐齡每念作辜難忘有慟宜加贈典俾賁泉扃守愿可贈左衛大將軍奉超可贈左衛大將軍愻可贈左武衛大將軍

冊府元龜

巡按福建監察御史臣李嗣京訂正

知閩縣事臣曹冉臣參閱

知建陽縣事臣黃國琦較釋

宗室部

領鎮第一

自成周之世並建宗室漢有天下分王子弟皆受分器列爲戚藩曹魏革命無改前制西晉之後崇樹征鎮重方面之寄總帥兵之重繇是遠監前古內選於親出膺督護之選以尸牧伯之任長人爲政奉宣教

條訓戎經武式遏寇虐斯可以藉明茂之望聳懷柔之美夾輔京室克固於維城大庇本根以期於長世者已

晉大原成王輔宣王弟安平王孚第三子也咸寧三年監并州諸軍事

下邳獻王晃孚第五子也泰始九年詔曰南中郎將下邳王晃清亮中正體行明絜才周政理有文武策識其以晃爲使持節都督寧益二州諸軍事安西將軍領益州刺史晃以疾不行更拜尚書遷右僕射久之出爲鎮東將軍都督清徐二州諸軍事

高陽元王珪孚第七子也泰始初爲北中郎將督鄴城守諸軍事竟陵王楙義陽王望子也齊王冏輔政以楙爲平東將軍都督徐州諸軍事鎮下邳

彭城穆王權宣帝弟東武城侯馗之子泰始初出爲北中郎將都督鄴城守諸軍事

權子元王植自侍中尚書出爲安東將軍都督揚州諸軍事代淮南王允鎮壽春未發或云植助允攻趙王倫遂以憂薨

權弟高密文獻王泰泰始初拜遊擊將軍出爲兗州刺史加鷹揚將軍遷使持節都督寧益二州諸軍事

安西將軍領益州刺史稱疾不行轉安北將軍代權督鄴城守事遷安西將軍都督關中事後爲鎮西將軍領護西戎校尉假節代扶風王駿都督關中軍事以疾還京師泰子孝王略自秘書監出爲安南將軍持節都督沔南諸軍事遷安北將軍都督青州諸軍事懷帝即位遷使持節都督荆州諸軍事征南大將軍開府儀同三司略弟南陽王模初封平昌公爲北中郎將鎮鄴永興初成都王穎故帳下督公師藩攘擁郝昌等攻鄴模左右謀應之廣平太守丁邵率衆救模范陽王虓又遣兗州刺史苟晞援之藩等散走

遷鎮東大將軍鎮許昌進爵南陽王永嘉初轉征西
大將軍開府都督秦雍梁益諸軍事代河間王顒
鎮關中
新蔡武哀王騰高密王泰第二子出繼叔父㒒自太
常轉持節寧北將軍都督并州諸軍事并州刺史永
嘉初遷車騎將軍都督鄴城守諸軍事鎮鄴
范陽王虓康王綏之子累遷尚書出爲安南將軍都
督豫州諸軍事持節鎮許昌進位征南將軍
譙閔王承剛王遜之子元帝欲樹藩屏會王敦表以
宣城内史沈充爲湘州帝謂承曰湘州南楚險固在

上流之要控三州之會是用武之國也今以叔父居
之何如承曰臣幸托末屬身當宿衛未有驅馳之勞
頻受過厚之遇夙夜自厲思報天德君之所命惟力
是視敢有辭焉然湘州蜀寇之餘人物雕盡若上憑
天威得之所莅比及三年請從戎役若未及此雖復
灰身亦無益也於是詔曰夫王者躰天理物非群才
不足濟其務外建賢哲以樹風聲内睦親親以廣藩
屏是以太公封齊伯禽居魯此先王之令典古今之
通議也我晉開基列國相望乃授琅邪武王鎮統東
夏汝南文武總一淮許扶風梁王迭據關右爰曁東
嬴作司并州今公族雖寡不逮曩時豈得替舊章乎
散騎常侍左將軍譙王承貞素款亮志存忠恪便蕃
左右恭肅彌著今以承監湘州諸軍事南中郎將湘
州刺史初劉隗以王敦威權太盛終不可制勸帝出
諸心腹以鎮方隅故先以承爲湘州
承孫敬王恬爲侍中左衛將軍恬既宗室有勳望孝
武帝時深仗之以爲都督兗青冀幽并揚州之晉陵
徐州之南北郡軍事領鎮北將軍兗青二州刺史假
節
恬子休之少仕清塗以平王恭庾楷功拜龍驤將軍

襄城太守鎮歷陽桓玄攻歷陽休之嬰城固守及兄
尚之爲桓玄所敗休之以五百人出城力戰不捷乃
還城攜子姪奔于慕容超聞義軍起復還京師大將
軍武陵王令曰前龍驤將軍休之才幹真審功業既
成歷陽之戰事在幾捷及至勢乖力屈奉身出奔猶
鳩集義徒崎嶇險阻既應親賢之舉宜委分陝之重
可監荆益梁寧秦雍六州軍事領護南蠻校尉荆州
刺史假節
汝南文成王亮宣帝子初封扶風郡王持節都督關
中雍梁諸軍事吳將步闡來降假亮節都督諸軍事

以納之後爲大司馬假黄鉞大都督督豫州諸軍事出鎮許昌

琅邪武王伷宣帝子魏末爲撫軍將軍南皮伯出爲鎮東大將軍假節徐州諸軍事代衛瓘鎮下邳伷鎮撫有方得將士死力吳人憚之加開府儀同三司改封琅邪王以東莞益其國頃之并督青州諸軍事

扶風武王駿宣帝子初封汝陰王都督豫州諸軍事吳將丁奉冦芍陂駿督諸軍事距退之遷使持節都督揚州諸軍事代石苞鎮壽春尋復都督豫州還鎮許昌遷鎮西大將軍使持節都督雍梁等州諸軍事

代汝南王亮鎮關中

駿子新野莊王歆初封新野縣公齊王冏入雒歆躬貫甲冑率所領導冏以勳進封新野郡王邑二萬户遷使持節都督荊州諸軍事鎮南大將軍開府儀同三司

梁孝王肜宣帝子泰始中爲北中郎將督鄴城守事太康中代孔洵監豫州軍事加平東將軍鎮許昌頃之又以本官代下邳王晃監青徐州軍事進號安東將軍元康初轉征西將軍代秦王柬都督關中軍事領護西戎校尉加侍中進督梁州復爲征西大將軍代趙王倫鎮關中都督凉雍諸軍事又領西戎校尉屯好畤

趙王倫宣帝子咸寧中爲平北將軍督鄴城守事元康初遷征西將軍開府儀同三司鎮關中

齊獻王攸文帝子太康三年詔曰古者九命作伯或入毗朝政或出御方嶽周之吕望五侯九伯實得征之侍中司空齊王攸明德清暢忠允篤誠以母弟之親受台輔之任佐命立勳劬勞王室宜登顯位以稱具瞻其以爲大司馬都督青州諸軍事侍中如故假節將本營千人親騎帳下司馬大軍皆如舊增皷吹

一部官騎滿二十人置騎司馬五人餘主者詳案舊制施行

攸子武閔王冏爲翊軍校尉趙王倫密與相結廢賈后以功轉游擊將軍冏以位不滿意有恨色孫秀微覺之且憚其在内出爲平東將軍假節鎮許昌

冏弟寔永寧初爲東平將軍假節加散騎常侍代齊王冏鎮許昌尋進安南將軍都督豫州軍事

燕王機文帝子咸寧初徵爲步兵校尉以漁陽郡益其國加侍中之服拜青州都督鎮東將軍假節以北平上谷廣寧郡增燕國

樂安平王鑒文帝子元康中以大將軍使持節都督豫州軍事安南將軍代清河王遐鎮許昌

楚隱王瑋武帝子太康末之國都督荆州諸軍事平南將軍轉鎮南將軍

淮南忠莊王允武帝子太康十年之國都督揚江二州諸軍事鎮東大將軍假節

清河康王遐武帝子自散騎常侍平南將軍都督江州諸軍事

成都王穎武帝子爲散騎常侍車騎將軍賈謐嘗與皇太子博爭道穎在坐厲聲呵謐曰皇太子國之儲

君賈謐何得無禮謐懼繇此出穎爲平北將軍鎮鄴

河間王顒大原烈王瓌之子元康初爲北中郎將監鄴城九年代梁王肜爲平西將軍鎮關中石函之制非親親不得都督關中顒於諸王爲踈特以賢舉

東海孝獻王越高密王泰子初以世子爲騎都尉大安初惠帝北征鄴以越爲大都督六軍敗越奔下邳徐州都督東平王楙不納越徑還東海懷帝即位委政於越帝始親萬機留心庶事越不悅求出藩帝不許越遂出鎮許昌尋詔越爲丞相領兖州牧都督兖豫司冀幽并六州越辭丞相不受自許遷於鄄城

琅邪孝王裒元帝子自後將軍拜散騎常侍使持節都督青徐兖三州諸軍事車騎將軍

會稽文孝王道子簡文帝子爲開府司徒及謝安薨詔曰新喪哲輔華戎未一自非朝賢懋德莫能綏御內外司徒琅邪王道子体道自然神識穎遠宜當旦奭之重冝揔二南之任可領揚州刺史録尚書假節鉞都督中外諸軍事衞府文武一以配驃騎府讓不受數年領徐州刺史道子世子元顯爲司徒録尚書事求領徐州刺史加侍中後將軍開府儀同三司都督十六州諸軍事

宋長沙景王道憐高祖中弟也晉末高祖鎮京口以道憐爲龍驤將軍領堂邑太守戍石頭會鮮卑侵逼自彭城以南民皆堡聚山陽淮陰諸戍並不復立道憐請據彭城以漸脩創朝議以彭城懸遠使鎮山陽進號征虜將軍督淮北軍事北東海太守并州刺史加北徐州刺史移鎮彭城又徵爲都督兖青二州晉陵京口淮南諸軍郡事兖青二州刺史還鎮京口及江陵平以爲都督荆湘益秦寧梁雍七州諸軍驃騎將軍開府儀同三司鎮護南蠻校尉荆州刺史北府文武皆配之高祖平定三秦方思外略徵道憐還爲

侍中都督徐兗青三州楊之晉陵諸軍事守諸軍尚書令徐兗二州刺史持節將軍如故元興元年解尚書令進位司空出鎮京口

長沙成王義欣道憐長子也初爲征虜將軍青州刺史魏郡太守戍石頭文帝元嘉三年爲南州刺史七年遷使持節監豫司雍并四州諸軍事豫州刺史給鼓吹一部鎮壽陽十年進號鎮軍將軍進監爲都督

義欣子棣明帝初爲南兗州刺史

棣弟韞自太子中庶子侍中加荆湘南兗州刺史吳興太守侍中領左軍將軍又改領驍騎將軍撫軍雍

州刺史

新渝侯義宗義欣弟也元嘉中爲征虜將軍南兗州刺史

當陽侯秉㝹義宗子也泰始中爲左衛將軍冊陽尹五年出爲前將軍淮南宣城太守不拜還復本任遷使持節都督南徐徐兗豫青冀六州郡軍事後將軍南徐州刺史廢帝即位改都督郢州豫州之西陽司州之義陽二郡諸軍郢州刺史未拜留爲尚書左僕射叅選二年加散騎常侍冊陽尹

興安侯義賓義宗弟也元嘉中位至輔國將軍徐州刺史

營道侯義綦義賓弟也元嘉中歷右衛將軍湘州刺史

臨澧侯襲爲安成太守晉安王子勛爲逆襲據郡拒之子勛遣軍攻圍不下明帝嘉之以爲郢州刺史

臨川武烈王道規高祖少弟晉末爲振武將軍義昌太守累戰功進號輔國將軍督淮北諸軍事并州刺史時荆州湘江豫循多桓氏餘燼往往屯結復以本官進督江州之武昌荆州之江夏隨郡義陽綏安豫州之西陽汝南頴川新蔡九郡諸軍事隨宜翦撲皆

悉平之遷使持節都督荆寧泰梁雍等州司州之河南諸軍事領護南蠻校尉荆州刺史進號西征大將軍開府儀同三司加散騎常侍固辭僟而發疾改授都督豫章江州楊州之宣城淮南廬江歷陽安豊堂邑六郡諸軍事豫州刺史持節常侍如故以疾不拜

臨川康王義慶晉末從高祖征長安還拜輔國將軍北青州刺史未之任徙督豫州諸軍事豫州刺史復督淮北諸軍事遷冊陽尹在京尹九年出爲使持節都督荆雍益寧梁南北泰七州諸軍事平西將軍荆州刺史荆州居上流之重地廣兵強資實兵甲居朝

廷之半故高祖使諸子居之義慶以宗室令美故特有此授十六年改授散騎常侍都督江州之西陽晉熙新蔡三州諸軍事衛將軍江州刺史持節如故十七年即本號都督南兗州徐兗青冀幽六州諸軍事南兗州刺史

營浦侯遵考高祖族弟也晉末自建威將軍彭城內史隨高祖北伐時高祖諸子並弱宗室唯有遵考長安平定以督并州司州之北河東北平陽北雍州之新平安定五郡諸軍事輔國將軍并州刺史領河東太守鎮蒲坂關中失守南還元嘉三年出爲使持節

都督雍梁南北秦四州荆州之竟陵順陽襄陽新野隨六郡諸軍事征虜將軍寧蠻校尉雍州刺史襄陽新野二郡太守八年督南徐兗州之江北淮南諸軍事征虜將軍南兗州刺史領廣陵太守十五年監徐兗二州豫州之梁郡諸軍事前將軍徐兗二州刺史未之鎮留爲侍中領左衛將軍明年出爲使持節監豫司雍并四州南豫州之梁郡弋陽馬頭荆州之義陽四郡諸軍事豫州刺史領南梁郡太守還吳興太守秩中二千石二十七年魏軍南至瓜步率軍出江上假節蓋三十年復出爲使持節監豫州刺史元凶立遣外監徐安期仰提祖守之遵考斬安期等起義兵應南譙王義宣加遵考鎮西將軍孝建元年除吳興太守明年徵爲湘州刺史三年轉丹陽尹六年領徐州刺史景和元年出督南豫州諸軍事安西將軍南豫州刺史遵考從弟思考爲豫章會稽太守益徐州刺史凡經十郡三州

廬陵孝獻王義真武帝第二子晉末從高祖北征及關中平定高祖議欲東還而諸將行役既久咸有歸願止留偏將不足鎮固人心乃以義真行都督雍梁秦三州之河東平陽河北三郡諸軍事安西將軍領

護西戎校尉雍州刺史太尉諮議參軍京兆王修爲長史委以關中任高祖將還三秦父老詣門流涕訴曰殘民不沾王化於今百年矣始覩衣冠方仰聖澤長安十陵長公家墳墓咸陽宮殿數千間是公家屋宅捨此欲何之高祖爲之愍然慰譬曰受命朝廷不得擅留感諸君戀本之意今留第二兒令文武賢才共鎮此境臨還自執義真手以授王修令修執其子孝孫手以授高祖義真尋正加節又進督并東秦二州司州之東安定新平二郡諸軍事領東秦州刺史次復都督司雍秦并梁五州諸軍事建武將軍司州

刺史持節如故時義真將鎮雒陽而河南蕭條未及修理改除揚州刺史鎮石頭永初元年移鎮東城高祖不豫以爲使侍節侍中都督南豫豫雍司秦并六州諸軍事車騎將軍開府儀同三司南豫州刺史出鎮歷陽

襲廬陵王紹文帝第五子元嘉二十年出爲南中郎將江州刺史時年十二二十二年大朝加棨戟進都督江州豫州之西陽晉熙新蔡三郡諸軍事在任七年改授左將軍南徐州刺史給鼓吹一部未之鎮乃遷揚州刺史

彭城王義康武帝第四子晉末年十二宋臺除都督豫司雍并四州諸軍事冠軍將軍豫州刺史時高祖自壽陽被徵入輔留義康代鎮壽陽又領司州刺史進督徐州之鍾離荊州之義陽諸軍事永初二年從監南豫司雍并五州諸軍事南豫州刺史三年遷使持節都督南徐兗二州揚州之晉陵諸軍事南徐州刺史太祖即位元嘉三年改授都督荊湘雍梁益寧南北秦八州諸軍事荊州刺史班劒三十人六年司徒王弘表義康宜還入輔徵侍中都督揚南徐兗三州諸軍事司徒錄尚書事領平北將軍南徐州刺史持節如故九年又領揚州刺史

江夏文獻王義恭武帝第五子景平二年監南豫司雍秦并六州諸軍事將軍南豫州刺史代廬陵王義真鎮歷陽時年十二元嘉元年加使持節進號撫軍將軍給鼓吹一部三年監南徐兗二州揚州之晉陵諸軍事徐州刺史進監爲都督未之任太祖征謝晦義恭還鎮京口六年改都督荊湘雍益梁寧南北秦八州諸軍事荊州刺史九年徵爲都督南兗徐兗青冀幽六州豫州之梁郡諸軍事征北將軍開府儀同三司南兗州刺史鎮廣陵十七年大將軍彭城王義康有罪出藩徵義恭

爲侍中都督揚南徐兗三州諸軍事給班劒二十人置佐加兵二十七年春後魏寇豫州太祖因此欲開定河雒其秋以義恭總統羣帥出鎮彭城後以本官領南兗州刺史增都南兗豫徐兗青冀司雍秦幽并十一州諸軍事并前十三州移鎮盱眙修治館宇擬制東城二十九州遭太妃憂改授太尉軍都督揚南徐二州諸軍事南徐州刺史還鎮東府世祖踐祚授使持節侍中都督揚南徐三州諸軍事太尉錄尚書六條事揚南徐三州刺史孝建元年十一月還鎮京口二年春進督東南兗二州其冬徵爲揚州刺史

南豐縣王朗字元明義恭長子爲湘州刺史持節侍
中領射聲校尉
襲江夏王子綏爲都督郢州諸軍事冠軍將軍郢州刺
史進號後軍將軍加持節
襲江夏王躋後廢帝即位督會稽東陽新安臨海永
嘉五郡軍事東中郎將會稽太守進號左將軍
襲江夏王伯禽官至輔國將軍湘州刺史
南郡王義宣武帝第六子元嘉元年十二拜左將軍
鎮石頭七年遷使持節都督徐兖青冀幽五州諸軍
事徐州刺史猶戍石頭八年改都督南兖兖州刺史

當鎮山陽未行明年遷中書監進號中軍將軍又領
石頭戍事十三年出都督江州豫州之西陽晋熈新
蔡三郡諸軍事鎮南將軍江州刺史初高祖以荆州
上流形勝地廣兵强遺詔諸子次第居之謝晦平後
以授彭城王義康義康入相次江夏王義恭又以臨
川王義慶宗室令望且臨川武烈王有大功於社稷
義慶又居其後應在義宣帝以義宣人才素短不堪
居上流十六年以衡陽王義季代義慶而以義宣代
義季爲南徐州刺史都督南徐州軍事征北將軍加
散騎常侍而會稽公主每以爲言帝遲廻久之二十
一年乃以義宣都督荆雍益梁寧南北秦七州諸軍
事車騎將軍荆州刺史進位司空改侍中領南蠻校
尉三十年遷司徒中軍將軍楊州刺史世祖即位以
義宣爲中書監都督楊豫二州丞相録尚書六條事
楊州刺史加羽葆鼓吹給班劒四十人持節侍中如
故封次子宜陽侯愷爲南譙王義宣固辭内任及愷
王爵於是改授都督荆湘雍益梁寧南北秦八州諸
軍事荆湘二州刺史持節侍中丞相如故
衡陽文王義季武帝第七子元嘉八年領石頭戍事
九年遷使持節都督南徐州諸軍事右將軍南徐州

刺史十六年代臨川王義慶都督荆湘雍益梁寧南
北秦八州諸軍事安西將軍荆州刺史二十一年爲
都督南兖徐青冀幽六州諸軍事征北大將軍開府
儀同三司南兖州刺史二十二年進督豫州之梁郡
遷徐州刺史
始興王濬文帝第二子初鎮京口後求鎮江陵尚書
令何尚文等咸謂濬太子次弟不應遠出文帝以上
流之重宜有至親故以濬爲衛將軍開府儀同三司
荆州刺史加都督領護南蠻校尉
南平穆王鑠文帝第四子元嘉十七年都督湘州諸

軍事冠軍將軍湘州刺史不之鎮戍石頭事二十二年遷使持節都督南豫豫司雍秦并六州諸軍事南豫州刺史時太祖方事外畧乃罷南豫併壽陽即鑠爲豫州刺史

竟陵王誕文帝第六子元嘉二十二年監南兖州諸軍事北中郎將南兖州刺史出鎮廣陵尋以本號徙南徐州刺史二十六年出爲都督雍梁南北秦四州荆州之竟陵隨二郡諸軍事後將軍雍州刺史遷都督廣交二州諸軍事安南將軍廣州刺史當鎮始興未行改授都督會稽東陽新安臨海永嘉五郡諸軍

事安東將軍會稽太守給皷吹一部孝武即位徵爲持節都督荆湘雍益梁寧南北秦八州諸軍事衞將軍開府儀同三司荆州刺史南譙王義宣不肯就徵以誕爲侍中驃騎大將軍楊州刺史建平二年出爲使持節都督南兖徐二州諸軍事太子太傅南徐州刺史大明元年又出爲都督南兖南徐兖青冀幽六州諸軍事南兖州刺史

建平宣簡王宏文帝第十子元嘉二十四年爲中護軍領石頭戍事出爲征虜將軍江州刺史

宏子景素枌爲寧朔將軍監南豫豫州諸軍輔國將軍南豫州刺史不拜太宗枌加冠軍將軍南兖州刺史冊陽尹吳興太守使持節監湘州諸軍事湘州刺史泰始六年都督荆湘雍益梁寧南北秦八州諸軍事爲散騎常侍後將軍太常未拜授使持節都督南徐兖青冀六州諸軍鎮軍將軍南徐州刺史

廬江王褘文帝第八子元嘉二十六年以爲侍中後軍將軍領石頭戍事出爲會稽太守二十九年遷使持節都督廣交二州荆州之始興安二州諸軍事將軍平越中郎將廣州刺史孝武踐祚後爲會稽太守加撫將軍明年徵爲秘書監加散騎常侍尋出爲撫

軍將軍江州刺史進號平南將軍置吏大明二年徵爲散騎常侍中書令領驍騎將軍給皷吹一部又出爲南豫州刺史

晋熙王昶文帝第九子世祖踐祚自太常出爲東中郎將會稽太守監會稽東陽臨海永嘉新安五郡諸軍事孝建元年立東楊州拜昶爲刺史大明中都督江州郢州之西陽豫州之新蔡晋熈二郡諸軍事前將軍江州刺史前廢帝即位出爲使持節都督徐兖南兖青冀幽六州豫州之梁郡諸軍事征北將軍徐州刺史

武昌王渾文帝第十子孝武即位授征虜將軍南彭城東海二郡太守出鎮京口孝建元年遷持節監雍梁南北秦四州荆州之竟陵隨二郡諸軍事寧蠻校尉雍州刺史

册府元龜

廵按福建監察御史臣李嗣京 訂正

知甌寧縣事臣孫以敬參閱

知建陽縣事臣黄國琦較釋

宗室部

領鎮第二

宋始安王休仁文帝第十二子孝建三年都督南兖徐二州諸軍事冠軍將軍兖州刺史大明元年入為侍中四年出為湘州刺史加號平南將軍八年遷使持節督江州南豫州之晉熈新蔡郢州之西陽三郡

諸軍事安南將軍江州刺史未拜前廢帝景和元年遷使持節都督雍梁南北秦四州諸軍事安西將軍寧蠻校尉雍州刺史未之任留為散騎常侍護軍將軍太宗立以為使持節侍中都督揚南徐二州諸軍事司徒尚書令揚州刺史薛安都據彭城招引後魏復都督北討諸軍事時豫州刺史殷琰據壽春未平晉平王休祐先督征討諸軍事休祐出領江陵休仁又代督西討諸軍事泰始五年進都督豫司二州休仁子伯融歷南豫州刺史琅邪臨淮二郡太守寧朔將軍廣州刺史不之職

晉平剌王休祐文帝十三子大明元年領長安校尉遷東揚州刺史未拜徙湘州刺史加號征虜將軍四年為使持節都督豫司二州南豫州之梁郡諸軍事右將軍豫州刺史明帝定亂以為使持節都督荆湘雍益梁寧南北秦八州諸軍事驃騎大將軍荆州刺史改都督江郢雍湘五州江州刺史又改都督江南豫司州南豫州刺史又改都督豫江司三州豫州刺史時豫州刺史殷琰據壽春反叛休祐出鎮歷陽督劉勔等討琰琰未平勔築長城守之休祐復徙都督荆湘雍益梁寧南北秦八州諸軍事荆州刺史泰始六年徵為都督南徐南兖徐兖青冀六州諸軍事南

徐州刺史加侍中帝以休祐貪虐不可蒞民留之京邑遣上佐行府州事

休祐子宣曜為寧朔將軍湘州刺史未拜免

海陵王休茂文帝第十四子大明二年以為使持節都督雍梁南北秦四州郢州之竟陵隨二郡諸軍北中郎將寧蠻校尉雍州刺史

桂陽王休範文帝第十八子大明三年出為江州刺史明帝定亂以為使持節都督南徐州未拜以驃騎大將軍還為江州進督越州諸軍事

巴陵哀王休若文帝第十九子大明四年出爲都督徐州諸軍事增督豫州之梁郡明年徵爲散騎常侍左右郎將吳興太守復徵爲散騎常侍明帝泰始元年出爲使持節都督會稽東陽永嘉臨海新安五郡諸軍事領安東將軍會稽太守率衆東討進督吳興晉陵二郡進號衛將軍給鼓吹一部又進督晉安二郡諸軍事二年遷督雍梁南北秦四州荆州之竟陵隨二郡諸軍事寧蠻校尉雍州刺史四年遷使持節都督湘州諸軍事進號征南將軍湘州刺史仍爲都督荆湘雍益梁寧南北秦八州諸軍事征西將軍荆

州刺史六年荆州刺史晉平王休祐入以休若監荆州事進號征南將軍湘州刺史仍爲都督荆湘雍益梁寧南北秦八州諸軍事征西將軍荆州刺史七年被徵代休祐爲都督南徐南兖徐青冀六州諸軍事征北大將軍南徐州刺史

豫章王子尚孝武帝第二子孝建三年都督南徐南兖二州諸軍事北中郎將南兖州刺史其年遷揚州刺史大明二年加撫軍將軍三年浙江西立王畿以江東爲揚州子尚都督揚州江北之鄱陽晉安三郡諸軍事揚州刺史五年改封豫州領會稽太守七年加使持節前廢帝即位罷王畿復徵子尚都督揚南徐二州諸軍事領尚書令解督東揚州

晉安王子勛孝武帝三子大明四年都督南兖州徐州之東海諸軍事征虜將軍南兖州刺史七年改督江州南豫州之晉熙新蔡郢州之西陽三郡諸軍事前將軍江州刺史八年遷使持節都督雍梁南北秦四州郢州之竟陵隨二郡討軍事諸鎮軍將軍寧蠻校尉雍州刺史未拜以鎮軍將軍還爲江州景和元年加使持節

松滋侯子房孝武第六子永光元年自宣城太守遷

東陽州刺史景和元年罷東陽州子房以本號督會稽東陽新安臨海永嘉五郡諸軍事會稽太守明帝即位改督爲都督進號安東將軍

臨海王子頊孝武第七子大明五年自吳興太守遷使持節都督廣交二州湘州之始興始安臨賀三郡諸軍事征虜將軍平越中郎將廣州刺史未之鎮徙荆州刺史廢帝即位以本號都督荆湘雍益梁寧南北秦八州諸軍事刺史如故明帝即位解督雍州以爲鎮軍冊陽尹尋留本任進督雍州

始平孝敬王子鸞孝武第八子大明五年自吳郡太

守遷北中郎將南徐州刺史領南琅邪太守六年加都督南徐州諸軍事八年加中書令領司徒前廢帝即位解中書令領司徒加持節之鎮

永嘉王子仁孝武第九子大明五年年五歲監雍梁南北秦四州之竟陵隨二郡諸軍事北中郎將寧蠻校尉雍州刺史遷東中郎將吳郡太守六年又遷丹陽尹前廢帝即位加征虜將軍領衞尉尋出爲左將軍南兗州刺史景和元年遷南徐州刺史泰始中四方平定以爲使持節都督湘廣交三州諸軍事平南將軍湘州刺史

始安王子真孝武第十一子大明七年自吳興太守遷使持節監廣交二州始興始安臨賀三郡諸軍事平越中郎將廣州刺史不之鎮遷征虜將軍南彭城太守領石頭戍事景和元年爲丹陽尹尋爲南兗州刺史

邵陵王子元孝武第十三子景和元年出爲湘州刺史

晉熙王燮明帝第六子元徽元年年四歲以爲使持節監郢州豫州之西陽司州義陽二郡諸軍事征虜將軍郢州刺史以黃門郎王奐爲長史摠府州之任明年太尉江州刺史桂陽王休範舉兵逼朝廷燮遣中兵參軍馮景祖襲尋陽休範留中兵參軍毛惠連州別駕程罕之居守開門詣景祖降進燮號安西將軍加督江州諸軍事四年又進燮鎮西將軍加鼓吹一部順帝即位徵爲使持節督揚南徐二州諸軍事撫軍將軍揚州刺史先是齊世子蕭頤爲燮安西長史行府州事時亦被徵爲左衞將軍與燮俱下會荆州刺史沈攸之舉兵反世子因奉燮鎮尋陽之盆城據中流爲内外形援攸之平燮還京邑齊王蕭道成爲徐州燮解督南徐進督南豫江州諸軍事號中軍將軍開府儀同三司

邵陵殤王友明帝第七子元徽二年年五歲出爲使持節督江州豫州之西陽新蔡晉熙三郡諸軍事南中郎將江州刺史順帝即位進號左將軍改爲郡都督昇明二年徙都督南豫司三州諸軍事安南將軍南豫州刺史歷陽太守

武陵王贊明帝第九子元徽四年出爲使持節南徐兗青冀五州諸軍事北中郎將南徐州刺史順帝昇明元年遷持節督郢州司州之義陽諸軍事前將軍郢州刺史二年爲沈攸之所圍徙都荆湘雍益梁寧

南北秦八州諸軍事安西將軍荊州刺史攸之平乃
之鎮
隨陽王翽明帝第十子昇明元年爲使持節督郢州
司州之義陽諸軍事西中郎將郢州刺史未拜徙督
湘州諸軍事南中郎將湘州刺史
南齊豫章文獻王嶷太祖第二子太祖爲宋相嶷出
鎮東府加冠軍將軍出爲使持節都督江州豫州之
新蔡晉熙二郡軍事左將軍江州刺史徙都督荊湘
雍益梁寧南北秦八州諸軍事鎮西將軍荊州刺史
持節太祖即位遷侍中尚書令都督揚州南徐二州

諸軍事驃騎將軍開府儀同三司揚州刺史會北邊
騷動帝思爲經略乃詔曰神牧總司王畿誠爲治要
荊楚領馭遐遠任寄弘隆自頃公私彫盡綏撫之宜
尤重嶷日復以爲都督荊湘雍益梁寧南北秦八州
諸軍事南蠻校尉荊湘二州刺史入爲都督揚南徐
三州諸軍事中書監司空揚州刺史
臨川獻王映太祖第三子宋末沈攸之事難作太祖
時領南徐州以映爲寧朔將軍鎮京口事寧除淮南
宣城二郡太守並不拜仍爲假節都督南兗徐青冀
五州諸軍事行兗州刺史復爲冠軍將軍南兗州刺
史太祖踐祚以映爲使持節都督荊湘雍益梁寧南
北秦八州諸軍事平西將軍荊州刺史又領湘州刺
史不行改授散騎常侍都督揚南徐二州諸軍事前
將軍揚州刺史出爲都督荊湘雍益梁巴寧南北秦
九州諸軍事鎮西將軍荊州刺史
長沙威王晃太祖第四子宋順帝昇明二年自寧朔
將軍淮南宣城二郡太守遷爲持節監豫司二州之
西陽諸軍事西中郎將豫州刺史尋遷使持節都督
南徐兗二州諸軍事後將軍南徐州刺史世祖加晃
鎮寧將軍轉丹陽尹

武陵昭王曅太祖第五子建元三年出爲持節都督
會稽東陽新安永嘉臨海五郡軍事會稽太守世祖
以曅爲江州刺史又爲丹陽尹
成安恭王暠太祖第六子建元二年除冠軍將軍鎮
石頭戍領軍事四年出爲使持節督江州豫州之晉
熙諸軍事南中郎將江州刺史永明二年爲南徐州
刺史九年遷散騎常侍秘書監領石頭戍事
鄱陽王鏘太祖第七子建元四年世祖即位以鏘爲
使持節督雍梁南北秦四州荊州之竟陵司州之隨
郡軍事北中郎將寧蠻校尉雍州刺史七年轉征虜

將軍冊陽尹尋加散騎常侍特進號撫軍出爲江州
刺史九年始親府州事加使持節督江州諸軍安南
將軍
桂陽王鑠字宣朗太祖第八子永明二年出爲南徐
州刺史鎮京口歷代鎮府鑠藩始省軍府
始興簡王鑑太祖第十子永明二年世祖始以鑑爲
持節都督益寧二州軍事前將軍益州刺史八年進
號安西將軍明年爲散騎常侍秘書監領石頭戍事
衡陽王鈞太祖第十一子出繼元王道度永明四年
爲江州刺史累遷左衞將軍爲世祖所知兄弟中意

遇次鄱陽王鏘十年轉中書令領石頭戍事
江夏王鋒太祖第十二子永明七年自輔國將軍南
彰城王平二郡太祖遷左衞將軍仍轉侍中領石戍
事九年出爲徐州刺史
南平王銳太祖第十五子永明十年出爲持節都督
湘州諸軍事南中郎將湘州刺史
宜都王鏗太祖第十六子永明十一年爲持節都督
南豫司二州軍事冠軍將軍南豫州刺史
晉熙王銶太祖第十八子隆昌元年出爲持節都督
郢司二州軍事冠軍將軍郢州刺史

河東王鉉太祖第十九子隆昌元年爲驍騎將軍出
爲徐州刺史
竟陵文宣王子良世祖第二子宋末昇明三年爲使
持節都督會稽東陽臨海永嘉新安五郡輔國將軍
會稽太守太祖建元三年穆妃薨去官仍爲征虜將
軍冊陽尹世祖即位以爲使持節都督南徐兗二州
諸軍事鎮北將軍南徐州刺史永明元年徙爲侍中
都督南兗徐青冀五州征北將軍南兗州刺史持節
如故明年入爲護軍將軍兼司徒鎮西州十年領尚
書令尋爲使持節都督楊州諸軍事楊州刺史隆昌

元年進督南徐州
廬陵王子卿世祖第三子世祖即位爲使持節都督
郢州司州之義陽軍事冠軍將軍郢州刺史永明元
年從都督荊湘益寧梁南北秦七州安西將軍荊州
刺史十年遷使持節都督南豫司三州軍事驃騎將
軍南豫州刺史
魚復侯子響世祖第四子永明三年自輔國將軍南
彭城臨淮二郡太守遷使持節都督豫州郢州之西
陽汝南二郡軍事冠軍將軍豫州刺史四年進號右
將軍進督南豫州之歷陽淮南潁川汝陽四郡尋出

爲江州刺史七年遷使持節都督荆湘雍梁南寧北秦七州軍事鎮軍將軍荆州刺史

安陸王子敬世祖第五子永明二年出爲持節監南兗州軍事平西將軍荆州刺史十年轉散騎常侍撫軍將軍丹陽尹隆昌元年遷使持節都督南兗兗徐青冀五州征北大將軍南兗州刺史

晉安王子懋世祖第七子永明三年爲持節都督南豫豫司三州南中郎將豫州刺史魚復侯子響爲豫州子懋解督四年進號征虜將軍南豫新置力役寡少加子懋宣城太守五年爲監南兗兗徐青冀五州

軍事後將軍南兗州刺史六年徙監湘州平南將軍湘州刺史明年加持節都督八年進號鎮南將軍九年親府州事十一年爲使持節都督雍梁南北秦四州郢州之竟陵司州之隨郡軍事征北將軍雍州刺史隆昌元年爲都督江州刺史

隨郡王子隆世祖第八子永明三年自輔國將軍南琅邪彭城二郡太守遷江州刺史未拜遷持節都督會稽東陽新安臨海永嘉郡東中郎將會稽太守八年代魚復侯子響爲使持節都督荆雍梁寧南北秦六州鎮西將軍荆州刺史其年始與王鑑罷益州進號督益州九年親府州事

建安王子真世祖第九子永明四年自輔國將軍南琅邪彭城二郡太守遷持節都督南豫司二州軍事冠軍將軍南豫州刺史領宣城太守進號南中郎將七年進號右將軍遷丹陽尹出爲持節都督郢司二州事平西將軍郢州刺史

西陽王子明世祖第十子永明六年爲持節都督南兗兗徐青冀五州軍事冠軍將軍南兗州刺史十年進左將軍督會稽東陽臨海永嘉新安五郡軍事會稽太守

南海王子罕世祖第十一子永明六年爲北中郎將南琅邪彭城二郡太守帝初以白下地帶江山徙琅邪郡自江金城治之子罕始鎮此城十年爲持節督南兗兗徐青冀五州軍事征虜將軍南兗州刺史

巴陵王子倫世祖第十三子永明七年爲持節督南豫司二州軍事南中郎將南豫州刺史十年遷北中郎將南豫刺史二郡太守

始安王遥光太祖次兄貞王道度之孫明帝欲即位誅賞事唯遥光共謀議建武元年以爲持節都督楊南徐二州諸軍事前將軍楊州刺史無子以江陵公

寶覽爲後永元二年爲持節督湘州輔國將軍湘州刺史

遥光弟遥欣延興元年明帝樹置以遥欣爲持節督兗州緣淮軍事寧朔將軍兗州刺史仍爲督豫州之西陽司州之汝南二郡輔國將軍豫州刺史未之任建武元年進號西中郎將遷使持節督荆雍益寧梁南北秦七州軍事右將軍荆州刺史明帝子弟弱小晋安王寶義有廢疾故以遥光爲楊州居中遥欣居陜西在外權勢并在其門四年進號平西將軍永泰元年以雍州魏兵至詔遥欣本官領刺史寧蠻校尉

移鎮襄陽魏兵退不行遥欣弟遥昌延興元年除黄門郎未拜仍爲持節督郢司二州軍事寧朔將軍郢州刺史徙督湘州郢州之西陽司二州之汝南二郡軍事征虜將軍豫州刺史

桂陽王昭粲文惠太子第四子鬱林王立以皇弟封永嘉郡王南徐州刺史延興元年出爲使持節都督荆雍益寧梁南北秦七州軍事西中郎將荆州刺史

安陸昭王緬明帝弟永明二年自太子詹事出爲會稽太守遷使持節都督雍梁南北秦四州竟陵司之隨郡軍事左將軍寧蠻校尉雍州刺史

緬子寶晊嗣安陸王爲持節都督湘州軍事輔國將軍湘州刺史

巴陵王昭秀文惠太子第三子隆昌元年爲使持節督荆雍益寧梁南北秦七州軍事西中郎將荆州刺史

巴陵隱王寶義明帝長子建武元年爲持節都督楊南徐州軍事前將軍楊州刺史寶義少有廢疾故止加除授仍以始安王遥光代之轉寶義爲右將軍領兵置佐鎮石頭二年出爲使持節都督南徐州軍事鎮北將軍南徐州刺史東昏即位進征北大將軍始

安王遥光誅爲都督楊南徐二州軍事驃騎大將軍楊州刺史

江夏王寶玄明帝第三子建武元年爲征虜將軍領石頭戍事爲持節都督郢司二州軍事西中郎將郢州刺史永泰元年還爲前將軍領石頭戍事未拜永明元年進軍騎將軍代晋安王寶義爲使持節都督南徐兗二州軍事南兗徐二州刺史

廬陵王寶源明帝第五子建武元年爲北中郎將鎮琅邪城遷右將軍領石頭戍事仍出爲使持節都督南兗兗徐青冀五州軍事後將軍南兗州刺史徙爲

都督會稽東陽臨海永嘉新安五郡軍事會稽太守

鄱陽王寶寅明帝第六子建武二年爲北中郎將鎮瑯邪城明年出爲持節督江州郡事南中郎將江州刺史東昏即位爲使持節都督郢司二州軍事征虜將軍郢州刺史永元二年徵爲撫軍領石頭戍事未拜三年爲車騎將軍開府儀同三司鎮石頭和帝立西臺以寶寅爲使持節都督南徐兗二州軍事衛將軍南徐州刺史少帝以爲持節都督荆益寧雍梁南北秦七州軍事荆州刺史

邵陵王寶攸明帝第九子建武三年爲北中郎將鎮

瑯邪城永元元年爲持節都督南北徐兗青冀五州軍事南兗州刺史未拜遷征虜將軍領石頭戍事丹陽尹陳顯達平出爲持節督江州軍事左將軍江州刺史

晉熙王寶嵩明帝第十二子永元二年爲冠軍將軍丹陽尹仍遷使節督南徐兗二州軍事南徐州刺史將軍如故

桂陽王寶貞明帝第十一子永元二年爲中護軍北中郎將領石頭戍事

二百七十九卷終

冊府元龜

巡按福建監察御史臣李嗣京　訂正

新建縣舉人臣戴國士參閱

知建陽縣事臣黃國琦較釋

宗室部

領鎮第三

梁臨川靜惠王宏字宣達太祖第六子高祖義師下宏至新林奉迎拜輔國將軍建康元年遷西中護軍領石頭戍軍事天監元年爲使持節散騎常侍都督揚南徐二州諸軍事後將軍揚州刺史四年冬權以

宏爲都督南北兗北徐青冀豫司霍八州北討諸軍事八年爲持節都督揚南徐二州諸軍事司空揚州刺史十七年以公事左遷侍中普通元年復爲持節都督揚南徐二州諸軍事太尉揚州刺史

安成康王秀太祖第七子高祖義師至新林諸王侯悉自收伏來謁高祖以秀爲輔國將軍是時東昏弟晉熙王寶嵩爲冠軍將軍南徐州刺史鎮京口長史范岫行府州事遣使請兵高祖以秀爲冠軍長史南東海太守鎮京口城建康平仍爲使持節都督南徐兗二州諸軍事南徐州刺史天監二年徵領石頭戍事六年出爲持節都督江州諸軍事平南將軍江州刺史七年遷都督荆湘雍寧南北梁秦等州諸軍事平西將軍荆州刺史十一年徵爲侍中衛將軍領宗正卿石頭戍事十三年復出爲使持節散騎常侍都督郢司霍三州諸軍事安西將軍郢州刺史十六年遷使持節都督雍梁南北秦四州郢州之竟陵司州之隨郡諸軍事鎮北將軍寧蠻校尉雍州刺史便道之鎮

季子機嗣安成王普通二年自寧遠將軍會稽太守遷明威將軍丹陽尹三年遷持節湘衡桂三州軍事

寧遠將軍湘州刺史

南平元襄王偉太祖第八子高祖義師起南康王承制板爲冠軍將軍留行雍州州府事齊和帝詔以偉爲使持節都督雍梁南北秦四州郢州竟陵司州之隨郡諸軍事寧蠻校尉雍州刺史天監元年進督荆寧二州四年徙都督南徐州軍事南徐州刺史五年至都改爲撫軍將軍丹陽尹六年遷持節都督揚南徐二州諸軍事右將軍揚州刺史未拜進號中權將軍七年以疾表解州改爲侍中中撫軍知司徒事九年遷護軍石頭戍軍事是年出爲使持節散騎常侍

都督江州諸軍事鎮南將軍江州刺史
鄱陽忠烈王恢太祖第九子天監元年爲侍中前將
軍領石頭戍軍事二年出爲使持節都督南徐州諸
軍事征虜將軍南徐州刺史四年改都督郢司二州
諸軍事後將軍郢州刺史七年進號雲麾將軍進督
霍州十年徵爲侍中護軍將軍石頭戍軍事十一年
使持節都督荆湘雍益寧梁南北秦九州諸軍事平
西將軍荆州刺史十三年遷散騎常侍都督益寧南
北秦沙等州諸軍事鎮西將軍益州刺史便道之鎮
十八年爲使持節散騎常侍都督荆湘雍梁益寧南

北秦八州諸軍事征西將軍開府儀同三司荆州刺
史
始興忠武王憺字僧達太祖第十子高祖爲雍州
刺史請與憺同行義師起南康王承制以憺爲冠軍
中郎與南平王偉留守和帝將發江陵詔以憺爲使
持節都督荆湘益寧南北秦六州諸軍事平西將軍
荆州刺史天監七年還朝八年爲平北將軍護軍領
石頭戍軍事是秋出爲持節散騎常侍都督南北兗
徐青冀五州諸軍事鎮北將軍南兗州刺史九年春
遷都督益寧南梁南北秦沙六州諸軍事鎮西將軍
益州刺史十四年遷都督荆湘雍寧梁南北秦七州
諸軍事鎮右將軍荆州刺史
長沙王業高祖長兄宣武王懿子天監二年襲封長
沙王六年遷右衛將軍尋爲中護軍領石頭戍軍事
七年出爲使持節都督南兗兗徐青冀五州諸軍事
仁威將軍南兗州刺史九年除中書令改授安後將
軍鎮琅琊彭城二郡領南琅琊太守十年徵爲安右
將軍散騎常侍十四年復爲護軍領南琅琊彭城鎮
于琅琊復徵爲中書令出爲輕車將軍湘州刺史
業弟西昌侯藻天監元年出爲持節都督益寧二州

諸軍事冠軍將軍益州刺史十年爲左驍騎將軍領
南琅琊太守入爲侍中十一年出爲使持節都督雍
梁秦三州竟陵隨二郡諸軍事仁威將軍寧蠻校尉
雍州刺史十三年徵爲使持節都督南兗兗徐青冀
五州諸軍事兗州刺史頻蒞數鎮民吏稱之大通元
年遷侍中中護軍時渦陽始降仍以藻爲使持節北
討都督征北將軍鎮于渦陽三年爲中將軍太子詹
事出爲丹陽尹大同五年出爲使持節督南徐州刺
史
永陽王伯游高祖次兄敷之子天監元年四月詔曰

兄子伯游雖年識未弘意尚粗可漸東輿區且須撫
漁可督會稽東陽新安永嘉臨海五郡諸軍事輔國
將軍會稽太守襲封永陽郡王
衡陽嗣王元簡高祖第四弟暢之子天監三年襲封
除中書郎遷會稽太守十三年入爲給事黄門侍郎
出爲持節都督廣交越三州諸軍事平越中郎將廣
州刺史還爲太子中庶子遷使持節都督郢司霍三
州諸軍事征遠將軍郢州刺史
桂陽王象長沙宣武王第九子出繼桂陽王融起家
寧遠將軍丹陽尹出爲持節督司霍郢三州諸軍事

征遠將軍郢州刺史尋遷湘衡二州諸軍事輕車將
軍湘州刺史除中書侍郎俄以本官行石頭戍軍事
遷侍中太子詹事未拜改授持節督江州諸軍事信
武將軍江州刺史
吳平侯景高祖從父弟也天監元年封仍爲持節都
督北兗徐青冀四州諸軍事冠軍將軍南兗州刺史
七年遷左衛將軍兼領軍管天下兵要尋出爲使持
節督雍梁南北秦郢州之竟陵司州之隨郡諸軍事
信武將軍寧蠻校尉雍州刺史十一年徵左衛將軍
領石頭戍軍事十二年復爲使持節督南北兗北徐
青冀五州諸軍事信威將軍南兗州刺史十三年徵
爲領軍將軍直殿省十七年太尉揚州刺史臨川王
宏坐法免詔曰揚州應須緝理宜得其人侍中領軍
將軍吳平侯景才任此舉可以安右將軍監揚州並
置佐使郎宅爲府十九年出爲使持節散騎常侍都
督郢司霍三州諸軍事安西將軍郢州刺史
景弟昌天監六年自豫章内史寧朔將軍遷使持節
督廣交越桂四州諸軍事輔國將軍平越中郎將廣
州刺史九年分湘州置衡州以昌爲持節督廣州之
綏建湘州之始安諸軍事信武將軍衡州刺史

昌弟昂天監初自司徒右長史出爲輕車將軍監南
兗州後爲琅邪彭城二郡太守後以輕車將軍出爲
廣州刺史
南康簡王績高祖第四子天監八年出爲輕車將軍
領石頭戍軍事十年遷使持節都督南徐州諸軍事
徐州刺史進號仁威將軍十六年徵爲宣毅將軍領
石頭戍軍事十七年爲使持節都督南兗兗徐青冀
五州諸軍事南兗州刺史普通四年徵爲侍中雲麾
將軍領石頭戍軍事五年出爲使持節都督江州諸
軍事江州刺史丁董淑儀憂居喪過禮高祖手詔勉

之使攝州任固求解職乃徵授安右將軍領石頭戍軍事

續子會理嗣爲南康王年十五拜輕車將軍湘州刺史又領石頭戍諸軍事遷侍中兼領將軍尋除宣惠將軍丹陽尹置佐史出爲使持節都督南北徐青兾東徐譙七州諸軍事平北將軍南兗州刺史

廬陵威王續高祖第五子天監十六年自會稽太守爲都督江州諸軍事雲麾將軍江州刺史普通元年徵爲宣毅將軍領石頭戍軍事三年爲使持節都督雍梁秦沙四州諸軍事西中郎將南徐州刺史太通

二年又爲使持節都督雍梁寧沙四州諸軍事平北將軍寧蠻校尉雍州刺史給鼓吹一部大同元年爲使持節都督江州諸軍事安南將軍江州刺史三年徵爲護將軍領石頭戍軍事五年爲驃騎將軍開府儀同三司又出爲使持節都督荆郢司雍南北秦梁巴華九州諸軍事荆州刺史

邵陵携王綸高祖第六子普通元年領石頭戍軍事尋爲江州刺史五年以西中郎將權攝南兗州中大通元年爲丹陽尹大同七年出爲使持節都督郢定霍司四州諸軍事平西將軍郢州刺史尋遷爲安前將軍丹陽尹中大同元年出爲鎮東將軍南徐州刺史

綸子永安侯確太清中爲南中郎將廣州刺史

尋陽王大心太宗第二子高祖太同元年出爲使持節都督郢南北司定新五州諸軍事輕車將軍郢州刺史七年徵爲侍中兼石頭戍軍事太清元年出爲云麾將軍江州刺史

南海王大臨太宗第四子大寶元年出爲使持節都督揚南徐二州諸軍事安南將軍揚州刺史

南郡王大連字靖太宗第五子大同十年以侍中兼

石頭戍軍事太清元年出爲使持節輕車將軍東陽州刺史

安陸王大春字仁經太宗第六子大同中以爲寧遠將軍知石頭戍軍事太寶元年爲使持節雲麾將軍東陽州刺史

新興王大壯太宗第十三子大寶元年爲使持節都督南徐州諸軍事宣毅將軍南徐州刺史

西陽王大鈞太宗第十四子大寶元年出爲宣惠將軍丹陽尹二年監揚州

武寧王大威太宗第十五子大寶二年爲信威將軍

冊陽尹
建平王大球太宗第十七子大寶二年爲輕車將軍兼石頭戍軍事
陳宜黃侯惠紀高祖之從孫光太元年以功除持節通直散騎常侍宣遠將軍豊州刺史大建十年吳明徹北討敗績以紀爲持節智武將軍緣江都督兗州刺史尋除使持節散騎常侍宣毅將軍都督郢巴二州諸軍事至德二年遷使持節散騎常侍雲麾將軍都督荊信二州諸軍事荊州刺史
始興王伯茂世祖第二子永定三年自寧遠將軍除

使持節都督南琅琊彭城諸軍事彭城太守進號宣惠將軍揚州刺史天嘉三年除鎮東將軍開府儀同三司東陽州刺史
鄱陽王伯山世祖第三子天嘉六年爲沿江都督平北將軍南徐州刺史光大元年徙爲鎮東將軍揚州刺史大建元年徵爲中衛將軍中領軍七年又爲征北將軍南徐州刺史尋爲征南將軍江州刺史至德四年出爲持節都督東陽豊二州諸軍事揚州刺史
晉安王伯恭世祖第六子太建元年爲中衛將軍揚州刺史六年出爲安南將軍南豫州刺史十四年出爲安南將軍湘州刺史
衡陽王伯信世祖第七子天嘉元年爲宣惠將軍冊陽尹禎明元年出爲鎮南將軍衡州刺史
盧陵王伯仁世祖第八子太建七年遷冠軍將軍中領軍尋爲平北將軍南徐州刺史
江夏王伯義世祖第九子太建初爲宣惠將軍東陽州刺史尋爲宣毅將軍持節散騎常侍都督合霍二州諸軍事合州刺史
武陵王伯禮字用之世祖第十子太建初爲雲麾將

軍持節都督吳興諸軍事吳興太守
永陽王伯智世祖第十二子累遷尚書左僕射出爲使持節都督東陽豊二州諸軍事平東將軍領會稽內史
桂陽王伯謀世祖第十三子太建中爲信威將軍冊陽尹十年加侍中出爲持節都督吳興諸軍事東中郎將吳興太守
豫章王叔英高宗第三子太建元年爲宣惠將軍都督東陽州諸軍事揚州刺史五年進號平北將軍南豫州刺史十一年爲鎮前將軍江州刺史

長沙王叔堅高祖第四子太建四年自東中郎將吳郡太守爲宣毅將軍江州刺史七年進號雲麾將軍郢州刺史未拜轉爲平越中郎將廣州刺史尋爲平北將軍合州刺史八年復爲平西將軍郢州刺史十一年入爲翊左將軍丹陽尹是年進號驃騎將軍開府儀同三司揚州刺史至德三年出爲征西將軍荆州刺史

建安王叔卿高宗第五子太建四年授東中郎將東揚州刺史七年爲雲麾將軍郢州刺史九年進號安南將軍又征南將軍湘州刺史

宜都王叔明字子昭高宗第六子太建七年授東中郎將東陽州刺史十三年出爲使持節雲麾將軍南徐州刺史

河東王叔獻高宗第九子太建七年爲散騎常侍中師將軍南徐州諸軍事徐州刺史

新蔡王叔齊高宗第十一子太建中出爲東中郎將東陽州刺史

晉熙王叔文高宗第十二子太建中爲輕車將軍揚州刺史至德元年授持節都督江州刺史二年遷信威將軍督湘衡武桂四州諸軍事湘州刺史

始興王叔重高宗第十四子大建末爲仁威將軍揚州刺史明年加使持節江州諸軍事江州刺史

岳陽王叔慎高宗第十六子至德四年拜侍中智武將軍丹陽尹禎明元年出爲持節都督湘衡桂武四州諸軍事智武將軍湘州刺史

義陽王叔達高宗第十七子禎明元年除丹陽尹

南平王嶷後主第二子至德元年自南琅琊彭城二郡太守遷揚州刺史進號鎮國將軍尋爲使持節都督郢荆湘三州諸軍事征西將軍郢州刺史

永嘉王彦後主第三子至德中爲忠武將軍南徐州刺史進號安南將軍持節都督江邑東衡三州諸軍

事江州刺史

南海王虔後主第五子禎明二年出爲平北將軍南徐州刺史

信義王祗後主第六子至德中爲壯武將軍使持節都督智武將軍琅琊彭城二郡太守

會稽王莊後主第八子至德中爲翊前將軍除使持節都督揚州諸軍事揚州刺史

後魏曲陽侯素延桓帝之後道武征討諸部初定荆州爲刺史中山平拜幽州刺史

宜都王自辰桓帝之後孝文即位除雍州刺史鎮長
安
司徒石平文帝之玄孫也從太武南討至瓜步山進
位尚書令雍州刺史
松滋侯萇平文帝之後宣武時爲北中郎將帶河内
太守歷位度支尚書侍郎雍州刺史
萇子華孝莊初除齊州刺史後除齊州刺史孝靜初
除南兖州刺史
河間公齊烈帝玄孫也齊孫志字猛略宣武時除荆
州刺史孝明帝時爲楊州刺史

衛王儀昭成帝孫從道武征伐有功中山平道武將
遷代都置山中行臺詔儀守尚書令以鎮之
儀子中山簡王纂始五歲道武命養於宮中恩與皇
子同太武踐祚除定州刺史
義孫沛郡公禎孝文時拜南豫州刺史
陳留景王崇昭成曾孫道武時拜荆州刺史崇孫琛
位鎮朔二州刺史
隴西公崘昭成帝之後文成即位除秦州刺史
淮南靖王他道武孫太武時除使持節都督豫雒河
南諸軍事鎮南將軍開府儀同三司鎮虎牢從征於
懸瓠破之拜使持節都督雍秦二州諸軍事鎮西將
軍開府儀同三司雍州刺史鎮長安時宋侵南鄙以
他威信素著復爲虎牢鎮都督大將高宗時轉使持
節都督京州諸軍事鎮西大將軍
他子篤自光禄勳卿出除平北將軍幽州刺史
他孫法壽自中散大夫出除龍驤將軍安州刺史
法壽弟法僧自司馬稍除龍驤將軍益州刺史後徵
拜光禄大夫出爲東平將軍兖州刺史轉安東將軍
徐州刺史
淮南康王世遵靖王曾孫也宣武時拜前將軍行幽

州事兼西中郎將又行青州事尋遷驃騎將軍出爲
征虜將軍幽州刺史孝明時爲荆州刺史尋加前將
軍沔南蠻酋及襄陽民望密引世遵請以襄陽内附
世遵表求赴應朝儀從之詔加世遵持節都督荆州
及沔南諸軍事平南將軍加散騎常侍後除平北將
軍定州刺史
武昌成王提道武孫太武時拜使持節鎮東大將軍
平原鎮都大將在任十年大著威名後與淮南王他
討平吐京叛胡遷使持節車騎大將軍統萬鎮都大
將

子簡王平原獻文時蠕蠕犯塞從駕擊之平原戰功居多拜假節都督齊兗二州諸軍事鎮南大將軍齊州刺史孝文時遷都督秦雍梁益四州軍事征南大將軍開府雍州刺史鎮長安

原子悼王鑒孝文時出爲征虜將軍齊州刺史宣武初以本將軍轉徐州刺史

鑒兄和襲鑒爵爲河南王孝明時出爲輔國將軍涼州刺史

鑒弟禎自太僕少卿出除安西將軍東秦州刺史

南平安王渾道武孫爲廣平王連後太武時拜假節

都督平州諸軍事領護東夷校尉鎮東大將軍儀同三司平州刺史鎮和龍在州綏導有方徙涼州鎮將都督西戎諸軍事領護西域校尉渾子京王纂孝文時出爲安北將軍平州刺史

纂弟之子武貞王仲冏孝文時出爲輔國將軍光州刺史遭母憂還孝昌末除秦州刺史

江陽武烈王繼南平王霄之子爲江陽王振後孝文時除使持節安北將軍撫宜鎮都督大將軍轉都督柔玄撫冥懷荒三鎮諸軍事鎮北將軍柔玄鎮大將軍入爲左衛將軍兼侍中又兼中領軍留守雒京尋除持節平北將軍鎮攝舊都宣武時除征虜將軍青州刺史轉平北將軍鎮州刺史

繼子羅爲平東將軍青州刺史梁武遣將寇邊又爲撫軍都督青光南青三州諸軍事入爲宗正卿出帝時除使撫節驃騎大將軍開府儀同三司梁州刺史

樂安王範明元子太武以長安形勝之地乃拜範衛大將軍開府儀同三司長安鎮都大將

範子簡王良文成時襲王爵拜長安鎮都大將雍州刺史

東平王翰太武子自中軍大將軍鎮枹罕以信惠撫

衆羌戎敬服子道符襲爵中軍大將軍献文践祚拜長安鎮都大將軍

臨淮懿王提太武孫爲梁州刺史

提子孝友襲爵臨淮王累遷滄州刺史

廣陽懿烈王嘉太武孫孝文時拜徐州刺史後爲尚書左僕射與咸陽王禧等輔政遷司州牧

嘉子忠武王琛孝明時拜泗州刺史歷鎮州刺史人爲侍中右衛將軍定州刺史

琛子文獻王湛孝靜初累遷冀州刺史入爲侍中後行司州牧

京兆王子推景穆帝子物爲侍中征南大將軍長安鎮州將秦雍之人服其威惠孝文即位拜侍中開府儀同三司青州刺史子推子大興襲爵拜長安鎮大將軍

大興弟僥陽男遥孝明帝時自左光祿大夫仍領護軍遷冀州刺史

大興子暹莊帝初爲南兖州刺史累遷秦州刺史普泰元年除凉州刺史

大興孫文王悰孝靜時累遷司州牧青州刺史

任成康王雲景穆帝子和平五年封拜使持節侍中

征東大將軍和龍鎮都大將獻文時除都督徐兖二州緣淮諸軍事征東大將軍開府徐州刺史後爲冀州刺史勵心政事甚得下情孝文嘉之遷使持節都督陝西諸軍事征南大將軍長安鎮都大將軍雍州刺史

子文宣王澄孝文時除都督梁益荆三州諸軍事征南大將軍梁州刺史後轉征東大將軍開府徐州刺史甚有聲績從坐公事免官尋兼吏部尚書鎮州刺史宣武時出爲平西將軍梁州刺史辭以母老除安東將軍湘州刺史復固辭改授安西將軍雍州刺史尋徵赴季秋講武除都督淮南諸軍事鎮南大將軍開府楊州刺史鎮北大將軍定州刺史

澄子順爲給事黄門侍郎時元乂威刑尤盛順曾詣乂至於朝論得失順謇鯁言正議不阿旨繇此見憚出除北平將軍鎮州刺史轉爲安東將軍齊州刺史

順弟嵩宣武時以武衞將軍兼侍中出爲平南將軍荆州刺史又除平北將軍鎮州刺史轉平東將軍徐州刺州史又轉安南將軍楊州刺史

嵩子衡縣男世雋自河南尹除鎮東將軍青州刺史

嵩弟瞻自宗正少卿龍驤將軍光州刺史遷平東將

軍兖州刺史

冊府元龜

巡按福建監察御史臣李嗣京　訂正
分守建南道左布政使臣胡維霖　參閱
知建陽縣事　臣　黄國琦較釋

宗室部

領鎮第四

後魏南安惠王楨景穆帝子孝文即位除凉州鎮都大將尋以綏撫有能加都督西戎諸軍事征西大將軍領護西城校尉儀同三司凉州刺史徵爲都督大官出爲使持節侍中本軍開府長安鎮都大將雍州

刺史後以罪削除封爵以庶子歸第孝文南伐楨從至雒及議遷都楨首從大計帝以楨既定遷都後封爵出爲鎮北大將軍湘州刺史

楨子獻武王英孝文時爲平北將軍武州鎮都大將假魏公未幾遷都督梁益寧三州諸軍事安南將領護西戎校尉仇池鎮都大將梁州刺史尋鎮荆州

英子文莊王熙自光祿勳除平西將軍東秦州刺史進號安西將軍尋以本將軍授湘州刺史

熈弟誘自衛尉少卿出爲右將軍南秦州刺史

英孫魯郡王肅莊帝初除散騎常侍出爲後將軍廣州刺史後除衛將軍肆州刺史

城陽康王長壽景穆帝子自征西大將軍外都大官出爲沃野鎮都大將在鎮甚有威名

長壽子懷王鸞孝文時自外都大官出爲持節都督河西諸軍事征西大將軍領護西戎校尉凉州鎮都大將改鎮立州以鸞爲凉州刺史姑藏鎮都大將後除使持節征南大將軍都督豫荆郢三州河内山陽東郡諸軍事又除冠軍將軍河内太守轉并州刺史宣武初除平東將軍青州刺史轉安北將軍定州刺史

鸞子文獻王徽孝明時除右將軍凉州刺史徽以經途阻遠固請不行除散騎常侍其年除後將軍并州刺史加安北將軍拜安西將軍秦州刺史詔書且至夕發徽以府之秦部請詣闕恭授仍表啓固陳請不之職莊帝踐祚拜司州牧

徽弟顯恭爲荆州刺史莊帝既殺爾朱榮乃除顯恭使持節都督晉建南汾三州諸軍事鎮西將軍兼尚書左僕射西北道行臺晉州刺史

安定靖王休景穆帝子孝文初庫莫奚寇邊以休爲使持節侍中都督諸軍事征東大將軍領護東夷校

尉儀同三司和龍鎮將休撫防有方賊乃款附入爲外都大官蠕蠕犯塞出爲使持節征北大將軍撫冥鎮大將

休子燮宣武初襲拜大中大夫除征虜將軍峯州刺史後爲幽州刺史

燮弟求平爲征虜將軍南州刺史

求平弟東萊王貴平莊帝時除平北將軍南湘州刺史廢帝時以本官行青州事還除車騎將軍加散騎常侍出爲青州刺史

章武王彬景穆帝孫繼章武敬王後出爲使持節都

督東秦幽夏三州諸軍事鎮西大將軍西戎校尉統萬鎮大將朔州刺史是時北京胡反詔彬持節假北平將軍行汾州事率并汾之衆往討之胡平仍除征虜將軍汾州刺史

彬子融爲征虜將軍別將南討大摧梁衆于時楊州刺史元嵩爲奴所害勅融行楊州事尋除假節征虜將軍并州刺史又爲宗正卿以本官行瀛州事遇疾不行未幾除散騎常侍東平將軍青州刺史還爲秘書監遷撫軍將軍領河南尹

融弟東安王凝莊帝時除持節安東將軍兗州刺史轉濟州刺史

樂陵密王思譽景穆帝孫繼樂陵康王胡兒後孝文時爲征北大將軍北征大都將後除使持節本將軍領護匈奴校尉中都督中軍都將出爲使持節鎮東大將軍和龍鎮都大將營州刺史領護東夷校尉

思譽子惠王景畧宣武時襲封拜驍騎將軍除持節冠軍將軍幽州刺史

景畧弟洪畧爲中軍將軍行東雍州刺史

陽平莊王頤景穆帝孫自懷朔鎮大將除朔州刺史景明六年薨於青州刺史

頤弟廣陵康侯衍爲梁州刺史轉徐州刺史卒於雍州刺史衍弟欽爲司州牧

濟陰王欝景穆帝孫位開府爲徐州刺史

欝弟之子静王誕累遷濟州刺史

欝弟麗字寳掌宣武時拜雍州刺史遷冀州刺史

汝陰威王逞景穆帝孫卒於齊州刺史

逞子慶和爲東豫州刺史

逞弟洸自元士稍遷營州刺史

洸弟脩義自元士爲齊州刺史又遷秦州雍州刺史

廣平文貞王康景穆帝孫繼廣平殤王雒侯後宣武

親政除雒州刺史遷鎮州刺史後爲光祿大夫兼宗正卿出爲兖州刺史又除平州刺史徙青州刺史尋爲關右都督兼尚書行臺

安樂王長樂文成第二子獻文承明元年以大尉出爲定州刺史

長樂子詮襲爵宣武初爲凉州刺史後除定州刺史

詮子鑒襲爵後除湘州刺史

齊郡王子琛繼河間王若後宣武時拜定州刺史孝明時爲都官尚書出爲秦州刺史

安豐王猛文成第六子孝文太和中加侍中出爲鎮

都大將營州刺史

猛子延明襲爵孝明時爲豫州刺史遷都督徐州刺史

咸陽王禧獻文第二子孝文太和中自侍中驃騎大將軍中都大官出爲使持節開府冀州刺史孝文餞於南郊後禧朝京師將還州孝文親餞之賦詩叙意加禧都督冀相兖東兖南豫東荆六州諸軍事有司奏冀州人蘇僧瓘等三千人稱禧清明有惠政請世胙冀州詔曰利建雖古未必今宜經野路君理非下請邑采之封自有别式入除司州牧都督司豫荆郢雒東荆六州諸軍事開府如故

趙郡王幹獻文第三子孝文太和中自車騎將軍左光祿大夫領吏部尚書拜使持節都督南豫郢東荆三州諸軍事征南大將軍開府豫州刺史及帝南伐以幹爲使持節車騎大將軍都督關右諸軍事給銅虎符十别賜詩書尋除都督冀定瀛三州諸軍事征東大將軍冀州刺史開府如故後轉特進司州牧

幹子謐自太子中庶子出爲冠軍將軍岐州刺史以罪罷州還除大司農卿又除散騎常侍平北將軍幽州刺史

謐兄諶累遷役將軍泗州刺史固辭不拜後爲黄門侍郎進號安國將軍光祿大夫出爲散騎常侍中軍將軍湘州刺史

諶弟譚自羽林監出爲高陽太守爲政嚴斷孝明初入爲直閤將軍遷光祿少卿行南兖州事除征虜將軍涇州刺史又爲安西將軍秦州刺史

廣陵王羽獻文第五子孝文遷都之後北蕃人夷多有未悟羽鎮撫代京内外肅然及車駕南伐羽進號衛將軍除使持節都督青齊光南青四州諸軍事征東大將軍開府青州刺史孝明即位遷司州牧

羽子欣孝明時自通直散騎常侍北中郎將出爲征軍將軍荊州刺史轉征虜將軍齊州刺史欣在二州頗得人和出帝時加大師開府襲封廣陵太傅司州牧

高陽王雍獻文子孝文太和中自散騎常侍除使持節鎮北將軍湘州刺史常侍如故宣武初遷使持節都督冀湘瀛三州諸軍事征北大將軍開府冀州刺史雍在二州微有聲稱又拜驃騎大將軍司州牧

雍子端自散騎常侍出爲安東將軍青州刺史時梁武遣將寇逼徐揚除端撫軍將軍金紫光祿大夫使

持節東南道大使處分軍機事平拜鎮軍將軍兗州刺史

端弟誕孝靜初拜侍中車騎大將軍儀同三司司州牧

北海王詳獻文子孝文太和中累加侍中秘書監趙郡王幹薨以詳行司州牧

詳子顥自都官尚書出除散騎常侍撫軍將軍徐州刺史尋爲御史彈奏除名其後賊帥宿散明達叱于騏驎等寇亂豳華諸州乃復顥王爵以本將軍加使持節假征西將軍都督華豳東秦諸軍事兼左僕射西道行臺以功進號征西將軍爲侍中驃騎大將軍開府儀同三司相州刺史顥弟項自黃門侍郎出除平北將軍相州刺史

彭城王勰獻文子孝文太和中從征沔北除使持節都督南征諸軍事中軍大將軍開府孝明時爲使持節侍中都督冀定幽瀛營安平七州諸軍事驃騎大將軍開府定州刺史又以本官領楊州刺史

勰子劭起家宗正少卿除使持節假散騎常侍平東將軍青州刺史

劭子韶襲爵武定末爲司州牧

劭兄子直累遷給事黃門侍郎出爲冠軍將軍梁州刺史

京兆王愉孝文子大和末拜都督徐州刺史宣武初爲護軍將軍遷中書監出爲冀州刺史

北齊平秦王歸彥神武族子武成時爲司徒威權振主乃拜太宰冀州刺史

任城王湝神武子武平初遷大師司州牧出爲冀州刺史加太宰遷右丞相都督青州刺史

隋義城公處綱高祖族父開皇中以右領軍將軍出拜蒲州刺史吏民悅之進位大將軍遷秦州總管

滕穆王瓚高祖母弟開皇初拜雍州牧
瓚子倫開皇初拜邵州刺史
衛昭王爽高祖異母弟開皇中拜雍州牧累遷左領軍大將軍權領并州總管轉梁州總管所治甚有聲
河間王弘高祖從祖弟開皇初自右衛大將軍出拜寧州總管後數載還京未幾拜蒲州刺史得以便宜從事每晋王入朝弘輒領楊州總管晋王歸藩復還蒲州在官十餘年風教大治
弘子嗣郇王慶累遷滎陽郡太守頗有治績
秦孝王俊高祖第三子開皇二年拜柱國河南道行

臺尚書令雒州刺史三年遷秦州總管隴州諸州盡隸焉平陳之後楊州總管一十四州諸軍事頗有令聞高祖聞而大悅降璽書獎勵焉
蜀王秀高祖第四子開皇元年拜益州刺史總管二十四州諸軍事十二年入為內史令右領軍大將軍尋復出鎮於蜀
漢王諒高祖第五子開皇十二年為雍州牧累加左衛大將軍十七年出為并州總管帝幸溫湯而送之自山以東至於滄海南拒黃河五十二州盡隸焉特許以便宜不拘律令

蔡王智積高祖弟整之子開皇初襲王爵加開府儀同三司授同州刺史儀衛資送甚盛二十年徵還大業七年授弘農太守觀德王雄高祖族子大業中簡較鄭州刺史歲餘授懷州刺史尋拜京兆尹
唐永安王孝基高祖從父弟武德初拜陝州總管
廬江王瑗高祖從父兄子武德元年拜信州總管九年累遷幽州大都督
襄邑王神符高祖從父弟武德四年累遷并州總管九年遷楊州大都督
魏郡公文暕神符少子也歷幽州都督

膠東公道彥高祖從父弟神通之子武德中授隴州刺史貞觀初轉湘州都督後遷岷州都督
吳國公孝逸道彥之弟高宗末為益州大都督府長史光宅初為左玉鈐衛大將軍楊州行軍大總管
郇國公孝協高祖從父弟叔良之子貞觀中累遷魏州刺史
孝斌孝協弟官至原州都督府長史
襄武王琛高祖從父兄安之子武德中歷蒲絳二州總管及宋金剛陷澮州時稽胡多叛轉琛為隰州總管以鎮之

河間王孝恭琛之弟也武德二年授信州總管三年以平蕭銑功遷荆州大總管又以平輔公祏功拜楊州大都督貞觀初除觀州刺史與長孫無忌等代襲刺史

孝恭弟齊北郡公瑊武德中爲始州刺史

瑊弟漢陽公瓌武德中代孝恭爲荆州都督貞觀四年拜宜州刺史

譙國公崇義孝恭子也歷蒲同二州刺史益州大都府長史甚有威名

崇義弟晦乾封中累除管州都督以善政聞

淮陽王道玄高祖從父兄子也武德中從太宗討王世充東都平拜維州總管及府廢改授維州刺史

武都郡王道明道玄之弟也卒於鄆州刺史

江夏王道宗道玄從父弟也武德五年授靈州總管貞觀元年徵拜鴻臚卿大將經略突厥入拜靈州都督十二年坐贓免十三年起爲茂州都督未行轉晋州刺史

盧國公子景嘗道宗子也官至湘州刺史

渤海王奉慈高祖兄子高宗顯慶中累遷原州都督

巢王元吉高祖子武德元年授并州總管并州爲劉武周所陷元吉拜稷州刺史六年加隰州總管

荆王元景高祖第六子武德八年授安州都督貞觀初遷雍州牧十年授荆州都督久之轉鄜州刺史

漢王元昌高祖第七子也貞觀五年授華州刺史轉梁州刺史

酆王元亨高祖第八子也貞觀二年拜金州刺史

徐王元禮高祖第十子也貞觀六年授鄭州刺史遷徐州都督十七年轉絳州刺史永徽四年加司徒兼潞州刺史

韓王元嘉高祖第十一子也貞觀六年授潞州刺史

十年加本州都督高宗末轉澤州刺史太后臨朝授定州刺史

武陵郡王誼元嘉之次子也官至濮州刺史

彭王元則高祖第十二子也貞觀七年授豫州刺史十年除遂州都督十七年拜澧州刺史

鄭王元懿高祖第十三子也貞觀七年授兖州刺史歷鄭潞絳三州刺史

嗣鄭王敬元懿之子也官至鄂州刺史

霍王元軌高祖第十四子也貞觀元年拜壽州刺史十年授絳州刺史尋轉徐州刺史二十三年爲定州

刺史垂拱初自司徒出爲湘州刺史轉青州刺史子
緒爲金州刺中
虢王鳳高祖第十五子也貞觀七年授鄧州刺史歷
虢豫青三州刺史
平陽郡王翼鳳之長子也官至光州刺史
定襄郡公宏鳳第三子也則天㓜爲曹州刺史
東莞郡公融鳳第五子也垂拱初爲申州刺史
道王元慶高祖第十六子也貞觀九年拜趙州刺史
十年授豫州刺史永徽四年歷滑徐沁衞四州刺史
臨淮王誘元慶之子也爲澧州刺史

誘弟詢爲壽州刺史
鄧王元裕高祖第十七子也貞觀中歷鄧梁黄三州
刺史高宗時又歷壽襄二州刺史兗州都督
舒王元名高祖第十八子貞觀十一年拜壽州刺史
後歷許滑宋三州轉石州刺史在州二十年垂拱年
除青州又除鄭州轉滑州刺史
豫章王亶元名子也爲江州刺史
魯王靈夔高祖第十九子貞觀十年授幽州都督十
四年授兗州都督永徽六年轉隆州刺史後歷襄絳
滑定等州刺史垂拱元年授邢州刺史

嗣魯王道堅靈夔孫也歷果龍吉與洺汾滄等七州
刺史開元二十二年簡較魏州刺史未行改汴州刺
史
江元王祥高祖第二十子也貞觀十一年授蘇州刺
史高宗時歷金鄜鄭三州刺史
永嘉王晫元祥之子永隆中爲復州刺史
密王元曉高祖第二十一子也貞觀九年授靈州刺
史二十三年轉潞州刺史永徽中歷宣徐二州刺史
滕王元嬰高祖第二十二子也貞觀十五年授金州
刺史永徽中遷蘇州刺史尋轉洪州都督歷壽隆二

州刺史梁州都督
吳王恪大宗子武德二年授益州大都督以年幼不
之官貞觀十二年授安州都督高宗即位拜梁州都
督
成王千里恪長子也㓜名仁永昌元年授襄州刺史
後改名千里歷唐廬許衞蒲五州刺史神龍㓜拜左
金吾大將軍兼領益州大都督領廣州大都督五府
經略安撫大使
張掖郡王琨仁之弟也則天朝歷淄衞宋鄭梁幽六
州刺史

信安郡王禕琨之子也景雲元年爲德蔡衛等州刺史開元後轉蜀濮等州刺史丁毋憂起復授瀛州刺史十五年服除授朔方節度副大使知節度事尋遷節度使坐事出爲衢州刺史歷滑懷二州刺史

嗣吳王祇禕之弟也天寶末爲陳留太守持節充河南道節度採訪使

濮王泰太宗第四子也貞觀二年授楊州大都督七年轉鄜州大都督並不之官除雍州牧十年遷領湘州都督

齊王祐大宗第五子貞觀初授幽州都督遷齊州都

督

蜀王愔太宗第六子貞觀七年授襄州刺史十年轉益州都督十三年除岐州刺史

將王惲大宗第七子貞觀八年授洛州刺史十年拜安州都督永徽三年除梁州都督後歷遂湘二州刺史

越王貞太宗第八子貞觀七年授徐州都督十年除楊州都督十七年轉相州刺史永徽四年授安州都督咸亨中復轉相州刺史則天臨朝除蔡州刺史

琅邪王冲貞長子也歷密濟博三州刺史

紀王慎太宗第十子貞觀七年授秦州都督十七年遷襄州刺史永徽元年拜左衛將軍二年授荆州都督累除邢州刺史文明元年轉貞州刺史

嗣紀王澄慎次子也歷德瀛冀三州刺史

趙王福太宗第十三子貞觀十八年授秦州都督二十三年累除梁州都督

曹王明大宗第十四子也顯慶中授梁州都督後歷虢蔡蘇三州刺史

燕王忠高宗長子永徽元年拜雍州牧顯慶元年廢忠爲梁王授梁州都督其年轉房州刺史

原王孝高宗第二子也永徽三年拜并州都督顯慶三年累除遂州刺史

澤王上金高宗第三子也永徽三年遥授益州大都督乾封元年累轉壽州刺史有罪免削至永隆二年二月爲沔州刺史文明元年爲蘇州刺史垂拱元年改陳州刺史永昌元年爲遂州刺史

許王素節高宗第四子永徽中自雍州牧轉岐州刺史被譴出爲申州刺史永隆元年轉岳州刺史累除舒州刺史

邠王守禮章懷太子次子也睿宗景雲二年帶光祿

鄉燕幽州刺史轉左金吾衛大將軍遥領單于大都
護開元初歷虢隴襄晉滑等六州刺史
漢中王瑀讓皇帝之次子也玄宗幸蜀加漢中郡大
守
棣王琰玄宗第四子也開元十五年遥領太原牧太
原已北諸軍節度大使天寶元年六月遥領兼武威
郡都督河西隴右經略節度大使
鄂王瑤玄宗第五子也開元十二年遥領幽州都督
河北道節度大使
光王琚玄宗第八子也開元十二年遥領廣州都督

五府經略大使
儀王璲玄宗第十二子也開元十五年授河南牧
潁王璬玄宗第十三子也開元十五年遥領安東都
護平盧軍節度大使安祿山叛除蜀郡都督劍南節
度大使
永王璘玄宗第六子也開元十五年遥領荆州大都
督天寶十五載六月玄宗幸蜀至漢中郡下詔以璘
爲山南東路及領南黔中江南西路四道節度採訪
等使江陵大都督
壽王瑁玄宗第十八子也開元十五年遥領益州大
都督劍南節度大使
延王玢玄宗第二十子也開元十五年遥領安西大
都護磧西節度大使
盛王琦玄宗第二十一子也開元十五年遥領楊州
大都督及玄宗幸蜀在路除琦爲廣陵大都督仍領
江南東路及淮南河南等路節度支度採訪等都使
豐王珙玄宗第二十六子也玄宗幸蜀至扶風郡授
珙武威郡都督仍領河西隴右安西北庭等路節度
採訪都使珙竟不行
彭王僅肅宗第五子也至德三年除瑾充河東節度

大使
兖王僩肅宗第六子也乾元三年領河北節度大使
涇王侹肅宗第七子也乾元三年領隴右節度大使
睦王述代宗第三子大歷十年二月詔允領南節度
使營田五府經略觀察處置等大使
冊王逾代宗第五子大歷十年二月詔嶺渭北鄜坊
節度大使
韓王迥代宗第七子大歷十二年二月除汴宋等節
度觀察處置等大使
鄜王造代宗第十三子大歷十二年二月除昭義軍

節度觀察處置等大使
舒王誼代宗第三子昭靖太子邈之子也建中元年領四鎮北庭行軍涇節度大使三年詔爲揚州大都督持節涇襄江西沔鄂等道節度兼諸軍行營兵馬元帥
通王諶德宗第三子貞元九年十月領宣武軍節度大使汴宋等州觀察度支營田等使王不出閤十一年爲河東節度大使亦不出閤
虔王諒德宗第四子貞元二年領蔡州節度大使申光蔡觀察等使十年領朔方靈塩節度大使靈州大

都督十一年十月以諒領横海節度大使滄景觀察等使王不出閤十六年以諒領徐州節度大使徐濠觀察處置等使
建王恪本名審憲宗第七子也元和元年八月授開府儀同三司鄆州大都督充平盧軍淄青等州節度營田觀察處置陸運海運押新羅渤海兩蕃等使
梁郴王友裕太祖長子也唐昭宗景福中太祖令權知許州乾寧二年加簡較司空尋爲武寧軍節度留後四年太祖下東平改天平留後加簡較司徒光啓元年再領許州天復初爲奉國軍節度留後太祖無鎮河中以友裕爲護國軍節度留後尋遷華州節度使加簡較太保興德尹
廣王全昱太祖長兄也庶人篡位授宋州節度使
惠王友能全昱第二子也末帝時鎮陳州
邵王友誨全昱第三子也末帝時鎮陝州
後唐睦王存乂莊宗異母弟也同光中歷鄜州節度使
魏王繼岌莊宗子也莊宗即位於魏州以繼岌充北都留守及以鎮州爲北都又命爲留守
秦王從榮明宗第二子也明宗踐祚天成初授鄴都

留守天雄軍節度使三年移北京留守充河東節度使四年入爲河南尹
末帝長子重吉閔帝嗣位出爲亳州團練使
晋高祖幼子重睿開運二年領泰州二年春移領許州
廣王敬威之弟贇高祖從父弟也帝即位遥領忠州刺史天福中歷曹州防禦使河陽節度使開運二年九月出鎮鄧州
韓王暉高祖從弟也天福二年遥授濠州刺史遷曹州防禦使

漢高祖建號晉陽以弟崇爲特進簡較太尉行太原
尹漢祖將南幸以崇爲北京留守尋加同平章事
蔡王信高祖之從弟也國初爲侍衛馬軍都指揮使
兼義成軍節度使尋移鎮許州

冊府元龜卷終

冊府元龜

廵按福建監察御史臣李嗣京　訂正
知長樂縣事　臣　夏允彜叅閱
知建陽縣事　臣　黄國琦較釋

宗室部

承襲

傳有世及之訓詩著似續之義自成周列爵大封同姓傳祚撫封與國升降者有之矣其事見於春秋傳及太史公世家銓次所屬本乎列國秦并天下子弟爲匹夫漢矯其失廣樹藩戚或象賢濟美聯輝奕葉

或推恩繼絶纂緒傳世魏晉而下何莫繇斯盖所以隆親親以興仁資繩繩而流詠使其枝葉扶踈以大庇本根犬牙相錯以夾輔王室者也

漢燕王澤高祖從昆弟也孝文二年薨謚曰敬王子康王嘉嗣九年薨子定國嗣定國有罪自殺國除哀帝時繼絶世乃封敬王澤玄孫之孫無終公士歸生爲營陵侯（無終其所屬縣也公士第一爵歸生名也）

楚元王交高祖同父少弟立二十三年薨太子辟非先卒（辟非者猶辟邪兵之類也先卒者元王未薨之時已卒也）文帝乃以宗正上邳侯郢客嗣（郢客元王次子）是爲夷王郢客立四年薨子戊嗣二十一年戊反誅景帝立宗正平陸侯禮爲楚王（禮元王子）奉元王後是爲文王四年薨子安道嗣二十二年薨子襄王汴嗣十四年薨子節王純嗣十六年薨子延壽嗣

休侯富楚元王子封六年薨子懷侯登嗣一年薨子敬侯嘉嗣二十四年薨子哀侯章嗣

沈猷夷侯歲楚元王子封二十年子受嗣

棘樂敬侯調楚元王子封十六年薨子恭侯應嗣十五年薨子慶嗣

浮丘節侯不害楚安王子封十一年薨子霸嗣

城陽侯德楚元王曾孫昭帝時爲宗正地節中以親親行謹封爲陽城侯立十一年子向坐鑄僞黄金當伏法德上書訟罪會薨大鴻臚奏德訟子罪失大臣體不宜賜謚置嗣制曰賜謚繆侯爲制嗣傳至孫慶忌復爲宗正太常薨子岑嗣爲諸曹中郎將列校尉至太常薨傳子至王莽敗乃絶

趙幽王友高祖諸姬所生也高后時幽死及孝文即位立幽王子遂爲趙王

河間文王辟彊趙幽王子孝文二年立十三年薨子哀王福嗣

齊悼惠王肥高祖微時外婦所生也立十三年薨子大襄嗣是爲哀王十一年薨子文王則嗣十四年薨無子國除孝文十六年乃分齊爲六國盡立前所封悼惠王子列侯見在者爲王以楊虛侯將閭爲齊王安都侯志爲濟北王武成侯賢爲淄川王白石侯雄渠爲膠東王平昌侯卬爲膠西王扐侯辟光爲濟南王孝景三年吳楚反齊王孤疑城守不聽反聞漢以齊初與三國有謀欲移兵伐齊齊孝王懼飲藥自殺而膠東膠西濟南淄川王皆伏誅國除獨濟北王在齊孝王之自殺也景帝聞之以爲齊首善言其初首無逆亂之

冊府元龜　宗室部　承襲　卷之二百八十二　三

心以迫刼有謀非其罪也召立孝王太子壽是爲懿王二十三年薨子厲王次昌嗣

管共侯罷軍齊悼惠王子封二年薨子戎奴嗣

氏共丘侯寧國齊悼惠王子封十一年薨子偃嗣

營平侯信都齊悼惠王子封十年薨子廣嗣

楊丘共侯安齊悼惠王子封十二年薨子偃嗣

博陽頃侯就齊孝王子就薨子終古嗣

被楊敬侯燕齊孝王子封十三年薨子棣侯偃二十八年薨子頃侯壽嗣壽薨子孝侯定嗣定薨節侯閎嗣閎薨子廣嗣

定敷侯越齊孝王子封十三年薨子思侯德嗣二十四年薨子憲侯福嗣福薨子共侯湯嗣湯薨子定侯乘嗣

稻夷侯定齊孝王子定薨子簡侯陽都嗣陽都薨子戴侯咸嗣三十二年薨子頃侯閎嗣薨子永嗣

山原侯國齊孝王子封二十七年薨子康侯棄嗣十四年薨子安侯守嗣二十二年薨子發嗣發薨孝侯外人嗣

繁安夷侯忠齊孝王子封十八年薨子安侯守嗣守薨子節侯壽漢嗣壽漢薨子頃侯嘉嗣嘉薨孝侯光

冊府元龜　宗室部　承襲　卷之二百八十二　四

嗣光薨子起嗣

柳康侯陽已齊孝王子陽已薨子敷侯罷師嗣罷師薨子于侯自爲嗣自爲薨子安侯擕嗣擕薨子膠侯軻嗣軻薨子守嗣

雲夷侯信齊孝王子封十四年薨子茂發嗣茂發薨子康侯遂嗣遂薨子釐侯終古嗣終古薨子得之嗣

牟平共侯渫齊孝王子封五年薨子節侯奴嗣三十一年薨子敬侯東生嗣二十年薨子康侯建嗣一年薨子孝侯歆嗣歆薨子釐侯咸嗣咸薨子隆嗣

柴原侯代齊孝王子封三十四年薨子節侯勝之嗣

二十三年薨子敬侯賢嗣賢薨子恭侯莫如嗣
城陽景王章齊悼惠王子孝文二年立二年薨子共
王喜嗣孝文十二年徙王淮南五年復還王城陽凡
立三十四年薨子頃王延嗣二十六年薨子敬王義
嗣九年薨子惠王武嗣十年薨子荒王順嗣三十六
年薨子戴王恢嗣八年薨子孝王景嗣二十四年薨
子哀王雲嗣一年薨無子國絶成帝求始元年以雲
弟俚紹封
壁節侯壯城陽共王子封三年薨子明嗣
騶丘敬侯寛城陽共王子封六年薨子原侯報德嗣

報德薨子毋害嗣
南城節侯貞城陽共王子封三十二年薨子戴侯猛
嗣二十二年薨子元侯尊嗣二年薨子釐侯元國嗣
元國薨子頃侯遂嗣遂薨子友嗣
廣陵虒侯表城陽共王子封七年薨子成嗣
虖葭康侯澤成陽頃王子封六十二年子夷侯舞嗣
舞薨子頃侯閤嗣閤薨孫求嗣
挾釐侯霸城陽頃王子封三十五年薨子夷侯戚嗣
二十一年薨子節侯賢嗣賢薨子頃侯恩嗣恩薨子
孝侯衆嗣

鄝節侯後息城陽頃王子封五十五年薨子質侯守
嗣
虛水康侯禹城陽頃王子奉封三十八年薨子息侯
爵嗣七年薨子敞嗣
菑川王志齊悼惠王子孝文十六年立爲濟北王孝
成四年徙王菑川元朔中齊國絶悼惠王後唯有二
孤城陽菑川菑川地比齊（比近也）武帝爲悼惠王家園
邑齊乃割臨菑東圜悼惠王家園邑盡以予菑川令
王祭祀志立三十六年薨是爲懿王子靖王建嗣二
十年薨子頃王遺嗣三十五年薨子思王終古嗣二

十八年薨子考王尚嗣五年薨子孝王横嗣三十一
年薨子懷王交嗣六年薨子求嗣
劇原侯錯菑川懿王子封十七年薨子孝侯廣昌嗣
廣昌薨子戴侯胥嗣胥薨子質侯吉嗣吉薨子節侯
嚚嗣嚚薨子勝容嗣
懷昌夷侯高遂菑川懿王子封二年薨子胡侯延年
嗣延年薨子節侯勝時嗣勝時薨子可置嗣
平望夷侯賞菑川懿王子封七年薨子原侯楚人嗣
二十四年薨子敬侯光嗣十四年薨子頃侯起嗣起
薨子孝侯均嗣均薨子旦嗣

師衆敬侯始昌菑川懿王子封十一年薨子康侯韋
生嗣十八年薨子頃侯廣平嗣廣平薨子原侯農嗣
農薨子節侯理嗣理薨子釐侯賢嗣賢薨子商嗣
葛魁節侯寛菑川懿王子封八年薨子戚嗣
益都敬侯胡菑川懿王子胡薨子原侯廣嗣廣薨子
嘉嗣
平的戴侯彊菑川懿王子封十七年薨子思侯忠時
嗣三十年薨子節侯福嗣十三年薨子頃侯鼻嗣鼻
薨子釐侯利親嗣利親薨子宣嗣
劇魁夷侯黑菑川懿王子封十七年薨子思侯招嗣

三年薨子康侯德嗣德薨子孝侯利親嗣利親薨子
釐侯嬰嗣嬰薨子向嗣
平度康侯衍菑川懿王子封三十七年薨子節侯慶
忌嗣三年薨子質侯帥軍嗣帥軍薨子頃侯欽嗣欽
薨子孝侯宗嗣宗薨子嘉嗣
宜城康侯偃菑川懿王子封十一月薨子福嗣
臨朐夷侯奴菑川懿王子封四十一年薨子戴侯乘
嗣乘薨子節侯賞嗣賞薨子孝侯信嗣信薨子安侯
禘嗣禘薨子岑嗣
隆元侯何菑川靖王子何薨子原侯買嗣買薨子延
壽嗣
廣饒康侯國菑川靖王子封伍十年薨子共侯坊嗣
十四年薨子麟嗣
缾敬侯成菑川懿王子封三十四年薨子頃侯龍嗣
五十年薨子原侯融嗣融薨子閔嗣
俞閭煬侯毋害菑川靖王子封四十四年薨子原侯
況嗣十二年薨子瞵嗣
淮南厲王長高帝少子孝文六年以謀反廢死八年
帝憐王有子四人年皆七八歲乃封子安爲阜陵侯
子勃爲安陽侯子賜爲周陽侯子良爲東城侯十六

年帝憐淮南王廢法不軌自使失國早夭乃立厲王
三子王淮南故地三分之阜陵侯安爲淮南王
濟北貞王勃淮南厲王子孝文十六年封爲衡山王
孝景四年徙濟北一年薨子式王胡嗣五十四年薨
子寛嗣
陰安康侯不害濟北貞王子封十一年薨子哀侯秦
客嗣
周堅康侯何濟北貞王子封八年薨子當時嗣
陪繆侯則濟北貞王子封十一年薨子邑嗣
安陽侯樂濟北貞王子封三十年薨子槏侯延年

嗣十七年薨子康侯記嗣十五年薨子安侯慼嗣慼薨子哀侯得嗣

羽康侯成齊北夫王子封六十年薨子共侯係嗣係薨子棄嗣

德哀侯廣高帝兄子封七年薨子頃侯通嗣二十四年薨子康侯龍嗣二十四年薨子何嗣

梁孝王武文帝子立四十五年薨子共王買嗣四十年薨子平王襄嗣襄立四十年薨子薨頃王無傷嗣十一年薨子敬王定國嗣三十年薨子夷王遂嗣六年薨子荒王嘉嗣十五年薨子立嗣二十七年有罪

自殺國除後王莽白太皇太后立孝王玄孫之曾孫沛郡卒史音爲梁王奉孝王後

張梁哀侯仁梁共王子封十三年薨子順嗣

代孝王參文帝子立七年薨子共王登嗣二十九年薨子義嗣元鼎中漢廣開以常山爲阻（依山以爲開）徙代王於清河是爲剛王并前在代九立四十年子頃王湯嗣二十四年薨子年嗣年坐事立三年國除元始二年親都侯王莽白太皇太后立年弟子如意爲廣宗王奉代王後

利昌康侯嘉代共王子封五十一年封子戴侯樂嗣十二年薨子須侯萬世嗣萬世薨子節侯光祿嗣光祿薨子剌侯殷嗣殷薨子換嗣

河間獻王德景帝子二十七年薨子共王不周嗣四年薨子剛王基嗣十二年薨子頃王緩嗣十七年薨子孝王慶嗣四十二年薨子元嗣十七年坐殺國除建始元年正月立故河間王弟上郡庫令良爲河間王二十七年薨子尚嗣

距陽憲侯匄河間獻王子封十四年薨子淒嗣

蒦節侯退河間獻王子封十六年薨子嬰嗣二十二年薨子釐侯益壽嗣二十九年薨子安侯充嗣三十

三年薨子遺嗣

阿武戴侯豫河間獻王子封二十四年薨子敬侯宣嗣二十年薨子節侯侯嗣二十三年薨子釐侯嬰嗣嬰薨子頃侯黃嗣黃薨子長父嗣

參戶節侯免河間獻王子封四十六年薨子敬侯嚴嗣嚴薨子頃侯元嗣元薨子孝侯利親嗣利親薨子度嗣

州鄉節侯禁河間獻王子封七年薨子思侯齊嗣齊薨子憲侯惠嗣惠薨子釐侯商嗣商薨子共侯伯嗣伯薨子禹嗣

魯共王餘景帝子立二十八年薨子安王光嗣四十年薨子孝王慶忌嗣二十七年薨子頃王勁嗣二十八年薨子文王俊嗣亡後建平三年六月以頃王子部鄉侯閔紹封

廣戚侯將節魯共王子將節薨子始嗣

公丘夷侯順魯共王子封三十年薨子康侯置嗣置薨子煬侯延壽嗣九年薨子思侯賞嗣賞薨子元嗣

瑕丘節侯政魯共王子封五十三年薨子思侯國嗣四年薨子孝侯湯嗣十六年薨子煬侯奉義嗣奉義薨子釐侯遂成嗣遂成薨子禹嗣

江都易王非景帝子立二十九年薨子建嗣以罪國除絶百二十年平帝時王莽秉政興滅繼絶立建弟盱眙侯子宫爲廣陵王奉易王後

胡孰頃侯胥江都易王子封十六年薨子聖又嗣

趙敬肅王彭祖景帝子立六十三年薨子昌嗣初彭祖取江都易王寵姬王建所姦淖姬者甚愛之生一男號淖子彭祖以征和元年薨時淖姬兄爲漢閽者武帝召問淖子何如對曰爲人多欲帝曰多欲不宜君國子民問武始侯昌曰無咎無譽帝曰如是可矣遣使者立昌是爲頃王十九年薨子懷王尊嗣五年薨無子絶二歲宣帝立尊弟高是爲哀王數月薨子共王充嗣五十六年薨子隱嗣

平干頃王偃趙敬肅王小子立十四年薨子繆王元嗣

尉文節侯丙趙敬肅王子封五日薨子侯犢嗣

封斯戴侯胡傷趙敬肅王子封二十五年薨子原侯如意嗣三十二年薨子孝侯宫嗣宫薨子仁嗣

朝節侯義趙敬肅王子封十三年薨子戴侯祿嗣祿薨子固城嗣

象氏節侯賀趙敬肅王子封十八年薨子思侯安意

嗣二十八年薨子康侯千秋嗣十六年薨子鄧嗣

易安侯平趙敬肅王子封二十年薨子康侯種嗣種薨子得嗣

柏暢戴侯終古趙敬肅王子終古薨子朱嗣

栗節侯樂趙敬肅王子封二十七年薨子煬侯忠嗣忠薨子質侯終根嗣終根薨子況嗣

洨夷侯周舍趙敬肅王子周舍薨子節侯延始嗣延始薨子哀侯勳嗣勳薨子文承嗣

猇節侯起趙敬肅王子封十三年薨子夷侯克國嗣二十年薨子共侯廣明嗣廣明薨子釐侯固嗣固薨

子巨嗣
鄉裴戴侯道趙敬肅王子封十二年薨子哀侯尊嗣
尊薨子頃侯章嗣章薨子釐侯㬎嗣㬎薨子發嗣
中山靖王勝景帝子立四十三年薨子哀昌嗣一年
薨子康王昆侈嗣二十一年薨子頃王輔嗣四年薨
子憲王福嗣十七年薨子懷王循嗣十五年薨無子
絕四十五歲成帝鴻嘉二年復立憲王弟孫利鄉侯
子雲客是爲廣德夷王二年薨無子絕十四歲哀帝
復立雲客弟廣漢爲廣平王薨無後平帝元始二年
復立廣川惠王曾孫倫爲廣德王奉靖王後

廣望節侯忠中山靖王子封四十年薨子頃侯中嗣
十三年薨子思侯何齊嗣何齊薨子共侯遂嗣遂薨
子閭嗣
臨樂敦（古穆字）侯光中山靖王子封二十年薨子憲侯
建嗣建薨子刺侯固嗣固薨子節侯萬年嗣萬年薨
子廣都嗣
東野戴侯章中山靖王子章薨子中時嗣
乘丘節侯將夜中山靖王子封十一年薨子戴侯德
嗣德薨無子外人嗣
栁宿夷侯蓋中山靖王子封四年薨子蘇嗣

樊輿節侯脩中山靖王子封三十六年薨子煬侯過
倫嗣過倫薨子思侯異衆嗣異衆薨子頃侯圡生嗣
圡生薨子自子嗣
安郭于侯傳富中山靖王子傳富薨子釐侯偃嗣偃
薨子崇嗣
長沙定王發景帝子立二十八年薨子戴王庸嗣二
十七年薨子頃王鮒鮈嗣十七年薨子剌王建德嗣
三十四年薨子煬王旦嗣二年薨無子絕歲餘元帝
初元三年復立旦弟宗是爲孝王五年薨子魯人嗣
三十八年薨子舜嗣

安城思侯蒼長沙定王子封十三年薨子節侯自當
嗣自當薨子壽光嗣
夫夷敬侯義長沙定王子封十二年薨子節侯禹嗣
五十八年薨子頃侯奉宗嗣奉宗薨子釐侯慶嗣慶
薨子懷侯福嗣福薨子商嗣
春陵節侯買長沙定王子封四年薨子戴侯熊渠嗣
五十六年薨子孝侯仁嗣仁薨子敞嗣
都渠敬侯定長沙定王子封八年薨子頃侯傒嗣傒
薨子原侯順懷嗣順懷薨子煬侯容嗣容薨無子他
人嗣

衆陵節侯賢長沙定王子封五十年薨子戴侯真定
嗣二十一年薨子頃侯慶嗣慶薨子胥嗣
安衆康侯月長沙定王子封三十年薨子節侯山柎
嗣三十九年薨子繆侯毋妨嗣毋妨薨子釐侯褒嗣
褒薨子歀嗣歀薨子崇嗣爲王莽所滅建武二年以
崇從父弟寵紹建武十三年子松嗣
廣川惠王越景帝子立十三年薨子繆王齊嗣四十
四年薨初齊坐誣告中尉有司劾大不敬請繫治齊
恐上書願與廣川勇士奮擊匈奴上許之未發病薨
有司奏請除國奏可後数月下詔曰廣川惠王於朕

爲兄朕不忍絶其宗廟其以惠王孫去爲廣川王去
即繆王太子也二十三年以罪國除後四歲宣帝地
節四年復立去兄文是爲戴王文素正直数諫王去
故帝立焉二年薨子海陽嗣甘露四年以罪國除後
十五年平地元始二年復立戴王弟襄隄侯子瘉爲
廣得王奉惠王後二年薨子赤嗣
膠東康王寄景帝子立二十八年薨武帝聞寄有長
子賢毋無寵少子慶毋愛幸寄嘗欲立之爲非次因
有過遂無所言帝憐之立賢爲膠東王奉康王祀而
封慶爲六安王故衡山地膠東王賢立十五年薨謚

爲哀王子戴王通平嗣二十四年薨子頃王音嗣五
十三年薨子共王授嗣十四年薨子殷嗣
六安共王慶膠東康王子至三十八年薨子夷王祿
嗣十年薨子膠王定嗣二十二年薨子頃王光嗣
十七年薨子育嗣
阜虞煬侯建膠東康王子封九年薨子康侯定嗣十
四年薨子節侯哀嗣哀薨子釐侯勳嗣勳薨子須侯
顯嗣顯薨子藥嗣
魏其煬侯昌膠東康王子封十七年薨子原侯傳充
嗣三十三年薨子孝侯禹嗣禹薨子質侯蟜嗣蟜薨

子嘉嗣
嘗山憲王舜景帝子立三十三年薨子勃嗣爲王數
月廢國除
真定頃王平常山王舜子元鼎二年立二十五年薨
子烈王偃嗣十八年薨子孝王繇嗣二十二年薨子
安王雍嗣二十六年薨子共王普嗣十五年薨子陽
嗣
泗水思王商嘗山王舜少子立十三年薨子哀王安
世嗣十一年薨無子於是武帝憐泗水王絶復立安
世弟賀是爲戴王立二十年薨有遺腹子煖相内史

不以聞太后上書昭帝閔之抵相内史罪立煖是爲勤王立三十九年薨子戾王駿嗣三十一年薨子靖嗣

燕剌王旦武帝子立三十八年而誅國除六年宣帝即位封旦兩子慶爲新昌侯賢爲安定侯又立故太子建是爲廣陽頃王二十九年薨子穆王舜嗣二十一年薨子思王璜嗣二十年薨子嘉嗣

廣陵厲王胥武帝子立十三年以罪國除後七年元帝復立胥太子霸是爲孝王十三年薨子共王意嗣三年薨子哀王護嗣十六年薨無子絶後六年成帝

復立孝王子守是爲靖王立二十年薨子宏嗣

高密哀王弘廣陵王胥少子立九年薨子頃王章嗣三十三年薨子懷王寬嗣十一年薨子愼嗣

昌邑哀王髆武帝子立十一年薨子賀嗣立十四年即帝位二十四日廢爲海昏侯四年薨坐故行淫辟不得置後元帝初元三年以賀子代宗紹封是爲釐侯代宗薨子原侯保世嗣保世薨子會邑嗣

淮陽憲王欽宣帝子立三十六年薨子文王玄嗣二十五年薨子縯嗣

楚孝王囂宣帝子立三十八年薨子懷王文嗣一年薨無子絶陽朔二年成帝復立文帝平陸侯衍是爲思王二十一年薨子紆嗣

廣戚煬侯勳楚孝王子勳薨子顯嗣

東平思王宇宣帝子立三十三年薨子煬王雲嗣以罪自殺國除元始元年王莽白太皇太后立雲太子開明爲東平王開明立三年薨無子復立開明兄嚴鄉侯信子任爲東平王奉開明後

定陶共王康元帝子立十九年薨子欣嗣十五年成帝無子徵入爲皇太子帝以太子奉太宗後不得故私親乃立楚思王子景爲定陶王奉共王後

中山孝王興元帝子立三十年薨子衎嗣七年哀帝無子徵中山王衎入即位是爲平地太皇太后以帝爲成帝後故立東平思王孫桃鄉頃侯子成都爲中山王奉孝王後

冊府元龜卷終

冊府元龜

巡按福建監察御史臣李嗣京　訂正

知閩縣事臣曹𦙍臣叅閱

知建陽縣事臣黃國琦較釋

宗室部

承襲第二

後漢齊哀王章光武長兄縯長子建武二年立爲太原王十一年徙爲齊王立二十一年薨子殤王石嗣立二十四年薨子晃嗣晃立十七年以罪貶爵爲蕪湖侯晃卒子無忌嗣章帝以伯升首創大業而後嗣

罪廢心嘗愍之時北海亦絕無後遺詔令復二國永元二年乃復封無忌齊王是爲惠王立五十二年薨子頃王喜嗣立五年薨子承嗣

下傳侯張齊殤王子建中初卒子它人奉其祀

北海靖王興光武長兄縯次子建武二年封爲魯王嗣光武兄仲立三十九年薨子敬王睦嗣立十年薨子哀王基嗣基立十四年薨無子章帝憐之不除其國和帝永元二年封睦庶子斟鄉侯威爲北海王奉睦後立七年威以非睦子又坐誹謗檻車徵詣廷尉道自殺永初元年鄧太后復封睦孫壽光侯普爲北海王是爲頃王普立七年薨子恭王翼嗣立十四年薨子康王嗣無後

趙孝王良光武叔父立十六年薨子節王栩嗣栩立四十年薨子頃王商立二十三年薨子靖王宏立十二年薨子惠王乾嗣乾立四十八年薨子懷王豫嗣豫薨子獻王赦嗣赦薨子珪嗣建安十八年徙封博陵王魏初以爲崇德侯

城陽恭王祉光武族兄春陵康侯敞之子建武十一年薨十三年封祉敞子平爲蔡陽侯以奉祉祀平卒子真嗣真卒子禹嗣禹卒子嘉嗣

泗水王歙光武族父建武十年薨封小子煇爲堂谿侯奉歙後淄川王終泗水王歙子歙薨終居喪思慕哭泣三十餘日亦薨封長子柱爲邵侯以奉終祀

宜春侯正泗水王歙從父弟建武二年封子浮嗣封朝陽侯浮傳國至孫護無子封絕延光中護從兄瓌娶安帝乳母王聖女伯榮爲妻得紹護封爲朝陽侯王聖敗貶爵爲亭侯

安成孝侯賜光武族兄建武二十八年卒子閔嗣閔卒子商嗣徙封爲白牛侯商卒子昌嗣

成武孝侯順光武族兄建武十一年卒子遵嗣以罪

降爲端氏侯遵卒子弇嗣
順陽懷侯嘉光武族兄建武十九年卒子參嗣有罪削爲南鄉侯永平中參爲城門校尉參卒子循嗣循卒子章嗣
東海恭王彊光武子立十八年薨子靖王政嗣政立四十四年薨子頃王肅嗣二十三年薨子孝王臻嗣臻立三十一年薨子懿王祗嗣祗立四十四年薨子羨嗣
沛獻王輔光武子立四十六年薨子釐王定嗣定立十一年薨子節王正嗣立十四年薨子孝王廣嗣廣

立三十五年薨子幽王榮嗣榮立二十年薨子孝王琮嗣琮薨子共王曜嗣曜薨子契嗣
楚王英光武子立三十三年以罪自殺元和二年追謚楚厲侯子楚侯种嗣後徙封六侯六縣名屬廬江郡种卒子度嗣度卒子拘嗣傳國于後
濟南安王康光武子立五十九年薨子簡王錯嗣錯立六年薨子孝王香嗣香立二十年薨無子國絶永建元年順帝立錯子阜陽侯顯爲嗣是爲釐王立三年薨子悼王廣嗣
東平憲王蒼立四十五年子懷王忠嗣忠立十一年薨子孝王敞嗣敞立四十八年薨子頃王端嗣端立四十七年薨子凱嗣
任城孝王尚東平憲王子立十八年薨子貞王安嗣安立十九年薨子節王崇嗣崇立三十一年薨無子國絶延熹四年桓帝立河間孝王子博爲任成王以奉其祀博立十三年薨無子國絶熹平四年靈帝復立河間貞王孫新昌侯佗爲任成王奉孝王後
阜陵質王延光武子立五十一年薨子殤王冲嗣冲立二年薨無嗣和帝復封冲兄魴是爲頃王魴立三十年薨子懷王恢嗣恢立十年薨子節王代嗣代立

十四年薨無子國絶建和元年桓帝立勃遵亭侯便親爲恢嗣是爲恭王立十三年薨子孝王統嗣立八年薨子赦嗣
廣陵思王荆光武子立二十九年以罪自殺封荆子元壽爲廣陵侯服王璽綬食荆故國六縣元壽卒子商嗣商卒子條嗣傳國於後
中山簡王焉光武子立五十二年薨子夷王憲嗣憲立二十二年薨子孝王弘嗣弘立二十八年薨子穆王暢嗣暢立三十四年薨子節王稚嗣
琅琊孝王京光武子立三十一年薨子夷王宇嗣宇

立二十年薨子恭王壽嗣壽立十七年薨子貞王遵嗣遵立十八年薨子安王據嗣據立四十七年薨子順王容嗣容立八年薨建安十一年復立容子熙爲王

陳敬王羨明帝子立三十七年薨子思王鈞嗣鈞立二十一年薨子懷王竦嗣竦立二年薨無子國絶永寧元年立敬王子安壽亭侯崇爲陳王是爲頃王立五年薨子孝王承嗣承薨子愍王寵嗣

彭城靖王恭明帝子立四十六年薨子考王道嗣道立二十八年薨子頃王定嗣立四年薨子孝王和嗣

和立六十四年薨孫祗嗣魏以爲崇德侯

樂城靖王黨明帝子立二十五年薨子哀王崇嗣崇立二月薨無子國絶明年和帝立崇兄脩侯巡爲樂成王是爲釐王立十五年薨子隱王賓嗣立八年薨無子國絶明年復立齊北惠王子萇爲樂城王萇到國驕滛不法安帝貶萇爵爲臨潮侯延光元年以河間孝王子得嗣靖王後以樂城比廢絶故改國曰安平是爲安平孝王立三十年薨子續嗣

下邳惠王衍明帝子建初四年就國衍後病荒忽而太子卬有罪廢諸姬爭欲立子爲嗣連上書相告言和帝憐之使彭城靖王恭至下邳正其嫡庶賜恭詔曰皇帝問彭城王蓋聞堯親九族萬國協和書典之所美也下邳王被病沉滯之疾昏亂不明家用不寧姬妾適庶諸子分爭紛紛至今前太子卬頑凶失道陷于大辟是後諸子更相誣告迄今嫡嗣未知所定朕甚傷之惟王與下邳王恩義至親正此國嗣非王而誰禮重適庶之序春秋之義大居正孔子曰惟仁者能好人能惡人貴仁者所好惡得其中也太子國之儲嗣可不慎歟王其差次下邳諸子可爲太子者上名將及景風拜授印綬焉立五十四年薨子貞王

成嗣成立二年薨子愍王意嗣意立五十七年薨子哀王宜嗣

梁節王暢明帝子立三十七年薨子恭王堅嗣堅立三十六年薨子懷王正嗣正立十一年薨無子順帝封其弟孝陽亭侯成爲梁王是爲夷王立二十九年薨子敬王元嗣立十六年薨子彌嗣立四十年魏受禪以爲崇德侯

淮陽頃王昞明帝子永平五年封常山王建初四年徙封淮陽立十六年薨未及立嗣永元二年和帝立昞小子側復爲常山王奉昞後是爲殤王立十三年

薨無子立兄防子侯章爲甞山王立二十五年薨是爲靖王子頃王儀嗣儀立十七年薨子節王豹嗣豹立八年薨子暠嗣

千乘貞王伉章帝子立十五年薨子寵嗣永元七年改國名樂安立二十八年薨是爲夷王子鴻嗣鴻生質帝質帝立梁太后下詔以樂安國土卑濕租委鮮薄（委謂委輸也）改鴻封勃海王立三十六年薨是爲孝王無子太后立桓帝弟蠡吾侯悝爲勃海王奉鴻嗣（悝蠡吾侯翼子河閒王開孫也）

清河孝王慶章帝子立二十五年薨子愍王虎威嗣

虎威三年薨亦無子鄧太后復立樂安王寵子延平爲清河王是爲恭王（寵即千乘王伉之子）立三十五年薨子蒜立三年以罪貶尉氏侯自殺國絶明年梁太后立安平孝王子經侯理爲甘陵王（梁與惡清河名改爲甘陵）奉孝德皇祀（初孝王慶子祜爲鄧太后所立是爲安帝帝乃追尊孝王爲孝德皇）是爲威王理立二十五年薨子貞王定嗣定立四年薨子獻王忠嗣

濟北惠王壽章帝子立三十一年薨子節王登嗣登十五年薨子哀王多嗣多立三年薨無子永和四年立戰鄉侯安國爲濟北王（臣欽若等曰節王登弟五人皆爲郡侯安國疑其一也）是爲釐王安國立十年薨子孝王次嗣次立七年薨子鸞嗣鸞薨子政嗣

河閒孝王開章帝子立四十二年薨子惠王政嗣政立十年薨子貞王建嗣建立十年薨子安王利嗣利立二十八年薨子陔嗣陔立四十一年魏受禪以爲崇德侯

蠡吾侯翼河閒孝王子翼卒子志嗣後爲大將軍梁冀所立是爲桓帝梁太后詔追尊蠡吾先侯曰孝崇皇建和二年封帝兄都鄉侯碩爲平原王奉翼後

解瀆亭侯淑河閒孝王子淑卒子長嗣長卒子宏嗣爲大將軍竇武所立是爲靈帝竇太后詔追尊皇祖

淑爲孝元皇皇考長爲孝仁皇熹平三年拜河閒安王利子康爲濟南王奉孝仁皇祀康薨子贇嗣贇爲黄巾賊所害子開嗣魏受禪以爲崇德侯

平原懷王勝和帝長子立八年薨無子鄧太后立樂安夷王寵子得爲平原王奉勝後是爲哀王得立六年薨無子永寧元年太后又立河閒王開子都鄉侯翼爲平原王嗣

魏陳忠侯仁太祖從弟黄初四年薨子泰嗣轉封甯陵侯泰薨子初嗣

高陵亭威侯純陳忠侯弟建安十五年薨子演嗣正

元中進封平樂鄉侯演薨子亮嗣
樂城恭侯洪太祖從弟太和六年薨子馥嗣
長平侯休太祖族子太和二年薨子肇嗣肇正始中薨子興嗣
邵陵元侯真太祖族子明帝時薨子爽嗣爽誅嘉平中詔功臣世封真族孫熙爲新昌亭侯邑三百户以奉真後
任城威王彰太祖子黃初四年薨子楷嗣徙封中牟五年改封任城縣太和六年復改封任成國
陳思王植太祖子植薨子志嗣徙封濟北王

蕭懷王熊太祖子早薨青龍二年子哀王炳嗣
豐愍王昂太祖子太祖南征爲張繡所害無子黃初二年追封謚曰豐悼公三年以樊安公均子琬奉昂後封中都公其年徙封長子公五年追加昂號曰豐悼王太和三年改昂謚曰愍王嘉平六年以琬襲昂爵爲豐王琬薨謚曰恭王子廉嗣
相殤王鑠太祖子早薨太和三年追封謚青龍元年子愍王潛嗣其年薨三年子懷王偃嗣四年薨無子國除正元二年以樂陵王茂子陽都鄉公竦繼鑠後
鄧安王沖太祖子建安十三年薨命宛侯據子琮奉沖後二十二年封琮鄧侯黃初三年進琮爵徙封冠軍公四年徙封巳氏公
沛穆王林太祖子林薨子緯嗣
中山恭王袞太祖子青龍三年薨子孚嗣
濟陽懷王玹太祖子建安十六年封西鄉侯早薨無子二十年以沛王林子贊襲玹爵邑贊早薨無子文帝復以贊弟壹紹玹後黃初二年改封濟陽侯四年進爵爲公太和四年追進玹爵謚曰懷公六年又進號曰懷王追謚贊曰西鄉哀侯壹薨謚曰悼公子甞嗣

陳留恭王峻太祖子甘露四年薨子澳嗣
范陽閔王矩太祖子早薨無子建安二十二年以樊安公均子敏奉矩後太和六年改封敏琅邪景元中敏薨謚曰原王子焜嗣
楚王彪太祖子嘉平元年以罪自殺封彪子嘉爲常山真定王
鄅戴公整太祖子奉從叔父郎中紹後建安二十二年封鄅侯二十三年薨無子黃初二年追進爵謚曰戴公以彭城王據子範奉整後二年封平氏侯四年徙封成武太和三年進爵爲公青龍三年薨謚曰悼

公無後四年詔以範弟東安鄉公闓爲郿公奉整後
樊安公均太祖子奉叔父蓟恭公彬後建安二十二
年封樊侯二十四年薨子抗嗣黄初二年追進公爵
謚曰樊安公三年徙封杭蓟公四年徙封屯留公景
初元年薨謚曰定公子諶嗣
東平靈王徽太祖子奉叔父朗陵哀侯玉後正始三
年薨子翕嗣
贊哀王協文帝子早薨太和五年追封謚曰經殤公
青龍二年更追改號謚三年子殤王尋嗣
北海悼王蕤文帝子青龍二年薨以琅邪王子贊奉
蕤後封昌鄉景公二年立爲饒安王

東海定王霖文帝子嘉平元年薨子啓嗣
元城哀王禮文帝子太和三年薨五年以任城王楷
子悌嗣禮後六年改封梁王
邯鄲懷王邕文帝子太和三年薨五年以任城王楷
子温嗣邕後六年改封魯陽
蜀安平悼王理後主庶弟延熙七年卒子哀王胤嗣
十九年卒子殤王承嗣二十年卒景耀四年詔曰安
平王先帝所命三世早夭國嗣頽絶朕用傷悼其以
武邑侯輯襲王位輯理子也

吴沙羨侯奐堅弟静之子嘉禾三年卒子承嗣以昭
武中郎將代統兵領郡赤烏六年卒無子封承庶弟
壹奉奐後
丹陽侯喬與兄晈之子晈爲征虜將軍建安二十四
年卒追録其功封喬喬卒無子弟晞嗣
都亭侯貴堅兄子爲征虜將軍豫章太守在官十一
年卒子鄰年九歲代領豫章進封都鄉侯鄰子公達雅性精敏幼有令譽赤烏十二年卒子苗嗣
晉安平獻王孚宣帝次弟也世子邕先孚卒邕子崇
爲世孫又早夭泰始九年立崇弟平陽亭侯隆爲安

平王
義陽成王望安平獻王子出繼伯父朗泰始七年薨
子弈早亡以弈子奇襲爵奇好蓄聚太康九年貶爲
三縱亭侯更以章武王威河間平王洪子爲望嗣後威誅復
立奇爲棘陽王以嗣望
河間平王洪義陽成王子出繼叔父邑武亭侯遺仕
魏歷位典農中郎將原武太守封襄賁男武帝受禪
封河間王立十三年咸寧二年薨子威嗣徙封章武
威既繼義陽王望更立威弟混爲洪嗣混小子滔祐
嗣新蔡王確與新蔡太妃不協太興二年上疏以兄

弟並沒在遼東章武國絕宜還所生太妃訟之事下
太常太常賀循議章武新蔡俱承一國不絕之統義
不得替其本宗而先傍親案滔既已被命爲人後矣
必須無後兄弟本國末絕然後得還所生今兄弟在
遠不得言無道理雖阻復非絕域且鮮卑恭命信使
不絕自宜詔下遼東依劉群盧諶等例發遣令還繼
嗣本封謂滔令未得便委離所後也元帝詔曰滔雖
出養自有所生毋親新蔡太妃相待甚薄滔執意如
此如其不聽終當紛紜更爲不可今便順其所執還
襲章武滔歷位散騎常侍薨子休嗣休與彭城王雄

俱奔蘇峻蘇峻平休巳戰死弟珍時年八歲以小弗
坐咸和六年襲爵位至太宗二年珍薨無嗣河間王
欽以子範之繼位至遊擊将軍薨子秀嗣
隨穆王整義陽成王子兄奕卒以整爲世子歷南中
郎将封清泉侯先父望薨武帝以義陽國一縣追封
爲隨縣王子邁嗣大康九年以義陽之平林封邁爲
隨郡王
太原成王輔安平獻王子輔薨子鑠立
南宮縣王翼安平獻王子武帝未受禪而卒以兄邕
之支子承爲嗣封南宮縣王承薨子祐嗣

下邳獻王晃安平獻王子咸寧六年薨二子褒緯褒
卒緯有篤疾别封良城縣王以太原王輔第三子韓
爲嗣官至侍中尚書早薨子詔立
太原烈王瓌安平獻王子泰始十年薨子顒立徙封
河間王
河間王顒太原烈王子永嘉初爲南陽王模所害詔
以彭城元王植子融爲顒嗣改封樂成縣王薨無子
建興中元帝又以彭城康王釋子欽爲融嗣
高陽王珪安平獻王子泰始十年薨珪有美譽於世
而帝甚悼惜之無子詔以太原王輔子緝襲爵緝立

五年咸寧四年薨謚曰哀無子太康二年詔以太原
王瓌世子顒子詡爲緝後
常山孝王衡安平獻王子泰始二年薨無子以安平
世子邕第四子敦爲嗣
沛順王景安平獻王子咸寧元年薨子韜立
彭城穆王權宣帝弟馗之子咸寧元年薨子元王植
立植薨子康王釋立釋薨子雄立坐奔蘇峻伏誅更
以釋子紘嗣紘薨子玄嗣玄薨子孔之立位至散騎
常侍薨子邵之立邵之薨子崇之立崇之薨子緝之
立

高密文獻王泰宣帝弟馗之子元康九年薨子略立永嘉三年薨子據立薨無子以彭城康王子紘爲嗣其後紘歸本宗立紘子俊以奉其嗣俊薨子敬王純之立純之薨子恢之立

東海孝獻王越高密文獻王子元帝時以越世子毗沒於石勒不知存亡帝乃以第三子冲繼毗後稱東海世子以毗陵郡增本封邑萬户又改食下邳蘭陵以越妃裴氏爲太妃薨因發毗喪冲即王位以滎陽益東海國轉車騎將軍徙驃騎將軍成康七年薨年三十一贈侍中驃騎大將軍儀同三司無子成帝詔

曰哀王無嗣國統將絶朕所哀但其以小晚生奕繼哀王爲東海王以道遠罷滎陽更以臨川郡益東海及哀帝以琅邪王即尊位徙奕爲琅邪王東海國闕無嗣奕後入纂大業桓溫廢之復爲東海王既而貶爲海西公東海國又闕嗣陵安三年安帝詔以會稽忠王次子彥璋爲東海王繼哀王爲曾孫改食吳興郡爲桓玄所害國除

新蔡武哀王騰高密文獻王子騰以戰死庶子確立是爲莊王確無子初以章武王混子滔奉其祀其後復以汝南威王祐子弼爲確後大興元年薨無子又以弼弟邈嗣確位至侍中薨子晃立拜散騎侍郎桓溫廢武陵王晃爲庶人徙衡陽孝武帝立晃弟崇繼邈後

范陽康王綏宣帝弟馗之子咸寧五年薨子虓立虓薨無子養南陽王模子黎爲嗣

濟南惠王遂宣帝弟恂之子泰始二年薨二子耽緝緝嗣濟南惠王立咸寧二年徙爲中山王是年薨無子緝繼

譙剛王遜字子悌宣帝弟進之子泰始二年薨子定王隨立隨薨子邃立沒於石勒元帝以遜次子承嗣

是爲閔王承爲王廙所害子無忌立是爲烈王無忌永和六年薨二子恬倍恬立是爲敬王太元十五年薨子尚之立是爲忠王爲桓玄所害玄上疏以閔王不宜絶祀乃更封尚之從弟康之爲譙縣王安帝反正追贈尚之衛將軍以尚之弟休之長子文思爲尚之嗣襲封譙郡王

廣晉伯倍譙烈王子早卒無子兄恬以子允之嗣

陽陵王睦譙剛王弟元康元年薨世子蔚早卒孫毅立永嘉中沒於石勒隆安元年詔以譙敬王恬次子恢之子文深繼毅後毅立五年薨無嗣復以高密王

純之子法連繼之
任城景王陵字子山宣帝弟通之子咸寧五年薨子
濟立
西河繆王斌任成景王子咸寧四年薨子隱立隱薨
子香音媚多貌立
平原王榦字子良宣帝子永嘉五年薨有二子世子
廣早卒次子永以太熙中封安德縣公
琅琊武王伷宣帝子太康四年薨子恭王覲立覲拜
冗從僕射太熙元年薨時年三十五子睿立是爲元
帝元興初帝以皇子裒爲琅琊王奉恭王祀裒早薨

子哀王安國立未踰年薨更以皇子煥爲琅邪王初
煥封顯義亭侯尚書令刁協奏昔魏臨菑侯以邢顒
爲家丞劉禎爲庶子今侯幼弱宜選明德帝令日臨
菑萬户封又植少有美才能同遊田蘇者今晩生蹤
羸何論於此間封此兒不以寵稚子也亡弟當應繼
嗣不獲已耳家丞庶子足以攝祀而已豈宜屈賢才
以受無用乎及煥疾篤乃下詔封爲琅琊王嗣恭王
後俄而薨年二歲以皇子昱爲琅邪王咸和之初既
徙封會稽成帝又以康帝爲琅邪王康帝即位封成
帝長子哀帝爲琅邪王哀帝即位以廢帝爲琅邪王
廢帝即位以會稽王攝行琅邪國祀簡文帝登祚琅
邪王無嗣帝封少子道子爲琅邪王道子後爲會稽
王更以恭帝爲琅琊王帝既即位琅邪國除
武陵莊王澹琅邪武王子永嘉末爲石勒所害子哀
王喆立喆無子其後元帝立皇子晞爲武陵王以奉
澹祀晞爲桓溫所廢太元六年卒二年追封武陵王
子忠敬王遵嗣義熙四年薨子定王季度立拜散騎
侍郎薨子球之立
東安王繇琅琊武王子永康中爲成都王穎所害後
立琅邪王覲子長樂亭侯渾爲東安王以奉繇祀

淮陵元王漼琅邪武王子爲宗正薨子貞王融立融
薨無子安帝時立武陵威王孫蘊爲淮陵王以奉元
王之祀位至散騎常侍薨無子以臨川王寶子安之
爲嗣
清惠亭侯京宣帝子年二十四薨以文帝子幾爲嗣
泰始元年封燕王機無子齊王冏表以子幾嗣
扶風武王駿宣帝子駿薨子暢嗣改封順陽王
新野莊王歆扶風武王子爲張昌所害無子以兄子
劭爲後
汝南文王亮宣帝子惠帝時趙王瑋矯詔誅亮及其

世子矩俱爲亂兵所害璋誅追復亮爵謚矩爲懷王
子祐立是爲威王祐咸和元年薨子恭王統立以南
頓王宗謀反被廢其後成帝哀亮一門殄絕紹統復
封統薨子羲立羲薨子遵之立以罪伏誅弟楷之子
蓮扶立

梁孝王肜宣帝子永康二年薨無子以武陵王澹子
禧爲後是爲懷王没於石勒元帝時以西陽王羕子
悝爲肜嗣悝早薨是爲殤王至是懷王子翹自石氏
歸國得立是爲聲王官至散騎常侍薨無子詔以武
陵威王子遵爲翹嗣歷永安大僕與父晞俱廢徙新

安薨太元中復國子龢立薨子珍之立

齊獻王攸文帝子景帝無子命攸爲嗣徙封武陽侯
後改安昌武帝踐祚封齊王攸薨子冏嗣冏誅永興
初詔以齊王冏輕陷重刑前勳不宜堙没乃赦其三
子超冰英還第封超爲縣王以繼冏祀及雒陽傾覆
超兄弟皆没于劉聰冏遂無後太元中詔以故南頓
王宗子柔之襲封齊王紹攸冏之祀

城陽哀王兆文帝子年十歲而夭武帝踐祚詔曰亡
弟千秋少聰慧有夙成之質不幸早亡先帝先后特
所哀愍先后欲紹立其後而竟未遂每追遺意情懷
感傷其以皇子景度爲千秋後雖非典禮亦近世之
所行且以述先后本旨也於是追加兆封謚景度以
泰始六年薨復以第五子憲繼哀王後薨復以第六
子祗爲東海王繼哀王後薨咸寧初又封第十五子
遐爲清河王以繼兆後

遼東悼惠王定國文帝子年三歲薨咸寧初追加封
謚齊王攸以長子蕤爲嗣蕤薨子遵嗣

廣漢殤王廣德文帝子年二歲薨咸寧初追加封謚
齊王攸以子贊紹封贊薨攸更以子寔嗣廣德後

樂安平王鑒文帝子元康七年薨子殤王籍立籍薨

無子齊王冏以子冰紹鑒後以齊陰萬壹千二百一
十九户改爲廣陽國立冰爲廣陽王

楚隱王瑋武帝子以罪誅永寧元年封其子範爲襄
陽王

長沙厲王乂武帝子後被誅永安元年詔長沙王乂
輕陷重刑封其子紹爲樂平縣王以奉其嗣永嘉中
懷帝以乂子碩嗣

成都王穎字章度武帝子以罪繇永嘉中立東萊王
蕤子遵爲穎嗣封華容縣王

毗陵悼王軌武帝子二歲而夭太康十年追加封謚

以楚王瑋子義嗣
秦獻王柬武帝子元康元年薨無子以淮南王允子郁爲嗣郁與允俱被害永寧二年追謚曰悼又以吳王晏子鄰嗣
始平哀王裕武帝子咸寧三年薨年七歲無子以淮南王允子迪爲嗣太康十年改封漢王
淮南忠莊王允武帝子爲趙王倫子虔所害允三子皆被害齊王冏上表以息超繼允後冏敗超被幽金墉城後更以吳王晏子祥爲嗣
代哀王演武帝子演薨無子以成都王穎子廓爲嗣

改封中都王
清河康王遐武帝子永康元年薨子覃嗣覃爲皇太子以弟新蔡王籥還封清河王
會稽思世子道生子延長簡文之子也以幽廢卒無後及孝武帝即位嘗晝見道生及臨川獻王郁曰大郎饑乏辛苦言竟不見帝傷感因以西陽王羕玄孫珣之爲後
臨川獻王郁簡文子年十七薨寧康初追封郡王以武陵威王晞孫寶爲嗣
會稽文孝王道子簡文子出琅邪孝王及恭帝爲琅邪王道子受封會稽國後爲桓玄所害義熙元年以臨川王寶子修之爲道子嗣是爲悼王

冊府元龜卷終

冊府元龜

巡按福建監察御史臣李嗣京　訂正
知甌寧縣事臣孫以敬　叅閱
知建陽縣事臣黃國琦　較釋

宗室部

承襲第三

宋長沙景王道憐高祖中弟也永初三年薨子成王義欣嗣元嘉十六年薨子悼王瑾嗣瑾爲元凶所殺瑾子絜早夭絜弟纂嗣

桂陽恭侯義融長沙景王子元嘉十八年卒子孝侯

覬嗣覬爲元凶所殺無子弟襲以子晃繼封

臨澧忠侯襲桂陽恭侯子泰始六年卒於中護軍子旻嗣昇明二年改封東昌縣侯

新喩惠侯義宗長沙景王子元嘉二十一年卒子懷侯玠嗣玠爲元凶所殺無子弟秉以子承繼封

興安惠侯義賓長沙景王子元嘉二十五年卒子惠侯綜嗣綜卒子憲嗣

營道僖侯義綦長沙景王少子建元二年卒子長猷嗣

臨川烈武王道規高祖少弟義熙八年薨無子以長沙景王第二子義慶爲嗣是爲康王初太祖少爲道規所養高祖命紹焉咸以禮無二繼太祖還本而定義慶爲嗣明廟主當隨往江陵義慶幼爲高祖所知甞曰此我家豐城也年十三襲封南郡公永初元年襲封臨川王元嘉二十一年薨子哀王燁嗣爲元凶所殺子綽嗣

廬陵孝獻王義眞高祖子景平二年罪誅無子太祖以第五子紹爲嗣元嘉九年襲封紹無子以南平王鑠第三子敬先嗣是爲恭王無子泰始元年以世祖第二十一子晉熙王子輿爲紹嗣封廬陵王未拜爲

太宗所殺後更以桂陽王休範第二子德嗣紹元徽二年與休範俱伏誅國復絶三年復以臨澧忠侯襲第三子暠繼紹是爲元王

彭城王義康高祖子元嘉二十八年賜死子泉陵侯允等爲元凶所殺永光元年太宰江夏王義恭表曰臣聞忝祖逵斥猶或慮親降殺霍省序義重全戚故嚴道疾終嗣啓方宇阜陵愆屏身適晩恩竊惟故庶人劉義康昔昧姦回自貽非命沈魂漏籍垂誡來典運華三朝歲盈三紀天地改朔日月再升陶形賦氣咸蒙更始義康妻息漂泼早遘盛化衆女孤弱永淪

黔首即情原釁本非已招感事哀矜俯增傷咽敢緣
陛下聖化融泰春澤覃被慈育群生仁被泉草實希
洗宥還蔭帝宗則施及陳根榮加幽壤臣特憑國私
冐以誠表塵觸靈威伏紙悲悸詔曰太宰表如此公
緣情追遠覽以增懷昔淮楚推恩祚流支裔抑法引
親古今成性便以公表付外依旨奉行故泉陵侯允
橫罹凶虐可特爲置後
江夏文獻王義恭世子叡爲元凶所害孝武大明二
年以第四子子綏繼封食邑二千戶追謚叡曰宣王
子綏死後太宗以第八子子躋繼義恭爲孫封江夏王

食邑五千戶
南豐王朗江夏文獻王子長子爲元凶所害孝建元
年以宗室祗長子歆繼封祗伏誅歆還泰始三年更
以宗室韞第二子銑繼封與韞俱死順帝昇明二年
後以宗室琨子績繼封
衡陽文王義季高祖子元嘉二十四年薨子恭王嶷
嗣大明七年薨子伯道嗣
南平穆王鑠文帝子孝武即位初薨子敬猷嗣爲前
廢帝所殺太宗即位追贈敬猷侍中謚曰懷改封孝
王武帝第十八子臨賀王子産爲南平王繼鑠後未
拜被殺泰始五年立晉平王休祐第七子宣曜爲南
平王繼鑠後宣曜被廢還本後廢帝元徽元年立衡
陽恭王嶷第二子伯玉爲南平王繼鑠後
建平宣簡王宏文帝子大明二年薨子景素先以罪
伏誅孝武封長沙成王義欣子勰第三子恬爲秭歸
侯食邑千戶繼宏後
晉熙王昶文帝子景和中被害二子長曰思遠次曰
懷遠尋並卒泰始六年以第六皇子燮繼昶封爲晉
熙王
始安王休仁文帝子泰始六年遇害子伯融廢徙冊

陽縣後廢帝元徽元年還京邑襲封
鄱陽哀王休業文帝子孝建三年薨太明六年以山
陽王休祐次子士弘嗣封
臨慶冲王休倩文帝子孝建元年始九歲封東平王
未拜薨大明七年立第二十七皇子子嗣爲東平王
紹休倩後太宗泰始二年還本國絕六年以第五皇
子智井爲東平王繼休倩未拜薨其年追改休倩爲
臨慶王以臨賀郡爲臨慶國立第八皇子躋爲臨慶
王食邑二千戶繼休倩後明年還本國太祖所愛故
前後屢加紹門嗣

巴陵哀王休若文帝子泰始七年賜死子冲襲封
始平孝敬王子鸞孝武帝子爲前廢帝所害明帝即
位詔以建平王景素息延年爲嗣追改子鸞封爲始
平王食邑千户延年泰始四年薨時年四歲謚曰冲
王明年復以長江王纂子延之爲始平王紹子鸞後
武陵王賛明帝子泰始六年生其年詔曰世祖孝武
皇帝雖恃尊壥息勲狄政弛樂歆無饜事因於寧泰
任威縱貴義緣於務寡故以積愆動天沉痾裔嗣景
和肇亹義嘉成禍世祖繼體陷寃無遺昔皇家中圮
含生懼滅賴英孝感舊掃雪寃恥勲績隆歷極兹窮

珉繼絶追遠禮訓攸尚况既帝且兄而缺斯典今以
第九子智隨奉世祖爲子武陵郡大明之世事均大
邦可封智隨武陵王食邑五千户尋世祖一門女累
不少既無釐總義須防閑諸侯雖不得祖稱天子而
事有一家之切且歸寧有所疢疾相營得失是任閨
房有稟朕膺天在位恩深九族庶此是申追睦之懷
敎愛之旨
南齊衡陽元王道度太祖長兄卒於宋世建元元年
追加封謚無子太祖以第十二子鈞係道度後隆昌
元年遇害明帝即位以永陽王子珉仍本國繼元王
爲孫子珉世祖第二十子永泰元年見害年十四復
以武陵昭王曄第三子子坦奉元王後
曲江康公遥欣衡陽元王子宣帝兄西平太守夲之
無後以遥欣繼爲曾孫建武元年封聞喜縣公尋改
封曲江公
始安貞王道生太祖次兄宋世卒建元元年封謚長
子鳳早卒明帝建武元年追封始安王謚曰靖子遥
光嗣遥光生有躄疾太祖謂不堪奉拜祭祀欲封其
弟世祖諫乃以遥光襲爵遥光反誅以江陵公寶覽
爲始安王奉靖王後安陸昭王緬始安貞王子劭封

安陸侯建武元年追封安陸王子寶晊嗣永元元年
以安陸郡邊魏改封湘東王
南豊懿伯赤斧太祖從祖弟武帝時卒于家子穎胄
襲爵豫章
文獻王嶷太祖第二子武帝時薨世子子廉早卒子
元琳嗣
竟陵王子良世祖子隆昌中薨子昭胄嗣
梁長沙宣武王懿高祖長兄天監元年追封子元王
業襲封業薨子章王孝儼嗣儼薨子遵嗣
永陽昭王敷高祖次兄天監元年追封子恭王伯游

嗣
衡陽宣王暢高祖弟天監元年追封子孝王元簡襲
封十八年卒子俊嗣
桂陽簡王融高祖次弟天監元年追封無子詔以長
沙宣武王第九子象嗣襲封爵是爲敦王大同二年
薨子慥嗣
臨川靖惠王宏高祖弟普通七年薨子正仁早卒謚
曰哀世子無子高祖詔宏子羅平侯正立爲世子繇
宏意也宏薨正立表讓長兄正義爲嗣高祖嘉而許
之封正立千户侯

建安敏侯正立臨川靖惠王子薨子賁嗣
安成康王秀高祖弟普通元年薨世子機嗣是爲煬
王機薨子操嗣後梁支宣踐位後以機子欣襲封
南平元襄王偉高祖弟大通四年薨世子恪嗣是爲
靖節王
鄱陽忠烈王恢高祖弟普通七年薨世子範嗣
始興忠武王憺高祖弟普通三年薨長子亮嗣
吳平忠侯景高祖從父弟天監末卒子暢州刺史子
光侯勵嗣
南康簡王績高祖子大通三年薨子會理嗣

廬陵威王續高祖子大同二年薨子安嗣
豫章安王懽昭明太子長子大通三年封位江州刺
史薨子棟嗣
陳始興昭烈王談高祖兄即位而追封談有二子蒨
爲文帝頊爲宣帝高祖以宣帝襲封及文帝入纂時
宣帝在周未還帝以本宗之饗其年十月下詔曰昔
者皇基肇建封樹枝戚朕親地攸在特啓大邦弟頊
嗣承門祀雖土宇開建薦饗莫繇重以遺家不造閔
凶夙遘儲貳遐隔輜重未反假以聊身膺茲景命式
脩龜鼎氷谷載懷今既入奉太宗事絶藩祀始興國

廟蒸嘗無主瞻言霜露感尋慟絶其徙封嗣頊爲安
成王封第二子伯茂爲始興王以奉昭烈王祀賜天
下爲父後者爵一級庶申罔極之情永保山河之祚
光大二年以罪誅後主太建元年立弟叔敦爲始興
王奉昭烈王祀
永脩定侯擬高祖從子天嘉元年卒子黨嗣
遂興侯詳高祖從子天嘉五年戰死子正理嗣
衡陽獻王昌高祖子天嘉元年自長安還都渡江舡
壞而卒無子文帝以第七皇子伯信爲嗣
南康愍王曇朗高祖母弟忠莊王休光之子曇朗爲

質於齊天嘉元年詔曰南康王曇朗出隔齊庭反身莫測園廟方脩莫饗湏圭可以長男方泰爲南康世子繼南康王後及聞曇朗薨於是襲封

衡陽獻王昌高祖子初與宣帝俱遷長安天嘉元年自周還朝於道薨其年文帝立第七皇子信爲衡陽王奉獻王祀

桂陽王伯謀文帝子至德元年薨子鄭嗣

河東康簡王叔獻宣帝子太建十二年薨子孝寛嗣

後魏上谷公紇羅神元帝曾孫紇羅卒子題賜爵襄城公後進爵爲王題卒子悉襲降爵爲襄公

高凉神武王孤文皇帝子孤薨子斤失職斤子真樂頻有戰功後襲祖封明元初改封平陽王薨子禮襲本爵高凉王禮薨謚懿王子那襲坐事伏法獻文即位追那功命子紇紹封紇薨子大曹孝文時改封太原郡公卒無子國除宣武又以大曹兄從子洪威紹

松滋侯度高凉神武王孫度卒子乙忻襲爵襄王侯乙忻卒子平襲世爵松滋侯以軍功賜艾陵男卒子長孝文時襲爵松滋侯例降賜艾陵伯長卒子華襲爵後於弟子思俱賜死長弟珍子金襲爵艾陵男

上黨王天穆松滋侯平子天穆卒子儼襲

西河公敦平文帝曾孫敦卒子撥襲

河間宣公與都平文帝之後與都卒子提襲父侯爵

河間敬公齊烈帝之玄孫齊卒長子陵襲爵

文安公泥國之疎族泥卒子屈襲

衛王儀秦明王翰子道武時賜死子良明元時追錄儀功封南陽王以紹儀後

陰平熹王烈衛王儀弟明元時薨子朮襲

秦愍王觚陰平王烈弟道武時追謚封子夔爲豫章王以紹觚

常山王遵昭成帝孫天賜四年坐醉亂失禮賜死葬

以庶人禮子素明元從册所生特見親寵太武初復襲爵是爲康王

暨陽子可悉陵常山康王子可悉陵卒弟陪斤襲

城陽宣公忠常山康王子忠卒子盛襲爵

河澗公德常山康王子卒於鎮南將軍德子（王欽若等曰失記其名）卒於光州刺史謚曰恭子崐薨於瀛州刺史謚曰懿忠子暉襲謚曰文憲

陳留桓王虔昭成帝孫道武時追封又封其子悅爲朱提王悅賜死大武詔弟崇令襲桓王爵是爲景王崇薨子建襲

蒲城侯覬昭成帝孫太武時卒子崙襲爵以公進封
隴西公卒謚定公子琛襲爵
武遂子枝干昭成帝曾孫枝干卒子受洛襲進爵武
邑公
彭城公勃昭成帝孫勃卒長子栗襲
豊陽公庫汗彭城公孫庫汗卒子古辰襲
陽平王熙道武子太嘗六年薨長子靖王他襲他世
子吐萬早卒吐萬子儁王顯襲祖爵子康王世遵襲
孝昌元年薨子敬先襲敬先爲元顥所害子宣洪襲
拱𣶏公比陵陽平王熙子爲安遠將軍卒子天琚襲

卒子延伯襲
河南王曜道武子泰常七年薨長子提大武時襲改
封潁州王後改封武昌太安元年薨年四十七謚曰
成王長子平原襲爵卒謚曰簡王平原有五子長子
和爲沙門捨其子顯以爵讓其次弟鑒鑒固辭詔許
其身鑒終之後令顯襲爵鑒乃受之鑒薨之後與鑒
子伯宗競求承襲尚書令高肇奏和太和中出爲沙
門讓爵於鑒鑒後以和子顯年在弱冠宜承基緒求
遜王爵以歸正嫡先朝詔終鑒身聽如其請鑒既薨
逝和求襲封謹尋詔旨聽傳子顯不許其身和先讓
後求有乖道素請令伯宗承襲宣武詔曰和前以讓
鑒而鑒還讓其子交讓之道於是乎著其子早終可
聽和襲和正光四年薨子諫襲莊帝初遇害子攀襲
河澗王脩道武子泰常元年薨無子太武詔河南王
曜子羯兒襲脩爵改封略陽
廣平王連道武子始光四年薨無子太武以陽平王
熙第二子渾爲南平王以繼連後渾太和十一年從
駕𢌿方山道薨子飛襲後賜名霄太和十七年薨謚
日安王子纂襲景明元年薨於平城子伯和襲永平
三年薨謚曰哀王伯和無子以弟文華子仲冏襲王

封後爲蕭寶寅所害謚曰武貞子承宗襲早卒以纂
弟安平子仲略繼
京兆王黎道武子神麚元年薨子根襲改封江陽王
薨無子獻文以南平王霄二子繼爲根後繼襲封江
陽王永安二年薨謚曰武烈長子伯熈卒子亮襲
樂平戾王丕明元子後坐事以憂薨子拔襲爵
樂安王範明元子後坐事暴薨長子簡王良文成時
襲王永昌
莊王健明元子健薨子仁襲
東平王翰太武子翰薨子道符襲爵

臨淮宣王譚太武子譚薨子提襲提以貪縱削除卒
孝文時追封長鄉侯宣武時謚曰懿提子昌復封臨
淮王未拜而薨謚康王追改封濟南王其子彧紹封
彧薨謚文穆王無子弟孝友襲爵
廣陽簡王建太武子建薨子哀王石侯襲石侯薨子
定王遺興襲無子石侯弟懿烈王嘉襲嘉薨子忠武
王深襲爵深爲諸葛榮所害子文獻王湛襲封湛薨
子法輪坐叔父瑾謀殺齊文襄事泄合門伏法齊王
矜湛覆滅乃啓原之復其爵土
陽平幽王新成景穆長子新成薨長子安壽襲爵孝

文賜名顯
義陽王子孝陽平幽王子後降爲公卒子贊嗣
京兆王子推景穆子薨子太興襲後爲沙門太和二
十二年終子昂宿襲薨子文琮襲
汝陽王仲景京兆王太興子孝靜時薨子冲襲
濟陰惠王小新成景穆子薨子欝襲位以贖貨賜死
爵除詔以欝弟偃子誕立爲嫡孫特聽紹封是爲靜
王子撫襲先是欝長子弼以世嫡應襲先爵爲季父
尚書僕射麗因于氏親寵遂奪弼王爵建義元年弼
子暉業訴復王爵永安三年謚弼爲文獻王初弼嘗
夢人謂之曰君身不得傳世封其紹先爵者君長子
紹遠也弼卒即加暉業終如其言
汝陰靈王天賜景穆子孝文時以罪削除及卒復本
爵子威王逞嗣逞薨子文王脩嗣脩薨子均入西魏
封安昌王薨謚平王子則襲封
樂良厲王萬壽景穆子以憂薨子康王樂平襲樂平
薨子長命襲坐殺人賜死子忠孝明時復前爵
廣平殤王雒侯景穆子和平二年薨無子後以陽平
幽王第五子正後之爲度支尚書正表引樂陵章武
之例求紹雒侯封紹付尚書議尚書奏聽襲封以明

興絕之義後加鎮東將軍詔曰故廣平殤王雒侯體
自恭宗茂年薨殞國除祀廢不祀忽諸正親同若子
私繼歲久宜樹維城永兹磐石可特襲王爵後改封
東平郡王卒改齊南王第四子獻襲獻薨子祖育襲
任城康王雲景穆子雲薨長子文宣王澄太和中襲
封澄薨第四子文王彝襲彝卒子度世襲
高平剛侯嵩任城康王子爲蒼頭李太伯所害第二
子携襲爵除給事中薨子景遠襲
南康惠王禎景穆子禎薨子英改封中山王英累遷
尚書僕射薨謚獻武王次子熙好學有文才然輕躁

浮動英慮非保家之主嘗欲廢之立第四子畧爲世子宗義不聽略又固請乃止延昌二年襲封時領軍于忠執政熙忠之婿也驟遷平西將軍熙薨謚之曰文莊王長子景獻次仲獻次叔獻並與熙同遇害叔獻弟叔仁以年幼獲全襲先爵除征虜將軍後須遇害子琳襲熙弟誘亦被誅子始伯襲誘弟畧爲爾朱榮所害謚曰文貞子景式襲略弟纂與熙俱死子獻襲

武邑王義興南安惠王子義興薨子述襲

城陽康王長壽景穆諸子子多侯早卒次子鸞始繼

叔父章武敬王及兄卒還襲父爵鸞薨子徽宣武時襲封後爲爾朱兆所殺出帝初子延襲爵徽兄顯死於晉陽刺史子彥昭襲

章武敬王太雒景穆諸子皇興二年薨無子孝文初以南安惠王第二子彬爲後襲爵彬卒長子融死王事子景哲襲景哲弟郎郎後廢帝子黄頭襲封安定王改封安平王融弟凝永熙二年終安東將軍兗州刺史子彥友襲武定中爲光祿大夫凝弟湛位至少卿遇害子俊襲

樂陵康王胡兒景穆子薨無子獻文詔胡兒兄汝陰王天賜之第二子永全後之襲封後改名思譽正始四年薨謚密王子景略宣武時襲封位至幽州刺史薨謚惠王子驥休襲

安定靖王休景穆子休薨長子安幼早卒次子燮襲燮薨子超襲時以胡珍國封安定公改封北平王後復本封遇害子孝景襲

樂安厲王長樂文成子以罪賜死於家子詮襲詮薨謚曰武康子鑒襲

廣川莊王略文成子太和四年薨子諧襲諧薨謚曰剛子靈道襲

河澗孝王若文成子年十六薨詔京兆康王子太安爲後太安于若爲從弟非相後之義廢以齊郡王子琛繼

安豐王猛獻文子太和中薨於營州刺史子延明襲

咸陽王禧獻文子以罪賜死正光中復禧王爵子坦襲改封敷城王永安初復本封咸陽郡王

趙郡靈王幹獻文子幹薨長子謚宣武初襲封謚薨謚曰貞景子毓襲莊帝初遇害謚曰宜恭無子詔以謚弟讞子爲後襲爵

趙郡孝懿王諶靈王子莊帝初封魏郡王諶本年長

應襄王封其父靈王寵愛其弟謐以爲世子莊帝詔
復諶封趙郡王薨子熔襲
廣陵惠王羽獻文子羽薨子恭襲
高陽文穆王雍獻文子雍與嫡子大同時遇害太子
斌太兄安德縣公端與雍俱遇害子峻襲爵太弟濟
北郡王徽與雍俱遇害子徽普泰中襲爵後坐謀逆
伏法徽弟誕薨謚曰文獻無子以斌第二子亮爲
後
彭城武宣王勰獻文子勰薨嫡子劭襲莊帝時遇害
子紹襲還給事黃門侍郎靈太后詔曰故太師彭城

武宣王道隆德盛功高彛管協契先朝導揚末命扶
河濟難效漢北之誠送往奉居盡魯南之節宗社賴
之以安皇基錄之永固而謙光守約屢擬增邑之賞
辭多受少終保勿錫之封非所謂追舊報恩念勳酬
德者也可以前後所封户別封三子爲縣公食邑各
一千户庶以少慰亡魂微申朝典子直封真定縣開
國公以病卒子寬襲王爵始平貞王子正與兄劭俱
同時遇害子欽襲
北海平王詳獻文子詳薨子顥襲後遇害子婁羅襲
北濟趙郡貞王琛神武弟天平中薨子叡嗣叡遇害
子薹信嗣
陳留文恭王惠寶神武弟早亡以清河王嶽第十子
敬文嗣
清河昭武王嶽神武從父弟天平中薨子勵嗣
廣平公盛神武從叔祖薨無子以兄子子瑗嗣天保
初改封平昌王
長樂太守靈山神武族弟終於長樂太守子懿卒於
武平鎮將無子文宣帝以靈山從父兄齊州刺史楚
國子伏護爲靈山後復護卒孫乂襲
陽周武昭公永樂高祖兄子永樂卒無子從兄思宗

以第二子緒爲後襲爵天保初改封脩城郡王
永安簡平王浚神武子爲文宣所殺至乾明元年贈
太尉無子詔彭城王浟第二子准嗣
平陽靖康王淹神武子河清三年薨子德素嗣
彭城景思王浟神武子河清三年遇害子寶德嗣位
開府兼尚書左僕射
上黨剛肅王渙神武子爲文宣帝所殺渙無嫡子庶
長子寶嚴以清河二年襲位金紫光祿大夫開府儀
同三司
襄城景王清神武子天保二年薨無子詔以常山王

演第二子亮嗣
高陽康穆王湜神武子天保十年薨子士義襲爵
博陵文簡王濟神武子天統五年薨子智襲爵
馮翊王潤神武子潤薨子茂德嗣
漢陽敬王雒字敬延神武子天寶五年薨無子以任
城王第三子建德爲後
河南康獻王孝瑜文襄子武成時薨子弘節嗣
河間王孝琬文襄子爲文宣所殺子正禮嗣
太原王紹德文宣子爲武成所殺武平元年詔以范
陽王子辦才爲後襲太原王

樂陵王百年孝昭子爲武帝所害後主詔以襄城王
子自澤襲爵樂陵
琅邪王儼武成子爲後主所殺以平陽王淹孫世後
嗣
後周邵惠公顥太祖長兄保定初追封長子什肥爲
北齊神武所害追贈大冢宰襲爵郡公諡曰景
杞烈公連一云簡公邵惠公子魏末戰殁以章武公導子
亮嗣之亮初封襲爵累遷宗師中大夫卒詔以弟椿
爲烈公之後
虞國公仲太祖再從父保定中追封子興生值亂兵

與仲相失又幼冲莫知其戚屬遠近高祖以莒莊公
雒嗣
宋獻公震文帝子尚西魏文帝女薨無子以世宗第
三子寔爲嗣
隋義城縣公處綱高祖族父開皇初贈其父鍾葵爲
柱國尚書令義城縣公以處綱襲焉
河間王行高祖從祖弟大業六年追封郇王子慶嗣
滕穆王瓚高祖毋弟開皇十一年薨子綸嗣以罪徙
朱崖大業中弟詵襲封滕王以奉穆王嗣
道悼王靜滕穆王子出繼叔父嵩嵩在周代以太祖

軍功賜爵興城公早卒高祖踐位追封道王諡曰宣
以靜襲焉
衞昭王爽高祖異毋弟開皇中薨子集初封遂安王
尋襲封衞王
秦孝王俊高祖子開皇二十年爲妃崔氏所毒薨崔
氏賜死二子浩湛不合承嗣煬帝即位以浩爲秦王
以奉孝王嗣
蔡王智積高祖弟整之子整後周時戰死高祖受禪
追封蔡王以智積襲焉
康永安莊王孝基高祖從父弟武德二年戰殁無子

以從兄郜子道立爲嗣封高平郡王
長平肅王叔良高祖從父弟叔良薨子孝協嗣
襄武王琛高祖從父兄子武德三年薨子儉嗣
河間元王孝恭齊武王弟貞觀十四年薨子崇義嗣
淮陽莊王道玄高祖從父兄子武德五年薨無子詔
封其弟武都郡公道明爲淮陽王令主道玄祀
衛懷王玄霸高祖子早薨無子武德元年追贈衛王
四年封大宗子泰爲宜都王以奉其祀泰後徙封於
越又以宗室贈西平王瓊之子保定爲嗣
巢刺王元吉高祖子以罪誅貞觀十六年追封以曹

王明爲後
楚安王智雲高祖子武德元年追封無子三年以太
宗子寬爲嗣寬薨貞觀二年復以濟南公世都子靈
龜嗣靈龜卒子福嗣
荆王元景高祖子永徽三年坐謀逆賜死後追封沉
黎王以渤海王奉慈子長沙爲嗣降爵爲侯神龍初
追復爵土并封其孫逖爲嗣荆王
徐王元禮高祖子咸亨三年薨子淮南王茂嗣茂以
流死振州神龍初封茂子璀爲嗣徐王璀開元中卒
子延年嗣二十六年封嗣徐王後坐贓貶杭郡司馬
卒永泰元年女壻黔中觀察使趙國珍入朝請以延
年子前施州刺史諷爲嗣因封嗣徐王
韓王元嘉高祖子以謀逆坐誅神龍初追復爵土并
封其第五子訥爲嗣韓王開元十七年卒子叔璩爲
嗣韓王
彭思王元則高祖子永徽二年薨無子以霍王元軌
子絢嗣龍朔中封南昌王子志暕神龍初封嗣彭王
鄭惠王元懿高祖子咸亨四年薨子敬上元初封爲
嗣鄭王官至鄂州刺史神龍初又封敬嫡子希言爲
嗣鄭王

霍王元軌高祖子垂拱四年坐謀逆與長子緒俱死
神龍初追復爵土封緒男暉爲嗣霍王
虢莊王鳳高祖子上元元年薨子平陽郡王翼嗣官
至光州刺史永隆二年卒子寓嗣則天時失爵神龍
初封鳳嫡孫邕爲嗣虢王邕開元十五年卒子巨嗣
道孝王元慶高祖子麟德元年薨子臨淮王誘嗣官
至澧州刺史淳中中坐贓削爵次子詢壽州刺史詢
子徽神龍初封爲嗣道王景雲元年卒子諫開元二
十五年襲封嗣道王
鄧康王元裕高祖子麟德二年薨無子以弟江王子

詳子廣平公旦嗣神龍初封旦子孝先爲鄧王景龍
四年制尚乘奉御事伯潜繼鄧王元裕後
舒王元名高祖子永昌中與子亶俱遇害封亶子津
爲嗣舒王開元中卒子萬嗣天寶二年卒子藻嗣天
寶九載封嗣舒王建中元年九月改封嗣鄅王
魯王靈夔高祖子永徽四年以罪自殺有二子長子
詵封清河王少子藹封范陽王爲酷吏所陷神龍初
封藹子道堅爲嗣魯王道堅卒子宇嗣寶應元年皇
太子封爲魯王改宇爲嗣鄒王宇薨子萃嗣
江安王元祥高祖子永隆元年薨中興初以元祥子

鉅鹿郡公晃子欽嗣江王
密貞王元曉高祖子上元三年薨子南安王穎嗣神
龍初封穎弟亮子曇爲嗣密王開元五年五月制曰
興滅國繼絶世天下歸心焉况乃仁不遺親德必在
祀光復土宇率繇教義者哉故徐州刺史密王元曉
望重天人地居藩屏家邦伊賴休戚是均乃者王室
多難釁圖中鈌凡我宗子咸從殛竄神龍初歲寶運
紹興爰命近屬以爲後嗣而胄緒凋弊是非紛雜曇
子乘隟妄尸茅土神且不歆非類人亦奚祀非族蒷
享無主永懷惻然其封元曉姪孫銀青光祿大夫行
太僕少卿員外置同正員東莞郡開國公徽爲嗣密
王以奉其祀
滕王元嬰高祖子文明元年薨子長樂王脩琦嗣兄
弟六人垂拱中並陷詔獄神龍初以脩琦弟脩珂嗣
天寶初卒子湛然嗣十二載封嗣滕王
吳王恪太宗子永徽中以罪誅有子四人仁瑋琨璄
並流于嶺表尋追封恪爲鬱林王神龍中封琨子祇
爲嗣吳王
濮恭王泰太宗子永徽三年薨子欣封嗣濮王則天
初陷酷吏貶昭州別駕卒子嶠本名餘慶中興初

封嗣濮王
蜀悼王愔太宗子乾封二年薨封子璠爲嗣蜀王永
昌中配流歸誠州而死神龍初以吳王恪孫郎陵王
瑋子榆爲嗣蜀王
蔣王惲太宗子上元年自殺子煒嗣垂拱中爲則天
所害子銑早卒神龍初封銑子紹宗爲嗣蔣王卒子
欽福嗣
越敬王真太宗子則天時與其子琅邪王冲謀復唐
室事敗而死開元四年十月癸未詔曰九族以親克
敦其教百代必祀允章厥德故越王貞執心不囘臨

事能斷孼自藩國勤于王家光宅之後寶圖將鈌懷劉章之輔漢追鄭武之翊周遂能奮不顧身率先唱義雖英謀未彰而忠節居多嗣絕國除年踰二紀莫亨淪廢朕甚憫焉夫存或高功歿有明祀數屯則安衆罹禍時泰則高陽紹封永言興繼式備典册其封貞姪孫故許王男左監門衛將軍員外置同正員蘷國公琳爲嗣越王以奉其祀

紀王愼太宗子則天時流死中興初追復官爵令以禮改葬封愼少子钀誠爲嗣紀王後改名澄開元初歷德棣冀三州刺史左驍衛將軍蘷子行周嗣

江殤王囂太宗子貞觀六年薨以吳王恪孫玄爲嗣江王景龍四年以吳王孫禕繼江王囂後

趙王福太宗子貞觀中出繼隱太子建成咸亨元年薨中興初封蔣王惲孫思順爲嗣趙王

曹王明太宗子永隆中坐與庶人賢通謀自殺有二子南州別駕零陵王俊黎國公傑垂拱中並遇害中興初封傑子裔爲嗣曹王裔叔父備自南州還又封備爲嗣曹王後備詔慰忠州叛獠沒于賊又封裔爲王卒子戢嗣戢卒子皐嗣

澤王上金高宗子載初元年武承嗣使酷吏周興誣告上金自縊死子義珣義玫義璋義環義瑾義璲七人並配流死神龍初追復爵土開元十四年四月制曰先親之義所以敦叙廣封之道所以利建故澤王男義珣漸慶元族分榮帝系早承光寵列在戚藩中因間言久不立嗣既宗英有譽而拜輸用崇宜順景封之典俾弘宅土之命可封嗣澤王先是義珣竄在嶺外匿於傭保之間及紹封無幾有人告珣非上金子假冒寵爵義珣不能自明復流于嶺外開元初封許王素節之子璆爲嗣澤王繼上金後十二年玉眞公主表稱義珣寔上金遺裔被嗣許王瓘兄弟

利其封爵謀搆廢之繇是削璆王爵復詔義珣爲嗣王拜率更令因是諸宗室非本宗襲爵自中興已後外繼爲嗣王者皆令歸宗削其爵邑貞元五年十二月封故澤王謜男潤爲嗣澤王

許王素節高宗子則天時與子九人並遇害惟少子琳瓘璆欽故以年少特令長禁雷州神龍初封瓘爲嗣許王瓘開元十一年爲衛尉卿以挪伯澤王上金男義珣不得承襲以弟璆繼之玄宗遽遣瓘爲鄂州別駕於是下詔繼其外繼乃以故澤王上金男義珣爲嗣澤王江王禕爲信安郡王嗣蜀王榆爲廣漢都

王嗣谷王徽爲濮陽郡王嗣曹王臻爲濟國公嗣趙王琳爲中山郡王武陽郡王維宗爲澧國公瓘天寶六載卒贈蜀郡大都督瓘既有子命璆子益爲嗣及卒有解需二子皆幼孺十一載益襲封許王十四載解娶楊銛女乃襲許王

雍王賢高宗子爲則天所譖廢爲庶人幽於別所來淳二年遷於巴州自殺追封爲雍王子守禮授太子洗馬封爲雍王

讓皇帝憲睿宗子累封寧王開元二十八年薨追册爲皇帝長子汝陽郡王璡肅宗元年建辰月嗣寧王

璡薨以其子太常寺寺丞摸爲嗣寧王食邑三千户仍試太僕少卿

惠莊太子撝睿宗子初封申王無子開元七年正月制曰建侯樹藩命賢裂土以惇戚屬乃率典常司徒兼絳州刺史上柱國申王撝玉林分彩銀河泒液厥保慶靈未繁裔緒宋王憲男嗣莊（一云宋王男琄）魯庭學禮楚館聞詩德輝日盛忠槩寡立宜其擇猶子之序居承嫡之位廬江太郡形勝攸屬用圖爾居莫加茲地是錫分珪之寶俾成磐石之宗可封懷寧郡王食邑三千户嗣莊早卒撝開元十二年薨天寶三載又以讓帝子嶀爲嗣申王

岐王範睿宗子開元十四年薨子瑾封河東郡王暴卒天寶三載以惠宣太子男略陽公珍爲嗣岐王

惠宣太子業睿宗子初封薛王開元二十二年薨子琄封嗣薛王

奉天皇帝琮玄宗子累封慶王天寶十一載薨無子十三載十一月封故靖德太子男俅爲嗣慶王（王欽若等曰唐自玄宗已後皇子封王王子封郡王不任嗣襲故此後皆闕）

梁廣王全昱太祖長兄貞明中卒封長子衡王友諒爲嗣廣王

册府元龜

巡按福建監察御史臣李嗣京　訂正
新建縣舉人　臣戴國士叅閱
知建陽縣事　臣黄國琦較釋

宗室部二十四

忠一

傳曰忠爲令德蓋策名委質有死無二之謂也乃有體自天極列于藩維承光日月同休宗社而内懷明德發於精衷自晦以掩君惡建義以雪國恥定策佐命以安天下扶危持顛以濟大難守節而無苟拒惡

而靡憚厲恭慎之節竭謨明之效周旋佽助彌綸罄盡奉侍勤瘁誠言敦篤至或挺身變亂而罹害感慨宗國而亡身抗志不撓瞑目無悔斯皆仁厚成於自然純亮表於性質挺咸一之德隆在三之義千載之下凛乎其有生氣矣

商箕子紂之親戚也紂爲淫泆箕子諫不聽人或曰可以去矣箕子曰爲人臣諫不聽而去是彰君之惡而自悦於民吾不忍爲也乃被髮佯狂而爲奴

漢燕王澤聞吕太后終澤乃曰帝少（王欽若等曰帝謂吕后所立惠帝後宫子彊）諸吕用事諸劉孤弱引兵與齊王合謀西欲誅諸吕至梁聞漢灌將軍屯榮陽澤還兵備西界遂跳驅至長安（齊王傳云使祝午紿琅邪王琅邪王馳見齊王齊王因留琅邪王而使祝午盡發琅邪國而并將其兵琅邪王既見欺不得反國乃說齊王求入關計事齊王以爲然乃益具軍送琅邪王與此傳不同疑此傳誤也）代王亦從代至諸將相與琅邪王共立代王是爲孝文帝

衡山王勃景帝初七國反吴使者至衡山衡山王堅守無心吴楚已破衡山王來朝帝以爲貞信乃勞苦之曰南方卑濕徙王於濟北以襃之

濟北王胡以爲武帝且封禪上書獻泰山及其旁邑天子以它縣償之

武平侯璜王莽居攝一年以舉兵誅莽死

陵鄉侯曾王莽建國六年以舉兵欲誅莽死

後漢慎侯賜光武族兄更始初封賜爲宛王典將六部（伯升初起置六部之兵）後赤眉破更始所賜領六部亦稍散畔乃去宛保育陽聞光武即位西之武關迎更始妻子將詣雒陽帝嘉賜忠故封爲慎侯

劉虞爲幽州牧就拜太尉初平二年冀州刺史韓馥勃海太守袁紹及山東諸將議以朝廷幼冲逼於董卓遠隔關塞不知存否虞以宗室長者欲立爲主乃遣故樂浪太守張岐等齎議上虞尊號虞見岐等厲

色叱之曰今天下紛亂主上蒙塵吾被重恩未能清雪國恥諸君各擁州郡宜共戮力盡心王室而反造逆謀以相垢誤耶故拒之馥等又請虞領尚書事承制封拜復不聽遂收斬使人

魏曹洪字子濂太祖從弟也太祖起義兵討董卓至榮陽爲卓將徐榮所敗太祖失馬賊追甚急洪下以馬授太祖太祖辭讓洪曰天下可無洪不可無君遂步從到汴水水深不得渡洪循水得船與太祖共濟還奔譙

齊王族祖冏字元首魏世諸侯王多所抑損冏上書

曰臣聞古之王者必建同姓以明親親必樹異姓以明賢賢故傳曰庸勳親親昵近尊賢書曰克明俊德以親九族詩曰懷德維寧宗子維城由是觀之非賢無與興功非親無與輔治夫親親之道專用則其漸也微弱賢賢之道偏任則其弊也劫奪先聖知其然也故博求親疏而並用之近則有宗盟藩衛之固遠則有仁賢輔弼之助盛則有與共其治衰則有與守其土安則有與享其福危則有與同其禍夫然故能有國家保其社稷歷紀長久本支百世也今魏尊賢之法雖明親親之道未備詩不云乎鶺鴒在原兄弟急難以斯言之明兄弟相救於喪亂之際同心於憂禍之間雖有鬩墻之忿不忘禦侮之事何則憂患同心也今則不然或任而不重或釋而不任一旦疆埸稱警關門反拒股肱不扶胸心無衛臣竊惟此寢不安席思獻丹誠貢策天闕謹撰合所聞敘論成敗論凡數千言是時天子幼稚冏冀以此論感悟曹爽爽不能納

蜀北地王諶景耀末鄧艾兵至譙周勸後主降後主將從譙周之策諶怒曰若理窮力屈禍敗必及便當父子君臣背城一戰同死社稷以見先帝可也後主

不納遂送璽綬是日諶哭於昭烈之廟先殺妻子而後自殺左右無不爲泣者

晉惠帝西遷范陽王虓與從兄平昌公模長史馮嵩等刑白馬歃血而盟推東海王越爲盟主虓都督河北諸軍事驃騎將軍持節領豫州刺史劉喬不受越等節度乘虛破許虓自拔渡河王浚表虓領冀州刺史資以兵馬虓入冀發兵又南濟河破喬等河澗王顒聞喬敗斬張方傳首於越越與虓西迎帝而顒出奔於是奉天子還都拜虓爲司徒

齊王攸爲驃騎將軍每朝政大議悉心陳之

汝南王亮爲太宰録尚書事楚王瑋有勳而好立威亮惲之欲奪其兵權瑋甚憾乃承賈后旨誣亮與衞瓘有廢立之謀矯詔遣其長史公孫宏與積弩將軍李肇夜以兵圍之帳下督李龍自外有變請距之亮不聽俄然楚兵登墻而呼亮驚曰吾無二心何至於是若有詔書其可見乎宏等不許促兵攻之長史劉準謂亮曰觀此必是姦謀府中俊乂如林猶可盡力距戰又弗聽遂爲肇所執乃歎曰我之忠心可破示天下也如何無道枉殺不辜是時大熱兵人坐亮于車下時人憐之爲之交扇將及日中無敢害者瑋出

令曰能斬亮者賞布千匹遂爲亂兵所害投于北門之壁鬚髮耳鼻皆悉毁焉

淮南王允元康九年入朝初愍懷之廢議者將立允爲大弟會趙王倫廢賈后詔遂以允爲驃騎將軍開府儀同三司侍中都督如故領中護軍允性沈毅宿衞將士皆敬服之倫既有篡逆志允陰知稱病不朝密養死士潛謀誅倫倫甚憚之轉爲太尉外示優崇實奪其兵也允稱病不拜倫遣御史逼允收官屬以下劾以大逆允恚視詔乃孫秀手書也大怒便收御史將斬之御史走而獲免斬其令二人厲色謂左右曰趙王欲破我家遂率國兵及帳下七百人直入大呼曰趙王反我將攻之佐淮南王者左袒於是歸之者甚衆允將赴宫尚書左丞王輿閉東掖門允不得入遂圍相府允所將兵皆淮南奇才劍客也與戰頻敗之倫兵死者千餘人太子左率陳徽勒東宫兵鼓譟於内以應允結陳於承華門前弓弩齊發射倫飛矢雨下主書司馬眭秘以身蔽倫箭中其背而死倫官屬皆隱樹而立每樹輙中數百箭自辰至未徽兄淮時爲中書令遣麾騶虞幡以解鬬倫子虔爲侍中在門下省密要壯士約以冨貴於是遣司馬督護伏

胤領騎四百從宫中出舉空版詐言有詔助淮南王允允不之覺開陣納之下車受詔爲胤所害時年二十九初倫兵敗皆相傳曰已擒倫矣百姓大悦既而聞允死莫不歎息

齊王冏趙王倫密與相結廢賈后以功轉遊擊將軍冏以位不滿意有恨色孫秀微覺之且憚其在内出爲平東將軍假節鎮許昌倫篡遷鎮東大將軍開府儀同三司欲以寵安之冏因衆心怨望潛與離狐王盛潁川王處穆謀起兵誅倫倫遣腹心張烏覘之烏反曰齊無異志冏既有成謀未發恐事泄乃與軍司

管襲殺穆送首與倫以安其意謀定乃收襲殺之遂與豫州刺史何勗龍驤將軍董艾等起兵遣使告成都河間常山新野四王移檄天下征鎮州郡縣國咸使聞知揚州刺史郗隆承檄猶豫未決參軍王邃斬之送首于冏冏屯軍陽翟倫遣其將閭和張泓孫輔出堮坂與冏交戰冏軍失利堅壘自守會成都軍殺倫衆於黄橋冏乃出軍攻和等大破之及王輿廢倫惠帝反正冏誅討賊黨既畢率衆入雒頓軍通章署甲士數十萬旌旗器械之盛震於京都天子就拜大司馬加九錫之命備物典策如宣景文武輔魏故事

冏於是輔政居攸故宫

成都王穎轉鎮北大將軍趙王倫之篡也進征北大將軍加開府儀同三司及齊王冏舉義穎發兵應冏以鄴令盧志爲左長史頓丘太守鄭琰爲右長史黄門侍郎程收爲左司馬陽平太守和演爲右司馬使兗州刺史王彦冀州刺史李毅督護趙驤石超等爲前鋒羽檄所及莫不響應至朝歌衆二十餘萬趙驤至黄橋爲倫將士猗許超所敗死者八千餘人士衆驚駭穎欲退保朝歌用盧志王彦策又趙驤率衆八萬與王彦俱進倫復遣孫會劉琨等率三萬人與猗超合兵距驤等精甲耀日鐵騎前驅猗既戰勝有輕驤之心未及溫十餘里復大戰猗等奔潰穎遂過河乘勝長驅左將軍王輿殺孫秀幽趙王倫迎天子反正穎入京都誅倫使趙驤石超等助齊王冏攻張泓於陽翟泓等遂降冏始率衆入雒自以首建大謀遂擅威權穎營于大學及入朝天子親勞焉

東海王越初爲中書令徙侍中遷司空領中書監成都王穎攻長沙王乂固守雒陽殿中諸將及三部司馬疲於戰守密與左衛將朱默夜收乂別省逼越爲主啓惠帝免乂官事定越稱疾遜位帝不許加守尚

書令太安初帝北征鄴以越爲大都督六軍敗越奔下邳徐州都督東平王楙不納越徑還東海成都王穎以越兄弟宗室之美下寬令招之越不應命帝西幸以越爲太傅與太宰顒夾輔朝政讓不受東海中尉劉洽勸越發兵以備穎越以洽爲左司馬尚書曹馥爲軍司既起兵楙懼乃以州與越越以司空領徐州都督以楙領兗州刺史越三弟並據方任征伐輒選刺史守相朝士多赴越而河間王顒挾天子發詔罷越等皆令就國越唱義奉迎大駕還復舊都率甲卒三萬西次蕭縣豫州刺史劉喬不受越命遣子祐

距之越軍敗范陽王虓遣都護田徽以突騎八百迎越遇祐於譙祐衆潰越進屯陽武山東兵盛閾中大懼顒斬送張方首求和尋變計距越越率諸侯及鮮卑許扶歷駒次宿歸等步騎迎惠帝反雒陽詔越以大傅錄尚書以下邳濟陽二郡增封及懷帝即位委政於越吏部郎周穆清河王覃舅越之姑子也與其妹夫諸葛玫共說越曰主上之爲大帝張方意也清河王本太子爲羣凶所廢先帝不講多疑東宮公盍思伊霍之舉以寧社稷乎言未卒越曰此豈宜言耶叱左右斬之以玫穆世家罪止其身因表除三族之法

冊府元龜　宗室部　忠一　卷之二百八十五　九

譙王承爲湘州刺史王敦構難遣參軍桓羆說承以劉隗專寵令便討擊請承以爲軍司以軍期上道承歎曰吾其死矣地荒人鮮勢孤援絶赴君難忠也死王事義也惟忠與義夫復何求便欲唱義而衆心疑惑承曰吾受國恩義無有二府長史虞悝慷慨有志節謂承曰王敦居分陝之任而一旦作逆天地所不容人神所痛疾大王宗室藩屏寧可從其僞邪使其電奮存亡以之於是與悝及弟前丞相掾望建昌太守長沙王循衡陽太守淮陵劉翼等共盟誓因桓羆馳檄湘州指期至巴陵零陵太守尹奉首同義謀出軍營陽於是一州之内皆同義舉乃使虞望討諸不服斬湘東太守鄭澹澹敦姨夫也敦遣南蠻校尉魏乂將軍李當田嵩等甲卒二萬以攻承承且戰且守待救於尹奉虞望而城池不固人情震恐或勸承南投陶侃又云可退據零桂承曰吾舉義衆志在死節寧偷生苟免爲奔敗之將乎事之不濟其令百姓知吾心耳城没被害

宋江夏王義恭遷侍中未拜元凶劭肆逆遣召義恭先是詔召太子及諸王各有當人慮有詐妄致害者至是義恭求當所遣傳詔劭遣之而後人義恭請

冊府元龜　宗室部　忠一　卷之二百八十五　十

罷兵凡府内兵仗並送還臺進位太保服侍中服又領太宗師世祖入討劭疑義恭有異志使入住尚書下省分諸子並住神虎門外侍中下省劭聞世祖已次近路欲悉力逆之決戰中道義恭慮世祖船乘卧小劭豕突中流容能爲患乃進說曰割棄南岸柵斷石頭此先朝舊法以逸待勞不憂不破也劭從之世祖前鋒至新亭劭挾義恭出戰當錄在左右故不能自拔戰敗使義恭於東堂閲將義恭先使人具船於東冶渚因單馬南奔始濟淮追騎已至比岸僅然得免劭大怒遣始興王濬就西省殺義恭十二子世祖

時在新林浦義恭既至上表勸世祖即位
彭城王義康録尚書事文帝有虚勞疾每意有所想便覺心中痛裂屬纊者相係義康入侍醫藥盡心衛奉湯藥飲食非口所嘗不進或連夕不寐彌日不解衣内外衆事皆專央施行
建平王宏文帝第七子元凶弑立以宏爲左將軍丹陽尹又以爲散騎常侍領軍將軍江州刺史祖入討劭録宏殿内世祖先嘗以一手板與宏宏遣左右親信周法道齎手板詣世祖事平以爲尚書左僕射使本迎太后

册府元龜 宗室部 忠一 卷之二百八十五 十一

營浦侯遵考子現之爲竟陵王誕司空主簿誕作亂以爲中兵參軍不就縶繫數十日終不受乃殺之追贈黄門郎詔吏部尚書謝莊爲之誄
南郡王義宣爲荆雍都督元嘉三十年遷司徒中軍將軍揚州刺史侍中如故未及就徵值元凶弑立以義宣爲中書監太尉領司徒侍中如故義宣聞之即時起兵徵聚甲卒傳檄遠近會世祖入討義宣遣參軍徐遺寶率衆三千助爲前鋒
劉韞長沙王道憐之孫爲宣城太守晉安王子勛爲亂大衆屯據鵲尾攻逼宣城于時四方牧守莫不同逆惟韞棄郡赴朝廷太宗嘉其誠以爲黄門郎太子中庶子侍中
劉襲長沙王道憐之孫爲安城太守晉安王子勛爲逆襲據郡拒之勛遣軍攻圍不能下太宗嘉之以爲郢州刺史封建陽縣侯食邑五百户
南齊豫章王嶷嘗謂世祖曰古來言願陛下壽等南山或稱萬歲此殆近貌言如臣所懷實願陛下極壽百年亦足矣帝曰百年後何可得止得東西一百於事亦濟
南康縣侯子恪建武中遷輔國將軍吳郡太守及司

册府元龜 宗室部 忠一 卷之二百八十五 十二

馬王敬則於會稽舉兵反奉子恪爲名明帝悉召子恪子弟親從七十餘人入西省至夜當害之會子恪棄郡奔歸是日亦至明帝乃止以子恪爲太子中庶子
梁長沙元王弟藻出爲使持節督南徐州刺史侯景亂藻遣長子彧率兵入援及城開加散騎常侍大將軍景遣其儀同蕭邕代之據京口藻因感氣疾不自療或勸奔江北藻曰吾國之台鉉任寄特隆既不能誅剪逆賊正當同死朝廷安能投身異類欲保餘生因不食累日薨

尋陽王大心爲郢州刺史大同七年徵爲侍中蕪石頭戍軍事太清元年爲雲麾將軍江州刺史二年侯景寇京邑大心招集士卒遠近之衆至數萬與上流諸軍赴援宮闕三年城陷上平侯蕭韶南奔宣密詔加散騎常侍進號平南將軍

南郡王大連太清元年出爲使持節輕車將軍東揚州刺史侯景入寇京都大連率衆四萬來赴及臺城没援軍散復歸楊州

河東王譽爲南中郎將湘州刺史未幾侯景寇京邑譽率軍入援至青草湖臺城没有詔班師

南浦侯淮安城王秀子也侯景之亂守東府城陷握節死之

邵陵王綸太清二年侯景反既陷東府城綸率四豐公大春新塗將軍永安侯確趙武將軍安南鄉侯駿前譙州刺史趙伯超武州刺史蕭弄璋步兵校尉尹思何等馬步三萬發自京口直據鍾山景黨大駭具船舟咸欲逃散分遣萬餘人距綸綸擊大破之斬首千餘級旦日景復陳兵覆舟山北綸亦列陣以待之景不進相持會日暮景引軍還安南鄉侯駿率數十騎挑之景回軍與戰駿退時趙伯超陳於玄武湖北見駿急不赴乃率軍前走衆軍因亂遂敗績綸奔京口賊盡獲輜重器甲斬首數百級生俘千餘人景既攻臺城綸與臨成公大連等自東道集于南岸荆州刺史湘東王遣世子方等兼司馬吳曄天門太守樊文皎下赴京師營于湘子岸前高州刺史李廷任前司州刺史羊鴉仁又率兵繼至既而鄱陽世嗣永安侯確羊鴉仁李廷任樊文皎率衆渡淮攻賊東府城前柵破之遂結營于青溪水東景遣其儀同宋子仙頓南平王第緑水西立柵相拒景食稍盡至是米斛數十萬人相食者十五六赴援兵北岸百姓扶老携幼

以侯王師緩得過淮便競剽掠賊黨有欲自拔者聞之咸止邵陵攜王綸子確爲太子舍人鍾山之役若戰所向披靡及侯景乞盟俾確在外慮爲後患敕求召確入城詔乃召確爲南中郎將廣州刺史確知此盟多貳城必淪没因欲南奔攜王聞之逼確使入確猶不肯攜王流涕謂曰汝欲反邪時臺使周石珍在坐確謂石珍曰侯景雖云欲去而不解長圍以意而推其事可見今召我入未見益也石珍曰敕旨如此侯豈得辭確執意猶堅攜王大怒謂趙伯超曰譙州卿爲我斬之當齋首赴闕伯超揮刃眄曰我識君耳

刀豈識君確於是流涕而出遂入城及景背盟復圍城城陷確排闥而入啓高祖曰城已陷矣高祖曰猶可一戰不對曰不可臣向親格戰勢不能禁自縋下城僅得至此高祖歎曰自我得之自我失之亦復何恨乃使確爲慰勞文確既出見景景愛其膂力嘗令在左右先是携王遣人密導確確出謂使者曰侯景輕佻可一夫力致確不惜死正欲手刃之但未得其便耳鄉還啓家王願勿以爲念也事未遂而爲賊所害

山桑侯會理南康簡王績之子太清二年侯景圍京邑會治嚴將入援會北徐州刺史封山侯正表將應

其兄正德外託赴援實謀襲廣陵會理擊破之方得進路臺城陷侯景遣前臨江太守董紹先以高祖手勅召會理其僚佐咸勸距之會理曰諸君心事與我不同天子年尊受制賊虜今有手勅召我入朝臣子之心豈得違背且遠處江北功業難成不若身赴京都圖之肘腋吾計決矣遂席卷而行以誠輸紹先至京景以爲侍中司空兼尚書令雖在寇手每思興復與西鄉侯勸等布心腹要結壯士時范陽祖皓斬董紹先據廣陵城起義期于會理爲内應皓敗狀辭相連及景矯詔免會理官猶以白衣領尚書令是冬景往晉熙京師虛弱會理復與柳敬禮謀之曰舉大事必有所資今無寸兵安可以動會理曰湖熟有吾舊兵三千餘人昨來相知尅期響集聽吾日定便至京師計賊守兵不過千人耳若大兵外攻吾等内應直取王偉事必有成縱景後歸無能爲也敬禮曰善因贊成之于時百姓厭賊咸思用命自丹陽至于京口靡不同之後事不果與建安侯通理並遇害

建安侯通理南康簡王績之次子也太清中侯景内寇聚賓客數百輕裝赴南兗州隨兄會理入援嘗親當矢石爲士卒先及城陷又隨會理還廣陵因入齊

爲質乞師行日會侯景遣董紹先據廣陵遂追會理因爲所獲紹先防之甚嚴不得與兄弟相見乃僞請先還京得入辭母謂其姊安固公主曰事既如此豈可合家受斃兄若至願爲言之善爲計自免勿賜以爲念也家國阽危雖死非恨前途亦思立效未知天命如何耳至京以魏降大元貞立節忠正可以託孤乃以玉柄扇贈之貞怪其故不受通理曰後當見憶幸勿推辭會祖皓起兵通理奔長蘆收軍得千餘人其左右有應賊者因鬪刼會理其衆遂駭散爲景所害時年二十一元貞始悟其前意徃收葬焉

瀏陽公大雅簡文公之子也太清三年京城陷賊巳
乘城大雅偕命左右格戰賊至漸衆乃自縋而下因
發憤感疾薨時年十七忠壯世子方等少聰敏有俊
才初高祖欲見諸王長子世祖遣方等入侍方等欣
然升舟冀免憂辱行至繇水值侯景亂世祖召之方
等啓曰昔申生不愛其死方等豈顧其生世祖省書
歎息知無還意乃配步騎一萬使援京都賊每來攻
方等必身當矢石宮城陷方等歸荆州收集士馬甚
得衆和世祖始歎其能方等又勸修築城柵以備不
虞既成樓雉相望周回七十餘里世祖觀之甚悅河

東王爲湘州刺史不受都府之令方等乃乞征之世
祖許焉拜爲都督令帥精卒二萬南討方等臨行謂
所親曰吾此段出征必死無二死而獲所吾豈愛生
及至麻河溪河東王率軍逆戰方等擊之軍敗遂溺
死時年二十二
宜豐侯脩爲梁秦二州刺史時兄嗣鄱陽王範在湓
城頗有異論武陵王大生疑防流言噂嗜脩深自分
釋求送質子并請助防武陵王乃遣從事中郎蕭固
諮以當世之事且觀脩意脩涕泣爲言忠臣孝子之
節王敬納之故終修之時不爲不義一夕忽有狗據
脩所卧床而卧脩曰此其戎乎因大脩城壘承聖元
年魏將達奚武來攻脩遣記室參軍劉璠至益州求
救於武陵王紀紀遣將楊乾運援之拜脩隋郡王璠
還至嶓嵺乃降于魏乾運班師璠至城下說城中降
魏脩數之曰卿不能死節反爲說客邪命射之聞信
遣至荆州元帝遣與相聞脩遣諮議虞馨致武牛酒
武謂曰梁已爲侯景所敗王何爲守此孤城修荅守
之以死誓爲斷頭將軍
陳長沙王叔堅始興王叔陵弟也宣帝弗豫叔堅陵
等並侍後主侍疾叔陵陰有異志乃命典藥吏曰切

藥刀甚鈍可礪之及宣帝不諱倉卒之際又命其左
右於外取劒左右弗悟乃取朝所服佩木劒以進叔
陵怒叔堅在側聞之疑有變伺其所爲及翌日小歛
叔陵哀慟藥刀進斫後主中項後主乳毋樂安呉俱
以身捍之獲免叔堅自後扼叔陵擒之并奪其刀將
殺之問後主曰卽盡之爲待也後主不能對叔陵舊
多力須臾奮得脫出雲龍門入於東府城兵敗走趨新
林蕭摩訶追斬之
岳陽王叔慎禎明元年出爲持節都督湘衡桂武四
州諸軍事智武將軍湘州刺史三年隋師濟江破臺

城前刺史晉熙王叔文巴州刺史畢寶荆州刺史陳紀並降隋行軍元帥清河公楊素兵下荆門別遣其將龐暉將兵略地南至湘州城內將士莫有固志克日請降叔慎乃置酒會文武僚吏酒酣叔慎歎曰君臣之義盡於此乎長史謝基伏而流涕湘州助防遂興侯正理在坐乃起曰主辱臣死諸君獨非陳國之臣乎今天下有難寔是致命之秋也縱其無成猶見臣節青門之外有死不能今日之機不可猶豫後應者斬衆咸許諾乃殺牲結盟仍遣人許奉降書於龐暉信之克期而入叔慎伏甲待之暉令數百人屯於

城門自將左右數十人入于廳事俄而伏兵發縛暉之以徇盡擒其黨皆斬之叔慎坐於射堂招合士衆數日之中兵至五千人衡陽太守樊通武州太守鄔君業皆請赴難未至隋遣中牟公薛胄爲湘州刺史聞龐暉死乃益兵隋又遣行軍總管劉仁思救之未至薛胄兵次鵝羊山叔慎遣正理及樊通拒之因大合戰自旦至于日昃隋軍迭息而正理兵少不敵於是大敗胄乘勝入城生擒叔慎是時鄔君業率其衆自武州來赴出横橋江聞叔慎敗績乃頓于新康口隋總管劉仁思兵亦至横橋據水置營相持信宿因

合戰君業又敗仁思虜叔慎正理君業及其黨與十餘人秦王斬之于漢口叔慎時年十八

冊府元龜卷終

冊府元龜

巡按福建監察御史臣李嗣京　訂正
分守建南道左布政使臣胡維霖　条閱
知建陽縣事　臣　黄國琦較釋

宗室部　二十五

忠第二

後魏高涼王孤平文皇帝之第四子也烈帝顧命迎立昭成群臣咸以新有大故宜立長君大人梁蓋等共推孤孤不肯乃自詣鄴奉迎請身留爲質石季龍義而從之昭成王即位乃分國半部以與之

上谷公紇羅神元皇帝之曾孫也初從道武自孤獨如賀蘭部與弟建勸賀蘭訥推道武爲王

文安公泥國之疎族也性忠直道武厚遇之元城侯屈子磨渾少爲明元所知元紹之逆也明元潛隱於外磨渾與叔孫誶云明元所在紹使帳下二人隨磨渾往窺爲逆磨渾既得出便縛帳下詣明元斬之帝得磨渾大喜爲羽翼以勳賜爵長沙公拜尚書

陰平王烈剛武有智略元紹之逆百僚莫敢有聲惟烈行出外詐附紹募執明元紹信之自延秋門出遂迎立明元以功進爵陰平王

武遂子拔于遼西公意烈子道武以宗親委之心膂屢效忠勤明元踐祚賜爵武遂子

順陽王郁桓帝之後也少惠正允直文成時位殿中尚書賜爵順陽公文成末乙渾專權郁從順德門入欲誅渾渾窘怖遂奉獻文臨朝後謀殺渾爲渾所誅獻文録郁忠正追贈順陽王謚曰簡

南平公目辰桓帝之後也乙渾謀亂目辰與順陽王郁謀殺之事發逃免獻文傳位以有定策功進爵爲王

東陽公丕烈帝之孫也乙渾謀反丕以奏聞詔收渾

誅之

河間公齊烈帝之玄孫也少雄傑魁岸太武征赫連昌大武馬蹶賊逼帝齊以身蔽捍决死力戰賊乃退帝得上馬是日微齊帝幾至危殆帝以微服入其城齊固諫不許乃與數人從帝入城内既覺諸門悉閉帝及齊等因入其宮中得婦人裙繫之槊上帝乘而上因此得拔於難齊有力焉賜爵浮陽侯

任城王禎性忠謹孝文徵赴講武引見戒之曰每欽忠懿思一言展故因講武遠徵赴闕

建中伯志河間王齊之孫爲給事中郎孝文南征微

服觀戰所有箭欲犯帝志以身障之帝便得免矢中志目因此一目喪明以志行嘗州事

安樂王長樂子詮爲定州刺史及京兆王愉之反詐言國變在北州鎮咸疑朝廷有疊遣使觀詮動靜詮具以狀告州鎮帖然愉奔信都詮與李平高殖等四面攻燒愉突門而出尋除侍中兼以告首之功除尚書左僕射

彭城王勰孝文時爲尚書監侍中正中軍大將軍開府勰表以一歲國秩職俸親恤以裨軍國詔曰割身存國理爲遠矣但汝以親乃減己助國職俸便停親

國二事聽三分受一孝文不豫勰內侍醫藥外總軍國之務遐邇肅然人無異議徐謇當世之上醫也先是假還雒陽及召至勰引之別所泣涕執手而謂之曰君今世元化至尊氣力危惙願君竭心善思方治若聖體日康令四海有賴當獲意外之賞不然便有不測之誅非但榮辱乃存亡由此君其勉之左右見者莫不嗚咽及引入謇便欲進治勰以孝文神力虛弱惟令以食味消息勰乃密爲壇於汝水之濱依周公故事告天地顯祖請命乞以身代孝文日有瘳後自懸瓠幸鄴勰常侍坐輿輦晝夜不離於側飲食必嘗之而後手自進御從孝文征沔北還以功爲司徒太子太傅侍中如故俄而蕭寶卷將陳顯達內寇孝文復親討之詔勰使持節都督中外諸軍事總攝六師是時孝文不豫勰辭曰臣侍疾無暇六軍須有所託事不兩興情力又竭更請一王總當軍要孝文曰治戎侍疾皆憑於汝奄病如此吾深慮不濟安六軍保社稷者捨汝而誰何容更請人以違心寄宗祏所賴惟在於汝諸葛孔明異姓受託而況汝乎行次淯陽孝文謂勰曰吾患轉惡汝其努力車駕至馬圈去賊營數里顯達等出戰諸將大破之勰部分諸將攻

賊壘其夜奔追孝文疾甚謂勰曰脩短命也死生大分今吾氣力危惙當成不濟矣雖敗顯達國家安危在此一舉社稷所仗惟在汝身霍子孟以異姓受付況汝親賢可不勉也勰泣曰士於布衣猶爲知己盡命況臣託靈先皇聯暉陛下誠應竭股肱之力加之以忠貞但臣出入喉膂每跨時要及於寵靈輝赫聞之遐邇弗參宰臣機政畢歸震主之聲見忌必矣此乃周旦遁逃成王疑惑陛下愛臣便爲未盡始終之美非所以惡華捐勢非所以辭勤請逸正希仰成陛下日鏡之明下念愚臣志退之禍孝文久之曰吾尋

思汝言理實難奪乃手詔宣武曰汝第六叔勰清規楙賞與白雲俱潔厭榮捨紱以松竹爲心吾少與綢繆提攜道趣每請解朝纓恬真丘壑吾以長兄之重未忍離遏何容仍屈素業長嬰世網吾百年之後其聽勰辭蟬捨冕遂其冲挹之性也使成王之明黜從爾舉不亦善乎汝爲孝子勿違吾勅及孝文不起于行宫遏秘喪事獨與右僕射任成王澄及入如平甞視疾進膳可夾外奏累日達宛城乃夜進安車於郡聽事得加歛襯還載卧輿六軍内外莫有知者遣中書舍人張儒奉詔徵宣武會駕梓宫至魯陽乃發喪

行服宣武即位勰跪授孝文遺勅数紙咸陽王禧疑勰爲變停在魯陽郡外久之乃入謂勰曰汝非但辛勤亦危險至極勰恨之對曰兄識高年長故知有夷險彦和握蛇騎虎不覺艱難禧曰汝恨吾後至耳自孝文不豫勰甞居中親侍醫藥夙夜不離左右至於衣冠不解亂首垢面帝患多忿因之以遷怒勰每被誚詈言至厲切威責近侍動將誅斬勰承顔悉心多所規濟及孝文昇遐陳顯達奔遁始爾慮凶問洩漏致有逼追勰内雖悲慟外示吉容出入俯仰神貌無異及至魯陽也東宫官屬多疑勰有異志竊懷防懼而勰推誠盡禮卒無纖芥宣武立頻幸勰第及京兆廣平暴虐不法詔宿衛隊主率羽林虎賁幽守諸王於其第勰上表切諫宣武不納勰既無山水之適又絶知己之遊雖對妻子鬱鬱不樂

清河王懌宣武前爲尚書僕射時司空高肇以帝舅寵任既擅威權謀去良宗屢譖懌及京兆王愉等愉不勝其忿怒遂舉逆冀州肇因愉之逆又構殺彭城王勰懌恐不免肇又録囚徒以立私惠懌因侍宴酒酣乃謂肇曰天子兄弟詎有幾而炎炎不息昔王莽頭秃亦藉渭陽之資遂篡漢室今君曲形見矣恐復

終成亂階又言於宣武曰臣聞惟器與名不可以假人是故季氏旅岱宣尼以爲深譏仲叔軒懸丘明以爲至識諒以天尊地卑君臣道别宜杜漸防微無相僭越至减膳録囚人君之事今乃司徒行之詎是人臣之義且陛下脩政斷獄訟則時雨可降玉燭知和何使明君失之於上姦臣竊之於下長亂之基於此在矣宣武咲不應後靈太后委以朝政懌竭力佐輔以天下爲已任領軍元乂太后之妹夫懌裁之以法又所疾乂黨人通直郎宗愛希乂旨告懌謀反禁懌門下詳問左右及朝貴分明得雪懌以忠而獲謗乃

鳩集昔忠烈之士爲顯忠録二十卷以見意焉

陽平王新成長子頤爲懷朔大將軍都督後除朔州刺史及黨州刺史穆泰謀反遣使推頤爲主頤密以狀聞泰等伏誅帝甚嘉之

冀州刺史元麗子顯和爲徐州安東府長史刺史元法僧叛顯和與戰被擒執手命與連坐顯和曰顯和與阿翁同源別派皆是盤石之宗一朝以地外叛若遇董狐能無慙德遂不肯坐法僧猶欲慰喻顯和曰乃可死作惡鬼不能生爲叛臣及將殺之神色自若建義初贈泰州刺史

彭城王勰子劭善武藝少有氣節孝明初梁武遣將犯邊劭上表曰僞竪遊魂闚覦邊境勞兵兼時日有千金之費臣仰藉先資紹饗厚秩思以埃塵用裨山海臣國封徐州去軍差近謹奏粟九千斛資絹六百疋國吏二百人以充軍用靈太后嘉其志意而不許之起家爲宗正少卿

中山獻武王子熈延昌中出爲湘州刺史聞劉騰元乂隔絶二宫矯詔殺清河王懌熈乃起兵上表云元乂悖逆如此孰可忍之臣忝籍枝蕚思盡力命碎首屠肝甘之若薺今輙舉義兵實甲八萬大徒既進文武爭先與并州刺史陽城王徽甞州刺史廣陽王淵徐州刺史齊王蕭寶寅等俱發庶仰憑祖宗之靈俯罄義夫之命掃翦兇醜更清京邑臣親總三軍星邁赴難置兵温城伏聽天旨熈兵起甫十日爲其長史柳元章等所執遇害靈太后反正贈使持節都督冀定瀛相幽五州諸軍事大將軍太尉公諡曰文莊王

臨淮王昌弟孚爲尚書右丞靈太后臨朝宦者干政孚乃總括古今名妃賢后凡爲四十卷奏之遷冀州刺史爲葛榮所執榮卒還冀州刺史元顥入雒授孚東道行臺彭城郡王孚封顥逆書送朝廷天子嘉之

顯平封孚萬年鄉男

東阿侯忻之清河王紹之孫性粗武有力孝莊帝之圖爾朱榮元天穆也忻之密啓臨事之日乞得侍立手斬二人及榮之死百寮入賀

青州刺史昂暹爲南兗州刺史元顥入雒暹據州不屈莊帝還宫封汝陽王

北齊趙郡王琛高祖之弟也少時便弓馬有志氣高祖既輔天子以魏後廢帝中興初授琛散騎常侍鎮西將軍既居禁衛恭勤慎密率王左右

彭城景思王浟爲大師録尚書自武成帝車駕巡幸

渙嘗留鄴河清二年三月群盜日（姓也）子禮等數十人謀劫渙爲主詐稱使者徑向渙第至内室稱勑牽渙上馬臨以白刃欲引向南殿渙大呼不從遂遇害朝野痛惜焉

任城王湝爲瀛州刺史後主時奔鄴加湝大丞相及安德王加尊號於晉陽使劉子昂脩啓於湝至尊出奔宗廟既重群公勸迫權主號令事寧終歸叔父湝曰我人臣何容受此啓執子昂送鄴帝至濟州禪位湝啓竟不達湝與廣寧王孝珩於冀州召募得四萬餘人拒周軍周齊王憲來伐先遣送書并赦詔湝並

沉諸并戰敗湝孝珩俱被擒憲曰任城王何苦至此湝曰下官神武帝子兄弟十五人幸而獨存逢宗社顛覆今日得死無愧墳陵憲壯之歸其妻子將至鄴城湝馬上哭自投于地流血滿面至長安尋遘首垢面長齋不言笑而終妻乃爲尼

廣寧王孝珩文襄第二子也承光（後主年號）即位以孝珩爲太宰與呼延族莫多婁敬顯尉相願同謀期正月五日孝珩于秋門斬高阿那肱相願在内以楚兵應之族與敬顯自遊豫園勒兵出既而阿那肱從別宅取便路入宮事不果乃求出拒西軍謂阿那肱韓長鸞陳德信等云朝廷不賜遣擊賊豈不畏孝珩反耶孝珩破宇文邕遂至長安反時何與國家事以今日之急猶作如此猜高韓恐其變出孝珩爲滄州刺史至州以五千人會任城王於信都共爲興復之計周齊王憲來伐兵弱不能敵怒曰繇高阿肱小人吾道窮矣齊叛臣乞扶令和稍刺孝珩墜馬奴白澤以身扞之孝珩傷劇遂見虜齊王憲問孝珩自陳國難辭淚俱下俯仰有節憲爲之改容親爲洗瘡傅藥禮遇甚厚孝珩獨歎曰嗣君無獨見之明宰相非柱石之寄恨不得握兵符受廟筭展我心力耳至長安依例

授開府縣侯周武帝在雲陽宴齊君臣自彈胡琵琶命孝珩吹笛辭曰亡國之音不足聽也固命之舉笛裁至口淚下嗚咽武帝乃止

范陽王紹義文宣第三子也後主奔鄴以紹義爲尚書令定州刺史周武帝尅并州以封輔相爲北朔州總管此地齊之重鎮諸勇士多聚焉前卒長趙穆司馬王當萬等謀執輔相迎任城王於瀛州事不果迎紹義至馬邑輔相及其屬朝阿各奴等數十人皆齊叛臣自肆州以北城戍二百八十餘盡從輔相及紹義至皆反焉紹義與靈州刺史袁洪引兵南出欲取

并州新興而肆州已爲周守爾隊二儀同以所部降
周周兵擊顯州執刺史陸瓊又攻陷諸城紹義遷保
北朔州將宇文神舉軍逼馬邑紹義遣杜明達拒之
兵大敗紹義曰有死而已不能降人遂奔突厥衆三
千義令之曰欲還者任意於是哭拜別者大半
襄城王亮值後主敗奔鄴亮從焉遷兼太尉太傅周
師入鄴亮於啓夏門拒守諸軍皆不戰而敗周軍於
諸城門皆入亮方退走亮入太廟行馬內慟哭拜辭
然後爲周軍所執
安德王延宗後主平陽之敗後主將奔晉陽延宗言

大家但在營莫動以兵馬付臣臣能破之帝不納及
至并州又聞周軍已入鼬鼠谷乃以延宗爲相國并
州刺史總山西兵事謂曰并州阿兄取兒今去也延
宗曰陛下爲社稷莫動臣爲陛下出死力戰駱提婆
曰至尊計已成王不得輒沮後主竟奔鄴
後周邵惠公顥德皇帝與衛可孤戰於武州臨陣墜
馬顥奔救擊殺數十人賊衆披靡德皇帝太祖父也乃得
上馬引去顥遂戰沒保定初追贈太師
趙王招率奴從高祖東征東夏底定招出就國宣帝
不豫徵招及陳越代滕五王赴闕比招等至而隋文
帝輔政加招等殊禮入朝不趨劍履上殿隋文帝將
遷周鼎招密欲圖之以扶社稷乃招文帝至第飲於
寢室招子員貫及妃弟魯封所親人史胄皆先在左
右佩刀而立又藏兵刃於帷席之間後院亦伏壯士
文帝從者多在閤外惟楊弘元胄弟威及陶徹坐户
側招屢以佩刀割瓜啗隋文隋文未之疑元胄覺變
扣刀而入招乃以大觴親飲胄酒又命胄向厨取漿
胄不爲之動滕王逌後至隋文降階迎胄因得耳語
曰形勢大異公宜速出隋文共逌就坐須臾辭出後
事覺陷以謀反誅之并其子弟

齊王憲太宗第五子高祖之世爲晉國公護所委任
天和已後護欲有所陳多令憲聞其間或有可否憲
慮主相嫌隙每曲而暢之高祖亦悉此心故護誅憲
得無患開府裴文舉憲之侍讀高祖嘗御內殿引見
之謂曰晉公不臣之迹朝野所知朕所以泣而誅者
安國家利百姓耳昔魏末不綱太祖佐輔元氏有周
受命晉公復執威權積習生常謂法應須爾豈有三
十年天子而可爲人所制乎且近代以來又有以弊
蹔經隸屬便即禮若君臣此乃亂臣之權宜非經國
之治術詩云夙夜匪懈以事一人一人者本據天子

爾雖陪侍齊公不得即同臣主且太祖十子寧可盡
爲天子卿宜規以正道勸以義方輯睦我君臣恊和
我骨肉無令兄弟自致嫌疑文舉拜謝而出歸以白
憲憲指心撫几曰吾之宿心公寧不悉但當盡忠竭
節耳知復何言高祖將欲東封獨與內史王誼謀之
餘人莫知後以諸弟才略無出於憲右遂告之憲即
贊成其事及大將軍出憲表上私財以助軍食曰臣
聞撫機適運理藉時來兼弱攻昧事資權道伏惟陛
下繼明作聖闡業弘風思順天心用恢武略方使長
蛇外翦宇宙大同軍民內向車書混一竊以龍旗雷

動天網雲布芻粟糧餼或須周給昔邊隅未靜卜式
願上家財江湖不澄衞茲請獻私粟臣雖不敏敢忘
景行謹上金寶等一十六件少助軍資詔不納而以
憲表示公卿曰人臣當如此朕但愧其心耳寧須物
乎乃詔憲率衆二萬爲前軍趣黎陽高祖親圍河陰
未克憲攻拔武濟進圍雒口拔其東西二城以高祖
疾班師是歲初置上柱國官以憲爲之
襲安化縣公孝伯其生與武帝同日又與武帝同學
帝即位引置左右孝伯竭心盡力無所廻避至於時
政得失外間細事皆以奏聞宣帝即位授小冢宰帝
忌齊王憲意欲除之謂孝伯曰公能圖之當以其官
位相授孝伯叩頭曰齊王戚近功高棟樑所寄臣若
順旨則臣爲不忠陛下非孝子也帝因疎之
隋觀德王雄高祖族子也周太象中進爵邢國公高
祖爲丞相雍州牧畢王賢謀作難雄時爲別駕知其
謀以告高祖賢伏誅
河間王弘高祖從祖弟高祖爲丞相嘗置左右委心
腹高祖詣周趙王宅將及於難弘時立於户外以衞
高祖
唐宋王成器睿宗長子景雲二年以晉州刺史蕭志

忠爲秘書監同州刺史崔湜爲中書侍郎時太平公
主謂成器曰待崔湜蕭志忠到當輔政廢太子以爾
代之成器馳告皇太子太子與成器奏之故令停湜
等官
舒王誼本代宗子昭靖太子邈之子德宗命爲已子
建中四年涇原兵亂誼奉德宗出幸奉天賊之攻城
誼晝夜傳詔慰勞諸軍不解帶者月餘
後唐贈太保從璟明宗長子明宗在魏府爲軍士所
逼莊宗詔從璟謂曰爾父於國有大功忠孝之心朕
自明信今爲亂兵所刼爾宜自去宣朕旨無令有疑

從璟行至中途爲元行欽所制復與歸雒下莊宗改其名名爲繼璟以爲已子命再往從璟固執不行願死於御前以明丹赤從莊宗赴汴州明宗之親舊多策馬而去左右或勸從璟令自脫終無行意尋爲元行欽所殺天成初贈太保

册府元龜卷終

冊府元龜

巡按福建監察御史臣李嗣京訂正
知長樂縣事臣夏允彝叅閱
知建陽縣事臣黃國琦較釋

宗室部二十六

忠諫

古人有言曰忠臣雖在畎畝猶不忘君惓惓之義也矧骨肉之親本根攸庇若乃朝政有闕君道或愆賞罰無章衆言並用而能諫之以德竭其誠心務進讜言期於開悟蓋情兼家國義在君親者也與夫信而

後諫不聽則去者異矣詩曰雖有他人不如我同姓其是之謂歟

殷王子比干紂之親戚也見箕子諫不聽而爲奴則曰君有過而不以死爭則百姓何辜乃直言諫紂紂怒曰吾聞聖人之心有七竅信有諸乎乃遂殺夫王子比干刳視其心（紂作炮烙之刑王子比干曰主暴不諫非忠臣也畏死而不信非勇士也見過則諫不用則死忠之至也遂進諫三日不去朝紂因而殺之）

秦公子扶蘇始皇長子始皇益發謫徙邊扶蘇諫曰天下初定遠方黔首未集諸生皆誦法孔子今上皆重法繩之臣恐天下不安惟上察之始皇怒使扶蘇北監蒙恬於上郡

子嬰二世兄子二世時趙高親近日夜毀惡蒙氏求其罪過舉劾之子嬰進諫曰臣聞故趙王遷殺其良臣李牧而用顔聚燕王喜陰用荆軻之謀而背秦之約齊王建殺其故世忠臣而用后勝之議此三君者皆各以變古者失其國而殃及其身今蒙氏秦之大臣謀士也而主欲一旦棄去之臣竊以爲不可臣聞輕慮者不可以治國獨智者不可以存君誅殺忠臣而立無節行之人是內使群臣不相信而外使鬬士之意離也臣竊以爲不可二世不聽

漢淮南王安厲王長子也武帝建元六年閩越復舉兵擊南越南越守天子約不敢擅發兵而上書以聞帝多其義大爲發兵遣兩將軍將兵誅閩越安上書諫曰陛下臨天下布德施惠緩刑罰薄賦斂哀鰥寡恤孤獨養耆老振匱乏盛德上隆和澤下洽近者親附遠者懷德天下攝然（攝安也奴協切）人安其生自以沒身不見兵革今聞有司舉兵將以誅越臣安竊爲陛下重之越方外之地劗髮文身之民（劗古翦字）不可以冠帶之國法度理也自三代之盛胡越不與受正朔（與讀曰豫）非彊不能服威弗能制也以爲不居之地不牧之民

不足以煩中國也故古者封內甸服（封內謂封圻千里之內也甸服主治王田以供祭祀也）封外侯服（封外千里之外也侯侯也王者斥堠也）侯衛賓服（侯服之外又有衛服賓服賓見於王也侯衛二服同爲賓也）蠻夷要服（要以遷切言以文德求之耳）戎狄荒服（此在九州之外者也荒言其荒忽絕遠來去無嘗者也）遠近勢異也自漢初定已來七十二年吳越人相攻擊者不可勝數然天子未嘗舉兵而入其地也臣聞越非有城郭邑里也處谿谷之間篁竹之中（竹田曰篁）習於水鬬便於用舟地深昧而多水險中國之人不知其勢阻而入其地雖百不當其一得其地不可郡縣也攻之不可暴取也以地圖察其山川要塞相去不過寸數而

間獨數百千里（間中間也或八九百或千里也）阻險林叢弗能盡著視之若易行之甚難天下賴宗廟之靈方內大寧戴白之老不見兵革民得夫婦相守父子相保陛下之德也越人名爲藩臣貢酎之奉不輸大內（言其國僻遠於宗廟之貢祭皆不與也大內都內也國家寶藏也治粟官屬有都內令丞也）一卒之用不給上事自相攻擊而陛下發兵救之是反以中國勞蠻夷也且越人愚戇輕薄負約反覆其不用天子之法度非一日之積也一不奉詔舉兵誅之臣恐後兵革無時得息也間者數年歲比不登民待賣爵贅子以接衣食（贅子者謂令子出就婦家爲贅婿耳）賴陛下德澤振救之得毋

轉死溝壑四年不登五年復蝗民生未復今發兵行數千里資衣糧入越地輿轎而踰領（轎今竹輿車也言以轎過嶺耳）柁舟而入水行數百千里夾以深林叢竹水道上下擊石林中多蝮蛇猛獸夏月暑時嘔泄霍亂之病相隨屬也曾未施兵接刃死傷者必衆矣前時南海王反陛下先臣使將軍間忌將兵擊之（先臣淮南厲王長間忌人姓名）以其軍降處之上淦後復反會天暑多雨樓船卒水居擊櫂未戰而疾死者過半親老涕泣孤子謕號破家散業迎尸千里之外裹骸骨而歸悲哀之氣數年不息長老至今以爲記曾未入其地而禍已至此臣

聞軍旅之後必有凶年言民之各以其愁苦之氣薄陰陽之和感天地之精而災氣爲之生也陛下德配天地明象日月恩至禽獸澤及草木一人有饑寒不終其天年而死者爲之悽愴於心今方內無狗吠之警而使陛下甲卒死亡暴露中原霑漬山谷邊境之民爲之早閉晏開鼂（朝字）不及夕臣安竊爲陛下重之不習南方地形者多以越爲人衆兵彊能難邊城淮南全國之時多爲邊吏（全國謂未分爲三之時也淮南人於邊爲吏與越相境故知其地形）臣竊聞之與中國異限以高山人迹所絕車道不通天地所以隔外內也其入中國必下領水領水

之山峭峻漂石破舟不可以大船載食糧下也越人欲爲變必先畬餘干界中(越邑今鄱陽縣也)積食糧迺入伐材治船邊城守候誠謹越人有入伐材者輒收捕焚其積聚雖百越柰邊城何且越人緜力薄材(緜弱也)不能陸戰又無車騎弓弩之用然而不可入者以保地險中國之人不能其水土也臣聞越甲卒不下數十萬所以入之五倍迺足輓車奉饟者不在其中(饟亦餉也)南方暑濕近夏癉熱(癉黃病也)暴露水居蝮蛇蠚(毒也)生疾疢多作兵未血刃而病死者什二三雖舉越國而虜之不足以償所亡臣聞道路言閩越王弟甲弒而殺

之(甲者閩王弟名)甲已誅死其民未有所屬陛下若欲來內處之中國使重臣臨存施德垂賞以招致之此必攜幼扶老以歸聖德若陛下無所用之則繼其絕世存其亡國建其王侯以爲畜越(畜養之也)此必委質爲藩臣世共貢職陛下以方寸之印丈二之組塡撫方外(組者印之綬)不勞一卒不頓一戟而威德並行今以兵入其地此必震恐以有司爲欲屠滅之也必雉兎逃入山林險阻(如雉兎之逃竄而入山林險阻之中)背而去之則復相羣聚留而守之歷歲經年則士卒罷勸食糧乏絕男子不得耕稼樹種婦人不得紡績織紝丁壯從軍老弱轉餉

居者無食行者無糧民苦兵事逃亡者必衆隨而誅之不可勝盡盜賊必起臣聞長老言秦之時嘗使尉屠睢擊越(郡都尉姓屠名睢也)又使監祿鑿渠通道(監郡御史名祿也)越人逃入深山林叢不可得攻留軍屯守空地曠日引久士卒勞倦越出擊之秦兵大破迺發適戍以備之當此之時外內騷動百姓靡敝(靡微也音糜)行者不還往者莫反皆不聊生亡逃相從羣爲盜賊於是山東之難始興此老子所謂師之所處荊棘生之者也西事一方有急四面皆從臣恐變故之生姦邪之作繇此始也周易曰高宗伐鬼方三年而克之鬼方小蠻

夷高宗殷之盛天子也以盛天子伐小蠻夷三年而後克言用兵不可不重也臣聞天子之兵有征而無戰言莫敢較也如使越人蒙徼幸以逆執事之顏行(顏行猶鴈行在前行故曰顏行胡郎切)廝輿之卒有一不備而歸者雖得越王之首臣竊爲大漢羞之陛下以四海爲境九州爲家八藪爲囿江漢爲池生民之屬皆爲臣妾人徒之衆足以奉千官之共租稅之收足以給乘輿之御而玩心神明秉執聖道負黼依(依形如屏風而曲之畫以黼文張於牖閒依讀曰扆也)憑玉几南面而聽斷號令天下四海之內莫不嚮應陛下垂德惠以覆露之(露謂之如霑潤澤也或露或覆言養)

育也使元元之民安生樂業則澤被萬世傳之子孫施之無窮天下之安猶泰山而四維之也夷狄之地何足以爲一日之閒而煩汗馬之勞乎詩云王猶允塞徐方既來言王道甚大而遠方懷之也臣聞之農夫勞而君子養焉愚者言而智者擇焉臣安幸得爲陛下守藩以身爲鄣蔽人臣之任也邊境有警愛身之死而不畢其愚非忠臣也安竊恐將吏之以十萬之師爲一使之任也（言漢發一使鎮撫之則越人賓服不煩兵徃）是時漢兵遂出踰領適會閩越王弟餘善殺王以降漢兵罷帝嘉淮南之意

劉向初名更生爲諫議大夫給事中元帝初即位太傅蕭望之爲前將軍少傅周堪爲諸吏光祿大夫（加官也百官公卿表云諸吏所加或列侯將軍卿大夫得舉不法也）皆領尚書事甚見尊任更生年少於望之堪然二人重之薦更生宗室忠直明經有行擢爲散騎宗正給事中與侍中金敞拾遺於左右四人同心輔政患苦外戚許史在位放縱而中書宦官弘恭石顯弄權望之堪更生議欲白罷退之未白而語泄遂爲許史及恭顯所譖愬堪更生下獄及望之皆免官其春地震夏客星見昴卷舌閒（見於昴與卷舌之閒也）上感悟下詔賜望之爵關內侯奉朝請秋徵堪向欲以爲諫議大夫恭顯白皆爲中郎冬地復震時恭顯許史子弟侍中諸曹皆側目於望之等更生懼焉乃使其外親上變事（非常之事故謂之變也）言竊聞故前將軍蕭望之等皆中正無私欲致大治忤於貴戚尚書（忤猶逆也）今道路人聞望之等復進以爲復見毀讒必曰嘗有過之臣不宜復用是大不然（言不宜用其有過之臣者此議非也）臣聞春秋地震爲在位執政大盛也不爲三獨夫動亦已明矣（謂蕭望之周堪及向獨夫猶言匹夫也）且往者高皇帝時季布有罪至於夷滅後赦以爲將軍高后孝文閒卒爲名臣（卒終也）孝武帝時兒寬有重罪繫按道侯

韓說諫曰（說讀悅）前吾丘壽王死陛下至今恨之（恨悔之）今殺寬後將復大恨矣上感其言遂貰寬（貰謂緩恕其罪）復用之位至御史大夫御史大夫未有及寬者也又董仲舒坐私爲災異書主父偃取奏之下吏罪至不道幸蒙不誅復爲太中大夫膠東相以老病免歸漢有所欲興嘗有詔問（謂改興作憲章）仲舒爲世儒宗定議有益天下孝宣皇帝時夏侯勝坐誹謗繫獄三年免爲庶人宣帝復用勝至長信少府太子太傅名敢直言天下美之若乃群臣多此比類難一二計有過之臣無負國家有益天下此四臣者足以觀矣前弘恭奏望

之等獄决三月地大震恭稼病出稼病者稼書言病一日言以病稼出不居官府後復視事天陰雨雪繇是言之地動殆爲恭等殆近也臣愚以爲宜退恭顯以章蔽善之罰章明也進望之等以通賢者之路如此太平之門開災異之原塞矣書奏恭顯疑其更生所爲白請考姦詐辭果服遂逮更生繫獄下太傅韋玄成諫大夫貢禹與廷尉雜考劾更生前爲九卿坐與望之堪謀排車騎將軍許氏侍中者毀離親戚欲退去之而獨專權爲臣不忠幸不伏誅復蒙恩徵用不悔前過而教令人言變事誣罔不道更生坐免爲庶人而望之亦坐使子上書

白冤前事恭顯白令詣獄置對置對者立其罪辭望之自殺天子甚悼恨之乃擢周堪爲光祿勳堪弟子張猛光祿大夫給事中大見信任恭顯憚之數譖焉更生見堪猛在位幾已得復進幾讀曰冀懼其傾危乃上封事諫曰臣前幸得以骨肉備九卿奉法不謹乃復蒙恩竊見災異並起天地失常徵表爲國徵證也欲終不言念忠臣雖在甽畝猶不忘君惓惓之義甽者田中之溝也工大切惓惓繇中忠義之意況重以骨肉之親又加以舊恩未報乎欲竭愚誠又恐越職然惟二恩未報惟思也忠臣之義一抒愚意退就農畝死無所恨抒謂發泄之也臣聞舜命九官禹作司空棄后稷契司徒咎繇作士垂共工益朕虞伯夷祀宗廟夔典樂龍納言濟濟相讓和之至也衆賢和於朝則萬物和於野故簫韶九成而鳳皇來儀擊石拊石百獸率舞韶舜樂名舉簫管之屬示其備也於韶樂九奏則鳳凰見其容儀擊鍾鳴磬而百獸相率來舞言感至和也四海之內靡不和寧及至周文開基西郊言文王始受命作周也雜遝衆賢罔不肅和崇推讓之風以誚分爭之事文王既沒周公思慕歌詠文王之德其詩曰於穆清廟肅雍顯相濟濟多士周頌祀文王清廟之詩也於嘆辭穆肅敬也雍和也顯明相助也濟濟盛也言文王有清靜之化敬而且和光明著見故濟濟之衆士皆執行文王之德也於讀曰烏當此之時武王周公繼政朝臣和於內萬國驩於外故盡得其驩心

以事其先祖其詩曰有來雍雍至止肅肅相維辟公天子穆穆周頌禘太祖之詩也相助也辟百辟也公諸侯也言有此賓客以和而來至也而敬者乃助王祭之人百辟與諸侯耳於是時天子則穆穆然也言四方皆以和來也諸侯和於下天應報於上故周頌曰降福穰穰此執競之篇祀武王之詩也穰穰多也又曰貽我麰麰此思文之篇以后稷配天之詩也貽遺也言天遺此物也貽讀與遺同來麰麥也始自天降此皆以和致和獲天助也下至幽厲之際朝廷不和轉相悲怨厲王夷王之子厲王生宣王宣王生幽王詩人疾而憂之曰民之無良相怨一方此小雅角弓之篇刺幽王之詩也良善也言人各爲不善其意乖離而相怨也一方謂自守一方所同異之衆小在位而從邪議歙歙相是而背君子故其

詩曰歙歙訿訿亦孔之哀謀之其臧則具是違謀之
不臧則具是依此小雅小旻篇刺幽王之詩也言在位卿士歙歙然患其上訿訿然不供
職各失臣節甚可哀痛謀之善者則背之不善之謀依而施用所以爲刺也君子獨處守
正不撓衆枉撓屈也不爲衆曲而自屈也勉強以從王事則反見
憎毒讒愬故其詩曰密勿從事不敢告勞無罪無辜
讒言嗸嗸此小雅十月之交篇刺厲王之詩也密勿黽勉從事也嗸嗸衆聲也言已勉行事不
敢自陳勞苦言已實無罪辜而被讒愬嗸嗸然也當是之時日月薄蝕而無
光薄迫也謂被掩迫也其詩曰朔日辛卯日有蝕之亦孔之醜
自此以下至百川沸騰皆十月之交詩也孔甚也醜惡也周之十月夏之八月朔日有辛卯日月交會而
日見蝕陰傷於陽辛金日也卯木辰也以卯侵金則臣侵君故甚恐也又曰彼月而微

此日而微今此下民亦孔之哀微虧微也言彼月者當有虧耳而今此日
乃復微也言君臣失道是爲災異故令人哀也又曰日月鞫凶不用其行四
國無政不用其良鞫告也言日月不用其常行之道以告凶災者繇四方之國無政理
不能用善人也天變見於上地變動於下水泉沸騰山谷異
處其詩曰百川沸騰山冢崒崩高岸爲谷深谷爲陵
哀今之人胡憯莫懲沸湧出也騰乘也冢山頂也崒盡也胡何也憯憎也懲艾也言
百川沸騰而相乘陵山頂隆高而盡推壞陵谷易處尊卑失序災異大矣誠可懼畏哀哉今人何爲其莫
創艾也霜降失節不以其時其詩曰正月繁霜我心憂
傷民之訛言亦孔之將言民以是爲非甚衆大也正月
夏之四月正陽之月謂之正月繁多也訛僞也孔甚也將大也此言王政外傷也多霜害於生物故以心

爲憂傷而衆庶之人共爲僞言以是爲非排斥賢雋禍甚大也此皆不和賢不肖易
位之所致也賢人在下不肖居上故云易位也自此之後天下大亂
簒殺殄禍並作厲王奔彘厲王無道民不堪命乃與相畔襲厲王厲王出奔彘
幽王見殺爲犬戎所攻殺至乎平王末年魯隱之始即位也
平王幽王之子周大夫祭伯乖離不和出奔於魯隱元年祭伯來穀梁
傳曰奔也而春秋爲諱不言來奔傷其禍殄自此始也是
後尹氏世卿而專恣春秋公羊經隱公二年四月尹氏卒傳曰尹氏者乃天子之大
夫其稱尹氏何貶也曷爲貶譏世卿世卿非禮也又詩小雅節南山云尹氏大師赫赫師尹不平謂何刺
之也諸侯背畔而不朝周室卑微二百四十二年之間
謂從隱公元年至哀公十四年獲麟也隱公十一年桓公十八年莊公三十二年閔公二年僖公二十三

年文公十八年宣公十八年成公十八年襄公三十一年昭公三十二年定公十五年哀公十四年凡二
百四十二年日食三十六謂隱二月己巳桓三年七月壬辰朔十七年十月朔莊三年十
八年三月二十五年六月辛未朔二十六年十二月癸亥朔三十年九月庚午朔僖五年九月戊申朔十
二年三月庚午十五年五月文元年二月癸亥朔十五年六月辛丑朔宣八年七月甲子十年四月丙辰
十七年六月癸未成十六年六月丙寅朔十七年十二月丁巳朔襄十四年二月乙未朔十五年秋八月
丁巳二十年冬十月丙辰朔二十一年九月庚戌朔冬十月庚辰朔二十三年二月癸酉朔二十四年秋
七月甲子朔八月癸巳朔二十七年冬十二月乙亥朔昭七年夏四月甲辰朔十五年六月丁巳朔十七
年夏六月甲戌朔二十一年秋七月壬午朔二十二年十二月癸酉朔二十四年夏五月乙未朔三十一
年十二月辛亥朔定五年正月辛亥朔十二年十一月丙寅朔十五年八月庚辰朔凡三十六也地
震五謂文九年九月癸酉襄六年五月甲子昭十九年五月己卯二十三年八月乙未哀三年四月

甲午凡五山陵崩阤二僖十四年八月辛卯沙鹿壞成五年夏梁山壞凡二也阤下頹彗星三見謂文十四年秋十月有星孛入于北斗昭十七年冬有星孛于火辰哀十三年冬十一月有星孛東方凡三見夜常星不見夜中星隕如雨事在莊七年四月辛卯火災十四桓十四年秋八月壬申御廩災莊二十年夏齊大災僖二十年五月乙巳西宮災成三年二月甲子新宮災襄九年春宋災三十年五月甲午宋災昭九年夏四月陳災十八年夏五月壬午宋衛陳災定二年夏五月壬辰雉門及兩觀災哀三年五月辛卯桓宮僖宮災四年六月辛丑亳社災凡十四長狄入三國謂春秋文十一年經書冬十月甲午叔孫得臣敗狄于鹹公羊傳曰狄者何長狄也兄弟三人一者之齊一者之魯一者之晉之齊榮如之魯喬如之晉楚如長狄鄋之種五石隕墜六鷁退飛多麋有蜮蜚鸜鵒來巢者皆一見謂僖十六年正月戊申朔隕石于宋五是月六鷁退飛過宋都莊十六年冬多麋十八年秋有蜮二十九

冊府元龜　宗室部　忠諫　卷之二百八十七　十三

年秋有蜚昭二十五年夏有鸜鵒來巢蜮短尾狐也鷁水鳥也蜚負蠜也晝冥晦僖十五年九月己卯晦震夷伯之廟穀梁傳曰晦也雨木冰事在成十六年正月雨木冰者氣著樹木綜爲冰也今俗呼爲間樹者李梅冬實七月霜降草木不死僖三十三年經書冬隕霜不殺草李梅實未知在何時也而此言李梅冬實又云七月霜降草木不死與今春秋不同未見義所出八月殺菽謂定公元年十月隕霜殺菽周之十月夏之八月菽謂豆也大雨雹事在僖二十九年秋及周三年冬四年正月雨雪雷霆失序相乘隱九年三月癸酉大雨震電庚辰大雨雪莊六年冬十月雨雪僖五年冬大雪皆是也雷古之雷字也霆雷之急者也水旱饑蝝螽螟並起並起猶雜沓也謂桓元年秋大水十一年秋大水二十四年秋大水二十五年秋大水宣十年秋大水成五年秋大水襄二十四年秋七月大水僖二十一年夏大旱宣十年秋大旱宣十年冬饑十五年冬蝝生饑襄二十四年冬大饑桓五年秋螽僖十五年八月螽文三年

秋雨螽於宋八年螽宣六年八月螽十三年秋螽十五年秋螽襄十年八月螽哀十二年十二月螽十三年九月螽十二月螽惠五年九月螟八年九月螟莊六年秋螟皆是也螽即螟也蟲之食苗心者也螽音終螟音冥也當是時禍亂輒應弒君三十六謂隱公四年衛州吁弒君完二十五年羽父使賊弒公于爲氏桓二年宋督弒其君與夷七年曲沃伯誘晉小子侯殺之十七年鄭高渠彌弒昭莊八年齊無知弒其君諸兒十三年宋萬弒其君捷十四年傳瑕弒其君鄭子三十二年共仲使圉人犖賊子般閔二年共仲使卜齮賊公于武闈僖十六年晉里克弒其君卓二十四年晉弒懷公于高梁文元年楚世子商臣弒其君頵十四年齊公子商人弒其君舍十六年宋人弒其君杵臼十八年齊人弒其君商魯襄仲殺子惡莒弒其君庶其宣二年晉趙盾弒其君夷皋四年鄭公子歸生弒其君夷十年陳夏徵舒弒其君平國成十八年晉弒其君州蒲襄七年鄭子駟使賊弒僖公二十五年齊崔杼弒其君光二十六年衛甯喜弒其君剽二十九年閽殺吳子餘祭三十年蔡世子般弒其君固三十一年莒人弒

冊府元龜　宗室部　忠諫　卷之二百八十七　十四

其君密州昭元年楚公子圍問王疾縊而殺之十三年楚公子比弒其君虔于乾谿十九年許世子止弒其君買二十七年吳弒其君僚定十三年薛弒其君比哀四年盜殺蔡侯申六年齊陳乞弒其君荼十年齊人弒悼公凡三十六亡國五十二謂桓五年州公如曹莊四年紀侯大去其國十年齊師滅譚十三年齊人滅遂十四年楚子滅息十六年楚滅鄧閔元年晉滅霍滅魏僖五年楚滅弦晉滅虢滅虞十三年楚人滅黃十七年楚滅項十九年秦人取梁二十五年衛侯燬滅邢二十六年楚人滅夔三十年秦滅滑文四年楚滅江五年楚人滅蓼十六年楚人秦人巴人滅庸宣八年楚滅舒蓼九年取根牟十三年楚子滅蕭十五年晉師滅赤狄潞氏成六年取鄟十七年楚滅舒庸襄六年莒人滅鄫齊侯滅萊十年諸侯滅偪陽十三年取邿二十五年楚滅舒鳩昭四年楚子滅賴十三年晉滅肥十六年楚子取戎蠻氏十七年晉滅陸渾戎二十一年晉滅鼓三十三年吳滅徐定安四年蔡滅沈五年楚滅唐六年鄭滅許十四年楚人滅頓十五年楚人滅胡哀八年宋公滅曹邾滅須句楚權晉滅焦楊楚滅房甲凡五十二

諸侯奔走不得保其社稷者不可勝數也謂桓十五年鄭伯突出奔蔡襄十四年衛侯出奔齊昭三年北燕伯款出奔齊二十三年莒子庚與來奔之類是也周室多禍晉敗其師於貿戎貿戎地名也公羊成元年秋王師敗績于貿戎傳曰孰敗之蓋晉敗之也伐其郊郊周邑也昭三十三年正月經書晉人圍郊也鄭傷桓王王以諸侯伐鄭鄭伯禦之射王中肩事在桓五年秋戎執其使隱七年冬經書天王使凡伯來聘戎伐凡伯于楚丘以歸五大夫爭權三君更立莫能正周景王終單穆公劉文公鞏簡公甘平大夫相與爭奪更立王子猛公昭莊公五子朝及敬王是爲三君子衛侯朔召不往齊逆命而助逆春秋桓十六年書衛侯朔出奔齊穀梁傳曰天子召不往遂至陵夷不能復興陵夷日卑替也繇此觀之和氣致祥乖氣致異祥多者其國安異衆者其國危天地之常經

古今之通義也今陛下開三代之業紹文學之士優游寬容使得並進今賢不肖渾淆言雜亂也白黑不分邪正雜糅忠讒並進糅和也章交公車人滿北軍漢儀注中壘校尉北軍壘門內尉一人主上書者獄上章於公車尉主有不如法者以付北軍尉北軍尉以法治之也朝臣舛午繆戾乖剌言志不和相違背也各更相讒愬轉相是非傳授增加文書紛糾前後錯繆毀譽渾亂言各任私情不得其實所以營惑耳目感移心意不可勝載言其誣罔天子也營謂四繞之分曹爲黨往往群朋曹輩也將同心以陷正臣進者治之表也正臣陷者亂之機也乘治亂之機未知孰任而災異數見此臣所以寒心者也夫乘權藉勢之人子弟鱗集於朝言其相次如魚鱗羽翼陰附者衆輻湊於前輻湊言如車輻之歸于轂也毀譽將必用以終乖戾之咎言讒佞之人毀譽得進則忠賢被斥日以乖戾也是以日月無光霜雪夏隕海水沸出陵谷易處列星失行皆怨氣之所致夫遵衰周之軼迹遵詩人之所刺而欲以成太平致雅頌猶郤行而求及前人也初元以來六年矣按春秋六年之中災異未有稠如今者也稠多也夫有春秋之異無孔子之救猶不解紛況甚於春秋乎原其所以然者讒邪並進也讒邪之所以並進者繇上多疑心既已用賢人而行善政如或譖之則賢人退而善政還還謂

牧還也夫執狐疑之心者來讒賊之口持不斷之意者開群枉之門讒邪進則衆賢退群枉盛則正士消故易有否泰小人道長君子道消君子道消則政日亂故爲否否者閉而亂也君子道長小人道消小人道消則政日治故爲泰泰者通而治也詩又云雨雪瀌瀌見晛聿消此小雅角弓篇刺幽王好讒佞之詩也瀌瀌盛也是無雲也晛日氣也聿辭也言雨雪之盛瀌瀌然至於無雲日氣始出於雨雪皆消釋矣喻小人雖多王若欲與善政則賢者外用而小人藏矣與易同義昔者鯀共工驩兜與舜禹雜處堯朝鯀崇伯之名即檮杌也共工少皞氏之後即窮奇也驩兜帝鴻無之後即渾敦也周公管蔡並居周位當是時迭進相毀迭互也流言相謗豈可勝

道哉帝堯成王能賢舜禹周公而消共工管蔡故以大治榮華至今孔子與季孟偕仕於魯（季孟謂季孫孟孫皆桓公之後代執國權而甲公室也）李斯與叔孫俱官於秦（叔孫者叔孫通也）定公始皇賢季孟李斯而消孔子叔孫故以大亂汚辱至今故治亂榮辱之端在所信任信任既賢在於堅固而不移詩云我心匪石不可轉也（此邶栢舟之詩也言石性雖堅尚有可移轉日至貞人執德不傾過於石也）言守善篤也易曰渙汗其大號（此易渙汗九五爻也言王者渙然大發號令如汗之出也）號令如汗汗出而不反者也今出善令未能踰時而反是反汗也（一時三月也）用賢未能三旬而退是轉石也論語曰見不善如探

湯（論語載孔子之言探湯言其除難無所避也）今二府奏佞諂不當在位歷年而不去也（二府丞相御史也諂古謟字）故出令則如反汗用賢則如轉石去佞則如拔山如此望陰陽之調不亦難乎是以群小窺見間隙緣飾文字巧言醜詆（詆毀也）流言飛文譁於民間（譁諠也）故詩云憂心悄悄慍於群小（此邶栢舟言仁而不遇之詩悄悄憂貌慍怒也）小人成群誠足慍也昔孔子與顏淵子貢更相稱譽不爲朋黨（事俱見論語）禹稷與皐陶傳相汲引不爲比周（事具尚書舜典）何則忠於爲國無邪心也故賢人在上位則引其類而聚之於朝易曰飛龍在天大人造也（乾卦九五象辭言聖王正位臨馭萬方則賢人君子皆來朝也）在

下位則思與其類俱進易曰拔茅連茹以其彙征吉（彙類也茹牽引也茅喻君有潔白之德臣下引其類而仕之此泰卦初九爻征行也）在上則引其類在下則推其類故湯用伊尹不仁者遠而衆賢至類相致也今佞邪與賢臣並在交戟之內合黨共謀違善依惡歙歙訿訿數設危險之言欲以傾移主上如忽然而用之此天地之所以先戒災異之所以重至也自古明聖未有無誅而治者也故舜有四放之罰（流共工於幽州放驩兜於崇山竄三苗於三危殛鯀於羽山）而孔子有兩觀之誅（少正卯姦人之雄故孔子爲司寇七日誅之於兩觀之下兩觀謂闕也）然後聖化可得而行也今以陛下明知誠深思天地之心迹察兩

觀之誅（尋其心迹而察之）覽否泰之卦觀雨雪之詩歷周唐之所進以爲法原秦魯之所消以爲戒（歷謂歷觀之原謂思其本）考祥應之福省災異之禍以揆當世之變（省視也揆度也）放遠佞邪之黨壞散險詖之聚（險言曰詖）杜閉群枉之門廣開衆正之路（杜塞也）決斷狐疑分別猶豫使是非炳然可知則百異消滅而衆祥並致太平之基萬世之利也臣幸得託肺附（舊解云肺附爲肝肺相附著猶言心膂也一說肺爲斫木肺札也自言于帝室猶札附於大材）誠見陰陽不調不敢不通所聞竊推春秋災異以救今事一二條其所以（以錄也）不宜宣泄臣謹重封昧死上恭顯見其書愈與許史比而怨更生

等成帝即位顯等伏辜更生乃復進用更名向時帝元舅陽平侯王鳳秉政倚太后專國權數有大異向見尚書洪範箕子爲武王陳五行陰陽休咎之應休美也向乃集合上古以來歷春秋六國至秦漢符瑞災異之記推迹行事連傳禍福著其占驗比類相從各有條目凡一十篇號曰洪範五行傳論奏之天子心知向忠精故爲鳳兄弟起此論也然終不能奪王氏權久之營起昌陵數年不成復還歸延陵制度泰奢向上疏諫曰臣聞易曰安不忘危存不忘亡是以身安而國家可保也易下繫之辭故聖賢之君博觀始終窮

極物情而是非分明王者必通三統二王之後與已爲三統天地人之始也天統謂周十一月建子爲上天始施之端也二曰地統言殷以十二月建丑爲下地始化之端也三曰人統言夏以十三月建寅爲正人始成之端也言王者象地天人之三統故有三代也明天命所授者博非獨一姓也孔子論詩至於殷士膚敏祼將于京此大雅文王篇殷士卿士也膚美也敏疾也祼灌鬯也將行也京周京也言殷之臣有美德而敏疾乃來助祭于周行祼鬯之事是天命無常歸于有德也喟然歎曰喟然歎息大哉天命善不可不傳於子孫是以富貴無常不如是則王公其何以戒慎民萌何以勸勉萌與甿同無知之貌蓋傷微子之事周而痛殷之亡也雖有堯舜之聖不能化丹朱之子雖有禹湯之德不能訓末孫之桀紂自古

及今未有不亡之國也昔高皇帝既滅秦將都雒陽感悟劉敬之言自以德不及周而賢於秦遂徙都關中依周之德因秦之阻世之長短以德爲效效謂徵驗也故常戰栗不敢諱亡孔子所謂富貴無常蓋謂此也孝文皇帝居霸陵北臨廁廁近水也霸陵山北頭廁近霸水帝登其上以遠望也意悽愴悲懷顧謂群臣曰嗟乎以北山石爲槨用紵絮斮陳漆其間斮斬也陳施也斮絮以漆著其間也美石出京師北方今宜州石是也故云以北山石爲槨紵絮者可以紵末絮也斮而陳其間又從而漆之也豈可動哉張釋之進曰使其中有可欲雖錮南山猶有隙使其中無可欲雖無石槨又何戚焉有可欲謂多藏金玉而厚葬之人皆欲取之是有間

隙也無可欲謂不具器備而薄葬人而無欲攻掘取之故無憂戚也錮謂鑄塞也云錮南山者取其深大假喻夫死者無終極而國家有廢興故釋之言爲無窮計也孝文寤焉遂薄葬不起山墳易曰古之葬者厚衣之以薪藏之中野不封不樹厚衣之以薪言積以聚之也不封謂不聚土爲墳也樹謂不種樹後世聖人易之以棺槨棺槨之作自黃帝始黃帝葬於橋山在上郡周陽縣堯葬濟陰丘壠皆小葬具甚微丘壠冢也舜葬蒼梧二妃不從二妃堯之二女禹葬會稽不改其烈不改樹木百物之烈也殷湯無葬處謂不見傳記也文武周公葬于畢畢陌在長安北四十里也秦穆公葬於雍橐泉宮祈年館下樗里子葬於武庫樗里子秦惠王異母弟也樗里子且死曰葬我必於渭南章臺

東後百年當有天子宮夾我墓又漢與長樂宮在其東未央宮在其西武庫正直其上也皆無丘壠之處此聖帝明王賢君智士遠覽獨慮無窮之計也其賢臣孝子承命順意而薄葬之此誠奉安君父忠孝之至也夫周公武王弟也葬兄甚微孔子葬母於防防魯邑名也稱萬古而不墳墓謂壙穴也墳謂積土也曰丘東南西北之人也不可不識也東西南北言周遊以行其道不得專在本邦故墓須表為四尺墳遇雨而摧弟子修之以告孔子孔子流涕曰吾聞之古者不修墓蓋非之也事見礼記延陵季子適齊而反其子死於嬴博之間二邑並在太山其子死於其間穿不及泉斂以時服封墳掩坎其高可隱謂人立可隱肘也而號

曰號謂哭而且言也骨肉歸復於土命也魂氣則無不之也夫嬴博去吳千有餘里季子不歸葬孔子往觀曰延陵季子於禮合矣事見礼記故仲尼孝子而延陵慈父舜禹忠臣周公弟弟弟弟者言能順理也其葬君親骨肉皆微薄矣非苟為儉誠便於體也宋桓司馬為石槨仲尼曰不如速朽非桓魋為石槨奢泰故激此言秦相呂不韋集知略之士而造春秋亦言薄葬之義皆明於事情者也逮至吳王闔閭違禮厚葬十有餘年越人發之及秦惠文武昭嚴襄五王嚴襄者莊襄則始皇父也皆大作丘壠多其瘞藏瘞埋咸盡發掘暴露甚足悲也秦始皇帝葬於驪山之阿

阿謂山曲也下錮三泉上崇山墳其高五十餘丈周圍五里有餘石槨為游館多累石作槨於壙穴中以為離宮別館也人膏為燈燭水銀為江海黃金為鳧鴈珍寶之藏機械之變作機械發木之人屬盡其巧變也始皇本紀令匠作機弩矢有所穿近輒射之又言工匠為機咸皆知之已下閉門皆殺工匠也椁棺之麗宮館之盛不可勝原言不能盡其數本又多殺宮人生薶工匠計以萬數天下苦其役而反之驪山之作未成而周章百萬之師至其下矣周章陳勝之將項籍焚其宮室營宇往者咸見發掘言至其墓所者掘之而求財物其後牧兒亡羊羊入其鑿鑿謂所穿冢藏也牧者持火炤求羊失火燒其藏椁自古至今葬未有盛如始皇也

數年之間外被項籍之災內罹牧豎之禍罹遭也豈不哀哉是故德彌厚者葬彌薄知愈深者葬愈微無德寡知其葬愈厚丘壠彌高宮廟甚麗發掘必速繇是觀之明暗之效葬之吉凶昭然可見矣周德既衰而奢侈宣王賢而中興更為儉宮室小寢廟詩人美之斯干之詩是也詩小雅篇名美宣王考室其首章曰秩秩斯干秩秩流行也干澗也喻宣之德如澗水源秩秩流出無極已之也上章道宮室之如制下章言子孫之衆多也宮室如制謂桓桓其庭有覺其楹君子攸寧也子孫衆多謂維熊維羆男子之祥維虺維蛇女子之祥也及魯嚴公即莊公也刻飾宗廟多築臺囿後嗣再絕謂子般閔公皆殺死也春秋刺焉周室如彼而昌魯秦

如此而絶是則奢儉之得失陛下即位躬親節儉始營初陵其制約小天下莫不稱賢明及徙昌陵增埤爲高埤下也積土爲山發民墳墓積以萬數營起邑居期日迫卒卒讀猝也功費大萬大萬億也大巨也死者恨於下生者愁於上怨氣感動陰陽因之饑饉物故流離以十萬數物故謂死也流謂亡其居處也臣甚惽焉惽謂不了言惑於此事也惽音昏一曰惽古圂字憂病之類也以死者爲有知發人之墓其害多矣若其無知人安用大安焉也謀之賢知則不説以示衆庶則苦之説讀曰悦其下亦同若苟以説愚夫淫侈之人又何爲哉陛下慈仁篤美甚厚聰明疏達蓋世宜弘漢家之德

崇劉氏之美光昭五帝三王而顧與暴秦亂君競爲奢侈比方丘壠顧猶反也説愚夫之目隆一時之觀違賢知之心亡萬世之安臣竊爲陛下羞之唯陛下上覽明聖皇帝堯舜禹湯文武周公仲尼之制下觀賢知穆公延陵樗里張釋之之意孝文皇帝去墳薄葬以儉安神可以爲則秦昭始皇增山厚藏以侈生害足以爲戒初陵之撫宜從公卿大臣之議撫音規摹之摹謂規度墓地也其字從木以息衆庶書奏上甚感向言而不能從其計

向睹俗彌奢淫而趙衞之屬起微賤踰禮制趙皇后昭儀謂婕妤也向以爲王教繇内及外自近者始故採取詩書所載賢妃貞婦興國顯家可法則及孽嬖亂亡者孽庶也嬖愛也序次爲列女傳凡八篇以戒天子及採傳記行事著新序説苑凡五十篇奏之數上疏言得失陳法戒書數十上以助觀覽補遺闕帝雖不能盡用然内嘉其言常嗟嘆之時帝無繼嗣政繇王氏出災異浸甚浸又漸也向雅奇陳湯智謀與相親友獨謂湯曰災異如此而外家日盛其漸必危劉氏吾幸得同姓末屬累世蒙漢厚恩身爲宗室遺老歷事三主上以我先帝舊臣每進見常加優禮吾而不言孰當言者向遂上封事極諫曰臣聞人君莫不欲安然而常危莫不

欲存然而常亡失御臣之術也夫大臣操權柄持國政操執也未有不爲害者也昔晉有六卿齊有田崔衞有孫甯魯有季孟常掌國事世執朝柄終後田氏取齊六卿分晉崔杼弑其君光孫林甯殖出其君衎弑其君剽季氏八佾舞於庭三家者以雍徹並專國政卒逐昭公周大夫尹氏筦朝事濁亂王室子朝子猛更立連年乃定故經曰王室亂又曰尹氏殺王子克甚之也其惡言大甚也春秋舉成敗録禍福如此類甚衆皆陰盛而陽微下失臣道之所致也故書曰臣之有作威作福害於而家凶於而國也而汝也孔子曰禄去

公室政逮大夫危亡之兆秦昭王舅穰侯及涇陽葉陽君（穰侯魏冉也涇陽葉陽皆其弟也）專國擅勢上假太后之威三人者權重於昭王家富於秦國國甚危殆賴窮范雎之言而秦復存二世委任趙高專權自恣壅蔽大臣終有閻樂望夷之禍（二世斃於望夷之宮閻樂以兵弑之）秦遂以亡近事不遠卽漢所代也漢興諸呂無道擅相尊王呂産呂祿席太后之寵據將相之位（席猶因言若人之坐於席）兼南北軍之衆擁梁趙王之尊驕盈無厭欲危劉氏賴忠正大臣絳侯朱虚侯等竭誠盡節以誅滅之然後劉氏復安今王氏一姓乘朱輪華轂者三十三人青紫貂

蟬充盈幄内魚鱗左右（言在帝之左右相次若魚鱗也）大將軍秉事用權五侯驕奢僭盛並作威福擊斷自恣行汙而寄治身私而託公（寄託也内爲汙私之行而外託治公之道也）依東宮之尊假甥舅之親以爲威重（東宮太后所居也）尚書九卿州牧郡守皆出其門（言爲僚吏者皆居顯要之職）筦執樞機朋黨比周稱譽者登進忤恨者誅傷游談者助之說執政者爲之言排擯宗室孤弱公族其有智能者尤非毁而不進遠絕宗室之任不令得給事朝省恐其與已分權數稱燕王蓋主以疑上心（示宗室親近而反逆也）避諱呂霍而弗肯稱（呂后霍后二家皆坐擅僭誅滅故爲王后諱而不言也）內有管蔡之萌外

假周公之論兄弟擿重宗族盤互（盤結而交互也）歷上古至秦漢外戚僭貴未有如王氏者也雖周皇甫秦穰侯漢武安呂霍上官之屬皆不及也（皇甫周卿士字也周后寵之故處於盛位權黨於朝詩人刺之武安侯田蚡也）物盛則有非常之變先見爲其人微象孝昭帝冠石立於泰山（冠山下有石自立三石爲足一石在上故曰冠石）仆柳起於上林（其柳已死僵仆於地而更起生）而孝宣帝卽位今王氏先祖墳墓在濟南者其梓柱生枝葉扶疏上出屋根垂地中雖立石起柳無以過此之明也事勢不兩大王氏與劉氏亦且不並立如下有泰山之安則上有累卵之危陛下爲人子孫守持宗廟而令國

祚移於外親降爲皂隸縱不爲身奈宗廟何婦人内夫家外父母家此亦非皇太后之福也孝宣皇帝不樂舅平樂昌侯權所以全安之也夫明者起福於無形銷患於未然宜發明詔吐德音援近宗室親而納信（援引也）黜遠外戚毋授以政皆罷令就第以則效先帝之所行厚安外戚全其宗族誠東宮之意外家之福也王氏永存保其爵祿劉氏長安不失社稷所以保睦外内之姓子子孫孫無疆之計也如不行此策田氏復見於今六卿必起於漢爲後嗣憂昭昭甚明不可不深圖不可不蚤慮易曰君不密則失臣臣不

寄則失身幾事不密則害成唯陛下深留聖恩審固
幾密覽往事之戒以折中取信居萬安之實用保宗
廟久承皇太后言社稷不安帝身亦不久事皇太后也天下幸甚書奏
天子召見向歎息悲傷其意謂曰君且休矣吾將思
之且令出外休息以向爲中壘校尉元延中星孛東井蜀岷
山壞雍江向惡此異懷不能已復上奏曰臣聞帝舜
戒伯禹毋若丹朱傲周公戒成王毋若殷王紂詩曰
殷監不遠在夏后之世亦言湯以桀爲戒也聖帝明
王常以敗亂爲戒不諱廢興故臣敢極陳其愚惟陛
下留神察焉謹按春秋二百四十二年日蝕三十六

襄公尤數率三歲五月有奇而一食奇謂成數之餘不滿者也漢
興訖竟寧孝景帝尤數率三歲一月而一食臣向前
數言日當食今連三年比比類也自建始以來二十歲
間而八食率二歲六月而一發古今罕有小大希稠
占有舒疾緩急而聖人所以斷疑也易曰觀乎天文
以察時變昔孔子對魯哀公並言夏桀殷紂暴虐天
下故歷失則攝提失方孟陬無紀攝提星名也隨斗柄建十二月曆不
正則失其所建首時爲孟正月爲陬也此皆易姓之變也秦始皇之末
至二世時日月薄食山陵淪亡星辰出於四孟四時之孟
月也當見四仲也太白經天而行太白陰星出東當伏東出西當伏西過午爲經天者

也無雲而雷雷當託雲猶君之託臣也二世不恤天下人有叛心象獨號令而無臣也枉
矢夜光流星也其射如矢蛇行不正故曰枉矢流而亂伐亂熒惑襲月熒惑主內亂月
主刑故趙高殺二世也孽火燒宮孽災也野禽戲庭野鳥入處主人將去都
門內壞長人見臨洮石隕于東郡星孛大角以亡流星
犯大角大角因伏不見觀孔子之言考暴秦之異天命信可畏
也及項籍之敗亦孛大角漢之入秦五星聚于東井
得天下之象也孝惠時有雨血日食於衝滅光星見
之異日食行交道之衝也孝昭時有泰山臥石自立上林僵柳
復起大星如月西行衆星隨之此爲特異孝宣興起
之表天狗夾漢而西流星也墮地爲天狗皆妖星久陰不雨者二

十餘日昌邑之不終視孝宣之紹起天之去就豈不
昭昭然哉高宗成王亦有雊雉拔木之變能思其故
故高宗有百年之福成王有復風之報神明之應應
若影響世所同聞也臣幸得託末屬誠見陛下寬明
之德冀銷大異而興高宗成王之聲以崇劉氏故豤
豤奸死亡之誅今日食尤屢星孛東井攝提炎及紫
宮有識長老莫不震動此變之大者也其事難一二
記故日書不盡言言不盡意是以設卦指爻而復說
義書曰伻來以圖伻使也使人以圖來示成王明口說不了指圖乃了也天文
難以相曉臣輒圖上猶須口說然後可知願賜清燕

之間指圖陳狀帝輒入之謂招入也然終不能用也向每召見數言公族者國之枝葉枝葉落則本根無所庇廕方今同姓疏遠毋黨專政祿去公室權在外家非所以彊漢宗卑私門保守社稷安固後嗣也向自得見信於帝故常顯訟宗室譏刺王氏及在位大臣其言多痛切發於至誠

劉輔河間宗室也成帝時爲諫議大夫帝欲立趙婕妤爲皇后先下詔封婕妤父臨爲列侯輔上書言臣聞天之所欲必先賜以符瑞天之所違必先降以災變此神明之徵應自然之占驗也昔武王周公承順

天地以饗魚烏之瑞謂伐紂有白烏赤魚之瑞也然猶君臣祇懼動色相戒況於季世不蒙繼嗣之福屢受威怒之異者虖雖夙夜自責改過易行畏天命念祖業妙選有德之士考卜窈窕之女窈窕幽閑也以承宗廟順神祇心塞天下望塞滿也子孫之祥猶恐晚暮今迺觸情縱欲傾於卑賤之女欲以母天下上不畏于天下不媿於人惑莫大焉里語曰腐木不可爲柱卑人不可以爲主天人之所不予必有禍而無福市道皆知之市道市中之道也朝廷莫肯一言臣竊傷心自念得以同姓拔擢尸祿不忠汙辱諫爭之官不敢不盡死惟陛下深察書奏帝使侍御史收繫掖庭秘獄減死罪一等論爲鬼薪

冊府元龜卷終

巡按福建監察御史臣李嗣京訂正
知閩縣事臣曹昺臣叅閱
知建陽縣事臣黃國琦較釋

宗室部二十七

忠諫

後漢東平王蒼光武之子明帝永平四年春車駕近出觀覽城第尋聞當遂較獵河内蒼即上書諫曰臣聞時令盛春農事不聚衆興功傳曰田獵不宿食飲不享出入不節則木不曲直此失春令者也臣知車

駕今出事從約省所過吏人諷誦甘棠之德雖然動不以禮非所以示四方也惟陛下因行田野循視稼穡消徭仿佯弭節而旋（皆遊散之意弭節猶按節）至秋冬乃振威靈整法駕備周衛設羽旄詩云抑抑威儀惟德之隅（抑抑密也）臣不勝憤懣伏自手書乞詣行在所極陳至誠帝覽奏即還宫至章帝時欲為原陵顯節陵起縣邑蒼聞之遽上疏諫曰伏聞當為二陵起立郭邑臣前頗謂道路之言疑不審實近令從官古霸問涅陽王疾（涅陽主光武女）使還乃知詔書已下切見光武皇帝躬履儉約之行深覩始終之分勤勤懇懇以葬制為言故營建陵地具稱古典詔曰無為山陵陂池裁令流水而已孝明皇帝大孝無違奉承貫行（貫行謂一行遵奉也）至於自所營創尤為儉省謙德之美於斯為盛臣愚以園邑之興始自強秦古者丘壠且不欲其著明況築郭邑建都郛哉上違先帝聖心下造無益之功虛費國用動搖百姓非所以致和意祈年豐也又以吉凶術數言之亦不欲無故繕修丘墓有所興起考之古法則不合稽之時宜則違人求之吉凶復未見其福陛下履有虞之至性追祖禰之深恩然懼左右過議以累聖心臣蒼誠傷二帝純德之美不暢於無窮也惟

蒙哀覽帝從而止自是朝廷每有疑政輒驛使咨問蒼悉心以對皆見納用

晉齊公攸文帝之子武帝時以比年饑饉議所節省攸奏議曰臣聞先王之教莫不先正其本務農重本國之大綱當今方隅清穆武夫釋甲廣分休假以就農業然守相不能勤心恤公以盡地利昔漢宣歎曰與朕理天下者惟良二千石乎勸加賞罰黜陟幽明于時翕然用多名守計今地有餘羨而不農者衆加附業之人復有虛假通天下之謀則饑者必不少矣今宜嚴勅州郡簡諸虛詐害農之事督實南畝上下

同奉所務則天下之穀可復古政豈患於暫一水旱
便憂饑餒哉考績黜陟必使嚴明畏威懷惠莫不自
厲又都邑之內游食滋多巧伎末業服飾奢麗富人
兼美猶有魏之遺弊染化日淺靡財害穀動復萬計
宜申明舊法必禁絕之使去奢即儉不奪農時畢力
稼穡以實倉廩則榮辱禮節緣之而生興化反本於
茲爲盛轉鎮東大將軍

扶風王駿以齊王攸出鎮駿表諫切以帝不從遂發
病薨

范陽王虓宣帝之姪孫元帝時河間王顒表立成都

王穎爲太弟穎爲王浚所破虓與東平王楙鎮東將
軍周馥等上言曰自愍懷被害皇儲不建委重前相
輒失臣節是以前年六宰與臣永惟社稷之貳不可
久空所以共啓成都王穎以爲國副愛重之後而弗
克負荷小人勿用而以爲腹心骨肉宜敦而猜能薦
至險詖宜遠而讒說殄行此皆臣等不聰不明失所
宗賴遂令陛下謬於降授雖戮臣等不足以謝天下
今大駕還宮文武空曠制度荒破靡有孑遺臣等雖
劣足以輔王室而道路之言謂張方與臣等不同既
惜所在與異又以太宰惇德允元著於具瞻每當義
節輒爲社稷宗盟之先張方受其指教爲國效節昔
年之舉有死無二此即太宰之良將陛下之忠臣但
以受性強毅不達變通遂守前志已致紛紜然退思
惟既是其不易之節且慮事翻之後爲天下所罪故
未卽西還耳原其本事宜無深責臣聞先代明主未
嘗不全護功臣令福流子孫自中間已來陛下功臣
初無全者非獨人才皆劣其於取禍實繇朝廷策之
失宜不相容恕以一旦之咎喪其積年之勳既違周
禮議功之典且使天下之人莫敢復爲陛下致節者
臣等此言豈獨爲一張方寔爲社稷遠計欲令功臣

長守富貴臣愚以爲宜委太宰以關右之任一方事
重及自州郡以下選舉授任一皆仰成若朝之大事
廢興損益每輒疇咨此則二伯述職周召分陝之義
陛下得行於今將遣方還郡令群后申志時定王室
所加方官請悉如舊此則忠臣義士有勸功臣必全
矣司徒戎異姓之賢司空越公族之望並忠國愛主
小心翼翼宜幹機事委以朝政安北將軍王浚佐命
之胤率身履道忠亮清正遠近所推如今日大舉實
有定社稷之功此臣等所以歎息歸高也浚宜特崇
重以副群望遂撫幽朔長爲北藩臣等竭力扞城藩

屛皇家陛下垂拱而四海自正則四祖之業必隆於今日月之暉昧而復曜乞垂三思察臣所言又可以臣表西示太宰又表曰成都王失道爲姦邪所誤論王之身不宜深責且先帝遺軆陛下群弟自元康以來罪戮相尋實海內所爲匈匈臣等所以痛心今廢成都更封一邑宜其必許若廢黜尋有禍害旣傷陛下矜慈之恩又令遠近嘗謂公族無復骨肉之情此實臣等內省悲慙無顔於四海也乞陛下察臣忠款

宋建平王宏孝武帝時普責百官讜言宏議曰臣聞建國之道咸殊興王之政不一至於開諫致寧防口

取禍固前王同軌後主共則秦殷之敗語戮剌王周漢之盛謗升箴顯陛下以至德神臨垂精思治進儒禮而崇寬教衰獄訟而黜嚴刑表忠行而舉貞節辟處士而求賢異脩廢官而出滯賞撤天膳而重農食禁貴遊而弛榷酤通山澤而易關梁固已海內仰道天下知德今復開不諱之塗獎直辭之路四海希風普天幸甚舉掌採問敢不悉心謹條鄙見置陳如左辭理違謬伏用震驚夫用兵之道自古所愼頃者干戈未戢武備宜修而卒不素練兵非夙習且戍衞之職多非其才或以資厚索加或以祿薄帶帖或罷縣權門恩自私假旣無將領虛尸榮祿至於邊城舉燧羽驛交馳而望其擐甲摧鋒立功閫外譬緣木求魚不可得矣嘗謂臨難命師皆出倉卒驅烏合之衆隸造次之主貌踈情乖有若胡越豈能使其同力捄危濟難故奔北相望覆敗繼有今欲改選將較皆得其人分臺見將各以配給領護一軍爲其總統令撫養士卒使恩信先加農隙較獵以習其事三令五申以齊其心使動止應規進退中律然後蓄銳觀釁因時而動摧敵陷堅折衝於外孫子曰視卒如赤子故可與之共死所以張拳效爭先之心吮癰致必盡之命

豈不繇恩著者士輕其生令明者卒畢其力考心跡事如或有在妄陳庸短退懼乖謬

江夏王義恭爲太宰時竟陵王誕舉兵反孝武遣沈慶之討伐値雨不得攻城及晴孝武怒使太史擇日發將自濟江義恭上表諫曰誕素無才略畜養又寡自拒王命士庶離散城內乏糧器械不足徒賴免兵蒼頭三四百人造次相附恩怨夙結臣始短慮謂一旬可殄而假息淹遷七十餘日上將受律群蕃兵峙銳卒精旅動以萬計大威所震未有成功臣雖凡怯猶懷憤悱陛下入剪封豕出討長蛇兵不血刃舉典

七百而蕞爾小醜遂延晷漏致皇赫斯怒將動乘之
此寔臣下素食駑鈍之責行留百司莫不仰慙俯愧
今盛暑被甲日費千金天威一麾孰不幸甚臣伏尋
晉文王征淮南淹師出二百日方能制寇今誕嶽檻
垂竭背逆者多慶之等轉悟遲重之非漸見乘巳之
利且成旨頗降必應旦夕夷殄愖又以廣陵塗近人
信易達雖爲江水約示不難且覩理者寡闇塞者衆
忽見雲旗移次京都既當袥悚四方之志必有未達
臣愚伏重思計今寧不當計小醜省生命以安遐邇
之情又以長江險闊風波難期王者尚不乘危况乃

況不測之水今雖先天不違動千休慶龍舟所幸理
必利涉然居安慮危不可不懼私誠款款冒啓赤心
追用悚汗不自宜盡

南齊竟陵王子良爲會稽太守宋元嘉中皆責成郡
縣孝武徵求急速以郡縣遲緩始遣臺使自此公役
勞擾太祖踐祚子良陳之曰前臺使督逋切調賞聞
相望於道及臣至郡亦殊不疎凡此輩使人既非詳
緻勤順或貪險崎嶇要求此役朝辭禁門情態即異
暮宿村縣威福便行但令朱鼓裁完鈹槊微具顧瞻
左右叱咤自專擿宗斷族排輕斥遲脅遏津埭恐喝
傳郵破崗水逆商旅半洪逼令倒下先過已船浙江
風猛公私畏渡脫舫在前驅令俱發呵蹙行民固其
嘗理儻折守宰出變無窮既瞻郭望境便飛下嚴符
但稱行臺莫顯所督先訶彊寺卻攝群曹開亭正檎
便振判筆其次絳標寸紙一日數至徵村切里俄刻
十催四鄉所召莫辨枉直孩老士庶共令付獄或尺
布之逋曲以當疋百錢之稅且增爲千或誑應質作
尚方寄繫東冶萬姓駭迫人不自固遂漂衣敗力競
致兼櫱值今夕酒酣肉飫即許附申徵格明日禮輕
貨薄便復不入恩科籠頁徵闕總撻肆情風塵毀謗

隨忿而發及其豚蒜轉積鶩栗漸盈遠則分鬻他境
近則託貿吏民反請郡邑助申咨同刺言臺推信如
所在闡頃者令長守牧離此每實非復近歲愚謂並
諸簡課宜停遣使密畿州郡則指賜勑令遙外鎮宰
明下條源既各奉別指人競自罄雖復臺使盈湊會
正屬所徒相疑憒反更淹懈凡預衣冠符恩威世多
以闇緩貽愆少爲欺猾入罪若類以宰牧乖政則觸
事難委不課逋上綱偏覺非才但奢促差降各賜一
朝如乃事速應緩自顯依違糾坐之科不必須重但
令必行其耳如蘋且兩裝之船充擬千緒三坊寡役

呼訂萬計每一使之發彌辰方辦粗計近遠率遣一部職散人領無減二十舟船所資皆復稱是長江萬里費固倍之較略一年脱得省者息船優役實爲不少兼折奸減竊遠近暫安及王敬則爲會稽太守會土民無士庶皆役保敬則以工有餘息平歛爲錢送臺庫以爲便子良啓曰伏尋三吳內地國之關輔百度所資民庶彫流日有困殆蠶農嘗獲饑寒尤甚富者稍增其饒貧者轉鍾其弊可爲痛心難以辭盡頃錢貴物賤殆欲兼倍凡在觸類莫不如茲稼穡難劬斛直數十機杼勤苦疋裁三百所以然者實亦有繇

年常歲調旣有定期僮邮所上咸是見直中間錢多翦鑿鮮復完者公家所受必須員大以兩代一困於所無鞭棰質繫益致無聊臣昔忝會稽粗閑物俗塘丁所上本不入官良繇陂湖宜壅橋路須通均夫計直民自爲用若甲分毁壞則年一脩改若乙限堅完則終歲無役今郡通課此直悉以還臺租賦之外更生一調至今塘路瓌蕪湖源泄散害民損政實此爲劇建元初狡虜遊魂軍用殷廣浙東五郡丁稅一千乃有質賣妻兒以充此限道路愁窮不可見聞所逋尚多收上事絶臣登具啓聞卽蒙蠲原而此年租課三分逋一明知檴民實自弊國愚謂塘丁一條宜還復舊在所逋邮優量原除凡應受錢不限大小仍令在所折市布帛若民有雜物是軍國所需者聽隨價准直不必更應送錢於公不虧其用在私實荷其渥昔晉氏初遷江左草創綿布所直十倍於今賦調多少因時增減永初中官布一疋直錢一千而民間所輸聽爲九百漸及元嘉物價轉賤私貨則束直六千官受則疋准五百所以每欲優民必爲降落今入官好布疋堪百餘其四民所送猶依舊制昔爲刻上今爲刻下氓庶空儉豈不繇之救民拯弊莫過減賦時

和歲稔尚爾虛乏儻値水旱寧可熟稔且西京熾彊實基三輔東都全固實頼三河歷代所同古今一揆石頭以外裁足自供府州方山以東深關朝廷根本夫股肱要重不可不恤宜蒙寬政少加優養略其目前小利取其長久大益無患民貧不殷國庾不阜也宗臣重寄咸云利國竊如愚管未見可安帝不納又武帝新親政水旱不時子良密啓曰臣思水潦成患良田沃壤變爲汙澤農政吉祥因高肆務播殖旣周繼以旱虐黔庶呼嗟相覗歛氣夫國資於民民資於食匪民何以能政臣每一念此寢不便席本始中郡

國大旱宣帝下詔除民租今聞所在逋欠尚多守宰
嚴期兼夜課切新稅方何無從故調於何取給正當
相驅爲盜耳愚謂逋租宜皆原除少降停恩徵紓民
命自宋道無章王風陵替竊官假號騈門連室今在
民所簡動以萬計漸漬之來非復始適先朝政理以
致沸騰小人之心罔思前遇申之以威反怨後罰獻
窮則觸事在匪輕齊有天下日淺恩洽未布一方或
饑當加優養愚謂自可依源削除未宜便充猥役且
部曹簡較誠存精密令史奸黠鮮不容情情旣有私
理或枉謬耳目有限群役無極變易是非居然可見

詳而後取於事未進明詔泮矜獄圄恩文累降今科
綱嚴重稱爲峻察負罪罹僁充積牢戶暑時鬱蒸加
以金鐵聚憂之氣足感天和民之多怨非國福矣頃
土木之務甚爲殷廣雖役未及民動費已積炎旱致
災或緣於此皇明載遠書軌未一緣淮帶江數州地
耳以魏方漢猶有一郡之譬以今比古復爲遠矣何
得不愛其民緩其政救其危存其命哉湘區奥密蠻
寇熾彊如聞南師未能挫戮百姓齊民積年塗炭疽
食侵淫邊虞方重交州敻絕一垂寔惟荒服恃遠後
賓固亦嘗事自青德啓運款關受職置之度外不足

縻言今懸軍遠伐經途萬里衆寡事殊客主勢異以
逸待勞全勝難必又緣道調兵以足軍力民丁烏合
事乖習銳廣州積歲無年越州兵糧素乏加以發借
必致驚擾愚謂叔獻所請所宜聽從取亂侮亡便俟
後會雖緩歲月必有可擒之理差息發動費役之勞
劉楷見甲以助湘中威力旣舉蟻寇自服又詔折租
布二分取錢子良又啓曰臣一月入朝六登文陛廣
殿穢人裁奉顏色纔有所懷豈敢自達比大旱亟見
地孽亟臻民下妖訛好生嚬嗜穀價雖和比室饑嗛
纁纊雖賤駢門裸質臣一念此痛入心骨三吳奥區

地惟河輔百度所資罕不自出宜在蠲優使其全富
而守宰相繼務存掊刻圖桑品屋以准貲課致令斬
樹發瓦以還重賦破民敗產要利一時在所相承准
令上宜每至州臺使命切求懸急縺充猥役必繇窮
困乃有畏失嚴期自殘軀命亦有斬絕手足以避徭
役生育弗起殆爲牽事守長不務先富民而唯言益
國豈有民貧於下而國富於上耶又泉鑄歲遠類多
翦鑿江東大錢十不一在公家所受必須輪郭遂買
本一千加子七百求請無地捶革相繼尋完者爲用
旣不兼兩迥遷復質會非委積縱令小民每嬰困苦

且錢帛相半爲制永久或聞長宰須令輸直進遣舊
科退咨姦利入屬近縣既在京畿發借徵調實煩他
邑民特尤貧遭年失稔草衣藿食稍有流亡今農正
就輿宜蒙賑給若逋課未上許以申原兗豫二藩雖
曰舊鎮往屬兵虞累棄鄉土寄邇寇庭下無安志編
草結巷示遠京暑扶携流落靡有生向俱稟人靈獨
絶溫飽而賦須多少尚均沃實謂凡在荒民應加蠲
減又司市之要自昔所難頃來此役不係才舉並條
其重貲許以衒鬻前人增估求挾後人加税請代如
此輪廻終何紀極兼復交關津要共相脣齒愚野未

閑必加凌誣罪無大小横沒貲載凡求試穀帛類非
廉謹未解在事所以開容夫斷獄惟平畫一在制雖
恩家得罪必宜申憲畢姓貽儹最合從綱若罰典惟
加賤下辟書必蠲世族懼非先王立理之本尚書列
曹上應乾象如聞命議所出先咨於都都使下意然
後付郎譴寫開行愚謂郎官尤宜推擇宋運告終戎
車屢駕寄名軍牒動竊數等故非分充朝殷積供廣
越守宰梁益郡邑參差調補實允事機且此徒冗雜
罔遵王憲嚴加廉視隨遣彈斥一二年間可減大半
永明初玉輅爲重蓋又作麒麟頭采畫以馬首戴之
子良啓曰聞車旗有章載自前史器必依禮服無舛
法凡蓋員象天軫方法地上無二天之儀下設兩蓋
之飾求之志録恐爲乖裹又假爲麟首加乎馬頭事
不師古鮮或可施武帝好射雉子良諫曰鑾輿亟動
天蹕屢巡陵犯風烟驅馳野澤萬乘至重一羽甚微
貪甚微之難忽至重之誡頃郊郛以外科禁嚴重匪
直芻牧事罷遂乃窀掩殆廢且蠶月后登桑時告至
士女吁嗟易生噂議棄民從欲理未可安曩時巡幸
必盡威防領軍景先詹事赤斧堅甲利兵左右屯備
今馳騖外野交侍疎㵎晨出晚還頓遺清道此實愚

臣最所震迫彼虜玩威甫獲款關二僕全富猶加曲
待如聞使臣頻亦慇望前會東官遂形言色昔宋氏
遣使醫列階下劉纘御史始登朝殿今既反命宜賜
優禮伏謂中堂雲構寔惟峻絶檐陛深嚴事隔凉暑
而別爲一室如或有疑邊帶廣途訛言孔熾毁立之
易過於轉圜若依舊通敞實允觀聽頃市司驅扇租
估過刻吹毛求瑕廉察相繼被以小罪責以重備愚
謂宜勑有司更詳優格臣年方朝賢齒未相及以管
窺天猶知失得廊廟之士豈闇其非未聞一人爲陛
下憂國家非但面從亦畏威耳臣若不啓陛下於何

聞之永明末又將射雉子良復諫曰忽聞外議伏承當更射雉臣下情震越心懷憂悚猶謂疑妄事不必然伏度陛下以信心明照故所以傾金寶於禪靈仁愛廣洽得使禽魚養命於江澤豈惟國慶民懽乃以翱翔洽樂夫衞生保命人獸不殊重軀愛體彼我無異故禮云聞其聲不忍食其肉見其生不忍見其死且萬乘之尊降同匹夫之樂夭殺無辜傷仁害福之本菩薩不殺壽命得長施物安樂自無恐怖不惱衆生身無患苦臣見功德有此果報所以日夜劬懃廣身奉法實願聖躬康衞若此每寢夢寐脫有異見不

覺身心立就燋爛陛下當日捨財脩福臣私心顒顒尚恨其少豈可今日有見此事一損福業追悔便難臣此啓聞私心實切若是大事不易可改亦願陛下炤臣此誠曲垂三思況此嬉遊之間非關當否而動輒傷生實可深慎雖不盡納而深見寵愛

豫章王嶷爲侍中揚州刺史唐寓之賊起啓曰此段小寇出於兇愚天網宏罩理不足論但聖明御世幸不可爾比籍聲聽皆云有縣而然豈得不仰啓所懷少陳心款山海崇深臣獲保安樂公情顒於此可見齊有天下歲月未久澤沾萬民其實未多百姓猶險懷惡者衆陛下曲垂流愛每存優旨但頃小大士庶每以小利奉公不顧所損者大擿籍檢巧督郵簡小藏丁匿口凡諸條制實長怨府此目前交利非天下大計一室之中尚不可精寓宙之內何可用洗公家何嘗不知民之多巧但古今以政不可細碎故不爲耳爲此者實非乖理但識理者百不有一陛下弟兒大臣猶不皆能伏理況復天下悠悠萬品怨積聚黨兇迷相類止於一處何足不除脫復多所便成紜紜久欲上聞閑侍無因謹陳愚管伏願特留神思答曰巧欺那可容宋世混亂以爲是不蚊蟻何足憂已爲

義勇所破官軍昨至都今應散滅吾政恨其不辦大耳亦何時無亾命邪後乃詔聽復籍錯簡莫敢先言雲進曰陛下方隆太平臨覆四海豈得上違宗廟下棄兆民父子相傳其來久矣皇魏之興有華皇儲正統聖德夙章陛下必欲損形塵務頤神清曠者冢嗣之寄宜紹寶曆若或欲捨儲宮輕移宸極恐非先聖之意駭動人情又天下是祖宗之天下而陛下輒改神器上乖七廟下長姦亂之道此是禍福所繫願深思慎之太尉源賀又進曰陛下今欲外選諸王而禪位于皇叔者臣恐春秋蒸嘗昭穆有亂脫萬世之後必

有逆饗之讖深顧思任城之言東陽公元丕等進曰皇太子雖聖德夙彰然實冲幼陛下富於春秋始覽機政普天景仰率土係心欲脩獨善不以萬物爲意其若宗廟何其若億兆何獻文曰儲宫正統受終文祖群公相之有何不可於是傳位於孝文

任城王澄爲吏部尚書值車樹反叛孝文將欲討之澄表諫不宜親行會江楊王繼平之乃止宣武卽位澄表曰臣参訓先朝藉規有日前言舊軌頗亦聞之又昔在當代親習皇后褻秘序庭無闕日臣每於侍坐先帝未嘗不以書典在懷禮經爲事周旋之則不

輟於時自鳳舉中京方隆禮教宗室之範每蒙委及四門之選負荷詮量自先皇升遐未遑脩述舉官虚荷四門之名宗人有闕四時之業青衿之緒於茲將落臣每惟其事竊所傷懷伏惟聖略宏遠四方罕務宴安之辰於是乎在何爲太平之世而令子衿之歎興焉聖明之日而使宗人之訓闕焉愚謂可勑有司脩復皇宗之學開闢四門之教使墜落之族日就月將詔曰胄子崇業自古盛典國均之訓無應久廢尚書更可量宜脩立及孝明時靈太后臨朝澄上表曰伏惟世宗宣武皇帝命將授旗隨陸啓顙運籌制勝淮漢自賓節用勞心志清六合是故纘武脩文仍世彌盛陛下當周康靖治之時豈得宴安於玄默然取外之理要繇内強圖人之本先在自備蕭衍雖虐使其民而窺覦不已若遇我虚瘼士民彫窘賊衍年老志張思播虺毒此之弗圖恐受其病伏惟陛下妙齡在位聖德方昇皇太后總御天機朝乾夕惕若留意於負荷忿車書之未一進賢拔能重官人之舉樹忠賞清旌養人之罷脩干戈之用畜熊虎之士愛時鄙財輕寶重穀七八年間陛下聖略方剛親王德幹性茂將相脅力未衰愚臣猶堪戎伍荷戈帶甲之衆蓄

鋭於今燕弧冀馬之盛充牣在昔又賊衍惡積禍盈勢不能久子弟闇悖釁逆已彰亂亡之兆灼然可見兼弱有徵天與不遠大同之機宜須蓄備昔漢帝力疾討滅英布高皇卧病親除顯逵夫以萬乘之主豈忘息安實以侵名亂正計不得已今宜慕二帝之遠圖以肅寧爲大任然頃年以來東西難寇艱虞之興首尾連接雖尋得翦除亦大損財力且饑饉之氓散亡莫保收入之賦不增出用之費彌衆不愛力以悦民無豐資以待敵此臣所以夙夜懷憂悚息不寧者也易曰何以守位曰仁何以聚人曰財財者非天不

生非地不長非時不成非人不聚聚財如此之難守位若此之重興替之道焉可不慮又古者使民歲不過三日食壯者之糧任老者之智此雖太平之法難卒而用然妨民害財亦不宜不戒今墉雉素脩廐庫崇列雖府寺廖墊少有未周大抵省府粗得庇憩理務寺塔足致衆請道唯明堂辟雍因禮之大來冬司徒兵至請籌量減徹專力經營務令早就其廣齊施之財酬商市之獘凡所營造自非供御切須戒伏急悪亦宜徹減以務皐積庶無横損民有全力夫食土歷而嬀德昭寢卑室而禹功盛章臺麗而楚力衰阿

宮壯而秦財竭存亡之繇灼然可觀願思前王一同之功畜力聚財以待時會靈太后銳於繕興在京師則起永寧太上公等佛寺功費不少州各造五級佛圖又數爲一切齊會施物動至萬計百姓疲於土木之功金銀之價爲之踴上削奪百官士力費損庫藏兼曲賚左右日有數千澄故有表雖卒不從而常優答禮之

清河王懌宣武初司徒高肇以帝舅寵任權權懌上言曰聞唯器與名不可以假人是故季氏旅岱宣尼以爲深譏仲叔懸軒丘明以爲至誠諒以天尊地卑君臣道別宜杜漸防萌無相僭越至於減膳録囚人君之事今乃司徒行之詎是人臣之義且陛下脩政教解獄訟則時雨可降玉燭知和何使明君失之於上奸臣竊之於下長亂之基於此在矣帝笑不應孝明時有沙門惠憐者自云呪水飲人能差諸病病人就之者日有千數靈太后詔給衣食事重力使於城西之南治療百病懌表諫曰昔新垣之奸不登於明堂五利之詐終嬰於顯戮故律深惑衆之科禮絶妖淫之禁皆所以大明君正防遏姦邪昔在漢末有張角者亦以此術熒惑當時論其所行與今不異遂能

眩誘生人致黄巾之禍天下塗炭數十年間角之繇也

任城王澄子順屬靈太后頻事莊飾數出遊幸順面諍曰禮婦人夫喪自稱未亡人首去珠玉衣不被綵陛下母臨天下年垂不惑過自脩飾何以示後世矣太后慙而不出還入宮責順曰千里相徵豈見衆辱順曰陛下盛服炫容不畏天下所笑何耻臣之一言乎

臨淮王孝友明於政理嘗奏表曰令制百家爲黨族二十家爲閭伍家爲比鄰百家之内有帥二十五徵

發皆免苦樂不均羊少狠多復有蠶食此之爲弊久矣京邑諸坊或七八百家唯一里三正二史庶事無闕而况外州乎諸依舊制三正之名不改而百家於四閭閭二比計族少十二丁物十二疋貲絹畧計見管之戶應二萬族一歲出貲絹二十四萬疋十五丁出一番兵計得一萬六千兵此富國安人之道也古諸侯娶九女士有一妻二妾晉令諸王置妾八人郡君侯妾六人官品令第一第二品有四妾第三第四有三妾第五第六有二妾第七第八有一妾所以陰教聿脩繼嗣有廣廣繼嗣孝也脩陰教禮也而聖朝

忽棄此數緜來漸久將相多尚公主王侯多娶后族故無妾媵習以爲嘗婦人多幸生逢今世舉朝既是無妾天下殆皆一妻設令人强志廣娶則家道離索事皆迍邅內外親知共相嗤怪凡今人通無準節父母嫁女則教之以妬姑姊逢迎共相勸以忌持制夫爲婦德以能妬爲女工自云不受人欺畏他笑我王公猶自一心已下何敢二意夫妬忌之心生則妻妾之禮廢妻妾之禮廢則姦淫之兆興斯臣所以毒恨者也請以王公第一品娶八通妻以備九女稱事二品備七三四品備五五六品則一妻二妾限以一周悉令充數自不充數及待妾非禮使妻妬加捶撻免所居官其妻無子而不娶妾斯則自絕無以血食祖父請科不孝之罪離遣其妻臣之赤心義唯國家欲使吉凶無不合禮貴賤各得其宜去人帥以出兵丁立倉儲以豐穀食設賞格以擒姦盜行典令以示朝章庶使足食足兵人信之矣又冒申妻妾之數正欲王侯將相功臣子弟苗裔滿朝傳祚無窮此臣之志也詔付有司議奏不同孝友又言今人生爲皂隷葬擬王侯存沒異途無復節制崇壯丘壠盛飾祭儀鄰里相榮稱爲至孝又夫婦之始王化所先共食合瓢

足以成禮而今之富者彌奢同牢之設甚於祭槃累魚成山有林木之像鸞鳳斯存徒有煩勞終成委棄仰惟天意其或不然請自茲以後若婚葬過禮者以違旨論官司不加糾劾卽與同罪

臨淮王彧孝莊時追崇文武宣王爲文穆皇帝廟號肅祖母李妃爲文穆皇后將遷神主於太廟以孝文爲伯考彧表諫以爲漢祖創業香街有太上之廟光武中興南頓立舂陵之寢元帝之於光武疏爲絕服猶尚身奉子道入繼太宗高祖之於聖躬親實猶子陛下旣纂洪緒豈宜加伯考之名且漢宣之繼孝昭

斯仍上後叔祖豈忘宗承考妣盜以大義斯奪及金德將興宣王受寄景王意在毀晁文王心規裂冠雖祭則魏主而權歸晉室昆之與季實傾曹氏且子元宣王冢嗣文王成其大業故晉武繼文祖武宣有伯考之稱以今類古恐或非傳高祖德盛冢中道超無外肅祖雖勳格宇宙猶曾奉贊稱臣獲后稟德永元復將配享乾位此乃君臣並坐嫂叔同室歷觀墳籍未有其事時莊帝意銳朝臣無敢言者唯彧與吏部尚書李神儁並有表聞詔報曰文穆皇帝勳格四表道邁百王是用考循舊範恭上尊號王表云漢太上

於香街南頓於春陵漢高不因瓜瓞之緒光武又無世及之德皆身受符命不繇父祖別廟異寢於理何差文穆皇帝天縱人宅曆數有歸朕忝承下武遂主神器既帝業有統漢氏非倫若以昔況今不當移寢則魏太祖晉景帝雖玉跡已顯皆以人臣而終豈得與余帝別廟有闕餘序漢郡國立朝者欲尊高祖之德使饗遍天下非關大廟神主獨在外祠薦漢宣之父亦非勳德所出雖不追尊不亦可乎伯考之名自是尊卑之序何必准古而言非類也復云君臣同列嫂叔共室當以文穆皇帝昔遂臣道以此為疑禮天子元子猶士禘祫豈不同室乎且晉之文景共為一代議者云世限七室主無定數昭穆既同明有共室之理禮既有祔嫂叔何嫌禮祖禰一廟豈無婦舅共室也若專以共室為疑容可更議遷毀莊帝既遍諸妹之請此祠意黃門侍郎常景中書侍郎邢子才所贊成也又追尊兄彭城王為孝宣聖帝彧又面諫曰陛下作而不法後世何觀歷尋書籍未有其事帝不從及神主入廟復敕百官悉陪從一依乘輿之式彧上表以為爰自中古迄於下葉崇尚君親褒明功德乃有皇號終無帝名今若去帝直留皇名求之古義

少有依准又不納

濟陰王暉業弟昭業頗有學尚位諫議大夫莊帝將幸雒南昭業立於閶闔門外扣馬諫帝避之而過後勞之

北齊永安簡平王浚保定初進爵為王文宣末年多酒浚謂親近曰兄舊來不甚了了自登祚已後識解頓進今因酒敗德朝臣無敢諫者大敵未滅吾甚以為憂欲乘驛至鄴面諫不知用吾不人有知密以白帝因見銜八年來朝從幸東山帝裸裎為樂雜以婦女又作狐掉尾戲浚進言此非人主所宜帝甚不悅

浚又於屏處召楊遵彥譏其不諫帝特不欲大臣於諸王交通遵彥懼以奏帝帝大怒曰小人繇來難忍遂罷還宮

河南王孝瑜文襄長子也武成嘗使和士開與胡后對坐握槊孝瑜諫曰皇后天下之母不可與臣下接手帝深納之後又言趙郡王父死非命不可而親

河間王孝琬文襄第三子天統中累遷尚書令初突厥與周師入太原武成避之而東孝琬扣馬諫請委趙郡王部分之必整武成從其言孝琬免冑將出帝使追還周軍退拜并州刺史

冊府元龜

巡按福建監察御史臣李嗣京　正
分守建南道左布政使臣胡維霖　訂
知建陽縣事臣黃國琦　較

宗室部　二十八

圖興復

古者封建子弟藩屏王室平居則共其樂多難則同其憂所謂宗子維城本支百世也故有窮之難少康以庖正而復舊物新都之篡光武以諸王而致中興雖復籍祖宗之道德因億兆之懷思蓋繇天姿異常

靈命夙集耳其有屬居宗室世値艱虞或神器將移或王業旣墜乃將糾率義旅殄滅讐怨或投間於中或稱兵於外而天未悔禍時方不利志雖自激功卒無成豈謀慮之未臧蓋鎡基之靡固耳亦有流寓絶域羇旅鄰邦思借人之兵以復巳之圖而運移勢去終底滅亡區區之心有足悲也與夫歸國邑獻符命以圖生者豈不遠乎

漢安衆侯崇長沙定王六世孫平帝時與春陵侯敞俱朝京師助祭明堂（平帝時王莽輔政祫祭明堂諸侯王二十八人列侯百二十八人宗室子九百餘人徵助祭也）崇見王莽將危漢室私謂敞曰安漢公擅國權群臣莫不迴從（迴曲也）社稷傾覆至矣太后春秋高天子幼弱（謂元后平帝也）高皇帝所以分封子弟蓋為此也敞心然之及莽居攝崇與相張紹謀曰安漢公莽專制朝政必危劉氏天下非之者乃莫敢先舉此宗室恥也吾帥宗族為先海內必和紹等從者百餘人遂進攻宛不得入而敗（張紹竦之從兄）莽于池其室宅

徐鄉侯快（一云名快）膠東恭王子閔王莽僭位乃結黨數千人起兵於其國欲誅莽快兄殷為扶崇公快攻即墨殷閉城門自繫獄吏民距快快敗走至長廣死是時陵鄉侯曾（楚思王子）扶恩侯貴（不知誰子孫）皆以起兵誅莽

敗

春陵侯敞二弟弘梁弘先起義兵卒梁少以俠氣聞更始元年起兵豫章欲徇江東自號就漢大將軍暴疾卒

後漢光武族兄玄字聖公春陵戴侯熊渠曾孫也王莽地皇二年新市人王匡王鳳馬武王常成丹等攻攸竟陵（縣名今復州）轉擊雲杜安陸（安陸今安州縣）三年與其支黨朱鮪張卬等北入南陽號新市兵皆自稱將軍平林人陳牧廖湛復聚衆千餘人號平林兵以應之聖公因往從牧等為其軍安集掾是時光武及兄伯升

亦起春陵與諸部合兵而進四年正月破王莽前隊大夫甄阜屬正梁丘賜斬之號聖公爲更始將軍衆雖多而無所統一諸將遂共議立更始爲天子二月辛未設壇場於淯水上沙中陳兵大會更始卽位南面立朝群臣素懦弱羞愧流汗舉手不能言於是大赦天下改元更始元年悉拜置諸將以族父良爲國三老王匡爲定國上公王鳳成國上公朱鮪大司馬族弟伯升大司徒陳牧大司空餘皆九卿將軍五月伯升拔宛（於元功縣名在南陽）六月更始入都宛城盡封宗室及諸將爲列侯者百餘人更始忌伯升威名遂誅之

以光祿勳劉賜爲大司徒前鍾武侯劉望起兵略有汝南時王莽納言將軍嚴尤秩宗將軍陳茂既敗於昆陽往歸之八月望遂自立爲天子以尤爲大司馬茂爲丞相王莽使大師王匡（與更始新封國公同姓名）國將哀章守雒陽（哀姓魯哀公之後）更始遣定國上公王匡攻雒陽西屛大將軍申屠建丞相司直李松攻武關三輔震動是時海內豪傑翕然響應皆殺其牧守自稱將軍用漢年號以待詔命旬月之間徧於天下長安中起兵攻未央宮九月東海人公賓就斬王莽於漸臺（公賓姓就名漸臺太液池中也）收璽綬傳首詣宛時更始在便坐黃堂取視之喜曰莽不如是當與霍光等寵姬韓夫人笑曰若不如是帝焉得之乎更始悅乃懸莽首於宛城市是月拔雒陽生縛太師王匡國將哀章至斬之十月使奮威大將軍劉信擊殺劉望於汝南幷誅嚴尤陳茂更始遂北都雒陽以劉賜爲丞相申屠建李松自長安傳送乘輿服御又遣中黃門從官奉迎遷都二年二月更始自雒陽而西至長樂宮初王莽敗唯未央宮被焚而已其餘宮館一無所毀宮女數千備列後庭自鍾鼓帷帳輿輦器服太倉武庫官府市里不改於舊李松與棘陽人趙萌說更始宜悉王諸功臣

朱鮪爭之以爲高祖約非劉氏不王更始乃先封宗室大嘗將軍劉祉爲定陶王劉賜爲宛王劉慶爲燕王劉歙爲元氏王大將軍劉嘉爲漢中王劉信爲汝陰王後遂立王匡爲北陽王王鳳爲宜城王朱鮪爲膠東王衛尉大將軍張卬爲淮陽王廷尉大將軍王常爲鄧王執金吾大將軍廖湛爲穰王申屠建爲平民王尚書胡殷爲隨王柱天大將軍李通爲西平王五威中郎將李軼爲舞陰王水衡大將軍成丹爲襄邑王大司空陳牧爲陰平王驃騎大將軍宋佻爲潁陰王尹尊爲郾王唯朱鮪辭曰臣非劉宗亦不敢干

興遂讓不受乃徙鮪爲左大司馬劉賜爲前大司馬使與李軼李通王常等鎮撫關東以李松爲丞相趙萌爲右大司馬共秉内任萌專權威福自己郎吏有說萌放縱者更始拔劒擊之自是無敢復言萌私忿侍中引下斬之更始救請不從時李軼朱鮪擅命山東王匡張卬横暴三輔其所授官爵者皆群小賈豎或有膳夫庖人多着繡面衣錦袴襜褕諸于（諸于大掖衣也襜褕其短者）罵詈道中長安爲之語曰竈下養中郎將爛羊胃騎都尉爛羊頭關内侯十二月赤眉西入關三年正月更始使蘇茂拒赤眉於弘農茂軍敗死者千

餘人三月遣李松會朱鮪與赤眉戰於蓩鄉（地名在虢州湖城縣之間）松等大敗棄軍走死者三萬餘人時王匡張卬守河東爲鄧禹所破還奔長安卬與諸將議曰赤眉近在鄭華陰間旦暮且至今獨有長安見滅不久不如勒兵掠城中以自富轉攻所在東歸南陽收宛王等兵事若不集復入湖池中爲盜耳申屠建廖湛等皆以爲然共入說更始更始怒不應莫敢復言及赤眉立劉盆子更始使王匡陳牧成丹趙萌屯新豐李松軍掫以拒之（新豐有鴻門亭掫城是也）張卬廖湛胡殷申屠建等與御史大夫隗囂合謀欲以立秋日貙膢時共劫更始（貙獸名以立秋日祭獸冀州北郡以八月朔作飲食爲膢）俱成計侍中劉能卿知其謀以告之更始託病不出召張卬等皆入將悉誅之唯隗囂不至更始狐疑使卬等四人且待於外廬卬與湛殷疑有變遂突出獨申屠建在更始斬之卬與湛殷遂勒兵掠東西市昏時燒門入戰於宫中更始大敗明旦將妻子車騎百餘東奔趙萌於新豐更始復疑王匡陳牧成丹與張卬等同謀乃並召入牧丹先至郎斬之王匡懼將兵入長安與張卬等合李松還從更始與趙萌共攻卬等城内連戰月餘卬等敗走更始徙居長信宫赤眉至高陵卬等迎降

之遂共連兵而進更始城守使李松出戰敗死者二千餘人赤眉生得松時松弟汎爲城門校尉赤眉使使謂之曰開城門活汝兄汎即開門九月赤眉入城更始單騎走從廚城門出（長安故城北中門也）諸婦女從後連呼曰陛下當下謝城更始即下拜復上馬去至高陵止傳舍遣劉恭請降赤眉使其將謝祿往受之十月更始隨祿降赤眉封長沙王祿縊殺之

齊武王縯字伯升光武長兄性剛毅慷慨有大節自王莽簒漢常憤憤懷復社稷之慮不事家人居業傾身破産結交天下雄俊莽末盜賊群起南方尤甚伯

升召諸豪傑計議曰王莽暴虐百姓分離今枯旱連年兵革竝起此天亾之時復高祖之業定萬世之秋也衆皆然之於是分遣親客使鄧晨起新野光武與李通李軼起於宛伯升自發舂陵子弟合七八千部署賓客自稱柱天都部（柱天者若天之柱也都部者都統其衆人也）使宗室劉嘉往招新市平林兵王匡陳牧等合軍而進屠長聚及唐子鄉殺湖陽尉進拔棘陽因欲攻宛至小長安與王莽前隊大夫甄阜屬正梁丘賜戰時天密霧漢軍大敗姊元弟仲皆遇害宗室死者數十人伯升復收會兵衆還保棘陽阜賜乘勝留輜重於藍鄉（今唐

州比陽縣有藍鄉）引精兵十萬南渡潢淳（渚水二湖流注合爲潢水又南經棘陽縣之潢淳聚又謂之潢淳水在今唐州比陽縣）臨比水阻兩川間爲營絕後橋示無還心新市平林見漢兵數敗阜賜軍大至各欲解去伯升甚患之會下江兵五千餘人至宜秋（宜秋聚名在比陽縣）乃往爲說合從之勢下江從之伯升於是大饗軍士設盟約休卒三日分爲六部潛師夜起襲取藍鄉盡獲其輜重明旦漢軍自西南攻甄阜下江兵自東南攻梁丘賜至食時賜陳潰阜軍望見散走漢兵急追之郤迫潢淳水斬首溺水者二萬餘人遂斬新王莽納言將軍嚴尤秩宗將軍陳茂聞賜軍敗欲引據宛伯升乃陳兵誓衆焚積聚破釜甑斬首三千餘級尤茂棄軍走伯升遂進圍宛自號柱天大將軍自阜賜死後百姓日有降者衆至十餘萬諸將會議立劉氏以從人望豪傑咸歸於伯升而新市平林將帥樂放縱憚伯升威明而貪聖公懦弱先共定策立之策後使騎召伯升示其議伯升曰諸將軍幸欲尊立宗室其德甚厚然愚鄙之見竊有未同今赤眉起青徐衆數十萬聞南陽六宗室恐赤眉後有所立如此必將內爭今王莽未滅而宗室相攻是疑天下而自損權非所以破莽也且首兵唱號鮮有能遂陳

勝項籍即其事也舂陵去宛三百里耳未足爲功遽自尊立爲天下準的使後人得承吾敝非計之善者也今且稱王以號令若赤眉所立者賢相率而往從之若無所立破莽降赤眉然後舉尊號未晚願各思之諸將多曰善將軍張卬拔劍擊地曰疑事無功今日之議不得有二衆皆從之聖公既即位拜伯升爲大司徒封漢信侯繇是豪傑失望多不服五月伯升拔宛六月光武破王尋王邑自是兄弟盛名益甚更始群臣不自安遂共謀誅伯升乃大會諸將以成其計初伯升部將宗人劉稷時起兵擊魯陽（今汝州魯山縣）聞

更始立怒日本起兵圖大事者伯升兄弟也今更始何爲者耶更始君臣聞而心忌之以稷爲抗威將軍稷不肯拜更始乃與諸將陳兵數千人先收稷將誅之伯升固爭李軼朱鮪因勸更始幷執伯升即日害之

中山王茂泗水王歙從父弟年十八歲漢兵之起茂自號劉失職聚衆京密門（京密二縣俱屬河南）稱厭新將軍攻下潁川汝南衆十餘萬人光武既至河内茂率衆降

晉南陽王保愍帝時爲相國都督陜西諸軍事帝之蒙塵也保自稱晉王建元署置百官遣使拜凉州張

寔爲征西大將軍儀同三司增邑三千户俄而保爲都尉陳安所叛氐羌皆應之保窘廹遂去上邽遷祁山寔遣將韓璞步騎五千赴難陳安退保緜竹歸上邽未幾保復爲安所敗使詣寔乞師寔遣宋毅赴之而安退會保爲劉曜所逼遷于桑城將謀奔寔寔以其宗室之望若至河右必動物情遣其將陰監逆保聲言翼衛實禦之也會保薨其衆散奔凉州者萬餘人

司馬楚之宣帝弟太常馗之八世孫年十七值宋高祖輔政誅夷司馬戚屬楚之乃亾於汝潁之間楚之少有英氣能折節待士與司馬順明道恭等所在聚黨及高祖自立楚之規欲報復收據長社歸之者常萬餘人高祖深憚之楚之尋奔于後魏爲征西將軍荆州刺史與山陽公奚斤共平河南

宋劉秉長沙王道憐孫順帝即位初爲尚書令中軍時齊王輔政袁粲鎮石頭粲潛與秉及諸大將軍黄回等謀欲作亂本期夜會石頭且乃舉兵秉素怯懦騷動擾不自安再晡後便自丹陽郡車載婦女盡室奔石頭部曲數百赫弈滿道既至見粲粲驚曰何遽便來事今敗矣秉曰今得見公萬死亦何恨從弟中

領軍韞直在省内與直閤將軍卜伯興謀其夜共攻齊王會秉去事覺齊王夜使驍騎將軍王敬則收韞韞已戒嚴敬則率壯士直前韞左右皆披靡因殺之伯興亦伏誅粲敗秉踰城出走於領禧湖見擒與二子承俟並誅

後魏始平縣公孝矩爲南豐州刺史時見周太祖專政將危元氏孝矩每慨然有興復社稷之志陰謂昆季曰昔漢時有諸呂之變朱虛侯卒安劉氏今宇文泰之心路人所見顛而不扶焉用宗子盍將圖之爲兄則所遏孝矩乃止

北齊范陽王紹義拒奔突厥他鉢可汗謂文宣英雄天子以紹義踵踝似之王欽若等曰踝骨重也甚見愛重凡齊人在北者悉隸紹義遂即皇帝位稱武平元年以趙穆爲天水王他鉢聞寧寶得平州亦招諸部各舉兵南向云共立范陽王作齊帝爲其報讎周武帝大集兵於雲陽將親北伐遇疾暴終紹義聞之以爲天贊已盧昌期據范陽亦表迎紹義俄而周將宇文神舉攻滅昌期其日紹義適至幽州聞周總管出兵於外欲乘虛取薊城列天子旌旗登燕昭王冢乘高望遠部分兵衆神舉遣大將軍宇文恩將四千人馳救幽

州半爲齊軍所殺紹義聞范陽城陷素服舉哀迴軍入突厥周人購之於他鉢又使賀若誼往說之他鉢猶不忍遂僞與紹義獵於南境使誼執之流于蜀紹義妃渤海封孝琬女自突厥逃歸紹義在蜀遺妃書云夷狄無信來逆於此竟死蜀中

隋越王侗煬帝諸孫大業十三年帝幸江都令侗與金紫光祿大夫段達大府慶元文都攝民部尚書韋津右武衛將軍皇甫無逸等摠留臺事宇文化及之弑逆也文都等議以侗元德太子之子屬最爲近於是乃共尊立大赦改元曰皇泰謚帝曰明廟號世祖追尊元德太子爲孝成皇帝廟號世宗尊其母劉氏娣爲皇太后未幾宇文化及立秦王子浩爲天子來次彭城所經城邑多從逆黨侗惧遣使者蓋琮馬公政招懷李密密遂遣使請降侗大悦禮其使甚厚即拜密爲太尉尚書令魏國公令拒化及下書曰我大隋之有天下於兹三十八載高祖文皇帝聖略神功載造區夏世祖明皇帝則天法地財一華戎東暨蟠木西通細柳前踰丹徼後越幽都日月之所臨風雨之所至圓首方足禀氣食毛莫不盡入提封皆爲臣妾加以寶貺畢集靈瑞咸臻作樂制禮移風易俗知

周寰海萬物咸受其賜道濟天下百姓用而不知世祖往因歷試統臨南服自居皇極順兹望幸所以往歲首方展禮肆覲停鑾駐蹕按駕清道八屯如昔七萃不移豈意釁起非常逮於軒陛災生不意延及冕旒奉諱之日五情哀隕攀號荼毒不能自勝且聞之自古代有屯剥賊臣逆子無世無之至如宇文化及世傳庸品其父述往屬時來早霑厚遇賜以婚媾置之公輔位尊九命祿重萬鍾禮極臣人榮冠世表徒承海嶽之恩未有涓塵之答化及以此下材夙蒙顧盼出入外内奉望階墀昔陪藩國統領禁衞及從升

皇祚陪列九卿但本性虎狠恣其貪穢或交結惡黨或侵掠貨財事重刑篇狀盈獄簡在上不遺簪履恩加草芥應至罪辜每蒙恕免三經除解尋復本職再徙遐裔仍卽追還生成之恩昊天罔極獎擢之義人事罕聞化及梟獍爲心禽獸不若縱毒興禍傾覆行宮諸王子弟一時殘酷痛暴行露世不忍言有窮之在夏時犬戎之於周代釁辱之極亦未是過朕所以刻骨摧心飲膽嘗血瞻天視地無處容身今王公卿士庶寮百辟咸以大寶鴻名不可顛墜元兇巨猾須早夷殄翼戴朕躬嗣守寶位顧惟寡薄志不逮此今

若出鑾辰而枕庵鉞釋衰麻而擐甲胄啣冤誓衆忍淚治兵指日遄征以平大盜耳化及僞立秦王之子幽遏比於囚拘其身自稱覇相專擅擬於九五履踐禁御據有宮闈昂首揚眉初無慙色衣冠朝望外懼兇威志士誠臣內皆憤怨以我義師順彼天道梟夷醜族匪夕伊朝大尉尚書令魏公丹誠內發宏略外舉率勤王之師討違天之逆果毅爭先熊羆競逐金鼓振響若火焚毛鋒刃縱橫如湯沃雪魏公志在扶翊投袂前驅朕親御六軍星言繼進以此衆戰以斯順舉碎山可以動射石可以入况擁尔徒皆有離德京都侍衛西憶家鄉江左淳民南思江邑比來表書駱驛人信相尋若王師一臨舊章覽覩自應解甲倒戈氷銷葉散且聞化及自恣天奪其心弒戮不辜挫辱人士莫不道路以目號天蹐地朕今復讐雪耻梟轘者一人拯溺救焚所哀者士庶唯天鑒孔殷祐我宗社億兆感義但會朕心梟戮元兇策勲飲至四海交泰稱朕意焉兵術軍機竝受魏公節度密見使者大悅北面拜伏臣禮甚恭密遂東拒化及士貴頗不協王欽若等曰士貴謂元文都皇甫無逸等人陰有相圖之計未幾元文都盧楚郭文懿趙長子等爲世充所殺皇甫無逸歸

長世充旣破李密爲鄭王總百揆於九錫備物侗不能禁世充又逼侗遜位幽於含凉殿月餘遇害

唐瑯琊王冲越王貞之子垂拱四年爲博州刺史據州舉兵初韓王嘉魯王靈夔霍王元軌越王貞及元嘉子黃公譔靈夔子范陽王藹元軌子江都王緒等自則天臨朝嘗怏怏有不平之志密有異圖是歲七月譔作謬書與貞云內人病漸重必須早療若至今冬恐成痼疾宜早下手仍速相報至是以明堂將成追皇宗赴集因遞相語云大享之際神皇必遣人大行誅戮皇家子弟無遺種矣譔詐爲皇帝璽書與冲

云朕被繫王等宜各發兵救援我也冲又僞爲帝璽書云神皇欲傾李家社稷移國祚於武氏冲乃呼長史蕭德宗等令召募兵士分報韓魯霍越紀等五王各令起兵應接以赴神都於是制左金吾將軍丘勣爲行軍大摠管以討冲初冲募得五千餘人將武水縣令郭武悌赴魏州請授魏州縣令馬玄素領兵千七百人在路邀截恐力不及敵先入武水城閉門拒守乃令積草車上放火燒城南門擬乘火突入火之未起南風甚急及草已然遽廻爲北風未至城門燒草已盡冲軍繇是沮氣有堂邑丞董玄寂爲冲統率

兵仗及冲擊武水玄寂曰瑯琊王與國家交戰此乃反也冲聞之斬玄寂以徇兵衆懼而散入草澤不可禁止唯有家僮左右不過數十而已乃却走入博州城爲守門者所殺傳首神都梟於闕下冲起兵凡七日而敗初冲與諸王連及冲先發而莫有應者唯冲父豫州刺史越王貞獨舉兵以應之尋遣兵攻上蔡縣既聞冲敗恐懼索鏁欲自拘馳驛詣闕謝罪會其所署新蔡令傅延慶募得勇士二千餘人貞遂有拒敵之志乃宣言於其衆曰瑯琊王已破魏相數州兵至二十萬朝夕即到爾宜勉之徵屬縣兵至五千人分爲五營貞自爲中營署其所親汝陽丞裴守德爲太將軍內營摠管趙成美爲左郎將押左營周弘道爲右郎將押右營安摩訶爲郎將後軍摠管王孝思爲右將軍前軍摠管又以豫州長史韋慶禮爲銀青光祿大夫行其府司馬凡署九品已上官五百餘人令道士及僧轉讀諸經以祈事捷家僮及戰士咸帶符以辟兵其所授官皆以迫脅見從本無鬭志唯裴守德實與之同守德有膂力善騎射貞將起事便以其女良鄉縣主妻之而委以爪牙心腹之任九月庚辰命左豹韜衛大將軍麴崇裕爲中軍大摠管夏官

尚書岑長倩爲後軍大摠管率兵十萬討之仍令鳳閣郎中張光輔爲諸軍節度削貞及冲屬籍改姓虺氏官軍至豫州城東四十里貞命子規及裴守德拒戰規等兵潰而歸貞大懼閉門自守裴守德排閣入問王安在意欲以貞自贖也貞自仰藥而死規又自殺守德攜良鄉縣主亦同縊而死丙寅豫州平崇裕傳貞父子及守德等首梟於闕下貞起兵凡二十日而敗初越王貞之起兵也而韓王元嘉與其子譔實爲謀首於是皇宗國戚內外相連者甚廣魯王靈夔子范陽王藹遣使貞及於冲曰若四面同來事無不

濟諸道討會未審而先發兵倉卒唯貞應之諸道莫
有赴者故其事不成坐致誅滅

冊府元龜

冊府元龜　宗室部　圖興復　卷之二百八十九　十七

冊府元龜

巡按福建監察御史臣李嗣京訂正

新建縣舉人臣戴國士參閱

知建陽縣事臣黄國琦較釋

宗室部三十六

譴讓　立功

譴讓

傳曰門内之治恩掩義門外之治義斷恩蓋先王之道不以私害公也周漢而降宗枝茂盛封建旣廣性

習不同乃有背旣睦之教蓄不咸之性忽麟趾之義忘盤石之訓恣其盈佚弗率典訓以至奉藩無狀事親不謹暱愛近習衒惑邪說或專用非辟或潛懷異圖雖復舉入議之典棠三宥之惠煩尺一之詔屈廷尉之請猶或長惡不悛罔顧顛覆以致遷削土宇陷於不義悲夫

漢淮南厲王長文帝之弟文帝時薄太后及太子諸大臣皆憚厲王厲王以此歸國益恣不用漢法出入警蹕稱制自作法令數上書不遜順（數音所角反）文帝重自切責之（重數）時帝舅薄昭爲將軍尊重帝令昭予厲王書諫數之曰（數音所具切）竊聞大王剛直而勇慈惠而厚貞信多斷是天以聖人之資奉大王也甚盛不可不察今大王所行不稱天資皇帝初卽位易侯邑在淮南者（侯邑在淮南者更易以他郡地封之不欲使錯在王國）大王不肯皇帝卒易之（卒終也）使大王得三縣之實甚厚大王以未嘗與皇帝相見求入朝見未畢昆弟之歡（畢盡也）而殺列侯以自爲名皇帝不使吏與其間（與讀曰豫謂不令吏干豫其事）赦大王甚厚法二千石缺輙言漢補大王逐漢所置而請自置相二千石皇帝骫天下正法而許大王甚厚（不從正法聽王自置二千石骫古委字骫謂曲也）大王欲屬國爲布衣守冢

眞定（屬謂委棄之也音之欲反）皇帝不許使大王毋失南面之尊甚厚（毋失不失也南面之尊謂王位也）大王宜日夜奉法度修貢職以稱皇帝之厚德今廼輕言恣行以負謗於天下甚非計也夫大王以千里爲宅居以萬民爲臣妾此高皇帝之厚德也高帝蒙霜露沬風雨（沬亦類字也蒙冒也沬洗面也音胡内反字從午未之未）赴矢石野戰攻城身被瘡痍（痍音夷）以爲子孫成萬世之業艱難危苦甚矣大王不思先帝之艱苦日夜怵惕脩身正行養犧牲豐潔粢盛奉祭祀以無忘先帝之功德而欲屬國爲布衣甚過且夫貪讓國土之名輕廢先帝之業不可以言孝父爲之基

而不能守不賢不求守長陵而求之眞定先母後父
不誼數逆天子之令不順言節行以高兄無禮謂諸守母
冢自爲名節而表異行用此矜高於兄也幸臣有罪大者立斷小者肉刑
不仁斷謂斬也貴布衣一劍之任賤王侯之位不知不學
問大道觸情妄行不祥任情意所欲則行之妄行行音下更反此八者
危亡之路也而大王行之棄南面之位奮諸賁之勇
吳專諸衞孟賁也賁音奔嘗出入危亡之路臣之所見高皇帝之
神必不廟食於大王之手明矣昔者周公誅管叔放
蔡叔以安周齊桓殺其弟以反國子糾兄也言弟者諱也秦始
皇殺兩弟遷其母以安秦始皇母與嫪毒私通生二子事覺誅毒并殺二弟遷

其母於咸陽宮也項王亾代高帝奪之國以便事項王高帝兄仲也匈
奴入代不能守走歸京師高帝奪其國退爲郃陽侯以便國法也便音頻面反濟北舉兵皇
帝誅之以安漢濟北王興居與大臣共誅諸呂自以功大怨其賞薄故反故周齊
行之於古秦漢用之於今大王不察古今之所以安
國便事而欲以親戚之意望於大上不可得也大上天子
也亡之諸侯游宦事人及舍匿者論皆有法舍匿謂容止而
藏隱也其在王所吏主者坐言各有所主而坐其罪今諸侯子爲
吏者御史主主御史也自此以下至縣令主皆謂王官屬爲軍吏者中尉
主客出入殿門者衞尉大行主諸從蠻夷來歸誼及
以亡名數自占者內史縣令主相欲委下吏無與其
禍不可得也言諸侯王之相欲委罪於在下小吏王而身不干豫之不可得也與讀曰豫
若不改漢繫大王邸論相以下爲之奈何夫墮父大
業退爲布衣所哀墮毀也布衣貧賤之人王託伏法則貧賤之人反哀憐之墮音火規
切幸臣皆伏法而誅爲天下笑以羞先帝之德羞辱也
甚爲大王不取也宜急改操易行上書謝罪曰臣不
幸早失先帝少孤呂氏之世未嘗忘死嘗恐畏死陛下即
位臣怙恩德驕盈行多不軌軌法也追念辠過恐懼伏
地待誅不敢起皇帝聞之必喜大王長弟歡欣於上
羣臣皆得延壽於下上下得宜海內嘗安願熟計而
疾行之行之有疑猶如發矢不可追巳王得書不說

立功

順陽懷侯嘉光武族兄義兵起嘉隨更始征伐爲偏
將軍及攻破宛封興德侯遷大將軍擊延岑於冠軍
降之更始都長安封漢中

安成侯賜光武族兄自伯升起兵賜乃隨從攻擊諸
縣更始旣立以賜爲光祿勳及伯升被害代爲大司
徒加丞相更始都長安封賜爲宛王拜前大司馬使
持節鎭撫關東建武初聞光武即位乃詣雒陽

成武侯順光武族兄建武八年使擊破六安賊因拜
爲六安太守

陳王寵明帝子陳敬王之孫中平中黄巾賊起郡縣皆棄城走寵善弩射十發十中中皆同處寵射其秘法以天覆地載參連爲奇又有三微三小三微爲經三小爲緯經緯相將萬勝之方然要在機牙寵有彊弩數千張出軍都亭置軍營於國之都亭國人素聞王善射不敢反叛故陳獨得完百姓歸之者衆十餘萬人

魏任城王彰太祖子漢末封鄢陵侯建安二十三年代郡烏丸反以彰爲北中郎將行驍騎將軍討之彰北征入涿郡界叛胡數千騎卒至時兵馬未集唯有步卒千人騎數百匹用田豫計固守要隙虜乃退散彰追之身自搏戰射胡騎應弦而倒者前後相屬戰

過半日彰鎧中數箭意氣益厲乘勝逐北至桑乾去代二百餘里長史諸將皆以爲新涉遠士馬疲頓又受節度不得過代不可深進違令輕敵彰曰率師而行唯利所在何節度乎胡走未遠追之必破從令縱敵非良將也遂上馬令軍中後出者斬一日一夜與虜相及擊大破之斬首獲生以千數彰乃倍常科大賜將士將士無不悅喜時鮮卑大人軻比能將數萬騎觀望彊弱見彰力戰所向皆破乃請服北方悉平

陳侯仁太祖從弟從太祖爲別部司馬行厲鋒校尉太祖之破袁術仁所斬獲頗多從征徐州仁嘗督騎爲軍前鋒別攻陶謙將呂繇破之還與大軍合彭城大破謙軍從攻費華即墨開陽謙遣別將救諸縣仁以騎擊破之太祖征呂布仁別攻句陽拔之生獲布將劉何太祖平黄巾迎天子都許仁數有功拜廣陽太守後太祖征張繡仁別徇旁縣率厲將士甚奮太祖壯之遂破繡太祖與袁紹久相持於官渡紹遣先主徇諸縣太祖使仁將騎擊先主破走之盡復收諸叛縣而還紹遣別將韓荀鈔斷西道仁擊荀於雞雒山大破之太祖討馬超以仁行安西將軍督諸將拒潼關破超渭南蘇伯田銀反以仁行驍騎將軍都督

七軍討銀等破之復以仁行征南將軍假節屯樊鎮荆州侯音以宛叛略傍縣衆數千人仁率諸軍攻破音斬其首

高陵侯純初以議郎參司空軍事督虎豹騎從太祖圍南皮純麾下騎斬袁譚及北征二郡純部騎獲單于蹋頓從征荆州追先主於長坂獲其二女輜重收其散卒進降江陵

樂城侯洪太祖從弟太祖征徐州張邈舉兖州叛迎呂布時大饑荒洪將兵在前先據東平范聚糧穀以繼軍太祖討邈布於濮陽布破走遂據東阿轉擊濟

陰山陽中牟陽武京密十餘縣皆拔之以前後功拜
鷹揚校尉遷揚武中郎將別征劉表別將於舞陰葉
堵陽博望有功遷厲鋒將軍
長平侯休太祖族子漢末從曹洪擊蜀將吳蘭於下
辯大破之文帝初以休爲鎮南將軍都督諸軍事孫
權遣將屯歷陽休到擊破之又別遣兵渡江燒賊蕪
湖營千家遷征東將軍領揚州刺史帝征孫權休爲
征東大將軍假黄鉞督張遼等及諸州郡二十餘軍
擊權大將呂範等於洞浦破之拜揚州牧明帝時吳
將審悳屯皖休擊破之斬悳首吳將韓綜翟丹等前

後率衆詣休降遷大司馬都督揚州如故
邵陵侯真太祖族子漢末太祖使將虎豹騎討靈丘
賊拔之又以偏將軍擊蜀將於下辯破之又爲征蜀
護軍督徐晃等破蜀將軍詳於陽平文帝即位以真
爲鎮西將軍假節都督雍涼諸軍事張進等反於酒
泉真遣費耀討破之斬進等黄初三年爲上軍大將
軍假節與夏侯尚等征吳擊牛渚屯破之明帝即位
遷大將軍蜀將諸葛亮圍祁山南安天水安定三郡
應亮帝遣真督諸軍軍郿遣張郃擊亮將馬謖破之
安定民楊條等畧吏民保月氏城真進擊之條謂其
衆曰大將軍自來吾願早降耳遂自縛出三郡皆平
吳奮威將軍瑜堅弟静之子漢建安九年爲丹陽太
守與周瑜等共討麻保二屯破之後屯溧陽徙屯牛
渚瑜以永安人饒助爲襄安長無錫人顔連爲居巢
長使招納廬江二郡各得降附瑜弟皎漢建安中爲
護軍校尉領衆二千餘人是時曹公數出濡須皎每
赴拒號爲精鋭後與呂蒙襲南郡皎爲後繼禽關羽
定荆州皎有力焉
皎弟沙羨侯奐建安末代皎統其衆領江夏太守黄
武五年大帝攻石陽奐以地主使所部將軍鮮于丹

帥五千人先繼淮道自帥吳碩孫梁五千人爲軍前
鋒降高城得三將拜揚威將軍
輔堅之兄子以揚武校尉佐長沙桓王策平三郡策
討丹陽七縣使輔西屯歷陽以拒袁術并招誘餘民
鳩合遺散又從策討陵陽生得祖郎策西襲廬江太
守劉勳輔隨從身先士卒有功策以輔爲廬陵太守
桓堅族子河之子年二十五拜安東中郎將與陸遜
共拒先主先主軍衆甚盛彌山盈谷桓投刀奮命與
遜戮力先主敗走桓斬上兜道截其徑要先主踰山
越險僅乃得免先主恚歎曰吾昔初至京城桓尚小

兄而今迫孤乃至此桓以功拜建武將軍封丹徒侯

晉琅邪王伷泰始中爲鎮東大將軍平吳之役率衆數萬出涂中孫皓奉箋送璽綬詣伷請降詔曰琅邪王伷督率所統連據涂中使賊不得相救又使琅邪相劉弘等進軍逼江賊震懼遣使奉僞璽綬又使長史王當率諸軍渡江破賊邊守獲督蔡機斬首降附五六萬計諸葛靚孫奕等皆歸命請死功勳茂著其封子二人爲亭侯各三千戶賜絹六十疋

汝陰王駿爲鎮西將軍都督雍凉等州咸寧初羌虜樹機能等叛駿遣衆討之斬三千餘級進位征西大

將軍又詔駿遣七千人伐凉州守兵樹機能侯彈勃等欲先刼佃兵駿命平虜護軍文俶督凉泰雍諸軍各進屯以威之機能乃遣所領二十部及彈勃面縛軍門各遣入質子安北地金城諸胡吉軻羅侯金多及北虜熱冏等二萬口又來降

淮陵王漼初封廣陵公爲散騎常侍趙王倫之篡也三王起義漼與左衛將軍王輿攻殺孫秀因而廢倫以功進封爲王

東海王越懷帝永嘉三年九月丙寅劉聰圍俊義遣平北將軍曹武討之丁丑王師敗績越入保京城聰至西明門越禦之戰於宣陽門外大破之

南頓王宗初封南頓公討劉喬有功進封王增邑五千并前萬戶

譙王尚之初爲會稽王道子驃騎諮議與弟允之並居列職兗州刺史王恭忌其盛也與豫州刺史庾楷並稱兵以討尚之爲名南運荆州刺史殷仲堪南郡公桓玄等道子命前將軍王珣右將軍謝琰討恭尚之距楷允之與楷子鴻戰於當利鴻走斬楷將段方楷單馬奔桓玄道子以尚之爲建威將軍豫州刺史假節一依楷故事

宋長沙景王道憐晉末爲建威將軍南彭城內史時北青州刺史劉該反引魏人爲援清河陽平二郡太守孫全聚衆應之義熙元年後魏遣豫州刺史索度與大將軍斛蘭寇徐州攻相縣執鉅鹿太守賀申進圍寧朔將軍羊穆之於彭城穆之告急道憐率衆救之軍次陵柵斬全進至彭城眞蘭退走道憐率龍驤將軍孔隆及穆之等追眞蘭走奔相城又追躡至光水溝斬劉該魏衆見殺乃赴水死略盡以破索度眞功封新淦縣男食邑五百戶從高祖征廣固嘗爲軍鋒及城陷慕容超將親兵突圍走道憐所部獲之以

廣固功改封竟陵縣公食邑千戶
臨川武烈王道規高祖少弟少倜儻有大志高祖奇之與謀桓玄時桓弘鎮廣陵以爲征虜中兵參軍高祖尅京城道規以其日與劉毅孟昶共斬弘收衆濟江進平京邑玄敗走晉大將軍武陵王遵承制以道規爲振武將軍義昌太守與劉毅何無忌追桓玄遇玄於崢嶸洲大敗玄軍玄與郭銓單舸走江陵不復能守欲入蜀爲馮遷所斬義軍遇風不進桓謙桓振復據江陵毅留巴陵道規與無忌俱進攻桓謐於馬頭桓蔚於寵州皆破之復進軍夏口爲鎮軍將軍馮

該戍夏口東岸揚武將軍孟山圖據魯城輔國將軍桓仙客守偃月壘於是毅攻魯城道規攻偃月並克之生禽仙客山圖其夕該遁走進平巴陵道規留夏口進號輔國將軍督淮北諸軍事并州刺史義昌太守如時荊州湘江豫猶多桓氏餘燼往往屯結復以本官進督江州之武昌荊州之江夏隨郡義陽綏安豫州之西陽汝南穎川新蔡九郡諸軍事隨宜翦撲皆悉平之
竟陵王誕爲揚州刺史孝武帝孝建初南郡王義宣舉兵反有荊州江兗豫四州之力勢震天下孝武即位日淺朝野大懼帝加誕節仗士五千人出入六門上流平定之力也
始安王休仁明帝即位爲揚州刺史會諸方逆命休仁都督征討諸軍事增班劍三十人出據虎檻進據赭圻尋領太子太傅總統諸軍隨宜應接泰始二年拜司徒休仁率衆軍大破賊斬僞尚書僕射袁顗進討江郢荊雍湘五州平定之
巴陵王休若泰始二年爲鎮軍將軍時方反叛休若進號衛將軍雍州刺史率諸軍破賊於吳興會稽平定三郡同逆皆伏誅三年薛安都子伯令略據雍州

四郡休若討斬之
晉熙王燮廢帝元徽二年爲征虜將軍郢州刺史時江州刺史桂陽王休範反燮遣中兵參軍馮景祖襲尋陽休範中兵參軍毛惠等居守閶門降燮進號安西將軍督江州諸軍事
南齊豫章文獻王嶷宋建元元年爲都督揚州南徐二州諸軍事驃騎大將軍二年春魏軍寇司豫州嶷表遣南蠻司馬崔慧景北討又分遣中兵參軍蕭惠朗援司州屯西關虜軍濟淮攻壽春分騎當出隋鄧衆以爲憂嶷曰虜入春夏非動衆時令豫司強守邊

其津要彼見堅嚴自當潰散必不敢越二鎮而南也
是時纂嚴疑以荊州隣接蠻蜑慮其生心令鎮內皆
綏服旣而魏軍竟不出樊鄧於壽春敗走尋給班劍
二十人
梁長沙王懿齊永明季授持節都督梁南北秦沙四
州諸軍事加冠軍將軍是歲魏人入漢中遂圍南鄭
懿隨機拒擊傷殺甚多乃解圍遁去懿又遣互帥楊
元秀攻魏歷城羣蘭騂大仇池等六戍尅之魏人震
懼邊境遂寧永元元年裴叔業據豫州反授持節征
虜將軍督豫州諸軍事討叔業叔業懼降於魏旣而

平西將軍崔慧景入寇京邑奉江夏王寶玄圍臺城
齊室大亂詔徵懿懿時方食投箸而起率銳卒三千
人援城慧景遣其子覺來拒懿奔擊大破之覺單騎
走乘勝而進慧景衆潰追斬之遷尚書令都督征討
水陸諸軍事持節將軍如故
懿子西昌侯藻天監元年爲持節都督益寧二州諸
軍事冠軍將軍益州刺史時天下草創邊徼未安州
民焦僧護聚數萬據郫樊作亂藻年未弱冠集僚佐
議欲自擊之或陳不可藻大怒斬于階下乃乘平肩
輿巡行賊壘賊聚弓亂射矢下如雨從者舉楯禦箭

又命除之繇是人心大安賊乃夜遁藻命騎追之斬
首數千級遂平之
始興忠武王憺齊末爲給事黃門侍郎巴東太守蕭
慧訓子璝及巴西太守魯休烈舉兵逼荊州屯軍上
明鎮軍蕭穎胄暴疾卒西朝甚懼尚書僕射夏侯詳
議徵兵雍州南平王偉遣憺赴之憺以書喻璝等旬
日皆請降
吳平侯景爲寧蠻校尉雍州刺史元志率衆七萬寇
潺溝驅迫羣蠻蠻悉渡水來降因命司馬朱思遠寧
蠻長史曹義宗中兵參軍孟惠儁擊志於潺溝大破

之生禽志長史杜景斬首萬餘級流屍蓋漢水
南郡王大連太清元年爲使持節輕車將軍東揚州
刺史三年會稽山賊田領郡聚黨數萬來攻大連命
中兵參軍張彪擊斬之
陳遂興侯詳高祖疏屬也高祖東征杜龕詳別下安
吉原鄉故鄣三縣龕平以功授散騎侍郎假節雄信
將軍青州刺史
後魏上谷公紇羅初從道武自獨孤如賀蘭部與弟
建勸賀蘭納推道武爲王及道武卽帝位以援立功
與建同日賜爵爲公武陵侯因從道武平中原以功

封曲逆侯太武時改封
曲陽侯素延以小統從道武征討諸部初定并州爲
刺史道武之驚於柏肆也道武征慕容寶軍于鉅鹿之柏肆塢其夜寶悉衆犯營帝驚而起并州守將封寶眞爲逆素延斬之
吉陽男比干以司衞監討白澗丁零有功
平陽王眞樂高涼王孤平文孫也頻有戰功
樂城侯謂烈帝子與其子烏眞俱隨道武征討屢有
戰功
新興公丕子雋邑並有軍功雋封新安縣男邑封涇
縣男

泰明王翰昭成子年十五便請征伐昭成壯之使領
騎二千長統兵號令嚴信多有尅獲
翰子衞王儀登國初破諸部有謀戰功皇始二年十
月遣儀將三萬騎攻慕容德於鄴大興元年正月慕
容德走保滑臺儀克鄴收其倉庫詔賞將士各有差
嘗山王遵道武初爲慕容寶所敗別率騎七萬邀其
歸路躡是有參合之捷及平中山拜尚書左僕射加
侍中領渤海之合口及博陵渤海羣盜起遵討平之
陳留王虔登國初與衞王儀破黜弗部後衞辰慕容
寶來寇虔絕其左翼寶敗

虔弟崇爲并州刺史從道武討蠕蠕別督諸軍出大
澤越涿耶山威懾漠北
永昌王健所在征戰嘗有大功從太武破赫連昌遂
西略至木根山討和龍健別攻拔建德後平叛胡白
龍餘黨於西海帝襲蠕蠕越涿邪山詔健殿後矢不
虛發所中皆應弦而斃威震漠北又從征平原州健
功居多又討破禿髮保周自殺傳首京師
淮南王佗太武之討胡白龍於西河屠其城佗別破
餘黨斬首數千後與武昌王提率并州諸軍討吐京
叛胡曹僕渾於河西平之拜使持節前鋒大將軍督

諸軍北討蠕蠕破之後劉義隆遣將寇邊佗從征於
懸瓠破之拜使持節都督雍泰二州諸軍事鎮西大
將軍
武昌王提太武時爲使持節鎮東大將軍平原鎮都
大將軍
提子平原襲封爵獻文時蠕蠕犯塞從駕擊之平原
戰功居多爲鎮南大將軍齊州刺史孝文時妖賊司
馬小君自稱晉後聚黨三千餘人屯聚平陵年號聖
君攻破郡縣殺長史平原身自討擊殺七人擒小君
送京師斬之又有妖人劉舉自稱天子扇惑百姓後

討斬之
晉王伏羅爲車騎大將軍督高平凉州諸軍討吐谷渾慕利延吐谷渾慕利延軍至樂都遂間道行至大母橋慕利延衆驚奔白蘭慕利延子拾寅走河曲斬首五千餘級降其一萬餘落
河間公齊從太武征赫連昌帝馬蹶賊逼帝齊以身蔽捍决死力戰賊乃退帝得上馬是日微齊帝幾至危殆帝以微服入其城齊固諫不許乃與數人從帝入城内既覺諸門悉閉帝及齊等因入其宫中得婦人裙繫之槊上帝乘而上因此得拔於齊有力焉賜

爵浮陽侯從征和龍以功拜尚書進爵爲公後坐事免官爵守將裴方明陷仇池太武復授齊前將軍與建興公古弼討之遂赴仇池威振羌氏復賜爵河間公與武都王楊保宗對鎮駱谷時保宗弟文德説閉險自有期矣秦州主簿邉固知之密告齊晨詣保宗呼曰古弼至欲宣詔保宗出齊叱左右扶保宗上馬馳驛送臺氏遂推文德爲主求援於宋宋遣將房亮之符詔啖龍等率衆助文德齊擊斬殺龍擒亮之氏遂平以功拜内都大官
臨淮王譚太武南討爲中軍大將軍初宋文帝以鄒山險固乃積糧爲守禦之備譚率衆攻之獲米三十萬以供軍儲宋人恃淮之阻素不設備造筏數十潛軍而濟賊衆驚潰斬其將故崇及賊首萬級
陽平王新成長子頤爲懷朔鎮大將都督三道諸軍北討詔徵起京易以戰伐之事對曰當仰仗廟筭使呼韓同渭橋之禮帝曰壯哉王言朕所望也乃與陸叡集諸將議軍途所詣於是中道出黑山東道趣士盧河西道向侯延河軍過大磧大破蠕蠕頤入朝詔曰王之前言果不虚也
濟陰王新成小子麗爲宗正右衛將軍時秦州屠各

王法智推州主簿呂苟兒爲主號建明元年置立百官攻逼州郡涇州人陳瞻亦聚衆自稱王號聖明元年以麗爲使持節都督與楊椿討之苟兒率衆十餘萬屯孤山别據諸險圍逼州城麗出擊大破之便進軍永雒賊徒遂戰麗夜擊走之行秦州事李韶乘勝追掩苟兒遂率其衆三千餘人降麗
上黨王長孫觀獻文時以征西大將軍假司空督河西七鎮諸軍討吐谷渾部帥拾寅遁藏焚其所居城邑而還孝文初拜殿中尚書侍郎吐谷渾又侵逼復假觀司空討除之

任城王雲獻文時蠕蠕犯塞雲爲中大都督從獻文討之遇於大磧及仇池氐反雲爲征西將軍討平之雲子澄爲征北大將軍孝文時蠕蠕犯塞加澄使持節督北諸軍事以討之蠕蠕遁走後爲楊州刺史時梁將張囂冠夷陵戍澄遣輔國將軍成興步騎赴討大破之後本陵囂遁走又遣長風戍主奇道顯攻梁陰山戍破之斬其戍主龍驤將軍都亭侯梅典祖仍引攻白槀戍又破之斬其寧朔將軍關內侯吳道爽澄表請南伐詔發二萬人馬千五百疋并壽陽先兵三萬委澄經畧乃遣統軍傅豎眼王神念等進次大

峴東關九山淮陵皆分部諸將倍據之總勒大衆駱驛相接而神念尅其關要頴川二城斬梁軍主費尼而寧朔將軍韋惠龍驤將軍李伯繇乃圍大峴澄遣統軍党法宗傅豎眼等進軍尅之遂圍白塔牽城數日之間便卽逃潰梁清溪戍望風散走梁徐州刺史司馬明素率衆三千欲援九山徐州長史潘伯憐規固淮陵寧朔將軍王燮負險焦城法宗且進焦城破淮陵擒明素斬伯憐其濟陰太守王厚强廬江太守裴遂卽亦奔退詔曰將軍文德內昭武功外暢奮揚大畧將蕩江吳長旌始舒賊徒懾氣熊旅方馳東關靡卷想江淛弭波在旦夕耳所送首虜並已聞之

澄子嵩宣武時爲安南將軍楊州刺史梁湘州刺史楊公則率衆二萬屯軍雒口姜慶真領軍五千據於首陂又遣其左軍將軍騫小眼軍主何天祚張後典等率衆七千攻圍陸城嵩遣統軍封邁王會等步騎八千討之邁達陸城賊皆夜遁追擊破之斬獲數千公則慶真退還馬頭梁徐州刺史昌義之屯據高皇遣三軍潛寇陰陵以水淺峭不通船艦屯於馬頭梁將田道龍何景先等領卒三千已至衛山規寇陸城並克逼嵩遣兼統軍李叔仁等援合肥小硯楊石瀨

戰破之梁虜將軍趙草頓於黃口嵩遣軍司趙熾等往討之先遣統軍安伯醜潛師夜渡伏兵下蔡草率卒四千逆來拒戰伯醜與下蔡戍主虎等前後夾擊大敗之俘斬溺死四千餘人統軍李叔仁等夜襲硤石又破之梁將姜慶真專據肥汭冠軍將軍曹天寶屯於雞口軍主尹明世屯東硤石嵩遣別將羊弘次于淮西去賊營十里司馬趙熾率一萬爲表裏聲衆軍會分擊賊之四壘四壘之賊戰敗奔走斬獲數千溺死萬數統軍牛敬賓攻硤石明世宵遁慶真合餘燼浮淮下下蔡戍主王畧截流擊之俘斬大半於是

威名大振
江陽王繼孝文時爲安北將軍留守雒京時高車酋帥樹者擁部民反叛詔繼都督北討諸軍事繼推簡斬儁首一人餘加慰諭於是叛徒歸順
北海王顥爲徐州刺史撫軍將軍免其後賊帥宿勤明達叱于麒麟等寇亂豳華諸州乃復顥王爵以本將軍使持節征西將軍都督華豳東秦諸軍事兼左僕射西道行臺以討明達顥轉戰而前頻破賊衆解豳華之圍以功增封八百戶進號征西將軍
彭城王勰從孝文征沔北爲使持節都督南征諸軍

事中軍大將軍開府時詔曰胡便交敵可勅將士肅爾軍儀勰於時親勤大衆至明大破齊將崔慧景等車駕還京會百寮於宣極堂行飲至策勳之禮命舍人宣旨勰翼弼六師纂戎荆楚沔北之勳每叱廟算從討新野有尅城之謀受命鄧城致大捷之効功爲羣將之最也別當授賞不替厥庸以破慧景等勳增邑五百戶宣武時爲司徒領揚州刺史揚州所統建安戍主朝景畧猶爲寶卷拒守不下勰水陸討之景畧面縛出降自勰之至壽春東定城戍至於陽石西降建安山蠻順命斬首獲生數以萬計進位大司馬領司徒增邑八百戶又寶卷遣將陳伯之屯於肥口胡松又據梁城水軍相繼二百餘里勰部分將士分攻賊營伯之胡松率衆出戰諸將擊之斬首九千俘獲一萬伯之等僅以身免屯於烽火勰又分命諸將頻戰伯之計窮宵遁淮南平詔曰王威尊上輔德懃莫二孤必眛識詶保攸憑比以壽春初開封疆任重故令王親董元戎遠撫淮外冒茲炎蒸衛蓋飄飄經畧踰時必有虧損淹違詔覲夙夜繫情制勝宣規威效兼着公私允稱義所欽嘉雖凱旋有期無申延屬可遣給事黃門侍郎鄭道昭就彼祇勞微勰還朝

中山王英孝文南伐英爲梁漢別道都將後大駕臨鍾離詔英率衆備寇境上英以未暇西救漢中有可乘之會表求進討孝文許之師次沮水齊將蕭懿遣將尹紹祖梁季羣等領衆二萬之徼山立柵分爲數處居高視下隔水爲營英謀曰彼帥賤民慢莫能相服若選精卒并攻一營彼不相救我尅必矣若尅一軍四營自拔於是簡兵三面騰上果不相救旣破一處四面俱潰生擒梁季羣斬三千餘級俘七百人齊白馬戍將其夜逃潰乘勝長驅漢川之民相率歸附宣武即位詔英持節假鎭南將軍都督征義陽諸軍

事率衆南討梁武司州刺史蔡道恭聞英將至遣其驍騎將軍楊繇率城外民三千餘家於城西南十里賢首山即嶺爲三柵作表裏之勢英勒諸軍圍賢首山焚其柵門楊繇驅水牛從營而出繼之以兵軍人避牛師遂退下尋分兵圍守其下柵民任馬駒斬繇以降民皆安堵梁平西將軍曹景宗後將軍王僧炳等率歩騎三萬來救義陽僧炳統衆二萬據鑿峴景宗率一萬繼後英遣冠軍元逞揚烈將軍曹文敬進據樊城抗之英部勒將士犄角討之大破僧炳軍俘斬四千餘人英又於士雅山結壘與景宗相抗分遣

諸統伏於四山示之以弱梁將馬仙琕率萬餘來掩英營英命諸軍僞北誘之旣至平地統軍傅永等三軍擊之梁軍便奔退進擊潰之斬首二千三百級斬其羽林監軍鄧終年仙琕又率一萬人重來決戰英勒諸將隨便分擊又破之復斬梁將陳秀之統軍王買奴別破東嶺之陣斬首五百道恭憂死驍騎將軍行州事蔡靈恩後憑窮城短兵日接景山仙琕知城將抜盡銳決戰一日三交皆大敗而返靈恩勢窘遂降三關戍聞之亦棄城而走梁又遣將冠肥梁詔英使持節加散騎常侍征南將軍都督楊徐二道諸軍

事率衆十萬討之所在皆以便宜從事英擊破陰陵斬梁將二十五人及虜首五十餘級及頻破賊軍於梁城斬其支將四十二人殺獲及溺死者將五萬梁中軍大將軍臨川王蕭宏尚書右僕射柳惔等大將五人㳂淮南走凡收米三十萬石英追至馬頭梁馬頭戍主委城遁走郢州治中督榮祖潜引梁軍以義陽應之三關之戍並據城降梁郢州刺史婁悅嬰城自守懸瓠城民白早生等殺豫州刺史司馬悅據城南叛梁將徐荀仁率衆守懸瓠悅子尚華陽公王立并爲所刼又詔英使持節都督南征諸軍事假征南

將軍出自汝南宣武以荊蠻平破早生詔英南赴義陽英輒與荊蠻分兵攻懸瓠尅之乃引軍而進初荀仁之據懸瓠梁寧朔將軍張道凝等率衆據楚城聞英將至棄城南走英追擊斬道凝及梁虎賁中郎曹苦生盡俘其衆旣次義陽將取三關英策之曰三關相須如左右手若尅一關兩關不待攻而定攻難不如攻易東關易攻宜須先取即黃石公所謂戰如風發如河決英恐其并力於東乃使長史李華率五統向西關分其兵勢身督諸軍向東關英至長薄梁將馬廣夜遁入於武陽英進師攻之梁遣其冠軍將軍

彭㝠驃騎將軍徐起援武陽英乃緩軍曰縱之使入此城吾先曾觀其形勢易攻耳吾取之如拾遺也諸軍未之信㝠等旣入武陽英促圍攻之六日而虜等降於是進擊黄峴梁太子左衛李元履棄城奔竄又討西關梁司州刺史馬仙琕亦卽退走果如英策凡擒獲其大將二十人卒七千米四十萬石軍資稱之

安定王休爲外都大官時蠕蠕犯塞出爲使持節征北大將軍撫冥鎮大將休身先將士擊虜退之

高陽王雍孫端爲鎮東將軍兗州刺史時梁將侵寇徐兗圍逼州城端率文武拒守以功封安德縣開國

公食邑五百户

章武王融宣帝時爲驍騎將軍梁將冦逼淮陽梁城陷没詔融假節征虜將軍别將南討大摧賊衆還梁城

安豐王猛子延明孝明時爲尚書右僕射及元法僧反詔爲東道行臺徐州大都督節度諸軍事與都督臨淮王彧尚書李憲等討法僧梁遣其豫章王綜鎮徐州延明先收徐方甚得人譽招懷舊土遠近歸之綜旣降延明因以軍乘之復東南之境至宿豫而還

譴讓門已見第二百九十七卷重出於此

第四頁十一行後脱立功門小序文九條

古人有言曰太上立德其次立功功也者輔世排難戡濟生民之謂也矧乃挺生公族内懷毅勇練達戎志激卬忠力以奉辭伐罪殲亂逆之黨乘時奮庸參締構之業其或攘却戎虜保完城堞稜威震於鄰敵勳伐申於朔戴斯所以彰夾輔之美著維屏之績蓋周之並建賢戚漢之大封子弟風聲攸著載祀彌久其於保邦固本之義豈不韙哉魏晉而下筆牘所紀皆可觀也

周公旦武王弟武王十一年伐紂周公佐武王破殷人商宫已殺紂周公把天鉞召公把小鉞以夾武王釁社告紂之罪于天及殷民其後成王少周公恐天下畔周乃踐阼代成王攝行政當國管蔡武庚等率淮夷而叛周公乃奉成王命興師來伐遂誅管叔武庚放蔡叔收殷餘民以封康叔於衛封微子於宋以奉殷祀寧淮夷東土二年而畢定諸侯咸服

郇侯文王之子爲州伯有治諸侯之功故下泉詩云四國有王郇伯勞之四國管蔡商奄也有王謂諸侯朝于己

漢荊王賈高帝從父兄高帝初為漢王元年還定三秦賈為將軍定塞地(司馬欣之國)從東擊項籍漢王敗成皐北度河得張耳韓信軍軍脩武深溝高壘使賈將二萬人騎數百擊楚度白馬津入楚地燒其積聚(倉廩蒭藁之屬)以破其業無以給項王軍食已而楚兵擊之賈輒避不肯與戰而與彭越相保(保謂依時自安以固)漢王追項籍至固陵使賈南度淮圍壽春還至使人間招楚大司馬周殷(間謂私求間隙而招之)周殷反楚佐賈舉九江迎英布兵皆會陔下誅項籍漢王因使賈將九江兵與太

尉盧綰西南擊臨江王共尉(共敖之子也)尉死以臨江為南郡

燕王澤高祖從祖昆弟高祖十一年以將軍擊陳豨將王黃封為營陵侯

楚光王交高祖同父少弟高祖初為沛公景駒自立為楚王交與蕭曹等俱從高祖見景駒遇項梁共立楚懷王因西攻南入武關與秦戰於吐田至霸上封交為文信君從入蜀漢還定三秦誅項籍

城陽景王章齊悼惠王肥次子高后封為朱虛侯文帝在代時趙王呂祿為上將軍呂王產為相國皆居長安中聚兵以威大臣欲為亂章以呂祿女為婦知其謀乃使人陰出告其兄齊王欲令發兵西(西謂京師)章與弟東牟侯興居欲從中與大臣為內應以誅諸呂祿產欲作亂章與太尉教丞相平等誅之章首先斬呂產太尉教等乃盡誅諸呂而迎立文帝

章弟濟北王興居呂后封為東牟侯與章俱入宿衛與大臣共立文帝於代邸曰誅呂氏臣無功請與太僕滕公俱入清宮(滕公夏侯嬰也)遂將少帝

出迎皇帝入宮

梁孝王武文帝子景帝時吳楚齊趙七國反先擊梁棘辟(地名)殺數萬人梁王城守睢陽(據睢陽城而自守)而使韓安國張羽等為將軍以距吳楚吳楚以梁為限不敢過而西與太尉亞夫等相距吳楚破而梁所殺虜略與漢中分(梁所虜吳楚之使略與漢同)

江都易王非景帝子初封汝南王吳楚反時非年十五有材氣上書自請擊吳景帝賜非將軍印擊吳吳已破徙王江都治故吳國(治謂都之故劉濞所居也)以軍功賜天子旗

後漢城陽恭王祉光武族兄春陵康侯敞之子光武起兵祉兄弟相率從軍更始立以祉為太常將軍紹封春陵侯從西入關封為定陶王別將擊破劉嬰於臨涇及更始降於赤眉祉乃間行亡奔洛陽是時宗室唯祉先至光武見之甚歡封為城陽王

冊府元龜

巡按福建監察御史臣李嗣京　訂正
分守建南道左布政使臣胡維霖　參閱
知建陽縣事臣黃國琦較釋

宗室部

立功第二

北齊清河王岳中興初爲武衛將軍高祖與四明戰于韓陵高祖將中軍高昂將左軍岳將右軍中軍敗績賊乘之岳舉麾大呼橫衝賊陣高祖方得廻師表裏奮擊因大破賊武定元年爲晉州刺史侯景叛文

襄徵岳共圖取景之計而梁乘間遣其貞陽侯明率衆於寒山擁泗水灌彭城與景爲椅角聲援岳揔率諸軍南討與行臺慕容紹宗等擊明大破之臨陣擒明及其大將胡貴孫自餘俘馘數萬景乃擁衆於渦陽與右衛將軍劉豐等相持兵還軍追討又破之景單騎逃竄又爲使持節河南揔管大都督統慕容紹宗劉豐等討王思政於長社思政嬰城自守岳等引洧水灌城紹宗劉豐爲思政所獲關西出兵援思政岳內外防禦甚有謀等城不沒者三板會文襄親至城乃下獲思政等以功別封眞定男任城王湝爲清州刺史崔蔚波等夜襲州城湝部分倉卒之際咸得齊整擊賊大破之

蘭陵武王長恭爲并州刺史突厥入晉陽長恭盡力擊之芒山之敗長恭爲中軍率五百騎再入周軍遂至金墉之下被圍甚急城上人弗識長恭免胄示之面乃下弩手救之於是大捷武士共謳謠之又爲叚韶討百谷又攻定陽前後以戰功別封鉅鹿長樂樂平高陽等郡公

安德王延宗後主世爲太尉及平陽之役後主自禦之命延宗率右軍先戰城下擒周開府宗挺及大戰

延宗以麾下再入周師莫不披靡諸軍敗延宗軍獨全

後周章武公導太祖入關嘗從征伐太祖討侯莫陳悅以導爲都督鎭原州及悅走故寒導追斬之傳首京師魏文帝之東伐詔導爲華州刺史及趙青雀于伏德慕容思慶等作亂導自華州率兵暫之擒伏德斬思慶進屯渭橋會太祖事平進爵章武公

晉蕩公護初從太祖擒竇泰復弘農破沙苑戰河橋並有功爲鎭東將軍後與于謹征江陵爲前鋒收城鎭擒俘騎斷江津收舟艦以待大軍之至圍而尅之

襄陽蠻帥向天保等萬有餘落恃險作梗及師還䕶
率軍討平之
宇文貴爲大將軍時羌酋傍乞鐵忩因梁企定之反
擾有渠株川與渭州人鄭五醜扇惑諸羌同反太祖
令貴討平之斬鐵忩五醜於渠株川置岷州朝廷美
其功遂於栗坂立碑以紀其績
齊煬王憲保定中爲雍州牧及晉公護東伐尉遲迥
爲前鋒圍洛陽憲與達奚武王雄等軍於邙山自餘
諸軍各分守險齊軍數萬奄出軍後諸軍恇駭並各
退散唯憲與雄等率衆拒之雄爲齊人所敗三軍震

懼憲親自督勵衆心乃安天和四年齊將斛律明月
率衆四萬築壘洛南五年憲涉洛邀之明月遁走憲
追之及于安業屢戰而反是歲明月又率大衆於汾
北築城西至龍門六年憲率衆六萬出自龍門齊將
新蔡王王康德以憲兵至潛軍宵遁憲乃西歸仍掘
移汾水南堡壁復入於齊人謂咎不及遠遂弛邉備
憲乃渡河攻其伏龍等四城二日盡收又進攻張壁
克之獲其軍實夷其城壘斛律明月時在華谷不能
救之乃北攻姚襄城陷之時汾州又見圍日久糧援
路絶憲遣柱國宇文盛運粟以饋之憲自入兩乳谷
襲克齊柏社城進軍姚襄齊人嬰城固守憲使柱國
譚公會築石殿城以爲汾州之援齊平原王段孝先
蘭陵王高長恭引兵大至憲命將士陣而待之將軍
韓歡爲齊人所乘遂以奔退憲身自督戰齊衆乃退
會日暮乃各收軍高祖東征憲衆爲前君趣黎陽高
祖親圍河陰未克憲攻拔武濟軍圍洛口拔其東西
二城高祖疾乃班師五年大軍又東伐憲以精騎二
萬復爲前鋒守雀鼠谷高祖圍晉州進兵尅洪洞永
安二城及師還憲爲後拒齊王自率衆來追至於高
梁橋憲以精騎二千阻水爲陣與開府宇文忻各統

精卒百騎爲殿以拒之斬其驍將賀蘭豹子山褥懷
等百餘人齊人乃渡汾而西及高祖於土壁高祖又
令憲率兵六萬還援晉州齊王攻圍晉州晝夜不息
間諜還者或云已陷憲乃遣柱國越王盛大將軍尉
遲迥開府宇文神舉等輕騎一萬夜至晉州憲進據
蒙坑爲其後援知城未陷乃歸涑川尋而高祖東轅
次於高顯憲率所部先向晉州明日諸軍大集稍逼
城下齊人亦大出兵陣于營南高祖召憲馳往觀之
憲反命曰易與耳請破而後食帝悅曰如汝所言吾
無憂矣内史柳昂私謂憲曰賊亦不少王安得輕之

憲受委前鋒情兼家國掃此逋寇事等摧枯商周之事公所知也賊雖衆其如我何旣而諸軍俱進應時大潰其夜齊王遁走憲輕騎追之旣及永安高祖纘至齊人收其餘衆復據高壁及洛汝砦高祖命攻洛汝破之明日與憲大軍會于介休齊王遂奔鄴留其從兄安德王延宗據并州延宗因僭號高祖圖其城憲攻其西面克之擒延宗明年進尅鄴城齊任城王湝廣寧王孝珩據信都有衆數萬高祖復詔憲討之仍令齊王手書與湝曰朝廷遇緯甚厚諸王無恙叔若釋甲則無不優湝不納乃大開賞募多出金帛沙

門求爲戰士者亦數千人憲軍過趙州湝令間諜二人覘視形勢候騎執以白憲憲乃集齊之舊將遍示二人又謂之曰吾所爭者大不在汝等今放汝還可即充我使乃與湝書曰山川有間每深勞佇仲春戒節納履惟宜承始留兩河圖三魏二者交戰想無虧德昔魏曆云季海内横流我太祖撫運乘時大庇黔首皇上嗣膺下武式隆景業與稽山之會總盟津之師雷駭唐郊則野無横陣雲騰晉水則地靡嚴城襲魏之舊旣奔竄於草澤竊號之長亦委命於旌門德義振於無垠仁風被於有截彼朝宿將舊臣良家戚里俱升榮寵皆縻好爵是使臨漳之下効死爭驅營丘之前奮身畢命此豈惟人事抑亦天時宜訪之道路無俟傍說吾不武任總元戎受命安邊路指幽冀列邑名藩莫不屈膝宣風遵禮皆荷來蘇足下高氏令王英風夙著古今成敗備諸懷抱豈不知一木不維大廈三諫可以逃身哉且殷微去商侯服周代項伯背楚賜姓漢朝去此弗圖苟殉亡轍家破身殞爲天下笑又足下諜者爲候騎所拘軍中情實具諸執事知以弱卒瑣甲欲抗堂堂之師縈帶扞城與保區區之命戰非上計無待卜疑守乃下策或未相許已

勒諸軍分道並進相望非遠憑軾有期兵交命使古今通典不俟終日所望知機也憲至信都登張耳冢以望之俄而湝領軍尉相願僞出略陣遂以衆降相願湝之心腹也衆駭因破之擒湝及孝珩汝南公慶從武帝拔晉州齊兵大至慶與齊王憲輕騎覘卒與賊窘憲挺身而遁慶退據汾橋衆賊爭進慶射之所中人馬必倒賊乃稍却及拔高壁尅并州下信都禽高湝功並君冣焉

宇文神舉爲司武上大夫武帝親戎北伐令神舉與原國公姚顗等率兵五道俱入帝至雲陽疾甚乃班

師幽州人盧昌期祖英伯等聚衆據范陽反詔神舉率兵討擒之又屬稽胡反叛之寇西河神舉又率衆與越王盛討之時突厥與稽胡連和遣騎赴救神舉以奇兵擊之突厥敗走稽胡於是款服即授并潞肆石等四州十二鎮諸軍事并州總管

隋河間王弘高祖即位初突厥屢爲邊患以弘爲行軍元帥率衆四萬出靈州道與虜相遇戰大破之斬數千級賜物二千段拜寧州總管

衛昭王爽高祖大舉北伐爽爲元帥時河間王引豆盧勣竇榮定高熲虞慶則等分道而進俱受爽節度

親率李元節等四將出朔州遇涉鉢略可汗於白道接戰大破之虜獲千餘人驅馬牛羊鉅萬涉鉢略可汗中重瘡而遁高祖大悦賜爽貞食梁安縣千戶

蔡王智積大業中爲弘農太守楊玄感作亂自東都引軍西智積謂官屬曰玄感聞大軍將欲至圖関中若成其計則根本固矣當以計縻之使不得進不出一旬自可擒耳及玄感以軍至城下智積登陴詈辱之玄感怒甚留攻之城門爲賊所燒智積乃更益火賊不得入數日宇文述等援軍至合擊破之

越王侗大業中楊玄感作亂之際與民部尚書樊子蓋拒之及玄感平朝於高陽拜高陽大守

唐淮安王神通隋末義師起隋人捕之神通乃與京師大俠史萬寶河東裴勣柳崇禮等舉兵應義師遣使與司竹賊師何潘仁連結潘仁奉平陽公主而至神通與之合勢進下鄠縣衆踰一萬高祖聞之大悦受光祿大夫從平京師爲宗政卿武德二年攻宇文化及之魏縣斬其武賁郎將王敏童等獲其將軍季臼文佇二千餘人

襄邑王神符武德四年爲并州總管突厥頡利可汗率衆來寇神符出與戰於汾水東敗之斬首五百級

虜其馬二千匹又戰其沙河之北獲其乙利達官并可汗所乘馬及甲獻之由是召拜太府卿

河間王孝恭高祖定京師拜左光祿大夫爲山南道招尉太使自金州出于巴蜀招攜以禮降附者三十餘州孝恭進擊朱粲破之武德三年將圖蕭銑以孝逸爲荆湘道行軍總管統水陸十二總管發硤州進軍江陵攻其水城尅之高祖大悦拜孝恭荆州大總管使畫工貌而視之荆襄雖定嶺表尚未悉平孝恭分遣使撫慰嶺南四十九州皆來款附及輔公祏據江東反發兵寇壽陽命孝公爲行軍元帥以擊之七

年孝恭自荆州趣九江時李靖李勣黄君漢張鎮州盧祖尚並受孝恭節度公祏遣其僞將馮惠亮陳當時領水軍屯于慱望山陳正通徐紹宗率步騎于青林山孝公至堅壁不與闘使奇兵斷其糧道賊漸餒夜薄我營孝恭安卧不動明日縱羸兵以攻賊壘使盧祖尚率精騎列陣以待之俄而攻壘者敗走賊出追奔數里遇祖尚軍與戰大敗之正通棄營而走復與馮惠亮保梁恭乘勝攻之破其梁山別鎮赴水死者數千人正通率六軍夜遁總管李勣又下廣陵城拔楊子鎮公祏窮蹙棄冊陽東走孝恭命騎追之至

武康擒公祏及其僞僕射西門君儀等江南悉平自大業末群雄競起皆爲太宗所平謀臣猛將並在麾下罕有別立勳庸者唯孝恭著方面之功聲名甚盛厚自崇重欲以威名鎮遠築宅於石頭廬徼以自衛

淮陽王道玄武德元年授右金牛將軍從太宗擊宋金剛于介州先登陷陣時年十五太宗壯之賞物千段後討王世充頻戰皆捷竇建德至武牢太宗輕騎誘賊令道玄率伏兵於道左會賊至追擊破之又從太宗轉戰于汜水麾戈陷陣直出賊衆披靡復衝突而歸太宗大悦命副乘以給之玄又從太宗赴賊冊出飛矢亂下箭如蝟毛猛氣益厲射人無不應弦而倒東都平拜洛州總管

江夏王道宗武德元年從太宗討劉武周戰於介州一戰滅之從平竇建德破王世充屢有殊效五年授靈州總管梁師都據夏州遣弟洛兒引突厥兵數萬至于城下道宗閉門拒守伺隙而戰賊徒大敗高祖聞而嘉之貞觀三年爲大同道行軍總管遇李靖襲破頡利可汗頡利以十餘騎來奔其部道宗引兵逼之徵其執送頡利以數騎夜走匿於荒谷沙鉢羅懼馳追獲之遣使送于京師以功賜實封六百戸爲刑

部尚書及吐谷渾冦邊詔右僕射李靖爲崑丘道行軍大總管道宗與吏部尚書侯君集爲之副賊聞兵至走入嶂山巳行數千里諸將議欲息兵道宗固請追討李靖然之而君集不從道宗遂率偏師并行倍道去大軍十日追及之賊據險若戰道宗潛遣千餘騎踰山襲其後賊表裏受敵一時奔潰貞觀五年突厥解薛部叛於靈州道宗與霍國公柴紹追擊破之虜男女六畜萬餘後大軍討高麗令道宗與李勣爲前鋒濟遼水克蓋牟城逢賊兵大至軍中僉欲深溝保險待太宗至徐進道宗曰不可賊赴急遠來兵實

疲頓恃衆輕我一戰必摧昔耿弇不以賊遺君父我旣職在前軍當須淸道以待輿駕李勣然之乃與壯士數十騎直衝賊陣左右出入勣同合擊大破之太宗至深加賞劳

齊王元吉武德四年從太宗討王充時竇建德兵援充太宗自出拒之留元吉與屈突通圍王充於東都充出兵拒戰元吉設伏擊破之斬首八百級生擒其大將軍樂仁防甲士千餘人。

吳國公孝逸則天朝爲左衞將軍光宅元年徐敬業據楊州作亂孝逸爲左玉鈐衞大將軍楊州大總管

督軍以討之孝逸引軍至淮而敬業方南攻潤州遣其弟敬猷屯兵淮陰僞將韋超據都梁山以拒孝逸都將馬敬臣擊斬賊之別率尉遲昭夏侯瓚超乃擁衆憑山以自固孝逸乃進兵擊超賊衆壓伏官軍登山急擊之殺數百人日暮圍解超脚校夜遁孝逸引兵擊淮陰又破敬猷之衆時敬業廻軍屯於下阿溪以拒官軍孝逸渡溪以擊之敬業初勝後敗孝逸乘勝追奔數十里敬業窘迫與其黨攜妻子逃入海曲孝逸進據楊州盡捕斬敬業等振旅而還以功進授鎭軍大將軍

信安王禕玄宗開元十五年爲左金吾大將軍朔方節度副大使知節度事先是石堡城爲吐蕃所據侵擾河右詔禕與河西隴右議取之禕到軍總率士卒克期攻之或曰此城據險又爲吐蕃所借今懸軍深入賊必併力拒守事若不捷退則狼狽不如按軍持重以觀形勢禕曰人臣之節豈憚艱險必期衆寡不敵吾則以死繼之苟利國家此身何惜於是督率諸軍倍道兼進并力攻之遂拔石堡城斬獲首級并獲糧儲器械其數甚衆仍分兵據守以遏賊路帝聞之大悅始改石堡城爲振武軍十九年契丹衙官可突

于殺其王邵固率部落降于突厥玄宗以忠王爲河北道行軍元帥以討奚及契丹兩蕃以禕爲副王旣不行禕率戶部侍郎裴耀卿等諸副將分道統兵馬出於范陽之北大破兩蕃之衆擒其酋長餘黨竄入山谷軍還以功加開府儀同三司

禕子峘從玄宗幸蜀健兒郭千仞夜謀亂帝御玄英樓招諭不從峘與六軍兵馬使陳玄禮等討平之以功加金紫光祿大夫岐王範先天中以左羽林大將軍從玄宗討竇懷貞蕭至忠等以功加賜實封滿五千戶

薛王業先天中以秘書監從玄宗幸蜀肅宗爲太子倓兄弟典親兵扈從車駕渡渭百姓遮邀乞留太子太子諭之曰至尊奔播吾不忍違離左右倓吾見上奏聞倓於行宮謂太子曰逆胡犯順四海亂離不因人情何以興復夫有國家者大孝莫若尊社稷今從至尊入蜀則散關以東非復皇家所有何以維屬人情殿下宜購募豪傑漸往河西收拾牧馬點集防邊將卒不下十萬人光弼子儀全軍河朔謀爲興復計之上也廣平王亦贊言之於是令李輔國奏聞玄宗欣然聽納乃分從官士卒以遣之時敗卒膽破兵仗

不完太子既北上渡渭一日百戰倓自選驍騎數百衞從每蒼黃顛沛之際血戰在前太子或時不得食倓涕泗不自勝太子尤憐之諸軍屬目焉

嗣曹王皐德宗建中年爲江西道節度使時李希烈反皐繕甲兵戰艦將兵二萬餘與賊夾西爲軍令伊慎將先鋒皐率軍繼之大破賊斬首數百級賊又樹堡柵於蔡山皐度峻險不可攻乃聲言西取蘄州理戰艦分傍南涯與舟師泝江而上賊以老弱守柵引軍循江隨戰艦南北與皐兵相直去蔡山三百餘里皐令步兵登舟順流東下不日拔蔡山賊還救間一日方至大破之因進拔蘄州降其將李良又取黃州斬級千餘兵益振舒王爲元帥如皐前軍兵馬使德宗居奉天淮南節度使陳少遊強取鹽鐵錢其使包佶以財幣泝流次于岐口時希烈已屠汴州又遣驍將杜少誠將步騎萬餘來寇蘄黃將絕江道皐遣伊慎將七千衆禦之遇于永安城慎列三柵相去絕四里列鼓角於中柵少誠至分兵圍之部隊未嚴聲鼓而三柵齊出奮擊不爲行陣賊亂少誠敗走斬首萬級封尸爲京觀以功加銀青光祿大夫進封五百戶又遣伊慎王鍔將兵於安州州城阻溳水爲固攻之

累不下希烈遣甥劉戒虛將步騎八千來援皐命李伯潛分迎擊於應山獲戒虛大將二裨將二十斬首千餘函縛戒虛等之城下乃使人說之賊得大將及賓佐一二人爲信當降皐乃使王鍔馬彝縋城而入城中大呼乃出降希烈又遣兵援隨州皐令伊慎擊於厲鄉大破之復平靜白鴈等關希烈懼乃戢兵貞元初爲江陵節度使江漢倚皐爲固未幾李惠登以隨州降凡下州四縣十七大小十餘陣未嘗敗衂

梁郴王友裕唐末爲宣武軍牙校景福元年總大軍伐徐時朱瑾領兗鄆之衆爲徐戎外援陣於誠門南

石佛山下友裕進兵擊之斬獲甚衆瑾領殘黨宵遁
安王友寧唐末太祖鎭汴累將軍職從太祖征討繼立軍功爲栁州刺史太祖迎昭宗於岐下遣友寧部兵先歸於梁以備守禦屬青帥王師範搆亂以關東諸鎭兵悉在岐隴欲乘虛竊發自齊魯至於華下羅布姦黨詐以委輸貢奉爲名陰與淮南并門結好會有青人詣裴廸言其狀廸以事告友寧不俟命乃率兵萬餘人東討師範遣其弟將兵圍齊州友寧引兵救之青冦大敗奪馬四千蹄斬首數千級
密王友倫年十九爲宣武軍校太祖征兖鄆友倫勤

所部兵收勤聚粮穀以濟軍須幽滄軍至內黄友倫以前鋒夜渡河擊賊奪馬千匹擒斬甚衆因引軍往八議關卒逢晋軍萬餘騎友倫乃分布兵士多設疑軍因聲皷誓衆士伍奮躍追斬數十里後李罕之以上黨來歸爲晋軍所圖太祖遣友倫總步騎數萬越險救應遂大破晋軍天復元年岐隴用兵晋人乘虛侵於北鄙友倫率從兵三萬徑往磻山晋人望塵奔遁友倫吳氏叔琮并躡其轍追至太原摩壘挑戰獲牛馬萬餘二年領所部兵西赴鳳翔前後累接戰以功爲寧遠軍節度使

後唐李克讓武皇仲弟咸通中從獻祖討龐勛以功爲振武都支及王仙芝陷荆襄朝廷徵兵克讓率師平賊以功爲金吾將軍
李克脩武皇從父弟武皇入關討黄巢克脩爲先鋒破黄揆於華陰敗尚讓於梁田坡戰黄巢於光順門每戰皆捷其年潞州牙將安居受來乞師請復昭義武皇遣將以兵從與孟方立戰於銅鞮不利武皇乃令克脩將兵繼進遂平潞州斬其刺史李殷鋭武皇表克脩爲昭義節度使光啓二年九月克脩出師山東收復邢洺十一月拔故鎭孟方立遣將呂臻來援

戰於焦崗大敗之擒呂臻俘斬萬計進拔武安臨洺諸屬縣乘勝圍邢州鎭州王容出師三萬援邢洺克脩軍乃退及李罕之來歸武皇授以澤州刺史與克脩合勢進攻河陽連歲出師以苦懷孟方立遣將奚忠信將兵三萬襲冦遼州克脩設伏於遼之東山大敗賊軍擒忠信以獻
克脩子嗣肱少有膽略累立戰功夾城之役從周德威爲前鋒時兄嗣弼爲昭義副使與李嗣昭守城兄弟內外奮戰忠力感壯感動三軍潞圍乃解以功加檢校僕射天祐八年與李存審援河中敗汴軍于胡

堡壁獲汴將龐讓十年與李存審屯趙州擊汴人於観津時梁祖新屠棗姜其將賀德倫急攻蓨縣梁祖率師五萬合勢営於蓨之西嗣肱自下博率騎三百薄暁與梁之樵芻者相雜日旣晡入梁軍営門諸騎相合大譟弧矢星發㗊嘯馳突汴人不知所爲営大擾旣暝斂騎而退是夜梁祖燒営而遁觧蓨之圍以功時授蔚州刺史十九年新州刺史王郁叛入契丹嗣肱進軍定嬀儒武等三州乃授山北都團練使

李克寧武皇季弟紉從起雲中爲奉誠軍使赫連鐸之攻黄花城也克寧武皇登城血戰三日矢盡備竭

殺賊萬計燕軍之攻蔚州克寧昆使嬰城拒敵晝夜輟寢食者旬日從衣鞾達部及入關逐黄冦凡征行無不衞從

魏王繼岌莊宗子同光三年伐蜀以繼岌爲都統郭崇韜爲招討使十月戊寅至鳳州武興軍節度使王承捷以鳳興文扶四州降甲申至故鎮康延孝收興州時僞蜀主王衍率親軍五萬在利州令步騎之軍三萬逆戰於三泉康延孝李嚴以勁騎三千犯之蜀軍大敗斬首五千級餘各奔潰王衍聞其敗也棄利州奔歸西川斷吉栢津浮梁而去巳丑繼岌至興州爲蜀東川節度使宋光葆以梓綿劒龍普等州州來降武定軍節度使王承肇以洋蓬壁三州符印降興元節度使王宗威以梁開通渠麟等五州符印送降階州王承岳納符印秦州節度使王承休棄城而遁辛丑繼岌過利州甲辰至劒州巳酉至綿州王衍遣使上牋乞降丁巳並入成都自興師出洛至定蜀計七十五日走丸之勢前代所無

李從謹明宗弟頻領親軍數戰有功官至檢校司空

李從璟明宗長子從莊宗於河上累有戰功莊宗罷賞之用爲金槍指揮使

册府元龜

巡按福建監察御史臣李嗣京 訂正

知長樂縣事 臣 夏允彝參閱

知建陽縣事 臣 黄國琦較釋

宗室部三十二

禮士

書曰位不期驕傳稱寵而能降者鮮矣蓋夫承紫天緒長於宮闈馱飫輕煖宴安富貴非明誠異禀卓爾不群者其孰能折節下士流譽於方來者哉自姬文好賢逮兩漢而下或優禮髦彦降志通逸置之於幕

府待之以師友資以遺餉厚其供儗詢之政務接其游宴乃至列邸圖像以極於欽崇講學論文以申於博約原其尊賢好士之意其於進德隆道不亦多乎哉詩云彼交匪敖萬福來求又曰宗子維城懷德維寧是之謂矣

周公旦曰我文王之子武王之弟成王之叔父我於天下亦不賤矣然我一沐三握髮一飯三吐哺起以待士猶恐失天下之賢人

漢楚元王交少時嘗與穆生白生申公俱受詩於浮丘伯飯至楚以穆生白生申公爲中大夫王敬禮申公等穆生不耆酒耆讀曰嗜王每置酒嘗爲穆生設醴

龔舍楚人也好學明經楚于入廟聞舍高名聘舍嘗侍

梁孝王武賓盛待士於是鄒陽枚乘嚴忌從孝王游

焦延壽字贛梁人也贛貧賤以好學得幸梁王梁王共其資用令極意學

後漢趙節王栩光武叔父趙王良之子聞樓望少習嚴氏春秋有稱鄉閭遣使齎玉帛請以爲師望不受

東平王蒼聞吳良名辟之署爲西曹蒼甚相敬愛之

北海王睦光武兄齊武王縯孫中興初禁網尚闊而

睦性謙恭好士千里交結自名儒宿德莫不造門由是聲價益廣

魏陳思王植初封臨菑侯時邯鄲淳博學有才章太祖召見甚敬異之植求淳太祖遣淳詣植植初得淳甚喜

白馬王彪雅好文學相賈洪善能談戲彪嘗師宗之過於三卿

沛穆王林初封譙王黄初中隗禧爲王郎中王宿聞其儒者嘗虚心從學禧亦敬恭以授王繇是大得賜遺

晉成都王穎推功不居勞謙下士陸機在難感全濟之恩又見朝廷屢有變難謂穎必能康隆晉室遂委身焉穎以機參大將軍軍事

河間王顒武帝時平吳徐聳爲顒相聳清虛無欲進退以禮在吳歷清官顒素聞聳名厚敬禮之

東海王越討汲桑命荀晞爲前鋒晞破汲桑定鄴而還越以晞復其讐恥甚德之引升堂結爲兄弟

江統陳留人司徒左長史東海王越爲兗州牧以統爲別駕委以州事與統書曰昔王子師爲豫州未下車辟荀慈明下車辟孔文舉貴州人士有堪應此者

不統舉高平郗鑒爲賢良陳留阮脩爲直言濟北程收爲方正時以爲知人

王承字安期東海王越鎮許以爲記室參軍雅相知重勅其子毗曰夫學之所益者淺體之所安者深閑習禮度不如式瞻儀形諷味遺言不若親承音旨王參軍人倫之表汝其師之在府數年見朝政漸替辭以母老求出越不許

譙王承爲湘州刺史長沙人虞悝與弟望並有士操承臨州知其名檄悝爲長史未到遭母喪會王敦作逆承往弔悝因留與語曰吾前被詔遣鎮此州正以王敦專擅防其爲禍今敦果爲逆謀吾受任一方欲率所領馳赴朝廷而衆少糧乏且始到貴州恩信未著卿兄弟南夏之翹儁而智勇遠聞古人墨絰即戎況今鯨鯢塞路王室危急安得遂罔極之情忘忠義之節乎如今起事將士器械可以濟不悝望對曰王敦居分陝之任一旦搆逆圖危社稷此天地所不容人神所忿疾大王不以猥劣枉駕訪及悝兄弟並受國恩敢不自奮今天朝中興人思晉德大王以宗子之親奉信順而誅有罪孰不荷戈致命但鄙州荒弊糧器空竭舟艦寡少難以進討宜且收衆固守專檄

四方其勢必分然後圖之事可捷也承以爲然乃命悝爲長史望爲司馬

司馬楚之東武侯馗八世孫也楚之年十七值劉裕誅夷司馬戚屬楚之乃亡於汝頴之間楚之少有英氣能折節待士馬順明道恭等所在聚黨及劉裕自立楚之規欲報復收衆據長社歸之者常萬餘人劉裕深憚之遣刺客沐謙圖害楚之楚之待謙甚厚謙夜詐疾知楚之必自來因欲殺之楚之聞謙病果自賚湯藥往省之謙感其意乃出匕首於席下以狀告之曰將軍爲裕所忌憚原不輕率以保全爲先楚之

嘆曰若如來言雖有所防恐有所失譏遂委身以事之其推誠信物得士之心皆此類也

宋臨川王道規爲征西將軍王敬弘爲諮議參軍時府主簿宗協亦有志趣道規竝以事外相期嘗共酣飲致醉敬弘因醉失禮爲外司所白道規更引還重申初讌

道規子義慶嗣爵臨川王招聚文學之士遠近必至大尉袁淑文冠當時義慶在江州請爲衛軍諮議參軍其餘吳郡陸展東海何長瑜鮑昭等竝爲辭章義慶引爲佐史國臣太祖與義慶書嘗加意斟酌

彭城王義康爲司徒錄尚書事府門每日常有數百乘車雖復位卑人微皆被引接

衡陽王義季爲衡州宗炳高尚有志操義季親至炳室與之歡讌命爲諮議不起

戴顒字仲若性高尚居于吳議季鎮口長史張郡與顒姻通迎來止黃鵠山山北有竹林精舍林澗甚美顒憩于此間義季亟從之遊顒服其野服不改常度

劉凝之隱居不仕時荆州年飢義季慮凝之餓餉錢十萬江夏王義恭出鎮盱眙平原人劉懷珍爲本州主簿義恭道遇懷珍以應對見重取爲驃騎長

始興王濬爲揚州雖日親覽州事一以委沈璞太祖從容謂濬曰沈璞奉時以纖芥之失居家有孝友之稱學優才贍文義可觀而沈深守靜不求名譽甚佳汝且應委之以事乃宜引與語對濬旣素加賞遇又敬奉此旨璞嘗作舊宮賦久而未畢濬與璞疏曰卿嘗有述舊宮賦何其淹耶想行就耳璞因事陳答辭義可觀濬重教曰向聊相敦問還曰斐然遂兼紙翰昔曹植有言下筆成章良謂逸才吾遠慙楚元門盈申白之賓近愧梁孝庭列枚馬之客薄因末牘以代一面

建平王景素爲征北將軍南徐州刺史以劉璡爲征北主簿深見禮遇又以何昌寓爲府主簿以風素見重景素好文章書籍招集才義之士傾身禮接以收名譽由是朝野翕然莫不屬意焉

南齊豫章王嶷爲中書監司空時陸慧曉爲武陵王曅征虜功曹廬江何點薦慧曉于嶷補司空掾加以恩禮

劉繪爲豫章王驃騎主簿繪聰警有文義善隸書數被賞召進對華敏僚吏之中見遇莫及

瑯邪王詡爲功曹以吏能自進嶷謂僚佐曰吾雖不

能應嗣陳蕃然閣下自有二驥也
何點永明元年徵中書郎豫章王命駕造門點從後門逃去竟陵王子良聞之曰豫章王尚不能屈非吾所詣遺點嵇叔夜酒杯徐景山酒鎗以通意
穎川庾銑善屬文見賞於豫章王弘至大司馬記室參軍
劉虬字靈預南陽人宋太始中仕至晉平王驃騎記室當陽令罷官歸家靜處斷穀餌朮及胡麻建元初豫章王爲荊州牧辟虬爲別駕與同郡宗測司空庾易並遣書禮請虬等各脩牋荅而不應辟命永明三

年刺史廬林王子卿表虬及同郡宗測宗尚之庾易劉昞五人請加蒲車束帛之命詔徵爲通直郎不就竟陵王子良致書通意虬荅曰虬四節卧病三時營灌暢餘陰於山澤託暮情於魚鳥寧非唐虞重恩周召宏施虬進不研幾入玄無洙泗稷館之辨退不凝心出累非冢間樹下之節遠澤旣灑仁規先著謹收樵牧之嬿敬加軾蠹之義
庾易志性恬隱不交外物建元元年豫章王辟爲驃騎將軍不就臨川王映獨重易上表薦之餉麥百斛易謂使人曰民樵採麋鹿之伍終其解毛之衣馳騁日月之車得保自耕之祿於大王之恩亦已浮矣辭不受
宗測字敬微南陽人宋徵士炳孫也世居江陵測少靜退不樂人間豫章王復遣書請之辟爲參軍測荅曰性同鱗羽愛止山壑眷戀松筠輕迷人路縱宕巖流有若狂者忽不知老至而今鬢髮已白豈容課虛責有恨魚慕鳥哉
杜栖吳郡錢塘人有志行能言刺史豫章王聞其名辟議曹從事仍轉西曹佐竟陵王子良數致禮接
竟陵王子良以劉瓛儒學冠於當時子良親往脩謁

表爲瓛立館以揚烈橋故主第給之生徒皆賀瓛曰室美豈爲人哉此華宇豈吾宅哉幸可詔作講堂猶恐見害也未及徙居遇病子良遣從瓛學者彭城劉繪順陽范縝將厨於瓛宅營齋
王融爲中書郎會魏軍動子良於東府募人板融寧朔將軍軍主融文辭辯捷尤善屬綴有所造作援筆可待子良特相友好情分殊常
謝璟少與從叔朓俱知名子良開西邸招文學璟亦預焉子良有清尚禮才好士居不疑之地傾意賓客天下才士好學皆遊集焉善立勝事夏月客至爲設

夙飲及其棗著之教士子文章及朝貴辭翰皆發教
撰録時梁高祖與沈約謝朓王融蕭琛范雲任昉陸
倕等並遊焉號曰八友
江革舉高第朓學不勸王聞其名引爲西邸學士
王瞻授太子舍人初爲南海王友尋轉司徒竟陵王
從事中郎王甚相賓禮
范縝爲尚書殿中郎于時竟陵盛招賓客縝亦預焉
沈約爲黄門侍郎與蘭陵蕭琛瑯邪王融陳郡謝朓
南鄉范雲樂安任昉等皆遊焉當世號爲得人
范雲字彦龍建元初子良爲會稽大守雲始隨王王

未之知也會遊秦望使人視刻石文時莫能識雲獨
誦之王悦自是寵冠府朝王爲丹陽尹召爲主簿深
相親任
王亮時爲桂陽王文學南郡王友宗史少勤學有局
幹歷臨川王常侍驃騎參軍竟陵王集學士於西邸
使工圖畫其像亮史亦預焉
晋安王子懋戍石頭以張率爲雲麾中記室王遷南
兖州轉宣毅諮議參軍並兼記室王還都率除中書
侍郎王爲荆州復以率爲宣惠諮議領江陵令府遷
江州以諮議領記室出監豫章臨川郡率在府十年

恩禮甚篤
劉遵爲晋安王宣惠雲麾二府記室甚見賓禮
隋王子隆以謝朓爲文學子隆在荆州好辭賦數集
僚友朓以才文尤被賞愛流連晤對不捨日夕
梁建平王宏禮賢接士
始興忠武王憺性勞謙常降意接士與賓客連榻而
坐時論稱之
安成王秀爲江州刺史將發主者求堅船以爲齋舫
秀曰吾豈愛才而不愛士教所由以牢者給參佐下
者載齋物既而遭風齋舫遂破時諸王並不下士建

安安城二王尤好人物以二方重士方之四豪及至
州秀聞前刺史取徵士陶潛曾孫爲里司秀歎曰陶
潛之德豈可不及後世即日辟爲西曹掾秀遷荆州
刺史進號安州將軍下車立學教招隱逸下教曰夫
鶉火之禽不匿影於丹穴昭華之寶乍耀采於藍田
是以江漢有濯纓之歌空谷著來思之詠弘風闡道
靡不繇茲處士河東韓懷明南平韓望南郡庾承先
河東郭麻並脱落風塵高蹈之士兩韓之孝友純深
庾郭之形體枯槁或橡飯青羮惟日不足或葭牆艾
席樂在其中昔伯武貞堅就仕河内史雲孤卲屈志

陳猶豈曰瑒苗實惟攻玉可加引辟並遣喻意旣同
魏侯到禮之請庶無辟彊三緘之嘆
南平王偉初封建安王偉篤誠通恕趨賢重士嘗如
弗及由是四方遊士當世知名者莫不畢至齊世青
溪宮改爲芳林苑天監初賜偉爲第偉又加穿築增
植嘉樹珍果窮一時之彫麗每與賓客遊其中命從
事中郎蕭子範爲之記
何遜天監中起家奉朝請遷中衛建安王水曹行參
軍兼記室王愛文學之士日與遊宴及遷江州遜猶
掌書記

鄱陽王恢爲益州刺史以羅研爲別駕其後西昌嗣
王範將西恢謂曰吾昔在蜀每事委羅研汝遵而勿
失範至復以爲別駕升堂拜毋蜀人榮之
廬陵王續爲荆州刺史以天門太守歐陽頠伐蠻左
有功續浮嘉之引爲賓客
邵陵王綸出爲江州刺史以太史叔明少善莊老兼
治孝經禮記攜叔明之鎮王遷郢州又隨府所至輙
授江外人士皆傳其學
孫瑒少倜儻好謀略博涉經史爲邵陵王水曹中兵
參軍時王出鎮郢州盡室隨府甚被賞遇

皇侃爲國子助教丁母憂解職還鄉里邵陵王欽其
學厚禮迎之
武陵王紀出鎮江州時江華爲都官尚書紀乃曰我
得江華文華清平豈能一日忘之當與其同舟乃表
華同行除明威將軍南中郎長史尋陽太守
衡陽王元簡爲會稽太守時何胤居秦望山元簡甚
加禮敬及元簡去郡入山與胤別送至都賜埭去郡
三里因曰僕自棄人事交遊路斷自非降貴山藪豈
客復望城邑此埭之遊於今絶矣執手涕零
臨城公大連出牧東陽州張彪率所領客馬始爲防

閤後爲中兵參軍禮遇甚厚
陳永陽王伯智爲吳郡太守本郡陸慶少好學遍通
五經天嘉初徵爲通直散騎侍郎不就伯智聞其名
欲與相見慶固辭以疾時宗人陸榮爲郡五官慶嘗
詣焉王乃微服往榮穿壁以觀之王謂榮曰觀陸慶
風神凝峻殆不可測嚴君平鄭子真何以尚茲
鄱陽王伯山爲江州刺史時徐伯陽爲新安王記室
伯陽嘗奉使造焉王率府僚與伯陽登正嶺置要酒
酣命筆賦劇韻二十伯陽與祖孫登前城上賜以奴
婢雜物

始興郡王伯茂謙恭下士
建安王叔卿以虞寄爲東中郎諮議寄辭以疾不任
旦夕王於是特令停王府公事其有疑議就以決之
但朔望牋脩而已
後魏衛王儀初封平原公先是上谷侯岌張袞代郡
許謙等有名于時初來入軍聞儀待士先就儀並禮
之共談當世之務謙等三人曰平原公有大才百世
之略吾等宜附其尾
江陽王繼次子羅字仲綱爲青州刺史羅兄乂當朝
專政羅望傾四海於時才名之士王元景邢子才李

奬等咸爲其賓客從遊青土
義陽王子孝愛士搢紳歸之賓客常滿終日無倦
京兆王愉好文章頗著詩賦時才人宋世景李神儁
祖瑩邢晏王遵業張始均等共申嘉宴招四方儒學賓
客嚴懷貞等數十人館而禮之所得穀帛率多散施
任城王澄以高緯聰敏有氣幹深所知賞
杜弼中山曲陽人任城王澄爲定州牧長史甄琛簡
試諸生而弼義解閑明應荅如響琛所歎伏澄聞而
召問深相嗟賞許以王佐之才澄還雖稱之於朝高
陽王等更相招命
崔㥄放邁自高不拘常簡爲中書博士樂陵內史雅
爲澄所禮待及澄爲定州刺史㥄了無人敬王忻然
容下之
張普惠爲澄所知及轉諫議大夫澄謂普惠曰不喜
君得諫議惟喜諫議得君
北海王詳爲司徒以前光州刺史崔挺爲府司馬後
詳攝選衆人競稱考第以求遷叙挺獨無言詳大相
稱歎自挺爲司馬詳未曾呼名常稱爲崔光州以示
優禮
平原王獻雅有志業娶東徐州刺史博陵崔鑒女路

緜冀相聞李彪名而詣之脩師友之禮稱之於郡舉
孝廉至京師館而受業焉
清河王懌以韓子熙少自脩整頗有學識引爲常侍
母亡居喪有禮子熙爲懌所眷遇遂闕位待其畢喪
後復引用又以劉懋性沉雅厚重尤禮重懋令諸子
師之
辛纂爲太尉騎兵三軍每爲懌所賞及欲定考懌曰
幸騎兵有學有才爲上第轉越騎校尉
廣陽王淵以拔勝因父遇害與弟俱奔于淵勝便弓
馬有武幹淵厚待之表爲強弩將軍充帳內軍主

中山王英平義陽獲馮亮亮南陽人博覽諸書又篤
好佛理英素聞其名以禮待接亮至雒隱居嵩山感
英之德以時展覲及英卒亮奔赴盡其哀慟
彭城王勰以鹿愈好兵書陰陽釋氏之學召爲館客
宋世景遷勰府法曹參軍勰愛其才學雅相寵敬
東陽王榮爲瓜州刺史州人令狐整字延保幼聰敏
沉浮有識量學藝騎射並爲河右所推榮辟爲主薄
加盪冦將軍整進趣詳雅對揚辨暢謁見之際州府
傾目榮寵整德望嘗謂僚屬曰令狐延保西州令望
方成重器豈州郡之職所可縶維但一日千里必基

武步寡人當委以庶務畫諾而已
北齊襄城王淯弱年有稱望齊氏諸王選國臣府佐
多取富商群少爲犬少年唯襄城廣寧蘭陵廣寧等
頗引文藝清識之士當時以此稱之
趙郡王琛出鎮定州聞馮偉節聰敏無所不通以禮
迎接命書至三縣令親至其門猶辭疾不起王將命
駕致請佐史前後星馳報之縣令又自爲其整冠履
不得已而出王下廳事迎之止其拜伏分階而上留
之賓館甚見禮重王將舉充秀才固辭不就歲餘請
還王知其不願拘束以禮發遣贈遺甚厚一無所納
唯受時服而已
後周齊王憲引樊叔略爲園苑監時憲素有吞關東
之志叔略因事數進兵謀憲甚奇之
賀若弼少慷慨有大志驍勇便弓馬解屬文博涉書
記有重名於當世憲聞而敬之引爲記室
冀王通楊汪爲侍讀王甚重之每日楊侍讀德業優
深孤之穆生也
隋秦王俊爲并州總管二十四州諸軍事河東人柳
靖自廣德守退居鄉里閉門自守時論方之王烈前
後總管到官皆親至靖家問疾遂以爲故事秦王俊

臨州賚以几杖並致衣物靖唯受几杖餘並固辭其
爲當時所重如此
齊王暕初封豫章王時崔賾爲河南豫章二王侍讀
每更日來往二王之第及河南爲晉王轉書記室參
軍自此去豫章王重之不已遺賾書曰昔漢氏西京
梁王建國平臺東苑慕義如林馬卿辭武騎之官枚
乘罷弘農之守每覽史傳嘗竊惟之何乃脫略官榮
棲遲藩邸以今望古方知雅志彼二子者豈徒然哉
足下博聞強記鈎深致遠視漢臣之三傑似陟崇山
對梁相之五車若吞雲夢吾兒欽賢重士敬愛忘疲

先築郭隗之官訾置穆生之醴今者重開土宇更誓
山河地方二百里平籠曲阜城兼七十包舉臨淄大
啓南陽方開東閣想得奉飛蓋叟長裾糌玳筵躡珠
履歌山桂之偃蹇賦池竹之檀欒其崇貴也如彼其
風流也如此幸甚幸甚何樂如之高視上京有懷德
祖才謝天人多慙子建書不盡意寧俟繁辭牘沓曰
一昨伏奉教書榮覩非嘗心靈自失若乃理高象繫
管斡思而不解事富山海郭璞注而未詳至於五色
相宣八音繁會鳳鳴不足爲諭龍章莫之能比吳札
之論周頌詎盡揄揚郢客之奏陽春誰堪赴節伏惟

令王殿下稟潤天潢承輝日觀雅道貴於東平文藝
高於北海漢則馬遷蕭望晉則裴楷張華鷄樹騰聲
鵷池播美望我清塵悠然路絶祖濬（祖濬犢字）燕南贅客
河朔隨遊本無意於希顏豈有心於慕蘭未嘗聚螢
映雪懸頭刺服讀論唯取一篇披莊不過盈尺況復
桑榆漸暮藜藿屢空舉燭無成穿楊盡棄但以燕求
馬骨薛養鷄鳴謬齒鴻儀虛班驥阜挾太山以超海
比報德而非難埋覓畚以爲池匹酬恩而反易忽屬
周桐錫瑞唐水承家門有將相樹宜桃李眞龍將下
誰好有名濫吹先逃何須別聽但慈音抑揚損上益
于江海所以稱王丘陵爲之不讓曹植儻豫聞高論
則不損令名楊脩若竊在下風亦詎虧淳德無任荷
戴之至謹奉啓以聞豫章王得書賚米五十石幷衣
服錢帛

王貞字孝逸梁郡人善屬文不事產業齊王暕鎮江
都聞貞名以書召之曰夫山藏美玉光照廊廡之間
地蘊神劍氣凌星漢之表是知毛遂脫穎義感平原
孫慧文詞來于東海頤循寡薄有懷髦彥籍甚清風
爲日久矣未獲披覿良深佇遲比夭高流火早應凉
颸陵雲仙掌方承清露想攝衛攸宜與時休適前園

後圃從容丘壑之情左琴右書蕭散煙霞之外茂陵
謝病非無封禪之文彭澤辭榮先有歸來之作優遊
儒雅何樂如之余屬當藩屏宜條楊越坐堂聽訟事
絶詠謌板桂擒詞眷言高遁至於揚旌北渚飛蓋西
園託乘乏應劉置醴闕申穆背淮之賓徒聞其語趨
燕之客罕值其人卿道冠鷹揚聲高鳳舉儒墨泉海
詞章苑囿棲遲衡泌懷寶迷邦洵茲獨善良以於邑
今遣行人具宜往意側望起予甚於饑渴想便輕舉
副此虛心無信投石之談虛慕鑿坏之逸書不盡言
更慙詞費及貞至王以客禮待之朝夕遺問安不及

索文集貞啓謝曰屬賀德仁宜教須少來所有拙文昔公旦之才藝能事鬼神夫子之文章性與天道雅志傳於游夏餘波鼓於屈宋雕龍之迹具在風騷而前賢後聖代相師祖賞逐時移出門分路變清音於正始體高致於元康咸言坐握蛇珠誰許獨爲麟角孝逸生於戰爭之季長於風塵之世學無半古才不逮人往屬休明寸陰已誤雖君可封之屋每慷貧賤之恥適鄢郢而迷途入邯鄲而失步歸來反覆心灰遂寒豈謂橫議過實虛塵叡覽枉高車以載飈費明珠以彈雀遂得裹糧三月重高門之餘地背淮千里

望章臺之後塵與懸黎而並肆將駭驥而同終早朝擊缶匪黃鍾之所諧日暮却行何前人之能及頋想平生觸塗多慰但以積年沉痼遺忘日久拙思所存纔成二十三卷俯而不至方見學仙之遠窺而不覩始知遊聖之難咫尺天人周章不暇怖甚真龍之降慙逾白豕之歸伏紙陳情形神悚越齊王覽所上集善之賜良馬四匹貞復上江都賦王賜錢十萬馬二匹未幾以疾甚還鄉里終于家

楊子崇高祖族弟子愛賢好士

蔡王智積爲同州刺史在州未嘗嬉戲遊獵聽政之暇端然讀書門無私謁有侍讀公孫尚儀山東儒士府佐楊君英蕭德言並有文學時延於座

唐鄧王元裕高祖子元裕好學善談明理與典籤盧炤隣爲布衣之交及薨炤隣爲千字詩以傷之

霍王元軌時定州新樂人郎餘令爲府參軍數上詞賦元軌深禮之先是餘令從父知年爲霍王友亦見推仰元軌謂人曰郎氏兩賢人之望也相次入府不竟培塿而松栢成林

濮王泰太宗子太宗特令泰府中別置文學館任自引召學士官給酒饌泰於是奏引著作郎蕭德言秘

書郎頋裔記室參軍蔣亞卿功曹參軍謝偃等就府撰括地志五百五十卷奏上之

岐王範雅愛文章之士無賤貴盡以禮接時閻朝隱劉廷琦張諤鄭繇皆以文詞友善飲酒賦詩更唱迭和

第八頁九行後脱一條
安成王蒿以庾仲容爲主簿時平原劉孝標亦爲府佐並以强學爲王所禮接

冊府元龜　補　卷之二百九十二　二十一

冊府元龜

巡按福建監察御史臣李嗣京　訂正
知閩縣事臣曹學佺參閱
知建陽縣事臣黃國琦較釋

宗室部

薦賢　儉約　抑損　好尚

薦賢

夫樂善好賢，戚藩之令範也。繇東京以來，宗哲繼武乃能察椽屬之才，爰詢士類之行，義隱淪胥洎仄陋咸達。或形慰薦之疏，或應舉知之詔，或白之於清宴

或升之於有司，莫不任官縻爵，飛聲騰實。上以增多士彬彬之盛，下以隆公族振振之德，又何況知人之爲哲、薦賢之爲賢者哉。

漢東平王蒼上疏薦吳良曰：臣聞爲國所重，必在得人；報恩之義，莫大薦士。竊見臣府西曹掾齊國吳良，資質敦固，公方廉恪，躬儉安貧，白首一節，又治尚書，學通師法，經任博士，行中表儀，宜備宿衛，以輔聖政。臣蒼榮寵絶矣，憂責深大，私慕公叔同升之義，懼于臧文竊位之罪，敢秉愚瞽，犯冒嚴禁。顯宗以示公卿曰：前以事見良，鬚髮晧然，衣冠甚偉。夫薦賢助國，宰相之職。蕭何舉韓信，設壇而拜，不復考試。今以良爲議郎。蒼又上書表薦名士左馮翊桓虞，虞已禮下與參政事。

晉成都王穎表論興義功臣盧志、和演、董洪、王彥、趙驤等五人，皆封開國公侯。

宋臨川王義慶出爲荆州刺史，元嘉十二年，普使內外群官舉士。義慶上表曰：詔書疇咨羣司，延及連牧，求賢仄陋，拔善幽遐。伏惟陛下惠哲光宣，經緯明遠，皇階藻曜，風猷具昇，而猶詢衢室之令典，遵明臺之徽訓，降沠懸於管庫，紆聖恩於板築，故以道邈往載，

德高前王。臣敢竭虛闇，祇承明旨。伏見前臨淄令新野庾實，秉直履約，愛敬淳深，昔在母憂，毀瘠過禮，今羅火疢泣，每有聞行，成閨庭，孝著隣黨，足以敦化率民，齊教軌俗。前徵奉朝請武陵龔祈，恬和平昔，貞潔純素，潛居研志，耽情墳籍，亦足鎮息頹競，獎勗浮動。處士南郡師覺授，才學明敏，操介清修，業均井渫，志固氷霜，臣往年辟爲州祭酒，未抒其慮。若朝命遠暨，玉帛遐臻，異人間出，何遠之有。

江夏王義恭，元嘉九年，帝詔百官舉才，義恭上表曰：臣聞雲和備樂，則繁會克諧；驥騄駿服，則致遠斯効

陛下順資大化文明在躬玉衡既正泰階載一而猶
發慮英髦垂情仄陋幽眷空同顯著揚歷是以潛虬
聳鱗佇利見之期翔鳳弭翼應來儀之感竊見南陽
宗炳操履閑遠思業貞純砥節丘園息賓盛世貧約
而苦內無改情軒冕屢招確爾不拔若以蒲帛之聘
感以大倫之美庶投竿釋褐翻然來儀必能毗燮九
官宣贊百揆尚書金部郎臣徐森之臣府中直兵參
軍事臣王天寶並局力允濟忠盡款誠往年逆臣叛
逸華陽夫守森之全境寧民績章危棘前者經略伊
瀍元戎喪旅天寶北勤河朔東據營兵勳勇既昭心

事兼竭雖經褒叙未盡才宜並可授以邊藩展其志
力交征遼邈累喪藩將政刑每闕撫蒞惟艱南中夏
遠風謡迥隔蠻僚狡竊邊氓荼毒寔須練寔以綏其
艱謂森之可交州刺史天寶可寧州刺史庶足威懷
荒表肅清遐服昔魏戊之賢切存薦士趙武之明事
彰管庫臣識愧前良理謝先哲率舉所知仰酬採訪
退懼瞽言無足甄奬

長沙王義欣上言所統威遠將軍北譙梁二郡大守
關中侯申季曆自奉職邦畿于茲五年信惠並宣威
化兼著外清暴亂內輯民黎役賦均平閭井齊肅綏
稷務附招攜荒遠郊境之外仰澤懷風爵賞之授績
能是顯宜陞階秩以崇奬勸進號寧朔將軍

南齊竟陵王子良武帝子武帝詔舉士子良薦王思
遠及吳郡顧暠之陳郡殷叡

始安王遥光爲揚州刺史明帝建武初有詔舉士遥
光表薦王暕王僧孺曰臣聞求賢暫劳垂拱永逸方
之疏壤取類導川伏惟陛下道隱旒纊信充符璽白
駒空谷振鷺在庭猶懼隱鱗卜祝藏器屠保物色關
下委裘河上非取制於一狐諒求味於兼采而五聲
倦響九工是詢寢議廟堂借聽輿皂臣位任隆重義

兼家邦實欲名實不遠儌倖路絕勢門上品猶當格
以清談英俊下寮不可限以位貌竊見秘書丞琅琊
王暕年二十七業重光海內冠冕神清氣茂允迪中
和叔寶理遣之談彥輔名教之樂故以暉暎先達領
袖後進居無塵雜家有賜書辭賦清新屬言玄遠室
邇人曠物踈道親養素丘園台階虛位庠序公朝萬
夫傾望豈徒荀令可想李公不亡而已哉前晉安郡
侯官令東海王僧孺年三十五理尚棲約思致恬敏
既筆耕爲養亦傭書成學乃炤螢映雪編蒲緝柳先
言往行人物雅俗甘泉遺儀南宮故事畫地成圖抵

掌可述豈直鼯鼠有必對之辨竹書無落簡之謬陳
坐鎮雅俗引益已多僧儒訪對不休質疑斯在並東
序之秘寶瑚璉之茂器誠言以人廢而才實世資帝
乃以陳爲騎從事中郎僧儒爲尚書儀曹郎曲江公
遥欣與始安王遥光等參預政事凡所談薦皆得其
人縣是朝野輻湊軒蓋盈門
後魏高陽王雍宣武正始中詔百官各舉所知雍以
田曹參軍辛少雍爲舉首遷給事中侍郎
清河王懌舉李平行臺士兵郎楊固除部兵校尉領
汝南王悅郎中令尋加寧遠將軍時悅年少行多不

法肩近小人固上疏切諫並面陳往代諸王賢愚之
分以感動悅悅甚敬憚之懌大悅以爲舉得其人
臨淮王彧爲僕射表薦涿郡人祖鴻勛有文學宜試
以一官勑除奉朝請人謂之曰臨淮舉卿便以得調
竟不相謝恐非其義鴻勳曰爲國舉才臨淮之務祖
鴻勳何事從而謝之彧聞而喜曰吾得其人矣
彭城王勰宣武初爲司徒成滄爲羽林監領主客知
左右二都水事勰曰先帝奉本有成旨滄有歸國之
誠兼歷官署稱宜加優陟高祖顧命詔猶在耳乃相
聞選曹加滄右軍領左右都水仍主客令後授驍騎
將軍加輔國將軍都水主客如故勰又每稱尚書祠
部郎宋世景精幹尚書僕射才也
汝南王悅宣武時詔四門博士董徵教授徵自安州
刺史入爲司農少卿光祿大夫徵出州入卿匪唯學
業所致亦縣悅以其師資之義爲啓請焉
任城王澄臨薨啓諫議大夫張普惠爲尚書右丞靈
太后旣深悼覽啓從之
北齊任城王湝爲定州刺史嘗語李德林云竊聞蔽
賢蒙顯戮久令君沉滯吾獨得潤身朝廷縱不見尤
亦懼明靈所譴於是舉秀才李德林者文章學識固

不得言觀其風神器宇終爲棟梁之用至於經國大
體是賈生晁錯之儔彫虫小技殆相如子雲之輩今
雖唐虞君世俊乂盈朝然脩大廈者豈厭夫良材之
積也吾嘗見孔文舉薦禰衡表云洪水橫流帝思俾
乂以正平比夫大禹常謂擬宇宙非倫今以德林言
之便覺前言非大
後唐雍王重美爲河南尹時馬裔孫爲禮部侍郎翰
林學士清泰中藩邸舊臣韓昭裔房暠爲樞使劉延
朗李專美爲宣徽使河南尹雍王重美不平之密奏
日馬裔孫者只令視草恐未得宜帝然之故令掌貢

舉尋拜中書侍郎平章事

儉約

傳曰儉德之恭書曰祿不期侈皆先儒之丕訓方策之深戒也乃有體自玄極列於戚藩承慶靈之錫羨處富貴之極勢而能躬履素行志脩廉節循守法度辭尚華麗居官以清白處躬以簡儉去泰窒慾慎終如始斯固秉上智之質爲宗室之範者焉

後漢東海恭王彊光武子也彊深執儉謙及薨帝不欲厚葬以違其意詔曰王恭謙好禮以德自終遣送之物務從約省衣足斂形茅車瓦器物減於制以彰

王卓爾獨行之志

東海頃王肅彊之子也性謙儉循恭王法度

魏陳思王植武帝子也性簡易不治威儀輿馬服飾不尚華麗植之薨也遺令薄葬

中山恭王衮武帝子也黄初七年徙封濮陽太守和二年就國尚約儉敎勅妃妾紡績織紝習爲家人之事

晉高密文獻王泰宣帝弟也泰武帝時録尚書事性廉靜不近聲色雖爲宰輔食大國之服飾肴膳如布衣寒士

譙王承宣帝孫也元帝大興初爲輔國將軍領左軍將軍居官儉約家無別室及爲相州刺史湘土荒殘公私困弊承躬自儉約乘葦茭車而傾心綏撫甚有能名

宋臨川烈武王道規高祖少弟也道規無子以長沙景王第二子義慶爲嗣義慶性謙虚素寡嗜慾愛任歷藩無浮淫之過爲荊州刺史始至及去鎮迎送物並不受

衡陽王義季武帝子也爲荊州刺史先是臨川王義慶在任巴蜀亂擾師旅應接府庫空虚義季躬行節

儉畜財省用數年間還復充實徵爲都督南徐兖青冀幽六州諸軍事南兖州刺史登舟之日帷帳器服諸隨刺史者悉留之荊州以爲美談

建平王景素文帝孫也性甚儉素爲荊州時州有高齋刻檻柏構景素竟不處朝廷頒賜以甲第辭而不當兩宫所遺珍玩塵於笥篋食嘗不過一肉器用瓦素時有獻鏤玉器景素顧主簿何昌寓曰我持安所用哉乃謝而反之

南齊始興王鑑高帝子也爲益州刺史於州園地得古冢無復棺但有古摲銅器十餘種并古形玉璧三

枚珍寶甚多不可皆識金銀爲蚕蛇形者數十計又以朱沙爲阜水銀爲沼左右咸勸取鑑曰皇太子昔在雍有發古冢者得玉鏡玉屛風玉匣之屬皆將還都吾意甞不同乃遣功曹何佇爲之起墳諸寶物一不得犯性甚清在蜀積年未甞有所營造資用一歲不滿三萬王儉甞歎云始興王雖尊貴而行履都是素士

梁鄱陽王恢大祖子也時有進筒中者恢以奇貨異服飾命焚之

南康簡王績高祖子也寡玩好少嗜慾居無僕妾躬

事約儉所有租稅悉寄天府及薨後府有南康國無名錢數千萬

長沙王懿子藻爲益州刺史初鄧元起之在蜀也崇於聚歛財貨山積金玉珍帛爲一室名爲內藏綺縠錦羅爲一室號曰外府藻以外府賜將帥內藏歸王府不有私焉及還朝輕裝就路

始興王憺子曅甞乘折角牛轂木屐被服比於儒者名盛海內爲宗室推重

後魏任城王雲景穆子也廉謹自脩及薨令薄葬

廣陵王衍景穆孫也衍性清慎所在廉潔又不營產業亡日無歛屍具

京兆王曾孫琮爲太尉錄尚書事性清儉不營產業身化之日家無餘財

彭城王勰獻文子也清正儉素門無私謁

北齊彭城景思王浟高祖子也自定州刺史徵爲侍中人吏送別悲號有老翁數百人相率具饌曰自殿下至來五載人不識吏吏不欺人百姓有識已來始逢令化殿下唯飲此鄉水未食百姓食聊獻疏薄浟重其意爲食一口

蘭陵王長恭一名孝瓘文襄第四子也芒山之捷武

成賞其功命賈護爲買妾二十人惟受其一有千金責券臨死日盡燔之

後周代奰王達文帝子也雅好節儉食無兼膳侍姬不過數人皆衣綈衣又不營資產國無儲積左右甞以爲言達從容應之曰君子憂道不憂貧何須如此

隋蔡王智積高祖弟愸之子也初爲開府時延侍讀府佐於座所設唯餅果酒纔三酌家有妓女唯年節嘉慶奏於太妃之前其簡如此

唐鄭王元懿曾孫也勉爲太子太師率性素淡清廉簡易爲宗臣之表二字纘的皆廉介有節

頴王璬玄宗第十三子也爲蜀郡大都督璬性儉率將渡綿州江登舟見以綵緣蓆爲籍者顧曰此可以爲寢處柰何踐之命撤去之

嗣吳王巘建中貞元間爲道虔滁等州刺史入拜宗正卿歷官清白居處衣服不免風雨寒暑及卒家無斗儲公卿以下率歛以賻㐫

晉韓王暉爲曹州防禦使甚愛恤下不營財利不好妓樂部人安之

抑損

古者建國之制名山大澤不以封周室列爵惟五分

土爲三使上下相維其疆易制也漢興之初海內甫定鑒姒周夾輔之效徵亡秦孤立之失而子弟寡少並建不足大封同姓以鎮天下或夸州兼郡連城數十然而矯枉之道亦云過矣是以有莫大之患逆辭之萌小者驕佚越法大者偃強放命觸罪絕國勢使之然故賈誼之論鼂錯之議主父之策咸以救一時之弊自是之後寖以微弱當塗而下或以疏遠降其爵或以法制損其勢而強弱之道始終可究得失之理於是存焉

漢高祖時諸侯皆賦國所出有皆入于王也得自除內史以下漢獨爲置丞相黃金印諸侯自除御史廷尉正博士擬於天子自吳楚反後五宗三世漢爲置二千石去丞相曰相銀印諸侯獨得食租稅奪之權其後諸侯貧者或乘牛車也

武帝時主父偃說帝曰古者諸侯地不過百里彊弱之形易制今諸侯或連城數十地方千里緩則驕奢易爲淫亂急則助其彊而合從以逆京師今以法制割削則逆節萌起萌謂事之所生如草木之萌牙也前日鼂錯是也令諸侯子弟或十數而適嗣代立餘雖骨肉無尺地之封則仁孝之道不宣願陛下令諸侯得推恩分子

弟以地侯之彼人人喜得所願上以德施實分其國必稍自銷弱矣於是帝從其計令諸侯以私恩自裂地分其子弟而漢爲定制封號輒別屬漢郡漢有厚恩而諸侯地稍自分折弱初文帝末賈生之議分齊趙景帝用鼂錯之計削吳楚帝施主父之策下推恩之令使諸侯王得分戶邑以封子弟不行黜陟而藩國自折自比以來齊爲七謂齊城陽濟北濟南淄川膠西膠東也趙分爲六謂趙平原真定中山廣川河間也梁分爲五謂梁濟川濟東山陽濟陰也淮南分爲三謂淮南衡山廬江皇子始立者大國不過十餘城長沙燕代雖有舊名皆亡南北邊矣長沙之南更置郡燕代以北更置緣邊郡其所有饒利兵馬器械二国皆失之也景帝遭七國之變抑損諸侯減黜其官謂改丞相曰相省御史大夫廷尉少府宗正博士損大夫謁者諸官長丞宜等也武有衡山淮南之謀作左官之律人道上古今舍天子而仕諸侯故謂之左官也左官猶言左道也

皆僻左不正也漢時依上古法朝政之列以右爲尊故謂降秩爲左遷仕諸侯爲官也諸侯惟得衣食稅租不與政事衡山王賜所爲不法有司請逮治武帝不許爲置吏二百石以上漢儀注吏四百石已下自除國中令以王之惡天下皆爲置

後漢光武建武十三年二月詔曰長沙王興眞定王得河閒王邵中山王茂皆襲爵爲王不應經義以其表屬既疏不當襲爵爲王其以興爲臨湘侯臨湘縣今潭州長沙縣得爲眞定侯邵爲樂成侯樂成縣故城今在瀛州樂府縣北茂爲單父侯今宋州縣其宗室及絶國封侯者凡一百三十七人丁巳降趙王良爲趙公太原王章爲齊公魯王興爲魯公一云建武

十五年大將軍朱佑朝京師奏古者人臣受封不加王爵可改諸侯爲公帝卽施行

魏文帝黄初五年詔曰先王建國隨時而制漢祖增秦所置郡至光武以天下損耗并省郡縣以今比之益不及焉其改封侯王皆爲縣王時法制待藩國既峻追寮屬皆價豎不才兵人給其殘老大數不過二百人

陳思王植初封東阿王時大發士息及諸國士植以近前諸國士息已見發其遺孤稚弱在者無幾而復被取乃上書曰臣聞古者聖君與日月齊其明四時等其信是以戮凶無重賞善無輕怒若驚霆喜若時雨恩不中絶教無二可以此臨朝則臣下知所死矣受任在萬里之外審主之所以受官必已之所以授命雖有構會之徒泊然不以爲懼者蓋君臣相信之明效也昔章子爲齊將人有告之反者威王曰不然左右曰王何以明之王曰聞章子葬改死母彼尚不欺死父顧當叛生君乎此君之信臣也昔管仲親射桓公後幽囚從魯檻車載使少年挽而送齊管仲知桓公之必用已懼魯之悔謂少年曰吾爲汝唱汝爲和聲和聲宜走於是管仲唱之少年走而和之日行數百里宿昔而至至則齊相此臣之信君也臣初授

封策書曰植受茲青社封于東土以屛翰皇家爲魏藩輔而所得兵百五十人皆年在耳順或不踰矩虎賁官騎及親事凡二百餘人正復不老皆使年壯備有不虞檢校乘城顧不足以自救况皆復耄耋罷瘵乎而名爲魏東藩使屛翰王室臣竊自羞矣就之諸國國有士子合不過五百人伏以爲三軍益損不復賴此外方不定必當須辨者臣願將部曲倍道奔赴夫妻負襁子弟懷糧蹈鋒履刃以狥國難何但習小榮兒哉愚誠以揮涕增河鼷鼠飲海於朝萬無損益於臣家計甚有廢損又臣士息前後三送兼人已竭

惟尚有小兒七八歲巳上十六七巳還三十餘人今
部曲皆年耆卧在床蓐非糜不食眼不能視氣息裁
屬凡三十七人疲瘵風靡疣盲聾瞶者二十三人惟
正湏此小兒大者可備宿衛雖不足以禦寇粗可以
警小者未堪大使爲可使耘鉏穢草驅護鳥雀
休候人則一事廢一日亂則衆業散不親自經營則
功不攝常自躬親不委下吏而巳陛下聖仁恩許三
至士子給國長不復發明詔之下有若皎日保金石
之恩必明神之信晝然自固如天如地定習業者並
復見送晻若晝晦悵然失圖伏以爲陛下既爵臣百

寮之右居藩國之任爲置卿士屋名爲宫冢名爲陵
不使其危居獨立無異於凡庶若栢成欣於野畊子
仲樂於灌園蓬戶茅牖原憲之宅也陋巷簞瓢顏子
之居也臣才不見效常用慨然執斯志焉若陛下聽
臣悉還部曲罷官屬省監官使解璽釋紱追伯成子
仲之業營顏淵原憲之事居子臧之廬宅延陵之室
如此雖進無成功退有可守身死之日猶松喬也然
伏度國朝終未肯聽臣之若是固當羈絆於世繩維
繫於祿位懷屑屑之小憂執無巳之百念安得蕩然
肆志逍遥於宇宙之外此願未從陛下必欲崇親親

骨肉潤白骨而榮枯木者惟遂仁德以副前恩詔皆
遂還之

宋孝武以南郡王義宣亂逆鑒於强盛欲削王侯江
夏王義恭希旨請省録尚書上從之又與驃騎大將
軍竟陵王誕奏陳貶損之格九條中外詳議於是有
司奏九條之格猶有未盡更加附益凡二十四條大
抵廳事不得南向施坐帳國官正冬不得跣登國殿
公主妃傳令不得朱服輿不得撊鄣扇不得雉尾劍
不得鹿盧形塑毦不得孔雀白氅夾轂隊不得絳襖
平但乘馬不得過二疋胡伎不得綵衣舞伎正冬著

桂衣不得裝面諸妃子不得着緄帶信幡非臺省官
悉用絳郡縣內史相及封內長官於其封君罷官則
不復追敬不稱臣諸鎮嘗行車前不得過六隊刀不
得銀銅飾諸王女封縣主諸王子孫襲封王之妃及
封侯者夫人並行不得鹵薄諸王子繼體爲王者婚
葬吉凶悉依諸國公侯之禮不得同皇弟皇子車頭
作露平形不得擬象龍舟詔可

後魏孝文太和六年春正月乙丑制諸遠屬非太祖
子孫及異姓爲王皆降爲公公爲侯侯爲伯子男仍
舊皆除將軍之號

唐高祖受禪以天下未定廣封宗室以威天下皇從弟及姪年始孩童者數十人皆封爲郡王太宗卽位因舉宗正屬籍問侍臣曰遍封宗子於天下便乎尚書右僕射封德彝對曰歷觀往古封王者今㝡爲多兩漢已降唯封帝子及親兄弟若宗室踈遠者非有大功如周之郇滕漢之賈澤並不得濫封所以别親踈也先朝敦睦九族一切封王爵命旣隆多給力役蓋以天下爲私殊非至公馭物之道太宗曰朕理天下本爲百姓非欲勞百姓以養已之親也於是宗室率以屬踈降爲郡公唯有功者數十人封王

後唐末帝清泰元年皇子河南尹重美表前壽安令賈譚添民戶希别授官中書門下奏親王無薦士例帝曰有例亦不可況無例乎

好尚

禮曰天命之謂性語曰性相近也習相遠也則知性有智愚習有善惡乃有荷茅土服膰之寄居藩屏夾輔之尊純懿內融清明外發冲虛自守味老氏之玄言空寂爲心洞金仙之妙理嗜偏伍之向背窮韜略之幽微或求訪圖書或繕完器玩搜奇採異適意忘勞雖趣向不同同歸於善乃流濕就燥之義豈好非素之僻也

漢陽城侯德少脩黃老術嘗持老子知足之計

廣川王去景帝孫也其殿門有成慶畫短衣大絝長劍（成慶荆軻也衛又謂之慶卿燕人謂之荆卿又成慶古之勇士事見淮南子）去好之作七尺五寸劍被服皆効焉

後漢楚王喜黃老學浮屠齋戒祭祀

宋臨川王義慶受任歷藩無浮淫之過唯晚節奉養沙門頗致費損

南齊竟陵王子良爲會稽太守郡閣下有虞翻舊床罷任還乃致以歸後於西邸起古齋多聚古人器服

以充之子良好釋氏敬信尤篤數於邸園營齋戒大集朝臣衆僧至賦食行水或躬親其事又招致名僧講語佛法造經唄新聲道俗之盛江左未有也

衡陽王鈞居身清率言未及時會稽孔珪家起園列植桐柳多構山泉殆窮精趣鈞往遊之珪曰殿下處朱門遊紫闥詎得山人交邪答曰身處朱門而情遊江海形入紫闥而意在青雲珪大笑之吳郡張融清抗絶俗雖王公貴人視之傲如也唯雅重鈞謂從兄緒曰衡陽王飄飄有凌雲氣其風雲素韻彌足可懷融與之遊不知老之將至見賞如此

終

梁南平王偉文帝子齊世淸溪宮改爲芳林苑天監初賜偉爲第偉又加穿築果木珍奇窮極雕靡有侔造化立游客省寒暑得宜冬有籠爐夏設飲扇每與賓客遊其中命從事中郎蕭子範爲之記梁藩邸之盛無過焉偉晚年崇信佛理尤精玄學著二旨義別爲新通又制情性幾神等論義僧寵及周捨殷鈞陸倕並名精解而不能屈

長沙嗣王業性敦篤所在留惠深信因果篤誠佛法高祖每嘉歎之

後魏京兆王愉崇信佛道用度嘗至不接

京兆王太興嘗遇患請諸沙門行道所有資財一時布施乞求病愈名曰散生齋及齋後僧皆四散有一沙門言云乞齋餘食太興戲之曰齋食既盡唯有酒肉沙門曰亦能食之因出酒一斗羊脚一隻食盡猶言不飽及辭出後酒肉俱在出門追之無所見太興遂佛前乞願向者之師當非俗人若此病得差即捨王爵入道未幾便愈遂請爲沙門表十餘乃見許時孝文南討左軍詔皇太子於四月八日爲之下髮施帛二千疋既爲沙門更名僧懿居嵩山

後周長樂侯寔年數歲便累石爲營折草作旌旗布置行伍皆有軍陣之勢及長好讀兵書

隋秦王俊仁恕慈愛崇敬佛道請爲沙門不許

唐韓王元嘉少好學聚書至萬卷又搜採碑文古跡得異本

舒王元名爲石州刺史何二十年高潔賞玩林泉有塵外之意

岐王範多聚書畫古跡爲時所重

冊府元龜

巡按福建監察御史臣李嗣京訂正
知甌寧縣事臣孫以敬參閱
知建陽縣事臣黄國琦較釋

宗室部三十三

退讓　專政

退讓

易曰卑而不可踰書美群后德讓葢讓之爲德也其至矣哉矧乃聯華帝胄厠於藩戚而能識知退之理践崇讓之言思害盈福謙之誡杜過制失軌之漸是

之謂令德也三代以上靡得而記漢室而下訖與隋唐乃有固守謙退不求聞達遯畏盛滿捨去權寵或稱疾以求奉祀或辭賞以懼公議或頓寢姝禮以申素志或表讓兵政以授能者或退身以弭天變或推功以避封爵斯皆深達損益之理能守止足之訓葢富而無驕寵而能降者素士之所難也矧於公族乎斯足以稱賢矣

漢楚元王孫辟彊武帝時隨二千石論議冠諸宗室清靜少欲不肯仕

後漢順陽懐侯嘉光武族兄也建武三年從劉雒陽從征伐拜爲千乘太守六年病上書乞骸骨徵詣京師

城陽王祉光武族兄春陵康侯敞之子也建武十一年祉疾病上城陽王璽綬願以列侯奉先祭祀帝自臨其疾

東海恭王彊光武子也建武二十年帝優以大封兼食魯郡合二十九縣賜虎賁旄頭宮殿設鍾虡之懸擬於乘輿彊臨之國數上書讓還東海又因皇太子固辭帝不許深嘉歎之

東平王蒼光武子也爲驃騎將軍位在三公上永平

四年蒼以在朝數載多所隆益而自以至親輔政聲望日重意不自安上疏歸職曰臣蒼疲駑特爲陛下慈恩覆護在家備教道之仁升朝蒙爵命之首制書褒美班之四海舉負薪之才（負薪喻小人）并君子之罷凡匹夫一介尚不忘簞食（簞竹器也圓曰簞方曰笥）之惠況臣居宰相之位同氣之親哉宜當暴骸骨爲百僚先而愚頑之質加以固病誠羞負乘辱汙輔將之位將被詩人三百赤紱之刺（赤紱大夫之服）令方域晏然要荒無儆將遵上德無爲之時也文官猶可并省武職尤不宜建昔象封有庳不任以政誠由愛深不忍揚其過惡前事

之不忘來事之師也自漢興以來宗室子弟無得在公卿位者惟陛下審覽虞帝優養毋弟遵承舊典終卒厚恩乞上驃騎將軍印綬退就藩國願蒙哀憐帝優詔不聽其後數陳乞辭甚懇切五年乃許還國而不聽上將軍印綬章帝建初六年詔沛濟南東平中山四王贊皆勿名蒼既至升殿乃拜天子親荅之其後諸王入宮輒以輦迎至省閤乃下蒼以受恩過禮情不自寧上疏辭曰臣聞貴有常尊賤有等威卑高列序上下以理陛下至德廣施慈愛骨肉既賜奉朝請咫尺天儀而親屈至尊降禮下臣每賜讌見輒興

席改容中宮親拜事過典故臣惶怖戰慄誠不自安每會見踧踖無所措置此非所以章示群下安臣子也帝省奏歎息愈褒賞焉

晉齊獻王攸武帝子也帝詔曰諸藩王令自選國內長吏攸奏議曰昔聖王封建萬國以親諸侯軌迹相承莫之能改誠以君不世居則人心偷幸人無常主則風俗爲薄是以先帝深覽經遠之統思復先哲之軌分土畫疆建爵五等或以進德或以酬功伏惟陛下應期創業樹建親戚聽使藩國自除長吏而今草創制度初立雖庸蜀順軌吳猶未賓宜俟清泰乃議復古之制書比三上輒報不許其後國相上長吏缺典書令請求差選攸下令曰忝受恩禮不稱惟憂至於官人敘才皆朝廷之事非國所宜裁也其令自上請之時王家人衣食皆出御府攸表租秩足以自供求絕之前後十餘上帝不許

會稽文孝王道子簡文子也孝武太元初拜散騎常侍中軍將軍進驃騎將軍後公卿奏道子親賢莫二宜正位司徒固讓不拜使錄尚書六條事尋加開府領司徒及謝安薨詔曰新喪哲輔華戎未一自非明賢懋德莫能綏御內外司徒瑯琊王道子體道自然

神識穎遠寔當旦奭之重宜摠二南之任可領揚州刺史錄尚書假節都督中外諸軍事衛府文武一以配驃騎府讓不受數年領徐州刺史太子太傅公卿又奏宜進位丞相揚州牧假黃鉞羽葆鼓吹並讓不受及恭帝爲瑯琊王道子受封會稽國并宣城爲五萬九千戶安帝踐阼有司奏道子宜進位太傅揚州牧中書監假黃鉞備殊禮固讓不拜又解徐州詔內外衆事動靜諮之帝既冠道子稽首歸政王國寶始摠國權勢傾朝廷王恭乃舉兵討之道子收國寶斬之乃乞解中外都督錄尚書以謝方岳詔不許

武陵威王晞孝武帝子初豫帝時爲太宰海西公太
和初加羽葆鼓吹入朝不趨贊拜不名劍履上殿皆
固讓
宋臨川烈武王道規高祖少弟也爲輔國將軍以義
勳遷使持節都督荆寧秦梁雍司州之河南六州軍
事領護南蠻校尉荆州刺史道規辭南蠻以授殷叔
文
臨川王義慶道規子也元嘉中爲丹陽尹加右僕射
會太白犯左執法義慶懼有災禍乞求外鎮文帝詔
譬之曰玄象茫昧旣難可了且史家諸占各有異兵

星王時有所干犯乃桓玄當誅以此言之益無懼也
鄭僕射亡後左執法嘗有變王光祿至今平安日蝕
三朝天下之至忌晉孝武初有此異彼庸主耳猶竟
無他天道輔仁福善謂不足横生憂懼也與後軍各
受內外之任本以維城表裏經之盛衰此懷實有由
來天必降災寧可千里逃避耶非達者之事又不知
吉凶定所若在都則有不測去此必保利貞者豈敢
苟違耶義慶固求解僕射乃許之加中書令進號前
軍嘗侍尹如故
江夏文獻王義恭武帝子也武帝即位授持節都督
楊州南徐二州諸軍事孝建元年十一月遷鎮京口
二年春督東南兖二州徵爲揚州刺史加入朝不趨
贊拜不名劍履上殿義恭固辭殊禮又解持節都督
南譙王義宣武帝子也文帝時爲中軍將軍揚州刺
史值元凶弑立孝武入討義宣遣參軍徐遺寶率衆
三千助爲前鋒孝武即位以義宣爲中書監都督揚
豫二州丞相錄尚書六條事改封南郡王進諡義宣
所生爲獻太妃封次子宜陽侯愷爲南譙王食邑千
戶義宣固辭內任及愷王爵於是改授都督荆湘雍
益梁寧南秦八州諸軍荆湘二州刺史持節侍中丞

相如故降愷爲宜陽縣王
南平穆王鑠文帝第四子也元嘉二十六年進號平
西將軍讓不拜
始安王休仁文帝第十二子明帝即位爲揚州刺史
時諸方逆命休仁督征討諸軍事中流平定休仁之
力也乃增休仁邑四千戶固辭乃受千戶上流雖平
薛安都據彭城招引後魏復都督北討諸軍事又增
食邑三千戶不受
南齊豫章王嶷太子第二子也武帝永明元年領太
子太傅解中書監手啓帝曰陛下以叡孝纂業萬寓

維新諸弟有序臣屢荷隆愛叨授台首不敢固辭俛
仰秪寵心魂如失負重量力古今同規臣窮生如浮
質操空素任居鼎石已移氣序自頃以來宿疾稍纏
心慮恍忽表於容狀視此根體當恐命不勝恩加以
星緯屢見災祥雖脩短有命能不耿介此心欲從俗
啓解今職但歷辭為鄙或貽物誚所以息意緘默一
委時運而可復加寵榮增其顛墜且儲傳之重實非
常選遂使太子見臣必束帶宮臣皆再拜二三之宜
何以當此臣近亦侍言太子告意子良且因王儉申
啓未知粗上聞否福慶方隆國祚永始若天假臣年

得預人伍唯當請降貂璫以餙微軀永侍天顏以惟
畢世此臣之願也服之不衷猶為身災況寵爵乎殊
榮厚恩必誓以命請帝答曰事中恐不得從所陳三
年文惠太子講孝經畢求解太傅不許皇孫婚竟又
陳解詔曰公惟德惟行無所厝辭且眷且衛其誰與
二方式範當時流聲史籍豈容屢秉撝謙以乖期寄
嶷嘗慮盛滿又因宴言求解揚州授竟陵王子良帝
終不許曰畢汝一世無所多言嶷自以地位隆重深
懷退讓比宅舊有園田之美乃盛脩理之七年啓求
還第帝令世子蕪代鎮東府嶷進位太司馬八年給

早輪車尋加中書監固辭
梁臨川靖惠王宏太祖第六子也宏有七子正義正
德正則正立正表正信世子正仁為吳興太守有治
能天監十年卒謚曰哀世子無子高祖詔羅平侯正
立為世子由宏意也宏薨正立表讓正義為嗣高祖
嘉而許之封正立千戶侯正意先封平樂侯正德西
豐侯正則樂山侯正立羅平侯正表封山侯正信封
化侯
長沙元王弟藻文帝孫也武帝天監十年自南瑯琊
太守入為侍中藻性謙退不求聞達後出為丹陽尹

太通六年入為尚書左僕射加侍中藻固辭不就詔
不許
後魏武昌簡王平原道武子河南王曜之孫也平原
有五子長子和為沙門捨其子顯以爵讓其次弟鑒
固辭詔許其身鑒終之後令顯襲爵鑒乃受之
京兆王繼道武曾孫南平王霄第二子也以藩王宿
官舊貴孝文時歷內外顯任意遇已隆靈太后臨朝
入居心膂兼處門下歷轉台司繼子叉居權重榮赫
一世繼頻表遜位乞以司徒授崔光詔遣侍中安豐
王延明給事中黃門侍郎盧同敦勸繼又啓固讓轉

太保侍中如故加後部鼓吹頻表陳辭不許又轉太傅侍中如故頻讓不許又遣敦使勸乃受之靈太后臨朝除特進驃騎將軍侍中領軍如故繼頻表固讓許之及門下八坐奏追論繼太和中慰諭高車安輯四鎮之勲增邑一千五百戸繼又上表陳讓詔聽減五百

城陽王壽景穆之子也壽子徽後爲吏部尚書加侍中征東將軍遷武衛將軍右光祿大夫拜尚書左僕射轉車騎將軍儀同三司固辭不拜聽解侍中然後受詔後以從莊帝北巡之功除侍中太司馬太尉公邑

二萬戸徽表辭官封前後屢上又啓云河上之功將士之力求廻所加授諸勲義徽爲莊帝親侍內懼爾朱榮等故有此辭以防外議莊帝識其誠心聽其辭封不許讓官

彭城王勰獻文子也孝文時爲中書監侍中孝文南討漢陽假勰中軍太將軍加鼓吹一部勰以寵授頻煩乃面陳曰臣聞兼親疎而兩並異同而建此旣成文於昔臣願誦之於後陳思求而不允愚臣不請而得豈但今古云殊遇否太異非徒曹植遠羨於臣是亦陛下賤魏文而不顧帝大笑執勰手曰二曹才名相忌吾與汝以道德相親緣此而言無慙前烈汝但克己復禮更何多及又從孝文征沔北及車駕還京行飲至策勲之禮增邑一千戸勰辭曰臣受遇緣親榮枯事等以此獲賞深乖情願乞追成旨用息謗言詔以勰爲司徒太子太傅

高陽王雍獻文子也靈太后時鎮司州牧詔雍乘步挽出入掖門又以本官錄尚書事雍頻表辭遜優答不許詔侍中敦諭

廣陵王羽獻文子也領廷尉卿車駕南討命羽留守羽表辭廷尉不許

趙郡王幹獻文子也幹子謐爲鴻臚少卿遷後將軍泗州刺史固辭不拜後以親例封上蔡縣開國公食四百戸讓而不受

後周齊王憲太祖第五子高祖時累有戰功自以威名日重潛思屏退及帝欲親征北蕃乃辭之以疾帝變色曰汝若憚行誰爲吾使憲懼曰臣陪奉鑾輿誠爲本願但身嬰疹疾不堪領兵帝許之

隋觀德王雄高祖族子也初改封安德王歲餘授懷州刺史尋拜京兆尹帝親征吐谷渾詔雄總督澆河道諸軍及還改封觀德王上表讓曰臣早逢興運預

班未屬有命有時藉風雲之會無才無德濫公卿之首蒙先皇不次之賞荷陛下非分之恩久忝台槐常慮盈滿豈可仍叨匪服重竊鴻名臣實面墻敢緣往例臣誠昧寵支懼身責昔劉賈封王豈備二階之任曹洪上將寧越丑等之爵況臣忝章踰於帝子京尹亞於皇枝錫土列藩紐金開國於臣何以自處在物謂其乖分是以露款執愚斷恩固守伏願陛下曲賜睿炤特鑒丹誠頻觸宸嚴伏增流汗優詔不許

唐宋王成器睿宗子也玄宗先天初進位太尉成器固辭太尉之命帝嘉其意許之制曰宋王成器温良

恭儉明允篤誠朕之元昆人之師表間者暴膺虛位台陛儀能堅守讓詞願務成命宜聯華於補職更參議於論道可開府儀同三司開元十四年兼太常卿成器又上言曰臣聞選賢任職量能授官苟非其才坐貽厥咎臣本還劣累忝榮任叨居禮樂之司實乖河海之任吹庭鍾皷克諧謝於昔人疎略咸儀爲政慙於往哲僶俛從事于茲六年詩稱素餐於是乎在伏惟開元神武皇帝陛下繼業昭暢仁化清和乘暇奏薰風之琴追賞聚雲和之曲典章斯備雅亮攸歸遠美咸英獨冠區宇臣幸膺國戚久亞台陛兼管寺卿實黷朝憲惡盈之誡列在前經過寵之談復聞斯日願矜其庸昧授以良能人無異言官無曠位伏使晨趨北闕奉漢幄之龍顔夕赴西園飛魏庭之華蓋則臣之願畢矣聖主之恩深矣不任悚望懇勤之至謹詣朝堂奉表陳讓以聞帝覽表重違其意手詔曰開府儀同三司兼太常卿寧王憲秉德夷遠體道淳深頃以茂親典司宗社禮經之文既備鍾律之度已和成而不居謙以自牧固辭兼領情所重違宜遂雅懷俾停劇務

專政

夫竝建周親藩屏王室所以深根固本爲不可拔者也故詩曰太宗維翰又曰懷德維寧是以內有骨肉之親外有藩翼之衛強弱相制枝葉相持此周漢所以爲得也吳晉之後法制過差始以親親假其勢位終以驕蹇覦乎威福或本根之莫庇或干戈之日尋小者踰越法度大者傾敗邦政斯所謂寵之適所以禍之也得失之際可不鑒哉是以著其始終盛衰之變以存歷代之戒哉

魏曹爽太祖族子眞之子也爲大將軍假節鉞都督中外諸軍事録尚書事封武安侯邑萬二千戶賜劍

履上殿入朝不趨贊拜不名丁謐畫策使爽白天子發詔轉宣王爲太傅外以名號尊之內欲令尚書奏事先來由巳得制其輕重也

吳孫峻大帝末爲侍中受輔政領武衛將軍旣誅諸葛恪遷吳丞相大將軍督中外諸軍事初群臣上奏共推峻爲太尉議滕胤爲司徒時有媚峻者以爲大統宜在公族若滕胤爲亞公聲名素重衆心所附不可貳也乃表以峻爲丞相又不置御史大夫士人皆失望矣

孫綝廢帝時自偏將軍代孫峻爲侍中武衛將軍領

中外諸軍事知朝政景帝時綝一門五侯皆典禁兵權傾人主自吳國朝臣未嘗有也

晉趙王倫旣誅賈后遂爲使持節大都督中外諸軍事相國侍中一依宣文輔魏故事百官總巳聽於倫

齊王冏旣誅趙王倫因留輔政坐拜百官符勑臺府淫醟專驕不一朝覲此狂恣不肅之容也天下莫不高其功而處其亡也冏終弗改遂至夷滅

成都王穎爲太尉大將軍都督中外諸軍假節加黃鉞錄尚書事鎭業及齊王冏之敗頗遙執朝政事無巨細皆就鄴諮之

東安王繇旣誅楊駿後專斷刑賞威震內外

會稽王道子爲錄尚書都督中外諸軍事世子元顯時年十六爲侍中心惡王恭請道子討之乃拜元顯爲征虜將軍其先衛府及徐州文武悉配之于時王恭威鎭內外道子甚懼復引譙王尚之以爲腹心尚之說道子曰藩伯彊盛宰相權輕宜密樹置以自藩衛道子深以爲然乃以其司馬王愉爲江州刺史以備恭與尚之等日夜謀議以伺四方之隙王恭知之復舉兵以討尚之爲名荆州刺史殷仲堪豫州刺史庾楷廣州刺史桓玄竝應之道子使人說楷曰本情

相與可謂斷金往年帳中之飲結帶之言寧可忘邪卿今棄舊交結新援忘王恭疇昔陵傷之恥乎若乃欲委體而臣之若恭得志以卿爲反覆之人必不相信何富貴可保禍敗亦旋及矣楷怒曰王恭昔赴山陵相王憂懼無計我知事急即勒兵而至去年之事亦俟命而奮我事相王無相負者旣不距恭反殺國寶自爾巳來誰復敢攘袂於君之事乎庾楷實不能以白口助人屠滅當與天下同舉誅鉏姦臣何憂府不開爵不至乎時楷巳應恭檄正徵士馬信反朝廷憂懼於是內外戒嚴元顯攘袂慷慨謂道子曰去年

不討王恭致有今後若夫從其欲則太宰之禍至矣
道子日飲醇酒而委事於元顯元顯雖年少而聰明
多涉志氣果銳以安危爲巳任尚之爲之羽翼時相
傅會者皆謂元顯有明帝神武之風於是以爲征討
都督假節統前將軍王珣左將軍謝琰及將軍桓之
才毛泰高素等伐恭滅之旣而楊佺期桓玄殷仲堪
等復至石頭元顯於竹里馳還京師遣丹陽尹王愷
鄱陽太守桓放之新蔡內史何嗣頴川太守溫詳新
安太守孫泰等發泉邑士庶數萬人據石頭以拒之
道子將出頓中堂忽有驚馬蹂籍軍中因而擾亂赴

江而死者甚衆仲堪旣知王恭敗死狼狽西走與桓
玄屯于潯陽朝廷嚴兵相距內外騷然詔元顯甲仗
百人入殿尋加散騎常侍中書令又領軍持節都督
如故會道子有疾加以昏醟元顯知朝望去之謀奪
其權諷天子解道子楊州司徒而道子不之覺元顯
自以少年頓居權重慮有譏議於是以瑯琊王領司
徒元顯自爲楊州刺史旣而道子酒醒方知去職於
是大怒而無如之何廬江太守會稽張法順以刀筆
之材爲元顯謀主交結朋援多樹親黨自桓謙以下
諸貴遊皆斂衽請交元顯性苛刻生殺自巳法順屢
諫不納又發東土諸郡免奴爲客者號曰樂屬移置
京師以充兵役東土囂然人不堪命天下苦之矣旣
而孫恩乘釁作亂加道子黃鉞元顯爲中軍以討之
又加元顯錄尚書事然道子爲長夜之飲政無大小
一委元顯道子爲東錄元顯爲西錄西府車騎塡湊
東第門下可設雀羅矣元顯無良師友正言弗聞諂
譽日至或以爲一時英傑或謂爲風流名士由是自
謂無敵天下故驕侈日增帝又以元顯有翼亮之功
加其所生母劉氏爲會稽王夫人金章紫綬會雒陽
覆沒道子以山陵幽辱上疏送章綬請歸藩不許及

太皇太后崩詔道子乘輿入殿元顯因諷禮官下議
稱巳德隆望重旣錄百揆內外群僚皆應盡敬於是
公卿皆拜于時軍旅薦興國用虛竭自司徒巳下日
廩七升而元顯聚斂不巳富過帝室及謝琰爲孫恩
所害元顯求領徐州刺史加侍中後將軍開府儀同
三司都督十六州諸軍封其子彥璋爲東海王尋以
星變元顯解錄復加尚書令會孫恩至京口元顯柵
斷石頭率兵距戰頻不利道子無佗謀略唯日禱蔣
侯廟爲厭勝之術旣而孫恩遁于北海桓玄復
據上流致牋於道子曰賊造近郊以風不得進以雨

不致火食盡故去耳非力屈也昔國寳卒後王恭不乘此威入統朝政足見其心非侮於明公也而謂之非忠今之貴要腹心有時流清望者誰乎豈可云無佳勝直是不能信之耳用理之人然後可以信義相期求利之徒豈有所惜而更委信邪爾求一朝一夕遂成今日之禍矣阿衡之重言何容易求福則立至於忤或致禍在朝君子豈有不懷但懼害及身耳玄叅任在遠是以披寫事實元顯覽而大懼張法順謂之曰桓玄承藉門資素有豪氣旣并殷楊專有荆楚然桓氏世在西籓人或爲用而第下之所控引正三

吳耳孫恩爲亂東土塗地編戶饑饉公私不贍玄必乘此縱其奸兇竊用憂之元顯曰爲之柰何法順曰玄始據荆州人情未輯方就綏撫未遑佗計及其如此發兵誅之使劉牢之爲前鋒而第下以大軍繼進桓玄之首必懸於麾下矣元顯以爲然遣法順至京口謀於牢之而牢之有難色法順還說元顯曰牢之言色必二於我未若召入殺之不爾敗人大事元顯不從道子尋拜侍中大傅置左右長史司馬從事中郎四人崇異之儀備盡盛典其驃騎將軍僚佐文武即配太傅府加元顯侍中驃騎大將軍開府征討大都督十八州諸軍事儀同三司加黃鉞班劍二十人以伐桓玄竟以牢之爲前鋒法順又言元顯曰自舉大事未有威斷桓謙兄弟每爲上流耳目斬之以孤荆楚之望且事之濟不繼在前軍而牢之反覆萬一有變則禍敗立至可令牢之殺謙兄弟以示不貳若不受命當逆爲其所元顯曰非牢之無以當桓玄且始事而誅大將人情必動二三不可于時楊土饑虛運漕不繼玄斷江路商旅遂絶於是公私匱乏士卒唯給桴橡大軍將發玄從兄驃騎長史石生馳使告玄玄進次尋陽傳檄京師狀罪元顯俄而玄至西陽

帝戎服餞元顯于西池始登舟而玄至新亭元顯棄船退屯國子學堂明日列陣於宣陽門外元顯佐吏多散走或言巳至大桁劉牢之遂降于玄元顯迴入宣陽門牢之參軍張暢之率衆逐之衆潰元顯奔入相府唯張法順隨之問計於道子道子對之泣玄遣大從事中郎毛泰收元顯送於新亭縛於船前而數之元顯荅曰爲王誕張法順所誤于是送付廷尉幷其六子皆害之玄又奏道子酣縱不孝當棄市詔徙安成郡使御史杜竹林防衛竟承玄旨酖殺之時年三十九帝三日哭於西堂

宋彭城王義康爲侍中都督南徐兗三州諸軍事司徒録尚書事南徐州刺史與揚州刺史王弘共輔朝政弘旣多疾且毎事推讓自是內外衆務一斷之義康性好吏職鋭意文案旣專總朝權事决自巳生殺天事以録命斷之凡事陳奏無不可方伯巳下竝委義康授用由是朝野輻湊勢傾天下

後魏元義江陽王繼之第二子靈太后臨朝以義妹夫累遷侍中領軍旣在門下兼總禁兵深爲靈太后所信委及清河王懌被殺與高陽王雍共輔政常直禁中孝明呼爲姨夫自後專綜機要巨細决之威震

於內外百僚重跡

後周晉公宇文護文帝之兄子也爲大冢宰武帝立百官摠於護自文帝爲丞相立左右十二軍摠屬相府後皆受護處分凡所徵發非護不行護屯兵禁衛盛於宮闕事無巨細皆先斷後聞

冊府元龜

巡按福建監察御史臣李嗣京　訂正
新建縣舉人臣戴國士叅閱
知建陽縣事臣黃國琦較釋

宗室部三十四

復爵

自周成以來並建懿戚大啓土宇所以彊幹弱枝傳祚遐世顧豈欲絶之者哉其或反道敗德弗率王庭作威弛禁侵害吏治則削而黜之用殄厥世斯蓋不得已而爲之也然後推敦族之恩申循宥之典赦其

罪戾還其璽綬或則加禮謚於旣沒復爵土於嗣子俾宗祊無損邦畿如舊霈然渥縟與之更始亦有被誣見疑非辜遘禍率用追復以申其冤斯皆厚親親之仁成元宗之美也

漢淮南王長高祖少子以謀反遷蜀道死民有作歌歌淮南王曰一尺布尚可縫一斗粟尚可舂兄弟二人不相容（一尺布可縫而共衣一斗粟可舂而共食况以天下之廣而不相容也）文帝聞之曰昔堯舜放逐骨肉周公殺管蔡（鯀及共工皆堯舜之同姓皆云骨肉）天下稱聖不以私害公天下豈以爲我貪淮南地邪迺徙城陽王王淮南故地而追尊淮南王爲厲王置園如諸侯儀

後漢楚王英以逆謀廢徙丹陽涇縣明年至丹陽自殺詔遣光祿大夫持節弔祠賻賜如法家賜列侯印綬以諸侯禮葬於荊元和三年又遣謁者備王官屬迎英喪改葬彭城加王赤綬羽蓋華藻如嗣王儀追爵謚曰楚厲侯

阜陵王延以逆謀貶爵爲侯章帝行幸九江賜延書與車駕會壽春帝見延及妻子愍然傷之乃下詔曰昔周之爵封千有八百而姬姓居半者所以楨幹王室也朕南巡望淮海意在阜陵遂與侯相見侯志意

衰落形體非故瞻省懷感以悲今復侯爲阜陵王增封四縣并前爲五縣

齊王晃光武兄伯升曾孫晃與太姬宗更相誣告章和元年有司奏請免晃爵爲庶人徙丹徒帝不忍下詔貶晃爵爲蕪湖侯遣謁者收晃璽綬晃立十七年而降爵晃卒子無忌嗣帝以伯升首創大業而後嗣罪廢心嘗愍之時北海亦絶無後詔令復三國永元二年乃復封無忌爲齊王

勃海王悝謀爲不道有司請廢之桓帝不忍貶爲癭陶王食一縣悝後因中常侍王甫求復國許謝錢五

于萬桓帝遺詔復爲渤海王
魏巳氏公琮坐於中上方作禁物貶爵都鄉侯明帝景初三年復巳氏公
吳齊王奮廢帝徙後廢帝太平三年封爲章安侯詔曰齊王奮前坐殺吏廢庶人連有赦令獨不見原縱未宜復王何以不侯又諸孫兄弟作將列在江渚孤有兄獨爾云有司奏可就拜爲侯
晉高陽王睦宣帝之子也初封中山王坐誘遁亾貶封丹水縣侯太康初詔復爵有司奏封江陽王武帝曰睦退靜思愆改脩其德今有爵土不但以赦江陽

險遠其以高陽郡封之乃封爲高陽王
汝南王亮爲楚王瑋所害及瑋誅追復亮爵位喪葬之禮如安平獻王孚故事廟設軒懸之樂
汝南郡王羕汝南王亮之子永興初爲侍中以長沙王乂黨廢爲庶人惠帝還雒復羕封爲撫軍將軍又以汝南期思西陵益其國
齊王冏爲長沙王乂所害惠帝光熙初追冊曰咨故大司馬齊王冏昔以宗藩穆胥紹世緒于東國作翰許京允鎮靜我王室誕率義徒同盟觸澤克成元勳大濟潁東朕用應嘉茂績謂篤爾勞俾式先典以疇兹顯懿廓土殊分跨兼吳楚崇禮備物寵侔蕭霍庶憑翼戴之重永隆邦家之望而恭德不建取侮二方有司過舉致王于戮古人有言曰用其法猶思其人況王功濟朕身勳存社稷追惟旣往有悼於厥心哉今復王本封命嗣子還紹厥緒禮秩典度一如舊制使持節大鴻臚卽墓賜策祠以太牢魂而有靈祗奉朕命肆寧爾心嘉茲寵榮子超嗣爵永嘉中懷帝下詔重述冏倡義元勳還贈大司馬加侍中假節追謚
成都王穎旣死汲桑載穎棺於軍每事啓靈以行軍令桑敗棄棺於故井中穎故臣收之改葬於雒陽懷

帝加以縣王禮
東安王繇以專行誅賞兄澹因隙譖之汝南王亮惑其說免繇官以公就第坐有悖言廢徙帶方惠帝永康初徵繇復封後遭母喪在鄴勸成都王穎解兵爲穎所害永寧元年九月追復其爵
河間王顒安平獻王孚孫爲南陽王模使人拒殺之武帝咸和六年六月復顒爵位
棘陽王奇義陽王望孫望薨奇襲坐遣三部吏到交廣商貨爲有司所奏武帝太康九年詔貶爲三縱亭侯復立爲棘陽王

東萊王蕤齊王冏兄冏輔政蕤與左衛將軍王輿謀共廢冏事覺免爲庶人尋詔徙蕤上庸後封微陽侯上庸内史陳鍾承冏旨害蕤冏死詔誅鍾復蕤封改葬以王禮

吴王晏武帝子與兄淮南王允共攻趙王倫允敗倫貶晏爲賓徒縣王後徙封代王倫誅復本封

武陵王晞爲太宰爲桓温所忌温逼新蔡王晃自誣與晞及晞子綜等謀逆請誅之簡文帝不許温奏徙新安郡家悉徙之太原六年晞卒孝武帝三日臨于西堂詔曰感惟摧慟便奉迎靈柩幷改移妃應氏及

故世子梁王諸喪家屬悉還復下詔曰故前武陵王體自皇極尅巳思愆仰惟先朝仁宥之旨豈可情理靡寄其追封新寧郡王邑一千户十二年追復晞武陵國王

梁王緈晞子出繼梁王翔與父晞俱廢薨子龢嗣孝武太元中復國

宋廬陵王義真高祖子也少帝失德徐羡之等密謀廢立則次第應在義真以義真輕㤭不任主社稷因其與少帝不協乃奏廢爲庶人徙新安郡景平二年六月羡之等遣使殺於徙所文帝元嘉元年八月詔曰前廬陵王靈柩在遠國封墮替感惟摧慟情若貫割王體自天極地戚屬尊卑豈可令情禮永淪終始無寄可追復先封特遣奉迎幷孫脩華謝妃一時俱還言增摧哽三年正月誅徐羡之傅亮等是日詔曰故廬陵王含章履正英哲自然道心内昭徽風遐被遭時多難志立權逼天未悔禍運鍾屯險群凶肆醜專竊國柄禍心潛搆釁生不圖朕每永念讐耻含痛内結尊養奸慝情禮未申今王道旣平政刑始判宜昭國章於是乎在可追崇侍中大將軍王如故庶慰冤魂少申悲憤

江夏王義恭高祖子也爲前廢帝所害太宗定亂令書曰故中書監太宰領太尉録尚書事江夏王道性淵深睿鑒通遠樹聲列藩宣風鉉德位隆姬輔任屬負圖勤劳國家方熙託付之重盡心毗導永融雍穆之化而凶醜忌威奄加寃害夷戮有暴殯窆無聞憤逆幽明痛貫朝野朕蒙險在難含哀莫申幸賴宗社之靈克纂祈天之祚仰惟勳戚震慟厥心昔梁王徽庸轡驛備禮東平好善黄屋在御況公德猷弘懋彜典未殊者哉可追崇使持節侍中都督中外諸軍事丞相領太尉中書監録尚書事如故給九旒鸞輅虎

賁班劍百人前後部羽葆鼓吹轀輬車
安陸王勔江夏王義恭子爲元凶所害孝武大明二
年追封安陸王追謚宣王
贈江夏王伯禽亦義恭子也伯禽官輔國將軍爲前
廢帝所害謚曰哀世子又追贈江夏王改謚曰愍伯
始平王子鸞孝武之子孝武諸子多爲前廢帝所害
廢帝素疾子鸞有寵遣使賜死同生弟妹竝死及明
帝即位詔曰夫紓寃伸痛雖往必追緣情測愛感事
彌遠故使持節都督南徐州諸軍事撫軍南徐州刺
史新安王子鸞威表成器早延殊寵方樹実業克光

藩維而凶心肆忌奄罹横禍興言永傷有蕪嘗懷宜
旌天秀以雪沉魂可贈使持節侍中都督南徐兗二
州諸軍事司徒南徐州刺史王如故第二皇子子師
俱嬰謬酷有增酸悼子師復先封爲南海王竝加徽
謚
南齊明帝初輔政所誅諸王及即位後復屬籍籍各
封諸子爲侯梁長沙元王弟藻武帝普通三年遷領
軍將軍加侍中六年爲軍師將軍與西豐侯正德北
伐渦陽輒班師爲有司所奏免官削爵土七年起爲
宗正卿八年復封爵

臨賀王正德普通六年逃奔于魏七年又自魏逃歸
高祖不之過也復其封爵
後魏河間公齊太武時坐事免官爵後爲前將軍赴
仇池威震羌氐復賜爵河間公
襲江陽王繼爲青州刺史後入爲度支尚書繼在青
州之日民飢餒爲家僮取民女爲婦妾又以良人爲
婢爲御史所彈坐免官爵靈太后臨朝復繼尚書本
封
襲廣陽王淵爲葛榮所害莊帝追復王爵謚曰忠武
汝陰王天賜爲懷朔大將軍坐貪殘恕死削除官爵

卒孝文罷於思政觀贈本爵葬從王禮謚曰靈王
東平王匡爲度支尚書又爲宗正卿每有奏請尚書
令任城王澄時致執奪匡剛隘内遂不平澄因是奏
匡罪狀三十餘條廷尉處以死刑詔付八議特加原
宥削爵除官孝明孝昌初卒追復本爵改封濟南王
中山王英爲鎮南將軍行揚州梁遣將寇肥梁詔英
率衆討之英表云可尅後水盛英及諸將狼狽奔退
士衆沒者十五六有司奏英經筭失圖案劾處死詔
恕死爲民後復王封邑千戸
樂陵王思譽爲鎮北大將軍及穆泰陰謀不軌思譽

知而不告怨死削封爲庶人孝文太和末復還其王
爵
京兆王愉出爲冀州刺史謀逆事敗見執徵赴京師
至野上絶氣而死或云高肇令人殺之後靈太后令
愉之四子皆附屬籍追封愉臨洮王子寶月乃改瘞
父母追服三年
齊郡王祚以討鮮于脩禮敗免官爵後討汾晉朔屬
卒於軍追復王爵
北海王詳獻文子也宣武親政尚書高肇譖詳與茹
皓等謀爲逆亂付廷尉治罪詔免爲庶人別營坊館

如法禁衛限以終身詳哭數聲而暴死停殯五載永
平元年十月詔曰故太傅北海王體自先皇特鍾友
愛受遺訓輔冲昧仮託不圖暮節晦德終鈌哀榮使
可追復王封尅日營厝火慰幽魂以旌陰戚謚曰平
王
咸陽王禧謀反賜死後孝明王光中復禧王爵葬以
王禮
襄趙郡王謐在毋喪聽音聲飲戲爲御史中尉李平
所彈遇赦復封
樂梁王長命坐殺人賜死除國子忠明帝時復前爵
位
襄安樂王鑒爲北討大都督討葛榮與都督裴衍共
救信都鑒謀反降葛榮都督源子邕與裴衍圍鑒斬
首傳雒詔改姓元氏莊帝初許復本族又特復鑒王
爵贈司空
雒陽王羯兒督諸軍討禿髮坐貪暴降爵爲公後統
河西諸軍襲蠕蠕至於漠南仍復王爵
慶陽王嘉之孫湛弟瑾以謀殺齊文襄王事泄合門
伏法湛先有婢紫光生子法輪齊王矜湛覆滅乃啓
原之復其爵土

襄京兆王大興拜長安鎮太將軍以贖貨削除官爵
後除祕書監還復前爵
後周嘗武公魯郡惠公孫祊封譚國公後與晉公護
同誅建德三年追復封爵嘗武公
唐巢王元吉高祖第四子武德元年封爲齊王九年
與太子建成謀逆伏誅貞觀元年追封海陵郡王謚
曰剌十六年七月又詔曰有虞受終弘肆赦之典隆
周革命篤親親之恩海陵剌王元吉地維藩翰夙承
朝寵陷於不軌得罪君親朕嗣膺靈命無忘敦睦同
生之重既切於本枝在原之悼寔纏於歲月與言泉

壞思備罷章可追封巢王謚乃依舊

荆王元景高祖第六子武德三年封爲趙王貞觀十年徙封荆王永徽三年坐與房遺愛謀反賜死國除後追封沈黎王備禮改葬

韓王元嘉高祖第十一子武德四年封宋王五年徙荆王貞觀十年改封韓王垂拱四年則天誅戮宗室諸王不附巳者元嘉大懼與其子黄國公及越王貞父子謀起兵坐誅神龍元年追復爵土封其第五子訥爲嗣韓王是年二月制皇室子孫諸王自垂拱已來非命者皆不埋殯宜令州縣尋求處所以牲牢致祭乃追復官爵備禮改殯其王并令陪葬昭獻二陵有嗣者即令承襲無息嗣者取近親爲後

霍王元軌高祖第十四子武德六年封蜀王八年徙封吴王貞觀十年改封霍王垂拱四年坐與韓王元嘉連謀起兵事覺徙居黔州至陳倉而死長子緒封江都王坐與裴承光交通被誅神龍元年並追復爵土封緒孫暉爲霍王嗣

舒王元名高祖第十八子貞觀五年封譙王十年徙封舒王永昌中與其子豫章王亶俱爲丘神勣所陷被殺神龍元年復其官爵仍令以禮改葬封亶子津爲嗣舒王

魯王靈夔高祖第十九子貞觀五年封魏王十年徙燕王十四年改封魯王垂拱四年與韓王子黄國公譔結謀起兵事洩流振州縊死有二子長子清河王誂少子范陽王藹亦爲酷吏所陷神龍元年追復靈夔官仍令以禮改葬封藹子道堅爲嗣魯王

江夏王道宗高祖從父兄之子永徽四年房遺愛伏誅長孫無忌褚遂良素與道宗不協上言道宗與遺愛交結流配象州道宗病卒及無忌遂良得罪乾封元年追復道宗官爵

吴王恪太宗第三子貞觀三年封蜀王十年徙封吴

王永徽四年房遺愛謀反遂因事誅恪以從衆望子四人仁瑋琨璄並流于嶺表尋追封恪爲鬱林王又封仁爲鬱林侯

蜀王愔太宗第六子吴王恪之母弟貞觀五年封梁王十年改封蜀王恪既誅愔黜爲庶人徙巴州尋改爲涪陵王咸亨初追復爵土陪葬昭陵謚曰悼封子璠爲嗣蜀王

越王貞太宗第八子貞觀五年封濮王十年徙封原王尋改封越王垂拱四年貞及其子瑯琊王冲坐與韓王元嘉結謀起兵被誅改姓虺氏神龍元年追復

上與子冲俱復舊姓

紀王愼太宗第十子也貞觀五年封申王十年改封紀王垂拱中越王貞將起事愼不肯同謀及貞敗愼亦下獄臨行免改姓虺氏配流嶺表至蒲州而卒中興初追復官爵

澤王上金高宗第三子永徽元年封杞王文明元年封畢王又改澤王永昌元年出爲隨州刺史武承嗣使酷吏周興誣告上金謀反召至都恐懼自縊死神龍元年追復上金官爵封庶子義珣爲嗣澤王

許王素節高宗第四子永徽二年封雍王尋徙郇王

改葛王又進封許王出爲舒州刺史與澤王上金同被誣告追赴都縊死則天以庶人禮葬之神龍元年追封許王以禮改葬封少子瓘爲嗣許王

成王千里吳王恪之長子本名仁封鬱林侯中興初進封成王爲左金吾衞將軍三年節愍太子謀殺武三思兵敗與其子天水王禧俱被誅改姓蝮氏景雲元年詔曰故成王千里保國安人克成忠義頓除凶醜翻陷誅夷永言淪沒良深痛悼宜復舊官爵復本姓歸政郡王俊吳王恪第四子本名澆中興初封歸政郡王宗正卿坐兄千里事貶南州司馬卒景雲元年追復宗正卿歸政郡王官爵

常山公倩越王貞第二子垂拱中坐與父貞兄冲連謀越兵被誅神龍初侍中敬暉等以冲父子翼戴皇家義存社稷請復其官爵武三思令上官昭容代中宗手詔不許開元四年詔追復爵土令備禮改葬

棣王琰玄宗第四子也坐二孺人不相叶乃密求巫者書符置於琰履中以求媚琰監院中官密奏於玄宗玄宗命推問之竟孺人也玄宗猶疑琰知情乃囚於鷹狗坊中絶朝請憂懼而死代宗寶應元年贈其王位

鄂王瑤玄宗第五子開元二十五年得罪廢寶應元年追復

光王琚玄宗第八子也有才力玄宗愛之以母見疎薄嘗有怨言爲人所構得罪寶應元年追復

齊王湊穆宗第六子也初封漳王後爲鄭注誣告王與宋申錫謀不軌降封巢縣公卒開成三年正月追封爲齊王

梁博王友文爲庶人友珪所害末帝即位詔曰我國家賞功罰罪必叶朝章報德伸冤敢欺天道苟顯違于法制雖壅滯于歲時終振大綱須歸至理重念太

祖皇帝嘗開霸府有事四方迨建皇朝載遷都邑毎以王留重務居守難才慎擇親賢方應寄任故博王友文才兼文武識達古今俾分憂於在浚之郊亦共理於興王之地一心無易二紀于茲嘗施惠於士民實有勞於國家去歲郢王友珪嘗懷逆節已露兇鋒將不利於君親欲竊窺於神器此際宜先皇寢疾大漸日臻博王乃密上封章請嚴宮禁因以萊州刺史授於郢王友珪纔覩宣頭俄行大逆豈有自縱兵於內殿却翻事於東都又矯詔書枉加刑戮仍奪博王封爵又改姓名冤耻兩深誣欺何極伏賴上玄垂祐

宗社降靈俾中外以叶謀致遐邇之共怒尋平內難獲勦元凶旣雪耻於同天且免譏於共國朕方期遁世敢竊臨人遽迫推崇爰膺纘嗣冤憤旣伸於幽顯霈澤宜及於下泉博王宜却復官爵仍令有司擇日歸葬

後唐贈太保從璨明帝之諸子性剛宜好客踈財意豁如也天成中爲右衞大將軍時安重誨方秉事權從璨亦不之屈重誨常以此忌之明宗幸汴留從璨爲大內皇城使一日召賓友於會節園酒酣之後戲登於御榻安重誨奏請誅之詔曰皇城使李從璨朕巡幸汴州使警大內乃全乖委任但恣追遊於予行從之園頻恣歌歡之會仍施峻法顯辱平人致彼諠譁達於聞聽方當立法固不黨親宜貶授房州司戶參軍仍令盡命長興中重誨之得罪也詔復舊官仍贈太保

册府元龜

冊府元龜

巡按福建監察御史臣李嗣京　訂正
分守建南道左布政使臣胡維霖　參閱
知建陽縣事臣黃國琦　較釋

宗室部三十五

追封

傳曰慎終追遠民德歸厚矣乃有聯華帝胄茵于宗盟景命弗融遘茲短歷或未極封爵之制或不及光華之旦或遭罹橫枉沉痛載懷或帝構艱難勳業靡究蹤是舉敦族之義申追命之典以至胙土建國節

惠易名加尊極之稱升儲副之號備物典策寵章渥縟斯王者興仁敦睦化下美俗之道又豈止厚親親之恩而已哉

後漢建武十五年追謚兄伯升爲齊武公兄仲爲魯哀公（又依本傳其年追謚伯年爲齊武公）

魏蕭懷王熊太祖子早薨黃初二年追封謚蕭懷公太和三年又追進爵爲王

鄧襄王冲太祖子建安十三年薨黃初二年追贈謚冲曰鄧襄侯又追號爲公太和五年加冲號曰鄧哀王

范陽閔王矩太祖子也早薨無子建安二十二年以樊安公均子敏奉矩後封臨晉侯黃初三年追封謚矩爲范陽閔公五年改封敏范陽王七年徙封太和六年追進矩號曰范陽閔王

豐愍王昂太祖子也太祖南征爲張繡所害黃初二年追封曰悼公五年追加號曰豐悼王太和三年改謚曰愍

矩殤王鑠太祖子也早薨太和三年追封謚曰殤

濟陽懷王太祖子也建安十六年封西鄉侯早薨太和四年追進爵謚曰懷公六年又進號曰懷王

廣宗殤公子棘太祖子也早薨太和五年追封謚曰殤公

郿戴公子整太祖子也建安二十二年封郿侯二十三年薨黃初二年追謚曰戴公

靈殤王子京太祖子也早薨太和五年追封謚

臨邑殤公子上太祖子也早薨太和五年追封謚

剛殤公子勤太祖子也早薨太和五年追封謚

樊哀公子均太祖子也建安二十二年封樊侯二十四年薨黃初二年追進公爵謚曰安

穀城殤公子乘太祖子也早薨太和五年追封謚（臣欽）

若帝按魏裴松之注魏武諸子以母貴賤爲次不計兄弟之年

贊哀王協文帝子早薨太和五年追封謚曰經殤公青龍二年更追改爵謚爲王

吳長沙桓王策太帝之兄也漢末爲討逆將軍會稽太守帝稱尊號追謚策曰長沙桓王

晉隋穆王整義陽王望之子初封淸泉侯先父望卒武帝以義陽一縣追封爲隋縣王

城陽哀王兆字千秋文帝子年十歲而夭武帝踐祚詔曰亾弟千秋少聰慧有成之質不幸早亡先帝先后特所哀愍每追遺意情懷感傷於是追加兆詔封

謚

遼東悼惠王定國文帝子年三歲薨咸寧初追加封謚

廣陽殤王廣德文帝子年二歲薨咸寧初追加封謚

毗陵悼王軌武帝子年二歲而夭太康十年追加封謚

渤海殤王恢武帝子太康五年薨時年二歲追加封謚

南陽王彪懟懷太子子永康元年正月薨四月追封

臨川獻王郁會稽王道之子也寧康中追封謚

宋臨川王道規高祖少弟也初以起義功封華容縣公後爲征西大將軍義熙八年薨追封南郡公高祖受命追封臨川王

新野懷王夷父文帝第十七子也元嘉二十九年薨時年六歲泰始五年追加封謚

池陽縣侯懷遠晉熙王昶子也早卒明帝卽位追封池陽縣侯

齊敬王子羽孝武帝第十四子太明三年生當年卒追加封謚

淮陽思王子霄孝武帝第二十三子也太明五年生

八年薨追加封謚

南齊衡陽王道度太祖長兄仕至安定太守卒於宋世建元二年追加封謚

始安貞王道生太祖次兄也宋世爲奉朝請卒建元元年追加封謚

始安貞王鳳貞王子明帝兄也官至正員郎卒於宋世明帝建武元年贈始安靖王

安陸昭侯緬始安貞王之子也永明九年卒明帝建武元年追贈

梁文宣侯尚之高祖從父也仕齊爲步兵校尉卒官

天監初追謚

文宣侯尚之子靈均仕齊廣德令高祖義師行至會稽郡事頃之卒高祖即位追封東昌縣侯

忠簡侯崇之高祖從父齊永明中爲東陽太守時錢塘瑀之反崇遇害天監初追謚高祖踐阼封崇之子吳爲吳平侯乃追封謚

長沙宣武王懿高祖長兄也仕齊爲尚書令東昏時遇害天監元年追崇丞相封長沙郡王謚曰宣武

永陽昭王敷高祖次兄也齊建武四年薨高祖即位追封永陽郡王謚曰昭

衡陽王暢高祖第四弟仕齊至太常封江陵縣侯卒天監元年追封衡郡謚曰宣

桂陽王融高祖弟仕齊太子洗馬永元中宣武之難融遇害天監元年追封桂陽郡王謚曰簡

陳始興昭烈王道談高祖兄也仕梁爲東宮直閤將軍侯景之亂援臺中中流矢卒紹泰二年追贈義興郡公謚曰昭烈高祖受禪重封始興郡王

南康郡王休先高祖母弟梁太清中卒高祖受禪追封南康郡王謚曰忠壯

豫章王立長沙王權皆高祖子永定二年追封立謚曰獻權謚曰思

後魏高凉王孫平文皇帝子也道武時以孫平勳高追封高凉王謚曰神武

順陽王郁桓帝之後也文成時爲殿中尚書賜爵順陽公及乙渾專權郁從順德門入欲誅渾渾窘怖遂奉獻文臨朝後復謀殺渾爲渾所誅獻文録郁中正追贈順陽王謚曰簡

秦明王翰昭武帝子建國十五年卒道武即位追贈秦王謚曰明王翰子愍王觚使於慕容寶寶止觚道武討中山慕容普驎害觚及平中山追封謚曰秦愍

王

陳留王虔昭成孫登國初封陳留公後慕容寶來寇虔戰沒道武追惜傷慟追謚陳留桓王

江夏王呂道武族弟初以軍功封江夏公卒贈王爵

淮陵侯大頭烈帝之曾孫文武初封淮陵侯卒贈高平公

河間公齊烈帝玄孫大武時贈爵河間公卒贈王爵

樂陵王胡仁景穆子和平四年三月追封樂王

章武王大雒景穆子皇興二年薨追贈征北大將軍章武郡王謚曰敬

河間王若文成帝第七子年十六未封而薨追封河間王謚曰孝

長鄉縣侯提臨淮王譚子太武孫也孝文時爲員外郎後詔提從駕南伐至雒陽參定遷都之議尋卒以預參遷都功追長鄉縣侯

提子濟南王昌武時復封臨淮王未拜而薨贈齊州刺史謚曰康追改封濟南王

都昌伯誘中山王熙弟也熙起兵誅元乂爲其長史柳元章等所殺誘被誅後追昌縣開國伯謚曰恭

東安王凝弟淮爲衛尉少卿莊帝初遇害河陰賜征

東大將軍青州刺史追封漁陽王

武邑王義興景穆曾孫也初於河陰遇害永安中追封燕郡王尋改封鉅鹿王又改封武邑王

陳留王真孝莊之兄也建義元年六月追封爲陳留王

後周邵國惠公顥武帝伯父保定元年七月追封邵國公謚曰惠

顥子景公什肥年十五而顥沒後魏永安中太祖入關什肥不能離母遂往晉陽及太祖定秦隴什肥爲齊神武所害追贈太冢宰襲封邵公謚曰景

杞簡公連武帝伯父追贈定州戰殁保定元年七月追封杞公謚曰簡

連子烈公元寶爲齊神武所害保定初追贈襲杞國公謚曰烈

莒國莊公洛生亦武帝伯父也保定元年七月追封莒公謚曰莊

洛子穆公菩薩爲齊神武所害保定初追贈大將軍襲爵謚曰穆

宋國公震文帝子也保定元年七月追封

虞國公仲武帝族祖保定元年十二月封

隋河間公元孫高祖從祖也帝受禪以尚書令河門郡公義成縣公鍾葵高祖族祖帝受禪追贈義成縣公

蔡王慗高祖弟也周明帝時賜爵陳留郡後從武帝平齊戰死高祖受禪追封蔡王謚曰景

河間王弘高祖從祖弟也爲太子太保薨大業十年追封郇王

唐鄭王亮高祖從父隋海州刺史武德初追封

畢王章高祖從父仕周梁州刺史謀殺隋文事泄被誅高祖即位追封畢王

郇王禕高祖從父武德初追封
蔡王蔚高祖從父武德初追封
西平王安蔚子武德初追封
濟南王哲高祖追謚伯升爲齊武公
雍王繪高祖從父武德初追封
河南王贊繪子武德初追封
東平王韶高祖從父武德初追封
梁王澄蜀王湛漢王洪皆高祖兄並早卒武德初追封
衛王玄霸高祖子早薨武德元年追封謚曰懷

楚王智雲高祖子大業末從高祖於河東及義師將起建成潛歸太原以智雲年小委之而去因爲吏所薄送于長安爲陰世師所害義寧元年追封楚國公武德元年進封王謚曰哀

寧王憲睿宗長子天寶元年十一月制曰能以位讓爲吴太伯存則用成其節歿則當表其名非常之稱旌德斯在故太尉寧王憲誕含粹靈允膺大雅孝悌之至本乎中誠仁和之深非繇外奬率繇禮度雅尚文儒讌以自牧樂於爲善北兩獻而有光與二南而合德自出臨方鎮入配台階逾勵忠勤益聞周慎實謂永爲藩屏以輔邦家曾不慭遺奄爲殂没友于之痛震動良深惟王朕之元昆合升上嗣以朕奉先朝之睿略定社稷之阽危推而不居請予主鬯又承慈旨焉敢固違不然者則宸極之尊豈歸于薄德茂行若此易名是憑自非大號孰副休烈按謚法功推尚德曰讓德性寬柔曰讓敬追謚曰讓皇帝宜令所司備禮册命册曰皇帝若曰於戲古者崇德考行循謚大名飾終追遠亦應徽册况乃元昆之戚天倫之重豈循常典者哉咨爾故太尉寧王憲純粹秉靈冲和成量孝友之性發乎天然仁義之道彰乎日用加以

好賢不倦樂善有聞休問掩於間平清猷光於魯衛實謂儀刑邦家保祐藩維景命不融奄從薨逝興言震動哀疚纏懷惟王地居元子合膺主鬯昔朕上禀先訓克清群兇遂固守撝謙懇讓儲副然則深仁厚德茂行已表於生前寶位尊名盛禮寧忘於殁後是用謚王爲讓皇帝令遣使尚書左丞相耀卿副使大常卿韋縚等持節禮册因心之感備物飾情睠典策而哀深想棣華而望絶所冀幽穸嘉玆寵榮

申王撝睿宗子開元十二年薨制曰德盛者必享休名道高者必膺殊典况人倫之重義切因心天属之

深情殷追遠故司徒申王撝敏哲聰明本乎天性溫恭孝友挺自生知樂善好書清猷邁於兩獻深仁厚義美化侔於二南可謂具瞻百寮儀刑列辟朕將永康兆庶方自友于天不憖遺奄從甍遊永惟仁範哀慟纏懷用表非常之榮少寄天倫之感可追贈惠莊太子宜令所司備禮就加冊命陪葬橋陵以禮部尚書蘇頲爲喪葬使京兆尹李休光爲副使尚書左丞楊承令爲鹵簿使遣侍中攝太尉元乾曜持節冊曰維開元十二年十一月甲申皇帝若曰於戲夫縟禮所以飾情崇名所以表德義存追遠愛洽因親惟故

司徒申王撝璿極稟虛邦家維翰體孝友以成性用淳和而合道汴獻受易率以鳴謙河間聚書特其好學加以出爲方伯弘宣六條入登司徒大敷五教而天則不憖奄薨於行留邸無期同異遂遠興哀痛震動於厥心夫先王演親親之恩春秋著加等之義上嗣之位飾終斯在宜率茂典以承徽猷魂而有靈式貽哀贈

岐王範睿宗子開元十四年薨陪葬橋陵制曰褒崇名器所以尊德也光昭典禮所以飾終也况天倫之愛親親之至乎故太子太傅上柱國岐王範特稟聰明率繇孝友好書不倦樂善無怠固已作則列藩儀刑百辟方憑魯衛之政率流雍穆之風豈徒輔德寂期殲良奄及想同氣而莫遂望驂駕而何追言念平生情深震動宜加殊禮之命用寄孔懷之哀可追贈惠文太子

薛王業睿宗子開元二十一年薨明年冊贈惠宣太子

隋王隆悌睿宗子也初封汝南郡王早薨唐隆元年追贈義豐郡王

光順桂陽郡王守義皆章懷太子賢之子也先天二

年三月太上皇詔追封光順爲莒王守義爲畢王

慶王琮玄宗長子天寶十一載薨贈靖德太子後肅宗元年建寅月詔曰聖人立號天下至公膺其美者必歸有德有其德者或無其位苟徽烈可紀則追崇之典行焉况義貫因心禮優加等稽夫往策抑有前聞盛業鴻猷久不可替故靖德太子琮慶鍾霄極親則朕兄性與天道行高時望宣慈惠和聰明睿哲四科兼綜一以貫之而福壽不遐既隨往運緬惟友愛實軫于心朕昔踐儲宮顧誠非次於君人之命所不敢違以少長而言豈忘其序每思懇讓竟莫獲從遽

順聖慈嗣玆實位安可不申夙志有闕推恩宜加尊異之名載茂哀榮之典敬用追謚曰奉天皇帝妃氏曰恭應皇后宜委有司即擇日冊命更以禮葬仍令右僕射冕充使監護少府竇履信爲副

榮王琬玄宗子天寶十四載薨贈靖恭太子

夏王一玄宗子開元五年孩孺而薨追封夏王謚曰悼

懷王敏玄宗子纔晬開元八年二月薨封懷王謚曰哀

建寧郡王倓肅宗第三子天寶中封肅宗至靈武爲

張良娣李輔國所搆賜死代宗即位追贈齊王大曆三年五月詔曰故齊王倓承天祚之慶保鴻名之光降志尊賢高才好學藝文博洽智畧宏通斷必知來謀皆先事識無不達理至逾情乃者寇盜橫流鑾輿南幸先聖以宸扆之戀將侍君親惟王以宗廟之重誓寧家國克協朕志載符天時立辨群議之非同獻五原之計中興之盛實藉奇功景命不融早從厚穸天倫之愛震惕良深流涕追封胙于東海傾加表飾未極哀榮夫以參舊邦再造之勳成天下一家之業而存未畯其等沒未尊其稱非所旌徽烈明至公也朕以耿身纘曆大寶不及讓王之禮莫申太弟之嗣所懷靡從追想逾切非常之命寵錫攸宜敬用追謚曰承天皇帝與興信公主第十四女張氏宜婚謚曰恭順皇后有司准式擇日冊命改葬于順陵仍祔於奉天皇帝廟同殿異室焉

衛王泌肅宗第四子天寶中封西平郡王早薨寶應元年五月追封

鄆王榮肅宗第八子天寶中封靈昌郡王早世寶應元年追封鄆王

恭懿太子佋肅宗第十二子至德二年封興王上元

元年薨詔曰厚禮所以表行况情鍾天屬寵及哀榮封載疇加等之美式備元儲之贈永懷軫念有惻憂章第十二子故興王佋毓慶濬源汾華若水天資純孝神假聰明河間聚書幼聞樂善之旨延陵聽樂早得知音之妙頃以髫嬰沉瘵彌積旬時而資敬益章韻晤逾爽愛親之戀言不聞於斯須告訣之詞事先符於夢寐顧惟至性實切深衷將分土折珪載崇藩翰聞詩對易爰就琢磨方冀成立未虞天喪瑤英始茂遽摧於當春隙駟俄遷忽沉於厚夜興言痛悼憫惜良深宜貴寵於青宮俾哀榮於玄穸可贈太子謚

日恭懿佋薨時七八歲旣薨之夕肅宗張后俱夢佋有如平昔拜辭流涕而去帝方罷疾追念過深故特以儲嗣之贈寵之上疾累日方平
宋王禧肅宗第十四子早世建中二年正月追封
昭靖太子邈代宗第二子寶應元年封鄭王大曆九
年薨帝惜其才早夭冊贈昭靖太子
均王遐代宗第二子早夭貞元年八追封
荆王選代宗第十二子早世建中三年追封
霊溪郡王詠昭靖太子第二子大曆十年七月追封
代王諲德宗第八子本封縉雲郡王早薨建中三年
正月追封

邕王謜順宗子德宗命之爲子貞觀四年封十五年
九月薨時年十八贈文敬太子
晉王普敬宗長子太和二年詔曰王者重統紀尊儲
用所以上嚴國本秪叶禮經睦人倫以正邦典崇丕
基而昭彝式其或德契元良恩當追命道雖間於存
歿義有表於哀榮仰惟舊章用攄惘志故開府儀同
三司晉王普先帝冢嗣閒氣夙鍾孝敬發於岐嶷溫
仁形於襁褓翦珪分社光視冊於參墟錫土啓藩假
威尊於上黨朕頃戡內難謬屬與能以玉齒在嬰提
事絕推讓方期就傳謂致修齡旣因猶子之義俾膺

主鬯之選天不憖遺殲我本枝泣悼永往空餘典禮
嗟樂善而莫報顧卜起而何追銜悲良慟此誠無極
是用稽諸前訓申我宿愛布褱懷於此日告如在于
幽靈式備虛儀昌廖深痛可贈悼懷太子仍令有司
擇日備禮追冊
梁永王義方太祖伯父韶王義談太祖叔父開平四
年追封
朗王存太祖從兄唐乾符中與太祖俱逐黃巢表中
流矢而卒開平四年四月追封
郴王友裕太祖長子唐末爲華州節度使守興德尹

天祐元年卒開平王年追封
密王友倫太祖兄子唐末爲宿衛都指揮使遥領容
州節度使因會客擊鞠馬逸墜車而薨開平三年追
封
安王友寧太祖兄子唐末遥領邕州節度使昭宗自
奉鳳翔還降詔書以青寇未殄委之攻討友寧進師
逼青州青人悉出大戰于石樓王師少却友寧自峻
阜騎馳殷將軍馬蹶仆爲敵人所及而薨開平三年
追封
晉陳王重果高祖子幼亾天福六年五月追封

福王德高祖弟後唐末爲沂州馬步軍都指揮使天福初贈太傅七年正月贈大尉追封

通王殷高祖弟天福初贈太傅七年正月贈太尉追封

廣王威高祖弟後唐末爲彰聖后第三軍都指揮使長州刺史天福初贈太傅七年正月贈太尉追封

號王重英高祖子天福二年正月贈太保七年正月贈大傅追封

壽王重文高祖子天福二年權東都留守遇害贈太傅七年正月贈太尉追封

郯王重裔高祖子天福二年正月贈太保七年正月贈太傅追封

沂王重信高祖子天福二年爲河陽節度使遇害贈太尉七年正月贈太師追封

夔王重進高祖子天福二年正月贈太保七年正月贈太傅追封

韓王暉高祖弟爲曹州防禦使以疾終於官歸葬太原天福八年追封

周郯王侗杞王信皆太祖子乾祐末遇害廣順元年二月詔以故弟二子青哥贈太保賜名侗第三子意哥贈司空賜名信顯德四年四月制曰禮以緣情恩以悼往矧在友于之列尤鍾惻愴之思故皇帝贈太保侗贈司空信等玉葉聯芳金莖比瑞屬景運之初啓値大年之不登未剪桐珪連雕棣蕚俾予終鮮寔動永懷既登叙以無階在疏封而起悠贈其王爵慰我天倫侗追封郯信追封杞王

越王誼吳王誠韓王誠皆世宗子乾祐末遇害廣順元年二月太祖詔故皇孫三人閣贈左驍衛大將軍賜名誠三哥贈左武衛太將軍賜名誠三哥贈左領衛大將軍賜名誠顯德四年四月制曰父子之道聖

賢不忘爵恩天罔之端愈動悲良之抱故皇子賜左驍衛大將軍誼贈左武衛大將軍誠贈左屯衛大將軍誠等鳳雛龍駒徘當其殊姿王拆蘭摧早罹於非禍載惟往事有足傷懷宜贈一字之封仍贈三台之秩表吾追念慰乃英靈誼追封越王誠追封吳王誠追封韓王

册府元龜

冊府元龜

巡按福建監察御史臣李嗣京　訂正
知長樂縣事臣夏允彝參閱
知建陽縣事臣黃國琦較釋

宗室部三十六

譴讓

傳曰門內之治恩掩義門外之治義斷恩葢先王之道不以私害公也周漢而降宗枝茂盛封建旣廣性習不同乃有背旣睦之教蓄不咸之性忽麟趾之義忘磐石之訓恣其驕盈弗率典訓以至奉藩無狀事

親不謹暱愛近習銜惑邪說或專用非辟或潛懷異圖雖復舉八議之典蒙三宥之惠頒一尺之詔屈廷尉之請猶或長惡不悛罔顧顛覆以致遷削土宇陷於不義悲夫

漢淮南厲王長文帝之弟文帝時薄太后及太子諸大臣皆憚厲王厲王以此歸國益恣不用漢法出入警蹕稱制自作法令數上書不遜順數音用角反文帝重稱切責之重也時帝舅薄昭為將軍尊重帝令昭予厲王書諫數之曰數音所具切竊聞大王剛直而勇慈惠而厚貞信多斷是天以聖人之資奉大王也甚盛不可不察今大王所行不稱天資皇帝初即位易侯邑在淮南者侯邑在淮南者更易以佗郡地徙之不欲使錯在王國大王不肯皇帝卒易之卒終也使大王得三縣之實甚厚大王以來嘗與皇帝相見求入朝見未畢昆弟之歡畢盡也而殺列侯以自為名皇帝不使吏與其間與謂日豫謂不令吏干豫其事赦大王甚法二千石缺輒云漢補大王逐漢所置而請自置相二千石皇帝骫天下正法而許大王甚厚不從正法聽王自置二千石骫古委字骫謂曲也大王欲屬國為布衣守冢貞定屬謂委棄之也音之欲反皇帝不許使王毋失南面之尊甚厚毋失不失也南面之尊謂王位也大王宜日夜奉法度脩貢職以稱

皇帝之厚德今迺輕言恣行以負謗於天下甚非計也夫大王以千里為宅居以萬民為臣妾此高皇帝之厚德也高帝蒙霜露沬風雨沬亦頮字也蒙冒也沬洗面也音胡內切字從午未之未赴矢石野戰攻城自被創痍痍音夷以為子孫成萬世之業艱難危苦甚矣大王不思先帝之艱苦日夜怵惕脩身正行養犧牲豐粢盛奉祭祀以無忘先帝之功德而欲屬國為布衣甚過且夫貪讓國土之名輕廢先帝之業不可以言孝父為之基而不能守不賢不求守長陵而求之眞定先母後父不誼數逆天子之令不順言節行以高兄無禮謂請守母冢自為名節而

表異行用比矜高於兄耳幸臣有罪大者立斷小者肉刑不仁斷謂斬也貴衣布一斂之任賤王侯之位不知不學問大道觸情妄行不祥任情意所欲則行之妄行行音下更切此入者危亡之路也而大王行之棄南面之位奮諸賁之勇專諸吳孟賁衛也賁音奔常入出危亡之路臣之所見高皇帝之神必不廟食於大王之手明白昔者周公誅管叔放蔡叔以安周齊桓殺其弟以反國子糾兄也言弟者諱也秦始皇殺兩弟遷其母以安秦始皇母與嫪毐私通生二子事覺誅毐并殺二弟遷其母於城陽宮也頃王亡代高帝奪之國以便事頃王高帝兄仲也匈奴入代不能守走歸京師高帝奪其國退爲郃陽侯以便國法也便音頻面切濟北舉兵皇帝誅之

以安漢濟北王興居與大臣誅諸呂自以功大怨其賞薄故反故周齊行之於古秦漢用之於今大王不察古今之所以安國便事而欲以親戚之意望於太上不可得也太上天子也亡之諸侯游宦事人及舍匿者論皆有法舍匿謂容止而藏隱也其在王所吏主者坐言各有所主而坐其罪今諸侯子爲吏者御史主主御史也自此以下至主縣令主皆謂王官屬爲軍吏者中尉主客出入殿門者衛尉大行主諸從蠻夷來歸誼及以亡名數自古者內史縣令主相欲委下吏無與其禍不可得也言諸侯王之相欲委罪於在下小吏而身不干豫之不可得也與讀曰豫王若不改漢繫大王邸論相以下爲之奈何夫墮父大業退爲布衣所哀閭巷也布衣貧賤之人王設伏法則貧賤之人切哀憐之隳音火規切幸臣皆伏法而誅爲天下笑以羞先帝之德羞辱也甚爲大王不取也宜急改操易行上書謝罪曰臣不幸早失先帝少孤呂氏之世未嘗忘死常恐畏死也陛下即位臣怙恩德驕盈行多不軌軌法也追念罪過恐懼伏地待誅不敢起皇帝聞之必喜大王昆弟歡欣於上群臣皆得延壽於下上下得宜海內常安願熟計而疾行之行之有疑禍如發矢不可追已發矢喻速也已語終辭王得書不說

臨江王榮景帝子前四年爲皇太子四歲廢爲臨江

王三歲坐侵廟壖地爲宮帝徵榮榮至詣中尉府對簿中尉郅都責平王王恐自殺

淮安王安厲王長子安既立其群臣賓客江淮間多輕薄以厲王遷死感激安建元六年彗星見淮南王心怪之或說王曰先吳軍時彗星出長數尺然尚流血千里今彗星見天天下兵當大起王心以爲上無太子天下有變諸侯並爭愈益治攻戰具積金錢賂遺郡國遊士妄作妖言阿諛王王喜多賜予之太子學用劍自以爲人莫及聞郎中雷被巧被音皮義切巧者善用劍也召與戲被壹再辭讓誤中太子中音竹仲反太子怒被

恐此時有欲從軍者輒詣長安被即願奮擊匈奴太子數怒被諸毀之於王也王使郎中令斥免欲以禁後令後人更不敢效也元朔五年被遂亡之長安上書自明事下廷尉河南河南治章下廷尉及河南令於河南雜治其事逮淮南太子追赴河南也王王后計欲毋遣太子王欲王后共計也遂發兵計未定猶與十餘日猶與讀曰豫會有詔即訊太子即就也就淮南問之不逮詣河南淮南相怒壽春丞留太子逮不遣承順王意不遣太子應逮出劾不敬王請相相不聽王使人上書告相事下廷尉治從迹連王從讀曰蹤王使人候伺入京師候司其事漢公卿請逮捕治王王恐欲發兵太子遷謀曰漢使即逮

王令人衣衛士衣持戟居王旁有非是者即刺殺之臣亦使人刺殺淮南中尉迺舉兵未晚也是時帝不許公卿而遣漢中尉宏即訊驗王即亦就也王視漢中尉顏色和問斥雷被事耳自度無何自許度更無罪度音從各反不發中尉還以聞公卿治者曰淮南王安雍閼求奮擊匈奴者雷被等格明詔雍讀曰壅閼音 格謂亭閣不行之當棄市詔不許請廢王爵帝不許請削五縣可二縣使中尉宏赦其罪罰以削地中尉入淮南界宣言赦王王初聞公卿請誅之未知得削地聞漢使來恐其捕之迺與太子謀於前計中尉至即賀王王以故不發

燕王旦武帝子昭帝立旦與左將軍上官桀蓋主等謀逆事發天子使使者賜燕王璽書曰昔高皇帝王天下建立子弟以藩屏社稷先日諸呂陰謀大逆劉氏不絕若髮賴絳侯等誅討賊亂尊立孝文以安宗廟非以中外有人表裏相應故邪樊酈曹灌攜劒推鋒樊噲酈商曹參灌嬰從高皇帝墾菑除害耘鉏海內當此之時頭如蓬葆勤苦至矣然其賞不過封侯今宗室子孫曾無暴衣露冠之勞裂地而王之分財而賜之父死子繼兄終弟及今王骨肉至親敵吾一體迺與他姓異族謀害社稷親其所疏疏其所親有悖逆之心

無忠愛之義如使古人有知當何面目復奉齊酎見高祖廟乎且得書以符璽屬醫工長謝相二千石奉事不謹死矣乃以綬自絞

淮陽憲王欽宣帝子母張婕妤已卒憲王外祖母舅張博兄弟三人歲至淮陽見親輒受王賜後王上書請徙外張氏於國博上書願留守墳墓獨不徙上恨之後博至淮陽王賜之少博言負責數百萬責謂假代人財物未償者也責音側懈切願王爲償王不許博辭去令弟光恐云王遇大人益解恐謂怖動也大人博自稱其母也解讀曰懈博欲上書爲大人乞骸骨去王乃遣人持黃金五十斤送博博喜

喜還書謝還書報書爲語語盛稱譽王因言當今朝廷無賢臣災變數見足爲寒心萬姓咸歸望於大王大王柰何恬然恬然安靜貌恬音大廉切不求入朝見輔助主上乎使求光數說王宜聽博計令於京師說用事貴人爲王求朝王不納其言後光欲至長安辭王復言願盡力與博共爲王求朝王即日至長安可因平陽侯光得王欲求朝語馳使人語博博知王意動復遺王書曰博幸得肺腑自云於王有親數進愚策未見省察北游燕趙欲循行郡國求幽隱之士聞齊有駟先生者善爲司馬兵法大將之材也博得謁見承問進問五帝三王

究竟要道卓爾非世俗之所知卓爾高遠貌也自言見駟先生問以要道知其高遠也今邊境不安天下騷動微此人其莫能安也微無也又聞北海之濱有賢人焉濱涯也音頻又音賓累世不可逮然難致也逮及也言其材智不可及也致至也難得賢而至也得此二人而薦之功不亦細矣博願馳西以此赴助漢急無財幣以通顯之趙王使謁者持牛酒黃金二十斤勞博博不受勞謂問慰之音來道反復使人願尚女聘金二百斤博未許尚女者王欲取博女以自配也會得光書云大王已遣光西與博并力求朝博自以棄捐不意大王還意反義結以朱顏還猶回也願殺身報德朝事何足言大王誠賜咳唾使得盡死湯禹所以成大功也駟先生蓄積道術書無不有言凡是書籍皆有之願知大王所好請得輒上王得書喜說說讀曰悅報博書曰子高迺幸左顧存恤發心惻隱左顧猶言顧也顯至誠納以嘉謀語以至事以至極之事告語我也雖亦不敏敢不諭意諭曉也今遣有司爲子高償債二百萬是時博女壻京房以明易陰陽得幸於帝數召見言事自謂爲石顯五鹿充宗所排謀不得用數爲博道之博嘗欲誂燿淮陽王即具記房諸所說災異及召見密語持予淮陽王以爲信驗詐言已見中書令石君求朝許以金五百斤賢聖制事蓋慮功而不計費

志成功不惜財費也昔禹治洪水百姓罷勞罷讀曰疲成功既立萬世賴之今聞陛下春秋未滿四十髮齒墮落太子幼弱佞人用事陰陽不調百姓疾疫饑饉死者且半洪水之害殆不過此謂堯時水災不大於今大王緒欲救世緒業也一曰始爲端緒將比功德何可以忽言比功德於古帝王也忽息忽也博已與大儒知道者爲大王爲便宜奏大儒知道謂京房也道術也陳安危指災異大王廟見先口陳其意而後奏之帝必大說說讀曰悅事成功立大王即有周召之名邪臣散亡公卿變節功德亡此而梁趙之寵必歸大王梁王景帝弟欲爲嗣趙王如意幾代惠帝也外家亦將富貴何復望大王之金錢

王喜說(說音悅)傳報書曰適者詔下止諸侯朝者寡人惜然不知所出(惜痛也不知計策何所出也惜音千感切)子高素有顔冉之資臧武之知(顔顔回也冉冉耕也字伯牛皆孔子弟子論語稱孔子曰德行顔淵閔子騫冉伯牛仲弓臧武者魯大夫臧武仲也名紇論語稱子曰若臧武仲之智故王引之爲言也)子貢之辨(論語稱孔子云言語宰我子貢)卞莊子之勇(卞莊子古之勇士)兼此四者世之所鮮(鮮少也音先踐反)旣聞端緒願卒成之(卒終也)求朝議事也柰何所金錢乎博報曰已許石君須以成事(須待也)王以金五百斤予博會房出爲郡守離左右顯具得此事告之房漏泄省中語博兄弟詿誤諸侯誹謗政治狡猾不道皆下獄有司奏請逮捕欽帝不

忍治法遣諫議大夫王駿賜欽璽書曰皇帝問淮陽王有司奏王舅張博數遺王書非毀政治謗訕天子褒舉諸侯稱引周易以譎惑王(譎古詭字也)所言尤惡悖逆無道王不舉奏而多與金錢報以好言辜至不赦朕惻焉不忍聞(惻痛也)爲傷王之推原厥本不詳自博(祥善也自從也不善之事從博起也)惟王之心匪同於凶已詔有司勿治王事遣諫議大夫駿申諭朕志(申謂約束之)詩不云乎靖恭爾位正直是與(大雅小旻之詩也與偕也言人能安靜而恭以守其位偕於正直則神明聽之用錫福善)王其勉之駿諭指曰(璽書之外天子又有指意並令駿曉告於王也)禮爲諸侯制相朝聘之義蓋以考禮一德尊事

天子也(考成也一德謂不二其心也)且王不學詩乎詩云俾侯於魯爲周室輔(魯頌閟宮之詩也言立周公子伯禽使爲諸侯於魯國而作周家之藩輔)今王舅博數遺王書所言悖逆王幸受詔策通經(詔策若廣陵王策曰無爾宵人毋作匪德也經術之義不得內交)知諸侯名譽不當出竟(竟讀曰境)天子普覆德布於朝而恬之有博言(恬安也聞博邪言安而受之)多予金錢與相報應不忠莫大焉故事諸侯王獲罪京師罪惡輕重縱不伏誅必蒙遷削貶黜之罪(故事者言舊制如此也)未有但已者也(但徒也空也已止也徒空然而止者也)今聖王赦王之罪又憐王失計忘本爲博所惑加賜璽書使諫議大夫申諭至意殷勤之恩豈有量哉博等

所犯惡大群下之所共攻王法之所不赦也自今以來王毋復以博等累心(累音力瑞反)務與衆棄之春秋之義大能變改(以有過而能變改者爲大)易曰藉用白茅無咎(此大過初六爻辭也茅者潔白之物取其自然故用爲藉致享於神慎之至也)言臣子之道改過自新潔已以承上然後免於咎也王其留意愼戒惟思所以悔過易行塞重責稱厚恩者(塞猶補也稱副也)如此則長有富貴社稷安矣於是淮陽王欽免冠稽首謝曰奉藩無狀(無善狀)過惡暴列(暴謂章顯也)陛下不忍致法加大恩遣使者申諭道術守藩之義伏念博罪惡尤深當伏重誅臣欽願悉心自新奉承詔策(悉盡也)頓首死

罪
東平王宇宣帝子母公孫婕妤元帝初就國事太后
內不相得太后上書言之守求杜陵園皇帝陵也宮人無子乃中
園陵帝於是遣太中大夫張子蟜蟜字或作僑並音無賂反奉璽書
敕諭之約敕而曉告之也曰皇帝問東平王葢聞親親之恩
莫重於孝尊尊之義莫大於忠故諸侯在位不驕以
致孝道制節謹度以翼天子翼佐也然後富貴不離於
身而社稷可保今聞王自修有闕本朝不和謂東平國之朝
也流言紛紛謗自內與朕甚憯焉爲王懼之憯痛也音千感
反詩不云乎毋念爾祖聿脩厥德永言配命自求多

福大雅文王之詩也言當念爾先祖之道聿修其德則長配天命此乃所以求多福也朕惟王
之春秋方剛言其年少血氣盛忽於道德忽遺忘也意有所移忠
言未納謂漸染其惡人而移其性未愛忠言也故遣太中大夫子蟜諭
王朕意親臨遣之令朕意曉告王以孔子曰過而不改是謂過矣
論語載孔子之言謂人有失行計以自新王其深惟孰思之無違朕意又
特以璽書賜王太后曰皇帝使諸吏官者令承問東
平王太后朕有聞言母子不和也不欲指斥言之故云有聞也王太后少
加意焉天福善之門莫美於和睦患咎之首莫大於
內離今東平王出襁褓之中而託於南面之位加以
年齒方剛涉學日寡驁忽臣下驁讀與傲同不自它於太
后言不自同它人以是之間能無失禮義者其惟聖人乎傳
曰父爲子隱直在其中矣王太后明察此意不可不
詳閨門之內母子之間同氣異息骨肉之恩豈可忽
哉昔周公戒伯禽曰故舊無大故則不可棄也毋求
備於一人事見論語言人有小惡當思其善不可責以備行而即棄之耳夫以故舊
之恩猶忍小惡而況此乎已遣使者諭王王既悔過
服罪太后寬忍以貰之貰猶緩也後宜不敢言王於後當不敢更爲非
也王太后強餐止思念慎疾自愛守慚懼因使者頓
首謝死罪願洗心自改洒音先弟反詔書又敕傳相曰夫
人之性皆有五常及其少長耳目牽於嗜慾嗜讀曰耆故

五常銷而邪心作情亂其性利勝其義性者所受而生也情者見
物而動者也而不失厥家者未之有也今王富於春秋氣
力勇武獲師傅之教淺加以所少聞見自今以來非
五經之正術敢以游獵非禮道王者輒以名聞道讀曰導
梁王立成帝元延中以公事怨相椽及睢陽丞使奴
殺之殺奴以滅口凡殺三人傷五人手歐郎吏二十
餘人上書不拜奏謀篡死罪囚逐取曰篡有司請誅帝不
忍削立五縣哀帝建平中立復殺人天子遣廷尉賞
大鴻臚繇持節郎許就問也致移書傳相中尉曰王背
策戒初封時策書有戒敕之言誖暴妄行誖乖也音布內反連犯大辟毒

泯吏民比比蒙恩不伏重誅比猶頻不思改過復罪殺人幸得蒙恩丞相長史大鴻臚丞郎問王陽病抵讕置辭抵距也讕誣讕也抵丁禮反讕來亶切憍嫚不首至今與背叛亾異不首謂不伏其罪也王令者於法令人條與背叛無異也首音失救切次下亦同丞相御史請收王璽綬送陳留獄明詔加恩復遣廷尉大鴻臚雜問今王當受詔置辭恐復不首實對書曰至于再三有不用我降爾命言我教法至於再三汝不能用我則下置黜法命也傳相中尉皆以輔政爲職虎兕出於匣龜玉毀於匱中是誰之過歟此論語孔子責冉有季路史辭言虎兕出於匣龜玉毀於匱櫝豈非典守者之過也喻輔相人者當持危扶顛也書到明以諠曉王敢復懷詐罪過

益深傳相以下不能輔導有正法立惶恐免冠對日立少失父母孤弱處深宮中獨與宦官婢妾居漸漬小國之俗加以質性下愚有不可移之姿言不從化也論語稱孔子曰唯上智與下愚不移往者傳相亦不純以仁義輔翼立大臣皆尚苛刻求微密讒臣在其間左右弄口積使上下不和更相眮伺便音工衕切官殿之裏毫氂過失亡不暴陳當伏重誅以視海內視讀曰示數蒙聖恩得見貰赦貰謂責其罪也今立自知賊殺郎中曹相將冬月迫促貧生畏死卽詐僵仆陽病僵仆倒地也僵音薑仆音赴徼幸得踰於須臾與得踰冬月而藏罪也謹以實對伏須重誅須待也時冬月盡

春大赦不治

後漢阜陵質王延光武子初封淮南王明帝永平中有上書告延與姬兄謝弇及姊館陶公主壻駙馬都尉韓光招姦猾作圖讖祠祭祀詛事下案驗有司奏請誅延帝以延罪薄於楚王英故特加恩從爲阜陵王食二縣延旣徙封數懷怨望章帝建初中復有告延與子男魴造逆謀者有司奏請檻車徵詣廷尉詔獄帝下詔曰王前犯大逆罪惡尤深有同周之管蔡漢之淮南經有正義律有明刑先帝不忍親親之恩枉屈大法爲王受愆愆過也反而不誅先帝之過故言爲王受過也羣下莫

不惑焉今王曾莫悔悟悖心不移逆謀內潰自子魴發誠非本朝之所樂聞朕惻然傷心不忍致王于法今貶爵爲阜陵侯食一縣獲斯辜者侯自取焉於戲誡哉

齊王晃及弟利侯剛與母太姬宗更相誣告章帝章和元年有司奏請免晃剛爵爲庶人徙丹陽帝不忍下詔曰朕聞人君正屛有所不聽白虎通曰所以設屛以自障示不極臣下之敬也尊宗爲小君宮衛周備出有輜軿之飾入有牖戶之固殆不至如譖者之言晃剛愆乎至行濁乎大倫濁汚也倫理也甫刑三千莫夫不孝不忍置之於法其

貶晃爵爲蕪湖侯削戶三千於戲小子不勗大道
挫於法理以墮宗緒其遣謁者收晃及太姬璽綬
樂成王萇驕淫不法愆過累積冀州刺史與國相舉
奏萇罪至不道安帝詔曰萇有靦其面而放逸其心
知陵廟至重承繼有禮不惟致敬之節肅穆之愼乃
敢擅損犧牲不備苾芬（詩小雅曰苾芬苾芬祀事孔明）慢易太姬不
震厥教（大姬郎萇所繼之母震懼也）出入顛覆風淫于家聘取人
妻餽遺婢妾毆擊吏人專己宄暴愆罪莫大甚可恥
也朕覽八辟之議不忍致之於法其貶萇爵爲臨湖
侯朕無則哲之明致簡統失序罔以慰承太姬增懷

永歎
河間惠王政傲佷不奉法憲順帝以侍御史吳郡沈
景有彊能稱故擢爲河間相景列國謁王王不正服
箕踞殿上侍郎贊拜景峙不爲禮（峙立也）問王所在虎
賁曰是非王邪景曰王不服當人何別今相謁王豈
謁無禮者邪王慙而更服景然後拜出往官門外請
王傅責之王前發師陛下見受詔以王不恭使相檢
督諸君空受爵祿而無訓導之義因奏治罪詔書讓
政而詰責傅景因捕諸奸人上案其罪（上奏上也音市又反）殺
慮尤惡者數十人出冤獄十餘人政遂改節過悔自

修
魏陳思王植太祖子初封臨淄侯植嘗乘車行馳道
中開司馬門出太祖大怒公車令坐死繇是重諸侯
科禁而植寵日衰下令日自臨淄侯植私出開司馬
門至金門令吾異目視此兒矣又令日諸侯長史及
帳下吏知吾出輒將諸侯行意否從子建私開司馬
門來吾都不復信諸侯也恐吾適出便復私出故攝
將行不可當使吾以誰爲心腹也
越王幹太祖子明帝靑龍二年私通賓客爲有司所
奏賜幹璽書誡誨之曰易稱開國承家小人勿用詩

著大車爲塵之誡自太祖受命創業深覩治亂之源
鑒存亡之機初封諸侯訓以恭愼之言輔以天下之
端士嘗稱馬援之遺誡重諸侯賓客交通之禁乃使
與犯妖惡同夫豈以此薄骨肉哉從欲使子弟無過
失之愆士民無傷害之悔耳高祖踐祚祗愼萬機申
著諸侯不朝之令朕感詩人常棣之作嘉采菽之義
亦緣詔文曰若有詔得詣京師故命諸王以朝聘之
禮而楚中山並犯交通之禁趙宗戴捷咸伏其辜近
東平王復使屬官毆壽張吏有司舉奏朕裁削縣令
有司以曹纂王喬等因九族時節集王家或非其時

皆違禁防朕惟王幼小有恭順之素加受先帝顧命欲崇恩禮延乎後嗣況近在之身乎且自非聖人孰能無過已詔有司宥王之失古人有言誡慎乎其所不覩恐懼乎其所不聞莫見乎隱莫顯乎微故君子必慎其獨也叔父率先聖之要典以纂乃先帝之遺命戰戰兢兢靖恭厥位稱朕意焉

彭城王據太祖子景初元年坐私遣人詣尚方作禁物削縣二千戶璽書曰制詔彭城王有司奏王遣司馬董和齎珠玉來到京師中尚方多作禁物交通工官出入近署踰侈非度慢令違制繩王以法朕用憮

不寧于心王以懿親之重處藩輔之位典籍日陳於前勤誦不輟於側加雅素奉修恭肅敬慎務在蹈道孜孜不衰豈妄率意正身考終厥行哉若然小疵或謬于細人忽不覺悟以斯爲失耳書云惟聖罔念作狂惟狂克念作聖古人垂訓乃於此故君子思心無斯須遠道焉嘗慮所以累德者而去之則德明矣開心所以爲塞者而通之則心夷矣愼行節以爲尤者而修之則行全矣三者王之所能備也今詔有司宥王削縣二千戶以彰八柄予奪之法昔羲文作易著休復之語仲尼論行旣過能改王其改行茂昭斯義率意無怠

楚王彪太祖子齊王嘉平元年兗州刺史令狐愚與太尉王陵謀迎彪都許昌乃遣傅及侍郎御史就國案驗收治諸相連及者廷尉請徵彪治罪於是依漢燕王旦故事使兼廷尉大鴻臚持節賜彪璽書切責之曰夫先王行賞不遺仇讐用戮不違親戚至公之義也故周公流涕而決三叔之罪孝武傷懷而斷昭平之獄古今常典也惟王國之至親作藩于外不能祗奉王度表率宗室而謀於奸邪乃與太尉王陵兗州刺史令狐愚構通逆謀圖危社稷有悖惑之心無

忠孝之意宗廟有靈王其何面目以見先帝朕深痛王自陷罪辜旣得王情深用憮然有司奏王當就大理惟公族甸師之義不忍肆王市朝故遣使者賜書王自作孽匪繇於他燕剌之事宜足以觀王其自圖之彪乃自殺

吳孫皎大帝時爲征虜將軍皎堅弟靜子也嘗以小忿故與甘寧忿爭或以諫寧寧曰臣子一例征虜雖公子何可專征傷人邪吾値明主但當輸效力命以報斯天誠不能隨俗屈曲矣帝聞之書讓皎曰自吾與北方爲敵中間十年初時相遲年小今者且三十

年矣孔子自三十而立非但爲五經也授卿以精兵
委卿以大任都護諸將於千里之外欲使知楚任昭
奚恤揚威於北境非徒相使逞私志而已近聞卿與
甘興霸飲因酒發作侵凌其人其人求屬呂蒙督中
此人雖麤豪有不如人意時然其較略大丈夫也吾
親之者非私之也吾親愛之卿疎憎之卿所爲每與
吾違其可久乎夫君敬而行簡可以臨民愛人多容
可以得衆二者尚不能知安可董督在遠禦寇濟難
乎卿行長大特受重任上有遠方瞻望之觀下有部
曲朝夕從事何可恣意有盛怒耶人誰無過貴其能

改互追前愆深自咎責今故煩諸葛子瑜重宣吾意
臨書摧愴心悲淚下皎得書上疏陳謝遂與結厚
宋彭城王義康高祖子文帝元嘉中輔政十餘年以
專恣出鎮豫章停省十餘日桂陽侯義融新渝侯義
宗秘書監徐湛之往來慰視於省中奉辭便下渚帝
惟對之慟哭餘無所言
衡山王義季高祖子文帝時徐州刺史元嘉二十三
年魏軍侵逼北境攪動義季不欲以功勤自業無他
經略爲飲酒而已文帝詔之曰杜驥申恬倉卒之際
尚以弱甲瑣卒徼寇作援彼爲元統司馬桓梔旣不

懷奮發連被意旨猶復逡巡豈唯大乖應赴之宜實
孤百姓之望且匈奴輕漢將自此而始賊初起逸未
知指趣故且桀束兼存觀察耳少日勢漸可見便應
有大經略何令安然遂不敢動遣軍政欲乘際會拯
危急以申威援本無驅馳平原方幅爭鋒之理又山
路易憑何以畏首尾迴若謂事理正應如此者進大
鎮聚甲兵徒爲煩耳
南郡王義宣高祖子文帝時鎮荊州元嘉二十七年
後魏南侵義宣慮敵至欲奔上明及魏軍退太祖詔
之曰善修民務不須營潛逃計也

巴陵王休若文帝子明帝時爲雍州刺史與籤夏寶
期事休若無禮繫獄啓帝殺之慮不被許啓未報輒
於獄行刑信反果錮送而寶期已死帝大怒與休若
書曰孝建大明中汝敢行此耶休若毋加杖三百降
號左將軍貶使持節都督爲監行雍州刺史假寧蠻
校尉削封五百戶
晉平王休祐文帝子明帝時爲荊州刺史左右范景
達善彈棋帝詔之休祐晉不遣帝怒詰責之曰汝剛
戾如此豈爲下之義
南齊景陵王子良武帝子文惠太子薨帝檢行東宮

見太子服御羽儀多過制度帝大怒以子良與太子善不啓聞頗加嫌責

廬陵王子卿武帝子爲荆州刺史在鎮營造服飾多違制度帝勑之曰吾前後有勑非復一兩道諸王不得作乖體格服飾汝何意都不憶吾勑耶忽作瑇瑁乘具詔責之令速送都又作銀鐙金箔𩎟脚亦便速壞去凡諸服章自令不啓吾知服專輙作者後所聞當復得痛杖又曰汝此都讀學不幸轉成長吾日冀汝美勿得勑如風過耳使吾失氣永明十年遷使持節都督南豫司三州諸軍事南豫州刺史子卿之鎮

道中戲部伍爲水軍帝聞之大怒殺其典籤遣宜都王鏗代之子卿還第不與相見

陳新安王伯固文帝子宣帝時爲南徐州刺史在州不知政事日出畋獵或乘眠輿至於草間輙呼人從游動至旬日捕麞鹿多使生致帝頗知之遣人責讓者數矣

武陵王伯禮文帝子宣帝時爲吳興太守恣行劫掠爲有司所劾帝曰王年少未達道皆縣佐史不能輔弼所致特降軍號後若更犯必致之以法有司不言與同罪

後魏毗陵王順位司隸較尉道武好黄老數召諸王及朝臣親爲説之在坐莫不祗肅唯順獨坐寐欠伸不顧而唾帝怒廢之以王薨於家

襲常山王陪斤子昭小字阿兒向書張彝引兼殿中郎孝文將爲齊郡王蘭舉哀而昭乃作宫懸帝大怒詔曰阿兒愚騃誰引爲郎於是黜彝白衣守尚書昭遂停廢

任城王澄爲吏部尚書孝文自鄴還雒引見公卿曰營國之本禮教爲先朕離京邑以來禮教爲日新以不澄對曰臣謂日新帝曰朕昨入城見車上婦人冠

帽而著小襖者若爲如此尚書何爲不察澄曰着猶少於不著者帝曰深可怪也卿意欲令全着乎一言可以喪邦者斯之謂歟可命史官書之澄後爲尚書左僕射宣武景明初有降人嚴叔懋告尚書令王肅遣孔思達潛通南齊圖爲叛逆齊遣俞公喜送敕於肅公喜還南肅與裴叔業馬爲信澄信之乃表肅將叛輙下禁止咸陽北海二王奏澄擅禁宰輔免官歸第

廣陽王嘉爲徐州刺史孝文南伐嘉違天指授令賊得免帝怒責之曰叔祖定非世孫何太不類也

越郡王幹孝文時爲司州牧車駕南討詔幹都督中
外諸軍事幹貪淫不遵治典御史中尉李彪將糺劾
之會遇幹於尚書下舍因屏左右而謂幹曰殿下比
有風聞即欲起彈恐損聖明委託之旨若改往修來
彪當不言脫不悛旦夕聞旦發而幹悠然不以爲意
彪乃表彈之帝省以忿惋詔幹與北海王祥俱隨太
子詣行在所既至祥獨得朝見幹不蒙引接密令左
右察其意色知無憂悔乃親數其過杖之一百免所
居官以王還第
襲臨淮王提爲梁州刺史以貪縱削除加罰徙配北

鎮久之提子員外郎隷免官請解所居官代父邊戍
孝文不許
京兆王愉與弟廣平王懷頗相誇尚競慕華麗貪縱
不法於是宣武攝愉禁中推案杖愉五十出爲冀州
刺史
城陽王鸞爲定州刺史鸞愛樂佛道修持五戒不飲
酒食肉積歲長齋繕起佛寺勸率百姓共爲土木之
勞公私費擾頗爲民患宣武聞而詔曰鸞親惟宗懿
作牧太州民物殷煩綏寧所屬宜苑已厲誠崇清樹
惠而乃驟相徵發專爲煩擾編戶嗷嗷家懷嗟怨北
州土廣姦亂是繇准法尋愆應加肅黜以鸞戚屬情
有不忍可遣使者以義督責奪祿一周微示威罰也
安定王燮弟頵平宣武初爲給事中悖惡日甚殺人
劫盜公私咸患帝以其戚近未忍致之於法乃免官
禁之別館館名愁思堂冀其尅念孝明立頵平乃得
出靈太后臨朝以其暴亂不悛詔曰頵平志行輕疎
每乖憲典可還於館依前禁錮久之解禁還家付宗
師嚴加誨獎
高陽王雍孝明時爲司州牧侍中太師錄尚書事靈
太后許賜其女妓未及送之雍遣其閹丁鵝自至宮

內料簡四口冒以還第太后責其專擅追停之
河間王琛爲定州刺史琛妃宣武舅女高皇帝妹琛
憑侍內外在州貪惏及還朝靈太后詔曰琛在定州
惟下將中山宮來自餘無所不至何可更復叙用繇
是遂廢於家
後周襄杞公亮爲徐州總管在州無政績晉公護誅
後亮心不自安唯縱酒而已武帝勑讓之
隋秦王俊高祖子爲并州總管以疾徵還京師高祖
以其奢縱免官以王就第左武衛將軍劉昇諫曰秦
王非有他過但費官物營廨舍而已臣謂可容帝曰

法不可違昇固諫帝忿然作色昇乃止其後楊素復進諫曰秦王之過不應至此願陛下詳之帝曰我是五兒之父非兆民之父若如公意何不別制天子兒律以周公之為人尚誅管蔡我誠不及周公遠矣安能虧法卒不許俊疾篤未能起遣使奉表陳謝帝謂其使曰我戮力開基創茲大業作垂範庶臣下守之而不失汝為吾子而欲敗之不知何以責汝俊慚怖疾甚大都督皇甫統上表請復王官不許歲餘以疾篤復拜上柱國開皇二十年六月薨於秦邸帝哭之數聲而已

蜀王秀高祖子在蜀奢侈違犯制度晉王陰令楊素求其罪而譖之仁壽二年徵還京師帝見不與語明日使切讓之秀謝曰忝荷國恩出臨藩岳不能奉法罪當萬死皇太子及諸王流涕庭謝帝曰頃者秦王糜費財物我以父道訓之今秀蠹害生民當以君道繩之於是付執法者廢為庶人秀上表乞與愛子孫子相見帝因下詔數其罪曰汝地居臣子情兼家國庸蜀要重委以鎮之汝以干紀亂常懷惡樂禍睥睨二宮佇遲災釁容納不逞結構異端我有不和汝便覘候望我不起便有異心皇太子汝兄也次當建立汝假託妖言乃云不終其位妄稱鬼怪又道不得入官自言骨肉相非人臣德業不堪承重器妄道青城出聖欲以己當之詐稱益州龍見託言吉兆重述木易代之姓更治成都之宮妄說禾秀之名以當八千之運橫生京師妖異以證父兄之災妄造蜀地徵祥以符己身之籙汝豈不欲得國家惡邪天下亂也輒造白玉之珽又為白羽之箭文物服飾豈似有君鳩集左道符書厭鎮漢王於汝親則弟也乃畫其形像書其姓名縛手釘心枷鎖杻械仍云請西嶽華山慈父聖母神兵九億萬騎收楊諒魂神閉華山下勿令

散蕩我之於汝親則父也復云請西嶽華山慈父聖母賜為山開化楊堅夫妻廻心惟喜又畫我形像縛手撮頭仍云請西嶽神兵收楊堅魂神如此形狀我今不知楊諒楊堅是汝何親也包藏凶慝圖謀不軌逆臣之迹也希父之災以為身幸賊子之心也懷非分之望肆毒心於兄弟之行嫉妬於弟無惡不為無孔懷之情也違犯制度壞亂之極也多殺不辜豺狼之暴也剝削民庶酷虐之甚也唯求財貨市井之業也專事妖邪頑嚚之性也弗克負荷不材之器也凡此十者滅天理逆人倫汝皆為之不祥之甚也欲免

禍患長守富貴其可得乎後聽與其子同處

唐魏王泰太宗第四子貞觀十七年四月太子承乾敗太宗面加譴讓承乾曰臣貴爲太子更何所求但爲泰所圖特與朝臣謀自安之計不逞之人教臣爲不軌之事今若以泰爲太子是落其度内太宗因謂侍臣曰我若立泰便是儲宮之位可經營而得也泰立承乾晉王皆不存晉王立泰與承乾可無恙也乃下詔曰朕聞生育品物莫大乎天地愛敬罔極莫重乎君親是故爲臣貴於盡忠虧之者有罰爲子在於行孝違之者必誅大則肆諸市朝小則終貽黜辱雍

州牧相州都督左武侯大將軍魏王泰朕之愛子實所鍾心幼而聰令頗好文學恩遇極於隆重爵位窮於寵章不思聖哲之戒自構驕僭之咎惑讒諛之言信離間之說以承乾雖居長嫡久纏痾恙潛有代立之望靡遵義方之則承乾懼其凌奪泰亦日增猜阻爭結朝士競引凶人遂使文武之官各有託附親戚之内分爲朋黨朕志存公道義在無偏彰厥巨釁兩從廢黜非惟作則四海亦乃貽範百代可解雍州都督左武侯大將軍并削爵土降爲東萊郡王尋改封順陽郡王於均州爲邑制宅以處之

齊王祐太宗子貞觀中爲齊州都督暱情群小尤好弋獵長史薛大鼎屢諫不聽太宗以大鼎輔導無方坐免權萬紀前爲吳王恪長史有正直之節乃以爲祐長史有昝君謨梁猛彪者並以善騎得幸於祐萬紀驟諫不納遂斥逐之而祐潛遣招延狎昵愈甚太宗慮不能悔過數以書責讓祐

滕王元嬰多驕縱失度高宗以書誡之曰王地在宗枝寄深磐石幼聞詩禮夙承教義貫與孜孜無怠漸以成德豈謂不遵軌轍踰越典章且城池作固以備不虞闕鑰開閉須有嘗準鳩召散樂并集府僚嚴關

夜開非復一度遏密之悲尚纏此歲王以此情事何遽紛紜又巡守百姓本觀風問俗遂乃驅率老幼借狗求罝至從禽之娱忽黎元之重時方農要屢出畋遊以彈彈人將爲笑樂取適之道尚應多緒何必此事方得爲娱晉靈虐主未可取則

趙孝文趨走小人張四郎倡優賤隸王親與博戲極爲輕脫一府官僚何所瞻望凝寒方甚以雪埋厝物既深何以爲樂家人奴僕侮弄官人至於此事彌不可長朕以骨肉至親不忍致王於法今與王下土可以愧王心人之有過貴在能改國有憲章私恩難再

與言及此慙懟盈懷

嗣虢王巨肅宗乾元初爲河南尹於南橋梁出入車牛皆税錢以供國用頗有乾沒士庶怨之後與妃張氏不睦張氏郎皇后從父妹宗正卿李遵構之發其贓貶爲遂州刺史

邠王震爲宗正卿昭宗天祐三年七月勑日震就列朝行守官宗寺俄從私便久去上京既稍失於規程宜特示於黜免勤停見任并落下襲封

册府元龜

冊府元龜

巡按福建監察御史臣李嗣京　訂正
知甌寧縣事臣孫以敬叅閱
知建陽縣事臣黄國琦較釋

宗室部

不悌　邪佞　奢僭　驕弱

不悌

生民之親莫如兄弟爲人之本莫先孝友是以書之五教禮之六行君臣之言有政載記之述家肥皆著其義以爲大訓況乎帝室之系本支之重就公宮之

學承師氏之教固宜保於旣睦豈或爭乎不咸者哉然而姬氏以來載籍所紀乃有致宜於忠節見忌於令名雖遇急難絶天倫之義稍殊官秩忽家人之禮以至媟孽成罪干戈相尋亡國破家身死名辱者蓋有之矣固與夫樂侮致美之說異焉

周管叔蔡叔周公之兄弟也成王少周公旦專王室管蔡旋周公之爲不利於成王乃挾武庚以作亂

漢淮南王安衡山王賜皆厲王長子也淮南衡山相責望禮節門不相能兄弟相責故有憾

衡山王賜后乘舒生子三人長男爽爲太子次女無采少男孝乘舒死立姬徐來爲后徐來善遇無采及孝少失母附后后以計愛之與共毀太子

常山王勃憲王舜太子也舜有不愛姬生長男梲音奪以母無寵故亦不得幸於王王后脩生勃王多所幸姬王后稀得幸及憲王侯甚諸幸姬侍病王后以妬媢音冒不常在輒歸舍醫進接勃不自嘗藥又不宿留侍疾憲王薨王后勃乃至憲王雅不以梲爲子數雅素也不分與財物或令勃王后分與梲財者不聽勃代立又不收恤梲梲怨王后及勃漢視憲王喪梲自言王病時王后勃不侍及薨六日出舍出服舍勃坐徙房

陵

宣武侯福菑川懿王孫也武帝太初元年坐殺弟棄市

騶丘侯毋害城陽共王孫也宣帝本始元年使人殺兄遂棄市

魏樂陵王茂武帝子性傲佷兄東平王薨茂稱嗌痛不肯發哀居處出入自若有司奏除國上詔削縣一百五十戸

吳孫霸字子威和同母弟也和爲太子霸爲魯王寵愛崇特與和無殊頃之和霸不穆之聲聞於大帝帝

禁斷往來假以精學時全寄吳安孫寄楊笠等陰共
附覇圖危太子譖毀既行太子以敗覇亦賜死覇賜
死後誅寄等以黨覇構和故也
晉汝南王亮爲大宰録尚書事與太保衛瓘對掌朝
政楚王瑋有勲而好立威亮憚之欲奪其兵權瑋甚
憾之乃承賈后旨誣亮與瓘有廢立之謀矯詔殺之
東萊王蕤齊王攸之子性强暴使酒數凌侮弟冏冏
以兄故容之酒冏起義兵趙王倫收蕤弟北海王寔
擊廷尉當誅倫太子中庶子祖納上疏諫曰罪不相
及惡止其身此先哲之弘謨百王之達制也是故鯀

旣殛死禹乃嗣興二叔誅放而邢衛無責逮乎戰國
及至秦漢明恕之道寢猜嫌之情用乃立質任以御
衆設從罪以發姦其所緣來葢三代之弊法耳蕤實
獻王之子明德之裔宜蒙特宥以全穆親之典會孫
秀死蕤等悉得免冏擁衆入雒蕤於路迎之冏不即
見須符付前頓蕤恚曰吾坐爾殆死曾無友于之情
及冏輔政詔以蕤爲散騎常侍加大將軍領後軍侍
中特進增邑蒲二萬戶又從冏求開府冏曰武帝子
吳豫章尚未開府且須後蕤以是益怨密表冏專擅
與左衛將軍王輿謀共廢冏事覺免爲庶人尋詔曰
大司馬以經識明斷高誼遠畧猥率同盟安復社稷
自書契所載周召之美未足比勲故授公上宰東萊
王蕤潛懷忌妬苞藏禍心與王輿密謀圖欲譖害攻
輿之日蕤與青衣共載微服奔走經宿乃還姦凶赫
然妖惑外內又前表冏所言深重雖管蔡失道牙慶
亂宗不復過也春秋之典大義滅親其徙蕤上庸後
封微陽侯永寧初上庸內史陳鍾承冏旨害蕤冏死
詔誅鍾蕤改葬以王禮
河間王顒齊王冏專權顒與長沙王乂同謀誅冏以
乂爲內主敗冏斬之顒本以乂弱冏彊冀乂爲冏所

擒後以乂爲辭宣告四方共討之因廢帝立成都王
已爲宰相專制天下既而入殺冏其計不果乃潛使
中書令卞粹等襲乂乂竝誅之
武陵王澹無孝友之行弟東安王繇有令名爲父毋
所愛澹惡之如讎遂譖繇於汝南王亮亮素與繇有
隙奏廢徙之
宋始王休仁文帝第十二子也明帝殞廢帝於華陵
園明且休仁出住東府時南平盧陵敬先兄弟爲廢
帝所害猶未殯殮休仁與山陽王休祐同載臨之開
帷歡笑奏鼓吹往反時人咸非焉

尊倨閨門無禮昆季不穆論者鄙之
清河王懌弟悅爲性不倫俶儻難測其懌爲元又所
害悅了無讎恨之意乃桑落酒候伺之盡其私侫又
大喜以悅爲侍中太尉
襄咸陽王坦咸陽王禧第七子也禧以罪賜死坦兄
樹奔梁後復禧王爵詔坦襲封樹爲梁郢州刺史出
帝初詔樊子鵠爲行臺率徐州刺史杜德以討之樹
不爲戰備杜德襲擊之擒樹送京師坦見樹旣長且
賢慮其代已密勸朝廷以法除之樹知之泣謂坦日
我往因家難不能死亡寄食江湖受其爵命今者之

來非綵義至永活而已豈望榮華汝何肆其猜忌志
在原之義腰背雖偉善無可稱坦作色而去樹死竟
不臨哭
北齊隴西王紹廉文宣第五子也性粗嘗拔刀逐兄
范陽王紹義走入廐閉門拒之
後周衛王直與齊王憲俱高祖毋弟初直内深忌憲
憲亦隱而容之且以弟之毋弟毎加友敬晉公護之
誅也且固請及憲高祖日齊公心跡吾自悉之不得
更有疑也及文宣后喪直又密啓云憲飲酒食肉與
平日不異高祖日吾與齊王異生俱非正嫡時爲吾
南齊魚復侯子響世祖第四子也世祖郎位爲輔國
將軍見諸王不致敬
梁廬陵王續武帝第五子始元帝爲湘東王與續少
相狎長相謗元帝之臨荊州有宮人李恍兒者以才
惠得進及還以李氏行時得營戸禁重續爲荊州具
以狀聞元帝泣對使者訴於簡文和之得止元帝猶
懼送李氏還荊州世所謂西歸内人者自是二王書
問不通
陳長沙王叔堅宣帝第四子也叔堅與兄始興王叔
陵並招聚賓客爭權寵甚不平毎朝會鹵簿不肯爲

先後必分道而趍左右或爭道而道闘至有死者
後魏襄營山王素孫壽興少聰慧好學宣武初爲徐
州刺史在官貪虐失於人心其從兄侍中暉深害其
能因譖之於帝詔尚書崔亮馳驛檢覆亮發日授暉
旨遂鞭撻三寡婦令其自誣稱壽興壓已爲婢壽興
終恐不免乃令其外弟中兵叅軍薛修義將軍十乘
運小麥經其禁之旁壽興因踰墻出脩義以大木函
盛壽興其上加麥載之而出遂至河東匿脩義家逢
赦乃出見帝自陳爲暉所譖帝亦更無所責
文陵伯萇宣武時歷位雍州刺史以官位微達乃自

國同汝汝當愧之何論得失汝親太后之子偏荷慈
愛今特須自勗無宜說人宜乃止
隋蔡景王整文帝次弟也初整娶同郡尉遲綱女生
智積開皇中有司奏智積將葬尉太妃帝曰幾殺我
我有同生二弟竝倚婦家勢當憎嫉我我固向之笑
云爾旣嗔我不可與爾角嗔竝云阿兄止倚頭額時
有醫師邊有逐勢言我後百日當病癩二弟私喜以
告父母父母泣謂我曰爾二弟大劇不能愛兄我因
言一日有天下當改其姓夫不愛其親而愛他人者
謂之悖德當改之謂悖父母許我此言父母亾後二

弟及姊讒我言於晉公于時每還入門當不喜如見
獄門乾以患氣嘗鎖閉靜坐唯至食時暫開閤每飛
言入耳竊云復來耶當時實不可耐羨人無兄弟世
間貧家兄弟多相愛憐相假藉達官兄弟多相憎爭
名利故也
滕穆王瓚一名慧文帝同母弟也尚周武帝妹順陽
公主爲吏部中大夫加上儀同周宣帝喪文帝入禁
中將總朝政令廢太子男召之瓚素與帝不協不從
日作隨國公恐不能保何乃更爲族滅事耶文帝作
相進位上柱國邵國公瓚見帝執政恐爲家禍陰有
圖帝之計每優容之
唐巢王元吉高祖第四子也與隱太子建成今太宗
竝大穆皇后子也與建成連謀各募壯士多匿罪人
復內結宮掖遞加稱譽又厚賂中書令封倫以爲黨
助繇是高祖頗疎大宗而加愛元吉太宗嘗從高祖
幸其弟元吉伏其護軍於文寶於寢內將以刺太宗
建成恐事不果而止之元吉慍曰爲兄計耳於我何
害武德九年高祖將避暑大和宮二王當從元吉謂
建成曰待至宮所當與精兵襲取之置土窟中唯開
一孔以通飲食耳會突厥郁射設屯軍河南入圍烏

城建成乃薦元吉代太宗督軍北討仍奏秦府驍將
秦叔寶尉遲敬德程知節段志玄等竝與同行又追
秦府兵帳簡閱驍勇將奪太宗兵以益其府又譖杜
如晦房玄齡遂令歸第高祖知其謀而不制元吉因
密請加害太宗高祖曰是有定四海之功罪迹未見
一旦欲殺何以爲辭元吉曰秦王嘗違詔勑初平東
都之日偃蹇顧望不急還京分散錢帛以樹私惠違
戾如此豈非反逆但須速殺何患無辭高祖不對元
吉遂退建成謂元吉曰旣得秦王精兵統數萬之衆
吾與秦王至昆明池於彼宴別令壯士拉之於幕下

因云暴卒主上義無不信吾當使人進說令付吾國
物正位已彼以汝爲太弟敬德等飯入汝手一抔坑
之孰敢不服率更成王晊聞其謀密告太宗太宗召
府僚以告之皆曰大王若不正之社稷非唐所有若
建成元吉肆其毒心群小得志元吉狠戾終亦不事
其兄往者護軍薛寶上齊王符籙云元吉合成唐字
齊王得之喜曰但除秦王取東宫如反掌耳爲亂未
成預懷相奪以大王之威襲其二人如拾地芥太宗
遲疑未決衆又曰大王以舜爲何如人也曰濬哲文
明溫恭允塞爲子孝爲君聖焉可議之乎府僚曰向

使舜浚井不自出自同魚鼈之餧焉得爲孝子乎塗
廩不下便成煨燼之餘焉得爲聖君乎小杖受大杖
避良有以也太宗於是定計誅建成及元吉
濮王泰太宗第四子初封魏王皇太子承乾有足疾
潛有奪宗之意招駙馬都尉柴武房遺愛等二十餘
人厚加贈遺寄以腹心黄門侍郎韋挺工部尚書杜
楚客相繼攝泰府事二人俱爲泰要結朝臣津通賂
遺承乾懼其凌奪陰遣人詐稱泰府典籤詣玄武門
爲泰進封事太宗省之其書皆言泰之罪狀太宗知
其詐而捕之不獲承乾敗太宗面遣讓承乾曰臣貴
爲太子更何所求但爲泰所圖時與朝臣謀自安之
計不逞之人遂教臣爲不軌之事今若以泰爲太子
所謂落其度内太宗乃幽泰於將作監徙居均州之
鄖鄉縣
梁朱友裕太祖長子唐末爲宣武軍衙内馬步都指
揮使景福元年總大軍伐徐將朱瑾領充鄆之衆爲
徐戎外援陣於彭門南石佛山下友裕縱兵擊之斬
獲甚衆瑾領殘黨宵遁時都虞候朱友恭羽書聞於
太祖誣友裕按兵不追賊太祖大怒因驛騎傳符令
裨將龐師古代友裕爲帥仍令按劾其事會使人誤

致書於友裕友裕懼遂以數騎遁於山中尋詣廣王
於輝州以訴其冤賴元貞皇后聞而召之令束身歸
汴力爲營救太祖乃捨之

邪佞

夫便辟以成性脂韋以取容持回遹之謀期於苟合
專戚施之行曾靡厚顔此固人倫之所斥而有國之
宜遠者也漢氏而下乃有託於宗屏列于天屬蒙被
封爵漸漬寵靈而體質異於身淳舉措成乎憸巧附
會姦軌謟事權倖詖辭以自結車之而氣媚因之以
固寵位釣名譽而罔有所愧畏焉曾子曰脅肩謟笑

病乎夏畦斯丕亦爲勞乎
漢利侯釘丁鼎二音城陽宮王子武帝元狩元年坐遺淮
南王書稱臣棄市
泉陵頃侯慶長沙定王曾孫平帝時上書言周成王
幼少稱孺子周公居攝今帝富於春秋宜令安漢公
行天子事如周公群臣皆曰宜如慶言
新鄉侯佟徒冬反清河綱王玄孫平帝時上書言王莽
宜居攝莽篡位賜姓王
師禮侯嘉安衆侯崇之族父也崇以王莽居攝舉兵
嘉詣闕自歸莽赦弗罪張竦因爲嘉作奏曰建平元

壽之間大統幾絶宗室幾棄幾亦音臣內反賴蒙陛下聖德
扶服振救陛下謂莽也服音蒲北反遮扞護衛國命復延宗室明
自臨朝統政發號施令動以宗室爲始登用九族爲
先並錄支親建立王侯南面之孤計以百數收復絶
屬存亾續廢復音扶目反得此肩首復爲人者嬪然成行
嬪然成多貢也行外也不音匹人切行音下郎切所以藩漢國輔漢宗也建
辟廱立明堂班天法流聖化朝群后昭文德宗室諸
侯咸益土地天下喁喁引領而歎喁喁衆口上也音顒何頌声
洋洋滿耳而入論語載孔子曰師摯之始關雎之亂洋洋乎盈耳哉故竦引之也洋音羊
又音祥國家所以服此美膺此名享此福受此榮者豈

非太皇太后日昃之恩陛下夕陽之念哉何謂先謂設問
復陳其事也亂則統其理危則致其安禍則引其福絶則
繼其統幼則代其任晨夜屑屑寒暑勤勤屑屑猶切切動作之
意也無時休息孳孳不已者孳孳不息也音與孜同凡以爲天下
厚劉氏也爲于僞切臣無愚智民無男女皆諭至意諭曉也
而安衆侯崇乃獨懷悖惑之心操畔逆之慮悖乎也興
動兵衆欲危宗廟惡不忍聞罪不容誅誠臣子之仇
宗室之讐國家之賊天下之害也是故親踈震落而
告其罪民人潰畔而棄其兵進不跬步退伏其殃半步
曰跬謂一舉足也音空夬反百歲之母孩提之子嬰兒始孩人是挈故曰孩提也

孩提者小兒也同時斷斬懸頭竿杪杪末也音莫小切珠珥在耳首
飾猶存爲計若此豈不誖哉誖惑也音布內反臣聞古者畔
逆之國既以誅討則豬其宮室以爲汙池納垢濁焉
掘其宮以爲池用貯水也豬謂畜水汙下也汙音烏名曰凶虛虛讀曰墟故居也言凶人所居
雖生萊茹而人不食謂所食之萊田也茹音人庶切四牆其社覆上
棧下示不得通棧謂以簀蔽之也下則棧之上則覆之所以隔塞不通陰陽之氣辨
社諸侯辨布崇社稷國各作一見也布以爲戒也辨讀曰班出門見之著以
爲戒著明也方今天下聞崇之反也咸欲褰衣手劍而
叱之其先至者則拂其頸拂戾也音佛衝其匈刃其軀切
其肌後至者欲撥其門仆其墻仆倒也夷其屋焚其器

夷（平也）應聲滌地則時成創（滌地猶言塗地則時即而時也創傷也音初良反）
宗室尤甚言必切齒焉何則以其背畔恩義而不知
重德之所在也宗室倡始（倡音先何反）父子兄弟負籠荷
鍤馳之南陽（籠所以盛土也鍤鍬鍫也）豬宗官室令如古制及崇
社宜如亳社以賜諸侯用永監戒頭下四輔公卿大
夫議以明好惡視四方（視讀曰示）於是莽大說（說讀曰悅）公卿
皆如嘉言莽白太后下詔曰惟嘉父子兄弟雖與崇
有屬不敢阿私或見萌牙相率告之及其禍成同共
讎之應合古制忠孝著焉其以社衍戶千封嘉爲師
禮侯嘉子七人皆賜爵關內侯後又封竦爲淑德侯

長安爲之語曰欲求封無過張伯松（竦之字）力戰鬭不
如巧爲奏
中山王成都以思王孫紹封王莽篡位貶爲公明年
獻書言莽德封列侯賜姓王
魯王閔以頃王子紹封王莽篡位貶爲公明年獻神
書言莽德封列侯賜姓王
廣陽王嘉王莽時皆廢漢藩王爲家人嘉獨以獻符
命封扶美侯賜姓王氏
晉東平王楙善諂諛曲事太傅楊駿及駿誅依法當
死
東安公繇與楙善故得不坐
梁豐城侯泰歷位中書舍人傾竭財產以事時要
陳新安王伯固後主初在東宮與伯固甚相親狎伯
固又喜嘲謔高宗每宴集多引之始興王叔陵在江
州心害其寵陰求疵瑕將中之以法又叔陵入朝伯
固懼罪諂求其意乃共訕毀朝賢歷詆文武雖耆年
高位皆面折之無所畏忌伯固性好射雉叔陵又開
發冢墓出遊野外必與偕行於是情好大叶
後魏東陽王丕諂事要人驕侮輕賤每見侍中符承
祖嘗傾身下之

元炤嘗山王素之孫孝文時爲殿炤坐事停廢宣武
時炤從弟暉親寵用事稍遷左丞宣武末于忠執政
炤爲黃門郎又曲事之忠專權擅威任陷忠賢多炤
指導也後入爲尚書諂事劉騰進號征西將軍卒贈
尚書左僕射納貨元乂所以贈禮優越
北海王詳宣武時爲侍史太傅錄尚書事是時冠軍
將軍茹皓侍直禁中關豫政事詳以下咸祇憚之皓
弟年二十擢補員外郎皓娶僕射高肇從妹於宣武
爲從母迎納之日詳親詣之禮以馬物皓又爲弟聘
安豐王延明殊延明耻非舊流不許詳勸强之云欲

覓官職如何不與茹皓婚姻也延明乃從焉
河間王琛宣武時爲定州刺史在州貪惏靈太后詔廢于家琛以孝明始學獻金字孝經又無方自達乃與劉騰爲養息賂騰金寶巨万計騰爲言乃得兼都官尚書
元又京兆王黎之繼子靈太后臨朝以妹夫累加侍中領軍孝明呼爲姨夫帝徙御徽音殿又亦入宮殿又曲盡佞媚
元悅清河王懌之弟爲性不倫俶儻難測孝明時懌爲元又所害了無讎恨之意乃以桑落酒候伺之盡

其私佞又大喜以爲侍中太尉
城陽王徽孝莊時爲侍中大司馬性佞媚善自取容一狎内外之意宗室親戚莫與比焉
臨淮王孝友仕東魏孝静爲滄州刺史性無骨鯁看事權勢爲正直者所譏
北齊高陽康穆王湜文宣爲尚書令以滑稽便辟有寵於帝嘗在左右行杖以撻諸王太后深銜之
唐李道古嗣曹王臯之子爲司門員外郎便佞巧宦早升朝籍嘗以酒肴綦博游公卿間角賭之際僞爲不勝而厚償之故當時有虛名而嗜利者悉與之狎

歷利隋唐睦四州刺史黜中鄂岳觀察使

奢僭

書稱敦叙九族詩美本枝百世夫王者厚盤石維城之固盛犬牙麟趾之風是以錫土宇分寶玉展親立愛斯爲可知而有禮越嘗經制踰王憲忽滿盈之戒肆汰侈之意僭擬服御擅修甲兵信用邪謀罔遵軌度大則身坐小或國除可爲痛惜也
漢梁孝王武文帝子爲大國君天下膏腴地北界泰山西至高陽陳留北縣四方十餘城多大縣孝王大后少子愛之賞賜不可勝道道謂言也於是孝王築東苑方三

百餘里廣睢陽城七十里更廣大之也晉太康地記云城方十三里梁孝王築之鼓倡節杵而後下和之者稱睢陽曲今踵以爲故故今之樂家睢陽曲是其遺音大治宮室爲復道自宮連屬於平臺三十餘里平臺在大梁東北離宮所在也得賜天子旌旗從千乘萬騎出稱警入言趕警者戒肅也趕止行人也言出入者互文耳出亦有趕漢儀注黃帝輦動左右侍帷幄者稱警出殿則傳蹕止人清道也儗於天子儗比也音擬招延四方豪傑自山東游士莫不至齊人羊勝公孫詭鄒陽之屬言皆游梁公孫詭多奇邪初見日王賜千金官至中尉號曰公孫將軍多作兵弩弓數十萬而府庫金錢且百鉅萬鉅萬百萬也且百萬者言凡百也珠玉寶器多於京師孝王未死時財以鉅萬不以

勝數及死藏府餘黄金尚四十餘萬斤他財物稱是
魯恭王餘景帝子治宫室苑囿狗馬季年好音季年末年
江都易王非景帝子好氣力治宫館招四方豪傑奢
甚
後漢琅琊王京光武子孝脩宫室窮其伎巧殿館壁
帶皆飾以金銀壁帶壁中之横木也以金銀爲釭飾其上
齊南安王康光武子多殖財貨大修宫室奴婢至千
四百人廐馬千四百匹私田八百頃奢侈恣欲游觀
無節
陳王均明帝孫敬王羨之子嗣立多不法遂行天子

大射禮
魏曹爽太子族子眞之子爲大將軍飲食車服擬於
乘輿尚方珍元充牣其家妻妾盈後庭又私取先帝
才人七八人將吏師工鼓吹良家子女三十三人皆
以爲伎樂詐作詔書發人才五十七人送鄴臺使先
帝婕妤教習爲伎擅取太廟樂器禁武庫兵作窟室
綺疏四周數與何宴等會其中縱酒作樂
晉齊武閔王冏獻王攸之子爲大司馬築第館椽屬
四十人比取五穀市南開諸署毀壞廛舍以數百使
大匠營制與西宫等處千秋門墻以通西閤後方施

鍾懸前庭舞八佾沉於酒色不入朝見
竟陵王陵義陽王望子在國殖財貨奢僭踰制旣而
都督兗州徵求民不堪命
宋彭城王義康高祖子文帝時以大將軍領司徒私
置僮六千餘人不以言臺時四方獻饋皆以上品薦
義康而以次者供御帝嘗冬月噉柑歎而形味並劣
義康在坐曰今年柑殊有佳者遣還東府取柑大供
御者三寸
江夏王義恭高祖子文帝時以太尉領司徒年給相
府錢二千萬他物稱此而義恭性奢用嘗不足帝又

别給錢年至千萬
南郡王義宣高祖子爲荆雍都督多畜嬪媵後房千
餘尼媪數百男女三十人崇飾綺麗費用殺廣
南齊廬陵王子卿世祖第三子爲荆州刺史在鎭營
造服飾多違制度帝勑之曰我前後有勑非復一兩
道諸王不得作乖飾汝何意都不憶吾勑邪忽作瑇
瑁乘具詔責之令速送都又作銀鐙金薄箭脚亦便
速壞去凡諸服章自今不啓吾知復專輙作者後所
聞當復得痛杖
梁臨川王宏高祖弟爲司徒驃騎大將軍縱恣不休

奢侈過度修第擬於帝宮後庭數百千人皆極天下之選所幸江無畏服玩侔於齊東昏潘妃寶綵直千萬好食鱝魚頭嘗日進三百其他珍膳盈溢後房食之不盡棄諸道路江本吳氏女也世有國色親從子女遍遊王侯後宮男兒兄弟九人因權勢橫於都下

衡山侯恭南平王偉之子性尚華侈廣營第宅重齋步閣模寫宮殿尤好賓友酣宴終辰座客滿筵言談不倦時元帝居藩頗事聲譽勤心著述卮酒未嘗妄進恭每從容謂曰下官歷觀時人多有不好懽興乃仰眠床上看屋梁而著書千秋萬歲誰傳此者勞神

苦思竟不成名豈知臨清風對朗月登山泛水肆意酣歌也

後魏曲陽侯素延桓帝之後道武留心黃老欲以純風化俗雖乘輿服御皆去彫飾素延奢侈過度帝深銜之積其過因徵坐賜死

北海王詳孝文子宣武時以季父崇罷位望兼極而貪冒無厭珍麗充盈聲色侈縱建飾第宇開起山池所費巨萬

京兆王愉孝文子與弟廣平王懷頗相夸尚競慕奢麗貪縱不法於是宣武攝愉禁中推案杖愉五十出為冀州刺史

北齊清河王岳神武王從父弟性華侈尤悅酒色歌姬女舞陳鼎擊鍾諸王不及也

河南王孝瑜文襄之長子初文襄於鄴東起山池遊觀時俗眩之孝瑜遂於弟作水堂龍舟植幡矟於舟上數集諸弟宴射為樂武成幸其弟見而悅之故盛興後園之翫於是貴賤慕斆處處營造

隋秦孝王俊高祖子初仁恕慈愛其後漸奢侈違犯度制出錢求息民吏苦之帝遣使案其事與相連坐者百餘人俊猶不悛於是盛治宮室窮極侈麗俊有

巧思每親運斤斧工巧之羅飾以珠玉為妃作七寶冪籬又為水殿香塗粉壁玉砌金堦梁柱楣棟之間周以明鏡間以寶珠極彫飾之美每與賓客妓女絃歌於其上

蜀王秀高祖子性好奢僭其長史元嵒為人每循法度嵒卒之後竟行其志漸致非法造渾天儀司南車記里鼓凡所被服擬於天子又共妃出獵以彈彈人多捕山獠以充宦者寮佐無能諫止及秀得罪帝曰元嵒若在吾兒豈有是乎

唐河間王李恭高祖從父兄子性奢豪重遊宴歌姬

舞女有百餘人
隴西郡王博乂高祖兄子有妓妾數百人皆曳羅綺
餘梁内與其弟渤海王奉慈俱以貪縱爲時所鄙
彭王元則高祖子太宗貞觀中除遂州都督尋坐章
服奢僭免官
蔣王惲太宗子高宗永徽中自安州都督移梁州都
督惲在安州多造器用服翫及將行有遞車四百兩
州縣不堪其勞爲有司所劾帝特宥之

躭溺

自昔宗茲建之制恢長世之經三代而下率繇此道

所以隆宗屏之寄廣勝附之勢自非進德而有度好
善而無斁亦曷能綏吉祿而輔帝室哉乃有弗率訓
典肆其驕侈嗜好無極沉湎乖節以至忠賢疏斥新
謏昵侍靡蹇朝憲罔顧人理蒞事煩而失叙御戎紛
而不整亦有流宕忘返縱馳忝甚違道悠義以隕厥
緒者蓋不乏焉斯可戒也已
漢中山王勝爲人樂酒好肉嘗與趙三彭祖相非曰
兄爲王專代吏治事王者當日聽音樂御聲色
魯恭王餘好治室苑囿狗馬季年好音樂餘子安王
先初好音樂輿馬晚節遴愼唯恐不足於財
魏陳思王植任性而行飲酒不節建安二十四年曹
仁爲關羽所圍太祖以植爲南中郎將行征虜將軍
欲遣救仁呼有所勑戒植醉不能受命於是悔而罷
之
晉會稽王道子爲驃騎將軍録尚書六條事開府領
司徒道子大元以後爲長夜之宴蓬首昏目政事多
闕後王恭舉兵朝廷憂懼内外戒嚴道子子征虜將
軍元顯謂道子曰去年不討恭致有今役今若復從
其欲則大宰之禍至矣道子曰飲醇酒而委事於元
顯會道子有疾加以昏醉元顯知朝望去之謀奪其

權諷天子解道子揚州司徒而道子不之覺旣而道
子酒醒方知去職於是大怒而無如之何旣而孫恩
乘釁作亂加道子黃鉞元顯爲中軍以討之又加元
顯録尚書事然道子爲長夜之飲政無大小一委元
顯
宋江夏王義恭性嗜酒不節日時移變自始至終累
遷第宅與人遊款意好亦多不終而奢侈無度不愛
財寶左右親幸者一日乞與或一二百萬小有忤意
輒追奪之大明時資供豐厚而用嘗不足賒市百姓
物無錢可還民有通辭求錢者輒題後作厚字

新渝侯義宗爲太子左衛率文帝元嘉八年坐門生杜德靈放横打人還第内藏義宗隱蔽之免官德靈權有姿色爲義宗所愛寵

衡陽王義季素嗜酒自彭城王義康廢後遂爲長夜飲略少醒日文帝詰責之曰此非爲傷事業亦自損性皆汝所諳近長沙兄弟皆緣此致故將軍蘇徽耽酒成疾旦夕待盡一門無比酣法於汝何得之義季雖奉旨酣縱不改成疾元嘉二十二年遷徐州刺史明年魏攻邊北州擾動義季慮禍不欲功勤自業無他經略唯飲而已文帝又詔責之

梁汝南侯堅性頗庸短侯景圍城堅屯太陽門終日蒲飲不撫軍政吏士有功未嘗申理疫癘所加亦不存恤士咸憤怨

陳新安王伯固爲南徐州刺史性嗜酒而不好積聚所得祿俸用度無節酣醉以後多所乞丐於諸王之中最爲貧窶宣帝每矜之特加賞賜

後魏新興王俊好酒色多越法度

齊郡王簡性好酒不能治公私之事妻嘗氏燕郡公嘗喜女色文明太后以賜簡嘗性幹家事頗節斷簡酒乃至於盗竊求乞侍婢卒不能禁

咸陽王禧加侍中太尉禧性驕奢貪婪財色姬妾數十意尚不已衣被繡綺車乘鮮麗猶遠有簡聘以恣其情

京兆王愉爲中書監宣武爲納順皇后妹爲妃而不見禮荅愉在徐州納妾李氏本姓楊東郡人夜聞其歌悦之遂被寵嬖罷州還京欲進貴之託右中郎將趙郡李恃顯爲之養父就之禮迎産子寶月順皇后召李入宫毁擊之强令爲尼於内以子付妃養之歲餘后父子竟以后久無所誕乃上表勸廣嬪御因令后歸李於愉舊愛更甚

汝南王悦爲性不倫俶儻難測其妃閭氏即東海公之女生一子不見禮荅有崔延夏者以左道與悦遊合服仙藥松木之屬時輕與出採之宿於城外小人之所遂斷酒肉粟稻唯食麥飯絶房中輕忽妃妾至加棰撻同之婢使悦之出也妃任於别弟靈太后勑簡問之引入窮悦事故妃病杖床蓐瘡尚未愈太后因悦之杖妃乃下令禁斷令諸親王及三蕃其有正妃疾患百日以上遣奏聞若有獨行捶撻就削封位

元又京兆王黎之子耽酒好色

元嘉廣陽王建之子好飲酒或酣醉在宣武前言笑

自得無所忌憚

元子孝陽平王新成之子善笑謔好酒

元坦咸陽王禧第七子性好畋漁無日不出秋冬獵鷂兎春夏捕魚蟹鷹大嘗數百頭自言寧三日不食不能一日不獵

元仲景魏之宗室孝武帝將入關授仲景中軍大都督留京師齊神武欲至雒陽仲景遂棄妻子追駕至長安仍除尚書右僕射封順陽王仲景既失妻子乃娶故爾朱天光妻列氏本娼女有美色仲景甚重之經數年前妻叔袁紇氏自雒陽間行至列遂從居冀

宅久之有姦事露詔仲景殺之仲景寵情愈至謬殺一婢蒙其屍而厚葬以代爲列徙於密處人莫知其詐仲景三子濟鍾奉數袁紇氏生也皆以宗室早歷清官仲景以列尚在恐妻子漏之乃謀殺叔袁紇先紇覺後欲陰害列列謂從叔曰若紇殺我必投我廁中我告丞相冀或不死若不理首慾猶理我好地爾爲我告之奴遂告周文帝周文依奏詔笞仲景一百免右僕射以爲歸第列以自告免而逐之仲景猶私不已又有告者詔仲笞一百付宗正官爵盡除仲景仍通馬後周文以其歷任有名且扶策追駕乃奏復官爵也列叔袁紇於是同居

北齊平秦王歸彥神武族弟少質朴後更改節放縱好聲色朝夕酣歌

贈建國侯伏護字臣授神武族弟靈山之子爲黃門侍郎歷事數朝嘗參機要而性嗜酒每多醉失末路逾劇乃至連日不食專事酣酒神識恍惚遂以卒

右僕射元海神武從孫初爲散騎常侍頗處山林修竹釋典文宣許之乃入林慮山經二年絶棄人事志不固自啓求歸徵復本任便縱酒肆情廣納姬侍

唐河間王孝恭頗好酒德太宗貞觀中與唐儉等聚

宴醉甚夜臥街中樹下及旦而薨

巢王元吉性好畋獵守并州嘗載網罟三十餘兩自言我寧三日不食不能一日不獵

河東郡王瓘落拓不脩名簡嗜酒色歷官至太僕卿沉醉暴卒

邠王守禮玄宗開元初歷虢隴等六州刺史唯弋獵妓樂飲謔而已九年以後諸王並徵還京師守禮貪淫縱欲不脩風教男女有五十餘人高歌擊鼓日以爲嘗或有諫之者守禮曰豈有天子兄死無人葬諸王因內讌之際話之以爲歡笑

梁傳王友文爲東京留守嗜酒頗怠於爲政

册府元龜

巡按福建監察御史臣李嗣京　訂正
分守建南道左布政使臣胡維霖　參閱
知建陽縣事臣黃國琦較釋

宗室部

專恣　害賢　禍敗

專恣

傳曰專命則不孝書曰縱敗禮斯皆惡之大者焉若無聊肆帝裔託體皇極宜乎念肺附之重遵磐石之訓保厥土宇作爲屏翰其有忘戒策之訓背師傅之

教窮滋味之好極游觀之美昧稼穡之理重私嬖之欲以至不式王命廢亂典常虐用下民暱愛近習殘賊不道恣侈無厭干有司之議抵王者之禁至於幽廢誅削而不悔焉於戲魯哀有言謂罔知乎憂懼仲尼立教俾深戒乎性習者良可述夫

漢陽丘侯偃景帝日年坐出國界削爲司寇嘗山憲王舜景帝特驕淫數犯禁

膠西于王端數犯法漢公卿數請誅之景帝弗忍而端所爲滋甚廬江王賜以邊越使使相交（邊越者邊界與越相接也）

濟川王明武帝建元三年坐殺中傅廢遷房陵

濟東王彭離武帝時坐殺人廢徙上庸

臨江愍王榮坐侵廟壖地爲宮殺自黜

江陽侯仁宣帝元康元年坐役使附落免

祝茲侯延年棄印綬出國免

廣陵厲王胥動作無法度

南陵侯慶坐爲沛郡太守横恣罔上下獄疾死

長沙刺王建德宣帝時坐獵縱火燔民九十六家殺二人以縣官事怨内史數人誣告以棄市罪削八縣

廣川王去本始三年坐悖虐聽后昭信讒言燔燒烹

煮生割剝人距師之諫殺其父子凡殺無辜十六人至一家母子三人廢徙上庸去道自殺

東平思王宇元帝初就國壯大通姦犯法

後王楚王英光武建武十五年封英少時好游俠交通賓客

東海靜王政明帝時中山簡王焉薨政詣中山會葬私取簡王姬徐妃又盜迎掖庭出女豫州刺史魯相奏請誅政有詔削薛縣

濟南安王康在國不循法度交通賓客後人上書告康招來州郡姦猾漁陽顏忠劉子產等又多遣其緹

緡帛按圖書讖議不軌事下考案削五縣
趙惠王乾安帝時坐白衣出司馬門削中丘縣王宫門有
兵衛亦爲司馬門東觀記曰乾私出国到魏郡鄴易
陽止宿亭令叔金孟取亭席金與亭佐孟常争言以
刃傷常部吏追逐乾藏逃金紋殺之懸
其屍道邊樹相国舉奏詔書削中丘縣
河間惠王政傲佷不法奉憲順帝以沈景爲相國謁
王王不正服箕踞詔書讓政
魏任城王楷坐私遣官屬詣中尚方作禁物削縣二
千戸
臨淄侯植嘗乘車行馳道中開司馬門出太祖大怒
彭城王據明帝景初元年坐私遣人詣中尚方作禁

物削二千戸
東平靈王徽青龍二年使官屬撾壽張縣吏爲有司
所奏詔削縣一戸五伯
趙王乾私通賓客有司所奏
東海定王霖性麤暴閨中之内婢妾之間多所殘害
吳齊王奮居武昌廢帝祕諸葛恪不欲諸王處濱江
兵馬之地徙奮於豫章奮怒不從命又數越法度
晉竟陵王茂都督兗州刺史在州徵求不已郡縣不
堪命
東安王繇誅楊駿之際屯雲龍門兼統諸軍是日誅
賞三百餘人皆自繇出東夷校尉文俶父欽爲繇外
祖諸葛誕所殺繇慮俶爲舅家之患是日亦以非罪
誅俶
彭城王玄會庾戍制不得藏戸玄匿五戸桓溫表玄
犯禁收付廷尉而宥之
通吉亭侯勲領西戎校尉爲政暴虐至於治中別駕
及州之豪右言語忤意即於坐梟斬之或引弓自射
西土患其凶虐
譙郡王文思性凶暴多殺弗辜好獵燒人墳墓數爲
有司所糾

會稽思世子道生性疏躁不修行業多失禮度竟以
幽廢而卒
宋彭城王義康以大將軍領司徒辟召掾屬義康素
無術學闇於大體自謂兄弟至親不復存君臣形迹
率心逕行曾無猜防私置僮部六千餘人不以言臺
四方獻饋皆以上品薦義康而以次者供御文帝嘗
冬月噉柑歎其形味並劣義康在坐曰今年柑殊有
佳者遣人還東府取大柑大供御者三寸
竟陵王誕文帝子孝武性多猜頗相疑憚而誕造立
第舍窮極工巧園池之美冠於郡縣多聚才力之士

實之第內精甲利罷莫非上品
武昌王渾少王而凶戾嘗出石頭怨左右人拔防身刀斫之後爲中書令裸身露臂徃散騎戲因彎弓射通直郎周朗中其枕爲笑樂出爲雍州刺史至鎮與左右人作文檄自號楚王號年爲永光元年備置百官以爲戲笑
海陵王休茂性急疾欲自專司馬庾深之美禁之嘗懷忿怒
南郡王義宣鎮荆州十年兵強財富既首創大義威名著于天下凡所求欲無不必從朝廷所下制度意

所不同者一不遵承嘗與孝武酒先自酌飲封送所餘其不識大體如此
江夏王義恭鎮彭城魯郡孔子舊廟有栢樹二十四株經歷漢晉其大連抱有二株先倒折士人崇敬莫之敢犯義恭悉遣人伐取父老莫不歎息後爲大宰錄尚書事領丹陽尹侍中義恭遊行或三五里孝武恣其所之東至吳郡登虎山又登無錫縣烏山以望太湖
晉平王休祐很戾強梁前後忤明帝非一在荆州時左右苑景達善彈碁帝召之休祐留不遣怒詰責之曰汝剛房如此豈爲下之義
南齊廬陵王子卿爲荆州刺史在鎮營造服飾多違制度遷南豫州刺史之鎮道中戲部伍爲水軍武帝聞之殺其典籤徵還
魚復侯子響初爲輔國將軍豫章王嶷無子養子響旣出繼車服異諸王每入朝忿怒拳打車壁後爲荆州刺史數在齋內殺牛置酒與左右聚樂令內人私作錦袍絳襖欲餉蠻交易罷伏
南康王方泰爲都督豫章郡諸軍事豫章內史在郡不修民事秩滿之際屢放部曲爲劫又縱火燒邑居

因行暴虐代至又淹留不還
梁邵陵王綸爲揚州刺史綸素驕縱欲盛飾服遣人就京賒買錦綵絲布數百疋擬與左右職局防閤爲降衫內人帳幔百姓並關閉邸居不出基續使少府市綵經時不能得勑責府丞何智通具以聞因被責還第嘗遣心腹馬客戴子高戴氏李撤趙智英等於路尋日智通於白馬巷逢之以槊刺之刃出於背智通以血書壁作邵陵字乃絶遂知之武帝懸錢百萬購賊有西州遊軍將宋鵲子條姓名以啓勑遣舍人諸曇粲領齊伏五百人圍綸弟於內人檻中禽氏撤

智英及子高子高驍勇踰墻突圍遂免瓜等智通子散之割炙食之即戴出新亭四面火炙之燋熟散車載錢設鹽蒜顧百姓撒一臠賞錢一千徒黨幷毋肉遂盡綸鎮在第舍人諸曇祭幷主帥領仗身守視免爲庶人

豐城侯泰爲譙州刺史江北人情獷強前後刺史並綏撫之泰至州便遍發人丁使擔腰輿扇繖等物不限士庶耻爲者重加刑多輸財者即放免之於是人皆思亂及侯景至人無戰心乃先覆敗

後梁河間王岑位至太尉性簡貴及後王嗣位自以

望重屬尊頗有不法

陳武陵王伯禮爲雲旗將軍持節都督吳興諸軍事吳興太守在郡恣行暴掠驅録民下逼奪財貨前後委足百姓患之

始興王叔陵爲揚州刺史治在東府事務多關治省閤執事之司承意順旨即諷上進用之微致違忤必抵以大罪重者至殊罪死道路籍籍皆言其有非常志

長沙王叔堅爲驃騎將軍時後主患瘡不能視事政無大小悉委叔堅決之於是勢傾朝野叔堅因肆驕縱事多不法

會稽王莊性嚴酷年數歲左右有不如意輒剟刺其面或加燒爇

後魏清河王紹道武長子兇狠險悖不遵教訓好輕遊里巷刼剥行人斫射犬豕以爲戲樂

樂良王萬壽孫長命襲爵坐殺人賜死國除長命子忠文成時復爵爲太常少卿帝泛舟天泉池忠著紅羅襦繡作領碧袖袴錦爲緣帝謂曰朝廷衣冠應有常式何爲着此不戢衣忠曰臣少來所愛情存綺羅歌衣舞服是臣所願帝曰人之無良有至於此

安樂王爲定州刺史頗辱衣冠多不奉法百姓詣闕訟之孝文罰杖三十

廣陽王深孝明帝時爲常山刺史在州多所受納政以賄成私家有馬千匹者必取百匹以此爲常

濟陰王誕爲齊州刺史在州貪暴太爲人患牛馬騾驢無不逼奪家之奴隸悉迫取良人爲婦有沙門爲誕採藥還見誕問外消息對曰惟聞王貪願王早代誕曰齊州七萬家吾來一家未得三十錢何得言貪

元麗爲雍州刺史爲政嚴酷其妻崔氏誕一男麗遂出州獄死囚及徒流案未申臺者一時放免

元乂先納靈太后妹爲宗室孝明帝初太后朝乂爲侍中領軍既在門下兼摠禁兵深爲靈太后所信委太傅清河王懌以親賢輔政參決以機事乂恃寵驕盈志欲無限懌裁之以法乂輕其爲人每欲斥黜之令黄門胡度等誣告懌置毒藥御食中殺之假爲靈太后辭遜之詔乂遂與太師高陽王雍等輔政常直禁中孝明呼爲姨夫自後專總機要巨細決之威振於内外百僚重跡相州刺史中山王熙抗表起義以討乂爲明不果見誅乂尋遷衛將軍餘如故靈太后與孝明讌於西林園日暮還宫右衛將軍奚康生復

欲圖乂不克而誅是後孝明徙御徽音殿乂亦入居殿右既在密近曲盡佞媚以承上旨遂蒙寵信出入禁中常令勇士持刀劍自先後公私行止彌加威防乂於千秋門外廠下施木闌檻有時出入止息其中腹心防守以備竊發人物來見者遥對之而已自劉騰死後防衛微緩兵乂頗亦寛時宿於外每日出遊留連他邑靈太后後察知之乂積習生常無復虞慮其所親諫乂亦不納

元謐除大司農卿遷幽州刺史謐妃胡氏靈太后從女也坐毆其妃免官後除都官尚書車駕出拜圜丘謐與妃乘赤馬犯鹵簿爲御史所彈靈太后特不問

元和爲東郡太守先是郡人孫天恩家豪富嘗與和爭地遣奴客打和垂死至此和誣天恩與北賊來往父子兄弟一時俱戮資財田宅皆沒官天恩宗族欲詣闕訴寃以和乂之親不敢告列

清河王懌弟悦爲侍中太尉臨拜日就懌子亶求懌服玩之物不時稱旨乃亶杖之百下

北齊上黨王渙與常山王演等築伐惡諸城遂聚鄴下輕薄淩犯郡縣爲法司所糾文宣戮其左右數人渙亦被譴

安德王延宗爲定州刺史以囚試刀驗其利鈍驕縱多不法

隴西王紹廉兄紹義爲清郡尹未及理事紹廉先往喚囚悉出率意決遣之

唐襄邑郡王神符爲揚州都督少威嚴不爲郡下所肅後因入朝多將公廨錢帛以供私費又令所在親昵統軍知府留事太宗謂神符曰公廨府官供有多取豈廉潔耶且都督入朝在府長史以下官屬備具何緣別任武人以爲留守然以戚屬不之罪也

漢王元昌爲梁州都督在州頗違憲法太宗手勑責

之務不自咎更懷怨望
滕王元嬰高宗時爲金州刺史驕縱逸遊動作失度帝與書誡之後爲洪州都督又數犯憲章
蜀王愔爲岐州刺史愔嘗非理歐擊所部縣令又畋獵無度數爲非法
越王貞高宗時歷楊州刺史都督相州刺史安州都督所在暱狎群小聽受讒言官僚有正直者多被貶退又放恣奴客侵暴部人繇是皆鄙其行
梁嗣廣王友諒繼歷藩郡多行不法
後唐秦王從榮爲大元帥從榮乃請以嚴衛捧聖步

騎兩指揮爲秦府衙兵自每入朝以數百騎從行出則張弓挾矢馳騁盈巷旣受元帥之命卽令其府屬僚佐及四方遊士各試檄淮南書一道陳已將廓淸宇內之意初言事者請爲親王置師傅明宗顧問近臣執政以從榮名勢旣隆不敢忤旨卽奏云王官宜委從榮乃奏刑部侍郎劉贊爲王傅又奏翰林學士崔梲爲元帥府判官明宗曰學士代予詔令不可擬議從榮不悅退謂左右曰旣付以元帥之任而阻予請僚佐又未諭制旨也復奏刑部侍郎任贊從之

害賢

古者庶子之官實掌公族教之以孝悌申之以睦然後邦國有倫而衆嚮方矣夫本支之戚䁥莫加焉茅土之胙厚莫重焉榮祿寵章釋其顧盼膏粱紈綺充其嗜好有能屬而知禮高而思危固因睦之親識爲善之樂者蓋云鮮矣矧自王政不綱懿親道廢麟趾之風缺棣華之賦興小則席寵寖深恣陵蕩之志大則分封踰盜萌負恃之心至使正士抗辭假手於於遺論忠臣發忿翦滋蔓於禍基裁正所申觖望斯作惡直醜正怨天尤人苟憯毒之所加殆夷滅而無類禍敗之始嘗必繇之是用徵彼舊聞列其行事覆

車之轍昭然可觀
漢梁孝王武與景帝皆竇太后所生景帝廢栗太后太子心欲以梁王爲嗣大臣及袁盎等有所關說於帝太后議格音閣孝王不敢復言太后以嗣事後立膠東王爲太子梁王怨盎及議臣乃使羊勝公孫詭之屬謀陰使人刺殺袁盎及他議臣十餘人
吳孫綝堅弟靖之曾孫爲侍中武衛將軍領中外諸軍事廢帝太平二年朱異假節爲大都督救壽春圍不解還軍爲綝所枉害吳錄載綝要異相見將往乃陸抗止之異曰子通家人耳當何所疑乎遂往綝使力人於坐上取之異曰我吳國忠臣有何罪乎乃指殺之

晉齊王冏惠帝時爲大司馬以順陽人王豹爲主簿
冏驕失天下心豹致牋於冏詞甚切直冏令曰得前
後白事具事輒别思也會長沙王乂至於冏案上見
豹牋謂冏曰小子離間骨肉何不銅駞下捘殺冏既
不能嘉豹之策遂納乂言乃奏豹曰臣忿姦凶肆逆
皇祚顛墜與成都長沙新野共興義兵安復社稷唯
欲戮力皇家與親親宗室腹心從事此臣宿夜自誓
無負神明而主簿王豹比有白事敢造異端謂臣忝
備宰相必遘危害慮在一旦不祥之聲可蹻足而待
欲臣與成都分陝爲伯盡出藩王上誣聖朝鑒御之

威下畏妖惑疑阻衆心噂喈背增巧賣兩端訕上謗
下譏内間外遘惡導奸坐生猜嫌昔孔丘佐魯而誅
少正子産相鄭先戮鄧析誠以交亂名實若趙高詭
怪之類也豹爲臣不忠不順不義輒勅都街考竟以
明邪正豹將死曰懸吾頭大司馬門見兵之攻齊也
衆庶冤之又奏殿中御史桓豹奏事不先經冏府即
考竟之於是朝廷側目海内失望矣
楚王瑋武帝子也初衛瓘爲太保録尚書事與汝南
王亮共輔朝政亮奏遣諸王還藩與朝臣廷議無敢
應者唯瓘贊其事瑋繇是憾焉賈后素怨瓘且忌其
方直不得騁己淫虐又聞瓘與瑋有隙遂謗瓘與亮
欲爲伊霍之事啓惠帝作手詔使瑋免瓘等官黃門
齎詔授瑋瑋性輕險欲騁私怨夜使清河王遐收瓘
左右疑遐矯詔咸諫曰禮律刑名台輔大臣未有此
比且請距之須自表得報就戮未晚也瓘不從遂與
子嘗嶽裔及孫等九人同被害
趙王倫宣帝子也惠帝時諂事賈后裴頠甚惡之倫
數求官頠與張華復固執不許繇是深爲倫所怨倫
又日懷篡逆欲先除朝望因廢賈后之際遂與華同
被誅時年三十四二子嵩該倫亦欲害之梁王肜東

海王越稱頠父秀有勳王室配食太廟不宜滅其後
嗣故不得死又解系爲雍州刺史揚烈將軍西戎校
尉會氐羌叛時倫爲征西將軍系與倫討之倫信用
佞人孫秀與系爭軍事更相表奏朝廷知系守正不
撓而召倫還系表殺秀以謝氐羌不從倫秀譖之系
坐免官以白衣還第閉門自守及張華裴頠之被誅
也倫秀以宿憾收系兄弟梁王肜救系倫怒曰我於
水中見蟹且惡之況此人兄弟輕我耶此而可忍孰
不可忍肜苦爭之不得遂害之并戮其妻子
河間王顒鎮關中皇甫重爲秦州刺史重弟商爲長

汝王乂參軍顒將李含先與商重有隙每御之及此說顒曰商爲乂所任重終不爲含用宜急除之以去一方之患可表遷重爲内職因其經長安乃執之重知其謀乃露檄上尚書以顒信任李含將欲爲亂召集隴上士衆以討含爲名乂以兵革累興今始寧息表請遣使詔重罷兵徵含爲河南尹含旣就徵重不奉詔顒之金城太守游楷隴西太守韓稚等四郡兵攻之成都王穎與顒起兵共攻乂以討后父尚書僕射羊玄之及商爲名乂以商爲左將軍河東太守領萬餘人於鈌門距張方爲方所斫顒軍遂進乂旣屢

敗乃使商間行齎帝手詔使游楷盡罷兵令重進軍討顒商行過長安至新平遇其從甥素憎商以告顒顒捕得商殺之乂旣敗重猶堅守閉塞外門城内莫知而四郡兵築土山攻城重輒以連弩射之所在爲地窟以防外攻權變百端外軍不得近城將士爲之死戰顒之不可攻乃上表求遣御史宣詔諭之令降重知非朝廷本意不奉詔獲御史騶人問曰我弟將兵來欲至未騶云已爲河間王所害重失色力殺騶於是城内知無外救遂共殺重

東海王越惠帝幸長安河間王顒欲挾天子令諸侯越將越兵奉迎天子以太弟中庶子繆播父時故吏委以心膂播從弟右衞率裔之前妃之弟也越遣播裔詣長安說顒令奉帝還雒約與顒分陝爲伯播裔素爲顒所敬信旣相見虛懷從之顒將張方自以罪重懼爲誅首謂顒曰今據形勝之地國富兵强奉天子以號令誰敢不服顒惑方所謀猶豫不决方惡播裔爲越游說陰欲殺之播等亦慮方爲難不敢復言時越兵鋒甚盛顒深憂之播裔乃復說顒急斬方以謝可不勞而安顒從之於是斬方以謝山東諸侯顒後悔之又以兵距越屢爲越所敗帝反舊都播亦從

太弟還雒契闊艱難深相親狎及太弟卽帝位是爲懷帝以播爲給事黄門侍郎俄轉侍中徙中書令任遇日隆專管詔命時越威權自己帝力不能討心甚惡之以播裔等有公輔之量又盡忠故委以心膂越懼爲已害因入朝以兵入宮執播等於帝側帝歎曰姦臣賊子無世無之不自我先不自我後哀哉起執播等手涕泗歔欷不能自禁越遂害之朝野憤惋咸曰善人國之紀也而加虐焉其能終乎及越薨帝贈播衞尉祠以少牢

成都王穎旣以陸機爲將時官人孟玖弟超並爲穎

所嬖寵超領萬人爲小都督未戰縱兵大掠機錄其
主者超將鐵騎百餘人直入機麾下奪之顧謂機曰
狢奴能作督不機司馬孫極勸機殺之機不能用超
宣言於衆曰陸機將反又還書與玖言機持兩端軍
不速決及戰超不受機節度輕兵獨進而沒玖疑機
殺之遂譖機於穎言其有異志將軍王闡郝昌公師
藩等皆玖所用與牽秀等共證之穎大怒使秀密收
機將害陸雲江統蔡克力諫穎遲廻者三日盧志又
曰皆趙王殺中護軍趙浚赦其子驤驤詣明公而擊
趙郎前事也蔡克入至穎前叩頭流血曰雲爲孟玖

所怨遠近莫不聞今果見殺罪無彰驗將令群心疑
惑竊爲明公惜之僚屬隨克入者數十人流涕固請
穎惻然有宥雲色孟玖扶穎入催令殺雲後東海王
越討穎移檄天下亦以機雲兄弟枉害罪狀
會稽世子元顯會稽王道子之子也車武子爲吏部
尚書元顯有過武子與江績密言於道子將奏之事
泄元顯遏令自裁俄而武子卒朝廷傷之
梁武陵王紀僭號于蜀司馬王僧略直兵參軍徐怦
並固諫紀以爲貳於己皆殺之
後魏裴嘗山王素孫昭孝文時爲殿中郎坐事停廢

宣武時昭從弟暉親寵用事稍遷左丞孝明即位于
忠執政昭爲黃門侍郎又曲事之忠專權擅威枉陷
忠賢多昭所指導
唐齊王祐太宗第五子祐不率憲章屢爲非法太宗
以權萬紀爲能轉齊王長史祐既暱近群小畋遊無
度萬紀驟諫不聽內懷憂憤乃條列祐罪因勝令表
首祐懼而從之遣萬紀通表太宗遂厚賞萬紀而深
責於祐禹紀還祐太怒曰長史賣我也勸我令首而
自以爲功必且殺之夾心耳會祐以萬紀奏而被追
群小不逞因而扇祐遂加害焉韋文振性質重初以

較尉從太宗征伐及祐出閤太宗以文振書在左右
謹直選授祐府典軍祐令專典馬坊欲寄心腹文振
每事進諫祐所不納郎語萬紀論之祐內深忿疾而
外且任使及殺萬紀日文振有縱轡馳走追行數里
被箭不能復前因而遇害

禍敗

孽惟自作無可逭之理命或夭折亦咸用之數載諸
方策昭然可見若乃居茂親之地膺夾輔之重邪僻
中積狂悖外恣或因緣間隙潛蓄於異謀或壞亂紀
法卒成於大戮乃有災祥豫見殃咎隨作亡身覆族

貽詬於古以至非辜告逝發憤自殞者咸用編次焉

漢梁懷王揖文帝少子也五年一朝凡再入朝因墮馬死無子國除

梁孝王武景帝弟竇太后少子也栗太子廢太后心欲以梁王爲嗣袁盎等有所關說於景帝太后議格苍王也梁王怨袁盎謀陰使人刺殺袁盎帝繇此益疏王王歸國意忽忽不樂此獵梁山有獻牛足出背上孝王惡之六月中病熱六日薨

臨江王榮孝景之子也坐侵廟壖地爲宮帝徵榮榮行阻於江陵北門既上車軸折車廢江陵父老流涕

竊言曰吾王不反矣榮至詣中尉府對簿中尉郅都薄責許王王恐自殺

廣陵厲王胥武帝子也昭帝時見帝年少無子有覬欲心而楚地巫鬼使天下神祝詛及宣帝即位胥復使巫祝詛如前胥宮園中棗樹生十餘莖莖正赤葉白如池水變赤魚死有鼠晝立舞正后廷中胥謂姬南等曰棗水魚鼠之怪甚可惡也居數月祝詛事發覺有司按驗胥惶恐以綬自絞

燕刺王旦武帝子也昭帝立旦遂招來郡國奸人賦斂銅鐵作甲兵數閱其車騎材官卒建旌旗鼓車旄頭毆與驅同郎中侍從者著貂與黄金附蟬皆號侍中令群臣皆裝是時天雨虹下屬宮中飲井水井水竭廁中豕群出壞大官竈烏鵲鬬死鼠舞殿端門中殿上戶自閉不可開天火燒城門大風壞宮城樓折拔樹水流星下墮后姬以下皆恐王驚疾王客呂廣等知星爲王言當有兵圍城期在九月十月王愈憂恐天子使使者賜燕王璽書旦得書即以綬自絞

東平煬王雲宣帝子東平思王之子也哀帝時無鹽危山土自起覆草如馳道狀又瓠山石轉立雲及后謁自右所祭之治石象瓠山立石束倍草并祠之倍草

黄倍草也建平三年息夫躬孫寵等共因幸臣董賢等告之是時哀帝被疾多所惡事下有司逮王后謁下獄驗治言使巫傅恭婢合歡等祠祭祝詛上爲雲求爲天子雲又與知災異者高尚等指星宿言上疾必不愈雲當得天下石立宣帝起之表也有司請誅王有詔廢徙房陵雲自殺謁棄市

晉趙王倫僭即位親祠太廟遇大風飄折麾蓋時有雉入殿中自太極東階上殿驅之更飛西鐘下有頃飛去又倫於殿上得異鳥問皆不知名累日向夕宮西有素衣小兒言是服劉鳥倫使録小兒并鳥閉置

守室明旦開視戶如故並失人鳥所在倫目上有瘤時以爲妖焉後齊王冏河間王顒成都王穎起兵討倫倫軍敗惠帝反正賜倫死

齊王冏爲大司馬輔政長沙王乂發兵攻冏府擒冏斬於閶闔門外初冏之盛也有一婦人詣大司馬府求寄產吏詰之婦人曰我截齊便去耳識者聞而惡之又謡曰著布袙腹爲齊持服俄而冏誅

長沙厲王乂武帝第六子也齊王冏專權乂起兵相攻冏敗斬之成都王穎遣刺客圖乂又殺之乂前後破穎軍斬獲六七萬人戰久糧乏城中大饑東海王

越收乂送金墉城穎多而殺之初乂執權之始雒下謡曰草木萌芽殺長沙乂以正月二十五日廢二十七日死如謡言焉

南齊南康王子夏武帝第二十三子初武帝夢金翅鳥下殿庭搏食小龍無數乃飛上天明帝時其夢乃驗明帝誅武帝諸子唯臨賀王子岳及弟六人在後帝每歎曰我及司徒諸兒子皆不長高武子孫日長大永泰元年誅子岳等子夏最幼被誅時年七歲

衡陽王遥光太祖長兄衡陽王道度之子也時帝寢武中進號撫軍將軍帝以親近單少憎忌高武子孫欲並誅之遥光晝計參議河東王鉉等七王見殺遥光意東昏即位遥光懼稱疾不復入臺先是遥光行還入城風飄儀繖出城外遥光慮見殺乃起兵戰不利還小齋帳中着衣恰坐秉燭自炤令人反拒齋閤皆重關左右並踰壁散出臺軍王劉國寶時當伯等先入遥光聞外兵至吹贓火扶匐下床軍人排閤入於闇中牽出斬首遥光未敗一日城中皆夢群蛇緣城四出各共說之咸以爲異

後魏樂平王丕明元之子也後坐事以憂死丕之薨及日者董道秀之死也高允遂著筮論曰昔明元末

起白臺其高二十餘丈樂平王嘗夢登其上四望無所見王以問日者董道秀筮之曰大吉王默然有喜色後事發王遂憂死而道秀棄市

南安王楨爲相州刺史孝文太和二十年五月至鄴入城日暴風大雨凍死者十餘人楨又以旱祈雨于群神鄴城有石虎廟人奉祀之楨告虎神像云三日不雨當加鞭罰請雨不驗遂鞭像一百是月疽發背薨

北齊瑯琊王儼武成第三子也後主武平二年出儼居北宮五日一朝儼遂率京畿軍士三千人屯千秋

門帝率宿衛至千秋門欲追殺之儼徒駭散帝拔儼帶刀環亂築儼頭良久乃釋之儼之未獲罪也鄴北城有白馬佛塔是石季龍爲澄公所作儼將修之巫日若動此浮圖北城失主不從破至第一級得白蛇長數丈回旋失之數旬而敗

廣武王長弼少名阿伽性麤武出入城市好毆擊行路時人皆呼爲阿伽郎君後爲營州刺史在州無故自驚走叛匹入突厥竟不知所死

隋齊王暕煬帝子也妃韋氏早卒暕遂與妃姊元氏婦通遂產一女外人皆不得知陰引喬令則於第內

酣宴令則稱慶脫暕帽以爲歡樂召相工令遍視後庭相工指妃姊曰此產子者當爲皇后王貴不可言時國無儲副暕自謂次當得立又以元德太子有三子內常不安陰挾左道爲厭勝之事事覺發帝大怒斬令則等數人妃姊賜死暕自是恩寵日衰從帝在江都宮元會暕具法服將朝無故有血從裳中而下又坐齋中見群鼠數十至前而死視皆無頭尋爲宇文化及亂兵所殺

唐燕王忠高宗長子爲梁州都督轉房州刺史年漸長大常恐不自安或私衣婦人之服以備刺客又數有妖夢嘗自占卜事發廢爲庶人

梁友寧太祖之姪也爲嶺南西道節度使友寧督諸軍進逼營丘月餘不能拔與青人戰于石樓王師小卻友寧旁自峻阜馳騎以赴敵所乘馬躓而仆遂沒於陣友寧將戰之前一日有大白蛇蟠於帳中友寧心惡之遇害焉

冊府元龜

册府元龜

巡按福建監察御史臣李嗣京　訂正
分守建南道左布政使臣胡維霖　參閱
知建陽縣事臣黄國琦　較釋

外戚部一

總序

夫帝王之臨御區宇賢戚並用莫不有外親之助焉故后之父毋列於三恪異姓伯叔紀於春秋築外館者異其禮章褒元舅者垂於雅什毋妻有共黨所以敘於人倫姻婭相謂干以重於古訓而況席九五之

勢當司牧之重內既本乎家敘外亦資其左右太史公稱秦以前略矣靡得而紀焉漢氏之始非有功不侯中葉之後率用推恩之典封爵之數優被外屬班固作表以志其事東漢之世國紀數絶六后稱制委事父兄竝居權要極其貴寵咼國典午洎乎南北以迄於五代莫不因緣宮掖列居爵位其有總鈞樞之重握兵戎之政內侍帷幄參預謀議外臨征鎮式遏方面命數崇大寄任隆異藉親昵之要當倚屬之重富貴既極驕侈不期而自臻名勢既雄中外嚮風而胥附其或躬明哲之美秉謙抑之操深懷兢惕以戒乎泰盛動守淸素以革乎侈心含忠履潔特表乎純亮折節下士姑務於延納敦尚儒術擅稽古之稱周旋諫諍厲匪躬之節以引翼爲己任而薦用賢能以雍睦治家庭而綏和宗黨望實兼著操行特出以至內使寅亮之績而紀律用彰參議小大之務而謀猷允恊外宣保彰之效而民吏是賴克揚威武之烈而勳庸以立名在載籍事先表聽其或貪墨無已陸梁自恣窮豪縱而無檢恃驕肆而費恭殘賊忠賢懷蓄奸詐小則被譴讓之耻大則致夷滅之咎禍福之至召之惟人吉凶之報發乎所履豈謬也哉漢制以列

侯尚公主魏晉之尚主者皆拜駙馬都尉歷代遵之其淑慝之跡咸附於此凡外戚部二十有三門

選尚

昔者堯以二女嬪于虞周以太姬配胡公蓋王姬之下嫁由古道也秦漢而降以選尚爲重義取於承配勢極於崇盛曷嘗不慎擇世胄參求儁望或膺勛之族隆象賢之美或貴戚之懿篤因親之好自魏晉之後著之班籍預國婚之選者悉加駙馬之拜爵品通貴榮寵兼極自非履謙而思義共泰而處約者亦曷能克終而無咎哉

漢張敖趙王耳子也耳薨敖嗣尚高祖長女魯元公主

周勝太公主子也尚文帝女

陳午堂邑侯則曾孫也尚文帝女館陶公主嫖

曹壽相國參之後嗣平陽侯尚景帝女陽信公主是爲平陽主後大將軍衛青旣尊貴而壽有悪疾就國公主問列侯誰賢者左右皆言大將軍主笑曰此出吾家常騎從我柰何左右曰於今尊貴無比於是長公主風白皇后皇后言之武帝乃詔青尚平陽主（平陽侯所尚故稱平陽主）

林慮公主子昭平君尚武帝女夷安公主

芊侯彤跖孫申尚孝武南宮公主元朔六年申坐與父御婢姦罪自殺國除

金日磾本匈奴休屠王太子（磾音丁奚切休音許聊切屠音除）日磾以父不降見殺與母閼氏弟倫俱沒入官輸黃門養馬時年十四矣久之武帝遊宴見馬（方於宴遊之時而召閱諸馬）後宮滿側日磾等數十人牽馬過殿下莫不竊視至日磾不敢磾長八尺二寸容貌甚嚴馬又肥好帝異而問之具以本狀對帝奇焉即日賜湯以衣冠拜爲馬監遷侍中駙馬都尉光祿大夫日磾旣親近未嘗有過失

薛宣爲特進封高陽侯妻死而宣帝女敬武長公主寡居成帝令宣尚焉

後漢李通素與光武相約結定謀議更始使通持節還鎮荊州通因娶光武女弟伯姬光武即位徵通爲衛尉伯姬封寧平公

鄧晨初娶光武姊元漢兵敗小長安元及三女皆遇害元後追爵爲新野君

竇穆融長子也尚內黃公主穆代叔父友爲城門校尉

竇勳穆子也尚泚陽公主

竇固融弟友之子也尚光武女涅陽公主爲黃門侍郎

梁松爲太僕封廷陵鄉侯尚光武女舞陽公主義王（松純之子其傳云尚光武女舞陰公主又鄧訓傳舞陰公主子梁扈有罪訓與交通此云舞陽誤矣）

韓光爲駙馬都尉尚光武館陶公主紅夫

郭璜況子也爲長樂少府封陽安侯尚光武淯陽公主禮

劉豐新陽侯就子也尚光武酈邑公主綬（綬一作緩）

馮柱魴子也爲將作大匠封陽邑侯尚明帝獲嘉公

主姬
馮順勳子也爲大鴻臚尚明帝平陽公主奴
耿襲弇弟舒之子也尚明帝隆慮公主迎迎或作延
鄧乾晨之子禹之孫也襲封高密侯尚明帝沁水公主致
鄧蕃爲侍中封昌安侯尚明帝平皐公主王小姬蕃禹之孫也
王度符子霸之孫也爲黄門侍郎封軑侯尚明帝浚儀公主
來稜爲黄門侍郎征羌侯褒之世子也尚明帝武

安公主惠
馮由爲黄門侍郎尚章帝平邑公主玉
賈建爲侍中封郾壘侯參子復之曾孫尚章帝臨穎公主利
班始尚順帝姑陰城公主
耿良弇玄孫一名無禁位至侍中尚濮陽公主
來定爲虎賁中郎將歙曾孫歷之子也尚安帝妹平氏公主
鄧褒禹之玄孫爲少府尚舞陰公主
耿援弇之孫爲河陽大守尚桓帝妹長社公主
伏完湛五世孫爲輔國將軍封不其侯尚順帝女陽安公主華
魏夏侯惇子楙歷位侍中尚書安西鎮東將軍尚太祖女清河公主楙在西時多畜伎妾公主與楙不和
何晏進之孫也晏母尹氏爲太祖夫人晏長於宫省尚文帝金鄉公主即晏同母妹
荀惲彧之長子嗣敬侯官至虎賁中郎將初文帝與平原侯植並有擬論文帝曲禮事彧及彧卒惲又與植善而與夏侯尚不穆文帝深恨惲惲早卒子甝霬以外甥故猶寵待

蜀諸葛喬亮兄瑾之第二子也亮以喬爲已適子拜駙馬都尉又亮子瞻年十七尚公主拜駙馬都尉
吴周循瑜之子大帝步夫人生二女長曰魯班字大虎次曰魯育字小虎循尚魯班循卒後配衛將軍全琮
朱據爲建義都尉黄龍元年遷都建業徵據尚公主魯育拜左將軍封雲陽侯主後配劉纂吴歷曰纂先尚大帝中女早卒又以小虎爲繼室
顧邵雍之長子博覽書傳好樂人倫風聲流聞遠近稱之大帝妻以策女

朱治子紀大帝以策女妻之以較尉領兵
朱宣據孫也襲爵雲陽侯尚公主爲驃騎將軍
陸景抗子也尚毗陵侯公主皓之適妹拜騎都尉
勝裔少有節操美儀容弱冠尚公主
晉任愷少有識量尚魏明帝女齊長公主
杜預尚武帝妹高陸公主起家拜尚書郎
衛宣司空瓘之第四子也武帝勑宣尚繁昌公主瓘自以諸生之冑婚對微素抗表固辭不許
王濟渾之子有當世名尚當山公主年二十起家拜中書郎

華恒表孫也博學以清素爲稱尚武帝女榮陽長公主拜駙馬都尉　臣欽若等曰駙馬都尉漢武帝置掌駙馬駙副也非正駕事皆爲副馬多以宗室外戚爲之至晉乃專拜尚公主者也
王粹濬之孫武帝詔粹尚潁川公主粹至拜潁川太守盧湛清敏有理思好老莊善屬文選尚武帝女榮陽公主拜駙馬都尉未成禮而公主卒
孫會秀之子年二十爲射聲校尉尚惠帝女河東公主會形貌短陋初與富室兒於城西牧馬百姓忽聞其尚主莫不駭愕
王敦字處仲少有奇人之目尚武帝女襄城公主拜駙馬都尉
傅宣祗子也尚弘農公主爲御史中丞卒
羊賁曼子也尚明帝女南郡公主除秘書郎卒
荀羨崧之子年十五將尚尋陽公主羨不欲連婚帝室仍遠遁去監司追不已乃出尚主拜駙馬都尉
桓温字元子豪爽有風槩姿貌甚偉選尚南康長公主拜駙馬都尉
王獻之字子敬起家州主簿秘書郎轉丞以選尚新安公主
劉惔字真長尚明帝女廬陵公主

謝混少有才譽善屬文孝武帝爲晉陵公主求壻謂王珣曰主壻但如劉真長王子敬便足如王處仲桓元子誠可才小富貴便豫人家事珣對曰謝混雖不及真長不減子敬帝曰此便足混竟尚主
宋王偃父嘏尚晉孝武帝女鄱陽公主偃尚高祖第二女吳興長公主
王藻位東陽大守尚文帝第六女臨川長公主英媛
何瑀尚武帝少女豫章公主
謝綽述之第三子尚文帝第五女長城公主
趙倩尚武帝第四女海鹽公主

褚寂之叔度第二子爲著作佐郎尚文帝弟六女瑯
琊公主
徐逵之羨之子也尚高祖長女會稽公主逵之子湛
之永初三年亦尚公主
徐喬之羨之子也爲竟陵王文學尚高祖第六女富
陽公主
徐孝嗣湛之孫也八歲襲爵枝江縣公孝武甚愛之
詔尚帝女康樂公主
王僧綽弘弟曇首之子年十三文帝引見下拜便流
涕哽噎帝亦悲不自勝襲封豫章縣侯尚文帝長女

東陽獻公主
江恁湛之子尚文帝第九女淮陽長公主拜駙馬都
尉
江斆恁之子恁爲文帝所殺斆幼以戚屬召見孝武
謂謝莊曰此兒方當爲名器少有美譽桂陽王休範
臨州避迎王簿不就尚孝武女臨汝公主拜駙馬都
尉南齊褚湛之仕宋尚高祖第七女始安哀公主拜
駙馬都尉著作郎哀公主薨復尚高祖第五女吳郡
宣公主湛之子淵復尚南郡公主姑姪二世相繼拜
駙馬都尉

何戢偃之子偃之被遇於武帝選戢尚山陰公主拜
駙馬都尉
徐演孝嗣長子尚武帝女武康公主
梁王志司空僧虔之子弱冠選尚孝武帝女安固公
主拜駙馬都尉
王亮父攸仕宋位大宰中郎亮以名家子宋末選尚
公主拜駙馬都尉秘書郎
王瑩光祿大夫懋之子選尚宋臨淮公主拜駙馬都
尉
何敬容以名家子弱冠選尚武帝女長城公主拜駙

馬都尉
謝覽朏弟瀹之子也選尚錢唐公主拜駙馬都尉
王暕齊大尉儉之子年數歲而風神警拔弱冠選尚
淮南長公主拜駙馬都尉
殷均父叡爲齊鎮北長史武帝與叡少舊故以女妻
均即永興公主也天監初拜駙馬都尉
謝譓齊吏部郎朓之子尚武帝女永世公主
王寔丹陽尹王榮少子尚武帝女安吉公主
王琳侍中份之子爲南平王文學尚義興公主拜駙
馬都尉

王銓琳之子羡風儀尚占鑒尚武帝女永嘉公主拜駙馬都尉

王茂璋爲給事黄門侍郎尚武帝妹新安公主

王溥銓之子尚簡文女餘姚公主

張希領軍纘之子選尚簡文第九女海鹽公主

張交侍中綰之子頗涉文學選尚簡文第十一女定陽公主

袁憲簡文以憲貴遊公子尚帝女南沙公主

柳偃吳興大守惲之子年十一詔尚長城公主拜駙馬都尉

梁蔡延壽侍中尚書令大寶之子有識博涉經籍尤善當世之務尚宣帝女宣城公主歷中書郎尚書右丞

王泛侍中錫之子少有令譽尚宣帝妹盧陵長公主歷秘書郎太子舍人宣城王友盧陵長史帝廢位授侍中吏部尚書

陳侯淨藏瑱之子尚世祖第二女富陽公主以公子除員外散騎常侍

錢藏爲陳留太守尚高祖長女永世公主

柳盼偃之子尚文帝女富陽公主拜駙馬都尉

沈君理美風儀博涉有識鑒武帝鎮南徐州深見器重命尚會稽長公主

蔡凝爲太子舍人以名公選尚信儀公主拜駙馬都尉

到郁仲舉之子尚文帝妹信儀公主郁官至中書侍郎

後魏賀紇始有勳於國尚平文女父野于尚昭成女遼西公主

穆觀大尉侍史崇之子明元時綰門下中書出納詔命未嘗有所遺漏帝奇之尚冝陽公主拜駙馬都尉

穆壽觀之子少以父任選侍東宫尚樂陵公主拜駙馬都尉

穆平國壽之子襲爵尚城陽長公主拜駙馬都尉

穆正國平國之弟尚長樂公主拜駙馬都尉

穆伏于平國之子伏于襲爵尚濟北公主拜駙馬都尉

穆羆伏于之弟伏于卒無子羆襲爵尚新年長公主拜駙馬都尉

穆亮羆弟早有風度獻文時起家爲侍御中散尚中山長公主拜駙馬都尉

穆紹亮之子孝文以其貴臣世胄顧念之九歲除員外郎侍學東宮轉太子舍人十一尚瑯琊長公主拜駙馬都尉

穆真大尉侍中崇之少子起家中散轉侍東宮尚長城公主拜駙馬都尉後勑離婚納文明太后姊尋除南部尚書

穆泰真之子孝文時以功臣子孫尚章武長公主拜駙馬都尉典羽獵四曹事賜爵馮翊侯

穆伯智泰之子八歲侍學東宮十歲拜太子洗馬散騎侍郎尚饒陽公主拜駙馬都尉

姚黃眉興之子明元年哀皇后之弟姚泓滅黃眉間來歸國帝厚禮待之賜爵隴西公尚陽翟公主拜駙馬都尉賜隸戶三百

杜超字祖仁密皇后之兄少有節操泰常中爲相州別駕車使京師時以法禁不得與后通問始光中大武思念舅氏以超爲陽平公尚南安長公主拜駙馬都尉

李盖中山人爲左將軍南郡公初太武姊武威長公主故涼王沮渠牧揵之妻平涼州頗以公主通密計助之故寵遇差隆詔盖尚焉

帝熙之明大后之兄爲冠軍將軍肥如侯尚恭宗女博陵長公主拜駙馬都尉

萬振尚高陽長公主拜駙馬都尉遷散騎常侍寧西將軍長安鎮將賜爵馮翊公

振子安國少明敏有姿貌以國甥復尚河南公主拜駙馬都尉遷散騎常侍

陸昕之字慶始風望端雅尚獻文女常山公主拜駙馬都尉

盧道裕字寧祖秘書監淵子少以學尚知名風儀兼美尚獻文女樂浪長公主拜駙馬都尉太子舍人

薛拔獻文時除散騎常侍尚西河長公主拜駙馬都尉

盧道虔字慶祖秘書監淵子粗閑經史兼通筭術尚孝文女濟南長公主

劉昶宋文帝之子前廢帝子業立昶懼禍奔魏尚武邑公主拜侍中征南將軍駙馬都尉封丹陽王歲餘而公主薨更尚建興長公主又薨又尚平陽長公主

劉承緒昶之子公主所生而尩疾尚孝文妹彭城長公主爲駙馬都尉

馮誕熙之子與孝文同歲幼侍書學仍蒙親待尚帝

妹樂安長公主拜駙馬都尉侍中征西大將軍南平
王
馮穆誕之子尚孝文女順陽長公主拜駙馬都尉歷
員外通直散騎常侍
司馬楚之晉宣帝弟馗八世孫晉末來奔尚河内公
主
司馬躍楚之子尚趙郡公主拜駙馬都尉
司馬朏豫州刺史悅之子尚宣城姊華陽公主拜駙
馬都尉特除員外散騎常侍
蕭寶明齊明帝之子齊亡來奔宣武禮之甚重尚南

陽長公主賜帛一千疋并給禮具
高肇文昭皇太后之兄爲尚書左僕射冀州太中正
尚宣武姑高平公主遷尚書令
高猛肇兄琨之子尚宣武毋妹長樂公主拜駙馬都
尉
王肅以尚書令輔政宣武詔肅尚陳留長公主
李彧侍中大傅延寔之子尚莊帝妹豐亭公主封東
平郡公位至侍中
蕭贊齊東昏侯寶卷之子建義初隨爾朱榮赴晉陽
莊帝徵贊還洛轉司徒遷太尉尚帝姊壽陽長公主

邢昕之風望端雅尚常山公主拜駙馬都尉
宿石爲中壘將軍從元明帝獵帝欲親射虎石扣馬
諫引帝上原上後虎騰躍殺人詔石爲忠臣切諫免
虎之害賜馬一疋尚上谷公主
劉輝尚蘭陵長公主
胡祥國珍子也尚清河王懌女長安縣主祥歷殿中
尚書中書監
北齊崔暹爲太常卿初文宣親作書與暹曰賢子達
拏甚有才學亡兄女樂安主魏帝外甥内外敬侍朕
諸妹思成大兄宿志乃以主降達拏

斛律武都金之孫也金爲大師文宣幸其第謂金曰
公元勲佐命父子忠誠朕當結以婚姻永爲藩衛乃
詔武都尚義寧公主
潘晃河東郡王樂之子諸將子弟率多驕縱晃沉密
謹慤以清靖自居尚公主拜駙馬都尉
段懿左丞相韶之長子有姿儀解音樂又善騎射天
保初尚潁川長公主累遷行臺右僕射兼殿中尚書
段深韶第二子美容貌寬謹有父風大寧二年詔尚
永昌公主未婚公主卒清河三年又詔尚東安公主
竇畢懿之子尚中山公主武平末遷儀同三司

司馬消難大尉子如之子尚高祖女以主壻貴公子頗歷中書黃門郎光祿少卿

可朱渾天和尚東平長公主賜爵宜安鄉男文宣受禪加駙馬都尉位開府儀同三司封成皐郡公

後周尉遲俟兜性寬裕有鑒識尚太祖妹昌樂大長公主

宇文測太祖族子初仕魏爲司徒右長史安東將軍尚宣武女陽平公主拜駙馬都尉

韋世康孝寬兄之子孝寬初仕魏爲驃騎大將軍長子諶年方十歲魏文帝欲以女妻之寬辭以兄子世

康年長帝嘉之遂以妻世康

尉遲迥爲太祖大丞相帳內都督尚魏文帝女金明公主拜駙馬都尉

李基字仲和幼有聲譽美容儀善談論涉獵群書尤工騎射太祖召見奇之乃令尚義歸公主

史雄字世武大將軍寧之子少勇敢膂力過人便弓馬有筭略年十四從寧於牽毛山奉迎太祖仍從較獵弓無虛發太祖歎異之尋尚太祖女永富公主除使持節驃騎大將軍開府儀同三司

于翼字文若大師燕公謹之子美風儀有識度年十一尚太祖女平原公主拜員外散騎常侍封安平縣公

鄭譯武帝時爲左侍上士既喪妻帝命譯尚梁國公主及帝親總萬機授以御正下大夫

王褒美風儀善談笑博覽史傳尤工屬文梁武帝嘉其才藝遂以弟鄱陽王恢之女妻之

李敏穆之孫也初周宣帝女娥英其母隋文女樂平公主也入隋開皇初爲娥英妙擇婚對勑貴公子弟集弘聖宮者日以數百公主選取敏禮儀如尚帝女後將侍宴公主謂敏曰我以天下與至尊唯一女夫

當爲汝求柱國若授餘官慎無謝及進見帝親御琵琶遣敏歌舞帝大悅謂公主曰敏何官對曰一白丁耳謂敏今授儀同敏不答帝曰不滿爾意邪今受開府又不謝帝曰公主有大功於我何向其女壻惜官今授卿柱國敏乃拜而蹈舞遂於坐發詔柱國以李官宿衞

閻毗上柱國慶之子也歲襲封石保縣公及長儀貌於嚴頗好矜史受漢書於蕭該畧通大旨能篆書工草隸尤善畫爲當時之妙武帝見而悅之命尚清都公主

隋李禮成初爲周民部中大夫妻竇氏早沒知高祖有非常之表遂娉高祖妹爲繼室情契甚歡及高祖爲丞相進位上大將軍遷司武上大夫委以心膂

王奉孝爲儀同尚高祖第五女蘭陵公主主美姿儀性婉順好讀書帝於諸女中特所鍾愛奉孝卒適親衛河東柳述初開皇中韋鼎尤善相術爲上儀同時公主寡帝爲之求夫選述及蕭瑒等以示爲鼎鼎曰瑒當封侯而無貴妻之相述亦通顯而守位不終帝曰位繇我耳遂以主降述

宇文靜禮文慶之子也初爲太子千牛備身尋尚高

祖女廣平公主授儀同安德縣公

宇文士及封許國公尚煬帝長女南陽公主美姿儀有志節造次必以禮下降年十四以謹肅聞

竇抗隋幽州總管陳國公榮之子尚文帝女萬安公主抗釋褐千牛備身儀同三司襲爵陳國公

唐馮少師尚高祖女長沙公主

竇誕抗第三子尚高子女襄陽公主

柴紹尚高祖第三女平陽公主

長孫孝政尚高祖女高密公主（後降段綸）

趙景慈沓州總管炳之子也幼有姿儀美風調高祖情能時見而悅之妻以桂陽公主及長有文武才幹好結交座客常滿接對忘疲弱冠得美名於京邑高祖於諸壻中特所親愛

楊師道隋末歸國武德元年至京詔授上儀同爲備身左右選尚桂陽公主封安德縣公（公主先降趙景慈後降師道又封長廣公主）

豆盧懷讓尚高祖女萬春公主（一云長沙公主封萬春）

執失思力突厥之酋長也入朝尚高祖女九江公主

喬師望尚高祖女盧陵公主

蘇勗尚高祖女南康公主

楊思敬師道兄子尚高祖女安平公主

封言道倫之子尚高祖女淮南公主

竇奉節軌之子尚高祖女房陵公主（後降賀蘭僧伽又封房陵）

崔恭禮尚高祖女真定公主

阿史那社尔突厥處羅可汗子尚高祖女衡陽公主

薛萬徹尚高祖女丹陽公主

裴師律寂之子尚高祖女臨海公主

崔宣慶尚高祖館陶公主

溫挻彦博次子尚高祖女定安公主（後降鄭敬玄）

趙瓌尚高祖女長樂公主

蕭銳宋國公瑀之子尚太宗女襄城公主
王敬直珪之少子尚太宗女南平公主後降劉玄意
竇逵靜之子尚太宗女遂安公主後降王大禮
長孫冲無忌之子尚太宗女長樂公主
唐善識儉之子尚太宗女豫章公主
柴令武紹之子尚太宗女巴陵公主
史仁表尚太宗女普安公主
高履行儉之子尚太宗女東陽公主
周道務尚太宗女臨川公主
程處亮知節子也尚太宗女清河公主

韋思安尚太宗女晉安公主後降楊仁輅
獨孤諶尚太宗女安康公主
長孫曔尚太宗女新興公主
杜荷如晦之子尚太宗女城陽公主後降薛瓘
房遺愛玄齡次子尚太宗女高陽公主
長孫詮尚太宗女新城公主後降韋正矩
權義尚太宗女義陽公主
王遂古尚高宗女高安公主
薛紹尚高宗少女鎮國太平公主後紹被誣誅死武后乃殺武攸曁之妻以配主焉

武延暉尚中宗女新都公主
裴巽尚中宗女宜城公主
王同皎尚中宗女定安公主後降韋濯又降崔銑
楊愼交恭仁之孫也尚中宗女長寧公主後降蘇彥伯
韋鐵尚中宗女永壽公主
武延基承嗣之子也尚中宗女永泰公主
武崇訓承嗣從祖弟也尚中宗女安樂公主後降承嗣第二子延秀
韋捷尚中宗女成安公主
崔眞尚睿宗女淮陽公主

王承慶尚睿宗女淮陽公主
鄭萬均尚睿宗女代國公主
薛伯陽稷之子尚睿宗女凉國公主後降溫義
裴守一尚睿宗女蔡國公主
薛敬尚睿宗女鄎國公主後降鄭孝義
裴虛己尚睿宗女霍國公主
王瑤尚玄宗女永穆公主
裴去奢尚玄宗女常芬公主一云降張去盈
薛談尚玄宗第六女常山公主後降定謂
薛鏽尚玄宗第四女唐昌公主

張垍尚玄宗女寧親公主又尚興信公主
蕭衡中書令嵩少子尚玄宗女新昌公主嵩夫人賀氏入覲拜席玄宗呼爲親家母禮儀甚盛
裴惠章尚玄宗女高都公主
鄭潛曜尚玄宗女臨晉公主
豆盧建尚玄宗女建平公主後降楊悅
源清尚玄宗女真陽公主後降蘇震
獨孤明尚玄宗女信成公主
吳澄尚玄宗女壽春公主後入道封楚國公
竇鍔尚玄宗女昌樂公主

裴齊丘尚玄宗女永寧公主
溫西華尚玄宗女平昌公主後降陽徵改封宋國
楊錡尚玄宗女太華公主
裴頴尚玄宗女興信公主始降張垍次降頴又降楊敷改封齊國
郭液尚玄宗女壽光公主
薛履謙尚玄宗女樂城公主一云降薛會
裴玢尚玄宗女新平公主後降姜慶初
程昌裔尚玄宗第二十六女廣寧公主後降蘇恬一云蘇克貞
楊洄尚玄宗女咸宜公主後降崔嵩
楊朏國中之子尚玄宗第二十八女萬春公主朏以父罪伏誅後降楊騎
豆盧湛尚肅宗第七女長樂公主一云獨孤濁
鄭巽尚肅宗女寧國公主後降回紇可汗三降薛康衡
柳潭尚肅宗女和政公主一云柳潭
裴蒨尚肅宗女太寧公主一云適張靖
鄭沛尚肅宗女宜寧公主一云適獨孤
王詮尚肅宗女永和公主
裴徽尚肅宗女延光公主後降蕭升封郜國
裴倣尚代宗女永清公主命有司於光順門行册禮
郭曖尚父子也尚代宗女昇平公主命有司於光順門行册禮

田華爲檢較比部郎中尚代宗女永樂公主華郎悅從父兄也帝以先朝許華婚不敢以悅故而遂罷
裴液爲太常卿尚代宗女晉陽公主一云裴隨
柳杲爲秘書少監尚代宗女義清公主
竇克良爲光祿少卿尚代宗女壽昌公主
沈羽爲贊善大夫授衛尉少卿同正尚代宗女長林公主
王贊爲同州朝邑尉授光祿少卿同正尚代宗女新都公主後降田華

張昭以前太子通事舍人授衛尉少卿同正駙馬都
尉尚代宗女寧晋公主
高怡尚代宗女嘉豐公主
田緒尚代宗女嘉誠公主初封武清公主
吴士廣尚代宗安武晋寧公主
張茂宗安武軍節度孝忠子以秘書郎授光祿少卿
駙馬都尉尚德宗女義章公主孝忠令其妻鄭國夫
人谷氏來覲且就禮帝嘉之賞賚甚厚一云義興公主
王士平爲秘書少監尚德宗女義陽公主士平武俊
之子也帝慎重其事先特令宰相訪儒者禮官条定

其見舅姑之禮又以武俊左僕仍定公主遣使之儀
抑昱爲舒王府司馬授殿中少監同正駙馬都尉尚
德宗女宜都公主
薛釗以前興平縣尉授秘書少監同正駙馬都尉尚
德宗第六女臨眞公主
崔譓以前涇陽縣尉授簡較殿中少監駙馬都尉尚
德宗女永陽公主
郭鏦穆宗之叔舅汾陽王孫也順宗居東宮長女德
陽郡王爲德宗所鍾念是時鏦毋昇平長公主恩禮
隆厚又異諸主故選鏦以德陽降焉皆未及笄冠之
歲主後進號是爲漢陽公主
鄭何尚順宗女普安公主
崔杞尚順宗女東陽公主
沈翬尚順宗女西河公主
劉士涇尚順宗女雲安公主
張克禮尚順宗女襄陽公主
王承系尚順宗女臨汝公主
于季安頔之子尚憲宗女普寧公主
韋讓尚憲宗女汾陽公主
沈議尚憲宗女宣城公主

沈汾尚憲宗女南康公主
劉弘景尚憲宗女永順公主
劉異尚憲宗女安平公主
裴損爲太子舍人授銀青光祿大夫太子諭德駙馬
都尉尚憲宗女陳留公主
杜悰爲太子司議郎授銀青光祿大夫行殿中少監
駙馬都尉尚憲宗女岐陽公主悰故司徒佑之孫岐
陽帝長女正妃之出舊制選尚多於貴戚或武臣節
將之子于時獨孤郁爲翰林學士未幾屬權德輿入
相郁以德輿子壻親嫌請出帝意重學士不得已許

之出脩史且歎德與之有良壻遂命宰臣於卿士家選駙馬文雅名士居清列者初於文學後進間選擇皆稱疾不願次及貴胄悰遂應選

杜中立授銀青光祿大夫簡校光祿少卿駙馬都尉尚憲宗女眞源長公主

王元逵爲成德軍節度使尚憲宗女壽安公主元逵遣姑段氏進食一千盤并進御衣鞍馬及公主衣資粧奩私其身女口等令中使宣授召王氏諸親對詑賜食并錦綵銀罏有差

衛洙尚憲宗女臨眞公主簡較秘書少監駙馬都尉

尋除左拾遺先是帝詔宰臣於名家以文學進身者擇都尉故特越舊制授洙諫官以寵之

薛翊爲著作佐郎尚憲宗女眞寧公主授銀青光祿大夫簡較秘書少監駙馬都尉

郭仲詞爲太子舍人尚穆宗女饒陽公主授銀青光祿大夫簡較殿中少監駙馬都尉一云郭仲家

郭仲恭爲詹事府丞尚穆宗女金堂公主授銀青光祿大夫簡較衛尉少卿駙馬都尉公主初封晉陵

韋處仁尚穆宗女義豐公主

柳正元尚穆宗女淮陽公主

竇澣尚穆宗女延安公主

韋保衡爲右拾遺尚懿宗女同昌公主授銀青光祿大夫起居郎駙馬都尉出降之日禮儀甚盛

鄭顥尚宣宗女萬壽公主

于琮休烈之孫尚宣安廣德公主

梁羅廷規紹威長子尚太祖長女安陽公主授司農卿駙馬都尉又尚金華公主

趙巖忠武軍節度犨之子尚太祖女長樂公主

王昭祚尚太祖女普安公主

後唐孟知祥自幼溫厚知書樂善武皇深器之以其

弟克讓之女妻之明宗即位封瓊華公主

石高祖微時唐明宗時爲代州刺史每深心器之妻以愛女則武憲皇后之生也明宗既即位封永寧公主淸泰中高祖鎭太原旣封晉國長公主

杜仲威父堆金後唐武皇先鋒使也重威少事唐明宗高祖妻以妹累封宋國大長公主

任圜父茂弘避地太原奏授西河令有子五人曰圖曰圜團囦風彩俱異武皇愛之以宗女妻圜歷代憲二郡刺史

張某尚武皇女瑤英長公主臣欽若等曰史失其名

趙延壽尚明宗女興平公主

晉楊承祚光遠子也尚高祖長女長安公主

羅周敬礽在梁爲許州節度使徵授秘書中監駙馬都尉尚普安公主

冊府元龜

冊府元龜 外戚部 選尚 卷之三百 二十九

册府元龜

巡按福建監察御史臣李嗣京訂正
分守建南道左布政使臣胡維霖參閱
知建陽縣事臣黄國琦較釋

外戚部 二

封拜

夫正位居體周官貴内治之教緩族展親良史稱外助之義三代已降后妃之家或藉長樂之親或因椒房之寵重侯累爵席寵連封或一門三王或同族五侯分食名城預聞邦政車服之制名器之重寖或踰焉西京吕王之勢東都梁竇之權不反三隅同歸一貫俾上徵不當之譏下免無功之誚惟明聖能焉

申伯周宣王元舅也爲邑於謝因是故謝邑之人而爲國也
紀侯者周桓王納后於紀紀季子爵故先褒爲侯
漢吕公高帝元年以后父賜號臨泗侯
吕澤以后兄封周吕侯
吕釋之以后兄封建成侯
吕則以孝惠二年嗣建成侯
吕台嗣周吕侯澤以高祖九年更封爲酈侯高后元年爲吕王
吕嘉以高后三年嗣台爲王
吕通嘉弟高后六年封腄侯八年爲燕王
吕庀匹履切通弟以高后八年封東平侯
吕産台弟以高后元年封汶侯六年爲吕王七年爲梁王
吕種建成侯則弟以高后元年封奉吕宣國王七年更封不其侯
吕祿種弟高后元年封漢陽侯八年爲趙王
吕平以惠帝皇太后姊長姁子元年四月丙寅封扶柳侯

吕勝以皇太后昆弟子七年封贅其侯
吕忿以皇太后昆弟子八年封吕成侯
吕營以皇太后昆弟子八年封祝兹侯
薄昭薄太后弟文帝舅也元年封軹侯
駟鈞以齊王舅封鄔侯
趙兼以淮南王舅封周陽侯
竇廣國以景帝皇太后弟封章武侯
竇彭祖以皇太后兄子封南皮侯
竇嬰以皇太后昆弟子以破吳楚封魏其侯
王信以景帝皇后兄封蓋侯

田蚡以武帝皇太后同母弟封武安侯

田勝以皇太后同母弟封周陽侯

衛青以武帝衛皇后弟封長平侯青三子在襁褓中皆爲列侯伉爲宜春侯不疑爲陰安侯登爲發干侯

霍去病以衛皇后姊子亦以軍功爲冠軍侯

李廣利武帝李夫人之兄夫人蚤卒帝以廣利爲貳師將軍延年爲協力都尉

上官安以昭帝皇后父爲驃騎將軍封桑樂侯

許廣漢以宣帝皇太子外祖父封昌成君霍氏誅許后子立爲皇太子乃封平恩侯

王無故以宣帝舅爲關內侯封平昌侯

王武以帝舅爲關內侯封昌樂侯

王奉光以皇后父爲關內侯封印成侯

王舜以皇太后兄爲侍中中郎將封安平侯

史高以悼皇考舅子侍中關內侯封樂陵侯

史曾以悼皇考舅爲侍中中郎將關內侯封將陵侯

史玄以悼皇考舅子侍中中郎將關內侯封平臺侯

許舜以皇太子外祖父同產弟長樂衛尉封博望侯

許延壽以皇太子外祖父同產弟侍中關內侯封樂成侯

王禁以元帝皇后父封陽平侯

王崇以成帝皇太后母弟散騎光祿大夫關內侯封安成侯

王譚以皇太后弟關內侯封平阿侯

王商以皇太后弟關內侯封成都侯

王立以皇太后弟關內侯封紅陽侯

王根以皇太后弟關內侯封曲陽侯

王逢時以皇太后弟關內侯封高平侯

王莽以帝舅曼子封新都侯王莽爲射聲校尉久之叔父成都侯商上書願分邑以封莽及長樂少府戴崇侍中金涉胡騎校尉箕閎上谷都尉陽並中郎陳湯皆當世名臣咸爲莽言帝由是賢莽永始元年封莽爲新都侯國南陽新野之都鄉千五百戶

王音以皇太后從弟爲大司馬車騎將軍錄尚書事音既以從舅越親用事小心親職詔曰車騎將軍音宿衛忠正勤勞國家前爲御史大夫以外親宜典兵馬入爲將軍不獲宰相之封朕甚慊焉其封音爲安陽侯食邑與五侯等俱三千戶

趙臨以婕妤趙氏父封爲陽城侯

王欽以皇太后弟封新城侯

淳于長以侍中衛尉封定陵侯

馮參以中山王舅封宜鄉侯

丁明以哀帝舅封陽安侯

傅晏以皇后父封孔鄉侯

丁滿以帝舅封平周侯

傅喜以帝祖母皇太后從父弟大司馬封高武侯

傅商以皇太后從父弟封汝昌侯

鄭業以皇太后同母弟子封陽新侯

衛寶平帝之舅平帝爲成帝後賜寶之弟玄爵關內侯

後漢樊宏光武之舅建武五年封長羅侯十三年封弟丹爲射陽侯兄子尋玄鄉侯族兄忠更父侯十五

年定封宏壽張侯宏卒子儵嗣又封宏少子茂爲平望侯樊氏侯者凡五國

鄧晨娶光武姊元光武即位封晨房子侯帝又感悼元没於亂兵追封晨長子汎爲吳房侯以奉公主之祀

郭况光武郭后之弟小心謹慎年始十六拜黃門侍郎封綿蠻侯后廢爲中山太后進封況大國爲陽安侯陽安縣屬汝南郡故城今豫州郎山縣故道國城是也后從兄竟以騎都尉從征伐有功封爲新郪侯官至東海相新郪縣屬汝南郡故城今在潁州汝陰縣西北郪兵城是也郪音七私切竟弟正爲發干侯發干縣屬東郡故城在今博州堂邑縣西南官至太中大夫后叔父梁早終無子其壻南陽陳茂以恩澤封南蠻侯蠻音力全切竟子嵩孫駿竝坐楚王英事失國章帝建初中紹封嵩子勤伊亭侯駿觀都侯

陰識光烈皇后之兄更始二年更始封識陰德侯建武二年光武以后爲貴人遣使迎貴人於新野幷徵識識隨貴人至以爲騎都尉更封陰鄉侯十五年定封原鹿侯

許昌楚王英舅子英明帝之弟帝爲太子時英常獨歸附太子太子特親愛之及即位數受賞賜特封昌

龍舒侯

秦彭同產女弟永平中入宮掖庭爲貴人有寵彭以貴人兄隨四姓小侯擢爲開陽城門侯

馬廖明德皇后兄也章帝即位欲封諸舅明德馬太后不聽建初四年天下豐稔方陲無事帝遂封三舅廖防光爲列侯竝辭讓願就關內侯太后聞之曰聖人設教各有其方知人情性莫能齊也吾少壯時但慕竹帛志不顧命今雖已老而復戒之在得故日夜惕厲思自降損居不求安食不念飽冀乘此道不負先帝所以化導兄弟共同斯志欲令瞑目之日無所

復恨何意老志復不從哉萬年之日長恨矣廖等不得已受封爵而退位歸第又云有司連據舊典奏封廖等累讓不得已建初四年廖封順陽侯防封潁陽侯光封許侯俱以特進就事永光四年廖卒子遵嗣徙封程鄉侯無子國除元初三年鄧太后詔封廖孫度潁陽侯防後徙封翟鄉侯永初七年紹封光子明郚鄉侯

陰崇梁王暢舅陰貴人之族章帝建初二年封西陵侯

竇憲章帝建初二年女弟立爲皇后拜憲爲郎稍遷侍中虎賁中郎將弟篤黃門侍郎兄弟親幸並侍宮省和帝即位太后臨朝會南單于請兵北伐拜憲車騎將軍金印紫綬督兵出塞大破北單于詔使中郎

將即五原拜憲大將軍封武陽侯邑二萬戶憲因辭封許之明年詔曰大將軍憲前歲出征克滅北狄朝加封賞固讓不受舅氏舊典並蒙爵土西漢故事帝舅皆封侯其封憲冠軍侯邑二萬戶篤郾侯景汝陽侯瓌夏陽侯各六千戶憲獨不受封

鄧騭女弟爲和帝貴人兄弟皆除郎中貴人立爲皇后騭三遷虎賁中郎將京悝弘閶皆黃門侍郎京卒於官延平元年拜騭車騎將軍儀同三司悝虎賁中郎將弘皆侍中安帝永初元年封騭上蔡侯悝葉侯弘西平侯閶西華侯食邑各萬戶侯騭以定策功增邑三千戶騭等辭遂逃避使者間關詣闕陳乞大后不聽騭頻上疏至六乃許之弘以治歐陽尚書授帝禁中病卒詔鴻臚持節即弘殯封子廣德爲西平侯後以帝師之重分西平之都鄉封廣德弟甫德爲都鄉侯四年又封京子黃門侍郎珍爲安陽侯五年悝閶相繼並卒遺言薄葬不受爵贈太后並從之乃封悝子廣宗爲葉侯閶子忠西爲華侯建光元年太后崩未及大斂帝復申前命封騭爲上蔡侯位特進後禹曾孫香子女爲桓帝后帝又詔封騭從弟故度遼將軍遵子萬世南鄉侯拜河南尹

閻暢爲侍中安帝元初元年帝選其女人掖庭二年立爲皇后三年暢以父后爲長水較尉封北春侯食邑四千戶暢卒子顯嗣及安帝親政事顯及弟景耀晏並爲鄉較典禁兵延光元年更封顯長社縣侯食邑三千五百戶顯景諸子年皆童齓並爲黃門侍郎

梁竦有三男三女章帝納其二女皆爲貴人生和帝竇皇后養以爲子竇氏譖殺二貴人而竦死獄中家徙九眞竇憲敗還竦妻子封子棠樂平侯弟雍乘氏侯翟單父侯邑各五千戶諸梁內外以親疏補郎謁者棠官至大鴻臚雍少府

宋楊女爲章帝貴人安帝之祖母安帝即位封楊四子皆爲列侯食邑各五千戶宋氏爲卿校侍中大夫謁者郎吏十餘人孝德后異母弟次及逵生人諸子九人皆爲清河國郎中

梁商少以外戚拜郎中順帝永建元年襲父雍封乘氏侯三年順帝選商女及妹入掖庭遷侍中屯騎校尉陽嘉元年女立爲皇后妹爲貴人加商位持進更增國土二年封子冀爲襄邑侯商讓不受三年以商爲大將軍固稱疾不起使太常桓焉奉策就第即拜乃起詣闕受命商薨子冀嗣及商葬拜冀大將軍弟

侍中不疑河南尹桓帝立建和元年益封冀一萬三千戶又封不疑弟蒙西平侯冀子胤襄邑侯各萬戶和平元年重增封冀萬戶并前所襲合三萬戶永興二年又封不疑子馬潁陰侯胤子桃誠父侯

鄧香女桓帝永興中入掖庭爲采女明年封兄鄧演爲南頓侯位特進演薨子康嗣及后爲皇后乃追封贈香車騎將軍安陽侯更封康沘陽侯弟統襲母昆陽君宣封昆陽侯統從兄會襲安陽侯統弟秉淯陽侯宗族皆列郎將

竇武長女桓帝時選入掖庭桓帝以爲貴人拜武郎中其冬貴人立爲皇后遷越騎校尉封槐里侯後從武典太后定策立靈帝拜武大將軍靈帝立論定策功更封武爲聞喜侯子機渭陽侯拜侍中兄子紹鄠侯遷步兵校尉紹弟靖西鄉侯爲侍中監羽林左騎

宋酆女靈帝建寧三年選入掖庭爲貴人明年立爲皇后父酆執金吾封不其鄉侯

何進異母女弟靈帝時選入掖庭爲貴人有寵於帝拜進郎中再遷潁川太守光和二年貴人立爲皇后徵進入拜侍中將作大匠河南尹中平元年進以發張角別黨馬元義謀封慎侯弟河南尹苗以破滎陽

群賊功封濟陽侯

魏卞秉武宣后弟初以功封都鄉侯黃初七年進封開陽侯邑千二百戶爲昭烈將軍秉卒蘭嗣蘭卒分秉爵封蘭弟琳烈侯蘭子隆女爲高貴鄉公后隆以后父爲光祿大夫位特進封睢陽鄉侯

甄逸女文帝納之於鄴明帝太和元年二月以中山魏昌之安城鄉戶千追封逸謚曰敬侯適孫像襲爵爲射聲校尉青龍中薨改封魏昌縣謚曰貞侯子暢嗣又封暢弟温韓豔爲列侯又封后從兄子毅及豫弟三人皆爲列侯嘉平中復封暢子二人爲列侯

郭表文德皇后叢兄弟以從兄表繼父永後后立表爲奉車都尉明帝太和四年詔封表安陽亭侯又進爵艮鄉侯增邑并前五百戸以表子詳爲騎都尉後明帝進表爵爲觀津侯增戸五百并前千戸遷詳爲駙馬都尉表卒詳嗣又分表爵封詳弟述爲列侯

毛嘉女黄初中選入東宮明帝太和中立爲后父嘉拜騎都尉后弟曾郎中又進嘉奉車都尉曾騎都尉頃之封嘉博平鄉侯後又加嘉位特進曾散騎侍郎

郭立兄女明元郭后明帝即位拜爲夫人以立爲騎都尉從父芝爲虎賁中郎將齊王即位尊爲皇太后

追封父滿西都定侯以立子建紹其爵封芝遷散騎常侍長水較尉立宣德將軍皆封列侯建兄德出養甄氏德及建俱爲鎮護將軍皆封列侯並掌宿衛魏畧又云諸郭之中芝最壯直先時自以功封侯

張緝爲東莞太守齊王芳嘉平中女爲皇后徵拜光祿大夫位特進

蜀吳壹先主定益州聘壹妹章武元年立爲皇后壹官至車騎將軍封縣侯

吳吳景孫堅吳夫人兄嘗隨堅征伐有功拜騎都尉孫策以爲丹陽太守揚武將軍景卒官子奮授兵爲將封新亭侯

謝承大帝謝夫人弟夫人卒後十餘年拜五官郎中稍遷至武陵太守

王盧九女爲孫權夫人生孫和和子皓立封其三弟皆列侯

王文雍大帝王夫人同母弟夫人生景帝景帝即位王氏無後封文雍亭侯

譚紹大帝潘夫人姊婿孫亮即位以爲騎都尉

全尚女爲孫亮夫人爲嗣以尚爲城門較尉都亭侯代滕胤爲太常衛將軍進封永平侯録尚書事時全

氏侯者五人並典兵馬

何遂女爲孫和姬和子皓立尊爲皇太后封其弟洪永平侯蔣溧陽侯植宣城侯洪子邈爲武陵監軍

滕牧女爲孫皓夫人皓即位封牧高密侯拜衛將軍録尚書事

晋羊琇景獻羊后之從父弟少與武帝甚深親狎帝即位擢琇左衛將軍封甘露亭侯

王愷文明后弟少有才力歷位清顯雖無細行有在公之稱以討楊駿勳封山都縣公邑千八百戸遷龍驤將軍加散騎常侍

王虔字恭祖文明后弟以功幹見稱累遷衛尉封安壽亭侯拜平東將軍假節監青州諸軍事徵爲光祿勳轉尚書卒

楊駿武悼楊后之父歷驍騎鎮軍二府司馬後以后父超居重位自鎮軍將軍遷車騎將軍封臨晉侯識者議之曰夫封建諸侯所以藩屛王室后妃所以供粢盛弘内教后父始封而以臨晉爲侯兆以亂矣駿後惠帝永寧初詔曰舅氏失道宗族隕墜渭陽之思孔懷感傷其以蓩亭侯楊超爲奉朝請騎都尉以慰蓼莪之思焉

賈謐韓壽之子賈充養以爲嗣謐繼佐命之後又賈后專恣歷位散騎常侍後軍將軍充妻廣成君卒去職喪未終起爲秘書監掌國史尋轉侍中領秘書監如故謐侍從惠帝幸宣武觀較獵諷尚書於會中召謐受拜誡左右勿使人知於是衆疑其有異志

賈模充之從子預誅楊駿封平陽鄉侯賈后旣預朝政欲委信親黨拜模散騎常侍二日擢爲侍中

郭彰賈后之從兄賈充妻待彰若同生歷散騎常侍尚書衛將軍封冠軍侯

羊玄之以惠皇后父初爲尚書郎以后父拜光祿大夫特進爵爲公

虞豫子胤元敬后弟初拜散騎常侍遷步兵校尉建寧末追贈豫官以胤襲爵平山侯

庾亮明穆皇后之兄也明帝卽位以爲中書監及王敦舉兵加亮左衛將軍與諸將距錢鳳及沈充之走吳興也又假亮節都督東征諸軍事追充事平以功封永昌縣開國公

褚裒康獻皇后父豫章太守康帝立徵拜侍中遷尚書以后父求出累爲左將軍都督兖州徐州之琅邪軍事假節鎮金城康獻皇后臨朝有司以裒皇太后

父議加不臣之禮拜侍中衛將軍錄尚書事持節都督如故

王蘊孝武定后之父爲晉陵太守定后立以后父遷光祿大夫領五兵尚書本州大中正封建昌縣侯蘊固辭乃授都督京口諸軍事左將軍徐州刺史假節

宋路興之文帝路淑媛之父孝武卽位尊淑媛爲皇太后大明四年太后弟子瓊之及弟休之茂之並居顯職廢帝景和中以休之爲黃門侍郎茂之左軍將軍並封開國侯邑千戶明帝廢幼主欲悅太后之心乃下令以休之爲黃門侍郎領步兵校尉茂之爲中

書侍郎是時明帝未即位故稱令
王僶孝武文穆皇后之父文帝元嘉末爲散騎常侍右衛將軍孝武即位以后父授光祿大夫領茂陽王師常侍如故
梁王錫份之孫以戚屬封永安侯
後魏賀訥道武帝之舅從道武平中原拜安遠將軍以元舅甚見尊重
賀盧者訥之弟也亦從道武平中原以功賜爵遼西侯
劉羅臣宣穆皇后之兄也從道武平中原以前後勳

賜爵永安公
姚黄眉明元昭哀皇后之弟也黄眉本後秦姚興之子及姚泓滅黄眉間來歸國明元厚禮待之賜爵隴西公
杜超密皇后之兄太武始光中思念舅氏以超爲陽平公神䴥三年以超行征南大將軍太宰進爵爲王
杜道生者超之長子也賜爵城陽侯後爲秦州刺史進爵河東公
杜鳳凰者道生之弟也襲父超爵加侍中特進
杜遺者超之從弟也超薨復授遺侍中安南將軍相州刺史入爲内都官進爵廣平王
杜元寶者遺之長子也位爲司空進爵京兆王
賀迷太武敬哀皇后之從父也皇后生景穆初后少孤父兄近親唯迷故蒙賜爵長卿子
閭毗恭皇后之兄皇后生文成太安二年以毗爲平北將軍賜爵河東公弟紇爲寧北將軍零陵公其年並加侍中進爵爲王毗征東將軍評録尚書事紇征西將軍中都大官自餘子弟賜爵爲王者二人公五人侯六人子三人同時受拜所以崇隆舅氏
閭英者恭皇后前兄興安二年爲散騎常侍鎮軍大

將軍遼西公弟喜鎮軍大將軍帶方公太安初英爲侍中征東大將軍太宰進爵爲王喜左光禄大夫改封燕郡從兄泰爲安東將軍朝鮮侯
馮熙文明太后之兄熙祖北燕始熙生於長安王先入掖庭爲太武左昭儀妹爲文成皇帝后即文明太后也使人訪知熙所在徵赴京師拜冠軍將軍賜爵肥如侯尋進爵昌黎王獻文即位爲太傅累拜内都大官孝文即位文明太后臨朝帝承旨以熙爲侍中太師中書監領秘書事後以例降封京兆郡公熙子誕與孝文同歲幼侍書學仍蒙親侍拜征西大將軍

南平王侍中誕弟修侍中鎮北大將軍尚書東平公後罷庶姓王誕爲侍中都督中外諸軍中軍將軍特進改封長樂郡公誕拜官孝文立於庭還受其拜既訖還室脩降爲侯十六年以誕爲司徒帝既愛誕拜除官日親爲制三讓表幷啓將拜又爲其謝章尋加車騎大將軍太子太師誕長子穆初襲熈爵避皇子愉封改封扶風郡公修弟津與孝文廢后同産兄位黄門侍郎信都伯津同産弟風幼養於宮文明太后特加愛念勑歲賜爵至北平王拜太子中庶子出入禁闥孝文親政後恩寵稍衰降爵爲侯

李峻字玲之梁國蒙縣人元皇后兄也父方叔宋文帝時爲濟陰太守文成遣間使諭之峻與五弟誕嶷雅白水等前後歸京師拜峻鎮西將軍涇州刺史雅嶷誕等皆封公後進峻爵爲王

李惠獻文思后之父也歷位散騎常侍征西大將軍秦益州刺史進爵爲王

李道念惠從弟鳳之弟孝文太和十二年將爵舅氏詔訪存者而惠諸從以再罹孥戮難於應命唯道念敢先詣闕乃申后妹及鳳兄弟子女之存者於是賜鳳子安祖浮陽侯興祖安喜侯道念貞定侯從弟寄生高邑子皆加將軍後例降爵安祖等改侯爲伯並去軍號興祖累遷燕州刺史卒以兄安祖子侃晞爲後襲先封南郡王後以庶姓罷封改封博陵郡公

高肇文昭皇太后之兄也文昭皇后生宣武詔封父颺嫡孫猛渤海公肇平原郡公肇弟顯澄城郡公三人同日受封始宣武未與舅氏相接特拜爵及賜衣幘引見肇顯于華林都亭皆甚惶懼舉動失儀數日之閒富貴赫奕未幾肇爲尚書左僕射冀州大中正尚宣武姑高平公主遷尚書令

于勁字鍾葵宣武納其女爲后封太原郡公（于勁武畧以功

臣子又以功績位沃野鎮將賜爵宣昌子拜征虜將軍帝納其女爲后封大原郡公）

胡國珍字世玉其女以選入掖庭生孝明即靈太后也孝明帝踐祚以國珍爲光祿大夫靈太后臨朝加侍中封安定郡公尚書任城王澄奏安定公宜出入禁中參諮大務詔令入決萬機尋進位中書監儀同三司侍中復加使持節都督雍州刺史驃騎大將軍開府靈太后以國珍年老不欲令其在外且欲示以方面之榮竟不得遷司徒公侍中如故就家拜焉

李延寔僕射冲之長子孝莊即位以元舅之尊超授侍中太保封濮陽郡王

北齊婁昭武明皇后之母弟也昭之次子定遠少歷
顯職外戚中偏爲武成受禪封臨淮郡王
婁叡昭之兄子無他器幹以外戚貴幸爲瀛州刺史
孝昭皇建初封東海郡王武成太寧初進位司空
胡長仁武成皇后長兄以內戚歷位尚書封臨淮郡
王左僕射尚書令及武成即位預秉朝政封隴東郡
王
胡君璧者長仁子也後主納長仁女爲后君璧襲爵
隴東王君璧弟君璋及長仁弟長雍等前後七人並
賜爵

楊騰文帝之舅也文帝即位爲開府儀同三司
乙弗繪文帝皇后之兄帝即位爲開府儀同三司侍
中監魏昌縣公又爲吏部尚書
斛律光爲左衛將軍先是武成納光第二女爲太子
妃後主天統元年拜爲皇后其年光轉大將軍
後周陳山提宣帝皇后之父也山提自大將軍爲上
柱國封鄅國公
元晟元皇后之父也晟自開府爲上柱國封冀國公
隋呂宋文帝之舅子襲爵齊郡公
獨孤陁字黎耶獻皇后之弟也高祖受禪拜上開府
右領軍衛將軍
蕭瑒煬帝蕭后之兄也以外戚擢爲尚衣奉御
蕭琮賜爵莒國公煬帝以皇后之故甚見親厚拜內
史令改封梁公
唐獨孤懷恩元貞皇后弟之子也懷恩幼時以獻皇
后之姪養於宮中後仕爲鄠縣令高祖平京城授長
安令及受禪擢拜工部侍郎
竇德明太穆順聖皇后兄之孫也武德初拜考功郎
中從太宗擊王世充頗有戰功封顯武男
長孫敞太宗文德皇后之叔父也從平京城以功除

將作少監出爲杞州刺史貞觀初坐贓免尋拜宗正
卿及致仕加金紫光祿大夫封平原郡公
長孫操敞之從父弟也貞觀中歷洛州刺史益揚二
州都督府長史高宗永徽初加金紫光祿大夫賜爵
樂壽男
武承嗣則天皇后兄子也初后父士彠娶相里氏生
元慶元爽則天立爲皇后以元慶爲宗正少卿元爽
爲殿中少監中宗嗣聖元年以承嗣爲禮部尚書尋
除太常卿同中書門下三品則天垂拱中轉春官尚
書依舊知政事載初元年代蘇良嗣爲文昌左相同

鳳閣鸞臺三品兼知內史事天授元年於東都剏置武氏七廟於是封承嗣爲魏王元慶子夏官尚書三思爲梁王后從父兄子納言攸寧爲建昌王太子通事舍人攸歸爲九江王司禮卿重規爲高平王左衛親府史郎將載德爲潁州王右衛將軍攸暨爲千乘王司農卿懿宗爲河內王左千牛中郎將嗣宗爲臨川王左衛勳二府中郎將攸宜爲建安王尚乘直長攸望爲會稽王太子通事舍人攸緒爲安平王攸止爲嘗安王又封承嗣男延基爲南陽王延秀爲淮陽王三思男崇烈爲新安王后兄子承業男延暉爲嗣

陳王延祚爲咸安王

韋溫中宗韋后之從父兄也神龍中累遷禮部尚書封曾國公弟湑左羽林大將軍封衛國公

竇希瑊者睿宗竇后之族也玄宗先天二年九月戊寅以光祿豳國公希瑊將作少府希球衛尉少卿希瓘各食實封二百戶以舅氏特寵之也

吳湊章敬皇后之弟也肅宗上元中授湊襄城尉寶應二年始封拜外戚授皇后叔前宣城令吳令瑶爲開府儀同三司太子家令封濮陽郡公郎將令瑜爲開府儀同三司太子左諭德濟陽郡公皇后弟盛王府錄事參軍淑爲開府儀同三司鴻臚少卿左清道率同正澄爲開府儀同三司太子賓客襄城尉湊爲開府儀同三司太子詹事並封濮陽郡公

沈房者代宗沈后之族子也后無近屬唯房爲近德宗命爲金吾將軍主沈氏之祀

獨孤卓者貞懿皇后之叔也大曆初后寵遇無雙以恩澤官其宗屬卓自太常少卿爲少府監及后兄艮佐爲太子中允

王果者德宗昭德皇后父揚州大都督遇之子也果爲眉州司馬甥姪拜官者二十餘人

郭釗憲宗懿安皇后兄元和十五年三月釗以簡較戶部尚書兼司農卿遷爲刑部尚書兼司農卿及右金吾大將軍鏦加簡較工部尚書

郭銛者穆宗之季舅也長慶二年十月以殿中監遷爲太子詹事充閑廐宮苑使

蕭洪以帝舅簡較太子賓客長慶二年十月遷太子洗馬

梁張歸霸者末帝德妃之父也歸霸子漢傑漢倫漢融皆以外戚之故咸居大任掌大權

後唐王萬榮者明宗淑妃之父也長興四年九月自

銀青光祿大夫簡較司空領韶州刺史又加撿校司徒使持節華州諸軍事華州刺史充鎮國軍節度使華商等州觀察處置等使

漢李洪建太后母弟也事高祖爲牙將高祖即位累歷軍較遥領防禦使史弘肇等被誅以洪建爲權侍衛馬步軍都虞候

張彦成潞州潞城人初隱帝娶其女特見親愛從平汴雒累加特進簡較太尉同州節度使隱帝即位就加同平章事

册府元龜

巡按福建監察御史臣李嗣京　訂正

知長樂縣事臣夏允彝　參閱

知建陽縣事臣黄國琦　較釋

外戚部　三

委任　輔政　將兵　立功

委任

夫姻連戚屬任叅國柄苟或瑚璉之奇器梁棟之偉材國家於是寄以腹心誠以義殊瓜李大則利權兵政委之弗疑小則近司要事冀其能忠其有出自寵私靡由公授倚任太過尤悔亦多覆轍頹基前世甚矣

漢許廣漢孝宣許后之父宣帝卽位封平恩侯位特進與侍中金安上等徑出入省中又云宣帝收霍氏諸領胡越騎羽林及兩宫將屯兵悉以所親信許史子弟代之許卽廣漢史謂史良娣兄史恭諸子

史丹父高宣帝親母史良娣之兄子封樂陵侯丹自元帝爲太子時以父任爲中庶子侍十餘年元帝卽位爲駙馬都尉侍中出常驂乘甚有寵帝以丹舊臣皇考外屬親信之詔丹護太子家

後漢陰識光烈皇后前母兄也初爲侍中封原鹿侯

及明帝立爲皇太子識以守執金吾輔導東宫帝每巡郡國識常留鎮守京師委以禁兵

馬嚴先從北地明德皇后父援兄余之子仕郡督郵後歸安陵永平十五年明德皇后勑使移居雒陽顯宗召見嚴進對閑雅意甚異之有詔留仁壽闥與校書郎杜撫班固等雜定建武注記常與宗室近親臨邑侯劉復等論議政事甚見寵幸

吳吳奮大帝母吳夫人弟景子也景卒奮授兵爲將封新亭侯帝征荆州拜奮吳郡都督以鎮東方

晉羊琇景獻皇后之從父弟武帝踐祚累遷中護軍加散騎常侍琇在職十三年典禁兵豫機密寵遇甚厚

南齊江祏姑爲景后少爲明帝所親愛如兄弟高宗輔政委以心腹鬱林隆昌元年自正員外郞補丹陽丞中書郎明帝爲驃騎鎮東府以祏爲諮議叅軍

後梁王操字子高宣帝母龔太后之外弟性敦厚有籌畧博涉經史在公恪勤初爲帝外兵叅軍親任亞於蔡大寶

陳沈君高后主沈后父君理之弟有史能以家門外戚早居清顯宣帝大建元年東境大水百姓饑弊乃

以君高爲貞威將軍吳令

後魏王建廣寧人也祖姑平文后生昭成皇帝伯祖豐以帝舅貴重豐子支尚昭成女甚見親待建少尚公主道武登國初爲外朝大夫與和跋等十三人迭典庶事參與計謀

賀泥獻明皇后之從昆弟子也天賜末京師草草泥出舉烽於安陽北賀蘭部人皆赴之明元即位乃罷詔泥與渾等八人拾遺左右

閭莊恭皇后兄毘之子也孝文太和中初立三長以莊爲定戸籍大使甚有時譽

李侃晞思皇后之族子也爲博陵郡公侃晞爲莊帝所親幸拜散騎常侍嘗食典御帝之圖爾朱榮侃晞與曾安等持刀於禁內殺榮

宇文測性沉密少篤學爲司徒右長史尚宣武女陽平公主拜駙馬都尉及孝武疑齊神武詔測詣後周文帝密爲之備還封廣川縣伯

北齊尉景從神武起兵信都神武入洛留景鎮鄴尋進爲公景妻常山君神武之姊也以勲戚每有軍事與庫狄干常被委重

鄭仲禮高祖嬖寵其姊也以親戚被昵擢帳內都督嘗執弓刀出入隨從

胡長粲武成皇后之從祖兄少而敏悟以外戚起家給事中遷黃門侍郎後主踐祚長粲被勅與黃門馮琮子出入禁中專典敷奏

後周尉遲綱字婆羅蜀國公迥之弟也少孤與兄迥依託舅氏太祖西討關隴迥綱與母昌樂大長公主留於晉陽後方入關從太祖征伐常陪侍帷幄出入臥內

隋元孝矩初任周爲司憲大夫高祖重其門地娶其女爲房陵王妃及高祖爲丞相拜少冢宰進位柱國

時房陵王鎮雒陽及高祖受禪立爲皇太子令孝矩代鎮既而立其女爲皇太子妃親禮彌厚俄拜壽州總管賜孝矩璽書曰楊越氛祲侵軼邊鄙爭桑興役不識大猷以公志存遠略今故鎮邊服懷柔以禮稱朕意焉

唐吳湊章敬皇后之弟也累轉左金吾衛大將軍湊小心謹慎智識周敏特承顧問偏見委信大曆中滑帥令狐彰沂帥田神功相次歿於理所時藩方兵驕乘戎帥喪亡人情多梗代宗令湊銜命撫慰必委曲說諭所欲爲之奏請皆得軍民和協帝重之

梁段凝開封人妹爲太祖美人故委心腹開平四年五月授懷州刺史遷鄭州刺史監大軍於河上後末帝罷王彥章兵權以授凝以衆五萬營於高陵津

後唐孟知祥字保胤幼溫厚知書樂善武皇深器之以其弟克讓女妻之卽瓊華長公主莊宗同光三年九月大舉伐蜀以郭崇韜爲招討使奉辭之日崇韜奏曰臣以非才謬當戎事若西川平定之後陛下擇帥如信厚善謀事君有節則孟知祥有焉望以蜀帥授之冬蜀平十二月制以知祥簡較太傅同平章事成都尹充劍南西川節度副大使知節度事帝曰蜀

土肴華富盛不異吾宮以卿戚里忠賢愼乃相付卿其勉之

輔政

在昔三代蓋有外戚之助班固所稱其事詳矣秦漢已降后妃之家或以才升或由親授以才則實嬰將兵克殄於多難以親則新莽輔政終滋於逆節然則內主機密參決政治恭愼自居必有輔佐之益威福是作乃生顛覆之虞賢者謙以成名驕者侈而招咎前史具載歷代明徵是知授以至公靡由私愛表其親遇之意敦以忠良之規則其可保乎始終守乎富貴者也

漢田蚡景帝王皇后之同母弟武帝初卽位蚡以舅封爲武安侯會丞相衛綰病免帝議置丞相太尉藉福說蚡曰魏其侯貴久矣（魏其侯竇嬰也）素天下士歸之今將軍初興未如卽帝以將軍爲相必讓魏其魏其爲相將軍必爲太尉太尉相尊等耳（言其尊貴同一等也）有讓賢名蚡乃微言太后風帝（風讀爲諷）於是迺以實嬰爲丞相蚡爲太尉

上官桀隴西上邽人孝昭皇后祖父也武帝疾病以

霍光爲大將軍桀爲左將軍皆受遺詔輔少主

許延壽孝宣皇后同產弟封樂成侯宣帝以延壽爲大司馬車騎將軍輔政

史高孝宣父悼皇考之舅子封樂陵侯宣帝疾病拜高爲大司馬車騎將軍領尚書事元帝襲尊號高輔政五年

王鳳孝元皇后昆弟孝成初卽位以元舅侍中衛尉陽平侯爲大司馬大將軍領尚書鳳輔政凡十一年

王音孝元皇后從父弟弘子陽朔三年秋大司馬王鳳疾帝數自臨問親執其手涕泣曰將軍如有不可言平陽侯譚次將軍矣（不可言其死也不斥言之譚鳳弟也）鳳頓首泣

日譚等雖臣至親行皆奢侈無以率導百姓不如御史大夫音謹敕敕整也臣敢以死保之及鳳且死上疏謝帝復固薦音自代音竟代鳳爲大司馬驃騎將軍輔政八年

王商以孝元皇后弟封成都侯位特進代王音爲大司馬衛將軍輔政四歲病乞骸骨帝閔之更以爲大將軍

王根以孝元皇后弟封曲陽侯爲光祿勳商甍紅陽侯立次當輔政有罪過帝廢立而用根爲大司馬驃騎將軍輔政五歲

許嘉孝成皇后父自元帝時爲大司馬車騎將軍輔政已八九年矣及成帝立復以元舅陽平侯王鳳爲大司馬大將軍與嘉並輔政以爲故事

傅嘉哀帝祖母定陶傅太后從父弟代師丹爲大司馬輔政

後漢竇憲以章德皇后兄爲侍中虎賁中郎將和帝即位太后臨朝憲以侍中內幹機密幹主也出宣誥命初章帝遺詔以憲弟篤爲虎賁中郎將篤弟景瓌並中常侍於是兄弟皆在親要之地

鄧隲以和熹皇后兄拜車騎將軍儀同三司始自隲也隲弟悝當爲虎賁中郎將弘閶皆爲侍中太后與隲等定策立安帝隲兄弟常出入禁中隲後爲大將軍以母新野君甍還第服闋詔喻隲還輔政固讓乃止

閻顯以安思皇后昆弟封長社縣侯太后臨朝以顯爲車騎將軍儀同三司

梁商以順烈皇后父爲大將軍商自以戚屬居大位每存謙虛於是京師翕然稱爲良輔順帝委重焉

梁冀商之子爲河南尹商甍未及葬順帝乃拜冀爲大將軍沖帝始在襁褓太后臨朝詔冀與大傅趙峻

太尉李固參錄尚書事

竇武以桓思皇后父爲城門校尉靈帝立拜武爲大將軍常居禁中

何進靈思皇后兄獻帝即位尊后爲太后臨朝進與太傅袁隗輔政錄尚書事

吳滕胤尚大帝公主爲太常與諸葛恪等俱受遺詔輔政廢帝即位加衛將軍

晉楊駿以武悼皇后父自鎮軍將軍遷車騎將軍武帝疾篤后乃奏帝以駿輔政帝領之遺詔曰昔伊望作佐勳垂不朽周霍拜命名冠往代侍中車騎將軍

行太子太保領前將軍楊駿經德履喆鑒識明遠毗翼二宮忠肅茂著宜正位上臺擬跡阿衡其以駿爲太尉太子太傅假節都督中外諸軍事侍中錄尚書領前將軍如故惠帝即位進駿爲太傅大都督假黃鉞錄朝政

褚裒以康獻皇后父除衛將軍領中書令裒以中書銓管不宜以姻戚居之固讓及太后臨朝有司以裒皇太后父議加不臣之禮拜侍中衛將軍錄尚書事裒以近戚懼獲議嫌上疏固請居藩

後魏賀泥獻明皇后從弟之子也明元即位拾遺左

右太武征赫連昌以功進爵爲瑯琊公軍國大議每參務焉

閭毗恭皇后兄文成太安中以毗爲征東將軍評尚書事所以隆崇舅氏

常英以文成保太后兄太安初爲侍中征東大將軍太宰三年領太師錄尚書事

胡長粲武成皇后從祖兄爲給事中黃門侍郎文成即位與領軍婁定遠錄尚書趙彥深和士開高文遥領軍綦連猛高阿那肱僕射唐邕同知朝政時人號爲八貴於後定遠文遥並出唐邕專與外兵綦連猛阿那肱別總武任長粲嘗在左右兼宣詔令從幸晉陽後主即位富於春秋庶事皆歸委粲盡心毗奉甚得名譽又爲侍中

馮熙以文明太后兄拜冠軍將軍又尚恭宗女博陵長公主拜駙馬都尉獻文即位爲太傅孝文初太后臨朝帝乃承旨以熙爲侍中太師中書監

高肇以文昭太后兄景明中錄尚書事又尚宣武姑高平公主遷尚書令肇出自夷土時望輕之及在位居要留心百揆孜孜無倦世咸謂之能高后既立愈見寵信延昌初遷司徒

胡國珍孝明時以靈太后之父封安定郡公太后臨朝尚書令任城王澄奏安定公宜出入禁中參預大務詔居公入決萬機尋進位中書監儀同三司詔與太師高陽王雍太傅清河王懌太保廣平王懷入居門下同釐庶政

李延晏以孝莊元舅之尊起授侍中太保延晏以保犯祖諱抗表固辭改授太傅尋轉司徒公

唐高士廉太宗文德皇后之舅貞觀初拜侍中十年同中書門下三品十二年拜尚書右僕射

長孫無忌文德皇后兄也少與太宗友善義軍渡河

無忌至長春宮謁見自是嘗從太宗征討及太祖即位拜尚書右僕射或有密表稱無忌權寵過盛太宗以表示無忌謂曰朕與卿君臣萬事無疑若各懷所聞而不言則君臣之意爲不通矣因詔百寮謂之曰朕今有子皆幼無忌於朕實有大功今者委之猶如子也疏間親新間舊謂之不順朕所不取也貞觀七年再拜司空固辭不許又因高士廉奏曰臣幸居外戚恐招聖主私親之誚敢以死請太宗曰朕之授官必擇才行若才不至縱朕至親亦不虛授襄邑王神符是也若才有所適雖怨讎而不棄魏徵等是也朕

若以無忌爲后之兄而私情愛之當多爲子女金帛何須輒以天官授之蓋是取其才且無忌聰明鑒悟且有武畧公等並知所以委之臺鼎無忌又上表切讓太宗使謂之曰昔黄帝得力牧而爲五帝先夏禹得咎繇而爲三王祖齊桓得管仲而爲五伯長朕自在藩列與公遂得廓清宇內君臨天下以公功績才望允稱具瞻故授此官無宜辭讓爲禮也

楊師道尚桂陽公主拜駙馬都尉貞觀中爲太常卿魏徵既辭樞近之職太宗乃擢授師道爲侍中參預朝政親待甚隆嘗在左右

實德玄太穆皇后之從孫也歷官以恭勤著稱高宗時爲右相

韋温以中宗韋庶人從父兄神龍中累遷禮部尚書景龍三年拜太子少保同中書門下三品

楊國忠以玄宗太真妃從祖兄累遷蜀郡都督府長史充劍南節度副大使知節度事代李林甫爲右相兼吏部尚書集賢殿太學士太清太微宮使

韋保衡尚懿宗女同昌公主咸通十年自起居郎爲翰林學士累遷兵部侍郎承旨不朞年以本官平章事

將兵

夫推轂受任握兵之要將帥之重邦家是賴乃有嘗自戚里委之帥律以親篤肺腑之懿以賢當幕府之選莫不執金鉞之政總貔貅之旅處則總司戎重出則恭行討伐固有剗平逆壘揚威絕漠作鎮於外屏翰王國者矣其或倚任非當恩賞踰制自致滿溢或貽喪敗兩漢之世傾輈繼軌豈止太盛而不知抑損固亦違道而自底滅亡者哉

漢呂澤呂釋之皆高后兄從高祖征伐爲列將澤二子台產高后臨朝特爲將將南北軍

穉之子祿高后病困以爲上將軍居北軍

竇嬰字王孫孝文皇后從兄子孝景即位爲詹事因病免三年吳楚反帝察宗室諸竇無如嬰賢（宗室帝之同姓親也諸竇總謂帝外家也以吳楚之難故欲用內外之親爲將也）召入見固讓謝稱病不足任帝曰天下方有急王孫寧可以讓邪乃拜嬰爲大將軍賜金千斤嬰守滎陽監齊趙兵七國破封爲魏其侯

衞青孝武皇后之弟元光六年拜爲車騎將軍擊匈奴出上谷元朔元年復將三萬騎出鴈門明年復出雲中西至高闕（山名一日塞名在朔方之北）遂至於隴西五年春

令青將三萬騎出高闕還至塞天子使使者持大將軍印即軍中拜青爲大將軍就將皆以兵屬立號而歸明年出定襄斬首數千級而還（青七出擊匈奴捕首虜五萬餘級）

霍去病衞皇后姊子再從大將軍爲票姚校尉元狩三年春爲驃騎將軍將萬騎出隴西有功其夏去病與合其侯敖俱出北地明年復出定襄數有功（去病凡六出擊匈奴斬虜首十一萬餘級）

李廣利武帝李夫人之兄大初元年爲貳師將軍發屬國六千騎及郡國惡少年數萬人以往期至貳師城取善馬故號貳師將軍軍還入馬千餘疋伐宛再反（再反猶今言兩回也）征和三年復將七萬騎出五原擊匈奴

王鳳孝元皇后弟成帝即位以元舅爲大司馬大將軍領尚書事鳳從弟音成帝時爲御史大夫鳳薨以音爲大司馬車騎將軍音薨鳳弟商爲大司馬衞將軍商薨以弟根爲大司馬票騎將軍

後漢竇固尚光武女涅陽公主明帝即位拜中郎將監羽林士永平十五年帝欲遵武帝故事擊匈奴通西域以固明習邊事拜爲車都尉以騎都尉耿忠爲副謁者僕射耿秉爲駙馬都尉秦彭爲副皆置從事並出屯涼州明年出酒泉塞至天山擊呼衍王斬首

千餘級時諸將唯固有功明年復出玉門擊西域在邊數年羌胡服其恩信

馬嚴明德皇后從父兄永平末爲將軍長史將北軍五校士羽禁兵二千人屯西河美稷（美稷縣名）衞護南軍於聽置司馬從事收守謁敬同之將軍

竇憲章德皇后之兄和帝即位太后臨朝憲以侍中內幹機密有罪懼誅（臣欽若等按後漢書憲遣客刺後都鄉侯暢也）自求擊匈奴以贖死會南單于請兵北伐乃拜憲爲車騎將軍金印紫綬以執金吾耿秉爲副發北軍五校黎陽雍營緣邊十二郡騎士及羌胡兵出塞斬名王巳下

萬三千級降者前後二十萬餘人詔使中郎將持節即
五原拜憲大將軍明年將兵出鎮凉州以侍中鄧疊
行征西將軍事爲副至私渠海而還
鄧騭和熹皇后之兄延平元年拜車騎將軍永初元
年凉部畔羌搖蕩西川朝廷憂之於是詔騭將左右
羽林北軍五校士及諸部兵擊之還大將軍
閻顯安思皇后之弟建光元年安帝始親政事顯及
弟景耀晏並爲卿校典禁兵及思皇后臨朝以顯爲
車騎將軍
梁商順烈皇后之父陽嘉三年以商爲大將軍固稱

疾不起四年使太常桓焉奉策就第即拜商乃詣闕
受命
商子冀爲河南尹商薨未及葬順帝乃拜冀爲大將
軍
竇武桓思皇后之父靈帝即位拜武爲大將軍
董重靈帝母孝仁皇后之兄子中平五年爲驃騎將
軍領兵千餘人
何進靈思皇后之兄中平元年黄巾賊張角等起以
進爲大將軍率左右羽林五營營士屯都亭修理器
械以鎮京師五年靈帝講武於平樂觀下行陣三匝
而還詔使進悉領兵屯於觀下進弟苗中平四年爲
河南尹滎陽賊數千人羣起攻燒羣縣殺中牟縣合
詔使苗出擊之苗攻破羣賊平定而還詔遣使者迎
於成皐拜苗爲車騎將軍
魏甄像文昭后父逸之孫明帝時爲散騎常侍青龍
二年吳人寇楊州以像爲伏波將軍持節監諸將東
征
晉羊琇景獻皇后從父弟武帝踐阼累遷中護軍在
職十三年典禁兵寵遇甚厚
王虔文明皇后弟爲東平將軍假節監青州諸軍事

虔子士文爲右衛將軍南中郎將鎮許昌
楊駿武悼皇后父武帝時自鎮軍將軍遷車騎將軍
大康末假節都督中外諸軍事領前將軍置步兵三
千人騎千人惠帝即位進大都督假黄鉞
虞胤元敬皇后弟太寧末自歩兵校尉轉右將軍與
南頓王宗俱爲明帝所昵並典禁衛
庾亮明穆皇后之兄明帝時代王導爲中書監及王
敦舉兵加亮左衛將軍與諸將距錢鳳及沈充之走
吳興也又假亮節都督東征諸軍事成帝即位蘇峻
反復假亮節都征討諸軍事後鎮蕪湖頃之後將軍

郭默據湓口以叛亮表親征於是以本官加征討都督及石勒死有開復中原之謀乃率大衆十萬據石頭城爲諸軍聲援

亮弟懌爲左衛將軍以討蘇峻功封廣饒男後遷輔國將軍假節鎮蕪湖

懌弟冰爲吳國内史會蘇峻作逆以冰行奮武將軍距峻別率張健於吳中冰擊走之後爲車騎將軍及弟翼當伐石季龍於是以本號除都督江荆寧益梁交廣七州豫州之四郡軍事領江州刺史假節鎮武昌以爲翼援冰弟翼代亮爲都督江州司雍梁益六

州諸軍事安西將軍荆州刺史假節鎮武昌康帝即位翼率衆北伐有衆四萬詔加都督征討軍事

褚裒康獻皇后父康帝時爲尚書以后父若求外出除建威將軍江州刺史鎮平洲遷右將軍兗州刺史都督兗州徐州之琅邪諸軍事假節鎮金城穆帝時假節鎮京口及石季龍死裒上表請伐之即日戒嚴直指泗口朝議以裒事任貴重不宜深入可先遣偏師裒重陳前所遣前鋒督護王頤之等徑造彭城示以威信後遣督護麋嶷進軍下邳賊即奔潰嶷率所領據其城池今宜速發以成聲勢於是除征討大都督徐兗青揚豫五州諸軍事裒率衆三萬徑進彭城河朔士庶歸降者以千計裒撫納之甚得其歡心

王蘊孝武定皇后父定后立乃封建昌縣侯固辭不拜乃授都督京口諸軍事左將軍假節鎮於京口徵拜尚書左僕射遷丹陽尹以姻戚不欲在内苦求外出復以爲都督浙江東五郡鎮軍將軍

宋徐逵之尚高祖長女會稽公主爲振威將軍彭城沛二郡太守高祖諸子並幼以逵之姻戚將大任之欲先令立功及討司馬休之使統軍爲前鋒配以精兵利器事尅當即授荆州休之遣魯宗之子軌擊破

之於陣見害追贈中書侍郎

趙伯符孝穆皇后弟子也武帝時爲寧遠將軍總領義從以居宫城北每有火起及賊盜輒身貫甲冑助郡縣赴討帝甚嘉之後魏賀泥道武母獻明皇后從父弟悅之子從太武征赫連昌又蠕蠕爲別道將

杜超密皇后之兄尚南安長公主神䴥三年乃以超行征南大將軍鎮鄴

馮誕文明太后兄子尚孝文妹樂安長公主除侍中都督中外諸軍事中軍將軍

高肇文昭太后之兄延昌初爲司徒及大征蜀以肇

爲大將軍都督諸軍爲之節度與都督甄琛等一十餘人俱面辭宣武於東堂親奉規畧

北齊婁昭武明皇后之母弟爲中軍大都督從神武破爾朱兆於廣河兗州刺史樊子鵠反以昭爲東道大都督討之

昭子叡以軍功爲大司馬武成至河陽乃遣總偏師赴懸瓠

厙狄干尚神武妹樂陵長公主以親地見待自預勳王當總大衆威望之重爲諸侯最

韓軌妹爲神武所納生上黨王渙軌督中軍從破爾

朱兆於赤洪嶺後爲大司馬從文宣征蠕蠕

斛律光後主皇后父爲大將軍天統末周將圍維陽壅絕糧道武平元年正月詔光率步騎三萬討之其冬光又率步騎五萬於王壁築華谷龍門二城二年率衆築平隴衛壁統戎等鎮戍十有三所破周將韋孝寬於汾水之北俘斬千計又率步騎五萬出平陽道攻姚襄白亭城戍

後周李暉尚太祖女義安公主從駕西巡率公卿子弟別爲一軍

唐竇德明高祖太穆皇后兄之孫武德初拜考功郎中從太宗擊王世充頻有戰功

武攸宜則天之姪萬歲通天元年九月爲右武威衛大將軍充清邊道行軍大總管以討契丹及軍發則天幸白馬寺餞之

武懿宗則天伯父士逸之孫爲左金吾衛大將軍萬歲通天中契丹賊帥孫萬榮寇河上命懿宗爲大總管討之

後唐劉延皓末帝皇后之弟清泰初自樞密使出爲鄴都留守

晉杜重威尚高祖妹宋國長公主天福初典禁軍二

年張從賓構亂處汜水高祖遣重威與侯益率衆破之遷侍衛親軍馬步軍副都指揮使及鎮州安重榮稱兵向闕命重威禦之開運元年北面行營招討使

立功

外戚之助其來遠矣乃有居於母黨謂我舅者本乎肺腑之重旁及葭莩之餘其或志蘊精彊才推饒傑早登勇爵深暢武經在寵任以方深屬艱虞之斯在而能祗奉王命武遏亂畧協贊義舉克著英謀用集厥勳允膺懋賞于以播盛烈於盟府振休聲於軍志非夫忠而能力者其何以臻是哉

漢竇嬰孝文皇后從兄子爲詹事病免景帝三年吳楚反帝察宗室諸竇無如嬰賢乃拜大將軍守滎陽監齊趙兵以破吳楚功封魏其侯

衛青姊爲武帝后元光六年青爲車騎將軍擊匈奴出上谷青至蘢城蘢讀與蘢同斬首虜數百騎是後匈奴仍侵犯邊元朔元年秋青復將三萬騎出鴈門斬首虜數千明年復出雲中西至高闕高闕山名一日塞名在朔方之北遂至於隴西捕首虜數千畜百餘萬走白羊樓煩王遂取河南爲朔方郡五年春令青將三萬騎出高闕匈奴右賢王當青等兵以爲漢兵不能至此飲酒醉

漢兵夜至圍右賢王右賢王驚夜逃獨與其愛妾一人騎數百馳潰圍北去漢輕騎校尉郭成等追數百里弗得得右賢裨王十餘人衆男女萬五千餘人畜數十百萬於是引兵而還拜青大將軍明年春青出定襄斬首數千級而還月餘復出定襄斬首虜萬餘人青爲大將軍七出擊匈奴斬捕首虜五萬餘級一與單于戰收河南地置朔方郡封長平侯霍去病以衛后姊子年十八爲侍中再從大將軍大將軍受詔予壯士爲票姚校尉與輕勇騎八百直棄大將軍數百里赴利斬捕首虜過當去病捕虜二千二十八級得相國當戶斬單于大父行籍若侯產捕季父羅姑比再冠軍乃封爲冠軍侯元狩三年春爲驃騎將軍將萬騎出隴西踰烏盭山名討遫濮匈奴部落涉狐奴水名歷五王國轉戰六日過焉支山千有餘里合短兵鏖皐蘭下殺折蘭王折蘭匈奴中姓也斬盧侯王全甲獲醜執渾邪王子及相國都尉捷首虜八千九百六十級收休屠祭天金人師率城什七其夏去病與諸將出北地遂深入至祁連山得單于單桓酋涂王及相國都尉以衆降下者二千五百人捷首虜三萬二百獲五王王母單于閼氏王子五十九人相國將軍當戶都尉六十三人其後率師正匈奴西域王渾邪王捷首八

十餘級降異國之王三十二元狩四年春大將軍青與去病各五萬騎青出定襄去病出代郡青出塞千餘里捕斬首虜萬餘級遂至寘顏山留一日而還去病出右北平二千餘里獲屯頭王韓王等三人將軍相國當戶都尉八十三人臨翰海執訊獲醜七萬有四百四十三級

李廣利女弟爲武帝夫人廣利爲貳師將軍發屬國騎及群國惡少年以往期至貳師城取善馬貳師至輪臺攻數日屠之西行至宛城兵到者三萬宛兵迎擊漢兵漢兵射敗之宛兵走入保其城圍其城攻之

四十餘日宛貴人謀曰王毋寡匿善馬殺漢使今殺王而出善馬漢兵宜解即不廼力戰而死未晚也宛貴人皆以爲然共殺王其外城壞虜宛貴人勇將煎靡宛大恐走入城中相與謀曰漢所爲攻宛以王毋寡持其頭遣人使貳師約曰漢無攻我我盡出善馬恣其所取而給漢軍糧貳師許宛之約宛乃出其馬令漢自擇之漢軍取其善馬數十匹中馬以下牝牡三千餘匹而立宛貴人爲苑王罷而引歸貳師將軍之東諸所過小國聞宛破皆使其子弟從入貢獻見天子因爲質焉

後漢李通尚光武女弟寧平公主爲將軍建武六年夏領破姦將軍侯進捕虜將軍王霸等十營擊漢中賊公孫述遣兵赴救通等與戰於西城破之

馬防明德皇后之弟章帝即位稍遷城門校尉建初二年金城隴西保塞羌皆叛拜防行車騎將軍以長水校尉耿恭副北軍五校兵及諸郡積射士三萬人擊之防引兵與戰於索西破之羌豪布橋追急將種人萬餘降詔徵防還拜車騎將軍

竇固尚光武女涅陽公主累遷中郎將安帝時以明習邊事爲奉車都尉以騎都尉耿忠爲副出屯涼州與忠率酒泉敦煌張掖甲卒及盧水羌胡萬二千騎出酒泉至天山擊呼衍王斬首千餘級呼衍王走追至蒲類海留吏士屯伊吾盧城時駙馬都尉耿秉等絕漠六百餘里至三木樓山騎都尉來苗等至匈奴河水上虜皆犇走無所獲太僕祭肜度遼將軍吳棠等坐不至涿山免爲庶人諸將准固有功加位特進明年復出玉門擊西域固遂破白山降車師

竇憲女弟爲章帝后及和帝即位太后臨朝時南單于請兵北伐乃拜憲車騎將軍金印紫綬官屬依司空（依准也長史一人千石掾屬二十九人令史及御屬二十二人）以執金吾耿秉爲

副發北軍五校（漢有南北軍中候一人六百石掌臨五營見續漢志）黎陽雍營緣邊十二郡騎士（光武中興以幽冀并州兵騎克定天下故於黎陽五營以謁者監之又曰扶風都尉部雍縣以涼州近羌數犯三輔將兵衛護園陵故續稱雍營）及羌胡兵出塞明年憲與秉各將四千騎及南匈奴左谷蠡王師子（師子其名也）萬騎出朔方雞鹿塞南單于屯屠河（屯屠河單于名也）將萬餘騎出滿夷谷度遼將軍鄧鴻（鄧禹少子）及緣邊義從羌胡八千騎與左賢王安國萬騎出稒陽塞（稒陽在五原）皆會涿邪山憲分遣副校尉閻盤司馬耿譚將左谷蠡王師子右呼衍王須訾等（呼衍其號因以爲姓匈奴貴種也今呼延姓是其後須訾名也）精騎萬餘與北單于戰於稽落

山大破之虜衆奔潰單于遁走追擊諸部遂臨私渠比鞮海匈奴中海名也斬名王已下萬三千級獲生口馬牛羊槖駝百餘萬頭於温犢須日逐温吴夫渠王柳鞮等八十一部率衆降者前後二十餘萬人憲秉遂登燕然山去塞三十餘里刻石勒功紀漢威德令班固作銘至和帝永元二年憲以北虜微弱遂欲滅之明年復遣右較尉夔司馬任尚趙愽等將兵擊北虜於金微山大破之克獲甚衆北單于逃走不知所在

何進女弟爲靈帝后中平元年黄巾賊起以進爲大將軍屯都亭張角别黨馬元義謀起雒陽進發其姦

以功封慎侯

何苗進弟也爲河南尹滎陽賊數千人群起攻燒郡縣殺中牟縣令詔使苗出擊之苗攻破群賊平定而還詔遣使者迎於成皐拜苗爲車騎將軍封濟陽侯

吴景吴大帝母吴夫人弟也景常隨堅征伐有功拜騎都尉袁術上景領丹楊太守討故太守周昕遂據其郡孫策與孫河吕範依景合衆共討涇縣山賊祖郎郎敗走會景爲劉繇所迫復北依術術以爲督軍中郎將與孫賁共討樊能于糜於横江又擊笮融薛禮於秣陵時策破劉牛渚降賊後反景攻討盡禽之從討劉繇繇奔豫章策遣景賁到壽春報術術方與劉備爭徐州以景爲廣陵太守術後僭號策以書喻術術不納便絶江津不與通使人告景景即委郡東歸策復以景爲丹楊太守漢遣議郎王誧音普銜命南行表景爲揚武將軍領郡如故

徐琨大帝姑子也琨少仕州郡漢末擾亂去吏隨堅征伐有功拜偏將軍堅薨隨孫策討樊能于糜等於横江擊張英於當利口而船少欲駐軍更求琨母時在軍中謂琨曰恐州多發水軍來逆人則不利矣如何可駐邪宜伐蘆葦以爲泭佐船渡軍琨具啓策策

即行之衆悉俱濟遂破英擊走笮融劉繇事業克定策表琨領丹陽太守會吴景委廣陵東歸復爲丹陽太守琨以督軍中郎將領兵從破廬江太守李術封廣德侯遷平虜將軍

陳錢道戢字子韜高祖微時以從妹妻焉牛盧子畧於廣州除濱江令高祖輔政遣道戢隨世祖平張彪于會稽以功拜直閤將軍除員外散騎常侍假節東徐州刺史封永安縣侯邑五百戸

後魏賀納道武元舅從道武平中原拜安遠將軍納弟盧盧弟悅並以從平中原功盧賜爵遼西公悅賜

爵鉅鹿侯恍子混從太武征赫連昌以功進爵爲瑯耶公

劉羅辰宣穆皇后之兄也從平中原以前後勳賜爵永安公以軍功除征東將軍定州刺史

唐長孫敞文德順聖皇后之叔父也任隨爲左衛郎將煬帝幸江都留敞守京城禁苑及義旗入關率子弟迎謁於新豐從平京城以功除將作少監

柴紹晉州臨汾人高祖微時妻之以女即平陽公主也武帝元年累遷爲左翊衛大將軍從太宗平薛舉破宋金剛攻平王世充於雒陽禽竇建德於武牢轉

右驍衛大將軍吐谷渾與黨項俱來寇邊命紹討之紹見虜陣不整密使精騎自後擊之虜大潰斬首五百餘級貞觀元年擊梁師都於夏州平之

竇抗穆皇后從兄也左武侯大將軍領左右千牛備身從太宗平薛舉勳居第一

竇德明太穆皇后兄之孫也武德初爲考功郎中從太宗征王世充頻有戰功封顯武男

王仁皎玄宗王庶人之父也子守一與玄宗有舊及玄宗登極以清陽公主妻之從討蕭至忠岑義等有功自尚乘奉御遷殿中少監特封晉國公

竇覦昭成皇后族姪爲房州刺史德宗興元元年討李懷光於河中詔覦以房州兵七百人屯郃陽賊平以功兼御史中丞同州刺史

册府元龜

巡按福建監察御史臣李嗣京　訂正

知閩縣事臣曹冏臣參閱

知建陽縣事臣黄國琦較釋

外戚部四

褒寵

夫創業之君守文之主或奉長樂有昊天之感或念榆秋有關雎之助故崇其外戚示之寵貴或引年而錫之駟馬或數日而累夫千金至於五侯並封九卿絶席家藏金穴出乘緑車屢讌飲於府第俾光震於

都鄙其或性蘊謙和心知止足旣在舒而能卷終以榮而爲懼則庶可以全其宗族終以牖下若彌肆貪叨昧失德義罔知畏夫天命卒相繼於覆轍者蓋比比有之著于簡編定爲龜鑑

周申伯宣王之舅也王使申伯居謝故崧高之詩曰徃近王舅南土是保近辭也聲如彼記之子之記申伯信邁王餞于郿郿地名邁行也申伯之意不欲離王室王告語之復重於是意解而信行餞送行飲酒也時王省岐周故於郿云申伯還南謝於誠歸還南者北就王命于岐周而還及也謝於誠歸誠歸於謝

漢衛青姊子夫武帝建元二年入宫得幸帝召青爲建章監侍中及母昆弟貴賞賜數日間累千金

霍去病衛皇后姊少兒子也爲驃騎將軍元狩六年薨帝悼之發屬玄甲軍陳自長安至茂陵爲冢象祁連山

史高衛太子史良娣兄子也宣帝時爲大司馬車騎將軍領尚書事元帝襃尊號高輔政五年乞骸骨賜安車駟馬黄金罷就第

史丹高子也成帝爲太子丹爲中庶子帝卽位累遷左將軍光禄大夫丹以舊恩數見褒賞賜累千金僮奴以百數永始中病乞骸骨帝賜策曰左將軍寢病

不衰願歸治疾朕愍以宫職之事久留將軍使躬不瘳使光禄勳賜將軍黄金五十斤安車駟馬及上將軍印綬宜轉精神務近醫藥以輔不衰丹歸第數月薨

王鳳成帝舅也爲大將軍鳳薨帝臨弔贈寵送以輕車介士軍陳自長安至渭陵

許嘉女爲成帝后自元帝時爲大司馬車騎將軍輔政八九年成帝立欲專委任元舅王鳳迺策嘉曰將軍家重身尊不宜以吏職自累賜黄金二百斤以特進侯就朝位許后廢後帝憐許氏下詔曰蓋聞仁不

遺遠誼不忘親前平安剛侯夫人謁坐大逆罪家屬幸蒙赦令歸故郡朕惟平恩戴侯先帝外祖魂神廢棄莫奉祭祀念之未嘗忘于心其還平恩侯且及親屬在山陽郡者

王莽孝元皇后弟子也爲大司馬哀帝立免就第公卿大夫多稱之者帝乃加恩寵置使家中黃門（使黃門在其家中爲使令）十日一賜餐下詔曰新都侯莽憂勞國家執義堅固朕庶幾與爲共治太后詔莽就第朕甚閔焉其以黃郵聚戶三百五十益封（黃郵在南陽棘陽縣）位特進給事中朝朔望見（音現）禮如三公（見天子之禮也）車駕乘綠車從

後漢樊宏光武之舅也光武即位拜光祿大夫位特進次三公每當朝會輒迎期先到俯伏待事時至乃起帝聞之常賜騶騎臨朝乃告勿令豫到宏卒賻錢千萬布萬疋諡爲恭侯贈以印綬車駕親送葬子儵嗣帝悼宏不已復封少子茂爲平望侯明年賜儵弟鮪及從昆弟七人各錢五千萬儵謹訥有父風事後母至孝及母卒哀思過禮毀病不自支光武常遣中黃門朝暮送饘粥

張況族姊爲皇祖考夫人數往來南頓見光武光武爲大司馬過邯鄲況爲郡吏謁見光武光武大喜曰乃今得我舅乎因與俱北到高邑以爲元氏令遷涿郡太守時年八十不任兵馬上疏乞身詔許之後詔問起居何如子歆對曰如故詔曰家人居不足贍且以一縣自養復以況爲常山關長

郭況光武郭后弟也更始二年光武擊王郎至真定因納后有寵后即真定王劉楊之甥也帝納后以結之廼與楊及諸將置酒郭氏漆里舍（漆里郭后所居之里名也）楊擊筑爲歡后弟況十六爲黃門侍郎建武十七年后廢爲中山太后二十六年后母郭主薨帝親臨喪送葬百官大會遣使者迎父昌喪柩與主合葬追贈

昌陽安侯印綬諡曰思侯二十八年帝憐郭氏詔況子璜尚淯陽公主除璜爲郎遷大鴻臚帝數幸其第會公卿諸侯況家飲讌賞賜金錢縑帛豐盛莫比京師號況家金穴明帝即位況與帝舅陰識陰就並爲特進數授賞賜恩寵俱渥禮待陰郭每事必均永平二年況卒贈賜甚厚帝親自臨喪永和三年章帝北廵狩過真定會諸郭朝見上壽引入倡飲甚歡（說文曰倡樂也聲類曰俳）以太牢具上郭主家賜粟萬斛錢五十萬

陰睦光武光烈陰后之父后初爲貴人建武九年有盜刼殺后母鄧氏及弟訢帝甚傷之乃詔太司空曰

吾微賤之時娶於陰氏因將兵征伐遂各離別幸得全安俱脫虎口以貴人有母儀之德宜立爲后而固辭弗敢當列於媵妾朕嘉其義讓許封諸弟未及爵土而遭患逢禍母子同命愍傷于懷小雅曰將恐將懼惟予與汝將安將樂汝轉棄予風人之戒可不慎乎其追爵謚貴人父陸爲宣恩哀侯弟訢爲宣義恭侯以弟就嗣哀侯

鄧晨南陽新野人娶光武姊元漢兵起元先遇害光武即位晨爲偏將軍感姊没於亂兵追封元爲新野節義公主立廟於南陽縣西封晨子汎爲吳房侯以奉公主之祀建武三年徵晨還京師數燕見說故舊平生爲歡十八年行幸章陵以晨行廷尉事從至新野置酒酣讌賞賜數百千萬二十五年卒詔遣中謁者備公主官屬禮儀招迎新野主魂與晨合葬於北邙乘輿與中宮親臨喪送塟

李通南陽宛人尚光武女弟寧平公主建武六年引拜大司空通布衣唱義助成大業重以寧平公主故特見親寵然素有消疾自爲宰相謝病不視事連年乞骸骨帝每優寵之令以公位歸弟養疾光武每幸南陽嘗遣使者以太牢祠通父冢十八年卒帝及皇后親臨吊送永平中明帝幸宛詔諸李隨安衆（安衆侯劉宗後也）宗室會見並受賞賜恩寵篤焉

馬廖明德馬后之兄章帝甚尊重之建初四年以特進侯就第永元四年卒和帝以廖先帝之舅厚加賜贈使者弔祭王主會喪馬防廖弟也永平爲車騎將軍城門校尉貴寵最盛與九卿絕席屢表辭位以特進就第尋拜光祿勳防子鉅爲嘗從小侯（以小侯得嘗從也）以鉅當冠特拜爲黄門侍郎明帝親御章臺下殿陳鼎俎自臨冠之期年後以病乞骸骨詔賜中山王田廬以特進就第

馬嚴明德皇后父援之兄子也明帝召見詔留仁壽闥嘗與宗室近親論議政事甚見寵幸拜御史中丞除子鱄爲郎令勸學省中（前書王鳳薦班伯於成宜勸學召見宴昵殿是也）

鄧衍爲新野功曹永平初以外戚小侯每豫朝會而容姿趨步有出於衆明帝目之顧左右曰朕之儀貌豈若此人特賜輿馬衣服

竇憲女弟爲章帝皇后憲與弟篤兄弟親幸並侍宮省賞賜累積寵貴日盛

鄧騭和熹皇后之兄也殤帝延平元年率兵擊涼部叛羌西屯漢陽徵騭班師朝廷以太后故遣五官中

郎將迎拜鴻爲大將軍軍到河南使大鴻臚迎中常侍齎牛酒效勞王侯以下候望於道既至大會群臣賜帛乘馬寵靈顯赫光震都鄙

梁竦二女皆爲章帝貴人生和帝永元九年梁松子扈遣從兄禪奏記三府以爲漢家舊典崇貴母氏而梁貴人親育聖躬不蒙尊號求得申議太尉張輔引禪訊問事理會後召見因白禪奏記之狀帝感慟良久曰以君意若何輔對曰春秋之義母以子貴漢興以來母氏莫不隆顯臣愚以爲宜上尊號追慰親靈存録諸舅以明親親帝悲泣曰非君孰爲朕思之會

貴人姊南陽樊調妻嫕（嫕音於計切）上書自訟曰妾同產女弟貴人前充後宮蒙先帝厚恩得見寵幸皇天授命誕生聖明而爲竇憲兄弟所見譖訴使妾父竦寃死牢獄骸骨不掩老母孤弟遠徙萬里獨妾遺脫逸伏草野常恐沒命無由自達今遭值陛下神聖之運親統萬機群物得所憲兄弟姦惡既伏辜誅海內曠然各獲其宜妾得蘇息拭目更視乃敢昧死自陳於天妾聞太宗即位薄氏蒙榮宣帝繼統史族復興妾門雖有薄史之親獨無外戚餘恩誠自悼傷妾父既寃不可復生母氏年殊七十及弟棠等遠在絕域不知死生願乞收竦朽骨使母弟得歸本郡則施過天地存沒幸賴帝覽章感悟乃下中常侍掖廷令驗問之嫕辭証明審遂得引見具陳其狀乃留嫕止宮中連月乃出賞賜衣被錢帛第宅奴婢旬月之間累資千萬嫕素有行操帝益愛之加號梁夫人擢樊調爲羽林左監復詔三公大鴻臚曰夫孝莫大於尊尊親親其義一也詩云父兮生我母兮鞠我撫我畜我長我育我顧我復我出入腹我欲報之德昊天罔極朕不敢興事覽於前世中宗太宗實有舊典追命外祖以篤親親其追封謚皇太后父竦爲褒親愍侯比靈

文順成侯魂而有靈嘉斯寵榮好爵顯服以慰母心遣中謁者與嫕及扈備禮西迎竦喪詣京師改殯賜東園畫棺玉匣衣衾建塋於恭懷皇后陵傍帝親臨送葬百官畢會徵還竦妻子諸子封侯位皆特進賞賜第宅奴婢車馬兵弩什物以巨萬計寵遇光於當世諸梁內外親疎並補郎謁者

馮魴孫石襲母獲嘉長公主封獲嘉侯亦爲侍中稍遷衛尉能取悅當世爲安帝所寵帝嘗幸其府留飲十許日賜駮犀具劍佩刀紫艾綬玉玦各一拜子世爲黄門侍郎世弟二人皆中郎自永初兵荒王侯租

秩多不充於是特詔以宅縣租稅足石令如舊限歲入穀三萬斛錢四萬

梁商女爲順帝皇后商爲大將軍卒朝廷賜以東園朱壽之器銀鏤黃錫玉匣什物二十八種錢二百萬布三千疋皇后錢五百萬布萬疋及葬贈輕車介士賜謚忠侯中宮親送帝幸宣陽亭瞻望車騎（初帝作誄曰孰云忠侯不聞其音背去國家都茲玄陰幽居冥冥靡所且窮者也）

梁冀商之子也元嘉元年桓帝以冀有援立之功欲崇殊典乃大會公卿共議其禮於是有司奏冀入朝不趨劒履上殿謁讚不名禮儀比蕭何悉以定陶陽

城餘戶贈封爲四縣比鄧禹賞賜金錢奴婢綵帛車馬衣服甲第比霍光以殊元勳每朝會與三公絕席十日一入平尚書事宣布天下爲萬世法冀猶以所奏禮薄意不悅

王斌女弟爲靈帝美人生獻帝爲何皇后所酖殺獻帝即位求斌斌將妻子詣長安賜第宅田業拜奉車都尉遷執金吾封都亭侯病卒贈前將軍印綬謁者監護喪事

魏卞秉武宣皇太后弟也當建安時爲別部司馬文帝爲秉起第第成太后幸第請諸家外親

毛嘉明帝悼后之父也帝以嘉爲奉車都尉嘉子贈爲騎都尉寵賜隆渥帝令朝臣會其家宴飲

晉羊琇景獻皇后從父弟爲散騎常侍琇卒武帝手詔曰琇與朕有先後之親大小之恩歷位外內忠允茂著不幸早薨朕甚悼之其追贈輔國大將軍開府儀同三司賜東園秘器朝服一襲錢三十萬布百疋

宋徐湛之父達之尚高祖長女會稽公主討司馬休之見害湛之幼孤爲高祖所愛嘗與江夏王義恭寢食不離於側位至尚書令

臧質武敬皇后弟子也爲義興太守元嘉二十六年

文帝謁京陵質朝丹徒上禮帝設讌盡歡賜布千疋

路瓊之孝武帝母路太后弟子也大明中瓊之及弟休之茂之並超顯跡太后賜與瓊之等財物家累千金居處服器與帝子相侔瓊之終衡陽內史

南齊何璿尚高祖少女豫章公主公主與璿情愛隆密何氏外姻疎戚莫不霑被恩紀歷位清顯

王繢女適武帝寵子安陵王子敬永明二年納妃修舅姑之政武帝遣文惠太子相隨往繢家置酒設樂公卿皆冠冕而去當世榮之

何戢爲撫軍將軍欝林王妃父也王即位妃爲后追

后親戚入宮賞賜人百數十萬
梁張弘籍高祖舅也高祖即位詔曰亡舅齊鎮西叅軍風素雅亮夙肩名輩降年不永早世潛輝朕少罹苦辛情地彌切雖宅相克成輅車靡贈輿言永往觸目慟心可追贈廷尉卿
張弘策文獻皇后從父弟從高祖平建康累遷衛廷尉卿爲潜餘黨所害詔曰亡從舅衛尉虞發所忽殞身妖豎其情理清貞器識淹濟自藩外朝契濶夷阻加以外氏彫衰饗嘗屢絕與感渭陽情寄斯在方賴忠勲翼宣寡薄報效無徵永言增嘆可贈散騎常侍

車騎將軍給鼓吹一部謚曰愍
王錫義興公主子也爲太子洗馬時昭明尚幼未與臣寮相接高祖尝勅昭明曰太子洗馬王錫秘書郎張續（續弘策子也）親表英華朝中髦俊可以師友事之中大通六年卒年三十六贈侍中給東園秘器朝服一襲
陳沈君理爲吏部尚書女爲皇太子妃宣帝大建五年爲右僕射有疾車駕親臨視卒贈侍中太子少傅喪事所須隨由資給太子立爲後主妃爲后宗族多有顯官

張種爲紫金光禄大夫太建初女爲始興王妃以居處僻陋特賜宅一區又累賜無絕錫嘉與縣秩
栁莊後主從舅也爲右衛將軍兼中書舍人太后弟盼卒後太后宗屬唯莊爲近由是洊被恩遇
後魏杜超明元密皇后之兄始光中太武追念舅氏封超平陽公尚南安長公主拜駙馬都尉車駕幸其第賞賜巨萬又追加超父豹鎮東大將軍陽平景王母曰鉅鹿惠君眞君五年超爲帳下所害太武臨其喪哀慟者久之謚曰威王子鳳皇襲超爵加侍中特進太武追思超不已欲以鳳皇爲定州刺史鳳皇不

願違離闕庭乃止
姚黄眉明元昭哀皇后之弟又尚陽翟公主累拜太常卿卒贈雍州刺史隴西郡王謚曰獻黄眉寛和温厚希言得失太武惜悼之故贈有加禮
馮熙文明太后之兄也後孝文又納其女爲后詔曰白虎通云王所不臣數有三焉妻之父母特言其一此所謂供承宗廟不欲奪私心然吾侻者於春秋無已證於往諜旣許通體之一用開至尊之敬比長秋配種陰政欣歎未闕有司陳奏斯或詔太師輟臣從禮又勑集書造儀付外孝文前後納熙三女二爲后

一爲左昭儀由是馮氏寵貴益隆賞賜累巨萬孝文每詔熙上書不臣入朝不拜熙後遇疾綿寢四載詔遣監問道路相望車駕亦數幸焉將遷雒孝文親與别見其困篤歔欷流涕密敕宕昌公主遇太師萬一即可監護喪事十九年薨於代車駕在淮南留臺表聞還至徐州乃舉哀爲制緦服詔有司豫辦凶儀并開魏京之墓令公主之柩俱向伊雒凡所營送皆公家爲備又勅代給綵帛前後六千疋以供凶用皇后詣代都赴哭太子恂亦赴代哭弔將葬贈假黃鉞侍中都督十州諸軍事大司馬太尉冀州刺史加黃屋

左纛備九錫前後羽葆鼓吹皆依晉太宰安平獻王故事有司奏謚詔曰可以威強恢遠曰武奉謚於公柩至七里澗孝文服緦往迎叩靈悲慟而拜焉葬日送臨墓所親作誌銘熙子誕與孝文同歲幼侍書學後除侍中都督中外諸軍事中軍將軍特進改封長樂郡公誕拜官孝文立於廷遥受其拜旣乃還室

楊播母文明太后之外姑也播爲中散累遷給事領中起部曹以外親優賜亟加前後萬計

睦昕之尚獻文女常山公主拜駙馬都尉昕之容貌柔謹孝文以其父故特垂眷寵宣武時年未四十頻撫三蕃當世以此榮之

鄭義女爲孝文嬪徵爲秘書監太和十六年卒賜帛五百疋

高肇文昭皇太后之兄也肇父颺厲威將軍旣卒宣武追思舅氏徵肇兄弟等錄尚書事北海王詳等奏颺宜贈左光祿大夫賜勳渤海公謚曰敬封肇平原郡公肇弟顯澄城郡公引見於華林都亭皆甚惶懼舉動失儀數日之間富貴赫奕

胡國珍靈太后之父也封安定郡公進位中書監儀同三司侍中如故賜恤歲八百疋妻梁四百疋男女

姊妹各有差仍詔依漢車千秋晉安平王故事給步挽一乘自掖門至於宣光殿得以出入並備几杖

李延寔爲左將軍光州刺史莊帝即位以元舅之尊超授侍中太保封濮陽郡王延寔以太保犯祖諱又以王爵非庶姓所宜抗表固辭徙封濮陽郡公改授太傅

李遵孝武初以外戚超贈車騎大將軍儀同三司定州刺史

蕭贊尚莊帝女壽陽長公主爲齊州刺史爲城民趙雒州所逐公主被害贊未幾卒節閔普泰末勅迎其

喪至雒遣黃門郎鹿念護喪事以王禮與公主合葬
嵩山
鄭伯猷爲散騎常侍東平將軍前廢帝初以舅氏超
授征東將軍金紫光祿大夫領國子祭酒
胡虔國珍之子也爲司空孝靜興和中薨贈太傅太
尉公尚書僕射徐州刺史葬日百官會葬乘輿送於
郭外
羅鑒爲散騎常侍金紫光祿大夫主衣都統卒孝靜
以外戚故贈侍中冀定瀛三州諸軍事尚書右僕射
司空公衞將軍冀州刺史

後周李弼子暉尚文帝女義安長公主故遂以爲駙
暉初贈爵義城郡公嘗臥疾朞年文帝憂之賜錢一
千萬供其藥石之費
隋呂雙周高祖外祖也其族蓋爲平齊之後求訪不
知所在至開皇初齊南郡上言有男子呂永吉自稱
有姑字若桃嫁爲楊諱妻勘驗知是舅子始追贈雙
周爲上柱國太尉八州諸軍事青州刺史上柱國封
齊郡公謚曰敬外祖母姚氏爲齊敬公夫人詔並改
葬於齊州立廟置守冢十家以永吉襲爵在京師
獨孤羅文獻皇后之兄信之長子高祖爲丞相儀同
嘗置左右旣受禪下詔追贈羅父信官爵曰褒德累
行往代通規追遠慎終前王盛典故柱國信風宇高
曠獨秀生民睿哲居宗淸猷映世宏謀長策道著於
弼諧緯義經仁事深於拯濟方當宣風廊廟亮采台
階而運屬艱危功高不賞聽言念範事切於心今景
運初開椒闈肅建允藉塗山之義無忘褒紀之典可
贈太師曰上柱國冀定等十州刺史趙國公邑萬戶
其諸弟以羅母齊先無夫人之號不當承襲帝以問
后后曰羅誠嫡長不可誣也於是襲爵趙國公諸弟皆
封郡公

豆盧勣爲夏州總管文帝以其家貴盛勳效克彰後
爲漢王諒納其女爲妃恩遇彌厚七年追狩利州功
詔食始州臨津縣邑千戶
獨孤陁信之第四子煬帝卽位追念舅氏聽以禮葬
乃下詔曰外氏衰弱獨孤陁不幸謝世遷卜有期言
念渭陽之情追懷傷切宜遵禮命允備哀榮可贈正
議大夫帝意猶不滿復下詔曰舅氏之尊戚屬斯重
而降年弗永彫落相繼緬維先往宜崇徽秩復贈銀
靑光祿大夫
竇榮定初仕周爲攸飛中郎將其妻則高祖姊安成

長公主也帝作相拜爲維州總管留後賜縑千疋西涼女樂一部帝受禪來朝京師帝顧謂群臣曰朕少惡輕薄性相近者止榮定而已賜馬三百匹部曲八十二人而旌之坐事除名帝以長公主之故猶拜右武候大將軍數幸其第恩賜甚厚每令尚食局日供羊一口珍味稱是後爲秦州總管賜吳樂一部前後賞賜不可勝計開皇六年卒帝爲之廢朝令左衞大將軍元旻監護喪事賻絹三千疋帝謂侍臣曰吾每欲致榮定於三事其人固讓不可今欲贈之重違其志於是贈冀州刺史陳國公

豆盧通尚高祖妹昌樂長公主自是恩禮漸隆遷夏州總管洪州總管

柳述冀州刺史機子也以父蔭爲太子親開皇中尚蘭陵公主述於諸壻中高祖特所寵敬歲餘判兵部尚書事

李敏初尚高祖女樂平公主敏歷金邠華岐數州刺史多不涖職嘗留京師往來宫内侍遊宴賞賜超于功臣大業初禕衞尉卿樂平公主將薨遺言於煬帝曰妾惟一女不自憂死深憐之湯沐乞迴與敏帝從之

獨孤懷恩者父爲涿郡太守高祖以其獻皇后之姪養於宫中

蕭琮自江陵入朝賜爵莒國公煬帝以皇后之故甚見親重琮族緦麻以上並隨才擢用於是諸蕭昆弟布列朝廷

唐竇抗隋陳國公榮定子太穆皇后之從兄其母隋高祖姊也父卒之後高祖恩遇彌隆所賜錢帛金寶亦以巨萬武德初歸長安高祖見之悦握手命坐曰李氏竟能成事何如抗舞蹈奉賀因縱酒爲樂累遷納言帝每臨朝嘗引與坐退朝之後延入臥内命之捨敬縱酒談謔敘平生之歡嘗侍宴私時或留宿禁

内帝嘗呼之爲兄而不名也内人咸稱爲舅其見親如此初年東都册勳太廟者九人抗與弟縱俱預焉論者榮之賜女樂一部金瑤萬計

竇威太穆皇后從兄也武德初爲内史令高祖甚親重之每引入臥内嘗爲膝席又嘗謂之曰昔周朝有八柱國之貴吾與公家咸登此職今我爲天子卿爲内史令本同而末異無乃不可乎威拜謝曰臣家昔在漢朝再爲内戚至於後魏三處外家陛下龍興復出皇后臣又階恩澤位忝鳳池自唯叨濫伏深悚息帝大笑曰公三后族欲誇我耶關東人與崔盧爲婚

猶自矜伐公世爲帝戚豈非盛事
裴弘策仕隋爲將作大匠卒武德初追贈弘策工部尚書黎國公策妻竇太穆皇后妹也以舊姻贈焉
長孫敞文德皇后叔父也義旗初建率子弟起於新豐後爲巴州刺史後坐事免太宗以后親嘗令內給絹以供私費及致仕卒謚曰良陪葬昭陵
蕭瑀爲內史令高祖每臨軒聽政必賜升御榻瑀既獨孤氏之壻帝與語呼之爲蕭郎
長孫無忌文德皇后兄也太宗即位爲吏部尚書帝以其佐命元勲地兼外戚禮遇尤重嘗出入臥內密

與謀議又嘗作威鳳賦以賜之貞觀十二年十二月又幸其第雖勳戚也高宗即位以無忌爲太尉同中書門下三品既當元舅之任高宗每事皆諮稟之賞賜優寵近古無比又令圖無忌形像親爲書贊
房遺愛司空玄齡第二子也以功臣子弟尚高陽公主有寵禮命與諸婿絕異
獨孤開遠元貞皇后兄子也爲左衛將軍卒太宗登苑西樓臨送開遠之葬
楊師道尚桂陽公主爲太常卿駙馬都尉安德郡公卒賜吏部尚書荊州都督賜東國秘器陪葬昭陵并爲立碑
武士彠高宗皇后父也顯慶四年三月甲申故荊州都督贈司徒周定公士彠配享高祖廟庭賜其家魏州實封一千戶總章元年又詔贈司徒荊州都督忠孝公士彠並諸功臣時皇后欲褒隆其父故并贈功臣咸亨元年九月甲申后母衛國夫人楊氏薨贈魯國大夫人謚曰忠烈司刑太常伯盧承慶攝同文正卿充使監護西臺侍郎戴至德持節弔祭哀文武九品以上及親戚五等以上并外命婦並聽赴宅弔哭葬及墳塋鹵簿等一事已上並依王禮給班劍四十

人羽葆鼓吹儀仗送至墓所往還其文武官九品以上並至渭橋宿次外婦諸親婦女並送至墓所官爲立碑仍令特進許敬宗爲其文壬辰皇后請爲夫人度太平公主出家爲女官并請頒政坊民置女官觀休祥坊宅置僧寺兼各度人追福並從之閏九月壬子又詔故工部尚書贈司徒周忠孝公士彠加贈太尉兼太子太師太原郡王魯國忠烈大夫人加贈太原郡王妃所司備禮冊命
韋玄貞中宗皇后父也爲豫州刺史卒神龍元年追贈上雒郡王左拾遺賈虛已諫之疏不納九月詔令

改塟玄貞其儀准太后父太原王故事初帝遷於房
陵玄貞坐配流欽州死后母崔氏爲欽州首領甯承
基兄弟所殺玄貞有四子洵浩洞泚等將亦死於容
州至是制遣使迎玄貞及崔氏喪柩歸於京師贈賻
甚厚又遣廣州都督周仁軌率兵二萬斬討甯承基
兄弟以其首祭於崔氏又追贈洵吏部尚書汝南郡
王浩太常卿武陵郡王洞衛尉淮陽郡王泚太濮卿
上蔡郡王亦遣使迎其喪柩歸塟於京師及將至帝
與后幸長樂宮望喪而泣是年又以安車備禮徵安
平郡王武攸緒攸緒則天之望子隱於嵩山積十餘

年至是徵之攸緒至擢授太子賓客仍聽其還山二
年四月又改贈玄貞爲豐王仍號廟曰襃德陵曰榮
光仍各置官員并給戶一百人守衛灑掃五月再追
贈玄貞爲太師雍州牧并益州大都督伯父贈太常
卿玄儼爲特進荆州大都督封曾國公追封從祖伯
父十餘人皆爲上州刺史仍贈爵郡公
竇希瓘玄宗舅也希瓘後名瑰（音曳）開元初甚見優寵
兄弟三人皆封國公帝以早失太后尤寵之恩錫之
盛朝夕相繼天寶七載詔曰睦親之義因心不忘前
開府儀同三司竇瓌頃以容納徽人頗虧典憲永懷
舅氏追感渭陽宜伸國恩再復榮秩可開府儀同三
司仍放優閑不須朝會卒贈司徒
竇希瑊希瓘兄也開元二年自光祿卿授太子少傅
詔光祿造食公卿送上以外戚優其禮也開元五年
甍輟朝三日贈司空兼荆州大都督賻物八百段米
粟八百石賜東國秘器凶事塟事並官供務從優厚
仍令將作大匠韋湊充使監護河南少尹秦守一爲
副鴻臚少卿李顯持節充使齎璽書吊祭儀仗送至
墓所官爲立碑
竇希玠希瑊弟也爲開府儀同三司華國公開元二

年甍帝悼之下制曰存有其榮殁有其贈古之典也
希玠有賢戚之美登台階之秩冀其永年俾作元老
不幸甍逝用震悼於厥心可贈尚書左丞相
王仁皎爲開府儀同三司初玄宗在藩聘仁皎女爲
妃及嗣位妃爲皇后仁皎以后父之重不參朝政承
厚賜賚善自奉養開元七年卒帝親爲舉哀輟朝三
日贈太尉益州都督制曰在昔王者旌賢睦姻莫不
存貴寵光殁加禮冊故開府儀同三司王仁皎神仙
望族禮樂通材履道純粹執心夷簡自大邦有子中
闈作合以外舅之勞參上公之位績宜揚歷誠著始

終方保期顧遽從凋落興言震悼用惻于懷宜依嘗典式慰塋魂可贈益州大都尉贈物三千段米粟二千石喪葬事並官供務從優厚仍賜東園秘器宜令銀青光祿大夫守工部尚書上柱國彭城郡開國侯劉知柔攝鴻臚卿監護通議大夫行京兆尹上護軍崔琁爲副銀青光祿大夫守太子詹事上柱國安南縣開國侯麗承宗持節齎書弔祭左庶子上護軍白知慎爲副在京五品已上官更須就弔官爲立碑命張說爲其文親書石焉

薛談尚玄宗女嘗山公主拜駙馬都尉卒贈光祿卿

賻物一百段粟一百石官給葬事仍令京兆尹充監護使

張垍尚玄宗女寧親公主又尚信典公主爲翰林學士以主壻帝特深寵異許於禁中置內宅侍爲文章賞賜珍玩不可勝數時兄均亦供奉翰林院嘗以所賜示均均戲謂曰此婦翁與女婿非天子賜學士也

姜慶初尚新平公主拜駙馬都尉新平玄宗之女也敏慧習文墨帝賢之諸主中恩禮加重慶初繇是承恩駙馬都尉鮮有授正員官者慶初特拜太常卿先是宗正寺奉陵廟慶初以恩幸太常役奉園陵

獨孤穎爲左威衛將軍録事參軍卒大曆三年追贈工部尚書穎代宗貴妃之父也將冊貴妃乃加寵焉

王延昌爲吏部侍郎卒大曆四年追贈吏部尚書特賜賻絹一百疋布五十疋延昌妻獨孤氏貴妃之姑也是有加等

郭曖汾陽郡王子儀第六子也十餘歲尚代宗第四女昇平公主時昇平年亦與曖相類大曆中恩寵冠於戚里歲時錫賚珍玩不可勝紀曖子昭以外孫故亦恩寵特異

柳晟駙馬都尉潭之子母肅宗女和政公主晟少無

簡操代宗於諸甥之中特加獎遇俾讀詩書與皇太子諸王同處親寵之任貴戚無比授試太常卿

沈令瑫代宗外叔祖也累官至涇傳集賢侍典舊勳齊列大曆八年卒輟朝三日帝追悼優詔贈太子少保父易直先贈秘書監德宗建中元年七月癸丑贈太師故庫部員外沈介福贈太傅故德州刺史沈士衡贈太保易直睿真皇后之父帝外祖也介福易直之父也士衡介福之父也秘書少監沈震贈太尉易直之子也沈氏贈三公保傅僕射尚書已上諸官及封邑者百餘人

王遇貽德皇后父也貞元三年贈揚州大都督賜布絹四百段米粟三百石塟事一切官給遇子眘州司馬果及甥姪等進官者二十餘人

季安爲魏博節度使季安代宗女嘉誠公主子也德宗優之比河朔諸鎮爲厚

沈蟻尚憲宗女宣城公主拜駙馬都尉敬宗寶曆元年十二月賜蟻錢一萬并城南別墅昌化坊賈區各一所

郭還爲殿中少監寶曆二年二月賜還宅一區以才人將立爲貴妃故寵異其兄也五月帝御宣和殿封

還等諸親

蕭洪文宗皇太后弟也太和二年十月賜絹五百疋錢三百千米粟一百石

後唐孟知祥爲太原節度使同光三年冬蜀平十二月制以知祥依前簡較太傅同平章事充劒南西川節度副大使知節度事閏月巳丑知祥自太原奉詔馳騎入雒莊宗以知祥戚里之重預戒所司出内府供帳珍玩奇絕者別設宫居以宴之酒酣追思平昔事因曰吾輩老矣繼岌乳臭兒今年代父破賊平定西川慰喜之外後增悲耳吾憶先帝棄代時疆境爲賊所侵僅保一隅之地豈知今日君臨天下奇珍異器畢萃吾府卿爲吾姻可得而言因指閱珠玉器服以示知祥又曰蜀土奢華富盛不異吾宫以卿戚里忠賢愼乃相付卿其勉之因令中使王允平就賜節鉞官誥

晉張從訓初爲德州刺史高祖之鎮太原也爲少帝娶從訓長女爲妃從訓淸泰初授唐州刺史三年高祖舉義從訓奉唐末帝詔徵赴行在分領鄉兵次於團栢谷兵敗宵遁潛身民間高祖入雒有詔搜訪月餘乃出焉及見以戚里之故深加軫恤尋授唐州刺

史

周符貽信魏王彥卿之子世宗皇后之弟也爲天雄軍衛内都指揮使顯德元年七月卒皇后於別宫舉哀宰臣率文武百僚於門進名奉慰

冊府元龜

冊府元龜

巡按福建監察御史臣李嗣京訂正

知甌寧縣事臣孫以敬条閱

知建陽縣事臣黃國琦較釋

外戚部

忠直　規諫　賢行　禮士

論薦

忠直

匪躬守節之謂忠方正無邪之謂直然則忠無不至直在其忠是以君子本忠節以成身篤正直而立志

道無不在德必有鄰漢魏已還葭莩之戚或正辭排難非義莫干或竭節存誠惟善是與增霧露之潤明日月之輝旣授任而無慙亦國家而有賴垂於後也不其偉歟

漢竇嬰字王孫竇太后從兄子孝景即位爲詹事帝弟梁孝王太后愛之孝王朝因燕昆弟飲序家人昆弟之親不爲君臣禮也是時帝未立太子酒酣帝從容曰千秋萬歲後傳王從容及下太后驩嬰引巵酒進帝曰天下者高祖天下父子相傳漢之約也上何以得傳梁王太后由此憎嬰嬰亦薄其官自嫌其官輕薄之也因病免太后除嬰門籍不得請四年立栗太子栗姬之子故曰栗太子以嬰爲傅七年栗太子廢嬰爭弗能得謝病屏居藍田山下

王商字子威宣帝時以舅子嗣封樂昌侯元帝時至右將軍光祿大夫是時成帝爲太子定陶共王愛幸幾代太子共讀曰恭幾巨依切商爲外戚重臣輔政擁佑太子頗有力焉佑助也成帝即位甚敬重商徙爲左將軍

王音元后從父弟爲車騎將軍成帝時王氏爵位日盛唯音爲修整數諫正有忠節

傅喜字稚遊哀帝祖母定陶傅太后從父弟哀帝初即位以喜爲衛尉遷右將軍是時王莽爲大司馬乞

骸骨避帝外家帝旣聽莽退衆庶歸望於喜喜從弟孔鄉侯晏親與喜等俱太后從父弟也晏爲皇后又帝舅陽安侯丁明皆親以外屬封喜執謙稱疾傅太后始與政事喜數諫之與音豫由是傅太后不欲令喜傅政帝於是用左將軍師丹代王莽爲大司馬賜喜萬金百斤上將軍印綬以光祿大夫養病

班穉成帝班婕妤之兄弟平帝時太后臨朝王莽秉政方欲文致太平言欲以文致教太平使使者分行行音下更切風俗傳采頌聲而穉無所上不稱符瑞及歌頌瑯琊太守公孫閎言灾害於公府大司空甄封遣屬馳至兩都諷吏民

遣言祥應而忌除災害而劾閎空造不祥稱絕喜應嫉害聖政皆不道太后曰不宜德美宜與言災害者異罰且後宮賢家我所哀也班婕妤有賢德故哀閎其家閎獨下獄誅稱懼上書陳恩謝罪願歸相印入補延陵園郎太后許焉食故祿終身繇是班氏不顯莽朝亦不罹咎

王閎元后母弟平阿侯譚之子哀帝時為中常侍時幸臣董賢為大司馬寵愛貴盛閎屢諫忤旨哀帝臨終以璽書綬付賢曰無妄以與人時國無嗣主內外憂懼閎白元后請奪之即帶劍至宣德後闥舉手叱賢曰宮車宴駕國嗣未立公受恩深重當俯伏號泣

何事持璽綬以待禍至耶賢知閎必死不敢拒之乃跪授璽綬閎馳上太后朝廷壯之及王莽篡位潛忌閎乃出為東郡太守閎懼誅常繫藥手內莽敗漢兵起閎獨完全東郡三十餘萬戶歸降更始

後漢陰興光烈皇后母弟建武二年為黃門侍郎守期門僕射典將武騎從征伐平定郡國興每從出入常操持小蓋障翳風雨躬履塗泥率先期門光武所幸之所輒先入清宮甚見親信雖好施接賓然門無俠客與同郡張宗上谷鮮于裒不相好知其有用猶稱所長而達之友人張汜杜禽與興厚善以為華而少實但私之以財終不為言是以世稱其忠平

樊儵光武舅子明帝時為長水校尉廣陵王荊有罪帝以至親悼傷之詔儵與羽林監南陽任隗雜理其獄事竟奏請誅荊引見宣明殿帝怒曰諸卿以我弟故欲誅之即我子卿等敢爾邪儵仰而對曰天下高帝天下非陛下之天下也春秋之義君親無將將而誅焉是以周公誅弟季友鴆兄經傳大之臣等以荊屬託母弟陛下仁聖心加惻隱故敢請耳如令陛下子臣等專誅而已帝嘆息良久儵益以此知名

馬廖以明德皇后弟為羽林左監虎賁中郎廖性質誠恩慎不愛權勢聲名盡心納忠不屑毀譽

魏卞蘭武宣皇后弟秉子為奉車都尉嘗苦酒消渴時明帝信巫女用水方使人持水賜蘭蘭不肯飲詔問其意蘭言治病自當以方藥何信於巫帝為變色後渴愈甚以至於亡故時人見蘭好直言謂帝面折之而蘭自殺其實不然

吳朱據大帝時尚公主拜左將軍赤烏九年遷驃騎將軍構爭據擁太子言則懇至義形於色守之以死曰臣聞太子國之本根雅性仁孝天下歸仁今卒責之將有一朝之慮昔晉獻用驪姬而申生不存漢武

信江充而戾太子冤死臣竊懼太子不堪其憂難立思子之宫無所復及矣

晉胡奮字玄威武帝時爲鎮軍大將軍泰始末女爲貴人時楊駿以后父驕傲自得奮謂駿曰卿恃女更益豪耶歷觀前代與天家婚未有不滅門者但早晚事耳觀卿舉措適所以速禍駿曰卿女不在天家乎奮曰我女與卿女作婢耳何能損益時人皆爲之懼駿雖啣之而不能害

賈模以惠帝皇后從兄爲侍中乃盡心輔弼推張華裴頠同心輔政數年之中朝野寧靜模之力也

王爽字季明孝武定皇后弟強正有志力歷給事黄門侍郎侍中孝武末王國寶夜欲開門入爲遺詔爽拒之曰大行晏駕皇太子未至敢入者斬乃止

隋獨孤開遠元貞皇后之兄子也爲左千牛及宇文化及江都作逆開遠時在宿直遂率殿中數百人詣玄覽門請戰門已爲賊所據不得通兵士稍引去開遠遂被執化及義而不誅

唐蕭瑀初仕隋爲内史侍郎既以后弟之親委之機務後數以言忤旨漸見疎斥

長孫無忌文德皇后兄也嘗從太宗征討累除北部郎中及隱太子建成等謀害太宗無忌請先發誅之於是奉密旨詔房玄齡杜如晦等爲籌略及難作無忌與尉遲敬德侯君集張公謹劉師立公孫武達獨孤彦杜公緯鄭仁泰李孟嘗等九人入玄武門討建成等平之

王同皎尚中宗女拜駙馬都尉神龍中以武三思專權任勢謀爲逆亂乃招集壯士期以則天靈駕發引劫殺三思同謀人撫州司倉冉祖雍具以其計密告三思三思乃遣較書郎李悛上言同皎潛謀殺三思後將擁兵詣闕廢黜皇后帝然之遂斬同皎於都亭

驛前籍没其家臨刑神色不變天下莫不冤之睿宗卽位令復其官爵執冉祖雍李悛並誅之

吳湊大曆中以章敬皇后弟爲金吾將軍代宗誅宰相元載時王縉楊炎王昂韓洄包佶韓會皆當從坐籍没湊百端救解以縉等罪未至極刑恐虧損聖德由是各貶官而已

湊兄溆建中初爲左金吾衛大將軍涇原兵叛駕幸奉天盧杞白志貞稱朱泚必當向順固無背叛之事德宗擇大臣可使者衆憚其行溆嘆息謂親友曰國難不能死非人臣也吾忝恩戚知死所矣遂請使賊

及至京城賊泚勉勞如嘗儀淑退而泚逆謀已決因害淑於四方館之前帝聞而哀悼久之

郭釗元和末以懿安皇后兄爲司農卿時憲宗寢疾彌旬諸中貴人秉權廢立紛紛未定穆宗在東宮憂甚使人問謀於釗釗曰殿下身爲皇太子但朝夕侍膳謹守以俟又何他慮乎迄今稱得元舅之體

規諫

傳曰近臣盡規又曰工執藝事以諫然則諫諍之道臣子之事自上下下靡不由之況在懿親寧忘忠藎其有葭莩近屬肺腑大臣位秩旣崇委賴斯至或則

握兵之要或則居帝之右或出入椒掖或陟降彤墀莫不義重君親理同休戚乃有秉純亮之操勵謇諤之志獻可替否以罄其深衷見危授命以全其大節至於朝政之愆缺國體之安危何嘗不進思盡忠彌縫其失孜孜以納誨惓惓以竭讜言有逆於耳而拂於心事有利於上而益於國茲所謂親親之義知無不爲者焉

史丹元帝時爲駙馬都尉以宣帝外屬親信之詔丹護太子家是時傅昭儀子定陶共王有材藝子母俱愛幸而太子頗有酒色之失母王皇后無寵建昭之後元帝被疾不親政事留好音樂或置鞞鼓殿下天子自臨軒檻上隤銅丸以擿鼓隤下也擿投也聲中嚴鼓之節莊嚴鼓節也後宮及左右習知音者莫能爲而定陶王亦能之帝數稱其材丹進曰凡所謂材者敏而好學温故知新敏速疾也温厚也温故厚蓄故事皇太子是也若迺器人於絲竹鼓鞞之間則是陳惠李微高於匡衡可相國也陳惠李微二人皆黄門鼓吹也於是帝默然而笑竟寧元年帝寢疾傅昭儀及定陶王嘗在左右而皇后太子希得進見帝疾稍侵意忽忽不平稍侵言漸篤也平和也數問尚書以景帝時立膠東王故事是時太子長舅平陽侯王鳳

爲衛尉侍中與皇后太子皆憂不知所出不知計所出丹以親密臣得侍親疾候帝間獨寢時丹直入臥內頓首伏青蒲上以青蒲地曰青蒲自非皇后不得至此涕泣言曰皇太子以適長立十餘年名號繫於百姓天下莫不歸心臣子自託爲臣子見定陶王雅素愛幸今者道路流言爲國生意以爲太子有動搖之議審若此公卿之下皆以死爭不奉詔臣願先賜死以示群臣天子素仁不忍見丹涕泣言又切至帝意大感喟然太息曰吾日困劣而太子兩王又少意中戀戀亦何不念乎然無有此議且皇后謹慎先帝又愛太子吾豈可違旨駙馬

都尉安所受此語丹郎卻頓首曰愚臣妄聞罪當死卻退也離青蒲二席地帝因納謂丹曰吾病寖加恐不能自還寖漸也善輔道太子毋違我意丹噓唏而起太子由是遂爲嗣矣

班伯成帝時爲侍中光祿大夫伯況之子也況女爲帝婕妤帝自大將軍鳳薨後王鳳也富平定陵侯張放淳于長等始愛幸出爲微行行則同輿執御入侍禁中設宴飲之會及趙李諸侍中皆引滿舉白引謂取滿觴而飲舉觥告白盡杯也一說白者罰爵之名也飲有不盡者則以此爵罰之魏文侯與大夫飲酒令曰不釂者浮以大白談笑大噱噱笑聲也時乘輿幄坐張畫屏風畫紂醉

踞妲己作長夜之樂帝以伯新起數目禮之視而作敬戒狀顧指畫而問伯紂爲無道至於是乎伯對曰書云乃用婦人之言何有踞肆於朝肆放也陳也所謂衆惡歸之不如是之甚者孔子曰紂之不善不如是之甚也是以君子惡居下流天下之惡皆歸焉故伯引此爲言帝曰苟不若此此圖何戒伯曰沈湎于酒微子所以告去也微子殷之卿士封於微爵稱子也殷紂錯亂天命微子作誥告箕子比干而去紂其誥曰用沈酗于酒用亂敗厥德于下我其發出狂吾家耄遜於荒事見尚書微子篇式號式呼大雅所以流連也大雅蕩之詩曰式號式呼俾晝作夜言醉酒號呼以晝爲夜也流連言作詩之人嗟嘆而涕泣流連也而說者乃以流連爲荒亡盡失之矣大雅亦以流連不謂飲酒之人也詩書淫亂之戒其原皆在於酒帝乃喟然嘆曰吾久不見班生今日復聞讜言讜言善言也放等不懌懌悅也稍自引起更衣罷出

後漢樊儵光武舅宏之子爲長水校尉明帝時上言郡國舉孝廉率取年少能報恩者耆舊大賢多見廢棄宜勑郡國簡用良俊又議刑辟宜須秋月以順時氣帝並從之

馬嚴伏波將軍援之兄子援小女爲明帝后章帝郎位徵拜御史中丞其年各有日食之灾嚴上封事曰臣聞日者衆陽之長食者陰侵之徵書曰無曠庶官天工人其代之言王者代天官人也故考績黜陟以

明褒貶無功不黜則陰盛陵陽臣伏見方今刺史太守專州典郡不務奉事盡心爲國而私察偏阿取與自己同則舉爲尤異異則中以刑法不郎垂頭塞耳採求財賂今益州刺史朱酺楊州刺史倪說涼州刺史尹業等每行考事輙有物故又選舉不實曾無貶坐是使臣下得作威福也故事州郡所舉上奏司直察能否以懲虛實今宜加防簡式遵前制舊丞相御史親治職事唯丙吉以年老優游不察吏罪於是宰府習爲嘗俗更共同養以崇虛名或未曉其職便復遷徙誠非建官賦祿之意宜勑正百官各責以事州

郡所舉必得其人若不如言裁以法令傳曰上德以寬服民其次莫如猛故火烈則人望而畏之水懦則人狎而翫之爲政者寬以濟猛猛以濟寬如此綏御有體災眚消矣書奏納其言而免酺等官

馬廖援之子章帝時爲衛尉帝甚尊重之時皇太后躬履節儉事從簡約廖慮美業難終上疏長樂宮以勸成德政曰臣按前世詔令以百姓不足起於世尚奢靡故元帝罷服官成帝御浣衣哀帝去樂府然侈費不息至於衰亂者百姓從行不從言也夫改政移風必有其本傳曰吳王好劍客百姓多瘡瘢楚王好

細腰宮中多餓死長安語曰城中好高髻四方高一尺城中好廣眉四方且半額城中好大袖四方全疋帛斯言如戲有切事實前下制度未幾後稍不行雖或吏不奉法良由慢起京師今陛下躬服厚繒斥去華飾素簡所安發自聖性此誠上合天心下順民望浩大之福莫尚於此陛下既以得之自然尤宜加以勉勗法太宗之隆德戒成哀之不終易曰不恒其德或承之羞誠令行一境則四海誦德聲薰天地神明可通金石可勒而況於行仁心乎況於行令乎願置章坐側以當瞽人夜誦之音太后深納之朝廷大義輒以詢訪

鄧康以和熹皇后從兄爲越騎校尉康以太后久臨朝政宗門盛滿數上書長樂宮諫諍宜崇公室自損私權言甚切至太后不從

梁商爲大將軍女即順帝后也永和四年中常侍張逵蘧政等共譖商事敗伏誅辭所連染及在位大臣商懼多侵枉乃上疏曰春秋之義功在元帥罪止首惡故賞不僭濫刑不淫濫五帝三王所以同致康乂也竊聞考中常侍張逵等詞語多所牽及大獄一起無辜者衆死囚久繫纖微成大非所以順迎和氣平

政成化也宜蚤竟以止逮捕之煩帝乃納之罪止坐者

竇武女爲桓帝后武於延熹中爲城門校尉時國政多失內官專寵李膺杜密等爲黨事考逮永康元年武上疏諫曰臣聞明主不諱譏刺之言以探幽暗之實忠臣不恤諫諍之患以暢萬端之事是以君臣並熈名達百世臣幸得遭盛明之世逢文武之化豈敢懷祿逃罪不竭其誠陛下初從藩國爰登聖祚天下逸豫謂當中興自即位以來未聞善政梁孫寇鄧雖或誅滅而常侍黃門續爲禍虐欺罔陛下競行譎詐

自造制度妄爵非人朝政日衰姦臣日强伏尋西京放恣王氏佞臣執政終喪天下今不慮前事之失復循覆車之軌臣恐二世之難必將復及趙高之變不朝則夕近者姦臣牢脩造設黨議遂收前司隸校尉李膺太僕杜密御史中丞陳翔太尉掾范滂等逮考連及數百人曠年拘録事無效驗臣推膺等建中抗節志經王室此誠陛下稷契伊吕之佐而虚爲姦臣賊子之所誣抵天下寒心海内失望惟陛下留神澄省特見理出以厭人鬼喁喁之心臣聞古之明君必須賢佐以成政道今臺閣近臣尚書令陳蕃僕射胡

廣尚書朱寓荀緄劉祐魏郎劉矩尹勳等皆國之貞士朝之良佐尚書郎張陵嬀皓苑康楊喬邊韶戴恢等文質彬彬明達國典内外之職群才並列而陛下委任近習專樹饕餮外典州郡内幹心膂宜以次貶黜案罪糾罰抑奪官爵欺國之封案其無狀誣罔之罪信任忠良平決臧否使邪正毁譽各得其所寶愛天官惟善是授如此咎徵可消天應可待間者有嘉禾芝草黄龍之見夫瑞生必於佳士福至實由善人在德爲瑞無德爲灾陛下所行不合天意不宜稱慶書奏因以病上還城門校尉槐里侯印綬帝不許有詔原李膺杜密等自黄門北寺若盧都内諸獄繫囚罪輕者皆出之

魏卞蘭武帝卞后弟秉之子明帝時蘭見外有二難而留意於宫室嘗因侍從數切諫帝雖不能從尤納其誠欵蘭位至散騎常侍

吴滕胤封都亭侯弱冠尚公主每上表陳及時宜及民間優劣多所輔弼

晉庾冰以后兄輔政康帝即位求出鎮武昌臨發上疏曰臣因循衆寵冠冕當世而志無殊操量不及遠須皇家多難釁故頻仍朝望國器與時殲落遂令天

眷不隆降及臣身俯仰伏事於今五年上不能光贊聖猷下不能緝熙朝政而陛下遇之過分求之不已復敗駕之駟以冀萬里之功非天眷之隆將何以至此是以敢竭狂瞽以獻血誠願陛下暫屏旒纊以弘聽納今彊寇未殄戎車未戢兵弱於郊人疲於内寇之侵逸未可量也黎庶之困未之安也群才之用未之盡也而陛下崇高事與下隔視聽察覽必寄之群下群下宜忠不引不進百司宜勤不督不勸是以古之帝王勤於降納雖日總萬機尤兼聽將相或借詔輿人或求謗蒭蕘良有以也况今日之弊開闢之極

而陛下歷數屬當其運否剝之難嬰之聖躬普天所
以痛心於旣往而傾首於將來者也寶與否終而泰
屬運在今誠願陛下引天覆之量深地載之厚宅冲
虛以爲本勤訓督以爲務廣引時彥詢于政道朝之
德失必闕聖聽人之情僞必達天聽然以覽其大當
以總國綱恭儉節用堯舜豈遠大布之衣衛文何人
是以古人有云非知之難行之難非行之難安之難
也願陛下旣思日側於勞謙納其起予之情則天下
幸甚矣臣朝夕伏膺猶不能暢臨疏徘徊不覺辭盡
後魏胡虔字僧敬靈太后從子太后旣再臨朝恩威

不立鄭儼等汚亂宮掖僧敬因聚集親族遂涕泣諫
曰陛下母儀海內豈宜輕脫如此太后大怒自是不
召僧敬虔爲吏部郎中太后姊與家人禮與親戚宴戲虔當致諫由是後宴虔不得預焉

賢行

夫高而不危動罔不吉崇賢而能降行之爲艱況夫
漸潤皇孃託屬丹掖析圭分爵累紫重金而能敦尚
素風裁損貴勢以恭肅而逮下以矜嚴而奉上極孝
弟之性循遜讓之則表率於后族流譽於薦紳因能
永列士之封免傾輈之歎傳所謂帝王有外戚之助
者其以是夫

漢竇長君文帝竇后兄廣國字少君后弟也后立家
於長安絳侯灌將軍乃選長者有節行者與居竇長
君少君由此爲退讓君子不敢以富貴驕人
衛青衛皇后弟爲大將軍青仁善喜士退讓
王商字子威父武以宣帝舅封爲樂昌侯商少爲太
子中庶子以肅敬敦厚稱父薨商嗣爲侯推財以分
異母諸弟身無所受居喪哀戚於是大臣薦商行可
以厲群臣義足以厚風俗宜備近臣由是擢爲諸曹
侍中中郎將
史丹字君仲父高衛太子良娣兄子也宣帝時封樂

陵侯丹以父任爲中庶子成帝時封左將軍丹爲人
知足愷悌愛人心甚謹密
馮參字叔平姊成帝昭儀也參少爲黃門郎給事中
爲人矜嚴好修容儀進退恂恂甚可觀也參昭儀少
弟行又敕備以嚴見憚
後漢馬光援之子也光爲衛尉援女爲明德皇后光
爲人小心周密喪母過哀東觀記云此道母喪哀痛感傷形骸骨立帝以
是特親愛之
樊儵字長魚宏之子宏卽世祖舅也儵謹約有父風
事後母至孝及母卒哀思過禮毁病不自支世祖嘗

遷中書黃門朝暮送饘粥脩位至燕侯
陰嵩興從兄也建武中爲中書郎將監羽林十餘年
以勤敕見幸
陰慶興子也封鮦陽侯慶推田宅財物悉與弟元丹
明帝以慶義讓擢爲黃門侍郎
鄧閶和熹皇后之弟也母新野君寢疾與兄騭並上
書求還侍養太后以閶最少孝行尤著特聽之賜安
車駟馬及新野君薨騭等復乞身行服章連上太后
許之旣還里第並居塚次閶至孝骨立有聞當時
鄧康和熹皇后從兄也少有操行順帝時爲太僕有

方正稱名重朝廷
梁商少以外戚爲郎中遷黃門侍郎順帝選商女爲
后位大將軍商天資聰敏昭達萬情舉措動作直推
雅性務在誠實不爲華飾孝友著於閨閫明信結於
友朋其在朝廷儼恪矜嚴威而不猛退食私館接賓
待客寬和肅敬憂人之憂樂人之樂皆若由己輕視
財貨不爲蓄積故衣裳裁足卒歲奴婢車馬供用而
已朝廷由是敬憚委任焉每有饑饉輙載租穀於城
門賑與貧餧不宣己惠
晉羊祜字叔子景獻皇后同產弟祜年十二喪父孝
思過禮事叔父耽甚謹位至征南大將軍開府儀同
三司
庾袞字叔褒明穆皇后伯父也少履勤儉篤學好問
事親以孝稱咸寧中大疫二兄俱亡次兄毗復殆癘
氣方熾父母諸弟皆出次於外袞獨留不去諸父兄
強之乃曰袞性不畏病遂親自扶持晝夜不眠其閒
復撫柩哀臨不輟如此十有餘旬疫勢旣歇家人乃
反毗病得差袞亦無恙父老咸曰異哉此子守人所
不能守行人所不能行歲寒然後知松栢之後凋始
知疫癘之不能相染也後州郡察孝廉舉秀才清白

異行皆不降志
宋趙倫之字幼下成邳僮人也武穆皇后之弟幼孤
貧事母以孝稱位至領軍將軍
徐湛之母高祖長女會稽公主湛之早孤及長頗涉
文義善自衞侍事祖母及母並以孝謹聞位至尚書
僕射領護軍將軍
南齊江祐姑爲景皇后祐爲太子詹事勢冠當時然
家行甚睦待子姪有恩意
梁張弘策字眞簡范陽方城人文獻皇后之從父弟
也幼以孝聞母嘗有疾五日不食弘策亦不食母強

爲進粥乃食母所餘遭母憂三年不食鹽菜幾至滅
性兄弟友愛不忍暫離共室嘗同臥起世稱爲名家
位至散騎常侍

後魏姚黃眉太宗昭哀皇后之弟也黃眉上陽翟公
王爲太常卿卒黃眉寬和溫厚希言得失太武悼惜
之

後周尉遲迥即宣帝皇后祖也性至孝色養不怠身
嘗在外所得四時甘脆必先薦奉然後敢嘗位至柱
國大將軍

唐吳湊代宗之舅也大曆十四年以左金吾衛將軍
左衛使乞罷官侍親時母老有疾特許之

禮士

外戚之貴顯莫盛於兩漢其或負器識當柄用靡不
好彼功名傾諸將相進家居之時後結赴義之俠必
損威重而入閭巷設盛饌而盡歡談亦有閉戶以固
辭弗奪其節投劾而憤去終加辟命禮士之道斯焉
可觀

漢竇嬰孝文竇后從兄子喜賓客破七國封魏其侯
游士賓客爭歸之

田蚡孝景皇后同母弟武帝初即位蚡以舅封爲武
安侯新用事卑下賓客進名士家居者貴之滯在里巷未仕
者欲以傾諸將相傾謂踰越而勝之也上所鎭撫多蚡賓客計
策

王譚封平阿侯與城都侯商紅陽侯立曲陽侯根高
平侯逢時皆元后之同產皆通敏人事好士養賢傾
財施予以相高尚樓護爲天水太守數歲免家長安
中商爲大司馬衛將軍罷朝欲候護其主簿諫將軍
至尊不宜入閭巷商不聽遂往護家家狹小官屬立
車下久住移時天欲雨主簿謂西曹諸掾曰不肯強
諫反雨立閭巷商還或白主簿語商恨以它職事去
主簿終身廢錮

後漢郭況建武中封綿蠻侯以后弟貴重賓客輻輳
況恭謙下士頗得聲譽

陰就建武中以后弟嗣父封新陽侯就以外戚貴顯
深敬重馮衍衍遂與之交結就既慕宋暉賢自往候
之暉避不見復遣家丞致禮暉遂閉門不受就聞歎
曰志士也勿奪其節又與帝壻梁松皆慕楊政聲名
而請與交友政每共言論嘗切磋懇至不爲屈撓時
帝子沛獻王輔等皆好賓客請并丹不能致就以外
戚別使人要劫之丹不得已既至就故爲設麥飯葱

萊之食丹推去曰以君侯能供養故來何謂如此就便設饌就起左右進輦丹曰昔桀人輦即此也坐上失色就去輦歡談終日乃去

馬廖明帝永平中爲羽林左監虎賁中郎將與侍中竇憲並京師貴戚時江革爲冬官中郎將廖等各奉書致禮

馬防廖弟也章帝建初中爲車騎將軍時傅毅以文雅顯於朝廷防請毅爲軍司馬待以師友之禮

竇憲建初中以后兄爲侍中章帝謂憲曰卿寧知崔駰乎對曰班固數爲臣說之然未見也帝曰公愛班

固而忽崔駰此葉公之好龍也試請見之駰繇此候憲憲倒屣迎門笑謂駰曰亭伯吾受詔交公公何得薄哉遂揖入爲上客

梁商爲大將軍自以戚屬居大位每存謙柔虛已進賢辟漢陽巨覽上黨陳龜爲掾屬李固周舉爲從事中郎於是京師翕然稱爲良輔順帝委任焉

何進女弟爲靈帝后進爲河南尹遷爲大將軍司徒楊賜遣掾孔融奉謁賀進不時通融即奪謁還府投劾而去河南官屬恥之私遣劒客欲追殺融客有言於進曰孔文舉有重名（離家傳曰客言於進曰孔文舉於時英雄時傑譬諸物類猶衆星之有北辰百穀之有黍稷天下莫不屬目也）將軍若造怨此人則四方之士引領而去矣不如因而禮之可以廣示於天下進然之既拜而辟融舉高第爲侍御史

宋蕭思話孝懿皇后弟子也宗戚令望早見任待凡歷十二仗節監都督九焉愛才好士人多歸之

論薦

傳曰自古受命繼體之君非獨內德茂也蓋亦有外戚之助焉夫肺腑之親河潤之族光寵隆極褻慢嘗生而能爲國辨材屈身逮下推引髦乂登庸俊良降自漢興間世而有所以佑輔邦政恢崇帝圖宜乎表

三適之功受加地之賞雖重金累紫蓋無媿焉

漢王鳳以元后兄爲大將軍時執金吾辛慶忌左遷酒泉太守歲餘鳳薦慶忌前在兩郡著功迹徵入歷位朝廷莫不信鄉質行正直仁勇得衆心通於兵事明略威重任國柱石（任堪也）父破羌將軍武賢顯名前世有威西夷臣鳳不宜久處慶忌之右（右上也）乃復徵爲光祿大夫執金吾

後漢樊儵字長魚父宏光武之舅也儵爲長水校尉北海周澤琅琊承宮並海內大儒儵皆以爲師友而致之於朝

陰興光烈皇后之母弟與同郡張宗上谷鮮于裒不相好知其有用猶稱所長而達之代吳漢爲大司馬興疾病光武親臨問以政事及群臣能否興頓首曰臣愚不足以知之然伏見議郎席廣謁者陰嵩並經行明深踰於公卿興没後帝思其言遂擢廣爲光禄勳嵩爲中郎將監羽林

竇憲章德皇后之兄和帝即位憲爲大將軍輔政以前太尉鄧彪有義讓先帝所敬而仁厚委隨（委隨猶順從也）故尊崇之以爲太傅令百官總已以聽帝既富於春秋憲自外戚之重欲令少主頗涉經學以屯騎較尉

桓郁累世帝師而性和退自守故上書皇太后曰禮記云天下之命懸於天子天子之善成乎所習習與智長則切而不勤化與心成則中道若性昔成王幼小越在襁褓周公在前史佚在後太公在左召公在右中立聽朝四聖維之是以慮無遺計舉無過事孝昭皇帝八歲即位大臣輔政亦選名儒韋賢蔡義夏侯勝等入授於前卒成聖德近建初九年張酺魏應召訓亦講禁中伏惟皇帝陛下躬天然之姿宜漸教學而獨對左右小臣未聞典義昔五更桓榮親爲帝師子郁結髮敦尚繼傳父業故再以較尉入授先帝父子給事禁省更歷四世今白首好禮經行篤備又宗正劉方宗室之表善爲詩經先帝所褒宜令郁方並入教授以崇本朝先示大化由是遷郁長樂少府復入侍講

鄧騭以和熹皇后諸父爲大將軍安帝時遭元元之災人士荒饑死者相望盜賊群起四夷侵畔騭與弟弘悝閶等崇節儉罷力役推進天下賢士何熙祋諷羊浸李郃陶郭等列於朝廷故天下復安先是侍中魯丕免永初二年詔公卿舉儒術篤學者騭舉丕再遷復爲侍中左中郎將

何進以靈帝后父爲大將軍秉政徵海内名士荀攸等二十餘人舉孔融高第爲侍御史

晉褚裒康獻皇太后父爲征北大將軍以政道在於得才宜委賢任能外敬舊齒乃薦前光禄大夫顧和侍中殷浩疏奏即以和爲尚書令浩爲揚州刺史

梁張弘策文獻皇后從父弟從祖高平建康天監初爲散騎常侍盡忠奉上知無不爲交友故舊隨才薦拔縉紳皆趨焉

唐楊國忠天寶中爲右相太真妃即從祖妹也國忠以聲名自高搜天下奇傑張鎬名召見薦之自釋褐

官拜左拾遺

册府元龜

册府元龜外戚部論薦　卷之三百四　二十五

冊府元龜

巡按福建監察御史臣李嗣京　訂正

新建縣舉人　臣戴國士參閱

知建陽縣事　臣黃國琦較釋

外戚部

儒學　退讓　畏慎　廉儉

儒學

研精聖哲之言服膺儒籍之道造次於是夙夜不忘此素履之士強學之所爲也若乃生於膈肺之親幼有青紫之盛遨遊戚里沐浴天澤而能亹亹於儒墨

拳拳於文雅上則知其要道下則成其俊才終則保其高明免夫顛越此皆外屬之選君子之尚者已

漢田蚡孝景王皇后同母弟孝景末爲中大夫學盤盂諸書孔甲盤盂二十六篇雜家書兼儒墨名法者也

馮野王字君卿孝元昭儀之兄也受業博士通詩爲太子中庶子

逡字子產野王之弟也通易太常察孝廉爲郎

立字聖卿逡之弟也通春秋爲郎稍遷諸曹

參字叔平昭儀之少弟學通尚書少爲黃門郎給事中

班伯成帝婕妤之兄少受詩於師丹大將軍王鳳薦伯宜勸學召見宴昵殿親戚宴飲會同之殿誦說有法拜爲中常侍帝方鄉學鄭寬中張禹朝夕入說尚書論語於金華殿在未央宮詔伯受焉既通大義又講異同於許商遷奉車都尉數年金華之業絕出

伯弟斿博學有俊材左將軍史丹舉賢良方正以對策爲議郎遷諫大夫右曹中郎將與劉向校秘書

傅喜字稚游哀帝祖母定陶傅太后從父弟少好學問有志行成帝選爲太子庶子

後漢樊儵光武舅宏之子就侍中丁恭受公羊嚴氏

春秋嚴彭祖也刪定公羊嚴氏春秋章句世號樊侯學教授門徒前後三十餘人初爲復土校尉

樊準字幼陵宏之族曾孫也少勵志行修儒術和帝幸南陽準爲郡功曹帝嘉之拜郎中鄧太后臨朝儒學陵替準乃上疏曰臣聞賈誼有言人君不可以不學故雖大舜聖德孳孳爲善成王賢主崇明師傅及光武皇帝受命中興群雄擾擾旌旗亂野東西誅戰不遑啓處然猶投戈講藝息馬論道至孝明皇帝兼天地之資用日月之明庶政萬機無不簡心而垂精古典游意經藝每饗射禮畢正坐自講諸儒並聽四

方欣欣雝闕里之化矍相之事誠不足言又多徵名儒以充禮官如沛國趙孝瑯琊承官等或安車結駟告歸鄉里或豐衣博帶從見宗廟其餘以經術見優者布在廊廟故朝多皤皤之良華首之老每宴會則論難衎衎共求政化詳覽群言響如振玉朝者進而思政罷者退而備問小大隨化雍雍可嘉期門羽林介胄之士悉通孝經博士議郎一人開門徒衆百數化自聖躬流及蠻荒匈奴遣伊秩訾王大車且渠來入就學八方肅清上下無事是以議者每稱盛時咸言永平今學者益少遠方尤甚博士倚席不講儒者

競論浮麗忘謇謇之忠習諓諓之辭文吏則去法律而學詆欺銳錐刀之鋒斷刑辟之重德陋俗薄以致苛刻昔孝文竇后性好黄老而清淨之化流景武之閒臣愚以爲宜下明詔傳求幽隱發揚巖穴寵進儒雅有如孝宫者徵到公車以俟聖上講習之期公卿各舉明經及舊子孫進其爵位使續其業復召郡國書佐使讀律令如此則延頸者日有所見傾耳者月有所聞伏願陛下推述先帝進業之道太后深納其言是後屢舉方正敦樸仁賢之士

梁松字栢孫少爲郎尚光武女舞陰長公主再遷虎賁中郎將博通經書明習故事與諸儒修明堂辟雍郊祀封禪禮儀常典論議寵幸莫比

松弟竦字叔敬二女爲章帝貴人竦少習孟氏易弱冠除授教和帝即位追封竦爲褒親愍侯

竇固字孟孫尚光武涅陽公主爲黄門侍郎好覽書傳喜習兵法

馬嚴明德皇后從兄少孤平原楊太伯講學專心墳典並研窮春秋左氏（從司徒祭酒陳元受之）因覽百家群言遂交結英賢京師咸器異之仕郡爲督郵

鄧弘和熹皇后之兄少治歐陽尚書授和帝禁中諸

儒多歸附之

梁商順烈皇后之父少持韓詩兼讀衆書傳記

魏卞蘭武帝后弟秉之子少有詞學獻賦贊述太子德美太子報曰賦者言事類之所附也頌者美盛德之形容也故作者不虛其詞受者必當其實蘭此賦豈吾實哉昔吾丘壽王一陳寶鼎何武等徒以歌頌猶受金帛之賜蘭事雖不諒義足嘉也今賜牛一頭由是遂見親敬

晉羊祜字叔子景獻皇后同產弟博學能屬文舉上計吏州四辟從事秀才五府交命皆不就太原郭奕

見之曰此今之顔子也後爲征南大將軍
羊琇字稚舒景獻皇后之從父弟也涉學有智筭累遷中護軍
王恂字良夫文明皇后弟文義通博在朝忠直累遷河南尹建立二學崇明五經
宋臧燾高祖敬皇后兄也與弟熹並好經學燾仕至太常
袁豹字士蔚文帝袁皇后之從父好學博聞覽典籍爲著作郎
庾亮明穆皇后之兄中興初爲中書郎領著作侍講

東宮其所論釋多見採述
梁王錫字公嘏駙馬都尉琳之子也十二爲國子生十四舉清茂除秘書郎與范陽張伯緒齊名俱授太子舍人
後魏馮熙字晉國文明太后之兄也熙生於長安爲姚氏魏母所養將還長安始就學士學問從師受孝經論語後爲侍中太師中書監
北齊李祖昇文宣李皇后之長兄文學足以自通仕至齊州刺史
唐竇威字文蔚高祖太穆皇后從父兄也諸昆弟并尚武藝而威耽玩文史謂爲書癡高祖初爲丞相府司録參軍禪代文翰多參預焉仕至内史令
長孫無忌貴戚好學該博文史性通悟有籌略仕至太尉
竇維鍌邪成順聖皇太后父孝湛從子也好學以撰著爲業時宗族咸以外戚崇飾輿馬維鍌獨清儉自守官至水部郎中撰吉凶禮要十卷行於代
晉韓惲世仕太原昆仲爲軍職唯惲親狎儒士好爲歌詩聚書數千卷乾寧中後唐莊宗納其妹爲妃妃初爲嫡室故莊宗深禮其家而惲以文學署交成文

水令入爲太原少尹

退讓

夫居寵思危受爵能讓斯賢達之令範也矧夫席國姻之勢處外戚之重崇高疾顛之可畏驕侈自至而不期益福者禍之所伏盈者人之所惡旣物禁乎泰盛道實在於若冲乃有内懷撝抑外忘滿假安和而不兢抑損而自持耽近耆德推避殊寵懇辭政柄願還封邑稱疾而引退抗疏以致誠徵前訓以極其數喻披至心以祈於哀惻斯固保玄元止足之戒遵栢翳謙益之論貴而能降蕭而不溢者乎

漢竇長君竇太后之兄與弟少君宗長安中絳侯灌將軍等日吾屬不死命乃且懸此兩人於是選長者之有節行與居長君少君由此爲退讓君子

王鳳字孝卿元后之昆弟成帝卽位鳳以舅爲大司馬大將軍領尚書事時黄霧四塞終日塞蒲也言四方皆蒲天子以問諫大夫楊興博士駟勝等對皆以爲陰盛侵陽之氣也高祖之約也非功臣不侯今太后諸弟皆以無功爲侯非高祖之約外戚未曾有也故天爲見異見顯示也言事者多以爲然鳳於是懼上書辭謝曰陛下卽位思慕諒闇諒信闇默也言居父喪信默三年不言也故詔臣鳳與

領尚書事上無以明聖德下無以益政治今有茀皇天地赤黄之異茀與孛同咎在臣鳳當伏顯戮以謝天下今諒闇已畢大義皆舉宜躬親萬機以承天心因乞骸骨辭職帝報曰朕承先帝聖緒涉道未深不明事情是以陰陽錯繆日月無光赤黄之氣充塞天下咎在朕躬今大將軍廼引過自予欲上尚書事歸大將軍印綬罷大司馬官是明朕之不德也朕委將軍以事誠欲庶幾有成顯先祖之功德將軍其專心固意輔朕之不逮毋有所疑

王商字子夏鳳之弟成帝時爲大司馬衛將軍輔政四歲病乞骸骨天子閔之更以爲大將軍實封二千戶

王根字稚卿商之弟成帝時爲大司馬驃騎將軍輔政五歲乞骸骨帝廼益封根五千戶賜安車駟馬黄金五百斤罷就第

後漢樊宏字靡卿光武之舅建武元年拜光祿大夫五年封長羅侯十五年定封壽張侯及病困車駕臨視留宿問其所欲言宏頓首自陳無功享食大國誠恐子孫不能保全厚恩令臣魂神慙負黄泉願還壽張食邑小鄉亭帝悲傷其言而竟不許

陰識字次伯光烈皇后之前母兄建武元年光武卽位以爲騎都尉封陰鄉侯二年以征伐軍功增封識叩頭讓曰天下初定將帥有功者衆臣託屬掖庭仍加爵邑不可以示天下帝甚美之以爲關都尉鎮函谷

陰興字君陵光烈皇后之母弟建武二年爲黄門侍郎九年遷侍中賜爵關內侯帝後詔欲封之置印綬於前興固讓曰臣未有先登陷陣之功而一家數人並蒙爵土令天下觖望誠爲盈溢臣蒙陛下貴人恩澤至厚富貴已極不可復加至誠不願帝嘉興之讓

不奪其志貴人問其故輿曰貴人不讀書記邪亢龍有悔夫外戚家若不知謙退嫁女欲配侯王取婦眄睨公主愚心實不安也富貴有極人當知足夸奢益為觀聽所譏貴人感其言深自降抑卒不為宗親求位十九年拜衛尉亦輔導皇太子明年夏帝風眩疾甚後以輿領侍中受顧命于雲臺廣室會疾瘳召見輿欲以代吴漢爲大司馬輿叩頭流涕固讓曰臣不敢惜身誠恐損聖德不可苟冒至誠發中感動左右帝遂聽之

馬廖字敬平明德皇后之兄爲虎賁中郎將性質誠

畏慎不愛權勢聲名有司連據舊典奏封廖等累讓不得已建初四年受封爲順陽侯以特進就第每有賞賜輒辭讓不敢當京師以是稱之

馬防字江平廖之弟永平末與弟光俱爲黄門侍郎章帝即位拜車騎將軍光執金吾後又封防潁陽侯光爲許侯兄弟二人各六千戶屢以明帝寢疾入參醫藥又平定西羌增邑千三百五十戶屢上表讓位俱以特進就第

竇憲章德皇后之兄永元元年爲車騎將軍既破北單于詔使中郎將持節即五原拜憲大將軍封武陽侯食邑二萬戶憲固辭封賜策許焉二年詔曰大將軍憲前歲出征克滅北狄朝加封賞固讓不受舅氏舊典並蒙爵土（西漢故事帝舅皆封侯）其封憲冠軍侯邑二萬戶篤郾侯景汝陽侯瓌夏陽侯各六千戶憲獨不受封

鄧騭和熹皇后之兄安帝永初元年封上蔡侯騭弟悝葉侯弘西平侯閶西華侯食邑各萬戶騭以定策功增邑三千戶騭等辭讓不獲遂逃避使者閒關詣闕（閒關猶崎嶇也）上疏自陳曰臣兄弟污穢無分可採（言無分寸可收採也）過以外戚遭值明時託日月之末光被雲雨之

渥澤並充列位光昭當世將不能宣贊風美補助清化誠慙誠懼無以處心陛下躬天然之姿體至聖之德遭國不造仍罹大憂開日月之明運獨斷之慮援立皇統奉承太宗聖策定於神心休烈垂於不朽本非臣等所能萬一而猥推嘉美並享大封伏聞詔書驚惶慙怖追觀前世傾覆之誡退自惟念不寒而慄臣等雖無逮及遠見之慮猶有庶幾戒懼之情常母子兄弟内相勑勵冀以端慤畏慎一心奉戴上全天恩下完性命刻骨定分有死無二終不敢横受爵土以增罪累惶窘征營昧死陳乞太后不聽騭頻上疏

至於五六乃許之四年騭母新野君寢病騭兄弟並上書求還侍養太后以閶最少孝行尤著特聽之賜安車駟馬及新野君薨騭等復乞身行服章連上太后許之騭等旣還里第並居冢次閶至孝骨立有聞當時及服闋詔喻騭還輔朝政更授前封騭等叩頭固讓乃止於是並奉朝請位次在三公下特進侯上特進在列侯之上其有大議乃詣朝堂與公卿參謀

梁商字伯夏順聖皇后之父爲執金吾陽嘉二年封子冀爲襄邑侯商讓不受三年以商爲大將軍商固稱疾不起

梁不疑冀之弟也爲河南尹時冀以不疑好經書喜侍士陰疾之因中常侍白帝轉爲光祿勳不疑恥兄弟有隙遂讓位歸第與弟蒙閉門自守

伏完爲執金吾獻帝建安元年以后父拜輔國將軍儀同三司完以政在曹操自嫌尊戚乃上印綬拜中散大夫將軍尋遷屯騎校尉

晉楊珧武帝悼皇后之叔父珧兄駿以后父爲車騎將軍珧歷位尚書令衛將軍素有名稱得幸於帝時望在駿前以兄貴盛知權寵不可居自乞遜位前後懇至終不獲許及右軍督趙休上書陳王莽五公兄弟相代今楊氏三公並在大位而天變屢見臣竊爲陛下憂之由此珧益懼固求遜位聽之賜錢百萬絹五千疋

裴頠字逸民惠帝賈后之從母昆弟歷尚書侍中光祿大夫每授一職未曾不殷勤固讓及遷尚書左僕射專任門下事頠上言賈模適亡復以臣代崇外戚之望彰偏私之舉后族何常有能自保皆知重親無脫者也然漢二十四年惟孝文光武明帝不重外戚皆保其宗豈將獨賢實以安之故也昔穆叔不拜越禮之饗臣亦不敢聞殊常之詔又表云咎繇謨虞伊

尹相商呂望翊周蕭張佐漢咸播功化光格四極暨于繼體咎單傅說祖己樊仲亦隆中興或明揚側陋或起身厮族豈非尚德之舉以臻斯美哉歷觀近世不能慕遠溺於近情多任后親以致不靖昔疏廣戒太子以舅氏爲官屬前世以爲知禮況朝廷何取於外戚正復才均尚當先其疎者以明至公漢世不用馮野王卽其事也表上皆優詔敦奬

庾亮字元規明穆皇后之兄爲中領軍明帝卽位以爲中書監亮上疏讓曰臣凡庸固陋少無殊操昔以中州多故舊邦喪亂隨侍先臣遠庇有道爰客逃難

求食而已不悟徼時之福遭遇嘉運先帝龍興垂異嘗之顧既眷同國士又申以婚姻遂階親寵累忝非服弱冠濯纓沐浴芳風頻塵省闥出總六軍十餘年間位超先達無勞受遇無與臣比小人祿薄福過災生止足之分臣所宜守而偷榮昧進日爾一日謗讟旣集上塵聖朝始欲自聞而先帝登遐區區微誠竟未上達陛下踐祚聖政惟新宰輔賢明庶僚咸允康哉之歌寔存於至公而國恩不已復以臣領中書則示天下以私矣何者臣於陛下后之兄也姻婭之嫌與骨肉中表不同雖太上至公聖德無私然世之喪

道有自來矣悠悠六合皆私其姻人皆有私則天下無公矣是以前後二漢咸以抑后黨安進婚族危向使西京七族東京六姓皆非姻族各以平進縱不能悉全決不盡敗今之盡敗更由姻昵臣歷觀庶姓在世無黨於朝無援於時植根之本輕也薄也苟無大瑕猶或見容至於外戚憑託天地連勢四時根援扶疎重矣大矣而或居權寵四海側目事有不允罪不容誅身旣招殃國爲之弊其故何邪由姻媾之私群情之所不能免是以疏附則信姻進則疑疑積於百姓之心則禍成於重闈之內矣此皆往代成鑒可爲寒心者也夫萬物之所不通賢聖因而不奪昌親以求一寸之用未若防嫌以明至公今以臣之不才兼如此之嫌而使內處心膂外總兵權以此求治未之聞也以此招禍可立待也雖陛下二相明其愚款朝士百僚頗識其情天下之人安可門到戶說使皆坦然耶夫富貴榮寵臣所不能忘也刑罰貧賤臣所不能甘也今恭命則愈違命則若臣雖不達何事背時違上自貽禍責邪實仰覽殷鑒量已知弊身不足惜爲國取悔是以悾悾屢陳丹款而微誠淺薄未垂察諒憂惶屏營不知所措願陛下垂天地之鑒察臣之

愚則臣雖死之日猶生之年矣疏奏帝納其言而已

亮父琛爲丞相軍諮祭酒卒官以后父追贈左將軍妻丘氏追封鄉君亮陳先志不受咸和中成帝又下詔追贈琛驃騎將軍儀同三司亮又辭焉

庾冰亮之弟也康帝時爲車騎將軍領江州刺史鎮武昌及獻皇后臨朝徵冰輔政辭以疾篤尋卒

褚裒康獻皇后之父爲衛將軍領中書令裒以中書銓管詔命不宜以姻戚居之固辭詔以爲左將軍兖州刺史太后臨朝拜裒侍中錄尚書事裒上疏固請居藩曰臣以虛鄙才不周用過蒙國恩累忝非據無

勞受寵負愧實深豈可復加殊特之命顯號重疊臣有何勳可以克堪何顏可以冒進委身聖世豈復遺力實懼顛墜所誤者大今王略未振萬機至殷陛下宜委誠宰輔一遵先帝任賢之道虛己受成坦平心於天下無宜內示私親之舉朝野失望所損豈少於是改授都督青陽徐兗州之晉陵吳國諸軍事衛將軍徐兗二州刺史假節鎮京口永和初復徵裒將以爲揚州録尚書事吏部尚書劉遐說裒日會稽王令德國之周公也足下宜以大政付之裒長史王胡之亦勸焉於是固辭歸藩朝野咸歎服之進號征北

大將軍開府儀同三司固辭開府

何惔穆章皇后之兄也父準高尚寡欲徵拜散騎郎不起穆帝升平元年追贈準金紫光祿大夫封晉興縣侯惔以父素行高潔表讓不受

何澄準之子也爲尚書領瑯琊王師安帝即位遷尚書左僕射典選王師如故澄以脚疾固讓特聽不朝坐家視事

王蘊孝武帝定皇后之父遷光祿大夫領五軍尚書本州大中正封建昌縣侯蘊以恩澤賜爵非三代令典固辭不受朝建敦勸終不肯拜乃授都督京口諸軍事左將軍徐州刺史假節蘊後固讓謝安謂曰卿居后父之重不應妄自菲薄以虧時遇宜依褚公故事但令在貴權於事不事耳可暫臨此任以紓國姻之重於是乃受命鎮於京口

宋何戢尚山陰公主爲吏部郎元徽初褚淵參朝政引戢爲侍中時年二十九戢以年未三十苦辭內侍表疏屢上時議許之改授司徒左長史

梁王錫駙馬都尉份之子爲吏部郎中時年二十四謂親友曰吾以外戚謬被時知多叨人爵本非志望兼此羸病庶務難擁安能舍其所好而徇所不能乃

稱疾不拜便謝遣胥徒拒絕賓客掩扉覃思室宇蕭然

後魏高祖文昭皇太后之兄子自中書侍郎爲濟州刺史率州軍討破元倫別將有功當蒙封賞不受云家荷重恩爲國致效是其常節何足以應進陟之報懇惻發於至誠

竇瑗字雅珍尚孝文女淮陽公主除駙馬都尉封汝南王瑗固辭不拜

李延寔字子熹爲左將軍光州刺史莊帝即位以元舅之尊超授侍中太保封濮陽郡王延寔以保宇犯

祖諱又以王爵非庶姓所宜抗表固辭徙封濮陽郡公改授太傅

北齊叚榮除瀛州刺史榮妻婁皇后姊也恐高祖招私親之議固推諸將竟不之州

隋竇榮定尚高祖姊安成長公主開皇初拜左武衛大將軍高祖欲以為三公榮定上書曰每覩西朝衛霍東都梁鄧幸託葭莩位極台鉉寵積驕盈必致傾覆向使前賢少自貶損遠避權勢推而不居則天命可保何覆宗之有臣每覽前修實為畏懼高祖乃止

柳述尚高祖女蘭陵公主仁壽中任寄逾重為兵部

尚書參掌機密述自以無功可紀過叨匪報抗表陳讓高祖許之令攝兵部尚書事

唐長孫無忌文德皇后之兄貞觀二年為尚書右僕射深以滿盈為誡懇辭機密文德皇后又為之辭讓太宗不獲已下詔曰昔東漢功臣莫任機密西京戚里或存退讓故能長守富貴不罹危殆尚書右僕射齊國公無忌神識清舉風彩凝映賢戚之望朝野所推比軒禁不虞釁生慮表倉卒之間厥功以茂自居樞要聲實俱遠然以椒掖之親處權衡之地深知止足有戒滿盈之言情辭懇切宜遂其心以厲貪競可解尚書右僕射仍進散位開府儀同三司

吳湊章敬皇后之弟寶應二年封拜外戚授湊太子詹事封濮陽郡公湊固讓改簡較太子賓客兼太子家令十王宅使

畏慎

詩曰戰戰兢兢如臨深淵如履薄氷易曰君子思患而豫防之斯畏慎之謂也乃有連帝族之懿席外親之寵位勢貴盛光華畢集而能軫高危之慮保謙益之訓側身以怵惕斂跡而韜晦簡御門族謹守法度周旋富盛深懲後艱惟止足而是念專靜默以自守

由漢之後不乏其人莫不亢宗保身歷屯夷而無咎令聞長世俾子孫之逢吉者焉

漢班伯成帝婕妤之兄以定襄太守徵道病中風（中傷也為風所傷）既至以侍中光祿大夫養病（受其秩俸而在自養病也）賞賜甚厚數年未能起會許皇后廢婕妤供養東宮（元后成帝母）進侍者李平為婕妤而趙飛燕為皇后伯歲篤久之帝出過臨候伯伯惶恐起視事

伯弟穉少為黃門郎中常侍方直自守成帝季年立定陶王為太子數遣中盾請問近臣（盾讀曰允詹事之官也）穉獨不敢答（言其慎）

傅宴哀帝傅皇后父也初封孔鄉侯宴深善於桓譚是時高安侯董賢寵幸女弟爲昭儀皇后日已疏宴嘿嘿不得意譚進說曰昔武帝欲立衛子夫陰求陳皇后之過而陳后終廢子夫竟立今董賢至愛而女弟尤幸殆將有子夫之變可不憂哉宴驚動曰然爲之奈何譚曰刑罰不能加無罪邪枉不能勝正人夫士以才智要君女以媚道求主皇后年少希更艱難或驅使醫巫外求方技此不可不備又君侯以后父尊重而多通賓客必借以重勢貽致譏議不如謝遣門徒務執謙愨此修己正家避禍之道也宴曰善

遂罷遣賓客皇后如譚所戒後賢果風太醫令負欽使求傅氏罪過遂逮后弟侍中喜詔獄無所得乃解故傅氏終全於哀帝之時

後漢樊宏光武之舅建武中封壽張侯位特進宏爲人謙柔畏懼不求苟進帝戒其子曰富貴盈溢未有能終者吾非不喜榮勢也天道惡滿而好謙前世貴戚皆明戒也保身全己豈不樂哉每當朝會輒迎期先到俯伏待事時至乃起帝聞之常勑騶騎臨朝乃告勿令豫到宏所上便宜及言得失輒手自書寫毀創草本公朝訪逮不敢衆對宗族染其化未嘗犯法帝甚重之

宏子儵字長魚謹約有父風建武中禁網尚濶諸王旣長各招引賓客以儵外戚爭遣致之而儵淸淨自保無所交結及沛王輔事發貴戚子弟多見收捕儵以不豫得免永平中儵弟鮪爲子賞求楚王英女敬鄉公主儵聞而止之曰建武時吾家並受榮寵一宗五侯時特信一言（寵爲特進）女可以配王男可以尚主但以貴寵過盛卽爲禍患故不爲也且爾一子奈何棄之於楚乎鮪不從其後楚事發覺帝追思儵謹恪又聞其止婚事故其諸子得不坐

陰識字次伯光烈皇后前母兄明帝爲執金吾入雖極言正議及與賓客語未嘗及國事帝敬重之嘗指識以勑戒貴戚激厲左右焉

馬廖字敬平明德皇后之兄以父任爲郎永平末受遺詔代趙熹爲衛尉時朝廷大議輒以詢訪廖性質誠畏愼不愛權勢聲名盡心納忠不屑毀譽

馬光廖之弟爲黄門侍郎爲人小心周密章帝以是特親愛之

馬嚴明德皇后從父兄初仕郡督郵嚴聞明德立乃閉門自守猶復慮致譏嫌遂更徙北地斷絕賓客

馮柱尚明帝女獲嘉長公主少爲侍中以恭肅謙約
稱位
鄧隲和熹皇后之兄三遷虎賁中郎將自太后臨朝
兄弟皆居禁中隲謙遜不欲久在内連求還第歲餘
太后乃許之隲深戒竇氏章帝竇皇后勳女祖穆及叔父俱尚主交輕薄屬託
於郡縣干亂政化後並坐怨坐誅不軌故鄧氏深引爲誡者撿勅宗族閨門靜居
閨閉也
鄧康和熹皇后從父子襲父珍封夷安侯康以太后
久臨朝政宗門盛滿數上書長樂官諫爭宜崇公室
自損私權言甚切至太后不從康心懷畏懼遂謝病

不朝
梁商順烈皇后之父爲大將軍簡御門族未曾以權
盛干法
竇武字子游桓思皇后之父延熹中爲城門校尉封
槐里侯武兄子虎賁中郎將紹性䟽簡奢侈每數切
慮相戒猶不覺悟乃上書求退紹位又自責不能訓
導當先受罪由是紹更遵節太小莫敢違法
魏郭德明帝郭元后之從弟封平原侯司馬景王輔
政以女妻德妻早亡文王復以女繼室即京兆長公
主德雖無才學而恭謹謙順
吳全琮尚大帝女公主爲大司馬軍師琮旣親重宗
族子弟並蒙寵貴賜累千金然謙虛接物貌無驕色
晉楊珧字文琚駿之弟也歷位尚書令衛將軍素有
名稱以兄貴盛知權寵不可居自乞遜位前後懇至
終不獲許初聘悼后珧表曰歷觀古今一族二后未
嘗以全而受覆宗之禍乞以表事藏之宗廟若如臣
之言得以免禍從之右軍都督趙休上書王莽五公
兄弟相代今楊氏三公並在大位而天變屢見臣竊
爲陛下憂之由此珧益懼固求遜位聽之
楊濟字文通珧之弟也累遷太子太傅與兄珧深懼

盛滿乃與諸甥李斌等共切諫兄駿斥出王佐爲河
東太守建立皇儲皆濟謀也
王蘊孝武定皇后父爲丹陽尹加散騎常侍蘊以姻
戚不欲在内苦求外出復以爲都督浙江東五郡鎮
軍將軍會稽内使常侍如故
褚裒爲尚書以后父苦求外出除江州刺史
宋王偃孝武皇后父爲右光祿大夫而偃謙虛恭謹
不以世事關懷
梁王騫拜度支尚書加給事中領射聲校尉初騫見
諸女子姪皆嬪王尚主朔望來歸輜軿塡溢非所欲

也勑歲中不過一再見嘗從容謂諸子曰吾家本素族自可依流平進不須苟求也

何裔齊承昌中爲國子祭酒蔘林嗣位裔爲后族甚見親待累遷左民尚書領驍騎中書令領臨海巴陵王師裔雖貴顯嘗懷止足

蔡樽字景節爲吏部尚書女爲昭明太子妃自詹事巳下咸來造謁徃徃稱疾相聞遣之及其引進但暄寒而巳此外無復餘言

後魏馮誕字思正文明太后兄熙之子也與弟脩年才十餘文明太后俱引入禁中申以教誡整飾容

儀寛雅恭謹而巳

北齊斛律金爲太師左丞相一門一皇后二太子妃三公主金嘗謂長子光曰我雖不讀書聞古來外戚梁冀等無不傾滅女若有寵諸貴妬人女若無寵天子嫌人我家直以立勲抱忠致富貴豈可藉女也辭不獲免嘗以爲憂

元韶襲封彭城王爲太傅録尚書事文宣天保元年降爵爲公性行温裕以高氏壻頗膺時寵能自謙退

韓軌封安德郡王軌妹爲神武所納生上黨王渙復以勲庸歷登台鉉嘗以謙恭自處不以富貴驕人

後周閻慶爲寧州刺史位柱國晉公護母慶之姑也護雖擅朝而慶未嘗阿附及護誅武帝以此重之乃詔慶子毗尚帝女清都公主慶雖位望隆重婚連帝室嘗以謹慎自守時人以此稱之

竇毅爲大司馬性温和每以謙慎自守又尚太祖第五女襄陽公主時爲朝廷所委信雖任兼出入未嘗有矜惰之容時人以此稱焉

唐吳溆章敬皇后之弟實應中以元舅拜鴻臚少卿久之改左金吾將軍建中初遷大將軍溆以恭慎謙約聞於時

吳湊章敬皇后之弟小心謹愼智識周敏代宗朝獨承顧問自貞元巳後德宗任遇信重徧歷中外親要之職雖云聖奬隆深亦湊小心敬愼所致也

王用莊憲皇后之弟憲宗時以元舅爲金吾衛大將軍謙和善守寡所與事公卿大臣以此多之

郭釗憲宗懿安皇后之兄也毋代宗長女昇平公主釗元和中簡較工部尚書充邠寧節度使數歲徵入爲簡較戶部尚書兼司農卿釗大勲之後積代婣聯帝戚而能恭愼自持居官處家無驕怠之色奢侈之失釗弟鏦又尚順宗長女德陽公主爲駙馬都尉殿

中監穆宗即位鎰以叔舅改金吾大將軍太子詹事充閑廄宮苑使從容上列三十餘載椒房之貴舅氏之尊國朝外戚罕有其比而恭遜恪愼爲時論所稱

晉安彥威與少帝母太妃安氏近屬也帝以渭陽待之而未嘗挂於齒牙及卒太妃親至彥威汴京舊第預其喪事人方知之聞者服其愼重

廉儉

夫居戚屬之地有肺腑之親富貴既盈驕侈必至乃有操行自著志尚不群持若驚之心知守約之道外無輿馬之飾内無崎積之帑辭賞賜之命塞賂遺之

門以至第宅纔蔽於風雨妻子略充於衣食矯淫靡之失顯端愼之名使國家無私恩之譏世祿垂由禮之訓傳於方策亦可謂之賢矣

漢傅喜字穉游定陶太后從父弟時丁傅驕奢皆嫉喜之恭儉位至大司馬

後漢陰興光烈皇后母弟建武中爲期門僕射每出入甞操持小蓋鄣翳風雨躬履塗泥第宅苟完裁蔽風雨

鄧隲女弟爲和熹皇后隲弟弘卒后賜錢千萬布萬疋隲等辭不受時元元之災人士荒饑死者相望盜賊群起隲兄弟崇節儉罷力役故天下復安隲位至大將軍

竇武長女爲桓帝皇后武爲城門校尉清身疾惡禮賂不通妻子衣食裁充足而已是時羌蠻寇難歲儉民饑武得兩宮賞賜悉散與太學諸生及載肴糧於路匄施貧民

魏荀顗尚書令彧長子太祖以女妻顗後稱安陽公主彧及弟攸並貴重皆謙冲節儉祿賜散之宗族知舊家無餘財顗官至虎賁中郎將

晉王恂以文明皇后弟爲河南尹鬲令袁毅甞餽以

駿馬恂不受及毅敗受貨者被廢黜

庾冰字季堅明穆皇后亮之弟也冰天性清愼甞以儉約自居中子襲甞貸官絹十疋冰怒捶之市絹還官及卒無絹爲衾又室無妾媵家無私積世以此稱之

褚裒康帝時以后父爲江州刺史鎭半洲在官清約雖居方伯甞使私僮樵採

王濛字仲祖哀帝靖皇后父俸祿資産甞推厚居薄以清約見稱

王恭字孝伯孝武定皇后兄以外戚爲將帥及死之

日無財帛唯書籍而已爲識者所傷

宋趙倫之武穆皇后弟爲左光祿大夫領軍倫之雖外戚貴盛而以儉素自處

臧燾武敬皇后兄自高祖受命徵拜太常雖外戚貴顯而彌自冲約茅屋蔬餐不改其舊所得俸祿與親戚共之

後魏胡國珍靈太后之父少好學雅尙清儉位至侍中

唐長孫敞字休明文德皇后之季父少儉約不事華侈而好節義位至宗正卿平原郡公

蕭復字履初新昌公主子父衡爲太僕卿駙馬都尉復生於戚里少秉清操其群從兄弟競飾輿馬以侈靡相高復衣澣濯之衣獨居一室習學不倦非詞人儒士不與之游伯父華每歎異之曰興吾門者必此子也

竇維鍌玄宗舅希瓊從父弟也好學以著撰爲業時宗族咸以外戚崇飾輿馬維鍌獨清儉自守官至兵部郎中

郭皎憲宗皇后從父即尚父子儀之猶子也勳閥之家獨守儉素以是獲用於時位至邠寧節度使卒終

冊府元龜

巡按福建監察御史臣李嗣京　訂正
分守建南道左布政使臣胡維霖　參閱
知建陽縣事臣　黃國琦較釋

外戚部七

奢縱　專恣
驕慢

奢縱

夫位不期驕而傲逸之自至欲不可縱而禮度之遂愆故先儒以爲損之招而惡之大也漢室而下乃有

藉帝閨之勢處外姻之貴罔思克己靡圖進德不以盛滿而爲戒姑務紛華而自恣乃至輿服奉養之物極其珍麗室宇晏樂之具過於豪縱踰矩而弗禁怙奢而彌放其或盈而蕩佚而邪天實禍淫咎不旋踵惟其所召孰將見哀至乃獲免於身克終牖下彼已之誚亦足配焉

漢田蚡孝景王皇后同母弟也爲丞相嘗請考工地益宅帝怒曰遂取武庫是後迺退考工少府之屬官也主作器械帝責其此請謂之曰何不遂取武庫蚡乃退也召客飲坐其兄蓋侯北鄉自坐東鄉自處尊位也鄉讀皆曰嚮以爲漢相尊不可以兄故私撓撓曲也音女敎切由此滋驕滋益也治宅甲諸第言爲諸第之上也以甲乙之言甲則爲上矣田園極膏腴膏腴謂肥厚之處市買郡縣器物相屬於道屬連及也音之欲切前堂羅鍾皷立曲旃旃旗之名也通帛曰旃曲旃僭也禮大夫建旃曲柄上曲也許愼云旃旗曲柄也所以旃表士衆也後房婦女以百數諸奏珍物狗馬玩好不可勝數奏進也

霍禹孝宣皇后之兄也禹嗣父光爲博陸侯與弟山並繕治第宅走馬馳逐平樂館光兄孫雲當朝請數稱病私出多從賓客張圍獵黃山苑中使蒼頭奴上朝謁莫敢譴也

史丹祖父恭女弟爲衛太子良娣產悼皇考宣帝微

時依倚史氏恭子高爲大司馬車騎將軍領尚書事封樂陵侯成帝初丹爲左將軍光祿大夫封武陽侯尤得信於帝丹兄嗣父爵爲侯讓不受分丹盡得父財身又食大國邑重以舊恩數見褒賞賞賜累千金僮僕以百數後房妻妾數十人內奢淫好飲食極滋味聲色之樂

王譚成帝舅也封平阿侯譚弟商成都侯立江陽侯根曲陽侯逢時高平侯世謂之五侯群弟爭爲奢侈賂遺珍寶四面而至後庭姬妾各數十人僮奴以千百數羅鍾磬舞鄭女作倡優狗馬馳逐大治第室起

土山漸臺洞門高廊閣道連屬彌望彌竟也言望之極目也屬音之欲切百姓歌之五侯初起曲陽最怒懷決高都連竟外杜懷決高都水入長安高都水在長安西也杜鄠二縣之閒田畝一金言其境自長安至杜陵也一云長安有高都外杜里既壞決高都作殿復行及外杜里成都侯商自擅穿帝城引水耳曲陽無此事又雖作大第宅不得從長安至杜陵也土山漸臺西白虎皆以効天子之制也其僭奢如此

王商成帝舅成都侯嘗病欲避暑從帝借明光宮明光宮在城內近桂宮也後又穿長安城引內灃水注第中大陂以行船立羽蓋張周圍輯濯越歌輯與楫同濯與櫂同皆所以行船也令執楫櫂人爲越歌也楫謂櫂之短者也今吳越之人呼爲橈音饒越歌爲越之歌帝幸商第見

穿城引水意恨內銜之

曲陽侯根奢驕僭上赤墀青瑣以青畫戶邊鏤中天子制也謂刻爲連瑣交而青塗也

後漢馬防明德皇后之兄也爲衛尉後以病乞骸骨詔賜故山中王田廬以特進就第防兄弟貴盛奴婢各千人以上資産巨億皆買京師膏腴美田又大起第觀連閣臨道彌亘街路多聚聲樂曲度比諸郊廟賓客奔湊四方畢至

竇憲章德皇后之兄也爲大將軍弟篤爲衛尉景環皆侍中奉車駙馬都尉四家競脩第宅窮極工匠

梁冀順烈皇后之兄也爲大將軍乃大起第宅舍堂寢皆有陰陽奧室連房洞戶柱壁雕鏤加以銅漆窻牖皆有綺疏青瑣圖以雲氣仙靈臺閣周通更相臨望飛梁石磴陵跨水道金玉珠璣異方珍怪充積藏室遠致汗血名馬又廣開園囿採土築山十里九坂以象二崤深林絕澗有若自然奇禽馴獸飛走其閒冀與妻孫壽共乘輦車張羽蓋飾以金銀游觀第內多從倡伎鳴鍾吹管酣謳竟路或連繼日夜以騁娛恣客到門不得通皆請謝門者門者累千金又多拓林苑禁同王家西至弘農東界滎陽南極魯陽北達

河淇包含山藪遠帶丘荒周旋封域殆將千里又起兔苑於河南城西經亘數十里發屬縣卒徒繕脩樓觀數年乃成移檄所在調發生兔刻其毛以爲識人有犯者罪至刑死冀又改易輿服之制作平上軿車鄭玄注周禮云軿猶屏也所用自蔽隱也蒼頡篇云衣車也形制上平異於常也埤幘狹冠埤下也音頻彌切一音皮彼切折上巾著折其巾之上角也擁身扇大扇也狐尾單衣狐居曳也若狐尾也冀又以火浣布爲單衣晉大會賓客冀陽爭酒失杯而汙之僞怒解衣燒之布得火煒燁赫然如燒凡布垢盡火滅粲然絜白若用灰水焉

晉羊琇景獻皇后之從父弟性豪侈費用無齊限而

屑炭和作獸形以溫酒雒下豪貴咸競效之又喜遊讌以夜續晝放恣犯法每爲有司所貸其後司隸校尉劉毅劾之應至重刑武帝以舊恩直免官而已

王愷文明皇后之弟爲後將軍愷既世族國戚性復豪侈及石崇羊琇之徒以奢侈相尚愷作紫絲步障四十里又用赤石脂塗壁

王濟尚常山公主年二十起家爲中書郎遷侍中出爲河南尹未拜坐鞭王官吏免官於是移第北邙山下性豪侈麗服玉食時雒京地甚貴濟買地爲馬埒編錢滿之時人謂之爲金溝帝嘗幸其宅供饌甚豐

悉貯琉璃器中蒸肫甚美帝問其故答曰以人乳蒸之帝色甚不平食未畢而去

賈謐惠皇后妹之子本姓韓以賈后之勢貴其驕寵奢侈踰度室宇崇僭器服珍麗歌僮舞女選極一時

宋徐湛之母高祖女會稽公主爲尚書僕射湛之貴戚豪家產業甚厚室宇園池貴遊莫及音樂之妙冠絕一時門生千餘皆三吳富人之子姿貌端研衣服鮮麗每出入行遊塗巷盈滿泥雨日悉以後車載之太祖嫌其侈縱每以爲言時安成公何勗無忌之子也臨汝公孟靈休昶之子也並各奢豪與湛之共以肴饌器服車馬相尚京邑爲之語曰安成食臨汝飾湛之二事之美兼於何孟

何邁尚太祖第十女新蔡公主邁少以貴戚居顯官好犬馬馳逐多聚才力之士有墅在江乘縣界去京師三十里邁每遊履輒結駟連騎武士成羣

南齊何戢尚宋孝武長女山陰公主爲吏部尚書家業富盛性又華侈衣服被飾極爲奢麗

後魏馮熙文明太后之兄也爲雒州都督因事取人子女爲奴婢有容色者幸之爲妾有子女數十人號爲貪縱

北齊爾朱暢魏孝莊皇后弟也爲肆州刺史家富於財招致賓客既藉門地極窮豪侈

婁叡武明皇后兄子也叡無器幹唯以外戚貴幸而縱情財色爲時論所鄙

唐楊慎交尚中宗女長寧公主爲駙馬都尉與武崇訓等各將油灑地以築毬場用功數百萬妨害農務欽怨於人

武延秀拜右衛將軍駙馬都尉於金城坊造宅窮極奢麗延秀既恃恩放縱無所忌憚

楊國忠玄宗貴妃從父之子爲右相兼劍南節度與

貴妃姊虢國夫人於宣陽里連構甲第土木被綈繡棟宇之盛兩都莫比晝會夜集無復禮度有時與虢國夫人聯轡入朝揮鞭走馬以爲諧謔衢路觀者無不駭歎每扈蹕驪山國忠以劍南幢節引於前出有餞路還有軟脚遠近餉遺珍玩狗馬閹侍歌兒相望于道

國忠子暄爲太常卿兼戶部侍郎尚延和郡主暄弟朏爲鴻臚卿尚萬春公主兄弟各於親仁里立第窮極奢侈

杜悰爲駙馬都尉位極將相以服御飲饌自奉務極

華侈

梁趙巖尚太祖女長樂公主爲戶部尚書充租庸使巖聞唐朝駙馬都尉杜悰服御飲饌華侈巖恥其不及繇是豐其飲膳嘉羞法饌動費萬錢僦歛網商其徒如市權勢爛灼人皆阿附及唐莊宗至巖踰垣而逸素與許州溫韜相善巖往依之既至韜斬巖首送京師

專恣

甥舅之戚寵莫加焉而宗周之禮以異姓爲後帶礪之盟厚莫重焉而隆漢之制非劉氏不王皆所以強幹而弱枝防微而杜漸也人亡政息世變風移牝雞司晨艮書之訓無補彼童而角詩人之刺足聞於是親黨並興寵倖滋熾貲富埒人主權勢踰本枝小則避熏之狐託神丘而逞志大則時術之蟻漏山阿而攜災博觀前聞用垂明誡

魏冉秦昭王冉宣太后之弟也昭王即位以冉爲將軍昭王諸兄弟不善者皆滅之威振秦國昭王少宣太后自治任冉爲政昭王三十六年魏人范睢言宣太后專制穰侯擅權於諸侯昭王悟免冉相國出關就封邑穰侯出關輜車千乘有餘

漢田蚡武帝母王太后異母弟爲太尉雖不任職以王太后故親幸數言事多効（効謂見聽用）士吏趨勢利者皆去丞相竇嬰而歸蚡蚡日益橫六年竇太后薨丞相昌御史大夫翟青坐喪事不辦免帝以蚡爲丞相天下士郡諸侯愈益附蚡（郡及諸侯也猶言郡國耳）蚡爲人貌侵生貴甚（侵短小也生貴謂自尊高示貴寵也）又以爲諸侯王多長（多長年）武帝初即位富於春秋（謂年幼也）蚡以肺附爲相（舊解云肺附如肝肺之相附著一說肺斫木札也其輕薄附著大材也）非痛折節以禮屈之天下不肅（痛猶甚也言以尊貴臨之皆令其屈節而下已也）當是時丞相入奏事語移日所言皆聽薦人或起家至二千石權移主

上帝迺曰君除吏盡未吾亦欲除吏

上官桀爲左將軍與大將軍霍光結婚相親光長女爲桀子安妻有女年與帝相配桀因帝姊鄂邑蓋主內安女後宮爲倢伃（鄂邑所食邑爲蓋侯所尙故云蓋主）數月立爲皇后父安爲驃騎將軍封桑樂侯光時休沐出桀輙入代光決事

霍禹光子光薨禹嗣爲傳陸侯魏相爲御史大夫後兩家奴爭道（謂霍氏及御史家）霍氏奴入御史府欲蹋大夫門御史爲叩頭謝迺去

王鳳成帝長舅封平陽侯爲大司馬大將軍領尙書

事王氏子弟皆卿大夫侍中諸曹分據勢官滿朝廷鳳用事帝遂謙讓無所顓（顓與專同凡事皆不自專也）左右嘗薦光祿大夫劉向少子歆通達有異材帝召見歆誦讀詩賦甚悅之欲以爲中常侍召取衣冠臨當拜左右皆曰未曉大將軍（曉猶白也）曰此小事何須關大將軍左右叩頭爭之帝於是語鳳鳳以爲不可迺止其見憚如此帝即位數年無繼嗣體常不平定陶共王來朝天子留不遣歸國曰爾長留侍我矣其後天子疾益有瘳定陶共王因留國邸旦夕侍帝甚親重鳳心不便共王在京師會日蝕鳳因言日蝕陰盛之象爲非常定陶王雖親於禮當奉藩在國今留侍京師詭正非常（詭違也）故天見戒（見顯示）宜遣王之國帝不得已於鳳而許之共王辭去帝與相對涕泣而決京兆尹王章以爲鳳建遣共王之國非是迺奏封事言日蝕之咎矣天子召見章延問章對曰日蝕陰侵陽臣顓君之咎今政事大小皆自鳳出天子曾不一舉手鳳不內省責反歸咎善人推遠定陶王鳳不可令久典事宜退使就第天子感悟納之因薦瑯琊大守馮野王以代鳳鳳聞之上疏乞骸骨辭指甚哀帝少而親倚鳳弗忍廢使尙書劾章章死獄中妻子徙合浦自是

公卿見鳳側目而視郡國守相刺史皆出其門

王莽孝元皇后弟子莽爲大司馬與議立嗣共徵立中山王奉哀帝後是爲平帝帝年九歲太后臨朝委政於莽莽顓威福江陽侯立莽諸父平阿侯仁素剛直莽內憚之令大臣以罪過奏遣立仁就國莽日誑燿太后言輔政致太平羣臣奏請尊莽爲安漢公後遂遣使者逼守立仁令自殺

後漢竇融在宿衛十餘年年老子孫縱誕多不法長子穆等遂交通輕薄屬託郡縣干亂政事以封在安豐欲令姻戚悉據故六安國遂矯稱陰太后詔令六

安侯劉肝去婦因以女妻之五年時肝婦家上書言狀帝大怒乃盡免穆等官諸竇爲郎吏者皆將家屬歸故郡獨留融京師

竇憲章德皇后兄也恃宮掖聲執遂以賤直請奪沁水公主園田沁水公主明帝女主逼畏不敢計後肅宗駕出過園指以問憲憲陰喝不得對陰喝猶噎塞也陰音於禁切喝音一介切或作嗚音鳥故切後發覺憲既平匈奴威名大盛以耿夔任尚等爲爪牙鄧疊郭璜爲心腹班固傅毅之徒皆置幕府以典文章刺史守令多出其門尚書僕射郅壽樂恢並以忤意相繼自殺壽郅惲子繇是朝臣震懾望風承旨

竇景憲之弟爲執金吾子孫放縱張酺爲河南尹景家人復擊傷市卒吏捕得之景怒遣緹騎侯海等五百人毆傷市丞酺部吏楊章等窮究正海罪徙朔方景忿怨乃移書辟章等六人爲執金吾吏欲因報之章等惶恐入白酺願自引臧罪以辭景命酺即上言其狀竇太后詔報自今執金吾辟吏皆勿遣

閻顯安思皇后兄也建光初顯及弟景耀晏並爲卿校典禁兵后寵既盛而兄弟頗與朝權后臨朝以顯爲車騎將軍儀同三司顯忌大將軍耿寶位尊權重威重前朝乃諷有司奏寶及其黨與皆下獄死於是景爲衛尉耀城門校尉晏執金吾兄弟權要威福自繇

梁冀順烈皇后兄也永和元年拜河南尹冀居職暴恣多非法父商所親客雒陽令呂放頗與商言及冀之短商以讓冀冀即遣人於道刺殺放而恐商知之乃推疑於放之怨仇請以放弟禹爲雒陽令安慰放家欲以滅口使捕之盡滅其宗親賓客百餘人商薨未及葬順帝乃拜冀爲大將軍弟侍中不疑爲河南尹及冲帝立始在繈抱太后臨朝詔冀與太傅趙峻太尉李固

參錄尚書冀雖辭不肯當而侈暴滋甚冀愛監奴秦宮官至太倉令得出入冀妻孫壽所壽見宮輒屛御者託以言事因與私焉宮內外兼寵威權大震刺史二千石皆謁辭之冀用壽言多斥奪諸梁在位者外以謙讓而實崇孫氏宗親冒名而爲侍中卿校尉郡守長吏者十餘人皆貪叨凶淫各遣私客籍屬縣富人被以它罪藉謂疏錄之也閉獄掠拷使出錢自贖貲物少者至於罪徒四方調發歲時貢獻先輸上第於冀上第第一也乘輿乃其次焉吏人以貨求官請罪者道路相望冀又遣客出塞交通賓客廣求異物因行道路發

取奴女御豎而使人復乘勢橫暴妻略婦女毆擊吏
卒所在怨毒冀又起別第於西以納姦亡或取良人
悉爲奴婢至數千人名曰自賣人冀專擅威柄凶恣
日積機事大小莫不諮決之宿衛近侍並所親樹（樹置也）
禁省起居纖微必知百官遷召皆先到冀門牋檄
謝恩然後詣尚書下邳人吳樹爲宛令之官辭冀冀
賓客家在縣界以情託樹樹曰小人姦蠹比屋可誅
明將軍以椒房之重處上將之位宜崇賢路以補朝
闕宛爲大都士之淵藪自侍坐以來未聞稱一長者
而多託罪人誠非敢聞冀默然不悅樹到縣遂誅殺

冀客爲人害者數十人繇是深怨之樹後爲荊州刺
史臨去辭冀冀爲設酒因鴆之樹出死車上又遼東
太守侯猛初拜不謁冀託以它事乃腰斬之時汝南
袁著年十九見冀凶縱不勝其憤乃詣闕上書曰臣
聞仲尼歎鳳鳥不至河不出圖自傷卑賤不能致也
今陛下居得致之位又有能致之資（此董仲舒對策之詞著引而畧之也）
而和氣未應賢愚失序者執分權臣上下壅隔之
故也夫四時之運功成則退（易繫辭曰寒往則暑來暑往則寒來寒暑相推而歲成焉老子曰功成名遂身退天之道也）
高爵厚寵鮮不致災今大將
軍位極功成可爲至戒宜遵懸車之禮高枕頤神（薛廣德爲御史大夫乞骸骨賜安車四馬懸其安車傳子孫欲令冀遵致仕之禮也）
傳曰木實繁
者披枝害心若不抑損權盛將無以全其身矣左右
聞臣言將側目切齒臣特以童蒙見拔故敢忘忌諱
昔舜禹相戒無若丹朱（尚書禹謂帝舜曰亡若丹朱傲惟慢遊是好）周公
戒成王無如殷王紂（尚書周公戒成王曰無若殷王受之迷亂酗于酒德哉）願
除誹謗之罪以開天下之口書得奏御冀聞而密遣
掩捕著著乃變易姓名後託疾僞死結蒲爲人市棺
殯送冀廉問知其詐（廉察也）陰求得笞殺之隱蔽其事
學生桂陽劉常當世名儒素善於著冀召補令史以
辱之時太原郝絜胡武皆危言高論（危亦高謂峻也）與著友

善先是絜等連名奏記三府薦海內高士而不詣冀
冀追怒之又疑爲著黨勑中都官移檄捕前奏記者
並殺之遂誅武家死者六千餘人絜初逃亡知不得
免因輿櫬奏書冀門書入仰藥而死家乃得全及冀
誅有詔以禮祀著等冀諸忍忌皆此類也不疑好經
書善待士冀陰疾之因中常侍白帝轉爲光祿勳又
諷衆人共薦其子胤爲河南尹胤一名胡狗時年十
六容貌甚陋不勝冠帶道路見者莫不蚩笑焉不疑
自恥兄弟有隙遂讓位歸第與弟蒙閉門自守冀不
欲令與賓客交通陰使人變服至門記往來者南郡

太守馬融江夏太守田明初除過謁不疑冀諷州郡以它事陷之皆髡笞徙朔方融自刺不殊明遂死於路永興二年封不疑子馬爲潁陰侯胤子桃爲城父侯冀一門前後七封侯三皇后六貴人二大將軍夫人女食邑稱君者七人尚公主者三人餘卿將尹校五十七人在位二十餘年窮極滿盛威行内外百僚側目莫敢違命天子恭巳而不得有所親豫

吳何洪後主母何姬弟也後主立封洪與弟將植並爲侯植至大司徒吳朱昏亂何氏驕僭子弟橫放百姓患之

晉王愷文明皇后弟也爲後將軍石崇與愷將爲鴆毒之事司隸校尉傅祗劾之有司皆論正重罪詔特原之繇是衆人僉畏愷故敢肆其意所欲之事無所顧憚焉

羊琇景獻皇后從父弟爲中護軍典禁兵放恣犯法每爲有司所貸其後司隸校尉劉毅劾之應至重刑武帝以舊恩直免官而已尋以侯白衣領護軍頃之復職

楊駿武悼皇后弟也爲車騎將軍封臨晉侯武帝自太康巳後始寵后黨請謁公行而駿及弟珧濟勢傾天下武帝末年恐楊氏之偪復以王佑爲北軍中侯以典禁兵旣而寢疾彌留至于太漸佐命元勳皆巳先沒羣臣惶惑計無所從會帝小差有詔以汝南王亮輔政又欲令朝士之有名望年少者數人佐之駿秘而不宣帝復尋至迷亂楊后輒爲詔以駿輔政惠帝即位進駿爲太傅大都督假黃鉞錄朝政百官總巳駿自知素無美望懼不能輯和遠近乃依魏明帝即位故事遂大開封賞欲以悅衆爲政嚴碎愎諫自用不允衆心

賈謐賈后妹子也爲賈充後謐好學有才思既爲充

嗣繼佐命之後又賈后專恣謐權過人主至乃鏁繫黃門侍郎其爲威福如此

庾亮明帝時爲中書監轉護軍將軍及帝疾篤不欲見人羣臣無得進者撫軍將軍南頓王宗右衛將軍虞胤等素被親愛與西陽王羕將有異謀亮直入臥內見帝流涕不自勝既而正色陳羕與宗等謀廢大臣規共輔政社稷安否將在今日辭旨切至帝深感悟引亮昇御座遂與司徒王導受遺詔輔幼主加亮給事中徙中書令太后臨朝政事一決於亮

後魏高肇文昭皇太后之兄也爲尚書令輔政專擅

與奪征巳又嘗謂清河王懌於雲龍門外廡下忽忿
爭大至紛紜太尉高陽王雍和止之高后既立肇當
衡軸每事任巳動違禮度好改先朝舊制出情妄任
滅創封秩抑黜勳人繇是怨聲盈路
北齊段孝言武明皇后姊子爲清河郡尹孝言本以
勳戚緒餘致位通顯至此便驕奢放逸無所畏憚曾
夜行過其賓客宋孝王家宿喚坊民防援不時應赴
遂拷殺之又與諸淫婦密遊爲其夫覺復恃官勢拷
掠而殞時苑內須果木科民間及僧寺備輸悉分向
其私宅種植又殿內及園須石差車牛從漳河運載

復分車迴取事悉聞輒出爲海州刺史
後周鄭譯尚梁國公主宣帝時爲內史下大夫譯頗
專權時帝幸東京譯擅取官材以自營第坐是復除
名爲民小御正劉昉數言於帝復召之顧待如初
唐竇軌太穆皇后從父兄子也武德三年爲益州道
行臺左僕射行臺郎中趙弘安知名士也軌動輒榜
箠歲至數百次與行臺尚書韋雲起郭行方素不協
及隱太子誅有詔下益州軌藏詔懷中雲起問曰詔
書安在軌不之示但曰卿欲反矣執而殺之行方大
懼奔於京師軌追斬不及

武延秀尚中宗女安樂公主爲太常卿兼右衛將軍
延秀既恃恩放縱無所忌憚
薛諗爲尚衣奉御開元二十八年殺人事泄長流瀼
州死於路共黨十人並杖諗帝之甥也性貪佷恃託
國戚恣行兇忍嘗於私第使郡奴以重賈於坊市誘
販繒帛者悉於後園椎殺之竊其財移歲乃爲所告
帝深惡之以其甥遂不明殺
李脩憲宗莊憲太后妹婿爲司農卿遷京兆尹元和
十年莊憲太后薨脩爲山陵橋道置頓使恃能惜費
每事減損靈駕灞橋從官多不得食及至渭城北門

門壞於是橋道司請改造渭城北門計錢三萬脩以
費勞不從令深鑿軌道以通靈駕掘土既深旁注皆
懸因而頹壞所不及轜輬車數步而已初欲壞城之
東北墉以出靈駕中人皆不可乃停駕輒去壞門土
木而後行脩懼誣奏轜輬車軸折山陵使李逢吉令
御史封其車軸自陵還奏請免脩官帝以用兵務集
財賦以脩前後進奉不之責但罰俸而已逢吉極言
其罪乃削銀青階翌日復賜金紫自此朝廷端士多
遭講毀人士爲之側目
梁張漢傑末帝德妃之兄歸霸之子也末帝嗣位漢

昪漢傑並爲近職漢昪早亡漢傑貞明中爲控鶴指揮使領兵討慧王於陳州擒之當貞明龍德之際漢傑昆仲分掌權要藩鎮除拜多出其門段凝因之遂竊兵柄及莊宗入汴漢傑與兄漢倫弟漢融同日族誅於汴橋下

漢李業太后季弟隱帝嗣位尤深倚愛兼掌內帑四方進貢二宮費用委之出納業喜趨權利無所顧避執政大臣不敢禁詰會宣徽使闕業意欲之太后亦令人微露風旨執政時楊邠史弘肇等難之業繇是積怨蕭墻之變自此而作

驕慢

謙以受益卑以自牧蓋先典之格言君子之攸處造次於是則無所不至而有姻連帝族位踰后寵爵賞已極權勢已隆忘至訓於益恭遵棄德而不讓傲慢成性驕很爲心預時政而昧於大猷蔑搢紳而違于明哲敗不旋踵痛可言哉

漢田蚡以孝景王后同母弟爲丞相時灌夫燕相坐法去官家居長安夫嘗有服（謂喪服也）過丞相蚡蚡從容曰（從音千容切）吾欲與仲孺（仲孺字也）過魏其侯（竇嬰所封）會仲孺有服夫曰將軍廼肯幸臨況魏其侯（況賜也）夫安敢以服爲解（解猶辭之也若今言分疏矣）請語魏其具（具辦具酒食）將軍旦日蚤臨（旦日明日也蚤古早字）蚡許諾夫以語嬰嬰與夫人益市牛酒（益多也）夜洒埽張具（洒音灑又音所寄切）至旦平明令門下候伺至日中蚡不來嬰謂夫曰丞相豈忘之哉夫不懌（懌悅也）曰夫以服請不宜（不當忘也）廼駕自往迎蚡蚡特前戲許夫殊無意往夫至門蚡尚卧也於是夫見曰將軍昨日幸許過魏其夫妻治具至今未敢嘗食蚡悟謝曰吾醉忘與仲孺言廼往又徐行夫愈益怒及飲酒酣夫起舞屬蚡（屬付也猶今之舞訖相勸也屬音之欲切）蚡不起夫徙坐語侵之（徙坐謂移就其坐也）嬰乃扶夫去謝蚡蚡卒飲

至夜極歡而去

上官安以昭帝后父封桑樂侯食邑千五百戶遷車騎將軍日以驕淫受賜殿中出對賓客言與我壻飲大樂見其服飾使人歸欲自燒物安子病死仰而罵天

霍雲以昭帝后族爲中郎將封冠陽侯雲當朝請數稱病移出（請音才性切）多從賓客張圍獵黃山苑中使蒼頭奴上朝謁（朝當用謁本自行而令奴上謁者也上言若今參見尊貴而通名也）莫敢譴者

後漢陰就以光烈皇后弟封新陽侯就善談論朝臣

莫及然性剛傲不得衆譽
梁冀以順烈后族爲大將軍質帝少而聰慧知冀驕横嘗朝羣臣目冀曰此跋扈將軍也
晉楊駿以武帝后父自鎮將軍遷車騎將軍封臨晉侯漸驕傲胡奮語之曰卿恃女更豪邪與天家婚未有不滅門者駿曰卿女復不在天家邪奮曰我女與卿女作婢何所增損
羊琇以景獻皇后從父弟爲中護軍寵遇甚厚杜預拜鎮南將軍朝士畢賀皆連榻而坐琇與裴楷後至曰杜元凱乃復以連榻而坐客邪遂不坐而去

賈謐本姓韓賈后父充之外孫嗣充爲臨潁侯惠帝世謐既親貴數入二宮共愍懷太子遊處無屈降心常與太子奕棊爭道成都王穎在坐正色曰皇太子國之儲君賈謐何得無禮謐懼言之於后遂出穎爲平北將軍鎮鄴
王敦字處仲尚武帝女襄城公主拜駙馬都尉嘗與從父弟導造王愷愷使美人行酒以客飲不盡輙殺之酒至敦導所敦故不肯持美人恐懼失色而敦傲然不視
陳柳盼以高宗皇后弟又尚文帝女富陽公主拜駙馬都尉後主即位以帝舅加散騎常侍盼性愚戇使酒嘗因醉乘馬入殿門爲有司所劾坐免官卒於家
後魏賀盧賜爵遼西公道武遣衛王儀伐鄴而盧自以帝之季舅不肯受儀節度帝遣使切責之盧遂忿恨與儀司馬丁建構成其嫌頻加猜忌會帝勑儀去鄴盧亦引歸
北齊尉景仕東魏爲太傅景妻常山君神武之姊也坐匿亡人見禁止使崔暹謂文襄曰語阿惠兒富貴欲殺我邪神武聞之泫然詣闕曰臣非尉景無以至今日三請魏靜帝乃許之於是黜爲驃騎大將軍開

府儀同三司神武造之景恚卧不動叫曰殺我時趣耶常山君謂神武曰老人去死近何忍煎迫至此又曰我爲爾汲水胝生因出其掌神武撫景爲之屈膝先是景有果下馬文襄求之景不與曰土相扶爲墻人相扶爲王一馬亦不得畜而索也神武對景及常山君責文襄而杖之常山君泣救之景曰小兒慣去放使作心腹何須乾啼濕哭不聽打邪
爾朱文畧姊爲魏孝莊皇后神武納之初神武遣令恕文畧十死恃此益横多所凌忽
胡長仁以武成后兄爲尚書令長倚親驕豪無所畏

惲

齊呂道貴高祖從舅也性尤頑騃言詞鄙陋初自鄉里徵入長安見之悲泣道貴略無戚容但連呼高祖名云種未定不可偷大似苦桃姉（苦桃道貴從姉名也）是後數犯忌諱動致違忤帝甚恥之乃命高頴厚加供給不許接對朝士拜上儀同三司出爲濟南太守令即之任斷其入朝道貴還至本郡高自崇重每與人言自稱皇舅數將儀注出入閭里從故人遊宴官民咸苦之後廢郡終於家子孫無嗣焉

柳述尚高祖女蘭陵公主仁壽中判吏部尚書事述

雖職務脩理爲當時所稱然不達大體暴於馭下又怙寵驕豪無所降屈楊素時稱貴幸朝臣莫不讋憚述每陵侮之數於帝前面折素短判事有不合素意或令述改之述輒謂將命者曰語僕射道尚書不肯素聞是銜之

崔弘度開皇中納其妹爲秦孝王妃復以其弟弘昇女爲河南王妃仁壽中簡較大府卿自以一門二妃無所降下

宇文化及煬帝爲太子時領千牛其弟士及尚南陽公主化及緣此益驕處公卿間言辭不遜多所凌轢

唐楊國忠玄宗太真妃從祖兄也代李林甫爲右相國忠既以便佞得宰相剖決機務居之不疑立朝之際或攘袂扼腕自公卿已下皆頤指氣使無不讋憚國忠既以宰相典選嘗於私第大集選人令諸女弟垂簾觀之國忠注官時呼左相陳希烈於坐隅給事中在列曰既對注擬過門下了矣吏部侍郎韋見素張倚皆衣紫是日與本曹郎官同咨事趨走於屏樹之間既退國忠謂諸妹曰兩員紫袍主事何如人相對大噱

巡按福建監察御史臣李嗣京　訂正
知長樂縣事臣夏允彝參閱
知建陽縣事臣黃國琦較釋

外戚部八

姦邪　貪黷　害賢　謙讓

姦邪

夫姦其迹邪其謀有國者之所防也故書去邪勿疑又傳曰去惡務本若乃席天姻之勢居肺腑之地因緣會遇盜竊名器繇是飾險僞之行逞邪僻之志誣

構以縱其毒諛佞以極其惡專權怙寵忌前擁巳以至忘社稷之計致邦家之亂者咸載之方册焉其亡身覆族之禍復何足道哉

漢上官安以昭帝后父爲車騎將軍數守大將軍霍光爲蓋主所幸丁外人求侯（守求請之）及安父左將軍桀一官祿外人（不由才德故云安）光執正皆不聽又桀妻父所幸充國爲大醫監闌入殿中下獄當死冬月且盡蓋主爲充國入馬二十疋贖罪廼得減死論於是桀安父子深怨光而重德蓋主知燕王旦帝兄不得位亦怨望桀安即說光過失丁燕王令書告之又爲丁外人求侯燕王大喜上書稱子路喪姊朞而不除孔子非之子路曰繇不幸寡兄弟不忍除之故曰觀過知仁今臣與陛下獨有長公主爲姊陛下幸使丁外人侍之外人宜蒙爵號書奏帝以問光光執不許及告光罪過帝又疑之愈親光而疏桀安

王鳳元后之兄爲大將軍輔政成帝時定陶共王來朝因留國邸旦夕侍帝帝甚親重鳳心不便共王在京師會日蝕鳳因言日蝕陰盛之象爲非常定陶王雖親於禮當奉藩在國今留侍京師詭正非常故天見戒宜遣王之國帝不得巳於鳳而許之共王辭去

帝與相對涕泣而去

淳于長少以元后姊子爲黃門侍郎未進幸會大將軍王鳳病長侍病晨夜扶承左右甚有甥舅之恩鳳且終以長屬託太后及弟（屬音之欲切）成帝嘉長義拜爲列校尉諸曹遷水衡都尉侍中至衛尉九卿久之趙飛燕貴幸帝欲立以爲皇后太后以其所出微難之長主往來通語東宮歲餘趙皇后得立帝甚德之乃追託奏請罷昌陵功賜爵列侯

王根成帝舅爲驃騎將軍成帝無繼嗣中山王定陶王皆入朝定陶傅太后多珍寶賂遺趙昭儀及根陰

爲王求漢嗣皆見帝無子欲豫自結爲久長計更稱譽定陶王帝亦自器之遂立爲太子

王莽以孝元皇后之弟子封新都侯時太后姊子淳于長以材能爲卿先進在莽右（名位居其左右前也）莽陰求其罪過因大司馬曲陽侯根白之長伏誅莽以護忠直根因乞骸骨薦莽自代平帝遂擢爲大司馬莽以大司徒孔光名儒相三王太后所敬天下信之於是盛尊事光引光女婿甄邯爲侍中奉車都尉諸哀帝外戚及大臣居位素所不說者（說讀曰悅）莽皆傅致其罪（傅讀曰附附益而引致之令入罪）爲請奏令邯持與光光素畏懼不敢

不上之莽白太后輒可其奏於是前將軍何武後將軍公孫祿坐互相舉免丁傅及董賢親屬皆免官爵徙遠方紅陽侯立太后親弟雖不居位莽以諸父內敬憚之畏立從容言太后令已不得肆意（肆放也）乃復令光奏宜舊惡前知定陵侯淳于長犯大逆罪多受其賂爲言誤朝（妄稱譽之誤惑朝廷也）後白以官婢楊寄私子爲皇子衆言曰呂氏少帝復出紛紛爲天下所疑難以示來世成襁褓之功請遣立就國太后不聽莽曰今漢家衰比世無嗣（比頻也）太后獨代幼主統政誠可畏懼力用功正天下尚恐不從（力勉也）今以私恩逆大臣議如此羣下傾邪亂從此起宜可且遣就國安後復徵召之（安猶徐也）太后不得已遣立就國莽之所以脅持上下皆此類也

後漢竇憲章帝竇后之兄竇后之譖梁貴人憲等豫有謀焉

耿寶女弟爲清河孝王妃及安帝立以妃爲甘園大貴人帝以寶元舅之重使監羽林左車騎位至大將軍而附事內寵與中常侍樊豐帝乳母王聖等譖廢皇太子爲濟陰王及排陷太尉楊震議者怨之

晉羊琇以景獻皇后從父弟爲中護軍豪侈無齊限

然黨慕勝已其所推奉便盡心無二窮窘之徒特能振恤選用多以得意者居先不盡銓次之理將士有冐官位者爲其致節不惜軀命

楊駿以武悼皇后父爲車騎將軍武帝疾篤未有顧命功臣皆已没矣朝臣惶惑計無所從而駿盡斥群公親侍左右因輒改易公卿樹其心腹會帝小間見所用者非乃正色謂駿曰何得便爾乃詔中書以汝南王亮與駿夾輔王室駿恐失權寵從中書借詔觀之得便匿藏中書令華廙恐懼自往索之終不肯與信宿之間帝疾遂篤后乃奏帝以駿輔政帝頷之

駿弟珧爲衛將軍初以退讓稱馳乃合朋黨搆出齊王攸中護軍羊琇與北軍中候成粲謀欲因見珧而手刃之珧知而辭疾不出諷有司奏琇轉爲太僕自是舉朝莫敢枝梧而素論盡矣

賈模太尉充之從子賈后既豫朝政擢爲侍中加授光祿大夫模潛執權勢外形欲遠之每有啓奏賈后事入輒取惡或託疾以避之至於素有嫌忿多所中陷朝廷甚憚之

賈謐母賈午太尉充少女也謐以充外孫嗣爲魯公賈后母郭槐欲以謐父韓壽女爲愍懷太子妃太子

亦欲婚韓氏自固而壽妻賈午及后皆不聽而爲太子聘王衍小女惠風太子聞衍長女美而賈后爲謐聘之心不能平頗以爲怨謐嘗與太子圍棊爭道成都王穎見而訶謐謐意愈不平因此譖太子於后曰太子廣買田業多畜私財以結小人者爲賈氏故也密聞其言云皇后萬歲後吾當魚肉之非但如是宫車晏駕彼居大位依楊氏故事誅臣等而廢后於金鏞如反手耳不如早爲之所更立慈順者以自防衛后納其言又宜揚太子之短布諸遠近于時朝野咸知賈后有害太子意

後魏盧道虔尚孝文女濟南長公主道虔外甥李彧尚莊帝子豐亭公主因相藉託

唐武三思則天皇后之兄子爲特進賓太子賓客性傾巧便僻善事人又以宗室中近屬特蒙信任天后數幸其第賞賜甚厚時薛懷義張易之張昌宗相繼被寵幸三思與從父兄承嗣每折節事之懷義將欲乘馬三思等必爲之執轡又贈昌宗詩稱爲王子晉後身極筆褒美三思以天后厭居深宫又欲與張易之兄弟邑從馳騁以美其權乃請創造三陽宫于嵩山興泰宫于萬壽山請天后每歲臨幸前後工役甚

衆百姓怨之神龍三年五月巳亥中宗以穀價踊貴召太府卿紀處納親問其故翌日左驍衛將軍兼知太史令傳孝忠奏言其夜有攝提星入太微至帝座此則王者與大臣私相接大臣不能納忠故有其應三思陰諷之也

韋溫庶人從父兄神龍中以后族累遷戶部尚書爲人庸昧李多祚舉兵之後韋氏不安拜溫爲太子少保同中書門下三品以自固及韋氏臨朝溫爲謀首

楊國忠貴妃從父之子玄宗天寶中爲監察御史時帝春秋高意有所惡故國忠以此得深探上旨其擿

歛皆以是中騤遷侍御史度支員外郎給事中御史中丞兼掌錢穀出入禁闈日加親幸武部侍郎吉温爲國忠陳移奪執政計國忠深納之刑部尚書兼京兆尹蕭炅御史中丞宋渾皆李林甫所親善國忠以飛言奏貶林甫不能救御史大夫兼京兆尹王鉷勢與國忠侔位望居其右國忠忌其與己分權會鉷弟銲與邢宰有姦謀事洩國忠因而陷之坐以大逆代鉷爲御史大夫權領京兆尹五日窮竟邢宰枝黨獄成而罷又密奏林甫黨鉷及交私阿布思狀哥舒翰陳希烈附會證成之帝懸此跡林甫天寶末官至司

空玄宗聞河朔變起欲以皇太子監國而自親征謀於國忠國忠大懼歸謂姊妹曰我等死在旦夕今儲官監國當與娘子等併命矣姊妹哭訴於貴妃貴妃啣土請命其事遂止

貪黷

夫徇財曰貪玷官爲墨而有處帝戚之重緣外氏之恩專怙威權罔飾簠簋託勢貪寵負氣驕吝受賕以薦士通賄以亂政掊克是逞聚歛無厭乃至陷人非辜安忍取貨濫聲遠播醜跡自彰用速簡書斯可痛惜者矣

漢田蚡景帝王皇后同母弟也武帝時爲太尉親貴用事時梁内史韓安國坐法失官家居以五百金遺蚡蚡言安國太后帝素聞安國賢即召以爲北地都尉

田祖景帝王皇后同母弟勝子也嗣勝爲周陽侯武帝元狩三年坐當歸軹侯宅不與免（臣欽若等曰軹侯薄昭孫梁也）

後漢竇憲章德竇皇后兄也和帝時爲侍中虎賁中郎將恃官掖聲勢遂以賤直請奪沁水公主園田（沁水公主明帝女）主畏逼不敢計

梁冀順烈梁皇后兄也爲大將軍扶風人士孫奮居

富而性吝冀因以馬乘遺之從貸錢五千萬奮以三千萬與之冀大怒乃告郡縣認奮母爲其守藏婢云盜白珠十斛紫金千斤以叛遂收考奮兄弟死於獄中悉沒資財億七千餘萬

陳宋佛念後廢帝陳大妃叔父也爲步兵校尉大通貨賄侵亂朝政及順帝昇明初賜死

後魏高肇文昭皇太后之兄也宣武景明初封平原郡公數日之間富貴赫奕是年咸陽王禧誅財物珍寶奴婢田宅入高氏

北齊尉景仕東魏爲太傅景妻神武之姊也以黷殘

每有軍事嘗被委重而不能忘懷財利祇每嫌責之轉冀州刺史又大納賄殘失獵死者三百人庫狄干與景在神武坐干請作御史中尉神武曰何意下求卑官干曰欲捉尉景神武大笑令優者石董桶戲之董桶剥景衣曰公剥百姓董桶何為不剥公神武誡景曰可以無貪也

婁叡武明皇后母弟昭子也叡以外戚貴幸縱情財色為瀛州刺史聚斂無厭

婁定遠武明皇后之姪也武成帝時封臨淮王武成大漸與趙郡王等同受顧命拜司空趙郡王之奏黜

和士開遠與其謀遂納士開賄成趙郡之禍其貪鄙如此

唐蕭造隋大業時以后族歷太府卿巴東太守所在之職多以贓貨聞緣於外戚累原其罪

賀蘭敏之則天皇后姊子也則天繼母榮國夫人楊氏卒則天內出大瑞錦令敏之造佛像追福敏之自隱用之

竇瑰昭成皇后之兄玄宗開元初以舅氏封畢國公而兄弟希瑊希玠皆貪鄙過自封植瑰又甚焉

王守一玄宗王庶人同母雙生也性貪鄙積聚巨萬開元十一年自太子少保坐與庶人潛通左道左遷柳州別駕籍沒其家財帛不可勝計

薛諗玄宗甥也性貪狠恃託國戚恣行兇忍嘗於私第使郡奴以重質於坊市誘販繒帛者悉於後園椎殺之竊其財經歲乃為所告帝深惡之長流襄州死於路

張清尚玄宗公主為駙馬都尉肅宗乾元元年二月贊善大夫張輿狀首清受錢二千貫許奏免交倚罪帝乃清子婿不寘于法勑清毋決四十放贓錢初輿父為御史大夫玄宗欲幸蜀改戶部尚書長安失沒

於賊僞授侍中至德初克復倚體輿遂納賄於清以求免罪

梁趙巖尚太祖女長樂公主授衛尉卿末帝即位為租庸使守戶部尚書巖以勳戚自負貨賂公行天下之賄半入其門豐其飲饌動費萬錢僦歛網羅其徒如市權勢燻灼人皆阿附

害賢

害仁以來生先聖之深戒傷賢而被禍往志之明徵降自漢代政化多缺寵母后之黨貴皇孃之族位高而難制勢去而莫遏故有竊弄政柄擅作威虐光寵

支附忌克忠良造爲飛條誣以深鑿諷希旨之吏極文致之辜俾良士滯於下僚忠臣陷於非辟天之癉惡戚以自貽故昔之明王所以右賢而左戚者誠有旨哉

漢田蚡以孝景王皇后同毋弟爲丞相初魏其侯竇嬰聞有劾即陽病痱不食欲死或聞帝無意殺嬰復食治病議定不死矣迺有飛語爲惡言聞上蚡爲作飛揚誹謗之語也故嬰論棄市渭城

王莽以元后之子爲大司馬初前將軍何武舉後將軍公孫祿可大司馬而祿亦舉武太后竟用莽莽諷

有司劾奏武祿互相舉皆免武就國元始三年吕寬等事起武在見誣中大理正檻車徵武武自殺

後漢竇憲以章德皇后之兄爲大將軍初梁諷爲憲軍司馬後坐忤憲意髡輸武威武威太守承旨殺之又何敞數切諫言諸竇罪過憲等深怨之時濟南王康尊貴驕甚憲乃白出敞爲濟南大傅

梁商以順烈皇后之父爲大將軍初王堂爲汝南太守商及尚書令袁湯以屬不行並恨之後廬江賊迸入弋陽界堂勒兵追討即使奔散而商湯猶因此諷州奏堂在任無警免歸家

梁冀以順烈皇后之兄爲大將軍太尉李固議立清河王蒜爲嗣冀不從後歲餘甘陵劉文魏郡劉鮪共爲妖言下獄門生勃海王調貫械上書證固之枉河内趙承等數千人亦要鈇鑕詣闕通訴字林曰金鑕椹也鑕音質椹音竹心切太后明之乃赦焉及出獄京師市里皆稱萬歲冀聞之大驚畏固明德終爲己害乃更據奏前事遂誅之又皇甫規舉賢良方正對策帝忿其刺己以規爲下第拜郎中託疾免歸州郡承冀旨幾陷死者再三又杜喬爲太尉在位數月以地震免宦者唐衡左悺等因共譖於帝曰陛下前當即位喬與李固抗

議言上不堪奉漢宗祀帝亦怨之及清河王蒜事起冀遂諷有司劾喬及李固與劉鮪等交通請逮案罪而梁太后素知喬忠但策免而已冀愈怒使人脅喬曰早從宜妻子可得全喬不肯明日冀遣騎至其門不聞哭者遂白執繫之死獄中妻子歸故郡冀又聞郎崔琦才請與交琦作外戚箴白鵠賦諷冀冀怒遣歸後除爲臨濟長不敢之職解印綬去冀遂令刺客陰求殺之又种暠爲益州刺史時永昌太守冶鑄黄金爲文蛇以獻冀暠糾察逮捕馳傳上言而二府畏懦不敢案之冀繇是銜怒於暠會巴郡人服直聚黨

數百人自稱天王暠與太守應承討捕不克吏人多被傷害冀因此陷之傳遞暠承太尉李固上疏理太后省奏乃赦暠承罪免官而已又馬融爲南郡太守先有事忤冀冀諷有司奏融在郡貪濁免官髡徙朔方自刺不死得赦還又陳龜爲度遼將軍旣到職州郡重足震慄鮮卑不敢近塞冀與龜素有隙譖其詛孥國威挑取功擧挑猶取也獨取其義如挑戰之義不爲胡虜所畏坐徵還遂乞骸骨歸田復徵爲尚書冀虐日甚龜自知必爲冀所害不食七日而死

晉楊駿以武悼皇后之父爲車騎將軍輔政惠帝郎

位以張華爲太子少傅與王戎裴楷和嶠俱以德望爲駿所忌皆不與朝政

唐武承嗣以則天兄子爲文昌左相時張嘉福等請立承嗣爲皇太子則天以問地官尚書格輔元固稱不可承嗣譖之固及於禍天授三年一月御史中丞來俊臣奏言鳳閣侍郎任知古地官侍郎狄仁傑冬官侍郎裴行本司農卿裴宣禮前文昌右丞盧獻可御史中丞魏元忠潞州刺史李嗣眞並謀逆請誅之制不許特令免死承嗣奏曰仁傑等包藏逆節事迹並彰陛下雖欲屈法伸恩無以懲艾凶慝帝曰朕好生惡殺志在恤刑渙汗已行不可更返殿中侍御史霍獻可奏曰陛下不殺裴宣禮等臣請絶命於前遂以頭觸殿陷流血覆面獻可即宣禮之甥以此表人臣之節鳳閣舍人向光道侍御史張知默又極言請誅之不許准左授知古江夏縣令仁傑彭澤令宣禮夷陵令元忠江陵令獻可西鄉令行本嗣眞流于嶺表

武三思以則天兄子爲司空同中書門下三品初敬暉等立功後即掌知國事桓彥範爲侍中時韋皇后旣干朝政三思又居中用事以則天爲彥範等所廢

嘗深憤怨又慮彥範等漸除武氏乃先事圖之皇后韋氏旣雅爲帝所信寵言無不從三思乃日夕譖毁彥範等帝竟用三思計進封彥範爲扶陽郡王敬暉爲平陽郡王張柬之爲漢陽郡王崔玄暐爲傅陵王袁恕己爲南陽郡王加並特進令罷知政事三思又慮其更爲已患乃令其子崇訓因安樂公主構暉等並流于嶺表而死雍州人韋月將高軫等並上疏言三思父子必爲逆亂三思知而求索其罪有司希旨奏月將坐當棄市軫配流嶺外黃門侍郎宋璟執奏月將所犯不合死三思怒竟斥璟爲外職

楊國忠以玄宗貴妃之從祖兄也爲右相初顏眞卿天寶中爲殿中侍御史東都畿内採訪判官轉侍御史武部員外國忠怒其不附已出爲平原太守

譴讓

夫寵而不驕其人蓋寡盈難久持在理固然夫以姻接天枝親連帝冑咳唾生珠玉呼吸下霜露膏粱之性旣居安而忘危高明之家故蒙禍而嘗酷誡防閑之失道亦漸靡之使然是以傳后于朝雅游數以爲諫東平致問肅宗笑而不言良有以哉

漢薄昭以文帝舅爲將軍封軹侯十年昭殺漢使者

帝不忍加誅使公卿從之飲酒欲令自引分昭不肯使羣臣喪服往哭之乃自殺

竇嬰孝文皇后從兄子景帝即位爲詹事太后憎嬰亦薄其官因病免太后除嬰籍不得朝請

霍禹以宣帝后兄嗣父光博陸侯爲右將軍初帝始立帝微時許妃爲皇后光夫人顯愛小女成君欲貴之私使乳醫淳于衍行毒藥殺許后(乳醫視產乳之疾者乳音而樹切)因勸光内成君代立爲后光甍後語稍泄於是帝始聞之未察(未知虛實)其迺徙光女婿度遼將軍未央衛尉平陵侯范明友爲光祿勳次婿諸吏中郎將羽林衛任勝出爲安定太守數月復出光姊婿給事中光祿大夫張朔爲蜀郡太守群孫婿中郎將王漢爲武威太守頃之復徙光長女婿長樂衛尉鄧廣漢爲少府更以禹爲大司馬冠小冠亡印綬罷其右將軍屯兵官屬特使禹官名與光俱大司馬者(特但也)又收范明友度遼將軍印綬但爲光祿勳及光中女婿趙平爲散騎都尉光祿大夫將屯兵又收平騎都尉印綬諸領胡越騎羽林及兩宮衛將屯兵悉易以所親信許史子弟代之

王商以元后弟封成都侯商嘗病欲避暑從成帝借

明光宮(黃圖云明光宮在城内近桂宮也)後又穿長安城引内灃水注第中大陂以行船立羽蓋張周帷輯濯越歌(輯與濯與櫂同皆所以行船令詵輯櫂人爲越歌也櫂謂櫂之短者也今吳越之人呼爲橈音饒越歌爲越之歌也)帝幸商第見穿城引水意恨内銜之未言後微行出過曲陽侯第又見園中土山漸臺似類白虎殿(黃圖云在未央宮)於是帝怒以讓車騎將軍音商根兄弟欲自黥劓謝太后聞之怒迺使尚書責問司隸較尉京兆尹知成都侯商擅穿帝城決引灃水曲陽侯根驕奢僭上赤墀青鎖(以青畫戶邊鏤中天子制也青鎖者刻爲連鎖文而以青塗之)紅陽侯立父子藏匿奸猾亡命賓客爲群盜司隸京兆皆

阿縱不舉奏正法二人頓首省戶下又賜車騎將軍音策書曰外家何甘樂禍敗言此罪過並自爲之而欲自黥劓相戮辱於太后前傷慈母之心以危亂國外家宗族强上一身寖弱日久寖漸也今將一施之行刑罰君其召諸侯令待府舍令惣集音之府舍待詔命是日詔尚書奏文帝時誅將軍薄昭故事車騎將音藉稾請罪自坐稾上言就刑誅也商立根皆負斧質謝帝不忍誅然後得已

商子況嗣成都侯綏和二年坐山陵未成置酒歌舞免

王莽以元后兄子爲大司馬封新都侯哀帝時傅太

后丁姬皆稱尊號丞相朱博奏莽前不廣尊尊之義抑貶尊號虧損孝道當伏顯戮幸蒙赦令不宜有爵土請免爲庶人帝曰以莽與太皇太后有屬勿免遣就國

王邑以元后兄子爲侍中矯稱太皇太后指白哀帝爲求特進給事中帝復請之事發覺哀帝及更以此事請於太后太后云無此言故矯事發覺也復音扶目切太后爲謝帝以太后故不忍誅之左遷邑爲西河屬國都尉削千戶

後漢竇融爲衛尉子穆尚內黃公主穆子勳尚沘陽公主明帝永平二年融從兄子護羌校尉林以罪誅

帝孫是數下詔切責融戒以竇嬰田蚡禍敗之事田蚡武帝王皇后異父弟也爲丞相構會竇嬰之罪使至誅之融惶恐乞骸骨詔令歸第養病歲餘聽上衛尉印綬穆等遂交通輕薄屬託郡縣干亂政事以封在安豐欲令姻戚悉據故六安國遂矯稱陰太后詔令六安侯劉盱去婦因以女妻之五年盱婦家上書言狀帝大怒乃盡免穆等官諸竇爲郎吏者皆將家屬歸故郡獨留融京師

梁松尚舞陰長公主爲太僕竇固尚涅陽公主爲中郎將明帝永平初越騎司馬杜保仇人尚書訟保爲行浮薄亂羣惑衆伏波將軍萬里還書以誡兄子而

梁松竇固以之交結將煽其輕僞敗亂諸夏書奏帝召責松固以訟書及援誡書示之松固叩頭流血而得不罪詔免保官

馬廖以明德皇后兄封順陽侯章帝建初四年以特進就第是時馬氏失勢廖性寬緩不能教勒子孫子豫爲步兵校尉遂投書怨誹又廖弟防光奢侈好樹黨與八年有司奏免豫遣廖防光就封豫隨廖歸國考繫物故

竇憲以章德皇后兄爲虎賁中郎將憲恃宮掖聲勢遂以賤直請奪沁水公主園田沁水公主明帝女主逼畏不

敢訴後章帝駕出過園指以問憲憲陰喝不得對陰喝猶壹塞也陰音於禁切喝音一介切或作鳴音鳥故切後發覺帝大怒召憲切責曰深思前過奪主田園時何用愈趙高指鹿為馬愈猶差也久念使人驚怖昔永平中嘗令陰黨陰博鄧疊三人更相糾察以陰鄧皆外戚恐借踰故使更相糾察也博陰興之子故諸豪戚莫敢犯法者而詔書切切猶以舅氏田宅為言切切猶勤勤也今貴主尚見枉奪何況小人哉國家棄憲如孤雛腐鼠耳烏子生而啄者曰雛憲大震懼皇后為毀服深謝良久乃得解使以田還主不絕其罪然亦不授以重任

晉庾亮明穆皇后之兄也明帝末為護軍將軍南頓

王宗素被親信成帝初亮輔政宗謀廢執政亮殺宗帝不之知及蘇峻平問亮曰常日白頭翁何在亮對以謀反伏誅帝泣謂亮曰舅言人作賊便殺之人言舅作賊若何亮懼變色

庾懌以成帝舅為西中郎將鎮蕪湖嘗以毒酒餉江州刺史王允之允之覺赴有毒飲犬犬斃乃密奏之帝曰大舅已亂天下小舅復欲爾耶懌聞遂飲鴆而卒

梁王寔尚武安公主為南康嗣王湘州長史王三日出禊寔衣冠傾崎王性方嚴見之意殊惡寔稱主名謂王曰蕭王誌念寔殿下何見憎王驚赧即起後密啓之因此廢錮

後魏馮修以文明太后兄子為尚書封東平公其兄誕性淳篤修乃浮競誕亦未能誨督其過然時言於太子孝文嚴責之至於楚撻

唐程昌裔尚廣平公主天寶十載正月望夜楊貴妃家五宅夜遊與公主騎從爭西市門楊氏奴揮鞭及公主衣公主墮馬昌裔扶公主因及數撾公主泣奏之帝令殺楊氏奴昌裔亦停官

王士平尚德宗女義陽公主為駙馬都尉貞元十二

年五月經代宗忌辰駙馬諸親悉詣銀臺奉慰及廻士平遂邀駙馬郭曖張昭賢張怙及女婿嗣許王昭曖堂弟煦瞻并教坊音聲人曹自慶並於宅中飲樂德宗怒之下詔曰先聖忌辰纔經叙慰戚里之內固在肅恭而乃遽從宴遊飲酒作樂既乖禮法須有所懲薊汾州長史郭煦宜於袁州安置薊南鄭縣尉郭瞻於郴州安置曹自慶配流永州其駙馬郭曖王士平仍令並歸私第是歲士平與公主忿爭監使奏其狀令公主入內安置中使令士平送歸宅不許出入

崔杞尚順宗女東陽公主為駙馬都尉憲宗元和五

年正月勅公主及妃所賜錢粟等並宜權停

于季友司空頔第四子尚憲宗女永昌公主爲殿中少監駙馬都尉季友兄敏誘梁正言之僮支解棄於溷中敏奴王再榮詣銀臺門告詔三司使案問乃投死奴於其第獲之頔貶爲恩王傅敏長流雷州季友追奪兩任官階令在家循省

韋讓爲駙馬都尉敬宗寶曆元年讓以擅決百姓罰兩季俸料

劉埴爲駙馬都尉文宗太和三年任隴州刺史於本道節度使禮不恭爲其所舉降爲果州刺史又潛入

京詔下臺司鞫問翌日放歸私第尋除硤州刺史馳驛赴任

韋處仁爲駙馬都尉嘗入見市夾羅巾以進文宗曰本慕卿門戶青素故俯從選尚如此市服從他諸戚爲之卿不須爲也

竇澣尚延安公主爲駙馬都尉太和四年正月勅以公主衣服踰制從夫之義過有所歸宜罰澣兩月賜錢

册府元龜

冊府元龜

巡按福建監察御史臣李嗣京　訂正

知閩縣事臣曹𠕂臣叅閱

知建陽縣事臣黃國琦較釋

宰輔部

總序

夫輔相之職所以左右天子總領庶尹爾綸機務宣翼統紀燮調元化甄叙流品親附百姓鎮撫四夷裁決庶政班布王度乃其任也是故公台之任無所不總與元首而同體乃謂之股肱秉邦國之會要乃譬

之鈞軸百官承式治本之是繫萬邦爲憲民瞻之所在自黃帝得六相而治舜臣於堯舉八元八凱謂之十六相又逸書所記虞夏商周世皆有四輔三公之職非其人而不處而六籍之載成湯居亳初置二相以伊尹仲虺爲之有阿衡佐相之號洎武丁之得傅說爰立作相置諸左右成王作周官著之典訓立太師太傅太保以爲三公又立三孤之位皆所以論道經邦寅亮天地共司宰弼之事春秋之世寰內諸侯入爲卿士皆掌國政秦氏之霸始置左右丞相御史大夫副之後復有丞相相國中丞相之名漢室之典置一丞相亦有左右丞相之名而御史大夫實亞其任兼置太尉仍用秦制後以蕭何爲相國孝惠高后復置左右丞相亦置太傅之官未幾而罷太尉之職蓋不嘗置一丞相武帝兼置太尉數年而廢元狩中置大司馬以代太尉之職征和二年置左丞相分長史以備兩府成帝綏和元年改御史大夫爲大司空并大司馬丞相爲三公哀帝復以大司空爲御史大夫復置太傅在三公之上俄改丞相爲大司徒御史大夫復爲大司空并大司馬以備三公之位平帝增置太師王莽居攝又置四輔之官世祖中興但存三

公之號有太傅而不嘗置建武末改大司馬爲太尉二府並去太字是爲宰相總治衆務中平之後事歸臺閣選舉誅賞一繇尚書機衡所總不在公府蓋有其名而無其實矣建安之世始罷三公官復置丞相以曹公居之又有相國之號黃初受禪改爲司徒而中書監令專掌機密雖有太傅太尉司徒司空之官不預朝政厥後定制大丞相第一品又置相國以司馬二王相繼爲之末年增置太保吳蜀𠕂國皆有丞相而吳氏復有左右之名二邦政事率以尚書總統而吳有大司馬左右大司馬太尉司徒司空及帝太

傳蜀亦有司徒大司馬之號其平尚書事録尚書事領中外諸軍事總統國事皆爲宰相之任晉武之初有太宰太傅太保是爲上公以太尉司徒司空爲三公復有大司馬大將軍凡八公同時並置而無丞相之名惠帝復置丞相俄頃而罷後置司徒元帝渡江罷司徒爲丞相以王導居之導卒又罷丞相爲司徒府三公之職雖無所改而司徒丞相兩不並置中書之署實總機要是爲宰相以毗大政宋孝武復置丞相而司徒之府如故又有相國之官齊氏以丞相相國著爲贈典梁罷相國置丞相兼置司徒又有太保

大司馬大將軍太尉司空開府儀同三司是爲諸公陳以相國列於丞相之上并太宰太保大司馬大將軍凡六號亦有贈秩然而相國是爲尊崇之位非恭官之秩丞相之任亦廢置靡定魏晉以來多以他官參掌機密或委知政事毗贊朝政録尚書事居門下領中書或總朝權或管朝政或單侍中皆爲宰相唯侍中機密所出不必他名嘗爲宰輔之職元魏以太師太傅太保爲三師大司馬大將軍爲二大又有三公之名然尤重門下之官多以侍中輔政樞宰之任歸於省闥北齊初置丞相復分左右而居侍中之職者皆秉國政宇文建國遠遵周治改三師爲三公置三孤以爲之二分司徒司馬司空以備六官之職而無復太尉三師之號宣帝復置四輔之官又置左右丞相既而罷爲大丞相隋置三師三公參議國之大事朝之衆務總於臺閣内史令納言是爲宰輔或以他官參掌機事及專掌朝政者並爲輔弼其後納言爲侍内唐室受命悉仍隋制武德初改内史令爲中書令侍内爲侍中并左右僕射是爲四輔至貞觀末除僕射者必加同中書門下三品方爲宰相而中書令侍中之名自龍朔至大寶凡經四易（中書令爲右相爲内史爲

紫微令復爲右相侍中爲左相爲納言爲黄監復爲左相凡四易名而侍中復舊）而嘗爲宰相其單任僕射不復預於機政先天以前宰相多至十餘人開元之後嘗二人至三人天寶之末勲賢並建備位者衆然秉鈞當國亦不過一二人繇武德貞觀以來但加同中書門下三品及平章事知政事參掌機務參與政事平章軍國重事者皆爲宰相（唐初宰相嘗於門下省議事謂之政事堂永淳中裴炎爲中書令以中書就政事遂移在中書省開元中張說奏改政事堂爲中書門下政事印爲中書門下之印）其後唯侍中中書令及平章事是爲正宰相之任五代相承未之或改（後唐及閩亦有同中書門下三品蓋辟當時臣父之名非嘗制也）今之論次繇二帝三代以託

於顯德凡居輔弼之任美惡之迹悉區别而類例之唐氏中葉有樞密之任宣傳制命掌以內侍宋梁而降大建官署崇署使號並分吏局兵戎之政邦國之務多所參掌均於宰府迹其行事咸用編述凡宰輔部四十二門

佐命

商頌曰實維阿衡實左右商王說命曰若濟巨川用汝作舟楫夫天造草昧眞人撫運允資英傑戡濟時難故有感會風雲奮起草莽朝捨屠釣之業夕爲廊廟之器倚任如手足相諧如律呂服勞保乂曠日持

久厥有成績紀于太常降及秦漢世資戰力以强國之術干好謀之主運籌帷幄指蹤將佐轉禍爲福易危從安罄竭力貞輔成景業者何可勝道哉乃至運屬陽九雄視一方亦必有縱横之才倜儻之士咸能矢陳遠馭贊集洪勳者矣

商伊尹初欲干湯而無繇乃爲莘氏媵臣湯娶有莘氏女負鼎俎以滋味說湯致於王道或曰伊尹處士湯使人聘迎之五反然後肯往從湯言素王九主之事九主者有法君專君授君勞君尊君寄君破君國君三歲社君凡九品圖畫其形出劉向别錄湯舉任以國政孟云伊尹耕於有莘之野而樂堯舜之道焉非其義也非其道也祿之以天下弗顧也繫馬千駟弗視也非其義也非其道也一介不以與人一介不以取諸人湯使人以幣聘之囂囂然曰我何以湯之聘幣爲哉我豈若處畎畝之中繇是以樂堯舜之道哉湯三使往聘之既而幡然改曰與我處畎畝之中由是以樂堯舜之道吾豈若使是君爲堯舜之君哉吾豈若使是民爲堯舜之民哉吾豈若於吾身親見之當是時夏桀爲虐政淫荒而諸侯昆吾氏爲亂湯乃興師率諸侯伊尹從湯湯自把鉞以伐昆吾遂伐桀勝夏於是諸侯畢服湯乃踐天子位平定海內

周呂尚東海人謂東夷之士本姓姜氏後從其封姓夏商之時申呂也尚蓋嘗困窮年老矣以漁釣干周西伯西伯將出獵卜之曰所獲非龍非彲非虎非羆所獲霸王之輔於是西伯獵果遇太公於渭之陽與語大說曰自

吾先君太公曰當有聖人適周周以興子宜是邪吾太公望子久矣故號之太公望載與俱歸立爲師或曰太公傳聞嘗事紂紂無道去之遊說諸侯無所遇而卒西歸周西伯或曰呂尚處士隱海濱周西伯拘羑里散宜生閎夭素知而招呂尚呂尚亦曰吾聞西伯賢又善養老盍往焉三人者爲西伯求美女奇物獻之於紂以贖西伯西伯得以出反國言呂尚所以事周雖異然要之爲文武師周西伯昌之脫羑里歸與呂尚陰謀修德以傾商政其事多兵權與奇計故後世之言兵及周之陰權皆宗太公爲本謀周西伯

政平及斷虞芮之訟而詩人稱西伯受命曰文王伐崇密須犬夷大作豐邑天下三分其二歸周者太公之謀計居多以後事皆將帥佐命門

周公旦武王弟也自文王在時旦爲子孝篤仁異於羣子及武王即位旦常輔翼武王用事居多武王九年東伐至盟津周公輔行十一年伐紂至牧野周公佐武王作牧誓破殷入商宮以殺紂周公把大鉞召公把小鉞以夾武王釁社告紂之罪于天及殷民封周公於少昊之墟曲阜是爲魯公不就封留佐武王武王終成王少在襁褓之中周公恐天下聞武王終

而畔周公乃踐祚代成王攝行政當國管叔及其羣弟流言於國曰周公將不利於成王於君於國以成王周公以感成王也周公乃告太公望召公奭曰我之所以弗辟而攝行政者誠恐天下畔周無以告我先王太王王季文王三王之憂勞天下久矣於今而后成武王蚤終成王少將以成周我所以爲之若此於是卒相成王而使其子伯禽代就封於魯

召穆公虎康公之後也厲王時王無道出奔彘王太子靜匿召公之家國人圍之召公乃以其子代王太子太子竟得脫召公與周公二相臣欽若等曰周公即旦之後世行政號曰共和共和十四年厲王死於彘太子靜長于召公家二相乃共立之爲王是爲宣王宣王即位二相輔之脩政法文武成康之遺風諸侯復宗周

秦李斯楚上蔡人入秦爲秦相呂不韋舍人不韋賢之任以爲郎斯因以得說秦王曰胥人者去其幾也成大功者在因瑕釁而遂忍之昔者秦穆公之霸終不東并六國者何也諸侯尚衆周德未衰故五霸迭興更尊周室自秦孝公以來周室卑微諸侯相兼關東爲六國秦之乘勝役諸侯蓋六世矣今諸侯服秦譬若郡縣夫以秦之彊大王之賢繇竈上騷除騷音掃

足以滅諸侯成帝業爲天下一統此萬世之一時也今怠而不急就諸侯復彊相聚約從雖有黃帝之賢不能并也秦王乃拜長史聽其計陰遣謀士齎持金玉以游說諸侯諸侯名士可下不以財者厚遺結之不肯者利劒刺之離其君臣之計秦王乃使其良將隨其後秦王拜斯爲客卿秦王用其計謀官吏廷尉二十餘年竟并天下尊王爲皇帝以斯爲丞相夷郡縣城銷其兵刃示不復用

漢蕭何沛人爲沛主吏掾高祖爲布衣時數以吏事護高祖至爲亭長亦常佑之及高祖起爲沛公何常

爲丞督事（謂爲沛丞督衆事）沛公至咸陽諸將皆爭走金帛財物之府分之（走謂趣向之）何獨先入收秦丞相御史律令圖書藏之沛公具知天下阸塞戶口多少彊弱處民所疾苦者以何得秦圖書也沛公旣爲漢王欲謀攻項羽周勃灌嬰樊噲皆勸之何諫之曰雖王漢中之惡不猶愈於死乎漢王曰何爲乃死也何曰今衆弗如百戰百敗不死何爲周書曰天予不取反受其咎語曰天漢其稱甚美（語古語也天漢河漢）夫能詘於一人之下而信於萬乘之上者湯武是也臣願大王王漢中養其民以致賢人收用巴蜀還定三秦天下可圖也

漢王曰善乃就國以何爲丞相何進韓信以爲大將軍漢王還定三秦何以丞相留收巴蜀鎭撫諭告使給軍食漢三年漢王與諸侯擊楚何守關中侍太子治櫟陽爲令約束立宗廟社稷宮室縣邑輒奏王可許以從事（可其所奏許其所請依以行事）即不及奏輒以便宜施行王來以聞（高祖出還乃以所爲聞也）計戶轉漕給軍漢王數失軍遯去何嘗興關中卒輒補缺王以此剸屬任何關中事是年四月漢王與項籍戰敗睢水五月屯滎陽何發關中老弱未傳者悉詣滎陽（傳者也言著名籍給公家徭役也）戰京索間敗楚楚以故不能過滎陽而西韓信亦收兵與漢王會兵復大振漢五年旣殺項籍即皇帝位論功行封羣臣爭功歲餘不決高祖以何功最盛先封爲酇侯（酇屬南陽）食邑八千戶九年拜丞相爲相國

曹參沛人秦時爲獄掾與蕭何俱爲豪吏高祖爲沛公參以中涓從（涓絜也言其在中主知絜清酒近之事蓋親近左右也）擊胡陵方與攻秦監公軍大破之（秦一郡置守尉監三人公者時人尊稱之）東下薛擊泗水守軍薛郭西復攻胡陵（臣欽若等曰此已下有官號無姓名及有名無姓皆史氏闕文）取之徙守方與方與反爲魏擊之豐反爲魏攻之賜爵七大夫北擊司馬欣軍碭東取狐父祁善置（善置置名今之驛也狐父祁二縣名）又攻下邑以西至虞擊秦

將章邯車騎攻轅戚及亢父先登遷爲五大夫北救東阿擊章邯軍陷陳追至濮陽攻定陶取臨濟南救雍丘擊李由軍破之殺李由虜秦侯一人章邯破殺項梁也沛公與項羽引兵而東楚懷王以沛公爲碭郡長將碭郡兵於是封參爲執帛（楚爵也）號曰建成君遷爲戚公屬碭郡（爲戚縣之令）其後從攻東郡尉軍破之成武南擊王離軍成陽南又攻社里大破之追北西至開封擊趙賁軍破之圍趙賁開封城中西擊秦將楊熊軍於曲遇破之虜秦司馬及御史各一人遷爲執珪（爵名）從西攻陽武下轘轅緱氏絕河津擊趙賁軍

尸北破之(尸鄉之北)從南攻犨與南陽守齮戰陽城郭東陷陳取宛虜齮定南陽郡從西攻武關嶢關取之前攻秦軍藍田南又夜擊其北軍大破之遂至咸陽破秦項羽至以沛公爲漢王漢王封參爲建成侯從至漢中遷爲將軍從還定三秦攻下辯故道(武都二縣)雍斄(二縣名在扶風)擊章平軍於好畤南破之圍好畤取壤鄉(壤地名)擊三秦軍壤東及高櫟破之復圍章平平出好畤走因擊趙賁內史保軍破之東取咸陽更名曰新城參將兵守景陵二十四日(景陵縣名)三秦使章平等攻參參出擊大破之賜食邑於寧秦(今華陰)以將軍引兵圍

章邯廢丘以中尉從漢王出臨晉關至河內下修武度圍津(在東郡)東擊龍且項佗定陶破之東取碭蕭彭城擊項籍軍漢軍大敗走參以中尉圍取雍丘王武反於外黃程處反於燕(漢將燕東郡之縣)往擊盡破之柱天侯反衍氏進破取衍氏擊羽嬰於昆陽追至葉(葉南陽縣)還攻武彊(武彊城在陽城)因至滎陽參自漢中爲將軍中尉從擊諸侯及漢王敗還至滎陽(敗謂彭城戰敗)漢二年拜爲假左丞相入屯兵關中月餘魏王豹反以假左丞相別與韓信東攻魏將孫遬東張(東張屬河東)大破之因攻安邑得魏將王襄擊魏王於曲陽追至東垣生獲魏王豹取平陽得豹母妻子盡定魏地凡五十二縣賜食邑平陽因從韓信擊趙相國夏說軍於鄔東(鄔大原縣也)大破之斬夏說韓信與故常山王張耳引兵下井陘擊成安君陳餘而令參還圍趙別將戚公於鄔城中戚公出走追斬之迺引兵詣漢王在所韓信已破趙爲相國東擊齊參以左丞相屬焉攻破齊歷下軍遂取臨淄還定濟北郡收著漯陰平原鬲盧(五縣名時未有濟北郡史追書之)已而從韓信擊龍且軍於上假密(一作大高密)破之斬龍且且虜亞將周蘭定齊郡凡得七十縣得故齊王田廣相田光其守相許章(謂爲相居守者)及故軍田

既韓信立爲齊王引兵東詣陳與漢王共破項羽而參留平齊未服者漢王即皇帝位韓信徙爲楚王參歸相印焉

後漢鄧禹字仲華南陽新野人年十三能誦詩受業長安時光武亦游學京師禹年雖幼而見光武知非常人遂相親附數年歸家及漢兵起更始立豪傑多薦舉禹禹不從及聞光武安集河北即杖策北渡追及於鄴光武見之甚歡謂曰我得專封拜生遠來寧欲仕乎禹曰不願也光武曰即如是何欲爲禹曰但願明公威德加於四海禹得效其尺寸垂功名於竹

帛耳光武笑因留宿閒語私語也禹進說曰更始雖都關西今山東未安赤眉青犢之屬動以萬數三輔假號往往羣聚更始旣未有所挫而不自聽斷諸將皆庸人屈起志在財幣爭用威力朝夕自快而已非有忠良明智深謀遠圖欲尊主安民者也四方分崩離析形勢可見明公雖建藩輔之功猶恐無所成立於今之計莫如延攬英雄務悅民心立高祖之業救萬民之命以公而慮天下不足定也光武大悅因令左右號禹曰鄧將軍嘗宿止於中與定計議及王郎起兵光武自薊至信都使禹發奔命得數千人令自將

之別攻拔樂陽縣名屬常山從至廣阿光武舍城樓上披輿地圖指示禹曰天下郡國如是今始乃得其一子前言以吾慮天下不足定何也禹曰方今海內殽亂人思明君猶赤子之慕慈母古之興者在得厚薄不以大小光武悅時任使諸將多訪於禹禹每有所舉者皆當其才光武以爲知人使別將騎與蓋延等擊銅馬於淸陽延等先至戰不利還保城爲賊所圍禹遂進與戰破之生獲其大將光武追賊至蒲陽連大克獲北州略定及赤眉西入關光武方事山東故授禹以西討之畧拜爲前將軍持節中分麾下精兵二萬人遣西入關建武元年正月禹自箕關將入河東箕關在今王屋縣東河東都尉守關不開禹攻十日破之進圍安邑更始大將軍樊參將數萬人度大陽欲攻禹大陽縣屬河東禹遣諸將逆擊於解南大破之入破王康成舟劉均等軍收得節六印綬五百兵器不可勝數遂定河東會光武卽位於鄗使使者持節拜禹爲大司徒封酇侯食邑萬戶

李通字次元南陽宛人王莽時爲五威將軍從事出補巫丞有能名王莽置五威將軍從事謂驛使小官也巫縣屬南郡故城在今夔州巫山縣北莽末百姓愁怨通素聞其父守說讖云劉氏復興

李氏爲輔私嘗懷之且居家富逸爲閭里雄以此不樂爲吏乃自免歸及下江新市兵起南陽騷動通從弟軼亦素好事乃共計議曰今四方擾亂新室且亡漢當更興南陽宗室獨劉伯升兄弟汎愛容衆可與謀大事通笑曰吾意也會光武避事在宛通聞之卽遣軼往迎光武初以通士君子相慕也故往答之及相見共語移日握手極歡遂相約結定謀議期以材官都試騎士日漢法以立秋日都試騎士謂課殿最也欲劫前隊大夫及屬正前隊大夫謂南陽太守屬正謂梁丘賜也因以號令大衆乃使光武與軼歸舂陵舉兵以應莽聞之誅通兄弟門宗

六十四人皆焚屍宛市時漢兵亦已大合通與光武李軼相遇棘陽遂共破前隊殺甄阜梁丘賜更始立以通為柱天大將軍輔漢侯從至長安更拜為大將軍封西平王使通持節還鎮荊州通因娶光武女弟伯姬是為寧平公主寧平縣屬淮陽國光武即位徵通為衛尉建武二年封固始侯六年拜大司空通布衣唱義助成大業重以寧平公主故特見親重自為相謝病不視事連年乞骸骨帝每優之

魏鍾繇字元常潁川長社人漢末舉孝廉累遷尚書僕射封東武亭侯時關中諸將馬騰韓遂等各擁強

兵相與爭太祖為漢相方有事山東以關右為憂乃表繇以侍中守司隸校尉持節督關中諸軍委之以後事特使不拘常制繇至長安移書騰遂等各遣子入侍太祖在官渡與袁紹相持繇帥諸軍圍之未拔而袁尚所置河東太守郭援到河東衆甚盛繇遣馬騰子超將精兵逆之援濟汾水未半擊大破之斬援降單于會河東衛固作亂與張晟張琰及高幹等並為寇繇又率諸將討破之自天子西遷雒陽人民單盡繇徙關中民又招納亡叛以充之數年間民戶稍實太祖征關中得以為資表繇為前軍師魏國建為大理遷相國文帝踐祚拜太尉

荀攸字公達漢尚書令彧之從子漢末為黃門侍郎董卓之亂棄官歸後為蜀郡太守以道絕不得至駐荊州太祖迎天子都許遺攸書曰方今天下大亂智士勞心之時而顧觀變蜀漢不已久乎於是徵攸為汝南太守入為尚書太祖素聞攸名與語大悅謂荀彧鍾繇曰公達非常人吾得與之計事天下當何憂哉以為軍師建安三年從征張繡攸言於太祖曰繡與劉表相恃為彊然繡以遊軍仰食於表表不能供也勢必離不如緩軍以待之可誘而致也若急之其

勢必相救太祖不從遂進軍之穰與戰繡急表果救之軍不利太祖謂攸曰不用君言至是乃設奇兵復戰大破之太祖自宛征呂布至下邳布敗退固守攻之不拔連戰士卒疲太祖欲還攸與郭嘉說曰呂布勇而無謀今三戰皆北其銳氣衰矣三軍以將為主主衰則軍無奮意夫陳宮有智而遲今及布氣之未復宮謀之未定進急攻之布可拔也乃引沂泗灌城城潰生擒布後從救劉延於白馬攸畫策斬顏良太祖拔白馬還遣輜重循河而西袁紹渡河追卒與太祖遇諸將皆恐說太祖還保營攸曰此所以擒敵柰

何去之太祖目攸而笑遂以輜重餌賊競奔之車亂
乃縱步騎擊大破之斬其騎將文醜太祖遂與紹相
拒於官渡軍食方盡攸言於太祖曰紹運車且暮至
其將韓莫銳而輕敵擊可破也（韓莫或作韓猛或云韓若）太祖曰
誰可使攸曰徐晃可乃遣晃及史渙邀擊破走之燒
其輜重會許攸來降言紹遣淳于瓊等將萬餘兵迎
運糧將驕卒惰可要擊也衆皆疑唯攸與賈詡勸太
祖乃留攸及曹洪守太祖自將攻破之盡斬瓊等紹
將張郃高覽燒攻櫓降紹遂棄軍走郃之來洪疑不
敢受攸謂洪曰郃計不用怒而來君何疑乃受之七

年從討袁譚袁尚於黎陽明年太祖乃征劉表譚尚
爭冀州譚遣辛毗乞降請救太祖將許之以問羣下
羣下多以爲表彊宜先平之譚尚不足憂也攸曰天
下方有事而劉表坐保江漢之間其無四方志可知
矣袁氏據四州之地帶甲十萬紹以寬厚得衆借使
二子和睦以守其成業則天下之難未息也今兄弟
搆惡其勢不全若有所并則力專力專則難圖也及
其亂而取之天下定矣此時不可失也太祖曰善乃
許譚和親遂還擊破尚其後譚叛從斬譚於南皮冀
州平太祖表封攸曰軍師荀攸自初佐臣無征不從

前後克敵皆攸之謀也於是封陵樹亭侯轉爲中軍
師魏國建爲尚書令太祖每稱曰公達外愚內智外
怯內勇外弱內彊不伐善無施勞智可及愚不可及
雖甯武子不能過也文帝在東宮太祖謂曰荀公達
人之師表汝當盡禮敬之
賈詡字文和武威姑臧人漢末爲光祿大夫獻帝東
遷詡上還印綬張繡在南陽詡陰結之繡率衆歸
太祖太祖表詡爲執金吾封都亭侯遷冀州牧冀州
未平留參司空軍事袁紹圍太祖於官渡太祖權方
盡問詡計焉出詡曰公明勝紹勇勝紹用人勝紹決

機勝紹有此四勝而半年不定者但顧萬全故也必
決其機須臾可定也太祖曰善乃并兵出圍擊紹三
十餘里營破之紹軍大潰河北平太祖領冀州牧徙
詡爲太中大夫建安十三年太祖破荊州欲順江東
下詡諫曰明公昔破袁氏今收漢南威名遠著軍勢
既大若乘舊楚之饒以饗吏士撫安百姓使安土樂
業則可不勞衆而江東稽服矣太祖不從軍遂無利
太祖後與韓遂馬超戰於渭南超等索割地以和并
求任子詡以爲可僞許之又問詡計策詡曰離之而
已太祖用詡謀卒破遂超文帝即位以詡爲太尉進

爵壽鄉侯增邑并前八百戶
華歆字子魚平原高唐人漢末爲豫章太守孫策略
地江東待以上賓之禮策死太祖在官渡表天子徵
歆拜議郎參司空軍事入爲尚書轉侍郎尚書令太
祖征孫權表歆爲軍師魏國建爲御史大夫文帝即
王位拜相國封安樂鄉侯及受禪歆登壇相儀奉皇
帝璽綬以成受命之禮拜歆爲司徒明帝時拜太尉
蜀諸葛亮字孔明琅邪陽都人父玄爲袁術所署豫
章太守漢朝以朱皓代之玄素與荆州牧劉表有舊
往依之玄卒亮家于南陽之鄧縣號曰隆中亮每自

比於管仲樂毅時人莫之許也會先主屯新野徐庶
謂曰諸葛孔明臥龍也將軍宜枉駕顧之繇是先主
詣亮三往乃見因屏人與語曰漢室傾頹姦臣竊命
主上蒙塵孤不度德量力欲信大義於天下而智術
淺短遂用猖蹶至於今日然志猶未已君謂計將安
出亮答曰自董卓已來豪傑並起跨州連郡者不可
勝數曹操比於袁紹則名微而衆寡然操遂能克紹
以弱爲彊者非惟天時抑亦人謀也今操已擁百萬
之衆挾天子而令諸侯此誠不可與爭鋒孫權據有
江東已歷三世國險而民附賢能爲之用此可與爲
援而不可圖也荆州北據漢沔利盡南海東連吳會
西通巴蜀此用武之國而其主不能守此殆天所以
資將軍將軍豈有意乎益州險塞沃野千里天府之
國高祖因之以成帝業劉璋闇弱張魯在北民殷國
富而不知存恤智能之士思得明君將軍既帝室之
胄信義著於四海總攬英雄思賢如渴若跨有荆益
保其巖阻西和諸戎南撫夷越外結孫權內脩政理
天下有變則命一上將將荆州之軍以向宛雒將軍
身率益州之衆出於秦川百姓孰敢不簞食壺漿以
迎將軍者乎誠如是則霸業可成漢室可興矣先主

曰善是時曹公方定河北亮知荆州次當受敵而劉
表性緩不曉軍事亮乃見先主衆賓皆去而亮獨留
先主亦不問其所欲言先主性好結毦適有人以髦
牛尾獻者因手自結之亮乃進曰明將軍當復有遠
志但結毦而已耶先主投毦而答曰是何言與我聊
以忘憂耳亮遂言曰將軍度劉鎮南孰與曹公耶先
主曰不及又曰將軍自度何如也曰亦不及曰今皆
不及而將軍之衆不過數千人以此待敵得無非計
乎先主曰我亦愁之將若之何亮曰今荆州非少人
也而著籍者寡平居發調則人心不悅可與鎮南令

國中凡有游戶皆使自實因録以益衆可也先主從其計故衆遂彊繇此知亮有美畧乃以上客禮之遂與亮情好日密關羽張飛等不悅先主解之曰孤之有孔明猶魚之有水也諸君勿復言飛而劉表卒曹公來征先主在樊城聞之率其衆南行亮與徐庶並從先主於夏口亮曰事急矣請奉命求救於孫將軍時權擁軍在柴桑觀望成敗亮說權曰海內大亂將軍起兵據有江東劉豫州亦收衆漢南與曹操並爭天下今操芟夷大難畧已平矣遂破荊州威震四海英賢無所用武故豫州遁逃至此將軍量力而處之

若能以吳越之衆與中國抗衡不如早與之絶若不能當何不案兵束甲北面而事之今將軍外託服從之名而內懷猶豫之計事急而不斷禍至無日矣權曰苟如君言劉豫州何不遂事之乎亮曰田橫齊之壯士耳猶守義不辱況劉豫州王室之冑英才蓋世衆士仰慕若水之歸海若事之不濟此乃天也安能復爲之下乎權勃然曰吾不能舉全吳之地十萬之衆受制於人吾計決矣非劉豫州莫可當曹操者然豫州新敗之後安抗此難乎亮曰豫州軍雖敗於長阪今戰士還者及關羽水軍精甲萬人劉琦合江夏戰士亦不下萬人曹操之衆遠來疲斃聞輕騎一日一夜行三百餘里此所謂彊弩之末勢不能穿魯縞者也故兵法忌之曰必蹶上將軍且北方之人不習水戰又荊州之民附操者偪兵勢耳非心服也今將軍誠能命猛將統兵數萬與豫州協規同力破操軍必矣操軍破必北還如此則荊吳之勢彊鼎足之形成矣成敗之機在於今日權大悅即遣周瑜程普魯肅水軍三萬隨亮詣先主并力以拒曹公敗於赤壁引軍歸鄴先主遂收江南以亮爲軍師中郎將使督零陵桂陽長沙三郡調其賦稅以充軍實建安十

六年益州牧劉璋遣法正迎先主使擊張魯亮與關羽鎮荊州先主自葭萌還攻璋亮與張飛趙雲等率衆泝江分定郡縣與先主共圍成都成都平以亮爲軍師將軍署左將軍府事先主外出亮常鎮守成都二十六年先主即帝位策亮爲丞相録尚書事後主禪建興元年封亮爲武鄉侯又領益州牧政事無巨細咸決於亮謂亮曰政繇葛氏祭則寡人亮亦以禪未閑於政遂總內外

吳孫邵字長緒北海人初爲孔融功曹融稱曰廟廊才也從劉繇於江東及大帝統事數陳便宜以爲應

納貢聘大帝即從之拜盧江太守遷車騎長史黃武初爲丞相封陽羨侯

顧雍字元歎吳郡吳人弱冠爲合肥長轉在婁曲阿上虞皆有治迹大帝領會稽太守不之郡以雍爲丞行太守事數年入爲左司馬大帝爲吳王累遷大理奉常領尚書令封遂鄉侯又改大常進封醴陵侯黃武四年代孫邵爲丞相平尚書事

陸遜字伯言吳郡吳人大帝爲討虜將軍遜年二十一始仕幕府歷東西曹令史出爲海昌屯田都尉并領縣事遷定威校尉大帝以兄策女配遜數訪世務

遜建議曰方今英雄棊峙豺狼闚望克敵寧亂非衆不濟而山寇舊惡依阻深地夫腹心未平難以圖遠可大部伍取其精鋭大帝納其策以爲帳下右部督丹陽賊帥費棧受曹公印綬扇動山越爲作內應遜破散之拜偏將軍右部督代呂蒙以禦蜀將關羽又領宜都太守撫邊將軍封華亭侯遜遣將軍李異謝旌等將三千人攻蜀將詹晏陳鳳等前後斬獲招納凡數萬計遷右護軍鎮西將軍進封婁侯黃武元年蜀先主率大衆來向西界遜爲大都督假節督朱然等五萬人拒之破其四十餘營其舟船器械水步軍資一時略盡拜輔國將軍領荆州牧改封江陵侯蜀後主禪既襲位諸葛亮秉政與大帝連和大帝每與禪亮書常過示遜輕重可否有所不安便令改定以封印行之黃龍元年拜上大將軍右都護赤烏七年代顧雍爲丞相

步騭字子山臨淮淮陰人漢末避難江東種瓜自給大帝爲討虜將軍召騭爲主記歲餘以疾免除海鹽長還辟車騎將軍東曹掾爲大帝徐州治中從事建安十五年出領鄱陽太守徙交州刺史劉表所置蒼梧太守吳巨陰懷異心騭因斬徇之威聲大震士燮

兄弟相率供命益州大姓雍闓等殺蜀所署太守正昂與燮相聞求欲內附騭因承制遣使宣恩撫納繇是拜平戎將軍封廣信侯延康元年將交州義士萬人出長沙會蜀先主東下武陵蠻夷蠢動騭上益陽蜀兵敗績而零桂諸郡猶相驚擾處阻兵騭周旋征討皆平之黃武二年遷右將軍左護軍改封臨湘侯黃龍元年拜驃騎將軍領冀州牧是歲都督西陵代陸遜撫境二境騭前後薦達屈滯救解患難書數十上大帝雖不能盡納然時采其言多蒙濟賴赤烏九年代陸遜爲丞相

終

冊府元龜

巡按福建監察御史臣李嗣京　訂正
知甌寧縣事臣孫以敬參閱
知建陽縣事臣黃國琦較釋

宰輔部　二

佐命

晉何曾字穎考陳國陽夏人初仕魏累遷侍中司隸較尉時曹爽專權曾謝病爽誅乃起視事魏帝之廢也曾預其謀咸熙初拜司徒封朗陵侯文帝爲晉王曾與高柔鄭冲俱爲三公時入見二人拜而曾獨致拜武帝襲王位以曾爲晉丞相加侍中與裴秀王沈

等勸進踐祚拜太尉進爵爲公食邑千戶累遷司徒太傅

裴秀字季彥河東聞喜人初仕魏爲黃門郎廷尉正歷文帝安東及衛將軍司馬軍國之政多見信納遷散騎常侍帝之討諸葛誕也秀與尚書僕射陳泰黃門侍郎鍾會以行臺從預參謀略誕平進尚書遷尚書僕射封秀濟川侯初文帝未定嗣而屬意舞陽侯攸武帝懼不得立問秀曰人有相否因以奇表示之秀後言於文帝曰中撫軍人望既茂天表如此固非人臣之相也繇是世子乃定武帝即王位拜尚書令開府及受禪加左光祿大夫封鉅鹿郡公邑三千戶泰始四年拜爲司空

陳騫臨淮東陽人起家尚書郎歷中山安平太守徵爲相國司馬長史與賈充石苞裴秀等俱爲心膂而騫智度過之蜀賊寇隴右以尚書持節行征蜀將軍破賊而還會諸葛誕之亂復以尚書行安東將軍壽春平拜都督淮北諸軍事轉都督豫州又轉都督江南徙荊州累處方任爲士庶所懷武帝受禪以佐命之勳進車騎將軍封高平郡公累進太尉大司馬

賈充字公閭平陽襄陵人初爲魏黃門侍郎汲郡典農中郎將參大將軍軍事從景帝討毋丘儉文欽於樂嘉後爲文帝大將軍司馬轉右長史帝新執朝權恐方鎮有異議使充詣諸葛誕圖欲伐吳陰察其變充既論說時事因謂誕曰天下皆願禪代君以爲如何誕厲聲曰卿非賈豫州子乎世受魏恩豈可欲以社稷輸人乎若雒中有難吾當死之充默然及還白帝曰誕甫在揚州威名夙著能得人死力觀其規畧爲反必也今徵之反速而事小不徵事遲而禍大帝乃徵誕爲司空而誕果叛復從征誕充進計曰楚兵

輕而銳若深溝高壘以逼賊城可不戰而尅也帝從之城陷帝登壘以勞充帝先歸雒陽使充統後事累遷廷尉中護軍時軍國多事朝廷機密皆與籌之帝甚信重充與裴秀王沈羊祜荀勗同受腹心之任五等初建封臨沂侯爲晋元勲初文帝以景帝恢贊王業欲傳位與舞陽侯攸充稱武帝寛仁且又居長有人君之德宜奉社稷及文帝寢疾武帝請問後事文帝曰知汝者賈公閭也帝襲王位拜充晋國衛將軍儀同三司給事中改封臨潁侯及受禪充以建明大命轉車騎將軍散騎常侍尚書僕射更封魯郡公泰

始中拜司空太尉

石苞字仲容渤海南皮人初爲景帝中護軍司馬徙鄴典農中郎將歷東萊琅邪太守文帝敗於東關也苞獨全軍而退帝指所持節謂苞曰恨不以此授卿以究大事乃遷苞爲奮武將軍假節監青州諸軍事頃之代王基都督揚州諸軍事苞因入朝當還辭魏高貴鄉公留語盡日既出白文帝曰非常主也數日而有成濟之事後進位征東大將軍文帝厭世賈充荀勗議葬禮未定苞時奔喪慟哭曰基業如此而以人臣終乎葬禮乃定後每與陳騫諷魏帝以歷數已終天帝有在及禪位苞有力焉武帝踐祚遷大司馬封樂陵郡公泰始五年拜爲司徒

王導字茂弘光禄大夫覽之孫鎮軍司馬裁之子司空劉寔引爲東閤祭酒遷秘書郎太子舍人尚書郎並不行後參東海王越軍事時元帝爲琅邪王與導素相親善導知天下已亂遂傾心推奉潛有興復之志帝亦雅相器重契同友執帝之在洛陽也導每勸令之國會帝出鎮下邳請導爲安東司馬軍謀密策知無不爲及徙鎮建康吳人不附居月餘士庶莫有至者導患之會從兄大將軍敦來朝導謂之曰琅邪

王仁德雖厚而名論猶輕兄威風已振宜有以拯濟者會三月上巳帝親觀禊乘肩轝具威儀敦導及諸名勝皆騎從吳人紀瞻顧榮皆江南之望竊覘之見其如此咸驚懼乃相率拜於道左導因進計曰古之王者莫不賓禮故老存問風俗虛已傾心以招俊乂況天下喪亂九州分裂大業草創急於得人者乎顧榮賀循此土之望未若引之以結人心二子既至則無不來矣帝乃使導躬造循榮二人皆應命而至繇是吳會風靡百姓歸心焉自此之後漸相崇奉君臣之禮始定俄而雒京傾覆中州士女避亂江左者十

六七導勸帝收其賢人君子與之圖事時荆揚晏安戸口殷實導爲政務在清爭每勸帝尅己勵節翊主寧邦於是尤見委仗情好日隆朝野傾心號爲仲父帝嘗從容謂導曰卿吾之蕭何也永嘉末遷丹陽太守累加振威將軍晉國既建以導爲丞相軍諮祭酒累遷驃騎將軍都督中外諸軍事領中書監録尚書事及帝登尊號進驃騎大將軍儀同三司封武岡侯進位侍中司空

宋徐羨之爲桓循撫軍中兵參軍與高祖同府深相親結義旗建高祖投爲鎮軍參軍尚書庫部郎領軍

司馬與謝混共事混甚知之累遷大司馬從事中郎將高祖北伐轉太尉左司馬掌留任以副貳劉穆之穆之卒羨之代爲丹陽尹總知留任高祖踐祚進號鎮軍將軍加散騎常侍以佐命之功封南昌縣公遷尚書又拜司空録尚書事

傅亮字季友北地靈州人仕晉歷中書黃門侍郎直西省高祖時爲太尉欲以爲東陽郡亮馳見高祖曰伏聞恩旨賜擬東陽家貧忝禄私計爲幸但憑蔭之願實結本心乞歸天宇不樂外出高祖笑曰謂卿之須禄耳若能如此甚所望也會西討司馬休之以亮爲太尉從事中郎掌記室從征關雒還至彭城宋國建除侍中領世子中庶子徙中書令從還壽陽高祖有受禪意而難於發言乃集朝臣宴飲從容言曰桓玄暴篡鼎命已移我首唱大義興復皇室南征北伐平定四海功成業著遂荷光錫今年將衰暮崇極如此物戒盛滿非可久安今欲奉還爵位歸老京師群臣惟盛稱功德莫曉此意日晚坐散亮還外乃悟旨而宮門已閉亮於是叩扉請見高祖即開門見之亮入便曰臣暫宜還都高祖達解此意無復他言直云須幾人自送亮曰須數十人便足於是即便奉辭亮

既出已夜見長星竟天亮拊髀曰我常不信天文今始驗矣至都即徵高祖入輔及受禪以佐命功封建城公添食邑三千戸少帝即位進位中書監尚書令

南齊王儉字仲寶瑯琊臨沂人初尚宋明帝陽羨公主累遷黃門吏部郎太祖爲太尉引爲右長史恩禮隆密專見任用轉左長史及太傅之授儉所唱也少有宰相之志物議咸相推許時大典將行儉爲佐命禮儀詔策皆出於儉褚淵惟爲禪詔文使儉參治之齊臺建遷布僕射領吏部時年二十八太祖從容謂儉曰我今日以青溪爲鴻溝對曰天應民從庶無楚

漢之事建元元年改封南昌縣公食邑二千戶時朝廷初基制度草創儉識舊事問無不荅太祖歎曰詩云維岳降神生甫及申今亦天爲我生儉也太祖厭世遺詔以儉爲侍中尚書令初儉素知太祖雄異後請間言於太祖曰功高不賞古來非一以公今日位地欲北面居人臣可乎帝正色裁之而神采內和儉因又曰儉蒙公殊盼所以吐所難吐何賜拒之深宋以景和元徽之淫虐非公豈復寧濟但人情澆薄不能持久公若小復推遷則人望去矣豈惟大業永淪七人豈可得保太祖笑曰卿言不無理儉又曰公今名位固是經常宰相宜禮絕羣后微示變革當先令褚公知之儉請銜命太祖曰我當自往經少日太祖自造褚彥回款言移晷乃謂曰我夢應得官彥回曰今授始爾恐一二年間未容便移且吉夢未必便在旦夕太祖還告儉曰褚是未達理虞整時爲中書舍人甚閑辭翰儉乃自報整使作詔及太祖爲太尉引儉爲右長史尋轉左長

史專見任用

梁王茂字林遠太原祁人齊末爲襄陽太守高祖義師起茂私於張弘策勸高祖迎桓帝高祖以爲不然旣發雍部每遣茂爲前驅師次郢城茂進平加湖破光子衿吳子陽等斬馘萬計還獻捷于潁川郢魯旣平臣欽若等曰郢魯郢城魯山也從高祖東下復爲軍鋒師次秣陵東昏遣大將王珍國盛兵朱雀門衆號二十萬度航請戰茂與曹景宗等會擊大破之縱兵追奔積屍與航欄等其赴淮死者不可勝筭長驅至宣陽門建康城平以茂爲護軍將軍俄遷侍中天監十一年位進司空

王僧辯字君才右護衛將軍神念之子天監中隨父東奔元帝爲湘東王時僧辯爲王國左常侍帝尹丹陽府行參軍帝出守會稽及爲荊州皆以爲中兵參軍帝爲護軍及江州又以僧辯爲司馬帝再爲荊州又以爲府諮議參軍事代柳仲禮爲竟陵太守屬侯景反帝命僧辯假節總督舟師一萬兼糧饋赴援纔至京都宮城陷沒天子蒙塵僧辯與柳仲禮兄弟及趙伯超等先屈膝於景然後入朝景悉收其軍實而厚加綏撫未幾遣僧辯歸于竟陵於是倍道兼行西

就于帝帝承制以僧辯爲領軍將軍代鮑泉討平湘土時侯景浮江西寇僧辯爲大都督據巴陵城拒之景旣遁帝命僧辯率諸軍沿流討景師次郢城步攻魯山魯山城主支化仁景之騎將也率其黨力戰衆軍大破化仁乃降僧辯仍督諸軍渡兵攻郢卽入羅城宋子仙蟻聚金城拒守攻之未尅子仙使其黨時靈護率衆三千開門出戰僧辯又大破之生擒靈護斬首千級子仙衆退據倉門帶江阻險衆軍攻之頻戰不尅景旣聞魯山巳沒郢鎮復失羅城乃率餘衆倍道歸建業子仙等困蹙計無所出乞輸郢城身還

就景僧辯僞許之命給船艘數百以老其意子仙謂爲信然浮舟將發僧辯命杜龕率精勇千人攀堞而上同時鼓譟掩至倉門水軍王朱遝率樓船暗江四面雲合子仙行戰行走至于白楊浦乃大破之生擒子仙即率諸軍進師九水賊僞儀同范希榮盧暉略尚據盆城及僧辯軍至希榮等因挾江州刺史臨城公棄城奔走加侍中尚書令征東大將僧辯於是發自江州直指建業既尅定京都帝即位以僧辯爲司徒加鎭衛將軍永寧郡公食邑五千戶侍中尚書令並如故

後梁蔡大寶自宣帝爲岳陽郡王以大寶爲諮議參軍梁元帝與湘東王譽結隙大寶使江陵還白帝云湘東必有異圖禍亂將作不可不援臺城帝納之及爲梁主除中書侍郎兼吏部掌文選事俄遷吏部尚書軍國之事咸委決焉帝於江陵稱帝以大寶爲侍中尚書令大寶性嚴整有智謀雅達政事文辭贍速帝之章表書記敎令詔册並大寶專掌之帝推心委任以爲謀主時人以帝之有大寶猶劉先主之有諸葛焉

後魏長孫嵩代人年四十代父仁爲南部大人後歸于道武累著軍功歷侍中司徒明元即位與奚斤等八人坐止車門右聽理萬機明元寢疾問後事於嵩嵩曰立長則順以德則服今長皇子賢而世嫡天所命也請立乃定策詔太武臨朝監國嵩爲左輔太武即位進爵北平王累遷太尉

奚斤道武皇始初從征中原爲征東長史遷晉兵將軍明元即位以斤爲鄭兵將軍累遷左丞相與司徒長孫嵩等八人坐止車門右聽理萬機太武之爲皇太子臨朝聽政以斤爲左輔

丘堆爲散騎常侍太武監國臨朝堆與太尉穆觀等

爲右弼

賀拔允爲侍中值孝文帝將出山東允素知帝非常人早自結託以北土之望尤親禮之遂與允出信都參定大策中興初轉司徒領尚書令

北齊杜弼爲中書令弼志在毗贊知無不爲文宣將受魏禪自晉陽至平城都命弼與司空司馬子如馳驛先入觀察物情踐祚之後以預定策之功遷驃騎將軍衛尉卿

後周于謹初仕魏爲大司寇太祖時爲丞相旣薨孝閔帝尚幼中山公護雖受顧命而名位素下羣公各

圖執政莫相率服護深憂之密訪於謹謹曰夙蒙丞
相殊眷情深骨肉今日之事必以死爭之對衆定策
公必不得辭讓明日羣公會議謹曰昔帝室傾危人
圖問鼎丞相志在扶救投袂荷戈遂得國祚中興羣
生遂性今上降禍奄棄庶僚嗣子雖幼而中山公親
則猶子兼受顧託軍國之事理須歸之辭色抗厲衆
皆悚動護曰此是家事護雖庸昧何敢有辭謹既太
祖等夷每申禮敬至是謹乃起而言曰若統理軍國
謹等便有所依遂再拜羣公迫於謹亦再拜自是衆
議始定孝閔踐祚進爵燕公邑萬戸遷太傅太宗伯

與李弼侯莫陳崇等參議朝政
宇文護字薩保太祖兄顥之少子太祖臨夏州留護
事賀拔岳岳被害後太祖至平涼以軍出鎮江東與
于謹征江陵爲前鋒拔城鎮擒侯騎斷江津收舟艦
待大軍之至圍而尅之時襄陽蠻帥向天保等萬有
餘落恃險作梗及師還護率軍討平之太祖西巡至
牽屯山遇疾馳驛詔護護至涇州見太祖太祖謂曰
諸子幼小寇賊未寧天下之事屬之於汝宜勉力以
成吾志護涕泣從命行至雲陽而太祖厭世護秘之
至長安乃發喪時嗣子冲弱寇賊在近人情不安護
綱紀內外撫循文武於是衆心乃定既葬太祖護以
天命有歸遣公卿諷魏帝遂行禪代之事閔帝踐祚
拜大司馬遷大冢宰
李弼字景加遼東襄平人後魏末爲秦州刺史從太
祖平竇泰又從平弘農與高歡戰於沙苑大破之以
功拜特進又從東討雒陽東魏將莫多婁貸文率衆
東至穀城弼斬之虜其衆累遷太保加柱國大將軍
太祖西討留弼居守後事皆諮稟焉及晉公護執政
朝之大事皆與于謹及弼等參議閔帝踐祚除太師
封趙國公邑萬戸

趙貴字元貴天水南安人魏末天下兵起貴率鄉里
避難南遷從賀拔岳平關中累遷大都督岳爲侯莫
陳悅所害太祖時臨夏州貴議迎太祖太祖至以貴
爲大都督領府司馬悅既平從太祖復弘農破沙苑
又從戰河橋援玉壁戰邙山累遷侍中開府柱國大
將軍閔帝踐祚拜太傅大冢宰封楚公邑萬戸
獨孤信雲中人魏末爲荊州刺史防城縣都督賀拔
勝出鎮荊州表信爲武衛及勝弟岳爲侯莫陳悅所
害勝乃令入關撫岳餘衆屬太祖已統岳兵信與太
祖鄉里少相友善相見甚歡因令信入雒請事後從

大祖復弘農破沙苑率衆入雒陽潁預襄廣陳留之地並相繼欵附除隴右十一州大都督流民願附者數萬家累遷大司馬柱國大將軍閔帝踐祚拜太保大宗伯封衛國公邑萬戶

隋高熲初仕後周爲開府從越王盛擊隰州叛胡平之高祖時爲丞相素知熲彊明又習兵事多計略意欲引之入府遣邢國公楊惠諭意熲承旨欣然曰願受驅馳縱令公事不成熲亦不辭滅族於是爲相府司録時長史鄭譯司馬劉昉並以奢縱被疎高祖彌屬意於熲委以心膂尉迥之起兵也高祖令韋孝寬

擊之軍至河陽莫敢先進又令崔仲方監之仲方辭以父在山東熲遂請行因平尉迥進位柱國遷相府司馬寄任益隆及高祖爲禪拜尚書左僕射兼納言封渤海郡公朝臣莫與爲比

唐裴寂字玄眞隋末爲晉陽宮副監遇高祖留守太原深自結納高祖與之有舊特加親禮每留連宴語間以博奕至於通宵連日情忘厭倦遣隋宮人私侍高祖于時太宗將舉師而不敢發言見寂爲高祖所厚欲因寂開說其路無由太祖出私錢數百貫陰結龍山令高斌兼使與寂博戲經數日漸以輸之得錢既多乃大喜每日從太宗遊見其歡甚遂以情告之寂即許諾他日高祖又從寂飲酒酣寂白狀曰二郎云昨日方便已啓大人道今天下大亂城門外即是賊若守節旦夕死亡若起義兵必得天下衆情以叶公意何如高祖曰我兒誠有此計事已定矣祇得從之即召太宗謂寂曰我兒子中唯得此力今起大計復繇此兒若得事成即皇太子也寂對曰然是後始預計義兵起寂上宮女百人米九百萬斛雜綵九萬段甲三十萬領以供軍用因拜爲長史金紫光祿大夫從破宋老生授光祿大夫下臨汾封聞喜縣公邑

千戶義兵至河東隋將屈突通拒守攻之不下三輔豪傑爭來欵附高祖將先定京師恐通爲後患猶豫未決寂進說曰今通據關不先平者前有京城之守後有屈突之援此乃腹背受敵敗之道也未若攻蒲州而後入關京師絕援可不攻而定矣太宗曰兵法尚權權在於速宜乘機早渡以駭其心我若遲留彼則生計且關中羣盜所在屯結未有定主易可招懷賊附兵强何城不尅屈突通自守賊耳不足爲虞若失入關之機則事未可知矣高祖兩從之遂命太宗人關以寂爲江東安撫太使京師平賜良田千頃甲

第一區布帛四萬段進爵魏國公邑三千戶及隋恭
帝遜位高祖固讓不受寂勸進不答寂請見曰桀紂
亡亦各有子孫未聞湯武臣而輔之可爲龜鏡無所
疑也寂之茅土大位皆受之於唐陛下不爲唐帝臣
當去官耳又陳符命十餘事高祖乃從之寂出命大
嘗具禮儀擇吉日高祖既受禪謂寂曰使我至此者
公之力也拜尚書右僕射賜以服玩不可勝計
劉文靜隋末爲晉陽令時裴寂爲晉陽宮監數與之
遊時天下已亂文靜與寂同宿見城上烽火寂仰歎
曰卑賤之極家道屢空又屬亂離當何取濟文靜笑

曰數運若此時事可知二人相得何患於卑賤及高
祖鎮太原文靜察高祖有四方之志深自結託又竊
觀太宗謂寂曰非常人也大度類於漢高神武同於
魏祖其年雖少乃天縱矣寂初未然之後文靜坐與
李密連姻煬帝令繫於郡獄太宗陰有異志以文靜
可與語遂入禁所看之文靜大喜曰天下大亂非有
湯武高光之才不能定也太宗曰卿安知無但恐當
人不能別耳今入禁所相看非兒女之情相憂而已
時事如此故來與君圖舉大計請善籌其事文靜曰
今李密長圍雒邑主上流播淮南大賊連州郡小盜

阻山澤者萬數矣但須眞主驅駕取之誠能應天順
人舉旗大呼則四海不足定也今太原百姓避盜賊
者皆入此城文靜爲令數年知其豪傑一朝嘯集可
得十萬人尊公所領之兵復且數萬一言出口誰敢
不從乘虛入關號令天下不盈半歲帝業可成太宗
笑曰君言正合人意於是部署賓客潛圖起義候機
當發恐高祖不從沉吟者久之文靜見高祖厚於裴
寂欲因關說於是引寂交於太宗得通謀議及高君
雅爲突厥所敗高祖被拘太宗又遣文靜共寂進說
曰易稱知幾其神乎今大亂已作公處嫌疑之地當

不賞之功何以圖全其裨將敗衄以罪見歸事誠迫
矣當須爲計晉陽之地士馬精彊宮監之中府庫盈
積以茲舉事可立大功關中天府代王沖幼權豪並
起未有適從願公興兵西入以圖大事何乃受禰使
之囚乎高祖然之時太宗潛結死士與文靜等協議
尅日舉兵會高祖得釋而止乃命文靜詐爲煬帝敕
發太原西河鴈門馬邑人年二十已上五十已下悉
爲兵期以歲暮集涿郡將伐遼東繇是人情大擾思
亂者益衆文靜因謂裴寂曰公豈不聞先發制人後
受制於人乎唐公名應圖讖聞於天下何乃推延自

胎禍蒙宜早勸唐公以時舉義又脅寂曰且公爲宮監而以宮人待客公死可爾何誤唐公也寂甚懼乃屢促高祖起兵會馬邑人劉武周殺太守王仁恭自稱天子引突厥之衆將侵太原太宗遣文靜及長孫順德等分部募兵以討武周爲辭又令文靜與裴寂僞作符敕出宮監庫物以供留守資用因募兵集衆及義兵將起副留守王威高君雅獨懷猜貳後數日將大會於晉祠威及君雅潛謀害高祖晉陽鄉長劉世龍以白太宗既知迫急欲先事誅之遣文靜與鷹揚府司馬劉政會爲急變之書詣留守告威等二人

謀反是日高祖與威君雅同坐視事文靜引政會中庭中云有密狀知人欲反高祖指威等取狀看之政會不肯與曰所告是副留守事唯唐公得看之耳高祖佯驚曰豈有是乎覽狀訖謂威等曰此人告公事如何君雅大詬曰此是反人欲殺我也文靜叱左右執之囚于別室既拘威等竟得舉兵高祖開大將軍府以文靜爲軍司馬文靜勸改旗幟以彰義舉又請通突厥以益兵威高祖並從之因遣文靜使于始畢可汗始畢可汗曰唐公起事今欲何爲文靜曰皇帝廢冢嫡傳位後主致斯禍亂唐公國之懿戚不忍坐觀成敗故起義兵欲黜不當立者願與可汗兵馬同入京師人衆土地入唐財帛金寶入突厥始畢大喜即遣將康鞘利領騎二千隨文靜而至又獻馬千疋高祖大悅謂文靜曰非公善辭何以致此尋率兵禦隋將屈突通於潼關通遣武牙郎將桑顯和勒兵來擊文靜苦戰者半日死者數千人文靜度顯和軍稍急潛遣奇兵掩其後顯和大敗悉虜其衆通尚擁兵數萬將遁歸東都文靜遣諸將追而執之略定新安已西之地轉大丞相府司馬進授光祿大夫封魯國公高祖踐祚拜納言

杜如晦字克明御史大夫淹之兄子初仕隋滏陽縣尉非其好也後乃棄官歸于鄉里及義兵定關中太宗引爲秦王府兵曹參軍俄遷陝州總管長史時府中多英俊外遷者衆太宗患之記室參軍房玄齡曰餘人不足惜杜如晦聰明達識王佐才也若大王守藩端拱無所用之必欲經營四方則非此人莫可太宗大驚曰爾不言幾失此人矣因奏爲王府屬尋領行臺兵部郎中每從征伐軍國多務如晦剖斷如流爲談者所服以功累加上柱國封建平縣男邑三百戶以本官補文學館學士畫像於府者十有八人

而如晦爲冠首令文學褚亮爲之贊曰建平文雅休
有烈光懷中履義身立名揚其見欽重如此時隱太
子與元吉謀危太宗乃深忌之相與謀曰秦王府中
所憚者唯杜如晦房玄齡耳因誣以罪譖之於高祖
繇是逐之並令還宅及隱太子將爲變太宗密知之
遣長孫無忌召如晦等着道士之服潛來入府共爲
籌略社稷以寧擢爲太子左庶子俄遷兵部尚書以
定策安宗廟功居第一封蔡國公食邑三千戶別食
益州千三百戶太宗即位以本官簡較侍中攝吏部
尚書仍督兵衛皇太子尋爲左僕射仍掌選事

房玄齡字喬年清河人隋末爲隰城縣尉漢王諒爲
逆從坐除名會義旗入關太宗以燉煌公徇渭北玄
齡因杖策謁於軍門太宗一見便如舊識署爲記室
叅軍玄齡既遇知己罄竭心力拾遺補闕知無不爲
賊寇每平衆人競求珍異玄齡獨先收人物致之幕
府及有謀臣猛將皆與之潛相申結各盡其死力武
德末隱太子猜間太宗謂玄齡曰阽危之兆其迹已
見計將安出對曰國家患難今古何殊非睿聖欽明
不能安輯大王功蓋天地事鍾壓鈕神贊所在非藉
人謀因與僚屬杜如晦同心戮力以前後軍功累加
上柱國封臨淄縣侯補行臺屯田郎中尋轉考功又
爲文學館學士隱太子以玄齡既被太宗親禮爲之
謀事甚怨之乃譖之於高祖繇是與杜如晦並被驅
斥息隱海陵將有變也前一日長孫無忌以敎旨令
玄齡衣道士服潛引入閤與之計事及事平太宗入
春宮以玄齡爲右庶子既戡祚除中書令封邢國公
貞觀三年爲尚書左僕射累改爲魏國房國公拜司
空太傅

梁敬翔好讀兵書善禮學尤長刀筆應用敏捷擧進
士未第遇黃巢陷長安乃東出關時太祖始鎭汴有

觀察支使王發負才術獨當委用發與翔鄉里親也
相遇甚喜乃協力佐太祖商榷利病頗稱太祖意繇
是自進士奏爲光祿寺主簿署館驛巡官居中以司
記奏之職太祖連破巢蔡實預勳府尋奏授太子中
允賜朱紱討曹濮伐兗鄆凡用師未嘗不密侍左右
太祖之攻蔡也有弩矢犯左腋血漬中單自翔外軍
中無知者其待遇如此及太祖受唐禪改樞密院爲
崇政院遂用翔知院事實掌大政翔初歸太祖見語及時務遂異禮焉因委奏記巨細預之凡發一言創一事嘗與太祖意同繇是三十年翼戴四方之人數有識而者昏旦不離於左右恪勤公直以裨大事四征戰舉動必隨時或軍書蒙委翔則據鞍旗纛之下運毫灑落有如風

而知文者雖阮瑀陳琳不能過也至於滅巢破蔡收
兗鄆徐宿比至河朔南服嶺嶠訓強兵數十萬勤王
奉上安黎庶廣賦稅納賢儁自微至著內外機宜遠
于化家爲國皆翔之籌略也其於險阻艱難櫛風沐
雨未嘗頃刻不與上同自受唐禪讓改爲
梁翔總領機務締搆開創之業冠於本朝

後梁郭崇韜字安時代州鴈門人父弘政太祖杖鉞
鴈門也崇韜爲李克脩之綱紀從定京師平巢賊克
脩卒昭義崇韜累典軍中物務頗稱廉幹克修卒歸
隸太原以爲典謁嘗奉使鳳翔稱旨遷左教練西官
使帝平定魏傳召充副中門使與孟知祥俱參機要
崇韜懷抱豁如果于臨事承授決斷畧無疑滯以此
恩顧日隆先是吳珙張虔厚相繼爲中門使功多赤

族故知祥堅請外任璦花長華主泣請知祥於皇太
后帝重違之以知祥爲河東軍城都虞候自是崇韜
專典要密軍籌計畫多所參決艱難戰伐靡所不從
後從帝親征王德明於鎮州時德明誘契丹之衆至
新樂虜騎已渡沙河我軍大恐或有歛輜車而去者
李存渥斬之不能止諸將咸云賊城兵數不少今齊
之以鮮卑王師不敵如被中外夾功吾族盡矣不如
退師還鄴俟其罷退再議起居帝猶豫未能決崇韜
曰臣聞阿保機爲王郁所誘偭俛而來本利貨財非
救隣好一逢挫敗遁走必矣況我新破汴寇威振北
藩乘此驅擄無往不捷況事之濟否亦有天命戎狄
雖衆其如我何帝然其策因諭諸將破賊於新城阿
保機遁走

安重誨自明宗龍潛時得給事左右及鎮邢州以重
誨爲中門使隨從征討凡十餘年委信無間勤勞亦
至洎鄴城之變佐命之功獨居其右明宗踐祚領樞
密使俄遷左領軍衛大將軍充職

晉天福二年六月宰臣李崧讓樞密使崧始自范延
光領常山爲管記及明宗長興末爲六軍副使以皇
子秦王從榮不軌懇求出外會北虜侵寇雲中議選

良帥以鎮北門帝問延光趙延壽等不敢遽對奏云
俟臣至本院商量欲定襄州連帥康義誠崧最在下
位聳立請曰非石太尉不可延光曰僕累白上欲令
出鎮嘗謂僕曰兄有得氣力者欲不遣在左右是何
意也繇是不敢復奏時帝又遣中使促之乃定帝鎮
太原明日帝又使心腹導意至崧云累浮圖須與合
却夫表感之深也乃義旗入雒崧爲僞主端明殿學
士出逃郊外俄召居舊秩無幾命爲相兼樞密使蓋
繇此階緣故也崧時以宰相趙瑩使虜將還朝廷之
元臣也故有表讓其機務以固帝心皆小數也

桑維翰自後唐末帝清泰三年爲太原掌書記時高祖將起義頗慮孤壘無成憂不遑處維翰揚言曰蝮虵在手壯士解腕今日朝廷待以匪人無復首免之理但極力自完萬一不濟契丹族帳在雲應朝呼夕至何患無成高祖釋然自是民詰搆蕃軍者多矣然關防重叠去者多獲朝廷又以虜性多疑必不以高祖單詞容易應副高祖使有達虜廷者報曰仲秋吾傾寨奉援且牢守備朝廷知之攻城頗急城中乞食應難支久乃令小僕何福懇告蕃首時八月末也蕃首曰北侯漸涼別無顧慮爾名曰福戰捷之繇數日

出軍與何福俱來壬寅契丹至及高祖建號制授禮部侍郎知樞密院事尋改中書侍郎平章事

趙瑩華陰人後唐莊宗時爲陜州從事明宗即位以高祖爲陜府長史留後瑩時在郡以前官謁之一見如舊相識即奏署管記高祖歷諸鎮皆從之累使下官至御史大夫賜金紫高祖再鎮并州位至節度判官高祖受契丹冊既即位授瑩翰林承旨金紫光祿大夫戶部侍郎知太原府事尋遷門下侍郎同平章事監脩國史

漢蘇逢吉自高祖鎮太原爲判官天福十二年泰州節度使叛入蜀高祖聞之歎曰中原無主使藩侯一至於此吾處方召之任得無愧於心乎逢吉等曰大王出鎮邊裔兵權久不在己外不能撫四夷內不能安牧伯朝廷致敗乃自失之夫不有廢也於何以興皆天運使然非大王之過大王富有全晉之地帶甲十萬一呼一吸海內孰不響應足以雪家國之恥足以圖帝王之業幸不以小善小節爲拘累耳帝曰諸公何恩之甚吾以少主陷虜心焉如灼謀之與力已不迨於重耳皇緒若在將欲保實融事業足矣安有他望耶高祖引咎養正率皆如此高祖凡有謀議立侍其側高祖素嚴

毅及鎮太原位望崇重從事稀得謁見惟逢吉日侍左右兩使文簿堆案盈几有司不敢輒通逢吉置于懷袖俟其色懌則詔之多見其可高祖建號於太原逢吉自節度判官拜同平章事集賢殿大學士

楊邠魏州冠氏人高祖爲鄴都留守用爲左都押衙及高祖鎮太原方開霸府以羅英乂邠遂棄職挈族歸之帝察其誠賞其來喜而納焉置之近列俄置牙門都較軍國庶務靡不委之邠性亮直廉約蒞事平允帝甚寵之及虜陷汴水晉少帝北徙郡議推迫帝建尊號帝固拒之邠與周高祖繼入請曰戎人亂華勢不能久今天下無主是曆數歸大王也且億兆之口不謀同辭若巨山已斷無能抑也乘龍在天不可

下也繇是帝心遂定至帝建義南向延幸晉絳撫寧陝虢內定歸畧皆訪於郃郃毎有密啓帝皆可之因謂曰始見公心爲治衆郡尉之才也今見公方畧眞撥亂經始之良臣也帝旣自雒入汴河朔漸寧賞郃之功故有是命漢國建遷撿較太保樞密使汴雒平正拜樞密使撿較太傅

蘇禹珪自高祖作鎭并門奏爲廉判開運末戎虜盜國高祖郎位於晉陽爲中書侍郎平章事

王章自高祖典侍衛親軍召爲都孔目官從至河東專委錢穀國初授三司使撿挍太傅從征杜重威於

鄴下明年高祖晏駕隱帝郎位加撿較太尉同平章事

周鄭仁誨晉陽人漢高祖之鎭河東也太祖累就其第與之燕語每有質問無不以正理爲答太祖深器之漢有天下太祖初領樞務郎召爲從職及太祖西征嘗密賛軍機西師凱旋累遷至簡較吏部尚書太祖践祚旌佐命功撿較司空客省使兼大內都簡點恩州團練使尋爲樞密副使轉宣徽北院使右衛大將軍出鎭澶淵撿較太保入爲樞密使加同平章事

終

冊府元龜

巡按福建監察御史臣李嗣京訂正
新建縣舉人臣戴國士參閱
知建陽縣事臣黄國琦較釋

宰輔部三

德行　問望　清儉　威重

德行

詩曰有覺德行四國順之是知天工其代人望攸屬君之鄉佐咸繇德舉若乃令範昭著篤行純淑中和之道彰乎所履敦懿之性發乎自然居上而匪驕秉

彝而有度故能輔相光化鎮靖雅俗萬邦爲憲百官承式望實者於當世功名垂於永久斯賢者之盛躅也是故書有攸好之稱傳述務滋之美太上之所貴孔門之稱首者何莫繇斯者矣

唐堯時舜舉十六相高陽氏才子八人蒼舒隤敳檮戭大臨尨降庭堅仲容叔達齊聖廣淵明允篤誠天下之民謂之八愷高辛氏才子八人伯奮仲堪叔獻季仲伯虎仲熊叔豹季貍忠肅恭懿宣慈惠和天下之民謂之八元虞舜時臯陶爲士師邁種德德乃降黎民懷之邁行種爲降下歸懷也言已無德民所不能依臯陶布行其德下令於民民歸服之天下大治

周仲山甫爲宣王卿士詩美之曰柔嘉維則令儀令色小心翼翼嘉美令善也善威儀善顔色容貌翼翼然恭敬古訓是式威儀是力天子是若明命使賦古故訓道若順賦布也言故訓先王之遺典也式法也大猶勤也勤威儀者恪居官次不解于位也是又順從行其所爲也顯明王之政教使羣臣施布之又曰德輶如毛民鮮克舉之我儀圖之輶輕儀匹也人之言曰德甚輕然而衆人寡能獨舉之以行者言政事易耳而人不能行者無其志也我與倫匹圖之而未能爲也我吉甫自我也維仲山甫舉之愛莫助之愛惜也仲山甫能獨舉此德而行之惜乎莫能助之者多仲山甫之德歸功言耳

漢蕭何爲丞相何始微時與曹參善及爲宰相有隙

至何且死所推賢唯參

曹參爲丞相見人有細過掩匿覆蓋之府中無事

張歐武帝時爲御史大夫歐爲吏未嘗言按人剸以誠長者處官官屬以爲長者亦不敢大欺上具獄事有可郤郤之退令更平幡不可者不得已爲涕泣面而封之面謂背之也言不忍視之其愛人如此

霍光爲大司馬大將軍光爲人沈靜詳審每出入下殿門止進有常處郎僕射竊識視之不失尺寸其資性端正如此

丙吉字少卿魯國人也治律令爲魯獄吏積功勞稍

遷至廷尉右監坐法失官歸爲州從事武帝末巫蠱事起吉以故廷尉監徵（徵召詣京師）詔治巫蠱郡邸獄時宣帝生數月以皇曾孫坐衛太子事繫吉見而憐之又心知太子無事實重哀曾孫無辜吉擇謹厚女徒令保養曾孫置閒燥處吉治巫蠱事連歲不決後元二年武帝疾往來長楊五柞宮望氣者言長安獄中有天子氣於是帝遣使者分條中都官詔獄繫者亡輕重一切皆殺之內謁者令郭穰夜到郡邸獄吉因閉門拒使者不納曰皇曾孫在他人無辜死者猶不可況親曾孫乎相守至天明不得入穰還以聞因劾

奏吉武帝亦寤曰天使之也因赦天下郡國獄繫者獨賴吉得生恩及四海矣曾孫病幾不全者數矣吉勑保養乳母加致醫藥視遇甚有恩惠以私財物給其衣食後吉爲車騎將軍軍市令遷大將軍長史霍光甚重之入爲光祿大夫給事中昭帝崩亡嗣大將軍光遣吉迎昌邑王賀賀即位以行淫亂廢光與車騎將軍張安世諸大臣議所立未定吉奏記光曰將軍事孝武皇帝受襁褓之屬任天下之寄孝昭皇帝早崩亡嗣海內憂懼欲亟聞嗣主發喪之日以大誼立後所立非其人復以大誼廢故天下莫不服焉方今社稷宗廟羣生之命在將軍之一舉竊伏聽於衆庶察其所言諸侯宗室在位列者未有所聞於民間者也而遺詔所養武帝曾孫名病已在掖庭外家吉前使居郡邸時見其幼少至今十八九矣通經術有美材行安而節和願將軍詳大義參以蓍龜亟宜襃顯先使入侍（侍后）令天下昭然知之然後定大策天下幸甚光覽其議遂尊立皇曾孫遣宗正劉德與吉迎曾孫於掖庭宣帝初即位賜吉爵關內侯吉爲人深厚不伐善自曾孫遭遇吉絕口不道前恩（遭遇謂升大位）故朝廷莫能明其功也地節三年立皇太子吉爲太

子太傅數月遷御史大夫及霍氏誅帝躬親政省尚書事是時掖庭宮婢則令民夫上書自陳嘗有阿保之功章下掖庭令民夫上書自陳嘗考問則辭引使者丙吉知狀掖庭令將則詣御史府以視吉吉識謂則曰汝嘗坐養皇曾孫不謹督笞汝安得有功獨渭城胡組淮陽趙徵卿有恩耳分別奏組等共養勞苦狀詔吉求組徵卿已死有子孫皆受厚賞詔免則爲庶人賜錢十萬帝親見問然後知吉有舊恩而終不言帝大賢之

翟方進爲相公潔請託不行郡國（言不以私事託於四方郡國）

後漢宋弘爲大司空時帝姊湖陽公主寡帝與共論朝臣微觀其意主曰宋公威容德器羣臣莫及帝曰方且圖之後弘被引見帝令主坐屏風後因謂弘曰諺言貴易交富易妻人情乎弘曰臣聞貧賤之交不可忘糟糠之妻不下堂帝顧謂主曰事不諧矣

袁安爲司徒嚴重有威任隗爲司空時竇太后臨朝后兄車騎將軍憲北擊匈奴安與隗上書諫以爲匈奴不犯邊塞而無故勞師書連上輒寢憲日益橫樹其親黨賓客於名都大郡皆賦斂吏人更相賂遺其餘州郡亦復望風從之安與隗舉奏諸二千石又它

所連及貶秩免官者四十餘人竇氏大恨但安隗素行高亦未有以害之隗義行内脩不求名譽而以沈正見重於世

尹勳爲司空篤性好學屏居人外荆棘生門時人重其節

魏華歆爲司徒時公卿並賜没入生口唯歆出而嫁之帝歎息

王朗爲司徒恭儉節約自婚姻中表禮贄無所受嘗譏世俗有好施之名而不恤窮賤故用財以周急爲先

蜀許靖爲司徒靖雖年逾七十愛樂人物誘納後進清談不倦丞相諸葛亮皆爲之拜

晉王祥爲太保既薨奔赴者非朝廷之賢則親舊故吏而已門無雜弔之賓族孫戎歎曰太保可謂清達矣又稱祥在正始不在能言之流及與之言理致清遠將非以德掩其言乎

劉寔懷帝時爲太尉有清德當時雖禮教陵遲而寔行己以正喪妻爲廬杖之制終喪不御内輕薄者笑之寔不介意

魏舒爲光禄大夫儀同三司及山濤薨以舒領司徒

有頃即眞舒有威重德望爲事必先行而後言遜位之際莫有知者時論以爲晉興以來三公能辭榮善終者未之有也

陸玩爲司空翼亮累世嘗以弘重爲人主所貴加性通雅不以名位格物誘納後進謙若布衣繇是縉紳之徒莫不廕其德宇

後魏穆觀明元時綰中書門下太武之監國觀爲右弼出則統攝朝政入則應對左右事無巨細皆關決焉終日怡怡無慍喜之色勞謙善誘不以富貴驕人

北齊段韶爲冢宰歷太宰左丞相雅性溫慎有宰相

之風教訓子弟閨門雍肅事後母以孝聞齊世勳貴之家罕有及者

射律光爲宰輔居家嚴肅見子弟若君臣雖極貴盛性節儉簡聲色不營財利杜絕饋餉門無賓客罕與朝士交不預政事每會議常獨後言輒合理將有表疏令人執筆口占之務從省實

後周王盟初仕魏爲太傅姿度弘雅仁而汎愛位居師傅禮冠羣后而謙恭自處未甞以勢位驕人魏文帝甚重之及有疾數幸其第親問所欲其見禮如此

王裒在梁爲城安郡守侯景之亂元帝承制以裒爲

左僕射裒既世會名家文學優贍當時咸相推挹故旬月之間位昇端右寵遇日隆而裒愈自謙虛不以位地矜物時論稱之

隋牛弘爲右光祿大夫大業之世委遇彌隆性寛厚隋室舊臣始終信任悔悋不及惟弘一人而已及卒縉紳之士莫不傷痛賦詩追悼者數十人

唐房玄齡爲尚書左僕射既總百司虔恭夙夜聞人有善若已有之片言可録不隔卑賤

李靖爲右僕射性沉退每與時宰參議恂恂然似不能言

蕭瑀爲中書令孜孜自勉申其公正繩違舉過人皆憚之毀誹紛紜終不自理

楊師道叅預朝政太宗數問以朝臣才行師多所推進縱有違忤已者亦終不毀之

岑文本爲尚書令文本自以出自書生每懷撝挹生平故人雖貧賤必與之抗禮事母至孝撫弟侄甚篤又口甞不及家事或勸營產業者文本歎曰吾漢南布衣耳徒步入關所望不過秘書郎一縣令耳今無汗馬之勞致位中書令荷俸祿之重爲懼已多何多更言產業乎

劉仁軌爲文昌左相同鳳閣鸞臺三品仁軌能飲酒十餘不亂不自矜貴每遇故人不改布衣之舊

婁師德爲鳳閣侍郎平章事初狄仁傑未入相時師德薦之及爲宰相不知師德薦已數排師德令充外使則天甞出師德舊表示之仁傑大慙謂人曰吾爲婁公所容如此方知不逮婁公遠矣

陸象先爲中書侍郎平章事時蕭至忠等伏誅窮討至忠等枝黨連累稍多象先密有申理全濟甚衆然口未甞言人無知者

杜黃裳爲相始以女嫁韋執誼深不爲執誼所悅及

被譴黃裳卒保全之其死也請歸其喪
盧邁爲平章事友愛恭儉邁從父弟𢍰爲劍南西川判官卒於成都歸葬於雒陽路繇京師邁奏請至城東哭於其柩許之近代宰臣多自以爲崇重五服之親或不過吊臨而邁獨振薄俗請臨弟喪士君子是之
鄭餘慶爲相贊爲者德朝廷得失言成準的砥名礪竹不失儒者之道
趙退翁爲相時吏部侍郎杜黃裳爲中貴讒譖及他過犯及御史中丞穆贊京兆少尹韋武萬年縣令李

宣長安縣令盧雲皆爲裴延齡所搆陷將加斥黜退翁深保護救解之故多從輕貶
賈耽爲司空知政事性長者不喜臧否人物自居相位凡十三年雖不能以安危大計啓沃於人主而嘗以簡身厲行以律人
韋貫之自布衣爲相居室無改易性沉厚寡言與人交終歲無款曲未曾僞詞以悅人身沒之後家無羨財
李夷簡自布衣訖將相以直道著開襟懷洞然不屑細故薦居亞相台輔皆以風望被選未嘗以辭氣苟悅於人
梁張文蔚爲宰輔居家孝且弟雖位至清顯與仲季相雜在太夫人膝下一不異布素弟濟美早得心恙文蔚撫視殆三十年士君子稱之
張全義末帝時累遷太尉中書令封齊王凡四十年位極人臣善保終吉蓋一人而已全義朴厚大度敦本務實起戰士而志功名不儒業而樂善道家非士族而奬愛衣冠開幕府辟士必求望實屬邑補奏不任吏人位極王公不衣羅綺心奉釋老而不溺左道如是數者人以爲難

後唐趙光逢爲相嘗有女貞寄黃金一鎰於其室家并屬亂離女貞委化於他土後二十年金無所歸納於河南尹張全義請付諸官觀其舊封尚在兩登廊廟四退丘園百行五常不欺闇室縉紳咸仰以爲名教宗主
周馮道初仕後唐長與中平章事明宗謂侍臣曰馮道性純儉頃在德勝寨所居一茅菴與從人同器食卧則芻藁一束其心晏如及以父憂退歸田里自耕耘樵採與農夫雜處畧不以素貴介懷眞士大夫也道歷仕四朝二入中書在相位二十餘年以持重鎮

俗爲巳任性廉儉不受四方之賂未嘗以片簡擾諸侯私門之内無累茵無重味不畜姬僕不聽絲竹有寒素之士求見者必引於中堂語及平生其待遇也心無適莫故雖朝伐遷置人無間言屹若巨山不可轉也議者以爲厚德稽古宏才偉量蓋漢胡廣晉謝安之徒與

蘇禹珪初仕漢爲宰輔純厚長者遭遇漢祖與蘇逢吉同登相位漢末逢吉夷滅禹珪恬然無咎時人以爲積善之報也

問望

蓋后王之不能獨治故建之宰弼承以師長上以輔相天地下以親附百姓秉國之成在帝之右非夫忠肅顯允謨明亮采懋德以興化秉哲而宣美亦何以副斯民之爾瞻哉元愷而下宗工間出或以純誠篤固經邦而厚俗或以茂功駿發致治而垂裕或雅望塞於輿誦或寵遇冠之羣后繇是天下之人挹其高風詠其嘉德播之於雅什載之於史牘騰之爲茂實流之爲美談而無窮焉以至直諒之士推宗碩德之類信服薦紳仰其風采萬乘形於歎息自非王佐之英嵜生民之間傑亦烏能致是哉

帝堯時高陽氏才子八人謂之八凱高辛氏才子八人謂之八元 事具宰輔德行門

殷伊尹相湯號曰阿衡 商頌云實惟阿衡左右商王

周召康公奭爲太保當文王武王受命爲之楨榦之臣以正天下

申伯甫侯皆以賢知入爲卿士尹吉甫作崧高美宣王其詩曰維嶽降神生甫及申維申及甫維周之翰

漢曹參爲相國清淨極言合道然百姓離秦之酷後參與休息無爲天下俱稱其美矣

郭丹爲司徒在朝廉直公正與侯霸杜林張湛郭伋

齊名相善

伏湛爲司徒時賊徐異卿萬餘人據富平連攻之不下唯云願降司徒伏公光武知湛爲青徐所信向遣到平原異卿等即日歸降護送雒陽

後漢龐參爲太尉三公之中參名忠直

王暢字叔茂名在八俊靈帝時爲司空以水災免而李膺亦免歸故郡二人以直道不容當時天下以暢膺爲高士諸危言危行之徒皆推宗之願涉其流惟恐不及

魏鍾繇爲太尉時司徒華歆司空王朗並先世名臣

文帝罷朝謂左右曰此三公者乃一代之偉人也
蜀諸葛亮爲丞相蜀人以亮蔣琬費禕董允爲四相號四英
吳諸葛恪輔幼主孫休爲太傅罷視聽息較官原逋責除關稅事崇恩澤衆莫不恱恪每出入百姓延頸思見其狀
晉衛瓘爲司空爲政清簡甚得朝野聲譽
王導爲太保蘇峻難作導入宮侍帝峻以導德望不敢加害猶以本官居已之右
宋王弘爲太保明敏有思致既以民望所宗造次必

存禮法
後魏長孫嵩爲司徒與山陰侯奚斤北新侯安同白馬侯崔宏等八人坐車門外聽理萬機故世號八公
和其奴獻文帝時爲司空侍中皇興三年薨內外咸歎惜之贈平昌王謚曰宣
北齊趙彥深爲司徒孝昭既執政權群臣密多勸進彥深獨不敢言孝昭嘗謂王晞云若言衆心皆謂天下有歸何不見彥深有語晞以告彥深彥深不獲已陳請其爲時重如此
隋楊雄爲司空貴寵冠絶一時與高熲虞慶則蘇威稱爲四貴
高熲爲左僕射兼納言有文武大略明達世務及蒙任寄之後竭誠盡節引進貞良以天下爲己任蘇威楊素賀若弼韓擒虎等皆熲所推薦各盡其用爲一代名臣自余立功立事者不可勝數當朝執政將二十年朝野推服物無異議治致昇平熲之力也論者以爲真宰相
唐房玄齡貞觀初與杜如晦爲左右僕射共掌朝政至於臺閣規模及典章文物皆二人所定甚獲當代之譽談良相者至今稱房杜焉

侯君集爲兵部尚書參議朝政遷吏部尚書君集典選舉定考課出爲將領入參朝政並有時譽
高士廉爲侍中性明辨進止可觀凡有獻納縉紳之士莫不屬目
郝處俊高宗儀鳳四年爲侍中處俊性儉素土木形骸自參綜朝政每與帝言議必引經籍以應對多有裨益得大臣之體
李懷遠則天中宗時歷秋官尚書右散騎常侍同中書門下三品趙郡公兩朝宰相年高行直名重當時
陸象先睿宗初爲中書侍郎太平公主將引中書侍

郎崔湜知政事密以告之湜固讓象先主不許之湜日象先人望宜在樞近若不登用則湜亦請辭公主遽言於睿宗遂命象先同平章事

韓休開元二十四年拜黄門侍郎同中書門下平章事休性方直不務進趨及拜相甚允當時之望

韋見素爲左相天寳十五載玄宗幸蜀至馬嵬從駕諸軍既殺楊國忠時見素爲亂兵所傷衆傳聲曰勿傷韋相識者遽救之獲免

張鎬博州人天寳末自褐衣爲左拾遺肅宗即位拜諫議大夫尋遷中書侍郎平章事鎬自入仕凡三年

致位宰相謙恭下士善談論多識大體故天下具瞻雖考秩至淺推有舊德

李揆爲中書侍郎平章事揆美風儀善奏對每有敷陳甚得稱辯肅宗賞歎之嘗謂曰卿門地人物文章皆當代所推故時人稱爲三絶

楊綰代宗時爲中書侍郎平章事綰素以德行著稱質性貞廉車服儉朴居廟堂未數日人心自化御史中丞崔寛劒南西川節度寧之弟家富於財墅在皇城之南池館臺榭當時第一寛即日潛遣毁拆中書令郭子儀在邠州行營聞綰拜相座内音樂減撤五分之四京兆尹黎幹以承恩每出入騶馭百餘人亦即日減損車騎唯留十騎而已其餘望風變奢從儉者不可勝數其鎮俗移風若此蓋楊震丙吉山濤謝安之儔也

楊炎德宗初爲門下侍郎平章事炎有風儀善談論又博以文學早負時稱天下翕然望爲賢相請出内庫錢帛付之有司以制國用行兩稅法救時之弊頗有嘉聲

鄭珣瑜順宗初爲吏部尚書平章事與諸相方會食王叔文至與韋執誼計事執誼起迎叔文就其閤與

語同食諸相等心知不可畏懼叔文執誼等莫敢出言珣瑜獨歎曰吾豈可復處此乎顧左右取馬徑歸遂不起前是左僕射平章事魏國公賈耽以病歸第未起珣瑜又繼去二相皆天下重望相次歸卧叔文執誼等益無所顧忌遠近大懼

李吉甫憲宗時爲中書侍郎平章事性聰敏詳練物務自員外郎出官留滯江淮十五餘年備言閭里疾苦及是爲相患方鎮貪恣乃上言使屬郡刺史得自爲政敘進群材甚有美稱

裴垍元和中同平章事議者謂垍作相材與時會知

無不爲于時朝無幸人百度寖理而再周遵疾以至
休謝公論甚惜之
權德輿爲吏部尚書平章事德輿羽儀朝行性直亮
寬恕動作語言一無外飾醞藉風流爲時稱嚮
李藩爲門下侍郎平章事藩材能不及裴垍孤峻頗
後韋貫之然人物清規亦其流也
鄭餘慶爲中書侍郎平章事德宗與宰臣議將賑給
禁衛十軍事未行爲中書吏所洩坐貶郴州司馬憲
宗即位之月以尚書左丞平章事尋罷相爲太子賓
客餘慶再爲宰相罷免皆非大過尤以清儉爲時所

稱垍中外薦吏欝爲耆德朝廷得失言無低徊
崔群元和中爲平章事有冲識精裁爲時賢相
裴度爲中書侍郎平章事出討淮蔡又密計平李師
道成憲皇中興之基當時有奉使絶域夷狄之君咸
問度之年齡詢度之儀質其威名遠著擬於汾陽後
爲東都留守時有使臣自幽鎮來者奏軍中言度在
相位兩河諸侯忠者懷德强者畏威度今在東人皆
失望穆宗乃悉召赴闕復爲門下侍郎平章事
蕭俛爲門下侍郎平章事居相位孜孜正道時論稱
之及罷相後累有端揆喉舌之拜悉讓而退就散秩

以孝養爲樂高名懿行天下推仰
曹確與畢諴俱以儒術進用及居相位廉絜貞苦君
子多之稱爲曹畢
後唐趙光逢兩登廊廟百行五常不欺闇室縉紳咸
仰以爲名教宗主
周馮道自後唐至是歷任四朝三入中書在相位二
十餘年以持重鎮俗爲已任事具宰輔德行門
鄭仁誨爲樞密使爲人端厚謙損造次必繇於禮在
帝左右弼諧將順甚得大臣之體雖權位崇重而能
孜孜接物無自矜之色及終故朝廷咸惜之

清儉

書稱克儉傳美能貧先儒有云以約失之者鮮矣其
有位居宰弼總司邦正禄廩豐腆賜予優渥而能屏
奢泰之志絶宴安之念居處僻陋服御純素嗇於奉
已厚於待士施周於親黨清遺於子孫辭賂而畏知
薄葬以全節斯皆守正秉彝經德蹈道躬大雅之明
哲得天命之中庸故能居簡以爲常克終而有裕偃
息巖廊輔相天地形四方之風爲萬邦之憲者也
漢蕭何爲相國置田宅必居窮辟處辟隱也爲家不治
垣屋垣墻也令後世賢師吾儉不賢毋爲勢家所奪

公孫弘爲丞相封平津侯於是起客館開東閤以延賢人與參謀議弘自食一肉脫粟飯（脫粟而已不精鑿也）故人賓客仰衣食奉祿皆以給之家無所餘

朱博爲大司空爲人廉儉不好酒色游宴自微賤至富貴食不重味案上不過三柸夜寢早起妻希見其面

後漢張奮爲司空在位清白無它異績

蔡茂爲大司徒在職清儉匪懈

范遷爲司徒有宅數畝田不過一頃復推與兄子其妻嘗謂曰君有四子而無立錐之地可餘奉祿以爲

後世業遷曰吾備位大臣而蓄財求利何以示後世在位四年薨家無擔石焉

郭丹爲司徒坐事免卒於家後明帝因朝會問群臣郭丹家今何如宗正劉政對曰昔孫叔敖相楚馬不秣粟妻不衣帛子孫竟蒙寢丘之封丹出典州郡入爲三公而家無遺產子孫困匱帝乃下南陽訪求其嗣

劉寵爲太尉以日食策免歸鄉里寵前後歷宰二郡入居九列四登三司家不藏賄無重寶器非飲食薄衣服弊車羸馬號爲寠陋三去相位輒歸本土往來京師嘗下道脫驂過從人莫知焉寵嘗欲止亭亭吏止之曰整頓傳舍以待劉公不可得止寵因過去其廉儉皆此類也

虞延爲司徒坐楚王英事詔書切讓延遂自殺家至清貧子孫不免寒餒

周章爲司空密謀立平原王事覺自殺家無餘財諸子易食而出并日而食

鄧彪爲太尉在位清白爲百僚式

李咸爲太尉自在相位約身率下嘗食脫粟飯醬菜而已以老乞骸骨許之悉還所賜物乘弊牛車使子

男御晨發京師百僚追送盈途不能得見家舊貧陋庭廕草廬

橋玄爲太尉以久病策罷卒家貧乏產業柩無所殯當世以此稱爲名臣

魏華歆爲司徒素清貧祿賜以賑施親戚故人家無擔石之儲

蜀諸葛亮爲丞相自表後主曰成都有桑八百株薄田十五頃子弟衣食自有餘饒至於臣在外任無別調度隨身衣食悉仰於官不別治生以長尺寸若臣死之日不使內有餘帛外有贏財以負陛下及卒如

其所言
費禕爲大將軍録尚書事雅性謙素家不積財兒子皆令布衣素食出入不從車騎無異凡人
吳呂岱爲大司馬清身奉公所在可述
晉張華爲司空雅愛書籍身死之日家無餘財惟有文史溢于几篋
王導爲司徒簡素寡欲倉無儲穀衣不重帛成帝知之給布萬匹以供私費
宋袁粲爲司徒宅宇平素器物取給粲素寡往來門無雜客

南齊褚淵初仕宋爲中書令與尚書令袁粲同輔幼主淵同心理庶事當奢侈之後務弘儉約百姓賴之武帝時歷司空録尚書及薨家無餘財負債至數十萬
王儉爲侍中尚書令寡嗜慾唯以經國爲務車服塵素年三十八薨家無遺財
後魏長孫道生太武時爲司空侍中性廉約身爲三司而衣不華飾食不兼味一熊皮障泥數十年不易時人比之晏嬰
唐溫彥博太宗時爲尚書左僕射掌機務性儉素不營第宅及卒日殯於陋室太宗甚憫之特命有司爲之堂焉
魏徵貞觀中累居相位及病綿惙中使相望徵宅先無正寢太宗欲爲小殿輟其財爲徵營構五日而成又遣中使齎布被素褥而賜之遂其所尚也
李義琰高宗時同中書門下三品宅無正寢弟義璡爲岐州司功參軍乃市堂材送焉及義璡來覲義琰謂曰以吾爲國相豈不懷愧更營美室是速吾禍此豈愛我之意哉義璡曰凡人仕爲丞尉即營第宅兄官高祿重豈宜卑陋以偪下也義琰曰事難兼遂物

不兩興既有貴仕又廣其宇若無令德必受其殃吾非不欲之懼獲戾也竟不營構其木爲霖雨所腐而棄之
李懷遠中宗初同中書門下三品雖久居榮位而弘尚簡率園宅無所改作嘗乘款段馬左僕射豆盧欽望謂曰公榮貴如此何不買駿乘答曰此馬幸免驚蹶無假別求聞者莫不歎美
李元紘同平章事封清水男元紘性清儉稍抑奔競之路在政事累年不改第宅僕馬弊劣未嘗改飾所得封物皆散之親族

杜暹同平章事以公清勤儉爲己任時亦矯情爲之弱冠便自誓不受親友贈遺以終其身及卒内出絹二百匹以賜之尚書省及故吏賻贈者其子孝友遵其素約拒而不受

蘇瓌中宗睿宗朝歷左右僕射同中書門下三品及薨遺令薄葬及祖載之日官給仗外唯有布車一乘論者稱之

盧懷愼開元初爲黄門監清儉不營産業器用服飾無金玉綺文之麗所得禄奉皆隨時分散及卒而家無餘蓄妻子匱乏黄門監宋璟紫微令蘇頲等奏曰

太學助教張知謙與臣等言論故黄門監盧懷愼清儉身死之日家無餘財遺嗣貧窶衣食不給伏以懷愼歷官中外數十餘年晩在黄門足爲貴秩清約守道朝廷共推親弟懷莊雖居朝列然其簡身素謹亦有兄風妻子居貧無可以給聖朝褒賢勸善激濁揚清貪婪者靡不棄捐介絜者宜應念録況富本榮業所貴能散天地至仁所貴能養行賞必於合義賜與難以妄加知懷愼者既曾任宰臣特承皇眷施舍可愛沮勸斯在臣等暗識不早陳聞知謙上言理足甄用望出制論懷愼平生苦更賜其家物一百段粟二百石以示不遺從之

張鎬至德中平章事居身清廉不營資産

楊綰大曆中平章事儉薄自守未嘗留意家産口不問生事累任清要無宅一區所得俸禄隨月分給親故

韓滉貞元初爲相自居重位愈清廉嫉惡彌縫闕漏知無不爲家人資産未常介意入仕之初以至卿相凡四十年相繼乘馬五匹皆及斃帷

李勉在相位向二十年禄俸皆遺親黨身沒而無私積

趙憬翁貞元中爲門下侍郎平章事性清儉雖爲宰相宅宇居止之處類貧士大夫也所得禄俸先置私廟而竟不立第宅産業

柳渾性節儉不理産業官至宰相假宅而居

李吉甫爲相雖服物食味必極珍美而不殖財産京師一宅之外無他第墅公論以此重之

程异爲宰相性廉約身沒官第家無羨財

鄭餘慶四朝居相將之位出入垂五十年禄賜所得多分給親黨其家頗類寒素自至德已來方鎮除授必遣中使領旌節就第宣賜皆厚以金帛遺之求媚

者唯恐其數不廣故王人一求有獲錢數百萬者餘
慶每受方任天子必戒其使曰餘慶家貧不得妄有
求取
宋申錫爲相爲中尉王守澄所搆再貶開州司馬申
錫自居內廷及爲宰相以時風侈靡居要位者尤取
納遂成風俗不暇更方遠古且與貞元時甚相背矣
申錫至此約身勤絜尤以公廉爲已任四方問遺悉
無所受既被罪爲有司驗劾多獲其四方受領所還
問遺之狀朝野爲之歎息
鄭覃至相國所居未嘗增餙纔庇風雨家無媵妾人

皆仰其素風焉
後唐李愚爲中書侍郎平章事長興四年二月愚病
明宗令中使宣問愚所居寢室蕭然四壁病榻弊氈
而已中使具言其事帝曰噚宰相月俸幾何而委頓
如此詔賜絹百尺錢百千幃帳什物一十三事
周馮道爲太師中書令顯德元年薨道歷仕四朝三
入中書在相位二十餘年性廉儉不爲受四方之賂
未嘗以片簡擾諸侯私門之內無累茵無重味不畜
姬僕不聽絲竹有寒素之風

威重

傳曰有威可畏謂之威又曰君子不重則不威況夫
應槐鼎之象處巖廟之尊萬民具瞻四國爲憲固宜
資性端重容貌祗肅履有常度居無惰容憚服遠夷
得真相之體表率群后有大臣之風所以享高明之
寵總裁成之業致遠任重而克濟焉
漢霍光爲大司馬大將軍爲人沉靜詳審每出入下殿
門進止有常處郎僕射竊識視之不失尺寸識記也其
資姓端正如此
車千秋爲丞相謹厚有重德
魏相爲丞相爲人嚴毅

薛廣德爲人温雅有醞藉位至丞相
韋賢爲丞相守正持重
王商爲丞相成帝甚重任之商爲人多質有威重多質
言不爲文飾長八尺餘身體鴻大容貌甚過絶人河平四
年單于來朝引見白虎殿未央宮中丞相商坐未央庭中
單于前拜謁商單于將見天子而經未央庭中過也商起離席與言單
于仰視商貌大畏之遷延却退天子聞而歎曰此真
漢相矣
王嘉爲丞相剛直嚴毅有威重哀帝甚敬之
後漢趙熹爲衛尉代虞延行太尉事居府如真內典

宿衛外幹宰職正身立朝未嘗懈惰

牟融代伏恭爲司空舉動方重甚得大臣節

晉魏舒以右光祿大夫儀同三司領司徒有頃即眞舒有威重德望

後魏于雒拔文成時爲侍中尚書令在朝祇肅百寮憚之

北齊斛律金爲左丞相文宣晚年敗德嘗持矟走馬以擬金胷者三金立不動於是賜物千段

唐李靖爲尚書右僕射性沉退每與時宰參議恂恂然似不能言

楊綰爲中書侍郎平章事或造之者淸談終日未嘗及名利或有客欲以世務干者見綰言必玄遠不敢發詞內愧而退

裴垍爲中書侍郎平章事雖年少驟居相位而性峻整有法度雖大僚宿輩造請不敢干以私

韋處厚爲相居家循易如不克任至於廷諍敷啓及馭待公吏徑確嶷然不可迫奪質狀非魁偉如甚儒者而庶寮請事畏懼相顧雖與語移晷不敢私謁

梁張文蔚爲相沉邃重厚有大臣之風

冊府元龜

巡按福建監察御史臣李嗣京　訂正

分守建南道左布政使臣胡維霖　恭閱

知建陽縣事臣黃國琦較釋

宰輔部四

謀猷

周書曰爾有嘉謀嘉猷則入告爾后于內爾乃順之於外是知調陰陽撫夷夏貞百度叙群倫其注意也深其責言也重苟非內秉德義發爲訓誥始終彌綸猷可替否以熙帝載凝庶績代天治物俾民具瞻者

哉肇自禹爲帝臣首叙六府臯陶稽古備陳九德以義制事動罔不吉乃至啓沃交修存乎說命寅亮弼治紀乎周官輿邦之言藹然垂裕漢魏而下世有贊佐或造膝以論機事或奏牘以振群綱周旋慎重式昭永圖布在方冊煥然可見矣

虞舜在位大禹謨禹稱大大其功謨謀也曰若稽古大禹順考古道而言之曰文命敷于四海祗承于帝言其外布文德教命內則敬承堯舜曰后克艱厥后臣克艱厥臣政乃乂黎民敏德敏疾也能知爲君難爲臣不易則其政治而衆民皆疾修德帝曰俞允若兹嘉言罔攸伏野無遺賢萬邦咸寧攸所也善言無所伏言必用如此則賢才在位天下安稽于衆舍己從人不虐無告不廢困窮惟帝時克帝謂堯也舜因嘉言無伏遂稱堯德以成其義考衆從人矜孤愍窮凡人所輕聖人所重益曰都帝德廣運乃聖乃神乃武乃文益因舜言又美堯也廣謂所及者遠聖無不通神妙無方文經天地武安禍亂皇天眷命奄有四海爲天下君眷親也奄同也言堯有此德故爲天所命所以勉舜也禹曰惠迪吉從逆凶惟影響迪道也順道吉從逆凶吉凶之報若影之隨形響之應聲言不虛也益曰吁戒哉儆戒無虞罔失法度先吁後戒欲使聽者精其言虞度也無虞度謂戒于無形秉法循度以有常罔遊于逸罔淫于樂淫過也游逸過樂敗德之原富貴所忽故特以爲戒也任賢勿貳去邪勿疑疑謀勿成百志惟熙一意任賢果于去邪疑則勿行道義所存于心日以廣矣罔違道以干百姓之譽干求也失道求名古

人賤之罔咈百姓以從己之欲咈戾也專欲難成犯衆興禍故戒之無怠無荒四夷來王言天子常戒慎無怠惰荒廢則四夷歸往之禹曰於帝念哉德惟善政政在養民歎而言念重其言爲政以德則民懷之水火金木土穀惟修言養民之本在先修六府正德利用厚生惟和正德以率下利用以阜財厚生以養民三者和所謂善政九功惟叙九叙惟歌言六府三事之功有次序皆可歌樂乃德政之致戒之用休董之用威勸之以九歌俾勿壞休美董督也言善政之道美以戒之威以督之歌以勸之使政勿壞在此三者而已帝曰俞地平天成六府三事允治萬世永賴時乃功水土治曰平五行叙曰成因禹陳九功而歎美之言是汝之功明衆臣不及伯益爲虞時禹征有苗苗民逆命益贊于禹曰惟德

動天無遠弗屆贊佐屆至也益以此義佐禹欲其修德致遠滿招損謙受益時乃天道自滿者人損之自謙者人益之是天之常道也帝初于歷山往于田日號泣于旻天于父母仁覆愍下謂之旻天言舜初耕于歷山之時爲父母所疾日號泣于旻天及父母克己自責不責于人負罪引慝祗載瞽叟夔夔齊慄瞽叟亦允若慝惡載事也夔夔悚懼之貌言舜負罪引慝敬以事見于父母悚懼齋莊父亦順之言能以至誠感頑父至誠感神矧茲有苗誠和矧況也至和感神況有苗乎言易感舜拜昌言曰俞班師振旅昌當也以益言爲當故拜受而然之遂還師兵入曰振旅言整衆也帝乃誕敷文德遠人不服大布文德以來之舞干羽于兩階干楯羽翳也皆舞者所執修闡文教舞文舞于賓主階間抑武事也七旬有苗格討而不服不討自來明御之者必有道三苗之國左洞庭右彭蠡在荒服之例去京師三千五百里

皋陶爲士師爲帝舜謨曰允迪厥德謨明弼諧迪道厥其也其古人也言人君當信蹈古人之德謀廣聰明以輔諧其政禹曰俞如何然其言問所以行皋陶曰都慎厥身修思永歎美之重順修其身思爲常久之道也惇叙九族庶明勵翼邇可遠在茲言慎修其身厚次序九族則衆庶皆明其教而自勉勵翼載上命近可推而遠者在此道也禹拜昌言曰俞以皋陶言爲當故拜受而然之皋陶曰都在知人在安民歎修身親親之道在知人所言任在能安民禹曰吁咸若時惟帝其難之言帝堯亦以知人安民爲難故曰吁知人則哲能官人安民則惠黎民懷之哲智也無所不知故能安人惠愛也愛則民歸也能哲而惠何憂乎驩兜佞人亂眞堯憂其敗政故流放之何遷乎有苗何畏乎巧言令色孔壬孔甚也巧言靜言庸違令色象恭滔天禹言有苗驩兜之徒甚佞如此堯畏其亂政故遷之皋陶曰都亦行有九德言人性行有九德以考察眞僞則可知亦言其人有德乃言曰載采采載行采事也稱其人有德必言其所行某事某事以爲驗禹曰何問九德品例皋陶曰寬而栗性寬弘而能莊栗柔而立和柔而能立事愿而恭慤愿而恭恪亂而敬亂治也有治而能謹敬也擾而毅擾順也致果爲毅直而溫行正直而氣溫和簡而廉性簡大而有廉隅剛而塞剛斷而塞實彊而義無所屈撓動必合義彰厥有常吉哉彰明吉善也明九德之常以擇人而官之則政之善也日宣三德夙夜浚明有家三德九德之中有其三宣布夙夜浚須也卿大夫稱家言能布日行三德早夜思之須明行之可以爲卿大夫矣日嚴祗敬六德亮采有

邦有國諸侯日日嚴敬其身敬行六德以信致政事則可以爲諸侯翕受敷施九德咸事俊乂在官翕合也能合受三六之德而用之以布施政教使九德之人皆用事謂天子如此則浚德治能之士並在官百僚師師百工惟時僚工皆官也師師相師法百官皆是言政無非撫于五辰庶績其凝凝成也言百官皆撫順五行之時衆功皆成無教逸欲有邦不爲逸豫貪欲之教是有國者之常兢兢業業一日二日萬機兢兢戒慎業業危懼機微也言當戒懼萬事之機無曠庶官天工人其代之曠空也位非其人爲空官言人代天理官不可以天官私非其才天叙有典勑我五典五惇哉天次叙人之常性各有分義當勑正我五常之教使合于五厚厚天下天秩有禮自我五禮有庸哉庸常自用也天次秩有禮當用我公侯伯子男五等之禮以接之使有常同寅協恭和衷哉衷善也以五禮正諸侯使同敬

合恭而和善天命有德五服五章哉五服天子諸侯卿大夫士之服也尊卑彩章各異所以命有德天討有罪五刑五用哉言天以五刑討有罪用五刑宜必當政事懋哉懋哉言敘典秩禮命德討罪無非天意者故人君居天官聽政治事不可以不自勉天聰明自我民聰明言天因民而降之福民所歸者天命之天視聽人君之行用民爲聰明天明畏自我民明威天明可畏爾用民成其威民所叛者天討之是天明可畏之效達于上下敬哉有土言天所賞罰惟善惡所在不避貴賤有土之君不可不敬懼皋陶曰朕言惠可底行其所陳九德以下之言順于古道可致行禹曰俞乃言底可績然其所陳而美之曰用汝言致可以立功皋陶曰予未有知思曰贊贊襄哉言我未有所知未能思致于善以贊上古行事而言之因禹美之承以謙辭言之

益稷禹稱其人因以名篇帝曰來禹汝亦昌言因皋陶謨九德故呼禹使以陳當言禹拜曰都帝予何言予思日孜孜拜而嘆辭不言欲使帝重皋陶所陳言巳思日孜孜不怠奉承臣功而巳皋陶曰吁如何問所以孜孜之事禹曰洪水滔天浩浩懷山襄陵下民昏墊言天下民昏瞀墊弱皆因水災予乘四載隨山刊木所載者四謂水乘舟陸乘車泥乘輴山乘樏隨行九州之山林刊槎其木開通道路以治水也暨益奏庶鮮食奏謂進于民鳥獸新殺曰鮮與益槎木獲鳥獸民以進食予決九州距四海濬畎澮距川距至也決九州名川通之至海一畝之間廣尺深尺方百里之間廣二尋深二仞曰澮澮畝深之至川以入海暨稷播種庶艱食鮮食艱難也衆難得食處則與稷教民播種之決川有魚鱉使民鮮食之懋遷有無化居化易也居謂所宜居積者勉勸天下徙有之無魚鹽徙山林樹木徙川澤交易其所居積烝民乃粒萬邦作乂米食曰粒言天下繇此爲治本皋陶曰俞師汝昌言言禹功甚當可師法禹曰都帝愼乃在位帝曰俞然禹言受其戒禹曰安汝止惟幾惟康其弼直言愼在位當安好惡所止慮念幾微以保其止其輔臣必用直人惟動丕應徯志徯待也帝先安所必動則天下大應之順命以待帝志以昭受上帝天其申命用休昭明也非但人應之又乃明受天之報施天又重命用美帝曰吁臣哉鄰哉鄰哉臣哉禹曰俞鄰近也言君臣道近相須而成帝曰臣作朕股肱耳目言大體若身予欲左右有民汝翼左右助也助我所有之民富而教之汝翼成我予欲宣力四方汝爲布力立治之功汝群臣當爲之予欲觀古人之象欲觀以法象之服制日月星辰山龍華蟲日月星爲三辰華象草華蟲雉也畫三辰山龍華蟲于衣服旌旗

作會宗彝會五采也以五采成此畫焉宗廟彝樽亦以山龍華蟲爲飾藻火粉米黼黻絺繡藻水草有文者火爲火字粉若粟水米若聚米黼若斧形黻爲兩巳相背葛之精者曰絺五色備曰繡以五采彰施于五色作服汝明天子服日月而下諸侯自龍衮而下黼黻士服藻火大夫粉米上得兼下下不得僭上以五采明施于五色作尊卑之服汝明制之予欲聞六律五聲八音在治忽以出納五言汝聽言欲以六律和聲音在察天下治理反忽怠者又以出納仁義禮智信五德之言施于民以成化汝當聽審之予違汝弼汝無面從退有後言我違道汝當以義輔正我無得面從我違而退後有言我不可弼欽四鄰庶頑讒說若不在時四近前後左右之臣勅使敬其職衆愚頑讒說之人若所行不在于是而爲非者當察之侯以明之撻以記之當行射侯之禮以明善惡之敎笞撻不是者使記職其過書用識哉欲並生

哉書識其非欲使改悔與其並生工以納言時而颺之工樂官掌誦詩以納諫當時正其義而颺道之格則承之庸之否則威之天下人能至于道則承用之任以官不從教則以刑威之禹曰俞哉帝光天之下至于海隅蒼生光天之下至于海隅蒼蒼然生草木言所及廣遠萬邦黎獻共惟帝臣惟帝時舉敷納以言明庶以功車服以庸獻賢也萬國衆賢共惟帝臣帝舉是而用之使陳布其言明之皆以功大小爲差以車服旌其能用之也誰敢不讓敢不敬應上惟賢是用則下皆敬應上命而讓善帝不時敷同日奏罔功帝是不明遠近不同而進于無功以賢愚並位優劣共流故也無若丹朱傲惟慢游是好丹朱堯子舉以戒之傲虐是作罔晝夜頟頟傲戲而爲虐無晝夜常頟頟肆惡無休息罔水行舟朋淫于家用殄厥世朋群也丹朱習于無水陸地行

舟無度羣淫于家妻妾亂用是絕其世不得嗣予創若時娶于塗山辛壬癸甲創懲也塗山國名懲丹朱之惡辛日娶妻至于甲日即往治水不以私害公啓呱呱而泣予弗子惟荒度土功啓禹子也禹治水過門不入聞啓泣聲不暇子名之以大治度水土之功故弼成五服至于五千州十有二師五服侯甸綏要荒服也服五百里四方相距爲方五千里治洪水輔成之一州用三萬人功九州二十七萬庸外薄四海咸建五長薄迫也言至海諸侯五國立賢者一人爲方伯謂之五長以相統治以奬帝室各迪有功苗頑弗即工帝其念哉九州五長各蹈爲有功唯三苗頑凶不得就官善惡分別也帝曰迪朕德時乃功惟敘言天下蹈行我德是汝治水之功有次序敢不念乎

商仲虺爲湯左相歸自夏至于大坰自三朡而還大坰地名仲虺作誥仲虺之誥仲虺臣名以諸侯相天子會同日誥成湯放桀于南巢惟有慙德湯伐桀武功成故以爲號南巢地名有慙德慙德不及古曰予恐來世以台爲口實恐來世論道我放天子當不去口仲虺乃作誥陳義告湯可無慙曰嗚呼惟天生民有欲無主乃亂民無君主則恣情欲必致禍亂惟天生聰明時乂言天生聰明是治不亂有夏昏德民墜塗炭夏桀昏亂不恤下民民之危險若陷泥墜火無救之者天乃錫王勇智表正萬邦纘禹舊服言天與王勇智應爲民主儀表天下法正萬邦繼禹之功統其故服茲率厥典奉若天命天意如此俱當循典法奉順天命而已無所慙夏王有罪矯誣上天以布命于下言託天以行虐于民乃桀之大罪帝用不臧式商受命用爽厥師天用桀無道故不善之式用爽明也用商受王命以明其衆言

爲主也簡賢附勢實繁有徒簡畧也賢而無勢則畧之不賢有勢則附之若是者繁多有徒衆無道之世所常也肇我邦于有夏若苗之有莠若粟之有秕始我商家國于夏世欲見剪除若莠生苗又若秕在粟恐被鋤治簸颺小大戰戰罔不懼于非辜矧予之德言足聽聞言商家小大憂危恐其非罪見滅矧況也況我之道德善言足聽聞乎無道之惡有道自然理惟王不邇聲色不殖貨利邇近也不近聲樂言高簡不近女色言貞固殖生也不生資貨財利言不貪也既有聖德兼有此行德懋懋官功懋懋賞用人惟己改過不吝勉于德者則勉之以官勉于功者則勉之以賞用人之言若自己出有過則改無所吝惜所以能成王業克寬克仁彰信兆民言湯寬仁之德明信于天下乃葛伯仇餉初征自葛東征西夷怨南征北狄怨葛伯游行見農民之餉于田者殺其人奪其餉故謂

之佚倘佚怨也是以不祀之罪伐之從此後遂征無道西夷北狄舉遠以言則近者該矣曰奚獨
後予怨者辭也攸徂之民室家相慶曰徯予后后來其蘇
湯所往之民皆喜曰待我君來其可蘇息民之戴商厥惟舊哉久謂初征自葛始
佑賢輔德顯忠遂良賢則助之德則輔之忠則顯之良則進之明王之道兼弱
攻昧取亂侮亡弱則兼之闇則攻之亂則取之有亡形則侮之言正義推亡固
存邦乃其昌有亡道則推而亡之有存道則輔而固之王者如此國乃昌盛德日新
萬邦惟懷志自滿九族乃離日新不懈怠自滿志盈溢焉王懋昭
大德建中于民以義制事以禮制心垂裕後昆敬王自勉
明大德立大中之道于民率義奉禮垂優足之道示後世予聞曰能自得師者王
求聖賢而事之謂人莫己若者亡自多足人莫之益亡之道好問則裕自

用則小問則有得所以足不問專固所以小嗚呼愼厥終惟其始靡不有初
鮮克有終故戒愼終如其始殖有禮覆昏暴有禮者封殖之昏暴者覆亡之欽崇
天道永保天命王者如此上事則敬天定命之道
伊尹相太甲作伊訓作訓以教道太甲惟元祀十有二月乙
丑伊尹祠于先王此湯終踰月太甲即位奠殯而告奉嗣王祗見
厥祖居位主喪侯甸群后咸在在位次百官總己以聽冢宰
伊尹制百官以三公攝冢宰伊尹乃明言烈祖之成德以訓于王
湯有功烈之祖故稱焉曰嗚呼古有夏先后方懋厥德罔有天
灾先后謂禹以下少康以上賢君言能以德禳灾山川鬼神亦莫不寧莫無也言
皆安之暨鳥獸魚鱉咸若雖微物皆順之明其餘無不順于其子孫弗

率皇天降災假手于我有命言桀不循其祖道故天下禍災借手于我有命
商王誅討之造攻自鳴條朕哉自亳造哉皆始也始攻桀伐無道繇我始修德于亳
惟我商王布昭聖武代虐以寬兆民允懷言湯布明武德以寬政代
桀虐政兆民以此皆信懷我商王之德今王嗣厥德罔不在初言善惡之繇無
不在初欲愼始立愛惟親立敬惟長始于家邦終于四海言立
愛敬之道始于親長則家國並化終洽四海嗚呼先王肇修人紀從諫弗
咈先民時若言湯始修爲人綱紀有過則改從諫如流必先民之言是順居上克
明言理恕爲下克忠事上竭誠與人不求備檢身若不及使人
必器之常如不及恐有過以至于有萬邦茲惟艱哉言湯操心常危懼而無過
以至爲天子此自立之艱敷求哲人俾輔于爾後嗣布求賢哲使師輔于爾嗣

王言仁及後世制官刑儆于有位言湯制治官刑法以儆戒百官曰敢有恒
舞于宮酣歌于室時謂巫風常舞則荒淫樂酒曰酣酣歌則廢德事鬼神曰
巫言無政敢有徇于貨色恒于游畋時謂淫風徇求也昧求財貨美
色常游行畋獵是淫過之風俗敢有侮聖言逆忠直遠耆德比頑童
時謂亂風狎侮聖人之言而不行拒逆忠直之規而不納耆年有德疏遠之童稚頑嚚親比之
是荒亂之風俗惟茲三風十愆卿士有一于身家必喪有一過則
德義廢失位亡家之道邦君有一于此身國必亡諸侯犯此國亡之道臣
下不匡其刑墨具訓于蒙士邦君卿士則以爭臣自規正臣不正君鑿其額
涅以墨蒙士例謂下士以爭友僕隸自規正嗚呼嗣王祗厥身念哉言當敬身
念祖德聖謨洋洋嘉言孔彰洋洋美善言甚明可法惟上帝不常

作善降之百祥作不善降之百殃祥善也天之禍福惟善惡所在不常
在一家爾惟德罔小萬邦惟慶修德無小則天下賚慶爾惟不德
罔大墜厥宗苟爲不德無大言惡有類以類相致必墜失宗廟此伊尹至忠之訓肆命
陳天命以戒太甲云徂后陳往古明君以戒亡伊尹申誥于王曰嗚呼惟
天無親克敬惟親言天于人無有親疎惟親能敬身者民罔常懷懷于
有仁民所歸無常以仁政爲常鬼神無常享享于克誠言鬼神不保一人能
誠信者享其祀天位艱哉言居天子之位難以此三者德惟治否德亂爲政
以德則治不以德則亂與治同道罔不興與亂同事罔不亡言安
危在所任治亂在所法終始慎厥與惟明明后明慎其所與治亂之機則爲明
王明君先王惟時懋敬厥德克配上帝言湯惟是終始所與之難勉修

其德能配天而行之今王嗣有令緒尚監茲哉令善也繼祖善業當夙夜庶幾
視此配天之德而法之若升高必自下若陟遐必自邇言善政有漸如
登高升遠無下近爲始然後終致高遠無輕民事惟難無輕爲力役之事必重難之乃
可無安厥位惟危言當常自危懼以保其位慎終于始于始慮終于終思始
有言逆于汝心必求諸道人以言咈違汝心必以道義求其意勿拒逆之有
言遜于汝志必求諸非道遜順也言順汝心必以非道察之勿以自臧嗚
呼弗慮胡獲弗爲胡成一人元良萬邦以貞胡何貞正也言
當念慮道德則得道德念爲善政則成善政一人天子也天子有大善則天下得其正君罔以
辯言亂舊政利口覆國家故特慎焉臣罔以寵利居成功成功不還
其志無限故爲之極以安之邦其永孚于休言君臣各以其道則國長信保于美也

伊尹既復政厥辟還政太甲將告歸乃陳戒于德告老歸邑陳德
以戒作咸有一德言君臣皆有純一之德以戒太甲曰嗚呼天難諶命
靡常以其無常故難信常厥德保厥位厥德匪常九有以亡
人能常其德則安其位九有諸侯桀不能常其德湯則伐而無之夏王弗克庸德慢
神虐民言桀不能常其德不敬神明不恤下民皇天弗保監于萬方啓
迪有命言天不安桀所爲廣視萬方有天命者開道之眷求一德俾作神主
天求一德使伐桀爲天地神祇之主惟尹躬暨湯咸有一德克享天心
受天明命享當也所征無敵謂之受天命以有九有之師爰革夏正
爰於也于得九有之衆遂伐夏勝之改其正非天私我有商惟天佑于一
德非天私商而王之佑助一德所以王非商求于下民惟民歸于一德

非商以力求民民自歸于一德德惟一動罔不吉德二三動罔不凶
二三言不惟吉凶不僭在人惟天降災祥在德行善則吉行惡則凶
是不差德一天降之善不一天降之災是在德今嗣王新服厥命惟新厥德
其命王命新其德戒勿怠終始惟一時乃日新言德行始終不衰殺乃日新之義
任官惟賢材左右惟其人官賢才而任之非賢材不可任選左右必忠良不忠
良非其人臣爲上爲德爲下爲民言臣順上布德順下訓民不可官所私任非其
人其難其慎惟和惟一其難無以爲易其慎無以輕之羣臣當和一心以事君政
乃善德無常師主善爲師德非一方以善爲主乃可師善無常主協
于克一言以合于能一爲常德俾萬姓咸曰大哉王言一德之言故曰
大又曰一哉王心能一德則一心克綏先王之祿永底烝民

之生 言爲王而令萬姓安此則能保安先王之寵祿長致衆民所以自生之道是明王之事 嗚呼七世之廟可以觀德 天子立七廟有德之王則爲祖宗其廟不毁故可觀德 萬夫之長可以觀政 能整齊萬夫其政可知 后非民罔使民非后罔事 君以使民自尊民以事君自生 無自廣以狹人匹夫匹婦不獲自盡民主罔與成厥功 上有狹人之心則下無所自盡矣言先盡其心然後方能盡其力人君所以成功

傅說旣相高宗高宗命說總百官 在冢宰之位 乃進于王曰嗚呼明王奉若天道建邦設都 天有日月北斗三星二十八宿皆有尊卑相正之法言明王奉順此道以立國設都 樹后王君公承以大夫師長 言立君臣上下將陳爲治之本故先舉其始 不惟逸豫惟以亂民 不使有位者逸

豫民上言立之王使治民 惟天聰明惟聖時憲惟臣欽若惟民從乂 憲法也言聖王法天而立教臣敬順而奉之民以從上爲治 惟口起羞惟甲冑起戎 甲鎧冑兜鍪也言不可輕教令易用兵 惟衣裳在笥惟干戈省厥躬 言服不可加非其人兵不可任非其才 王惟戒茲允茲克明乃罔不休 言王戒慎此四惟之事信能明政乃無不美 惟治亂在庶官 言所官得人則治失人則亂 官不及私昵惟其能 不加私昵惟能是官 爵罔及惡德惟其賢 言非賢不爵 慮善以動動惟厥時 非善非時不可動 有其善喪厥善矜其能喪厥功 雖天子亦必讓以得之 惟事事乃其有備有備無患 事事非一事也 無啓寵納侮 開寵非其人則納侮之道 無耻過作非 耻過誤而文之遂成大非 惟厥攸居政事惟醇 其所行居皆如是所

則王之政事純粹 黷于祭祀時謂弗欽禮煩則亂事神則難 祭不欲數數則黷黷則不敬事神禮煩則亂而難行高祖之祀時豐數近廟故說因是以戒之 王曰旨哉說乃言惟服 旨美也美其所言皆可服行 乃不良于言予罔聞于行 汝若不善于所言則我無聞于所行之事 說拜稽首曰非知之艱行之惟艱 言知之易行之難以勉高宗 王忱不艱允協于先王成德 王之誠不以行之爲難則信合于先王成德 惟說不言有厥咎 王能行善而說不言則有其咎罪

王又曰來汝說台小子舊學于甘盤 學先王之道甘盤殷賢臣有道德者 旣乃遯于荒野入宅于河 旣學而終廢業遯居田野河洲也其父欲使高宗知艱苦故使居民間 自河徂亳暨厥終罔顯 自河往居亳欲令其終故遂無顯明之德也 爾惟訓于朕志 言汝當教訓于我而使我志通達

若作醴酒爾惟麴糵 酒醴須麴糵以成亦言我須汝以成也 若作和羹爾惟鹽梅 鹽鹹梅酸羹須鹹酸以和之 爾交修予罔予棄予惟克邁乃訓 交非一人之義邁行也言我能行汝教

說曰王人求多聞時惟建事學于古訓乃有獲 王者求多聞以立事學于古訓乃有所得也 事不師古以克永世匪說攸聞 事不法古訓而以能長聞非說所聞言無是道 惟學遜志務時敏厥修乃來 學以順志務是敏疾其德之修乃來 允懷于茲道積于厥躬 信懷此學志則道積于其身 惟斆學半念終始典于學厥德修罔覺 斆教也教然後知困是學之半終始常念學則其德之修無能自覺 監于先王成憲其永無愆 愆過也視先王成法其長無過其惟學乎 惟說式克欽承旁招俊乂列于庶位 言王能志學說亦用能敬承王志廣招俊

乂使列衆官王曰嗚呼四海之內惟仰朕德時乃風風教也使
天下皆仰我德是教汝股肱惟人良臣惟聖手足具乃成人有良臣乃成聖昔
先正保衡作我先王保衡伊尹也作起正長也一言先世長官之臣乃曰予
弗克俾厥后惟堯舜其心愧恥若撻于市言伊尹不能使其君
如堯舜則恥之若見撻于市故成能一夫不獲則曰時予之辜伊尹見一夫不
得其所則以爲已罪佑我烈祖格于皇天言以此道左右成湯功至大人無能及者
爾尚明保予罔俾阿衡專美有商汝庶幾明安我事則與伊尹同美
惟后非賢不乂惟賢非后不食言君須賢治賢須君食其爾克
紹乃辟于先王永綏民能繼汝君于先王長安民則汝亦有保衡之功說拜
稽首曰敢對揚天子休命對荅也荅受美命而稱揚之

周召公爲太保作旅獒召公陳戒旅獒因獒而陳道義惟克商遂
通道于九夷八蠻四夷慕化貢其方賄九八言非一皆通道路無遠不及西旅
底貢厥獒西旅之長致貢其獒犬高四尺曰獒以大爲異太保乃作旅獒用
訓于王陳貢獒之義以訓陳王曰嗚呼明王愼德四夷咸賓言明
王愼德以懷遠故四夷無不賓服無有遠邇畢獻方物惟服食器用
天下萬國無有遠近盡貢其方土所生之物惟可以貢服食器用者言不爲耳目華侈王乃昭
德之致于異姓之邦無替厥服德之所致謂遠夷之貢以分賜異姓諸侯
使無廢其職分寶玉于伯叔之國時庸展親以寶玉分同姓之國是用
誠信其親親之道人不易物惟德其物言物貴繇人有德則物貴無德則物賤所
貴在于德德盛不狎侮盛德必自敬何狎易侮慢之有狎侮君子罔以盡

人心以虛受人則人盡其心矣狎侮小人罔以盡其力以悅使民民忘其勞
則力盡矣不役耳目百度惟貞言不以聲色自役則百度貞玩人喪德
玩物喪志以人爲戲弄則喪其德以器爲戲美則喪其志志以道寧言以道
接在心爲志發氣爲言皆以道爲本故君子勤道不作無益害有益功乃成
不貴異物賤用物民乃足遊觀爲無益奇巧爲異物言明王之道以德義爲益
器用爲貴所以化俗生民犬馬非其土性不畜非此土所生不畜以不習其用珍
禽奇獸不育于國皆非所用有損害故不寶遠物則遠人格不侵
奪其利則來服矣所寶惟賢則邇人安寶賢任能則近人安近人安則遠人安矣
嗚呼夙夜罔或不勤言當早起夜寐常勤于德不矜細行終累大
德輕忽小物積害毀大故君子愼其微爲山九仞功虧一簣八尺曰仞喻向成也

未成一簣是以聖人乾乾日昃愼終如始允廸茲生民保厥居惟乃世王
言其能信蹈行此戒則生人安其居天子乃世世王天下武王雖聖猶設此誡況其凡人可以無戒乎其
不免于過則亦宜矣
召公既相雒宅作召誥曰王先服殷御事比介于我
有周御事召公既述周公所言又自陳已意以終其戒言當先服治殷家御事之臣使比近于
我有周治事之臣必協和乃可一一節性惟日其邁和比殷周之臣時節其性令不失中
則道化惟日其行王敬作所不可不敬德敬爲所不可不敬之德則敬奉其命
矣我不可不監于有夏亦不可不監于有殷言王當視夏殷
去其歷年戒其不長我不敢知曰有夏服天命惟有歷年以能敬德
故歷年數我不敢獨知亦王所知我不敢知曰不其延惟不敬厥德

乃早墜厥命言桀不謀長久惟以不敬其德故乃早墜失其王命亦王所知我不敢
知曰有殷受天命惟有歷年夏言服殷言受明受而服行之互相兼也殷之
賢王猶夏之賢王所以歷年亦王所知我不敢知曰不其延惟不敬厥
德乃早墜厥命紂早墜其命猶桀不敬其德亦王所知今王嗣受厥命
我亦惟茲二國命嗣若功厥夏殷也繼受其王命亦惟當以此夏殷長短之命
爲監戒繼順其功德者而法則之王乃初服嗚呼若生子罔不在厥
初生自貽哲命言王新即政始服行教化當如子之初生習于善則善矣自遺智命無不
在其初生爲政之道亦猶是也今王其命哲命吉凶命歷年今天制此三命
惟人所修脩敬德則有智則嘗吉則歷年惟不敬德則愚凶不嘗雖說之其實在人知今我初
服宅新邑肆惟王其疾敬德天已知我王今初服政居新邑雒都故惟王其

疾行敬德王其德之用祈天永命言王當其德之用求天長命以歷年其惟
王勿以小民淫用非彝勿用小民過用非常欲其重民秉常亦敢殄戮
用乂民亦惟果敢絶刑戮之道用治民戒以慎罰若有功其惟王位在德
元順行禹湯所有成功則其惟王居位在德之首小民乃惟刑用于天下越
王顯王在德元則小民乃惟用法于天下言法政于王亦有光明上下勤恤其曰
我受天命丕若有夏歷年式勿替有殷歷年言當君臣勤憂
敬德曰我受天命大順有夏之多歷年勿用廢有殷歷年庶幾無之欲王以小民受天
永命我欲王用小民受天長命言長有民拜手稽首曰予小臣敢以王
之讐民百君子拜手首至手稽首首至地盡禮致敬以入其言言我小臣謙辭敢以王之
匹民百君子治民者非一人言民在下自上匹之越友民保受王威命明德

言與匹民百君子于友愛民者共安受王之威命明德奉行之王末有成命王亦顯
臣下受安王命則王終有天成命于王亦昭著我非敢勤惟恭奉幣用供王
能祈天永命言我非敢獨勤而已惟恭敬奉其幣用供待王能永天長命將以慶王多福
必上下勤恤乃與小民受天永命
周公相成王既成雒邑王拜手稽首誨言成王盡禮致敬于周
公求教誨之言周公曰王肇稱殷禮祀于新邑咸秩無文言王
當始舉殷家祭祀以禮典祀于新邑皆次秩不在禮文而祀之予齊百工伻從王于
周予惟曰庶有事我整齊百官使從王于周行其典禮我惟曰庶幾有善政事今
王即命曰記功宗以功作元祀今王就行王命于雒邑曰當記人之功尊
人亦當用功大小爲序有大功則列大祀謂功施于民者惟命曰汝受命篤弼丕

視工載乃汝其悉自教工惟天命我周邦汝受天命厚矣當輔大天命視群臣
有功者記載之乃汝新即政其當盡自教衆官躬化之孺子其朋孺子其朋其
往少子慎其朋黨少子慎其朋黨戒其自今以往無若火始燄燄厥攸灼序
弗其絶言朋黨敗俗所宜禁絶無令若火始燄燄尚微其所及灼然有次序不其絶事從微至
著防之宜以勑厥若彝及撫事如予惟以在周工其順長道及輔國事
如我所爲惟用在周之百官往新邑伻嚮即有僚明作有功惇大
成裕汝永有辭往行政化于新邑當使臣下各鄉就有官明爲有功厚大成寬裕之德則
汝當有歎譽之辭于後世公曰汝惟冲子惟終口呼汝惟童子嗣父祖之位惟其終
美業汝其敬識百辟享亦識其有不享享多儀儀不及
物惟曰不享奉上謂之享言汝爲王其當敬識百君諸侯之奉上者亦識其有違上者奉上

之道多威儀威儀不及禮物惟曰不奉上惟不役志于享凡民惟曰不享
惟事其爽侮言人君惟不役志于奉上則凡人化之惟曰不奉上矣如此則惟政事其差錯
侮慢不可治理也乃惟孺子頒朕不暇聽朕教汝于棐民彝
我惟政常若不暇汝惟小子當分取我之不暇而行之聽我教汝于輔民之常而用之汝乃是
不蘉乃時惟不永哉汝乃是不勉爲政汝是爲不可長哉欲其必勉爲可長篤
叙乃正父罔不若予不敢廢乃命厚次序汝正父之道而行之無不順
我所爲則天下不赦棄汝命當奉之汝往欽哉茲予其明農哉彼裕我
民無遠用戾汝往居新邑敬行教化哉如此我其退老明教農人以義哉彼天下被寬裕之
政則我民無遠用來言皆來王若曰公明保予冲子成王順周公意請留之自
輔言公當明安我童子不可去之公稱丕顯德以予小子揚文武烈

言公當留舉大明德用我小子褒揚文武之業而奉順天奉答天命和常四方民
居師又當奉當天命以和常四方之民居處其衆惇宗將禮稱秩元祀咸
秩無文厚尊大禮舉秩大祀皆次秩無禮文而宜在祀典者凡此待公而行惟公德明
光于上下勤施于四方言公明德光于天地勤政施于四海萬邦四夷服仰公德
而化之旁作穆穆迓衡不迷文武勤教四方旁求爲敬敬之道以迎太
平之政不迷惑于文武所勤之教言化洽予冲子夙夜毖祀言政化繇公而立我童子
徒早起夜寢愼其于祭而已無所能也王曰公功棐迪篤罔不若時公之
功輔道我已厚矣天下無不順而是公之功王曰公予小子其退即辟于
周命公後我小子退坐之後使就君于周命立公後公當留輔我四方迪亂未
定于宗禮亦未克敉公功言四方雖道治猶未定于禮禮未彰是亦未能撫順

公之大功明不可以去迪將其後監我士師工公留教道將助我其今已後之
政監篤我政事衆官委任之言誕保文武受民亂爲四輔大安文武所受之民
治之爲我四維之輔明當依公王曰公定予往已公功肅將祗歡公留
以安定我我從公言往至雒邑已矣公功以進大天下咸敬樂公功公無困哉我惟無
斁其康事公勿替刑四方其世享公必留先去以困我哉我惟無厭其
安天下事功無去以廢法則四方其世世享公之德周公拜手稽首曰王命予
來承保乃文祖受命民拜而後言許成王留言王命我來成安汝文德之祖文王
所受命之民是所以不得去越乃光烈考武王弘朕恭于汝大業之父武王
大使我恭奉其道叙成王留已意孺子來相宅其大惇典殷獻民小子
今所以來相宅于雒邑其大厚行典常于殷賢人亂爲四方新辟作周恭先

言當治理天下新其政化爲四方之新君爲周家恭敬之王後世所惟先也曰其自時中
乂萬邦咸休惟王有成績曰其當用是土中爲治使萬國皆被美德如此惟王
乃有成功予旦以多事越御事篤前人成烈荅其師作周
孚先我旦以卿大夫于御治事之臣得率行先王成業當其衆心爲周家立信者之所推先也考
朕昭子刑乃單文祖德伻來毖殷乃命寧我所成明予法乃盡
文祖之德謂典禮也所以居土中是文武使已來愼教殷民乃見命而安之予以秬鬯二
卣曰明禋拜手稽首休享周公攝政七年致太平以黑黍酒二器明絜致敬告
文武以美享既告而致政成王留之予不敢宿則禋于文王武王言我見天
下太平則絜告文武不經宿惠篤叙無有遘自疾萬年厭于乃德
殷乃引考汝爲政當順典常厚行之使有次序無有過用患疾之道者則天下萬年厭于汝德

殷乃長成爲周王作殷乃承叙萬年其永觀朕子懷德王使殷民上下相承有次序則萬年之道民其甞觀我子孫而歸其德矣勉使終之成王既卽政周公作無逸曰嗚呼君子所其無逸歎美君子之道所在念德其無逸豫君子且猶然况王者乎先知稼穡之艱難乃逸則知小人之依稼穡農夫之艱難事先知之乃謀逸豫則知小人之所依怙相小人厥父母勤勞稼穡厥子乃不知稼穡之艱難視小人不孝者其父母躬勤艱難而子乃不知其勞乃逸乃諺既誕否則侮厥父母曰昔之人無聞知小人之子既不知父母之勞乃爲逸豫遊戲乃叛諺不恭已欺誕父母不欺則輕侮其父母曰古老之無所聞知周公曰嗚呼我聞曰昔在殷王中宗大戊也殷家中世尊其德故稱宗嚴恭寅畏天命自度言大戊嚴恪恭敬畏天命用法度治

民祗懼不敢荒寧爲政敬身畏懼不敢荒怠自安肆中宗之享國七十有五年以敬畏之故得壽考之福其在高宗時舊勞于外爰曁小人武丁其父小乙使之久居民間勞是稼穡與小人出入同事作其卽位乃或亮陰三年不言武丁起其卽王位則小乙死乃有信默三年不言言孝行者其惟不言言乃雍不敢荒寧在喪則其惟不言喪畢發言則天下和亦法中宗不敢荒怠自安嘉靖殷邦至于小大無時或怨善謀殷國至于小大之政人無事怨言天者肆高宗之享國五十有九年高宗爲政小大無怨故亦享國永年其在祖甲不義惟王舊爲小人湯孫太甲爲王不義久爲小人之行伊尹放之桐作其卽位爰知小人之依能保惠于庶民不敢侮鰥寡在桐三年思集用光起就王位于是知小人之所依依仁政故能安順于衆民不敢侮慢惸獨肆祖甲之享國三十有三年太甲亦以知小人之依故得久年此以德優劣立年多少爲先後故祖甲在下殷家亦祖其功故稱祖自時厥後立王生則逸從是三王各承其後而立者生則逸豫無度生則逸不知稼穡之艱難言與小人之子同其敝不聞小人之勞惟耽樂之從過樂謂之耽惟樂之從言荒淫自時厥後亦罔或克壽以耽樂之故從是其後亦無有能壽考或十年或七八年或五六年或四三年高者十年下者三年言逸樂之損壽周公曰嗚呼厥亦惟我周太王王季克自抑畏太王周公曾祖王季卽祖言皆能以義自抑畏敬天命將說文王故本其父祖文王卑服卽康功田功文王節儉卑其衣服以就其安人之功以就田功以知稼穡之艱難徽柔懿恭懷保小民惠鮮鰥寡以美道和民故民和之以美政恭民故民安之又加惠鮮

于鰥寡之人自朝至于日中昃不遑暇食用咸和萬民從朝至日昃不暇食思慮政事用皆和萬民文王不敢盤于遊田以庶邦惟正之供文王不敢樂于遊逸田獵以衆國所取法則當以正道供待之故文王受命惟終身厥享國五十年文王九十七終中身卽位時年四十七言中身舉全數周公曰嗚呼繼自今嗣王繼從今已往嗣世之王皆戒之則其無淫于觀于逸于遊于田以萬民惟正之供所以不敢過于觀遊逸豫田獵者用萬民當惟正身以供待之故無皇曰今日耽樂乃非民攸訓非天攸若時人丕則有愆無敢自暇曰惟今日樂後日止夫耽樂者乃非所以教民非所以順天是人則大有過矣無若殷王受之迷亂酗于酒德哉以酒爲凶謂之酗言紂心迷政亂以酗酒爲德戒嗣王無如之周公曰嗚呼我聞曰

古之人猶胥訓告胥保惠胥教誨嘆古之君臣雖君明臣良猶相訓告相安順相教訓以義方民無或胥譸張爲幻譸張誑也君臣以道相正故下民無有相欺誑幻或也此厥不聽人乃訓之乃變亂先王之正刑至于小大此其不聽中正之君人乃教之以非法乃變亂先王之正法至于小大無不變亂言巳有以致之民否則厥心違怨否則厥口詛祝以君變亂正法故民否則其口詛祝言皆患其上周公曰嗚呼自殷王中宗及高宗及祖甲及我周文王茲四人迪哲言此四人皆蹈明德以臨下厥或告之曰小人怨汝詈汝則皇自敬德其有告之言小人皆怨詈汝者則大自敬增修善政厥愆曰朕之愆允若時不啻不敢含怒其人有過則曰我過百姓有過在予一人信如是之怨詈則四王不啻不敢含怒以罪之言當和悅此厥

不聽人乃或譸張爲幻曰小人怨汝詈汝則信之此其不聽中正之君有人誑惑之言小人怨憾詛詈汝則信受之則若時不永念厥辟不寬綽厥心則如是信讒者不長念其爲君之道不寬緩其心言含怒亂罰無罪殺無辜怨有同是叢于厥身信讒含怒罰殺無罪則天下同怨讐之叢聚于其身周公曰嗚呼嗣王其監于茲視亂罰之禍以爲戒周公既致政成王恐其怠忽政以君臣立政爲戒又作立政立政言用臣當其立政故以篇周公若曰拜手稽首告嗣天子王矣順古道盡禮致敬告成王言嗣天子今以爲王矣不可不慎用咸戒于王曰王左右常伯常任準人綴衣虎賁周公用王所立政之事皆戒于王曰常所長事常所委任謂三公六卿準人平法謂士官綴衣掌衣服虎賁以武力事王皆左右近臣宜得其人周公曰嗚呼體茲知恤鮮哉歎此五者立政之本知憂得其人者少古之人迪惟有夏乃有室大競籲俊尊上帝古之人迪惟有夏禹之時乃有卿大夫室家大强猶乃招呼賢俊與共尊事上天迪知忱恂于九德之行禹之臣蹈知誠信于九德之行謂賢智大臣九德臯陶所謀乃敢告教厥后曰拜手稽首后矣曰宅乃事宅乃牧宅乃準茲惟后矣知九德之臣乃敢告教其君以立政后矣亦猶王矣宅居也居汝事六卿掌事者牧牧民九州之伯居內外之官及平法者皆得其人則此爲官矣謀面用丕訓德則乃宅人茲乃三宅無義民謀所面見之事無疑則能用大順德乃能居賢人于衆官若此則乃能三居無義民大罪宥之四裔次九州之外次中國之外桀德惟乃弗作往任是惟暴德罔後桀之爲德惟乃不作先王之法往所委任是爲暴德之人故絕世無後亦越成湯陟丕釐上帝之耿命桀之

昏亂亦于成湯之道得升大賜上天之先命王以天下乃用三有宅克即宅曰三有俊克即俊湯乃用三有居惡人之法能使就其居言服罪又曰能用剛柔正直三德之俊能就其俊事言明德嚴惟丕式克用三宅三俊言湯所以能嚴威惟可大法象者以能用三居三德之法其在商邑用協于厥邑其在四方用丕式見德湯在商邑用三宅三俊之道和其邑其在四方用是大法見其德業言遠近化嗚呼其在受德暋惟羞刑暴德之人同于厥邦受德紂字帝乙愛焉惟作善字而反大惡自强惟進用刑與暴德之人同于其國並爲威虐乃惟庶習逸德之人同于厥政乃惟衆習爲過德之人同與其政言不任賢帝欽罰之乃伻我有夏式商受命奄甸萬姓天以紂惡故敬罰之乃使我周家王有華夏得用商所受天命同治萬姓皇天無親佑有德亦越文王克知三有宅

心灼見三有俊心紂之不善亦于文武之道大行以能知三有居惡之心故然見三友賢俊之心以敬事上帝立民長伯言文武知三宅三俊故能以敬事上天立民下長謂郊祀天建諸侯立政任人準人牧夫作三事文武亦法禹物以立政常任準人及牧治爲天地人之三事虎賁綴衣趣馬小尹趣馬掌馬之官言此三者雖小官長必慎擇其人左右攜僕百司庶府雖左右攜持器物之僕及百官有司主券契藏吏亦皆擇人大都小伯藝人表臣百司小臣猶皆慎擇其人況大都邑之小長以道義爲表幹之臣及百官有司之職可以非其任乎太史尹伯庶常吉士大史下大夫掌邦六典之貳尹伯長官大夫及衆長常事之善士皆得其人司徒司馬司空亞旅此有三卿及次卿衆大夫則是文武未伐紂時舉文武之初以爲法則夷微盧烝三亳阪尹蠻夷微盧之衆師及亳人之歸文王者三所爲之立監及阪地之尹長皆用賢

文王惟克厥宅心及克立茲常事司牧人以克俊有德文王惟其能居心遠惡舉善乃能立此常事司牧人用能俊有德者文王罔攸兼于庶言庶獄庶慎惟有司之牧夫文王無所兼知于毀譽庶言及衆刑獄衆當所慎之事惟慎擇有司牧夫而已勞于求方逸于任賢是訓用違庶獄庶慎文王罔敢知于茲是萬民順法用違法衆獄衆慎之事文王一無敢自知于此委任賢能而已亦越武王率惟敉功不敢替厥義德亦于武王循惟王撫安天下之功不敢廢其義德奉遵父道率惟謀從容德以並受此丕丕基武王循惟謀從文王寬容之德故君臣並受此大父之基業傳之子孫也嗚呼孺子王矣歎稚子今以爲王矣可不勤法祖考之德繼自今我其立政立事準人牧夫我其克灼知厥若丕乃俾亂繼用今已往我其立政大臣立事小臣及準人牧夫我其能灼然知其順者則大臣乃使治之言知臣下之勤勞然後莫不盡心力也相我受民和我庶獄庶慎時則勿有間之能治我所受天民和于我衆獄之事如是則勿有以代之言不可復變自一話一言我則末惟成德之彥以乂我受民言政當用一善善在一言而已欲其口無擇言如此我則終惟有成德之美以治我所受之民嗚呼予旦已受人之徽言咸告孺子王矣歎所受賢聖說禹湯之美言皆以告稚子王矣繼自今文子文孫其勿誤于庶獄庶慎惟正是乂之文子文孫文王之子孫從今已往惟以正是之道治衆獄衆慎其勿誤自古商人亦越我周文王立政立事牧夫準人則克宅之克繇繹之茲乃俾乂言用古商湯亦于我周文王立政立事用賢人之法能居之于心能用陳之此乃使天下治國則罔有立政用

憸人不訓于德是罔顯在厥世商周賢聖之國則無有立政用憸利之人者憸人不順于德是使其君無顯名在其世繼自今立政其勿以憸人其惟吉士用勱相我國家立政之臣惟以吉士用勉治我國家今文子文孫孺子王矣告文王之子孫言稚子以即政爲王矣所以厚戒其勿誤于庶獄惟有司之牧夫獨言衆獄有司欲其重刑慎官人其克詰爾戎兵以陟禹之跡其當能治汝戎服兵器威懷並設以升禹治水之舊迹方行天下至于海表罔有不服四方四海表蠻夷戎狄無有不服化者以覲文王之耿光以揚武王之大烈能使四夷賓服所以見祖之光明揚父之大業嗚呼繼自今後王立政其惟克用常人其惟能用賢才爲常人不可以天官有所私周公若曰太史順其事幷告太史司寇蘇公式敬爾

繇獄以長我王國忿生爲武王司寇封蘇國能用汝敬汝所用之獄以長施行于我王國言王獄當求蘇公之比茲式有慎以列中用罰此法有所慎行必以其列用中罰不輕不重蘇公所行太史掌六典有廢置官人之制故告之知也

冊府元龜

巡按福建監察御史臣李嗣京　訂正

知長樂縣事臣夏允彝叅閱

知建陽縣事臣黄國琦較釋

宰輔部五

謀猷二

漢衛綰爲丞相武帝建元元年十月詔丞相御史列侯中二千石二千石諸侯相舉賢良方正直言極諫之士綰奏所舉賢良或治申商韓非蘇秦張儀之言亂國政請皆罷奏可

卜式爲御史大夫式既在位言郡國不便鹽鐵而船有筭可罷

魏相爲丞相條漢興以來國家便宜行事奏請施行曰臣聞明主在上賢輔在下則君安虞而民和睦（虞與娛同）臣相幸得備位不能奉明法廣教化理四方以宣聖德民多背本趍末或有饑寒之色爲陛下之憂臣相罪當萬死臣相知能淺薄不明國家大體時用之宜惟民終始未得所繇竊伏觀先帝聖德仁恩之厚勤勞天下垂意黎庶憂水旱之災爲民貧窮發倉廩賑乏餧遣諫議大夫博士巡行天下察風俗舉賢良平寃獄寃葢交道省諸用寛租賦弛山澤陂池禁秣馬酤酒貯積（秣馬以粟米飯馬也貯積滯米粟也）所以周急繼困慰安元元便利百姓之道甚備臣相不能悉陳昧死奏故事詔書凡二十三事臣謹按王法必本於農而務積聚量入制用以備凶災亡六年之畜尚謂之急元鼎二年平原渤海太山東郡溥災害（溥與普同）民餓于道路二千石不豫慮其難使至于此賴明詔振捄乃得蒙更生（捄古救字）今歲不登穀暴騰踊臨秋收歛猶有乏者至春恐甚亡以相恤西羌未平師旅在外兵革相乘臣竊寒心宜蚤圖其備惟陛下留神元元率繇先帝

盛德以撫海内宣帝施行其策相又數表采易陰陽及明堂月令奏之（表謂標名之采撮取也）曰臣相幸得備員奉職不修不能宣廣教化陰陽未和災害未息咎在臣等臣聞易曰天地以順動故日月不過四時不忒聖人以順動故刑罰清而民服天地變化必繇陰陽之分以日爲紀日冬夏至則八風之序立萬物之性成各有常職不得相干東方之神太昊乘震執規司春（木爲仁仁者生生者圜故爲規）南方之神炎帝乘離執衡司夏（火爲禮禮者齊齊者平故爲衡）西方之神少昊乘兌執矩司秋（金爲義義者成成者方故爲矩）北方之神顓頊乘坎執權司冬（水爲智智者謀謀者重故爲權）

中央之神黃帝乘坤艮執繩司下土（土爲信信者誠誠者直故爲繩）茲五帝所司各有時也東方之卦不可以治西方南方之卦不可以治北方春興兌治則饑秋興震治則華冬興離治則泄（天地之氣不閉密也）夏興坎治則雹明王謹于尊天愼于養人故立羲和之官以乘四時（乘治）節授民事（各依其節而授以事）君動靜以道奉順陰陽則日月光明風雨時節寒暑調和三者得叙則災害不生五穀熟絲麻遂屮木茂鳥獸蕃（屮古草字蕃多也）民不夭疾衣食有餘若是則君尊民悅上下亡怨政養不遠禮讓可興夫風雨不時則傷農桑農桑傷則民饑寒饑寒在

身則亡廉耻寇賊姦宄所繇生也臣愚以爲陰陽者王事之本群生之命自古聖賢未有不繇者也天子之義必純取法天地而觀於先聖高皇帝所述書天子所服第八（第八天子衣服之制世于施行詔書第八）曰大謁者臣章受詔長樂宮曰令群臣議天子所服以安治天下相國臣何御史大夫臣昌（蕭何周昌也）謹與將軍臣陵太子太傳臣通等議（陵王陵通叔孫通）春夏秋冬天子所服當法天地之數中得人和故自天子王侯有土之君下及兆民能法天地順四時以治國家身無禍殃年壽永究是奉宗廟安天下之大禮也臣請法之中謁者趙堯舉春（主一時衣服禮物朝祭百事也）李舜舉夏倪湯舉秋貢禹舉冬（高帝時自有一貢禹也）四人各職一時大謁者襄章奏制曰可

孝文皇帝時以二月施恩惠於天下賜孝弟力田及罷軍卒祠死事者頗非時節（罷軍卒新從軍而休罷者也）御史大夫鼂錯時爲太子家令奏言其狀臣相伏念陛下恩澤甚厚然而災氣未息竊恐詔令有未合當時者也願陛下選明經通知陰陽者四人各主一時時至明言所職以和陰陽天下幸甚數陳便宜帝納用焉

禹貢爲御史大夫列于三公在位數言得失書數十上又上言諸離宮及長樂宮衛可減其大半以寬繇

役又諸宮奴婢十萬餘人戲遊亡事稅良民以給之歲費五六鉅萬宜免爲庶人廪食（給其食也）令代關東戍卒乘北邊亭塞候望又欲令近臣自諸曹侍中以上家亡得私販賣與民爭利犯者輒免官削爵不得仕宦又言孝文皇帝時貴廉絜賤貪汚賈人贅婿及吏坐贓者皆禁錮不得爲吏賞善罰惡不阿親戚罪白者伏其誅（白明也）疑者以與民（罪疑從輕也）亡贖罪之法故令行禁止海內大化天下斷獄四百與刑錯亡異武帝始臨天下尊賢用士闢地廣境數千里自見功大威行遂從耆欲（從讀曰縱耆讀曰嗜）用度不足乃行一切之變

使犯法者贖罪入穀者補吏是以天下奢侈官亂民貧盜賊並起亡命者衆群國恐伏其誅則擇便巧史書習於計簿能欺上府者以爲右職（上府謂所屬之府右職高職也）姦宄不勝則取勇猛能操切百姓者以苛暴威服下者使居大位故亡義而有財者顯於世欺慢而善書者尊於朝詩逆而勇猛者貴於官故俗皆曰何以孝弟爲財多而光榮何以禮義爲史書而仕宦何以謹愼爲勇猛而臨官故黥劓而髡鉗者猶復攘臂爲政於世行雖犬彘家富勢足目指氣使是爲賢耳（動目以指物出氣以使人）故謂居官而置富者爲雄桀處姦而得利者

爲壯士兄勸其弟父勉其子俗之壞敗乃至於是察其所以然者皆以犯法得贖罪求士不得眞賢相守崇財利（相諸侯相也守郡守也）誅不行之所致也今欲興至治致太平宜除贖罪之法相守選舉不以實及有臧者輒行其誅亡但免官（不止免官而已）則爭盡力爲善貴孝弟賤賈人進眞賢舉實廉而天下治矣孔子匹夫之人耳以樂道正身不解之故（解讀曰懈）四海之內天下之君微孔子之言亡所折中況乎以漢地之廣陛下之德處南面之尊萬乘之權因天地之助其於變世易俗調和陰陽陶冶萬物正天下易於決流抑隊（決欲流之水抑將隊之物言其便宜）自成康以來幾且千歲欲爲治者甚衆然而大平不復興者何也以其舍法度而任私意奢侈行而仁義廢也陛下誠深念高祖之苦（言高祖取天下之難）醇法太宗之治正已以先下選賢以自輔開進忠正致誅姦臣遠放諂佞（諂古諂字）赦出園陵之女罷倡樂絕鄭聲去甲乙之帳退僞薄之物修節儉之化驅天下之民皆歸于農如此不懈（解讀曰懈）則三王可侔五帝可及唯陛下留意省察天下幸甚元帝下其議令民產子七歲乃出口錢自此始又罷上林宮館希幸御者及省建章甘泉宮衛卒減諸侯王廟衛卒省其半餘雖

未盡從然嘉其質直之意

後漢耿國爲大司馬上言宜置度遼將軍左右校尉屯五原以防逃亡卒後明帝追思國言後遂置度遼將軍左右校尉如其議焉

第五倫爲司空倫雖峭直然常疾俗吏苛刻及爲三公值章帝長者屢有善政乃上疏褒稱盛美因以勸成風德曰陛下卽位躬天然之德體晏安之姿以寬弘臨下出入四年前歲誅刺史二千石貪殘者六人斯皆明聖所鑒非群下所及然詔書每下寬和而政急不解務存節儉而奢侈不止者咎在俗弊群下不

爾故也光武承王莽之餘頗以嚴猛爲政後代因之遂成風化郡國所舉頗多辨職俗吏殊未有寬博之選以應上求者也陳留令劉豫冠軍令駟協並以刻薄之姿臨人宰邑專令掠殺務爲嚴苦吏民愁怨莫不疾之而今之議者反以爲能違天心失經義誠不可不愼也非徒應坐豫協亦當宜譴舉者務進仁賢以任時政不過數人則風俗自化矣臣嘗讀書記知秦以酷急亡國又目見王莽亦以苛法自滅故勤勤懇懇實在于此又聞諸王主貴戚驕奢踰制京師尚然何以示遠故曰其身不正雖令不從以身教者從

以言教者訟夫陰陽和歲乃豐君臣同心化乃成也其刺史太守以下拜除京師及道出雒陽者宜皆召見可因博問四方兼以觀察其人諸上書言事有不合者可但報歸田里不宜過加喜怒以明在寬

鮑昱爲司徒建初元年大旱穀貴章帝詔昱問曰旱旣太甚將何以修復災眚對曰臣聞聖人理國三年有成今陛下始踐天位刑政未著如有失得何能致異但臣前在汝南典理楚事臣欽若等曰謂楚王英事繫者千餘人恐未能盡當其罪先帝詔言大獄一起寃者過半又諸徒者骨肉離分孤魂不祀一人呼嗟王政爲虧宜一切還諸徒家屬蠲除禁錮興滅繼絶死生獲所如此和氣可致帝納其言

張奮爲司空值歲災旱祈雨不應乃上表曰比年不登人用饑匱今復久旱秋稼未立陽氣垂盡歲月迫促夫國以民爲本民以穀爲命政之急務憂之重者也臣蒙恩尤深受職過任夙夜憂懼章奏不能叙心願對中常侍疏奏郎時引見復口陳時政之宜明日和帝召太尉司徒幸雒陽獄錄囚徒收雒陽令陳歆卽大雨三日

桓焉順帝卽位拜太傅與太尉朱寵並錄尚書事焉

復入授經禁中因讌見建言宜引三公尚書入省事帝從之

李固爲太尉質帝初兆卜山陵固乃議曰今處處寇賊軍興用費加倍新創憲陵賦發非一帝尚幼小可起陵於憲陵塋內依康陵制度其於役費三分減一乃從固議

楊賜爲司徒靈帝初黃巾帥張角等執左道稱大賢以誑燿百姓天下襁負歸之賜召掾劉陶告曰張角等遭赦不悔而稍益滋蔓今若下州郡捕討恐更騷擾速成其患且欲切勅刺史二千石簡別流人各護

歸木郡以孫弱其黨然後誅其渠帥可不勞而定何如陶對曰此孫子所謂不戰而屈人之兵廟勝之術也賜遂上書言之會去位事留中

魏王朗文帝時爲司空孫權遣使稱藩而與劉備交兵詔議當興師與吳并取蜀下郎議曰天子之軍重於華岱誠宜坐曜天威不動若山假使權親與蜀賊相持搏戰曠日智均力敵兵不速決當須軍興以成其勢者然後宜選持重之將承寇賊之要相時而後動擇地而後行一舉可無餘事今權之師未動則助吳之軍無爲先征且雨水方盛非行軍動衆之時帝

納其計又奏曰詔問所宜損益必謂東京之事也若夫西京雲陽汾陰之大祭千有五百之群祀通天之臺入阿房之宮齊必百日養義五載牛則三千其重王則七千其罷文綺以餝重席童女以蹈舞綴醻酎必貫三時而後成樂人必三千四百而後備內宮美人數至近千學官博士七千餘人中廐則騑駼駙馬六萬餘匹外收則扈養三萬而馬十之執金吾從騎六百走卒倍焉太常行陵赤軍千乘太官賜官奴婢六千長安城內治民爲政者三千中二千石蔽罪斷刑者二十有五獄政充軍偎威儀繁富降於三代

近過禮中夫所以極奢吝大抵多受之於秦餘既遣藺粟慤誠之本掃地簡易之指又失贊質而損文避泰而從約之趣豈夫當今隆興盛時之明祖述堯舜之際割奢務儉之政除繁崇省之令詳刑慎罰之教所宜希慕哉及夫寢廟日一大牢之祀群國並立宗廟之法丞相御史大夫官屬吏從之數若此之輩既已屢改於哀平之前不行光武之後矣謹按圖牒所敗奏在天地及五帝六宗宗廟社稷既已因前代之兆域矣夫天地則掃地而祭其餘則皆壇而埒之矣明堂所以祀上帝靈臺所以觀天文辟雍所以修禮

樂太學所以集儒林高禖所以祈休祥又所以察時務揚教化稽古先民開誕慶祚舊時皆在國之陽並高棟夏屋足以肆饗射望雲物七郊雖尊祀尚質猶皆有門宇便坐足以避風雨可須軍罷年豐以漸修治舊時虎賁羽林五營兵及衛士并合雖且萬人或商賈墮游子弟或農野謹鈍之人雖有乘制之處不講戎陣既不簡練又希更寇雖名實不副難有備急有警而後募兵軍行而後運粮或乃兵既久屯而不務營佃不修器械無有貯聚一隅馳羽檄則三面並荒擾此亦漢近世之失而不可式者也當今諸夏已

安而巴蜀在晝外雖未得偃武而戢兵宜因年之大豐遂寄軍政於農事吏士小大並勤稼穡山川成井里於廣野動則成軍隊於六軍省其暴繇聽其衣食易稱悅以使民民亡其勞悅以犯難民亡其死今之謂矣根畜於食勇畜於勢雖坐曜烈威而衆未動畫外之蠻必復稽顙以求改往而效用矣若畏威挍用不戰而定則賢於交兵而後威立接刃而後功成遠矣若姦凶不革遂迷不反猶欲以其所虐用民之時大魏挍命報養之士然後除以前歌後舞樂征之衆臨彼倒戟折矢樂服之群伐腐摧枯未

足以爲喻

賈詡爲太尉文帝問詡曰吾欲伐不從命以一天下吳蜀何先對曰攻取者先兵權建本者尚德化陛下應期受禪撫臨率土若綏之以文德而俟其變則平之不難矣吳蜀雖蕞爾小國依阻山水劉備有雄才諸葛亮善治國孫權識虛實陸遜見兵勢據險守要汎舟江湖皆難卒謀也用兵之道先勝後戰量敵論將故舉無遺策臣料群臣無備權對雖以天威臨之未見萬全之勢也昔舜舞干戚而有苗服臣以爲當今宜先文後武文帝不納後興江陵之役士卒多死

陳群爲司空太和中中軍大將軍曹眞表欲數道伐蜀從斜谷入群以爲太祖昔到平陽攻張魯多收豆麥以益軍糧魯未下而食猶乏今旣無所因且斜谷阻險難以進退轉運必見鈔截多留兵守要則損戰士不可不孰慮也帝從群議眞復表從子午道群又陳其不便並言軍事用度之計詔以群議下眞眞據之遂會霖雨積日群又以爲宜詔還帝從之

蜀諸葛亮爲丞相聞孫權破曹休魏兵東下關中虛弱上言曰先帝慮漢賊不兩立王業不偏安故託臣以討賊也以先帝之明量臣之才故知臣伐賊才弱

敵强也然不伐賊王業亦亡惟坐待亡孰與伐之是故託臣而弗疑也臣受命之日寢不安席食不甘味思惟北征宜先入南故五月渡瀘深入不毛并日而食臣非不自惜也顧王業不得偏全於蜀都故冒危難以奉先帝之遺意也而議者謂爲非計今賊適疲於西又務於東兵法乘勞此進趨之時也謹陳其事如左高帝明並日月謀臣淵深然涉險被創危然後安今陛下未及高帝謀臣不如良平而欲以長計取勝坐定天下此臣之未解一也劉繇王朗各據州郡論安言計動引聖人群疑滿腹衆難塞胸今歲不戰

明年不征使孫策坐大遂并江東此臣之未解二也曹操智計殊絶於人其用兵也髣髴孫吳然困於南陽險於烏巢危於祁連偪於黎陽幾敗伯山殆死潼關然後僞定一時耳況臣才弱而欲以不危而定之此臣之未解三也曹操五攻昌霸不下四越巢湖不成任用李服而李服圖之委夏侯而夏侯敗亡先帝每稱操爲能猶有此失況臣駑下何能必勝此臣之未解四也自臣到漢中中間朞年耳然喪趙雲陽群馬玉閻芝丁立白壽劉郃鄧銅等及曲長屯將七千餘人突將無前賨叟青羌散騎武騎二千餘人此

皆數十年之內所糾合四方之精銳非一州之所有若復數年則損三分之二也當何以圖敵此臣之未解五也今民窮兵疲而事不可息事不可息則任與行勞費正等而不及虛圖之欲以一州之地與賊持久此臣之未解六也夫難平者事也昔先帝敗軍於楚當此時曹操拊手謂天下已定然後先帝東連吳越西取巴蜀舉兵北征夏侯授首此操之失計而漢事將成也然後吳更違盟關羽毀敗秭歸蹉跌曹丕稱帝凡事如是難可逆見臣鞠躬盡力死而後已至於成敗利鈍非臣之明所能逆覩也於是有散關之

役

吳顧雍爲丞相時江邊諸將各欲立功自效多陳便宜有所掩襲權以訪雍雍曰臣聞兵法戒於小利此等所陳欲邀功名而爲其身非爲國也陛下宜禁制苟不足以曜威損敵所不宜聽也權從之

晉王渾爲司空武帝嘗訪渾元會問郡國計吏方俗之宜渾奏曰陛下欽明聖哲光于遠近明詔沖虛詢及芻蕘斯乃周文疇咨之求仲尼不恥下問也舊三朝元會前計吏詣軒下侍中讀詔計吏跪受臣以詔文相承已久無他新聲非陛下留心方國之意也可

命中書指宣明詔問方土異同賢才秀異風俗好尚農桑本務刑獄得無寃濫守長得無侵虐其勤心政化興利除害者授以紙筆盡意陳聞以明聖指垂心四遠不復因循常辭且察其答對六義以觀計吏人才之實又先帝時正會後東堂見征鎮長史司馬諸王國卿諸州別駕今若不能別見可前詣軒下使侍中宜問以審察方國於事爲便帝然之

裴秀爲司空秀以尚書三十六曹統事準例不明宜使諸卿任職未奏而薨

溫桓加侍中大司馬都督中外諸軍使假黃鉞溫上

疏陳便宜七事其一朋黨雷同私議沸騰宜抑杜浮競莫使能植其二戸口凋寡不當漢之一郡宜并官省職令久於其事其三機務不可停廢當行文案宜爲限日其四宜明長幼之禮奬忠公之吏其五褒貶賞罰宜允其實其六宜述遵前典敦明學業其七宜選建史官以成晉書有司皆奏行之

謝安爲中書監録尚書事輔政于時懸象失度亢旱彌年安奏興滅繼絶求晉初佐命功臣後而封之謝玄已破符堅安奏宜乘釁分會以玄爲前鋒都督率冠軍將軍桓石虔徑造渦潁經畧舊都玄復率衆次

于彭城

南齊褚淵高帝時爲司徒後魏來侵帝欲發王公以下無官者爲軍淵諫以爲無益實用空致擾動帝乃止

後魏咸陽王禧爲長兼太尉上表曰國朝偃武崇文偏捨之久州鎮兵人或有雄勇不閑武藝令取歲暮之暇番上之日訓其兵法弓矢干稍三分並教使人閑其能臨事無闕詔曰雖云教武未練其方既逼北行卒聞教武脫生群惑且可停之

崔浩爲司徒時方士祁纖奏立四王以日東西南北爲名欲以致禎吉除災異詔浩與學士議之浩對曰先王建國作蕃以屏不應假名以爲其福夫日月運轉周歷四方京都所居在於其内四王之稱實奄邦畿名之則逆不可承用先是纖奏改代爲萬年浩曰昔太祖道武皇帝應天受命開拓皇業諸所制宜無不循古以始封代王後稱爲魏故代魏兼用猶彼殷商國家積德著在圖史當享萬億不待假名以爲益也纖之所聞皆非正義太武從之是時河西王沮渠牧犍内有貳意太武將討焉先問於浩浩對曰牧犍惡心已露不可不誅官軍往年北伐雖不克獲實無

所損于時行者内外軍馬三十萬匹計在道死傷不滿八千歲常羸死當不減萬乃不少於此而遠方乘虚便謂大損不能復振今出其圖大軍卒至必驚駭騷擾不知所出擒之必矣且牧犍劣弱諸弟交恣爭權從横民心離解加比年以來天災地變都在秦梁成滅之國帝曰善吾意亦以爲然命公卿議之弘農王奚斤等三十餘人皆曰牧犍西垂下國雖心不純臣然繼父職貢朝廷接以蕃禮又王姬釐降罪未甚彰謂且羈縻而已今士馬勞止宜可小息又其地鹵斥畧無水草大軍既到不得久停彼聞軍來必完聚

城守攻則難援野無所掠於是尚書左弼李順之徒皆曰自溫圉河以西至於姑臧城南天梯山上冬有積雪深一丈餘至春夏消液下流成川引以溉灌彼聞軍至決此渠口水不通流則至渴乏去城百里之內赤地無草又不任久停軍馬斤等議是也帝乃命浩以其前言與斤共相難抑諸人不復餘言唯曰彼無水草浩曰漢書地里志稱凉州之畜爲天下饒無水草何以畜牧又漢人爲居終不於無水草之地築城郭立郡縣也又雪之消液裁不斂塵何得通渠引漕溉灌數百萬頃乎此言大誣誣於人矣李順等復

曰耳聞不如目見吾曹目見何可共辯浩曰汝曹愛人金錢欲爲之辭謂目不見便可欺也帝隱聽聞之乃出親見斤等辭旨嚴厲形於神色群臣乃不敢言唯唯而已於是遂討凉州而平之多饒水草如浩所言及帝至東雍親臨汾曲觀叛賊薛永宗壘進軍圍之永宗出兵欲戰帝問浩曰今日可擊否浩曰永宗未知陛下自來人心安閑北風迅疾宜急擊之須臾必碎若待明日恐其見官軍盛大必夜遁走帝從之永宗潰滅車駕濟河前驅告賊在渭北帝至雒水橋賊巳夜遁詔問浩曰蓋吳在長安北九十里渭北地空穀草不備欲渡渭南西行何如浩對曰蓋吳營去此六十里賊魁所在擊蛇之法當先破頭頭破則尾豈能復動宜乘勢擗擊吳令軍往一日便到平吳之後廻向長安亦一日而至一日之內未便損傷愚謂宜從北道若從南道則蓋吳徐入北山卒未可平帝不從乃渡渭南吳聞太武至盡散入北山果如浩言軍無所尅帝悔之

尉眷爲侍中大尉與太宰常英等評尚書事文成北廵狩以寒雪方降議還眷曰今動大衆以滅北敵去都不遠而便旋駕虜必疑我有內難方寒雪兵人勞

苦以經略大體宜便前進帝從之遂渡漠而還

北海王詳領司徒侍中錄尚書事詳與人坐奏曰竊惟姦刼難除爲蠹日久群盜作患有國攸病故五刑爲用猶陷觸罔之誅道幾深殘寧息狗竊之響是以班制垂式爲治之本整綱提目政之大要謹尋奪録事條班巳周歲然京邑尹令善惡易聞邉州遠守或難聽審皆上下同情迭相掩沒設有賊發隱而不言或以刼爲偷或遏掠成盗更令賊發難知擴竊惟甚臣等參議若依制削奪則縣無朞月之宰附條貶黜郡縻歲稔之守此制必行所謂法令滋章盗賊多有

昔黃龔變風不懸削祿張道稱美豈俾貶退綏導之禮得失在人乃可重選愼官依律劾禁不宜輕改法令削黜郡司今請改制條還附律處其勵己公清賞有常典風謠黷賄案爲考第宣武從之

高陽王雍爲太傅侍中領太尉表請王公以下賤妾悉不聽用織成錦綉金玉珠璣違者以違旨論奴婢悉不得衣綾綺纈止於縵繒而已奴婢布服並不得以金銀爲釵帶犯者鞭一百太后從之而不能久行也

任城王澄爲司空孝明初靈太后臨朝澄表上皇誥

宗制并訓詁各一卷意欲太后覽之思勸誡之益又奏利國濟民所宜振擧者十條一曰律度量衡云公私不同所宜正之二曰宜興學校以明黜陟之法三曰宜興滅繼絶各擧所知四曰五調之外不一煩民任民之力不過三日五曰臨民之官皆須黜陟以旌賞罰六曰逃亡代輸去來年久者若非伎作任聽即任七曰邊兵逃走或實陷沒皆須精簡三長及近親若實隱之徵其代輸不隱勿論八曰工商世業之戶復徵租調無以堪濟今請免之使專其業九曰三長禁奸不得隔越縣領戶不滿者隨近并合十曰羽林虎賁邊方有事蹔可赴戰常戍宜遣番兵代之靈太后下其奏百寮議之事有同否時四中郎將兵數寡弱不足以襟帶京師澄奏宜以東中帶滎陽郡西中帶恒農郡北中帶河內郡選二品三品親賢兼備者居之省非急之作配以强兵如此則深根固本彊幹弱枝之義也靈太后初將從之後議者不同乃止之澄又重奏曰固本宜强防微在豫故雖有文事不忘武功況今重以南蠻仍獷北妖頻結來事難圖勢同往變脫暴寇忽起振動關畿四府羸卒何以防擬平康之世可以寄安邊之久長恐非善策如臣愚見即將

領兵兼總民職省官食祿於此乎在求還依前增兵益號將位旣重則念惡亦深軍郡相依則表裏俱濟朝廷無四顧之憂奸宄絶窺覦之望矣卒不納又以流人初至遠鎭衣食無資多有死者奏并其妻子給粮一歲從之

唐魏徵爲秘書監參朝政時高昌王麴文泰將入朝西域諸國咸欲因文泰遣使貢獻太宗令文泰使人厭怛紇干往迎接之徵諫曰中國始平瘡痍未復若微有勞役則不自安往年文泰入朝所經州縣猶不能供況加於此輩若任其商賈來往邊人則獲其利

若爲賓客中國則受其獘矣漢建武二十二年天下巳寧西域請置都護送侍子光武不許蓋不以蠻夷勞獘中國也今若許十國入貢其使不下千人欲使緣邊諸州何以取濟人心萬端後雖悔之終無所及帝善其議時厭怛紇干巳發遽追止之又帝從容謂近臣曰朕披覽史籍見前王之善事皆力行而不逮其所任用公輩數人而已此於文景之世而不逮之遠也徵進曰今者四夷賓伏天下無事曠古所未有何文景之足論然自古帝王誰不欲比迹於堯舜及其安樂也莫能終其善人臣誰不欲追蹤於稷契及

其富貴也莫能竭其心若使君臣各保其終則天下無憂不理矣帝甚嘉其言

狄仁傑則天聖曆元年爲納言安撫河北諸州遭賊之處是時河朔間爲突厥所遭脅者賊平後多懼逬散仁傑上疏曰臣聞朝廷議者以爲契丹作梗始明人之逆順或因迫脅或有願從或受僞官或爲招討或兼外賊或是土人跡雖不同心則無別誠以山東雄猛繇來重氣一顧之勢至死不迴近緣軍機調發傷重家戶悉破或至逬亡剔屋賣田人不爲售內顧生計四壁皆空重以官典侵欺因事而起取其髓腦曾不愧心修築城池繕造兵甲當州役使十倍軍機官私不矜期之必取枷棒之下痛切肌膚事迫情危不修禮義愁苦之地不樂其生有利則歸且圖賒死此乃君子之媿辱小人之常行人猶水也壅之則爲泉疏之則爲川通塞隨流豈有常性昔以唐朝爲驗殷監不遥河北河南時有恭陵之後主司逼迫切不准程一尨石亂披一時逃散豈不以力窮則怨不畏刑書之至愚皆如此顓幸蒙唐朝見捨今爲大周淳人向無矜恕之恩安有自新之路昔董卓之亂神器播遷及卓被誅部曲無赦事窮變起毒害生人京室丘

墟化爲禾黍此繇恩不普洽失在機先臣一讀此書未嘗不廢卷歎息今以負罪之伍必不在家露宿草行潛竄山澤赦之則出不赦則狂山東群盜緣前聚結臣以邊塵暫起不足爲憂中夏不安以此爲事臣聞持大國者不可以小道理事廣者不可以細分人主恢弘不拘常法罪之則衆情恐懼恕之則反側自安伏願曲赦河北諸州一無所問自然人神通暢率土歡心諸軍凱旋得以無擾從之

冊府元龜卷之三百一十二終

冊府元龜

巡按福建監察御史臣李嗣京　訂正
知閩縣事臣曹門臣參閱
知建陽縣事臣黄國琦較釋

宰輔部六

謀猷三

唐姚崇先天中爲紫微令先是中宗時公主及外戚皆奏請度人爲僧尼亦有出私財造寺者富戶彊丁皆經營避役遠近充滿至是崇奏曰佛不在外求之在心圖澄最賢無益於全趙羅什多藝不救於亡秦

何充符融皆遭敗滅齊襄梁武未免災殃但發心慈悲行事利益使蒼生安樂卽是佛身何用妄度姦人令壞正法帝納其言令有司隱括僧徒以僞濫還俗者萬二千餘人

宋璟爲相開元五年黄門監蘇頲爲紫微侍郎同在相位奏曰十月十四十五日承前諸寺觀多動音聲今傳有使內音聲擬相誇鬬官人百姓或有縛綳此事儻行異嘗喧雜四齊雖許作樂三載猶在遏音伏惟孝理深在典故臣等旣聞此事不敢不陳卽日勑所在停之十一月庚戌璟與紫微侍郎蘇頲奏曰悲田養病從長安已來置使專知且國家矜孤恤窮敬老養病至於按比各有司存今遂聚無名之人著收利之使實恐逋逃爲藪隱没成姦昔仲尼仕衛出私財爲粥以飼貧者孔丘非之乃覆其饋人臣私惠猶且不可國家小慈殊乖善政伏望罷之其病患人令河南府按此分付其家不許又奏朝集使每至春末還多有敗轉率以爲常璟奏請一切勒還絶其侥求之路七年二月己巳上封者以興慶池是符命之所里之上宇符於聖名池水之源生於朱邸請刻石紀頌頒示天下璟又奏曰徵祥所寶在於聖德興慶休

應宇內咸知須告刻石恐塵大體望宣付國史從之五月又奏曰陛下屢降德音勤恤人隱此誠蒼生緊賴明主用心但河北不登或須給貸貴在用遍省於差科共遵程式又考使去日恩勑再三若有饑獘廣使賑廩山東蒸黎德施溥洽又頃者緣農桑在候恐囚繫尚多徒巳下刑並責保放唯流死等色則情不可寬古人慎赦義在存法恐今有言事者未能細知直以月蝕修德或云分野應有災祥因而多言輿惑上聽臣以爲君子道長小人道消女謁不行讒夫漸遠此謂修德也囹圄不撓甲兵不興理官在平不以

深苛爲獄軍將愼舉不以輕進邀功此所謂修刑也向時所陳皆朝廷常已留念縱日月愼盈滿將因此而致禍必指期而有應且君子耻言浮於行故曰予欲無言又曰天何言哉四時行焉百物生焉望以至誠動神不要制書頻降其京城諸司及府縣繫囚仰重臣等即准勑與所由參詳處分帝報曰在於朕躬庶事戒愼天下或恐不稱所望卿爲朕耳目焉上天降省良有以也深輔朕之不逮

郭子儀爲中書令代宗大曆十年二月奏曰臣伏以魏博相衞河陽三城陝州等軍吏不寧須速安撫言

甚切至帝甚然之

楊炎爲相初國家舊制天下財賦皆納於左藏庫而大府四時以數聞尚書比部覆其出入上下相轄無失遺及第五琦爲度支鹽鐵使時京師多豪將求取無節琦不能禁乃悉以租賦進入大盈內庫以中人主之意天子以取給爲便故不復出是以天下公賦爲人君私藏有司不得窺其多少國用不得計其羸縮殆二十年矣中官以冗名持簿書領其事者三百人皆奉給其間連結根固不可動及炎作相頓首於帝前論之曰夫財賦邦國之大本生人之喉命天下理亂輕重皆由焉是以前代歷選重臣主之猶懼不集往往覆敗大計一失則天下搖先朝權制中人領其職以五尺宦豎操邦之本豐儉盈虛雖大臣不得知則無以計天下利害臣愚待罪宰輔陛下至德惟人是恤參校蠹弊無斯之甚請出之以歸有司度宮中經費一歲幾何量數奉入不敢虧用如此然後可以議政惟陛下察焉詔曰凡財賦皆歸左藏庫一用舊式每歲於數中量進三五十萬入大盈而度支先以其全數聞炎以片言移人主意議者以爲難中外咸稱之

柳渾爲相貞元三年奏故尚書左丞田季羔公忠正直先朝名臣其祖父皆以孝行旌表門閭京城陷朝舊第季羔一家而已今被堂姪伯強進狀請貨宅召市入馬以討土蕃一開此門恐滋不逞討賊自有國計豈資僥倖之徒且毀棄義門虧損風教望少加責罰亦可懲勸從之

陸贄貞元中爲中書侍郎平章事請許臺省長官自薦屬官德宗俄又宣旨曰外議以諸司所舉多引用親黨兼通賂遺不得實才此法行之非便今後卿等宜自選擇勿用諸司延薦贄論奏曰臣實頑鄙一無

所堪猥蒙任使待罪宰相雖懷竊位之懼且乏知人之明自揣庸虚終難上報唯知廣求才之路使賢者各以彙征啓至公之門令職司皆得自達既蒙允許即已宣行南宮舉人纔至十數非臺省舊吏則是使府佐寮累經薦延多歷事任論其資望既不愧於班行考其行能又未聞于闕敗遽以騰口上煩聖聰道以難行亦可知矣陛下勤求理道務徇物情因謂舉薦非宜復委宰臣揀擇其爲崇任輔弼博採輿詞可謂聖德之盛者然於委任責成之道聽言考實之方閑邪存誠猶恐有闕陛下既納臣言而用之旋聞横

議而止之於臣謀不責成於横議不考實此乃謀失者得以辭其罪議典者得以肆其誣率是而行觸類而長固無必定之計亦無必實之言計不定則理道難成言不實則小人得志國家之病常必由之昔齊桓公問管仲害霸之事對曰得賢不能任害伯也用而不能終害霸也與賢人謀事而與小人議之害伯也所謂小人者不必悉懷險詖故覆邦家蓋以其意性憸邪趣向狹促以沮議爲出衆以自異爲不群趍近利而昧遠圖効小信而傷大道況又言行難保恣其非心者乎伏以宰輔常制不過數人人之所知固有限極必不能徧諳諸事備閲群才若令悉命群官理須詢訪是則變公舉爲私薦易明敭爲諳挍儻如議者之言所舉多有情故舉於君上且未絶私薦於宰臣安肯無詐失之弊必又甚焉所以承前命官罕有不涉私謗雖則秉鈞不一或自徇情亦繇私訪所親轉爲所賣其弊非遠聖鑒明知今又知徇浮言專任宰臣除吏宰臣不徧諳識踵前須訪於人若訪親朋則是悔其覆車不易故轍若訪於朝列則是求其私薦不如公舉之爲愈二者利害惟陛下更詳擇焉恐不如委任長官愼擇寮屬所揀既少所求亦精得

賢有鑒識之名失實當瘖謬之責人之常性莫不愛身況於臺省長官皆是當朝華選孰肯徇私妄舉以傷名取責者耶所謂臺省長官即僕射尚書左右丞侍郎及御史大夫中丞是也陛下比擇輔相多亦出於其中今之宰臣則往日臺省長官也今之臺省長官乃將來之宰官也但是職名暫異固非行業頓殊豈有爲長官之時不能舉一二屬吏居宰臣之位則可擇千百具寮物議悠悠其惑斯甚夫求才貴廣考課貴精求廣在於各舉所知長吏之薦擇是也貴精在於按名責實宰臣之序進是也往者則天太后踐

祚臨朝欲收人心尤務接權弘委任之意開汲引之門進用不疑求訪無倦非但人得薦士亦許自舉其才所薦必行所舉輒試其於選士之道豈不傷於容易哉而課責旣嚴進退皆速不肖者旋黜才能者驟升是以當代謂知人之名累朝賴多士之用此乃近於求才貴廣考課貴精之效也陛下誕膺寶曆思致理平雖好賢之心有踰於前哲而得人之盛未逮於往時蓋繇寶鑒獨任於聖聰搜擇頗難於公舉仍速登延之路罕施練覈之方遂使先進者漸益凋訛後來者不相接續施一令則謗沮互起用一人則瘡痏

立成此乃失於選才太精制法不一之患也則天舉用之法傷易而得人陛下慎揀之規大精而失士陛下選任宰相必異於庶官精擇長吏必愈於末品及至宰臣獻規長吏薦士陛下即但納橫議不稽始謀是以任以重者輕其言待以輕者重其事且又不辨所毁之虚實不核所試之短長人之多言何所不至是將使人無所措其手足豈獨選任之道失其端而已乎帝雖嘉其所陳長官薦士之詔竟追寢之

趙退翁爲相深於理道嘗議以爲政之本選賢才敎節儉薄賦歛寬刑罰每對敭之際必再三奏之貞元八年表上審官六議曰臣謬登宰府四年于茲恭承德音未嘗不以求賢爲切至于延薦職在愚臣雖當代天之功且乏知人之鑒漸積歲月孤負聖朝無裨王猷有妨賢路況多疾憊兼慮闕遺頃奉表章備陳肝膽陛下以臣性拙近真身病可矜不棄昇微尚加委任自此思省報效尤難莫副堯舜之心空懷尸素之懼伏惟陛下法象應期聖神廣運雲行雨施皆發自然訓誥典謨悉經會覽臣所以不敢援引古昔上煩天聽且以用人之要願申鄙見復念稽顙丹陛仰對宸嚴謇訥易窮遽數難辨理詳則塵黷頗甚言畧

則利害未分若默以求容苟而竊位幾天地之仁幸免在外中之責何逃非陛下用臣之意也其所欲言者皆陛下思慮之內臣但以頂戴恩造不知所爲身被風毒漸憂沉痼是以懇懇勤勤切於愚誠也臣聞開元貞觀之際宰輔論事或多上書所冀獲盡情理今臣酌前代之損益體當時之通變謹獻審官六議伏惟間宴賜其省覽其大指議宰臣曰宜博採衆賢用爲輔弼今中外知其賢者伏願陛下用之識其能者任之求其全才不可得也議進用庶官則曰異同之論是非難辨由考課難於實効好惡雜於衆聲所

以訪之彌多得之彌少選之彌切慮之彌難屬者臣因論求才選士古今爲難抜十得伍賢愚猶半陛下謂臣曰何必五也十得三斯可矣聖主思賢至是而宰臣不能進之罪也進賢在於廣任用明殿最舉大節棄小瑕隨其所能試之以事用人之大綱也議京諸司闕官則曰當今要官多闕閑官十無一二文官武官任用資序遞遷要官本以才行閑官多因恩澤朝廷或將任使多擬要官要官則人少闕多閑官則人多闕少明當選抜者轉少在優容者轉多宜補闕員務育材用夫大厦永固是梁棟榱桷之全也聖朝

致理亦庶官群吏之能也議中外考課官則曰漢以數易長吏謂之獘政其有能理者輒增秩賜金或八九年十餘年乃入爲九卿或遷三輔功績茂異遂至丞相其間不隔數官今陛下內選庶僚外委州府課績高者不次超昇致理之法無踰於此臣愚以爲黜陟宜立年限著所居要重未嘗遷徙就加爵秩其餘進退令知褒貶之必行遲速之有常如績在中等年考及限與之平轉中外迭處歷試其能使無苟且之心又無淹滯之慮議舉遺滯則曰官司既廣必委宰輔宰輔不能徧知又詢于庶官庶官不能徧知又詢於衆人衆聲囂然守有臧否十人舉之未信一人毁之可疑殆至于今茲獘未改其所舉所毁亦盡愛憎也若不於審實而承聲言之大凡嘗人之心以獨人之善爲情以攻人之過爲直苟有除授多生謗議蹤是宰臣每將薦用亦自重難日往月來未副聖意宜須聽時論所舉多者先用必非文故皆不棄之議擢用諸使府僚屬則曰諸使群吏各自精求務於得人既經試效能否可知擢其賢能置之朝列或曰外使須才固不可奪臣知必不然也屬使府賓介每有登朝本使殊以爲榮自喜知人且明公選任凡才能之

王名位未達多在方鎮日月在上誰不知之思登闕廷如望霄漢宜須博採無俾久滯帝荅曰朕端拱虛懷精求至理嘉謨獻可允屬台臣卿道著直方識通今古思振淹滯以叙彝倫罄竭謀猷裁成議列志在裨贊實沃予衷克彰奉職之誠深得大臣之體再三省閱良多嘉重焉

賈耽爲相貞元十六年九月義成軍節度盧群卒甲戌以尚書左丞李元素爲義成軍節度鄭滑等州觀察營田使耽奏曰自今以後諸道節度缺但自朝廷除者與無他慮若於軍中擢用必有向背喜懼者人

心固不安帝以爲然及蔡州吳少誠拒命以鹽夏節度使韓全義討之兵敗耽奏曰全義五樓退軍賊不敢追趁者應望國家恩貸伏恐須開其生路帝是之詔雪少誠

杜黃裳元和初爲相與憲宗語及方鎮除授黃裳言德宗朝每方鎮死多先命中使探其軍情至則納其副倅及大將厚賂歸稱其美以是因循方鎮罕有特命帥守者陛下宜熟思貞元故事稍以法度整肅諸候則天下何憂不治帝然其言繇是用兵誅夏蜀之後不容藩臣蹇傲尅復兩河威令復振葢黃裳啓其

衷也又帝謂宰臣曰朕嘗覽前史見歷代帝王或怠於聽理或親於煩政互有得失其理安在黃裳對曰帝王之務在於修己簡易擇賢任之宵衣旰食以求人瘼捨己從人以務厚下固不可怠肆安逸然事有綱領大小當務知其遠者大者至如簿書訟獄百吏能否本非人主所自任也秦始皇自程決事見嗤前代諸葛亮覇國之相耳二十罰以上皆自省之亦爲敵國所誚知不久堪魏明帝欲案省尚書疑事陳矯稱其不可隋文帝日旰聽政每令衛士傳食太宗皇帝亦笑其煩察則爲人上之體固不可代下司職但擇人委任責其成功賞罰苟信誰不盡心傳稱舜之德曰夫何爲哉恭己正南面而已誠以能舉十六相去四凶也豈與勞神疲體自任耳目之主同年而語哉但人主嘗患在不能推誠人臣之弊在不能自竭由是上疑下詐體貌或虧欲求共理自然難致苟去此弊何患不至於理帝深然其言

武元衡元和爲相詔追浙西節度使李錡錡稱疾請醫理俟歲一入朝帝以問宰相鄭絪請如錡奏元衡曰不可且錡先自請來朝詔既許之卽又稱疾是可否在錡也今陛下新天下屬耳目焉若使姦臣得遂

其私則威令從此去矣帝曰遽追之錡果計窮而反

李吉甫爲相憲宗謂宰臣曰當今政教所施何者爲急吉甫對曰爲政所急諒非一端自非事舉其中固不可臻於致理然國以人爲本親人之任莫先牧宰實繫一方若廉察得人委之臨撫列郡承式政化自宣苟或非才爲蠹實甚由是而言觀察刺史之任爲切自昔唐虞三載考績三考黜陟故得久於其事風化可成而末代命官多輕外任選授之際意在沙汰委以藩部自然非才刺史數廣益非愼擇加以更代促遽人無安志迎送之費竭耗不供此最爲弊聖慮

所及實窮政本伏望慎守良制改革前失則四海蒙福人無苟且之心帝深然之時京城諸僧有以請莊磑免稅者吉甫奏曰錢米所徵素有定額容緇徒有餘之力配貧下無告之氓必不可許帝不止

李藩爲相元和四年十二月憲宗謂宰臣曰前代帝王理天下或家給人足或國貧下困其故何也李藩對曰古人云儉以足用蓋足用必繫於儉約誠使人君不貴珠玉唯務耕桑則人無瘁心俗自敦本百姓旣足君孰與不足自然府帑充羨稼穡繼登若或人君力貴異物上行下效風俗日奢去本務末衣食益

乏則百姓不足君孰與足自然國貧家困盜賊乘隙而作矣今陛下永鑒前古思躋富庶躬尚勤儉自當理平伏願以知之爲非難保之爲急務宮室輿馬衣服器玩必須損之又損示人變風則天下幸甚帝曰儉約之事是我誠心貧富之繇如卿所說唯當上下相勗以保此道倘有踰濫極言箴規此固深期於卿等也藩等拜賀而退

權德輿爲相元和五年憲宗謂宰臣曰朕以禁中舊殿歲久傾危欲漸修葺緣國用未足每務簡儉至於車服飲食亦畏奢侈不知竟可營造否德輿對曰仲尼謂大禹卑宮室菲飲食惡衣服爲無間言漢文帝欲起露臺以百金中人十家之產曰吾奉先帝宮室嘗恐羞之何以臺爲於是遂止是以文帝之代四海富庶俗知禮讓今陛下至誠恭儉有過前王實天下幸甚

李絳爲相元和七年憲宗謂宰臣曰人之行事嘗患不通於理已然之失追改復難古人處此復有道否絳對曰行事過差古之聖人皆所不免故天子置輔弼之任有諍臣七人皆選正直端莊之臣以備其選規主以道德勉主以公正故主心理於中臣論正於

外制理於未亂銷患於未萌主或過舉則諫以止之故上下同體猶手足之於心膂交相爲用以致康寧此亦嘗理非難遵之事但矜得惜失嘗情所蔽古人貴改過不吝從善如流良爲此耳陛下以上聖生知研慮幾道臣等備位無所發明伏聞聖語益慙愚瞽然無代無賢在用之與否耳昔燕昭王築臺以待賢士郭隗首進請自隗始則四方之賢聞風而至臣等雖以至愚下竊明聖苟不拒愚言同於詢芻蕘嘗如今日則眞賢將至直諫競啓矣帝曰朕之不明固昧於理然權用卿等唯冀直諫必當盡心無隱數進若

口之言社稷是賴非余敢私也絳等蹈舞拜謝而出憲宗又謂宰臣曰昨者地震草樹皆動搖何祥也絳對曰在昔玄元皇帝以大聖明徹通於天下之理因周三川之震云天地之氣不過其序人亂之也人政乖錯則上感陰陽之氣陽伏而不能出陰迫而不能昇於是有地震又孔子修春秋所紀災異先地震日蝕葢地載萬物日爲君象政有感傷天地見責書之示戒用儆後王伏願陛下勉保虔恭之誠動以利萬物綏四方爲慮則變異自銷休徵可致也帝深然之

常貫之爲相元和中以淮西之後鎭州盜竊輦下殺

宰相武元衡傷御史大夫裴度及度爲相二寇金征議者以物力不可貫之請守鎭以養威攻蔡以專力憲宗方急於太平未可其奏貫之進言陛下豈不知建中之事乎天下之兵始於蔡急魏應齊趙同惡德宗率天下兵命李抱眞馬燧急擊之物力用屈於是朱泚乘爲亂朱滔隨而向闕致使梁漢爲府奉天有行營皆陛下所聞見非他不能忍待次第速於撲滅故也陛下獨不能寬歲月俟拔蔡而圖鎭耶帝深然之

崔群爲相元和十四年誅李師道憲宗顧謂群曰師古雖自襲祖父然朝廷待之始終其妻於師道卽嫂叔也雖云逆族若量罪輕重亦宜降等又李宗奭雖抵嚴憲其情比之大逆亦有不同其妻之族也今其子女俱在掖庭於法皆似稍深卿等商意否群對曰聖情仁惻罪止元兇其妻延屬儻獲寬宥實合弘煦之道於是師古妻女宜娘詔出於鄧州安置宗奭妻韋氏及男女先沒掖庭並釋放其婢奴資貨皆復賜之又鹽鐵福建院官權長孺坐贓詔付京兆府決殺長孺母劉求哀於宰相群因入對言之憲宗愍其母耄年乃曰朕將屈赦長孺何如群曰陛下仁惻赦之

當速令中使宣諭如待正勑卽無及也長孺竟得免死長流群之啓奏平恕多此類也其年帝謂宰臣曰聽受之間大是難事推誠選任謂所委者必合悉心及至臨事亦閒皆有傾曲朕臨御已來歲月漸久雖不明不敏然見物理漸詳每欲於事察審比令學士編錄古今疑謗類昨以披閱見曖昧似是之事頗爲鑒戒群等奏曰情無曲直辨之至易稍涉欺詐審之實難孔子所謂衆好之必察焉衆惡之必察焉誠以巧言浸潤微昧難覺故古之鞫獄皆聽三訊慮其寃誣擇賢任之嚴法斷之使人務誠直理歸公正則亦

何繇致蔽僞也陛下覽今古惑聽之說以廣聰明鑒往知來實天下幸甚時欲收復河湟國用不足郓府長吏繇是希旨往往掊拾自爲進貢會處州刺史苗稷直進羨餘錢七千貫群請下令却賜本州代貧逃戸稅錢遇玆時獎物論歸之

裴度爲相元和四年憲宗嘗與宰臣議及人臣事主當力行善事自致公望何乃好樹朋黨朕甚惡之度對臣聞方以類聚物以群分故君子小人未有無徒者但君子爲徒則是同德小人爲徒則是朋黨此是外甚相似中實相遠在聖主觀其所行之事以辨之

度等退相賀曰聖上今日論君子小人之事可謂誠言是則聖主以爲難辨則易矣以爲易辨則難矣今陛下以爲辨之難則君子與小人彌當自區別矣他日宰臣或以當今利病欲有所釐改及陳爲臣事君之道帝必往復詰問既盡理之後則曰凡事口說則易躬行則難卿等既爲朕言當須行之勿空陳說而已宰相起而對曰書曰非知之艱行之爲難陛下今日處分可謂至言臣等敢不勗厲以副天心然亦以天下之人從陛下所行不從陛下所言臣等亦願陛下毎言之則行之耳帝大悅十二年以楊元卿授蔡州刺史兼御史中丞未行改授光祿少卿初朝廷比令元卿與李愬會議於唐州東境選要便處權置行蔡州如百姓官健有歸順者便准勑優恤必令全活旣而召見元卿遽奏請借度支錢及言事頗多不合旨度亦以諸將討蔡三年功成在旦暮如更分土地與元卿卽慮相侵生事故罷前命而改授焉

寶曆二年四月乙丑送幽州春衣中使內養楊文端流崇陵李孝温元陵艱難已來朝廷春衣嘗命中人賜方鎮及將士時服今春衣所賜幽州時服朱克融嫌踈弱執中使以聞帝特優容別命中人宣諭仍更

賜衣服楊文端等先是克融留春衣使又奏云伏聞陛下欲幸東都今請將兵馬幷丁匠五千人赴東都修理宮闕迎候車駕又奏三軍今季無春衣擬於朝廷請一年春衣約三十萬端疋方可足用不然三軍不安帝覽表召宰臣等問如何處分爲宜我欲遣一重臣宣慰兼便索春衣使得無度對曰克融本兇族無故又敢悖慢必將滅亡陛下不足爲慮譬如有一豺虎於山林間自吼自擲但不采顧自然無事此賊只敢於巢穴內無禮動必不得今亦不要遣使宣慰亦不要索所留勑使但更緩旬日與一詔云聞中官

至彼稍失去就待到我當有處分所賜卿春衣有司製造不謹我甚要知已令科處所請兵馬及丁匠五千人赴東都固是虛語臣料賊中必出不得今欲宣挫其姦意即云卿所請丁匠修宮闕可速來已勑魏博等道令所在排比供擬料得此語必憧惶失計若未能如此猶示含容則報云東都宮闕所要修理事在有司不假卿遣丁匠遠來又所言三軍春衣自是本道事比來朝廷或有賜予皆緣徵發須至優恩若尋常則無此例我固不惜三二十萬疋物只是事體不可獨與范陽卿宜知悉只如此處分即得陛下更

不要介意帝從之遂進詔草及詔到後皆如度所料

冊府元龜

冊府元龜

巡按福建監察御史臣李嗣京　訂正
知甌寧縣事臣孫以敬參閱
知建陽縣事臣黄國琦較釋

宰輔部七

謀猷四

唐李石爲相太和末文帝御紫宸殿石奏曰請准今月三日詔命起居郎起居舍人執筆記言記事帝問石曰坊市人得漸安未石對曰亦已漸安然近日苦寒蓋緣刑殺致此陰沴又聞人索聯枝黨未已伏乞

聖恩特賜寛宥鄭覃曰所坐周親已有處分訖若不寛解即恐連累至多石又奏曰昨聞鄭注到鳳翔招召兵士至多所招募者皆被殺戮竊恐邊上乘此生事伏乞降詔書安諭帝曰政貴寛恕固宜如此覃石等對曰遏惡揚善古聖所重帝曰朱叔夜入言罪人須早令御史鞫問如無過便與洗雪勿令虚受贓汙之名又曰宰相之務在選賢任用石奏曰臣與鄭覃俱爲輔弼不立肝膽豈敢不盡但以人各有求苟遂所欲則美譽至稍不如意則謗議生覃曰事有百司請各委任帝曰各須求才仍委百司宰相豈可一一領慎不得懼百司有權覃曰臣嘗聞李林甫忌前好人帝曰林甫姦臣也豈足論石曰比者選才先試以吏事文武兼才者或主邊兵或管錢穀若有能事然後入用近日皆以資序進用由是乏人帝曰國朝近來取士與向前頗異覃曰臣聞南朝多用文華所以不理今日以才堪即用不必文辭借如中書舍人草制部每人只要三數句語粗說其人豈必全序官資歷任帝曰凡進士及第有方鎮奏請判官者第一任未經作州縣官莫依但第一任曾作縣官即第二任依奏覃曰此科多輕薄不必盡用帝曰輕薄敦重色

色皆有亦未必全在此科況此科已二百年亦不可遽改覃曰亦乞不崇樹石曰人家兄弟十數人或三五人但稍有智慧者即業文學若州縣有一文學人在其中雖地至偏遠必少差事陛下若盡令選授州縣官即不滅選帝曰今加至四十人三年即選與州縣官得資即任諸處奏充判官鄉便處置奏來帝曰朕十年孜孜求理迄今竟未見太平如何覃曰究其根源蓋以黎人困弊臣聞百姓富則國富國富在藏之於野欲天下理莫若恤蒼生石曰又三志恤蒼生恤若得術亦應不難根本在朝廷事在節用革去冗

食秪如司農寺木炭價每年約支八萬貫有司無以隄防姦吏貪緣所支不啻一倍以臣親見且去簿書姦盜然後百司理百司理則天下理若綱在綱則百事整帝曰我每思貞觀開元之時覩今日之事卽往迹憤氣塡膺覃曰陛下頻言及此臣等不勝慶抃臣與石等漸期條理以副聖心石曰求理之道在乎自上而下至於禁中衣服裝飾外皆倣傚以爲時尚陛下躬儉節用風俗已移長裙大袂日漸減少若吏令戚屬絶其倖立不慮下不從教帝曰且左街副使張元昌便用金唾盂何奢侈之甚昨因李訓事已斬矣

覃對曰如張元昌事宜付有司誡約此輩則人自惕懼帝曰此事亦難家至戶到誡勅但要以自儉約化之朕嘗聞前時內庫有兩領錦暖子其上飾以金鳥一領玄宗皇帝幸溫湯時著一領與楊貴妃著當時貴重如此如今奢靡豈復貴之料今富家亦應往往而有石曰毛玢爲吏部尚書性本清儉時人尚不敢鮮衣美食況萬乘之晉情故可便爲一時之法帝曰周孔文武之業後猶陵遲亦可歎也石又言曲江亭比奉詔令百司修造今將興功更俟進止帝曰且止石曰開元之時亭臺至盛今將倣之未知可否帝曰在開元之際天下太平過有興役已是當時末事豈爲宜哉石又曰請於舊亭子兩邊令京兆府量造小屋餘請停罷廻充館立幷昨所被誅戮數家家資器用並請勒度支送官馬充用宰臣退帝命起居郎鄭朗等適所紀録者將來一覩鄭朗對曰臣執筆所紀便自爲史臣聞自古帝王不合觀史帝曰故事何在朗曰臣不敢遠徵故實嘗聞太宗皇帝欲親覽國史用知得失諫議大夫朱子奢上表云史官所述義歸盡善若至曾玄已後或非上智中主庸君飾非護短見極陳善惡史官何地逃刑又聞褚遂良對曰今之

起居古之左右史以記人君言行善惡必書庶幾不爲非法不聞帝王躬自觀史帝又謂朗曰適來所紀自是宜書未有否臧一見無爽朗乃進所紀帝畧覽曰卿宜門外重寫録進來其日晚內出詔宣示宰臣曰適來鄭朗等奏朝來所紀之事擬不進本人君之言良史善惡必書或有平生之閑話不關理道之體要垂諸將來實爲愧耻異日臨朝庶幾稍改何妨一見得戒醜言開成初帝御紫宸殿石與鄭覃等進曰陛下改元御殿中外寧謐全放京兆府一年租稅又停天下四節度進奉恩澤所該實當要切近年赦令

背不及此帝曰朕務行其實不欲崇長空文覃曰在守之而已石曰赦書須內置一本陛下時看之又十道黜陟使去日更付與公事根本令向外與長吏詳擇施行方盡利害之要帝召監倉御史問太倉粟數御史崔虞對曰見粟有二百五十萬石帝曰無九年之蓄曰不足無六年之蓄曰急無三年之蓄曰國非其國今約歲費不少而所蓄非多深可軫慮石曰京畿頻旱無以添置待至來年徵西稅麥時納麥穀時納穀自然國蓄漸實人亦樂輸帝曰如今用粟處且給假錢來年折納務優農人覃曰若不優之折納為

害石又奏涇陽水利方春作時請禁碾磑秋冬水閑任郑動用覃曰務農乃厚其本也游手末作自當禁止帝曰百司弛慢要須條舉因指御爐曰此物始亦華好用之既久乃無光彩若不修飾何繇復初石曰百司皆有官長在陛下各責其事而已覃曰丕變風俗當考實効晉時嵇阮之流竟何裨益帝曰阮籍居母喪飲酒食肉喙豢禮教覃曰三十年以來不務實事相尚為顏黃石曰此本因理平人人無事安逸所致今之人俗但違慕王夷甫耻不能及帝曰卿等輔朕為理必在振舉法度法者三王之銜策乘馬不執鞭策可望致遠乎鄭覃李石謝石曰陛下撫念萬方形於憂歎臣等雖甚駑庸敢不力奉聖志湖南觀察使盧周仁奏請進羨餘見錢二萬貫雜物八萬貫覃以為不可受恐朝廷生好貨之風有土者率相效尚則侵削之患多矣不如還之使代貧下征徭帝深嘉之二年前秘書監吳士矩以任江西日加給將士粮料貶蔡州別駕巳丑帝御紫宸謂宰臣曰吳士矩初至洪州在庫錢二十萬貫今交割所奏止有九萬貫不可不就洪州推按石曰士矩擅有添給誠合推鞫以其關涉衆多恐懷連累之懼臣所以請先事貶官

今口語不息事須更盡理按問軍人情狀難保須為之防故前推董昌齡追至梧州後處置蕭洪亦追離本道帝然之因許就東臺推鞫帝又問王晏平自滄官馬百疋及器甲事覃石言方鎮因緣寵任侮易朝章若法在必行亦宜革之有漸

楊嗣復為相開成中文宗問宰臣曰人言讖辭豈實有乎嗣復曰光武好讖多以讖決事於是讖書大行為後代笑班叔皮書著王命論以止庸妄姦亂者之心李班曰喪亂之時佐命者務稱符命致理之代只合推諸人事帝然之帝又謂宰臣曰南朝唯以寫經

造佛爲功德此豈謂功德邪嗣復曰古稱博濟生人謂之功布澤無私謂之德彼豈足稱功德莫大於濟生人德及後嗣宜哉帝又謂宰臣曰少有如今日四方無事時玨曰譬如人四體平和當將息如恃之自忽卽病立至亦繇朝廷嘗於無事時尤須思政求理卽必無患嗣復曰苞桑之戒誠不可忘所謂亂者有其理亡者有其存帝曰朕在位十四五年無功無德幸遇天下無事固不敢望貞觀開元嗣復曰自古帝王但能認得所遇之時卽好陛下今日不在更思開疆拓土勿以爲不足然亦不可便謂不足更慮須益

冊府元龜　宰輔部　謀猷四　卷之三百一十四　七

兢戒帝曰嗣復所言是定朕心帝又謂宰臣曰天后朝用人自布衣便與宰相當時還得力否嗣復曰天后朝與今日事異深行刑辟輕用官爵乃自圖之計才若歷試方見其用當艱難之時則要拔擢今既無事且循資級古人云三綱失序拔士爲相四夷交侵拔卒爲將此蓋不得已之時非理平之事時姚勗初除省郎左丞韋溫不放上帝問宰相韋溫不許姚勗上何如嗣復曰韋溫志在銓擇清流姚勗亦不聞有缺落事行自殿中授職鹽鐵元崇之孫復有公才今乃奬之如有公才卽不爲清流恐無人作官有似衰旹之風嗣復曰使府判官今人數猥多徒有糜費臣欲條流帝曰莫限及才人否嗣復曰有人才自別但澄去浮弊者菁華自出帝曰蕭復爲相難言者必言貞正之相也卿其志之

李德裕爲相會昌五年六月奏云臣等按史記仲尼在位聽獄訟文辭有可與人共者不獨有也伏見漢魏已來朝廷大政必令公卿奏議講求理道博盡群情所以政必有經人皆務學著在史策粲然可觀臣等商量如有事關禮法群臣疑滯者望各令本司申尚書都省下禮官學官詳議見意不同者任爲別狀

冊府元龜　宰輔部　謀猷四　卷之三百一十四　八

如是刑獄亦令法官同議然後丞郎已下詳其可否聞奏如郎吏有能駁難者皆許上聞並須先據經義其次取正史前賢故事不得自爲意見言涉浮華如禮官學官才識出人議論精當向後擢授臺省官郎吏郎別與遷擢所與漢魏之風復行今日從之十一月又奏云臣等聞恤貧寬疾著於周典無告常餒存于王制國朝立悲田養病置使專知開元五年宰臣宋璟蘇頲奏所稱悲田乃關釋教此是僧尼職掌不合定使專知請令京尹按此分付其家玄宗不許至二十二年十月斷京城乞兒悉令病坊收管官以本

錢收利給之令緣諸道僧尼盡巳還俗悲田坊無人主領必恐貧病無告大致困窮臣等商量緣悲田出于釋教並望改爲養病坊其兩京及諸州各於子録事耆壽中揀一人有名行謹信爲鄉閭所稱者專令勾當其兩京望給寺田十頃大州鎮望給田七頃其他諸州望委觀察使量貧病多少給田五頃以充粥食如州鎮有羨餘官錢糧與置本收利最爲穩便若能如此方圓不在給田之限從之十二月又奏云臣等每嘗延英召對獲聞聖言嘗欲朝廷尊臣下肅此是陛下深究爲理之本伏以管仲古之大賢明于理

國其言可以爲百代之法管仲云凡國之重器莫重于令令重君尊則國安故安國在乎尊君尊君在乎行令明君察于理人之本莫要于令故曰虧令者死益令者死不行令者死不從令者死四者死而無赦又曰令雖在上而論可與不可者是上失其威下繫於人也自太和巳來其風大弊令出于上非之者在下此弊不除無以理國事韋弘質所論宰相不合兼領錢穀臣等辭以事體聞奏昔漢相衛云所以爲大臣者國家之股肱萬姓所瞻仰明王慎擇也傳曰下輕其上賤人圖柄則國家揺動而人不靜今韋弘質受人教導輒獻封章是則賤人圖國柄矣臣等又以蕭望之是漢朝明儒重德爲御史大夫奏云今首歲日月少光咎在臣等上以望之意輕丞相乃下侍中御史中丞詰問又貞觀中監察御史陳師合上書云人之思慮有限一人不可兼總數職太宗云此芳有毀謗欲離間我君臣流師合於嶺外又聞諸賈誼云人主之尊譬如堂群臣如陛衆庶如地故陛有級廉遠地則堂高陛無級廉近地則堂卑亦猶將相重則君尊其勢然也如宰相姦謀隱慝則人人皆得上論至於制置職業固是人主之柄非小人所得干議古

者朝廷之士各守其官思不出位韋弘質賤人豈得以非所宜言上黷明主此是輕宰相矣後漢大學諸生頗干時政其時謂之處士橫議皆是亂風深要懲絶伏望陛下知其姦計從朋黨而來每事明察遏將來之漸則朝廷安靜邪黨自消臣等不勝感憤望時賜省覽又奏伏見天寶巳前中書舍人六員除機審遷授之外其他故事皆同商量宰臣姚崇奏云事有是非理均與奪人心既異所見或殊御使雷同情有不盡臣既居官長望於狀後略言事理優劣奏聽進止自艱難巳來務從權便政頗去於臺閣事多繫於

軍期決遣萬機事在宰衡伏以陛下神武功成眛旦思理情嚴庶政在廣詢謀詩云不愆不忘率繇舊章前漢魏相每觀故事以爲古今異制方在奉行故事已數條漢興已來國家便宜行事奏請有司支遣錢穀等外臺閣常務關於沿革州縣奏請繫於典章及刑獄等并令中書舍人依故事商量臣等詳其可否當別聞奏從之

鄭畋僖宗朝爲相乾符五年黃巢起曹鄆南犯荊襄東渡江淮衆號百萬所經屢陷郡邑六年五月陷安南府據之致書與浙東觀察使崔璆求鄆州節鉞璆

言賊勢難圖宜因受之以絕北顧之患天子下百僚議初黃巢之起也宰相盧攜以浙西觀察使高駢素有軍功奏爲淮南節度使令扼賊衝尋以駢爲諸道行營都統及崔璆之奏朝臣之議有請假節以紓患者畋採群議欲以南海節制縻之攜以始用高駢欲其立功以圖勝攜曰高駢將畧無雙淮土甲兵甚銳今諸道之師方集蕞爾饑寇不足平殄何事捨之示怯而令諸軍解體耶畋曰巢賊之亂本因饑歲人以利合乃至實繁江淮已南薦食殆半國家久不用兵士皆忘戰所在節將閉門自守尚不能枝不如釋咎包容權降恩澤彼本以饑年利合一遇豐歲誰不懷思鄉土其衆一離則巢賊几上肉耳此所謂不戰而屈人兵也若此際不以計攻全恃兵力恐天下之憂未艾也群議然之左僕射于琮曰南海有舶之利歲貢珠璣如令妖賊所有國藏漸當廉竭帝亦望駢成功乃依攜議及中書商量制敕畋曰妖賊百萬橫行天下高公遷延玩寇無意翦除又從而保之彼得計矣國祚安危在我輩三四人畫度公倚淮南用兵吾不知稅駕之所矣攜拂衣而起袂染於硯因投之僖宗聞之怒曰大臣相詬何以表儀四海二人俱罷知

政事以太子賓客分司東都廣明元年賊自領表北渡江浙虜崔璆陷淮南郡縣高駢止令張璘控制衝要閉壁自固天子始思畋前言二人俱徵還拜畋禮部尚書

後唐莊宗同光二年四月中書奏諸道節度防禦刺史各著功名並全忠孝洎蒙昇奬皆荷渥恩雖萌爲治之心未展分憂之効況聞藩府不可以久虛侯伯不可以久闕藩府虛則兵不輯侯伯闕則化不行繇此觀之爲務甚急請令歸本任不奉詔旨不得輒離治所從之是時諸藩府連帥或屯師于邊或在闕下皆遣人權典後事人望既卑法多聚斂時

議甚危之宰相故有是奏帝雖依允終卻遲留及王室危難纍起鄴都皆由此也

趙鳳明宗天成三年爲中書侍郎平章事時車駕將幸大名而六師家口纔自雒陽還於汴水亟聞師動初有難色及至百官上表聖慮未迴頗有狂說定州王都正多疑慮人情相恐軍士惶惑在位咸不敢言鳳手疏於樞密使安重誨直諭其事重誨自驚具白於帝翌日詔罷行期內外謐然安帖

王建立爲右僕射中書侍郎同中書門下平章事天成三年五月以時所急務陳六條以奏之其一以南北節氣有殊賦稅起徵無別請不預定月日但考其

年終殿最其二請不令省使差人徵督州縣乞明以賞罰委於長吏其三以藩侯郡守頻有替移州縣以迎送爲勞牧伯無化治之意請立考限其四請所在倉塲許每斗加納三合爲雀鼠之耗其五以凡於內班差使臣請選其夙舊或諳練事體者充免取笑於四方實有辱其君命其六諸道軍職唯守本處轉遷乞罷宣補之命奉勑皇王宣政侯伯分憂薄賦輕徭方爲濟物迎新送故必恐擾人徵賦以不虐黎庶爲先銜命以不辱朝廷爲貴乃至藩方職刻無非戮力奉公各有區分不令踰越朕自臨太寶每尚淳風勳不疑人靜惟恭已中外無間上下相勸建立既列台司兼權邦計所述否臧之事皆窮利病之源情切參禅理當俞允宜准往例州縣官三十月爲限刺史以二十五月爲限仍以到任日爲數其節度使以山河是託與牧宰有殊繫自朕懷難拘常限若頻有除替何暇葺綏宜仍舊餘依所奏

馮道爲中書侍郎平章事天成三年七月帝延宰臣於便殿道曰數州霖雨雖秋稼以傷時物皆賤邊鄙河水泛漲契丹未可南顧閏八月延宰臣於玄德殿道又以居安思危有始有卒申於鑒誡四年五月帝

問宰臣曰時事如何道對曰時熟人安帝曰此外如何道曰陛下淳德上合天心臣聞堯舜之君人所慕之桀紂之主人皆惡之蓋爲有道無道也今陛下恭修儉德留心治道民無徭役故相與言曰堯年舜日不過人安俗阜爾自貞觀十年已後魏徵等奏太宗曰願當如貞觀之初臣今亦願陛下當思登極之初則天下幸甚八月帝御中興殿道奏往年淄州四縣水損田省司額定租稅州使徵督甚急以至戶口流散今歲特宜優恤從之戊午帝御中興殿對宰臣論時政何者爲切道對曰務惜生靈爲切臣記近代詞

人爲古調詩云正月賫新絲二月糶新粟救得眼前瘡剜却心頭肉我願君王心化作光明燭不照綺羅筵徧照逃亡屋此詞義雖淺規諫道深臣諷誦之實覺有理帝深納之九月戊寅帝御中興殿又顧謂宰臣曰時事近日何如道奏曰臣省事已來無歲不聞戰伐蓋政令不一王綱弛紊伏自陛下纂隆五載服之以武威懷之以文德任賢不二去邪不疑天下歸心人知恥格近歲已來可謂無事趙鳳進曰詩云靡不有初鮮克有終願陛下常保此道始終則運祚無窮矣長興三年三月帝顧謂宰臣曰春雨稍多久未

晴霽何也道對曰水旱作沴雖是天之常道然季春行秋令臣之罪也更望陛下廣敷恩澤久雨無妨於聖政也四年二月帝對宰臣於中興殿道奏曰新授尚書令秦王昨向中書領事稟承庸訓其德日新每日朝謁五鼓待漏左掖門夫親賢國之基本臣聞古人有善爲師傅教導太子者太子食有邪蒿師傅遽命去之曰其名不正不可以食太子蒿非邪也但惡其名況人事乎臣思莊宗皇帝二十年血戰定天下而不修德政三載覆亡郭崇韜輔佐先朝又不喜見創業勳舊夫國以人爲本今之親人者節度刺史令録而已得其人則治非其人則亂不可不愼選書云若蹈虎尾履春冰日愼一日唯陛下安不忘危治不忘亂而已矣十月以上尊號應在朝文武臣寮並宜加恩其有八月四日已後遷官者不在此限時上旨欲徧與百寮轉官而道等以爲轉官須論資考乃奏敘階勳而已

盧文紀爲中書侍郎平章事末帝清泰元年上疏曰臣聞事君盡忠孔子激揚於直道無功受祿周詩譏諷於曠官敢因災沴之時輒貢傾輸之懇臣伏見比年以來朝廷多故人事則兵喪禍亂天時則水旱蟲

霜若非陛下拯溺救焚移災作福則生靈受弊宗社何依今則區宇甫寧人神胥悅但以自憂徂陽及秋霖雨雖勞聖慮過切閔傷蓋屬當否數之辰尤費消禳之力雖民斯鮮禍亦天道使然爲君之難實見於此臣聞沉潛剛克高明柔克是君宜執柔以御下臣當剛正以報君則冀上下和平君臣訢合臣思德宗初置學士本不以文翰是供蓋獻納論思朝夕延問至於給諫遺補之職是日諫官月請諫紙時政有失無不極言望陛下聽政之餘招召學士諫官詢謀議道俾獻讜言明書黜陟之科以責語言之効書云又

時暘若肅時雨若以洪範言之繫於君德臣請嚴禋
於宗廟社稷精禱於岳瀆神祇進忠良退不肖除寇
盜恤惸嫠慎刑罰明舉選任賢勿貳去邪勿疑王道
砥平無偏無黨中外除改請守舊規長興四年巳前
勑命繁碎者請重選擇如新勑不及舊章更請却依
前代如舊章不如新勑便釐革施行儻不阻於奏陳
庶漸臻於理體詔曰盧文紀早踐班行迭更顯重動
惟稽古言必爲時當朕求治之初首居輔弼之位能
竭事君之節以申報國之勞引經義而究其本根合
時事而先於條貫請宣學士兼召諫臣言陰陽序理

之端人事調和之本又嚴修祀典精事神祇宜令有
司依奏處分所云進忠良而退不肖除寇盜而恤惸
嫠雖責在朕躬亦資於調燮刑法舒慘宜令大理寺
御史臺明慎詳讞勿至寃誣選賢退愚宜令三銓選
部精覈慎選所冀得人新舊制勑宜令御史臺與三
司官員詳擇以聞二年又上疏曰臣近蒙召對面奉
天旨凡軍國庶事利害可否卿等位居輔弼並合盡
言臣等仰承詔諭退自省循時遇休明名叨輔弼才
器不能經綸庶務智術不能康濟大猷致陛下宵旰
於丕圖憂勤於治道有靦面目待罪巖廊尚沐宸慈

猶寛冊免莫不克心自勵俛首深惟願竭愚鄙之誠
少副昭回之鑒臣聞古先哲王樂聞已過道塗立誹
謗之木門庭樹告善之旌從諫如流聞議能服所以
卜年長久享祚無窮陛下自纘邦家克敦慈儉守先
皇仁政遵列聖彝章人樂和平政皆畫一天無祲沴
之象地無變怪之妖日月無爽於躔盈星緯不差於
纏次嬰諫紙者無詞可措持皂囊者無過可規凡百
庶寮奉職不暇臣伏覽貞觀故事見魏徵馬周之章
疏王珪劉洎之奏論或講貫古今或鋪陳政術皆萬
代之長策非一介之狂言苟異經謀何名獻納臣等

伏計宸筭圖度者必以嶺嶠未平島夷猶梗巴梁恃
險井絡纏妖鮮卑尚挠於邊陲將帥未施於方畧臣
等以爲非獨人謀未至亦恐天意使然聲教苟孚廊
清何曉臣略以前事明之何者卽如漢高前代之英
主也一劍初奮於彭城五年方誅於項籍洎南平英
布北扞匈奴解白登之圍避柏仁之難凡十餘年親
當矢石乃混車書如太宗文皇帝本朝之聖祖也自
起義太原佐命高祖乃定江南之草竊殄隴右之陸
梁禦突厥於便橋擒公祏於京口凡十餘年櫛風沐
雨命將出師方俾華裔向風寰區無挠伏念陛下爰

從踐祚纔歷一朞雖乃聖乃神不下於漢高文祖而
且耕且戰更詳於人事天時俾武王一舉盪平體句
踐十年教戰若治兵之至要御衆之大端攻必取而
守有餘戰必勝而李無怠發號出令保大定功俾單
戍咸憚於機權部較皆存於信義驅之可以蹈湯火
使之可以爲虫沙此則聖謀懸料於毅中神策巳包
於衛内何假蒭蕘小輩草野凡生持蠡妄測於滄溟
側管强窺於穹昊不量事體虚費蕪言故論語載仲
尼治衛必也正名言順事行勿容苟且名言之際聖
哲攸艱况在凡嘗豈宜容易思出其位古人所非臣

等謬處台衡奉行制勑但緣事理互有區分軍戎不
在於職司錢穀非關於局分苟陳異見即類侵官况
才不濟時識非經遠因五日起居之例於兩班旅見
之時畧獲對敭兼承顧問此際衛士周環於階陛庶
臣羅列於殿庭四面聚觀十手所指臣等苟欲伸愚
短此時安敢敷陳韓非昔懼於說難孟子亦憂於言
責臣竊惟本朝故事肅宗初平寇難再復寰瀛頻經
涉於艱難尤勤勞於委任每正衙奏事則泛咨訪於
群臣及便殿詢謀則獨對揚於四輔自上元元年後
於長安東置延英殿宰臣如有奏議聖旨或有特宣
皆於前一日上聞及對御之時只奉冕旒旁無侍衛
獻可替否得曲盡於討論捨短從長故無虞於漏洩
君臣之際情理坦然伏望聖慈俯循故事或有事關
軍國謀而否臧未果決於聖懷要詢訪於臣輩則請
依延英故事前一日傳宣或臣等有所聽聞切關利
害天形文字須面敷敭臣等亦依故事前一日請開
延英當君臣奏言之時祇請機要臣寮侍立左右兼
乞稍霽嚴顏恕臣荒拙雖乏鷹鸇之効庶盡葵藿之
心恭惟陛下膚畧縱横天機沉邃臣等以愚智而干
聖智以凡情而測聖情如螢爝比耀於烏蟾畎澮爭

流於江海然而天覆地載君義臣行持祿取容即見
議於物論有犯無隱慮不愜於聖懷旣顯奉德音俾
令奏對合披愚欵先瀆宸聰詔曰朕聞宫鳴商應則
律吕和君唱臣隨則邦家理典化之本百代同歸朕
顧惟耿冲獲奉基構慮生靈之未泰憂政教之不明
盰食宵衣未嘗暫暇副我焦勞之意屬於輔相之臣
卿等濟代英才鎮時碩德或締構於興王之日或經
綸於贊聖之時鹽梅之任俱存藥石之言並切請復
延英之制以伸議政之規而况列聖遺芳皇朝盛事
載詳徵引良切嘉歎恭惟五日起居先皇垂範俟百

寮之俱退召四輔以獨昇接以溫顏詢其理道討此時作事之意亦昔日延英之流朕叨獲嗣承切思遵守將成具美不爽兼行其五日起居令仍舊尋當公事亦可便舉奏聞或事屬機宜理當容秘量事緊慢不限隔日及當日便可於閤門祗候具牓子奏聞請面敷敭即當盡屏侍臣端居便殿佇聞高議以慰虛懷朕或要見卿時亦令當侍宣召但能務致理之實何必拘延英之名有事足可以討論有言足可以陳述宜以沃心爲務勿以逆耳爲虞勉罄謀猷以裨寡朕

張延郎爲相兼判三司清泰二年上表曰臣濫承雨露擢在均衡兼叨選部之銜仍掌計司之重況中省文章之地洪鑪陶鑄之門臣自揣量何以當處是以繼陳章表疊貢情誠乞寢恭恩免貽朝論豈謂御批累降聖旨不移決以此官委臣非器所以強收涕泗勉遏怔忪重思事上之門細料進忠之路竊以位高則危至寵極則謗生君臣莫保於初終分義難防於毁譽臣若保茲重任怠彼至公徇情而以免是非罔位而偷安富貴則內欺心府外負聖朝何以報君父之大恩望子孫之延慶臣若但行王道唯守國章任人必取當才決事須依正理確爲形勢堅塞倖門則可以振舉宏綱彌縫大化助陛下含容之澤彰國家至理之風然而讒邪者必起憾詞憎嫉者寧無謗議或慮至尊未悉群謗難明不更按本尋源便俟其瑕受玷纔臣心可忍臣恥可消只恐山林岬澤之人稍量聖制冠履軒裳之士輕慢相庭臣又以國計一司掌其經費利權幹務職在裕收將欲養四海之貧民無過薄賦贍六軍之勁卒又在豐儲利害相隨取與難酌若使罄山林木竭澤求魚則地官之教化不行國本之傷殘益甚取怨黔首是瀆皇風況諸道所徵

賦租雖廣數額時逢水旱或遇蟲霜其間則有減無添所在又申逃係欠乃置軍儲官俸當急急於供須夏稅秋租每懸懸於繼續況今內外倉庫多是罄空遠近生民或聞饑歉伏見朝廷尚添軍額更益師徒非時之博糴難爲繫日之匱分轉大切慮卒支有闕國計可憂望陛下節例外之破除於諸頭之儉省不添冗食且止新兵務急去繁以寬經費減省從儉漸俟豐盈則係者知恩叛者從化弭兵有日富俗可期臣又聞治民尚清爲政務易易則煩苛並去清則偏黨無施若擇其良牧委在正人則境內蒸黎必獲蘇

息官中倉庫亦絶侵欺伏望試見在之處官無乖撫俗擇將來之涖事更審求賢儻一一得人則農無所苦人人致理則國復何憂但奉公善政者不惜重酬昧理無功者勿須厚俸益彰有道兼絶徇情伏望陛下念臣布露之前言閔臣驚憂於後患察臣愚直杜彼讒邪臣即俾副天心不防人口庶幾萬一少荅聖明帝優詔荅之召於便殿謂之曰爾所論奏深中時病朕於恩澤之中不無假借添置軍旅比緣戎事近細思之於事無益形之切言深勑救朕失國計事重日得商量無勞過慮也

晉和凝爲中書郎平章事高祖將幸鄴都時襄州安從進反狀巳彰凝乃奏曰車駕離闕安從進或有悖逆何以待之帝曰卿意如何凝曰以臣料之先人有度人之心臨事即不及也欲預出宣勑十數道密付開封尹鄭王令有緩急即旋填將軟姓名令領兵擊之帝從之及聞唐鄧奏報鄭王如所勑遣騎將李建崇監軍焦繼勳等領兵討焉相遇於湖陽從進出於不意甚訝其神速以至於敗繇凝之謀也

冊府元龜

冊府元龜

巡按福建監察御史臣李嗣京　訂正
新建縣舉人臣戴國士叅閲
知建陽縣事臣黃國琦較釋

宰輔部八

公忠

詩曰我心匪石不可轉也傳曰死而利國猶或爲之公忠之謂矣葢策名委質抱公滅私臣之道也憂國忘家有死無貳臣之節也若乃居丞宰之重裁邦國之政而能義均休戚節貫屯夷至公以滅私純心而

無驕彌綸闕漏啓納而盡忠扶持顛危周旋而匪懈中立之操至累而益明悃欵之誠難至而易見宜股肱之力爲社稷之臣亦何代無其人哉自非明允篤誠經德秉哲服膺善道不爲利疚者孰能與於斯邪

殷伊尹爲相帝太甲既立三年不明暴虐不遵湯法亂德於是伊尹放之於桐宮（地名有王離宮焉）三年伊尹攝政事當國以朝諸侯太甲居桐宮三年悔過自責反善於是伊尹乃迎太甲而授之政太甲修德諸侯咸歸殷百姓以寧伊尹嘉之廼作太甲訓三篇褒帝太甲稱太宗伊陟爲相亳殷道衰諸侯或不至太戊立伊陟贊言于巫咸（贊告也巫咸臣名也）巫咸治王家有成殷復興諸侯歸之故稱中宗

周公旦佐武王克商二年天下未集武王有疾不豫群臣懼太公召公乃繆卜周公曰未可以戚我先王（戚近也未可以死近先王也又曰二公就文王廟卜戚憂也未可憂怖我先王也）周公於是乃自以爲質設三壇周公北面立戴璧秉圭（璧以禮神圭以爲質）告於太王王季（告謂祝辭）史策祝（史爲策祝詞也又曰策周公所作謂簡書也祝此獨此簡書以告三王）曰惟周元孫王發勤勞阻疾（阻一作咀）若爾三王是有丕子之責於天以旦代王發之身（丕子之責謂疾不可救也不可救于天則當以旦代之死生有命不可請代聖人叙臣子之心以垂世教）旦巧

能多材多藝能事鬼神（言可以比聖王之意）乃王不如旦多材多藝不能事鬼神乃命於帝庭敷佑四方（武王受命於天帝之庭布其道以佑助四方）用能定汝子孫于下地四方之民罔不敬畏（言武王用受命帝庭之故故能定先人子孫于天下四方之民無不敬畏也）無墜天之降保命民先王亦有依歸（言不救則墜寶命保救之則先王上有依歸矣降墜也保猶祐也有所依歸爲宗廟之主也）今我其卽命於元龜（就受三王之命於命龜大卜知吉凶者也元龜大龜也）爾之許我我其以璧與圭歸以俟爾命（許謂疾瘳待命當以事神也待汝命武王當瘉我當死也）爾不許我我乃屏璧與圭（不許不瘳也屏藏言不得事神）周公已令史策告太王王季文王欲代武王發於是乃卽三王而卜卜之皆曰

吉發書視之信吉卜兆書也周公喜開篇乃見書遇吉篇藏占兆書管篇周公入賀武王曰王其無害旦新受命三王維長終是圖我新受三王命武王維長終是謀周之道茲道能念予一人一人天子也茲比也周公藏其策金縢匱中藏之于匱緘之以金不欲人開也誡守者勿敢言明日武王有瘳周公卒後秋未穫暴風雷雨禾盡偃大木盡拔周國大恐成王與大夫朝服以開金縢書王及得周公所自以爲功代武王之說一作簡所藏請命策書本也二公及王乃問史伯執事二公及王啓之故先見書也史伯執事皆從周公請命者問審然否也史伯執事曰信有昔周公命我勿敢言成王執書以泣泣者傷周公忠孝誠如是而無知者矣

曰自今後其無繆卜乎本欲敬卜吉凶今天意可知故也周公勤勞王家惟予幼人弗及知今天動威以彰周公之德惟朕小子其迎我國家禮亦宜之亦宜恭有德也王出郊天乃雨反風禾盡起郊以玉幣謝天也天即反風起禾明郊之是也反風風還反也二公命國人凡大木所偃盡起而築之築拾也禾爲木所偃者起其木拾其下禾乃所失亡歲則大熟初成王幼不能涖祚涖視也不能視祚階行人君之事周公相踐祚而治踐履也代成王履祚階攝王位治天下也抗世子法於伯禽欲令成王之知父子君臣長幼之道也抗猶舉也謂舉以子之法使與成王居以學之成王有過則撻伯禽所以示成王世子之道也以成王之過擊伯禽則是以感喻焉周公還政成王北面就臣位軀軀軀軀敬謹貌如畏然成王少疾病周公乃自揃其蚤沈之河以祝於神曰王少未有識奸神命者乃旦也亦藏其策於府成王病有瘳及成王用事人或譖周公周公奔楚成王發府見周公禱書乃泣反周公周公攝政遠則四國流言近則王不知周大夫美其不失其聖故作狼跋之詩

召公虎爲王卿士時厲王出奔彘彘晉地漢爲縣屬河東今永安也厲王太子靜匿虎之家國人聞之乃圍之召公曰昔吾爲諫王王不從以及此難也今殺王太子王其以我爲讎而懟怒乎夫事君者險而不讎懟在危險之中怨而不怒況事王乎乃以其子代王太子太子竟得脫

召公周公二相行政號曰共和共和十四年厲王死於彘太子靜長於召公家二相乃共立之爲王是爲宣王二相輔之修政法文武成康之遺風諸侯復宗周

漢蕭何微時與曹參善及爲宰相有隙參自戰封賞每在河對功多而後故怨何也至何且死所推賢唯參參代何爲相國舉無所變更一遵何之約束

申屠嘉文帝時爲丞相爲人廉直門下不受私謁

霍光昭帝時爲大司馬輔幼主政自己出帝時八歲也昭事一央于光天下想聞其風采其後蓋主燕王上官桀與子

安謀殺光廢帝光盡誅桀安等光威振海內帝旣冠遂委任光訖十三年百姓充實四夷賓服

魏相宣帝初爲御史大夫四歲大將軍霍光薨上思其功德以其子禹爲右將軍兄子樂平侯山復領尚書事相因平恩侯許伯奏對事言春秋譏世卿宋惡三世爲大夫及魯季孫之專權皆危亂國家自後元以來祿去王室政繇冢宰今光死子復爲大將軍兄子秉樞機昆弟諸壻據權勢在兵官光夫人顯及諸女皆通籍長信宮通籍入禁門之中皆有名之迹出入也或夜詔門出入驕奢放縱恐宜不制宜漸也不制不可制節也宜有以損奪其

權破散陰謀以固萬世之基全功臣之世又故事諸上書者皆爲二封署其一曰副領尚書者先發副封所言不善屏去不奏相復因許伯白去副封以防壅蔽帝善之詔相給事中皆從其議霍氏殺許后之謀始得上聞

張安世宣帝時爲大司馬領尚書事嘗有所薦其人來謝安世大恨以爲舉賢達能豈有私謝邪絕弗復爲通有欲謝者皆不之也一日告此人而絕之更不與相見也

張禹成帝時爲丞相後以特進爲太子師見時有變異若當人不安擇日絜齋露蓍露蓍易著于星宿下明日乃用言得天氣也蓍草名筮者所用也正衣冠立筮得吉卦則獻其吉如有不吉禹爲感動憂色

孔光安帝時爲丞相帝躬行儉約省減諸用政事繇已出朝廷翕然望至治焉褒賞大臣益封光千戶時成帝母太皇太后自居長樂宮而帝祖母定陶傅太后在國邸有詔問丞相大司空定陶共王太后宜當何居光素聞傅太后爲人剛暴長於權謀自帝在襁褓而養長教道至於成人帝之立有力光心恐傅太后與政事不欲令與帝旦夕相近卽議以爲定陶太后宜改築宮大司空何武曰可居北宮帝從武言北

宮有紫房複道通未央宮傅太后果從複道朝夕至帝所欲稱尊號貴寵其親屬使帝不得直道行頃之太后從弟子傅遷在左右尤傾邪帝免官遣歸故郡傅太后怒帝不得已復留遷光與大司空師丹奏言詔書侍中駙馬都尉遷巧佞無義漏泄不忠國之賊也免歸故郡後有詔止天下疑惑無所取信虧損聖德誠不小從陛下以變異連見避正殿見群臣思求其故至今未有所改舊有不善之事皆未改除臣請歸遷故郡以銷姦黨應天戒卒不得遣復爲侍中脅於傅太后皆此類也又傳太后欲與成帝母稱尊號群下多順指

言母以子貴宜立尊號以厚孝道唯師毋與光持不可（只人不可）帝重違大臣正議（重難也）又内迫傅太后猗遠者連歲（猗又猶依又耳）光凡爲御史大夫丞相各再一爲大司徒太傅太師歷三世居公輔位前後十七年自爲尚書止不教授後爲卿時會門下大夫講問疑難舉大義云其弟子多成就爲博士大夫者見師居大位幾得其助力光終無所薦舉至或怨之其公如此

後漢第五倫章帝時爲司空奉公盡節言事無所依違諸子或時諫止輒叱遣之吏人奏記及便宜者亦并封上其無私若此

袁安和帝時爲司徒安以天子幼弱外戚擅權每朝會進見及公卿言國家事未嘗不噫嗚流涕

魯恭安帝時再爲司徒恭在公位選辟高第至侯郡守者數十人而其耆舊大姓或不蒙薦舉至有怨望者恭聞之日學之不講是吾憂也諸生不有鄉舉者乎終無所言（言人患學之不習耳若能習自有鄉里之舉豈待要三公之辟乎）

李郃安帝時爲司空數陳得失有忠臣節會北鄉侯立郃復爲司徒及北鄉侯病郃陰與少府河南陶範步兵校尉趙直謀立順帝會孫程等事先成故郃功不顯

李固冲帝時爲太尉梁太后臨朝固以清河王蒜年長有德欲立之謂冀曰今當立帝宜擇長年高明有德任親政事者願將軍詳審大計察周霍之立文宣戒鄧閻之利幼弱冀不從乃立樂安王子纘年八歲是爲質帝

劉矩桓帝時爲司空以蠻夷叛免靈帝初復爲太尉矩再爲上公所辟召皆名儒宿德不與州郡交通順辭默諫多見省用

陳蕃永昌元年爲太傅録尚書事時新遭大喪國嗣未立諸尚書畏懼推官託病不朝蕃以書責之曰古

人立節事亡如存今帝祚未立政事日蹙諸君柰何委荼蓼之苦息偃在牀於義不足焉得仁乎諸尚書惶怖皆起視事靈帝初即位竇后臨朝蕃與后父大將軍竇武同心盡力徵用名賢共參政事天下之士莫不延頸想望太平

李咸爲太尉靈帝熹平元年中常侍曹節王甫欲别葬竇太后而以馮貴人配祔詔公卿大會朝堂令中常侍趙忠監議咸時病乃扶輿而起擣椒自隨謂妻子曰若皇太后不得配食桓帝吾不生還矣旣議坐者數百人各瞻望中官良久莫肯先言趙忠曰議當

時定怪公卿以下各相顧望司隸校尉陳球曰皇太后以盛德良家母臨天下宜配先帝是無所疑忠笑而言曰陳廷尉宜便操筆球卽下議曰皇太后自在椒房有聰明母儀之德遭時不造援上聖明承繼宗廟功烈至重先帝晏駕因遇大獄遷居空宫不幸早世家雖獲罪事非太后今若別葬誠失天下之望且馮貴人冢墓被發骸骨暴露與賊并尸魂靈汙染且無功於國何宜上配至尊忠省球議作色俛仰嗤球曰陳廷尉建此議甚健球曰陳竇旣冤皇太后無故幽閉臣常痛心天下憤歎今日言之退而受罪宿昔

之願公卿以下皆從球議咸始不敢先發見球辭正然後大言曰臣本謂爾誠與臣意合會者皆爲之愧曹節王甫復爭之於是咸乃詣闕上疏曰臣伏惟章帝竇后虐害恭懷安思閻后家犯惡逆而和帝無異葬之議順朝無貶降之文至于衛后孝武皇帝身所廢棄不可以爲比今長樂太后尊號在身親嘗當制坤育天下且援立聖明光隆皇祚太后以陛下爲子陛下豈得不以太后爲母子無黜母臣無貶君宜合葬宣陵一如舊制帝省奏謂曹節等曰竇后雖爲不道而太后有德於朕不宜降黜節等無復言於是議者乃定咸在朝清忠權幸憚之

荀爽獻帝初爲司空因從遷都長安爽見董卓忍暴滋甚必危社稷其所辟舉皆取才畧之士將共圖之亦與司徒王允及卓長史何顒等爲内謀會病薨

王允初平元年爲司徒及董卓遷都關中卓尚留雒陽朝政大小悉委之於允允矯性屈意毎相承附卓亦推心不乖疑故得扶持王室於危亂之中臣主内外莫不倚恃焉允見卓禍毒方深篡逆已兆密與司隸校尉黃琬尚書鄭公業等謀共誅之乃以護羌校尉楊瓚行左將軍執事金吾士孫瑞爲南陽太守並

將兵出武關道以討袁術爲名實欲分路征卓而後拔天子還雒陽卓疑而留之允乃引内瑞爲僕射瓚爲尚書二年卓還長安三年春連雨六十餘日允與士孫瑞楊瓚登臺請霽復結前謀瑞曰自歲末以來太陽不照霖雨積時月犯執法彗孛仍見晝陰夜陽霧氣分侵此期應促盡内法者勝幾不可後公其圖之允然其言乃潛結卓將吕布使爲内應會卓入賀吕布因刺殺之及李傕郭汜爲亂攻長安城陷吕布奔走布駐馬青鎖門外招允曰公可以去乎允曰若蒙社稷之靈上安國家吾之願也如其不獲則奉身

以死之朝廷幼少恃我而已臨難苟免吾不忍也努力謝關東諸公勤以國家爲念傕乃收允殺之及宗族十餘人皆見誅害唯兄子晨陵得脫歸鄉里天子感慟百司喪氣後遷都於許獻帝思允忠節使改殯葬之

趙溫爲司徒時李傕與郭汜不協傕欲移獻帝溫與傕書曰公前託爲董公報讐然實屠陷王城殺戮大臣天下不可家見而戶釋也今爭睚眦之隙以成千鈞之讐民在塗炭各不聊生曾不改寤遂成禍亂朝廷仍下明詔欲令和解詔命不行恩澤虧損而復欲

移乘輿更幸非所此誠老夫所不解也於易一過爲過再爲涉三而弗改滅其頂凶不如早共和解引兵還屯上安萬乘下全生民豈不幸甚傕大怒欲遣人害溫其從弟應故溫掾也諫之數日乃止

楊彪爲太尉錄尚書事及李傕郭汜之亂彪盡節爲主崎嶇危難之間幾不免於害彪見漢祚將終自以累世爲三公耻爲魏臣遂稱足攣不復行積十餘年魏文帝即王位欲以爲太尉令近臣宣旨彪辭曰嘗以漢朝爲三公值世衰亂不能立尺寸之益若復爲魏臣於國之選亦不爲榮也帝不奪其意

蜀諸葛亮爲丞相章武三年先主病篤召亮屬以後事亮泣曰臣敢竭股肱之力効忠貞之節繼之以死建興元年魏司徒華歆司空王朗尚書令陳群太史令許芝謁者僕射諸葛璋各有書與亮陳天命人事欲使舉國稱藩亮遂不報書作正議曰昔在項羽起不繇德雖處華夏秉帝者之勢卒就湯鑊爲後來戒魏不審鑒今次之矣免身爲幸戒在子孫而二三子各以耆艾之齒承僞指而進書有若崇竦稱莽之功亦將偪於元禍苟免者邪昔世祖之創迹舊基奮羸卒數千摧莽彊旅四千餘萬於昆陽之郊夫據道討

淫不在衆寡及至孟德以其譎勝之力舉數十萬之師救張郃於陽平勢窮慮悔僅能自脫辱其鋒鋭之衆遂喪漢中之地深知神器不可妄獲旋還未至感毒而死子桓淫逸繼之以篡縱使二三子多逞蘇張詭靡之說奉進驩兜滔天之辭欲以誣毀唐帝諷解禹稷所謂徒喪文藻煩勞翰墨者矣夫大人君子之所不爲也又軍誡曰萬人必死横行天下昔軒轅氏整卒數萬制四方定海內况以數十萬之衆據正道而臨有罪可得于擬者哉五年亮率諸軍北駐漢中臨發上疏曰先帝創業未半而中道殂今天下三分

益州疲弊此誠危急存亡之秋也然侍衛之臣不懈於內忠志之士忘身于外者蓋追先帝之殊遇欲報之於陛下也誠宜開張聖聽以光先帝遺德恢弘志士之氣不宜妄自菲薄引喻失義以塞忠諫之路也宮中府中俱爲一體陟罰臧否不宜異同若有作姦犯科及爲忠善者宜付有司論其刑賞以昭陛下平明之理不宜偏私使內外異法也侍中侍郎郭攸之費禕董允等此皆良實志慮忠純是以先帝簡拔以遺陛下愚以爲宮中之事事無大小悉以咨之然後施行必能裨補闕漏有所廣益將軍向寵性行淑均

曉暢軍事試用於昔日先帝稱之曰能是以衆議舉寵爲督愚以爲營中之事悉以咨之必能使行陣和睦優劣得所親賢臣遠小人此先漢所以興隆也親小人遠賢臣此後漢所以傾頹也先帝在時每與臣論此事未嘗不歎息痛恨於桓靈也侍中尚書長史參軍此悉貞良死節之臣願陛下親之信之則漢室之隆可計日而待也臣本布衣躬耕南陽苟全性命於亂世不求聞達於諸侯先帝不以臣卑鄙猥自枉屈三顧臣於草廬之中諮臣以當世之事繇是感激遂許先帝以驅馳後值傾覆受任於敗軍之際奉命於危難之間爾來二十有一年矣按劉備以建安十三年遣亮使吳亮以建興五年抗表北伐自傾覆至此整二十年然備始與亮相遇在敗軍之前一年是也先帝知臣謹慎故臨崩寄臣以大事也受命以來夙夜憂歎恐託付不效以傷先帝之明故五月渡瀘深入不毛漢書地理志曰瀘淮水出牂牁郡句町縣今南方已定甲兵已足當獎率三軍北定中原庶竭駑鈍攘除姦凶興復漢室還於舊都此臣所以報先帝而忠陛下之職分也至於斟酌損益進盡忠言則攸之禕允之任也願陛下託臣以討賊興復之效不效則治臣之罪以告先帝之靈若無忠益之言責攸之禕允等之慢以彰其咎陛下

亦宜自謀以諮諏善道察納雅言深追先帝遺詔臣不勝受恩感激今當遠離臨表涕零不知所言亮與法正雖好尚不同以公義相取亮每奇正智術亮出駐漢中張裔以射聲校尉領留府長史嘗稱曰公賞不遺遠罰不阿近爵不可以無功取刑不可以貴勢免賢愚之所以僉忘其身者也李嚴嘗有書與亮勸亮宜受九錫進爵稱王亮荅書曰吾與足下相知久矣可不復相解足下方誨以光國戒之以勿拘之道是以未得默已吾本東方下士誤知於先帝位極人臣祿賜百億今討賊未效知己未荅而方寵齊晉坐

自貴大非其義也若臧魏斬獻帝還故居與諸子並升雖十命可受況於九邪亮與兄瑾書曰喬本當還成都喬亮子也令諸將子弟皆得轉運思惟異同榮辱今使喬督五六百兵與諸子弟傳於谷中

吳顧雍爲丞相時訪逮民間及政職所宜輒密以聞若見納用則歸之於上不用終不宣泄然於公朝有所陳及辭色雖順而所執者正大帝嘗令中書郎詣雍有所咨訪若合雍意事可施行卽與相反覆究而論之爲設酒食如不合意雍卽正色改容默然不言無所施設郎退告權曰顧公歡悅是事合宜也其不

言是事未平也孫當重思之

晉安平王孚初爲魏太傅高貴鄉公遇害百官莫敢奔赴孚枕尸於股哭之慟曰殺陛下者臣之罪奏推王者會太后令以庶人禮葬孚與群公上表乞以王禮葬從之孚性至慎宣帝執政嘗自退損後逢廢立之際未嘗預謀景文二帝以孚屬尊亦不敢逼後進封長樂公及武帝受禪陳留王就金墉城孚拜辭執王手流涕歔欷不能自勝曰臣死之日固大魏之純臣也

衛瓘爲司空領太子少傅惠帝之爲太子也朝臣咸謂純質不能親政事每欲權陳啓廢之而未敢發後會宴陵雲臺瓘託醉因跪帝牀前曰臣欲有啓帝曰公所言何邪瓘欲言而止者三因而以手撫牀曰此座可惜帝意乃悟因謬言曰公真大醉邪瓘於此不復有言

張華惠帝時爲司空賈后謀廢太子左衛率劉卞甚爲太子所信遇每會宴卞必預焉屢見賈謐驕傲太子恨之形於言色謐亦不能平卞以賈后謀問華華日不聞卞曰卞以寒族自須昌小吏受公成拔以至今日士感知己是以盡言而公更有疑於卞邪華曰

假令有此君欲如何卞曰東宮俊乂如林四率精兵萬人公居阿衡之任若得公命皇太子因朝入錄尚書事廢賈后於金墉城兩黃門力耳華曰今天子當陽太子人子也吾又不受阿衡之命忽相與行此是無其君父而以不孝示天下也雖能有成猶不免罪況權戚滿朝威柄不一而可以安乎及帝會群臣於式乾殿出太子手書徧示群臣莫敢有言者唯華諫曰此國之大禍自漢武已來每廢黜正嫡當至喪亂且國家有天下日淺願陛下詳之尚書左僕射裴頠以爲宜先簡較傳書者又請比較太子手書不然恐

有詐妄賈后乃內出太子手書事十餘使衆人比視亦無敢言非者議至日西不決后知華等意堅因表乞免爲庶人帝乃可其奏初趙王倫爲鎮西將軍撓亂關中氐羌反叛乃以梁王肜代之或說華曰趙王貪昧信用孫秀變詐姦雄今可遣梁王斬秀刈趙之半以謝關右不亦可乎華從之肜許諾秀友人辛冉從西來言於肜曰氐羌自反非秀之爲故得免死倫旣還諂事賈氏因求錄尚書事後又求尚書令華與裴頠皆固執不可繇是致怨倫秀疾華如讐華少子韙以中台星坼勸華遜位華不從曰天道玄遠惟修

德以應耳不如靜以待之以俟天命及倫秀將廢賈后秀使司馬雅夜告華曰今社稷將危趙王欲與公共扶朝廷爲霸者之事華知秀等必成簒奪乃拒之雅怒曰刃將加頸而吐言如此不顧而出華方晝臥忽夢見屋壞覺而惡之是夜難作詐稱詔召華遂與裴頠俱被收華將死謂張林曰卿欲作忠臣邪林稱詔詰之曰卿爲宰相任天下事太子之廢不能死節何也華曰式乾之議臣諫事具存非不諫也林曰諫若不從何不去位華不能答須臾使者至曰詔斬公華曰臣先帝老臣中心如丹臣不愛死懼王室之難禍不可測也遂害之於前殿焉遂夷三族朝野莫不悲痛之時年六十九

王渾惠帝時爲司徒時楚王瑋將害汝南王亮等公孫宏說瑋曰昔宣帝廢曹爽引太尉蔣濟參乘以增威重大王今舉非常事宜得宿望鎮厭衆心司徒王渾宿有威名爲三軍所信服可請同乘使物情有憑也瑋從之渾辭疾歸第以家兵千餘人閉門拒瑋瑋不敢逼俄而瑋以矯詔大誅渾乃率兵赴宮

傅祗懷帝時爲司徒大將軍苟晞表請遷都使祗出詣河陰修理舟楫爲水行之備及洛陽陷沒遂共建

行臺推祗爲盟主以司徒持節大都督諸軍事傳檄四方子宣先尚弘農公主乃遣宣將公主與尚書令和郁赴告方伯徵義兵祗自屯盟津小城宣弟暢行河陰令是以待宣祗以暴疾薨時年六十九祗自以義誠不終力疾手筆勑厲其二子宣暢辭旨深切覽者莫不感激慷慨

王導元帝時爲侍中司空假節錄尚書領中書監王敦之反也劉隗勸帝悉誅王氏論者爲之危心導率羣從昆弟子姪二十餘人每旦詣臺待罪帝以導忠節有素特還朝服召見之及敦得志加導守尚書令

初西都覆沒海内思主群臣及四方並勸進於帝時王氏彊盛有專天下之心敦憚帝賢明欲更議所立導固爭乃止及此役也敦謂導曰不從吾言幾致覆族導猶執正議敦無以能奪又自漢魏已來群臣不拜山陵導以元帝睠同布衣匪惟君臣而已每一崇進皆就拜不勝哀感繇是詔百官拜陵自導始也

陸曄成帝時爲左光祿大夫開府儀同三司蘇峻之難曄隨帝在石頭舉動方正不以凶威變節峻以曄吳士之望不敢加害使守留臺會康術以苑城歸順時兵推曄督宫城軍士

何充康帝時爲侍中錄尚書事以衛將軍褚裒皇太后父宜綜朝政上疏薦裒參錄尚書裒以地逼固求外出充每曰桓溫褚裒爲方伯殷浩居門下我可無勞矣充居宰相雖無澄正改革之能而彊力有器局臨朝正色以社稷爲己任凡所選用皆以功臣爲先不以私恩樹親戚談者以此重之

王坦之與謝安共輔幼主爲中書令臨終與謝安桓冲書言不及私惟憂國家之事朝野甚痛惜之

宋袁粲爲尚書令與褚淵等受顧命元徽元年丁母憂葬竟攝令親職加衛將軍不受二年桂楊王休範爲逆粲扶曳入殿詔加兵自隨府置佐吏時兵難危急賊已至南掖門諸將意沮咸莫能奮粲慷慨謂諸將帥曰寇賊已逼而衆情離沮孤子受先帝顧託本以死報今日當與諸護軍同死社稷因命左右被馬辭色哀壯於是陳顯達等感激出戰賊即平殄

後魏長孫嵩太帝末爲司徒明元帝寢疾問後事於嵩嵩曰立長則順以德則人服今長皇子賢而世嫡則天所命也請立之乃定策詔太武臨朝監國嵩爲左輔

陸麗文成時受心膂之任封平原王爲司徒公和平

六年文成厭世麗療疾於代郡溫泉聞諱欲赴左右止之曰王德望素重姦臣若疾民譽慮有不測之禍願少遲迴朝廷寧靜然後奔赴猶爲未晚麗曰安有聞君父之喪方慮扞難不即奔波者遂便馳赴

後周竇熾爲太傅武帝於太德殿將謀代齊熾時年已衰老乃扼腕曰臣雖朽邁請執干櫓首啓戎行得一覩誅翦鯨鯢廓清寰宇省方觀俗登岳告成然後歸魂泉壤無復餘恨帝壯其志節遂以熾第二子武當公恭爲左二軍總管

隋高熲爲右僕射兼納言進引貞良以天下爲己任

唐馬周爲中書令臨終索陳事表草一一手自焚之
慨然曰管晏彰君之過求身後之名吾弗爲也
溫彦博太宗時爲中書令自掌知機務卽杜絶賓客
國之利害知無不言太宗以是嘉之
褚遂良高宗永徽中爲尚書右僕射知政事高宗欲
立武后遂良將以死爭之或曰長孫太尉當先言之
遂良曰太尉上之元舅脫事有不如意使上有怒舅
之名不可曰英公勳上之所重當先言之遂良曰司
空國之元勳有不如意使上有罪功臣之名不可遂
良起自草茅無汗馬功蒙先帝殊遇以至今日且躬

奉遺詔若不盡其愚誠何以下見先帝遂諫極言忤
旨出爲潭州都督
劉禕之則天朝爲鳳閣鸞臺三品禕之謂鳳閣舍人
賈大隱曰大后既能廢昏立明何用臨朝不如返政
以安天下之心大隱密奏其言則天不悅謂左右曰
禕之我所引用乃有背我之心豈復顧我恩也
狄仁傑同鳳閣鸞臺平章事時中宗自房陵還宮則
天匿之帳中召仁傑以廬陵爲言仁傑慷慨敷奏言
發涕流遽出中宗謂仁傑曰還卿儲君仁傑降階泣
賀既已奏太子還宮人無知者物議安審是非則天
以爲然乃復置中宗於龍門具禮迎歸
姚元之則天聖曆初爲夏官侍郎同平章事則天謂
侍臣曰往者周興來俊臣等推勘制獄朝臣遞相牽
引咸承反逆國家有法朕豈能違中間宜有枉濫更
使近臣就獄親問皆得手狀承引不虛朕以爲然卽
可其奏近日周興俊臣死後無聞有反逆者然則已
前就戮者不有寃濫邪元之對曰自垂拱巳來被告
身死破家者皆是毒酷自誣而死告者特以爲功天
下號爲羅織甚於漢之黨錮陛下令近臣就獄問者
近臣亦自不保何敢輒有動揺被問者若翻又懼遭

其毒手將軍張虔勗李安靜等皆是也賴上天降監
聖情發明誅鋤兇豎朝廷乂安今日以微軀及一門
百口保見在內外官更無反逆者乞陛下得告狀但
收掌不須推問若後驗反逆有實臣請受知而不告
之罪則天大悅曰以前宰相皆順成其事陷朕爲淫
刑之主聞卿所說甚合朕心後則天移居下陽宮中
宗率百官就宮起居王公巳下皆欣躍稱慶元之獨
嗚咽流涕彦範柬之謂元之曰今日豈是啼泣時邪
恐公禍從此始元之曰事則天年久作此辭違情發
於中非忍所得爲昨從公誅凶逆者是臣之常道豈

敢出言今辭遣舊主悲泣者亦臣子忠節緣此獲罪實所甘心無幾出爲亳州刺史至睿宗朝元之爲中書令玄宗在東宮太平公主干涉朝政宋王成器爲閑廄使岐王範薛王業皆掌禁外兵議以爲不便元之與侍中宋璟密奏請令公主往就東都出成器等諸王爲刺史以息人心

崔玄暐爲鸞臺侍郎知政事則天不豫宰相不得召見者累日及疾少間玄暐奏言皇太子相王仁明孝友足可親侍湯藥宮禁事重伏願不令異姓出入則天曰深領卿厚意尋以預誅張易之功擢拜中書令

封博陵郡公

蕭至忠中宗景龍中爲中書令時宗楚客紀處訥潛懷姦計自樹朋黨韋巨源楊再思李嶠皆唯諾自全無所拯救至忠處其間獨存正道時議翕然重之中宗亦曰諸宰相中至忠最憐我

蘇瓌爲尚書右僕射同中書門下三品神龍末韋庶人秘不發中宗喪召諸宰相韋巨源蕭至忠宗楚客紀處訥韋溫李嶠韋嗣立唐休璟趙彦昭及瓌入禁中會議初草遺制遣韋庶人知政事輔少主授安國相王太尉參謀輔政宗楚客韋溫曰今旣通請皇太后臨朝宜停相王輔政且太后於相王居嫂叔不通問之地甚難爲儀注理全不可瓌獨正色拒之謂楚客等曰旣稱遺制安可輒改邪楚客及溫太忿固執廼行其月相王卽尊位下制曰尚書右僕射同中書門下三品監修國史許國公蘇瓌自周旋近密損益樞機謀猷有成翊贊無怠須者仰惟先帝顧託意昭明姦回動搖內外危懼獨申讜議實挫邪謀況藩邸僚屬念般惟舊無德不報宜准令典可尚書左僕射餘如故

劉幽求先天元年爲尚書右僕射同中書門下三品

時崔湜託附太平公主將謀逆亂幽求乃與右羽林將軍張暐請以羽林兵誅之仍令暐密奏東宮曰宰相中有崔湜岑羲俱是太平公主進用見作方計其事不輕殿下若不早誅必成大患一朝事出意外太上皇何以得安古人云當斷不斷反受其亂唯請急殺此賊劉幽求已共臣作定計訖願以身正此事赴死如歸臣旣職典禁兵若奉殿下命便當除翦玄宗深以爲然暐漏洩其謀於侍御史御先賓太子大懼遽列其狀睿宗下幽求等詔獄令法官奏幽求等以疏間親罪死玄宗屢救獲免乃流幽求于封州暐于

絳州歲餘太平公主等伏誅其日制以幽求爲左僕射知軍國事

宋璟睿宗朝爲吏部尚書同中書門下三品時玄宗在春宫太平公主謀不利於玄宗嘗於光範門内乘輦伺執政以諷之衆皆失色璟昌言曰東宫有大功於天下眞宗廟社稷之主安得有異議遂與姚元之同奏請令公主就東都以絶其謀玄宗懼抗表加罪於璟等乃貶璟爲楚州刺史及玄宗即位以璟爲侍中開元四年秋駕幸東都次永寧之崤谷馳道隘狹車騎停擁帝怒河南尹李朝隱及知頓使王怡將罪

之璟入奏曰陛下富有春秋方事巡狩豈以寧監致罪二臣竊恐將來人受其弊帝遽令捨之璟拜謝曰陛下責之以臣言而免之是過歸於上而恩繇於下請且使待罪於朝然後詔復其職則進退得其度矣玄宗深善之十二年車駕東巡璟爲留守帝臨發謂璟曰卿國之元老爲朕之股肱耳目今將巡雒邑爲别歷時所有嘉猷宜相告也璟因極言得失特賜綵絹等物仍降手制曰所進之言書之座右出入觀省以誡終身其見重如此

源乾曜開元中爲侍中上疏曰臣竊見勢要之家併求京職俊乂之士多任外官王道平分不合如此臣三男俱是京任望出二人與外官以叶均平之道帝從之於是改其子河南府參軍弼爲絳州司功太祝絜爲鄭縣尉因下制曰源弼等父在樞近深惟謙挹思代官之咸列慮時才之未序率先庶僚崇是讓德傳不云乎范宣子讓其下皆讓晉國之人於是大和道之或行仁豈云遠因令文武百僚父子兄弟三人併任京司者任通融各依資處分繇是公卿子弟京官出外者百餘人

帝見素爲門下侍郎平章事天寶十五年玄宗幸蜀

郡見素與楊國忠脱身扈從國忠素無學術不知禮體臨難恟懼迫乘輿出城道路畧無儲備玄宗至咸陽望賢宫榛蕪蔽路官吏四散從官咸怨國忠及次武功之馬嵬驛右龍武軍將軍陳玄禮素以忠正稱乃奏國忠不臣誅之見素爲亂兵傷額玄宗命左右傳呼曰莫傷帝見素仍遣視王以藥傳之遂獲全見素晨夜匪懈忠節逾厲玄宗益親重之

苗晉卿爲侍中代宗即位晉卿已年衰暮廣德初吐蕃寇長安晉卿時病卧私第蕃賊聞之輿入逼脅晉卿閉口不言賊不敢害及帝自陝至册爲太保罷知

政事

崔祐甫建中初爲相薦延推舉無復疑滯日除數十人作相未逾年凡除吏幾八百員多稱允當帝嘗謂日有人謗卿所除擬官皆涉親故何也祐甫奏曰臣頻奉聖旨令所有進擬庶官必須諳其才行者臣若與相識方可粗諳若平生未曾相見即無繇知其言行獲謗之繇實在於此帝亦以爲然

齊映貞元中爲相時吐蕃數入寇人心動搖及上將行幸陝映曰夷狄亂華臣之罪也今人情恟懼謂陛下理裝具糗糧臣聞大福不再奈何不與臣等熟計

之俯伏流涕帝亦爲感慟

陸贄德宗貞元中爲相嘗自以少年入翰林蒙幸天子天子長養成就之不敢自愛事之不可者皆力爭之曰吾上不負天子下不負吾所學不恤其佗

竇易直文宗朝在相位未嘗論用親黨凡於公所舉郎無所避

韋處厚爲相太和元年四月宰相等於延英既出再召處厚獨對一刻餘時宰臣啓事得請之後往往中變是日處厚與裴度竇易直同對既而從容獨進曰陛下用臣等爲宰相使參大政前後論奏皆蒙聽納近日雖云不假然臣等既退尋多改易事若出自聖旨則是陛下示臣等以不信若與別人商量則臣等不合更居此位且裴度以元勳舊德歷相四朝孜孜竭誠人望所屬陛下固宜親重易直以忠厚長者輔佐先帝陛下亦當委付微臣是陛下首自選擢用非因人所言不從臣合先退乃再拜陳乞帝瞿然曰卿何事邪朕知卿合作宰相也昨內難既定朕以人望所屬用卿不疑軍國事多方倚所賴今卿辭免是彰朕之不德朝廷四方其謂朕何慰勉久之而退既出延英門遽命中人復召處厚獨入諮訪移時畧開陳

理體者數百言其要以旌別淑慝修舉法制爲請因復懇言裴度勳大望崇且其心忠盡可以久於任使帝欣納焉

裴度爲司徒中書令及薨文宗怪度無遺表中使問之家人進其藁草其旨以未定儲位爲憂言不及於家事

魏謩宣帝時爲戶部侍郎平章事謝日奏曰臣無稷契之才繆叨稷契之任將何以仰報鴻私今邊戎粗安海內寧息臣愚所切陛下未立東宮俾正人傳導以存副貳之重因泣下帝感而聽之先是累朝人君

不欲人言立儲貳若非人主已欲臣下不敢獻言帝春秋高嫡嗣未辨譽作相之日率先啓奏人士重之

梁敬翔爲相及劉鄩失河朔安彦之喪楊劉翔奏曰國家連年遣將出征封疆日削不獨兵驕將怯亦制置未得其術陛下處深宮之中與之計事者皆左右近習豈能量敵之勝負哉先皇帝時河朔半在親御虎臣驍將獨不得志於敵人今寇馬已至鄆州陛下不留聖念臣所未諭一也臣聞李亞子自墨縗統衆於今二年每攻城臨陣無不親當矢石昨聞攻楊劉率先負薪渡水一皷登城陛下儒雅守文未嘗如此

俾賀瓌輩與之較力而望攘逐寇戎臣所未諭二也陛下所宜詢於黧老别運沉謀不然則憂未艾也臣雖駑怯受國恩深陛下必若乏材乞於邊陲效試未帝雖知其懇惻竟以趙張輩言翔怨望不之聽及王彦章敗於中都晉人長驅而南末帝急召翔謂之曰朕居嘗忽卿所奏果至今日事急矣勿以爲懟且指朕安歸翔泣奏曰臣受國恩僅將三紀從微至著皆先朝所遇雖名宰相實朱氏老奴耳事陛下如郎君以臣愚誠敢有所隱陛下初任段凝爲將臣已極言小人朋附致有今日晉軍即至段凝限水欲請陛下居避敵陛下必不聽從欲請陛下出奇應敵陛下必不果决縱良平復生難以轉禍爲福請先死不忍見宗廟隕墜言訖君臣相向慟哭及晉王陷都城有詔赦梁氏臣僚李振謂翔曰有制洗滌將朝新君翔曰新君若問其將何辭以對是夜翔在高頭里第宿於車坊欲曙左右報曰崇政李太保已入廟翔返室歎曰李振謬爲丈夫耳朱氏與晉仇讐我等始同謀畫致君無狀今少主伏劒於國門縱新朝赦罪何面目入建國門邪乃自經而卒

冊府元龜

巡按福建監察御史臣李嗣京　訂正
分守建南道左布政使臣胡維霖　參閱
知建陽縣事臣黃國琦　較釋

宰輔部

正直

詩曰有覺德行四國順之周書曰爾身克正罔敢不正斯正直之謂也蓋有爲天子之宰居巖假之任庶民具瞻群司承式而能勵骨鯁之操茂羔羊之德臨大節而不奪履中道而無二危言抗論進無徒從守

法持正事無過舉靡徇人主之欲而求容悅罔阿貴近之意以紊憲度乃至指佞邪於公朝拒請托於私室孤立特行無所畏憚積毀群吠莫之動撓廷議表介石之節版蕩彰勁草之志流風嘉話溢于前聞斯固神明之介福後來之聳慕者已

周仲山甫佐宣王柔亦不茹剛亦不吐不畏彊禦

漢周昌高帝時爲御史大夫嘗燕入奏事（以帝入奏事燕謂宴時安閑之居也）帝方擁戚姬（擁抱也）昌還走（還謂却退）帝逐得騎昌項問曰我何如主也昌仰曰陛下即桀紂之主也於是帝笑之然尤憚昌及帝欲廢太子而立戚姬子如意爲太子大臣固爭莫得帝以留侯策即止而昌廷爭之彊帝問其說昌爲人吃又盛怒曰臣口不能言然臣期期知其不可陛下欲廢太子臣期期不奉詔（以口吃故每重言期期）帝欣然笑即罷呂后側耳于東廂聽（正寢西室皆曰廂言之東以箱篋之形也）見昌爲跪謝曰微君太子幾廢（微無也）

王陵惠帝末爲左丞相高后欲立諸呂爲王問陵陵曰高皇帝刑白馬而盟曰非劉氏而王者天下共擊之今王呂氏非約也太后不悅問左丞相平及絳侯周勃等皆曰高帝定天下王子弟今太后稱制欲王

昆弟諸呂無所不可太后喜罷朝陵讓平勃曰始與高帝唼血盟諸君不在邪（唼小歃也）今太后女主欲王呂氏諸君縱欲阿意背約何面目見高帝於地下乎曰今面折廷爭臣不如君（廷爭謂當朝廷而諫爭）全社稷定劉氏後君亦不如臣陵無以應之於是呂太后欲廢陵乃陽遷爲帝太傅實奪之相權陵怨謝病免杜門竟不朝請（杜塞也閉塞其門也請音才性反）

申屠嘉文帝時爲丞相大中大夫鄧通方愛幸賞賜累鉅萬帝嘗宴飲通家其見寵如是嘉入朝而通居帝旁有怠慢之禮嘉奏事畢因言曰陛下幸愛群臣

則富貴之至於朝廷之禮不可以不肅（肅敬也）帝曰君勿言吾私之（言欲私戒敎之）罷朝坐府中嘉爲檄召通詣丞相府（檄示書也長二尺）不來且斬通通恐入言帝帝曰汝第往（第且也）吾今使人召若（若亦汝也）通至詣丞相府免冠徒跣頓首謝嘉嘉坐自如（如其故也）弗爲禮責曰夫朝廷者高皇帝之朝廷也通小臣戲殿上大不敬當斬吏今行斬之（嘉語其吏也令便行斬之）通頓首首盡出血不解帝度丞相已困通使使持節召通而謝丞相曰此吾弄臣君釋之鄧通旣至爲帝泣曰丞相幾殺臣

周亞夫景帝時爲丞相帝甚重之帝廢栗太子亞夫固爭之不得帝由此疏之而梁孝王每朝常與太后言亞夫之短竇太后曰皇后兄王信可侯也帝讓曰

始南皮及景武先帝不侯（南皮竇彭祖太后長君之子景武太后母弟廣國）及臣卽位乃侯之信未得封也竇太后曰人生各以時行耳（言富貴當及已身也）竇長在時竟不得侯死後及其子彭祖顧得侯（顧反也）吾甚恨之帝趣侯信也帝曰請得與丞相計之亞夫曰高帝約非劉氏不得王非有功不得侯不如約天下共擊之今信雖皇后兄無功侯之非約也帝默然而沮（沮者止之意也）讓其後匈奴王徐盧等五人降漢（功臣表云唯徐盧）帝欲侯之以勸後亞夫曰彼背其主降陛下陛下侯之則何以責人臣不守節者乎帝曰丞相議不可用乃悉封徐盧等爲列侯亞夫因謝病免相

卜式武帝元鼎中代石慶爲御史大夫式旣在位言郡國不便鹽鐵而船有筭可罷帝由是不悅式

霍光爲大司馬大將軍昭帝時金日磾二子賞建俱侍中與昭帝略同年及賞嗣侯佩兩綬帝謂光曰金氏兄弟兩人不可使俱兩綬耶光對曰賞自嗣父爲侯耳帝笑曰侯不在我與將軍乎光曰先帝之約有功乃得侯

蕭望之爲太子太傅宣帝寢疾以望之爲前將軍與大司馬車騎將軍史高光祿大夫周堪受遺詔輔政領尚書事太子襲尊號是爲元帝初宣帝不甚從儒術任用法律而中書宦官用事中書令弘恭石顯久典樞機明習文法亦與車騎將軍高爲表裏論議常獨持故事不從望之等恭顯又時傾仄見詘（恭顯不能持正故議論大事見詘于天子也）望之以爲中書政本宜以賢明之選自武帝游宴後庭故用宦者非國舊制又違古不近刑人義（禮曰刑人不在君側也）白欲更置士人由是大與高恭顯忤（忤猶相違逆也）元帝初卽位謙讓重改作（重難也未欲更置士人于

（中書也）議久不定

何武成帝時爲大司空多所舉奏號爲煩碎不稱賢公功名畧比薛宣其材不及也而經術正直過之

師丹爲大司空哀帝即位王太后詔令傳太后丁姬十日一至未央宮高昌侯董宏希指（希望天子意指也）上書言宜立丁姬爲帝太后丹劾奏宏懷邪誤朝不道帝初即位謙讓從丹言止

王嘉爲丞相時侍中董賢愛幸於哀帝欲侯之帝心憚嘉乃先使皇后父孔鄉侯傅宴持詔書視丞相御史於是嘉與御史大夫賈延上封事諫帝感其言止

數月遂下詔封賢高安侯後日食嘉復奏封事言陛下初即位共皇寢廟比比當作（共皇哀帝之父即定陶恭王也比比猶頻頻也共讀曰恭）憂閔元元爲用度不足（惟思也）以義割恩輒且止息今始作治而董賢亦起官寺上林中又爲賢治大第開門鄉（鄉讀作向）北闕引王渠灌園池（王渠官渠也又曰在城東覆盎門外）使者護作賞賜吏卒甚於治宗廟賢母病長安厨給祠具（長安有厨官主爲官食）道中過者皆飲食（禱於道中故行人皆得飲食）爲賢治器器成奏御乃行或物好特賜其工自貢獻宗廟三宮猶不至此（三宮天子太后皇后也）且深覽前世以節賢寵于是帝寖不悅初廷尉梁相與丞相長史御史中丞及二千石雜治東平王雲獄時冬月未盡二旬而相心疑雲冤獄有飾詞（假飾之詞非其實也）奏欲傳之長安（傳謂移其獄事）更下公卿覆治尚書令鞫譚僕射宗伯鳳以爲可許（宗伯姓也）天子以爲相等幸雲踰冬無討賊疾惡主仇之意制詔免相等皆爲庶人後數日大赦嘉奏封事薦相等書奏上不能平後二十余日嘉封還盎董賢戶事帝乃發怒詔假謁者召嘉詣廷尉詔獄嘉下獄嘆曰幸得充備宰相不能進賢退不肖死有余責吏問賢不肖主名嘉曰賢故丞相孔光故大司空何武不能進惡高安侯董賢父子佞邪亂朝而

不能退罪當死死無所恨嘉不食歐血而死後帝覽其對而思嘉言復以孔光代嘉爲丞相徵用何武爲御史大夫

後漢宋弘字仲子光武建武二年爲大司空帝嘗問弘通傳之士弘乃薦沛國桓譚才學洽聞幾能及楊雄劉向父子於是召譚拜議郎給事中帝每宴輒令皷琴好其繁聲弘聞之不悅悔於薦舉伺譚內出正朝服坐府上遣吏召之譚至不與席而讓之曰吾所以薦子者欲令輔國家以道德也而今數進鄭聲以亂雅頌非忠正者也能自改邪將令相舉以法乎譚

頓首辭謝良久乃遣之後大會群臣帝使譚鼓琴譚見弘失其常度帝怪而問之弘乃離席免冠謝曰臣所薦桓譚者望能以忠正導主而令朝廷耽悅鄭聲臣之罪也帝改容謝使反服其後遂不復令譚給事中弘嘗燕見御坐新屏風圖畫列女帝數顧視之弘正容言曰未見好德如好色者帝即爲撤之笑謂弘曰聞義則服可乎對曰陛下進德臣不勝其喜

侯霸建武五年爲大司徒在位明察守正奉公不回

趙憙爲太尉中元末憙受遺詔典喪禮是時藩王皆在京師自王莽篡亂舊典不存皇太子與東海王等

雜止同席憲章無序憙乃正色橫劍殿階扶下諸王以明尊卑時藩國官屬出入宮省與百僚無別憙乃表奏謁者將護分止他縣諸王並令就邸唯朝晡入臨整禮儀嚴門衛內外肅然

袁安章帝章和元年爲司徒及和帝即位竇憲比擊匈奴憲弟衛尉篤執金吾景各專威權公於京師使客遮道奪人財物景又擅使乘驛施檄緣邊諸郡發突騎及善騎射有膂力者漁陽鴈門上谷三郡各遣吏將詣第有司畏憚莫敢言者安乃劾景擅發邊兵驚惑吏人二千石不待符信而輒承景檄當伏顯誅又奏司隸校尉河南尹阿附貴戚無盡節之義（司隸鄭據河南尹蔡嵩）請免官案並寢不報憲景等日益橫盡樹其親黨賓客於名都大郡（河南尹土調漢陽太守朱敞南陽太守滿殷高丹等皆賓客前書曰十二萬戶爲大都也）皆賦斂吏人更相賂遺其餘州郡亦復望風從之安與任隗舉奏諸二千石又它所連及貶職免官者四十餘人竇氏大恨但安隗素行高亦未有害之

任隗爲司空和帝即位大將軍竇憲秉權專作威福內外朝臣莫不震懾時憲擊匈奴國用勞費隗奏議徵憲還前後十上獨與司徒袁安同心畢力持重處

正鯁言直議無所回隱

鄭弘爲太尉奏尚書張林阿附侍中竇憲而素行臧穢又上雒陽令楊光憲之賓客在官貪殘並不宜處位書奏吏與光故舊因以告之光報憲憲奏弘大臣漏泄密事帝詰讓弘收上印綬弘自詣廷尉詔勑出之因乞骸骨歸未許病篤上書陳謝并言竇憲之短帝省章遣醫治弘病比至已卒臨沒悉還賜物勑妻子褐巾布衣素棺殯殮以還鄉里

陳寵永元十六年爲司空太尉張禹司徒徐防共奏追封和憙皇后父護羌校尉鄧訓寵以先世無奏請

故事争之連日不能奪乃從二府議及詔追加封議
禹防復約寵俱遣子奉禮於虎賁中郎將鄧隲寵不
從隲心不平之
劉愷安帝時爲司徒時征西校尉任尚以奸利被徵
抵罪尚曾副大將軍鄧隲隲黨護之而太尉馬英司
空李郃承望隲旨不復先請即獨解尚臧錮愷不肯
與議後尚書案其事二府並受誣咎朝廷以此稱之
楊震延光二年代劉愷爲大尉安帝舅大鴻臚耿寶
薦中常侍李閏兄於震震不從寶乃自往候震曰李
常侍國家所重欲令公辟其兄寶惟傳上意耳震曰

如朝廷欲令三府辟召故宜有尚書勅遂拒不許寶
大恨而去皇后兄執金吾閻顯亦薦所親厚於震震
又不從
王龔爲太尉深疾宦官專權志在匡正上書極言其
狀請加放斥諸黄門恐懼各使賓客誣奏龔順帝命
亟自實（亟急也）前掾李固奏記大將軍梁商即言之於
帝事乃得釋
楊秉爲太尉桓帝南巡園陵時詔秉從南陽太守張
彪與帝微時有舊恩以車駕當至因傍發調多以入
私秉聞之下書責讓荆州刺史以狀副言公府（南陽郡荆州所部也）又中常侍侯覽弟參爲益州刺史累有贓罪暨
一州秉劾參檻車徵詣廷尉參惶恐道自殺（秉奏參取受罪贓累億伴柯男子張攸居爲富室參横加非罪云造訛言殺攸家八人沒入廬宅又與同郡諸生李元之官共飲酒醉飽之後戲故相犯誣言有濕慝之罪應時捶殺以人臣之勢行桀紂之態傷和逆理痛感天地宜當糾特以謝一州又日京兆尹袁逢於長安客舍中得參重車三百餘乘金銀珍玩不可勝記）秉
因奏覽及中常侍具瑗曰臣按國舊典宦豎之官本
在給使省闥司昏守夜而今猥受過寵執政操權其
阿諛取容者則因公褒舉以報私惠有忤逆于心者
必求事中傷肆其凶忿居法王公富擬國家飲食極
肴膳僕妾盈紈素雖季氏專魯穰侯擅秦何以尚茲

按中常侍侯覽弟參貪殘元惡自取禍滅覽顧知釁
重必有自疑之意臣愚以爲不宜復見親近昔懿公
刑邴歜之父奪閻職之妻而使二人參乘卒有竹中
之難春秋書之以爲至戒蓋鄭詹來而國亂四佞放
而衆服以此觀之容可近乎覽宜急屏斥投畀豺
虎若斯之人非恩所宥請免官送歸本郡書奏尚書
召對謂掾屬曰公府外職耳奏劾近官經典漢制有
故事乎秉使對曰春秋趙鞅以晉陽之甲逐君側之
惡傳曰除君之惡惟力是視鄧通懈慢申屠嘉召通
詣責文帝從而請之漢世故事三公之職無所不統

尚書不能詰帝不得已竟免覽官而削瑗國每朝廷有得失輒盡忠規諫多見納用

周景爲司空時宦官任人及子弟充塞列位景初視事與太尉楊秉舉奏諸姦猾自將軍牧守以下免者五十餘人遂連及中常侍防東陽侯覽東武侯具瑗皆坐黜朝廷莫不稱之

杜喬爲大尉桓帝將納梁冀妹冀欲令以厚禮迎之喬據執舊典不聽又冀屬喬舉氾宮爲尚書喬以宮臧罪明著遂不肯用因此日忤於帝先是李固見廢内外喪氣群臣側足而立惟喬正色無所囘撓繇是

海内歎息朝野瞻望焉

黄瓊爲司空桓帝欲褒崇大將軍梁冀使中朝二千石以上會議其禮特進胡廣太常羊溥司隸校尉祝恬大中大夫邊韶等咸稱冀之勳德其制度賚賞以宜比周公錫之山川土田附庸瓊獨建議曰冀前以親迎之勞增邑三十又其子胤亦加封賞昔周公輔相成王制禮作樂化致太平是以大啓土宇開地七百今諸侯以戸邑爲制不以里數爲限蕭何識高祖於泗水霍光定傾危以興國皆益戸增封以顯其功冀可比鄧禹合食四縣賞賜之差同於霍光使天下知賞必當功爵不越德朝廷從之永興元年遷司徒轉太尉梁冀前後所託辟召一無所用雖有善人而爲冀所餙舉者亦不如命延熹元年以日食免梁冀被誅瓊復拜太尉瓊首居公位舉奏州郡素行貪汚至死徙者十餘人海内咸翕然望之尋而五侯擅權傾動内外自度内不能正乃稱疾不起五侯謂悺徐璜等

李固爲太尉种暠爲益州刺史時永昌太守冶鑄黄金爲文蛇以獻梁冀暠糾發逮捕馳傳上言而二府畏懦不敢案之冀繇是銜之會巴郡人服直聚黨數百人自稱天王暠與太守應承討捕不克吏人

多被傷害冀因此陷之傳逮暠承固上疏救曰臣伏聞討捕所傷本非暠承之意實繇縣吏懼法畏罪迫逐深苦致此不祥比盜賊群起處處未絶暠承以首舉大奸而相隨受罪臣恐沮傷州縣糾發之意更共餙匿莫復盡心梁太后省奏乃赦暠承罪免官而已

陳蕃以桓帝延熹八年爲太尉九年司隸校尉李膺遭黨事考實膺案經三府蕃卻之曰今所考案皆海内人譽憂國忠公之臣此等猶將十世宥也豈有罪名不章而致收掠者乎不肯平署及竇太后臨朝蕃爲太傅録尚書事蕃與后父大將軍竇武同心盡力

共參政事而帝乳母趙嬈旦夕在太后側中常侍曹節王甫等與共交結諂事太后太后信之數出詔命有所封拜及其支類多行貪虐蕃常疾之志誅中官會武亦有謀蕃自以既從人望而德於太后必謂其志可申乃先上疏曰臣聞言不直而行不正則爲欺乎天而負乎人危言極意則群凶反目禍不旋踵此二者臣寧得禍不敢欺天也今京師囂囂道路諠譁言侯覽曹節公乘昕王甫鄭颯等與趙夫人諸女尚書並亂天下附從者升進忤逆者中傷方今一朝群臣如河中木耳泛泛東西耽祿畏害陛下前始攝位

順天行誅蘇康管霸並伏其辜是時天地清明人鬼歡喜柰何數月復縱左右元惡大姦莫此之甚今不急誅必生變亂傾危社稷其禍難量願出臣章宣示左右并令天下諸姦知臣疾之太后不納朝廷聞者莫不震恐於是蕃武共定策誅中官會五月日食蕃復說武曰昔蕭望之困一石顯近者李杜諸公禍及妻子况今石顯數十輩乎蕃以八十之年欲爲將軍除害今可且因日食斥罷宦官以塞天變又趙夫人及女尚書旦夕亂太后急因退絶惟將軍慮焉武乃白太后故事黃門常侍但當給事省內典門戶主近署財物耳今乃使與政事而任權重子弟布列專爲貪暴天下匈匈正以此故宜悉誅廢以清朝廷太后曰漢來故事世有但當誅其有罪豈可盡廢耶時中常侍管霸頗有才畧專制省內武先白誅霸及中常侍蘇康等竟死武復數白誅曹節等太后猶豫未忍故事久不發至八月太白出西方劉瑜以書勸令速斷大計於是蕃以朱㝢爲司隸校尉劉祐爲河南尹虞祁爲雒陽令武乃奏免黃門令魏彪以所親小黃門山冰代之使冰奏素狡猾尤無狀者長樂尚書鄭颯送北寺獄蕃謂武曰此曹子便當收殺何復考爲

武不從令冰與尹勳侍御史祝瑨雜考颯辭連及曹節等使劉瑜內奏時武出宿歸府典中書者先以告長樂五官史瑀繇是曹節聞之矯詔誅武蕃等

何進爲大將軍與太傅袁隗輔政録尚書事時靈帝中平末何太后臨朝進素知中官天下所疾兼以蹇碩圖己及秉朝政陰規誅之袁紹亦素有謀因進親客張津勸之曰黃門常侍權重日久又與長樂太后專通姦利將軍宜更清選賢良整齊天下爲國家除患進然其言又以袁氏累世寵貴海內所歸而紹素善養士能得豪傑用其從弟虎賁中郎將術亦尚氣

彼故並厚待之因復傳徵智謀之士龐紀何顒荀攸等與同心腹

袁滂靈帝時為司徒當權寵之盛或以同異致禍滂獨中立於朝故愛憎不及焉

楊彪以靈帝中平六年為司徒明年關東兵起董卓懼欲遷都以違其難乃大會公卿議曰高祖都關中十有一世光祖居雒陽於今亦十世矣案石包讖宜徙都長安以應天人之意百官無敢言者彪曰移都改制天下大事故盤庚五遷殷民胥怨昔關中遭王莽變亂宮室焚燒民庶塗炭百不一在光武受命更

都雒邑今天下無虞百姓樂安明公建立聖主光隆漢祚無故損宗廟棄園陵恐百姓驚動必有糜沸之亂石包室讖妖邪之書豈可信用卓曰關中肥饒故秦得并吞六國且隴右材木自出致之甚易又杜陵南山下有武帝故瓦陶竈數千所并功營之可使一朝而辦百姓何足與議若有前却我以大兵驅之可令詣滄海彪曰天下動之至易安之甚難惟明公慮焉卓作色曰公欲沮國計邪太尉黄琬曰此國之大事楊公之言得無可思卓不荅司空荀爽見卓意壯恐害彪等因從容言曰相國豈樂此邪山東兵起非一日可禁故當遷以圖之此秦漢之勢也卓意少解爽私謂彪曰諸君堅爭不止禍必有歸故吾不為也議罷卓使司隷校尉宣播以災異奏免琬彪等獻帝興平元年復為太尉及李傕郭汜之亂彪盡節衛主崎嶇危難之間郭汜饗公卿議欲攻傕彪曰群臣共鬬一人劫天子一人執公卿此可行乎汜怒欲手刃之中郎將楊密及左右多諫汜乃歸之建安四年復拜太常魏文帝受禪欲以彪為太尉先遣使示旨彪辭曰彪備位三公遭傾亂不能有所補益耄老被病豈可贊惟新之朝遂固辭

黄琬為太尉董卓議遷都長安琬與司徒楊彪同諫不從琬退而駮議之曰昔周公營鞏邑以寧姬光武卜東都以隆漢天之所啓神之所安大業既定豈宜妄有遷動以虧四海之望時人懼卓暴怒琬必及害固諫之琬對曰昔白公作亂于楚屈廬冒刃而前崔杼弑君于齊晏嬰不懼其盟吾雖不德誠慕古人之節琬竟坐免卓猶敬其名德舊族不敢害

趙温為司徒録尚書事時李傕與郭汜相攻傕脅掠禁省劫帝幸北塢外内隔絶傕素疑温不與己同乃内温于塢中又欲移乘輿于黄白城温與傕書曰公

前託爲董公報仇然實屠陷王城殺戮大臣天下不可家見而戶説也今與郭汜爭睚眦之隙以成千鈞之仇人在塗炭各不聊生曾不改悟遂成禍亂朝廷仍下明詔欲令和解上命不行威澤日損而復欲移轉乘輿更幸非所此誠老夫所不達也于易一爲過再爲涉三而弗改滅其頂凶不如早共和解引軍還屯上安萬乘下全人民豈不幸甚傕大怒欲遣人殺温董卓從弟應温故椽也諫之數日乃獲免

魏董昭明帝太和中爲司徒上疏陳末流之弊曰凡有天下者莫不貴尚敦樸忠信之士深疾虛僞不真

之人者以其毀教亂治敗俗傷化也近魏諷則伏誅建安之末曹偉則斬戮黄初之始伏惟前後聖朝深疾浮僞欲以破散邪黨常用切齒而執法之吏皆畏其權勢莫能糾擿毀壞風俗侵欲滋甚切見當今年少不復以學問爲本專更以交游爲業國士不以孝弟清修爲首乃以趨勢游利爲先合黨連群互相褒歎以毀譽爲罰戮用名譽爲爵賞附己者則歎之盈言不附者則爲作瑕釁至乃相謂今世何憂不度邪但求人之道患不勤羅之不博耳又何患其不知己但當吞之以藥而柔調耳又聞或有使奴客名作在職家人冒之出入往來禁奧交通書疏有所探問凡此諸事皆法之所不取刑之所不赦雖諷偉之罪無以加也帝于是發切詔斥免諸葛誕鄧颺等

蔣濟齊王初爲太尉是時曹爽專政丁謐鄧颺等輕改法度有日蝕變詔群臣問其得失濟上疏曰昔大舜佐治戒在比周周公輔政愼于其朋齊侯問災晏嬰對以布惠魯君問異臧孫荅以緩役應天塞變乃實人事今二賊未滅將士暴露已數十年男女怨曠百姓貧乏夫爲國法度惟命世大才乃能張其綱維以垂于後豈中下之吏所能改易哉終無益于治適

足傷民望宜使文武之臣各守其職率以清平則和氣祥瑞可感而致也又司馬宣王收曹爽兄弟皆誅之濟曰曹眞之不可以不祀帝不聽（臣欽若等曰曹眞爽之父也）

衛臻爲司徒正始中進爵長垣侯初太祖久不立太子而方奇貴臨菑侯（臣欽若等曰臨菑侯植也）丁儀等爲之羽翼勸臻以大義拒之及文帝卽位東海王霖有寵帝問臻平原侯何如（臣欽若等曰植先封平原侯）臻稱明德美而終不言曹爽輔政使夏侯玄宣指欲引臻入守尚書令及爲弟求婚皆不許

蜀諸葛亮爲丞相後主踐祚以來敏爲虎賁中郎將

亮在漢中請敏爲軍祭酒輔軍將軍坐事去職亮教曰將軍來敏對上官顯言新人有何功德而奪我榮資與之耶諸人共憎我何故如是敏年老狂悖生此怨言昔成都初定議者如爲來敏亂群先帝以新定之際故遂含容無所禮用后劉子初選以爲太子家令先帝不悅而不忍拒也後主即位吾闇闇于知人遂復擢爲將軍祭酒違議者之審見有先帝所疏外自謂能以敦厲薄俗帥之以義今旣不能表退職使閉門思愆

吳顧雍大帝時爲丞相平尚書事于公朝有所陳及

詞色雖順而所執者正帝嘗令中書郎詣雍有所咨訪若合雍意事可施行即與相反覆究而論之爲設酒食如不合意雍即正色改容默然不言

陸凱爲丞相時殿上列將何定佞巧便辟貴幸任事凱面責定曰卿見前後事主不忠傾亂國政寧有得以壽終者耶何以專爲奸邪穢塵天聽宜改自厲不然方見卿有不測之禍矣定大恨凱思中傷之凱終不以爲意乃心公家義形于色表疏皆指事不飾忠懇內發

晉王祥在魏爲太尉陳留王咸熙元年司馬文王旣進爵爲王祥與司徒何曾司空荀顗並詣王顗曰相王尊重何侯與一朝之臣皆已盡敬今日便當相率而拜無所疑也祥曰相國位勢誠爲尊貴然要是魏之宰相吾等魏之三公公王相去一階而已班列大司安有天子三公可輒拜人者損魏朝之望虧晉王之德君子愛人以禮吾不爲也及入顗遂拜而祥獨長揖王謂祥曰今日然後知君見顧之重

衛瓘武帝時爲司空領太子少傅時惠帝在東宮朝臣咸謂太子純質不能親政事瓘每欲陳啓廢之而未敢發後會宴淩雲臺瓘托醉因跪帝牀前曰臣欲

有啓帝曰公所言何耶瓘欲言而止者三因以手撫牀曰此坐可惜帝意乃悟因謬曰公真大醉耶瓘于此不復有言賈后繇是怨瓘瓘男宣尚公主數有酒色之過楊駿素與瓘不平駿復欲自專權以爲宣若離昏瓘必遜位于是遂與黃門等毀之諷帝奪宣公主瓘慚懼告老遜位乃下詔進位太保以公就第有司又奏收宣付廷尉免瓘位帝詔許帝後知黃門虛搆欲還復主而宣疾亡

王導爲司空加守尚書令時元帝愛琅琊王裒將有奪嫡之議以問于導導曰夫立子以長且紹又賢臣欽

若等曰紹（明帝也）不宜改易帝猶疑之導旦夕陳諫故太子卒定及成帝時進位太傅拜丞相帝舅庾亮字元規以望重地逼出鎮江州亮雖居外而執朝廷之權旣據上流擁強兵趣向者多歸心導內不能平嘗遇西風塵起舉扇自蔽徐曰元規塵汚人

後魏古弼大武時爲尚書令參政事時上谷民上書言苑囿過度民無田業宜減大半以賜貧人弼覽之入欲陳奏過大武與給事中劉樹碁志不聽事弼侍坐良久不獲申聞乃起于太武前捽樹頭掣下牀以手搏其耳以拳毆其背曰朝廷不治是爾之罪大武失

容放碁曰不聽奏事實在朕躬樹何罪置之弼具狀以聞大武奇弼公亶皆可其所奏以丐百姓弼曰爲臣而逞其志于君前者非無罪也乃詣公車免冠徒跣自劾請罪大武遣使者召之

源賀爲太尉獻文欲禪位於京兆王子推任城王雲進言不可賀又進曰陛下今欲外選諸王而禪位于皇叔者臣恐春秋烝嘗昭穆有亂脫萬世之後必有逆享之譏願深思任城之言獻文從之

高陽王雍孝明初爲太傅侍中領太尉詔雍入居太極西栢堂咨决大政時領軍于忠擅權專恣僕射郭祚勸雍出之忠怒矯詔殺祚及尚書裴植廢雍以王歸第雍表曰臣初入栢堂見詔旨之行一由門下而出而臣出君行不以悛意每覽傷襟視之慘日深知不可不能禁制臣之罪一也臣近忝內樞兼居師傅宜保護聖躬溫凊晨夕而于忠身居武司禁衛自在限以內外朝謁簡絶皇居寢食所在不知社稷安危又不豫出入栢堂尸位而已臣之罪二也忠規欲殺臣賴在事執拒又令僕卿相任情進黜遷官授職多不經旬斥逐賢良專納心腹威震百僚執顧朝臣臣見其如此欲出忠爲雍州刺史鎮撫關右在心未行

反爲忠廢忝官尸祿孤負恩治臣之罪三也先帝昇遐儲宮纂統斯乃君父之嘗謨臣子之永則加賞之意自古無之忠旣人臣受恩先帝喪禍之際竭節是嘗迎陛下於東宮臣下之嘗事如其不爾更欲何爲而忠意氣凌雲坐要封爵爾日抑之交恐爲禍亂臣以權臣所欲不敢輒違即集王公卿士議其多少清河王臣懌先帝懿弟識度寬明臨衆唱議非以勤而賞之懌遠權臣之旨望顏而授臣知不可因而從之臣之罪四也忠秉權門下且居宰執又摠禁旅爲崇訓衛尉身兼內外廣于宮掖臣之罪五也古者重罪

必命三公會期至旬日所以重死刑也先帝登極十有一年細人犯刑猶寬慝墨朝廷貴仕不戮一人今陛下踐祚年未半周殺僕射尚書如去一草是忠秉權矯旨擅行誅戮臣知不能救臣之罪六也臣位荷師相年未及終難恕之罪顯露非一何情以處何顔以生雖經恩宥猶有餘責謹及私門伏聽司敗大帝感忠保護之勛不問其罪

北海王祥宣武爲司徒公録尚書時御史中尉甄琛與黃門郎李憑以朋黨被召尚書邢巒窮其阿附之狀琛曾拜官親賓悉集巒乃晩至琛謂巒曰卿何處

放蛆來今晩始顧以戲言巒變色銜忿及此大相推窮祥等奏曰臣聞黨人爲患自古所疾政之所忌雖寵必誅皆所以存天下之至公保靈基于永業者也伏惟陛下纂聖前暉洞鑒幽隱恩斷近習憲軌惟新大政蔚以增光鴻猷于焉永泰謹按侍中領御史中尉甄琛身居直法糾擿是司風邪響黷猶宜劾糾况趙修奢暴聲著內外侵公害私朝野切齒而琛嘗不陳奏方更徃來綢繆結納以爲朋黨中外影響致其談譽令布衣之父超登正四之官七品之弟越陟三階之祿虧先皇之選典塵聖朝之官人又與武衛將軍黃門郎李憑相爲表裏憑兄叨封知而不言及修釁彰方知彈奏生則附其形勢死則就地排之竊天之功以爲己力仰欺朝廷俯罔百司有爲鄙詐于茲甚矣不實不忠寔合黜貶謹依律科徒請以職除其父中散寶爲叨越雖皇族帝孫未有此例無得不以論請下收奪李憑朋附趙修是謂交遊之道不依當慶或晨昏從就或吉凶徃來至乃身拜其親妻見其子每有家事必先請託緇黜皇風塵鄙政化此而不糾將何以肅整阿諛奬勵忠槩請免所居官以肅風軌奏可琛遂免歸本郡左右相連死黜者二十餘人

北齊庫狄干文宣天保中爲太宰干尚神武妹樂陵長公主以親地見待自預勤王嘗總大衆威望之重爲諸侯最而性嚴猛曾詣京師魏譙王元孝友於公門言戲過度干正色責之孝友大慚時人稱善

蘓威爲納言從煬帝征遼東領右禦衛大將軍楊玄感之反帝引威于帳中懼見於色謂曰此小兒聰明得不爲患耶威曰麄踈非聰明者必無慮但恐寖成亂階耳勞役不止百姓思亂以微欲諷帝意竟不悟

巡按福建監察御史臣李嗣京　訂正
知長樂縣事臣夏允彝叅閱
知建陽縣事臣黃國琦較釋

宰輔部

正直第二

唐魏徵爲秘書監參預朝政貞觀六年太宗臨朝有誠懼之言中書令溫彥博進曰伏願陛下爲政若貞觀之初則無憂不太平矣太宗曰朕其怠乎徵進曰陛下貞觀之初厲精思政從諫如流每因一事觸類而爲善志存節儉無所營求比者造作微多諫者頗

忤以此爲異耳太宗拊掌歡笑曰良有是夫

長孫無忌爲太尉高宗將立昭儀武氏爲皇后無忌屢言不可帝乃密遣使賜忌金銀寶罽各一車綾錦十車以悅其意昭儀母楊氏復自詣無忌宅屢加祈請時禮部尚書許敬宗又屢申勸請無忌嘗厲色折之帝後又召無忌左僕射于志寧右僕射褚遂良謂曰武昭儀有令德朕欲立爲皇后卿等以爲如何無忌曰自貞觀二十三年後先朝付託遂良望陛下問其可否帝竟不從無忌等言而立昭儀爲皇后皇后以無忌先受重賞而不助己心甚銜之

郝處俊爲中書令高宗欲下詔令太后攝知國政與宰相議之處俊曰臣聞禮經云天子理陽道后理陰德外內和順國家以理然則帝之與后猶日之與月陽之與陰各有所主不相奪也若失其序上則謫見于天下則禍成于人昔魏文帝著令雖有少主尚不許皇后臨朝所以追鑒成敗杜其萌也況天下者高祖太宗之天下陛下正合謹守宗廟傳之子孫誠不可持國與人有私於后且曠古以來未有此事伏乞特垂詳審中書侍郎李義琰爲申處俊所引經典其

言至忠惟聖慮無疑則蒼生幸甚由是遂止

李義琰爲中書侍郎同中書門下三品義琰博學多識典故高宗每有顧問言多切直

劉仁軌則天初爲左僕射同中書門下三品專知留守事上疏辭以衰老請罷居守之任因陳呂氏禍敗之事以申規諫則天使武承嗣齎璽書往京慰諭之曰今以皇帝諒闇不言眇身且代親政遠勞勸誡復辭衰疾倦望既衰迴遑失據又云呂后見唾于後代祿產貽禍于漢朝引喻良深愧慰交集公忠貞之操終始不渝勁直之風古今罕比初聞此語能不惘然

静而思之是爲龜鏡且端揆之任儀形百辟况公先朝舊德遐邇具瞻願以裨救爲懷無以暮年致請尋進封郡公

岑長倩則天時爲文昌右相天授初鳳閣舍人張嘉福與王慶之等表請立魏王武承嗣爲皇太子長倩以皇嗣在東宮不可更立承嗣乃與納言歐陽通奏請切責上書者告示令散繇是大忤諸武意被斥令西征吐蕃

李昭德爲内史延載初鳳閣舍人張嘉福令雒陽人王慶之率輕薄惡少數百人詣闕上表請立武承嗣

爲皇太子則天不許慶之固請不已則天令昭德詰責之令散昭德使杖殺慶之余衆乃息昭德因奏曰臣聞文武之道布在方策豈有已爲天子而爲姑立廟乎以親親言之則天皇是陛下夫也皇嗣是陛下子也陛下正合得天子子孫爲萬代計况陛下承天皇顧託而有天下若立承嗣臣恐天皇不血食矣則天悟之乃止時朝廷諛佞者多獲進用故幸恩者事無大小但近諂諛皆獲進見有人於雒水中獲白石數點亦詣闕輙進諸宰相詰之對云此石赤心所以來進昭德叱之曰此石赤心洛水中餘石豈能盡反耶左右皆笑

格輔元爲地官尚書同鳳閣鸞臺平章事張嘉福等請立武承嗣爲皇太子上以問輔元地官尚書遂爲承嗣所譖故及于禍周允元爲鳳閣侍郎同鳳閣鸞臺平章事允元嘗與諸宰臣侍宴則天令各述詩書中善言允元曰恥其君不如堯舜武三思以爲語有指斥糾而駮之則天聞此言足以自誡豈得將爲過也耶

王及善爲内史雖無學術在官每以清正見知臨事難奪有大臣之節

杜景佺爲鳳閣侍郎同鳳閣鸞臺平章事則天嘗以季秋月内出梨花一枝示宰臣曰是何祥也諸宰臣曰陛下德及草木故能秋木再花雖周文德及行葦無以過也景佺獨曰謹按洪範五行傳陰陽不相奪倫瀆之即爲災又春秋傳云冬無愆陽夏無伏陰春無凄風秋無苦雨今已秋矣艸木黄落而忽生于花瀆陰陽也臣恐陛下布教施令有虧典禮又臣等忝爲宰臣助天理物理而不和臣之罪也于是再拜謝罪則天曰卿真宰相也

朱敬則爲鳳閣鸞臺平章事時御史大夫魏元忠爲

張易之兄弟所謗將陷重辟當時宰相無敢言者敬則獨抗疏理之頗得明白麟臺監張昌宗廣集當時學者删補文思博要撰爲三教珠英又命畫工圖寫梁王武三思納言李嶠麟臺少監王紹宗等十八人形像號爲高士圖每引敬則預其事固辭不就其高絜守正如此

魏元忠爲鳳閣侍郎同鳳閣鸞臺平章事中宗在春坊元忠簡較太子左庶子時張易之昌宗權寵日盛傾朝附之元忠嘗言於則天曰臣承先帝顧命受陛下厚恩不徇忠死節使小人得在君側臣之罪也則

天不悅易之昌宗繇是含怒

姚元崇爲宰相長安四年張易之先請諸京城大德僧十人配定州私置寺僧等告訴元崇斷停易之屢以爲言崇不納繇是攺授司僕卿知政事如故便充靈武道大總管開元初爲紫微令時左丞相劉幽求有女出適刺所司舉舊例賜物元崇奏曰自神龍以來或有承恩宰相男女婚禮皆得賜物事出一時不合著例此後望停從之

袁恕巳以中宗神龍初爲中書侍郎同中書門下三品時將作大匠楊務廉素以工巧見用中興初恕巳恐其更啓游娛侈靡之端言于帝曰務廉致位九卿積有年歲讜言嘉謀無足可紀每宮室營葺必務其問若不斥之何以廣昭聖德由是授務廉陵州刺史

蘇瓌以景龍二年拜侍中令京師留守時秘書監鄭普思謀爲妖逆瓌考訊之普思妻弟伍氏以鬼道爲帝庶人所重嘗居止禁中帝特勑諭令釋普思之罪瓌上言普思幻惑罪當不赦俄而駕還京師瓌又面陳其狀尚書左僕射魏元忠曰蘇瓌長者其忠懇如此願陛下察之帝遂流普思於嶺外三年拜尚書右僕射同中書門下三品明年將親祠南郊國子祭酒

祝欽明希帝庶人旨建議請皇后助祭安樂公主爲獻瓌深非其議嘗于御前面折欽明帝不悟竟從欽明所奏時公卿大臣初拜官者例許獻食名爲燒尾瓌拜僕射後因侍宴將作大匠宗晉卿謂瓌曰拜僕射竟不燒尾豈不善耶帝頗以爲然瓌奏曰臣聞宰相者主調陰陽助天理物今粒食踊貴百姓不足臣見宿衛兵至有二日不得食者愚不稱職罪在臣是以不敢燒尾

陸象先玄宗先天初爲中書侍郎平章事太平公主用事同時宰相蕭志忠岑羲崔湜等咸傾附之唯象

先孤立未嘗造請志忠等伏誅衆先獨免其難以保護功封交國公特封三百户加銀青光祿大夫

盧懷慎開元初爲黄門監薛王業之舅王仙童侵暴百姓憲司按罪以聞業奏求免詔下紫微黄門重按覆懷慎與紫微令姚崇等奏曰仙童倚侍王親欺奪百姓事狀明白人人共知御史推尋實知枉濫御史若不堪信他人何必可依如更動揺恐招物議望准前狀從之

宋璟以開元七年與蘇頲同爲宰相時特奏王毛仲奏看鷹人欽州別駕員外置同正員羅元讓看鷹勤

勞請優與進改玄宗許之付中書門下璟頲執奏曰鷹鳥之屬畋游所用陛下曾于苑囿之内韝紲總捐以後或存而不論未能全斷今縱備物致用不可絶無則命録勤勞不宜如此帝曰朕在藩日先有款誠特驅使亦不録鷹鳥璟等曰若别緣課効誠合遷除乃奏擬右驍衛翊府右郎將員外郎同正員帝曰鄉之改擬深爲折衷

韓休以開元二十一年拜黄門侍郎同平章事休性方正有萬年尉李美玉得罪帝特令流于嶺外休進日美玉卑位所犯又非巨害今朝廷有大姦尚不能去豈得捨大而取小也臣切見金吾大將軍程伯獻輙恃恩寵所在貪冒第宅輿馬僭擬過甚臣請先出伯獻而後罪美玉帝初不許之休固争曰美玉微細尚不容伯獻巨猾豈得無罪陛下若不出獻臣即不敢奉詔流美玉帝以其切直竟從之宋璟聞之日不謂韓休乃能如此是仁者之勇也

裴冕爲僕射平章事時李輔國驕恣日甚求爲宰臣肅宗曰以公勳力何官不可但未知朝望如何輔國諷冕聯章薦己帝密語宰相蕭華曰輔國欲帯平章事卿等欲有章薦信乎華問裴冕冕曰初無此事吾

臂可截宰相不可得也華復入奏帝喜曰冕固堪大用輔國深銜之

李峴肅宗朝爲吏部尚書同平章事與吕諲李揆第五琦同拜相峴位望稍高軍國大事諸公莫敢言皆獨决于峴由是諲揆銜之初李輔國判行軍司馬潛令官軍于人間聽察是非謂之察事忠良往往枉被誣搆復有追呼諸司莫敢抗拒御史臺大理有重囚在獄推斷未了有牒追就銀臺不問輕重一時釋放莫有輙敢違者每日於銀臺門决天下事須處分便稱制勑禁中符印悉佩之出入縱有勑輔國押署然

後施行及峴爲相叩頭論輔國專權亂國帝悟之賞峴正直事並變革輔國以此讓行軍司馬請歸本官察事等並停罷是深怨峴又鳳翔七馬坊押官先爲盜刼掠平人州縣不能制天興縣尉謝夷甫知捕賊擒獲決殺之其妻進狀訴其夫輔國先爲飛龍馬家黨其人爲之上訴詔監察御史孫鎣推之鎣初直其事其妻又訴詔令御史中丞崔伯陽刑部侍郎李曄大理卿權寅獻三司訊之三司與鎣同妻又上言詔令侍御史毛若虛覆之若虛歸罪于夷甫又言伯陽等有情不能質定刑獄伯陽怒使人召若虛詞氣不

順伯陽欲上言之若虛先馳謁告急于帝帝云知卿出去若虛奏帝曰臣出卽死帝因留在簾內有頃伯陽至帝問之伯陽頗言若虛順旨附會中人帝怒叱出之伯陽貶端州高要尉權寅獻郴州桂陽尉鳳翔尹嚴向及李曄皆貶嶺下一尉鎣除名長流播州峴以數人非其罪責重欲理之遂奏毛若虛希旨用刑不守國法陛下若信之重輕示無御史臺帝怒峴言出峴爲蜀州刺史時右散騎常侍韓擇木入對帝謂之曰李峴欲專權耶何乃云任毛若虛示無御史臺也今貶蜀州刺史朕自覺用法寬擇木對曰李峴言直非專權陛下寬之只益聖德耳代宗朝復拜黃門侍郎平章事宰臣不於政事堂邀客時海內多務宰相元載等見中官宣傳恩詔至中書者引之政事堂上仍置榻坐焉峴屏左右去所置榻言詞頗正

蕭復字履初德宗建中四年拜吏部尚書平章事嘗奏言宦官爲監軍豈可參軍機政事之間德宗不悅又請別對奏云陛下自用楊炎盧杞相次秉政以致今日之事因述君臣獻替大端今雖危急伏願陛下華慮臣方敢當任若令臣依阿偷免臣不敢曠職時盧杞或對帝前奏議阿諛順旨復正色曰盧杞之詞

不正帝愕然大驚謂左右曰蕭復頗輕朕遂令往江淮山南湖南道宣撫安尉興元元年以門下侍郎平章事充宣撫使先時淮南節度陳少游首稱臣與李希烈鳳翔將李楚琳殺節度使張鎰以應朱泚鎰判官韋皋先知隴州留後首殺幽隴叛卒數百人不應李楚琳復使廻與諸宰相同對訖復獨留奏曰陛下自還宮闕勳臣已蒙官爵唯旌善懲惡未有區分陳少游將相之寄最崇首敗臣節韋皋名宦最卑特進建忠義請令韋皋代少游則天下明然知逆順之理帝許之復出諸相李勉盧翰劉從一方同歸中書中

使馬欽緒續至揖從一耳語而退諸相各歸閤從一詣復曰適欽緒宣旨令與公商量朝來所奏便進擬勿令李勉盧翰知復曰適來對亦聞勑旨然未喻聖心已面陳述上意尚爾復未敢言其事復又曰唐虞有僉曰之論朝廷有事尚合與公卿同議今勉翰不可在相位即去之既在相位合同商量何故獨避此之一節且與公行之無爽但恐寖以成俗此政之大弊也竟不以所奏事言于從一從一奏之帝寖不悅復累上表辭疾請罪罷官詔乃許之時與元元年十月也久之以親累貶簡較左庶子饒州安置至是終

年五十七復性孝友居家雍睦及登台輔臨事不苟頗爲同列所嫉以故不久居位焉

李勉建中末爲司徒平章事無何盧杞自新州貟外司馬除澧州刺史給事中裴高以杞邪佞蠹政貶未塞責停詔執奏遂授澧州引駕他日德宗謂勉曰衆言盧杞姦邪豈有此乎曰天下皆知奸邪而陛下不知則杞善爲奸邪矣時人多云正直然自是見疏貞元二年以開州別駕白志貞爲果州刺史勉及諫官等以志貞罪均盧杞不宜收擢固執之不許凡踰旬方下其詔

柳渾貞元三年爲兵部侍郎平章事先是韓滉自浙西入覲帝虛己待之至于調兵食籠塩鉄勾官吏贓罰鉏豪強兼并帝委使焉每奏事或至日旰他相充位而已公卿救過不暇無敢枝梧者滉于省中榜吏至死渾雖滉所引心惡其專政正色謂之曰先相公狷察（臣欽若等曰韓滉父休開元中爲相）爲相不經年而罷今相公榜吏于省中至死况省闥非刑人地相公奈何蹈前非行于今朝專立威福豈尊主卑臣之義也滉感悟愧悔爲霽威焉及白志貞除浙西觀察使渾奏曰志貞末吏憸人縱稱薦謹不當頓居重職臣死而後已不

敢奉詔適遇渾以疾告歸即日遂下其詔渾疾間因上表乞骸骨優詔不許渾與張延賞同列延賞怙權矜已而疾渾守正俾其所厚謂渾曰相公舊德但節言于廟堂則重位可久荅曰爲吾謝張相公柳渾頭可斷也言不可絕自是竟爲延賞所擠尋除右散騎常侍罷知政事

陸贄貞元中爲相時裴延齡判度支天下皆嫉怨而獨幸于德宗朝廷無敢言其短長者贄獨身當之每於延英極論其誕妄不可令掌財賦德宗以爲排擯待延齡益厚贄上書疏其失曰前歲秋首班寵衰亡

特詔延齡繼司邦賦數月之內遽衒功能奏稱勾獲隱欺計錢二千萬貫請貯別庫以為羨餘供御所須永無匱乏陛下欣然信納因謂委任得人旣賫盈餘之財稍弘心意之欲興作寖廣宜索漸多延齡務實前言且希睿旨不敢告闕不敢辭難勾獲旣是虛言無以應命供辦皆承嚴約苟在朝夕遂乃搜求市廛豪奪入獻追捕夫匠迫脅就功以敕索為名而不酬其直以和顧為稱而不償其傭都城之中列肆為之晝閉興役之所百工比於幽囚聚詛連群遮訴盈路持綱者莫敢致詰巡察者莫敢為言時有詰而言之

歟謂黨邪醜直天子轂下囂聲沸騰四方觀瞻何所取則蕩心于上歛怨于人欺天隔君遠去危懼此其罪之大者也總制邦用度支是司出納貨財大府攸職凡是大府出納皆稟度支文符大府依符以奉行度支憑案以勘覆互相關鍵用絕奸欺其出納之數則每旬申聞見在之數則每月計奏皆經度支勾覆又有御史監臨旬旬相承月月相繼明若指掌端如貫珠財貨多少無容隱漏延齡務行邪諂公肆誣欺遂奏云左藏庫司多有先落延因撿閱使置簿書乃于糞土之中收得銀十三萬兩其匹段雜貨又百萬

有餘皆是文帳脫遺並同已棄之物今所收獲即是羨餘悉合移入雜庫以供別勅支用者其時特宜進旨並宜所奏施行大府卿韋少華抗疏上陳殊不引伏確稱每月申奏皆在見在數中請令推尋足驗奸詐兩司旣有論執理須詳辨是非陛下縱有罔欺不加案問以在庫之物為收獲之功以常賦之財為羨餘之費罔上無畏視人不慚此又罪之大者也國家府庫出納有常延齡險猾售姦詭譎求媚遂于左藏之內分建六庫之名意在別貯贏餘以奉人主私欲曾不知王者之體天下為家國不足則資之于人人

有餘則輸之于國在國為官物在人為私財何謂贏餘須別收貯是必巧詐以變化官物暴法以刻剝私財捨此二途其將安取陛下方在崇信不加簡裁姑務保持曾無詰責延齡謂能蔽惑不復懼畏奸威旣沮于四方險態復行于內府緣是蹊躡官屬傾倒貨財移東就西便為課績取此適彼遂號羨餘愚弄朝廷有同兒戲夫理天下以義為本以利為末以人為本以財為末本盛則其末自舉末大則其本必傾自古及今德義立而利用不豐人庶安而財貨不給因以喪邦失位者未之有也故曰不患寡而患不均不

患貪而患不安有德此有人有人此有土有土斯有財則百姓足君孰與不足盖此謂也自古及今德義不立而利用克豊人庶不安而財貨可保因以興邦富位者未之有也故曰財散則人聚財聚則人散與其有聚歛之臣寧有盜臣無令侵削兆人爲天子取怨于下也且陛下初膺寶曆志剪群兇師旅繁興徵求寖廣摧筭侵剥下無聊生是以涇原叛徒乘人咨怨白晝犯闕都邑甿庶恬然不驚及與衆賊相從比肩而入宫殿雖蚩蚩之性靡所不爲然亦繇德澤未洽于人而暴令驅之以至于是也于時内府之積尚

如丘山竟資凶渠以餌貪卒此則陛下躬覩之矣是乃失人而聚貨夫何利之有焉車駕既幸奉天逆泚旋回圍逼一壘之内萬衆所屯窘如涸流庶物空匱嘗欲發一健步出覘賊軍其人懇以苦寒爲辭跪奏乞一襦袴陛下爲之求覔不致竟閔默而遣之又嘗宫壼之中服用有闕聖旨方以戎事爲急不忍重煩于人乃剥親王餙帶之金賣以給之直是時行從將吏赴難師徒倉皇奔馳咸未冬服漸屬凝沍且無薪蒸饑凍内攻矢石外迫晝則荷戈奮迅夜則瞰堞呻吟凌風飆冐霜霰踰四旬而衆無携貳卒能走强賊全危城者陛下豈有嚴刑重賞使之然耶唯不厚其身不藏其貨與衆庶同其憂患與士伍共其有無乃能使人捐軀命而扞寇讎餒之不離凍之不憾臨危而不易其守見死而不去其君所謂聖人感人心而天下和平此其効也及乎重圍既解諸路稍通賦税漸臻貢獻繼至乃於行宫外廡之下別置瓊林大盈之司未賞功勞遂私賄玩甚沮維新之望頗携死義之心于是輿誦興譏而軍士始怨矣財聚人散不誠亦然乎旋屬蝨賊内訌翠華南狩奉天所積財貨悉復藏于亂軍既遷岷梁日不暇給獨憑大順遂復皇

都是知天子者以得人爲資以畜義爲富人苟歸附何患蔑資義苟脩崇何憂不富豈在貯之内府方爲已有哉故藏于天下者天子之富也藏于境内者諸侯之富也藏于囷倉篋櫝者農夫商賈之富也奈何以天子之貴海内之富而猥行諸侯之弃德守農商之鄙業也哉陛下若謂厚取可以恢武功則建中之取既無成矣若謂多積可以爲已有則建中之積又不在矣若謂徇欲不足傷理化則建中之失傷已甚矣若謂歛怨不足致危亡則建中之亂危亦至矣然而遽能靖滔天之禍成中興之功者良以陛下有側

身修厲之志有罪已悔懼之詞罷息誅求敦尚節儉渙發大號與人更修故靈祇感陛下之誠臣庶感陛下之意釋憾迴慮化危爲安陛下亦當爲宗廟社稷立不傾不拔之永圖爲子孫黎元立可大可久之休業懲前事徇欲之失復日新盛德之言豈宜更縱憸邪復行寇暴事之追悔其可再乎臣又竊慮陛下納彼盜言墮其奸計以爲搏噬拏攫怨集有司積聚豐盈利歸君上是又大謬所宜慎思夫人主昏明繫於所任皋陶稷契之道長而虞舜享濬哲之名皇甫棸楀之嬖行而周厲嬰顛覆之禍自古何嘗有小人柄

用而災患不及于邦家者乎譬猶操兵以刃人天下不委罪于兵而委罪于所操之主畜蠱以殃禍天下不歸咎于蠱而歸咎于所畜之家理有必然不可不察臣伏慮陛下以延齡之進獨出宸衷以延齡之言多順聖意若以罪置辟則似爲衆所擠故欲保持用彰堅斷若然者陛下與人終始之意則善矣其于政過勿吝去邪勿疑之道或未盡善今希旨順默浸以成風獎之使言猶懼不旣若又沮抑誰當貢誠或恐未亮斯言請以一事爲証只如延齡凶妄流布寰區上自公卿近臣下追輿臺賤品宣談論議億萬爲徒能以上言其人有幾陛下試令親信博採輿詞參較比來所聞足鑒人間情僞臣以卑鄙位當台衡旣極崇高又承渥澤豈不知觀時附會足保舊恩隨衆沉浮免貽厚責謝病出退獲知幾之名黨奸苟容無見嫉之患何急自苦獨當豺狼上違懽情下餌讒口良以內顧庸昧一無所堪夙蒙眷知唯以誠直綢繆帷扆一紀于茲聖慈旣以此見容愚臣亦以此自負況從陛下歷播遷之艱虞覩陛下致興復之艱難至今追思猶爲心悸所以畏覆車而駭慮懼燬室而悲鳴蓋情激于衷雖欲罷而不能自默因事陳諫雖已頻

煩天聽尚高未垂諒察輒伸悃款已極愚誠憂深故語煩意懇故文切以徼臣自固之謀則過于鑄下慮患之計靡軀奉君所不敢避沽名衒直亦不忍爲願迴睿聰爲國熟慮社稷是賴豈唯微臣書奏德宗不悅待延齡益厚

竇參爲中書侍郎同平章事兼禮部侍郎令狐峘爲衢州司馬初李泌爲相以峘爲左庶子史館修撰至則與同職孔述睿等爭競細碎數侵述睿長者讓不與爭泌卒參惡其爲人黜之

鄭珣瑜貞元末爲相時李實以恩幸爲京兆尹剝下

以進奉珣瑜乃責實狀以爲留守錢皆有定額有餘即當還度支進奉錢乃出何色使實上其對將罷黜之實有恩故終不行及順帝初即位王叔文用事常執誼因之爲相時珣瑜方與諸宰相會食于中書故事丞相方食百寮無敢通見叔文是日至中書欲與執誼計事令直省通執誼直省以舊事告叔文怒叱直省懼入白執誼執誼逡巡慚赧竟起迎叔文就其閤語良久宰相杜佑高郢珣瑜皆停筯以待有報者云叔文索飯韋公亦與之同食閤中矣佑郢等心知不可畏懼叔文執誼不敢出言珣瑜獨嘆曰吾豈可

復處此乎顧左右取馬徑歸遂不起

裴度元和末爲門下侍郎同中書門下平章事時五坊使楊朝汶人以賈人久息利錢取其私簿記遂逮捕故東川節度盧坦男令償之後知乃盧群筆記諫官上疏陳其暴蠹之狀度與崔群因對又極言之憲宗曰且欲與卿等商量用軍此小事我自處置度進日用兵小事也五坊使追捕平人大事也今兵事不理憂山東五坊使横暴恐亂輦轂帝不悦及對罷帝乃大悟召五坊使數之曰嚮者爲爾使吾羞見宰臣遂殺之即日原免坐繫者時戶部侍郎判度支皇甫鎛與塩鐵使程异同日平章事鎛雖有吏才素無公望特以聚斂媚上刻削希恩詔書既下物情駭異至于賈販無識亦相譏誚度與崔群以物議上聞憲宗怒而不聽度上疏乞罷知政事論之曰臣昨于延英陳乞伏奉聖旨未遂愚衷切以明王聖帝致理興化雖繇元首亦在股肱所以述堯舜之道則言稷契皐夔紀太宗玄宗之德則言房杜姚宋自古至今未有不任輔弼而能獨理今天下異于十年已前方馭駕文武廓清寇亂建昇平之業十已得八九然華夏安否係于朝廷輕重在于宰相如臣駑鈍宿夜戰兢嘗

以爲上有聖君下無賢臣不能增日月之明廣天地之德遂使每事皆勞聖心所以平賊安人費力如此實繇臣輩不稱所職方期陛下博採物議旁求人望致之于輔弼責之以化成而乃忽取微人列于重地始則殿庭班列相與驚駭旋則街衢市肆相與笑呼伏計遠近流聞與京師無異何者天子如堂宰臣如陛陛高則堂高陛卑則堂不得高矣宰臣失人則天子不得尊矣伏以陛下叡哲文明惟天所授凡所闕視洞達無遺所以比來選任宰相縱道不周物才不濟時公望所歸皆有可取況皇甫鎛自掌財賦唯事

割剥以苛為察以刻為明自京兆西城鎮及百司并遠近州府應是仰給度支之處無不苦口切齒願食其肉猶賴臣等每加勸誡或為奏論事事之中抑令通濟比者淮西諸軍糧料所破五齊錢其實只與一成兩成士卒怨怒皆欲離叛臣到行營方且慰諭慮其遷延不進供軍漸難但能前行必有優賞以此約定然後切勸供軍官且支九月一日兩成已上錢但各努力方將小安不然必有潰散今舊兵悉向淄青討伐忽聞此人入相則必相與驚憂以為更有前時之事則無告訴之處雖侵刻不少然漏落亦多所以

罷兵之後經費錢一千三十萬貫此事猶可直以性惟狡詐言不誠實朝三暮四天下共知唯能上惑聖聽足見姦邪之極程异雖人品凡俗然心事和平處之煩劇或亦得力但昇之相位使在公卿之上實亦非宜如皇甫鎛天下之人怨入骨髓陛下今日收為股肱列在台鼎交怨不可伏惟圖之儻陛下納臣懇款速賜移易以副天下之望則天下幸甚伏聞李脩疾病亦求入來如浙西觀察使日與亦得臣知言一出口必犯天威但使言行其心獲戾今者臣若不退天下之人謂臣不識廉恥臣若不言天下之人謂臣有負恩寵今退未許言又不聽如火燒心若箭攢體臣自無措陛下今日事勢何者淮西盪定河北底寧承宗歛手削地程權束身赴闕韓弘輿疾討賊此豈京師氣力能制其命祗是朝廷處置能服其心今既纔開中興再造區夏陛下何忍却自破除使億萬之衆離心四方諸侯解體凡百君子皆欲慟哭況陛下任臣之意豈比當人臣事陛下之心敢同衆士所以昧死重封以聞如不足觀臣當引領受責陛下引一市肆商徒與臣同列在臣亦有何損陛下實有所傷不勝憤懣惶恐之至時憲宗以世道漸平欲肆意娛

樂池臺館宇稍增崇飾而异鎛探知帝旨數貢羨餘以備經構故帝獨排物議相之見裴度疏以為朋黨竟不省覽長慶中除淮南節度使平章事如故度將赴鎮昭義奏軍亂欲殺監軍劉承偕劉悟救免穆宗臨軒以問度度曰臣外藩也名帶宰相不可與聞政事帝曰第言之宰相豈有中外耶對曰承偕怙寵亂軍臣實知之陛下必欲收忠義之心獨斬承偕可也帝曰我何愛焉太后以為巳子今因拘而太后不之知也更言其次度曰遠竄之竟如度計昭義遂安繇是復拜司空兼門下侍郎平章事

李絳爲中書侍郎平章事同列李吉甫便辟喜逢迎君意絳鯁直多所規諫故與吉甫大不同時議以吉甫通于吐突承璀故絳尤惡之憲宗察絳忠直自立故絳論奏多所允從元和七年五月憲宗謂宰臣曰比者見卿累言吳越去歲水旱昨有御史推覈至自江淮乃言不至爲灾人非甚困不知竟有此否絳對曰臣昨見浙西浙東及淮南奏狀並云本道水旱稻麥不登至有百姓逐熟多去鄉井各請設法招携意懼朝廷罪責苟非事實豈敢上陳况天灾流行年歲代有方隅授任皆朝廷信重之臣此固非虛說也御

史官輩選擇非必能賢奏報之間或容希媚此正當姦佞之臣近有兩軍御史至淮南推鞫今理當詰逐不知言者主名伏望明示典法况推誠之道君人大本任大臣以事不可以小臣之言間之帝曰卿言是也朝廷大体以恤人爲本苟一方不稔當即日賑救濟其饑寒不可疑之也何者不思而有此問朕之言過矣絳等稽首陳賀於是命自今凡有被饑饉之境速蠲其賦

裴垍爲相諫官言時政得失舊事操權者多不悅其舉職垍在中書有獨孤郁李正辭嚴休復自拾遺轉補闕及參謝之際垍廷詰之曰獨孤與李正補闕孜孜獻納今之遷轉可謂酬勞無愧矣嚴補闕官業或異於斯昨者進擬不無疑緩休復悚恧而退楊於陵爲嶺南節度使與監軍許遂振不和遂振誣奏於陵憲宗令追與漫官垍曰以遂振故罪一藩臣不可請授吏部侍郎

權德輿與李藩同在相位時河南節度使王鍔來朝貴幸多舉鍔者憲宗特加平章事李藩堅執以爲不可德輿繼奏曰夫平章事非序進而得國朝方鎮帶相者盖有大忠大曆以來又有跋扈難制者不得已

而與之今王鍔無大忠勳又非姑息之時欲假此名實恐不可帝從之

鄭餘慶爲相時有主書滑渙久司中書簿籍與內官典樞密劉光琦情通宰相議事爲光琦異同者令渙達意未嘗不遂所欲宰相杜佑鄭絪皆姑息之議者云佑私呼爲滑八四方書幣貲貨充集其門弟泳官至刺史及餘慶再入中書與同寮集議渙指陳是非餘慶怒其僭叱之尋而餘慶罷相爲太子賓客其後渙贓污發賜死憲宗寢聞餘慶叱渙事甚重之乃改爲國子祭酒之官

武元衡以元和八年爲門下侍郎平章事時宰相李吉甫李絳互以事理曲直于憲宗前元衡居中無所違附帝稱爲長者

崔群以元和十二年拜中書侍郎平章事屬皇甫鎛陰結權幸以求宰相群累上疏因對臣面論鎛奸邪遂語及天寶開元中事群對曰安危在出令存亡係所任玄宗用姚崇宋璟張九齡韓休李元紘杜暹則理用李林甫楊國忠則亂人皆以天寶十五年祿山自范陽起兵是理亂分時臣以爲開元二十年罷賢相張九齡專任奸臣李林甫理亂自此已分矣用人

得失所係非小詞意激切左右爲之感動

韋貫之元和中爲相厲身律下以清流品爲先故門無雜賓有張宿者利口得幸於憲宗擢爲左補闕將使淄青宰臣裴度欲爲請章服貫之曰小人以他門蹊進吾輩未能排抑豈要假其恩寵耶所議遂寢宿深銜之卒爲所搆誣以朋黨罷爲吏部侍郎不涉旬出爲湖南觀察使

蕭俛穆宗時以清直居相位嘗有詔令撰王承宗先父事具碑文俛上言以承宗當元和時不盡臣節臣實不忍溢言其美又撰述後有人事贈況臣今爲臣絕夫陛下撫納之宜授此貨財非微臣平生之志竟不受詔時人益服其清節會王播以交通邪幸自西州入求大用俛於帝前論事以鯁言不勝免俛家代有忠節祖父國初宋國公瑀肅宗徐國公華德宗門下侍郎平章事復悉以剛鯁不附邪倖載名國史至俛之相何止當澆末營競之俗可謂冠彼當時比有于前代名臣矣

韋處厚文宗初爲中書侍郎同中書門下平章事大和元年十月丙申物池州司馬勒留堂頭湯鈇宜赴任鈇爲中書小胥其所掌謂之孔目房宰相遇休假有內狀出即召鈇至延英門付之然送知印宰相豁此稍以機權自張廣納財賄處厚初入相即惡之戲

謂之曰此是半裝滑涣矣不去之必爲禍至是以事逐之半裝乃俚言也滑涣者永貞末居鈇之職得罪

鄭覃與李石同在相位大和九年京師之亂旣平內官或以南司不利于中貴憾於相廷者覃石謂之曰京師之亂始自訓注訓注之起始自何人內官莫能對人情稍賴以安

陳夷行爲工部侍郎平章事開成四年閏正月文宗內殿議政楊嗣復日前嘉州刺史王正暮緣是李晟外孫與上佐以其孝行不全令欲貶夷行曰正暮之事假使李晟有之身不可免

魏謩以宣宗大中十年拜門下侍郎平章事謩儀容魁偉言論切直與同列上前言事他宰相必委曲規諷惟謩讜言無所畏避宣宗每曰魏謩綽有祖風名公子孫我心更重之然竟以語辭大剛爲令狐綯所忌罷之

韋昭度昭宗朝爲宰相初王行瑜跋扈朝廷欲加尚書令昭度力止曰太宗文皇帝以此官總政而登大位后郭子儀以累朝立功雖有其名終身退讓今行瑜安可輕授因請加尚父乾寧二年爲行瑜所憾被誅時人寃之

孔緯爲相家尚節義挺然不屈雖權勢薰灼未嘗假以恩禮大順初天武都頭李順節恃恩頗横不期年領浙西節度使俄加平章事謝日臺吏申中書稱天武相公衙謝准例班見百寮緯判曰不用立班順節麄暴小人不閑朝法盛飾趨中書既見無班心甚怏怏他日因會順節微言之緯曰必知公慊也夫百辟卿士天子廷臣也比來班見宰相以輔臣居班列之首奉長之義也公握天武健兒而於政事廳受百寮見意自安乎若須此儀俟去都頭二字可也順節不敢復言秉禮不廻多此類也時楊復恭爲樞密使尤恃權勢緯爲南郊大禮使昭宗將升壇復恭具禮服冠劍以從緯矯宣遽命焚去覩者股慄復恭竟不能傾之御史臺嘗欲移門屋以狀白中書緯批曰仍舊貫如之何何必改作舉朝之後朱全忠併作數鎮兵办强盛乘朝廷多故欲表請判塩鐵事詔下宰臣議之緯力争不從謂其邸吏曰朱公若取塩鐵印非興兵不可全忠尋止

後唐李愚爲中書侍郎平章事長興末秦王恣横權要之臣避禍不暇邦之存亡無敢言者愚性剛介往往形于言

任圜爲平章事初豆盧革韋說得罪執政議命相樞密使孔循意不欲河朔人居相位圜欲相李琪而鄭珏素與琪不協孔循亦悪琪謂安重誨曰李琪非無執學但不廉耳朝論莫若崔協重誨然之因奏擇相明宗曰誰可乃以協對圜奏曰重誨被人欺賣如崔協者少識文字時人謂之没字碑臣比不知書無才而進已爲天下笑何容中書之内更益笑端

安重誨爲樞密使明宗天成四年二月車駕在汴帝謂重誨曰外邊人聞朕歸京維去者如市兼令差船載官人及隨行諸物極是重滯重誨曰收復定州大

駕歸闕人情胥悅競赴京師乃知海內無事却是官人漸多並前歲已增其半帝微有愧色

漢陽邠隱帝初以輔立功爲中書侍郎兼吏部尚書同平章事以樞密院直學士刑部侍郎王度爲考功郎中近例直樞院自正郎爲給諫王度儉巧瀆貨邠頗惡之故改轉未離郎署

蘓逢吉爲司空平章事周太祖之鎮鄴也逢吉奏請落樞密使隱帝曰有前例否逢吉奏曰樞密之任方鎮帶之非便史弘肇曰兼樞密所與諸軍禀畏竟從弘肇之議弘肇怨逢吉之異已逢吉曰此國家之事

也且以內制外則順以外制內豈得便耶事雖不從物議多之

冊府元龜

巡按福建監察御史臣李嗣京　訂正

知閩縣事臣曹學臣叅閲

知建陽縣事臣黄國琦較釋

宰輔部

褒寵

夫設官分職以爲民極而輔相之位可謂重矣春秋傳曰名既不同禮亦異數故歷代而下推尊奬之命舉褒賞之典其于丞宰固殊於庶尹焉乃有經綸草昧參締構之業奮庸熙載佐治平之治策勳則先下

將帥著位則冠乎王公至于爵品以顯之輿服以貴之金帛以富之几杖以尊之以至視病臨弔生榮死哀斯皆重賜足承君之任厚股肱同體之義百世之達道爲臣之嘉遇也

殷伊陟太戊時爲相亳有祥桑穀共生于朝伊陟曰帝其修德太戊從之祥桑枯死太戊贊伊陟于廟言弗臣伊陟

周周公相成王唐叔得禾異畝同穎（唐叔成王母弟食邑內得異畝禾也禾各生一壟而合爲一穗）獻諸天子（收而貢之）王命唐叔歸周公于東（異畝同穎爲天下和同之象周公之德所致周公東征未還故命唐叔以禾歸周）作歸禾公攝政七年致太平復成王之位孫遁辟成功之大美欲老成王又留之爲太師履赤舄几几之詩曰公孫碩膚赤舄几几（碩大膚美也赤舄人君之盛屨也几几行貌）

漢蕭何爲丞相漢王五年已殺項羽即皇帝位論功行封帝以何功最盛先封爲酇侯食邑八千戶列侯受封已畢奏位次皆曰曹參功多宜第一帝心欲何第一謁者鄂秋曰蕭何常全關中以侍陛下此萬世之功也蕭何當第一曹參次之帝曰善於是令蕭何帶劍上殿入朝不趨陳豨反帝自將至邯鄲而韓信謀反帝已聞誅信使使拜何爲相國益封五千戶令

卒五百人一都尉爲丞相衞陳崇曰高皇帝褒賞元功相國蕭何邑戶既倍又蒙殊禮奏事不名入殿不趨封其親屬十有餘人

陳平呂后時爲左丞相後爲太尉周勃合謀誅諸呂立文帝平本謀也帝以平爲左丞相賜金千斤益封三千戶

周勃呂后時爲太尉與丞相陳平朱虛侯章共誅諸呂立文帝以勃爲丞相賜金五千斤邑萬戶

衞綰爲丞相景帝以爲敦厚可相少主尊寵之賞賜甚多

公孫弘武帝時爲丞相上書乞骸骨報曰古者賞有功褒有德守成上文遭遇右武右亦上也時則上武也禍亂未有易此者也易改也朕夙夜庶幾獲承至尊懼不能寧惟所與共爲治者君宜知之惟思也知道治也謂蓋君子善及後世若茲行當在朕躬朕嘗思此不息于心也君不幸罹霜露之疾何恙不已罹遭也恙憂也已止也言何憂疾不止也禮記曰疾止復禮也乃上書歸疾乞骸骨是章朕之不德也章明也今事少間間言有空隙也君其存精神止念慮輔助醫藥以自持因賜告牛酒雜帛居數月有瘳視事

張湯爲御史大夫嘗病武帝自至舍視其隆貴如此

田千秋爲丞相年老武帝優之朝見得乘小車入宮殿中故因號曰車丞相昭帝時每有吉祥嘉應數褒賞丞相訖昭帝世國家少事百姓稍益充實

霍光爲大司馬大將軍宣帝即位之明年下詔曰夫褒有德賞元功古今通誼也大司馬大將軍光宿衛忠正宣德明恩守節秉誼以安宗廟其以河北東武陽益封光萬七千戶與故所食凡二萬戶賞賜前後黄金七千斤錢六千萬雜繒三萬疋奴婢百七十人馬二千匹甲第一區地節二年春疾篤車駕自臨問爲之涕泣光薨帝及皇太后親臨光喪大中大夫任宣與侍御史五人持節護喪事中二千石治幕府冢上典爲冢者賜金錢繒絮繡被百領衣五十篋璧珠璣玉衣漢儀注以玉爲襦如鎧狀連綴以黄金爲縷腰已下玉爲札長尺廣二寸半爲甲下至足亦綴以黄金縷梓宮以梓木爲之親身之棺也爲天下制故亦稱梓宮便房黄腸題湊各一具便房藏中便坐也以柏木爲心致累棺外故曰黄腸木題皆內向故曰題湊漢儀注天子陵中明中高丈二尺四寸周二丈內梓宮次柩楩棺惟黄腸題湊又云便房小曲室也樅木外藏槨十五具在正藏外婢妾藏也或曰厨廄之屬也從松柏自東園溫明東園處此器形如方漆桶開一面漆畫之以鏡置其中以懸尸上天斂并蓋云東園署名也屬少府其主作此器也皆如乘輿制度載光尸柩以轀輬車按杜延年奏載霍光柩以轒車駕大廄白虎駟以轀車駕大廄白鹿駟以倅轀本安車也可以臥息後因載喪飾以抑翣故遂爲喪車耳

轀者密閉輬者旁開窗牖各別一乘隨事爲名後人旣專以載喪又去一捴爲藩飾而合二名呼之耳倅副也黄屋左纛發材官輕車北軍五校士軍陳至茂陵以送其葬謚曰宣成侯發三河卒穿復土起冢祠堂置園邑三百家長丞奉守如舊法旣葬天子思光功德下詔曰大將軍宿衛孝武皇帝三十餘年輔孝昭皇帝十有餘年遭大難躬秉義率三公諸侯九卿大夫建萬世策以安宗廟天下蒸庶咸以康寧功德茂盛朕甚嘉之復其後世疇其爵邑世世無有所與如蕭相國

張安世爲大司馬衛將軍領尚書事元康四年秋疾

天子贈印綬送以輕車介士輕車古云戰車續漢書云洞緇沬不巾不盖蓋矛戟幢麾班弩介士謂甲士也蓄爙也蚍皮儀盛弩也謚曰敬侯賜塋杜東塋塚地也將作穿復土起冢祠堂

匡衡爲丞相成帝即位上書乞骸骨帝報曰君其專精神近醫藥强食自愛因賜上尊酒食牛衡起視事帝以新即位褒優大臣也

翟方進爲相九年卒成帝遣九卿册贈以丞相高陵侯印賜乘輿秘器少府供張柱檻皆衣柱屋柱也檻軒前闌板也皆以白采衣之天子親臨弔者數至禮賜異于他相故事漢舊儀云丞相有疾皇帝法駕親去問疾從門入即薨移居第中車駕往弔賜棺斂具錢葬地葬自公卿已下會葬焉

何武爲大司空封氾鄉侯食邑千七百戶氾鄉在琅琊不其爲後改食傅望鄉故此指言在琅琊不其也哀帝初即位褒賞大臣更以南陽犨之博望鄉爲氾鄉侯增邑千戶

孔光平帝時爲太師太后稱制王莽專權光恐國稱疾辭位太后詔曰太師光聖人之後先師之子德行純淑道術通明居四輔職輔導于帝今年耆有疾俊艾大臣惟國之重其猶不可以闕焉書曰無遺耇老言不遺老成之人也國之將興尊師而重傅其令太師每朝十日一賜餐賜太師靈壽杖靈壽木似竹有枝節長不過八九尺并圍三四寸自然有合杖制不須削治也黄門令爲太師省中坐置几太師入省中用杖賜餐十七物食具有十七種物然後歸老于第官屬按職如故光薨王莽曰太后使節策贈以太師博山侯印綬賜乘輿秘器金錢雜帛少府供張諫大夫持節與謁者二人使護喪事博士護行禮太后亦遣中謁者持節視喪公卿百官會弔送載以乘輿輼輬及副各一乘羽林孤兒諸生各四百人輓送車萬餘兩道路皆舉音以過喪喪到之處行道之人皆舉音哭而過乃止將作穿復土可甲卒五百人起墳如大將軍王鳳制度

後漢卓茂光武初即位徵爲太師薨賜棺槨冢地車駕素服親臨送塟

伏湛爲大司徒策免建武六年徙封不其侯就國後南陽太守杜詩上疏薦湛宜居輔弼十三年夏徵勑尚書擇拜吏日及就位因宴見中暑病卒賜秘器帝親弔祠遣使者送喪修冢

侯霸建武五年爲大司徒十三年薨帝傷惜之親自臨弔下詔曰惟霸積善清絜視事九年漢家舊制丞相拜日封爲列侯朕以軍師暴露功臣未封緣忠臣之義不欲相踰未及爵命奄然而終嗚呼哀哉於是追封謚霸則鄉哀侯食邑三千六百戶

祭茂建武二十年爲大司徒在職清儉匪懈二十年薨于位賜東園梓棺賻贈甚厚

杜林建武二十二年爲大司空明年薨帝親臨喪送葬

馮勤爲大司徒中元元年薨東觀記曰中元元年車駕西幸長安祠陵園還勤宴見前殿盡日歸府因病喘逆上使大醫療視賞賜錢帛遂薨光武悼惜之使者弔祠賜東園秘器賵贈有加

鄧禹爲大司徒明帝即位以禹先帝元功拜爲太傅進見東向甚見尊寵臣當北面尊如賓故令東向歲餘寢疾帝數自臨問

鮑昱永平十五年爲司徒賜錢物什器帷帳

趙熹爲衛尉行太尉事居府如真後遭母憂上疏乞身行喪禮明帝不許遣使者爲釋服賞賜恩寵甚渥帝即位進爲太傅錄尚書事建初五年熹疾病帝親幸視及薨車駕往臨弔

牟融章帝即位爲太尉與趙熹參錄尚書事建初四年薨帝親臨其喪時融長子麟歸鄉里帝以其餘子幼弱勑太尉掾史教其威儀進止賵賜恩寵篤密焉又賜冢塋地於顯節陵下

鄭弘章帝元和初爲太尉時舉將第五倫爲司空班次在下每正朔朝見弘曲躬而自卑帝問知其故遂聽置雲母屏風分隔其間繇此以爲故事

丁鴻和帝時爲太尉薨賜贈有加常禮

張禹爲太傅錄尚書事鄧太后以殤帝初育欲令重臣居禁內乃詔禹舍宮中給帷帳牀褥太后朝夕進食五日一歸府每朝見特贊與三公絶席安帝即位數上疾乞身詔遣小黄門問疾賜牛一頭酒十斛勸令就第

徐防爲太尉與太傅張禹參錄尚書事數受賞賜甚見褒寵安帝即位以定策封龍鄉侯食邑千一百戶

張酺爲司徒薨安帝縞素臨弔賜冢塋賵贈恩寵異於他相

陳蕃爲太傅靈帝即位竇太后優詔蕃曰蓋褒功以勸善表義以厲俗無德不報大雅所歎太傅陳蕃輔弼先帝出內累年忠孝之義德冠本朝謇諤之操華首彌固今封蕃高陽侯食邑三百戶

楊賜爲司空薨靈帝素服三日不臨朝贈東園梓器襚服賜錢三百萬布五百疋策曰故司空臨晉侯楊賜華岳所挺九德純備三葉宰相輔國以忠朕昔初載授道帷幄遂階成勳以陟大猷師範之功昭于內

外庶官之務勞亦勤止七在卿校殊位特進五登袞職弭難乂寧雖爰茅土未答厥勲哲人其萎將誰諮度朕甚懼焉禮設殊等物有服章今使左中郎將郭子儀持節追位特進贈司空驃騎將軍印綬及葬又使侍御史持節送喪蘭臺令史十人發羽林騎輕車介士前後部鼓吹又敕驃騎將軍官屬司空法駕送至舊塋公卿以下會塟謚文烈侯及小祥又會焉

胡廣爲太傅録尚書事靈帝熹平元年使五官中郎將持節奉策贈太傅安樂鄉侯印給東園梓器謁者護喪事賜冢塋于原陵拜家一人爲郎中靈帝思

感舊德乃圖畫廣及太尉黄瓊于省内詔議郎蔡邕爲其頌

魏華歆爲司徒文帝詔曰司徒國之舊老所與和陰陽順庶事也今大官重膳而司徒蔬食甚無謂也特賜御衣爲其妻子男女皆作衣服又賜婢奴五十人

鍾繇爲太尉明帝即位遷太尉繇有膝疾拜起不便時華歆亦以高年疾病朝見皆使載輿車虎賁舁上殿就坐是後三公有疾遂以爲故事太和四年薨賜服臨弔

曹眞爲大將軍大司馬朝雒陽賜劒履上殿入朝不趍當發西討帝親臨送病還雒陽明帝自幸其第省疾

曹爽爲大將軍假節鉞都督中外諸軍事録尚書事齊王即位加爽侍中改封武安侯邑萬二千户賜劒履上殿入朝不趍贊拜不名

蜀諸葛亮爲丞相卒詔策曰惟君體資文武明叡篤誠受遺託孤佐輔朕躬繼絶興微志存靖亂爰整六師無歲不征神武赫然威鎭八荒將建殊功于季漢參伊周之巨勲如何不弔事臨垂克遘疾隕喪朕用傷悼肝心若裂夫崇德序功紀行命謚所以光昭將

來刋載不朽今使使持節左中郎將杜瓊贈君丞相武鄉侯印綬謚君爲忠武侯魂而有靈嘉兹寵榮嗚呼哀哉又詔爲亮立廟於沔陽

吳顧雍爲丞相及卒大帝素服臨弔

晉王祥爲太保祥以年老累乞遜位武帝不許御史中丞侯史光以祥久病闕朝會禮拜免祥官詔曰太保元老高行朕所毗倚以隆政道者也前後遜讓不從所執此非有司所得議也遂寢光奏祥固乞骸骨聽以睢陵公就第賜几杖不朝大事皆咨訪之賜安車駟馬第一區錢百萬絹五百疋床帳簟褥以舍人

六人爲雎陵公舍人置官騎二十人以公子騎都尉
肇爲給事中嘗侍優游定省又以太保高潔清素家
無宅宇其權居本府須所賜第成乃出及薨賜東園
秘器朝服一具衣一襲錢三十萬布帛百疋
裴秀爲司空薨武帝詔曰司空經德履哲體蹈儒雅
佐命翼世勳業弘茂方將宣獻敷制爲世宗範不幸
薨殂朕甚痛之其賜秘器朝服一具衣一襲錢三十
萬布百疋
石苞爲大司馬薨武帝發哀于朝堂賜秘器朝服一
具衣一襲錢三十萬布百疋及葬給節幢麾曲蓋追

鋒車鼓吹介士大車如魏司空陳泰故事車駕臨送
於東掖門外策謚曰武咸寧初詔與裴秀等並爲王
功列於銘饗
陳騫爲大司馬旣位極人臣年踰致仕思欲退身咸
寧三年求入朝因乞骸骨賜兗冕之服詔曰騫元勳
舊德統馭東夏方弘遠績以一吳會而所苦未除每
表懇切重勞以方事今聽留京城以前大司馬府增
置祭酒二人帳下司馬官騎大軍鼓吹皆如前親兵
百人廚田十頃廚園五十畝廚士十人器物經用皆
留給焉又給乘輿輦出入殿中加鼓吹如漢蕭何故
事騫屢稱疾辭位詔曰騫履德論道朕所咨詢方賴
謀猷以弘庶績宜時視事可遣散騎常侍諭意騫輙
歸第詔又遣侍中敦諭還府遂固請許之位同保傅
在三司之上賜以几杖不朝安車駟馬以高平公還
第帝以其勳舊耆老禮之甚重又以騫有病聽乘輿
上殿及薨加以衮斂贈太傅謚曰武及葬帝於大司
馬門臨喪望柩流涕禮依大司馬石苞故事
賈充爲太尉太康三年疾篤上印綬遜位帝遣使臣
諭旨問疾殿中太醫致湯藥賜牀帳錢帛自皇太子
宗室躬省起居及薨帝爲之慟使使持節太常奉策

追贈太宰加衮冕之服綟授御劍賜東園秘器朝服
一具衣一襲大鴻臚護喪事假節鉞前後部羽葆鼓
吹緹麾大輅鑾輅轀輬車帳下司馬大車椎斧文衣
武賁輕車介士葬禮依霍光及安平獻王故事給塋
田十頃與石苞等爲王公配享廟庭
荀顗爲太尉薨武帝爲舉哀皇太子臨喪二宮賻贈
禮秩有加詔曰侍中太尉太子太傅臨淮公顗清純
體道忠允立朝歷司外內茂績旣崇訓傅東宮徽猷
弘著可謂行歸于周有卒者已不幸薨殂朕甚痛之
其賜溫明秘器朝服一具衣一襲又詔曰太尉不恤

私門居無館宇素絲之志没而彌顯其賜家錢二百萬使立宅舍

衞瓘爲司空領太子少傅武帝詔加千兵百騎鼓吹之府

何曾進位太傅老年屢乞遜位武帝詔曰太傅明朗高亮執心弘毅可謂舊德老成國之宗臣者也而高尚其事屢辭祿位朕以寡德憑賴保佑省覽章表實用憮然雖欲成人之美豈得遂其雅志而忘翼佐之益哉又司徒所掌務煩久勞耆艾其進太宰侍中公如故朝會劍履乘輿上殿如漢相國蕭何田千秋魏

太傅鍾繇故事賜錢百萬絹五百疋八尺牀帳簟褥百副置長史掾屬祭酒及員吏一依舊制所給親兵官騎如前王者依次暗禮典務使優備後每召見勑以當所飲食服物自隨令二子侍從咸寧四年薨帝於朝堂素服舉哀賜東園秘器朝服一具衣一襲錢三十萬布百疋

李胤爲司徒薨武帝詔遣御史持節監喪致祠皇太子命舍人王贊誄之文義甚美

石鑒遷右光祿大夫開府領司徒前代三公冊拜皆設小會所以崇宰輔之制也自魏末已後廢不復行至鑒武帝有詔令會遂以爲常

山濤爲司徒薨武帝詔賜東園秘器朝服一具衣一襲錢五十萬布百疋以供喪事策贈司徒蜜印綬侍中貂蟬新沓伯蜜印青朱綬祭以太牢謚曰康將葬賜錢四十萬布百疋

傅祗懷帝時爲司徒以足疾詔版輿上殿不舞蹈

王導明帝時爲司徒王敦舉兵内向帝伐敦假導節都尉諸軍領楊州刺史敦平進封始興郡公邑三千户賜絹九千疋進位太保司徒如故劍履上殿入朝不趨贊拜不名導固讓復與庾亮等同受遺詔共輔

幼主是爲成帝及薨帝舉哀于朝堂三日遣大鴻臚持節三事贈禭之禮一依漢博陸侯及安平獻王故事及葬給九游轀輬車黄屋左纛前後羽葆鼓吹虎賁班劍百人中興名臣莫與爲比冊曰盖高位以酬明德厚爵以答懋勳至乎闔棺標迹莫尚號謚風流百代于是乎在惟公邁達冲虚玄鑒劭邈夷淡以約其心體仁以流其惠棲遲務外則名擕中夏應期濯纓則潛筭獨運昔我中宗肅祖之基中興也下帷委誠而策定江左恭己宅心而庶績咸熙故能威之所振寇虐改心化之所鼓檮杌易質調陰陽之和通彝

倫之紀遼隴承風冊穴景附隆高世之功復宣武之
績舊物不失公協其猷若乃負荷顧命保朕冲人遭
遇艱圯夷險委順拯其淪墜而濟之以道扶其顛傾
而弘之以仁經綸三朝而蘊道彌曠方賴高謨以穆
四海昊天不弔奄忽薨殂朕用震慟于心雖有殷之
殞保衡有周之喪二南曷踰茲懷今遣使持節謁者
僕射徃贈錫謚曰文獻祠以大牢魂而有靈嘉茲榮
寵
陸玩爲司空薨給兵千人守冢七千家孝武帝太元
中功臣普被減削司空何充等止得六家以玩有佐

命之勲先陪陵而葬繇是特置與平伯官屬以爲衛
王彪之爲尚書令掌朝政以年老上疏乞骸骨孝武
詔不許加光祿大夫儀同三司未拜疾篤帝遣黄門
侍郎問所苦賜錢三十萬以營醫藥及卒即以光祿
爲贈
桓溫爲大司馬薨皇太后與孝武臨于朝堂三日詔
賜九命衮冕之服及朝服一具衣一襲東園秘器錢
二百萬布二千疋蠟五百斤以供喪事及葬一依大
宰安平獻王漢大將軍霍光故事賜九旒鑾輅黄屋
左纛轀輬車挽歌二部羽葆鼓吹虎賁班劒百人優

冊即前南郡公增七千五百戶進地方三百里賜錢
五千萬絹二萬疋布十萬疋追贈丞相
謝安輔政領楊州刺史詔以甲仗百人入殿時孝武
始親萬機進安中書監驃騎將軍録尚書事固讓軍
號後出鎮新城帝出祖于西池獻觴賦詩焉及薨帝
三日哭臨于朝堂賜東園秘器朝服一具衣一襲錢
百萬布千疋蠟五百斤贈太傅謚曰文靖以無下舍
詔府中脩凶儀及葬加殊禮依大司馬桓溫故事又
以平符堅勲封廬陵郡公
宋徐羨之爲尚書僕射鎮軍將軍冊陽尹高祖即位

以佐命之功詔遷尚書令楊州刺史進位司空録尚
書事帝不豫加班劒三十人與中書令傅亮等同受
顧命
傅亮爲僕射與徐羨之等並受顧命給班劒二十人
王弘永初中爲衛將軍開府儀同三司徐羨之等謀
廢立召之入朝文帝即位以定策安社稷進號車騎
大將軍開府江州刺史如故徐羨之等徵爲侍中徙
録尚書加班劒四十人帝西征謝晦與彭城王義康
居守任中書省下弘隊仗出入司徒府權置參軍元
嘉九年薨贈太保中書監給節加羽葆鼓吹增班劒

爲六十人侍中録尚書楊州刺史如故謚曰文昭公配食廟庭其年詔曰乃者三逆熾禍寔繁有徒爰初尊養暨于明罰外虞內慮實惟艱難故太保華容縣公弘故衛將軍華故左光祿大夫曇首抱義懷忠乃情同至籌謀廟堂竭盡智力經綸夷險簡自朕心國恥旣雪允膺茅土而並執謙挹志不可踰故用佇朝典將有後命盛業不究相係殞落永懷傷嘆痛恨無已弘可增封千戶華曇首封開國縣侯食邑各千戶護軍將軍建昌公彥之深誠密謨比蹤齊契其復先食邑以酬忠勳又詔閩王太保家便已匱乏清酌之

美同規古人言念始終情深悽歎可賜錢百萬米千斛

南齊王儉爲侍中尚書令武帝永明初進號衛將軍六年即本號開府儀同三司先是詔儉三日一還朝尚書令史出外咨事帝以往來頻數詔儉還尚書下省疾甚世祖親臨視及薨吏部尚書王晏啓及儉喪帝答曰王儉德誠冨盛志用方隆豈意暴疾不展救護便爲異世奄忽如此痛酷彌深其契闊艱運義重常懷言尋悲切不能自勝痛矣柰何往矣柰何詔衛將軍文武及臺所兵仗可悉停待葬又詔曰愼終追遠列代通規褒德紀勳峻膺嘗典故侍中中書令太子少傅領國子祭酒衛軍將軍開府儀同三司南昌公儉體道秉哲風寓淵默肇自弱齡清猷自遠登朝應務民望斯屬草昧皇基協隆鼎祚宏謨盛烈載銘彝篆及贊朕躬徽績光茂忠圖令範造次必彰四門允穆百揆時序宗臣之重情寄兼常方正位論道乂釐衮職弼茲景化以贊隆平天不慭遺奄焉薨逝朕用震慟于厥心可追贈太尉侍中中書監公如故給節加羽葆鼓吹增班劍爲六十人

褚淵初爲尚書令侍中給班劍二十人後改中書監

給鼓吹一部後爲司徒録尚書事增班劍爲二十人五日一朝淵疾帝遣侍中王晏黃門郎王秀之問疾及薨家無餘財負債至數十萬詔曰司徒奄至薨逝痛怛慟懷比雖尫瘵便力出臨哭給東園秘器朝服一具衣一襲錢二十萬布二百疋蠟一百斤又詔曰夫褒德所以紀民愼終所以居厚前王盛典咸必由之故侍中司徒録尚書事新除司空領驃騎將軍南康公淵履道秉哲鑒識弘曠爰初弱齡淸風夙舉登庸應務具瞻允集孝友著于家邦忠貞彰于亮采佐命元朝經綸王化契濶屯夷綢繆始終揔録機衡四

門惟穆諒以同規往古式範來今謙光彌遠屢陳降挹權從高旨用啟大猷將登上列永翼聲教天不慭遺奄焉薨逝朕用震慟于厥心其贈公太宰侍中錄尚書公如故給節加羽葆鼓吹增班劍爲六十人葬送之禮依宋太保王弘故事謚曰文簡

徐孝嗣爲左僕射散騎常侍明帝即位加侍中中軍大將軍以定策勳進爵爲公贈封二千戶給班劍三十人加兵百人舊拜三公乃臨軒至是帝特詔與陳顯達王晏並臨軒拜授

梁謝朏爲中書監司徒衛將軍薨於府時年六十六

高祖出臨哭詔給東園秘器朝服一具衣一襲錢十萬布百疋蠟百斤贈侍中司徒

王亮爲中書監卒高祖詔贈錢三萬布五十疋

王瑩爲中書令給鼓吹一部瑩性清慎居官恭恪高祖深重之

王僧辯自元帝初爲侍中尚書令及帝即位以功進授鎮軍將軍司徒加班劍二十人改封永寧郡公食邑五千戶

陳徐度爲司空薨贈太尉給班劍二十人宣帝大建四年配享高祖廟庭

後魏奚斤明元時爲左丞相蠕蠕犯塞斤等追之拜天部大人進爵爲公命斤出入乘軺軒備威儀道從

穆觀明元時統攝朝政泰常八年暴疾薨於苑帝親臨其喪悲慟左右賜以通身引起金鈁棺喪禮一依安城王叔孫俊故事贈宜都王

盧魯元爲太保錄尚書事每有平殄輒以功賞賜僮隸前後數百人布帛以百萬計太武臨幸其第不出旬日欲其居近易於往來乃賜甲第於宮門南衣食車馬皆乘輿之副眞君三年冬車駕幸陰山魯元以病不從侍臣問疾送醫藥傳驛相屬於路及薨帝甚

悼惜之還臨其喪哭之哀慟東宮西宮命太官日送奠晨昏哭臨訖則備奏鍾鼓伎樂輿駕比葬三臨之喪禮依安城王故事而贈襄城王葬於崞山爲建碑闕自魏與貴臣恩寵無比

尉眷文成時與太宰常英等評尚書事帝以眷元老賜杖履上殿

劉尼爲振威將軍與源賀等共立文成封東安王高宗末遷司徒獻文即位以尼有大功於先朝彌加尊重賜別戶三十

苟頹孝文時爲司空公封河東王以舊老聽乘步挽

杖於朝又詔曰頹爲台鼎論道是寄歷奉四朝庸績彌遠宜加崇異以彰厥功自茲已後可永受復除

尉元爲司徒以年老致仕元疾篤孝文親幸省疾太和十七年八月元薨詔曰元至行寬純仁風美富内秉越群之武外挺温懿之容自少暨長勳勤備至歷奉五朝美隆四業南耀河淮之功北光燕然之効魯宋懷仁中鉉載德所謂忘身徇於本末行道著於終始勳書玉牒惠結民志者也爰及五福攸集懸車歸老謙損既彰遠邇流詠陟茲父事儀我萬方謂極眉壽彌贊大業天不遺老奄爾薨逝念功惟善惻怛于

懷但戎事致集恨不盡禮耳可賜布帛綵物二千疋温明秘器朝服一具並爲營造墳域塋以殊禮

馮熙爲太尉太和十九年三月戊子薨四月辛丑孝文爲熙舉哀於行在所

陳建爲司徒征西大將軍進爵魏郡王孝文與文明太后頻幸建第賜建妻物於後庭

穆亮自宣武即位爲尚書令俄轉司空公景明三年薨給東園温明秘器朝服一具衣一襲錢四十萬布二百疋蠟二百斤世宗親臨小歛贈太尉公領司州牧

崔光孝明時爲車騎大將軍儀同三司正光元年冬賜光几杖衣服三年詔步挽至東西上閤光年耄多務病疾稍增而自強不已常在著作疾篤不歸四年十月孝明親臨省疾詔斷賓客中使相望爲止聲樂罷諸遊眺拜長子勵爲齊州刺史及薨孝明聞而悲泣中使相尋詔給東園温明秘器朝服一具衣一襲錢六十萬布一千疋蠟四百斤大鴻臚監護喪事贈太傅領尚書令驃騎大將軍開府冀州刺史侍中如故又勅加後部鼓吹班劍依太保廣陽王故事孝明祖喪建春門外望輀哀感儒者榮之

巡按福建監察御史臣李嗣京 訂正
知甌寧縣事臣孫以敬 參閱
知建陽縣事臣黄國琦 較釋

宰輔部

褒寵第二

北齊斛律金遷左丞相孝昭踐祚詔金朝見聽乘步挽車至階武成即位禮遇彌重金曾遣人獻食中書舍人李若誤奏云金自來武成出在昭陽殿勑侍中高文遥將羊車引之若知事誤更不敢出睞廊下文遥還覆奏帝罵若云空頭漢合殺亦不加罪

趙彥深爲司空轉司徒自昭帝以還禮遇稍重每有引見或升御榻常呼官號而不名

後周李弼爲太師趙國公薨于位明帝舉哀比葬三臨其喪發卒穿冢給大輅龍旂陳軍至于墓所配食太祖廟庭

晉公護武帝時爲大冢宰令五府總於天官三年詔日大冢宰晉國公智周萬物道濟天下所以克成帝業安養我蒼生況親則懿昆任當元輔而可同班庶品齊位衆臣乎自今詔誥及百司文書並不得稱公名以彰殊禮護抗表固讓及護母薨尋有詔起令視事四年護巡邊至靈州還五年詔曰光宅曲阜魯用郊天之樂地處參墟晉有大蒐之禮所以言時計功昭德紀行使持節太師都督中外諸軍事柱國大將軍大冢宰晉國公體道居貞含和誕德地居戚右才表棟隆國步艱難寄深夷險朝綱締構事均休感故以迹冥殆庶理契如仁今文軌尚隔方隅猶阻典策未備聲名多闕宜賜軒懸之樂六佾之舞

于謹爲太傅大宗伯天和二年薨武帝親臨賜繒粟麥共分甚豊贈本官加二十州諸軍事雍州刺史配

享於太祖廟

竇熾爲太傅嘗有疾武帝幸其第而問之因賜金石之藥其見禮如此齊平之後帝乃召熾歷觀相州宮殿熾拜賀曰陛下真不負先帝矣帝大悅賜奴婢三十人及雜繒帛千疋進位上柱國

隋李穆初仕後周爲太保左輔摠管開皇初來朝高祖降坐禮之拜太師贊拜不名真食成安縣三千戶

蘇威開皇中兼民部尚書叅掌朝政高祖嘗怒一人將殺之威入閤進諫不納帝怒甚將自出斬之威當帝前不去避之而出威又遮止帝拂衣而入良久乃

召威謝曰公能如是吾無憂矣於是賜馬二匹錢十餘萬大業中爲納言煬帝詔曰玉以潔潤丹紫莫能逾其質松表歲寒霜雪莫能凋其采可謂温仁勁直性之然乎房公威器懷温裕識量弘雅早居端揆備悉國章先皇舊臣朝之宿齒棟梁社稷弼諧朕躬守文奉法卑身率禮昔漢之三傑輔惠帝者蕭何周之十亂佐成王者召奭國之寶器其在得賢參燮台階具瞻斯允雖復事藉論道終期獻替銓衡時務朝寄爲重可開府儀同三司餘並如故威當時見重朝臣莫與爲比

楊素仁壽初代高熲爲尚書左僕射賜良馬十匹草馬二百匹奴婢百口嘗賜王公已下射素箭爲第一帝手以外國所獻金精盤價直鉅萬以賜之獻皇后山陵制度多出于素帝嘉之下詔曰君爲元首臣則股肱共治萬姓義同一體上柱國尚書左僕射仁壽宮大監越國公素志度恢弘機鑒明遠懷佐時之畧抱經國之才王業初基霸圖肇建策名委質受脤出師擒翦凶醜克平號鄭頻承廟筭揚旌江表每稟戎律長驅寒陰南指而吳越肅清北臨而獯獫摧服自居端揆參贊機衡當朝正色直言無隱論文則詞藻縱横語武則權奇間出既文且武惟朕所命任使之處宿夜無怠獻皇后奄離六宮遠日云屆塋兆安厝委素經營然葬事依禮唯卜泉石至如吉凶不繇於此素義存奉上情深體國欲使幽明俱泰寶祚無窮以爲陰陽之書聖人所作禍福之理特須審慎乃徧歷川原親自占擇纖介不善即更尋求志圖元吉孜孜不已心力備盡人靈協贊遂得神皐福壤營建山陵論素此心事極誠孝豈與夫平戎定寇比其功業非唯廊廟之器實是社稷之臣若不加褒賞何以申茲勸勵可別封一子義康郡公邑萬戶子子孫孫承

襲不絶餘如故并賜田三十頃絹萬段米萬石金鉢一實以金銀鉢一實以珠并綾錦五百段大業元年遷尚書令賜東京甲第一區物二千段尋拜太子太師餘官如故前後賞錫不可勝計明年拜司徒改封楚公真食二千五百戶其年卒官謚曰景武贈光祿大夫大尉公弘農河東絳郡臨汾文城河內汲郡長平上黨西河十郡太守給輼輬車班劍四十人前後部羽葆鼓吹粟麥五千石物五千段鴻臚監護喪事帝又下詔曰夫銘功彝器紀德豐碑所以垂名迹於不朽樹風聲於沒世故楚景武公素茂績元勳劬勞

王室竭盡誠節恊賛朕躬故以道邁三傑功參十亂
未臻遐壽遽戢清徽春秋迎代方緜歲祀式播彫篆
用圖勳德可碑宰隧以彰盛美
高熲爲尚書左僕射兼納言初熲父賔爲周大司馬
獨孤信僚佐賜姓獨孤氏高祖每呼熲爲獨孤而不
名也後加上柱國熲每坐朝堂北槐樹下以聽事其
樹不依列有司將伐之帝特命勿去以示後人其見
重如此
唐裴寂爲尚書右僕射初從高祖起義於晉陽又勸
受禪及高祖即位謂寂曰使我至此者公之力也遂

拜右僕射賜以服玩不可勝紀詔尚食奉御每日賜
寂御膳帝視朝每引與同坐入閤則延之卧內言無
不從呼爲裴監（寂先爲晉陽宫副監）而不名其見親禮如此當
朝貴戚莫與之比帝有所巡幸必令居守麟州刺史
常雲起告寂謀反鞫之無端而釋之帝謂寂曰朕之
有天下者本公所推豈有二心哉皂白須分所以推
究耳因令貴妃三人齎珍饌寶器詣寂第宴樂極歡
經宿而去俄遷左僕射又聘其女爲趙王妃賜宴於
含章殿帝極歡寂頓首而言曰臣初發太原已有慈
旨清平之後許以退耕今四海乂安伏願賜臣骸骨
帝泣下霑襟曰今猶未也要相偕老耳公爲台司我
爲太上逍遥一代豈不快哉俄拜司空增邑通前六
千戶遣尚書員外郎更直寂第其見崇貴如此貞觀
二年十一月太宗有事於圓丘及還御大輦特引寂
及開府儀同三司長孫無忌陪乘焉
蕭瑀武德初爲內史令高祖每臨軒聽政必賜升御
榻瑀既獨孤氏之壻與語呼之爲蕭郎瑀奏便宜數
十條多見納用高祖手勑曰得公之言特存社稷行
智者之策以能成人之美納諫者之言以金寶酬其
德今賚公黃金一函以報智者勿爲推退也後拜特

進參預朝政事嘗因賜宴太宗從容謂房玄齡曰蕭
瑀大業之日以進諫隋主出爲河池太守應遭剖心
之禍翻見太平之日北叟失馬事亦難嘗瑀頓首拜
謝又曰武德六年已後太上皇有廢立之心我當此
日不爲兄弟所容實有功高不賞之懼此人不可以
厚利誘之不可以刑戮懼之真社稷臣也乃降宸筆
賜詩曰疾風知勁草板蕩識誠臣太宗以瑀好佛道
嘗賜繡佛像一軀并繡瑀形狀於像側以爲供養之
容又賜王褒所書大品般若經一部並賜袈裟以充
講論之服焉貞觀二十二年六月薨詔曰悼往飾終

實惟茂典高班褥禮允屬名臣故特進宋國公瑀稟粹誕生含章秀出慶傳積德道映搢紳登朝膺務多歷年所出綜機揆雅道光於廊廟入司綸綍讜言聞於帷扆行歸恭儉志存靜退輔德無聞逝川奄及緬惟既往震悼良深宜錫寵章式光幽窆可贈司空使持節都督荆峽岳朗澧五州諸軍事荆州刺史官封如故陪葬獻陵宜令使人持節册命贈絹布五百段并賜東園秘器後改陪葬于昭陵

封倫爲右僕射貞觀元年遘疾於尚書省太宗親視即命上輦送還第尋薨太宗深悼之廢朝三日再贈

司空

馬周爲中書令太宗嘗體目群臣各有其詞體周日材惟獻替秀出珪璋去山東而躡承明輦河南而踐金馬因時耀彩似菊露之結重巖迴進騰芳如蘭風之出幽逕又神筆賜飛白書鸞鳳凌雲必資羽翼股肱之寄誠在忠良周既趍務兩宮庶政兼總處事甄密甚得當時之譽病消渴彌年不瘳時駕幸翠微宮爰求勝地爲周起宅名醫中使相望不絶每令尚食以御膳供之及輿疾還京太宗躬爲調藥遣使送皇太子親臨問疾及卒爲之舉哀於宜秋門贈中書令幽州都督陪葬昭陵使鴻臚少卿監護喪事

戴冑爲吏部尚書參預朝政太宗嘗謂群臣曰戴冑於我無骨肉之親但其忠直勵行情深體國事有機要無不以聞所進官爵以酬厥勞耳及卒太宗爲舉哀于朝堂哭之甚慟遣衛尉卿劉弘基監護喪事詔虞世南爲之碑文賜物千段悼惜久之贈尚書右僕射追封道國公後乃聘其女爲道王妃

溫彥博爲尚書右僕射掌機務性儉素不營第宅及卒日殯於陋室太宗甚憫之特命有司爲立堂焉

高士廉初爲侍中尚書左僕射前後賞賜不可勝紀

貞觀十六年加開府儀同三司餘如故太宗征遼太子於定州監國士廉以開府儀同三司平章政事攝太子太傅駕還從至定州遇疾暴發太宗親幸其第以問之及駕幸靈州固請從行遂輿疾而從在塗中使名醫上藥相繼於道還京漸篤及薨詔曰昔平仲云亡葬后深股肱之慟太真既没晋君悲社稷之臣故悼往飾終義存追遠褒忠録舊事本因心故開府儀同三司上柱國忠國公士廉德範弘深風猷遠著道高廊廟望重勳賢職在銓衡穆九流而馳譽位居端右總百揆而騰芳班職台儀具瞻允集忠謀令範

遇物必彰造膝危詞類多弘益瞻風力以齊軌軼伊呂而長鶩朕爰在弱齡早敦姻戚綢繆眷遇多歷年所方期翊茲景化永贊隆平曾不憖遺忠良奄歿感惟永往震動厥心儀形莫追徽音日遠宜崇禮命式表哀榮可贈司徒使持節都督并汾箕嵐四州諸軍事并州刺史給班劍四十人及羽葆鼓吹賻絹布二千段米粟二千石陪葬昭陵令攝鴻臚卿護監臨當祖載便屬寒食勑遣尚官以食四轝致祭仍降宸筆爲文寘於靈座云朕與卿義重君臣道符冥契鱗波順乎風勢早啓沃乎朕心如何一朝奄成異代眷言

疇昔用切深衷自幽明一謝將歷數旬尚同城闕之間想游魂其如近今既丹旐戒路歸骨窮泉望隔丘野之中思令德而方遠凝哀笳於晨路引嘶驂於夜臺嗟爾世之長辭結余心之永恨追懷前賞極宴終娛豈謂樂情廻成悲緒酒有千日之號人無再飲之期昔臨膳以增歡今撫杯而益慟故遣陳茲饗禮以寄襄懷魂如有靈歆我哀饌及柩出橫橋太宗登長安故城西北樓望喪而慟

杜淹爲御史大夫判吏部尚書參議朝政歲餘疽發左足太宗令醫者視之言不救太宗憫然傷之於是親自臨問賜帛三百疋

杜如晦爲右僕射未幾以疾免帝令皇太子就第臨問知其不起又親幸其宅撫之流涕賜物千段及終太宗廢朝三日爲之舉哀哭甚慟遣國子祭酒楊師道監護喪事贈開府儀同三司太宗手勑著作郎虞世南曰吾與如晦君臣義重不幸物化追念勲舊痛悼于懷卿體吾此意爲之製碑文也及將葬重贈司空明年晦亡日太宗復遣尚宮至第慰問妻子其國官府佐皆不之罷終始恩遇未之有焉

房玄齡爲尚書左僕射貞觀九年十一月加開府儀

同三司十六年拜司空仍兼太子太傅二十二年車駕幸玉華宮玄齡時疾盛發詔令臥摠留臺至是漸篤追赴宮所乘擔轝入殿將至御座乃下太宗對之流涕玄齡亦感咽不能自勝勑專遣名醫攻療尚食每日供御膳稍益太宗即喜見顏色如聞增劇爲改容悽愴病劇車駕臨問握手叙別悲不自勝皇太子亦就與之訣其年七月玄齡薨太宗廢朝三日詔曰輟膳流哀悲深棟幹徽懸興感悼切股肱是知縟禮飾終道先彝冊贈章追遠事本因心故司空梁國公玄齡蹈義挺生資忠秀出功宣翼贊誠著艱難推轂

代藩參六飛之馭沃心皇極均十亂之重恪居端揆亟積暄寒九功敍其日用百辟於焉仰止若乃恭儉周慎之心奉國忘私之志足以抗衡上列獨映終古方申倚寄永賛階平曾不憖遺摧梁奄及永惟良輔是用震慟于厥心宜加寵靈式旌泉路可贈太尉使持節都督并箕嵐勝四州諸軍事守并州刺史所司備禮册命給班劍四十人及羽葆鼓吹賻絹布二千段米粟二千石陪葬昭陵賜東園秘器仍令工部尚書閻立德攝鴻臚卿監護

魏徵為太子太傅知門下省事卒詔陪葬昭陵因山

為墳以布車載柩無文彩之飾申其宿志也葬日太宗登苑西樓臨路哭祭太宗復為製碑文并御筆書石刻畢停於將作北門

李靖為尚書右僕射貞觀八年以足疾上表乞骸骨言甚懇至太宗遣中書侍郎岑文本謂曰朕觀自古已來身居富貴能知止足者甚少不問愚智莫能自知才雖不堪強欲居職縱有疴疾猶自勉強公能識達大體深足可嘉朕今非直成公雅志亦欲以公為一代楷模乃下優詔加授特進聽在第攝養賜物千段尚乘馬兩匹祿賜國官府佐並依舊給患若小瘳每三兩日至門下中書平章事九年正月賜靖靈壽杖助足疾也及靖妻亡有詔墳塋制度依霍光故事象燕然及積石山以旌殊績十一年夏有疾太宗親幸其第流涕謂靖曰公是朕平生舊交於國有大功急聞疾病深以為憂賜絹千疋十八年帝幸其第問疾仍賜五百疋太宗將伐遼召靖入賜坐御前二十三年五月薨詔曰昔晉羊公云逝名都為之罷市鄭子產斯亡在機於焉投杼故開府儀同三司上柱國衞國公李靖蘭畹騰芳鈞川揚佐氣凌關外志溢戎場與言締構十角將三吳感偃披勳王府闈謁與

渾塞同揮澄妖氣於下瀨闡皇風於高門舟檝遐宣台儀近曜官稱載靜休有餘芳蘊茲高志歸乎樂善遊赤松於艾服之年訪黃綺於枝鄉之歲語默之趣疇今罕匹進退之道對古為別逝川東馳高奉西靡眷言永往情深哀悼昔惟堂始事荀公有追贈之文郊平既歿祭遵致容車之禮式旌泉壤以備哀榮可贈司徒使持節都督并汾箕嵐四州諸軍事所司備禮册命給班劍四十人及羽葆鼓吹陪葬昭陵賜東園秘器仍令攝鴻臚寺卿享監護羽儀送至墓所高宗即位重贈太尉與尚書左僕射屈突通並配享太

宗廟庭又嚋其封邑依舊不減
長孫無忌高宗時進位大尉以旱上疏辭職高宗頻
降手詔敦喻不許幸無忌第見其三子並擢授朝散
大夫又令圖無忌形像親爲畫贊以賜之
岑文本爲中書令從太宗征遼至幽州暴疾太宗親
自臨視撫之流涕及卒太宗聞嚴鼓之聲曰文本殞
逝情深惻怛今宵夜警所不忍聞命停之賜東園秘
器陪塟昭陵
薛元超高宗時爲中書侍郎同中書門下三品特承
恩遇嘗召入與諸王同預私宴又重其文學政理之

才嘗謂元超曰長得卿在中書固不藉多人也
高季輔爲中書令簡較吏部尚書監修國史累封蓨
縣公永徽初辭職優詔不許又加光祿大夫行侍中
兼太子少保以風疾不視事高宗令追其兄虢州刺
史季通除宗正少卿以視疾又命中使觀其進食增
損既卒帝舉哀於雲龍門廢朝三日贈開府儀同三
司荊州都督官造靈輿送還御
崔敦禮爲太子少師同中書門下三品敦禮久患弟
餘慶時任定襄都督府司馬特召赴京侍疾既卒高
宗舉哀於東雲龍門皇太子遣家令薛仁軌簡較凶
事詔贈開府儀同三司并州都督陪塟昭陵
李義府爲中書侍郎同中書門下三品自是益承任
遇遷中書令兼撿校御史大夫監脩國史又加太子
賓客累封河間郡公高宗爲造甲第榮寵莫比
李勣爲司空寢疾詔以勣弟晉州刺史弼爲司衛正
卿諸子外任者悉召還京師使得視疾及薨高宗舉
哀於光順門輟朝七日仍令司平太常伯楊昉監護
喪事司禮太常伯楊思敬持節齎璽書弔祭贈太尉
楊州都督賜東園秘器陪葬昭陵塟日帝幸未央宮
登樓望喪車慟哭并爲設祭詔百官送至故城西北

許敬宗爲太子少師同東西臺三品乾封初以年老
不能行步高宗令與司空勣每朝日乘小馬入禁門
至內省及薨爲之舉哀廢朝三日詔文武百官就第
赴哭冊贈開府儀同楊州大都督陪塟昭陵
戴至德爲戶部尚書郝處俊崔知悌爲中書侍郎李
敬玄爲吏部侍郎並同中書門下三品咸亨五年八
月戊寅朔御札飛白書贊以賜至德詞曰泥洪源俟
舟檝處俊曰飛九霄假六翮敬玄曰咨啓沃罄丹誠
中書侍郎崔知悌曰竭忠節贊皇猷議者以戴郝寬
厚而李崔忠勤故帝以此言褒美之

劉仁軌則天光宅中爲文昌右相同鳳閣鸞臺三品薨年八十四皇太后廢朝三日令在京百官以次赴哭贈開府儀同三司并州大都督陪葬乾陵賜其家實封三百戸

周允元爲鳳閣侍郎平章事卒贈貝州刺史則天悼之不已爲七言詩以傷之又自繕寫時以爲榮

狄仁傑爲内史則天幸三陽宮日王公百僚咸從唯仁傑特賜宅一區當時恩寵無比及卒則天舉哀廢朝三日贈文昌右相

顧琮爲天官侍郎鳳閣鸞臺平章事卒則天日顧琮

久經任使不幸殞没惟於前側雖不舉哀然朕以股肱之情深有悲悼今日特爲不視事

姚元之長安中爲鳳閣侍郎以母老表請解職歸侍言甚哀切則天難違之下制曰忠爲令德孝乃天經義著君親道存愛敬其或兼者可不美歟銀青光禄大夫行鳳閣侍郎兼檢校相王府長史同鳳閣鸞臺三品姚元之自掖垣趨侍廊廟謀猷竭節盡誠讜言正議始終無替弘益以多近以母氏衰老情兼喜懼在休沐之期闕晨昏之禮乞解所職以就閑養外奏内請志到詞懃宜遂懇情用敦孝道眷彼藩邸高選綱佐俾從梁苑之游以致潘園之樂可行相王府長史一事已上並同三品玄宗初爲兵部尚書同中書門下三品先天二年封梁國公食邑三千戸追舊勳特優異也又爲紫微令後改名崇病痁居于罔極寺黄門侍郎源乾曜奏曰姚崇氣力虛弱不能行步伏以軍馬事切欲得與臣商量望令移居四方館特許家人視疾從之

李懷遠中宗時爲左散騎常侍同中書門下三品及卒帝特賜錦被以爲小歛仍爲文以祭之贈侍中葬事務從優厚

魏元忠爲尚書右僕射神龍二年八月表請歸鄉拜墓許之賜錦袍一領銀千兩因降手勑曰臨岐感愴深惻朕懷勉愼行鑣佇促還轡仍令宰相及諸司長官送於上東門外又給元忠千騎四人充其左右仍勑之曰但正直之士爲邪佞所憎惡有不逞之徒知卿在路無備因兹射險忽肆兇狂萬一損卿追悔無及縱加罪戮何補於卿朕心口爲憂明發不寐今故遣千騎四人緩急任卿驅使元忠及將還東都帝又幸白馬寺以迎之當時莫不榮羨

岑羲睿宗時爲戸部尚書同中書門下三品延和初

遷侍中賜物三百段細馬一匹帝讀中宗實錄以義
有功故有此命
魏知古玄宗時爲侍中先天元年十月獵于驪山之
下知古上詩諫之手詔曰卿所進獵渭濱十韻三復
研精良增嘆美夫詩者寫其心懷諷諭君王楊雄羽
獵相如上林率繇茲道予何於溫湯觀省風俗時因
暇景掩渭而畋開一面之羅展三驅之禮無情較獵
但慕前禽卿有箴規儆予不逮令賜物五十段以申
勸獎
源乾曜爲侍中張說爲中書令開元十二年賜上考

親製其詞曰源乾曜謇謇匪躬謙謙自牧正身率下
直道事人無聞伐己之功每立致君之節顧問則出
納斯允左右則啓沃居多德行可稱自宜升擢張說
以道佐時以忠處事顏雖不犯嘗聞獻替之誠言則
不諛自得謀猷之體政令必俟其增損圖書又籍其
刊削才望兼著理合襃升並考中上十三年十一月
封東嶽禮畢以乾曜爲尚書左丞相兼侍中中書令
張說爲尚書右丞相兼中書令蓋以宰相之任佐于
王化勒成岱宗時有寵也
杜暹爲黃門侍郎同中書門下平章事開元十四年
賜甲第一區廐馬一匹雜彩一百段賞功也
李元紘爲戶部侍郎平章事開元十五年端午宴群
臣于武成殿特賜元紘及兵部尚書蕭嵩金章紫綬
以寵之
裴光庭爲侍中卒贈太師光庭與蕭嵩不協太常博
士孫琬將議光庭謚以其用循資格非獎勸之道建
議謚爲克時人以爲希嵩意帝聞之特下詔賜謚曰
忠獻仍令中書令張九齡爲其碑文
李林甫爲右相天寶中任遇大重詔於太清宮刻石
爲林甫及陳希烈像侍於聖容之側城東有薛王舊

別業林沼幽邃當時第一特以賜之及女樂二部金
銀珍翫甚衆宰相用事之盛開元以來未有其比九
載林甫扶疾從幸華清宮數日增劇巫言一見聖人
差減帝欲視之左右諫止乃勑林甫出於庭中帝登
降聖閣遥視舉紅巾招慰之林甫不能興使人代拜
於廡卒贈太尉兼并州大都督給班劒西園秘器諸
子以吉儀護柩還京師發喪于平康坊之第
楊國忠爲右相天寶十三載二月制加光祿大夫守
司空兼右相仍賜音聲十人銀器十事物一千匹一
以加社稷之衞殫心竭諸一以資籌畫之勞推誠將

馭俾厲爲臣之節以彰任賢之美
茁晉卿爲侍中代宗初即位攝冢宰以衰疾表乞三日一入中書省許之十月庚申許間日入朝引見于延英殿矜老也時晉卿年已衰暮又患兩足帝特許肩輿至中書入閤不趨後褒命有司配享宗廟
裴冕爲左僕射平章事冀國公杜鴻漸爲中書侍郎平章事衞國公大曆五年卒甞日並許百僚祖送于國門
楊綰爲中書侍郎平章事大曆十二年綰宿有痼疾居職旬日中風優詔令就中書省攝養每引見延英

殿特扶入時璽華舊弊唯綰是瞻恩遇無二綰累抗疏辭位頻詔敦勉不許及綰疾亟帝每日發中使就私第存問又内出醫人一日之中數輩相望於路旣終中使在門以凶問走馬入奏帝驚悼久之輟朝三日即日下詔贈司徒發使柩前册授令及未斂詔曰王者之於大臣也存則寄其腹心均於支體參於軍國之重叙以陰陽之和亡則誄其事功加之命數告於宗廟之祭禮以紱冕之章則九原可歸百辟知勸故朝議大夫守中書侍郎同中書門下平章事集賢殿崇文館大學士修國史上柱國賜紫金魚袋楊綰性含元和身齊律度道光雅俗器重宗彝寬柔敬恭協於九德文行忠信弘於四教内無耳目之役以孝悌傳於家外無車服之容以真實形於代西掖專宥密之地南宫領選舉之源以儒術首於國庠以禮度掌於郊廟簡廉其質奉職同休須以任非其才毒流于政爰登清靜之輔庶諧至理之期道化既没於朝右儉德已行於海内雖賢人之業著於可久而夫子之命未如之何方有憑依遽此淪謝屏予之嘆震悼良深所懷莫從長想何及况歷官有素絲之節在家無尺帛之餘故飾以華衮增其法賻備脩典策載賁朝

經可贈司徒又詔宰相已下文武百官悉就私第弔喪又遣内常侍吳承倩會弔贈絹一千匹布三百匹仍宣旨謂百官曰天不使朕致太平何奪我楊綰之速也俾及大斂與卿等悲悼惆悵宰輔賻贈恩遇哀榮之盛近年以來未有其比
常袞爲門下侍郎平章事大曆十三年正月特加九階自朝議郎至銀青光祿大夫仍封河内郡公寵近臣也
崔祐甫爲中書侍郎平章事謀猷啓沃多所裨益祐甫被疾肩輿入中書臥而承旨或假在第大事必令

中使咨决及薨帝甚悼之廢朝三日册贈太傅故事
黄門侍郎未嘗有贈三師者以祐甫謇諤有大臣節
故特寵異
郭子儀爲司徒中書令德宗初即位子儀攝冢宰進
位太尉加號尚父增實封通爲二千戶月給一千五
百人糧二百匹馬芻穀弟及男子壻拜官者十餘人
既疾病令舒王誼備禮省之及門郭氏子弟迎拜於
外子儀卧不能興以手叩頭謝恩而已薨時年八十
五帝聞之傷痛者久之爲廢朝五日詔曰天地以四
時成物元首以股肱作輔公台之任股足相承上以

調三光下以象五嶽乂甕庶績鎮撫四夷體元和之
氣根貞一之德功至大而不伐身處高而更安尚父
增呂望之名維師贈周公之位盛業可久殁而彌光
故太尉兼中書令汾陽郡王尚父子儀天降人傑生
知王佐訓師如子料敵如神昔天寶多難羯胡作禍
咸秦失險河雒爲戎公能翼扶肅宗再造區夏國有
患難勞其戡定邊有寇盜箭其驅除安社稷必在於
絳侯定羌戎無踰於充國緯臺綏四散之衆涇陽降
十萬之虜勳高今古名讋夷狄而勞乎征鎮二紀于
茲頃以春秋既高彊場多事罷彼旌鉞寵在台衙以
公柱石四朝藩翰萬里忠貞懸於日月寵遇冠於人
臣尊其元老加以崇號期壽考之永養勳賢之德胥
肓生病藥石靡功人之云亡梁木斯壞雖賻禮加等
輟朝增日悼心流涕曷可弭忘更議追崇名位斯極
而尊爲尚父官協太師雖爵秩則同而禮望尤重歛
以袞冕旌我元臣聖祖園陵所宜陪葬式墓重文侯
之德象山追去病之勳千載如存九原可作册命之
禮有司脩焉可贈太師陪葬建陵仍令所司備禮册
命贈絹三千匹布千端米麥三千石舊令一品墳高
一丈八尺而詔特加十尺群臣以次赴宅弔哭內喪

所須並令官給及葬帝御安福門臨哭送之百僚陪
位皆隕哭特賜謚爲忠武配享代宗廟庭四年六月
以子儀大祥賜絹五百疋命百僚赴哭貞元元年正
月以子儀祔廟命太常給鹵簿博士贊儀
李晟爲太尉中書令德宗嘗呼爲大臣而不名貞元
四年詔爲晟立五廟官給牲牢祭器幃帳禮官相儀
以祔焉九年八月薨德宗震悼出弔輟朝五日令百
官就第臨弔賻布米粟有差命太常卿裴郁就第册
贈太師又命京兆尹李充監護喪事官給葬具比大
斂帝遣致書於柩前曰皇帝遣宮闈令第五守進致

誠旨于故大尉兼中書令西平郡王贈太師之靈曰天祚我邦是生才傑禀陰陽之粹氣實山岳之降靈弘濟艱難保佑王室掃盪氛祲廓清上京忠誠感於人神功業施於社稷平時定亂實賴元勳洎領上台克諧中外訏謨帝道協贊皇猷嘗竭嘉言以輔不逮情所親重義無間然方將與國同休永爲邦翰比嬰疾患雖歷旬時日冀痊除重期相見弼予在位終致和平豈圖藥餌無徵奄至薨逝喪我賢哲虧我股肱天不慭遺痛惜何極嗚呼大厦方構旋失棟梁巨川未濟遂亡舟楫君臣之義追慟益深循省遺章倍增

感切卿一門奇緒朕必終始保持兇愿等弟兄承卿教訓朕之志意豈忘平生卿縱不言朕亦存信比者卿在之日却未見朕深心今卿與朕長乖方冀知朕誠志無以爲念發言涕零是用躬述數行貴申所懷得盡臨絺遺使不能飾詞魂而有知當躰朕意及塟德宗御南望春門臨送之又令中人宣詔於柩車文武嘗參官哭拜於路及晟祔廟令所司供少牢給鹵簿兼令禮官贊儀

馬燧爲司徒侍中北平郡王貞元五年九月燧與大尉晟召見於延英殿帝嘉其有大勳勞皆圖形於凌煙閣列於元臣之次九年十月召見延英殿因拜手仆於地帝親起之十一年八月薨廢朝三日詔京兆尹韓皐監護喪事司農卿嗣吳王巘爲吊祭使賻布帛米粟有差贈太傅仍令太常卿裴郁持節冊命及塟又廢朝遣百寮於延興門臨送十三年十一月燧祔廟詔令所司供少牢仍給鹵簿從宅至廟并量給人夫

大常博士簡較趙退翁爲門下侍郎平章事貞元十二年八月薨詔曰翼宣王猷德禮終始蕭何贊清静之化柳莊爲社稷之臣永念忠勞厚其贈襚舉茲命

數以寄哀懷故趙退翁體仁弘義循法守正有絜矩之操有致君之誠素履彰其貞固黃中發於事業文含大雅望重周行暢絶域之恩信整天臺之綱轄啓廸理本勤勞國均奉上見宜孟之忠居室聞晏嬰之儉訏謨左掖盡瘁五年嘗納誨以沃心每匪躬以經遠感疾未逾於信宿殲良俄即於杳冥震悼之深當宁流嘆禮有旌飾峻其寵章追崇保傅永慰窀穸可贈太子太傅所司備禮冊命賜布絹五百端匹米粟四百石令鴻臚卿王權充冊弔使

盧邁爲門下侍郎平章事貞元十二年九月邁中風

疾令宰相詣邁宅問疾

崔損貞元十二年諫議大夫平章事十四年轉門下侍郎平章事損以久疾在家賜絹三百匹以爲醫藥十九年薨贈太子太傅賻布絹五百端匹米粟四百石

杜佑簡較司徒平章事充度支鹽鐵轉運等使元和元年四月詔授司徒依前中書門下平章事仍令所司依舊典册拜罷其事務從所讓也二年正月告老表再上詔荅曰卿量包乂大器茂中和事君推一德之誠與物全四時之信登于臺閣則萬事問於胡公

守在方隅則四國宗於申伯舉其實行是可專徵頃者殷憂在辰總録攸重金甌作鎮群情穆然玉鉉是司庶官咸事朕涉理猶淺惟賢是圖遽陳請老之章將輟弼予之道二三省覽良爲憮然用捨之間愼重斯在謂雅志之難奪豈余衷之可移是用徵尚德之前經酌優賢之故實去煩就簡免以職業之勤置几乘車優其觔力之禮卿宜起今已後每月之內嘗三兩度入朝便至中書商量軍國事務亦冀延於內殿沃朕虛心如此則居多暇辰退可以吐納頤志入參大政進可以偃息藩寮靈壽將置於上庠桑梓豈遠於下杜卿仍以朕此意宣示百寮庶乎君臣作合之期乾坤交泰之義無媿前列永貽後昆致政之詞即宜斷表佑每入奏事憲宗優禮之不名嘗呼爲司徒七年詔以太保致仕宜朔望帝遣中人就佑第賜絹五百匹錢五百貫其年薨廢朝三日册贈太傅

于頔爲司空平章事元和五年三月詔依杜佑例一月三朝

裴垍爲中書侍郎同平章事元和五年秋垍中風病上甚嗟惜旁午致問至於藥餌進退皆令疏陳疾益痼罷爲兵部尚書仍進階銀青侍郎平章事

李吉甫爲中書侍郎平章事元和九年冬暴卒憲宗傷悼久之遣中使臨弔嘗贈之外內出五百匹絹以恤其家

韓弘爲司徒兼中書令長慶二年七月勑弘疾未痊平尚宜在家將息其俸料宜從勑下日付所司支給其年十二月薨贈太尉賻絹二千匹布七百端米粟千石

裴度爲司徒平章事太和三年十一月加開府及實封度三表陳讓優詔荅曰其開府聊且依請實封勿讓翌日文宗命中人王士元赴度宅問疾病諭勉再

三慶勉而受命四年六月詔曰昔漢以孔光降置几之詔晉以鄭冲申奉策之命雖優隆耆德顯重元臣而議政不及於咨詢用禮獨在於安勉朕勤求至理所寶惟賢顧謂舊勞敢不加敬繇是委宰制於大政釋參決於煩務時因聽斷誠望彌諧遷秩上公式是殊寵特進守司徒兼門下侍郎同中書門下平章事充集賢殿大學士上柱國晉國公食邑三千戶實封三百戶裴度稟河嶽之英靈受乾坤之間氣珪璋特達城府洞開外茂九功內苞一德器爲社稷之鎮才實邦家之楨故能祗事累朝宣融景化在憲宗掃滌

區宇爾則有出師殄寇之勳在穆宗混同文軌爾則有參戎入輔之績在敬宗時阜康兆庶爾則有佑國庇民之勤逮爾朕躬懋茲方夏爾則有弔伐底寧之力皆不遺廟筭布在簡編功利及人不可悉數而朝論益重我心實知方用咨繇之謀適值留侯之疾瀝懇牢讓備列於奏章塞詔下言動形於顏色果聞勿藥之喜更俟調鼎之功而觔力未和音容尚阻不有優崇之命孰彰寵待之恩宜其首賛機衡弘敷教典論道而儀刑卿士宣德而鎮撫華夷嗇氣養神保綏福履爲國元老毗予一人可贈司徒平章軍國重事待疾損日每三日五日一入中書仍令所司擇日備禮冊命大和四年爲中書令以疾未任朝謝詔曰司徒中書令度緯有大勳累居台鼎今以疾恙未任謝上其本官俸料宜自今日支給又遣國醫就第診視屬上巳曲江宴賜群臣賦詩度以疾不能赴文宗遣中使賜度詩曰注想待元老識君恨不早我家柱石衰憂來學丘禱仍賜御札曰朕詩集中欲得見卿唱和詩故令示此卿疾恙未痊故無思力但異日進來春時俗說難於將攝勉加調護速就和平千百胷懷不具一二藥物所須無憚奏請煩也御札及門而度

薨上聞震悼久之令繕寫置於靈座

孔緯爲中書侍郎平章事從僖宗自蜀還定京城遷門下侍郎監脩國史又兼吏部尚書領諸道鹽鐵轉運使車駕還宮進位左僕射賜持危啓運保大功臣食邑四千戶食實封二百戶賜鐵券恕十死罪賜天興縣莊善和里宅各一區兼領京畿營田使昭宗乾寧二年五月三鎮入京師殺宰相韋昭度李谿帝以大臣朋黨外交思用骨鯁正人遣中使趍華州召緯入朝以疾未任上路六月進太子賓客其日之夕改吏部尚書翌日拜司空兼門下侍郎同平章事太清

官使修奉太廟弘文館太學士延資庫使階爵功臣名食邑並如故旬日之内駙騎敦促相望于道扶疾至京師延英中謝奏日臣前待罪宰相智術短淺有負罰諧陛下特貸刑書曲全腰領臣期於死報不望生叩玉階復拜龍顔實臣榮幸然臣比嬰衰疾伏枕累年形體雖存生意都盡平居勉强御事猶蹶況此危羸寧勝重委國祚方泰英彦盈庭豈以朽腐之人再塵機務臣力疾一拜殿庭乞陛下許臣自便因嗚咽流涕綿久疾拜蹈艱難帝令中使止之改容軫念令閤門使送綿中書視事不旬日涉隴次河中同州

王行納入京師謀亂天子出幸石門綿從駕至莎城疾漸危篤先還京城九月卒於光德里第贈大尉

梁韓建爲太保門下侍郎平章事開平三年六月大祖以建及薛貽矩每於案前有所敷奏頗愜事機深加獎敎各以贈帛錫之三年宣旨太保韓建每月旦十五日入閤稱賀卽令赴朝餘時不用入示優禮也

薛貽矩爲門下侍郎平章事乾化元年五月丁亥大祖召貽矩及諸相對于崇勳殿帝日軍旅之間朕自制斷朝廷庶務實賴卿等協心翊佐待兵罷後事無大小一委中書當無暇食也各賜内廄馬銀具鞍轡衣一襲白金共千兩司空貽矩賜差厚二年帝發自東京宰臣薛貽矩抱恙在假不克扈從宣問旁午仍命且駐東京以俟良愈及甍帝震悼頗久命維苑使曹守瓆往弔祭之又命輟六日七日八日朝参丞相文武並詣西上閤門進名奉慰

晉趙瑩爲中書令戸部奏改瑩本貫華州華陰縣永化鄉爲霖雨鄉臨高里爲致君里

桑維翰爲相戸部奏改維翰本貫河南府河南縣來遠鄉爲調鼎鄉樂善里爲代天里給門戟十二枝開運初爲樞密使中書令詔改維翰本貫河南府章善

坊爲賢相坊

馮道開運初以戸部尚書平章事詔改本貫定州安喜縣懷遠鄉爲積善鄉萬善里爲公台里

李崧爲侍中詔改崧本貫深州饒陽縣富平鄉爲秉鈞鄉通義里爲調鼎里給門戟十二枝七年丁憂制詔賜崧白藤檐子一以援起復官不欲令墨縗乘馬也

周王峻爲僕射平章事廣順元年七月太祖幸峻第賜賚甚厚

周李穀爲中書侍郎平章事廣順二年八月丙辰穀

墜階跌傷右臂不任朝謁癸巳賜敎詔曰卿方秉國鈞實籍維持之效復兼邦計最爲繁劇之司稍失區分便成壅滯雖近有傷損未復痊平宜彊扶持且就臨涖無妨卧理仍放朝參勉卿忍苦之誠副我仰成之意太祖以國計事殷累宣諭令扶持視事穀辭以所傷未任趍拜故有是詔其後又詔入朝放朝參赴本司署事仍賜白藤肩輿二年六月勑穀本貫河南府維陽縣清風鄉高陽里改爲賢相鄉勳德里

馮道初仕後唐明宗朝爲相長興初詔改本貫瀛州景城縣來蘇鄉爲元輔鄉朝漢里爲孝行里晉天福

中爲司空平章事詔給門戟十六枝道嘗上表求退高祖不之覽先遣鄭王就省謂曰卿來日不出朕當親行請鄉道不得已出焉當時寵遇無與爲比五年改道所居維陽縣三川里爲上相鄉靈壽里爲中台里八年改爲太尉鄉侍中里時道本貫瀛州陷契丹新加太尉侍中故以維陽所居鄉里復旌改之周顯德元年爲太師中書令薨世宗聞之震悼冊贈尚書令追封瀛王

范質爲侍中顯德六年四月世宗征關南質以疾留京師詔賜質錢百萬俾之市藥

鄭仁誨爲樞密使同平章事世宗北征仁誨爲東京留守調發軍須供億無闕車駕廻兼侍中

巡按福建監察御史臣李嗣京 訂正
新建縣奉人臣 戴國士 叅閱
知建陽縣事臣 黃國琦 較釋

宰輔部

識量

夫有識洞化源量苞群品乃可以緝熙帝載彌綸庶務恊夙夜有家之訓廸明哲保身之方矣歷代而下任道非一左右元后思皇永圖大則繫於安危次乃見諸逆順務全大體通適時變佽張紀律輔相物宜

寛猛得於厥中終始貴乎經遠故能坐鎮雅俗宏宣令猷保國於末宰致君於無過豈與夫專任小智苟合時機阿上罔下齷齪叢脞者同日而語哉

周周公其子伯禽受封於魯三年而後報政周公曰何遲也伯禽曰變其俗革其禮喪三年然後除之故遲太公亦封於齊五月而報政周公曰何疾也曰吾簡其君臣禮從其俗爲也及後聞伯禽報政遲乃嘆曰嗚呼魯後世其北面事齊矣夫政不簡不易民不從平易近民民必歸之

漢蕭何爲丞相治未央宫立東闕北闕前殿武庫太倉帝見其壯麗甚怒謂何曰天下洶洶勞苦數歳成敗未可知是何治宫室過度也何曰天下方未定故可因以就宫室且夫天子以四海爲家非令壯麗無以重威且無令後世有以加也帝曰善又何置田宅必居窮僻處爲家不治垣屋曰後世賢師吾儉不賢毋爲勢家所奪

曹參爲相擇郡國吏長大（取年長大者）訥於文辭謹厚長者即召除爲丞相史吏言文刻深欲務聲名輙斥去之日夜飲酒卿大夫以下吏及賓客見參不事事（不事丞相之事）來者皆欲有言至者參輙飲以醇酒（醇酒不澆謂厚酒）

度之欲有言復飲酒醉而後去終莫得開說（開謂有所啓白）以爲常相舍後園近吏舍吏舍日飲歌呼從吏患之無如何（從吏吏之嘗從相者）廼請參游後園聞吏醉歌呼從吏幸相國召按之乃取酒張坐飲（張設坐席而飲也）大歌呼與相和參見人之有細過掩匿覆蓋之府中無事參子窋爲中大夫惠帝恠相國不治事以爲豈少朕與（言豈以我爲平少故也）廼謂窋曰女歸試私從容問乃父（乃汝日）曰高帝新棄群臣帝富於春秋君爲相國日飲無所請事何以憂天下然無言吾告汝也窋既洗沐歸時閒自從其所諫參（諫謂空也自從其所猶言自出其間也）怒而笞之二百

曰越入侍天下事非乃所當言也至朝時帝讓參（讓責）
也曰與窋胡治乎（胡何也言共窋爲何治也）乃者我使諫君也（乃者）
（猶言褻也）參免冠謝曰陛下自察聖武孰與高皇帝帝曰
朕乃安敢望先帝參曰陛下觀參孰與蕭何賢上曰
君似不及也參曰陛下言之是也且高帝與蕭何定
天下法令既明具陛下垂拱參等守職遵而勿失不
亦可乎帝曰善君休矣
陳平爲左丞相周勃爲右丞相時文帝益明習國家
事朝而問左丞相勃曰天下一歲决獄幾何（臨朝問也）勃
謝不知問天下錢穀一歲出入幾何勃又謝不知汗

出沾背媿不能對帝又問左丞相平平曰有主者帝
曰主者爲誰乎平曰陛下即問决獄責廷尉問錢穀
責治粟內史帝曰苟各有主者而君所主何事也平
謝曰主臣（惶恐之辭也猶今言死罪也又曰主臣繫也臣服也言其繫服惶恐之辭）陛下
不知其駑下使待罪宰相（駑凡馬之稱非駿者也故以自喻）宰相者
上佐天子理陰陽順四時下遂萬物之宜（遂達也）外鎮
撫四夷諸侯內親附百姓使卿大夫各得任其職也
帝稱善勃大慚出而讓平曰君獨不素教我乎平笑
曰君居其位獨不知其任耶且陛下即問長安盜賊
數又欲強對耶於是絳自知其能弗如平遠矣居頃

之勃謝免相而平專爲丞相
丙吉爲丞相寬大好禮讓掾史有罪贓不稱職輙予
長休告（長給休假令其去職也）終無所按驗客或謂吉曰君侯
爲漢相奸吏成其私然無所懲艾（艾讀曰乂）吉曰夫以三
公之府有按吏之名吾竊陋焉後人代吉因以爲故
事公府不按吏自吉始於官屬掾史務掩過揚善吉
又嘗出逢清道群鬬者死傷橫道（清道時反群鬬也清道謂天子當出）
（或有齋祀先令道路清静）吉過之不問掾史獨怪之吉前行逢人
逐牛牛喘吐舌（喘急息）吉止駐使騎吏問逐牛行幾里
矣掾史獨謂丞相前後失問或以譏吉吉曰民鬬相

殺傷長安令京兆尹職所當禁備逐捕歲終丞相課
其殿最奏行賞罰而已宰相不親小事非所當於道
路問也方春少陽用事未可太熱恐牛近行用暑故
喘此時氣失節恐有所傷害也三公典調和陰陽職
當憂是以問之掾史乃服以吉知大體
王商爲左將軍輔政成帝建始三年秋京師民無故
相驚大言水至百姓奔走相蹂躪（蹂踐也躪轢也）老弱號呼
長安中大亂帝親御前殿召公卿議大將軍鳳以爲
太后與帝及後宮可御船令吏民上長安城以避水
群臣皆從鳳議左將軍商獨曰自古無道之國水猶

不冐城郭（冐蒙覆也）今政治和平世無兵革上下相安何因當有大水一日暴至此必訛言也（訛僞也）不宜令上城重驚百姓帝乃止有頃長安中稍定問之果訛言帝於是美壯商之固守數稱其識而鳳大慚自恨失言

後漢李固爲大尉與大將軍梁冀參録尚書事梁太后臨朝以楊徐盜賊盛強恐驚擾致亂使中常侍詔固等欲須所徵諸士侯到乃發殤帝喪固對曰帝雖幼少猶天下之父今日卽亡人神感動豈有臣子反共掩匿乎昔秦始皇亡於沙丘胡亥趙高隱而不發

卒害扶蘇以至亡國近北鄉侯薨閻后兄弟及江京等亦共掩秘遂有孫程手刃之事此天下大忌不可之甚者也太后從之卽暮發喪

蜀諸葛亮爲丞相先主以法正爲蜀郡太守揚武將軍外統都畿內爲謀主一飡之德睚眦之怨無不報覆擅殺毀傷己者數人或謂諸葛亮曰法正於蜀郡大縱橫將軍宜啓主公抑其威福亮曰主公之在公安也北畏曹公之強東憚孫權之逼近則懼孫夫人生變於肘腋之下當斯之時進退狼跋法孝直（孝直正字）爲之輔翼令翻然翱翔不可復制如何禁止法正使不得行其意耶（初孫權以妹妻先主妹才捷剛猛有諸兄之風侍婢百餘人皆親執刀侍立先主每入衷心常凜凜亮又知先主雅愛信正故言如此）

費禕爲録尚書時大將軍姜維自以練習西方風俗兼有其才武欲誘諸羌胡以爲羽翼謂自隴以西可斷而有也每欲興軍大舉禕常裁抑不從與其兵不過萬人禕謂維曰吾等不如丞相亦已遠矣丞相猶不能定中夏況吾等乎且不如保國治民敬守社稷如其功業以俟能者無以爲希冀僥倖而決成敗於一舉若不如志悔之無及

吳陸遜爲丞相時太子與魯王二宮並闕中外職司

多遣子弟給侍全琮報遜遜以爲子弟苟有才不憂不用不宜私出以要榮遇若其不佳終爲取禍且聞二宮勢敵必有彼此古人之厚忌也琮子寄果阿附魯王輕爲交搆遜書與琮曰卿不師日磾而宿留阿寄終爲足下門戶致禍琮不納後果致敗

晉王祥初仕魏與何曾荀顗並爲三公時武帝爲晉王祥與顗往謁顗謂祥曰相國尊重何侯既已盡敬今便當拜也祥曰相國誠爲尊貴然是魏之宰相吾等魏之三公公王相去一階而已班例大同安有天子三司而拜人者損魏朝之望虧晉王之德君子愛

人以禮吾不爲也及入顗遂拜而祥獨長揖帝曰今日方知君見顧之重矣

石鑒武帝太康末拜司空與中護軍張邵監統山陵時大司馬汝南王亮爲太傅楊駿所疑不敢臨喪出營城外時有告亮欲舉兵討駿大懼白太后令惠帝爲手詔詔鑒及張劭使率陵兵討亮劭駿甥也便率所領催鑒速發鑒以爲不然保持之遣人密覘視亮已別道還許昌於是駿止論者稱之

王渾太熙初遷司徒惠帝卽位加侍中及誅楊駿崇重舊臣乃加渾兵渾以司徒文官主使不持兵持兵

乃吏屬絳衣自以偶因時寵權得持兵非是舊典皆令皂服論者美其謙而識體

王衍爲太尉尚書令封武陵侯辭封不受時雒陽危逼多議遷都以避難而衍獨買車服以安衆心

王戎爲司徒先是李含領始平中正被貶歸長安歲餘光祿差含爲壽城邸閣督戎表含曾爲大臣雖見割削不應降爲此職詔停

王導爲中書監錄尚書事元帝上尊號百官陪列命導升御牀共坐導固辭至于三四曰若太陽下同萬物蒼生何繇仰照帝乃止後導爲太保與庾亮等共輔成帝庾亮將徵蘇峻訪之於導導曰峻猜險必不奉詔且山藪藏疾宜包容之固爭不從亮遂詔峻既而難作六軍敗績蘇峻既平宗廟宮室並爲灰燼溫嶠議遷都豫章三吳之豪請都會稽二論紛紜未有所適導曰建康古之金陵舊爲帝里又孫仲謀劉玄德俱言王者之宅古之帝王必不以豐儉移都苟弘衛文大帛之冠則無往不可若不績其麻則樂土爲墟矣且北寇游魂伺我之隙一旦示弱竄於蠻越求之望實懼非良計今特宜鎮之以靜群情自安繇是嶠等謀並不行進位太傅又拜丞相庾亮以望重地

逼出鎮于外南蠻校尉陶稱閒說亮當舉兵內向或勸導密爲之防導曰吾與元規休慼是同悠悠之談宜絕智者之口則如君言元規若來吾便角巾還第復何懼哉又與稱書以爲庾公帝之元舅宜善事之於是讒閒遂息

庾冰代王導爲相初導輔政每從寬惠冰頗任威刑殷融諫冰曰頃天文錯度足下宜盡消禦之道冰曰玄象豈吾所測正當勤盡人事耳成帝疾篤時有爲尚書符勑宮門宰相不得前左右皆失色冰神氣自若曰是必虛妄推問果詐衆心乃定

蔡謨爲司徒錄尚書事石季龍死中國大亂時朝野咸謂當太平復舊謨獨謂不然語所親曰胡滅誠大幸也然將貽王室之憂或曰何哉謨曰夫能順天而奉時濟六合於草昧若非尚哲必録英豪度德量力非時賢所及必將經營分表疲人以逞志才不副意略不稱心才單力竭智勇俱屈此乃韓盧東郭所以雙斃也

何充爲司徒錄尚書事加侍中庾翼臨終表以後任委其子爰之于時論者並以諸庾世在西藩人情所歸宜依翼所請以安物情充曰不然荆楚國之西門

戶口百萬北帶彊胡西隣勁蜀經畧險阻周旋萬里得賢則中原可定勢弱則社稷同憂所謂陸抗存則吳存抗亡則吳亡者豈可以白面年少猥當此任哉桓温英畧過人有文武識度西夏之任無出温者議者又曰庾爰之肯避温乎如令阻兵耻懼不淺充曰温足能制之諸君勿憂乃使温西爰之果不敢爭

王彪之與謝安共掌朝政安欲更營宫室彪之曰中興初卽位東府殊爲儉陋元明二帝亦不改制蘇峻之亂成帝止蘭臺都在所不蔽寒暑是以更營修築方之漢魏誠爲儉狹復不至陋殆合豐約之中今自可隨宜增益修補而已彊寇未殄正是休兵養士之時何可大興工勞擾百姓邪安曰宫室不壯後世謂人無能彪之曰任天下事當保國寧家朝政惟允豈以修屋宇爲能邪安無以奪之故終彪之世不改營焉

謝安爲尚書僕射總關中書事安義朝輔導雖會稽王道子亦賴弼諧之益時強敵寇境邊書續至梁益不守樊鄧陷沒安每鎮以和靖御以長筭德政既行文武用命不存小察弘以大綱威懷外著人皆比之王導謂文雅過之及桓冲卒荆江二州並缺物論以

謝玄勳望宜以授之安以父子皆著大勳恐爲朝廷所疑又懼桓氏失職桓石虔復有沔陽之功慮其驍猛在形勝之地終或難制乃以桓石民爲荆州改桓伊於中流石虔爲豫州旣以桓據三州彼此無怨各得所任其經遠無競類皆如此

宋袁粲爲中書監開府領司徒與齊高帝褚彦回劉彦節遞日入直平決萬機粲閑默寡言不肯當事主書每往諮決或高詠對之時立一意則衆莫能改

後魏長孫道生太宗時爲司空侍中每見大議多今時機

伊馥文成時爲司空清約自守爲政舉大綱而已不爲苛碎

唐魏徵爲侍中尚書省滯訟有不决者詔徵平理之徵性非習法但存大體以處斷無不悅服

李勣爲司空永徽初高宗謂侍臣曰今天下少事求之前史擬之何帝中書令高季輔對曰漢之文景周之成康雖幾致刑錯誠未擬今日北方遐遠並爲州縣尋閱載籍未或前聞勣對曰臣不讀書寡聞淺識如臣所見能致天下太平四海無事者實在於君若君正則百僚正百僚正則天下正故知天下安靜在

於陛下帝曰然若人君不踐正道則臣面從而退故如公言矣

長孫無忌永徽初以太尉同中書門下三品高宗嘗謂公卿曰朕開獻書之路冀有意見可錄將擢用之比者上疏雖多而遂無可採者無忌對曰陛下即位政化流行條式律令固無遺闕言事者率其鄙見妄希僥倖至於裨俗益教理當無足可取然須開此路猶冀時有讜言如或杜絶便恐下情不達帝又聞所在官司猶自多有顔面無忌曰顔面阿私自古不免然聖化所漸人皆向公至於肆情曲法實謂必無此事小小收取人情恐陛下尚亦不免況臣不私其親戚豈敢頓言絶無

張文瓘龍朔中爲東臺侍郎同東西臺三品時諸宰相以政事堂供饌珍美議減其料文瓘曰此食天子所以重機務待賢才也吾輩若不任其職當自陳乞以避賢路不可減削公膳以邀求名譽也國家之所費不在此苟有益於公道斯亦不爲名也衆乃止

郝處俊咸亨中同東西臺三品高宗嘗謂曰王者無外何籍於守禦雖然重門擊柝蓋備不虞方知禁衛在於謹肅朕嘗以秦法猶爲大寬荆軻匹夫耳而七

首竊發始皇駭懼莫有拒者豈不繇積習寬慢使其然乎處俊對曰此繇法急所致不繇寬慢也帝曰何以知之對曰秦法輒升殿者夷三族人皆懼族安有敢拒者逮乎魏武法亦尚峻臣見魏令云京城有變九卿各居其位其後嚴才作亂與其徒屬數千人攻左掖門魏武登銅雀臺遠望無敢救者時王修爲鳳翔聞變召車馬未至便將官屬步至宫門魏武望見之曰彼來者必王脩此繇王脩察變知機違法赴難向各守法遂成其禍故知王者設法敷化不可以太急且政寬則人慢政急則人無所措手足聖王之道

寬猛相濟詩曰不懈于位民之攸塈謂仁政也又曰式遏寇虐無俾作慝謂威刑也洪範曰高明柔克沉潛剛克謂中正道也帝曰善

宋璟開元初爲侍中玄宗令璟與中書侍郎蘇頲爲皇子制名及封邑并公主等邑號璟等奏曰王子將封三十餘國周之麟趾漢之大牙彼何足云於斯爲盛竊以鄭郯王等皆傍有古邑字臣等以數推讓條三十國名又王子先有名者皆上有嗣字又公主邑號亦選擇三十美名皆文不害意言足定體又令臣等別撰一佳名及一美色號者七子均養百王至仁

令若同等別封每緣母寵子愛骨肉之際人所難言天地之平典有常度昔袁盎降慎夫人之席文帝竟納之慎夫人亦不以爲嫌美其得久長之計臣等故同進更不別封上彰覆載無偏之德玄宗稱歎久之璟又奏曰臣伏見部州奏事云廣州與臣立遺愛頌但碑所以頌德紀功披文相質臣在郡日課無所稱繼恭宣政理幸免罪戾一介俗吏何足書能濫承恩私見在樞密以臣光寵成彼謟諛欲革此風望自臣始請勑廣府即停從之時鄭州百姓亦爲前刺史孟溫禮樹碑因是亦命罷之

裴光庭開元中爲侍中時有司寫毛詩禮記左傳文選各一部賜金城公主從其請也秘書省正字于休烈表投招諫匭言曰臣聞戎狄國之寇也經藉國之典也傳曰裔不謀夏夷不亂華所以革其非心在乎有備無患臣聞國之利器不可以示人昔東平王求史記諸子漢朝不與蓋以史記多兵謀諸子雜詭術夫以東平帝之懿戚尚不欲示征戰之苦況西戎國之遠藩曷可貽經典之事且魯秉周禮齊不加兵吳獲乘車楚屢奔命一以典存國一以喪法危邦傳曰仲故于奚請曲懸繁纓仲尼云惜也不如多與之邑

惟名與器不可以假人臣聞狄固貪婪貴貨易土昔若錫之錦綺厚以玉帛必不得已請去春秋當周德既衰諸侯強盛禮樂自出征伐競興情僞於是乎生變詐於是乎起則有以臣召君之事取威定霸之名若與此書國之患也表入勑下中書門下議光庭奏曰西戎不識禮經心昧德義頻負盟約孤背國恩今則計窮求哀稽顙聖慈含育許其降和所請書隨事給與庶使漸陶聲教混一車書文軌大同斯可致也休烈雖見情僞變詐於是乎生而不知忠信節義於是乎在帝曰善乃以經書與之

柳渾爲兵部侍郎平章事判門下省主吏日當過官渾愀然曰列官守職宜委有司紛更撓之非賢者用心也士或千里辭家以干微祿小邑至辨豈慮無能况旌善進賢事不在此其年吏曹注擬無退量者

武元衡元和初平章事憲宗甚禮信之詔追浙西節度使李錡稱疾請醫理至歲暮帝以問宰臣鄭絪請如錡奏元衡曰不可且錡先自請來朝詔既許之即又稱疾是可否在錡也今陛下新臨天下屬耳目爲若使奸臣得遂其私則威令從此去矣帝曰然遽追之錡果計窮而反

裴度元和中平章事時王稷家奴二人告稷換其父鍔遺表隱沒所進錢物既命鞫之留其奴於內侍又發中使就東都簡責其家財度奏曰王鍔身沒之後其家進獻已多今因奴上告又命簡責其家臣恐天下將帥聞之必有以家爲計者於是亟罷其使而殺其奴

令狐楚元和末爲中書侍郎同平章事務清化源以分流品不親細事人皆稱之

李逢吉穆宗長慶中平章事汴州李㝏叛詔僕射尚書左右丞侍郎給事中中書舍人並至中書與逢吉及杜元穎同議汴州事先是公卿務苟安者多舉河北近事請授李㝏以節帝將從之逢吉獨議不可以爲河北之事蓋有不得已者與河南固殊若又以節付之則長淮以北從此難制元穎與戶部侍郎張叔將沮其議且確爭曰安有惜數尺之節而不惜一方之性命乎議未決適有宋亳潁三州刺史急奏繼至皆請朝廷即別命帥穆宗大悅以逢吉議是立遣中使分往三州宣慰焉於是逢吉請以將帥印綬徵李㝏入朝以義成軍節度韓充乃韓弘母弟寬厚得衆汴人懷之請移鎮大梁脫㝏敢旅拒即徐許兩軍南北夾攻之東倚滑臺之師而充入必矣帝皆從其議

韋處厚文宗太和初同平章事急於用才酷嗜文學嘗病前古有以浮議坐廢者故推擇群材往往棄瑕亦爲時所議（時李載義累破滄鎮賊衆每俘執多遣劉剸處厚以恩諭之載義深納其旨自此滄鎮所獲生口配隷遠地前後全活數百千人）

鄭覃太和末與李石同平章事有詔江西湖南以官健衣粮一百二十分送上都充宰相召顧手力覃等上言宰相上弼聖政下理群司若忠正無邪宗社所佑縱逢盜賊兵不能傷若事涉隱欺心懷驕妄雖有防衛神得誅之臣等願推赤心以答聖獎孟軻知弗

臧氏孔子不畏匡人其前件衣糧並請勒停依前制
置只以金吾司手力充引上從之
李石太和末同平章事時中使劉行深田全操等六
人自巡邊廻馳入金光門馹騎奔驅訛言相驚云兵
自外至兩省官及百司官僚倉皇散走至有不及束
帶襪而乘者街衢百姓縱横呌譟塵坌四起時石與
宰相鄭覃在中書廻顧人吏稍稍散失覃謂石曰耳
目頗異且宜出去石曰今事勢不可知宜堅坐鎮之
與將寧定若宰相亦走則中外亂矣必或繼亂走將
何逃任重官崇人心所屬不可忽也覃然之石閱視

文案沛然自若京城不逞之徒潛備弓刀引首北望
集城門閉即恣行剽劫時内使連命閉門左金吾將
軍陳君賞領其徒立望仙門下日縱使有賊閉門不
難請徐觀之至於日晚京城始定是日微石與君賞
已及亂矣
周馮道初仕後唐天成中同平章事凡孤寒士子抱
才業素知識者皆與引用本朝衣冠履行浮躁者必
抑而鎮之

冊府元龜

巡按福建監察御史臣李嗣京訂正

分守建南道左布政使臣胡維霖參閱

知建陽縣事臣黃國琦較釋

宰輔部

器度

器度　畏慎　慎密　知人　禮士

夫包荒含垢兼容虛受居不充詘動無怵迫斯君子之盛德也若乃居廟堂之上宅台揆之任酬酢元化儀刑列辟而能恕小過忘舊惡臨敵而靡懼受寵而

勿喜高譚于危難之際志懷於得喪之域坐鎮浮競立安反側德宇寬裕心量淵邃誠足爲庶尹之表式副下民之瞻望哉

漢曹參爲相國見人有細過掩匿覆蓋之府中無事

丙吉爲丞相吉馭吏嗜酒數逋蕩嘗從吉出醉嘔丞相車上西曹主吏白欲斥之吉曰以醉飽之失去士使此人將復何所容（言無所容身）西曹第忍之此不過汚丞相車裀耳遂不去也

後漢張溫爲司空時邊章韓遂爲亂溫銜命征討以揚武都尉陶謙（字恭祖）爲參軍事接遇甚厚而謙輕其行事心懷不服及軍罷還百僚高會溫令謙行酒謙衆辱溫溫怒徙謙於邊或說溫曰陶恭祖本以材畧見重於公一朝以醉飲過失不蒙容貸遠棄不毛厚德不終四方人士安所歸望不如釋憾除恨克復初分於以遠聞德美溫然其言乃追還謙至或人謂謙曰足下輕辱三公罪自己作今蒙釋宥德莫厚矣宜降志卑辭以謝之謙曰諾又謂溫曰陶恭祖今深自罪責思在變革謝天子禮畢必詣公門公宜見之以慰其意時溫於宮門見謙謙仰曰謙自謝朝廷豈爲公耶溫曰恭祖痴病尚未除耶遂爲之置酒待之如

初

蜀蔣琬爲丞相諸葛亮長史亮卒琬爲尚書遷大將軍錄尚書時新喪元帥遠近危悚琬出類拔萃處群僚之右旣無戚容又無喜色神守舉止有如平日繇是衆望漸服東掾楊戲素性簡畧琬與言論時不應答或謂琬曰公與戲語而不見應戲之慢上不亦甚乎琬曰人心不同如其面焉面從後言古人之所誡也戲欲贊吾是耶則非其本心欲反吾言則顯吾之非是以默然是戲之快也又督農楊敏曾毀琬曰作事憒憒誠非及前人或以白琬主者請推治敏琬曰

吾實不如前人無可推也主者重據聽不推則乞問其憒憒之狀琬曰苟其不如則是事不當理事不當理則憒憒矣復何問耶後敏坐事繫獄衆人猶懼其必死琬心無適莫得免重罪其好意存道皆此類也

費禕爲大將軍錄尚書事延熙七年魏軍次於興勢假禕節率衆往禦之光祿大夫來敏詣禕別求共圍碁於時羽檄交馳人馬擐甲嚴駕已訖禕得敏留意對戲色無厭倦敏曰向聊觀試君耳君信可人必能辦賊者也禕至敵遂退

吳顧雍爲丞相久之吕壹秦傳爲中書典挍諸官府

及州郡文書壹等因此漸成威福遂造作榷酤障管之利舉罪糾姦纖介必聞重以深按醜誣毀短大臣排陷無辜雍等皆見舉白用被譴讓後壹姦罪發露收繫廷尉雍往斷獄壹以囚見雍和顏色問其辭狀臨出又謂壹曰君意得無欲有所道壹叩頭無言時尚書郎懷叙面詈辱壹雍責叙曰官有正法何至如此

晉陳騫爲大司馬與賈充石苞裴秀等俱爲心膂而騫智度過之充等亦自以爲不及也

王戎爲司徒惠帝之西遷也戎出奔於郟在危難之間親接鋒刃談笑自若未嘗有懼容時召親賓歡娛永日

王導爲侍中司空假節錄尚書領中書監劉隗用事導漸見疎遠任真推分澹如也有識咸稱導善處興廢焉

庾亮爲中書令與王導受遺詔輔幼主蘇峻作逆兵至京師戰于建陽門兵敗亮乘小船西奔亂兵相剝掠亮左右射賊誤中柁工應弦而倒船上咸失色欲散亮不動容徐曰此手何可使着賊衆心乃安

謝安爲侍中吏部尚書受顧命桓溫入赴山陵止新

亭大陳兵衛將移晉室呼安及王坦之欲於坐害之坦之甚懼問計於安安神色不變曰晉祚存亡在此一行旣見溫坦之流汗沾衣倒執手板安從容就席坐定問溫曰安聞諸侯有道守在四鄰明公何須壁後置人耶溫笑曰正自不能不爾耳遂笑語移日及符堅率衆號百萬次於淮淝京師震恐加安征討大都督安遣弟石及兄子玄征討玄入問計安夷然無懼色答曰已別有旨旣而寂然玄不復敢言乃令張玄之重請安遂命駕出山墅親朋畢集方與玄之圍碁賭別墅安嘗碁劣於玄是日玄懼便爲敵手而又

不勝安頓謂其甥羊曇曰以墅乞汝安遂游陟至夜乃還指授將帥各當其任玄等旣破堅有驛書至安方對客圍棊看書旣竟便攝放牀上了無喜色棊如故客問之徐答云小兒輩遂已破賊旣罷還內過戶限心喜甚不覺屐齒之折

宋徐羨之爲司空錄尚書事羨之起自布衣又無學術直以志力局度一旦居宗朝野推服咸謂有宰臣之望沉密寡言不以憂喜見色

唐婁師德爲納言嘗薦狄仁傑及仁傑爲宰相不知師德薦己數排師德令充外使則天嘗出師德舊表

冊府元龜　宰輔部　器度　卷之三百二十一　五

示之仁傑大慙謂人曰吾爲婁公所含如此方知不逮婁公遠矣師德頗有學識器量寬厚喜怒不形於色

狄仁傑天授中爲地官侍郎同鳳閣鸞臺平章事則天謂曰卿在汝南時甚有善政欲知譖卿者乎仁傑謝曰陛下以臣爲過臣當改之陛下明臣無過臣之幸也若臣不知譖者並爲善友臣請不知則天深加歎異

裴耀卿開元中爲黃門侍郎平章事充轉運使凡三年運七百萬石省脚三十萬貫或說耀卿請進所省脚錢以明功利耀卿曰此盇公家盈縮之利耳不可以之求寵也乃奏充所司和市糴等錢

賈耽爲右僕射同中書門下平章事每自朝居家接對賓客及暮乃止而人未嘗見其喜慍

趙退翁爲中書侍郎平章事初在湖南日令狐峘崔儆並爲巡屬刺史峘嘗歷中書舍人禮部侍郎儆亦久在朝列所爲或虧法令退翁每以正道制之峘乃多令人毀退翁於朝及退翁爲相拔儆自大理卿爲尚書左丞峘先貶官爲別駕又擢爲吉州刺史時人多之

冊府元龜　宰輔部　器度　卷之三百二十一　六

周馮道仕晉平章事時奏請徵史圭爲刑部侍郎鹽鐵副使圭在明宗時爲右丞權判銓事道在中書嘗以堂判衡銓司所注官圭怒力爭之道亦微有不足之色後道首舉圭圭方愧其度量遠不及也

畏慎

得寵若驚老氏攸戒先愼乎德君子所守矧夫宰衡量任天子是毗百度群倫罔不咸在進退語默爲衆規矩其有愼終若始執虛如盈集木思危履虎增畏預懷棟撓之懼深懲味厚之毒舉止恭遜周旋悚慄至有讓爵散財避賢自劾形于憂慮積成疾疢詔旨

敦諭時或彊起側身卑退若無所容斯蓋承榮祿之厚懃忠報之薄其君子之盛德歟

周仲山甫爲宣王卿士令儀令色小心翼翼（令善也翼翼然恭敬貌）

漢蕭何爲相國素恭謹及誅韓信益封五千户令卒五百人一都尉爲相國衛諸君皆賀召平獨弔曰今者淮陰新反於中有疑君心夫置衛衛君非以寵君願君讓封不受悉以家私財佐軍何從其計

石慶爲丞相醇謹而已元封四年關東流民二百萬口無名數者四十萬公卿議欲請徙流民於邊以適

之武帝以爲慶老謹不能與其議乃賜丞相告歸而按御史大夫以下議爲請者慶慙不任職上書避賢者路詔報反室（還家也）慶素質見詔自以爲得許欲上印綬掾史以爲見責甚深而終以反室者醜惡之辭也或勸慶宜引決慶甚懼不知所出遂復起視事先是公孫弘年八十終丞相位其後李蔡嚴青翟趙周石慶公孫賀劉屈氂繼踵爲丞相（繼踵言相躡也）自蔡至慶丞相府客館丘墟而已（言不能進賢故不繕脩其屋室也）至賀屈氂時壞以爲馬廐車庫奴婢室矣唯慶以醇謹復終相位（醇厚也）其餘盡伏誅云

公孫賀代石慶爲丞相初不受印綬頓首涕泣曰臣本邊鄙以鞍馬騎射爲官材誠不任宰相帝與左右見賀悲哀感動下泣曰扶起丞相賀不肯起帝廼起去賀不得已拜出左右問其故賀曰主上賢明臣不足以稱恐負重責從此始矣

張安世昭帝時爲左軍將軍與霍將軍同心輔政時宣帝養於掖廷號皇曾孫時安世兄賀爲掖廷令本衛太子家吏及太子敗賀坐下刑以舊恩養視皇曾孫甚厚及曾孫壯大賀欲以女孫妻之是時昭帝始冠長八尺二寸安世聞賀稱譽皇曾孫欲妻以女安

世怒曰曾孫乃衛太子後也幸得以庶人衣服縣官足矣勿復言予女事於是賀止宣帝即位爲大司馬車騎將軍領尚書事歲餘霍禹謀反夷宗族安世素心畏忌已內憂矣（忌者戒盈滿之稱）其女孫敬爲霍氏外屬婦（女孫郎今所謂女孫也）當相坐安世瘦懼形於顏色（形見也）帝怪而憐之以問左右乃赦敬以慰其意安世寖恐

後漢李通光武時爲大司空性謙恭常欲避權勢素有消疾自爲宰相謝病不視事連年乞骸骨帝每優寵之

竇融爲大司空自以非舊臣一旦入朝在功臣之右

每召會進見容貌辭氣卑恭巳甚帝以此愈親厚之融小心久不自安數辭讓爵位詔不許

順帝時王龔爲太尉在位恭慎自非公事不通州縣書記

橋玄靈帝時爲太尉謙恭下士子弟親族無在大官者

劉寬爲太尉嘗於坐被酒睡伏帝問太尉醉耶寬仰對曰臣不敢醉但任重責大憂心如醉帝重其言

南齊陳顯達爲太尉侍中建武世心懷不安深自貶匿車乘朽敗導從鹵簿皆用羸小不過十數人

北齊趙彥深爲司徒嘗參機近柔溫謹慎

唐房玄齡太宗朝爲尚書左僕射或時以事被譴則累日朝堂稽首請罪悚懼踧踖若無所容

岑文本貞觀中遷中書令歸家有憂色其母怪而問之文本曰非勳非舊濫荷寵位高貴任重古人所懼撫巳循心所以憂耳親賓有來賀者輒曰受弔不受賀

婁師德神功元年拜納言雖參知政事而深自畏避竟能以功名終爲識者所重

後唐趙光逢莊宗同光末平章事其弟諝問於私第嘗語及政事他日至止光逢巳署其户曰請不言中書之事其清靜寡慾進退存亡端然如此

慎密

易曰庸行之謹又曰臣不密則失身若夫居台鼎之位秉鈞衡之重斟酌正典財成物軌弼君之違補職之闕緝熙百志彌綸九敘固元首之同體庶尹之司南者也自非深中篤厚舉止詳慎其何以贊樞機之務成將順之美哉漢世以來宗公間作乃有嘉謀匪躬之奏退則削稾熙工掖物之議外無漏言道齊於元元美歸於君上斯足以副師尹之瞻爲天子之宰

矣

漢張安世爲大司馬領尚書事職典樞機以謹慎周密自著外內無間（著明也間隙也）每定大政巳決輒移病出（移病謂移書言病也一日以病而移居）聞有詔令乃驚使吏之丞相府問焉自朝廷大臣莫知其與議也有郎功高不調（調選也）自言安世應曰君之功高明主所知人臣執事何長短而自言乎絶不許巳而郎果遷安世外陽拒之實令其遷

後漢魯恭爲三公性謙遜奏議依經潛有補益然終不自顯故不以剛直爲稱

魏華歆爲司徒性周密舉動詳愼嘗以爲人入陳事
務以諷諫合道爲貴就有所言不敢顯露故其事多
不見
陳群爲司空前後數密陳得失每上封事輒削其草
時人及其子弟莫能知也論者或譏群居然拱默群
薨正始中詔撰群臣上書以爲名臣奏議朝士乃見
群諫事皆歎息焉
吳顧雍爲丞相時訪民間及政職所宜輒密以聞若
見納用則歸之於上不用終不宣泄大帝以此重之
軍國得失行事可否自非面見口未嘗言之

北齊趙彥深爲司徒歷事累朝嘗參機務溫柔謹愼
喜怒不形於色
隋高熲開皇初拜尚書左僕射兼納言熲執政將二
十年治致昇平論者以爲眞宰相所有奇策密謀及
損益時政熲皆削藁世無知者
唐戴冑貞觀中爲吏部尚書參預朝政冑雅有幹局
凡所數奏坦然可觀時政得失輒隨事封進多所補
益奏便削藁繇是外無知者
溫彥博貞觀中爲中書令性周愼不妄交遊自掌機
務杜絶賓客國之利害知無不言太宗以是嘉之
楊師道爲侍中參預朝政性周愼謹密未嘗漏泄內
事親友或問禁中之言乃更對以他辭嘗曰吾少窺
漢史至孔光不言溫室之樹每欽餘風
王珪貞觀中爲侍中與房玄齡李靖溫彥博戴冑魏
徵同知國政珪所有陳說多封上而焚藁故其事不
得而詳也
高士廉貞觀中爲吏部尚書參預朝政俄遷尚書右
僕射任遇既隆多所表奏成輒焚藁人莫知之
戴至德高宗朝爲右僕射知政事時左僕射劉仁軌
每遇申訴冤滯者輒美言許之而至德先據理難詰

若有理者密爲奏之終不顯已之斷決繇是譽歸於
仁軌或以問至德答曰夫慶賞刑罰人主權柄凡爲
人臣者豈得與人主爭權柄耶帝知而深歎美之
陸元方在官清謹再爲宰相則天將有遷除每先以
訪之必密封以進未嘗露其私恩臨終取前後草奏
悉命焚之且曰吾陰德於人多矣其後庶幾廣福不
衰矣又有書一匣自嘗緘封家人莫有見者及卒視
之乃前後勅書其愼密如此
蕭嵩爲中書令兼脩國史在公愼密人莫測也
苗晉卿爲侍中代宗郎位年已衰暮凡歷三朝皆以

愼審見稱
李晟德宗時爲司徒每嘗帝所顧問必極言匪躬盡
大臣之節性沉黙未嘗泄於所親
李德裕會昌中爲宰相於長安私第別搆起草院院
有精思亭每朝廷用兵詔令制置裕獨處亭中凝然
握管左右侍者無得預焉

知人

夫居輔相之位處台衡之重使卿大夫各任其職賢
不肖咸得其所輪轅曲直適於用鳬鶴短長安於分
自非識可以察言觀行明可以望表洞裏風鑒融朗

機神警悟其孰能臻於是哉稽諸舊史聀覩前載乃
有知賢而奬任得士而慰薦集髦彦於公府登俊乂
於朝右至於旌別淑慝預志淪敗皆可徵焉
周周公從武王入殷聞有長者武王往見之問殷所
以亡長者曰王欲知之則明日請以日中爲期武王
與周公明日又往要其期則不得也武王怪之周公
曰吾已知之矣此君子也耻不能諫其主又以其惡
告王故不忍也
漢周亞夫景帝時爲丞相而趙禹爲丞相吏府中皆
稱其廉平亞夫弗任曰極知禹無害（無害言無人能勝也）然文
深（禹持文法深刻者）不可以居大府
丙吉宣帝時爲丞相病篤薦西河太守杜延年廷尉
于定國太僕陳萬年帝皆許焉及吉薨御史大夫黃
霸爲丞相徵西河太守杜延年爲御史大夫會其年
老乞骸骨病免以廷尉于定國代爲御史大夫黃霸
薨而定國爲丞相太僕陳萬年代定國爲御史大夫
居位皆稱吉爲知人
黃霸爲丞相薦樂陵侯史高可太尉天子使尚書責
問霸免冠謝霸死後高竟爲大司馬（史著此者亦言霸奏高爲太尉適事宜也）

薛宣元帝時爲丞相而擢方進爲司直宣知方進名
儒有宰相器深結厚焉後方進竟代爲丞相
後漢張純爲大司空選辟掾史皆知名大儒
王龔順帝時爲太尉其所辟命皆海內長者
杜喬爲太尉見荀爽稱之曰可爲人師
魏蔣濟爲太尉時曹爽輔政司空宣王稱疾避爽正
始十年正月車駕朝高平陵宣王部勒兵馬先據武
庫遂出屯雒水奏爽罪大司農桓範矯詔開平昌門
南奔爽宣王謂濟曰知囊往矣濟曰範則智矣駑馬
戀棧豆爽必不得用也爽果不能納範計

蜀諸葛亮爲丞相時董厥爲府令史亮稱之曰董令史良史也吾每與之言思慎宜適徙爲主簿又關羽子興少有令問亮深器異之弱冠爲侍中中監軍又楊洪始爲李嚴功曹嚴未至犍爲而洪已爲蜀郡洪迎門下書佐何祗有才策功幹舉郡吏數年爲廣漢太守時洪亦尚在蜀郡是以西土咸服亮能盡時人之器用也又亮軍向祁山姜維詣亮亮辟爲掾亮與留府長史張裔參軍蔣琬書曰姜伯約忠勤時事思慮精密考其所有永南季常諸人不如之其人凉州上士也又曰須先教中虎步兵五六千人姜伯約甚

敏於軍事旣有膽義深解兵意此人存心漢室而才兼於人畢教軍事當遣詣宮覲見主上

蔣琬字公琰隨先主入蜀除廣都長先主嘗因遊觀奄至廣都見琬衆事不理時又沉醉先主大怒將加罪戮亮時爲軍師將軍請曰蔣琬社稷之器非百里之才其爲政以安民爲本不以脩飾爲先願主公重加察之先主雅敬亮乃不加罪倉卒但免官而已亮又拔彭羕爲治中從事羕起徒步一朝處州人之上形色囂然自矜得遇滋甚亮雖外接待羕而內不能善屢密言先主羕心大志廣難可保安先主旣敬信亮加察羕行事意似稍踈左遷羕爲江陽太守又劉巴字子初先主辟爲西曹掾亮亦曰運籌策於帷幄之中吾不如子初遠矣若提枹鼓會軍門使百姓喜勇當與人議之耳

晉陳騫武帝時爲大司馬因入朝言於帝曰胡烈牽弘皆勇而無謀彊於自用非綏邊之材也將爲國恥願陛下詳之時弘爲揚州刺史不承順騫命帝以爲不恊相構於是徵弘旣至尋復以爲凉州刺史騫竊歎息以爲必敗二人後果失羌戎之和皆被冦喪没征討連歲僅而得定帝乃悔之

張華惠帝時爲司空皇甫重性沉果有材爲華所知蔡謨爲司徒甚器重杜乂嘗言於朝曰恨諸君不見杜乂也其爲名流所重如此

王導爲司徒謝尚書善音樂傳綜衆藝導深器之比之王戎嘗呼爲小安豐乃辟爲掾臣欽若等曰王戎封安豐縣侯

謝安爲衛將軍錄尚書事嘗疑劉牢之旣不可獨任又知王咏之不宜專城牢之旣以亂終而咏之亦以貪敗繇是識者服其知人

宋王弘爲司徒時羊玄保爲長史弘甚知重之謂左長史庾登之吏部尚書王淮之曰鄉二賢明美朗識

會悟多通然弘懿之望故當共推羊也
南齊王儉爲尚書令謂人曰徐孝嗣將來必爲宰相又嘗謂中書侍郎江淹曰卿年三十五已爲中書侍郎才學如此何憂不至尚書金紫所謂富貴卿自取之但問年壽何如耳淹曰不悟明公見眷之重
後魏李冲爲司空時裴宣早有聲譽事母兄以孝友稱舉秀才見司空李訢與言自旦及夕訢嗟善不已冲有人倫鑒識見而重之
後周元天穆爲太宰時雒陽人于謹性沉深有識量屏居州里天穆見之歎曰王佐才也後爲太傅大宗

伯天穆爲太宰屬元顥自梁入雒通直散騎常侍楊寬初與顥少相器重後從天穆赴石濟寬夜行失道後期諸將咸言寬少與北海同周旋今不來矣天穆答曰楊寬非輕於去就者也其所逗遛必有他故吾當爲諸君保明之語訖候騎白寬至天穆撫髀而笑日吾固知其必來遽出帳迎之握其手曰是所望也郎給牛三十頭車五乘綿絹一十五車羊五十口與天穆俱謁孝莊於太行
唐狄仁傑爲納言時桓彥範以門蔭調右衛翊衛仁傑以其慷慨俊爽特相禮異嘗謂曰足下才識如是必能自致遠大尋擢授監察御史後至宰相
郭子儀建中初爲尚父有疾百官造問皆不屏妾媵及御史中丞盧杞來子儀遽麾去侍妾獨隱几待杞杞去或問其故子儀曰彼形恠陋而心險吾左右見之必笑此人若得權吾當族矣
杜黃裳元和初同平章事時劉闢阻兵朝議討伐黃裳以爲獨任高崇文可以成功憲宗從之崇文果破劉闢
裴垍爲相時崔植爲大理評事秩滿退居雒下潜心經史尤精易象垍知其操行擢拜左拾遺
李吉甫元和中同平章事先是段文昌家于荆州倜

儻有氣義節度使裴胄知之而不能用韋臯在蜀表授祕書郎吉甫刺忠州文昌嘗以文干之及吉甫居相位與裴垍同加奬擢授登封集賢殿校理文昌後兼相位
韋處厚與裴度同平章事陳許節度使卒物議以陳許軍四征有功必自擇帥或以禁軍之將得之處厚與度議以太僕卿高瑀深沉方雅曾刺陳蔡人懷良政又熟忠武軍情欲請用瑀事未聞陳許表至果請瑀爲帥乃授簡較左散騎常侍許州刺史忠武軍節度使自大曆以來節制之除拜多出禁軍中尉凡命一帥必廣輸重賂禁軍將校當爲帥者自無家財必

資於人得鏞之後則膏血疲民以償之及瑀之拜以內外公議縉紳相慶日韋公作相債帥鮮矣

後唐任圜同平章事時李愚爲翰林學士圜雅相欽重屢言於樞密使安重誨請引爲同列屬孔循用事援引崔協以塞其請後愚至宰相

漢蘇逢吉爲相監脩國史以諫議大夫賈緯頻投文字甚知之遷史館脩撰判館事

禮士

陸賈有言曰天下安注意相然則起館開閤爽心虛想以優士禮賢者豈欲獨厚於食客故人哉亦所以

廣聰明助教化以副股肱耳目之寄而已以辥宣之煩碎猶謂朱雲曰留我東閤可以覩四方之奇士況風采醞藉有踰於宣者也故平勃之間附會者不爲朋比田竇之客鏞撫者多其策畫其於安危固有裨益矣若乃降車騎於里巷屈台槐以揖客啓招權納賄之路與背公死黨之譏暱近匪人褻黷官職禁網踈濶時或優容王道清夷孰免禍敗斯亦可深戒至於休沐謝絶覷覷謹廉不能從客開宴咨諏得失括囊公府丘墟客舘者又何取焉

周周公相成王一沐三握髮一飯三吐哺起以待士猶恐失天下之賢人

漢公孫弘爲丞相起客舘開東閤以延賢人（閤者小門也東向開之避當庭門而引賓客以別於掾史官屬也）與參謀議弘身食一肉脫粟飯（才脫粟而不精鑿也）故人賓客仰衣食（故人平生故交）祿皆以給之家無所餘

王音爲大司馬時楊雄年四十餘自蜀來游至京師音奇其文雅召以爲門下吏

王根爲大司馬驃騎將軍以李尋治尚書好洪範災異學天文月令陰陽根厚遇之

王商爲大司馬衛將軍時樓護爲天水太守旣免家

長安中商罷朝欲候護其主簿諫將軍至尊不宜入閭巷商不聽遂往至護家

馬宮爲大司徒陳遵爲公府掾遵日出醉歸（言每日出必飲也）曹事數廢西曹以故事適之（按舊法令而罰之也）故事有百適者斥滿百西曹白請斥遵官大儒優士又重遵（優禮賢士太敬重遵）謂西曹此人大度士柰何以小文責之乃舉遵能治三輔劇縣補郁夷令（古扶風之縣）

後漢宋由爲太尉辟何敞待以殊禮敞論議高常引大體多所規正司徒袁安亦深敬重之

楊賜爲太尉博士趙咨謝病去賜特辟使飾巾出入

請與講議以幅巾爲首飾不加冠冕

橋玄爲司徒蔡邕辟玄府玄甚敬待之

袁逢爲司徒靈帝時漢陽趙壹舉郡上計到京師是時逢受計計吏數百人皆拜伏庭中莫敢仰視壹獨長揖而已逢望而異之令左右往讓之曰下郡計吏而揖三公何也對曰昔酈食其長揖漢王今揖三公何遽怪哉逢則斂衽下堂執其手延置上坐因問西方事大悅顧謂坐中曰此人漢陽趙元叔也朝臣莫有過之者吾請爲諸公分坐坐者皆屬觀

來豔爲司空好學下士開館養徒衆

皇甫嵩爲三公以身起於汗馬折節下士

蜀諸葛亮爲丞相建興二年領益州牧選迎皆妙簡舊德以秦宓爲別駕伍梁爲功曹杜微爲主簿微少受學於廣漢任安爲劉璋從事以疾去官及先主定國微嘗稱聾閉門不出外亮以爲主簿微固辭轝而致之既至亮引見微微自陳謝亮以微不聞人語於堂上與書曰伏聞德行饑渴歷時清濁異流無緣咨覲王元泰李伯仁王文儀楊季休丁君幹李元南兄弟文仲寶等每歎高志未見如舊猥以空虛統領貴州德薄任重慘悸憂慮朝廷主公今年已十八天資仁敏愛德下士天下之人思慕漢室欲與君因天順民輔此明主以隆季興之功著勳於竹帛也以賢愚不相爲謀故自割絶守勞而已不徒自屈也微自乞老病求歸亮又與書荅曰曹丕篡弑自立爲帝是猶土龍芻狗之有名也欲與群賢因其邪僞以正道滅之怪君未有相誨便還於山野丕又大興勞役以向吳楚今因丕多務且以閉境勤農育養民物並治甲兵以待其挫然後伐之可使兵不戰民不勞而天下安也但當以德輔時耳不責君軍事何爲汲汲欲去乎其敬微如此拜爲諫議大夫以從其志馬謖以荆

州從事隨先主入蜀加綿竹成都令越巂太守才器過人好論軍計亮深加器異以謖爲參軍每見談論自晝達夜費禕爲黄門侍郎亮南征還群僚於數十里逢迎年位多在禕右而亮特命禕同載繇是衆人莫不易觀

晉張華爲司空華性好人物誘進不倦至於窮賤候門之士有一介之善者便咨嗟稱咏爲之延譽陸機及弟雲倶入雒造華華一見而奇之曰伐吳之役利在獲二儁遂爲之延譽薦之諸公太傅楊駿辟機爲祭酒轉太子洗馬尚書著作郎雲爲吳王郎中令

王導爲揚州刺史都督中外諸軍領中書監錄尚書事顧和爲導從事和嘗詣導導小極對之疲睡和欲叩之因謂同坐曰昔每聞族叔元公道公叶贊中宗保全江表體小不安令人喘息導覺之謂和曰卿珪璋特達機警有鋒不徒東南之美實爲海内之俊繇是知名

南齊褚淵爲司徒領尚書令引王僧虔之子志爲主簿謂僧虔曰朝廷之恩本爲殊特所可光榮在屈賢子淵接引賓客未嘗驕倦

梁袁昂爲司徒以蕭乾容止雅正性恬簡深敬重之

後魏陸馛爲司徒兼領太子傅士馛好學愛士嘗以講習爲業其所待者皆篤行之流士多稱之

北齊高隆之爲太保錄尚書事欽尚文雅搢紳名流必存禮接

後周宇文護爲大冢宰引樊叔畧爲中尉叔畧多計數習時事護委信之

唐張嘉貞爲中書令自中書舍人苗延嗣呂太一考功員外郎員嘉靜殿中侍御史崔訓皆爲嘉貞所引位列清要嘗在門下共議朝政時人爲之語曰令公四俊苗呂員訓

李勉爲宰相禮賢下士始終盡心

裴度爲中書侍郎平章事先是德宗朝宰臣歸私第百官不敢及門度以方討不廷宰臣宜日接多士與有所聞因奏請私家通賓客帝方屬意許之四方布衣盡得以策畫干丞相至今宰臣私第接士因度之請也

周和凝自釋褐至台輔好延納後進士無賢不肖皆虛懷以待之或致其仕進故甚有當時之譽

冊府元龜

巡按福建監察御史臣李嗣京　訂正
知長樂縣事臣夏允彝參閱
知建陽縣事臣黃國琦較釋

宰輔部一十五

出鎮

昔陸賈有言曰天下安注意相天下危注意將漢宣亦云邊境有事左右之臣皆將相也蓋夫天子之宰弼諸庶績居乎內則鎮國家撫百姓使卿大夫各任其職處乎外則擁兵要司民政俾郡國縣道承其風

雖分任迭處而周旋委賴其義均矣自旦奭以降斯可槩舉施及唐室並建戎鎮猶台衡而領旌纛者或以式遏寇亂或以均被勞逸出入更踐悉得而數焉

周周公旦召公奭成王時爲三公自陝以西召公主之自陝以東周公主之（陝者蓋今弘農陝縣是也）

畢公高康王時分居理成周郊（分別民之居里異其善惡成定東周郊境使有護）作畢命（言畢公見命之書）曰惟十有二年六月庚午朏（康王即位十二年六月三日庚午）越三日壬申王朝步自宗周至於豐（朏至三日壬申王朝行自宗周至于豐宗周鎬京豐文王所都）以成周之衆命畢公保釐東郊（用成周之民衆命畢公使安理治正東郊令得所）王若曰嗚呼父師惟文王武王敷大德於天下用克受殷命（王述其事告畢公代周公爲太師爲東伯命之言文武布大德于天下故天祐之用能受殷之王命）惟周公左右先王綏定厥家（言周公助先王安定其家）毖殷頑民遷於雒邑密邇王室式化厥訓（慎殷頑民恐其叛亂故使于雒邑密近王室用化其教）既歷三紀世變風移四方無虞予一人以寧（言殷民遷周已經三紀世代民易頑者漸化四方無可虞之事我天子用安矣十二年曰紀父子曰世）道有升降政繇俗革不臧厥臧民罔攸勸（天道有上下交接之義政教有用俗改更之理民之俗善以善養之俗有不善厥法御之若乃不其善則民無所勸）惟公懋德克勤小物弼亮四世正色率下罔不祗師言（言公勉德能勤小物輔佐文武成康四世爲公卿正色率下下人無不敬仰師法）嘉績多于先王予小

子垂拱仰成（公之善功多大先人之美我小子爲王垂拱仰公于理言其上顯父兄下施孫子）王曰嗚呼父師今予祗命公以周公之事往哉（今我敬命公以周公所爲之事言非周公所爲不敢任公往治）旌別淑慝表厥宅里彰善癉惡樹之風聲（言當識別頑民之善惡表異其居里明其爲善病其爲惡立其善風揚其善聲）弗率訓典殊厥井疆俾克畏慕（其不循教道之常則殊其井居田界使能畏爲惡之禍慕爲善之福所以宜勸）申畫郊圻慎固封守以康四海（郊圻雖舊所規畫當重分明之又當謹慎堅固封疆之守備以安四海京圻安則四海安矣）政貴有常辭尚體要不惟好異（政以仁義爲常辭以理實爲要故貴尚之若異于先王君上所不好）商俗靡靡利口惟賢餘風未殄公其念哉（紂以靡靡利口惟賢覆邦家今殷民利口餘風未絕公其念之）我聞曰世祿之家鮮

克由禮以蕩陵德實悖天道特言我聞自古有之世有祿位而無禮教少不以放蕩陵邈有德者如此寔亂天道敝化奢麗萬世同流言敝俗相化車服奢麗雖相去萬世若同一流茲殷庶士席寵惟舊怙侈滅義服美於人此殷衆士居寵日久怙悖奢侈以滅德義服飾過制美於其民者言僭上驕淫矜侉將由惡終雖收放心閑之惟艱言殷衆士驕恣過制務其所能以自侉大如此不變將用惡自終雖今順從周制未必厭服以禮閑禦其心惟艱資富能訓惟以永年惟德惟義時乃大訓不由古訓于何其訓以富資而能順義則惟可以嘗年命矣惟有德義是乃大順若不用古訓典籍于何其能順乎王曰嗚呼父師邦之安危惟茲殷士不剛不柔厥德允脩言邦國所以安危惟在和此殷士而已治之不剛不柔寬猛相濟則其德政信脩治惟周公克愼厥始惟

君陳克和厥中惟公克成厥終周公遷殷頑民以消亂階能愼其始君陳弘周公之訓和其中畢公闡二公之烈成其終三后協心同厎于道道洽政治澤潤生民三君合心爲一終始相成同致于道道至普洽致化治理其德澤恩施乃浸潤生民言三君之功不可不尚四夷左衽罔不咸賴予小子永膺多福言東夷西戎南蠻北狄被髮左衽人無不皆恃賴三君之德我小子嘗受多福公其惟時成周建無窮之基亦有無窮之聞公其惟以是成周之治爲國家立無窮之基業于公亦有無窮之名聞于后世子孫訓其成式惟乂言後世子孫順公之成法惟以治嗚呼罔曰弗克惟旣厥心人之爲政無日不能惟在盡其心而已罔曰民寡惟愼厥事無日人少不足治也惟在愼政事無敢輕之欽若先王成烈以休于前政敬順文武成業以美于前人之政所以勉畢公

後漢劉虞爲幽州牧靈帝遣使就拜太尉封容丘侯

晉石苞爲驃騎將軍都督揚州諸軍事武帝踐祚遷大司馬加侍中自諸葛誕破滅苞便鎭撫淮南士馬強盛以威惠服物

陳騫爲太尉都督揚州諸軍事轉大司馬咸寧三年求入朝詔聽留京城

賈充武帝時爲侍中尚書令氐羌叛帝深以爲慮侍中任愷因進說請充鎭關中乃下詔曰秦凉二境比年屢敗胡虜縱暴百姓荼毒遂使暴類扇動害及中州雖復吳蜀之寇未嘗至此誠繇所任不足以內撫

夷夏外鎭醜逆輕用其衆而不能盡其力非得腹心之重推轂委成大救其弊恐爲患未已每慮所難忘寢與食侍中尚書令車騎將軍賈充雅量弘高達見明遠武有折衝之威文懷經國之慮信結人心名震域外使權統方任綏靜西夏則吾無西顧之憂而遠近獲安其以充爲使持節都督秦凉二州諸軍事侍中車騎將軍如故假羽葆鼓吹給第一駙馬會荀勖侍宴論太子婚姻事因言充女才質令淑宜配儲官及京師大雪軍不得發旣而皇儲當婚遂不行

劉琨爲并州刺史愍帝遣兼大鴻臚趙廉拜琨司空都督并冀幽三州諸軍事元帝轉琨爲侍中太尉餘

如故
陶侃爲侍中太尉荆州刺史後都督江州領刺史移
鎮武昌
郗鑒成帝時爲司空侍中賊帥劉徵聚衆千數浮海
抄東南諸縣鑒遂如京口加都督揚州之晋陵吳郡
諸軍事
庾冰成帝時爲中書監揚州刺史都督揚豫兖三州
軍事征虜將軍假節康帝即位又進車騎將軍冰懼
權盛乃求外出會弟翼當伐石季龍於是以本號除
都督江荆寧益梁交廣七州豫州之四郡軍事領江

州刺史假節鎮武昌以爲翼援
桓温爲侍中大司馬都督中外諸軍事又加揚州牧
錄尚書事鎮姑孰又領徐兖二州刺史温北伐還發
州人築廣陵城移鎮之後還鎮姑孰
王坦之孝武帝時爲中書令與謝安共輔少主尋遷
丹陽尹俄授都督徐兖青三州諸軍事北中郎將徐
兖二州刺史鎮廣陵
謝安孝武帝時爲中書監揚州刺史加侍中都督揚
豫徐兖青五州幽州之燕國諸軍事假節後爲征討
大都督以總統功進拜太保安方欲混一文軌上疏
求自北征乃進都督揚江荆司豫徐兖青冀幽幷梁益
雍梁十五州諸軍事加黃鉞後會稽王道子專權而姦諂頗相扇構安出鎮廣陵之步丘築壘日新城以避之
王恭孝武帝時自中書令爲都督青兖幽幷冀五州
諸軍事前將軍兖青二州刺史
宋謝晦少帝時爲中書令與徐羨之傅亮等共輔朝
政帝旣廢晦乃行都督荆湘雍益寧南北秦七州諸
軍事撫軍將軍領護南蠻校尉荆州刺史
袁粲前廢帝時爲司空順帝初即位粲鎮石頭
梁王茂爲司空高祖天監十三年九月以茂爲驃騎

將軍開府儀同三司之儀都督江州諸軍事江州刺
史
陳侯瑱爲太尉文帝天嘉元年二月出鎮湓城以拒
周軍
唐陸象先景雲初爲中書侍郎平章事先天三年出
爲益州大都督長史仍爲劍南道按察使
王晙開元十一年爲兵部尚書同中書門下三品出
鎮朔方制曰周建司馬以申元法漢用丞相兼撫四
夷伐叛柔服於是乎在朔方古郡寔曰新邦雜夷狄
已平河隳無事境鄰戎馬地雜坰牧瞻言備豫深伏

威謀王晙學綜九流才苞七德武稱敵國文乃時宗憂邊之誠所懷必盡奉上之道知無不爲出則守于四方入則式是百辟辨兹旗物制我封疆賞不失勞舉無遺德俾憑廟堂之策克平邦國之事可持節兼朔方軍節度大使其河西隴右河東河北諸軍征馬並委晙檢察置之

杜暹開元四年爲黃門侍郎平章事十七年出爲荊州大都督府長史

崔渙天寶十五載爲黃門侍郎平章事至德二載出爲餘杭太守江東採訪禦等使

張鎬至德元載爲中書侍郎平章事二載出爲河南節度使

王縉廣德二年正月爲黃門侍郎同平章事八月加侍中持節都統河南淮西山南東道諸節度行營事兼東都留守縉讓侍中從之

杜鴻漸廣德二年爲黃門侍郎平章事永泰二年兼成都尹持節充山南西道劍南東川等道副元帥充劍南西川節度等使平郭英乂之難也

裴冕永泰四年自左僕射平章事充南都留守河南淮西山南東道副元帥代王縉

張鎰建中二年七月爲中書侍郎平章事二年四月出爲鳳翔尹隴右節度使

杜佑貞元十九年爲簡較司空平章事元和二年出爲河中尹河中晉絳等州節度使平章事如故

袁滋永貞元年七月爲中書侍郎平章事八月以西川劉闢擁兵自擅出爲東西兩川山南西道安撫大使十月加簡較吏部尚書平章事成都尹劍南西川節度觀察等使滋懼而不進貶吉州刺史

杜黃裳永貞元年爲門下侍郎平章事元和二年正月制曰昔周之周召出爲二伯是以宗公而領方任

也鄭之桓武入作三事是以諸侯而宰邦政也然則荷中外之寵享崇高之名不有盛德孰膺寵命門下侍郎同中書門下平章事杜黃裳道惟無方才則不器陋蘧瑗之廉謹本誠明而坦夷澄波納寬瑞玉凝素風以令望更于達官論議必通於大經損益咸酌於中制代所准的朝之羽儀爰授樞衡俾居左右所緝者墜典所陳者格言色無面從志不枉撓弘茲具遠之化啓彼夷兇之征將明則然忠利斯在惟股肱之郡有節制之師兵威外攘於太平地形內錯於左輔是用謀帥僉歸碩人藉台庭之素風執戎鉞以莅

衆示以嚴重廣其封疆罷平陽之十連復元侯之四
履超鼎列足仍參廟謨增二象之光輝霈一方之膏
雨大邦雄屏群后所瞻爾其欽哉無替舊績可簡較
司空依前同中書門下平章事兼河中尹充河中晉
絳慈隰等州節度等使
武元衡元和二年二月爲門下侍郎平章事十月詔
曰地有西蜀國之奧區百濮群蠻外匝于封域雙流
重阻內固於襟帶形勝所屬統綏惟艱近者剪其兇
慝鎮以勳力實有威惠至于和寧而匪遑啓居累布
丹懇激戀闕之深志將執珪而展儀詎其代之尤在

能者乃聽僉議輟兹台臣大中大夫守門下侍郎同
中書門下平章事兼判户部侍郎事蕭縣開國伯武
元衡器惟弘深行本端敬珪玉不琢雷風有嘗風彰
嘉聞丞歷華貫乃司邦憲有遂物之誠乃踐地官有
阜財之積益振公望克諧朕心擢於冑司授以大柄
謨繇外而不伐懼滋乘而自彰展代工之勤弘用物
之化以道則宜以心則和丙吉雅通於國體山甫誠
補於衮職朝夕有恪毗予一人眷兹西南憂寄方切
非寬大無以莅衆非慈惠無以厚生非誠信無以撫
夷蠻非忠賢無以奠邦國故我心膂膺兹重任外分

兵符以副於俞往中佩相印不離於具瞻峻秩爰首
於六官崇階更登於七命且示加等仍疏大封勉承
寵光無替朕命可銀青光祿大夫簡較吏部尚書兼
門下侍郎同中書門下平章事成都尹劍南西川節
度等使仍封臨淮郡開國公
李吉甫元和二年二月爲中書侍郎平章事二年九
月出爲簡較兵部尚書兼中書侍郎平章事充揚州
大都督府吏淮南節度觀察等使是月吉甫赴鎮揚
州故事宰臣出鎮帝御通化門臨送百僚亭班
張弘靖元和元年爲中書侍郎平章事十一年正月

出爲簡較吏部尚書兼太原尹北都留守河東節度
觀察等使
李逢吉元和十一年爲門下侍郎平章事十二年九
月制曰蜀門南次梁部東分地東江南境緜賓濮非
志懷端重不可委以察廉非識度弘深不可付以節
制聿求公望爰自輔臣門下侍郎同中書門下平章
事李逢吉文以發華行惟居厚忠懇每形於造膝宜
方斯見於匪躬自處台席載移星琯溫然德器休有
素風觀其勤本於仁足以敷王澤考其守歸於正足
以奉師貞乃眷梓潼兹惟輿壤用去將明之任俾効

濳宣之功予欲須正典於一隅故兼以夏卿之位予欲布憲章於列郡故假以副相之權爾其儉節以訓俗澄清以檢吏因土風之剛悍使勇且知方就物産之殷充俾旣富而教苟能積實期有遐聞於戲朕於大臣進退示全其恩禮爾之報國始終宜竭其肺肝身雖遠出於山川心豈忘於夙夜服茲休命往戒哉可檢校兵部尚書兼御史大夫充劒南東川節度副大使知節度事靜戎軍等使時朝廷方討淮西宰相裴度身請自督戰憲宗乃下制以度爲淮西節度逢吉與度不叶乃罷逢吉知政事出爲東川御史

寶曆二年十二月又自右僕射平章事出爲簡較司

空平章事充山南東道節度使

李夷簡爲門下侍郎平章事元和十三年七月出爲簡較尚書左僕射平章事充淮南節度等使

裴度元和十三年爲門下侍郎平章事十四年四月制曰忠利於國者效積而事章器用於物者志遠而任重况入調鼎鼐出鎮藩垣荷中外之寵榮膺文武之重寄將允僉望命茲輔臣門下侍郎同中書門下平章事晉國公裴度量惟弘深道在兼濟大王蘊連城之價長材負構廈之姿言必公忠義本誠慤自居約軸叶贊機謀匪躬以務其將明憂國不忘於造次宵夷克淮蔡使節於師旅之間及殄寇青齊運籌於帷幄之內勤勞靡替弘益居多績用是嘉擕冲逾懇東夏雄屏寔惟晉陽控大鹵之山川司北門之管鑰橫制獯虜遠淸疆陲是以輟獻納於沃心撫方隅於注意倚屬攸切勳庸可宣舟揖嘗賴其彌予鐵鉞頗觀其莅衆勵山甫之佫德成方叔之壯猷式副具瞻勉揚休問務旣兼於左揆秩仍踐於中台爾其戒哉以服嘉命可簡較尚書左僕射兼門下平章事大原尹北都留守充河東節度等使文宗大和四年九月又自司徒平章軍國重事加侍中出爲山南東道節

度使

崔群元和十四年十二月自中書侍郎平章事出爲湖南都團練觀察使

韓弘元和十四年七月自宣武軍節度使入爲司徒兼中書令十五年六月出爲河中尹充河中晉絳慈隰等州節度使

段文昌穆宗郎位初爲中書侍郎平章事長慶元年二月出爲簡較刑部尚書同平章事成都尹劍南西川節度等使

杜元穎長慶元年爲户部侍郎平章事三年十月帶

平章事除成都尹劍南西川節度使穆宗御安福門臨餞元穎之鎮
牛僧孺爲中書侍郎平章事寶曆元年正月出爲簡較禮部尚書平章事充武昌軍節度使僧孺居相位三年嘗以寵遇爲懼自前年十月抗疏乞罷帝以先朝舊相園寢未終不許及穆宗祔廟畢又如前拜章帝以郊禮在近職當輔導不許至是又固陳乞帝乃嘉其退讓特建武昌軍額而命之太和四年復爲兵部尚書平章事六年十一月制爲簡較左僕射揚州大都督府長史淮南節度使

李程敬宗即位初爲吏部侍郎平章事加中書侍郎寶曆二年九月出爲簡較兵部尚書同中書門下平章事兼太原尹北都留守充河東節度觀察使
竇易直敬宗即位初爲户部侍郎平章事累加左僕射太和四年十月出爲簡較左僕射同平章事充山南東道節度等使
路隨太和二年爲中書侍郎平章事加門下侍郎九年四月以簡較尚書左僕射同平章事充鎮海軍節度等使
李宗閔太和三年爲吏部侍郎平章事加中書侍郎七年六月出爲簡較禮部尚書平章事興元尹山南西道節度使
李德裕太和七年爲兵部尚書平章事八年十月以簡較兵部尚書同平章事兼興元尹山南西道節度管內觀察處置等使武宗即位初入爲吏部尚書平章事累加太尉會昌元年宣宗即位出爲簡較太尉同平章事江陵尹充荊南節度使
李固言太和元年爲門下侍郎平章事九月以簡較兵部尚書兼興元尹充山南西道節度等使開成元年四月復入爲門下侍郎平章事判户部二年十月

出爲劍南西川節度依前守門下侍郎平章事
李石太和九年爲中書侍郎平章事開成三年正月制曰翼亮之臣寄任攸重九功未叙則宜立於廟堂百度既貞則兼制於方嶽中外迭處式寵才賢中書侍郎同中書門下平章事李石元精降祥河嶽鍾秀文含大雅學茂全經贍智通理亂之源達識究古今之變望爵人傑居爲幹楨頃者嘉其多能俾調鼎實動必隨道知無不爲每竭慮於謀猷思致予於堯舜嘗司轉漕仍總財役盤錯之難鉏亦不滯增台輝之光彩揚風沼之波瀾墜典咸脩遠方畢服夙夜匪懈

光我知臣近者情在進賢願辭衮職誠不易奪朕所
難爲乃眷荆門東南巨鎮山川重險舟車要衝比罷
節符是遵權便台臣往從宜復前規俾登大將之壇
仍持上相之印尹正望府兼視雄藩增榮峻階無忝
朕命可中書侍郎同中書門下平章事兼江陵尹充
荆南節度管内觀察等使
陳夷行武帝即位初爲中書侍郎平章事累加右僕
射會昌三年八月出爲簡較司空兼河中尹充河中
節度使
李紳會昌元年爲中書侍郎平章事累加左僕射兼

門下侍郎四年七月出爲簡較司空同平章事揚州
大都督府長史充淮南節度副大使知節度事
李回會昌五年爲兵部侍郎平章事累加門下侍郎
六年出爲成都尹劍南西川節度使
鄭肅會昌五年爲兵部尚書平章事累遷門下侍郎
宣宗即位初爲河中尹節度使
白敏中宣宗即位初爲兵部侍郎平章事累加司空
門下侍郎大中五年四月簡較司徒同平章事出鎮
邠寧招討南山平夏時新復河湟故遣重臣招之
盧商宣宗即位初爲兵部侍郎平章事加工部尚書
大中元年八月出爲武昌軍節度使
夏侯孜大中二年五月爲兵部侍郎平章事累加右
僕射門下侍郎七年十月以簡較司空平章事成都
尹劍南西川節度副大使知節度事
周墀大中二年爲兵部侍郎平章事加中書侍郎三
年三月出爲簡較刑部尚書劍南東川節度使
崔龜從大中二年爲户部侍郎平章事加中書侍郎
兼吏部尚書五年十一月出爲簡較左僕射充宣武
軍節度使
令狐綯大中五年爲兵部侍郎平章事累加右僕射

咸通元年二月以檢校司空平章事河中尹充河中
節度使
魏謩大中五年爲户部侍郎平章事累加門下侍郎
兼户部尚書十年以簡較户部尚書平章事出爲成
都尹劍南西川節度副大使知節度事
裴休大中六年爲兵部侍郎平章事加中書侍郎兼
禮部尚書十年爲簡較户部尚書宣武軍節度使
崔慎繇大中十年爲中書侍郎平章事十二年二月
出爲簡較禮部尚書充劍南東川節度副大使知節
度事

杜審權咸通元年爲兵部侍郎平章事累加右僕射兼門下侍郎尋出爲簡較司空鎮海軍節度使

畢諴咸通二年爲兵部尚書平章事加工部尚書四年十一月以疾辭位除簡較吏部尚書河中尹充晉絳慈隰節度使

楊收咸通四年三月爲兵部侍郎平章事累加門下侍郎兼户部尚書八年三月以簡較兵部尚書充浙江西道觀察使

曹確咸通四年十一月以兵部侍郎平章事加門下侍郎兼户部尚書十一年以病求免除簡較司空平

章事充鎮海軍節度等使

徐商咸通六年二月爲兵部侍郎平章事累加門下侍郎兼刑部尚書十年正月以簡較兵部尚書出爲江陵尹荆南節度等使

路巖咸通七年爲兵部侍郎平章事累加左僕射兼門下侍郎十二年四月以簡較司徒爲成都尹充劍南西川節度使

于琮咸通八年三月爲兵部侍郎平章事累加右僕射兼門下侍郎十三年二月以簡較司空充山南東道節度等使

劉瞻咸通十年爲户部侍郎平章事加中書門下兼刑部尚書十一年九月以簡較刑部尚書同平章事兼江陵尹充荆南節度等使

王鐸咸通十一年爲禮部尚書平章事加吏部尚書乾符元年正月以檢校左僕射同平章事充宣武軍節度使二年復爲右僕射平章事五年以鐸守司徒平章事兼江陵尹荆南節度使充諸道兵馬都統

劉鄴咸通十三年爲户部侍郎平章事累加吏部尚書兼門下侍郎僖宗即位初以簡較左僕射同平章事兼揚州大都督府長史充淮南節度副大使知節

度事

趙隱咸通十三年爲户部侍郎平章事加中書侍郎兼刑部尚書乾符三年三月以簡較吏部尚書出爲浙江西道都團練觀察等使

李蔚乾符三年爲太常卿平章事加門下侍郎兼吏部尚書五年九月以簡較右僕射出爲東都留守

鄭從讜乾符五年爲吏部尚書平章事加門下侍郎廣明元年二月以簡較司空平章事兼太原尹北都留守充河東節度使

韋昭度中和三年爲吏部尚書平章事加司空門下

侍郎昭宗即位以昭度簡較司徒平章事兼成都尹劍南西川節度副大使知節度事

劉崇望龍紀元年爲兵部侍郎平章事加吏部尚書平章事大順二年汴州朱全忠與徐帥時溥爭衡全忠請兼徐泗表請重臣鎮徐乃以崇望爲武寧軍節度使

崔胤乾寧元年爲兵部侍郎平章事加中書侍郎乾寧二年三月以簡較尚書左僕射同平章事河中尹充河中節度等使再入朝三年七月復以左僕射兼廣州刺史充清海軍節度領南東道觀察處置等使

徐彥若大順元年爲戶部侍郎平章事加中書侍郎二年七月以簡較右僕射同平章事兼鳳翔尹隴州節度使時李茂貞求兼領山南昭宗將加兵問罪故以彥若代之終不赴鎮光化三年九月自守太保兼門下侍郎除簡較太尉同平章事充清海軍節度嶺南東道管內觀察等使

王溥景福二年爲戶部侍郎平章事加中書侍郎乾寧元年十月爲湖南節度使二年六月復平章事三年五月自門下侍郎兼戶部尚書出爲簡較尚書左僕射同平章事充鎮東軍節度等使八月復入相

裴樞光化三年爲中書侍郎平章事加吏部尚書天復三年十月以簡較右僕射同平章事充清海軍節度等使是月復入相

獨孤損天復三年爲兵部侍郎平章事累加門下侍郎兼戶部尚書天祐二年三月簡較尚書左僕射同平章事兼安南都護充靜海軍節度等使

梁韓建開平元年爲司徒平章事累加侍中太保四年三月除陳許節度使仍令中書不議除替

後唐趙鳳明宗時爲門下侍郎兼吏部尚書平章事長興三年出爲簡較太傅同中書門下平章事充安國軍節度等使

安重誨明宗時爲太尉中書令充樞密使長興中以簡較太師兼中書令充河中節度使

晉王建立初仕後唐明宗使爲右僕射中書侍郎平章事天成四年出爲青州節度使

桑維翰高祖時爲中書侍郎平章事天福四年七月出爲簡較司空兼侍中相州節度使

周馮道初仕後唐天成中爲中書侍郎平章事累加門下侍郎左僕射末帝即位出爲同州節度使未幾入爲司空晉高祖入御爲首相累加司徒兼侍中少帝即位加太尉復出爲同州節度使

巡按福建監察御史臣李嗣京 訂正
知閩縣事臣曹門臣叅閲
知建陽縣事臣黄國琦較釋

宰輔部一十六

總兵 機畧

總兵

天文以下台主兵周官以司馬詰禁是知秉國鈞熙帝載不獨以論道爲任職靖時難康天步亦將以分閫而楙勳故鷹揚大烈始於佐命敦詩閱禮是謂義

府宜乎天子任帷幄之臣如左右之手仗順扶義以肅平戎昭伐謀制勝以申其廟筭焉至於潔齋壇以厚其禮假節鉞以尊其權建行臺嚴師律蓋所以異其名數而委以專征者矣其有夙負智勇誓清疆場頒肉食之貽誚以郊壘而爲恥抗詞自請專秉武節斯乃同國體休戚而萬邦爲憲者歟

周周公相成王管蔡武庚等率淮夷而叛周公乃奉成王命興師東伐作大誥遂誅管叔殺武庚放蔡叔

召公虎爲宣王卿士王命虎平淮夷尹吉甫作江漢之詩美之曰王命召虎來旬來宣文武受命召公爲翰（旬營也宣徧也言勤勞於經營四方徧疆理衆國也）

漢韓信爲左丞相擊魏虜魏王豹定河東使人請漢王曰願益兵三萬人臣請以北舉燕趙東擊齊南絶楚之糧道西與大王會於滎陽漢王與兵萬人遣張耳與俱進擊趙代破趙用廣武君策發使燕燕從風而靡又拜相國發趙兵未發者擊齊

曹參爲左丞相屬相國韓信東擊齊

酈商以右丞相將兵擊黥布攻其前垣（攻其壁壘之前）陷兩陣得以破布

盧綰爲大尉項籍死綰別將與劉賈共擊臨江王共尉

尉（共敖子共音龔）還從擊燕王臧荼皆破之

樊噲封舞陽侯盧綰反噲以相國擊綰破其丞相抵薊南（抵至也一云抵其丞相之名）定燕縣十八鄉邑五十一

周勃爲太尉擊陳豨屠馬邑將卒斬豨將軍乘馬降（姓乘馬名降）乃轉擊韓信陳豨趙利軍於樓煩破之

灌嬰爲丞相匈奴大入北地文帝令嬰將騎八萬五千擊匈奴去濟北王反詔罷嬰兵

周亞夫爲太尉東擊吳楚平之

劉屈氂武帝時爲左丞相戾太子殺江充發兵宣言帝在甘泉病困疑有變奸臣欲作亂帝於是來幸城

西建章宮詔發三輔近縣兵部中二千石以下聚將
後漢鄧禹爲前將軍赤眉西入關光武以禹沉深有大度授以西討之略遣入關光武卽位使者拜禹爲大司徒遂渡汾陰河入夏陽更始中郎將左輔都督公乘歙引其衆十萬拒禹於衙禹破走之而赤眉遂入長安是時三輔連覆敗赤眉所過殘賊百姓不知所歸聞禹乘勝獨尅而師行有紀皆望風相攜負以迎軍降者日以千數於是名震關西
吳漢爲大司馬建武二年率諸將兵擊檀鄉賊於鄴東漳水上大破之復率諸將擊鄴西山賊黎伯卿等

及河西脩武悉破諸屯聚帝遣漢進兵南陽擊宛涅陽酈新野諸城皆下之引兵南與秦豐戰黃郵水上破之與馮異擊昌城五樓賊張文等又攻銅馬五幡於新安皆破之明年春率耿弇蓋延擊青犢於軹西降之又率杜茂陳俊等圍蘇茂於廣樂留俊等守廣樂自將兵助蓋延圍劉永於淮陽永旣死二城皆降又率陳俊王梁擊破五校賊破之北擊清河長直及平原五里賊皆平之冬漢率耿弇王常等擊富平獲索二賊於平原明年春大破其衆遂擊勃海皆平之又從征董憲圍朐城明年春拔朐斬憲東方悉定會隗囂叛復遣漢西屯長安十一年春率岑彭等伐公孫述十二年春漢與述戰於廣都成都之間八戰八尅遂軍於其郭中述自將出城大戰述兵敗走高午奔陳刺述殺之旦日城降斬述首傳送雒陽十五年復率馬成馬武北擊匈奴十八年蜀郡守將史歆反於成都移檄郡縣遣漢率劉尚臧宮討之漢圍成都城破誅歆等而還
王梁爲大司空與大司馬吳漢等俱擊檀鄉賊有詔軍事一屬大司馬
張溫靈帝時中平元年遜司空爲車騎將軍地節三

年春遣使者持節就長安拜溫爲太尉三公在外始之於溫
魏高柔爲司徒時太傅司馬懿奏免曹爽皇太后詔召柔假節行大將軍事據爽營太傅謂柔曰君爲周勃矣爽誅進封萬歲鄉侯
蜀諸葛亮爲丞相錄尚書事後主立南中諸郡並皆叛亂景耀三年春亮率衆南征五年率諸軍北駐漢中六年春揚聲繇斜谷道取郿使趙雲鄧芝爲疑軍據箕谷魏大將軍曹眞舉衆拒之亮身率諸軍攻祁山戎陣整齊賞罰肅而號令明南安天水安定叛魏

應亮關中響震冬亮復出散關圍陳倉九年出師以木牛運十二年亮悉大衆繇斜谷出以流馬運據武功五丈原與魏將司馬宣王對於渭南

吳諸葛恪廢帝即位爲太傅輔政初大帝黃龍元年遷都建業二年築東興隄遏湖水後征淮南敗以內船繇是廢不復脩恪以建興元年十月會衆於東興更作大隄左右結山俠築兩城各留千人使全端留恪守之引軍而還魏大將胡遵諸葛誕等率衆七萬欲攻圍兩塢圖壞隄遏恪與軍四萬晨夜赴救遵等遂敗加恪荆揚州牧督中外諸軍事

孫峻爲丞相時魏將母丘儉文欽以衆叛與魏人戰于樂嘉峻帥驃騎將軍呂據左將軍留贊襲壽春會欽敗降軍還

晉安平王孚初仕魏爲太尉及蜀將姜維寇隴右雍州刺史王經戰敗遣孚西鎮關中統諸軍事征西將軍陳泰與安西將軍鄧艾進擊維退孚還京師

賈充爲司空武帝伐吳之役詔充爲使持節假黃鉞大都督總統六師給羽葆鼓吹緹幢兵萬人騎二千置左右長史司馬從事中郎增參軍騎司馬各十人帳下司馬二十人大車官騎各三十人充受節鉞將中軍爲諸軍節度屯襄陽

王衍爲司徒王彌寇青徐兖豫四州又入許昌諸郡守將皆奔走遂寇雒陽衍帥衆禦之彌退走

王導明帝末進位太保司徒如故及成帝初即位石勒侵阜陵詔加導大司馬假黃鉞出討之軍次江寧帝親餞于郊俄而賊退咸康元年四月石季龍掠騎至歷陽導請出討之又加大司馬假黃鉞中外諸軍事置左右長史司馬給布萬疋俄而賊退四年爲太傅都督中外諸軍事

陶侃爲侍中太尉都督交廣寧七州諸軍事又詔侃

都督江州移鎮武昌

郗鑒爲車騎大將軍散騎常侍領徐州刺史蘇峻反進鑒爲司空鑒去賊密邇奉詔流涕設壇場刑白馬大誓三軍鑒登壇慷慨三軍爭爲用命及陶侃爲盟主進鑒都督揚州八郡軍事時賊帥劉徵聚衆數千浮海抄東南諸縣鑒遂城京口加都督揚州之晉陵吳郡諸軍事率衆討平之進位太尉

庾亮爲中書令與司徒王導輔政蘇峻作逆乘勝至京都詔亮假節都督征討諸軍事

桓温爲侍中大司馬都督中外諸軍事假黃鉞率舟

軍進合肥太和四年上疏悉衆北伐又以溫領平北將軍徐兗二州刺史率弟南中郎冲西中郎袁眞步騎五萬北伐百官皆於南州祖道

謝安武帝時爲衞將軍輔政苻堅初破以總統功進拜太保安方欲混一文軌上疏求自北征乃進都督楊沮荊司豫徐兗青冀幽并寧益雍梁十五州軍事加黃鉞其本官悉如故置從事中郎二人

宋沈慶之孝武時爲司空討緣江蠻

南齊陳顯達爲太尉侍中建武三年虜攻徐司詔顯達出屯往來新亭白下以爲聲勢

陳侯瑱爲司空王琳立梁永嘉王蕭莊于郢州詔瑱與領軍將軍徐度率舟師爲前軍以討王琳瑱敗琳于梁山敗齊兵于博望生擒齊將劉伯琳盡收其資儲舟艦器械以萬計琳奉其主蕭莊奔於齊

後魏長孫嵩爲司徒晉末宋武帝伐姚泓明元假嵩節督山東諸軍事傳詣平原緣河北岸列軍次于畔城又勑簡精兵爲戰備若裕西過者便率精銳南出彭沛如不時過但引軍隨之彼至崤陝間必與姚泓相持一死一傷衆力疲弊比及秋月徐乃乘之則裕可不戰而擒於是叔孫建等尋河趣畔遂入關嵩與建等自成皐南濟晉諸屯戍皆望塵奔潰晉君長安嵩乃班師

奚斤爲左丞相明元車駕西巡詔斤爲先驅討越勤部於鹿那山大破之蠕蠕犯塞令斤等追之太武爲皇太子臨朝聽政以斤爲左輔宋少帝立其大臣不附國內離阻遣斤收宋武前侵河南地假斤節都督前鋒諸軍事司空公太武即位仍爲司空太武征赫連昌遣斤率義兵將軍封禮等督四萬五千人襲蒲坂昌守將赫連乙升棄蒲西走斤追敗之昌敗亡保上邽

長孫翰爲司徒太武征赫連昌翰與廷尉卿長孫道生宗正娥青爲前驅遂平其國

和其奴爲司空侍中皇興元年長安鎮將東平王道符反乃詔其奴領征西大將軍率殿中精兵萬騎以討之未至而道符敗軍還

王肅爲尚書輔政時南齊裴叔業以壽春內附拜肅使持節都督江西諸軍事車騎將軍與驃騎大將軍彭城王勰率步騎十萬以赴之

穆紹爲尚書令司空公爾朱榮之討葛榮詔上黨王天穆爲前鋒次於襄國司徒公楊椿爲右軍紹爲後

繼未發會擒葛榮乃止

楊津爲司空爾朱榮死以津爲都督并泗等九州諸軍事驃騎太將軍北道大行臺委津以討胡經畧

北齊斛律金又宣時爲太師以茹茹爲突厥所破種落分散慮其犯塞驚擾民乃詔金率騎一萬屯白道以備之

斛律光爲太保河清二年四月光率步騎二萬築勳長城乃置十三戍三年正月周遣將達奚成興等來寇詔光率步騎三十萬禦之興聞而退走三月遷司徒四月率騎北討突厥獲馬千餘匹是冬周又遣尉

遲迥等寇雒陽光率騎五萬馳往赴擊戰于邙山迥等大敗遷大尉三年太傅周遣將圍雒陽武平元年詔率步騎三萬大破之加左丞相二年率衆築平隴等城戍周柱國常孝寬等來逼平隴光與戰大破之軍還復詔令率步騎五萬出平陽道攻姚襄白亭城戍皆尅之周又遣將常宜陽光率步騎赴之大破於城下取周建安等四戍捕虜千餘人而還段韶爲左丞相武平二年二月周師來寇遣詔與右丞相斛律光太尉蘭陵王長恭同往捍禦獲周儀同薛敬禮大斬獲首虜仍城華谷置戍而還是月又遣將寇邊斛律光師先出討韶亦請行大破之七月韶疾甚先軍還

隋高熲開皇初爲尚書左僕射兼納言時突厥屢爲寇患詔熲鎮遏沿邊九年晉王大舉伐陳以熲爲元帥長史三軍諮稟皆取斷于熲

虞慶則爲尚書右僕射兼右武候大將軍開皇七年嶺南人李賢據州反高祖議欲討諸將二三請行皆不許高祖顧謂慶則曰位居宰相爵乃上公國家有賊遂無行意何也慶則拜謝恐懼帝乃遣爲桂州道行軍總管

楊素爲尚書右僕射與高熲專管朝政及煬帝初漢王諒反以素爲荊州道行軍總管率衆數萬討諒

唐裴寂爲尚書右僕射宋金剛之寇并州也姜寶誼李仲文相次陷沒寂自請行因授晉州道行軍總管得以便宜從事

李靖爲兵部尚書簡較中書令貞觀三年突厥諸部離叛朝廷將圖進取以靖爲代州道行軍總管率驍騎三千自馬邑出其不意直趨惡陽嶺以逼之四年靖進擊定襄破之

張亮貞觀中爲刑部尚書參預朝政及與高麗之役

亮頻諫不納因自請行太宗乃以亮爲滄海道行軍大總管

李勣貞觀十七年爲特進同中書門下三品十八年爲遼東道行軍總管高宗總章元年以開府儀同三司知政事爲遼東行軍總管

劉仁軌儀鳳中爲尚書左僕射詔往洮河軍鎮守以禦吐蕃

韋待價爲文昌右相永昌元年五月爲安息道行軍大總管以擊吐蕃

狄仁傑簡較納言兼右肅政臺御史大夫聖曆初突

厥侵掠趙定等州命仁傑爲河北道元帥許以便宜從事突厥從五廻道而去仁傑總兵十萬追之不及

婁師德萬歲登封元年爲御史大夫知政事吐蕃入寇令師德與夏官尚書王孝傑討之後爲納言聖曆二年又爲大總管專總邊任前後三十餘年

魏元忠爲鳳閣侍郎同鳳閣鸞臺平章事聖曆二年簡較并州長史充天平軍大總管以備突厥中宗朝爲肅政臺御史大夫同鳳閣鸞臺平章事比歲突厥與吐蕃數犯塞元忠皆爲大揔管討之

唐休璟景龍末爲太子少師同中書門下三品景雲初拜特進充朔方道行軍總管以備突厥

郭元振爲御史大夫同中書門下三品先天中持節爲朔方道大總管以備突厥

張說開元八年爲兵部尚書同中書門下三品明年勑說爲朔方節度大使往巡五城處置兵馬

房琯至德初爲吏部尚書同中書門下平章事抗疏自請將兵以誅寇孽收復京師肅宗望其成功許之詔加持節招討西京兼防禦蒲潼兩關兵馬節度等使仍與子儀光弼等計會進兵

張鎬肅宗至德二年爲中書侍郎平章事時朔方與

戎帝注意將帥以鎬有文武才業命兼河南節度使持節都統淮南等道諸軍

杜鴻漸代宗永泰中爲兵部侍郎平章事時劍南節度兵馬使栢貞節楊子琳皆興師討崔旰蜀方震擾詔鴻漸爲中書侍郎平章事充山劍副元帥兼劍南道節度使討之

裴度憲宗元和中爲中書侍郎平章事討吳元濟以淮蔡叛李愬李光顏用師旣久國家聚兵淮右四年度支供餉不勝其弊諸將玩寇相視未有成功憲宗亦病之宰相李逢吉王涯等三人以勞師獘財意欲

罷兵兢陳利害度獨無言帝問之對曰臣請身自督
戰明日延英重議逢吉等出獨留度謂之曰卿必能
爲朕行乎度俯伏流涕曰臣誓不與賊偕生帝亦爲
之改容度復奏曰臣昨見吳元濟乞降表料此逆賊
勢實窘蹙但諸將不一未能迫之故未降耳若臣自
赴行營則諸將各欲立功以固恩寵破賊必矣帝然
之異日詔曰輔弼之臣軍國是賴與化致理則秉均
以居取威定功則分閫而出所以同君臣之體一中
外之任焉屬者問罪汝南致誅淮右蓋欲刷其汚俗
弔彼頑民雖挈地求生者實繁有徒而嬰城執迷者

未剪其類何獸困而猶鬬豈鳥窮之無歸歟聯是遷
聽皷鼙更張琴瑟煩我台席董茲戎旃朝議大夫守
中書侍郎同平章事飛騎尉賜紫金袋裴度爲時降
生協朕夢卜精辨宣力堅明納忠當軸而才謀老成
運籌而智略前定司其樞務備知四方之事付以兵
要必得萬人之心是用禱于上玄揀此吉日帶丞相
之印綬所以尊其名賜諸侯之斧鉞所以重其命爾
宜布清問恢壯猷感勵連營蕩平多壘招懷孤疾自
撫夷傷況淮西一軍素效忠節過海赴難史册書勳
建中初攻破襄陽擒戮崇義比者脅於凶逆歸命無
繇每念前勞嘗思安撫所以內輟輔臣俾爲師率實
欲保全慰諭各使得宜往欽哉無越我丕訓可門下
侍郎同中書門下平章事蔡州刺史充彰義軍節度
申光蔡觀察等使仍充淮西宣慰招討處置等使詔
出度以韓弘爲淮西行營都統不欲更爲招討請只
稱宣慰處置使又以此行既兼招撫請改剪其類爲
革其志又以弘已爲都統請改更張琴瑟爲近輟樞
軸請改煩我台席爲授以成筭皆從之自討淮西王
師屢北論者以殺傷滋甚轉輸不迨疑議密䟽紛紜
交進度以腹心之疾不時去之終爲大患不然兩河

之盜亦將視此爲高下遂堅請討伐帝深委信故聽
之不疑度既受命召對於延英奏曰主憂臣辱義在
必死賊滅朝天有日賊在歸闕無期帝爲之惻然流
涕十二年八月三日度赴淮西詔以神策軍三百騎
衞帝從御通化門慰勉之度樓下啣涕而辭賜之犀
帶度名雖宣慰其實行元帥事仍以郾城爲治所以
李逢吉與度不叶乃罷知政事出爲劍南東川節度
使

王鐸爲右僕射門下侍郎平章事時賊陷江陵楊知
温失守宋威破賊失策朝議統率宰相盧携稱高駢

累立戰功宜付兵柄物議未允鐸廷奏曰臣忝宰執之長在朝不足分陛下之憂臣願自率諸軍盪滌群寇朝議然之乃以鐸爲守司徒門下侍郎同平章事江陵尹荊州南節度充諸道都統

孫偓爲兵部侍郎平章事乾寧二年十月壬子詔充鳳翔行營招討使甲寅偓於驛舍會諸將以議進軍戊午鳳翔李茂貞上章請罷師遂不行

崔胤爲司徒知政事時昭宗初自鳳翔還都乃兼判六軍十二衛事

張濬爲宰相判度支昭宗嘗問濬致理何事最急對

曰莫若彊兵兵彊而天下服繇是專務蒐兵甲欲以武功勝天下後于延英論前代爲治得失濬曰不必遠論漢晉之弊臣竊見陛下春秋鼎盛英濬如此內外偪於彊臣臣每思之寔痛心而泣血也會朱全忠誅秦宗權安居受殺李克恭以潞州降全忠幽州李威雲州赫連鐸等奏請出軍討太原詔四品以上官議皆言國祚未安不宜生事假如得太原亦非國家所有濬議曰先帝頻至播越王室不寧原其亂階繇克用全忠矛盾也請因其奏乘全忠立功斷兩雄之勢帝曰收復之功克用第一今乘其危困而加兵諸俟其謂我何濬懇論用兵之利蓋欲示外勢而擠楊復恭也上猶未決宰臣孔緯曰張濬所陳萬代之利也陛下所惜一時之利也以臣所料師度河而賊自破昨計度軍中轉餉犒勞一二年間必無闕事陛下斷意行之旣二相俱論乃以濬爲河東行營兵馬都招討宣慰使以京兆尹孫揆副之仍授揆昭義節度使華州韓建爲供軍使朱全忠爲太原西南面招討使李威赫連鐸爲太原東北面招討使全忠以汴軍三千爲濬牙隊大順元年六月濬率軍五十二都兼邠寧鄜夏雜虜共五萬人騎發自京師昭宗御安喜

樓臨送濬

後唐郭崇韜爲侍郎監修國史兼樞密使同光三年客省使李嚴使西川廻言王衍可圖之狀莊宗以魏繼岌爲都統崇韜爲招討使率魏軍六萬進討蜀川莊宗以御駕喜慶殿酒宴西征諸將擧酒屬崇韜曰繼岌未習政事卿久從吾戰伐西面之事屬之于卿

周王峻爲右僕射門下侍郎平章事廣順元年冬河東劉崇與契丹圍晉州峻請行應援太祖用峻爲行營都部署以徐州節度使王彥超爲副詔諸軍並取峻節度許峻以便宜從事軍行資用仰給於宮隨行

將吏得自選擇
李穀爲司空兼門下侍郎同平章事顯德二年十一月爲淮南道前軍行營都部署兼知廬壽等州行府事以許州節度使王彦超副焉又令侍衞馬步軍都指揮使韓令坤以下一十二將各帶征行之號以從焉

機略

夫藴經綸之才登宰輔之任當朝廷多事之際屬黔首艱難之日儻不能轉彼禍機運夫良畫則先聖所謂危而不持顛而不扶者也故有詭轉逆黨之揄以

清内難詐謂渠魁之喪以壯人心或遣騶虞之幡或餙練布之服撑后黨之師俾俾脩節行通潘侯之問違以豐國用或奪姦雄之心或易驕兵之帥垂之簡編誠有可取者矣
漢蕭何爲丞相時韓信欲反其舍人上書告變呂后欲詔恐其黨不就乃與何謀詐令人從高帝所來稱陳豨已破群臣皆賀何紿信曰雖病强入賀信入呂后使武士縛信斬之長樂鍾室（鍾室謂懸鍾之室）信方斬曰吾不用蒯通計反爲女子所詐豈非天哉遂夷信三族
周勃爲丞相時實后兄長君弟少君既自陳見后厚賜之家於長安勃與灌嬰等曰吾屬不死命乃且懸此兩人（恐其後擅權則將相大臣當彼害）此兩人所出微不可不爲擇師傅又復放呂氏之事也於是乃選長者之有節行者與居長君少君繇此爲退讓君子不敢以富貴驕人
蜀諸葛亮爲丞相時關羽聞馬超來降舊非故人羽書與亮問超人才可誰比類亮知羽矜傲乃答之曰孟起兼資文武雄烈過人一世之傑黥彭之徒當與翼德並驅爭先猶未及髯之絶倫超群也羽美鬚髯

故亮謂之髯羽省書太悦以示賓客
晉張華爲司空時楚王瑋受密詔殺太宰汝南王亮太保衞瓘等内外兵擾朝廷大恐計無所出華白惠帝以瑋矯詔擅害二公將士倉卒謂是國家意故從之耳今可遣騶虞幡使外軍解嚴理必風靡帝從之瑋兵果敗
王導明帝時拜司徒一依陳群輔魏故事王敦又舉兵内向時敦始寢疾導便率子弟發哀衆聞謂敦死咸有奮志後爲太保成帝時經蘇峻之亂帑藏空竭庫中惟有練布數千端鬻之不售而國用不給導患

之乃與朝賢俱制練布單衣於是士人翕然競服之練遂踴貴乃令主者出賣端至一金

唐崔祐甫代宗大曆中爲中書侍郎平章事時神策軍使王駕鶴掌禁兵十餘年權傾中外德宗初登極將令白琇珪代之懼其生變祐甫召駕鶴與語留連久之琇珪已赴軍視事矣又青州李正已畏懼德宗威德乃表獻錢三十萬貫帝欲納其奏慮正已未可誠信以計逗留止之未有其詞延問宰相祐甫對曰正已奸詐誠如聖慮請臣因使往淄青使令宣慰將士因以正已所獻錢賜賚軍人且使浮荷聖德又令

外藩知朝廷不重財貨帝悅從之正已大慙而心畏服焉

裴度爲門下侍郎平章事度以計諷鎭冀節度使王承宗使獻德棣二州以謝罪尋諭滄景節度程權使之入覲始以滄景德棣爲一鎭朝廷命帥以分其力元和十三年鄆州節度使李師道領州十二握兵十萬恃強先起兩鎭騷然度遂密計奏請討除憲宗大喜遂徵師問罪數月滅之分其地爲兗海淄青鄆曹三鎭數十年之叛地一旦悉平成憲皇中興之基實各臣計謀之力度以宰相鎭太原召還時朱克融王廷湊雖受朝廷節鉞未解深州之圍度初發太原與二鎭書諭以大義克融解圍而去廷湊亦退舍有中使自深州來言之穆宗甚喜郎日又遣中使往深州取牛元翼更命度致書與廷湊度沿路奉詔中使得度書云朝謝後郎歸留務恐廷湊知度無兵權郎背前約請度易之中使乃進度書草具奏其事及度至京進對明辨帝方憂深州之圍遂授度淮南節度元是昭義監軍使劉承偕恃寵凌節度使劉悟三軍憤發大譟擒承偕欲殺之已殺其二傔悟救之獲免而囚承偕詔遣歸京悟託以軍情不時奉詔至是宰臣

延英奏事度亦在列帝頻問度曰劉悟拘承偕而不遣如何處置度辭以藩臣不合議軍國事帝固問之且曰劉悟負我我以僕射寵之近又賜絹五萬疋不思報效翻縱軍衆凌辱監軍我實難奈此事度對曰承偕在昭義不法臣盡知之昨劉悟在行營與臣書數論其事是時有中使趙弘亮在臣軍仍持悟書將去云欲自奏不知奏否帝曰我都不知悟何不密奏其事我豈不能處置度曰劉悟武臣不知此體伽雖然臣竊以悟縱有密奏陛下必不能處置今日事狀如此臣等面諭陛下猶未能決況悟單詞豈能動於

聖聽哉帝曰前事勿論直言此時如何處置度曰陛下必能收忠義之心使天下戎臣爲陛下死節唯有下半紙詔書言任使不明致承偕亂法令悟集三軍斬之如此則萬方畢命群盜破膽天下無事矣苟不能如此雖與劉悟改官賜絹臣亦恐於事無益帝俛首良久曰朕不惜承偕緣是太后養子今被囚縶太后未知如卿處未得可更議其宜度與王播等復奏曰但配流遠惡處承偕必得出帝以爲然承偕果能得歸

韋處厚爲中書侍郎平章事時滄景李同捷叛稽天

誅魏博史憲誠中懷向背裴度以宿舊自任待憲誠於不疑憲誠嘗遣親吏請事至中書處置謂曰晉公以百口於上前保使主其則不然但仰侯所爲自有朝典耳憲誠聞之懼此輸竭竟有功於滄州

後唐郭崇韜爲宰相初收汴維稍通賂遺親友或規之崇韜曰余備位將相祿賜巨萬但爲梁之日賂遺成風今方面藩侯多梁之舊將皆吾君射鉤斬袪之人也一旦革面化爲吾人堅拒其情得無懼乎藏余私室無異公帑及郊禋崇韜悉獻家財以助賞給

晉桑維翰爲相及楊光遠平鄴以兵驕難制維翰請速散其衆朝廷從之而移光遠爲雒尹光遠繇是怏怏又以馮暉鎮靈武蕃部歸心朝議患之維翰欲圖大舉以制北戎命將佐十五人皆列藩之帥也唯暉不預其間乃上章自陳未老可用而制書見遺維翰招禁直學士答詔一一條對其云非制書忽忘實以朔方重地雜虜窺邊非卿雄名何以彈壓比欲移鄉內地受代亦須奇才暉得詔甚喜

册府元龜

冊府元龜

巡按福建監察御史臣李嗣京 訂正

知甌寧縣事 臣 孫以敬 參閱

知建陽縣事 臣 黃國琦 較釋

宰輔部

薦賢

夫稱善舉類春秋之格訓推賢援能儒者之篤行矧夫居衡石之任當燮諧之重掌邦國之政贊后王之治總領衆職平章百姓必在乎登良擢俊振淹出滯俾風人絶遺軸之嘆仕子適輪轅之用不遺賢於中

谷不藉才於異代此所以成舜湯選衆舉仁之美茂尹旦格天光海之業者也三代而上其詳靡記爰洎漢以下未嘗乏焉莫不隆體國之志諧知人之鑒或以柎巍巍之績或以成彬彬之盛蓋夫寅亮之功將明之烈曷以加於是乎

漢蕭何初爲漢王丞相韓信數與何語何奇之至南鄭諸將道亡者數十人信度何等已數言(度計量也)上不我用卽亡何聞信亡不及以聞自追之人有言上曰丞相何亡帝怒如失左右手居一二日何來謁帝且怒且喜罵何曰若亡何也(若汝也)何曰臣非敢亡追亡者耳帝曰所追者誰也曰韓信帝復罵曰諸將亡者以十數公無所追追信詐也何曰諸將易得至如信國士無雙(爲國家之奇士)王必欲長王漢中無所事信(無事用信)必欲爭天下非信無可與計事者顧王策安決(顧思念也)王曰吾亦欲東耳安能鬱鬱久居此乎何曰王計必東能用信信卽留不能用信信終亡耳王曰吾爲公以爲將何曰雖爲將信不留王曰以爲大將何曰幸甚於是召信拜之

田蚡爲丞相徵茂陵尉張湯爲吏薦補侍御史

張湯爲御史大夫薦其掾兒寬於天子天子見問說

之初寬以試第次補廷尉史是時湯方鄉學以爲奏讞掾以古法議決疑大獄而愛幸寬寬爲人溫良有廉智自持而善著書書奏敏於文口不能發明也湯以爲長者數稱譽之及是以寬爲掾復薦之

霍光昭帝初爲大將軍秉政以光祿大夫張安世篤行(篤厚也)光親重之會左將軍上官桀父子及御史大夫桑弘羊皆與燕王蓋主謀反誅光以朝無舊臣白用安世爲右將軍光祿勳以自副焉

魏相爲御史大夫霍光薨後數月相上封事曰聖王襃有德以懷萬方(懷來也)顯有功以勸百寮是以朝廷

尊榮天下鄉風國家承祖宗之業制諸侯之重新失大將軍宜宣章盛德以示天下顯明功臣以填藩國毋空大位以塞爭權（大臣位空則起爭奪之權也）所以安社稷絕未萌也（未萌謂變故未生者也）車騎將軍安世事孝武皇帝三十餘年忠信謹厚勤勞政事夙夜不怠與大將軍定策天下受其福國家重臣也宜尊其位以爲大將軍毋令領光祿勳事使專精神憂念天下思惟得失後數日拜安世大司馬車騎將軍錄尚書事

丙吉爲相病篤宣帝自臨問吉曰君郎有不諱誰可以自代者（不諱言死不可復諱也）吉辭謝曰群臣賢能明主所

知愚臣無所識帝固問吉頓首曰西河太守杜延年明於法度曉國家故事前爲九卿十餘年今在郡治有能名廷尉于定國執憲詳平天下自以不冤太僕陳萬年事後母孝敦厚備於行止此三人皆能在臣右唯上察之帝以吉言皆是許焉

蕭望之爲御史大夫除薛廣德爲屬數與論議器之（以爲大器也）薦廣德經行宜充本朝（經明行脩宜於本朝任職也）爲傅士論石渠（石渠閣名也）

何武爲大司空除彭宣爲西曹掾甚敬重焉薦宣爲諫大夫又龔勝爲重泉令去官武與執金吾閻崇薦勝哀帝自爲定陶王固已聞其名徵爲諫大夫武爲人仁厚好進士獎稱人之善爲楚內史厚兩龔在沛厚兩唐（兩龔龔勝龔舍也兩唐唐林唐尊也）及爲公卿薦之朝廷此人顯於世者何侯之力也世以此多之又與尚書令唐林皆上書言傅喜行義脩絜忠誠憂國內輔之臣也今以寢病一旦遣歸衆庶失望皆云傅氏賢子以論議不合於定陶太后故退百寮莫不爲國恨之夫忠臣社稷之衛魯以季友治亂（謂季氏亡則魯不昌）楚以子玉重輕（謂楚誤殺子玉而晉侯喜可知）而魏以無忌折衝（信陵君）項以范增存亡故楚跨有南服帶甲百萬鄰國不以爲難子玉

爲將則文公側席而坐及其死也君臣相慶百萬之衆不如一賢故秦行千金以間廉頗漢散萬金以疏亞父喜立於朝陛下之光輝傅氏之廢興也帝亦自重之明年正月乃徙師丹爲大司空而拜喜爲大司馬封高武侯

張忠爲御史大夫署穎川孫寶爲主簿上書薦寶經明質直宜備近臣爲議郎遷諫大夫

王嘉爲丞相薦儒者公孫光滿昌及能吏蕭咸薛脩等皆故二千石有名稱天子納而用之

張禹爲丞相舉彭宣爲傅士遷東平太守禹以帝師

見尊信薦宣經明有威重可任政事繇是入爲右扶風

孔光爲御史大夫舉東平王太傅師丹議論深博廉正守道徵入爲光祿大夫丞相司直數月復爲光祿大夫給事中繇是爲少府光祿勳侍中甚見尊重

王根爲大司馬驃騎將軍是時多災異根輔政數虛己問平陵人李尋尋見漢家有中衰阸會之象其意以爲且有洪水爲災乃說根以物盛必衰自然之理唯有賢友彊輔庶幾可以保身命全子孫安國家根於是薦尋哀帝初卽位召尋待詔黃門

王音爲大司馬車騎將軍時揚雄年四十餘自蜀來至游京師音奇其文雅召以爲門下史薦雄爲待詔

後漢吳漢爲大司馬時太山豪傑多擁衆與張步連兵漢言於帝曰非陳俊不能定此郡於是拜俊太山太守行大將軍事張步聞之遣其將擊俊戰於嬴下俊大破之追至濟南收得印綬九十餘稍攻下諸縣遂定太山

宋弘爲大司馬推進賢士馮翊桓梁三十餘人或相及爲公卿者光武嘗問弘通博之士乃薦沛國桓譚才學洽聞幾能及揚雄劉向父子於是召譚拜議郎給事中又高詡以信行清操知名王莽簒位父子稱盲逃不仕光武時弘薦詡徵爲郎

趙熹爲太傅時魯恭與議曰虎觀熹舉恭直言待詔公車拜中牟令

范遷爲司徒薦豐令牟融忠正公方經行純備宜在本朝并上其理狀

第五倫爲司徒時擢謝夷吾爲鉅鹿太守倫令班固爲文薦夷吾曰臣聞堯登稷契政隆太平舜用皐陶政致雍熙殷周雖有高宗昌發之君猶賴傅說呂望之策故能克崇其業允協大中竊見鉅鹿太守會稽

謝夷吾出自東州廞土塗泥而英姿挺特奇偉秀出才兼四科行包九德仁足濟時智周萬物加以少膺儒雅韜含六籍推考星度綜較圖錄探賾聖祕觀變歷微占天知地與神合契據其道德以經王務昔爲陪隷與臣從事奮忠義之操躬史魚之節董臣嚴剛勗臣懦弱得以免戾寔賴厥勳及其應選作宰惠敷百里降福彌異流化若神爰牧荊州威行邦國奉法作政有周召之風居儉履約紹公儀之操尋功簡能爲外臺之表聽聲察實爲九伯之冠遷守鉅鹿政合時雍德量績謀有伊呂管晏之任闡弘道奥同史蘇

京房之倫雖容勿在公而身出心隱不殉名以求譽不馳鶩以要寵念存遯遁演志箕山方之古賢寔有倫序採之於今超然絶俗誠社稷之元龜大漢之棟甍宜當拔擢使登鼎司上令三辰順軌於曆象下使五品咸訓于嘉時必致休徵克昌之慶非徒循法奉職而已臣以頑駑罷非其儔尸祿負乘夕惕若厲願乞骸骨更授夷吾上以光七曜之明下以厭率土之望庶令微臣塞咎免悔

張禹爲太尉時周防受古文尚書撰尚書雜記三十二篇禹薦補博士又薦寒朗爲博士

張酺爲太尉薦魏郡太守徐防自代帝不許

劉愷爲司徒時陳忠爲廷尉正以才能有聲稱愷舉忠明習法律宜備機密於是擢拜尚書使居三公曹成帝置五尚書三公曹尚書主知斷獄也

張皓爲司空在事多所薦達天下稱其推士

黃瓊爲司空先是崔寔爲議郎會梁冀誅寔以故吏免官禁錮數年時鮮卑數犯邊詔三公舉威武謀畧之士瓊薦寔拜遼東太守瓊爲太尉時尚書楊秉以病乞退出爲右扶風瓊惜其去朝廷上言秉勸講帷幄不宜外遷留拜光祿大夫

李固爲太尉時陳蕃公府辟舉方正皆不就固表薦徵拜議郎

陳蕃爲太尉王暢爲漁陽太守免官是時政事多歸尚書桓帝特詔三公令高選庸能蕃薦暢清方公正有不可犯之色繇是復爲尚書後蕃爲太傅辟何休與參政事

种暠爲司徒推達名臣橋玄皇甫規等

楊秉爲太尉時陳球爲侍御史桂陽黠賊李研等群聚寇鈔陸梁荊部州郡懦弱不能禁秉表球爲零陵太守球到設方畧朞月間賊虜消散

楊賜爲太尉時光祿勳黃琬坐事禁錮被廢棄幾二十年靈帝光和末賜上書薦琬有撥亂之才繇是徵拜議郎擢青州刺史遷侍中

魏華歆爲司徒黃初四年詔公卿舉獨行君子歆薦管寧詔以寧爲大中大夫固辭不受時明帝即位爲太尉歆遜位讓寧又以鄭小同有美名歆表曰臣聞勵俗宣化莫先於表善班祿叙爵莫美於顯名是以楚人思子文之治復命其裔漢世嘉江公之德用顯其世伏見故漢大司農北海鄭玄當時之季名冠華夏爲世儒宗文皇帝旌錄先賢拜玄適孫小同以爲

郎中長假在家小同年踰三十少有令質學綜六經行著鄉邑海岱之人莫不嘉其自然美其器重迹其所履有質直不渝之性然而恪恭靜默色養其親不治可見之美不競人間之名斯誠淸時所宜式叙前後明詔所斟酌而求也臣老病委頓無益視聽謹具以聞

陳群爲司空薦管寧曰臣聞王者顯善以消惡故湯舉伊尹不仁者遠伏見徵士北海管寧行爲世表學任人師淸儉足以激濁貞正足以矯時前雖徵命禮未優備昔司空荀爽家拜光祿先儒鄭玄即授司農若加備禮庶必可致至延西序坐而論道必能昭明

古今有益大化

王朗爲司空黃初中鵜鶘集靈芝池詔公卿舉獨行君子朗薦光祿大夫楊彪且稱疾讓位於彪而乃爲彪置吏卒位次三公詔曰朕求賢於君而未得君乃翻然稱疾非徒不得賢更開失賢之路增玉鉉之傾無乃居其室出其言不善見違於君子乎君其勿有後辭朗乃起

蜀諸葛亮爲丞相時後王嗣位亮將北征任漢中慮後王富於春秋朱紫難别以董允秉心公亮欲任以宮省之事上疏曰侍中郭攸之費禕侍郎董允等先帝簡拔以遺陛下至於斟酌規益進盡忠言則其任也愚以爲宮中之事事無大小悉以咨之必能裨補闕漏有所廣益若無興德之言則戮允等以彰其慢亮尋請禕爲參軍允遷爲侍中領虎賁中郎將統宿衛親兵攸之性素和順備員而已獻納之任允皆專之矣又將琬亮長史亮每言琬託志忠雅寄表後王曰臣若不幸後事宜以付琬

晉張華爲司空時陳壽遭父喪有疾使婢丸藥客往見之鄉黨以爲貶議及蜀平坐是沉滯者累年華愛

其才以壽雖不遠嫌原情不至貶廢舉爲孝廉除著作郎華將舉壽爲中書郎荀勗忌華而疾壽遂諷吏部遷壽爲長廣太守辭以母老不就杜預將之鎮復薦之於帝宜補黃散繇是授御史治書

王渾爲司徒時周馥累遷司徒左西屬渾表馥理職清正兼有才幹主定九品簡括精詳臣委任責成褒貶允當請補尚書郎許之

王導隨元帝渡江鎮建康導爲政淸靜尤見委仗情好日隆朝野傾心號爲仲父帝從容問導曰卿吾之蕭何也對曰昔秦爲無道百姓厭亂巨猾陵暴人懷

漢德革命反正易以爲功自魏氏以來迄于太康之際公卿世族豪侈相高政教陵夷不遵法度群公卿士皆饜於安息遂使姦人乘釁有虧至道然否終斯泰天道之常大王方立命世之勳平一九合管仲樂毅於是乎在豈區區微臣所可擬議願深弘神慮廣擇良能顧榮賀循紀瞻周玘皆南士之秀願盡優禮則天下安矣帝納焉又何充爲丹陽尹導與庾亮並言于帝曰何充器局方槩有萬夫之望必能總錄朝端爲老臣之副臣死之日願引充內侍則外舉唯緝社稷無虞矣繇是加充吏部尚書進號冠軍將軍

温嶠爲中書令嶠爲棟梁之任帝親而倚之以祖納州里父黨敬而拜之嶠既爲時用盛言納有名理除光祿大夫

謝安爲太傅時東莞人徐邈下帷讀書不游城邑及孝武帝始覽典籍招延儒雅之士邈既東州儒素安舉以應選年四十四始補中書舍人

宋王弘永平中爲江州刺史時徐傅當權出鄭鮮之爲豫章太守弘竊謂人曰鄭公德素先朝所禮方之前代鍾元常王景興之流今徐傅出之爲郡抑當有以尋有廢立事元嘉三年弘入爲相舉鮮之爲尚書右僕射

南齊褚淵爲左僕射先是臧榮緒純篤好學廬居京口教授南徐州辟西曹舉秀才不就太祖爲揚州徵榮緒爲主簿不到淵少時嘗命駕尋之建元中啓太祖曰榮緒朱方隱者昔臧質在宋以國戚出牧彭岱引爲行佐非其所好謝疾求免蓬廬守志漏濕是安灌蔬經老與友關康之沉深典素追古著書撰晉史十袠贊論雖無逸才亦足彌綸一代臣歲時往京口早與之遇近取其書始方送出庶得備錄渠閣採異甄善帝答曰公所道臧榮緒者吾甚志之其有史翰

欲令入天祿甚佳

王儉爲尚書令武帝問儉曰誰可繼卿者儉曰臣東都之日其在徐孝嗣乎及孝嗣出爲吳興太守儉贈詩曰方軌叔茂追情彥輔柔亦不茹剛亦不吐時人以比蔡子尼之行狀也在郡有能名會王儉亡帝徵孝嗣爲五兵尚書

梁袁昂爲司空以何之元幼好學有才思居喪過禮天監末袁昂薦之因得召見解褐太尉臨川王揚州儀曹從事史

後魏廣陽王嘉宣武時爲尚書令除儀同三司後轉

司徒愛敬人物後來才儁未爲時知者侍坐之次輒加談引時人以此稱之

崔光爲太保疾甚表薦都官尚書賈思伯爲侍講中書舍人馮元興爲侍讀思伯遂入授孝明杜氏春秋

隋高熲爲左僕射兼納言熲進貞良以天下爲己任蘇威楊素賀若弼韓擒虎等皆熲所推薦各盡其用爲一代名臣自餘立功立事者不可勝數

楊素爲僕射開皇中以華陰多盜賊妙選良吏素薦殿中局監榮毗爲華州長史世號爲能素之田宅多在華陰左右放縱毗以法繩之無所寬貸毗因朝集

素謂之曰素之舉卿適以自罰也毗答曰奉法一心者但恐累公所舉素笑曰前者戲耳卿之奉法素之望也又李百藥爲太子舍人或有譖百藥者乃託疾免去後追赴仁壽宮素與吏部尚書牛弘並重之奏授禮部員外郎又李子雄爲大將軍歷郴江二州刺史並有能名仁壽中坐事免漢王諒之作亂也煬帝將發幽州兵以討之時竇抗爲幽州總管帝恐其有貳心問可任於素素進子雄授上大將軍

唐陳叔達武德中爲納言侍中參預朝政江南名士薄游長安者多所薦拔

李靖爲僕射奏稱秘書郎岑文本之才擢拜中書舍人漸蒙親顧

杜如晦爲僕射臨終請委戴胄以選舉踪是以本官簡較吏部尚書參預朝政

溫彥博太宗貞觀初爲中書令帝令祖孝孫增損樂章孝孫乃與明音律人王良通白明達遞相長短帝令侍臣更訪能者彥博奏博州清平人呂才聰明多能眼所未見耳所未聞一聞一見皆達其妙尤長於聲樂請令考之侍中王珪魏徵又盛稱才學術之妙徵曰才能爲十二枚尺八長短不同各應律管無不

諧韻帝即徵才令直弘文館

朱敬則同鳳閣鸞臺平章事每以用人爲先餘細務不之視會嶺表蠻帥攻掠郡縣朝廷思得良守以鎮之而甚難其選敬則曰司勳郎中裴懷古有文才將略卽其人也遂以爲桂州都督懷古旣至賊帥果懷其威惠相率來降敬則又引冬官郎中魏知古爲鳳閣舍人太子司議郎張思敬爲右史後皆以稱職著名

狄仁傑爲內史嘗以舉賢爲意其所引拔桓彥範敬暉竇懷貞姚崇等至公卿者十人初則天嘗問仁傑

日朕要一好漢任使有乎仁傑日陛下作何任使則
天日朕欲待以將相對日臣料陛下若求文章資歷
則今之宰臣李嶠蘇味道亦足爲文吏矣豈非文上
齷齪思得奇才用之以成天下之務者乎則天怳日
此朕心也仁傑曰荊州長史張柬之其人雖老眞宰
相才也且久不遇若用之必盡節於國家矣則天乃
召拜雒州司馬他日又求賢仁傑日臣前言張柬之
猶未用也則天日已遷之矣對日臣薦之爲相今爲
雒州司馬非用之也又遷爲秋官侍郎後竟召爲相
柬之果能興復中宗蓋仁傑之推薦也

盧懷愼爲黃門監開元四年卒臨終遺表曰臣素無
才識叨沐恩榮待罪樞客頗積年序報國之心空知
自竭推賢之志終未克申孤負明恩夙夜惶懼臣桊
疾已久形神欲離雖凫鴈之飛未爲乏少而犬馬之
志終祈上聞其鳴也哀乞垂聖察宋璟立性公直執
心貞固文學足以經務識略期於佐時動惟直道行
不苟合聞諸朝野之說寔爲社稷之臣李傑勤苦絶
倫貞介獨立公家之事知無不爲幹府之才衆議推
美李朝隱操履堅貞才識通贍守文奉法頗懷鐵石
之心事上竭誠實盡人臣之節盧從愿清貞謹愼理
識周客始終若一朝野共知簡要之才不可多得並
明時重器聖代良臣比經任使徵有愆失所坐者小
所棄者大所累者輕所貶者遠日月雖近譴責傷深
望垂矜錄漸加進用臣竊聞黃帝所以垂衣裳而天
下理者任風力也帝堯所以光宅天下者任稷卨也
且朝廷者天下之本賢良者風化之源得人則庶績
其凝失士則彝倫攸斁臣每見陛下憂勞庶政勤求
理道愼擧群司必期稱職使鵷鸞成列草澤無遺故
得歲稔時和政平訟理此陛下用賢之明効也臣非
木石早識天心瞑目不遑厚恩未報黙擴之義敢不

庶幾城郢之言思布愚懇帝深加納

姚崇爲夏官侍郎知政事時韓思復爲汴州司户叅
軍爲政寬恕不行杖罰在丁憂家貧鬻薪以終喪制
崇深嘉歎之擢授司禮博士

張說爲相以徐浩少擧明經工草隸以文學右所器
重調授魯山主簿說薦浩爲麗正殿較理三遷右拾
遺仍爲較理

宇文融爲黃門侍郎平章事薦宋璟爲右丞相裴耀
卿爲户部侍郎許景先爲工部侍郎甚允人望

張九齡爲中書令引嵩陟爲中書舍人與孫逖梁涉

對掌綸誥時人以爲美談
房琯爲相時嚴武爲侍御史至德初肅宗興師靖難
大收才傑武仗節赴行在琯以武名臣之子素重之
乃首薦才略可稱累遷給事中旣收長安以武爲京
兆少尹兼御史中丞
杜鴻漸爲相時韋元輔有器局所蒞有聲累遷蘇州
刺史浙江西都團練觀察等使鴻漸首薦之徵爲尚
書右丞相會淮南節度使缺鴻漸又薦堪當重寄遂
授揚州長史兼御史大夫淮南節度觀察等使在揚
州三年政尚不擾事亦粗理以疾終

蕭華爲相時吏部侍郎裴遵慶恭儉克己持重謹密
頗有時望華素知遵慶每奏見屢稱之遷黄門侍郎
同中書門下平章事揚炎入相時嘗衮潮州刺史炎
與衮善引拜福建觀察使
楊綰嘗衮爲相時關播爲淮南節度陳少游判官綰
衮薦播爲都官員外郎建中初遷兵部員外郎張鎰
入相播遷給事中
嘗衮爲相時劉從一補渭南尉雅爲衮所推重遷監
察御史居無何丁母憂服除宰相盧杞薦之超遷侍
御史

蔣沇爲刑部郎中元載秉政滯於郎位大曆十二年
嘗衮以群議稱沇屈擢拜御史中丞
崔祐甫爲相引薛播爲中書舍人播溫敏善與人交
李栖筠嘗衮及祐甫皆引擢之至是有此拜
李泌初爲陜州觀察使時陽城隱於河東條山下遠
近慕其德行來學者相繼有爭者不詣官府詣城決
之泌數禮問焉及泌爲相舉爲諫議大夫
賈耽爲相以鄭滑節度副使李融爲義成軍鄭滑節
度觀察使先是耽爲鄭滑節度使署奏融爲副使居
無何耽朝京師召融總留事及耽爲相因有是命

齊映爲相給事中袁高以切直忤旨映連請爲左丞
御史大夫皆不行
高郢鄭珣瑜爲相時蔣乂爲起居舍人轉司勳員外
郎並修史時集賢闕學士求者甚衆會詔問神策軍
建置之繇相府討求不知所出乃訪於乂乂徵引根
源對甚詳悉郢與珣瑜相顧曰集賢有人矣翼日詔
兼判集賢院事
杜黃裳爲相時薛平爲右衛將軍在南衙凡一十一
年黃裳深器之薦爲汝州刺史兼御史中丞理有能
名

李吉甫自翰林拜相將出之夕感恩出涕謂學士裴垍曰吉甫自尚書郎流落遠地十餘年方歸便入禁署今纔滿歲後進彥士罕接識者宰相宜有選拔情然君鑒知之因請垍疏其名得三十餘人數月之内選用略盡當時翕然有得人之稱後罷相爲淮南節度使薦丁公著授太子正字兼集賢殿較理吉甫自淮南入相復薦其行郎日授右補闕遷集賢直學士

裴垍元和□入相徵韋貫之裴度知制誥擢李夷簡爲御史中丞其後繼踵入相咸著名績其餘量材賦職皆叶人望選任之精前後莫及又薛存誠爲度支

員外郎垍引爲起居郎又崔植爲壽安尉大理評事秩滿退居輦下潛心經史尤精易象垍知其操行擢拜左拾遺

裴度爲御史中丞奏崔從爲侍御史知雜度作相又奏從自代爲御史中丞

韋處厚素知韋詞有文學理行詞嘗爲殿中侍御史以事累出爲朗州刺史再貶道州江州司馬長慶初處厚與路隨以公望居顯要亟稱薦之擢爲户部員外郎累遷吏部郎中文宗即位處厚當政且以澄汰浮薄登用藝實詞與李翱俱拜中書舍人

令狐楚爲相時李隱進士擢第爲秘書省較書郎楚奏爲進賢較理

盧攜爲相以司空圖爲禮部員外郎先是圖寓居雒下會攜與鄭畋左遷太子賓客分司皆厚遇之及攜再入相因有是命

梁趙光裔爲相兼集賢殿太學士時楊凝式爲禮部員外郎充西京留守巡官光裔素重其才奏爲直學士改考功員外郎

後唐郭崇韜爲樞密使明宗拔鄆州得天平軍節度判官趙鳳迯之于莊宗崇韜素聞其名及見與語乃

薦用爲護鑾學士

盧文紀清泰中爲相以右諫議大夫李光庭爲給事中弘文館學士判館事光庭唐故曹王皐之曾孫父龜年光啓中爲太卿監光庭從狩蜀舉進士屢遷至兵部郎中昭宗末不仕梁客於北海耕牧以自給莊宗初亦不入朝文紀素知之奏召爲諫官及引之判館事

李愚爲相多振拔沉滯時秘書監劉岳奉使湖南未還愚奏岳爲太常卿

晉李崧爲平章事時高祖講求輔相崧力薦呂琦於

高祖云可大用高祖數召琦於便殿言及當世事甚奇之方將倚以爲相忽遇疾而逝人皆惜之

漢蘇逢吉爲相時李濤在翰林逢吉深眷待之會四輔闕人高祖欲擢用吏部尚書竇貞固復問其次逢吉曰頃張彥澤以殺判官張式罷鎮晉祖宥其罪而李濤上䟽極言彥澤之罪宥之屈法陛下在太原時諭朝士大夫常重濤之爲人時高行周慕容彥超圍杜重威於鄴二帥不協高祖有親征之意未决會濤上䟽請駕征鄴大合上旨遂與貞固同日拜平章事

周馮道仕晉高祖爲相時尚書左丞判國子監事田

敏長於詩賦道重敏嘗從容白晉祖曰臣所爲官合授於敏臣不敢黨蔽也又史圭在後唐明宗時爲右丞權判銓事道在中書嘗以堂判衞銓司所注人圭怒力爭之道亦微有不足色及晉高祖時道再爲相圭首爲道所舉除刑部侍郎鹽鐵副使圭方愧其度量遠不及也

冊府元龜

冊府元龜

巡按福建監察御史臣李嗣京　訂正
新建縣舉人臣戴國士叅閱
知建陽縣事　臣　黄國琦較釋

宰輔部一十八

諫爭

舜之命禹曰予違汝弼高宗之命說曰朝夕納誨蓋夫居丞凝之位荷棟幹之重義均同體民具爾瞻休戚之所同安危之所繫至於諫群臣而總衆職撫四夷而親百姓公家之事知無不爲固其任也若乃上

之失德事或過舉誠心内激嘉言罔伏引經義而酌古訓述天戒而箴時病談過更僕之頃怒有逆鱗之犯且復覼縷鄭重形於奏疏竭其精忠以冀感悟右之宰相如伊尹之阿衡甘棠之保乂周公之告儆言山甫之補闕職皆如斯而已

商伊尹申誥于太甲曰有言逆於汝心必求諸道人以言咈違汝心必以道義求其意勿拒逆之有言遜於汝志必求諸非道遜順也言順汝心必以非道察之勿以自藏伊尹曰先王肇脩人紀從諫弗咈先民時若言湯始脩爲人紀已有過則改從諫如流必先民之言是順

周祭公謀父爲穆王卿士穆王將征犬戎而謀父諫祭畿内之國周公之後謀父字也曰不可先王耀德不觀兵夫兵戢而時動動則威觀則玩玩則無震震懼也是故周文公之頌文公周公旦之諡曰載戢干戈載櫜弓矢櫜韜也我求懿德肆于時夏允王保之言武王常求美德故陳其功於時夏而歌之信哉武王能保此時夏之美樂章大者曰夏先王之於民也茂正其德而厚其性阜其財求而利其器用明利害之鄉鄉方也以文修之使務利而辟害懷德而畏威故能保世以滋大昔我先世后稷謂棄與不窋也父子相繼曰世以服事虞夏及夏之衰也棄稷不務我先王不窋用失其官而自竄於戎狄之間不敢怠業時序其德遵修其緒遵亦作遹脩其訓典朝

夕恪勤守以敦篤奉以忠信奕世載德不忝前人至於文王武王昭前之光明而加之以慈和事神保民無不欣喜商王帝辛大惡於民庶民不忍訢戴武王以致戎于商牧是故先王非務武也勤恤民隱而除其害也夫先王之制邦内甸服邦外侯服侯衛賓服此揔言之也侯侯圻衛衛圻也蠻夷要服戎翟荒服甸服者祭供日祭侯服者祀供月祀賓服者享供時享要服者貢供歲貢荒服者王王王事天子也云云其敢不來王日祭月祀時享歲貢終王先王之順祀也外傳云先王之訓有不祭則脩意先脩志意以自責也畿内近知王意也有不祀則脩言言號令也有不享則脩文文典法也有

不貢則脩名（名謂尊卑職貢之名號也）有不王則修德（遠人不服則脩文德以來之）序成而有不至則脩刑（序成謂上五者次序已成有不至則有刑罰也）於是有刑不祭伐不祀征不享讓不貢告不王於是有刑罰之辟有攻伐之兵有征討之備有威讓之命有文告之辭布令陳辭而有不至則增脩於德毋勤民於遠是以近無不聽遠無不服今自大畢伯仕之終也（犬戎之君）犬戎氏以其職來王天子曰予必以不享征之且觀之兵無乃廢先王之訓而王幾頓乎吾聞犬戎樹敦（樹立也犬戎立性敦篤也）率舊德而守終純固其有以禦我矣王遂征之得四白狼四白鹿以歸自是荒

服者不至又穆王欲肆其志（肆極也）周行天下將皆必有車轍馬跡焉祭公謀父作祈招之詩以止王心（祈父周司馬世掌甲兵之職招其名祭公方諫遊行故指司馬官而言）其詩曰祈招之愔愔式昭德音（愔愔安和貌式用也昭明也）思我王度式如王式如金（金玉取其堅重）形民之力而無醉飽之心（言國之用民當隨其力任如王金治之器隨器而制形故言形民之力去其醉飽過盈之心）

召穆公虎爲王卿士厲王行暴虐侈傲國人謗王召公諫曰民不堪命矣王怒得衛巫（衛國之巫也）使監謗者以告則殺之其謗鮮矣諸侯不朝三十四年王益嚴國人莫敢言道路以目（以目相眄而已）厲王喜告召公曰吾能弭謗矣乃不敢言召公曰是鄣之也防民之口甚於防水水壅而潰傷人必多民亦如之是故爲水者決之使導爲民者宣之使言故天子聽政使公卿至於列士獻詩瞽獻典（典樂典也）史獻書師箴瞍賦（無眸子曰瞍賦公卿列士所獻云也）矇誦（有眸子而無見曰矇周禮矇主弦歌諷誦箴諫之語也）百工諫庶人傳語（庶人卑賤見時得失不得言傳以語士）近臣盡規（近臣驂僕之屬）親戚補察瞽史教誨（瞽樂大師史大史也）耆艾脩之（耆艾師傅也脩理瞽史之教以聞於王）而后王斟酌焉是以事行而不悖民之有口也猶土之有山川也財用於是乎出猶其有原隰衍沃也（下平曰衍有溉曰沃）衣食於是乎生口之宣言也善敗於

是乎興行善而備敗所以產才用衣食者也夫民慮之于心而宣之於口成而行之何可壅也若壅其口其與能幾何王不聽於是國莫敢出言三年乃流于彘

虢文公爲王卿士宣王即位不籍千畝（籍借也借民力以爲之天子籍田千畝諸侯百畝自厲王之流籍田禮廢宣王即位不復古也）虢文公諫曰不可夫民之大事在農（穀民之命故農爲大事）上帝之粢盛於是乎出（出於農也器實曰粢在器曰盛）民之蕃庶於是乎生（蕃息庶衆）事之供給於是乎在（供具給足）和協輯（音集）睦於是乎興（協合也輯聚也睦親也）才用蕃殖於是乎始（殖長）敦龐純固於是乎成（敦厚龐大）是

故稷爲大官（民之大事在農故稷爲之職爲大官）古者太史順時覛土（順視）陽癉憤盈土氣震發（癉厚也憤積也盈滿也震動也發起也）農祥辰正（農祥方星也辰正立春之日辰中於午也農事之候故曰農祥）日月底于天廟（底至也天廟營室孟春之月日月皆至營室）土乃脈發（脈理也農書曰春土冒橛陳根可拔耕者急發）先時九日（先先立春日也）大史告稷曰自今至於初吉（初吉二月朔日也）陽氣俱烝土膏其動（烝升也膏土潤也其動潤澤欲行貌）弗震弗渝脈其滿眚穀乃不殖（震動也渝變也眚灾也言陽氣俱升土膏欲動當即發動變寫其氣不然則脈滿氣結更爲灾病穀乃不殖）稷以告（以大史之言告王也）王曰史帥陽官以命我司事（史大史陽官春官司事主農事者也）曰距今九日土其俱動（距去）王其祗祓（祓音弗）監農不易（祗敬祓齊戒祓除也不易不易土物之易也）

王乃使司徒咸戒公卿百吏庶民（百吏百官也庶民甸師氏所掌之民也主耕耨王之藉田者也）司空除壇于籍（司空掌地）命農大夫咸戒農用（農大夫田畯也農用田器也）先時五日（先耕時也）瞽告有協風（瞽樂大師和風聲者也協和也風氣和時候至也立春日風也）王即齋宮（所齋之宮）百官御事各即其齋三日（御治）王親淳濯饗醴（淳沃濯溉饗飲也謂王浴沐飲醴酒也）及期（期耕日也）鬱人薦鬯（金香草宜以和鬯酒也周禮鬱人掌祼器凡祭祀賓客和鬱鬯以實彝而陳之共王之齋鬯也）犧人薦醴（犧人同尊長共酒醴者也）王祼（祼音灌）鬯饗醴乃行（祼灌也灌鬯飲酒皆所以自香絜也）百吏庶民畢從及籍后稷監之（監祭）膳夫農正陳籍禮（膳夫上士也長飲湌膳羞農正田大夫也主敷陳藉禮而祭其神爲祈也）大史贊王（贊導）王敬從之王耕

一發（音鉢一發耜之發也王耕以耜耕也）班三之（班次也三之各三其上也王一公三卿九大夫二十士也）庶人終于千畝（盡終耕也）其后稷省功太史監之司徒省民大師監之宰夫陳饗膳宰監之（宰天下大夫也膳宰膳夫）膳夫贊王王歆大牢（歆饗）班嘗之（公卿大夫）庶人終食終是日也瞽帥音官以省風土（音官樂官也風土以音律省土風風氣和則土氣養）廩于籍東南鍾而藏之（廩御廩也一名神倉東南生長之處鍾聚也云爲廩以藏王所籍田以奉粢盛也）而時布之于農（布賦）稷則徧戒百姓紀農協功（紀猶綜理也協同也）曰陰陽分布震雷出滯（陰陽分日夜同也滯蟄虫也明堂月令曰日夜分雷乃發声始震蟄虫咸動啓而出之）土不備墾辟在司寇（墾發也辟罪也在司寇司寇行其罪也）乃命其旅曰徇（旅衆徇行）農師

一之（一之先往也農師上士也）農正再之（農正后稷佐田畯也故次農師也）后稷三之（農官之長也故次農正也）司空四之（司空主道路溝洫故次后稷也）司徒五之（司徒省民故次司空）太保六之太師七之（大保大師天子三公佐王論道以監衆官不特長事故次司空）太史八之（太史長逆官府之治故次太史）宗伯九之（宗伯卿官長相王之大禮若王不與祭則其位故次大史）王則大徇（大徇師公卿大夫親行農）耨穫亦如之（如之如耕時也）民用莫不震動恪恭于農（用田）脩其疆畔日服其鎛不解于時（疆疆界也鎛鋤屬也）財用不乏民用和同是時也王事惟農是務無求利於其官以干農功（求利謂變易使干亂農功）三時務農而一時講武（三時春夏秋一時冬也講習也）故征則有威守則有財若是乃能媚於神（媚說）而

和於民矣則饗祀時至而布施優裕也今天子欲循先王之緒而棄其大功匱神之祀而困民之財匱神之祀不耕藉也困民之財取於民也將何以求福用民王弗聽

樊仲山甫爲王卿士食菜於樊魯武公以括與戲以見王武公伯禽之玄孫獻公之子武公敖也括武公長子伯御也戲括弟懿公也王立戲爲太子也樊仲山父諫曰不可立不順必犯不順立少也犯猶魯必逆王命而不從也犯王命必誅故出令不可不順也令之不行政之不立令不行則政不立也行而不順民將棄上使長事少故民棄上夫下事上少事長所以爲順也今天子立諸侯而建其少是教逆也若魯從之而諸侯傚之王命將有壅言先王立

長之命將壅塞不行若不從而誅之是自誅王命也誅王命者先王之命立長今魯亦長立長若誅之是自誅王命也是事也誅亦失不誅亦失命不誅則命廢天子其圖之王卒立之魯侯歸而卒故魯人殺懿公而立伯御伯御於也三十二年諸侯伐魯立孝公孝公懿公之弟稱也

宣王三十九年王師敗於姜氏之戎宣王既喪南國之師乃料民於大原料數也仲山父諫曰民不可料夫古者料民而知其少多司民協孤終司民掌登萬民之數自生齒以上書王府無父曰孤終死也合其名籍以登於書於籍司商協名姓司商掌賜族受姓之官商金聲清謂人姓生吹律合定其姓名司徒協旅司徒掌合師旅之衆司寇協姦司寇刑官掌命姦民以知死刑之數牧協職周禮牧人掌牧養犧牲合其物色之數也工協革百工之官革更也革制度者合其數也場協入場人掌場圃委積珍異之物歛而藏之也廩協出廩人掌九穀出用之數也是則少多死生出入往來者皆可知也於是又審之以事事謂因籍田與蒐狩以簡知其數也不謂其少而大料之是示少而惡事也言王不謂其衆少而大料數之是爾以寡少又厭惡政事臨政示少諸侯避之示天下以寡弱諸侯將避遠王室不親附治民惡事無以賦令言厭惡政事則無以賦令且無故而料民天之所惡也故事也天道清淨也害於政而妨於後嗣害政敗爲政之道妨後嗣謂將有禍亂也王卒料之及幽王乃滅幽王宣王之子滅謂滅西周

單穆公爲王卿士景王二十一年將鑄大錢錢者金幣之名

所以貿物貨通財用也又曰泉單穆公曰不可古者天災降戾降下戾至也災謂水旱蝗螟之屬也於是乎量資幣權輕重以振救民量猶度也資財也權稱也振極也民患輕則爲之作重幣以行之民患幣輕而物貴則作重幣以行其輕也於是乎有母權子而行民皆得焉重曰母輕曰子以貨物物輕則子獨行物重則以母權而行之子母相通人皆得其欲也若不堪重則多作輕而行之亦不廢重於是乎有子權母而行小大利之堪任也不任之者幣重物輕妨其用也故作輕幣雜而用之以重者貿其貴以輕者貿其賤也子權母者母不足則以子平而行之故賤小大民皆以爲利也今王廢輕而作重民失其資能無匱乎廢輕而作重本竭而末寡故民失其資也若匱王用將有所乏民財匱無以供上故王用將乏也乏則將厚取於民厚取聚歛

民不給將有遠志是離民也（給足也遠志逋逃也）且夫備有未至而設之備（備國備也未至而設之謂預不虞安不忘危也）有至而後救之（至而復救謂若救災療疾量資幣平輕重之屬也）是不相入也（二者先後各有宜不相入不相爲用也）可先而不備謂之怠（怠緩）可從而先之謂之召災（謂民未患輕而重之遺民遺財是謂召災）周固羸國也天未厭禍焉而又離民以佐災無乃不可乎（言周固已爲羸病之國天降禍災未厭已也）將民之與處而離之將災是備御而召之則何以經國（君以善政爲經臣奉而成之爲緯）國無經何以出令令之不從上之患也故聖王樹德於民以除之（樹立也除除令不從之患也）夏書有之曰關石龢均王府則有（夏書逸書也關門之征也石今之斛也言

征賦調均則王之府藏常有也一日開衡也）詩亦有之曰瞻彼旱麓榛楛（音戶）濟濟（旱山名麓山足也榛似栗楛木名濟濟衆盛貌盛者言王者之德被及之也）愷悌君子干祿愷悌（愷樂悌易干求也君子謂長君言陰陽調草木盛故君子以求祿其心易樂也）夫旱麓之榛楛殖（殖長）故君子得以樂易干祿焉若夫山林匱竭林麓散亡藪澤四既（四極既盡也散亡謂無山林衡虞之政也）民力彫盡田疇荒蕪資用匱乏（彫傷也穀地爲田麻地爲荒空也蕪穢也）君子將險哀之不暇而何樂易之有焉（險危）且絕民用以實王府（絕民用謂廢小錢而鐘大）猶塞川原而爲潢汙其竭也無日矣（大者潢小者汙竭盡也無日無日數也）若民離而財匱災至而備亡王其若之何（備亡無救災之備也）吾周官之於災備也其所怠棄者多矣（周官周六官災備備災之法令也）而又奪之資以益其災是去其藏而翳其人也王其圖之（善政藏於民翳猶屏也人屏地奪其資民離叛是遠屏其民也一日翳藏也）王弗聽卒鑄大錢二十三年王將鑄無射而爲之大林（無射鐘名律中無射也大林無射之覆也作無射而爲大林以覆之其律中林鐘也）單穆公曰不可作重幣以絕民資又鑄大鐘以鮮其繼（鮮寡其繼者謂用物過度妨於財）若積聚既喪又鮮其繼生以殖（積聚既喪謂廢小錢生財殖長）且夫鐘不過以動聲（動聲謂合樂以金奏而八音從之也）若無射有林耳弗及也（無射後有大林以覆之無射陽聲之細者林鐘陰聲之大者細抑大凌故耳不能聽及也）夫鐘聲以爲耳也耳所不及非鐘聲也（非法鐘之聲）猶目所不見不

可以爲目也（耳目所不及而彊之則有眩惑之失以生）夫目之察度也不過步武尺寸之間（六尺爲步半步爲武）其察色也不過墨丈尋常之間（三尺爲墨倍墨爲尋倍尋爲常）耳之察龢也在清濁之間（清濁律呂之變也黃鐘爲宮則濁大宮爲角則清）其察清濁也不過一人之所勝（勝舉）是故先王之制鐘也大不出鈞重不過石（鈞所以鈞音之去也以木長七尺有絃繫之以爲鈞法百二十斤爲石也）律度量衡於是乎生（律五聲陰陽之法也度丈尺量斛衡稱上衡衡有斤兩之數也）小大器用於是乎出（出於鐘也易曰制器者尚其象小謂錙銖分寸大謂斤兩丈尺）故聖人慎之今王作鐘也聽之弗及（耳不及其清濁）知此之不度（不中鈞石之數）鐘聲不可以知龢（耳不能聽故不可以知龢）制度不可以出節（節謂法度量衡）

之節無益於樂而鮮民財將焉用之夫樂不過以聽耳
而美不過以觀目若聽樂而震觀美而眩患莫甚焉
夫耳目心之樞機也樞機發動也心有所欲耳目為之發動也故必聽龢
而視正聽龢則聰視正則明習於龢正則不聰惑聰則言聽明
則德昭聽言昭德則能思慮純固以言德於民民歆
而德之則歸心焉歆猶歆喜服也言德以言發德教上得民心以殖
義方殖立方道是以作無不濟求無不獲然後能樂夫耳
內龢聲而口出美言耳聞龢聲則口有美言此感於物也以為憲令
憲法而布諸民正之以度量民以心力從之不倦成事
不貳樂之至也貳變口內味而耳內聲聲味生氣口內五味

則耳樂五聲耳樂五聲則志氣生也氣在口為言在目為明言以信名
信審也名號令明以時動視物則動得其時也名以成政號令所以成政動以
殖生殖長也動得其時所以長材生政成生殖樂之至也若視聽不
龢而有震眩則味入不精不精則氣佚氣佚則不和
不和無射大林也若聽樂而震視色而眩則味入不精美味入不精美則氣放佚不行於身體其何
以能樂三年之中而有離民之器二焉二謂作大錢鑄大鐘國
其危哉王弗聽
漢公孫弘初為博士待詔金馬門時方通西南夷巴
蜀苦之詔使弘視焉還奏盛毀西南夷無所用武帝
不聽後為御史大夫時又東至滄海北築朔方之郡

弘數諫以為罷弊中國以奉無用之地罷讀曰疲願罷之
於是帝乃使朱買臣難弘置朔方之便發十策弘不
得一弘乃謝曰山東鄙人不知其便若是願罷西南
夷滄海專就朔方帝乃許之
貢禹為御史大夫列於三公自禹在位數言得失書
數十上
師丹為大司空哀帝即位封拜丁傅奪王氏權丹自
以師傅居三公位得信於帝上書言古者諒闇不言
聽於冢宰論語云子張曰書云高宗諒闇三年不言孔子曰何必高宗古之人皆然君薨百官
總己以聽於冢宰三年諒言也闇默也三年無改於父之道論語稱孔子曰父在

觀其志父沒觀其行三年無改於父之道可謂孝矣前大行尸柩在堂而官爵
臣等以及親屬赫然皆貴寵封舅為陽安侯皇后尊
號未定豫封父為孔鄉侯出侍中王邑射聲校尉王
邯等詔書比下變動政事比頻也卒暴無漸卒讀曰猝臣縱
不能明陳大義復曾不能牢讓爵位相隨空受封侯
增益陛下之過間者郡國多地動水出流殺人民日
用不明五星失行此皆舉錯失中號令不定法度失
理陰陽溷濁之應臣伏惟人情無子年雖六七十猶
博取而廣求取讀曰娶孝成皇帝深見天命燭知至德以
壯年克己立陛下為嗣先帝暴棄天下而陛下繼體

四海安寧百姓不懼此先帝聖德當合天人之功也
臣聞天威不違顏咫尺願陛下深思先帝所以建立
陛下之意且克己躬行以觀羣下之從化天下者陛
下之家也肺腑何患不富貴不宜倉卒先帝不量臣
愚以爲太傅陛下以臣託師傅故亡功德而備鼎足
封大國加賜黃金位爲三公職在左右不能盡忠補
過而令庶人竊議災異數見此臣之大罪也臣不敢
言乞骸骨歸於海濱恐嫌於僞誠慙負重責義不得
不盡死書數十上多切直之言

王嘉哀帝初爲丞相欲規成帝之政多所變動（規其政乖

失者）嘉上疏曰臣聞聖王之功在於得人孔子曰才難
不其然與（才難謂有賢才者難得也）故繼世立諸侯象賢也（象其先父
相之賢耳非必其人皆有德也）雖不能盡賢天子爲擇臣立命卿以
輔之（命卿命於天子者也）居是國也累世尊重然後士民之衆
附焉是以教化行而治功立今之郡守重於古諸侯
往者致選賢材賢材難得拔擢可用者或起於囚徒
昔魏尚坐事繫文帝感馮唐之言遣使持節赦其罪
拜爲雲中太守匈奴忌之武帝擢韓安國於徒中拜
爲梁內史骨肉以安（言梁孝王得免罪也）張敞爲京兆尹有罪
當免黠吏知而犯敞敞收殺之其家曰寃使者覆獄
劾敞賊殺人上逮捕不下（言使者上奏謂逮捕敞而天子不下其事也）會
免亡命數十日宣帝徵拜爲冀州刺史卒獲其用前
世非私此三人貪其材器有益於公家也孝文時吏
居官者或長子孫以官爲氏倉氏庫氏則倉庫吏之
後也其二千石長史亦安官樂職然後上下相望莫
有苟且之意其後稍稍變易公卿以下傳相促急又
數改更政事（更亦變）司隷部刺史察過悉劾發揚陰私（悉
盡也言事無大小皆劾過於所察之條也）吏或居官數月而退送故迎新
交錯道路中材苟容求全（不敢操持羣下也）下材懷危內顧
（壹恐獲罪各爲私計也）一切營私者多二千石益輕賤吏民慢

易之（易亦輕也）或持其微過增加成辠言於刺史司隷或
至上書章下（依其所上之章而下令治之）衆庶知其易危（言易可傾危也）
小失意則有離畔之心前山陽亡徒蘇令等從橫吏
士臨難莫肯伏節死以守相威權素奪也（守郡守也相諸侯相
也素奪謂先不假文威權也）孝成皇帝悔之下詔書二千石不爲
縱遣使者賜金慰厚其意誠以爲國家有急取辦於
二千石尊重難危乃能使下孝宣皇帝愛其良民吏
（良善也良人吏善治百姓者）有章劾事留中會赦一解（不即下治其事恐爲
擾動故須留中或經赦令一切皆解散也）故事尚書希下章爲煩擾百姓
證驗繫治或死獄中章文必有敢告之字迺下惟陛

下留神於擇賢記善忘過容忍臣子勿責以備二千石部刺史三輔縣令有材任職者人情不能不有過失宜可闊畧（寬恕其小罪也）令盡力者有所勸此方今急務國家之利也前蘇令發欲遣大夫使逐問狀時見大夫無可使者召盩厔令尹逢拜爲諫議大夫遣之今諸侯大夫有材能者甚少宜豫畜養可成就者則士赴難不愛其死臨事倉卒乃求非所以明朝廷也嘉因薦儒者公孫光滿昌及能吏蕭咸薛脩等皆故二千石有名稱天子納而用之會息夫躬孫寵等因中常侍宋弘上書告東平王雲呪詛又與后舅伍宏

謀弑上爲逆雲等伏誅躬寵擢爲吏二千石是時侍中董賢愛幸於上上欲侯之而未有所緣傅嘉勸上因東平事以封賢上於是定躬寵告東平本章掇去宋弘更言因董賢以聞欲以其功侯之皆先賜爵關內侯頃之欲封賢等上心憚嘉乃先使皇后父孔鄉侯傅晏持詔書視丞相御史於是嘉與御史大夫賈延上封事言竊見董賢等三人始賜爵衆庶匈匈咸曰賢貴其餘并蒙恩（言董賢以貴寵故妄得封而躬寵等遂蒙恩）至今流言未解陛下仁恩於賢等不已宜暴賢等本奏語言（暴謂章露也）延問公卿大夫博士議郎考合古今明正其

義然後乃加爵土不然恐大失衆心海內引領而議暴下其事必有言當封者在陛下所從天下雖不說咎有所分不獨在陛下前定陵侯淳于長初封其事亦議大司農谷永以長當封衆人歸咎於永先帝不獨蒙其譏臣嘉臣延材駑不稱死有餘責知順指不迕可得容身須臾所以不敢者報厚恩也帝感其言止數月遂封賢等後數月日食舉直言嘉復奏封事曰臣聞咎繇戒帝舜曰亡敖佚欲有國兢兢業業一日二日萬幾（言有國之人不可敖慢逸欲但當戒慎危懼以理萬事之機也）箕子戒武王曰臣無有作威作福亡有玉食臣之有作威作

福玉食害於而家凶于而國人用側頗辟民用僭慝（玉食精好如玉也而汝也頗偏也僭不信也慝惡也）言如此則逆尊卑之序亂陰陽之統而害及王者其國極危國人傾邪不正民用僭差不一此君不蹈法度上下失序之敗也武王躬履此道隆至成康（言武王能履法度故至成康之時德化隆盛也）自是以後縱心恣欲法度陵遲（陵遲卽陵夷也言其頹替也）至於臣弑君子弑父父子至親失禮患生何況異姓之臣孔子曰道千乘之國敬事而信節用而愛人使民以時（道治也）孝文皇帝備行此道海內蒙恩爲漢太宗孝宣皇帝賞罰信明施與有節記人之功忽於小過（忽忘也）以致

治平孝元皇帝奉承大業温恭少欲都内錢四十萬萬水衡錢二十五萬萬少府錢十八萬萬言不費用故畜積也嘗幸上林後宮馮貴人從臨獸圈猛獸驚出貴人前當之元帝嘉美其義賜錢五萬此言雖嘉其義而賞亦不多掖庭見親有加賞賜屬其人勿衆謝掖庭宮人有親戚來見而帝賜之者屬其家勿使於衆人中謝也示平惡有偏重失人心賞賜節約是時外戚貲千萬者少耳故少府水衡見錢多也見在之錢也雖遭初元永光㓙年饑饉加有西羌之變外奉師旅內振貧民終無傾危之憂以府藏內充實也孝成皇帝時諫臣多言燕出之害燕出謂微行也及女寵專愛耽於

酒色損德傷年其言甚切然終不怨怒也寵臣淳于長張放史育育數貶退家貲不滿千萬放斥逐就國長榜死於獄榜笞擊也不以私愛害公義故雖多內譏朝廷安平雖有好內之譏而不害政也傳業陛下陛下在國之時好詩書尚儉節徵來所過道上稱誦德美此天下所以向心也望爲治也初即位易帷帳去錦繡乘輿席緣綈繒而已綈厚繒也其皇寢廟比比當作恭皇帝哀之父即定陶恭王也比比猶頻頻憂閔元元惟用度不足惟思也以義割恩輒且止息今始作治而駙馬都尉董賢亦起官寺上林中又爲賢治大第開門鄉北闕引玉渠灌園池玉渠官渠名在城東灌盡

門外使者護作護監視也賞賜吏卒甚於治宗廟賢母病長安厨給祠具長安有厨宮主爲官食道中過者皆飲食禱於道中故行人皆得飲食爲賢治器器成奏御乃行或物好特賜其工自貢獻宗廟三宮猶不至此三宮天子太后皇后也賢家有賓婚及見親諸官並共親戚相見也並共言百官各以所掌事及財物就供之賜及蒼頭奴婢人十萬錢使者護視發取市物百賈震動賈謂販賣人也言百賈者并一人解也道路讙譁羣臣惶惑詔書罷苑而以賜賢二千餘頃均田之制從此墮壞自公卿以下至于吏民名曰均田皆有頃數於品制中令均等今賜賢二千餘頃墮壞其等制也奢僭放縱變亂陰陽災異衆多百姓訛言持籌相驚被髮徒跣

而走乘馬者馳天惑其意不能自止或以爲籌者策失之戒也陛下素仁智愼事今而有此大譏孔子曰危而不持顛而不扶則將安用彼相矣季氏將代顓臾冉有季路見於孔子孔子以此言責之以其不規見也臣嘉幸得備位竊內悲傷不能通愚忠之信身死有益於國不敢自惜唯陛下愼已之所獨鄉察衆人之所共疑往者寵臣鄧通韓嫣驕貴失度逸豫無厭小人不勝情欲卒陷罪辜卒終也亂國忘軀不終其祿所謂愛之適足以害之者也宜浮覽前世以節賢寵全安其命於是帝浸不說漸進也而愈愛賢不能自勝會祖母傅太后薨上因託傅太

后遺詔令成帝母王太后下丞相御史益封賢二千
戶及賜孔鄉侯汝昌侯陽新侯國傅晏傅商鄭業也嘉封還
詔書還謂卻上之於天子也因奏封事諫帝及太后曰臣聞爵
祿土地天子之有也書云天命有德五服五章哉言皇
天命于有德者以居列位天子諸侯卿大夫士尊卑之服采章各異也王者代天爵人
尤宜愼之裂地而封不得其宜則庶衆不服感動陰
陽其害疾自深言此氣損害故令天子身自有疾也今聖體久不平此
臣嘉所內懼也高安侯賢佞幸之臣陛下傾爵位以
貴之單貨財以富之單盡也損至尊以寵之言帝意傾威爲陛下
所寵也王威已黜府藏已竭唯恐不足財皆民力所爲

孝文皇帝欲起露臺重百金之費克已不作今賢散
公賦以施私惠一家至受千金往古以來貴臣未嘗
有此流聞四方皆同怨之里諺曰千人所指無病而
死臣嘗爲之寒心今太皇太后以永信太后遺詔詔
丞相御史益賢戶賜三侯國臣嘉竊惑山崩地動日
食於三朝歲月日之朝也皆陰陽之戒也前賢已再封晏商
再易邑業緣私橫求恩已過厚求索自恣不知厭足
甚傷尊尊之義不可以示天下爲害痛矣臣驕侵罔
陰陽失節罔謂誣蔽也氣感相動害及身體陛下寢疾久
不平繼嗣未立宜思正萬事順天人之心以求福祐

奈何輕身肆意不念高祖之勤苦垂立制度欲傳之
于無窮哉孝經曰天子有爭臣七人雖無道不失其
天下言帝能納諫則免於過惡也臣謹封上詔書不敢露見非愛
死而不自法恐天下聞之故不敢自劾愚戇數犯忌
諱唯陛下省察哀帝發怒下獄自殺

後漢伏湛光武建武初爲大司徒時幽州牧彭寵反
於漁陽帝欲自征之湛上疏諫曰臣聞文王受命而
征伐五國必先詢之同姓然後謀于羣臣加占蓍龜
以定行事故謀則成卜則吉戰則勝其詩曰帝謂文
王詢爾仇方同爾兄弟以爾鉤援與爾臨衝以伐崇

墉崇國城守先退後伐所以重人命俟時而動故三
分天下而有其二陛下承大亂之極受命而帝興明
祖宗出入四年而滅檀鄉制五校降銅馬破赤眉誅
鄧奉之屬不爲無功今京師空匱資用不足未能服
近而先事邊外且漁陽之地逼接北狄黠虜困迫必
求其助又今所過縣邑尤爲困乏種麥之家多在城
郭聞官兵將至當已收之矣大軍遠涉二千餘里士
馬罷勞轉糧艱阻今兗豫青冀中國之都而寇賊縱
橫未及從化漁陽以東本備邊塞地接外虜貢稅微
薄安平之時尚資內郡況今荒耗豈足先圖而陛下

捨近務遠棄易求難四方疑怪百姓恐懼誠臣之所忽也伏願遠覽文王重兵博謀近思征伐前後之宜顧問有司使極愚誠采其所長擇之聖慮以中土爲憂念帝覽其奏遂不親征

第五倫章帝永元初爲司空帝以明德太后故尊崇舅氏馬廖兄弟並居職任廖等傾身交結冠蓋之士爭赴趨之倫以后族過盛欲令朝廷抑損其權上疏曰臣聞忠不隱諱直不避害不勝愚狷昧死自表書曰臣無作威作福其害于而家凶于而國傳曰大夫無境外之交束脩之饋近代光烈皇后雖友愛天至

而卒使陰就歸國徙廢陰興賓客其後梁竇之家互有非法明帝即位竟多誅之自是雒中無復權戚書記請託一皆斷絕又譬諸外戚曰苦身待士不如爲國戴盆望天事不兩施臣嘗刻着五藏書諸紳帶而今之議者復以馬氏爲言竊聞衛尉廖以布三千疋城門校尉防以錢三百萬私贍三輔衣冠知與不知莫不畢給又聞臘日亦遺其在雒中者錢各五千越其較尉光臘用羊三百頭米四百斛肉五千斤臣愚以爲不應經義惶恐不敢不以聞陛下春欲厚之亦宜所以安之臣今言此誠欲上忠陛下下全后家裁

蒙省察及馬防爲車騎將軍當出征西羌倫又上疏曰臣愚以爲貴戚可封侯以富之不當職事以任之何者繩以法則傷恩私以親則違限憲伏聞馬防今當西征臣以太后恩仁陛下至孝恐卒有纖芥難爲意愛聞防請杜篤爲從事中郎多賜財帛篤爲鄉里所廢客居美陽女弟爲馬氏妻恃此交通在所縣令苦其不法收繫論之今來防所議者咸致疑怪況乃以爲從事將恐議及朝廷今宜爲選賢能以輔助之不可復令防自請人有損事望苟有所懷敢不自聞並不見省用及諸馬得罪歸國而竇氏始貴倫復上

疏曰臣得以空虛之質當輔弼之任素性駑怯位尊爵重拘迫大義思自策厲雖遭百死不敢擇地又況親遇危言之世哉今承百王之敝人尚文巧咸趨邪路莫能守正伏見虎賁中郎將竇憲椒房之親典司禁兵出入省闥年盛志美卑謙樂善此誠其好士交結之方然諸出入貴戚者類多瑕釁禁錮之人尤少守約安貧之節士大夫無志之徒更相販賣雲集其門衆煦飄山聚蚊成雷蓋驕佚所從生也三輔論議者至云以貴戚廢錮當復以貴戚浣濯之猶解酲當以酒也詖險趨勢之徒誠不可親近臣愚願陛下中

宮嚴勑憲等閉門自守無妄交通士大夫防其未萌慮於無形令憲永保福祿君臣交歡無纖介之隙此臣之至所願也

袁安和帝初爲司徒時竇太后臨朝后兄車騎將軍憲北擊匈奴安與太尉宋繇司空任隗及九卿詣朝堂上書諫以爲匈奴不犯邊塞而無故勞師遠涉損費國用徼功萬里非社稷之計書連上輒寢宋繇懼遂不敢復署議而諸卿稍自引止唯安獨與任隗守正不移至免冠朝堂固爭者十上太后不聽衆皆爲之危懼安正色自若

丁鴻永元四年爲司徒竇太后臨政憲兄弟各擅威權鴻因日食上封事曰臣聞日者陽精守實不虧君之象也月者陰精盈毀有常臣之表也故日食者臣乘君陰陵陽月滿不虧下驕盈也昔周室衰季皇甫之屬專權於外黨類強盛侵奪主勢則日月薄食故詩曰十月之交朔日辛卯日有食之亦孔之醜春秋日食三十六弒君三十二變不空生各以類應夫威柄不以放下利器不可假人覽觀往古近察漢興傾危之禍靡不繇之是以三桓專魯田氏擅齊六卿分晉諸呂握權統嗣幾移平之末廟不血食故雖有周公之親而無其德不得行其勢也今大將軍雖欲勑身自約不敢僭差然而天下遠近皆惶怖承旨刺史二千石初除謁辭求通待報雖奉符璽受臺勑不敢便去久者至數十日背王室向私門此乃上威損下權盛也人道悖於下效驗見於天雖有隱謀神照其情垂象見戒以告人君間者月滿先節過望不虧此臣驕溢背君專功獨行也陛下未深覺悟故天重見戒誡宜畏懼以防其禍詩云敬天之怒不敢戲豫若勑政責躬杜漸防萌則凶妖銷滅害除福湊矣夫壞崖破巖之水源自涓涓干雲蔽日之木起於葱青禁

微則易救末則難人莫不忽於細微以致其大恩不忍誨義不忍割去事之後未然之明鏡也臣愚以爲左官外府之臣依託權門傾覆諂諛以求容媚者宜行一切之誅間日大將軍再出威振州郡莫不賦斂吏人遣使貢獻大將軍雖云不受而物不還主部署之吏無所畏憚縱行非法不伏罪辜故海內貪猾競爲奸吏小民吁嗟怨氣滿腹臣聞天不可以不剛不剛則三光不明王不可以不彊不彊則宰牧縱橫宜因大變改政救失以塞天意書奏十餘日帝以鴻行大尉兼衛尉屯南北宮於是收竇憲大將軍印綬憲

及諸弟皆自殺

魯恭爲司徒和帝末下令麥秋得案驗薄刑而州郡好以苛察爲政因此遂盛夏斷獄恭上疏諫曰臣伏見詔書敬若天時憂念萬民爲崇和氣罪非殊死且勿案驗進柔良退貪殘奉時令所以助仁德順昊天致和氣利黎民者也舊制至立秋乃行薄刑自永元十五年以來改用孟夏而刺史太守不深惟憂民息事之原進良退殘之化因以盛夏徵召農人拘對考驗連滯無已司隷典司京師四方是則而近於春月分諸部託言勞來貧人而無惻隱之實煩擾郡縣廉

考非急逮捕一人罪延十數上逆時氣下傷農業案易五月始用事經曰后以施令誥四方言君以夏至之日施命令止四方行者所以助微陰也行者尚止之況於逮召考掠奪其時哉比年水旱傷稼人饑流冗今始夏百穀權輿陽氣胎養之時自三月以來陰陽不暖物當化變而不被和氣月令孟夏斷薄刑出輕繫行秋令則苦雨數來五穀不熟又曰仲夏挻重囚益其食行秋令則草木零落人傷于疫夫斷薄刑者謂其輕罪已正不重令久繫故時斷之也臣愚以爲孟夏之制可從此令其決獄案考皆以立秋爲斷以順時節育成萬物則天地以和刑罰以清矣

張禹爲太尉錄尚書事時和帝遏密禹上言方諒闇密靜之時不宜依嘗有事於苑囿其廣成上林空地宜且以假貧民鄧太后從之禹爲太尉永初四年新野君病（鄧太后母陰氏）皇太后車駕幸其第禹與司徒夏勤司空張敏俱上表言新野君不安車駕連日宿止臣等誠竊惶懼臣聞王者動設先置止則交戟清道而後行清室而後御離宮不宿所以重宿衞也陛下體蒸蒸之至孝親省方藥恩情發中久處單外百官露止議者所不安宜且還宮上爲宗廟社稷下爲萬

國子民比三上固爭乃還宮

楊震永寧初爲司徒安帝乳母王聖女伯榮驕淫尤甚與故朝陽侯劉護從兄瓌交通遂以爲妻得襲護爵位至侍中震深疾之詣闕上疏曰臣聞高祖與群臣約非功臣不得封故經制父死子繼兄亡弟繼以防篡也伏見詔書封故朝陽侯劉護再從兄瓌襲護爵爲侯護同産弟威今猶見在臣聞天子專封封有功諸侯專爵爵有德今瓌無他功行但以配阿母女一時之間既位侍中又至封侯不稽舊制不合經義行人諠譁百姓不安陛下宜覽鏡既往順帝之則書

奏不省延光中代劉愷爲太尉詔遣使者大爲阿母脩第中常侍樊豐及侍中周廣謝惲等更相扇動傾搖朝廷震復上疏曰臣聞古者九年耕必有三年之儲故堯遭洪水人無菜色臣伏念方今灾害發起彌益滋甚百姓空虛不能自贍重以螟蝗羌虜鈔掠三邊震擾戰鬬之役至今未息兵甲軍糧不能復給大司農帑藏匱乏殆非社稷安寧之時伏見詔書爲阿母興起津城門内第舍合兩爲一連里竟街雕脩繕飾窮極巧伎今盛夏土王而攻山採石其大匠左校别部將作合數十處轉相迫促爲費巨億周廣謝惲

兄弟與國無肺腑枝葉之屬依倚近倖姦佞之人與樊豐王永等分威共權屬託州郡傾動大臣宰司辟召承望旨意招來海内貪污之人受其貨賂至有臧錮棄世之徒復得顯用白黑溷淆清濁同源天下讙譁咸曰財貨上流爲朝結譏臣聞師言上之所取財盡則怨力盡則叛怨叛之人不可復使故曰百姓不足君誰與足惟陛下度之豐惲等見震連切諫不從無所顧忌遂詐作詔書調發司農錢穀大匠見徒材木各起家舍園池廬觀役費無數震因地震復上疏曰臣蒙恩備台輔不能奉宣政化調和陰陽去年十一月四日京師地動臣聞師言地者陰精當安静承陽而今動搖者陰道盛也其日戊辰三者皆土位在中宫此中臣近官盛於持權用事之象也臣伏惟陛下以邊境未寧躬自菲薄宫殿垣屋傾倚枝柱而已無所興造欲令遠近咸知政化之清流商邑之翼翼也而親近倖臣未崇斷金驕溢踰法多請徒士盛脩第舍賣弄威福道路讙譁衆所聞見地動之變近在城郭殆爲此發又冬無宿雪春節未雨百僚燋心而繕脩不止誠致旱之徵也書曰僭恒陽若臣無作威作福玉食惟陛下奮乾剛之德棄驕奢之臣以掩訞

言之口奉承皇天之戒無令威福久移於下震前後所上轉有切至

張晧順帝時爲司空清河趙騰上言災變譏刺朝政章下有司收騰繫考所引黨輩八十餘人皆以誹謗當伏重法晧上疏諫曰臣聞堯舜立敢諫之鼓三王樹誹謗之木春秋採善書惡聖主不罪芻蕘騰等雖干上犯法所言本欲盡忠正諫如當誅戮天下杜口塞諫爭之源大非所以昭德示後也帝悟减騰死罪一等餘者司寇（司寇二歳刑也輸作司寇因以爲名）

楊秉爲太尉桓帝南廵園陵特詔秉從行至南陽左

右並通奸利詔書多所除拜秉上疏諫曰臣聞先王建國順天制官太微積星名爲郎位入奉宿衛出牧百姓皐陶誡虞在於官人頃者道路拜除恩加豎隷爵以貨成化繇此敗所以俗夫巷議白駒遠逝穆穆清朝遠近莫觀宜割不忍之恩以斷求欲之路於是詔除乃止

陳蕃延熹八年爲太尉中常侍蘇康管霸等復被任用遂排忠良共相阿媚大司農劉祐廷尉馮緄河南尹李膺皆以忤旨爲之抵罪蕃因朝會固理膺等請加原宥升之爵任言及反覆誠辭懇切帝不聽因流

涕而起時小黄門趙津南陽大猾張汜等奉事中官乘勢犯法二郡太守劉瓆成瑨考按其罪雖經赦令而並竟考殺之宦官怨恚有司承旨遂奏瓆瑨罪當棄市又山陽太守翟超沒入中常侍侯覽財産東海相黄浮誅殺下邳令徐宣超浮並坐髡鉗輸作左較蕃與司徒劉矩司空劉茂共諫請瓆瑨超浮等帝不悅有司劾奏之矩茂不敢復言蕃乃獨上疏曰臣聞齊桓脩霸務爲内政春秋於魯小惡必書宜先自整勅從以及人今寇賊在外四支之疾内政不理心腹之患臣寢不能寐食不能飽實憂左右日親忠言以疏内患漸積外難方深陛下超從列侯繼承天位小家畜産百萬之資子孫尚恥愧失其先業況乃産兼天下受之先帝而欲懈怠以自輕忽乎誠不愛己不當念先帝得之勤苦耶前梁氏五侯毒徧海内天啓聖意收而戮之天下之議冀當小平明鑒未遠覆車如昨而近習之權復相結扇小黄門趙津大猾張汜等肆行貪虐奸媚左右前太原太守劉瓆南陽太守成瑨糾而戮之雖言赦後不當誅殺原其誠心在乎去惡至於陛下有何悁悁而小人道長熒惑聖聽遂使天威爲之發怒如加刑讁已爲過甚況乃重罰令

伏歐刃乎又前山陽太守翟超東海相黄浮奉公不撓疾惡如讎超沒侯覽財物浮誅徐宣之罪並蒙刑坐不逢赦恕覽之從横沒財已幸宣犯釁過死有餘辜昔丞相申屠嘉召責鄧通雒陽令董宣折辱公主而文帝從而請之光武加以重賞未聞二臣有專命之誅而今左右群豎惡傷黨類妄相交搆致此刑讁聞臣是言當復嗁訴陛下深宜割塞近習豫政之言引納尚書朝省之事公卿大官五日一朝簡練清高斥出佞邪如是天和於上地洽於下休禎符瑞豈遠乎哉陛下雖厭毒臣言凡人主有自勉强敢以死陳

帝得奏愈怒竟無所納朝廷衆庶莫不慫之九年李
膺等以黨事下獄考實蕃因上疏極諫曰臣聞賢明
之君于心輔佐亡國之主諱聞直亂故湯武雖聖而
興於伊呂桀紂迷惑亡在失人繇此言之君爲元首
臣爲股肱同體相須共成美惡者也伏見前司隸較
尉李膺太僕杜密太尉椽范滂等正身無玷死心社
稷以忠忤旨橫加考按或禁錮閉隔或死徙非所杜
塞天下之口聾盲一世之人與秦焚書坑儒何以爲
異昔武王克殷表閭封墓今陛下臨政先誅忠賢遇
善何薄待惡何優夫讒人似實巧言如簧使聽之者

惑而視之者昏夫吉凶之效存乎識善成敗之機在
乎察言人君者攝天地之政秉四海之維舉動不可
以違聖法進退不可以離道規謬出言口則亂及八
方何況髠無罪於獄殺無辜於市乎昔禹巡狩蒼梧
見市殺人下車而哭之曰萬方有罪在予一人故其
興也勃焉又青徐炎旱五穀損傷民物流遷茹菽不
足而宮女積於房掖國用盡於羅紈外戚私門貪財
受賂所謂祿去公室政在大夫昔春秋之末周德衰
微數十年間無復災眚者天所棄也天之於漢惓惓
無已故殷勤示變以悟陛下除妖去孽實在脩德臣

位列台司憂責深重不敢尸祿惜生坐觀成敗如蒙
採錄使身首分裂異門而出所不恨也帝諱其言切
託以蕃辟召非其人遂策免之
楊賜熹平五年爲司徒時朝廷爵授多不以次而靈
帝徽行遊幸外苑賜上疏曰臣聞天生蒸民不能自
理故立君長使司牧之是以唐虞兢兢業業周文日
昃不暇明慎庶官俊乂在職三載考績以覲厥成而
今所序用無他德有形埶者旬日累遷守貞之徒歷
載不轉勞逸無別善惡同流北山之詩所爲訓作又
聞數微行出幸苑囿觀鷹犬之埶極盤遊之荒政事

日墮大化陵遲陛下不顧二祖之勤止追慕五宗之
美蹤而欲以望太平是繇曲表而欲直景郤行而求
及前人也宜絕慠慢之戲念官人之重割用拔之恩
慎貫魚之次無令醜女有四殆之歎遐邇有憤怨之
聲臣受恩偏特忝任師傅不敢自同凡臣括囊避咎
謹自手書密上後坐辟黨人免復拜光祿大夫元和
年間以忤曹節等蔡邕坐直對抵罪徙朔方賜以師
傅之恩故得免咎其冬行辟雍禮引賜爲三老復拜
少府光祿勳代劉郃爲司徒帝欲造畢圭靈琨苑賜
復上疏曰竊聞使者並出規度城南人田欲以爲苑

昔先王造囿裁足以備三驅之禮薪萊芻牧皆悉往焉先帝之制左開鴻池右作上林不奢不約以合禮中今猥規郊城之地以爲苑囿壞沃衍廢田園驅居人畜禽獸殆非所謂若保赤子之義今城外之囿已有五六可以逞情意順四節也宜惟夏禹卑宮太宗露臺之意以慰下民之勞書奏帝欲止以問侍中任芝等以爲無害遂令築苑

巡按福建監察御史臣李嗣京　訂正
分守建南道左布政使臣胡維霖　參閲
知長樂縣事臣夏允彝
知建陽縣事臣黄國琦　較釋

宰輔部　二百二十六

諫諍第二

魏王朗文帝時爲司空帝頗出游獵或昏夜還宮朗上疏曰夫帝王之居外則飭周衛內則重禁門將行則設兵而後出幄稱警而後踐墀張弧而後登輿清

道而後奉引遮列而後轉轂靜室而後息駕皆所以顯至尊務戒慎垂法教也近日車駕出臨捕虎日昃而行及昏而反違警蹕之恒法非萬乘之至慎也帝報曰覽表雖魏絳稱虞箴以諷晉悼相如陳猛獸以戒漢武未足以喻方今二寇未殄將帥遠征故時入原野以習戎備至於夜還之戒已詔有司施行又孫權欲遣子登入侍不至文帝車駕徙許昌大興屯田欲舉軍東征朗上疏曰昔南越守善嬰齊入侍遂爲冢嗣還君其國康居驕黠情不副辭都護奏議以爲宜遣侍子以黜無禮且吳濞之禍萌於子入隗囂之叛亦不顧子往者聞權有遣子之言而未至今六軍戒嚴臣恐輿人未暢聖旨當謂國家愠於登之逋留是以爲之興師設師行而登乃至則爲所動者至大所致者至細猶未足以爲慶設其傲很殊無入志懼彼輿論之未暢者並懷伊邑臣愚以爲宜勅別征諸將各明奉禁令以慎守所部外曜烈威內廣耕稼使泊然若山澹然若淵勢不可動計不可測是時帝以戎軍遂行權子不至車駕臨江而還明帝即位朗使至鄴省文昭皇后陵見百姓或有不足是時方營修宮室朗上疏曰陛下即位以來恩詔屢布百姓萬民

莫不欣欣臣頃奉使北行往反道路聞衆徭役其可得蠲除省減者甚多願陛下重留日昃之聽以計制寇昔大禹將欲拯天下之大患故乃是卑其宮室儉其衣食用能盡有九州弼成五服勾踐欲廣其禦兒之疆（禦兒吳界邊戍之地名）馘夫差於姑蘇故亦約其身以及家儉其家以施國用能囊括五湖席捲三江取威中國定霸華夏漢之文景亦欲恢弘祖業增崇洪緒故能割意於百金之臺昭儉於弋綈之服內減大官而不受貢獻外省徭役而務農桑用能號稱升平幾致刑措孝武之所以能奮其軍勢拓其外境誠因祖考

蓄積素足故能遂成大功霍去病中才之將猶以匈奴未滅不治第宅明卹遠者畧近事外者簡內自漢之初及中興皆於金華畧寢之後然後鳳闕猥閈德陽並起今當建始之前足用列朝會崇華之後足用序內官華林天淵足用展游宴若且先成閶闔之象魏使足用列遠人之朝貢者修城池使足用絕踰越成國險其餘一切且須豐年一以勤耕農為務習戎備為事則國無怨曠戶口滋息民充兵彊而寇戎不賓緝熙不作未之有也轉為司徒時屢失皇子而後宮就館者少朗上疏曰昔周文十五而有武王遂享

十子之祚以廣諸妃之禦武王既老而生成王成王是以鮮于兄弟此二王者各樹聖德無以相過此其子孫之祚則不相如蓋生育有早晚所產有衆寡也陛下既德祚兼彼二聖春秋高於姬文育武之時矣而子發未舉於椒蘭之奧房藩王未繁於掖庭之衆室以成王為喻雖未為曉取譬伯邑則不為夙周禮六宮內官百二十人而諸經常說咸以十二為限至於秦漢之末或以千百為數矣然雖彌猥而就時於吉館者或甚鮮明百斯男之本誠在於一意不但在於務廣也老臣悽悽願國家同祚於軒轅之五五而未及周文之二五用為伊邑且少小嘗苦被褥泰溫泰溫則不能便柔膚弱體是以難可防護而易用感慨若常令少小之緼袍不至於甚厚則必咸保金石之性而比壽於南山矣帝報曰夫忠至者辭篤愛重者言深君既勞思慮又手筆將順三復德音欣然無量朕繼嗣未立以為君憂欽納至言思聞良規

陳羣明帝時為司空錄尚書事帝初涖政羣上疏曰詩稱儀刑文王萬邦作孚又曰刑于寡妻至于兄弟以御于家邦道自近始而化洽於天下自喪亂以來干戈未戢百姓不識王教之本懼其陵遲已甚陛下

當盛魏之隆荷二祖之業天下想望至治惟有以崇德布化惠恤黎庶則兆民幸甚夫臣下雷同是非相蔽國之大患也若不和睦則有讐黨有讐黨則毀譽無端毀譽無端則眞偽失實不可不深防備有以絕其源流後皇女淑薨追封謚平原懿公主羣上疏曰長短有命存亡有分故聖人制禮或抑或致以求厥中防墓有不修之儉嬴博有不歸之魂夫大人動合天地垂仁無窮又大德不踰閑動為師表故也八歲下殤禮所不備况以朞月而以成人禮送之加為制服舉朝素衣朝夕哭臨自古以來未有此比而乃復

自徃視陵親臨祖載願陛下抑割無益有損之事但
悉聽羣臣送葬乞車駕不行此萬國之至望也聞車
駕欲幸摩陂實到許昌二宮上下皆悉俱東舉朝大
小莫不驚怪或言欲以避衰或言欲於便處移殿舍
或不知何故臣以爲吉凶有命禍福繇人移徙求安
則亦無益若必當移避繕治金墉城西宮及孟津別
宮皆可權跱分止可無舉宮暴露野次廢損盛節蠶
農之要又賊地聞之以爲大衰加所煩費不可計量
且繇吉士賢人當盛衰處安危秉道信命非徙其家
以寧鄉邑從其風化無恐懼之心況乃帝王萬國之

主靜則天下安動則天下擾行止動靜豈可輕脫哉
帝不聽青龍中營治宮室百姓失農時羣上疏曰禹
承唐虞之盛猶卑宮室而惡衣服況今喪亂之後人
民少至比漢文景之時不過一大郡加邊境有事將
上勞苦若有水旱之患國家之深憂也且吳蜀未滅
社稷不安宜及其未動講武勸農有以待之今舍此
急而先宮室臣懼百姓遂困將何以應敵昔劉備自
成都至白水多作傳舍興費人役太祖知其疲民也
今中國勞力亦吳蜀之所願此安危之機也惟陛下
慮之帝答曰王者宮室亦宜竝立滅賊之後但當罷
守耳豈可復興役邪是故君之職蕭何之大略也羣
又曰昔漢祖惟與項羽爭天下羽已滅宮室燒毀是
以蕭何建武庫太倉皆是要急然猶非其壯麗今二
虜未平誠不宜與古同也夫人之所欲莫不有辭況
乃天王莫之敢違前欲壞武庫謂不可不壞也後欲
置之謂不可不置也若必作之固非臣下辭言所屈
若少留神卓然回意亦非臣下之所及也漢明帝欲
起德陽殿鍾離意諫卽用其言後乃復作之殿成謂
羣臣曰鍾離尚書在不得成此殿也夫王者豈憚一
臣蓋爲百姓也今臣曾不能少凝聖聽不及意遠矣

帝於是有所減省
華歆爲太尉明帝太和中遣曹真從子午道伐蜀車
駕東幸許昌歆上疏曰兵亂以來過踰二紀大魏承
天受命陛下以聖德當成康之隆宜弘一代之治紹
三王之迹雖有二賊負險延命苟聖化日躋遠人懷
德將襁負而至夫兵不得已而用之故戢而時動臣
誠願陛下先留心於治道以征伐爲後事且千里運
糧非用兵之利越險深入無獨克之功如聞今年徵
役頗失農桑之業爲國者以民爲基民以衣食爲本
使中國無飢寒之患百姓無離上之心則天下幸甚

二賊之釁可坐而待也臣備位宰相老病日篤犬馬之命將盡恐不復奉望鑾蓋不敢不竭臣子之懷惟陛下裁察帝報曰君深慮國計朕甚嘉之賊憑恃山川二祖勞於前世猶不克平朕豈敢自多謂必滅之哉諸將以爲不一探取無緣自弊是以觀兵以闚其釁若天時未至周武還師乃前事之鑒朕敬不忘所戒時秋大雨詔眞引軍還

吳陸遜爲丞相荆州牧都護領武昌事時太子有不安之議遜上疏陳太子正統宜有盤石之固魯王藩臣當使寵秩有差彼此得所上下獲安謹叩頭流血

以聞書三四上及求詣都欲口論適庶之分以匡得失旣不聽許

陸凱爲左丞相時後主性不好人視己羣臣侍見皆莫敢迕凱說皓曰夫君臣無不相識之道若卒有不虞不知所赴皓聽凱自視後主時徙都武昌揚土百姓泝流供給以爲患苦又政事多謬黎元窮匱凱上疏曰臣聞有道之君以樂樂民無道之君以樂樂身樂民者其樂彌長樂身者不久而亡夫民者國之根也誠宜重其食愛其命民安則君安民樂則君樂自頃年以來君威傷於桀紂君明闇於姦雄君惠閉於羣孽無災而民命盡無爲而國財空辜無罪賞無功使君有謬悮之愆天爲作妖而諸公卿媚上以求愛困民以求饒導君於不義敗政於淫俗臣竊爲痛心今鄰國交好四方無事當務息役養士實其廩庫以待天時而更傾動天心搔擾萬姓使民不安大小呼嗟此非保國養民之術也臣聞吉凶在天猶影之在形響之在聲也形動則影動形止則影止此分數乃有所繫非在口之所進退也昔秦所以亡天下者但坐賞輕而罰重政刑錯亂民力盡於奢侈目眩於美色志濁於財寶邪臣在位賢哲隱藏百姓棄業天下

苦之是以遂有覆巢破卵之憂漢所以彊者躬行誠信聽諫納賢惠及負薪躬請巖穴廣采博察以成其謀此往事之明證也近者漢之衰末三家鼎立曹失綱紀晉有其政又益州危險兵多精彊閉門固守可保萬世而劉氏與奪乖錯賞罰失所君恣意於奢侈民力竭於不急是以爲晉所伐君臣見虜此目前之明驗也臣闇於大理文不及義智慧淺劣無復異望竊爲陛下惜天下耳臣謹奏耳目所聞見百姓所爲煩苛刑政所爲錯亂願陛下息大功損百役務寬盪忍苛政又武昌土地實危險而塉确非王都安國養

民之處舩泊則沉漂陵居則峻危且童謡云寧飲建業水不食武昌魚寧還建業死不止武昌居臣聞翼星爲變熒惑作妖童謡之言生於天心乃以安居而比死足明天意知民所苦也臣聞國無三年之儲謂之非國而今無一年之畜此臣下之責也而諸公卿位處人上祿延子孫曾無致命之節裨救之術苟進小利於君以求容媚荼毒百姓不爲君計也自從孫弘造義兵以來耕種既廢所在無復輸入而分一家父子異役廩食日張畜積日耗民有離散之怨國有露根之漸而莫之恤也民力困窮鬻賣兒子調賦相

仍日以疲極所在長吏不加隱括加有監官既不愛民務行威勢所在搔擾更爲煩苛民苦二端財力再耗此爲無益而有損也願陛下一息此輩矜哀孤弱以鎮撫百姓之心此猶魚鱉得免毒螫之淵鳥獸得離羅網之綱四方之民襁負而至矣如此民可得保先王之國存爲臣聞五音令人耳不聰五色令人目不明此無益於政有損於事者也自昔先帝時後宮列女及諸織絡數不滿百米有畜積貨財有餘及幼景在位更改奢侈不蹈先迹復聞織絡及諸徒坐乃有千數計其所長不足爲國然坐食官廩歲歲相承此爲無益願陛下料出賦嫁給於無妻者如此上應天心下合地意天下幸甚臣聞殷湯取士於商賈齊桓取士於車轅周武取士於負薪大漢取士於奴僕明王聖主取士以賢不拘卑賤故其功德洋溢名流竹素非求顏色而取好服捷口容悅者也臣伏見當今內寵之臣位非其人任非其量不能輔國佐時羣黨相扶害忠隱賢願陛下簡文武之臣各勤其官州牧督將藩鎮方外公卿尚書務修仁化上助陛下下拯黎民各盡其忠拾遺萬一則康哉之歌作刑措之理清願陛下留神思臣愚言凱乃心公家義形於色

表疏皆指事不飾忠懇內發皓所行彌暴凱知其將亡又上表曰臣聞惡不可積過不可長積惡長過喪亂之源也是以古人懼不聞非故設進善之旌立敢諫之鼓武公九十思聞警戒詩美其德士悅其行臣察陛下無思警戒之義而有積惡之漸臣深憂之此禍兆見矣故略陳其要寫盡愚懷陛下宜克己復禮述履前德不可捐棄臣言而放奢意意奢情至吏日欺民民離則上不信下下當疑上骨肉相克公子相奢臣雖愚闇於天命以心審之敗不過二十稔也臣嘗忿亡國之人夏桀殷紂亦不可使後人復忿陛下

也臣受國恩奉朝三世復以餘年值遇陛下不能循俗與衆浮沉若比干伍員以忠見戮以正見疑自謂畢足無所餘恨灰身泉壤無負先帝願陛下九思社稷存焉初皓始起宮凱上表諫不聽凱重表曰臣聞宮功當起夙夜反側是以頻頻上事往往留中不見省報於邑嘆息企想應罷昨食時被詔曰君所諫誠是大趣然未合鄙意如何此宮殿不利宜當避之乃可以妨勞役長坐不利宮乎父之不安子亦何倚臣拜紙詔伏讀一周不覺氣結於胷而涕泣雨集也臣年已六十九榮祿已重於臣過望人何所與所以勤

勤歎進苦言者臣伏念大皇帝創基立業勞苦勤至白髮生於鬢膚黃着被於甲冑天下始靜幼主嗣統柄在臣下軍有連征之費民有彫殘之損賊臣干政公家空竭今彊敵當塗西州傾覆孤罷之臣宜當畜養廣力肆業以備有虞且始徙都屬有軍征戰士廢流離州郡搔擾而大功復起征召四方非保國致治之漸也臣聞為人主者攘災以德除咎以義故湯遭大旱身禱桑林熒惑守心宋景退殿是以旱魃消亡妖星移居今宮室之不利但當克己復禮篤湯宋之至道愍黎庶之困苦何憂宮之不安災之不銷乎陛下不務修德而務築宮室若德之不修行之不義雖殷辛之瑤臺秦皇之阿房何止而不喪身覆國宗廟作墟乎夫興土功高臺榭既致水旱民又多疾其不疑也為父長安使子無倚此乃子離於父臣離於陛下之象也臣下一離雖念克骨茅茨不翦復何益焉是以大皇帝居於南宮自謂過於阿房故先朝大臣以為宮室宜厚備衛非嘗大皇帝曰逆虜游魂當愛育百姓何抑趣於不急然臣下懇惻錄不獲已故裁調近郡苟副衆心比當就功猶豫三年當此之時寇鈔懾威不犯我境師徒奔北且西阻岷漢南州無事

尚猶沖讓未肯築宮況陛下危側之世又乏大皇帝之德可不慮哉願陛下留意臣不虛言陳壽從荊陽來得凱所諫皓二十事曰皓遣親近趙欽口詔報凱前表曰孫動必遵先帝有何不平君所諫非也又建業宮不利故避之而西宮室宇摧朽須謀移都何以不可徙乎凱上疏曰臣竊見陛下執政以來陰陽不調五星失晷職司不忠姦黨相扶是陛下不遵先帝之所致夫王者之興受之於天修之繇德豈在宮乎而陛下不諮之公輔便盛意驅馳六車流離悲懼逆犯天地天地以災童歌其謠縱令陛下一身得安百

姓愁勞何以用治此不遵先帝一也臣聞有國以賢爲本夏殺龍逢殷獲伊摯斯前世之明効今日之師表也中常侍王蕃黄中通理處朝忠謇斯社稷之重鎭大吳之龍逢也而陛下忿其苦辭惡其直對梟之殿堂尸骸暴棄邦内傷心有識悲悼咸以吳國夫差復存先帝親賢陛下反之是陛下不遵先帝二也臣聞宰相國之柱也不可不彊是故漢有蕭曹之佐先帝有顧步之相而萬彧瑣才凡庸之質昔從家隸超步紫闥於彧已豐於器已溢而陛下愛其細介不訪大趣榮以尊輔越尚舊臣賢良憤惋智士赫咤是不

遵先帝三也先帝愛民過於嬰兒民無妻者以妾妻之見單衣者以帛給之枯骨不収而取埋之而陛下反之是不遵先帝四也昔桀紂滅繇妖婦幽厲亂在嬖妾先帝鑒之以爲身戒故左右不置淫邪之色後房無曠積之女今中宮萬數不備嬪嬙外多鰥夫女吟於中風雨逆度正繇此起是不遵先帝五也先帝憂勞萬機猶懼有失陛下臨祚以來游戲後宮眩惑婦女乃令庶事多曠下吏容姦是不遵先帝六也先帝篤尚朴素服不純麗宮無高臺物不彫飾故國富民充姦盜不作而陛下徵調州郡竭民財力士被玄黄宮有朱紫是不遵先帝七也先帝外仗顧陸朱張内近胡綜薛綜是以庶績雍熙邦内清肅今者外非其任内非其人陳聲曹輔斗筲小吏先帝之所棄而陛下幸之是不遵先帝八也先帝每宴見羣臣抑損醇醲臣下終日無失慢之尤百僚庶尹並展所陳而陛下拘以視瞻之敬懼以不盡之酒夫酒以成禮過則敗德此無異商辛長夜之飲也是不遵先帝九也昔漢之桓靈親近宦豎大失民心今高通詹廉羊度黄門小人而陛下賞以重爵權以戰兵若江渚有難烽燧互起則度等之武不能禦侮明也是不遵先帝

十也今宮女曠積而黄門復走州郡條牒民女有錢則舍無錢則取怨呼道路母子死訣是不遵先帝十一也先帝在時亦養諸王太子若取乳母其夫復役賜與錢財給其資糧時遣歸來視其弱息今則不然夫婦生離夫故作役兒從後死家爲空戶是不遵先帝十二也先帝歎曰國以民爲本民以食爲天衣其次也三者孤存之於心今則不然農桑並廢是不遵先帝十三也先帝簡士不拘卑賤任之鄉閭效之於事舉者不虛受者不妄今則不然浮華者登朋黨者進是不遵先帝十四也先帝戰士不給他役使春惟

知農秋惟收稻江淮有事責其死効今之戰士供給
衆役廩賜不贍是不遵先帝十九也夫賞以勸功罰
以禁邪賞罰不中則士民散失今江邊將士死不見
哀勞不見賞是不遵先帝十六也今在所監司已爲
煩猥兼有內使擾亂其中一民十吏何以堪命昔景
帝時交趾反亂實鍒兹起是爲遵景帝之闕不遵先
帝十七也夫較事吏民之仇也先帝末年雖有呂一
錢欽尋皆誅夷以謝百姓今復張立挍曹縱吏言事
是不遵先帝十八也先帝時居官者咸久於其位然
後考績黜陟今州郡職司或涖政無幾徵召還轉迎

新送舊紛紜道路傷財害民於是爲甚是不遵先帝
十九也先帝每察竟解之奏嘗留心推案是以獄無
寃囚死者吞聲今則違之是不遵先帝二十也若臣
言可錄藏之盟府如其虗妄治人之罪願陛下留意
按陳壽云傳問吳人多云不聞凱有此表或以爲凱
藏之篋笥未敢宣行病困後主遣董朝省問欲言因
以付之
晉裴頠爲尚書左僕射領侍中惠帝時陳準子匡韓
蔚子嵩竝侍東宮頠諫曰東宮之建以儲皇極其所
與游接必簡英雋宜用成德匡嵩幼弱未識人理立
身之節東宮實體夙成之表而今有童子侍從之聲
未有光闡遐風之弘理也
張華爲司空時賈后欲廢太子惠帝會羣臣於式乾
殿出太子手書徧示羣臣莫敢有言者惟華諫曰此
國之大禍自漢武以來每廢黜正嫡嘗至喪亂且國
家有天下日淺願陛下詳之尚書左僕射裴頠以爲
宜先撿挍傳書者又請比挍太子手書不然恐有詐
妄議至日西不決賈后知華等意堅乃表乞爲庶人
帝可其奏其
南齊王儉爲右僕射大祖壞宋明帝紫極殿以材柱
起宣陽門儉與司徒褚淵及叔父光祿大夫開府儀

同三司僧虔連名上表諫曰臣聞德者身之基儉者
德之輿春臺將立晉卿秉議北宮肇搆漢臣盡規彼
二君者或列國嘗侯或守文中主尚使諫諍在義郎
悅況陛下聖哲應期臣等職司隆重敢藉前喆竊乃
有心陛下登庸宰物節省之教旣昭龍衮瑶珊簡約
之訓彌遠乾華外搆采椽不斵紫極故材爲宣陽門
臣等莫譬也夫移心疾於股肱非良醫之美與影迹
而馳騖豈靜處之方且夫三農在日千畛咸事輟望
歲之勤興土木之役非所以宣昭大猷光示遐邇若
以門居宮南重陽所屬年月稍乂漸就淪胥自可隨

宜修理以合制度改作之煩於是乎息所啓謬合請
付外施行帝手詔酬納
後魏源賀爲太尉獻文欲禪位於京兆王子推任城
王雲進言不可賀又進言曰陛下今欲外選諸王而
禪位於皇叔者臣恐春秋蒸嘗昭穆有亂脫萬世之
後必有逆饗之譏深願思任城之言帝從之
穆亮爲司空領太子太傅孝文將自小平汎舟幸石
濟亮諫曰臣聞垂堂之誨振古成規於安思危著於
周易是以馮險弗防沒而不弔匹夫之賤猶不自輕
况萬乘之尊含生所仰而可忽乎是故處則深宮廣

廈行則萬騎千乘昔漢帝欲乘舟渡渭薛廣德將以
首血汙車輪帝乃感而就橋夫一渡小水猶尚若斯
况洪河浩汗有不測之慮且車乘餘人猶有奔逸致
敗之害况水緩急非人所制脫難出慮表其如宗廟
何帝曰司空言是也
崔光爲車騎大將軍儀同三司神龜二年八月靈太
后幸永寧寺躬登九層佛圖光表諫曰伏見親昇上
級佇蹕表刹之下祗心佛圖誠爲福善聖躬玉趾非
所踐陟臣庶防徨竊謂未可案禮記爲人子者不登
高不臨深古賢有言策畫失於廟堂大人魔於厥野
漢書文帝欲西馳下峻坂袁盎攬轡停輿曰臣聞千
金之子坐不垂堂百金之子不倚衡如有車敗馬驚
奈高廟太后何又云上酎祭宗廟出便門欲御樓船
薛廣德免冠頓首曰宜從橋陛下不聽臣臣以血汙
車輪樂正子春曾參弟子亦稱至孝固自謹愼堂基
不過一尺猶有傷足之愧永寧累級閣道回隘以柔
懦之寶體乘至峻之重階萬一差跌千悔何追禮將
祭宗廟必散齋七日致齋三日然後入祭祀神明可
得而通今雖容像未建已爲神明之宅方加彫繢飾
麗丹青人心所祗銳觀滋甚登者旣衆異心若面縱

一人之身嘗盡誠潔豈左右臣妾各竭虔仰不可以
獨昇必有扈侍懼或忘愼非唯飲酒茹葷而已風霾
暴興黃塵四塞白日晝昏特可驚畏春秋宋衞陳鄭
同日而灾伯姬待姆致焚如之禍去皇興中青州七
級亦號崇壯夜爲上火所焚雖梓愼裨竈之明尙不
能逆覩端兆變起倉卒預備不虞天道幽遠自昔深
誡墟墓必哀廟社致敬望塋悽慟入門聳慄適墓不
登隴未有昇陟之事傳云公旣視朔遂登觀臺其下
無天地先祖之神故可得而乘也內經寶塔高華龕
室千萬惟盛言香花禮拜豈有登上之義獨稱三寶

階從上而下人天交接兩得相見超世奇絕莫可而
擬恭敬拜跪悉在下級遠存矚眺周見山河因其所
眄增發嬉笑未能級級加虔步步崇愼縱使京邑士
女公私奏集上行下從理勢以然迄於無窮豈長世
覩慕一登而可抑斷哉蓋心信爲本形敬乃末重實
輕根動實躁君恭已正南面者豈月乘峻極旬御層
階今經始既就子來自勸基構已興彫絢漸起紫山
華臺郎其宮也伏願息躬親之勞廣風靡之化因立
制防班之條限以遏囂汙永歸清寂下揭肅穆之誠
上展瞻仰之敬勿踐勿履顯固億齡融教闡悟不其

博歟九月靈太后幸嵩高光上表諫曰伏聞明后當
親幸嵩高往還累宿鑾遊近甸存省民物誠足爲孝
雖漸農隙所獲栖畝飢貧之家指爲珠玉遺秉滯穟
莫不寶惜步騎萬餘來去經踐駕輦雜遝競騖交馳
縱加禁護猶有侵耗士女老幼微足傷心秋末久旱
塵壤委深風霾一起紅埃四塞轘轅峭嶮山路危狹
聖駕清道當務萬安乘履澗壑蒙犯霜露出入半旬
途越數百飄暴彌日仰虧和豫七廟上靈容或未許
億兆下心實用悚慄且藏蟄節遠昆蟲布列蝝蠕之
類盈於川原車馬輾路必有殘殺慈矜好生應垂未

惻誠恐悠悠之議將謂爲福興罪厮役困於負擔爪
牙窘於賃乘供頓候迎公私擾費厨兵幕士衣履穿
敗晝暄夜淒罔所覆藉監師驅捶泣呼相望霜旱爲
災所在不稔飢饉荐臻方成儉敝爲民父母所宜存
恤靖以撫之猶懼離散乃於收斂初辰致此行舉自
近及遠交興怨嗟伏願遠覽虞舜恭已無爲近遵老
易不出戶牖罷勞形之遊息傷財之駕動循典則納
諸軌儀委司責成寄之耳目人神幸甚朝野忻悅靈
太后不從太后臨朝每於後園親執弓矢光乃表上
中古婦人文章因以致諫曰孔子云士志於道據於

德依於仁遊於藝藝謂禮樂書數射御明前四業丈
夫婦人所同修者若射御惟主男子不及婦人則古
之賢妃烈媛母儀家國垂訓四海宣教九宗故可秉
道懷德幸禮遵仁是以漢后馬鄧術邁祖考羋嬪蔡
氏具體伯喈伏惟皇太后含聖履仁臨朝闡化肅雍
愷悌靖微齊穆孝祀通於神明和氣溢於區宇因時
暇豫清暑林園遠覩姑射眷言嬰相弦矢所發心中
正鵠威靈遐暢義震上下文武備心左右悅目吾王
不遊吾何以休不寬重仍安兒富美天情沖謙動容
祇愧以爲舉非蠶織事存無功豈謂應乾順民裁成

輔相者哉臣不勝慶幸謹上婦人文章錄一帙其集具在內伏願以時披覽仰俾未聞息彎挾之勞納閑拱之泰順精養壽栖神翰林是秋靈太后頻幸王公第宅光表諫曰禮記云諸侯非問病弔喪而入諸臣之家是謂君臣爲謔不言王侯夫人明無適臣家之義夫人父母在有時歸寧親沒使卿大夫聘春秋紀陳宋齊之女竝爲周王后無適本國之事是制深於士大夫許嫁唁兄又義不得衛女思歸以禮自抑載馳竹竿所爲作也漢上官皇后將廢昌邑霍光外祖也親爲宰輔后猶御武帳以接羣臣示男女之別國

之大節伯姬待姆安就炎燎樊姜俟命忍赴洪流傳皆綴之以垂來訓昨軒駕頻出幸馮翼居任城王第雖漸中秋餘熱尚蒸衡蓋往還聖躬煩倦豐厨嘉醴罄竭時羞上壽弗限一觴方丈甘踰百品旦及日斜接對不憩非謂順時而遊奉養有度縱雲輦崇京御筵安暢左右僕侍衆過千百扶衛跋涉袍甲在身蒙塵曝日渙汗流離致時飢渴飡飯不贍賃馬假乘交費錢帛昔人稱陛下甚樂臣等至苦或其事也伏惟皇太后月靈炳曜坤儀挺茂誕育帝躬維興魏道德踰文母仁邁和熹親以天至遠興莫間愛鍾眞固非

俟虛隆紆屈鑾駕降臨閭里榮光帝京士女藻悅白首之耋欣遇義年青衿之童慶屬唐日千載之所難一朝之爲易非至明超古忘驕釋宏孰能若斯者哉魏元以來莫正斯美輿居出入自當坦然豈同往嫌曲有猜避但帝族方衍動貴增遷祗請遂多將成褻式陛下遵酌前王貽厥後矩天下爲公億兆己任專篤郊廟止决大政輔養神和簡息遊幸以德爲車以樂爲御考仁聖之風習治國之道則率土屬賴含生仰悅矣臣過荷恩榮所知必盡嘿嘿唯唯愚竊未敢輕陳狂瞽分貽憲法孝明正光二年八月獲禿鶖鳥

於宮內詔以示光光表曰蒙示十四日所得大鳥此即詩所謂有鶖在梁解云禿鶖也貪惡之鳥野澤所育不應入於殿庭昔魏氏黃初中有鵜鶘集于靈芝池文帝下詔以曹恭公遠君子近小人博求賢俊太尉華歆繇此遜位而讓晉寧者也臣聞野物入舍古人以爲不善是以張臶惡鵂賈誼忌鵩鵜鶘暫集而去前王猶爲至誡況今親入宮禁爲人所獲方被畜養晏然不以爲懼准諸往義信有殊矣且饕餮之禽必資魚肉菽麥稻粱時或餐啄一食之費容過斤鎰今春夏陽旱穀糴稍貴窮窘之家時有菜色陛下爲

民父母撫之如傷豈可棄人養鳥留意公醜形惡聲

哉衞侯好鶴曹伯愛鴈身死國滅可爲寒心陛下學

通春秋親覽前事何得口詠其言行違其道誠願遠

師殷宗近法魏祖修德延賢消灾集慶放無用之物

委之川澤取樂琴書頤養神性孝明覽表大悅卽棄

之池澤

册府元龜

册府元龜 宰輔部 諫諍二 卷之三百二十六 二十三

冊府元龜

巡按福建監察御史臣李嗣京訂正
知長樂縣事臣夏允彝參閱
知建陽縣事臣黃國琦較釋

宰輔部三百二十七

諫諍第三

唐戴胄爲民部尚書參豫朝政貞觀五年太宗將修復雒陽宮上封事諫曰陛下當百王之弊屬喪隋之後拯餘燼於塗炭救遺黎於倒懸遠至邇安率土清謐大功大德豈臣之所稱贊臣誠小人才識非遠惟

知耳目之近不違長久之策敢竭區區之誠論臣職司之事比見關中河外盡置軍團富室彊丁並從戎旅重以九城作役餘力向盡去京二千里內先配司農將作假有遺餘勢何足紀亂離甫爾戶口單弱一人就役舉家便廢入軍者督其戎仗從役者責其餱糧盡室經營多不能濟以臣愚慮恐致怨嗟七月以來霖潦過度河南河北厥田洿下時豐歲稔猶未可量加以軍國所須皆資府庫絹帛所出歲過百萬丁既役盡賦調不減費用不盡帑藏其虛且雒陽宮殿足蔽風雨數年功畢亦謂非晚若頓修營恐傷勞擾太宗甚嘉之

魏徵貞觀中爲秘書監參豫朝政長樂公主文德皇后之所生太宗時所鍾愛及將出降勑所司資送倍於永嘉長公主徵諫曰不可昔漢明帝將封其皇子曰朕子安可與先帝子等可半楚淮陽前史以爲美談天子姊妹爲長公主子爲公主既加長字即是有所尊崇或所情有淺深無容禮相踰越帝然其言太宗幸九成宮有宮人還京憩於湋川縣之官舍俄又右僕射李靖侍中王珪繼至官屬移宮人於別所而舍靖等太宗聞之怒曰威福之柄豈繇靖等何爲禮

靖而輕我宮人即令案驗湋川官屬等徵諫曰靖等陛下心膂大臣宮人皇后掃除之隸論其委付事理不同又靖等出外官吏訪朝廷法式歸來陛下問人間疾苦靖等自當與官吏相見官吏亦不可不謁也至於宮人供食之外不合參承若以此罪責縣官恐不益德音徒駭天下耳目帝曰公言是也乃釋其官吏之罪李靖等亦寢而不問七年遷侍中太宗令魏王泰入居於武德殿徵上疏奏曰伏見勑旨令魏王泰移居武德殿此殿在內處所寬閑參軍往來極爲便近但魏王既是愛子陛下嘗欲其安全每事抑

其嚮背不處嫌疑之地今移此殿便在東宮之西海
陵昔居時人以爲不可雖時殊事異猶恐人之多言
又王之本心亦不安息既能以寵爲懼伏願成人之
美明早是朔日或恐未得面陳愚慮有疑不敢寧寢
輕于聽覽追深戰慄太宗納其言後爲特進知門下
省事十一年三月上疏曰臣觀自古受圖膺運繼體
守文控御英傑南面臨下皆欲配厚德於天地齊高
明於日月本枝百代傳祚無窮然而克終者鮮敗亡
相繼其故何哉所以求之失其道也殷鑒不遠可得
而言昔在有隋統一區宇甲兵彊盛三十餘年風行

萬里威動殊俗一旦舉而棄之盡爲他人之有彼煬
帝豈惡天下之治安不欲社稷之長久故行桀虐以
就滅亡哉恃其富彊不虞後患驅天下以從慾罄萬
物而自奉採域中之子女求遠方之奇異宮苑是飾
臺榭是崇徭役無時干戈不戢外示嚴重內多險忌
讒邪者必受其福忠正者莫保其生上下相蒙君臣
相隔人不堪命率土分崩遂以四海之尊殞於匹夫
之手子孫殄滅爲天下笑可不痛哉聖哲乘機拯其
危溺八柱傾而復正四維絕而更張遠肅邇安不踰
於朞月勝殘去殺無待於百年今宮觀臺榭盡居之

矣奇珍異物盡收之矣姬妾淑媛盡侍於側矣四海
九州盡爲臣妾矣若能鑒彼之所以亡念我之所以
得日慎一日雖休勿休焚鹿臺之寶衣毀阿房之廣
殿懼危亡於峻宇思安處於卑宮則神化潛通無爲
而治德之上也若以成功不毀即任其舊除其不急
損之又損雜茅茨於桂棟參玉砌以土階悅以使人
不竭其力常念居之者逸作之者勞億兆悅以子來
羣生仰而遂性德之次也若惟聖罔念不慎厥終忘
締構之艱難謂天命之可恃忽采椽之恭儉追雕牆
之侈靡因其基以廣之增其舊而飾之觸類而長不

思止足人不見德而勞役是聞斯爲下之矣譬之負
薪救火揚湯止沸以暴易亂與亂同道莫可測也
後嗣何觀夫事無可觀則人怨神怒人怨神怒則災
害必生災害既生則禍亂必作禍亂既作而能以身
名令終者鮮矣順天革命之后將隆七百之祚貽厥
孫謀傳之萬世難得易失可不念哉四月又上疏曰
臣聞求木之長者必固其根本欲流之遠者必浚其泉
源思國之安者必積其德義源不深而望流之遠根
不固而求木之長德不厚而思國之理雖在下愚知
其不可而況於明哲乎人君當神器之重居域中之

大將崇極天之峻永保無疆之休不念於居安思危戒奢以儉德不處其厚情不勝其欲斯亦伐根以求木茂塞源而欲流長者也凡百元首承天景命莫不殷憂而道著功成而德衰有善始者實繁能克終者蓋寡豈其取之易而守之難乎昔取之而有餘今守之而不足何也夫在殷憂必竭誠以待下既得志則縱情以傲物竭誠則胡越爲一體傲物則骨肉爲行路雖董之以嚴刑振之以威怒終苟免而不懷仁貌恭而心不服怨不在大可畏惟人載舟覆舟所宜深愼奔車朽索其可忽乎君人者誠能見可欲則思知

足以自戒將有作則思知止以安人念高危則思謙冲而自牧懼滿溢則思江海之下百川樂槃遊則思三驅以爲度憂懈怠則思愼始而敬終慮壅蔽則思虛心以納下想讒邪則思正身以黜惡恩所加則思無因喜以謬賞罰所及則思無因怒而濫刑總此十思弘茲九德簡能而任之擇善而從之則智者盡其謀勇者竭其力仁者播其惠信者效其忠文武爭馳在君臣無事可以盡豫遊之樂可以養松喬之壽鳴琴垂拱不言而化何必勞神苦思代下司職役聰明之耳目虧無爲之大道哉五月又上疏曰臣聞書曰

明德愼罰惟刑恤哉禮云爲上易事爲下易知則刑不煩矣上多疑則百姓惑下難知則君長勞夫上易事下易知君長不勞百姓不惑故君有一德臣無二心上播忠厚之誠下竭股肱之力然後太平之基不墜康哉之詠斯起當今道被華夷功高宇宙無思不伏無遠不致然言尚於簡大志在於明察刑賞之本有所未盡夫刑賞之本在乎勸善而懲惡帝王之所以與天下爲畫一不以親疎貴賤而輕重者也今之刑賞未必盡然或申屈在乎好惡或輕重繇乎喜怒遇喜則矜其情於法中逢怒則求其罪於事外所好

則鑽皮出其毛羽所惡則洗垢求其瘢痕瘢痕可求則刑斯濫矣毛羽可出則賞典謬矣刑濫則小人道長賞謬則君子道消小人之惡不懲君子之善不勸而望政安刑措非所聞也且夫暇豫清談皆敦尚於孔老威怒所至則取法於申韓直道而行非無三黜危人自安蓋亦多矣故道德之旨未弘刻薄之風已扇夫刻薄旣扇則下生百端人競趨時則憲章不一稽之王度實虧君道昔州犂上下其手楚國之法遂差張湯輕重其心漢朝之刑以弊以臣下之頗僻猶莫能止其欺罔況人君之高下將何以措其手足乎

以睿聖之聰明無幽微而不燭豈神有所不達智有所不通哉安其所安不以恤刑爲念樂其所樂遂忘先災之變禍福相倚吉凶同域惟人所召安可不思頃者責罰稍多威怒微厲或以供帳不贍或以營作差違或以物不稱心或以人不從欲皆非致治之所急實乃驕奢之攸漸是知貴不與驕期而驕自來富不與奢期而奢自至非徒語也且我之所見實在有隋隋氏亂亡之原聖明之所臨照以隋氏之府藏譬今日之資儲以隋氏之甲兵況當今之士馬以隋氏之戶口較今時之百姓度長絜大曾何等級然隋氏

以富彊而喪敗動之也我以貧寡而安寧靜之也靜之則安動之則亂人皆知之非隱而難見也非微而難察也然鮮蹈平易之塗多遵覆車之轍何哉在於安不思危理不念亂存不慮亡之所致也昔隋氏之未亂自謂必無亂隋氏之未亡自謂必無亡所以甲兵屢動徭役不息至乎將受戮辱竟未悟其滅亡之所繇也可不哀哉夫鑒形之美惡必就於止水鑒國之安危必取於亡國故詩曰殷鑒不遠在夏后之世又曰執柯伐柯其則不遠臣願當今之動靜必思隋氏以爲殷鑒則存亡治亂可得而知若能思其所以危則安矣思其所以亡則存矣知存亡之所在節嗜慾以從人省遊畋之娛息靡麗之作罷不急之務愼偏聽之怒近忠厚遠便佞杜悅耳之邪說甘苦口之忠言去易進之人賤難得之貨採堯舜之誹謗追禹湯之罪己惜十家之產順百姓之心近取諸身恕己待物思勞謙之受益不自滿以招損有動則庶類以和出言而千里斯應超上德於前載樹風聲於後昆此聖哲之宏規帝王之盛業能事斯畢在乎愼守而已夫守之則易取之實難旣能得其所以難豈不能保其所以易其或保之不固則驕奢淫佚動之也愼

終如始可不勉歟易曰君子安不忘危存不忘亡理不忘亂是以身安而國家可保誠哉斯言不可不深察也伏惟陛下欲善之志不減於昔時聞過必改少虧於曩日若能以當今之無事行疇昔之恭儉則盡善盡美固無得而稱焉七月又上疏曰臣聞爲國之基必資於德禮君之所保惟在於誠信誠信立則下無二心德禮形則遠人斯格然則德禮誠信國之大綱在於父子君臣不可斯須而廢也故孔子曰君使臣以禮臣事君以忠又曰自古皆有死人無信不立文子曰同言而信信在言前同令而行誠在令外然

則言而不行言不信也令而不從令無誠也不信之
言無誠之令為上則敗德為下則危身雖在顛沛之
中君子所不為也自王道休明十有餘載威加海外
萬國來庭倉廩日積土地日廣然而道德未益厚仁
義未益博者何哉繇乎待下之情未盡於誠信雖有
善始之勤未覩克終之美故也其所繇來者漸非一
朝一夕之故昔貞觀之始乃聞善若驚暨五六年間
猶悅以從諫自茲厥後漸惡直言雖或勉強時有所
容非復曩時之豁如也謇諤之士稍避龍鱗便佞之
夫肆其巧辯謂同心者為朋黨謂告奸者為至公謂

彊直者為擅權謂忠讜者為誹謗謂之為朋黨雖忠
信而可疑謂之為至公雖矯偽而無咎彊直者畏擅
權之議忠讜者慮誹謗之尤至於竊斧生疑投杼致
惑正人不得盡其言大臣莫能與之爭熒惑視聽鬱
於大道妨治損德其在茲乎故孔子惡利口之覆邦
家蓋謂此也且君子小人貌同心異君子掩人惡揚
人善臨難不苟免殺身以成仁小人不恥不仁不畏
不義惟利之所在危人則自安夫苟在危人則何所
不至今將求致化必委之於君子事有得失或訪
之於小人其待君子則敬而疎遇小人必輕而狎狎

則言無不盡疎則情或不通是則毀譽在於小人刑
罰加於君子實興喪之所在亦安危之所繫可不慎
哉此孫卿所謂使智者謀之與愚者論之使修潔之
士行之與汙邪之人疑之欲其成功不可得也夫中
智之人豈無小惠然才非經國慮不及遠雖竭力盡
誠猶未免於傾敗況內懷姦宄承顏順旨其為禍患
不亦深乎故孔子曰君子或有不仁者焉未見小人
而仁者然則君子不能無小惡惡不積無妨於正道
小人或時有小善善不積不足以立忠今謂之善人
矣復慮其有不信何異夫立直木而疑其影之不直

乎雖竭精神勞思慮其不可得亦已明矣夫君能盡
禮臣能竭忠在於內外無私上下相信上不信則無
以使下下不信則無以事上信之為道大矣哉故自
天祐之吉無不利昔齊桓公問於管仲曰吾欲酒腐
於爵肉腐於俎得無害於霸乎管仲曰此極非其善
者然亦無害霸也知而不能用害霸也用而不能信
害霸也既信而又使小人參之害霸也晉中行穆伯
攻鼓經年而弗能下餽聞倫曰鼓之嗇夫聞倫知之
請無疲士大夫而鼓可得穆伯不應左右曰不折一
戟不傷一卒而鼓可得君奚為不取穆伯曰聞倫之

為人也佞而不仁若使間倫下之吾可以不賞之乎賞之是賞佞人也佞人得志是使晉之士捨仁而為佞雖得鼓將何用之夫穆伯列國大夫管仲霸者之佐猶慎於信任遠避佞人也如此況乎為四海之大君應千齡之上聖而可使巍巍之盛德復將有所間然乎若欲令君子小人是非不雜必須懷之以德待之以信厲之以義節之以禮然後善善而惡惡審罰而明賞則小人絕其佞邪君子自彊不息無為之化何遠之有善善而不能進惡惡而不能去罰不及於有罪賞不及於有功則危亡之期或未可保永錫祚

胤將何望哉太宗手詔嘉美優納之十二年禮部尚書王珪奏言三品以上遇親王於塗皆降乘違法申敬有乖儀準太宗曰卿輩皆自崇貴卑我兒子乎魏徵進曰自古迄茲親王班次三公之下今三品皆天子列卿及八座之長為王降乘非王所宜當也求諸故事則無可憑行之於今又乖國憲太宗曰國家所以立太子者擬以為君也然則人之修短不在老少設無太子則母弟次立以此而言安得輕我子邪徵曰殷家尚質有兄終弟及之義自周以降立嫡必長所以絕庶孽之窺覦塞禍亂之源本有國者之所深慎於是遂可珪奏先是帝遣使詣西域立葉護可汗未還又遣使多齎金銀錢帛歷諸國市馬徵諫曰今以立可汗為名可汗未定即詣諸國市馬不為專意立可汗可汗得立則不甚懷恩諸蕃聞之以為中國薄義重利未必得馬而失義矣昔漢文有獻千里馬者曰吾吉行日三十里師行五十里鑾輿在前屬車在後吾獨乘千里馬將安之乃償其道里所費而返之漢光武有獻千里馬及寶劍者馬以駕鼓車劍以賜騎士陛下凡所施為皆邈逾三王之上奈何至於此事欲為孝文光武之下乎又魏文帝欲求市西域

大珠蘇則曰若陛下惠及四海則不求自至求而得之不足貴也陛下縱不能慕漢文之高行可不畏蘇則之言乎太宗納其言而止十五年二月太宗謂侍臣曰守天下難易徵曰甚難太宗曰任賢能受諫諍郎可何為難徵曰觀自古帝王在憂危之間則任賢受諫及至安樂心懷寬怠恃安樂而思寬怠言事者惟令兢懼安而能懼豈不為難

長孫無忌貞觀中為司徒太宗既立晉王為太子又欲立第三子吳王恪無忌固爭以為不可太宗曰公豈以非己之甥而有疑慮此子英果類我若保護舅

氏未可知也無忌曰晉王仁厚守文之良王也且舉棊不定前哲所誡儲佐至重豈宜數易惟陛下審思之太宗乃止

褚遂良爲黄門侍郎參綜朝政貞觀中高麗莫離支遣使貢白金遂良言於太宗曰莫離支虐殺其主九夷所不容陛下以之興兵將事弔伐爲遼山之人報主辱之恥古者討弑君之賊不受其賂昔宋督遺魯君以郜鼎桓公受之於太廟臧哀伯諫曰人君者昭德塞違今滅德立違而寘其賂器於太廟百官象之其又何誅焉武王克商遷九鼎於雒邑義士猶或非

之而況將昭違亂之賂器於太廟其若之何夫春秋之書百王取法若受不臣之篚能納弑逆之朝貢不以爲愆何所致伐臣謂莫離支所獻自不得受太宗納焉以其使屬吏太宗既滅高昌每歲調發千餘人防遏其地遂良上疏曰臣聞古者哲后必先事華夏而後夷狄務廣德化不事遐荒是以周宣薄伐至境而止始皇遠塞中國分離漢武負文景之聚財翫士馬之餘力始通西域初置校尉軍旅連出將三十年復得天馬於宛城採蒲萄於安息而海内虛竭生人失所所以租及六畜筭至舟車因之凶年盜賊竝起搜粟都尉桑弘羊復希主意遣士卒遠田輪臺築城以威西域武帝翻然追悔情發於中棄輪臺之野下哀痛之詔以人神感悅海内乃康向使武帝復用弘羊之言天下生靈皆盡之矣是以光武中興不踰葱嶺孝章即位都護來歸陛下誅滅高昌威加西域收其鯨鯢以爲州縣然則王師初發之歲河西供役之年飛芻輓粟十室九空數郡蕭然五年不復陛下歲遣千餘人遠事屯戍終年離别萬里思歸去者資裝自須鬻辨既賣菽粟傾其機杼經途死亡復在其外兼遣罪人增其防遏彼罪人者生於販肆終朝惰業

犯禁違公止能擾於邊城實無益於行陣所遣之内復有逃亡官司捕捉爲國生事高昌途路涉磧千里冬風冰烈夏風如焚行人去來遇之多死易云安不忘危理不忘亂設令張掖塵飛酒泉烽舉陛下豈能得高昌一人斗粟而及事乎終須發隴右諸州星馳雷擊繇斯而言此河西者方於心腹彼高昌者他人手足豈得糜費中華以事無用書曰不作無益害有益其此之謂乎陛下道映先天威行無外平頡利於沙塞滅吐渾於西海突厥餘落爲立可汗吐渾遺甿更樹君長復立高昌非無前例此所謂有事而誅之

既伏而立之四海八蠻誰不聞見蠕動翾生畏威慕
德宜擇高昌可立者立之徵給首領遣還本國負載
洪恩長爲藩翰中國不擾旣富且寧傳之子孫以貽
永世二十年太宗於寢殿側別置一院令太子居絶
不令往東宮遂良復上疏諫曰臣聞周世問安三至
必退漢儲視膳五日乃來前賢作法規模宏遠禮曰
男子十年出就外傳出宿於外學書計也然則古之
達者豈無慈心減茲私愛欲使成立凡人尚猶如此
況君之世子乎自當春誦夏絃親近師傅體人間之
庶事適君臣之大道使翹足延首皆聆善聲若獻歲

之有陽春玄天之有日月弘此懿德乃作元良伏惟
陛下道育三才功包九有新樹太子莫不欣欣旣云
廢昏立明須稱天下瞻望而教成之道實深乖闕不
離膝下常居宮中保傅之說無暢經籍之談蔑如且
朋友不可以深交深交必有怨父子不可以滯愛滯
愛或生憾伏願遠鑒殷周近遵漢魏不可頓革事須
階漸嘗計旬日半遣還宮專學藝以潤身布芳聲於
天下則微臣雖死猶日生年太宗從之遂良前後諫
奏及陳便宜書數十上多見採納高宗永徽中爲右
僕射六年高宗將廢王皇后帝退朝後於別殿召太
尉長孫無忌司空李勣左僕射于志寧及遂良勣稱
疾不至無忌等將入遂良曰今者多議中宮事遂良
欲諫何如無忌曰公但極言無忌請繼焉及入高宗
難發於言再三顧謂無忌曰莫大之罪無過絶嗣皇
后無子今當廢立武士彠女如何遂良進曰皇后是
先帝爲陛下所娶伏奉先帝無憾婦德先帝不豫親
執陛下手以語臣曰我好兒好新婦今以付卿陛下
親承德音言猶在耳皇后自此未聞有愆失恐不可
廢愚臣不敢曲從陛下上違先帝之命帝不悅而罷
翌日又言之遂良曰陛下必欲易皇后伏請妙擇天

下令族何必要在武氏且武昭儀經事先帝衆所共
知陛下豈可蔽天下耳目萬代之後何以稱傳此事
陛下儻虧人子之道自招不善之名則敗亂之端自
此始也伏願再三思審臣今上忤聖顔罪合萬死但
得不負先帝則甘從鼎鑊遂置笏於殿階叩首曰還
陛下笏乞放歸田里帝大怒命引出之昭儀在簾中
大言曰何不撲殺之無忌曰遂良受先朝顧命大臣
有罪不加刑遂良繇是貶潭州都督

于志寧永徽初爲侍中時雒陽人李弘泰坐誣告太
尉長孫無忌詔令不待時而斬決志寧上疏諫曰伏

願陛下倚篤功臣恩隆右戚以無忌犢遺誣告事竝
是虛欲蒙告人以明賞罰一以絕誣告之路二以慰
勳戚之心又以所犯是眞無忌便有破家之罪今告
爲妄弘泰宜戮不待時且眞犯之人事當罪逆誣謀
之類罪惟及身以罪較量明非惡逆若欲依律合待
秋分今時屬陽和萬物生育而特行刑罰此謂傷春
竊按左傳聲子曰賞以春夏刑以秋冬順天時也又
禮記月令曰孟春之月無殺孩蟲省囹圄去桎梏無
肆掠止獄訟又漢書董仲舒曰王者欲有所爲宜求
其端於天道天道之大者陰陽陽爲德陰爲刑刑

主殺而德主生陽當居大夏而以生育養長爲事陰
當居大冬而積於空虛不用之處以此見天之任德
不任刑也伏惟陛下纂聖昇於繼明御極追連胥之
絕軌蹈軒頊之良規欲使舉動順於天時刑罰依於
律令陰陽爲之式序景宿於是無差風雨不愆雩禜
報祀方今太簇統律青陽應期當生長之辰施肅殺
之令伏願覽遐聖慮察古人言儻蒙垂納則生靈幸
甚疏奏帝從之是時衡山公主欲出降長孫氏議者
以時旣公除合行吉禮志寧上疏曰臣聞明君馭曆
當俟獻替之臣聖主握圖必資鹽梅之佐所以堯詢

四岳景化洽於區中舜任五臣懿德被於無外左有
記言之史右立記事之官大小咸書善惡俱載著懲
勸於簡牘垂褒貶於人倫爲萬古之範圍作千齡之
龜鏡伏見衡山公主出降欲就今秋成禮竊按禮記
云女十五而笄二十而嫁有故二十三而嫁鄭玄云
有故謂遭喪也固知須終三年春秋云魯莊公如齊
納幣杜預云母喪未載朞而圖婚二傳不譏失禮明
故也此卽史策具載是非歷然斷在聖情不待問於
臣下其有議者云準制公除之後須竝從吉此漢文
創制其儀爲天下百姓至於公主服是斬縗縱使服

隨例除無宜情隨例改心喪之內方復成婚非惟違
於禮經亦是人情不可伏惟陛下嗣膺寶位臨覩萬
方理惟繼美義軒齊芳湯禹弘獎仁孝之日敦崇名
教之秋此事行之苦難猶須抑而守禮況行之甚易
何容廢而受譏此理有識之所共知非假愚臣之所
說也伏願遵高祖之令軌畧孝文之權制國家於法
無虧公主情禮得畢於是詔公主待三年服闋然後
成禮
韓瑗永徽中爲侍中高宗特號武氏爲宸妃瑗與中
書令來濟奏言帝王嬪妃自有恒數今若别立妃號

臣等竊以爲不可帝乃止及褚遂良左遷潭州都督瑗復上疏理之曰古之聖王立諫鼓設謗木冀欲聞逆耳之言甘苦口之義發揚大化裨益洪猷垂令譽於將來揚休聲於不朽者也伏以褚遂良運偶昇平道昭前烈束髮從官方淹累稔趨侍階陛多歷歲年不聞涓滴之愆嘗覩勤勞之效加以竭忠誠於早歲罄直道於茲年體國忘家捐身狥物風霜其操鐵石其心誠可重於皇朝豈專方於曩昔且先帝納之於帷幄寄之以心膂德逾水石義冠舟車公家之利言無不可及纏悲四海遏密八音竭忠國家親承顧託

一德無二千古凛然此不待臣言陛下備知之矣臣嘗懷此心未敢聞奏且萬姓失業旰食忘勞一物不安納隍軫慮在於微細寧得過差况社稷之舊臣陛下之賢佐無聞罪狀斥去朝廷内外甿黎咸嗟舉措觀其近日言事披誠懇惻蓋欲推陛下之德先於堯舜懼陛下之過塵於史冊而乃深遭厚謗重負醜言可以痛志士之心損陛下之明也臣聞晉武弘裕不貽劉毅之誅漢祖深仁無恚周昌之直而遂良被遷已經寒暑違忤陛下其罰塞焉伏願緬鑒無辜稍寬非罪俯矜微款以順人情疏奏帝謂瑗曰遂良之情朕亦知之矣然其悖戾好犯上以此責之朕豈有過邪卿言何若是之深也瑗對曰遂良可謂社稷忠臣但恐讒佞之輩蒼蠅點白損陷忠貞昔微子去之而殷國以亡張華不死而綱紀不亂國之欲謝善人其衰今陛下富有四海八紘清泰忽不懼亡國之迹而驅逐舊臣乎伏願違被覆車以收往過垂勸戒於事君則羣生幸甚竟不納

薛元超爲中書侍郎同中書門下三品高宗幸溫泉較獵諸蕃酋長亦持弓矢而從元超以爲旣非族類深爲可虞上疏切諫帝納焉

張文瓘龍朔中爲東臺侍郎同東西臺三品時初造蓬萊上陽合璧等宮又征討四夷廐馬萬餘疋倉庫漸虛文瓘進言曰臣聞制理於未亂保邦於未危人罔嘗懷懷於有仁陛下不制之於未亂之前安能救之於旣危之後昔秦皇漢武多造宮室致使土分瓦解戶口減半百姓不堪其獘必構禍難殷鑒不遠近在隋朝臣願稍安撫之無使生怨帝深納其言於是減廐馬數千疋賜文瓘贈錦百段累遷侍中高宗將發兵以討新羅文瓘疾病在家輿疾入見諫曰比爲吐蕃犯邊兵屯寇境新羅雖未卽順師不內侵若東

西俱事征伐臣恐百姓不堪其弊且偃兵修德以安百姓帝從之

郝處俊咸亨中同東西臺三品時有僧盧伽阿逸多受詔合長年藥高宗將餌之處俊諫曰修短有命未聞萬乘之主輕服蕃夷之藥昔貞觀末年先帝令婆羅門僧那羅邇娑婆寐依其本國舊方合長年神藥胡人有異術徵求靈草秘石歷年而成先帝服之竟無異效大漸之際名醫莫知所爲時議者歸罪於胡人將申顯戮又恐取笑夷狄法遂不行龜鏡若是惟陛下深察高宗納之但加盧伽爲懷化大將軍不服其藥

裴炎則天臨朝拜中書令武承嗣請立武氏七廟追守父祖爲王太后將許之炎進諫曰皇太后天下之子聖德臨朝當存至公之事不可追王祖禰以示自私且獨不見呂后之敗乎臣恐後之視今亦猶今之視昔太后曰呂氏之王權在生人今者追尊事歸前代存歿殊迹豈可同日而言炎曰蔓草難圖漸不可長殷鑒未遠當絕其源太后不悅而止

狄仁傑爲内史則天外視元年將造大像用功數百萬令天下僧尼每人日出一錢助成其事仁傑上疏諫曰臣聞爲政之本必先人事陛下矜羣生迷妄溺喪無歸欲令像教兼行覩相生善非爲塔廟必欲崇奢豈令僧尼皆須檀施得栰尚捨而況其奢今之伽藍制過宮闕窮奢極壯畫繢盡工寶珉殫於綴飾瓌材竭於輪奐功不使鬼必在使人物不天來終須地出不損百姓將何以求生之有時用之無度編戶所奉常若不充痛切肌膚不辭箠楚遊僧一說矯陳禍福翦髮解衣仍慙其少亦有離間骨肉事均路人身自納妻謂無彼我皆託佛法詿誤左人里陌動有經坊闤闠亦立精舍化誘所急切於宮徵法事所須嚴

於制勑膏腴美業倍取其多水碾莊園數亦非少逃丁避罪併集法門無名之僧凡有幾萬都下簡較已得數千且一夫不耕猶受其弊浮食者衆又劫人財臣每思惟實所悲痛往在江表像法盛興梁武簡文捨施無限及其三淮浪沸五嶺煙騰列剎盈衢無救危亡之禍緇衣蔽路豈有勤王之師比年以來風塵屢擾水旱不節征役稍繁家業先空瘡痍未復此時興役力所未堪伏惟聖朝功德無量何必要營大像而以勞費爲名雖歛僧錢百未支一像容既廣不可露居覆以百層尚憂未遍百餘廊宇不得全無又云

不損國財不傷百姓以此事主何謂盡忠臣今思惟兼採衆議以爲如來設教以慈悲爲主下濟羣品應是本心豈欲勞人以存虛飾當今有事邊境未寧宜寬征鎮之徭省不急之費設令雇作皆以利趨旣失田疇自然棄本今不樹稼來歲必飢役在其中何以取給況無官助義無得成若費官財又盡人力一隅有難將何救之遂罷其役

王方慶爲鳳閣侍郎知政事則天嘗幸萬安山之王泉寺以山逕危懸欲御腰轝而上方慶諫曰昔漢元帝嘗酎祭廟出便門御樓船光祿勳張猛奏曰乘船

危就橋安元帝從橋即前代舊事今山徑危險石磴曲狹上瞻駭目下視寒心比於樓船安危不等陛下蒸民父母奈何踐此畏塗伏望停鑾駐蹕則天納其言而止

姚璹則天時爲納言九鼎初成制令以黃金千兩塗之璹進諫曰夫鼎者神器貴在質朴自然無假別爲浮飾臣觀其狀先有光彩輝煥錯雜其間豈待金色方爲炫耀從之又石國使請獻獅子璹上疏諫曰獅子猛獸惟止食肉遠從碎葉以至神都肉旣難得極爲勞費陛下以百姓爲心慮一物有失鷹犬不蓄漁

獵捴停運不殺以闡大慈垂好生以敷至德凡在蠉飛蠢動莫不咸荷仁恩豈容自菲薄於身而厚資給於獸求之至理必不然矣疏奏遽停來使

李嶠爲成均祭酒平章事長安末則天時造大像於白司馬坂嶠上疏諫之其畧曰臣以法王慈憫菩薩扶持唯擬饒益衆生非要營修土木伏聞造像稅非戶口錢出僧尼不得州縣祇承必是不能濟辦終須科索豈免勞擾天下編戶貧弱者衆亦有傭力客作以濟餱糧亦有賣舍貼田以供王役造像錢見有一十七萬餘貫若將散施廣濟貧窮人與一貫濟得一

十七萬餘戶拯飢寒之弊省勞役之勤順諸佛慈悲之心霑聖君亭毒之意人神胥悅功德無窮疏奏不納

巡按福建監察御史臣李嗣京　訂正
知閩縣事臣曹學佺參閱
知建陽縣事臣黃國琦較釋

宰輔部

諫諍第四

唐桓彥範神龍初爲侍郎嘗表論時政數條其大略曰昔孔子論詩以關雎爲始言后妃者人倫之本理亂之端也故皇英降而虞道興任姒歸而姬宗盛桀奔南巢禍階妹嬉魯桓滅國惑以齊姜伏見陛下每

臨朝聽政皇后必施帷幔坐於殿上豫聞政事臣愚歷選列辟詳求往代帝王有與婦人謀及政者莫不致破國亡身傾輈繼路且以陰乘陽違天也以婦凌夫違人也違天不祥違人不義謀是古人譬以牝雞之晨惟家之索易曰無攸遂在中饋言婦人不得豫於國政也伏願陛下覽古人之言察古人之意上以社稷爲重下以蒼生在念宜令皇后無往正殿干豫外朝專在中宮聿脩陰教則坤儀式固鼎命惟永又曰臣聞京師喧喧道路籍籍皆云胡僧慧範矯託佛教詭惑后妃故得出入禁闈撓亂時政陛下又輕騎微行數幸其室上下褻黷有虧尊嚴臣嘗聞興化致理必繇進善康國宰人莫大棄惡故孔子曰執左道以亂政者殺假鬼神以危人者殺今範之罪不殊於此也若不急誅必生變亂除惡務本去邪勿疑伏願天聰早加裁貶疏奏不納時有墨勑授方術人鄭普思祕書監葉淨能國子祭酒彥範若言其不可帝曰旣要用之無容便止彥範又對曰陛下自龍飛寶位處下制云軍國政化並依貞觀故事昔貞觀中嘗以魏徵虞世南顏師古爲祕書監孔穎達爲國子祭酒至如普思等是方伎庸流豈足以比蹤前烈臣恐物

議謂陛下官不擇才濫以天秩加於私愛惟陛下少加愼擇帝竟不

蕭至忠神龍初爲中書令節愍太子誅武三思後有三思黨與宗楚客紀處訥令侍御史冉祖雍奏言安國相王及鎭國太平公主亦與太子連謀舉兵請收付制獄中宗召至忠令按其事至忠泣而奏曰陛下富有四海貴爲天子豈不能保一弟一妹受人羅織廟社存亡實在於此臣雖至愚竊爲陛下不取漢書曰一尺布尚可縫一斗粟尚可舂兄弟二人不相容願陛下詳察此言且往者則天皇后欲令相王爲太

子王累日不食請迎陛下固讓之誠天下傳說足明冉祖雍等所奏咸是構虛中宗深納其言而止景龍中上疏陳時政曰臣聞王者列職分司爲人求理求理之道必在用賢得其人則公務克脩非其才則厥官如曠官曠則事廢事廢則人殘漸至陵遲率繇於此頃者選曹授職政事官人或異才昇多非德進皆因依貴要互爲粉飾苟得是務曾無遠圖上下相蒙誰肯言及臣聞官爵者公器也恩倖者私惠也只可金帛富之粱肉食之以存私澤也若以公器爲私用則公議不得而勞人解體以小私而妨至公則私謁

門開而正言路塞儉人遞進君子道消日消月浚卒見燭弊者爲官非其人也昔漢館陶公主爲子求官明帝謂曰郎官上應列宿出宰百里苟非其人必受其殃賜錢十萬而已此則至公之道不虧私恩之情無替良吏直筆將爲美談于今稱之不輟其口者也當今列位已廣冗員倍多祈求未厭日月增數陛下降不貲之澤近戚有無涯之請賣官利已鬻法徇私臺寺之內朱紫盈滿官秩益輕恩賞彌數纖利之輩冒進而莫識廉隅方雅之流知難而斂分丘壠則才者莫用用者不才二事相形十有其五故人不效力而官爲匪人欲求其理實亦難遂臣竊見宰相及近侍要官子弟多居美爵此並勢要親戚罕有才藝遞相囑託虛踐官榮詩云東人之子職勞不徠西人之子粲粲衣服私人之子百寮是式或以其酒不以其漿鞙鞙佩璲不以其長此言王政不平衆官廢職私家之子列試於榮班不任其才徒長其飾佩臣愚伏願陛下想居安思危之義行改絃易張之道貴惜爵賞審量才識官無虛授人必爲官進大雅于樞近退小人于閑僻政令惟一威恩以信私不害公情無撓法則天下幸甚臣伏見貞觀永徽故事宰相子弟多

居外職者非直抑殭宗分大族亦以退不肖擇賢才伏願陛下遠稽舊典近尊先聖特降明勑令宰相以下及諸司長官子弟並改授外官庶望分職四方共寧百姓表裏相統遐邇乂安疏奏不納

張說光天二年爲紫微令自則天末年冬爲潑寒胡戲中宗嘗御樓以觀之至是因蕃夷入朝又作此戲說上疏諫曰臣聞韓宣適魯見周禮而歎孔子會齊數倡優之罪列國如此況天朝乎今外蕃請和選使朝謁所望節以禮樂示以兵威雖曰戎夷不可輕易焉知無駒支之辨繇余之賢哉且潑寒胡戲未聞典

故裸體跳足盛德何觀揮水投泥失容斯甚法殊魯禮褻狎齊優恐干羽柔遠之義樽俎折衝之道願揮芻言特罷此戲玄宗納之自是此戲乃絕

宋璟開元初爲侍中時開府儀同三司王仁皎卒及將築墳皎子駙馬都尉守一請同昭成皇后父竇孝諶故事其墳高五丈一尺璟及蘇頲請一依禮式帝初從之翼日又命准孝諶舊例璟等上言曰夫儉德之恭侈惡之大高墳乃昔賢所誡厚葬實君子所非古者墓而不墳蓋此道也凡人子於哀迷之際則不以禮制爲思故周孔設齊斬緦免之差衣衾棺槨之

度賢者俯就私懷不果且蒼梧之野驪山之徒善惡分區圖史所載衆人皆務奢靡而獨能革之斯所謂至孝要道也中宮若以爲言則此理故可敦諭在外或云竇太尉墳甚高取則不遠者縱令往日無極言者其事偶行令出一時故非甞式貞觀中文德皇后嫁所生女長樂公主奏請儀注一同長公主魏徵諫云皇帝之姑姊妹爲長公主皇帝之女爲公主旣有長字合高於公主若加於長公主事甚不可引漢明故事云群臣欲封皇子爲王帝曰朕子豈敢與先帝子等時太宗嘉納文德皇后奏降中使致謝於徵此則乾坤輔佐之間綽有餘裕豈若韋庶人父追加王位擅作酆陵禍不旋踵爲天下笑則犯顏逆耳阿意順旨不可同日而言也恐今之所載豫作紀綱情旣無窮故爲之制度不因人以摇動不變法以愛憎所謂金科玉條蓋以此也比來蕃夷等輩及城市間人逓以奢靡相高不將禮儀爲意今以后父之寵開府之榮金穴玉衣之資不憂少物高墳大寢之役不畏無人百事皆出於官一朝亦可以就而臣等區區不已屢以上聞諒欲成朝廷之政崇國母之德化洽寰區殺光竹素倘中宮情不可奪陛下不能苦違即准

令一品合陪陵者墳高三丈以上四丈以下降勅將同陪陵之例即極是高下得宜帝謂璟等曰朕每事甞欲正身以成綱紀至於妻子情豈有私然人所難言亦在於此卿等乃能再三堅執成朕美事足使萬代之後光揚我史策乃遣使齎綵練四百匹分賜之

張鎬至德中平章事時有供奉僧内置道場晨夜念佛動數百人聲于禁外鎬知之奏曰臣聞天子修福當在安養含生靖一風化未聞區區僧教以致太平伏願陛下以無爲爲心不以小乘撓聖慮也肅宗甚

然之

張鎰建中年爲中書侍郎平章事時故尚父郭子儀子壻太僕卿趙縱家奴當千發縱陰事縱下御史當千下於內侍省於是鎰上疏諫曰伏見趙縱爲奴所告下獄人皆震懼未測聖情貞觀二年太宗謂侍臣曰比有奴告其主謀逆此極弊法特須禁斷假令有謀反者必不獨成自有他人論之豈藉其奴告也自今以後奴告其主者皆不須受便令斬決繇是賤不得干貴下不得陵上教化之本既正悖亂之漸不生爲國之經百代難改欲全其體實在防微頃者長安

令李濟得罪因奴萬年令霍鶰得罪因婢愚賤之輩悖慢成風主反用之動遭誣告充溢府縣莫能斷決建中元年五月二十八日詔准鬬競律諸奴婢告主非謀叛已上者同首法並准律處分自此奴婢復順獄訴稍息今趙縱事非叛逆奴實奸兇奴在禁中縱獨下獄考之於法或恐未正將帥之功莫大於子儀人臣之位莫高於尚父殁身未幾墳土僅乾兩壻前已當辜趙縱今又下獄設令縱實抵法所告非奴纔經數旬連罪三壻錄勲念舊猶或可容况在科程本宜宥免陛下方討群賊大用武臣雖見寵於當時恐息望於他日太宗之令典尚在陛下之明詔始行一朝背違不與衆守於教化恐失於刑法恐煩所益悉無所傷至廣臣非私趙縱非惡此奴叨居股肱職在輔弼斯事大體敢不極言伏乞聖慈納臣愚懇於是帝以縱所告雖重左貶而已當千杖殺之鎰乃令召子儀家僮數百人以死奴示之

姜公輔興元初爲諫議大夫平章事從德宗至梁州唐安公主卒帝憐而厚葬之公輔諫以爲不久克復京師必將還主喪以歸今方蒙塵于外兵士闕乏不如薄葬帝不納

權德輿元和初平章事時運糧使董溪于皐謩盜用官錢詔流嶺南行至湖外密令中使皆殺之他日德輿上疏曰竊以董溪等當陛下憂山東用兵時領糧料供兵重務聖心委付不比尋常敢負恩私恣其贓犯使之萬死不足塞責弘寬大之典流竄太輕陛下合改正罪名兼責臣等疎畧但詔令以下四方聞知不書明刑有此處分竊觀衆情有所未諭伏以自陛下臨御以來每事以誠實與天地合德與四時同符萬方之人沐浴皇澤至知于董所犯合正典章明下詔書與衆同棄卽人各懼法人各謹身臣誠知其罪

不容誅又是已過之事不合論辨上煩聖聽伏以陛
下德聖天姿度越前古頃所下一詔舉一事皆合理
本皆順人心伏慮他時更有此比但要有司窮鞫審
定罪名或致之極法或使自盡罰一勸百孰不革心
巍巍聖朝事體非細臣每於延英奏對思陛下求理
之言生逢聖明感涕自賀况以愚滯朴訥聖鑒所知
伏唯恕臣迂踈察臣丹懇
李吉甫元和中平章事京兆尹元義方奏故永昌公
主准禮合起祠堂請其制度初貞元中義陽義章二
公主墓所皆造祠堂一百二十間費當數千金至是

監護使啓其制憲宗時令義方減舊制之半吉甫奏
曰伏以永昌公主稚年夭枉舉代同悲況於聖情固
所鍾念然陛下猶減制造之半示折中之規昭儉訓
人實越今古竊以祠堂之設禮典無文蓋德宗皇帝
恩出一時事因習俗當時人聞不無竊議昔漢章帝
時欲爲光武原陵明帝顯節陵各起邑屋東平王蒼
上疏言其不可東平則光武之愛子明帝之愛弟賢
王之心豈惜費於父兄哉誠以非禮之事人君所當
慎也今者依義陽公主欲起祠堂恐不如置墓户以
充守奏從之

李絳元和中平章事憲宗謂宰臣曰朕讀聖祖玄宗
實錄見開元致理及天保衰亂事出一主而興替頓
殊何也絳對曰臣聞理生於危心亂生於肆志玄宗
自天后朝出居藩邸嘗蒞官守接時賢於外知人事
之艱難臨御之始得姚崇宋璟任之二臣者皆忠正
上才勤以致君堯舜爲心玄宗亦秉思理之初勵精
聽納故當時賢能在位左右前後皆尚直誠是以君
臣交泰內外寧謐開元二十年以後洎于天寶李林
甫楊國忠爲相專引柔佞之人居于要劇苟媚於上
不聞直言嗜慾轉熾國用不足奸臣說以興利武士

說以開邊天下擾動奸盜乘隙遂至兩都覆敗天下
沸騰乘輿播遷幾至難復蓋小人啓導縱逸生驕致
之也至今兵宿兩河西疆削盡甿户凋耗府貨空虛
皆繇天寶喪亂以至於此安危理亂實係時主所行
陛下思廣天聰親覽舊史垂意精賾鑒于化源實天
下幸甚臣等不勝慶悅伏望每以旣往得失用爲元
龜擇善去弊必臻至理帝深然之時教坊忽稱密旨
取良家士女及衣冠別第妓人京師囂然絳請同列
曰此事大虧損聖德須有論諫或曰此嗜欲閒事從
諫官疏絳曰居嘗相公嘗病諫官論事此難事郎推

與諫官可乎遂極疏論奏翼日延英帝擧手謂絳曰昨見卿狀所論採樺事非卿盡忠於朕何以及此朕都不知向外此事此是教坊罪過不喻朕意以至於此朕緣丹王以下四人院中都無侍者朕令於工樂中及閭里有情願者厚其錢帛只取四人四王各與一人伊不會朕意便如此事朕今已科罰其所取人並放歸若非卿言朕寧知過失

崔群元和末平章事憲宗嘗謂宰臣曰朕讀玄宗實錄見開元初銳意求理至十五六年則似稍懈至開元末又似不及中年其故何也崔群對曰玄宗生長

人間身經屯難故即位之初知人疾苦躬恤庶政有姚崇宋璟盧懷慎輔以道德蘇頲張嘉貞李元紘杜暹韓休張九齡皆孜孜守正以故稱理其後承平日久安於逸樂漸遠正士而近小人宇文融以聚斂媚上心李林甫以姦邪惑上志而終之以楊國忠故及於亂今陛下以開元初爲法以天寶末爲戒是乃社稷無疆之福也時皇甫鎛以諂刻欺弊在相位故群以是詞諷焉

李程長慶末平章事敬宗即位帝既富有春秋畋獵之暇好治宮室嘗命爲列殿以新晏遊及庀徒蕆事功用至廣程諫曰自古聖帝明王率資儉德以化天下況諒陰之內豈宜興作願陛下悉以見在瓦木及工役之費迴奉陵寢乃勑度支所進脩造屋宇木石一物以上宜付山陵收管仍令般送陵所便充造作程兼請置侍讀學士帝皆嘉納

李逢吉寶曆中平章事敬宗自臨御以來嘗欲東幸宰相及諸大臣等無不切諫而帝意益堅嘗正色謂宰臣曰朕去意已定其從官宮人等悉令內備糗糧必不擾百姓逢吉等頓首言曰陛下貴爲天子富有四海天下一家何往不可況東都千里而近宮闕具

存巡省遊幸固有嘗典但陛下法駕一動事須備儀千乘萬騎不可減省縱不令費用絕廣亦須使豐儉合宜豈得自備糗糧以失大體臣等所以爲不可者祇以干戈未甚戢邊鄙未甚寧切恐人心搖動伏乞陛下上爲宗廟下爲庶人稍迴聖慮則天下幸甚非唯臣等幸甚上竟不聽乃命員外郎盧貞檢計人情大擾雒中居第及物價頓貴數百倍執事相繼獻疏亦並不省朝廷方憂恐之次裴度自興元入相因別對具奏云國家建立都邑蓋備巡遊然自艱難以來此事遂絕東都宮闕及六軍營壘百司廨宇悉已荒

廢陛下必欲行幸亦須緩緩脩葺一年半歲後方可議行上曰群臣皆云不合去若如卿言卽不去亦得何止後期旋又朱克融史憲誠各請以丁匠五千人助脩東都宰臣因之復諫乃罷

裴度寶曆中平章事以敬宗坐朝稍稀上疏曰比者陛下每月約六七遍坐朝天下人心無不知陛下躬親庶政宜至河北賊臣遠聞亦皆惕懼今自兩月以來入閣及開延英稍稀或恐大段公事須諮稟睿謀者有所壅滯陛下稍示憂勤乘涼數坐廣加延問使得盡誠能又以帝坐朝稍晚上疏曰伏以頤養聖躬

在於順適時候若飲食有節寢興有常四體惟和萬壽可保謹按道書春夏早起取雞鳴時秋冬晏起取日出時蓋在陽則欲及陰涼在陰則欲及陽煖今陛下憂勤庶政親覽萬幾每欲延英召臣等奏對方屬盛夏宜在清晨如至巳午之間則當炎赫之際雖日昃忘食不憚其勞仰瞻旒扆亦以煩熱臣等已曾陳論竊望聽納不勝懇迫之至

鄭覃開成初平章事文宗因與宰臣論詩句工拙覃諫曰臣聞詩者孔子所刪三百篇是也厥後以五字爲句起於降將之篇皆斐然狂簡未得聖裁不足爲帝王耽翫夫小雅大雅或美或刺皆國人所作非帝王自爲是以王者採詩考其風俗不當効國人之言志也故陳后主隋煬帝皆工章句不知王業大端願陛下不取也

李德裕大和中平章事時文宗欲以李訓爲諫官德裕諫曰李訓小人不可在陛下左右頃年惡跡天下皆知無故用之必駭視聽文宗曰人誰無過俟其悛改朕以逢吉所託不忍負言德裕曰聖人有改過之議訓天性姦邪無悛改之理帝乃顧王涯商量所與一官乃授四門助教

後唐盧文紀清泰初平章事上疏諫曰臣聞事君盡忠孔子激揚於直道無功受祿周書譏諷於曠官敢因災沴之時輒貢傾輸之懇臣伏見比年以來朝廷多故人事則兵戎禍亂天時則水旱虫霜若非陛下拯溺救焚移災作福則生靈受弊宗社何依今則區宇甫安人神胥悅但以自夏愆陽及秋霖雨雖勞聖力過切閔傷蓋屬當否數之辰尤費消禳之力雖民斯鮮福亦天道使然爲君之難實見於此臣聞沈潛剛克高明柔克是君宜執柔以御下臣當剛正以報君則冀上下和平君臣訢合臣思德宗初置學士本

不以文翰是供釜獻納論思朝夕延問至於給諫遺
補之職是日諫官日請諫紙時政有失無不極言望
陛下聽政之餘時召學士諫官詢謀政道俾獻讜言
明書黜陟之科以責語言之効書云乂時暘若肅時
雨若以洪範言之係於君德臣請嚴禋於宗廟社稷
精禱於岳瀆神祇進忠良退不肖除寇盜恤惸嫠愼
刑章明舉選任賢勿貳去邪勿疑王道砥平無偏無
黨中外除攺請守舊規長興四年以前勑命繁碎者
請重選擇如新勑不及舊章便請却依前代如舊章
不如新勑便釐革施行倘不阻於奏陳庶漸臻於理

體詔曰盧文紀早踐班行迭更顯重動惟稽古言必
爲時當朕求治之初首居輔弼之位能竭事君之節
以申報國之勞引經義而究其本根合時事而先於
條貫請宜學士兼召諫臣言陰陽序理之端人事調
和之本又嚴脩祀典精事神祇宜令有司依奏虔潔
所云進忠良而退不肖除寇盜而恤惸嫠雖責在朕
躬亦資於調爕刑法舒慘宜令太理寺御史臺明甚
詳讞勿至冤誣選賢退愚宜令三銓選部精覈愼選
所舉得人新舊制勑宜令御史臺與三司官員詳擇
以聞

周馮道初仕後唐明宗時平章事長興初帝御中興
殿道奏曰陛下宮中無事遊幸近郊則可矣然則御
馬涉歷山險萬一馬足蹉跌則貽陛下之憂臣聞千
金之子坐不垂堂百金之子立不倚衡彼千金百金
之微細尚猶惜其身保其產而况富有四海貴爲天
子自輕於彼千金百金之子哉願陛下居安慮危動
存戒愼上欽容謝之退令小黃門至中書勑道錄奏
所對垂堂語道因註其說以聞四年帝對宰臣曰諸
州鎮數上言有螟蝗民力尚貧將來何以得濟道奏
曰天灾流行古今甞所不免自陛下臨御八年七年

豐稔今歲聖躬違豫歲亦微灾乃知九州四海民之
消長繫陛下一人之運也雖然歲小饑不足煩聖慮
所願王豫和平生靈慶賴乞陛下寢膳之間動留調
衛道因指御前菓食曰如食桃不康翼日見李而思
戒可也禮云飲食男女人之大欲存焉陛下幸思而
戒之初帝因御幸暴得風虛之疾道不敢斥言因奏
事諷悟帝意

巡按福建監察御史臣李嗣京　訂正

知晄寧縣事臣孫以敬參閱

知建陽縣事臣黃國琦較釋

宰輔部

任職　兼領　奉使

任職

夫百器周用陶甄之工也大川攸濟舟楫之利也是知寅亮袞職財成景化民具爾瞻其任重矣中古而下賢英間作乃有敷五教叙九功撫四夷親百姓總

綱紀領彌縫闕漏致主於垂拱濟俗於仁厚非夫體道仁正暢達物理不將逆於去就不吐茹於剛柔靖恭秉直獻替為任苟思自固疇克用乂至於參決獄訟執操利病隨時適變允資餘力書曰懋德克勤詩曰不懈于位皆斯之謂也

周周公旦自武王即位旦常輔翼武王用事居多及相成王成王在豐天下已安周之官政未次序於是周公作周官官別其宜作立政以便百姓百姓皆說

召公奭成王時為三公自陝以西召公主之召公之治西方甚得兆民和召公巡行鄉邑有棠樹決獄政事其下自侯伯至庶人各得其所無失職者

鄭桓公友幽王時為司徒和集周民周民皆悅河洛之間人便思之子武公亦為司徒善於其職國人宜之故作緇衣之詩美其德以明有國善善之功焉司徒之職掌十二教善善者治之有功也鄭國之人皆謂桓公武公居司徒之官正得其宜

漢蕭何初為漢王丞相漢王與諸侯擊楚何守關中侍太子治櫟陽為法令約束立宗廟社稷宮室縣邑輒奏上可許以從事即不及奏上輒以便宜施行上來以聞關中事計戶口轉漕給軍漢王數失軍遁去

何常與關中卒輒補闕上以此專任何關中何謹守管籥因民之疾奉法順流與之更始

霍光昭帝時為大司馬秉政承奢侈師旅之後海內虛耗光因循守職無所改作至於始元元鳳之間匈奴向化百姓益富舉賢良文學問民所疾苦於是罷酒榷而議鹽鐵矣

魏相字弱翁宣帝初即位為丞相帝始親萬機厲精為治練群臣核名實而相總領衆職甚稱上意相明易經有師法好觀漢故事及便宜章奏旣觀國家故事文視前人所奏便宜之章以為古今異制方今務在奉行故事而已數

條漢事與巳采國家便宜行事及賢臣賈誼晁錯董仲舒等所言奏請施行之相勑掾史按事郡國及休告從家還至府輒白四方異聞或有逆賊風雨災變郡或不上相輒奏言之時丙吉爲御史大夫同心輔政帝皆重之

于定國爲丞相貢禹爲御史大夫數處駁議言與定國不同定國明習政事率常丞相議可天子皆可定國所言

翟方進爲丞相知能有餘兼通文法吏事以儒雅緣飭法律號爲通明相天子甚器重之奏事亡不當意

後漢趙熹爲衞尉行太尉事內典宿衞外幹宰職正

身立朝未嘗僻倚

杜林爲大司空博雅多通稱爲任職相

陳寵爲司空寵雖傳法律而兼通經書奏議溫粹號爲任職相

胡廣字伯始太傅錄尚書性溫柔謹素常遜言恭色練達事體明解朝章雖無謇直之風屢有補闕之益故京師諺曰萬事不理問伯始天下中庸有胡公

楊秉爲太尉是時宦官方熾任人及子弟爲官布滿天下競爲貪淫朝野嗟怨秉與司空周景上言內外吏職多非其人自頃所徵皆特拜不試致盜竊縱恣獄訟紛錯舊典中臣子弟不得居位秉勢而今枝葉賓客布列職署或年少庸人典據守宰上下忿患四方愁毒可遵用舊章退貪殘塞災謗請下司隸校尉中二千石城門五營校尉北軍中候各實覈所部應當斥罷自以狀言三府兼察有遺漏續上帝從之於是秉條奏牧守以下匈奴中郎將燕瑗青州刺史羊亮遼東太守孫諠等五千餘人或死免天下莫不肅然時郡國計吏多留拜爲郎秉上言三署見郎七百餘人帑藏空虛浮食者衆而不良守相欲因國爲池浣灌囊橐宜絕橫拜以塞覬覦之端自此終桓帝世

計吏無復留拜者

劉矩延熹四年爲太尉與司空黃瓊司徒种暠同心輔政號爲賢相

王允初平元年爲司徒會董卓遷都關中允悉收歛蘭臺石室圖書秘緯要者以從旣至長安皆分別條上又集漢朝舊事所當施用者一皆奏之經籍具存允有功焉

蜀諸葛亮爲丞相後主建興元年封亮武鄉侯開府治事又領益州牧政事無巨細咸決於亮

吳顧雍爲丞相平尚書事其所選用文武將吏各隨

能所任心無適莫
滕脩與諸葛恪俱輔政恪伐魏以脩爲都下督掌統留事脩日接賓客夜省文書或通曉不寐一云脩罷任彌高接士愈勤表奏書䟽皆自經意不以委下
晉裴秀爲司空創制朝儀廣陳刑政朝廷多遵用之以爲故事在位四載爲當世名公
李胤爲尚書令武帝以司徒舊丞相之職詔以胤爲司徒在位五年簡亮持重稱爲任職
庾氷爲中書監揚州刺史是時王導新喪人情恇然氷兄亮旣固辭不入衆望歸氷旣當重任經綸時務

不舍夙夜賓禮朝賢升擢後進繇是朝野注心咸曰賢相又隱實戶口料出無名萬餘人以充軍
宋徐羨之爲司空錄尚書事朝野推服咸謂有宰臣之望傅亮蔡廓常言徐公曉萬事安異同
南齊褚淵爲司徒尚書令朝廷機事多與諮謀每見從納禮遇甚重
梁何敬容大同中爲尚書令侍郎參掌朝政機密敬容久處臺閣詳悉舊事且聰明識治勤於薄領詰朝理事日旰不休自晉宋以來宰相皆文義自逸敬容獨勤庶務爲世所嗤鄙時蕭琛子巡頗有輕薄才因制卦名離合等詩以嘲之敬容處之如初亦不屑也
北齊白建武平末歷特進侍中中書令建雖無多才勤於在公屬王業始基戎寄爲重建與唐邕俱以典職執兵馬致位卿相晉陽國之下都每年臨幸徵詔差科責成州郡大藩寮位爰及守宰諮承陳請趍走無暇
唐邕爲尚書令性識明敏通解時事齊氏一代典執兵機是時九州軍士四方勇募强弱多少番代往還及器械精粗粮儲虛實精心勤事莫不諳知自大寧以來耆舊彫落比及武平之末府藏漸虛邕度支取

舍大有裨益
楊愔爲左僕射從尚書令愔居端揆權綜機衡千端萬緒神無滯用自天保已後文宣喪德維持匡救實有賴焉
隋高熲爲僕射與納言蘇威同心協贊政刑大小無不籌之故革運數年天下稱治
虞世基爲內史侍郎煬帝重其才親禮愈厚專典機密與納言蘇威左翊衛大將軍宇文述黃門侍郎裴矩御史大夫裴蘊等參掌朝政于時天下多事四方表奏日有數百帝方凝重事不庭决入閤之後始召

世基口授節度世基至省方爲勑書日且百緜無所遺謬其精審如是

唐房玄齡爲尚書左僕射既總百司虔恭夙夜盡心竭節不欲一物失所明達吏飾以文學審定法令意在寬平

杜如晦爲尚書右僕射與房玄齡共掌朝政至於臺閣規模及典章文物皆二人所定

岑文本爲中書令征遼之役凡所支度一皆委之粮運甲兵並自料配筭不去手文簿盈前寄深慮遠神用頓竭言辭舉措頗異平常太宗見而憂之謂左右

曰文本今與我同行恐不與同返俄遇暴疾須臾而卒

侯君集爲吏部尚書參議朝政君集綜衛流定考課出爲將領入豫訏謨有當時之譽

杜淹爲御史大夫判吏部尚書參議朝政當塗用事法令明肅爲人所稱

郭正一爲平章事又在中書明習舊事凡有制勑多出其手當時號爲稱職

姚崇爲中書令宋璟爲吏部尚書同中書門下二品崇及璟進忠良退不肖賞罰必中朝綱克舉又遷補平允委用廉吏權門請託無所復行時議以爲復貞觀永徽之政也景雲二年出崇爲申州刺史璟爲楚州刺史常安石爲侍中自是之後安石與李日知用事官僚繁冗綱紀不振時議思姚宋焉先天初即位務修德政軍國庶務多訪於崇同時宰相盧懷慎源乾曜等但唯諾而已崇獨當重任明於吏道斷割不滯

張嘉貞爲中書令敏決敏速善於敷奏

崔祐甫大曆末爲相謀猷啟沃多所弘益天下以爲可復貞觀開元之太平也

楊炎建中初爲相出內庫錢帛付之有司以制國用行兩稅法救時之弊頗有嘉聲

趙退翁貞元中與賈耽盧邁二人爲相耽邁各有故退翁獨對延英開陳理體言求賢審官等數事德宗嘉納其言自是特蒙恩顧

陸贄貞元中爲相精於吏事參酌裁斷不失錙銖政不便於時者多所條奏德宗雖不能皆可而心頗重之

裴垍作相請旌別淑慝杜塞蹊徑齊整法度考課吏理帝皆垂意聽納

李吉甫元和中自淮南節度使再入相請减省職員並諸色出身胥吏等及量定外官俸料時以爲當

李石開成初與鄭覃同平章事三月中因奏事於紫宸殿時方之雨文宗曰麥苗得未損否石曰春澤之時亦未至損自赦書頒行遠近皆已來賀未見有依節文處置事上聞者臣即進條目伏望省覽比者下令不曾及時今條奏赦書中十一件事最切臣欲提舉令其必行鄭覃曰朝廷法久不行殊宜惕厲石曰度支每年有十人合有得官臣悉令各守公事留其舊人兢加酬奬十年間免一百人入任

後唐任圜拜平章事判三司簡拔賢俊杜絶倖門百官俸入久爲孔謙减折以廷臣爲國家之羽儀故優假班行禁其虛佑欲致恭於儒道朞月之内庫府充贍朝廷脩葺軍民咸足憂國如家

晉桑維翰爲侍中兩朝秉政出上將楊光遠景延廣俱爲州守又嘗一制除節將五十餘人各領軍職無不屈而服之

漢蘇逢吉自河東節度判官拜平章事從高祖至汴朝廷百司庶務逢吉以爲已任參決處置並出胷臆雖有當否而事無留滯

王章隱帝初平章事居無何蒲雍岐三鎮判是時契丹犯闕之後國家新造物力未充與周太祖史弘肇楊邠等盡心王室知無不爲

兼領

夫兼領之職出於人主之意初無定制或以司徒領著作或以僕射領太子太傅或領使或遥領或兼知或兼判云

石苞爲司徒奏州郡農桑未有賞罰之制宜遣掾屬循行皆當均其土宜舉其殿最然後黜陟武帝詔苞督察州郡播殖若宜有所循行者增置掾屬十人聽

取王官更練事業者

張華爲司空領著作

荀顗爲侍中太尉武帝詔曰顗温恭忠允志行純脩傳古洽聞耆艾不怠其以公兼太子太傅侍中太尉如故

荀組爲司空領尚書左僕射又兼司隷

賈充爲太尉行太子太保

魏舒爲司徒署兖州中正

劉寔爲開府儀同三司領冀州都督

石鑒爲司空領太子太傅

南齊王儉爲尚書右僕射領吏部尋遷左僕射領太子詹事永明二年領丹陽尹三年領國子祭酒又領太子少傅七年改領中書兼參選事

唐長孫無忌爲司徒太宗貞觀十七年四月立皇太子加無忌太子太師兼檢校侍中

房喬爲司空貞觀十七年四月立皇太子加喬太子太傅同中書門下三品

崔湜中宗景龍中以中書侍郎平章事與吏部尚書侍郎鄭愔同知選事

張說爲兵部尚書同中書門下三品玄宗開元十年四月己亥勅曰朔方之地雍州之域密邇關輔是稱河塞頃者胡孽爲寇擾其居人王師有征戎事斯大戍役之獘邊甿旣勤雖妖醜底清而政理未洽不有經制曷云昭蘇且和衆爲武者所以詰姦慝總軍命將者所以訓甲兵匪夫大賢孰允茲任兵部尚書中書門下三品燕國公張說天與明秀自然才傑光備九德弘宣七政受掌邦理實爲國禎謀而必忠言則無隱寅亮之美用熙帝載談笑之餘更陳戎備所謂善行樽俎事立封疆宜以上台之尊遥統中軍之任可持節兼知朔方軍節度大使餘如故

李林甫爲中書令開元二十五年秋兼河西隴右兩道節度使遥制政焉天寶十載加右相朔方節度等使詔曰經邦論道允屬於賢才保大定功聿求于長策不有兼領孰張寵賢開府儀同三司行尚書左僕射兼右相崇玄館太學士集賢院學士太清太微宫使脩國史上柱國晉國公林甫器惟國楨材乃人範文標楷式學究精微沃啓之誠罄嘉猷於造膝清貞之節盡公心於匪躬自登于三事式是百辟具瞻惟允茂績居多任總廟堂旣贊雍熙之化智高帷幄更

資決勝之謀宜因公輔之重兼受元戎之寄可兼安北副大都督持節朔方節度關内度支營田鹽池押諸蕃部落副大使知節度事六城水運節度管内軍都採訪處置等使餘並如故時河西節度安思順權知朔方事帝重其任故特委宰臣俾遥領之

楊國忠代李林甫爲右相兼吏部尚書集賢殿大學士太清宫太微宫使判度支劍南節度山南西道採訪兩京出納租庸鑄錢使並如故

牛仙客爲侍中持節朔方節度等副大使開元二十六年兼持節河東持節度副大使

蕭嵩初爲河西節度使邊境獲安後遷中書令集賢殿學士知院事兼脩國史加金紫光祿大夫常帶河西節度遥領之

陳希烈爲左相天寶十二載十二月詔曰國之載籍政之本源故藏於蓬山緘以芸閣者以爲義府之代暨三五以還皆率茲道也故每加求購異補逸遺四部名目悉索而來七略條流兼該頗盡豈直羽陵之蠹簡汲冢之殘編如聞頃者以來不存勾當或詮次失序或鉤校涉踈或擅取借人或潛將入已因循斯久散失遂多思革前弊允資盛德宜令左相兼武部

尚書陳希烈充監秘書令省圖書爰假丹青之餘以振鉛黄之美則金華侍講足繼寵于班伯石渠司籍方嗣徽於劉向至公之選可不務乎

張鎬爲中書侍郎同平章事肅宗至德中方興軍戎帝注意將帥以鎬有文武才乃命兼河南道節度使持節都統河南淮南等諸軍事

第五琦乾元二年以户部侍郎平章事判度支領河南等道支度都勾當轉運租庸鹽鐵鑄錢司農太府出納山南東西江淮南館驛等使

劉晏代宗寶應二年以吏部尚書平章事領度支鹽鐵轉運租庸使

杜祐爲檢校司空平章事德宗貞元二十一年三月進位檢校司徒充度支鹽鐵等使依前平章事

武元衡爲門下侍郎平章事憲宗元和二年八月詔兼判户部侍郎事

王播穆宗長慶元年七月以刑部尚書領鹽鐵轉運等使十月兼中書侍郎平章事領使如故文宗太和元年五月自淮南入覲六月拜尚書左僕射同平章事領使如故

裴度敬宗寶曆二年八月以司空平章事判度支

孔緯爲門下侍郎吏部尚書平章事僖宗光啟三年領諸道鹽鐵轉運使至昭宗龍紀元年自左僕射門下侍郎平章事加守司空太清宫使弘文舘太學士延資庫使領諸道鹽鐵轉運等使

杜讓能爲右僕射門下侍郎平章事昭宗龍紀六年加左僕射判度支大順二年加延資庫使諸道鹽鐵轉運等使

張濬爲中書侍郎户部尚書平章事龍紀元年判户部事

劉崇望爲中書侍郎吏部尚書平章事大順二年進

位門下侍郎判度支事
崔昭緯爲兵部侍郎平章事大順二年兼判户部事
又加右僕射充諸道鹽鐵轉運等使
鄭延昌爲户部尚書大順二年以中書侍郎平章事
判度支事
韋昭度特進行左僕射景福二年爲司空門下侍郎
同平章事弘文舘太學士太清宮延資庫使
徐彥若爲尚書左僕射門下侍郎同平章事監脩國
史乾寧二年制勑授司空門下侍郎同平章事太清
宮使奉太廟等使弘文舘大學士延資庫使充諸道

鹽鐵轉運等使
王摶爲中書侍郎同平章事加户部尚書門下侍郎
脩國史判度支正議大夫中書侍郎同平章事
崔胤爲中書侍郎同平章事加禮部尚書集賢殿大
學士判户部事
陸扆爲户部侍郎平章事乾寧三年加中書侍郎兼
判户部事
裴樞爲吏部侍郎光化三年授中書侍郎同平章事
判户部天佑元年加右僕射諸道鹽鐵轉運等使
獨孤損爲户部尚書門下侍郎平章事天祐元年兼
判度支
柳璨爲中書侍郎平章事天祐六年兼判户部事
梁薛貽矩太祖開平三年九月爲門下侍郎平章事
判建昌宫
于兢乾化二年五月以門下侍郎平章判建昌宫事
後唐郭崇韜莊宗同光元年十月以侍中樞密使兼
領成德軍節度鎮冀深趙等州觀察處置等使真定
尹
崔協明宗天成三年正月巳未中書門下奏國子祭
酒闕伏以祭酒之資歷朝所貴爰從近代不重此官

經天緯地莫如文戡定禍亂莫如武武不可不講文
不可不脩況屬聖朝方勤庶政須弘雅道以振時風
望令宰臣兼判國子祭酒事如蒙允許望內賜處分
奉勑令崔協兼判
張延朗末帝淸泰二年自雄武軍節度使授吏部尚
書兼中書侍郎平章事判三司
晋劉昫初仕後唐爲中書侍郎兼刑部尚書平章事
淸泰初兼判三司
周范質爲司徒兼門下侍郎平章事王溥爲中書侍
郎兼禮部尚書平章事顯德六年六月以質溥並參

知樞密院事

奉使

夫承君命以使四方其選亦重矣至或事繫安危時有綏懸雖復公輔之貴股肱攸屬亦必奉辭于役宣達王命至於省問風俗宣布德澤綏懷亡叛撫慰災沴巡勞屯戍協和戎虜皆政之大者率以倚成春秋傳曰天下之宰通于四海是之謂也

後漢馬日磾爲太傅獻帝西都使日磾撫慰天下以太僕趙岐爲副日磾行至洛陽表別遣岐宣揚國命所到郡縣百姓皆喜曰今日乃復見使者車騎

蜀費禕爲大將軍錄尚書事後主延熙八年十二月至漢中行圍守九年六月還成都

隋裴矩爲黄門侍郎參預朝政令往張掖引致西蕃至者十餘國大業三年煬帝有事于北嶽咸來助祭帝將巡河右復令矩往燉煌矩遣使說高昌王麴伯雅及伊吾吐屯設等啗以厚利導使入朝

唐裴寂爲右僕射高祖武德元年詔巡京城以西諸彼門閭見其耆老觀省風俗廉察吏民乏絶之徒並加賑給如有冤滯並爲伸理高年疾病就致束帛三年五月遣寂犒旋師於蒲州

李靖爲尚書左僕射太宗貞觀八年爲畿内道大使伺察風俗

劉仁軌爲右相高宗乾封三年爲熊津道安撫大使

來常爲黄門侍郎同中書門下三品儀鳳元年十二月詔常爲河南道大使申理冤屈賑貸乏絶

薛元超爲中書侍郎同中書門下三品儀鳳元年十二月詔元超爲河北道大使分道巡撫

婁師德爲夏官侍郎同鳳閣鸞臺平章事長壽二年則天謂師德曰王師外鎮必藉邊境營田卿須不憚劬勞更充使檢校乃以爲河源積石懷遠等軍及河

蘭鄯廓等州檢校營田大使神功元年拜納言又充隴右諸軍大使仍檢校河西營田事

狄仁傑爲檢校納言兼御史大夫聖曆元年十月奉命安撫河北諸州遭賊之處

陸象先爲中書侍郎平章事明皇開元八年出爲劍南道按察使

韋見素爲左相天寶末玄宗在蜀遣見素與宰臣房琯崔渙使靈武送册書傳位於太子

崔渙爲門下侍郎平章事肅宗至德元年十二月奉詔宣慰江南仍補署官吏兼知選舉

裴遵慶爲黄門侍郎平章事廣德初僕固懷恩阻兵汾上指中官爲嗣代宗以遵慶忠純特遣往汾州宣慰

蕭復建中末爲吏部尚書平章事時盧杞對德宗前奏議阿諛順旨復正色目盧杞之詞不正帝愕然大驚退謂左右曰蕭復頗輕朕遂令往江淮山南道宣撫安慰興元二年正月改門下侍郎依前平章事充宣撫

袁滋憲宗元和初爲中書侍郎平章事會韋皐歿劉闢擁兵自擅命滋持節安撫

裴度爲中書侍郎平章事元和十二年爲淮西宣慰處置使刑部侍郎馬總副之

周馮道初仕晉高祖爲首相天福二年虜遣使加徽號於高祖高祖亦獻徽號於虜始命兵部尚書王權御其命權辭以老病晉祖謂道曰此行非卿不可道無難色高祖又曰卿官崇德重不可深入沙漠道曰陛下受北朝恩臣受陛下恩何不可之有將達西樓虜長欲自出迎道虜之群僚曰天子無迎宰相之禮因止焉其名動殊俗也如此

王峻爲樞密使廣順三年正月辛未太祖御便殿顧謂侍臣曰去歲霖潦爲災河隄決壞今大興功役分命使臣此時計務從經久一勞永逸以息吾民宜得幹才往彼規畫峻對曰興作事大臣欲自往區分太祖曰此土功之事不勞大臣峻堅請即途從之及辭賜襲衣金帶綵絹二千疋楚軍指揮使何徽史暉名領龍捷虎捷兩指揮兵士從行須賜袍帛有差壬申峻進發百官班送於命義門外群官祖帳甚盛

李穀爲司空平章事顯德元年三月壬午治河堤迴見先是河水自楊劉北至博州界一百二十里連歲潰東岸而爲派者十有二焉復滙爲大澤瀰漫數百

里又東北壞石堤而出注齊棣淄青至于海壖壞民廬舍占民良田殆不可勝計流民但收野稗捕魚而食朝廷連年命使視之無敢議其功者世宗嗟東民之病故命輔相親督其事凡役徒六萬三十月罷

冊府元龜

巡按福建監察御史臣李嗣京訂正
新建縣舉人臣戴國士叅閱
知建陽縣事臣黃國琦較釋

宰輔部

退讓

劉向有言曰舜命九官濟濟相讓和之至也傳曰群后德讓是知讓之爲德也至矣矧廊廟之上輔弼之職佐佑天子爕理陰陽外撫四夷內安百姓其爲任也重矣而有副茲具瞻允膺登用乃能勵貞退之節

崇謙挹之風或推功以相先或舉德以自代發於誠愨蓋非矯飾固足以激奔競之風懲貪冒之黨與夫鵜在梁而濡翼負且乘而致寇興積薪之歎思五鼎之食者不可同年而語也

舜既即帝位曰咨四岳有能奮庸熙帝之載奮起庸功載事也訪群臣有能起發其功廣堯之事者言舜曰以別堯使宅百揆亮采惠疇亮信惠順也求其人使居百揆之官信立其功順其事者誰乎僉曰伯禹作司空四岳同辭而對禹代鯀爲崇伯入爲天子司空治洪水有成功言可用之帝曰俞咨禹汝平水土惟時懋哉然其所舉稱禹前功以命之懋勉也惟居是百揆勉行之禹拜稽首讓於稷契暨皋陶稷官者棄也契皋陶二臣名稽首首至地也帝曰俞汝往哉然其所推之賢不許其讓勑使往宅百揆帝曰疇若予工僉曰垂哉問誰能順我百工事者朝臣舉垂垂臣名帝曰俞咨垂汝共工共謂供其職事垂拜稽首讓于殳斨暨伯與殳斨伯與三臣名帝曰俞往哉汝諧汝能諧和此官帝曰疇若予上下草木鳥獸僉曰益哉上謂山下謂澤若順謂施其政教取之有時用之有節言伯益能之帝曰俞咨益汝作朕虞虞掌山澤之官益拜稽首讓于朱虎熊羆帝曰俞往哉汝諧朱虎熊羆四臣名垂益所讓四人皆在元愷之中帝曰咨四岳有能典朕三禮僉曰伯夷三禮天地人之禮伯夷臣名姜姓帝曰俞咨伯汝作秩宗秩序宗尊也主郊廟之官夙夜惟寅直哉惟清夙早也言早夜敬思其義典禮施政教使正直而清明伯拜稽首讓于夔龍夔龍二臣名帝曰俞往欽哉然其賢不許讓

漢陳平爲右丞相事惠帝及呂太后終平與太尉周勃合謀誅諸呂立文帝文帝立舉以爲相舉猶皆也文帝以平勃俱舊臣有功皆欲以爲相太尉勃親以兵誅呂氏功多平欲讓勃位乃謝病文帝初立怪平病問之平曰高帝時勃功不如臣及誅諸呂臣功亦不如勃願以相讓勃於是乃以太尉勃爲右丞相位第臣欽若等曰秦漢以前尙右平徙爲左丞相位第二

周勃爲右丞相居十餘月人或說勃曰君誅諸呂立代王威震天下而君受厚賞處尊位以厭之則禍及

身矣（厭謂當之也言既有大功又受厚賞而居尊位以久當之不去則禍及矣）勃懼亦自危乃謝請歸相印帝許之

公孫弘武帝時爲丞相後淮南衡山王謀反治黨與方急弘病甚自以爲無功而封侯居宰相位宜佐明主塡撫國家使人繇臣子之道（繇從也）今諸侯有畔逆之計此大臣奉職不稱也（稱副也）恐病死無以塞責乃上書曰臣聞天下達道五所以行之者三君臣父子夫婦長幼朋友之交五者天下之達道也知仁勇三者所以行之也故曰好問近乎知力行近乎仁知耻近乎勇知此三者知所以自治然後知所以治人未

有不能自治而能治人者也陛下躬孝悌監三王建周道兼文武招徠四方之士任賢序位量能授官將以厲百姓勸賢才也今臣愚駑無汗馬之勞（言未嘗從軍旅）陛下過意擢臣弘卒伍之中（過猶誤也）封爲列侯致位三公臣弘行能不足以稱（不副其任也）加其負薪之疾恐先狗馬塡溝壑終無以報德塞責願歸侯乞骸骨避賢者路帝報曰君不幸罹霜露之疾何恙不已（罹遭也恙憂也已止也言何憂於疾不止也）乃上書歸疾乞骸骨是彰朕之不德也今事少閒（言行空隙也）君其存精神止念慮輔助醫藥以自持因賜告牛酒雜帛居數月有瘳視事

石慶爲丞相元封四年關東流民二百萬口無名數者四十萬（名數若今戶籍）公卿議欲請徙流民於邊以適之（適讀曰謫）慶慙不任職上書曰臣幸得待罪丞相疲駑無以輔治城郭倉廩空虛民多流亡罪當伏斧鑕上不忍致法願歸丞相侯印乞骸骨歸避賢者路

公孫賀武帝時代石慶爲丞相初引拜不受印綬頓首涕泣曰臣本邊鄙以鞍馬騎射爲材官誠不任宰相帝與左右見賀悲哀感動下泣曰扶起丞相賀不肯起帝乃起去賀不得已拜出左右問其故賀曰主上賢明臣不足以稱恐負重責從是殆矣

張安世爲車騎將軍霍光薨後御史大夫魏相上封事言宜尊其位以爲大將軍宣帝亦欲用之安世聞肯懼不敢當請閒求見免冠頓首曰老臣耳妄聞言之爲先事不言情不達（事未施行而遇言之故曰先事也）誠自量不足以居大位繼大將軍後唯天子財哀以全老臣之命（財與裁同）帝笑曰君言大謙君而不可尚誰可者（言君尚不可誰更可也）安世深辭弗能得後數日竟拜爲大司馬領尚書事其子延壽爲光祿勳領宿衛臣安世自見父子尊顯懷不自安爲子延壽求出補吏宣帝以爲北地太守歲餘帝閔安世年老復徵延壽爲左曹太僕

元康四年春安世病上疏歸侯乞骸骨天子報曰將軍年老被病朕甚憫之雖不能視事折衝萬里君先帝大臣明於治亂朕所不及得數問焉（言意所不及者郎以問君也）何感而上書歸衛將軍富平侯印（感恨也）薄朕忘故（薄猶謙也君意嫌朕遺忘故舊而求去也）非所望也願將軍強餐食近醫藥專精神以輔天年安世復強起視事

匡衡元帝時爲丞相中書令石顯用事自前相韋玄成及衡皆畏顯不敢失其意成帝初即位衡乃與御史大夫甄譚共奏顯追條其舊惡并其黨與於是司隸校尉王尊劾奏衡譚居大臣位知顯等專權勢作

威福爲海內患害不以時白奏行罰而阿諛曲從附下罔上無大臣輔政之義既奏顯等不自陳不忠之罪而反揚著先帝任用傾覆之徒罪至不道有詔無劾衡慙懼上疏謝罪因稱病乞骸骨上丞相樂安侯印綬帝報書不許因賜上尊酒養牛衡起視事默默不自安每有水旱風雨不時連乞骸骨讓位帝輒以詔書慰撫不許

張禹爲給事中領尚書事時成帝舅平陽侯王鳳爲大將軍輔政專權禹與鳳並領尚書內不自安上書乞骸骨避鳳帝報曰朕以幼年執政萬幾懼失其中君以道德爲師故委國政君何疑而數乞骸骨忽忘雅素欲避流言（雅素故也謂師傅故舊之恩）朕無聞焉（不聞有毁短之言）君其固心致思總秉諸事推以孳孳無違朕意加賜黃金百斤養牛上尊酒大官致餐侍醫視疾使者臨問（侍醫侍太子之醫）禹惶恐復起視事河平四年爲丞相封安昌侯爲相六年鴻嘉元年以老病乞骸骨帝加優再三乃聽許賜安車駟馬黃金百斤罷就第以列侯朝朔望位特進見禮如丞相置從事史五人益封四百户

朱博哀帝時爲丞相封陽鄉侯食邑二千户博上書

讓曰故事封丞相不滿千户而臣獨過制誠慙懼願還千户許焉

孔光哀帝時以丞相封博山侯後益封凡食邑萬一千户病甚上書讓還七千户及還所賜第一

平當哀帝時爲御史大夫至丞相以冬月賜爵關內侯明年春帝使使者召欲封當（冬月非封侯時故且先賜爵關內侯）當病篤不應召室家或謂當不可強起受侯印爲子孫耶當曰吾居大位已負素餐責矣起受侯印還臥家死有餘罪今不起者所以爲子孫也遂上書乞骸骨帝報曰朕選於衆以君爲相視事日寡輔政未久陰

陽不調冬無大雪旱氣爲灾朕之不德何必君罪君何疑而上書乞骸骨歸關内侯爵邑使尚書令譚賜君養牛一上尊酒十石君其勉致醫藥以自持後月餘卒

後漢李通光武時爲大司空性謙恭嘗欲避權勢素有消疾自爲宰相謝病不視事連年乞骸骨帝每優寵之令以公位歸第養病通復固辭積二歲乃聽上大司空印綬以特進奉朝請

竇融光武建武中遷大司空融自以非舊臣一旦入朝在功臣之右每召會進見體貌辭氣卑恭巳甚帝

以此愈親厚之融小心久不自安數辭讓爵位因侍中金遷口達至誠又上疏曰臣融年五十三有子年十五質性頑鈍臣融朝夕教導以經藝不得令觀天文見讖記誠欲令恭肅畏事恂恂循道不願其有才能何況乃當傳以連城廣土享諸侯王國哉因復請間求見帝不許後朝罷逡巡席後帝知欲有讓遂使左右傳出它日朝見迎詔融曰日者知公欲讓職還土故命公暑熱且自便今相見宜論他事勿得復言融不敢重陳請

伏恭明帝時爲司空在位九年以病乞骸骨罷詔賜千石奉以終身

鄧彪章帝元和初爲太傅錄尚書事及竇氏誅以老病上還樞機要職詔賜養牛酒而許焉

第五倫章帝時爲司空連以老病上疏乞身賜策罷以二千石奉終其身加賜錢五十萬宅一區後數年卒

張酺和帝永元中爲太尉數上疏以疾乞身薦魏郡太守徐防自代帝不許使中黃門問病加以珍羞賜錢三十萬酺遂稱篤時子蕃以郎侍講帝因令小黃門勑蕃曰陰陽不和萬人失所朝廷望公思惟得失

與國同心而託病自絜求去重任誰當與吾同憂責者非有望於斷金也司徒固疾司空年老公其僶俛勿露所勑酺惶恐詣闕謝還復視事司徒劉方司空張奮也

張禹殤帝時爲太傅錄尚書事及安帝即位數上疾乞身詔遣小黃門問疾賜牛一頭酒十斛勸令就第明年與太尉徐防司空尹勤同日封侯禹封安鄉侯食千二百户其秋以寇賊水雨策免防勤而禹不自安上書乞骸骨更拜太尉

劉愷安帝時爲司徒視事五歲稱病上書致仕有詔優許焉安帝始親政事朝廷多稱愷之德復拜太尉

視事三年以疾乞骸骨久乃許之
黃瓊桓帝延熹元年爲太尉以日食免明年梁冀誅瓊復拜爲太尉以師傅之恩而不阿梁氏乃封爲邟鄉侯邑千户瓊辭疾讓封六七上言旨懇惻乃許之
陳蕃延熹八年爲太尉蕃讓曰不愆不忘率繇舊章臣不如太常胡廣齊七政訓五典臣不如議郎王暢聰明亮達文武兼資臣不如弛刑徒李膺帝不許靈后臨朝以蕃爲太傅錄尚書事靈帝即位竇太后復優詔蕃曰蓋褒功以勸善表義以厲俗無德不報大雅所歎太傅陳蕃輔弼先帝出內累年忠孝之美德

冠本朝謇諤之操華首彌固今封蕃高陽鄉侯食邑三百户蕃疏讓曰使者郎臣盧授高陽鄉侯印綬臣誠悼心不知所裁臣聞讓身之文德之昭也然不敢盜以爲名竊惟割地之封功德是爲臣熟自思省前後歷職無它異能合亦食祿不合亦食祿臣雖無素潔之行切慕君子不以其道得之不居也若受爵不讓掩面就之使皇天震怒災流下民於臣之身亦何所寄顧惟陛下哀臣朽老戒之在得竇太后不許蕃復固讓章前後十上竟不受封
魏王朗文帝黃初中爲司空時鵜鶘集靈芝池詔公卿舉獨行君子朗薦光祿大夫楊彪且稱疾讓位於彪帝乃爲彪置吏卒位次三公詔曰朕求賢於君而未得君乃翻然稱疾非徒不得賢更開失賢之路增玉鉉之傾無乃居其室出其言不善見違於君子乎君其勿有後辭朗乃起
華歆黃初中爲太尉病乞退讓位於管寧帝不許臨當大會乃遣散騎常侍繆襲奉詔喻旨曰朕新涖庶事一日萬機懼聽斷之不明賴有德之臣左右朕躬而君屢以疾辭位夫量主擇君不居其朝委榮棄祿不究其位古人固有之矣顧以周公伊尹則不然潔

身徇節常人爲之不望之於君君其力疾就會以惠予一人將立席几筵命百官總己以須君到朕然後御坐又詔襲須歆必起乃還歆不得已乃起
衛臻明帝時爲司徒齊王即位後固乞遜位詔曰昔干木偃息義壓彊秦留侯頤神不忘楚事讜言嘉謀望不吝焉賜宅一區位特進秩如三司
徐邈以光祿大夫拜司空邈嘆曰三公論道之官無其人則缺豈可以老病忝之哉遂固辭不受
蔣濟齊王時爲太尉以隨太傅司馬宣王屯雒水浮橋誅曹爽等進封都鄉侯邑七百户濟上疏曰臣忝

寵上司而奕敢包藏禍心此臣之無任也太傅獨斷之策陛下明其忠節罪人伏誅社稷之福也夫封寵慶賞必加有功令論謀則臣不先知語戰則非臣所率而上失其制下受其弊臣備宰司民所具瞻誠恐月賞之漸自此而興推讓之風由此而廢固辭不許

盧毓高貴鄉公時爲司空毓固推驃騎將軍王昶光祿大夫王觀司隸校尉王祥詔使使者即授印綬進爵封容城侯邑二千三百户

王觀爲僕射常道鄉公即位遷司空固辭不許遣使

即第拜授就官數日上送印綬輙自輿歸里舍

晉王祥泰始初爲太保以年老疲耄累乞遜位帝不許祥固乞骸骨詔聽以睢陵公就第

鄭袤初仕魏爲光祿大夫景元初因病疾失明雖寢疾十餘年而時賢並相推薦武帝泰始中詔曰光祿大夫密陵侯袤履行純正守道沖粹退有清和之風進有素絲之節宜登三階之曜補袞職之闕今以袤爲司空天子臨軒遣五官中郎將國坦就第拜授袤前後辭讓遣息稱上送印綬至於十數袤謂坦曰魏以徐景山爲司空吾時爲侍中受詔譬旨徐公語吾曰三公當上應人心苟非其人實傷和氣不敢以垂死之年累辱朝廷也終於不就遂大雅君子之迹可不務乎固辭久之見許

鄭冲武帝泰始初爲太傅冲表乞骸骨優詔不許九年冲又抗表致仕詔曰太傅韞德深粹履行高潔恬遠清虛確然絕世艾服王事六十餘載忠肅在公慮不及私遂應衆舉歷登三事仍荷保傅之重綢繆論道之任光輔奕世亮茲天工廸宜謀猷弘濟大烈可謂朝之雋老衆所具瞻者也朕昧於政道庶事未康挹仰耆訓導揚厥象庶賴顯德緝熙有成而公屢以

年高疾篤致仕告退惟從公志則朕孰與咨謀譬彼涉川罔知攸濟是用未許迄於累載而高讓彌篤至意難違覽其盛指俾朕憮然夫功成弗有上德所隆成人之美君子與焉豈必遂朕憑賴之心以枉大雅進止之度哉今聽其所執以壽光公就第位同保傅在三司之右

山濤武帝太康初自尚書僕射拜司徒濤固讓詔曰君年耆德茂國之碩老是以授君台輔之位而遠崇克讓至于反覆良用於邑君當終始朝政翼輔朕躬濤又表曰臣事天朝三十餘年卒無毫釐以崇大化

陛下私臣無已猥授三司臣聞德薄位高力少任重上有折足之凶下有滅門之咎願陛下埀累世之恩乞臣骸骨詔曰君翼贊朝政保乂皇家褌佐之勳朕所倚賴司徒之職實掌邦教故用敬授以苔群望豈宜沖讓以自挹損耶已敕斷章表使者乃卧加章綬濤曰垂没之人豈可汚官府乎輿疾歸家

衛瓘太康初爲司空以日蝕瓘與太尉汝南王亮司徒魏舒俱遜位帝不聽

魏舒太康中爲司空以年老每稱疾遜位中復暫起署兗州中正尋又稱疾尚書左丞郄詵與舒書曰公

久疾小差視事是也唯上所念何意起訖還臥曲身廻法甚失具瞻之望公少立巍巍一旦棄之可不惜哉舒稱疾如初後以灾異遜位武帝不聽後因正旦朝罷還第表送章綬帝手詔敦勉而舒執意彌固乃下詔曰司徒劇陽子舒體道弘粹思量經遠忠肅居正在公盡規入管銓衡官人允叙出贊衮職敷弘五教惠訓播流德音茂著可謂朝之俊乂者也而屢執沖讓辭旨懇誠申覽反覆省用憮然蓋成人之美先典所與難違至情今聽其所執以劇陽子就第

李胤太康中爲司徒以吳會初平大臣多有勳勞宜有登進乃上疏遜位帝不聽遣侍中宣旨優詔敦諭絶其章表李不得已起視事

劉寔惠帝元康中爲司空遷太嘗轉太傅以老病遜位賜安車駟馬錢百萬以侯就第懷帝即位復授太尉寔自陳年老固辭不許左丞相劉坦上言曰夫堂高級遠主尊相貴是以古之哲王莫不師其元臣崇養老之教訓示四海使長少有禮七十致仕亦所以優異舊德厲謙高之風太尉寔體清素之操執不渝之潔懸車告老二十餘年浩然之志老而彌篤可謂國之碩老邦之宗模臣聞老者不以筋力爲禮寔年

踰九十命在日制遂自扶輿黽俛而至展哀山陵致敬闕庭大臣之節備矣聖詔殷勤必使寔正位上台光飪鼎實斷章敦喻經涉二年而寔頻上露板辭旨懇誠臣以爲古之養老以不事爲優不以吏之爲重謂宜聽寔所守三年詔曰昔虞任五臣致垂拱之化漢相蕭何興寧一之譽故光隆於當時垂裕于百代朕紹天明命臨御萬邦所以崇顯政道者亦賴之於元臣庶尹畢力股肱以副至望而君年耆告老確然難違今聽君以侯就第位居三司之上秩祿準舊賜几杖不朝及宅一區國之大政將咨於君副朕意焉

王衍懷帝時爲太尉尚書令封武陵侯衍辭封不受
王導成帝時爲太保歲大旱導上疏遜位詔曰夫聖
王御世動合至道運無不同故能人倫攸敘萬物獲
宜朕荷祖宗之重託於王公之上不能仰陶玄風俯
治宇宙亢陽踰時兆庶胥怨邦之不臧惟予一人公
體道明哲弘猷深遠勲格四海翼亮三世國典之不
墜寔仲山甫補之而猥崇謙光引咎克讓元首之愆
寄責宰輔祗增其闕博綜萬幾不可一日有曠公宜
遺履謙之近節遵經國之遠畧門下速遣侍中以下
敦喻導固讓詔累逼之然後視事

庾亮成帝時遷司空固讓不拜會王導薨徵亮爲司
徒揚州刺史錄尚書事亮又固辭成帝許之咸康六
年薨追贈太尉及葬又贈永昌公印綬弟冰上疏曰
臣謹詳前事亦曾聞臣亮對臣等之言懇懇於斯事
是以屢自陳請將迄十年豈恒好讓而不肅恭顧曩
時之釁近出宇下加先帝神武筭畧兼該是以役不
踰時而兇彊殲滅計之以事則功歸聖主推之於運
則勝非人力至如亮等因聖畧之弘得效所職事將
何論功將何賞及後傷蹶責踰先功是以陛下優詔
聽許亮實私自効以報天德何悟身潛聖世微志長
絕存亡哀悵痛貫心膂願陛下發明詔遂先恩則臣
亮死且不朽
庾冰成帝時爲中書監輔政初冰爲吳國内史會蘇
峻作逆冰行奮武將軍拒峻別率張健走之乘勝赴
京師又遣將攻賊石頭城拔之冰勲爲多封新吳縣
侯固辭不受及冰輔政詔復論前功冰上疏曰臣門
戸不幸以短才贊務釁及天庭殃流邦族若晉典休
明寃戮久矣而于時顛沛刑憲暫墜遂令臣等復得
爲時陳力徇國之臣因之而奮立功於大罪之後建
義於顛覆之餘此是臣等所以復得視息於天壤主

憲不復必明於往僭也此之厚幸可謂弘矣豈復得
計勞納封受賞司勲哉願陛下曲降靈澤哀愍孫中
申命有司惠臣所乞則愚臣之願於此畢矣許之
陸玩爲尚書令左光祿大夫開府儀同三司玩頻自
表優詔褒揚重復自陳曰臣實凡短風操不立階緣
嘉會便蕃榮顯遂總括憲臺預聞政道竟不能敷融
玄風淸一朝序咎責之來於臣已重誠以身許國義
忘曲讓而慺慺所守終於陳訴者特以端右機要事
務殷多但臣已盈六十之年智力有限疾患深重體
氣日獘朝夕自勵非復所堪若偃息苟免職事並廢

則莫大之悔天下將謂臣何乞陛下披豁聖懷霈然
垂允詔不許玩重表曰臣比陳誠款不足上暢天聰
聖恩徘徊勵以體國臣聞至公之道上下玄同用才
不負其長量力不受其短雖加官重祿無世不有皆
勳庸親賢惟特所須賴兼統以濟世務非優崇以榮
一人臣受遇三世恩隆寵厚豈敢辭職事之勞求冲
讓之譽徒以端右要重典替所存久以無任妨賢曠
職臣猶自知不可況天下之人乎今復外衆論道內
統百揆不堪之名有如皎日願陛下少垂哀矜使四
海知官不可以私於人人不可以私取官則天工宏

坦謙不詡允猶不許
蔡謨康帝時爲揚州刺史錄尚書事領司徒謨冲讓
不辟僚佐部屬敦逼之始取掾屬及遷侍中司徒上
疏讓曰伏自惟省昔階謬蒙恩忝非據尸素累積而
光寵更崇謗讟彌興而榮進復加士爵聖朝棟隆之
舉下增微臣覆餗之釁惶悚戰灼寄顔無所乞垂天
鑒迴恩改謬以允群望皇太后詔報不許謨猶固讓
謂所親曰我若爲司徒將爲後代所哂義不敢拜也
皇太后遣使喻意自四年冬至五年末詔書屢下讓
固守所執

冊府元龜

巡按福建監察御史臣李嗣京　訂正
分守建南道左布政使臣胡維霖　叅閱
知建陽縣事臣黃國琦　較釋

宰輔部　二十四

退讓第二

宋王弘元嘉五年爲侍中錄尚書事以旱引咎遜位表曰臣聞三才雖殊其致則一故世道休明五福攸應政有失德咎徵必顯抑臣又聞台輔之職論道讃契上佐人主燮理陰陽以德授受則和氣淳穆愆竊

非據則譴見于天是以陳平有辭不濫主者之句邴吉停駕大懼牛喘之蹶斯固有國之所同天人之遠旨陛下聖哲御世光隆中興宜休徵表祥醴泉岦涌而陰陽隔并亢旱成災秋無嚴霜冬無積雪疾癘之氣彌歷四時此豈非任失其人覆餗之咎臣以庸短自畢凡流謬逢嘉運叨恩在昔陛下忘其不腆又重之以今任正位槐鼎統理神州珥貂衣衮摠錄朝端內外要重頊萃微躬窮極寵貴人臣莫比令德居之猶或難稱矧伊陋昧何以克任此之易了不俟明識但受命之始屬值時艱六戎親戒憂及社稷誠是臣下致節忘身之時當有何心塵擾聖聽所以僶俛從事循牆馳驅志在宜力慮不及遠既鯨鯢折首西夏底定便宜訴其本情上賢謝拙而嘗人偷安日卄一日實亦仰佩天眷未能自已荏苒推遷忽及三載遂令負乘之釁彰著幽明愆伏之災患纏氓庶上缺皇朝緝熙之美下增官謗覆折之災伏念惶赧五情飛散雖曰厚顏何以寧處不遠而復大易攸稱小懲大戒細人之福近復之美非所敢望懲戒之章竊懷庶幾今履端惟始朝慶禮畢輙還私門思愆家巷庶徼塞天譴小弭謗言伏願監其所守郎而許之臨啓愧

塞不自宜盡乃降爲衛將軍開府儀同三司六年以彭城王義康處親賢之地弘上表曰臣聞異姓爲後宗周之明義親不在外有國之所先故曾長滕君春秋所美楚出棄疾前史垂戒矧乃茂親明德道光一時述職侯甸朝政弗及而以庶族庸陋浮華之臣超踰先典居中讃契豈所以憲章古式緝熙治道驃騎將軍臣義康徽猷淵邈明德彌邵敷政江漢化被荆南搢紳屬情想樂當務周旦之寄不諜同辭分陝雖重比此爲輕臣實空闇階恩踰越俯積素食邴玷盛化公私二三無一而可昔孫叔不嗣楚子見哂展季

在下臧文貽譏況道隆地昵義兼前禮臣於古人無能爲役負乘竊位萬物謂何雖曰顔厚胡寧以處其匹之懼寔疚其心乞鮮州錄以允民望伏願陛下遠存至公近鑒丹款俯順朝野改授親賢豈惟下臣獲免大戾凡厥衆隸孰不慶幸若天眷罔已朕復遲迴請出臣表逮聞外內朝議輿誦或有可擇詔曰省表遠擬隆周經國之體近述大易卑牧之志三復沖旨良用憮然公體道淵虛明識經遠毗翼艱難勳猷光茂俾朕獲宸居垂拱司契委成豈容高遜攝錄固辭神州使成務有虧以重朕之不德耶深存體國所望

寅亮驃騎親賢之寄地均旦奭還入內輔參贊機務輙敬從所執義康繇是代弘司徒與之分錄弘又表曰近冒表聞披陳愚管實輿天鑒公其至誠而奉被還詔未蒙酬察徒塵聖鑒俯延優旨顧影慙惶罔識攸厝臣忝荷要重四載于今旣違前史量力之誡又微古人進賢之美尸位固寵日積官謗旋觀周行與愧尤厚況在親賢朝野歸德甫思弘身曷去能補惟塵大典虧喪已多不悟天眷之隆復垂恩奬名器弗改豢寵如舊愚惑自揆洋若無涯臣義康旣攝錄百揆毗贊盛化忝厠下風諮憑有所內朝細務庶可勉竭神州任重實難兼該臣何人斯戀竊不已爲爾推遷覆敗將及就無人事之愆必有陰陽之患伏念惟憂疹如疾首不知何理可以自安但成旨已決渙汗難反加臣庸劣少無此志進不能抗言陳辭以死自攻退不能重繭置氷鮮食爲瘠祗畏天威遂復俛仰至於攝督所部料綜文案曹局史役所須不多其餘文武皆爲冗長相府初建或有未充請留臧僚同事而已自此以外及諸資實一送司徒臣受恩深重休戚是預義無虛飾苟自貶損伏願聖察特垂許順不令誠訴見其抑奪又詔曰衛軍表如此司徒宜往事

力可順公雅懷割三千人配府資儲不煩事送

南齊褚淵建元元年進位司徒侍中中書監如故淵固辭司徒與僕射王儉書欲依蔡謨事例儉以非所宜言勸淵受命終不就太祖遺詔以淵錄尚書事項之寢疾上相星連有變憂之表遜位又因王儉及侍中王晏口陳武帝帝不許淵又啓曰臣顧惟凡薄福過災生未能以正情自安遠慙彦輔旣內懷耿介便覺晷刻難持叨職未久首歲便嬰篤疾爾來沉痾頻經危殆彌深憂震陛下曲存遲迴或謂僉議同異此出於留慈每過愛欲其榮臣年四十有八叨忝備至

若以疾陳遜豈該聽察摠錄之任江左罕授上隣亞台升降紫微今受祿弗辭退絀斯願於臣名器非曰貶少萬物耳目皎然共見寧足仰延聖慮稍垂矜惜臣若內飾廉譽外脩謙德此則憲書行劾刑綱是嬰臣赤誠不能行亦幽明所不宥區區存心歸啓以實自吝寸陰寔願萬倍堯世昔王弘固請乃於司徒爲衛將軍宋氏行之不疑當時物無異議以臣方之曾何足說伏願俯闡宏猷賜開停造則臣雖死之日猶生之年乃改授司空領驃騎將軍侍中錄尚書如故

王儉建元四年爲侍中尚書令鎭軍將軍永明元年

進號衛將軍參掌選事二年領國子祭酒叔父僧虔事儉表解職不許三年卽本號開府儀同三司固讓

徐孝嗣加開府儀同三司孝嗣聞有詔歛容謂左右曰吾德慙古人位登袞職將何以堪之明君可以理奪必當死請若不獲命正當角巾丘園待罪家巷耳固辭不受

王僧虔遷侍中左光祿大夫開府儀同三司僧虔謂兄子儉曰汝任於朝行當有八命之禮我若復此授則一門有二台司實可畏懼乃固辭不拜帝優而許之改授侍中特進左光祿大夫客問僧虔固辭之意僧虔曰君子所憂無德不憂無寵吾衣食周身榮位已過所慙庸薄無以報國豈容更受高爵方貽官謗耶

陳顯達明帝時爲太尉嘗侍宴酒後啓帝曰臣年老富貴已足唯少枕死特就陛下乞之帝失色曰公醉矣以年禮告退不許

梁謝朏初拜侍中司徒尚書令朏辭脚疾不堪拜謁乃角巾自輿詣雲龍門謝詔見於華林園乘小車就席明旦輿駕出幸朏宅讌語盡懽朏固陳本志不許

後魏穆亮爲司空及兄羆預穆泰反事亮以府事付

司馬慕容契上表自劾孝文優詔不許還令攝事亮頻煩固請乂乃許之

北海王詳孝文時行中領軍留守兼督構營之務孝文顧命詳爲司空輔政宣武卽位以詳有營構之勤增邑一千户詳以帝居諒闇不受頃之除太傅領司徒侍中錄尚書事如故詳固辭詔遣敦勸乃受

咸陽王禧宣武時爲侍中太尉八座奏增邑千户帝從之禧固辭不受

高陽王雍轉太尉公加侍中時雍以旱故再表遜位優詔不許除太保領太尉侍中如故

廣陵王羽爲車騎大將軍司州牧宣武覽政引羽入內而授司徒羽辭曰彥和本自不願而陛下僵與今新去此官而以臣代之必招物議李豫旣轉取之無嫌請爲司空帝猶彊爲固辭乃許之

崔光孝明正光二年爲車騎大將軍儀同三司領祭酒著作司徒京兆王繼頻上表以位讓光爲司徒侍中光表固辭歷年終不肯受三年進位太保光又固辭

楊椿爲太保侍中孝莊帝還宮椿乞歸老詔賜侍中朝服一具衣一襲八尺床帳几杖不朝乘安車駕駟

馬給扶傳詔二人仰所在郡縣時以禮存問安否方乘諮訪良用憮然椿奉詔於華林園帝下御座執椿手流涕曰公先帝舊臣實爲元老今四方未寧理須諮訪但高尚其志決意不留旣難相違深用悽愴椿亦歔欷欲拜莊帝親執不聽於是賜以絹布給羽林衛送群公百寮餞於城西張方橋行路觀者莫不稱歎

隋李穆開皇初拜太師乃上表乞骸骨詔曰朕初臨寓內方藉嘉猷養老之言實懷虛想七十致仕本爲常人至若呂尚以期頤佐周張蒼以華皓相漢高才命世不拘常禮遲得此心留情規訓公年旣耆舊筋力難煩今勒所司敬蠲朝集如有大事須共謀議別遣使臣就第詢訪

唐蕭瑀爲尚書右僕射武德七年以熒惑犯右執法上表遜位優詔不許

長孫無忌爲尚書右僕射貞觀二年上表遜位詔曰昔東漢功臣莫任機務西京戚里或存退讓故能常守富貴不懼危殆尚書右僕射齊國公無忌神識淸舉風釆凝映聖戚之望朝野所推比軒禁不虞釁生慮表倉卒之間厥功以茂自居樞要觳實俄遠然以

椒掖之親處機權之重深知止足有戒滿盈收祚之情言辭懇切宜遂其心以厲貪競可解尚書右僕射仍進散位開府儀同三司後爲太子太師貞觀二十年夏四月與太子太傅房玄齡太子太保蕭瑀並遜師傅之位優詔不許二十三年五月高宗即位進拜太尉知尚書門下事如故無忌因辭知尚書省事仍令以太尉同中書門下三品十一月以晉州地震無忌與司空荊王元景尚書左僕射李勣咸請遜位詔不許永徽三年以旱上疏辭職高宗頻降手詔敦喻不允

杜如晦爲尚書右僕射貞觀三年以疾遜位許之

李靖爲尚書右僕射以疾上表遜位曰臣聞宰臣程材楞散無棟梁之用陶冶成器滿盈有傾覆之憂是以量力著於魯史招損陳於夏載臣固庸流無階貴仕短翮慕侶頓榆枋而自得駘足追群瞻燕越而絶思幸屬光華啓旦管庫無遺錄其丹赤棄其瑕滓假官商於庸音披丹漆於朽質雖復南臨徼外北踐沙場敵必倒戈人懷尚義以此爲效實貪天功而上賞亟行鴻恩罔已錫爵胙土連衡琰鄧腰金鳴玉方軌崔盧木石有心豈不增愧自濫端副待罪文昌靦顔

疚心屢移星琯晝一之譽無紀明時維鵜之譏日聞朝聽遂使化洽陰陽或虧於玉燭德動辰緯時爽於珠聯求其所繇並臣之咎加以年事西夕痾疾日侵腰脚疼痺筋力衰竭雖欲勉勵非復全人臣猶知之况於他人臣之所祈本陳情實非敢追蹤踈傅繼跡留侯妄自矯飾求茲虚譽若使尸素重任無損國猷亦當僶俛匪服苟受身累撫事論心無一而可乞解所職養病私門伏願暫屏冕旒曲鑒丹懇輟天威於雨露迴陽光於葵藿則彝章載穆品物咸亨臣未申投報方違軒陛伏紙慙戀顧懷罔極

魏徵爲侍中貞觀十年遜位乞解所職請爲散官詔奉左右拾遺補闕太宗曰朕拔卿於讎虜之中任卿以樞要之職見朕之非嘗不諫公獨不見金之在鑛也何足貴哉良冶鍜而爲器便爲人所寶朕方自比於金以卿爲良匠卿雖有疾未爲衰老得便爾耶徵乃止六月徵又面請遜位言發至誠太宗雖違之遂下手詔曰留侯名相齊比之志已高踈傅人師東都之迹彌芳後進仰其遺烈前策以爲美譚諒可以砥節勵行化俗弘風者也左光祿大夫侍中鄭國公魏徵器量沉敏執儀詳正文思優贍學業該通自參贊

機衡綢繆帷幄知無不爲心力備盡格言弗隱正義日聞一德載宣四聰斯達實賴嘉猷用康治道而深執謙損志懷冲退詞誠懇切良用憮然杼軸于懷屢移氣序而固陳丹款義在難違今便申其雅志以成厥美可特進封如故仍知門下事朝章國典叅議得失自徒流以下罪詳事奏聞其祿賜及國官防閤等並同職事

房玄齡貞觀十六年自中書令拜司空玄齡頻表固讓太宗遣使謂玄齡曰昔留侯讓位竇融辭秩自懼盈滿知進能退善身止足前代美之公亦欲齊蹤往

哲實可嘉尚然國家久相任使一朝忽然無良相如失兩手公筋力不衰無煩此讓自知衰怠當更奏聞

高士廉爲尚書右僕射貞觀十七年上疏請求致仕再三懇切優詔許解右僕射餘官如故依舊平章政事

李勣爲左僕射與元景等咸以晉州地震請遜位詔並不許後又抗表求解僕射仍令以開府儀同三司依舊知政事

于志寧永徽元年爲左僕射同中書門下三品嘗與右僕射張行成中書高季輔俱蒙賜地志寧奏曰臣

代居關右周魏以來基跡不墮行成等新營莊宅尚少田園於臣之餘乞申私讓帝嘉其意乃分賜行成及季輔

崔敦禮爲中書令簡較太子詹事敦禮自以久患不堪趨事兩官乞解所職制除太子少師同中書門下三品

劉祥道龍朔中爲右相在位深懷憂懼數自陳老疾請退就閒職尋轉司禮大嘗伯罷知政事

陸敦信爲左僕射兼挍尉右相乾封元年以老疾辭職拜大司成兼左僕射停簡較右相

劉仁軌爲尚書左僕射兼太子少傅同中書門下三品永隆二年上表固辭端揆之職詔聽尚書左僕射以太子少傅同中書門下三品

姜恪爲左相咸亨元年秋京輦洎關河數州炎旱八月恪率文官三品已上詣闕抗表自陳尸素請避位以厭灾咎優制不許閏九月以久旱恪已下抗疏辭職並不許

王方慶爲鸞臺侍郎同鳳閣鸞臺平章事聖曆初以老疾乞從閒逸乃授麟臺監脩國史

朱敬則長安中爲正諫大夫同鳳閣鸞臺三品以老

請罷知政事許之仍令以本官依舊兼脩國史

唐休璟中宗神龍元年爲尚書右僕射休璟以頃者雨水爲害咎在主司上表曰臣聞天運其工用人代之而理禮行其化爲政資之以和所謂佐擟萬機主贊百揆共康庶績弘闡大猷得其理則陰陽以調失其和則灾沴斯作故舉才而授帝唯其難論道於邦官不必備苟非其任自古缺之臣樗櫟散材桑榆暮齒識非經遠器不濟時徒以宿忝周行歷登朝廡再睹興運累辱寵章執典禁戎不雪四郊之恥忝尸端右更居八座之榮任重材輕恩深効淺空曠職事僶

俛歲時莫能師長具寮損益大政況疲弊已至年髮浸衰心欲自殫力終不及無德而祿必爲小人之患非材妄居果致大臣之咎頃自中夏及乎首秋有國水災屢爲人害潁陽奥壤流溺邑居淇上名區漂壞閭井又雒水泛溢決潰隄防驚惶居人輒動皇念將政教之吏罔副天心實燮理之才未知王度夫水陰氣也右實主之臣忝職右樞致此陰沴是不能調理其氣而曠其官雖運屬堯年則無理水之用位侔殷相且闕濟川之功猶賴明時坐逃皇譴皇恩不棄其謂天何昔漢官故事丞相以天災免職況竊在聖朝

臣豈敢覥顏居位乞解所居待罪私庭冀移陰咎之徵復免夜行之責手制答曰陰陽乖爽事屬在予待罪私門不依來表休璟又表請解職優制不許

魏元忠神龍中爲右僕射中書令節愍太子之舉兵魏元忠子昇爲太子務令從巳遂爲亂兵所殺元忠以昇遇害之日逆順不分懼不自安上表自陳曰臣本書生藝業無取徒以服膺儒教頗践禮經忠義所奬思固名節每見危臨難輒郎忘死昔事大帝以謹密見稱名位雖微預參顧問中事則天皇后緣委質先朝以屨屢之末特存恩盼往事陛下又預宮寮攀附之情無忘造次遇讒邪興謗欺謂天聽暫生投杼之疑遠放不毛之地屬龍興啓運寶命惟新以臣再沐先慈遽令追入一承恩幸百日屢遷無翼而飛坐昇霄漢濫承茅土之賜猥登衡石之司而名忝大臣不能緝諧中外致使禍生輦轂釁起儲闈空懷報國之誠而無死節之効又誠慙知子禮失義方男昇踐蹈兇邪莫分逆順因招流議歸責於臣賴陛下保明獲存今日若非天地覆育臣已久從灰粉所以偷生僶俛感德疇躅犬馬戀恩未遑辭退頃因自思念舉措無顏豈可更践樞機苟貪祿位請解尚書右僕射

中書令知兵部事及監脩國史并除齊國公封爵如蒙聖恩憫察矜茲微款乞一散秩罷還私第得叅朔望之謁時拜闕庭卽進退有歸生死知足手制聽解尚書右僕射以特進齊國公致仕于家仍朝朔望

楊國忠爲右相天寶十二載自魏國公改封衛國公辭其大名也

苗晉卿肅宗初爲左相後以賊漸除屢乞骸骨優詔許之遂罷爲太子太傅明年帝思舊臣復拜侍中寶應元年九月上表遜位不許

王縉廣德初同平章事二年遷侍中持節都統河南

淮西山南東道諸節度行營事進封太原郡公繒上
表讓曰臣性實至愚才非出衆幸以逢時之命久爲
尸祿之人頃自艱難累職中外取之於武無逐寇之
勳用之於文乏經邦之畧不能陳力而猶冐進豈謂
天眷擢居台衡時已涉於炎涼政無裨於塵露上慙
報國內愧妨賢身無所容況加重寄旣統師律又鎮
方隅翔飛徒及於泉天寵足不可以逐日致寇非遠
害盈必徵竊念才微位高福過衰至憂懼所切晷刻
爲年特乞聖慈察臣不逮退侍中及郡公等還臣舊
官本封使赴前途或冀成事不然坐致顛沛取笑遠

邇手詔荅曰卿道高王佐才茂國楨叙百揆於中台
調四時於元氣乃眷東夏至於海隅爰咨相府之謀
出總兵車之會受被師律主其載書禮有優崇昭兹
寵命黄樞受秩玄社加封咸重分麾俾光推轂用申
彝典何至勞謙卽斷來表繒又上表曰君之使臣就
死不避況增榮命敢固辭鄙辟之誠已罄陳露幸
遇天高聽卑之日懼無下情上達之感且臣名在宰
輔肅奬聖恩行臨四方孰不悅服坐鎮萬里自然晏
清豈必重以大官假之多邑無益時事實枉寵光於
臣先爲之極於禮賞爲不中伏乞容臣輸力俟有成
功從此懋官實爲未晚使臣卽日奉詔罷於餙讓矯
詞禍必成病恐無能爲也特望鴻慈必允所願手詔
荅曰常伯之任元戎之權自非大臣孰允僉望齊梁
郡國淮楚方隅必資相府之賢式統軍司之務爰從
益邑懋厥官賞朝典已行何至固讓卽斷來表繒又
上表曰恩詔三降令出惟行愚臣萬死志不可奪竊
恐器小愛多旣盈招損憂敗公事敢愛微軀將命前
行湯火寧顧無功增秩荷伏是思履薄臨深心魂積
悸伏惟陛下至明至聖洞鑒幽微以欲從人以慈育
物自念沛然受恩天下咸服則能者必勸僭人知取

豈非陛下達臣子之道張國家之綱臣根不開腹布
心用表誠實謹冐死以聞手詔荅曰以卿叶宣廟謀
綱統戎律軍國大務咸以咨之禮命優崇古今通制
爰進珥貂之秩用加書社之封累表陳情固辭寵數
言多激切志益堅貞雖尚德任賢務於褒進而勞謙
退讓宜有允從暫紓所懷俯順誠情所讓侍中郡公
者宜依

郭子儀代宗時加守太尉累表陳讓又手詔荅曰卿
秉德資忠懿文經武內凝庶績外定群兇爲社稷之
元勳實台階之良輔爰昇大尉以冠具寮六府益明

九鼎增重而懇守冲讓至于再三確乎丹誠貫彼白日范宣辭位馮異不言雖成功而勿居固時望而無易用旌懇至俯遂乃懷所讓者依

杜鴻漸爲門下侍郎平章事兼東都留守充河南淮西山南東道副元帥大曆四年以疾抗疏請遜位不從又上言曰臣内顧微躬自量拙分無片善可取無一事可稱皆緣際會忝務軍國尸榮竊位公責所歸且智小謀大鮮不敗事福過禍生嘗然之理一自嬰瘵旬朔未瘳大減服食晦明異候竊料氣力衰憊恐先朝露乞遂退閒庶安形神且臣素以疵賤敢期貴

遠嘗慮薄質不勝重任今祿位俱極過逾涯量致此沉痾得非害盈思自損抑與通神理又不親政事卧受寵榮廢公曠時益增慙懼所以塵黷旒扆至於再三情迫於茲敢有所隱愚朴之性陛下素知漸加危頓豈容矯飾伏望罷其所授貸以殘生昔漢魏近臣有暮年多疾則賜告就第或再起復位若大限未書羸痾漸平聖慈不棄馳策非晚重得珥貂彤庭鏘玉紫墀則竭力之日長乞恩之時少也如或殆至深慮何必蹔榮儻生遂其志没無所恨矣實冀皇天聽用於上訴大陽廻含於至誠俯納誠祈退令攝衛衰年餘齒殘私曲全受賜則多生涯之幸手詔答曰卿公輔朕躬協全大化頃緣軍國務摠陽和致乖涉於旬時藥弗瞑眩屢薦章表固求歸閒謙冲再三辭志懇苦與遂全攝重違厥誠康復之日且有後命

楊綰爲中書侍郎平章事大曆十二年以疾抗疏請遜位三表不許

蕭復興元元年爲門下侍郎平章事三上表請罷免許之

劉滋貞元二年爲左散騎常侍平章事在位廉謹畏愼多所退讓歲餘罷平章守本官

馬燧貞元三年爲河東節度使冊拜司徒侍中燧累乞骸骨陳讓侍中不許十一年又以疾請罷侍中數表詞甚切至帝不允

趙退翁貞元十年爲門下侍郎平章事以目疾三辭相位不許至十一年四月退翁又以時旱表乞退帝不許

盧邁爲中書侍郎平章事貞元十二年九月於政事堂中風疾人扶乘馬以歸十月乙丑邁以疾讓官不許癸酉又上表請罷不許丙子令宰相往邁宅問疾戊寅邁又上表讓官不許十二月甲申邁又上表請

罷官詔報曰卿職重台衡道存忠諒自嬰所疾每著於懷日與有瘳宜善將攝遽茲陳請殊曰不然未遂乃誠當悉朕意十三年二月辛巳遘又上表請罷官不許九月遘又上表懇辭官詔報曰卿操履貞方器識淹茂自居台輔益見忠清方藉謀猷遽嬰疾痛歲月久淹章表屢聞陳請再三撝謙備著且養賢之禮宜遂優閒而告免之誠斯爲懇至俯從來奏良用憮然

賈耽貞元末平章事上表以疾辭官不許

杜祐元和中爲平章事充度支鹽鐵等使上表讓錢

穀之任朝廷旣允其讓乃冊司徒平章事封岐國公歲餘請致仕詔不許但減其朝謁

李吉甫元和九年爲平章事表再上讓官不許

武元衡元和九年與李絳同平章事憲宗對宰臣於延英殿元衡絳皆稽首陳讓者再三帝優喻之

蕭俛長慶初爲門下侍郎平章事抗疏辭相位優詔不許數日繼陳三表

牛僧儒寶曆初居相位三年嘗以寵過爲懼自前年二月抗疏乞罷敬宗以先朝舊相圖寢未終不許穆宗祔廟畢又如前拜章帝復以郊禮在近職當輔導不許至是又固陳乞帝乃嘉其退讓特進建武昌軍額而命之太和六年又爲中書侍郎同平章三上疏求免遂出爲淮南節度使

裴度寶曆初入爲司空平章事兼判度支滄景旣平因上陳調兵食非宰相事請歸於有司詔從之加開府儀同三司仍賜實封三百户俄以危疾固辭機密恩禮愈厚加司徒平章軍國重事許其三五日一入度上表辭冊禮曰臣蒙恩授前件官准制取今月二十八日冊命者伏以公台冊禮典冊盛儀庸臣當之實爲忝越况累承寵命亦謂便蕃前後三度旣行此

禮非稱臣循忝忝樞近竊懼無以彌諧重此勞煩有靦面目伏乞天恩且課臣官効臣事實若冊命之權特賜停罷則素飡高位空媿恥於中心弁冕輅車免譏笑於衆口不勝懇悃懇迫之至詔曰裴度上獻表章固辭冊禮冲謙之志發自懇誠嘉歎良深用依來請其冊禮宜權停改以司徒兼侍中出鎮襄州在鎮數年齒及懸車累上表求致仕詔皆不允陳請益懇遂除東都留守司徒侍中如故

路隨太和中平章事文宗坐紫宸殿隨奏事退至龍墀身仆于地帝令中人慰問翼日遂以疏陳乞識者

嘉歎
實易直爲吏部侍郎平章事判度支未幾轉門下侍郎讓度支還其俸三月詔停判度支
陳夷行開成中平章事辭以足疾讓官帝使中人宣召夷行三上疏優詔不許
鄭覃開成中與李珏同平章事覃珏俱上表讓官優詔不許
李德裕自司徒加太尉衛國公抗表辭曰太尉自國初已來唯有七人其中有三人是不已而授臣心恐禍至乞守舊秩武宗曰朕不同文宗與卿心地殊不

相見此官卿不合得必不與卿斷自朕心更不要讓德裕受之益懼時賢美之
鄭延昌景福中平章事以病求罷除尚書左僕射
梁趙光逢爲中書侍郎平章事累轉僕射兼租庸使上章求退以太子太保致仕末帝愛其才徵拜司空平章事無幾以疾辭授司徒致仕
後唐郭崇韜爲樞密使中書令同光二年二月上表陳情曰臣聞底力辭封者貞臣之至節慢官速戾者有國之常刑其或任重材輕智小謀大縱君恩念舊貽覆餗之譏儻官業無章何顯彰明之道臣本輮牙小較樗朽凡姿在公雖歷於年深臨事莫開於日益頃者皇帝陛下雄圖方運陽德初潛爰將整於規繩乃俾司於機務此際臣亦內循短淺累具退陳而陛下天睠不迴國權堅付在一時而難違重命許五年而別選通人邇來雖昧經綸強施勤拙至於戡夷巨孽纘紹鴻基垂三百年社稷深宄立十九葉宗祊大事皆謀從聖慮斷在宸衷兼列較之同心非微臣之獨計況今名昇台輔任處樞衡珥貂冕於朝端統龍旌於閫外恩榮有進功德無稱終憂郎鹿之嫌寧㧞懸貆之刺今則陛下功全報本禮極配天衣冠盡列

於明廷名器宜推於碩德況臣才謨素寡齒髮漸衰以有限之精神當無窮之事務必須下傾肝血上告天聰冀勞逸之稍均庶初終之可保伏望陛下念臣不迨察臣縣衷其樞密使比列親班實爲要執郎復本朝規制宜選內官掌臨一則使權職有分一則免心力俱耗輒茲傾瀝非敢闇欺干犯冕旒伏增隕越詔報曰卿名高鈞渭才大築巖夙符封壯於周王早契夢魂於殷主顧君臣之際會實社稷之威靈所以翊贊沖人纘承丕祚頃歲以梁城構逆唐室罹災群兇競起於萑蒲九廟皆生於禾黍恐耻而徒思嘗膽

平居而未見沃心爾能竭廼沉謀資予大計遂謝齊
虎旅平殄梟巢文軌混同梯航盡入延景運於綴旒
之後建殊庸於誓帶之前今況纔告類於郊壇方卜
年於雒宅始欲與卿平章理道講貫化源長遵馭朽
之規每聽從繩之諫雖遷廊廟尚委樞機縱領藩垣
不離都輦而又別頒金篆求佐瑤圖今則忽睹表章
遽辭繁總進退徒聞於知足始終寧稱於汪懷是宜
勵力扶持勉思翼戴既叶雲從之義更申日益之功
將致君而須歷重權方爲主而難持謙柄覽卿陳乞
俾我焦勞宜體朕懷即斷來表崇韜又表曰臣以機

務宴繁智力俱困輙有聞天之請願辭客地之權豈
謂聖旨俄宣皇情未允捧對而水湯滿腹揣循而芒
刺盈軀臣以委質無材受恩踰等強展神扶之力每
懷曠敗之憂自陛下委寄重難纏綿歲序臨事而退
思補過竭力而知無不爲當陛下沿河料敵之時對
寨交鋒之日臣若顧將丹素堅有讓陳不唯招避事
之機抑亦顯不忠之罪况今元兇已殄丕構爾隆圓
丘陳報本之儀寰海被無私之化英髦星萃拔邁雲
臻緬惟不迫之才豈掩旁求之命矧乃一身多疾三
處持權搦必益懼於滿盈持德每虞於忝據伏望陛
下特廻睿炤廼悉煩襟終乞輟此要樞歸於內列一
則表大國有進賢之道二則免微臣獨竊位之名干
冐宸嚴無任迫切詔答曰卿忠孝有稱古今無比竭
智術而扶持景運蹈讓謙和而統冠群英爵有勳庸
刊於簡册昨以剪平元惡開拓丕基權謀雖出於朕
懷叶贊全資於爾力是乃委司鈞軸任總兵符樞機
兼掌於金藏盟約備須於鐵券實諧倚注雅稱褒隆
豈其忽覽封章堅辭客務在卿幽明監德內外推仁
可保於千載一時何彰於前思後慮况朕綏寧寰海
纔欲半年告類圓丘未踰一月耆德便歸退靜群情

莫測其緣方賴嘉謀永俾闕政卿宜勉持幹略永惓
繁難更圖遠大之功共保初終之道其年八月崇韜
又上表曰臣伏念朝廷起軍之際陛下決於宸斷撫
臣背曰此去必濫兇雠可期清泰事了之後與卿一
鎮臣仰奉成筭固絕他疑果賴神謀尋平僞孽今乾
坤交泰弓矢載櫜徽章以正于母儀嘉禮獲申於元
子須傾血懇仰瀆宸嚴但以客近之權合歸重望鈞
衡之柄宜屬通材至於所領節旄雖是陛下所許伏
緣鎮州在北狂虜未除慮有奔衝須爲控扼亦希付
於上將所貴殿彼一隅伏望陛下道極炤臨仁深覆

載念臣久司繁重惘臣方在衰羸退放居閒俾從遴養臣無任祈天瀝懇之至帝召崇韜面喻之曰吾在朝城許卿重鎮不許退閒卿與國同休去將安往促復乃位餘勿復言

鄭珏爲中書侍郎平章事天成三年二月戊戌開社宴於玉華殿珏稱疾不朝翼日表請老丁酉百官朝於玄德殿珏奏曰臣受國恩深首居宰輔所恨年齒衰耄又復耳聾望容臣休職帝曰朕自臨御數年康寧頼輔佐更勉三五年相伴

安重誨爲樞密使中書令長興元年九月重誨進表

乞解機務帝謂曰朕與卿無間宄葦厚誣尋巳誅戮卿此後更勿在懷翼日宰臣入對馮道等奏曰臣竊聞安重誨乞辭機務此事不可輕議乞陛下特持宸襟以安中外帝曰朕巳面諭之無所改易至是重誨復面奏云臣以孤賤事陛下今日位重人臣忽被無名誣構若非聖鑒至明察臣忠懇則巳膏於斧鉞矣以臣才輕位重終恐難鎮流言乞與臣一鎮暫解機務以息浮謗聖旨不悦重誨奏不巳帝怒謂之曰放卿出朕自有人使范延光奏曰自中興巳來重誨參掌機務況無過失頗濟國家如重誨辭退無可爲代帝曰卿豈不得延光奏曰重誨事陛下三十年爲陛下無不陳力臣伏事日近幸逢興運叨竊寵靈比德較功不可與重誨同年而語臣固才力不逮也帝遣促爲之因令武德使孟漢瓊至中書宣問宰臣商量重誨事執政疑其對唯馮道揚言曰諸人苟惜安令紓其禍難則解樞務爲便也趙鳳靜曰大臣不宜輕動公失言也道等因附漢瓊奏曰此斷在宸旨然重臣不可輕易移改繇是兼命延光爲樞密使重誨如故

馮贇應順元年正月爲中書令贇表讓又面奏曰臣

出自寒微比無勞效徒因際會遂竊寵靈今諸藩帥臣中書元輔鮮有中令之拜者臣等一旦並居此位天下觀聽者安肯無言臣竭血誠期不奉詔上以其衷切改授兼侍中進封邠國公

李愚清泰中平章事以嬰疾多請告累表乞骸不免尋卒於位

盧文紀清泰中平章事三表乞骸不允疾損中與殿見末帝存問文紀曰臣器能淺薄復衰年多疾精神咸耗自惟無以報效湯私致國家通泰所以迴避重權與養餘年是以繼有章疏啓陳聖聰未容瀝懇臣

安偃蹇求便必望聖慈放臣醫藥幸也
漢李崧晉天福初平章事表讓樞密使不允
周馮道初仕晉平章事少帝遣中使就中書賜道生辰器幣道以幼屬亂離早喪父母不記生日堅讓不授
李穀廣順初平章事以步履所傷未損拜章辭位不允表再上不省遣內班宋延恩宣曰昨廻批答已丁寧宣諭卿所掌至重代難其人苟脩事權何勞勤見朕於便殿待卿可暫入來與卿欵叙穀見于金祥殿披瀝極言太祖再三撫慰不得已而視事初詔穀綜

三司事未能筆署乃刻名用之穀表辭以名印不可經久太祖意不移俾復用之顯德中爲司空平章事以風痺請告十旬不損上表求解所任詔不允自是凡三表

冊府元龜

册府元龜

巡按福建監察御史臣李嗣京　訂正

知長樂縣事臣夏允彝叅閱

知建陽縣事臣黄國琦較釋

宰輔部二十五

罷免

書曰三載考績三考黜陟幽明所以因成功而見善惡蹶實効而爲用舍也矧秉國之鈞代天而治股肱元后衡石天下得其人則百工允釐非其賢則彝倫攸斁以至公而陞以至公而黜斯所謂亶道而行也

若夫韋賢告老賜安車而就第李通辭疾以特進而奉朝斯乃進退以禮君臣俱得至若無所發明號爲煩碎賜策以罷理亦宜之其循私忘公忌賢作威逃戮而退幸亦多矣乃有見嫉姦邪遭罹讒毁志雖中屈道亦無辱雖復幅巾歸田柴車即路斯以見伯玉卷而懷之子文三巳無愠之志焉

秦吕不韋爲相國始皇九年坐嫪毒免相

漢高后七年九月左丞相審食其免臣欽若等曰史無事跡其後並同

文帝元年八月右丞相絳侯周勃謝請歸歲餘復爲相十餘月

三年十一月詔曰前日吾詔列侯就國或頗未能行丞相朕所重率列侯之國遂免相就國

後二年八月丞相張蒼免蒼爲丞相十餘年魯人公孫臣上書言漢土德其符黄龍見當改正朔易服色事下蒼蒼以爲非是罷之其後黄龍見成紀帝詔公孫臣爲博士草立土德時歷制度草創始也更元年蒼蹶此自絀謝病稱老蒼任人爲中候任保任也中候官名有所保舉也大爲姦利帝以爲讓用此事責蒼蒼遂病免

景帝七年六月丞相陶青免臣欽若等曰案史無事迹者故但書免

中三年九月丞相周亞夫免亞夫爲丞相四年帝甚重之帝廢栗太子亞夫固爭之不得帝繇此踈之而梁孝王每朝嘗與太后言亞夫之短太后言皇后兄王信可侯帝請得與丞相計之亞夫曰高帝約非有功不得侯王信雖后兄無功侯之非約也帝黙然而沮其後匈奴王徐盧等五人降漢帝欲侯之亞夫曰彼背其主降陛下陛下侯之則何以責人臣不守節者景帝曰丞相議不可用迺悉封徐盧等爲列侯亞夫因謝病免相

武帝建元元年六月丞相衞綰免綰景帝以敦厚可

相少主尊寵之賞賜甚多爲丞相三歲武帝卽位以
景帝病時諸官因多坐不辜者而綰不任職天子不親政則丞相當理之而綰不申其寃免之
二年十月丞相竇嬰免嬰太后從兄子元年代衛綰
爲丞相太后好黄老而嬰與太尉田蚡御史大夫趙
綰等務隆儒術貶道家言是以竇太后滋不說滋益也說讀曰悅
綰請毋奏事東宫太后怒曰此欲復爲新垣平
邪迺罷逐綰而免嬰
五年御史大夫嚴青翟坐太后喪不辦免
六年六月丞相許昌免

元光五年御史大夫韓安國免初安國爲御史大夫
五年丞相田蚡薨行丞相事引墮車蹇爲天子導引而墮車跛蹇
帝欲用安國爲丞相使使視蹇甚迺更以平棘侯薛
澤爲丞相安國病死免
元朔三年御史大夫張歐以老病免食上大夫祿
五年十一月丞相薛澤免
宣帝地節三年五月丞相韋賢免賢本始三年代蔡
義爲丞相時七十餘至是以老病乞骸骨賜黄金百
斤罷歸加賜第一區丞相致仕自賢始
甘露元年御史大夫杜延年免延年御史大夫周之
子五鳳三年自西河太守徵爲御史大夫居父官府
不敢當舊位坐卧皆易其處視事三歲以老病乞骸
骨天子優之使光祿大夫持節賜黄金百斤酒米致
醫藥延年遂稱病篤賜安車駟馬罷就第
元帝永光元年十一月以歲惡民流丞相于定國御
史大夫薛廣德俱乞骸骨賜安車駟馬黄金六十斤
罷就第定國宣帝甘露三年爲丞相帝卽位關東連
年被災民流入關言事者歸咎於大臣帝數以朝日
引見丞相御史入受詔條陳以職事定國上書謝罪
是歲春霜夏寒日青無光帝優以詔條責之定國惶

恐自劾歸侯印乞骸骨帝報曰萬方有罪罪在朕躬
君雖任職何必顓焉其免郡國守相郡牧非其人者
毋令賊民永執綱紀務悉聰明強食慎疾定國稱篤
辭迺與廣德俱罷就第
成帝建始二年御史大夫張譚坐選舉不實免
三年十二月丞相匡衡免衡元年建昭三年爲丞相
時中書令石顯用事衡畏顯不敢失其意及帝卽位
迺與御史大夫甄譚共奏顯追條其舊惡并及黨與
先是司隸校尉王尊劾奏衡譚居大臣位知顯等專
權勢不以時自奏行罰而阿諛曲從附下罔上無大

臣輔政之義罪至不道有詔勿劾衡慙懼上疏謝罪因稱病乞骸骨帝以新即位褒優大臣然群下多是王尊者衡嘿嘿不自安每有水旱風雨不時連乞骸骨不許久之衡子昌爲越騎校尉醉殺人繫詔獄越騎官屬與昌弟且謀篡昌事發覺衡免冠徒跣待罪天子使謁者詔衡冠履而有司奏衡專地盜土衡竟坐免（衡封樂安侯侵地四百頃事具宰輔貪墨門）

河平四年四月丞相王商免商父武以宣帝舅封樂昌侯商嗣爵建始四年爲丞相帝元舅大司馬大將軍王鳳顓權行多驕僭商論議不能平會日有蝕之

大中大夫蜀郡張康上書言商作威作福從外制中取必於上（言意欲望行必果之）於是大將軍史丹等奏請詔謁者召商詣若盧詔獄（若盧獄名屬少府黃門北寺）帝素重商知張言多險制曰勿治鳳固爭之於是制詔御史蓋丞相以德輔翼國家典領百寮協和萬邦爲職任莫重焉今樂昌侯商爲丞相出入五年未聞忠言嘉謨而有不忠執左道之辜陷于大辟前商女弟內行不脩奴賊殺人疑商教使謂商重臣故抑而不窮今或言商不以自悔而反怨懟朕甚傷之惟商與先帝有外親未忍致于理其赦商罪使者收丞相印綬免相

鴻嘉元年三月丞相張禹免禹代王商爲丞相六年至是以老病乞骸骨加優再之迺聽賜安車駟馬黃金百斤罷就第

永始二年十月丞相薛宣免宣代張禹爲丞相時帝好儒雅而宣經術淺帝輕之會廣漢郡賊群起丞相御史遣掾史逐捕不能克帝迺拜河東都尉趙護爲廣漢太守以軍法從事數月斬其渠帥鄭躬（渠文也）降者數千人迺平會邛成太后崩喪事倉卒吏賦斂以趨辦（邛成太后宣帝王皇后言苟取）其後帝聞之以過丞相御史遂冊免宣曰君爲丞相出入六年忠孝之行率先百寮

朕無聞焉（不聞其有此行也）朕既不明變異數見歲比不登倉廩虛空（比頻也登成也年穀不成）百姓饑饉流離道路疾疫死者以萬數人至相食盜賊並興群職曠廢是朕之不德而股肱不良也迺者廣漢群盜橫恣殘賊吏民朕惻然傷之數以問君君對輒不如其實西州隔絶幾不爲郡三輔賦斂無度酷吏並緣爲姦侵擾百姓詔君按驗復無欲得事實之意九卿以下咸承風指一時陷于謾欺之辜咎繇君焉有司法君領職解嫚（法爲據法以劾也）開謾欺之路傷薄風化無以師示四方不忍致君于理其上丞相高陽侯印綬罷歸

成帝綏和二年大司空（元年改御史大夫爲司空）何武免武爲大司空與丞相翟方進多所舉奏號爲煩碎不稱賢公四遣吏歸迎後母會成帝晏駕吏恐道路有盜賊後母留止左右或譏武事親不篤（左右謂天子側近之臣）哀帝亦欲改易大臣遂策免武曰君舉錯煩苛不合衆心（錯置也）孝敬不聞惡名流行無以率示四方其上大司空印綬罷歸就國

建平元年大司空師丹免初丹議帝母祖母定陶恭王后不合爲共皇大后及恭王旣追尊爲恭皇帝又議不宜立廟京師繇是寖不合帝意會有上書言古

者以龜貝爲貨今以錢易之民以故貧宜可改幣帝以問丹丹對言可改章下有司議皆以爲行錢來已久難卒變易丹老人忘其前語後從公卿議又丹使吏書奏吏私寫其草丁傅子弟聞之使人上書告丹上表事行道人偏持其書帝以問將軍中朝臣皆對曰忠臣不顯諫大臣奏事不宜漏泄令吏民傳寫流聞四方不密則失身宜下廷尉廷尉劾丹大不敬遂策免丹曰夫三公者朕之腹心也輔善相過表率百寮和合天下者也朕旣不明委政於公間者陰陽不調寒暑失當變異屢臻山崩地震河決泉涌流殺人民百姓流連無所歸心司空之職尤廢焉君在位出入三年未聞忠言嘉謀而反有朋黨相進不公之名乃者以挺力田議改幣章示君（挺引拔也謂特拔與力田之人優寵之也）君內爲朕建可改不疑（共立此義也）以君之言博考朝臣君乃希衆雷同外以爲不便令觀聽者歸非於朕朕隱忍不宣爲君受愆朕疾夫比周之徒虛僞壞化浸以成俗故屢以書飭君幾君省過求已（省視也自求福已不尤人也）而反不受退有後言及君奏封事傳於道路布聞朝市言事者以爲大臣不忠辜陷重辟獲虛采名謗譏匈匈流於四方腹心如此謂疏者何殆繆於二人

同心之利焉將何以率示群下附親遠方朕惟君位尊任重慮不周容懷讒迷國（讒詐也）進退違命反覆異言甚爲君耻之非所以恭承天地永保國家之意以君嘗託傅位未忍考於理已詔有司赦君勿治其上大司空高樂侯印綬罷歸

二年四月丞相孔光免光成帝時爲御史大夫帝無繼嗣至親有同產弟中山孝王同產弟子定陶王帝議立嗣丞相翟方進等以定陶王宜爲嗣光以中山王宜爲嗣坐議不中意在遷廷尉成帝晏駕郎其夜于太行前拜光丞相定陶立是爲哀帝帝祖母傅皁

后欲與成帝母稱尊號群下多順旨惟師丹與光持不可丹以罪免光自先帝時議繼嗣有持異之隙矣又重違傅太后指繇是傅氏在位者與大司空朱博爲表裏共毁譖光後數月遂策免光曰丞相者朕之股肱所以共成宗廟統理海內輔朕之不逮以治天下也朕旣不明灾異重仍（仍頻也）日月無光山摧河決五星失行是章朕之不德而股肱之不良也君前爲御史大夫輔翼先帝出入八年卒無忠言嘉謀今相朕出入三年憂國之風復無聞焉陰陽錯繆歲比不登（比頻也）天下空虛百姓飢饉父子分散流離道路以

十萬數而百官群職曠瘝姦軌放縱盗賊並起或攻官寺殺長吏數以問君君無怵惕憂懼之意對無能爲（言盗賊不能爲害）不是群卿大夫咸惰哉莫以爲意咎繇君焉君秉社稷之重總百寮之任上無以翊朕之闕下不能綏安百姓書不云乎毋曠庶官天工人其代之於虖君其上丞相博山侯印綬罷歸

元壽二年八月大司空彭宣免宣爲大司空三月會哀帝晏駕新都侯王莽爲大司馬秉政專權宣上書言三公鼎足承君一足不任則覆亂美實（美實謂鼎中之實也易鼎卦九四爻辭曰鼎折足覆公餗餗食也故宣以爲言）臣資性淺薄年齒老眊數伏疾病昏亂遺志願上大司空長平侯印綬乞骸骨歸鄉里竢塡溝壑莽白太后策曰惟君視事日寡功德未效迫于老眊昏亂非所以輔國家綏海內也使光祿勳豐策詔君君其上大司空印綬便就國莽恨宣求退故不賜黃金安車駟馬

平帝元始二年二月大司空王崇免先是彭宣乞骸骨罷以崇代爲大司空歲餘崇復謝病乞骸骨皆避王莽

五年八月太師兼大司徒馬宫免宫哀帝末爲光祿勳與丞相御史雜議傅太后謚不宜至是王莽發傅

太后陵追誅議者宫爲王莽所厚獨不及宫內慙懼上書謝罪乞骸骨莽以太皇太后詔賜宫策曰太師大司徒扶德侯上書言前以光祿勳議故定陶共王母謚禮婦人以夫爵尊爲號謚宜曰孝元傅皇后稱渭陵東園臣知妄不得體君卑不得敵尊而希指雷同詭經辟說（詭違也辟讀曰讀）以惑誤上爲臣不忠當伏斧鉞之誅幸蒙洒心自新又令得保首領伏自惟念入稱四輔出備三公爵爲列侯誠無顔復望闕廷無心復居官府無宜復食國邑願上太師大司徒扶德侯印綬避賢者路下君章有司皆以爲四輔之職爲國

綱維三公之任副是承君不有鮮名固守無以居位
如君言至誠可聽惟君之惡在酒前心不敢文過朕
甚多之多猶重也不奪君之爵邑以著自古皆有死之義以官上書不文過爲信不奪其爵邑論語載孔子言曰自古皆有死民無信不立故引之其上太
師大司徒印綬使者以侯就第
後漢光武建武二年二月大司空王梁免臣欽若等曰事具帝王舍過
三年閏正月大司徒鄧禹免禹與赤眉戰於廻溪溪名俗名回溪在河南永寧縣師敗獨與二十四騎還詣宜陽謝上大
司空梁侯印綬有詔歸侯印綬

五年十月大司徒伏湛免初車駕征張步留湛居守
時蒸祭高廟而河南尹司隸校尉於廟中爭論湛不
舉奏坐策免
六年十二月大司空宋弘免坐考上黨太守無所據
免歸第言無罪狀可據
十二年九月大司空李通罷通性謙恭嘗願避權勢
素有消疾消中之疾自爲宰相謝病不視事連年乞骸骨
帝每優寵之令以公位歸第養疾通復固辭積二歲
乃聽上大司空印綬以特進奉朝請
十三年三月大司空馬成罷初李通既罷以成行大
司空事居府如眞數月拜揚武將軍
十五年正月大司徒韓歆免歆好直言無隱諱帝每
不能容嘗因朝會帝讀隗囂公孫述相與書歆曰亡
國之君皆有才桀紂亦有才帝大怒以爲激發歆又
重歲時飢凶指天畫地言甚剛切免歸田里
二十年四月大司空竇融免時大司徒戴涉坐所舉
人盜竊下獄帝以三公參職不得已乃策免融以大
中大夫張湛代涉爲大司徒湛至朝堂遺失須臾便
因自陳疾篤不能復任朝事遂罷之
二十二年十月大司空朱浮坐賣弄國恩免

明帝永平三年二月太尉趙熹司徒李訢坐考中山
相薛脩事不實免
四年十月司徒郭丹司空馮魴坐考隴西太守鄧融
事無所據策免
十二年七月司空伏恭罷恭爲司空九年以病乞骸
骨詔賜千石俸以終其事
十四年三月司徒虞延免初延代趙熹爲太尉八年
代范遷爲司徒歷位二府十餘年無異政績會楚王
英謀反陰事欲中傷之使人私以楚謀告延延以英
藩戚至親不然其言又欲辟幽州從事公孫弘以弘

交通楚王而止並不奏聞及英事發覺詔書切讓延遂自殺

章帝元和元年八月太尉鄧彪罷彪視事四年以疾乞骸骨詔贈錢三十萬在所以二千石俸終其身

三年四月太尉鄭弘免弘爲太尉四年奏尚書張林阿附侍中竇憲而素行贓穢又上雒陽令楊光憲之賓客其在官貪殘並不宜處位書奏吏與光故舊因以告之光報憲憲奏弘大臣漏泄密事帝詰讓弘收上印綬自詣廷尉詔勑出之

五月司空第伍倫罷倫奉公盡節言事無所依違連

以老病上疏乞身以二千石俸終其身加賜錢五十萬公宅一區

章和元年六月司徒桓虞免

和帝永元九年九月劉方免

十二年九年太尉張酺免酺數上疏以疾乞身薦魏郡太守徐防自代帝不許後以事與司隸校尉晏稱會於朝堂酺從容謂稱曰三府群吏多非其人稱歸即奏令三府各實其掾史酺本以私言不意稱奏之甚懷恨會復共謝闕下酺因責讓於稱辭語不順酺怒遂廷叱之稱乃劾奏酺有怨言天子以酺先帝師有詔公卿博士朝臣會議司徒呂蓋奏酺位居三司知公門有儀不屏氣鞠躬以須詔命反作色大言怨讓使臣（司隸校尉督大姦猾無所不察故曰使臣）不可以示四遠於是策免

十三年十一月司徒呂蓋罷

十四年十月司徒巢堪罷

十六年七月司空魯恭坐事策免（續漢書曰坐放弟弘農都尉炳事免官也）

安帝永初元年九月庚午太尉徐防免辛未司空尹勤免是歲郡國被水災比州湮沒死者以千數災異

數降西羌反畔殺掠人吏京師淫雨蟊賊傷稼穡防比上書自陳過咎遂策免三公以災策免始自防也勤亦以雨水傷稼策免

三年三月司徒魯恭免恭再在公位性謙退奏議依經潜有補益以光病策罷

五年正月太尉張禹以陰陽不和策免

六年四月司空張敏罷初敏以疾乞身不聽是年春行大射禮陪位頓仆乃策罷之策曰今君所苦未瘳有司奏君年體衰羸郊廟禮儀仍有曠廢罔足之任不可以缺以職事留君其上司空印綬

元初元年九月太尉李脩罷
二年十二月司徒夏勤罷
永寧元年十月司空李郃坐請託事免
十二月司徒劉愷罷愷視事五年稱病上疏致事有
詔優許焉加賜錢三十萬以千石祿歸養河南尹常
以歲八月致羊酒
延光元年四月司空陳褒免
二年十月太尉劉愷罷愷視事三年以疾乞骸骨久
乃許之下河南尹禮秩如前
三年二月太尉楊震免震前後上疏切帝既不平會

星變逆行中常侍樊豐等共譖之（事具於臣害賢門）夜遣使
者策收太尉印綬
順帝即位初（未改元）司空劉授以阿附惡逆辟召非其
人策罷
永建元年正月太傅馮石太尉劉熹皆以阿黨大將
軍閻顯中常侍江京等策免司徒李郃坐吏民疾病
仍有災異賜策免十月司空陶敦復免
二年七月太尉朱寵司徒朱倀以日食罷
三年十二月大傅桓焉坐辟召禁錮者為吏黜
四年八月太尉劉光司空張皓以陰陽不和策免
十一月司徒許敬以陵轢使官策罷以千石祿終身
陽嘉二年五月司空王龔以地震策免
十月太尉龐參免參夫人疾前妻子投於井而殺之
參素與雒陽令祝良不平良聞之率吏卒入太尉府
案實其妻乃上參罪遂因災異策免
三年十一月司徒劉崎司空孔扶免
四年四月太尉施延以選舉貪汙策罷
永和元年十一月太尉龐參以久病罷
三年司徒黃尚免
五年九月太尉王龔罷龔以老病乞骸骨

六年二月司空郭虔免
漢安元年十月太尉桓焉司徒劉壽以日食免
質帝本初元年六月太尉李固免時帝八歲梁太后
臨朝固為太尉多所規正每輒從用其黃門宦者一
皆斥遣天下咸望遂平而梁冀猜固每相忌疾冀既
悖逆酖帝議欲立蠡吾侯而固與太司徒鴻臚杜喬
皆為清河王蒜明德著聞宜立為嗣冀乃說太后策
免固竟立蠡吾侯是為桓帝
桓帝建和元年六月太尉胡廣以日食免
九月太尉杜喬以地震免

三年十月太尉趙戒免（戒字志伯蜀郡人）

元嘉元年四月司徒張歆罷（歆字敬讓）十月司空胡廣以告老罷

二年十一月司空黃瓊免時帝欲襃崇梁冀瓊建議有異冀意以爲恨會以地震動策免

永興元年十月太尉張湯司徒吳雄司空趙戒以灾異策免

二年九月太尉胡廣以日食免

永壽元年四月司空房植免（是月南陽大水）

延熹元年七月太尉黃瓊以日食免

二年八月太尉胡廣坐阿附梁冀免

四年二月司徒盛允免四月太尉黃瓊以寇賊免六月司空虞放免九月司空黃瓊以地震免

五年十一月太尉劉矩免初矩與司空黃瓊司徒种嵩同心輔政號爲賢相時連有灾異司隸校尉以劾三公尚書朱穆上疏稱矩等良輔及言殷湯高宗不罪臣下之義帝不省竟以蠻夷反叛免

六年十一月司空劉寵以陰霧愆陽免

八年九月司空周景以京兆地震免

九年四月司徒許栩免七月太尉陳蕃免時李膺等以黨事下獄考實蕃因上疏極諫（事具宰諫諍門）帝諱其言切託以蕃辟召非其人遂策免之

九月司空劉茂免初南陽太守成瑨太原太守劉質下獄當死茂與太尉陳蕃司徒劉矩共上書訟之帝不悅瑨瓆既棄市有司承旨劾奏三公茂遂坐免

靈帝建寧元年四月司空宣酆免八月司空王暢免暢爲司空數月以水灾策免

十一月太尉劉矩以日食免因乞骸骨卒於家

二年五月太尉聞人襲罷司空許栩免

十一月太尉劉寵以日食免策

三年四月太尉郭禧以日食罷七月司空劉囂罷

四年三月太尉聞人襲司徒許訓免（是月朔日有食之）七月司空來豔司徒橋玄免時河東地裂雨雹山水暴出玄以國家方弱自度力無所用乃稱疾上疏引衆灾以自劾遂策免

熹平元年十二月司徒許栩罷

二年三月太尉李咸免七月司空楊賜以灾異免

十二月太尉段（名與太宗廟諱音同）免段爲司隸校尉曲意宦官故得保其富貴是年五月代李咸爲太尉至是罷

三年十二月司空唐珍罷

五年五月太尉陳耽罷七月太尉許訓十月司徒袁
隗罷
六年七月司空劉逸免（逸字代過）十月太尉劉寬以日食
免（是月朔日食）十一月司空陳球以地震免
十二月司徒楊賜免時朝廷爵優多不以次而帝好
微行遊行外苑賜上疏言閹尹之徒共專國朝欺罔
日月甚忤曹節等以師傅之恩故得免咎罷爲少府
光和元年四月司空陳耽免（是月地震侍中寺雌雞化爲雄）
九月太尉張顥罷
十一月太尉陳球以日食免

二年三月徒楊滂免太尉橋玄司空袁逢罷
三年九月太尉劉寬以日食免閏月司徒楊賜以病
罷
五年三月司徒陳耽免十月太尉許馘罷
中平元年四月太尉楊賜免時黃巾賊起賜被召會
議詣省閤切諫忤旨因以寇賊免司徒張濟罷
二年二月司徒袁隗免
五月太尉鄧盛罷
三年二月太尉張延罷
四年四月大尉張溫免
十一月太尉崔烈罷
五年四月太尉曹嵩罷六月太尉樊陵罷
八月司空許相罷
六年四月太尉馬日磾以日食免
少帝郎位初司徒丁宮罷
獻帝初平元年二月太尉黃琬司徒楊彪免時董卓
秉政聞東兵起卓懼欲遷都以避其難彪曰天下動
之至易安之甚難卓作色曰公欲沮國計耶琬曰此
國之大事楊公之言得無可思卓不荅使司隸校尉
宣播以災異奏免琬彪等

二年七月司空种拂以地震免太尉趙謙罷
三年八月司徒趙謙罷
十二月太尉皇甫嵩以流星策免（以日蝕災）
四年六月太尉周忠以災異免（是月扶風大風雨雹華山崩裂）
十月司空楊彪以地震免
十二月司空趙溫以地震免
興平元年七月太尉朱儁以日食免
九月司徒淳于嘉罷
建安元年九月太尉楊彪司空張喜罷時天子新都
許大會公卿兗州刺史曹操上殿見彪色不悅恐於

此圖之木得議設託疾如厠因出還營彪以疾罷
十三年正月司徒趙温免温從車駕都許以辟司空
曹操子丕曹操怒奏温辟中臣子弟選舉不實免官

册府元龜

册府元龜 宰輔部 罷免一 卷之三百三十二 二十一

册府元龜

巡按福建監察御史臣李嗣京　訂正

知閩縣事臣曹學佺參閱

知建陽縣事臣黄國琦較釋

宰輔部二十六

罷免第三

魏太祖初封魏王鍾繇爲相國數年坐西曹掾魏諷謀反策罷就

齊王正始九年二月衛將軍中書令孫資與驃騎將軍中書監劉放三月司徒衛臻各遜位以侯就第位

特進

晋惠帝永康元年四月誅裴頠司徒王戎之壻也頠誅戎坐免官

梁武帝大同十一年何敬容爲尚書令侍中參掌機密坐妾弟費慧明爲導倉丞夜盗官米爲禁司所執送領軍府時河東王譽爲領軍將軍敬容以書解慧明譽即封書以奏高祖大怒付南司推劾御史中丞張綰奏敬容恊私罔上合棄市刑詔特免職

後魏文成帝興安二年以張黎爲太尉古弼爲司徒議不合旨黜爲外都太官

孝文承明元年二月司空陸定國坐事免官罷爲兵

東魏孝靜帝興和四年四月大尉尉景坐事降爲驃騎大將軍開府儀同三司

北齊武成帝河淸三年將婁叡爲司徒濫殺人爲尚書左丞宋仲美彈奏經赦乃免

隋高祖開皇十九年九月高熲爲左僕射上柱國坐事免以公就第未幾高祖幸秦王俊第召熲侍熲歔欷悲不自勝獨孤后亦對之泣左右皆涕帝謂熲曰朕不負公公自負也因謂侍臣曰我於高熲勝兒子雖或不見常似目前自其解落瞑然志之如本無高

熲不可以身要君自云第一也

唐太宗貞觀元年十二月尚書左僕射宋國公蕭瑀坐事免蕭瑀爲中書令嘗薦封德彝於高祖高祖以德彝爲中書令太宗即位瑀遷尚書左僕射德彝爲右僕射德彝素懷險詖與瑀料量將爲可奏者至太宗前盡變易之于時房玄齡杜如晦既新用事玄齡疎瑀而親德彝瑀心不能平遂上封事論之而辭旨寥落太宗以玄齡等功高而瑀先懷疑阻由是忤旨廢於家瑀嘗請出家太宗謂曰甚知公素愛桑門今者不能違意瑀旋踵奏稱臣頃思量不能出家太宗

以對群臣吐言而取捨疾速怒之瑀稱足疾時詣朝堂但不入見太宗謂侍臣曰瑀豈不得其所乎而自嫌如此遂手詔曰朕聞物之順也雖異質而成功事之違也亦同形而罕用是以舟浮楫舉可濟千里之川轅引輪停不越一毫之地故知動靜相循易爲務曲直相反難爲功况乎上下之宜君臣之際者矣朕無聰明於元首期託德於股肱思欲去僞歸眞除澆反朴然於佛教非意所遵雖有國之常經故俗教之虚誕何則求其道者未驗福於將來循其教者翻受辜於既往至若梁武窮心於釋氏簡文銳意於法門

傾帑藏以給僧祇殫人力以共塔廟及乎三淮沸浪五嶺騰煙假餘息於熊蟠引殘魂於雀鷇子孫覆亡而不暇社稷俄頃而爲墟報施之徵何其謬也而前太子太保宋國公瑀踐覆車之餘轍襲亡國之遺風棄公就私未明隱顯之際身俗口道莫辨邪正之心循累葉之殃源祈一身之福本上以違忤君王下則扇惑浮華往前朕謂張亮云卿既好佛何不出家瑀乃端然自應請先入道朕即許之尋復不用一迴一惑在於瞬息之間自可自否變於帷扆之內所謂乖棟梁之大體豈具瞻之量乎朕猶隱忍至今瑀尚全無悔改宜即去兹朝闕出牧小藩可商州刺史仍除其封

二年正月辛未司空魏國公裴寂坐事免先是有沙門法雅怨望妖言伏法寂辭與相連坐免歸蒲州俄追入闕未幾有狂人自稱信行寓居汾陰言多妖妄嘗謂寂家僮曰裴公有天分于時信行已死寂監奴恭命以其言白寂寂惶懼不敢聞奏陰呼恭命殺所言者恭命縱令亡匿寂不之知寂遣恭命收納封邑得錢百餘萬貫用而盡寂怒將遣人捕之恭命懼而上變太宗謂侍臣曰裴寂有死罪四焉爲三公與妖

人言辭相涉罪一也事發之後乃負憤怒稱國家有天下是其所謀罪二也巫言有天分匿而不奏罪三也陰行誅殺以滅口罪四也我殺之非曰無辭矣議者多言流配朕其從衆乎於是徙交州後竟流靜州

十七年五月中書令楊師道爲吏部尚書庶人承乾逆謀之洩也師道與長孫無忌房玄齡同按其獄師道假子趙節與承乾通謀師道微諷太宗冀活之繇是獲譴獄未竟不令視事後數日太宗謂侍臣曰師道任寄不輕無心體國翻溺情於假子豈可更居股肱之任於是拜吏部尚書

七月丁酉司空太子太傅梁國公房玄齡以母憂罷職

高宗永徽六年七月戊寅以吏部尚書柳奭爲遂州刺史奭后舅歷位中書令后既寵衰不敢久在機密頻上表固辭轉爲吏部罷中書門下事尋而后母魏夫人被責不許入宮奭繇是出爲遂州刺史

顯慶五年秋七月丁卯度支尚書同中書門下三品盧承慶坐科配失所免官

龍朔三年夏四月戊子詔曰右丞相兼行殷王府長史河間郡公李義府緣茲小技累升顯地塵露之益

未表於銓流公廉之譽有紊於彝典漏禁中之語竊寵授之朝恩交占候之人輕朔望之哀蘊蓄邪黷貨實玷衣冠念惡嫉賢載虧政道特以任使多年未忍加其重罰宜從遐棄以肅朝倫可除名配流雋州其子太子右司議郎津專恃權門罕懷忌憚奸濫是務賄賂無厭潛報機密亦宜明罰屏跡荒裔配流振州

則天載初元年地官尚書同鳳閣鸞臺三品韋方質坐與弓嗣業通謀配流嶺表

天授元年十月簡較內史宗秦客坐贓降授鎮州遵化縣尉

延載元年八月戊寅鸞臺侍郎同鳳閣鸞臺平章事崔元綜以罪流于振州元綜篤信釋典好潔細行薰辛不歷口者二十餘年雖外示謹愿而情深刻薄每受制鞫獄必披毛求疵陷於重辟以故人多畏而鄙之至是配流朝野莫不稱慶

聖曆三年正月天官侍郎鳳閣鸞臺平章事吉頊坐事貶流嶺表

久視元年閏七月己丑鸞臺侍郎李嶠遷爲成均祭酒罷政事時以天官侍郎張錫爲鳳閣侍郎同鳳閣鸞臺平章事以嶠錫之甥故也

長安四年三月鳳閣侍郎同鳳閣鸞臺三品蘇味道請還鄉改葬其父優制令州縣供其葬事味道因此侵毀鄉人墓田役使過度爲憲司所劾左授防州刺史

中宗神龍元年正月乙卯鳳閣侍郎同鳳閣鸞臺平章事房融以親附張易之兄弟配流嶺表

五月甲午封侍中齊國公敬暉爲平陽郡王桓彥範爲扶陽郡王袁恕己爲南陽郡王中書令漢陽公張柬之爲漢陽郡王中書令博陵公崔玄暐爲博陵郡王並加特進令罷知政事外示優崇而實奪其權也

睿宗景雲元年七月同中書門下三品唐休璟致仕休璟在任無所弘益以老病罷歸私第

是月又以黃門侍郎參知機務崔日用爲雍州長史中書侍郎參知機務薛稷爲散騎常侍時稷與日用爭於帝前稷曰日用傾側謟附三思幾危社稷非忠臣賣友事主非義士也日用曰臣往雖有官過今立大功當韋氏悖逆擅權之時大事去矣臣與太子同謀靖難陛下棄瑕錄用備位左右如稷外託國親內附逆黨易之楚客恩同骨肉傾側者正屬薛稷不屬於臣故並停政事

二年二月出中書令姚元之爲申州刺史吏部尚書同中書門下三品宋璟爲楚州刺史初元之入輔也進忠良退不肖賞罰必中朝綱克舉又選補平允委用廉吏權門請託無所復行時議以爲復貞觀永徽之政也而太平公主專權覦太子明察恐不利已迺陰謀廢黜時元之璟等處官臣恐其爲變具以啓聞及公主出蒲州尤所怨謗皇太子不獲已而奏出焉

十月帝御承天樓引尚書左僕射同中書門下三品韋安石兵部尚書同中書門下三品郭元振左御史大夫同中書門下三品竇懷貞侍中李日知兵部侍郎同中書門下三品平章事張說制責之曰自頃以來政教尤闕時或水旱人多困弊府庫益竭寮吏日滋僶俛政途罔然如失雖繇朕之薄德固亦輔佐非才安石可尚書左僕射東都留守元振可吏部尚書懷貞可左御史大夫說可尚書左丞並停知政事

玄宗開元元年十二月癸丑尚書左丞相兼黃門監劉幽求紫微令張說並罷知政事以幽求爲太子少保說爲相州刺史

十二年二月己酉詔曰中書令張嘉貞備位宰相夙承恩命不能勵其公節以訓私門其弟嘉祐頃緣姦受遷在淸秩馮寵自肆黷貨有彰豈可仍踐台階儀刑百辟貶居藩守俾肅朝倫可幽州刺史張說遂代爲中書令嘉貞悵恨謂人曰中書令幸有三員何相迫之甚也（嘉貞弟嘉祐爲金吾將軍時以贓狀聞張說勸嘉貞素服待罪不得入謁）

十四年四月庚申停兼中書令張說勅曰特進行尚書右丞相兼中書令燕國公張說往屬艱難輸誠於履險及茲輔相潤色於告成而不肅細微之人頗乖周慎之旨朕略小存大念舊錄功且法不欲屈宜罷中樞之務義亦有在更全端右之榮宜停中書令餘如故

十七年六月甲戌制曰出納王言發揮綸翰宰臣之任選衆推賢簡較黄門侍郎同中書門下平章事杜暹中書侍郎同中書門下平章事李元紘等咸勵忠勤用登樞揆雖清以自牧而道則未弘不能同心戮力以祇帝載而乃肆懷相短以玷朝倫朕緣事醜股肱情惟應蔽掩其惡而不率遂其過而彌彰將何以緝叙三光儀刑百辟宜迴中禁俾列專城暹可荆州長史元紘可曹州刺史又制尚書左丞相兼侍中源乾曜十載持衡一心自牧台階斯重督綜惟繁雖勤在公而暮年微疾俾司端揆罷劇中樞宜停侍中其

尚書左丞相如故

天寶五載四月左丞相李適之罷知政事初李林甫搆成其罪遂罷知政事守太子少保適命親故歡會賦詩曰避賢初罷相樂聖且啣盃爲問門前客今朝幾箇來

肅宗至德二年二月以左丞相韋見素平章事裴冕爲左右僕射並罷知政事冕性忠勤悉心奉公稱得人心然不識大體以聚人曰財乃下令賣官鬻爵度僧尼道士以儲積爲務人不願者科令就之其價益賤事轉爲獘肅宗移幸鳳翔罷冕執政

五月吏部尚書平章事房琯以門客琴人董廷蘭受賂罷相爲太子少師

三年五月以中書侍郎平章事張鎬爲荆州大都督府長史鎬都統淮南等道諸軍事鎮汴州招討河北逆賊賊黨史思明爲賊守范陽表請歸順鎬揣知其爲恐朝廷許之手札表奏云思明兇竪因逆竊位兵彊則衆附勢奪則人離包藏不測禽獸無異可以計取難以義望不以威權假之又奏滑州防禦使許叔冀性狡多謀臨難必變望追入宿衛時肅宗意已定表入俱不省鎬爲人簡淡不事中要會有宦官自范

陽及滑州使還者皆言思明叔冀之誠懇肅宗以鎬不切事機遂罷之後思明叔冀皆如其言

代宗以寶應元年四月庚午卽位六月庚申中書令李輔國上表請遜位乃特封爲博陸王罷中書令復詔許唯朝朔望

二年正月吏部尚書平章事領度支鹽鐵轉運租庸使劉晏爲太子賓客坐與中官程元振交通元振得罪晏罷相黄門侍郎平章事李峴爲太子詹事峴作相一月爲近要所擠遂失恩而罷

廣德元年十二月侍中苗晉卿罷知政事册爲太保

帝即位晉卿年已衰暮吐蕃陷長安晉卿病臥私第
蕃賊聞之逼劫晉卿閉口不言賊不敢害及帝自陝
至遂有是命
德宗大曆十四年即位八月以懷州刺史喬琳爲御
史大夫平章事琳本粗才年高有耳疾帝每顧問對
答失次論奏不合時機居相位凡八十餘日除工部
尚書罷政事
建中二年七月楊炎罷相爲左僕射時德宗嘗訪宰
相群臣中可以大任者盧杞薦張鎰嚴郢炎擧崔昭
趙惠伯帝以炎論議益踈濶遂罷炎相

四年十二月貶門下侍郎平章事盧杞爲新州司馬
癸酉以中書侍郎關播爲刑部尚書杞與播俱從幸
奉天杞與白志貞等先貶出播尚知政事中外囂然
以爲不可遂罷相改刑部尚書大臣韋倫等皆泣於
朝曰宰相不能謀猷翊贊以至今日而尚爲尚書誠
可痛哉
興元元年四月德宗在梁以諫議大夫平章事姜公
輔論事失旨罷爲左庶子
貞元元年九月中書侍郎平章事劉從一以疾請告
至是病甚辭位章疏六上乃許除戶部尚書

二年正月門下侍郎平章事盧翰罷爲太子賓客
是年給事中崔造守本官平章事機謀權變非其所
長釐革度支獎事却爲繁擾數月以疾辭除右庶子
三年八月除兵部侍郎平章事柳渾爲右散騎常侍
停知政事時張延賞與渾同列延賞怙權矜已而疾
渾守正俾其所厚謂渾曰相公舊德但節言於廟堂
則重位可久渾曰爲吾謝張相公柳渾頭可斷而舌
不可禁也自是爲其所擠故有是命
李勉爲司徒平章事勉嘗言盧杞姦邪而時人多云
正直然自是見踈遂累表陳讓方罷政事

十年十二月宰相陸贄罷爲太子賓客時裴延齡判
度支天下皆嫉惡而獨幸於天子朝廷無敢言其短
長者贄獨身當之陳其不可用延齡因欲去贄而代
之又知贄之與巳多阻其奏請也謗毁百端翰林學
士吳通玄故與贄同職姦巧刻薄與贄不相知贄與
延齡相持有間因盛言贄短宰相趙憬本贄所引因奏
對嫉贄之權寵以贄所譏彈延齡事告延齡延齡益
得以爲計繇是天子益信延齡而不直贄竟罷贄相
以爲太子賓客而黜張滂李充等權言事者多言其
屈贄固畏愼及爲賓客拒門不通交親

十三年九月詔曰任重謀猷道在忠諒辭疾之情旣懇優賢之義斯崇中書侍郎平章事盧邁朝序公才操履端敏弼諧庶政夙夜惟寅恭恪之心每思獻納而支體未適固請優閒累表敷陳懇誠彌切將遂其志予衷耿然爰舉朝章式加命秩可太子賓客

十四年七月詔曰任人之道必在無私審官之宜所期適用給事中平章事趙宗儒早以文學累更職任自居樞近頗歷歲時雖夙夜載勤而政理循彝式移秩序以叶朝經可太子右庶子

十九年七月中書侍郎同平章事齊抗以疾罷爲太

子賓客

二十一年七月下詔曰朕承天眷命獲主兆人思致邕熙用康區夏布和緝化屬在輔臣所謂適宜寔爲通典銀青光祿大夫守吏部尚書平章事上柱國鄭珣瑜銀青光祿大夫守刑部尚書平章事上柱國鄭郢等咸以忠靖累更班列秉彝兢慎植操貞當自參輔中樞皆能勵節祗勤庶務夙夜惟寅歲月滋深嬰纏疾恙衮職有闕無以彌綸況銓綜爲選士之本刑法乃生人之命俾從專掌以盡至公宜輟台司副予所委珣瑜可吏部尚書郢可守刑部尚書

憲宗初司空平章事于頔坐子殺人降授恩王傅絶朝請

元和四年二月丁卯制曰王者重輔弼之任明進退之宜聞善卽升知否則捨玆朕所以推誠不惑與物無私者也銀青光祿大夫門下侍郎同中書門下平章事兼弘文館太學士上柱國賜紫金魚袋賜爵縣開國侯鄭絪早以令聞入參禁署永惟勤績出攙台司期爾有終規予不逮歲月滋久謀猷寖微罔清靜以愼身每因循而保位旣乖素履且虧皇猷宜副群情罷玆樞務朕以其久居內職素事先朝恩遇君臣

貴全終始俾從優閒之秩用示寬大之恩可太子賓客

五年九月中書侍郎平章事監脩國史裴垍以疾請告十一月罷爲銀青光祿大夫兵部尚書

六年正月壬辰制曰爰立輔臣以熈庶績聿膺其任是亦難能至於明用捨之宜全始終之道玆惟大體寧亡予懷中散大夫守門下侍郎同中書門下平章事兼弘文館太學士上柱國賜紫金魚袋李藩早以學行聞于縉紳洎升朝端克愼素履頃者擢於非次列在鈞衡是宜亶巳以佐時匪躬而納誨用副明奬

越於嘗倫而授任已來再逾年序夙夜之勤雖著獮
諸之効未孚將何以允至公之求成天下之務宜輟
黃樞之重向居端尹之崇爾其勉之式謂優禮可守
太子詹事散官勳賜如故濳素有清名及追李吉甫
於淮南未至濳有拒之意吉甫至頗不平屢攻其短
遂罷焉
十月門下侍郎同平章事李逢吉罷相將討淮蔡日
久王師數不利言事者多以罷兵爲請逢吉附其議
憲宗不悅無何比部員外郎張宿以他門進逢吉出
爲濠州刺史宿上疏自理憲宗將擢爲諫議大夫逢

吉廷爭久之且日去臣用宿可也繇是又忤旨遂罷
相
八年正月辛未制曰文昌六官宗伯掌禮選授之重
自昔攸難非夫台衮之臣分全於始終縉紳之議素
洽於群倫則無以允是優崇膺茲名秩正議大夫守
禮部尚書同中書門下平章事上柱國扶風郡開國
公權德輿學雄詞虛襟曠度稟中和之氣弘信厚
之規夙彰厥猷歷踐清華乃者徊翔省闥祇服大僚
咸推鎭俗之風遂致濟川之望朕永惟理本宵旰在
懷嘗期獻納之功深屬彌諧之任爰徵僉論俾刻澣

司勤勞亟步於歲時謙挹每形於造次是用委春卿
之職輟樞務之殷任事呈能庶先會府帥屬而理汝
往欽哉可守禮部尚書
九年二月癸卯制曰輔相之任所貴乎納忠進退之
宜寔重於申禮其有以勞奉國以疾固辭聿懷謙讓
之風是舉優崇之典朝議大夫守中書侍郎同中書
門下平章事上柱國高邑縣開國男食邑三百户賜
紫金魚袋李絳端莊秉彝亮直循道抱凌寒之勁節
標肅物之貞規嘗以懿文叅于內署亦以公望貳于
地卿竭其器能茂著官業洎居衮職左右朕躬遠慮

必陳讜言無隱竭致君之志弘濟俗之方確然眞心
彍有休問而步履嬰疹趨侍爲難披誠上聞稽首求
免乃眷毗倚久之未從星霜屢遷衷懇彌激宗伯秩
禮時惟大寮宜從喉舌之班用輟鹽梅之寄庶因清
簡俾遂頤眞膺茲寵章敬服爾命可守禮部尚書散
官封賜如故
十一年八月壬寅詔曰朕恭巳臨人勵精思理二三
執政繇吾股肱念始終之罔虧於進退而右重苟或
將明失中輔道不專依違于懐尚愼斯舉君臣之義
豈不弘乎中大夫守中書侍郎同中書門下平章事

上騎都尉賜紫金魚袋韋貫之早著淑聲累更顯貫
潤以文藻懿其風猷爰膺選衆之求式佇弼予之美
而自當鈞軸屢變星霜虚襟以聽未聞至論非啓沃
之道有所不行何爕諧之功蔑爾無效欲抑浮華之
路在捐朋黨之私人亦具瞻事將奚副用觧樞機之
務俾居衡鏡之職克乆斯任宜和厥心可守尚書吏
部侍郎散官勲如故時貫之以蔡鎮未平天下勞於
餽餉慮或水旱乘之則力屈難振屢請緩承宗而專
討元濟髞是與裴度爭是非於帝前時專任度以戎
事故罷貫之以望其功成初貫之爲相嚴身律下以

清流品爲先故門無雜賓有張宿者利口得倖於憲
宗擢爲左補闕將使淄青宰臣裴度欲爲請章服貫
之曰小人以他門獲進吾輩未能排抑豈要假其恩
寵耶所議遂寢宿深啣之卒爲所構誣以朋黨罷爲
吏部侍郎不涉旬出爲湖南觀察使
十三年戊戌詔曰夫爲君者求舊以申其用施恕以
遂其情爲臣者陳力以効其能奉身以明其志故在
上則始終之道備居下則進退之義全茲惟休哉用
厚德禮銀青光祿大夫守門下侍郎同中書門下平
章事上桂國江夏縣開國侯食邑一千户李鄘居㓗

履方端明審固有沉毅莊重之質有堅剛迅敏之心
勁節夙表於屯夷利器乆彰於中外朕所以跡其衆
善詢及庶工登之台階授以政柄將欲籍其碩望弘
厥壯猷而固辭之誠再疏頗切然猶不允其請所冀
或副予懷迨此旬時勞于夙夜益顧頎養堅稱衰疾
宜罷樞軸之殷俾居喉舌之重就開高秩式示優崇
可守户部尚書
十四年十二月乙卯制曰致君之道爰在輔臣發揮
正經端理教化或彝倫未叙公議不明免其所職蓋
甞典也正議大夫守中書侍郎同中書門下平章事

上柱國賜紫金魚袋崔群根於温恭發以詞彩踐履
臺閣潤色絲綸嘗以敏才列於宥密考能觀行益表
謙勤擢處鈞衡用參大政緝熙之績每竭其謀猷翊
贊之心亦彰於夙夜朕旰食思理注於諮言善而可
行無不虚受而顧問之際謂近於至公詳取之間或
遠於事實將何以同底于道化洽萬方宜罷印於中
樞俾報政于外服優以顯秩爾其勉之可使持節都
督潭州諸軍事守潭州刺史兼御史大夫充湖南都
團練觀察處置等使勲賜如故
穆宗長慶元年正月制曰師長庶工揔詳六職重任

乂曠益難其人自非體象股肱位列鈞鼎能引以知退致禮而加恩則授受之間何以允茲任也朝議大夫守門下侍郎同平章事襲徐國公蕭倣門承華衮位列清華用能周物志在佐時勤內署之論思肅南臺之綱紀朕初承天序擢處台階推一心獻納之誠贊四方經營之績及此踰歲累陳懇詞微恙所侵堅請難奪朕憂勤庶政親委大臣務厚始終以全進退既謝弼諧之任宜加端揆之崇爾宜戒之服我優秩可守尚書右僕射勳賜如故倣以西川節度使王播前任鹽鐵使日廣進財貨強名羨餘固位竊恩不憚

清議及鎮益部又傾竭貢獻以圖台衡宰相段文昌勁之勢不可遏倣遂於閤內及延英屢諫不納乃以官進退與帝感悟竟不從故有是拜

二年二月制曰宰相者朕之腹心和合天下在乎鎮靖藩服兼附親遠方將弘遂物之宜必有更張之道正議大夫守中書侍郎同中書門下平章事武騎尉賜紫金魚袋崔植佐在先朝頗推廉直馴行唯謹保萬古之風清德不渝紹四公之業遂昇左掖實著能名駁正之美稱於朝列朕以孝公太傅代載忠貞擢於相門授以台席顧惟寡昧奉若丕圖每念爲君之難敢忘從諫之義推誠聽納虛己咨詢庶洽群心以迎和氣叔敖是期於秉羽汲黯謂致於寢謀宵分以興日旰忘食昔藩國多事平津讓侯陰陽未和石慶辭位惟爾謙遜豈嘗求安稱疾拜章勤亦至矣雖悵日之年未及而寢氷之意尚堅遂輟樞機用成美志崇以天秩長以秋官君臣之間朕無所愧可刑部尚書散官勳賜如故植在相位端慎信厚有餘而無開物成務之用屬穆宗初幽鎮阻兵方隅多事機務壅滯繇植而失者居多後因堅卧拜章請免遂以刑部尚書罷相

六月甲子制曰朕端己推誠資於輔相求人與衆諒在訏謨所以徇公卿之言從士庶之望輟任淮海俾居台階舉先朝勲業之臣當四海具瞻之任推心委柄期在賢能誠效靡孚余將安望光祿大夫守司空兼門下侍郎同中書門下平章事上柱國晉國公食邑三千戶裴度器本端誠道惟蹇諤挺松筠之操蘊桂玉之姿望積巖廊功書竹帛策勲報爵寵極人臣朕恭守睿圖推心輔弼聿求雋彥思致雍熙推昇論道之司再授樞衡之任虛心有日佇乃嘉猷而啓沃未調弛張異制誠宜有犯無隱忠讜必陳使余誠懷

不感聞聽何苟容於造次致有間於筌簣棘木旣窮匪辭焉騐昔漢以陰陽不和册免丞相今兩許謨或爽宜罷台司疇勳績以尚功錄忠勞而念舊俾居右揆非謂左遷用宗師長之榮勿以優閒自薄可守尚書右僕射散官勳封如故

又制曰宰相者列位巖廊權參造化內操政柄上代天工朕嗣守丕圖思興至理每於擢用冀獲雋良爲善有聞必資獎寵罹於僣謗用罷台階通議大夫守尚書工部侍郎同中書門下平章事上柱國賜紫金魚袋元稹游藝資身明經筮仕累應科選益振芳華

茂識宏才登名晁董之列佳辭麗句馳聲鮑謝之間頃在憲臺嘗推舉職比及遷黜亦以直聞是以擢以周行典斯誥命洎參密近旋委台衡宜竭謀猷盡於毗贊而乃不思弘益之道遂嬰詿誤之嫌察以中情雖非爲己行茲左道豈日效忠體涉異端理宜偕黜朕以君臣之分貴獲始終任使之時亦聞獻懇每思加膝寧恐墜泉猶弘在宥之心俾列專城之寄左都之大三輔推雄控壓關河連屬官苑勉於政績副我恩私可使持節同州諸軍事守同州刺史充本州防禦長春宮等使散官勳賜如故

文宗開成四年五月景申以右僕射兼門下侍郎國子祭酒平章事鄭覃爲右僕射以門下侍郎同平章事陳夷行爲吏部侍郎覃以門蔭入仕少淸苦貞退不造次與人接御位至國相所居未嘗脩飾纔足以庇風雨家無媵妾時人仰其素風頃李宗閔在相位嘗有侮易之言後李德裕入相驟加引用覃故怨宗閔而厚於德裕凡宗閔之交遊引用者覃盡以朋黨排之時人以此不直夷行以文學進身獨不群及爲宰相素與宗閔有隙故善於覃以排斥朋黨爲己任而多及善良因並命罷之

懿宗乾符六年黃巢陷桂管五月賊圍廣州仍與廣南節度使李岧浙東觀察使崔璆書求保薦乞天平節鉞璆岧上表論之詔公卿議其可否宰相鄭畋盧攜爭論於中書詞語不孫俱罷爲太子賓客分司東都

僖宗郎位時劉鄴爲相及蕭倣崔彥昭秉政素惡鄴乃罷鄴知政事簡較尚書左僕射同平章事揚州大都督府長史淮南節度使是日鄴押班宣麻竟通事引鄴內殿謝不及笏記鄴自叙十餘句語云霖雨無功深愧代天之用煙霄失路未知歸國之期帝爲之

惻然

昭宗乾寧二年八月司空門下侍郎平章事監脩國史諸道鹽鐵轉運崔昭緯罷知政事爲太子賓客昭緯性奸纖忌前内結中人外連潘帥屬朝廷微弱每託援以凌人主昭宗明察心不能堪以誘召二鎮將兵詣闕賊殺宰相内臣帝深切齒會太原之師誅王行瑜罷相授僕射又以託附汴州再貶梧州司馬尋降制數其罪中使至荆南斬之

明宗天成二年丙戌制曰朕恭膺大寶虔荷丕基選衆與能克保君臨之道寶賢念舊庶符帝賚之資繇

是推以腹心授之衡柄翼扶持於寡昧申啓沃於始終其樂在宴安勇於沖退宜暫均於勞逸思顯示於優除光禄大夫門下侍郎兼工部尚書平章事監脩國史上柱國樂安郡開國侯食邑一千户任圜天授宏材波澄偉度早負公侯之器深懷將相之資智擅圓方謀惟通變先皇帝中興景運再造鴻圖夙參佐命之功迥著安時之業克平邛蜀大掃妖氛嘗有殊庸雅爲良弼朕惟薄德夀所注懷爰自六卿擢居四輔秉國約之重任掌邦計之劇權内罄沃心外彰陳力方期委任遽閲封章曲狥汝懷固違朕旨既披陳而莫抑在進退之有常宜更鳳沼之尊俾踐龍樓之秩勉從願養勿替謀猷可落平章事太子少保

三年三月己未制曰朕聞老氏談經無如知止素王窮易當在庶幾賢哲所以保身進退於焉合道其有位居元輔功叙夔倫節宣徵奭於冲和休致屢堅於章表酌其陳力莫若從人俾迴席於三台就懸車於百揆特進行門下侍郎兼刑部尚書同中書門下平章事充太微官使弘文館大學士上柱國榮陽郡開國公食邑一千五百户鄭珏皇朝軒冕清廟笙鏞崇令望於縉紳節雅音於律度而自再持鈞軸益顯公

忠夀更近帝之居兼杜掃門之跡克已復禮爲官擇人爰屬遐幸浚卿務名賢而好善經營雒邑頗上相以卜年方頻嘉猷忽嬰美疹豆耳何妨於寂聽灰心頓悟於浮榮高慕赤松勇辭黄閣朕以方調殷鼎尚聽晋鐏欲盡殷懃具觀堅切可乆之規斯在再三之請莫遣所以特許抽簪免勞借箸進崇階於開府假優秩於不朝仍益井田俾存風俗於戲祁奚請老不無内舉之規張禹言情亦有私恩之事唯卿奉身而退其德不回予實嘉焉美兼善也勉從願養求保初終可開府儀同三司尚書左僕射致仕仍加食邑五

百户

末帝清泰二年十月戊寅制尚書左僕射門下侍郎同平章事弘文舘大學士太微宫使趙郡公食邑二千石食實封二百户李愚可守本官門下侍郎兼吏部尚書同平章事監脩國史判三司彭城郡公邑千五百户劉昫可守尚書右僕射皆免知政事昫司邦計意在至公欲除積獘傷於太察初帝自鳳翔至切於軍賞時王致判三司詔問錢穀奏數百萬在及慶賜無幾帝怒用昫代致昫性初疾惡又懼訶譴及搜索簿書命判官高延賞昫計窮詰乃積年殘租或主

務不急詰之不已屢遷歲時計司主典利其所係不欲搜擿至是藏蓄彰露昫具條奏可徵者急督之無以償者以籍進韓昭備言繇是逋者咸蠲除之窮民相與歌詠唯王典怨沮乃謀僞書昫名差務官昫疑不繇巳詰之獄成云自昫別室內弟御史陳觀鞫訊遣吏取公文昫曰吾一病妻比無別室御史見凌亦須循理觀仍遣吏不已及罷相之日群吏攜三司印復萃月華門外聞宣昫罷乃相賀快活矣及昫歸第三司無一人從至第者傳所謂盜憎民惡其可忽諸李愚褊急素不悅馮道昫與道婚家及道出鎮凡中書積滯事愚指昫云若親家翁所爲昫與之口訟動至色厲吏俱惡之乃揚言於外二人欲相毆穢語及之愚之秉執昫之多防帝采其言俱罷之

晉高祖天福四年四月樞密使劉處讓每有敷奏多不稱旨會處讓丁繼母憂因議罷樞密使其本院庶事並委宰相分判

漢隱帝乾祐元年二月制曰朕虔承遺訓嗣守鴻基甞懼眇冲不克負荷所以師臣畏相稽衆從人採沃心造膝之謀詢繼體守成之道其或力非任重才不追時有玷天工顯貽物議宜從罷免用儆厥僁開國

佐命輔聖功臣光祿大夫行中書侍郎兼户部尚書同中書門下平章事上柱國隴西縣開國伯食邑七百户李濤早預朝倫素虧時望繼踐清華之列曾無倜儻之名先皇帝應運開階濟物成務未明求理虚巳待賢擢自禁林升之槐路旣委宰衡之任蔑聞帷幄之謀迨及眇躬初親庶政被顧問之際屢覩醺酣甞獻替之時無聞詆訐復虧嚴重但務詼諧詎爲君子之儒殊失大臣之體重以梓官在殯國步多艱屢陳違衆之言頻建出師之意率爾獨見豈是臧謀朕方務含弘與全終始雖包荒而在念慮假器以興譏

俾毗中樞式存大體仍令還第庶用省躬惟爾自貽
無我有怨茍能思過豈吝推恩可罷免勒歸私第
周顯德四年八月乙亥制曰濁水未堙舟楫頼濟川
之用密雲既雨郊原成利物之功惟賢哲之保躬蹈
初終於元吉我有良相時惟正人七年竭力於扶持
大氣遂乖於頤養踰歲伏枕九陳讓章敦諭雖頻告
請彌切暫輟秉鈞之任不移論道之資仍益戶封斯
爲異數推忠協謀佐理功臣特進守司空門下侍郎
同中書門下平章事監脩國史上柱國隴西郡開國
公食邑一千五百戶食實封二百戶李穀昔事先朝

勤勞王室暨登上相佐佑朕躬疾因憂國而有加志
在避權而知足頻燮調而斯久釋難重以爲宜漸俟
痊平別期委任俾展輅車之禮用光水土之官惟爾
誠明當體優異凡百有位知予尚賢可守司空加食
邑五百戶食實封二百戶功臣散官勳如故仍令所
司擇日備禮冊命

巡按福建監察御史臣李嗣京　訂正
知甌寧縣事臣孫以敬參閱
知建陽縣事臣黄國琦較釋

宰輔部

譴讓

夫委質事君陳力就列有官守焉有言責焉其或因職事之隳廢被公朝之訶譴寘於司敗時惟國典矧乃輔弼之任左右厥辟宜翼統紀表正倫類百工承式庶民爾瞻苟有任非其人心或附下懷情不盡越

職舉事屬灾異之著見或水旱之作沴褒治攸繫措置失宜至或論議非當謗咎交集賦斂無藝蠹弊随生繇是賜以璽書責以吏事乃有賜車馬以就第上印綬而歸田其致詰之深或引決爲謝者盖有之矣若乃秉心無苟本乎納忠守道居當因以蒙毀者亦奚愧焉

漢蕭何高帝時爲相國爲民請曰長安地陿上林中多空地棄願令民得入田毋收藁爲獸食（藁禾租也言人恣田之不收其藁税也）帝大怒曰相國多受賈人財物爲請吾苑乃下何廷尉械繫之數日王衛尉侍（衛尉名字史失之也侍謂侍天子也）前問曰相國胡大罪陛下繫之暴也（事具總錄部救患門）上不懌是日使使持節赦出何

張蒼文帝時爲丞相任人爲中候（蒼有所保舉而其人爲中候之官）大爲姦利帝以爲讓遂病免

衛綰景帝時爲丞相三歲武帝立建元中丞相以景帝病時諸官囚多坐不辜者而君不任職（天子不親政則丞相當理之而綰不申其冤）免之

石慶武帝時爲丞相元封四年關東流民二百萬口無名數者四十萬（名數若今户籍）公卿議欲請徙流民于邊以適之（適讀曰謫）帝以爲慶老謹不能與其議（與讀曰豫）乃賜

丞相告歸而案御史大夫以下議爲請者慶慙不任職上書曰臣幸得待罪丞相疲駑無以輔治城郭倉廩空虚民多流亡罪當伏質上不忍致法願歸丞相侯印乞骸骨歸避賢者路帝報曰間者河水滔陸（滔漫也高平曰陸漫音莫干切）泛濫十餘郡隄防勤勞弗能陻塞（陻音因）朕甚憂之是故巡方州（東方諸州）禮嵩嶽通八神以合宣房（自言致禮中岳通敬八神合宣房者於宣房塞决河也）濟淮江歷山濱海（濱海者循歷海而行也濱音賓又音頻）問百年民所疾苦惟吏多私徵求無已（惟思也已止也）去者便居者擾故爲流民法以禁重賦（言百姓去其本土者則免於吏徵求在舊居者則見役調故爲流人設法又禁吏之重賦也一曰去者爲

吏出使舉人(以自便也)乃著封泰山皇天嘉貺神物並見(貺賜也見顯示也)朕力荅氣應未能承意(言自脩以報瑞應恐未承順上天意)是以切比閭里知吏姦邪(比數考也音頻寢切)委任有司然則官曠民愁盜賊公行(曠空也人不舉職是空其官)往年覲明堂赦殊死無禁錮咸自新與更始今流民愈多計文不改(郡上計文書自文飾不改正也)君不繩責長吏而請以興徒四十萬口搖蕩百姓(蕩動也)孤兒幼年未滿十歲無罪而坐率(幼年無罪坐為父兄所率而并徙)朕失望焉今君上書言倉庫城郭不充實民多貧盜賊衆請入粟為庶人(慶自以居相位而不能理請入粟已罪退為庶人)夫懷知民貧而請益賦(懷此心)動危之而辭位

(搖動百姓使其危懼而自欲去也)欲安歸難乎(以此危難之事欲歸之於何人)君其反室(若此自為理當然者可還家)慶素質見詔報反室自以為得許欲上印綬掾史以為見責甚深而終以反室者醜惡之辭也或勸慶宜引決(令自殺)慶甚懼不知所出遂復起視事慶乃以謹得終

田蚡武帝時為丞相薦人或起家至二千石權移主上帝迺曰君除吏盡未吾亦欲除吏(凡言除者除去故官就新官)嘗請考工地益宅帝怒曰遂取武庫是後迺退(考工少府之屬官也至作器械上責其請按謂之曰何不遂取武庫蚡乃止)

暴勝之武帝時為御史大夫戾太子軍敗南奔覆盎城門得出(長安城南出東頭第一門曰覆盎城門一號杜門)會夜司直田仁部閉城門坐令太子得出城丞相劉屈氂欲斬仁勝之謂丞相曰司直吏二千石當先請柰何擅斬之丞相釋仁(釋放也)帝聞而大怒下吏責問御史大夫曰司直縱反者丞相斬之法也大夫何以擅止之勝之惶恐自殺

蕭望之宣帝時為御史大夫司農中丞耿壽昌奏設常平倉帝善之望之非壽昌丞相丙吉年老上重焉望之又奏言百姓或乏因盜賊未止二千石多材下不任職三公非其人則三光為之不明今首歲日月

少光(首歲歲之初首謂正月也)咎在臣等上以望之意輕宰相(言三公非其人又言咎在臣等是其意毀丞相)乃下侍中建章衛尉金安上光祿勳楊惲御史中丞王忠并詰問(三人同共問之)望之望之免冠置對天子繇是不說(繇讀與由同說讀曰悅)後丞相司直緐延壽(緐音婆)奏侍中謁者良使承制詔望之望之再拜已良與望之言望之不起因故下手(伏地而言也)而謂御史曰良禮不備故事丞相病明日御史大夫輒問病朝奏事會庭中差居丞相後丞相謝大夫少進揖令丞相數病望之不問病會庭中與丞相鈞禮(不為前後之差也)時議事不合意望之曰使年寧能父我耶(宰能與吾

父母同邪知御史有令不得擅使望之多使守史自給車
馬之杜陵護視家事自給車馬者令其自乘私車馬也少史冠法冠
爲妻先引少史曹史之下者也先引謂導車前又使賣買私所附益凡
十萬三千使其史爲望之家有所賣買而史以其錢增益之用潤望之也案望之大
臣通經術居九卿之右本朝所仰右上也至不奉法自
倚倨慢不遜攘攘古讓字受所監藏二百五十以上二百五十
以上者當所衛令坐罪之次若今律條言一尺以上一匹以上矣請逮捕繫治帝於
是策望之日有司奏君責使者禮遇丞相亡禮廉聲
不聞敖慢不遜敖讀曰敖亡以扶政帥先百僚君不深思
陷於茲穢朕不忍致君于理使光祿勳惲策詔左遷

君爲太子太傅綬印其上故印使者使者郎謂楊惲也命惲綬太傅印而望之以大夫印上於惲便道之官君其秉道明孝正直是與
帥意亡曾靡有後言
黃霸宣帝時爲丞相樂陵侯史高以外屬舊恩侍中
貴重霸薦高可太尉天子使尚書詔問霸太尉官罷
久矣丞相兼之所以偃武興文也如國家不虞邊境
有事或邪也左右之臣皆將率也夫宣明教化通達幽
隱使獄無冤刑邑無盜賊君之職也將相之官朕之
任焉言欲拜將相事在其朕也侍中樂陵侯高帷幄近臣朕之所
自親具知其質君何越職而舉之尚書令受丞相對霸
免冠謝罪數日乃決乃得免罪自是後不敢復有所請
于定國元帝初爲丞相貢禹爲御史大夫帝始即位
關東連年被災害民流入關言事歸咎於大臣言事者三上書陳帝於是數以朝日引見丞相御史五日以聽朝故云朝
日也入受詔條責以職事曰惡吏負賊妄意良民賊伐不得
恐負其殿故妄趨善人致其罪也至亡辜死或盜賊發吏不亟追而
反繫亡家亟急也不及追賊反禁繫失物之家後不敢復告以故寖廣
寖漸也民多冤結州郡不理連上書者交於闕廷二千
石選舉不實是以在位多不任職謂令長丞尉民田有災
害吏不肯除收趣其租以故重困趣讀曰促重音值用切關東

流民饑寒疾疫已詔吏轉漕虛倉廩開府藏相賑救
賜寒者衣至春猶恐不贍贍足也今丞相御史將欲何
施以塞此咎塞補也悉意條狀陳朕過失悉盡也定國上
書謝罪永光元年春霜夏寒日青亡光上復以詔條
責曰侍郎有從東方來者言民父子相棄以遭饑饉不能相養
丞相御史案事之吏匿不言邪將從東方來者加增
之也何以錯繆至是錯眩也繆遺也謂吏及東方人善不相同也欲知其
實方今年歲未可預知也即有水旱其憂不細公卿
有可以防其未然救其已然者不各以誠對言能防救已下
宜各以實對毋有所諱定國惶恐上書自劾歸侯印乞骸

胥帝報曰君相朕躬不敢怠息（息謂自休息）萬方之事大
錄于君（大錄總錄也）能無過者其惟聖人方今承周秦之
敝俗化陵夷（言遞替也）民寡禮誼陰陽不調災咎之發不
爲一端而作聖人推類以記不敢專也況於非聖者
乎（非聖人者之常人）日夜惟思所以未能也（所以所由也言何由致此災）
經曰萬方有罪罪在朕躬君雖在職何必顓焉（專與顓同）
（不專繇君也）其勉察郡國守相群牧非其人者毋令久賊
民永執綱紀務悉聰明奮食愼疾（悉盡也）定國遂稱病
篤固辭帝乃賜安車駟馬黃金六十斤罷就第
王商成帝時爲丞相帝元舅大司馬大將軍王鳳顓

權行多驕僭商論議不能平會日有蝕之太中大夫
蜀郡張康上書言商作威作福從外制中取必於上
（言意欲望行必果之）於是大將軍史丹等奏請詔謁者召商詣
若盧詔獄（若盧獄名屬少府黃門北寺）帝素重商知康言多險制
曰勿治鳳固爭之於是制詔御史蓋丞相以德輔翼
國家典領百寮協和萬國爲職任莫重焉今樂昌侯
商爲丞相出入五年未聞忠言嘉謀而有不忠執左
道之辜陷于大辟前商女弟內行不脩奴賊殺人疑
商教使爲商重臣故抑而不窮今或言商不以自悔
而反怨懟朕甚傷之惟商與先帝有外親未忍致于
理其赦商罪使者收丞相印綬
薛宣成帝時代張禹爲丞相時帝好儒雅而宣經術
又淺帝亦輕焉會廣漢郡盜賊群起丞相御史遣掾
吏逐捕不能克帝乃拜河東都尉趙護爲廣漢太守
以軍法從事數月斬其渠帥鄭躬（渠大也）降者數千人
迺平會邛成太后喪事倉卒吏賦斂以趨趣二日（邛成太后宣帝王皇后也趨讀曰趣蒼卒日趨）其後帝聞之以過丞相御史遂
冊免宣曰君爲丞相出入六年忠孝之行率先百僚
朕無聞焉（不聞其有此行也）朕旣不明變異數見歲比不登（比頻也登成也年穀不成）
倉廩空虛百姓饑饉流離道路疾疫死

者以萬數人至相食盜賊並興群職曠廢是朕之不
德而股肱不良也迺者廣漢群盜橫決殘賊吏民朕
惻然傷之數以問君君對輒不如其實西州鬲絕幾
不爲郡（鬲與隔同幾鉅依切）三輔賦斂無度酷吏並緣爲姦（並步浪切）
侵擾百姓詔君案驗復無欲得事實之意九卿以
下咸承風指同時陷于謾欺之辜咎繇君焉（謾誑也謾音莫干切繇讀與由同）
有司法君領職解嫚（法謂據法以劾也解讀曰懈嫚與慢同）
開謾欺之路傷薄風化無以師示四方不忍致君
于理其上丞相高陽侯印綬罷歸
尹忠成帝時爲御史大夫以河決舘陶方畧疏濶帝

切責之自殺

翟方進成帝時爲丞相綏和二年春熒惑守心議曹李尋奏記言應變之權君侯所自明往者數白三光垂象變動見端九年之中而日三食熒惑守心山川水泉反理視患元延中岷山崩壅江江水不流山地之鎮其固而崩水逆流反於當理所以示人患也視讀曰示民人訛謠斥事感召斥事耳泉溢之事也有言溢者後果井水溢感召燕燕尾延延是也三者既效可謂寒心今提揚眉矢貫中提攝尾也揚眉揚芒角也矢枉矢也綏和元年正月枉矢從東南入北斗攝提與斗杓建寅貫攝中又云矢一星貫中者爲正直弧中也狼奮角弓且張狼一星奮角者有芒角也狼芒角盜賊起天宮九星不欲明明猶張也兵起之象金歷庫土逆度在軫南金大白也歷武庫則兵起土鎮星也逆度逆行也

九

輔湛沒火守舍北斗第四星旁一小星曰輔沉沒不見則天下之兵銷三十日爲守舍謂日月所經宿舍也一日大守舍熒惑守心湛亦曰沉萬歲之期近慎朝暮萬歲之期爲死也慎朝暮者言其事在朝夕上無惻怛濟世之功下無推讓避賢之效欲當大位爲具臣以全身難矣具謂具位之臣無功臣德也大責日加安得但保斥逐之戮言其事重不但斥逐而已闔府三百餘人唯君侯擇其中與盡節轉凶三百餘人謂丞相之官屬也方進憂之不知所出會郎賁麗善爲星賁姓也麗名也賁音肥言大臣宜當之帝迺召見方進還歸未及決帝遂賜册曰皇帝問丞相君有孔子之慮孟賁之勇朕嘉與君同心一意庶幾有成惟君登位于今十年災害並臻民被饑餓加以疾疫溺死關門牡開元延元年章門函谷門牡自亡失國守備盜賊黨輩黨衆多吏民殘賊毆殺良民毆擊也音一口登切斷獄歲多前上書言事交錯道路懷姦朋黨相爲隱蔽皆忘忠慮群下兇兇更相嫉妬更工衡切其咎安在觀君之治無欲輔朕富民便安元元之念間者郡國榖雖頗熟間謂近者以來百姓不足者尚衆前去城郭未能盡還夙夜未嘗忘焉朕惟往時之用與今一也謂財用也百寮用度各有數君不量多少一聽群下言用度不足奏一切增賦稅城郭堧及園田過更筭馬牛羊一切權時堧城郭旁地也凡田入多益其稅也百人爲卒取一人所聽當爲之日用二十使人

十

直之謂之過更有牛馬羊頭數出稅筭十輕二十也堧人緣切增益鹽鐵變更無嘗朕既不明隨奏許可後議者以爲不便制詔下君君云賣酒醪後請止未嘗月復奏議令賣酒醪朕誠恠君何持容俗之計無忠固意容容隨衆下下也將何以輔朕帥道群下而欲久蒙顯尊之位豈不難哉蒙謂也傳曰高而不危所以長守貴也欲退君位尚未忍君其熟念詳計塞絕姦源憂國如家務便百姓以輔朕朕既已改君其自思彊食慎職使尚書令賜君上尊酒十石養牛一君審處焉方進即日自殺漢儀注有天地大變天下大過皇帝使侍中持節乘四白馬賜上尊酒十斛牛一頭策告殃咎使者去半道丞相即上病使者還未白事

尚書以丞相不起病閒

孔光成帝時爲御史大夫帝無繼嗣至親有同產弟中山孝王及同產弟子定陶王在帝議立嗣丞相翟方進等以定陶王宜爲嗣光獨以中山王宜爲嗣以議不中意左遷廷尉光後爲丞相定陶王立是爲哀帝帝祖母傅太后欲與成帝母稱尊號群下多順指唯師丹與光持不可丹以罪免光自先帝時議繼嗣有持異之隙矣又重忤傅太后指重直用切繇是傅氏在位者與大司空朱博爲表裏共毀譖光後數月遂策免光曰丞相者朕之股肱所以共承宗廟統理海內

共讀曰恭輔朕之不逮以治天下也朕既不明灾異重仍仍頻也重直用也日月無光山摧河決五星失行是章朕之不德而股肱之不良也君前爲御史大夫輔翼先帝出入八年卒無忠言嘉謀今相朕出入三年憂國之風無復聞焉陰陽錯謬歲比不登也比頻也天下空虛百姓饑饉父子分散流離道路以十萬數然而百官群職曠廢姦軌放縱盜賊並起或攻官寺殺長吏數以問君君無怵惕憂懼之意對毋能爲言盜賊不能害是群卿大夫咸惰哉莫以爲意咎繇君焉君秉社稷之重總百寮之任上無以弼朕之闕下不能綏安百姓書不云乎毋曠庶官天工人其代之於虖於讀曰烏虖讀曰呼君其上丞相博山侯印綬罷歸

何武成帝末爲大司空與丞相翟方進多所舉奏號爲煩碎不稱賢公因遣吏歸迎後母會哀帝即位吏恐道路有盜賊後母留止左右或譏武事親不篤左右爲天子側近之臣哀帝亦欲改易大臣遂策免武曰君舉錯煩苛不合衆心錯置也音千故切孝聲不聞惡名流行無以率示四方其上大司空印綬罷歸就國

師丹哀帝時爲大司空初丹議帝母祖母定陶恭王后不合爲共皇太后恭王既追尊爲恭皇帝又議不

宜立廟京師及繇是寖不合帝意寖漸也會有上書言古者以龜貝爲貨今以錢易之民以故貧宜可改幣帝以問丹丹對言可改章下有司議皆以爲行錢來以久難卒變易丹老人忘其前語後從公卿議又丹使吏書奏吏私寫其草丁傅子弟聞之使人上書告丹上封事行道人偏持其書帝以問將軍中朝臣皆對曰忠臣不顯諫大臣奏事不宜漏泄令吏民傳寫流聞四方臣不密則失身宜下廷尉治事下廷尉廷尉劾丹大不敬遂策免丹曰夫三公者朕之腹心也輔善相過表率百寮和合天下者也朕既不明委政

于公聞者陰陽不調寒暑失時變異婁臻（婁古屢字）山摧
地震河決泉涌流殺人民百姓流連無所歸心司空
之職尤廢焉君在位出入三年未聞忠言嘉謀而反
有朋黨相連不恭之名乃者以挺力田議改幣章示
君（挺音從鼎切引成也謂持救異立田之人優寵之也）君內爲朕建可改不疑
（共立此議也）以君之言博考朝臣君乃希衆雷同外以爲
不便令觀聽者歸非於朕朕隱忍不宜爲君受愆朕
疾夫比周之徒（比類昧切）虛僞壞化浸以成俗故屢以書
飭君（飭與敕同）幾君省過求已（幾音冀省視也自求諸已不尤人也）而反不
受退有後言及君奏封事傳於道路布聞朝市言事

者以爲大臣不忠辜陷重辟獲虛采名謗譏匈匈流
于四方腹心如此謂疏者何殆謬於二人同心之利
爲將何以率示群下附親遠方朕惟君位尊重任慮
不周客懷諼迷國（諼詐也音虛袁切）進退違命反覆異言甚
爲君耻之非所以恭承天地永保國家之意以君嘗
託傳位未恐考於理已詔有司赦君勿治其上大司
空高樂侯印綬罷歸
王崇哀帝時爲御史大夫數月是時成帝舅安成恭
侯夫人放居寡共養長信宮（放者夫人之名共音供）坐呪詛下
獄崇奏封事爲放言放外家解氏與崇爲昏（婚姻之家）哀
帝以崇爲不忠誠策詔崇曰朕以君有累世之美故
踰列次（謂自祖及少皆有名也）在位以來忠誠憂國未聞所繇
（繇與由同由從也）反懷詐諼之辭（諼詐言也音虛爰切）欲以攀救舊姻
之家大逆之辜舉錯專恣（錯置也）不遵法度亡以示百
寮左遷爲大司農
後漢侯霸光武時爲司農薦前梁令閻楊素有譏議
帝嫌之既見霸奏疑其有姦大怒賜霸璽書曰崇山
幽都何可偶（崇山南裔也幽都北裔也偶對也言將殺之不可得流徙也）黃鉞一
下無處所（斧鉞以黃金飾之所以戮人）欲以身試法耶將殺身以
成仁耶使尚書馮勤奉策至司徒府勤還陳霸本意

申釋帝意稍解
虞延明帝時爲司徒會楚王英謀反陰氏欲中傷之
使人私以楚謀告延延以英藩戚至親不然其言又
欲辟幽州從事公孫弘以弘交通楚王而止並不奏
聞及英事發覺詔書切讓延遂自殺
鄭弘章帝時爲太尉奏尚書張林阿附侍中竇憲而
素行臧穢又上雒陽令楊光憲之賓客在官貪殘並
不宜處位書奏吏與光故舊因以告之光報憲憲奏
弘大臣漏泄密事帝詰讓弘收上印綬弘自詣廷尉
詔勅出之因乞骸骨歸未許卒

司馬苞安帝時爲太尉劉愷爲司空元初二年五月甲戌詔曰朝廷不明政事失中災異不息憂心悼懼被蝗以來七年于茲而州郡隱匿裁言頃畝（裁與纔同古字）通今群飛蔽天爲害廣遠所言所見寧相副耶三司之職內外是監旣不聞奏又無舉正天灾至重欺罔辠大今方盛夏且復假貸以觀厥後（假貸猶寬容也盛夏不可加刑罰故且寬容）其務消救災青安輯黎元

吳陸遜大帝時爲丞相時太子有不安之議遜懇陳適庶之分而遜外生顧譚顧承姚信並以親附太子枉見流徙太子太傅吾粲坐數與遜交書下獄死帝

累遣中使責讓遜遜憤恚卒

梁何敬容爲尚書令侍中參掌機密坐妾弟費慧明爲導倉丞夜盜官米爲禁司所執送領軍府時河東王譽爲領軍將軍敬容以書解慧明譽即封書以奏爲高祖大怒付南司推劾御史中丞張綰奏敬容恊私罔上合棄市刑詔特免職

後魏廣陵王羽孝文時爲太子太保錄尚書事言考課事帝詔曰雖考內未宣績已久著歟明堂月令載公卿大夫論考屬官居職區分著三公尚書三載殿最之義此之考內已爲明矣但論考之事理在不輕問績之方應關朕聽輒爾輕發殊爲躁也每考之義應在年終旣云此年何得春初也今始惟夏且待至秋後領廷尉卿帝謂羽曰汝之淺薄固不足以況晉之巨源考之今世民斯下矣汝始爲廷尉及初作尚書內外瞻望以吾有弟自往秋南旆之後近小人遠君子在公阿黨虧我皇憲出入無章動乖禮則計汝所行應在下下之第帝又謂羽曰汝旣是宸極之弟而居樞端之任汝自在職以來功勤之績不聞於朝阿黨之音頻于朕聽汝之過失已備積於前不復能別叙今黜汝錄尚書廷尉但居特進太保

隋高熲爲左僕射文帝素不平熲時上柱國王積以罪誅當推覈之際乃有宮禁中事云於熲處得之帝欲成熲之罪聞此大驚時上柱國賀若弼刑部尚書薛胄民部尚書斛律孝卿兵部尚書柳述等明熲無罪帝愈怒皆以之屬吏自是朝臣無敢言者熲竟坐免以公就第

唐高士廉爲侍中太宗貞觀初在職歲餘黃門侍郎王珪有密奏附士廉以聞士廉寢而不言坐是獲譴出爲安州大都督

楊師道爲中書令庶人承乾逆謀之洩也師道與長

孫無忌房玄齡同按其獄師道假子趙節與承乾通謀師道微諷太宗冀活之繇是獲譴獄未竟不令視事後數日太宗謂侍臣曰師道任寄不輕無心體國翻溺情於假子豈可更居股肱之任於是拜吏部尚書

裴寂爲司空有沙門法雅怨望出妖言伏法寂辭相連坐免歸蒲州俄追入闕未幾有任人自稱信行寓居汾陰言多妖妄嘗謂寂家童曰裴公有天分于時信行已死寂監奴恭命以其言白寂寂惶懼不敢聞奏陰呼恭命殺所言者恭命縱令亡匿寂不之知寂

遣恭命收納封邑得錢百餘萬貫用而盡寂怒將遣人捕之恭命懼而上變太宗謂侍臣曰裴寂有死罪四焉位爲三公與妖人言辭相涉罪一也事發之後乃負憤怒稱國家有天下是其所謀罪二也巫言有天分匿而不奏罪三也陰行誅殺以滅口罪四也我殺之非無辭矣議者多言流配朕其從衆乎於是徙交州

蕭瑀爲特進參預朝政瑀嘗請出家太宗謂曰甚知公素愛桑門今者不能違意瑀旋踵奏稱臣頃思量不能出家太宗以對群臣吐言而取捨疾速怒之瑀尋稱足疾時詣朝堂但不入見太宗謂侍臣曰瑀豈不得其所乎而自慊如此遂降詔曰朕無聰明於元首期託德於股肱思欲去僞歸眞除澆反朴至於佛教非意所遵雖有國之嘗經故俗教之虛誕何則求其道者未驗福於將來循其教者翻受辜於旣往至若梁武窮心於釋氏簡文銳意於法門傾帑藏以給僧祇殫人力以增塔廟及乎三淮沸浪五嶺騰煙假餘息於梟鏑引殘魂於雀鷇子孫覆亡而不暇社稷俄傾而爲墟報施之徵何其謬也而前太子太保宋國公瑀踐覆車之餘軌襲亡國之遺風棄公就私未

明隱顯之際身俗口道莫辨邪正之心循累業之殃源祈一躬之福本上以違忤君主下則扇惑浮華往前朕謂張亮云卿能好佛何不出家瑀乃端然自應請先入道朕卽許之尋復不用一迴一惑在於瞬息之間自可自否變於帷扆之內所謂乖棟梁之大體豈具瞻之量乎朕猶隱忍至今瑀尚全無悛改宜郎去玆朝闕出牧小藩可商州刺史

李義府高宗龍朔三年四月除長流巂州詔曰右丞相兼行殷王府長史河間郡公李義府緣玆小數累升顯地塵露之益未表於銓流公廉之譽有紊于彝

與泄禁中之語鬻寵授之朝思交占候之人輕朔望之衮禮蓄財贖貨實黙衣冠念惡嫉賢載虧正道特以任使多年未忍加其重罰宜從遐棄以肅朝倫

韋安石爲尚書左僕射同中書門下三品睿宗景雲二年十月御承天樓引安石及兵部尚書門下三品郭元振左御史大夫同中書門下三品竇懷貞侍中李日知兵部侍郎同中書門下三品平章事張說制責之日自頃已來政教尤闕時或水旱人多困弊府庫益竭寮吏日滋偏倪政途罔然如失豈惟朕之薄德固亦輔佐非材安石可尚書左僕射東都留守元

振可吏部尚書懷貞可左御史大夫日知可户部尚書說可尚書左丞並停知政事

張嘉貞玄宗開元十一年爲中書令嘉貞弟嘉祐以贖貨聞嘉貞素服待罪不得入謁帝詔曰中書令張嘉貞備位宰臣夙承恩命不能勵其公節以訓私門其弟嘉祐頃緣奬受遷在清秩憑寵自肆贖貨有彰豈可仍踐台階儀刑百辟貶居藩守俾肅朝倫可幽州刺史

杜暹李元紘同爲相開元十七年六月制日出納王言發揮綸翰宰相之任選衆惟賢頃較黄門侍郎同中書門下平章事杜暹中書侍郎同中書門下平章事李元紘等咸勵忠貞用登樞揆雖清以自牧而道則未弘不能同心戮力以祗帝載而乃肆懷相短以黜朝倫朕緣事醜股肱情惟隱蔽掩其惡而不率遂其過而彌彰將何以緝叙三光儀刑百辟宜迴中禁俾列專城暹可荆州刺史元紘可曹州刺史

姜公輔爲諫議大夫同中書門下平章事從德宗幸山南車駕至城固縣唐安公主薨帝之長女昭德皇后所生性聰敏仁孝所鍾愛初詔尚韋宥未克禮會而遇播遷乃薨帝悼尤甚詔所司厚其葬禮公輔諫

曰非久復京城公主必須歸葬今於行路且宜從儉以濟軍士德宗怒謂翰林學士陸贄曰唐安夭亡不欲此爲塋壠且令造一塼塔功費甚微不合關宰相論列姜公輔忽進章都無道理但欲指朕過失以自取名朕比擢拔爲腹心乃負朕如此贄對曰公輔官是諫議職居宰衡獻替固其職分本立輔臣置之左右朝夕納誨意在防微而輔弼之乃其所也陛下以造塔役費微小非宰相所論之事但問理之是非豈論事之大小若造塔爲是役雖大而作之何傷若造塔爲非費雖小而言者何罪帝又曰卿未會朕意朕

以公輔材行共宰相都不相當在奉天時已欲罷免後因公輔辭退朕已面許尋屬懷光背叛遂且因循客至山南公輔知朕必擬改官所以固論造塔賣宣取名處此用心豈是良善朕所惆悵者只緣如此贊雖再三救護帝怒不已乃罷爲左庶子

鄭餘慶貞元十四年拜中書侍郎平章事餘慶究六經深旨奏對之際多以古義傳之拜度支使于頔請事餘慶皆奏未可未幾頔以罪貶時又歲旱人饑德宗與宰相議將賑救城內十軍事未行爲中書主吏所洩餘慶貶郴州司馬

後唐李琪仕梁爲尚書左丞平章事與蕭頃同爲宰相頃掎摭其咎會琪除吏是試攝名銜衆署之後改攝爲守爲頃所奏末帝大怒將投荒裔而爲趙巖張漢傑所援罷相爲太子少保

盧文紀爲平章事從末帝親征太原謁陵畢休於伏舍詔文紀曰朕在藩邸時謂卿有相業獨排群議用卿爲輔弼不於此時傾竭留待何時又曰宰相安邊境撫四夷今石敬塘負恩北胡市利卿不運畧爲國銷禍致朕親征文紀再拜謝不敢對

册府元龜

冊府元龜

巡按福建監察御史臣李嗣京　訂正
新建縣舉人臣戴國士叅閱
知建陽縣事臣黃國琦較釋

宰輔部

竊位　自全　不稱

竊位

書云股肱惰哉萬事墮哉語曰危而不扶顛而不持則將焉用彼相故商命傳說喻之爲舟楫爲霖雨爲鹽梅爲麴糵蜀任諸葛孔明稱之曰如魚之有水朝

廷之治亂政教之盛衰忠佞之進退百姓之安危莫不繫之天下重任君臣大義無踰於宰輔昔臧文仲不能薦柳下惠孔子謂之竊位則尸祿冒寵阿諛苟容善不能稱惡不能故進無所益退無所損非竊位而何

漢韓增宣帝時爲大司馬增世貴幼爲忠臣事三主重於朝廷爲人寬和自守以溫顏遜辭承上接下無所失意保身固寵不能有所建明

後漢曹嵩靈帝時貨賂中官及輸西園錢一億萬故位至太尉崔烈自九卿入錢五百萬得爲司徒久之不自安從容問其子鈞曰吾居三公於議者何如鈞曰大人少有英稱歷位郡守論者不謂當爲三公而今登其位天下失望烈曰何謂然也鈞曰論者嫌其銅臭烈怒舉杖擊之鈞時爲虎賁中郎將服武弁戴鶡尾狼狽而走烈罵曰死卒父撾而走孝乎（以其武官故罵爲卒）鈞曰舜之事父小杖則受大杖則走非不孝也烈慙而止

晉何充爲侍中錄尚書事所暱庸雜信任不得其人

北齊高阿那肱後主時錄尚書事尚書郎中源師嘗諮肱云龍見當雩問師云何處龍見作何物顏色師

云是龍星見須雩祭非是真龍見肱云漢兒多事強知星宿其墻面如此

隋裴矩爲右光祿大夫以煬帝即位昏侈逾甚無所諫諍但悅媚取容而已

唐姜恪高宗時以左相出爲涼州道行軍大總管時右相閻立本以善畫見稱與恪皆無輔弼之譽時人爲之語曰左相則宣威沙漠右相則馳譽丹青三館學士放散五臺令史明經至今相傳以爲口實

蘇味道則天時爲鳳閣侍郎同鳳閣鸞臺三品前後居相位數載竟不能有所發明但脂韋其間苟度取

容而已嘗謂人曰處事不欲决斷明白若有錯誤必貽咎譴但模稜以持兩端可矣時人繇是號爲蘇模稜于時以爲口實

傅游藝爲左補闕上書稱武氏符瑞合革姓受命果擢爲鳳閣侍郎平章事時人號爲四時仕宦言一年自青而綠及朱紫也

豆盧欽望則天中宗時作相兩朝前後十年時張易之兄弟及武三思父子專權驕縱圖爲逆亂朝廷多有諫諍者而欽望在位獨謹身不能有所輔政

源乾曜玄宗時爲尚書左丞相兼侍中在政事十年

時張嘉貞張說相次爲中書令乾曜不敢與之爭權每事推讓之及李元紘杜暹知政事遂無所參議唯喏署名而已

牛仙客開元中爲工部尚書同中書門下三品仙客既居相位獨潔其身唯喏而已所以錫賚皆緘封而不啓百司或有諮決輒對曰但依令式郎可否不依文非所知也

楊國忠天寶中爲司空右相時天下殷盛玄宗注意事邊賦稅之入兵食之調國中揀老習計簿吏軍國大務皆其手國中但署名而已不復省覽

韋見素天寶十二載拜門下侍郎平章事遷左相時右相楊國忠以外戚擅任見素不敢議政唯自容而已

王璵肅宗時爲中書侍郎平章事人物時望素不爲衆所稱及當樞務聲聞頻減

劉從一德宗建中末爲刑部侍郎平章事從幸梁州明年六月改中書侍郎仍平章事歲中加集賢殿太學士脩國史帝遇之甚厚從一容身遠罪而已不能有所佐輔

關播建中末爲中書侍郎平章事時政事决在盧杞

播但斂衽取容而已

李勉貞元初爲司徒平章事引過備位而已

齊映貞元初爲中書平章事性謙和美言悅下無所是非政事多决崔造

盧翰爲平章事貞元二年二月授五品官前鄭州別駕李撫等八十一人皆云自去年春送名中書門下宰臣盧翰不爲之條奏凍餒喧呼於道路授官之日已死者二十八人

崔損貞元中爲門下侍郎平章事過爲恭遜接見便辟不止於容身而已自建中後宰相罕有久在位者數歲罷黜損用此中上意竊大任者八年帝亦知物

議鄙其持祿取容然憐而厚之
董晉貞元中爲門下侍郎平章事時政事決於竇參晉但奉詔唯諾而已
李泌貞元中爲中書侍郎平章事在相位隨時俯仰無足可稱復引顧況輩輕薄之流動爲朝士之戲侮頗貽譏誚
權德輿憲宗元和中爲禮部尚書平章事時李吉甫李絳同在相位帝求理方切軍國大小一付中書吉甫絳議政頗有異同或於上前論事形於顏色其有詣於理者德輿亦不能爲發明時人以此譏之竟以

循默而罷
杜悰宣帝時爲門下侍郎平章事悰無他才未嘗延接寒素甘食竊位而已
朱朴昭宗時爲諫議大夫平章事朴腐儒木強無他才術道士許巖士出入禁中嘗依朴爲姦利從容帝前薦朴有經濟才以國子博士召見即日命朴在中書與名公齒筆札議論動爲笑端數月巖士敗朴見殺時議以昭宗命台臣張濬鄭綮及朴三人尤謬季末之妖也
後唐程盧莊宗同光初自大原觀察判官與定州判官豆盧革並命爲平章事程本非重器驟塵顯位舉止不當時朝廷草創庶物未備班列肅然寺署多闕程華受命之日即乘肩輿騶導喧沸帝聞訶導之聲詢於左右曰宰相擔子入門帝駭登樓視之笑曰所謂似是而非者也
趙鳳明宗天成中爲中書侍郎平章事時膳部郎中鄭姚先奏諸司使職掌人吏乘暖坐帶銀魚席帽輕衣肥馬參雜廷臣尊卑無別汚染時風請下禁止帝嘉其事促行之中書覆爲不可鳳亟言於執政曰此禮誠大不可不切爲權吏所庇竟寢其事
晉馮玉爲右僕射平章事軍國大政一以委之時少

帝方務奢逸後宮大恣華侈玉希旨取容未嘗諫止故少帝愈寵焉

自全

詩曰秉國之鈞傳曰實相以濟必將道佐人主民具爾瞻者矣若乃務在宴安取其充位弼諧無狀依違自守視政之得失靡所規正覩人之枉直隨其俛仰或屑屑於脩己或默默以避事或以狥意任職或以苟媚取容歷代巨賢時有斯累是以見輕於官屬貽譏於識者蓋從容中道齗齗謇諤者之所爲亦過猶不及之咎也是故風人有彼已之刺夫子有安用之

說良爲是夫

漢蕭何高帝時爲相國黥布反帝自將軍擊之數使使問相國何爲（問其居守何所營爲）曰爲帝在軍拊循勉百姓悉所有佐軍如陳豨時（悉盡也盡所有權食資用出以佐軍）客說何曰君滅族不久矣夫君位爲相國功第一不可復加然君初入關本得百姓心十餘年矣皆附君尚復孳孳得民和（孳與孜同言不逮也）帝所謂數問君畏君傾動關中今君何不多買田地賤貰貸以自汚上心必安（貰賒也貸音土得功）於是何從其計帝乃大說（說讀曰悅）帝罷布軍歸民道遮行（在道上遮天子行）上書言相國彊賤買民田宅數千人

帝至何謁帝笑曰今相國迺利民民所上書皆以與何曰君自謝民

陳平惠帝時爲右丞相高后姊曰須嘗以平前爲帝謀執其夫樊噲數讒平曰爲丞相不治事日飲醇酒戲婦人平聞日益甚呂太后聞之私喜面質呂須於平前（質對也）鄙語曰兒婦人口不可用顧君與我如何耳無畏呂須之譖

倪寬武帝時爲御史大夫以稱意任職故久無有所規諫於帝官屬易之（易輕也音弋豉切）居位九歲以官卒

孔光平帝時爲大司徒帝年幼太后稱制委政於大司馬王莽初哀帝罷出王氏故太后與莽怨丁傅董賢之黨莽以光爲舊相名儒天下所信太后敬之備禮事光所欲搏擊輒爲草以太后指風光令上之（謂文書之稾草也風讀曰諷）匡皆莫不殊傷（匡音崖眥音漬）莽權日盛光憂懼不知所出上書乞骸骨莽白太后帝幼少宜置師傅徙光爲帝太傅位四輔給事中領宿衛供養行內（行在行在所之內中猶言禁中也）署門戶省御服食物（省視也）明年徙爲太師而莽爲太傅光嘗稱疾不敢與莽並有詔朝朔望領門兵莽又諷群臣奏莽功德稱宰衡位在諸侯王上百官統爲光愈恐固稱疾辭位

後漢鄧彪和帝時爲太傅錄尚書事永元初竇氏專權驕縱朝廷多有諫諍而彪在位脩身而已不能有所規正

晉王戎爲司徒以王政將圮苟媚取容屬愍懷太子之廢竟無一言諫諍

何邵爲司徒趙王倫篡位以邵爲太宰及三王交爭邵以軒冕而遊其間無怨之者

王衍爲司徒雖居宰輔之重不以經國爲念而思自全之計說東海王越曰中國已亂當賴方伯宜得文武兼資以任之乃以弟澄爲荊州族弟敦爲青州因

謂澄敦曰荆州有江漢之固青州有負海之險卿二人在外而吾留此足以爲三窟矣識者鄙之

後魏崔光爲車騎大將軍儀同三司光寛和慈善不逆於物進退浮沉自得而已嘗慕胡廣黄瓊之爲人故爲氣槩者所不重始領軍于忠以光舊德甚信重焉每事籌決光亦傾身事之元乂於光亦深崇敬及郭祚裴植見殺清河王懌遇禍光隨時俛仰竟不規救於是天下譏之

隋裴矩煬帝時爲右光祿大夫見天下將亂恐爲身禍每遇人盡禮雖至厮吏皆得其歡心

蕭琮爲內史令性澹雅不以職務自嬰退朝縱酒而已內史令楊約與琮同列帝令約宣旨誡勵復以私情諭之琮荅曰琮若復事事則何異於公哉約笑而退

唐姜恪高宗時爲侍中恪以軍功歷職既居相位謹身自守而已

于志寧爲侍中永徽中累加左僕射同中書門下三品志寧雅愛賓客接引忘倦後進文筆之士無不影附然亦不能有所薦達議者以此少之

楊再思爲鸞臺侍郎同鳳閣鸞臺平章事再思自歷事三主知政十餘年未嘗有所薦達然恭慎畏忌未嘗忤物或爲再思曰公名高位重何爲屈折如此再思曰世路艱難直者受禍苟不如此何以全其身哉

豆盧欽望中宗即位爲尚書左僕射知軍國重事欽望作相兩朝前後十餘年時張易之兄弟及武三思父子專權驕縱圖爲逆亂欽望獨謹其身不能有所規正以獲譏於代

蘇味道爲鳳閣侍郎同鳳閣鸞臺三品味道前位居相位數載竟不能有所發明但脂韋其間苟度取容而已故時人號爲模稜于今以爲口實

苗晉卿肅宗時爲侍中小心畏慎未嘗忤人意性聰敏達練事體百司文薄經目必曉而脩身守位以智自全議者比漢胡廣

劉從一德宗興元初爲中書侍郎平章事肅宗遇之甚重以容身遠罪而已不能有所輔佐

崔損貞元中爲諫議大夫平章事性最謹慎每奏對不敢有所發揚

盧邁貞元中爲中書侍郎平章事時大政事決在於陸贄趙退翁邁獨謹身守文奉法而已

高郢貞元末爲中書侍郎平章事順宗初杜佑以宿

舊君上而韋執誼繇新恩事柄順宗風恙方甚樞機不宣王叔文以翰林學士兼户部侍郎充度支副使時政事自叔文叔文繇待詔王伾通於內官李忠言宣旨執誼奉而行之鄭珣瑜自受命憂形顏色見勢不可奪因稱疾不起郢則因循竟無所正以至於罷物論定此爲優劣焉

路隨自敬宗寶曆初爲承旨學士即已參預大政矣後十年在相位李宗閔李德裕朋黨互興攘臂於其間李訓鄭注始終姦詐接武於其後而隨藏器韜光隆污一致可謂得君子中庸而嘗居之也

後唐鄭珏初仕梁末帝時爲禮部侍郎平章事莊宗入汴貶萊州司户入爲太子賓客明宗平定京師任圜自蜀至樞密使安重誨不欲圜獨拜宰輔其議朝望一人共之樞密使孔循言珏在貞明時久在中書性畏慎而長者兼美詞翰好人物重誨即奏與任圜並命明年循罷樞密使珏懼辭以老病耳疾不任中書事四上章請老明宗惜之久而方允乃授開府儀同三司行尚書左僕射致仕退居鄭州

韋說莊宗時爲禮部侍郎同平章事與郭崇韜秉政說承順而已政事得失無所指言初或有言於崇韜銓選人或取他人出身名銜或取父兄資緒與令史囊槖罔冒崇韜及條奏其事其後郊天行事官數千人多有告敕僞濫因定去留塗毀告身者甚衆選人號哭都門之外議者以爲積弊累年一旦澄汰大細懼失惟新含垢之意說與崇韜同列不能執而止之頗遭物議說之親黨告之說曰此郭漢子之意也及崇韜得罪說懼流言鍾己乃令門人左拾遺王松吏部員外郎李愼等上疏云崇韜往日專權不開故實塞仕進之門非獎善之道疏下中書說等覆奏深詆崇韜識者非之

李愚明宗時爲中書侍郎同平章事長興季年王政多僻權要之臣避禍不暇邦之存亡無敢言之愚性剛介往往形言然人無唱和者但舉六典之舊事書之粉墻補六經之闕文刻其印板其經緯大略曾無所施

房暠末帝淸泰中與趙延壽同爲樞密使是時薛文遇劉延朗之徒居中用事暠雖處密地其聽用之言十不得三四俱隨勢可否不爲事先每朝廷有大事暠與端明學士等環坐會議多於衆中俛首而睡其避事也如此

不稱

夫德薄位尊大易之攸戒名浮於行君子之是耻豈有斗筲微器濫鼎鼐之用樸樕庸才荷梁棟之任蹊是彼已與刺代斵致誚小則亥職而罔頼大則彜倫而是斁歷選往古稽諸行事若乃智識淺狹儀鑒屖瑣經術不足以輔世才用不足以經遠或驟獲登進罔協時望或久於待遇無所稗贊碌碌備位汲汲自營務在煩苛靡循大體褊躁以自恣簡傲而無威愛憎在心凝滯於物不知其量弗畏人言續用蔑聞穀𢿱日損乃至喧於庶議形彼嘲辭蓋冗吏之所爲在

具瞻而奚稱者也

漢衛綰代桃侯舍爲丞相劉舍朝奏事如職事奏言守職分而已然自初官以至相終無可言不能有所興建及廢罷

趙周武帝元鼎二年代莊青翟爲丞相自文帝時丞相申屠嘉死後開封侯陶青桃侯劉舍及武帝時柏至侯許昌平棘侯薛澤武江侯莊青翟暨周皆以列侯繼踵齪齪廉謹齪齪持整之貌也齪音初角反爲丞相備員而已無所能發功名著於世者

石慶元鼎五年自御史大夫爲丞相封牧丘侯是時漢方南誅兩越東擊朝鮮北逐匈奴西伐大宛中國多事天子巡狩海內脩古神祠封禪興禮樂公家用少桑弘羊等致利王溫舒之屬峻法兒寬等推文學九卿更進用事更互也音衡切事不關決於慶慶醇謹而已醇專厚也在位九歲無能有所正言嘗欲請人治上近臣所忠九卿咸宣咸音減損之減治所忠及咸宣二人不能服反受其過贖罪

卜式爲御史大夫明年當封禪式又不習文貶秩爲太子太傅以兒寬代之

兒寬兒音奚爲御史大夫至三公在位以稱意任職故久無有所正諫於上官屬易之不爲盡力一說以和良承旨從

容得久

車千秋爲丞相封富民侯無他材能術學又無伐閱功勞伐積功也閱經歷也特以一言寤意旬月取宰相封侯世未嘗有也後漢使者至匈奴單于問曰聞漢新拜丞相何用得之言此人何得爲丞相也使者曰以上書言事故單于曰如是漢置丞相非用賢也妄一男子上書郎得之矣

蔡義昭帝時爲丞相是時大將軍霍光秉政議者或言光置宰相不選賢苟用可顓治者顓與專同其後類此光聞之謂侍中左右及官屬曰以爲人主師當爲宰相何

謂云云（云云衆謂有不選賢之說也）此語不可使天下聞也

黃霸宣帝五鳳三年爲丞相霸材長於治民及爲丞相總綱紀號令風采不及丙魏于定國功名損於治郡時

薛宣成帝鴻嘉中爲丞相府辭訟例不滿萬錢不爲移書後皆遵用薛侯故事然官屬譏其煩碎無大體不稱賢也時天子好儒雅宣經術又淺上亦輕焉

何武爲大司空多所舉奏號爲煩碎不稱賢公功名略比薛宣其材不及也而經術正直過之

後漢虞延明帝永平三年代趙熹爲太尉八年代范

遷爲司徒歷位二府十餘年無異政績

周澤永平十二年以太常行司徒事惟簡忽威儀頗失宰相之望數月復爲太常

晉王渾惠帝時爲司徒錄尚書事渾所歷之職前後著稱及居台輔聲望日減

王戎爲司徒雖位總鼎司而委事僚采間乘小馬從便門而出游見者不知其三公也故吏多至大官道路相遇輒避之

後魏高陽王雍孝明時爲侍中太師錄尚書雍識懷短淺又無學業雖位居朝首不爲時情所推旣以親尊地當宰輔自熙平以後衆政稀落不能守正輔弼唯唯而已

東魏趙郡王諶孝靜時爲太師錄尚書事諶無他才識歷位雖重時人忽之

于忠爲侍中尚書令旬餘靈太后引門下侍官於崇訓宮問曰忠在端右聲聽何如咸曰不稱厥任乃出中使持節都督冀定瀛三州諸軍事征北大將軍冀州刺史

唐蕭瑀太宗貞觀中爲尚書右僕射是時內外考績皆委之司會爲群僚指南庶務繁總瑀見事有時偏

駁而用法稍深頗爲時議所少

唐休璟中宗神龍中爲太子少保同中書門下三品在任無所弘益以老病罷歸私第

蘇瓌景龍中爲尚書右僕射同中書門下三品在中書寬恕朝綱不舉瓌之牧人時稱良吏及居相位聲名稍減時議以此少之

盧懷愼玄宗開元初爲黃門監與紫微令姚崇對掌樞密懷愼自以爲吏道不及崇每事皆推讓之時人謂之伴食宰相

宇文融開元中爲黃門侍郎平章事性褊躁多言又

引賓客故人晨夕戲謔爲時論所譏在宰相位凡百
餘日出爲汝州刺史
牛仙客開元中爲工部尚書同中書門下三品知門
下事仙客既居相位獨善其身唯諾而已所有錫賚
皆緘封而不啓百司有所諮決仙客曰但依令式可
也不敢措手裁決
裴冕肅宗至德初爲門下侍郎平章事性忠勤悉心
奉公稍得人心然不識大體以聚人曰財乃下令賣
官鬻爵度僧尼道士以儲積爲務人不願科令就之
其價益賤事轉爲弊帝移幸鳳翔罷執政

常衮代宗大曆中與楊綰同掌樞務帝尤信重綰弘
多通可衮頗務苛細求清儉之稱與綰道不同時故
事每日出內廚食以賜宰相家其食實可食十數人
衮特請罷之爾後便爲故事又將固讓堂廚同列以
爲不可而止議者以爲厚祿重賜所以優賢崇國政
也不能當辭位不宜辭祿食
喬琳德宗建中初爲御史大夫平章事初琳爲懷州
刺史素與張涉友善帝在春宮涉甞爲侍讀及嗣位
多以政事詢訪於涉盛稱琳識度材畧堪備大用琳
本麄材年高有耳疾帝每顧問對答失次論奏不合
時已居相位凡八十餘日除工部尚書罷政事
崔造貞元初爲平章事時機權變非其所長釐革度
支弊事却爲繁擾數月罷相事並不行
崔損貞元中爲右諫議大夫會門下侍郎平章事趙
退翁薨中書侍郎盧邁風疾户部尚書裴延齡素善
損乃薦之乃以本官平章事初二相有故旬日闕相
中外顒望損素無懿實及拜命遠近失望
齊抗爲中書侍郎平章事雖讀書無遠致大略凡爲
官必求至精末乃滋彰物論薄其隘刻
劉滋爲散騎常侍平章事在相位無所啓奏但多謙

退廉謹畏慎而已
程异憲宗元和十三年爲工部侍郎平章事與皇甫
鎛同入相二人俱以俗吏進异自知叨據群情不愜
頗謙遜自牧月餘日不敢知印秉筆鎛則傲然自得
故物論多异
賈耽居相位凡十三年不能以危安大計啓沃於人
主但檢身勵行以律人
崔植爲中書侍郎平章事在相位端愼信厚有餘而
無開物成務之用屬穆宗初幽鎮阻兵方隅多事機
務擁滯孫楨而失者居多後因堅卧拜章請免遂以

工部尚書罷相
鄭綮昭宗時爲右散騎常侍性滑稽爲詩多侮刺故時號鄭五歇後體中人或誦其語於帝前帝見其語激訐謂有藴蓄就常朝班簿側注云可工部侍郎平章事中書胥吏詣其家參謁綮笑曰諸君大誤俾天下並不識字宰相不及鄭五也胥吏曰出自聖旨特恩來日制下綮抗手曰萬一如此笑殺他人明日果制下親賓來賀搔首言曰歇後鄭五作宰相時事可知也累表遜讓不獲旣入視事儼然守道無復詼諧終以物望非宜自求引退三月餘移疾乞骸以太子

少保致仕
後唐盧程莊宗同光初爲河東觀察判官帝郎位拜中書侍郎平章事程本非重器驟登顯貫舉止不當時朝廷草創庶物未備班列蕭然寺署多闕
豆盧革同光初自定州判官徵拜門下侍郎平章事及登廊廟初無才業事多錯亂平梁之後引薦韋說與諸事體與己同功說復事流品舉止輕脫怨歸於革
崔協明宗天成初爲平章事初孔循任事協因其門人求爲輔相成命將出宰相任圜言於執政曰圜比無學術謬忝文吏聖上以遭逢運會俾待罪廊廟四輔之重已虛一位今聞崔協雖爲名族本不讀書較其識見恐不及圜孔循忿其言拂衣而出稱疾不朝者數日帝俾安重誨諭之方入翼日降制拜平章事協登庸之後廟堂代筆假手於人前不同於己者思騁其欲鋒銛露見多爲近侍所阻
馬胤孫末帝淸泰初爲中書侍郎平章事胤孫純儒事多凝滯遽被疇庸未悉朝廷舊事初馮道罷左馮入朝拜司空唐朝故事三公爲加官無單拜者是時朝議率爾命道制出或曰三公正宰相便合參大政

又云合受冊衆言籍籍盧文紀又欲祭祀時便令掃除馮道聞之曰司空掃除吾職也吾無所憚旣而知非乃止
劉昫爲僕射性剛群情嫉之乃共贊右常侍孔昭序論行香次第言常侍從之臣行立合在僕射前疏奏下御史臺定例同光已來李琪盧質繼爲僕射識性輕脫不能守師長體故昭序輕言胤孫以群情不悅劉昫馮道欲微抑之乃責臺司須檢則例而臺吏言舊不見例據南北班位常侍在前屬國忌將執列未定胤孫郎判臺狀曰旣有援據足可遵行各示本官

劉昫怒揮袂而退自後日責臺司定例崔居儉謂南宮同列日孔十二言語是朝廷人總不解語也僕射師長中丞大夫就班備敬嘗侍班南宮六卿之下況僕射乎巳前騎省年深望高南宮工部侍郎如仰霄漢癡人舉止何取笑之深耶旬日聞居儉言紛議稍息文士哂胤孫堂判有援據二字其中書百職胤孫素未詳悉無能專決署名而巳其故人干進者不如意共喟之日馮公爲輔三不開爲門口印也

盧文紀清泰初爲中書侍郎平章事時朝廷兵革之後宗社甫寧虜寇内侵強臣在境文紀處經綸之地

無輔弼之謀所論者愛憎朋黨之小瑕所糾者銓選擬論之徵額時有太常丞史在德論文武兩班宜選能進用文紀以爲非巳怒甚召諫議大夫盧損爲覆狀辭旨蕪漫爲衆所嗤

漢楊邠與蘇逢吉蘇禹珪同在相位邠稱奪二蘇之權自是中書斂手而巳邠每懲二蘇之失艱於除拜至於諸司補吏與門胄出身一切停罷時論以邠之蔽錮亦繇逢吉禹珪本不能至公於物之所致也

周景範世宗顯德中爲中書侍郎平章事判三司爲人厚重剛正無所畏撓然刺繁理劇非其所長雖悉心盡瘁終無稱職之譽帝知之因其所疾乃罷司邦計

冊府元龜

册府元龜

巡按福建監察御史臣李嗣京　訂正
分守建南道左布政使臣胡維霖　參閱
知建陽縣事臣黄國琦較釋

宰輔部三百三十六

識闇　依違　強很

識闇

夫銓宰所寄台輔之尊兼揔萬機弼成九序安危所繫於是在焉寅亮之功可謂難矣至若絳侯見問無聞骨鯁之談平津秉成終負依阿之累以黄霸之治

行而削牘之奏頗乖以王導之元勲而授鉞之謀或爽此數君者尚或失之況於中庸之才而荷阿衡之重乎是知恣意之舉簡心寔難苟授受之或愆將謨謀而曷補豈惟巖廊論道虧宰正之風固將寓縣罹憂失具瞻之望矣

漢劉屈氂武帝末為丞相戾太子為江充所譖殺充發兵入丞相府屈氂挺身逃亡其印綬挺引也獨引身而逃難故失印綬也是時帝避暑在甘泉宫丞相長史棄疾置以聞置謂所置驛也帝問丞相何為對曰丞相秘之未敢發兵帝怒曰事籍籍如此何謂秘也籍籍猶紛紛也丞相無周公之風矣周公不誅管蔡乎

楊敞昭帝末為丞相昌邑王徴即位淫亂大將軍光與車騎將軍張安世謀欲廢王更立議既定使大司農田延年報敞敞驚懼不知所言汗出洽背徒唯唯而已唯唯恭應之辭也延年起至更衣古者延賓必有更衣之處也敞夫人遽從東箱遽速也謂敞曰此國大事今大將軍議已定使九卿來報君侯君侯不疾應與大將軍同心猶與無決誅矣與讀日豫延年從更衣還敞夫人與延年參語許諾三人共言故云參語請奉大將軍教令

黄霸宣帝五鳳中為丞相京兆尹張敞舍鶡雀飛集

丞相府鶡音芬字本作鳻此通用耳鶡雀大而青出羌中霸以為神雀議欲以聞敞奏霸曰竊見丞相請與中二千石博士雜問郡國上計長吏守丞為民興利除害成大化條其對有耕者讓畔男女異路道不拾遺及舉孝子貞婦者為一輩先上殿丞相所坐屋也屋之高通呼為殿舉而不知其人數者次之不為條教者在後叩頭謝丞相雖口不言而心欲其為之也長吏守丞對時臣敞舍有鶡雀飛止丞相府屋上丞相以下見者數百人邊吏多知鶡雀者問之皆陽不知丞相圖議上奏圖謀也曰臣聞上計長吏守丞以興化條凡言條者一一而舉之皇天報下神雀

後知從臣敞舍來乃止郡國吏竊笑丞相仁厚有知略微信奇怪也昔汲黯爲淮陽守辭去之官謂大行李息曰御史大夫張湯懷詐阿意以傾朝廷公不早白與俱受戮矣息畏湯終不敢言後湯誅敗帝聞黯與息語乃抵息罪而秩黯諸侯相取其思竭忠也臣敞非敢毀丞相也誠恐羣臣莫白而長吏守丞畏丞相指歸舍法令各爲私教舍廢也務相增加澆淳散樸不雜爲淳以水澆之則味雜薄樸大質也割之散也竝行僞貌有名無實傾搖解怠甚者爲妖假令京師先行讓畔異路道不拾遺其實亡益廉貪貞淫之行而以僞先天下固未可也即

諸侯先行之僞聲軼於京師非細事也軼過也音逸漢家承敝通變造起律令所以勸善禁姦條貫詳備不可復加宜令貴臣明飭長吏守丞飭讀爲勑以下類此歸告二千石舉三老孝弟力田孝廉使務得其人羣事皆以義法令簡式簡略也毋得擅爲條教敢挾詐僞以奸名譽者必先受戮奸求也音干用以正明好惡天子加納敞言名上計吏使侍中臨飭如敞指意霸甚慙

蕭望之爲御史大夫宣帝五鳳中大司農中丞耿壽昌奏設嘗平倉帝善之望之非壽昌此望之不知權道

後漢崔烈靈帝時爲大司徒會西羌反邊章韓遂作亂隴右徵發天下役賦無已烈以爲宜棄涼州詔會公卿百官烈堅執先議議郎傅燮厲言曰斬司徒天下乃安尚書楊贊奏燮廷辱大臣帝問燮燮對曰昔冒頓至逆也樊噲爲上將願得十萬衆橫行匈奴中憤激思奮未失人臣之節顧計當從與不而季布猶曰噲可斬也今涼州天下要衝國家藩衞高祖初興使酈商別定隴右世宗拓境列置四郡議者以爲斷匈奴右臂今牧御失和使一州叛逆海內爲之騷動陛下臥不安寢烈爲宰相不念爲國思所以弭之之策乃欲割棄一方萬里之土臣竊惑之若使左衽之

虜得居此地士勁甲堅因以爲亂此天下之至慮社稷之深憂也若烈不知之是極蔽也知而故言是不忠也帝從燮議

王允獻帝初爲司徒是時太師董卓既爲呂布所殺允初議赦卓部曲呂布亦數勸之既而疑曰此輩無罪從其主耳今若名爲惡逆而特赦之適足使其自疑非所以安之之道也呂布又欲以卓財物班賜公卿將校允又不從而素輕布以劒客遇之布亦負其功勞多自誇伐既失意望漸不相平允性剛稜疾惡初懼董卓豺狠故折節圖之卓既殲滅自謂無復患

難及在際會每乏溫潤之色杖正持重不循權宜之計是以部下不甚附之董卓將較及在位者多涼州人允議罷其軍或說允曰涼州人素憚袁氏而畏關東今若一旦解兵關東則必人人自危可以皇甫義眞爲將軍就領其衆因使留陝以安撫之而徐與關東通謀以觀其變允曰不然關東舉義兵者皆吾徒耳今若距險屯陝雖安涼州而疑關東之心甚不可也時百姓訛言當悉誅涼州人遂轉相恐動其在關中者皆擁兵自守更相謂曰丁彥思蔡伯喈但以董公親厚並尚從坐今既不赦我曹而欲解兵明日當

復爲魚肉矣卓部曲將李傕郭汜等先將兵在關東因不自安遂合謀爲亂九州春秋曰胡文才楊整修皆涼州人王允素所不善也及李傕之叛乃名文才整修使來允論之不假借溫顏謂曰關東鼠子欲何爲乎卿往之於是二人往實名兵而還乃先遣使詣長安求乞赦免允以爲一歲不可再赦不許之後傕等入城共表請允出問太師何罪允窮蹙乃下廷尉後數日見殺

晉楊駿惠帝時爲太傅皇后賈氏矯詔將誅駿駿時居曹爽故府在武庫南聞內有變召衆官議之太傅主簿朱振說駿曰今內有變其趣可知必是閹豎爲賈后設謀不利於公宜燒雲龍門以示威索造事者首開萬春門引東宮及外營兵公自擁翼皇太子入宮取姦人殿內振懼必斬送之可以免難駿素性懦不決乃曰魏明帝造此大功奈何燒之侍中傅祗夜白駿請與武茂俱入雲龍門察事勢祗因謂羣寮宮中不宜空便起揖於是皆走尋而殿中兵出燒駿府駿死焉

王導爲司徒時徐龕反叛導以太子左衛率羊鑒是龕州里官族必能制之請遣北討鑒深辭才非將帥太尉郗鑒亦表謂鑒非才不宜妄使導不納強啓授以征討都督果敗績

庾亮成帝初爲護軍輔政是時冠軍將軍歷陽內史蘇峻潛有異志亮欲徵之峻聞將徵遣司馬何仍詣亮曰討賊外任遠近從命至於內輔實非所堪不從遂詔徵峻爲大司農加散騎常侍位特進以弟逸代領部曲峻數疑亮欲害已表曰昔明皇帝親執臣手使臣北討今中原未靖無用家爲乞補青州界一荒郡以展鷹犬之用復不許峻嚴裝將赴召而猶豫未決參軍任讓謂峻曰將軍求處荒郡而不見許事勢如此恐無生路不如勒兵自守峻從之遂不應命溫嶠聞峻不受詔便欲下衛京都三吳又欲起義兵亮

故不聽而報嶠書曰吾憂西陲過於歷陽足下無過雷池一步也既而峻將韓晃寇宣城亮遣距之不能峻乘勝至於京都詔假亮節都督征討諸軍事戰于建陽門外軍未及陣士衆棄甲而走亮乘小船西奔

宋江夏王義恭録尚書事受孝武遺制輔政阿衡幼主而引身避事政歸近習越騎校尉戴法興中書舍人巢尚之專制朝權威行近遠吏部蔡興宗職管九流銓衡所寄每至上朝輒與令録以下陳欲登賢進士之意又箴規得失博論朝政義恭素性恇撓阿順法興嘗慮失旨聞興宗言輒戰懼無計

南齊王敬則明帝即位祈爲大司馬增邑千戸臺使拜授日雨大洪注敬則文武皆失色一客在傍曰公由來如此昔拜丹陽吳興時亦然敬則大悅曰我宿命應得雨乃列羽儀朝服道引出聽事拜授意猶不自得吐舌久之至於事覓

後魏劉潔太武時爲尚書令勅勤新民以將吏侵奪咸出怨言期牛馬飽草當赴漠北潔與左僕射安原奏欲及河氷未解徙之河西氷解之後不得北道太武曰不然此等習俗放散日久有似園中之鹿急則衝突緩之則定吾自處之有道不煩徙也潔等固執乃聽分徙三萬餘落於河西西至曲鹽池新民驚駭皆曰圖我於河西之中是將殺我也欲西走涼州潔與侍中古弼屯五原河北王僕射安原屯悅㧞城北備之既而新民數千騎北走潔追討之走者糧絶相枕而死

隋裴藴煬帝大業末爲御史大夫恭掌機務事司馬德戡將爲亂也江陽長張惠紹夜馳告之藴共惠紹謀欲矯詔發郭下兵民盡取榮公護兒節度收在外逆黨宇文化及等仍發羽林殿角遣范富婁等入自息西苑取梁公蕭鉅及燕王處分扣門授帝謀議已

定遣報虞世基世基疑反者不實折其計須臾難作藴嘆曰謀及播郎竟悮人事遂見害子息尚輦直長亦同日死

唐蕭瑀太宗時特進參預朝政瑀常稱房玄齡已下同中書門下内臣悉皆朋黨比周無忠心奉上累獨奏云此等相與執權有同膠漆陛下不細諳知但未及耳帝謂瑀曰爲人君者驅駕英才推心待士公言不亦甚乎何至此瑀又以爲帝偏信臣下所言不誠帝數謂瑀曰知臣莫若君夫人不可求備自當捨其短而用其長朕雖才謝聰明不應頓迷臧否數謂瑀

信誓瑀既不自得而帝積久銜之終以瑀忠貞居多而未發也

楊師道爲侍中多所引薦而乏於知人所引者無君子小人之别

敬暉中宗神龍初爲侍中與桓彦範等誅張易之兄弟也雒州長史薛季昶謂暉曰二凶雖除産禄猶在請因兵勢誅三思之屬正王室以安天下暉與柬之屢陳不可乃止季昶歎曰吾不知死所矣翌日三思因韋后之助潛入宫中内行相事反易國政爲天下所患時議以此歸咎於暉等暉既失政柄受制於三

思矣暉每推牀嗟惋或彈指出血柬之歎曰主上疇昔爲英王時素稱勇烈吾留諸武冀自誅鋤耳今事勢已去知復何道

楊國忠玄宗天寶末爲右相范陽節度使安禄山舉兵向闕以國忠爲名及哥舒翰守潼關時將皆以函關去京師三百里便在守險不利出攻國忠以翰持兵未決慮其能於己不利欲其速戰自中以促之翰遂出關與賊戰於桃林王師敗績翰受擒國忠於朝堂命朝官報潼關之敗訪以救援安危之策刑部尚書張均御史大夫張倚已下百餘人唯唯無敢言者唯監察御史高適請卽日名募城中敢死之士及朝官各率家僮子弟出軍防遏國忠曰兵已入關事不及矣但垂泣良久乃言曰人上書言禄山反狀已十年帝不信今日之事非宰臣之過

常袞代宗大曆末爲平章事既懲艾元載爲政持公道便竝賄賂朋黨大行不以財勢者無因入仕袞一切杜絶之中外百司奏請皆執不與勢與匹夫等尤排擯文詞登科第雖窒賣官之路政事亦大致擁滯

楊炎德宗建中初平章事遽計議城平涼涇原節度使段秀實以爲方春未可請俟農隙炎大怒名秀實

爲司農卿而以李懷光代之因此劉文喜涇州作亂朝廷震恐

關播建中末爲中書侍郎平章事乏於知人之鑒好大言虚誕者播必悦而親信之有李元平陶公達張愿劉承誡皆言談詭妄誇大可立功名亦有微材薄藝播累奏元平等皆可將相也請問試用之德宗以爲然以元平爲補闕會淮西節度使李希烈叛亂以汝州要鎮令選刺史播薦元平爲汝州刺史元平至州旬日爲希烈擒之而去州亦陷賊中外喧哂之繇是公達等不克任用自建中已後方隅之起兵者皆天下劇賊而楊炎以賂怨爲懷

州刺史使捍諸田闕以李元平爲汝州别駕圖李希烈談者以爲笑

鄭餘慶憲宗元和初爲尚書左丞平章事屬夏州將楊惠琳叛帝命宰臣等論奏多議兵事餘慶復以古議上言夏州軍士皆仰給縣官又有介馬萬蹄之語時議以餘慶雖好博雅而未達時事

崔植杜元穎爲相時幽州節度使劉聰將歸朝慮其有變籍軍中素有異志者薦之闕下時朱克融亦在籍中植元穎不知兵且無遠畧謂兩河無虞遂奏勒歸鎭長慶初幽州軍亂囚其帥張弘靖衆推克融統軍務焉

蕭俛穆宗即位初爲平章事是時帝乘章武恢復之餘兩河廓定四鄙無虞而俛與宰相段文昌屢獻太平之策以爲兵以靖亂時已治矣不宜黷武勸帝休兵偃武又以兵不頓去請密詔天下軍鎭有兵處每年百人之中限八人逃死謂之消兵帝既荒縱不能深料遂詔天下如其策而行之而落籍之卒合而爲盜伏於山林明年朱克融王廷湊復亂河朔一呼而遣卒皆至朝廷方徵兵諸藩而不克尋行招募烏合之徒動爲賊敗由是復失河朔蓋消兵之失也

盧攜僖宗乾符末爲門下侍郎平章事聞黄巢起曹濮南犯荆襄致書與越州觀察使崔璆求天平軍節度使崔璆求天平軍節朝議不允又乞除官時宰相鄭畋與樞密使楊復恭奏欲請授同正員將軍攜駁其議請授府率如其不授請以高駢討之及巢見詔大詬執政又自表乞安南都護廣州節亦不允然巢以士衆烏合欲據南海之地永爲巢穴坐邀朝命是歲自春及夏其衆大疫死者十三四衆勸請北歸以圖大利巢不得已乃北渡淮西抵雒陽留守劉允章率分司官迎於上東門繼攻陝虢逼潼關陷華州留將喬鈐守之河口節度使李侃表于賊朝廷使田令孜率神策軍拒之賊以

王鐸失守乃自潼關谷路入遂陷京師時前夏州節度使諸葛爽亦統禁軍聞賊盛退保櫟陽及黄巢至乃降初田令孜之起神策軍也衆號七萬皆長安豪民以貨賂求隸六軍不能負矛戟甲鎧之重乃祈於官執事者厚以直傭兩市之負販者以備其行其實不過三萬人但飾其旌旄鉦鼓而已及守潼關賊已他道而入一時狼狽廻至輦下時百官馬走攜在中書省止之日此必博野軍私自還也博野軍有七千人則六軍之數時以後發故謂其自還攜至是懼罪馳歸抑藥而死

後唐郭崇韜莊宗同光中爲侍中兼樞密使議者以崇韜功力雖多事權太重不能處身量力而聽小人悮計欲取泰山之安如急行避跡其禍逾速性復剛戾遇事便發既不知前代之成敗又未體當時之物情以天下爲已任孟浪之甚也及權傾四海車騎迎門士人諂奉漸學流品同列豆盧革謂崇韜曰汾陽王代北人徙家華陰侍中世在鴈門得非祖德歟崇韜應曰經亂失譜諜先人嘗云去汾陽王四世革曰故祖德也因是旌别流品援引薄徒委之心腹佐命勳舊一切鄙棄舊寮有干進者崇韜謂之曰公雖代

邸之舊然家無門閥深知公才伎不敢輒進者慮名流嗤余故也及征蜀之行於與平拜尚父子儀之墓

豆盧革莊宗時爲平章同光三年冬雒下饋運不充軍士乏食日致怨咨帝深憂問所司濟贍之術革與宰相韋說依阿徇時竟無奇說但云陛下威德冠天下今西蜀平定珍貨甚多可以取之以給軍士水旱作沴天之常道不足聖憂

崔協明宗時爲平章事天成三年九月協嘗侍坐言於帝曰臣聞食醫心鏡極好不假藥餌足以安心神左右見其膚淺不覺哂之

安重誨明宗長興中爲樞密使兼侍中有工部尚書李鏻日生妄動切欲爲宰相人望非允鏻乃引僞吳覘人見重誨云吳國執政徐知誥將舉國稱藩願得令公一信卽來歸向重誨不察事機卽以爲實然因出玉帶與覘者令歸工估其値數千緡經歲無所聞竟成虛語

盧文紀末帝清泰初爲平章事是時帝與閔帝兄弟尋戈之後宗社甫寧虜寇內侵強臣在境文紀處經綸之地無輔弼之謀所論者愛憎朋黨之小瑕所糾者銓選擬倫之微類三年夏移易太元帥晉祖引虜

拒命旣而大軍挫衂官寨受圍閭道告急八月帝親征過徽陵拜於闕門休於仗舍文紀扈從帝顧謂之曰朕聞主憂臣辱予自鳳翔來首命卿爲宰相聽人言語將爲便致太平今寇孽紛紛萬乘自行戰賊於汝安乎文紀惶恐致謝時帝季年天奪其魄聲言救寨其實倦行勑次河陽名文紀張延朗議事文紀曰虜騎倏往忽來無利則去大寨牢固足以枝梧況臣有三處救兵可以一戰而解使人督促責以成功輿駕且駐河橋詳觀事勢況地處舟車之要正當天下之心必若未能解圍去亦非晚會延朗與趙延壽欵

斋旁奏曰文紀之言是也故令延壽北行

馬裔孫清泰末爲平章事三年末帝親征太原行在懷州裔孫自維都來朝獻時大寨被圍息耗斷絕趙德均父子已懷異志惟范延光盡心而援孤兵寡駐驆懷州君臣智窮慮索遽聞裔孫至以救焚之謀特來朝謁數日之間寂無所說羣臣往謁因言時事龍敏言國之治亂由君之聽斷因引管夷吾辭害霸之說云既與君子謀之又與小人圖之害霸也馬以譏時乃曰君子小人則殊而愛君盡心一也即如今強胡內侮扈從之人誰不願破賊夷兇致君於千枝萬

葉諸官哂之

漢楊邠隱帝時爲門下侍郎平章事帝一以委之凡南衙奏事中書除命先委邠斟酌如不出邠意至於一簿一椽亦不聽從邠雖長於吏途不識大體嘗言爲國家者但得帑藏豐盈甲兵疆盛至於文章禮樂竝是虛事何足介意也邠既專國政綱途苛細條理前資官不得外方居止自京師至諸州府行人往來竝須給公憑者朝夕填咽旬日之間民情大擾行路權塞邠乃止其事每懲二蘇之失（逢吉禹珪）難於除拜事多壅滯士人悲咨邠比與二相不協又深嫉儒士凡所有平章動多矛楯周行之內自漢受命以至滅不浩一命者十有六七爲諸司補吏與門胄出身一切停罷時論以邠之蔽固如是亦繇逢吉與禹珪本不能至公於物之所致也

王章爲平章事與楊邠同郡尤相親愛其獎用進拔者莫非鄉舊嘗輕視文臣曰此等若與一把算子未知顛倒何益於事

依違

夫彌綸道廣寅亮功高乃膺注意之求允協致君之業是爲良弼以贊永圖若乃畏懼取名唯諾自守昧

獻贊而怠大政固恩寵以持兩端唯署字以因循必鄙諺而致誚焉用彼相不其然乎知無不爲蓋異於是

漢韓安國爲御史大夫武帝時丞相田蚡抵言魏其侯竇嬰灌夫事帝問朝臣兩人孰是安國曰魏其言灌夫父子死事（夫父孟吳楚反時爲校尉嘗陷監遂死吳軍中）身荷戟馳不測之吳軍身被數十創名冠三軍此天下壯士非有大惡爭杯酒不足引他過以誅也魏其言是丞相言灌夫通姦猾侵細民家累巨萬橫恣潁川輚轢宗室侵犯骨肉此所謂支大於榦脛大於股不折必披丞

相言亦是唯明主裁之

孔光爲大司徒王莽以光名儒相三主太后所敬天下信之於是盛尊事光引光女壻甄邯爲侍中奉車都尉諸哀帝外戚及大臣居位素所不說者莽（說讀曰悅）皆傅致其罪（傅讀曰附附益而引致之令入罪）爲奏請令邯持於光光素畏慎不敢不上之

後漢胡廣爲司徒與太尉李固司空趙戒議欲立清河王蒜時大將軍梁冀以蒜年長有德恐爲後患盛意立蠡吾侯至廣戒等懾憚不能與争而固與杜喬堅守本議

晉荀顗爲侍中太尉卒無質直之操唯行義苟合於荀勗賈充之間

宋劉勔爲右僕射中領軍與齊太祖同受遺詔掌機事初勔高尚其意託造園宅名爲東山頗忽世務太祖謂之曰將軍以顧命之重任兼内外主上春秋未幾諸王並幼布流物議遐邇所聞此是將軍艱難之日而將軍深尚從容廢省羽翼一朝事至雖悔何追勔竟不納

南齊褚淵初仕宋爲中書令與尚書令袁粲受顧命輔幼主時王道隆阮佃夫用事姦賂公行淵不能禁也

隋虞世基爲僕射知煬帝不可諫正又以高熲張衡等相繼誅戮懼禍及已雖居近侍唯諾取容不敢忤意盜賊日甚郡縣多没世基知帝惡數聞之後有告敗者乃抑損表狀不以實聞是後外間有變帝弗之知也

唐李勣爲太尉高祖欲廢王皇后立武昭儀韓瑗來濟諫皆不納勣密奏曰此是陛下家事何須問外人意乃定

于志寧爲太子太師同中書門下三品王庶人之廢

也李勣許敬宗密申勸請志寧獨無言以持兩端

蘇味道則天延載長壽中再爲鳳閣侍郎同鳳閣鸞臺三品味道善敷奏多識臺閣故事然而前後居相位數載不能有所發明但脂韋其間苟度取容而已故時人號爲模稜手今以爲口實

源乾曜玄宗開元中爲侍中任政事十年時張嘉貞張悅相次爲中書令乾曜不敢與之爭權事皆推讓之及李元紘杜暹知政事乾曜遂無所參議但唯諾署名而已初乾曜因姜皎所薦遂蒙擢用又皎得罪爲張嘉貞所擠乾曜竟不救之議者以此譏焉

裴耀卿爲左丞相開元二十五年逸人姜撫獻長春
酒方玄宗分賜年衰朝官兼與方法耀卿與文武百
官上表賀曰伏承逸人姜撫獻同度山長生藥秘精
英而日久候聖明而乃彰伏惟陛下大聖撫運溥仁
濟俗和氣時若淳風穆然上帝式臧用分景福逸人
斯至乃表長生藥薦長春酒和甘露天秠蹔御神策
逾增益光明於日月齊長久於天地臣子大慶開闢
所無朝野多歡蹈舞相繼況自中外賜藥兼方遠使
人寰同昇壽域慶流渥澤馳景迴光凡在生靈不勝
悅慶臣等望進禮食以稱壽觴歡賓祚之無疆樂徽

生之有遇許之時士庶競服長春酒多有暴卒者帝
懼而止
陳希烈爲左相時右相楊國忠用事希烈畏其權寵
凡事唯諾無敢發明
韋見素爲武部尚書同平章事依楊國忠引用心德
之時祿山與國忠爭寵兩相猜嫌見素無所是非署
字而已
劉滋爲左散騎常侍平章事德宗貞元中尚書右丞
元琇爲度支使韓滉所奏貶雷州司戶其責既重舉
朝以爲非罪多竊議者尚書左丞董晉謂滋及齊映
曰元右丞忽有貶責未知罪名用刑一濫誰不畏懼
假有權臣騁志相公何不奏請三司詳斷之去年關
輔用兵時方蝗旱琇總國計夙夜憂勤以贍給師旅
不增一賦軍用皆濟斯可謂國之勞臣也今此播逐
恐失人心人心一搖則有聞鷄鳴起舞者矣竊爲相
公痛惜之滋映但引過而已
董晉貞元五年爲門下侍郎平章事與竇參同知政
事而皆決在竇參晉但奉詔書唯諾而已
賈耽在相位凡十三年不能以天下安危大事爭於
君前頗爲知識之士所短

權德輿爲禮部尚書平章事時李吉甫自淮南詔徵
夫一年憲宗又引用李絳時帝求治方切軍國無大
小一付中書吉甫絳議政頗有異同或於上前爭論
形於言色其有詣於理者德輿亦不能爲之發明竟
以因循而罷
王涯爲司空兼門下侍郎平章事初鄭注自謂有經
濟之才文宗問以安人富國之術無以對因請權茶
涯知不可而不敢違
孔緯爲平章事時昭宗謁郊廟兩中尉內樞密請朝
服所司申前例中貴人無朝服助祭之禮少府監亦

無素製冠服中尉怒立令製造下太常禮官舉故事亦稱無中尉朝服助祭之文諫官亦論之締奏曰中貴不衣朝服助祭國典也陛下欲以權道寵內臣則請依所兼之官而爲之服天子名諫官謂之曰大禮日近無宜立異爲朕容之於是內官朝服助祭

後唐韋說拜平章事說性謹重奉職官嘗不造事端時郭崇韜秉政說等承順而已政事得失無所指言

豆盧革爲平章事莊宗同光三年弘文館奏請依六典故事改弘文館爲崇文館勅崇文館比於弘文館並置今請改稱顏叶舊典從之樞密使郭崇韜亡父

名弘革希崇韜旨奏而改之故云有弘文崇文並置之言也

鄭珏爲平章事明宗延宰臣於玄德殿珏從容言曰近奉御札罷幸鄴都人情甚安咸仰聖德其始議也珏亦贊之及罷行期珏又贊之大臣獻替若斯豈能責小臣之竊位邪

強很

宰輔所以佐人君治天下調陰陽順元化者也必在乎中庸其德平恕其心體貌溫恭辭氣寬裕所以能通萬物之理副四海之瞻或其剛毅近仁木強率性忠言犯上直道異衆善則善矣恐非純和之德焉剡許以爲直犯而必較以威勢而自處謂恭順而無益人所惡也禍必隨之

漢周昌木強人也爲御史大夫自蕭曹輩皆卑下之昌嘗燕入奏事（以帝宴時入奏事）高帝方擁戚姬昌還走帝逐得騎昌項帝問曰我何如主也昌仰曰陛下桀紂主也於是帝笑之然尤憚昌

申屠嘉爲丞相鼂錯爲內史貴幸用事諸法令多所請變更議以適罰侵削諸侯（適讀曰謫）而丞相嘉自絀（絀退也）所言不用疾錯錯爲內史門東出不便更穿一門

南出南出者太上皇廟堧垣也嘉聞錯穿宗廟垣爲奏請誅錯客有語錯錯恐夜入宮上謁自歸（歸首於天子）至朝嘉請誅內史錯帝曰錯所穿非眞廟垣乃外堧垣故宂官居其中（宂謂散輩也如今之散官）且又我使爲之錯無罪罷朝嘉謂長史曰吾悔不先斬錯乃請之（言先斬而後奏）爲錯所賣至舍因歐血而死

田蚡爲丞相名客飲坐其兄蓋侯北鄉自坐東鄉（自處尊位鄉讀曰向）以爲漢相尊不可以兄故私撓（撓也音汝敎反）此滋驕（滋益也）

後漢韓歆爲大司徒好直言無隱諱光武每不能容

嘗因朝會聞帝讀隗囂公孫述相與書歆曰亡國之君皆有才桀紂亦有才帝大怒以爲激發歆又證歲將飢凶指天畫地言甚剛切坐免歸田里帝猶不釋復遣使名宣責之司隷較尉鮑永固請不能得歆及子嬰竟自殺

晉楊駿爲太傅輔政駿自知素無美望懼不能以緝和遠近乃依魏明帝卽位故事遂大開封賞欲以悅衆爲政嚴碎愎諫自用不允衆心馮翊太守孫楚素與駿厚說之曰公以外戚居伊霍之重握大權輔弱主當仰思古人至公至誠謙順之道於周則周召爲

宰在漢則朱虛東牟未有庶姓專國而克終慶祚者也今宗室親重藩王方壯而公不與共參萬機內懷猜忌外樹私昵禍至無日矣駿不能從

庾亮爲中書令輔政專用威刑知蘇峻必爲禍亂徵爲大司農舉朝謂之不可平南將軍溫嶠亦累止之皆不納峻果反

後魏穆壽太武時恭宗監國壽與崔浩等輔政人皆敬浩壽獨凌之又自恃位任爲人莫及己

古弼爲尚書令參政事欲入陳奏遇太武與給事中劉樹棊志不聽事弼侍坐良久不獲申聞乃起於太武前捽樹頭掣下牀以手搏其耳以拳歐其背曰朝廷不治實爾之罪

高肇爲尚書令每事任己宣武延昌初遷司徒雖貴登台鼎猶以去要怏怏形乎辭色

隋蘇威爲宰相行己清儉以廉慎見稱然每至公議要人異己雖或小事必固爭之時人以爲無大臣之體所修格令章程並行於當世頗傷煩碎論者以爲非簡久之法

楊素爲右僕射與高熲專掌朝政素性疎而辨高下在心朝臣之內頗推高熲敬牛弘厚接薛道衡視蘇

威蔑如也自餘朝貴多被陵轢其才藝風調優於高熲至於推誠體國處物平當有宰相識度不如熲遠矣

唐蕭瑀爲太常卿兼領御史大夫與宰相參議朝政瑀多詞辨每有評議房玄齡等不能抗然心知其非所言殊不用瑀彌怏怏李義甫遷右相入則諂言自附出則詳其姦究百寮畏之無敢言其過者高宗顯知其罪失從容戒義府云聞卿兒子女壻皆不謹愼多作罪過我亦爲卿掩覆未卽公言卿可誡勗無令如此義府勃然變色顋頸俱起徐曰誰向陛下道此

帝曰但我言如是何須問我所從得邪義府宛然殊
不引咎緩步而去帝亦從容之後長流巂州
宗楚客中宗時爲相御史崔琬劾楚客紀處訥宗晉
卿等驕恣跋扈人神同疾不加天誅詎清王度並請
收禁差三司推鞫舊制大臣有被御史彈劾者即俯
僂趨出立朝堂待罪楚客翻更咤顋作色而進自言
執性忠鯁被琬誣奏帝性既寛仁竟不窮其事令釋
之
劉幽求玄宗先天元年拜尚書右僕射同中書門下
三品監修國史幽求自謂功在朝臣之右而志求左

僕射兼領中書令俄而竇懷貞爲左僕射崔寔爲中
書令幽求甚不平形於言色
韓滉爲左僕射同平章事然以前輩早達稍侮薄後
進晩歲至京師丞郎卿佐接之頗倨又元琇以纖芥
微嫌陷之重典衆不能一
常衮爲門下侍郎平章事其輕重任情不通時政又
政事堂有後門蓋宰相時過中書舍人院咨訪政事
衮塞絶其門以示尊大不相往來
後唐盧程莊宗同光初爲中書侍郎平章事是時初
下鄆州梁將王彦章陷德勝寨羣情恟恟内外囂然
帝於楊劉城躬厲士卒晝夜苦戰臣下皆憂之豆盧
革與同列議上章規諫請不躬御士卒因言及漢高
臨廣武事楚人矢及於胸紿云虜中吾足程曰此劉
季之失也幾死老兵衆皆縮頸嘗與羣官論士族或
曰員外孔邈明善和之家宜聖之後公輔累世得非
盛族歟程曰止於孔丘之後盛則吾不知也親黨有
假遞乘於程者程帖府縣令給付之府吏訴其不追
程怒鞭其背議者以浮薄之中凶狂爲最時光禄卿
任圜兼興唐少尹帝妹壻也馮其寵戚因詣程訴之
程衣鶴氅華陽巾馮几决事盛怒見圜慢謂曰公是

何蟲豸敢違吾命宰相取給於府縣公保惜胥吏國
不言而退夜急馳見帝面訴其事帝怒謂郭崇韜曰
朕誤相此人凌辱於九卿促令自盡崇韜亦恐事將
不測盧質横身解之乃貶官右庶子
豆盧革同光中平章事莊宗幸雒車駕次汜水翰林
學士劉昫趙鳳于嶠等議高祖太宗廟在雒北請帝
親行拜薦庶天下知敬祖奉先之道革恥於失舉遂
非不行議者譏之次偃師又議昭宗園陵不遠道周
既除大憝車駕宜請告謁追思忼憤號慟寢園然後
還宮始爲得禮革與郭崇韜不達變禮又拒而不行

孔循爲東都留守帶平章事以孟昊等獻宏令攝太尉行事循稱使相有戎機不合當祠祭重事（議者曰郊天祀地太尉之職無其人則宰相攝之循位同三事留守東平代掌武以供祀事而訴以戎機不自知貴強戾之甚也）

漢楊邠爲左僕射兼門下侍郎平章事嘗與三司使王章於御前論事隱帝曰事行之後勿俾有詞邠曰陛下但禁聲有臣等在左右聞者縮頸未幾滅族其負氣寡識多此類也

巡按福建監察御史臣李嗣京　訂正

知長樂縣事臣夏允彝參閱

知建陽縣事臣黃國琦較釋

宰輔部

不協　徇私　樹黨

不協

王者建輔弼之臣所以共成天功登翼王室恊和萬國典領百寮者也故當一乃心平其志使國典成式人模允諧以謙抑自居以推讓爲本增廟廊之重表

堂陛之高使和輯之風行於天下者也若乃固專朝政闚覦王庭發言以相侵議事而不合或趨向之各異或先後以自矜爭論曲直交斥隱匿形於辭色遂爲忿競搆成禍亂或至誅戮忠臣之節豈當若是者乎書于方冊可以垂戒

周王叔陳生與伯輿爭政（二子王卿士）王右伯輿（右助也）王叔陳生怒而出奔及河王復之（欲奔晉）殺史狡以說焉（說王叔也）不入遂處之（處叔河上）晉侯使士匄平王室王叔與伯輿訟焉（爭曲直）王叔之宰（家宰臣）與伯輿之大夫瑕禽（瑕禽伯輿屬大夫）坐獄於王庭（獄訟也周禮命夫命士躳坐獄訟故使宰與屬夫對其曲直）士匄聽之王叔之宰曰篳門圭竇之人而皆陵其上其難爲上矣（篳門柴門圭竇小戶穿壁爲戶上銳下方狀如圭也言伯輿微賤之衆）瑕禽曰昔平王東遷吾七姓從王牲用備具王賴之而賜之騂旄之盟（平王徙時大臣從者有七姓伯輿之祖皆在其中主爲王備犧牲共祭祀王恃其用故與之盟使世其職騂旄赤毛也舉騂旄者言得重盟不以犬雞）曰世世無失職若篳門圭竇豈能來東底乎且王何賴焉（言我之貧賤何能來東使王恃其用而與之盟底至也）今自王叔之相也政以賄成（隨財制政）而刑放於寵（寵臣專刑不任法）官之師旅不勝其富（師旅之長皆受賂）吾能無篳門圭竇乎（言王叔之屬富故使吾貧）唯大國圖之（圖猶議也）下而無直則何謂正矣（正者不失下之直）范宣子曰

天子所右寡君亦右之所左亦左之（宣子知伯輿直不欲自專故推之於王）使王叔氏與伯輿合要（合要辭）王叔氏不能舉其契（要契之辭）王叔奔晉不書不告也單靖公爲卿士以相王室（代王叔）

漢上官桀爲左將軍霍光爲大將軍皆受遺詔輔少主桀自先帝時已爲九卿位在光右及父子竝爲將軍有椒房中宮之重皇后上官安女光迺其外祖而顧專制朝事繇是與光爭權

蕭望之爲御史大夫丞相丙吉年老宣帝重焉望之又奏言萬姓或乏困盜賊未止二千石多材下不任

職三公非其人則三光爲之不明今首歲日月少光咎在臣等帝以望之意輕丞相（言三公非其人又云咎在臣等是其意毀丞相也）繇是不說又丞相司直緐延壽（緐音婆）奏故事丞相病明日御史大夫輒問病朝奏事會庭中差居丞相後丞相謝大夫少進揖今丞相數病望之不問病會庭中與丞相均禮時議不合意望之曰侯年能寧父我邪（謂寧能與吾父同年邪）坐是左遷太子太傅

晉閻鼎爲太子詹事愍帝卽位以鼎總攝百揆京兆尹梁綜與鼎爭權鼎殺綜以王毗爲京兆尹

後魏長樂王壽樂自文成卽位有援立功拜太宰大

都督中外諸軍錄尚書事矜功與尚書令長孫渴侯爭權並伏法

北齊唐邕爲尚書令封晉昌王錄尚書事車駕幸晉陽勅斛律孝卿摠知騎兵度支事多自決不相諮禀邕自侍從霸朝以來常典樞要歷事六帝恩遇甚重一旦爲孝卿所輕負氣鬱快形於辭色

唐崔日用爲黃門侍郎參知政事爲相月餘與中書侍郎薛稷不協于中書忿競日用由是停知政事

張嘉貞爲中書令張說爲兵部尚書平章事初嘉貞爲兵部員外時說爲侍郎及是說位在嘉貞下嘉貞既無所推讓說頗不平由是不協

蕭嵩爲中書令裴光庭爲侍中同位數年情頗不協及光庭爲吏部奏用循資格幷促選限至正月三十日令畢其流外行署亦令門下省審之光庭卒後嵩又奏請一切罷之光庭所引進者奏出爲外職韓休爲右丞相蕭嵩與裴光庭同位數年情頗不協光庭卒玄宗遣嵩擇相嵩以休長者舉之及休入直與嵩舉事休峭直輒不相假互於玄宗前論曲直因讓位玄宗眷嵩厚乃授嵩尚書右丞相休工部尚書

李元紘爲中書侍郎平章事與杜暹同在中書多所

異同情遂不協至有相執奏者

李適之代牛仙客爲左相與李林甫爭權不叶隴右節度皇甫惟明刑部尚書韋堅戶部尚書裴寬京兆尹韓朝宗悉與適之善林甫皆中傷之搆成其罪相繼放逐適之懼不自安求爲散職乃罷知政事李吉甫再爲平章事秉政之後視聽時有所蔽人心疑憚時之負公望者慮爲吉甫所忌多逆畏之憲宗知其事未周歲遂擢用李絳大與絳不叶而絳性剛訐於帝前互有爭論人多直絳然性畏慎雖甚不悅者亦無所傷

張延賞與柳渾同在相位延賞怙權矜己而疾渾守正俾其所厚謂渾曰相公舊德但節言于廟堂則重位可久荅曰爲吾謝張相公柳渾頭可斷也言不可絕自是終爲延賞所擠尋除右散騎常侍罷知政事

鄭覃爲右僕射平章事其年李固言復爲宰相固言與李宗閔楊嗣復善覃惡之因起居郎闕固言曰周殷復崔球張次宗等三人皆堪此任覃曰崔球遊宗閔之門赤墀下秉筆爲千古法不可朋黨如裴中孺李讓夷臣不敢有纖介異論乃止楊嗣復自西川入相與覃尤相矛楯加之以固言李珏入對之際是非

蜂起開成三年二月文宗御紫宸殿謂覃曰李宗閔在外已數年公欲別與一官覃曰陛下以其地遠請量移二三百里卽得不可再用姦邪如重用宗閔臣卽請退陳夷行曰宗閔頃得罪以黨比責之空宂咎實歷入閣十六子李續張又新蘇景裔等朋比傾覆朝臣貨賄交通李珏曰若以數子之事罪在李逢吉如李續居喪服闋不可不與一官臣恐在外衣冠多生議論非爲李續也夷行曰昔舜逐四凶天下咸理今陛下何惜十數人耳楊嗣復曰事貴得中不可但徇私情帝曰但與一郡國覃曰與洪州司馬可也嗣復曰此爲罔上非爲量移夷行曰宗閔養得鄭注幾傾覆朝廷嗣復曰比者陛下欲與鄭注好官宗閔不肯陛下亦當記憶其事鄭覃曰嗣復黨比宗閔姦邪直如李林甫嗣復曰豈可便以李林甫比宗閔比玄宗暮年委任林甫誅破忠良十餘家宗閔未有此事況太和末宗閔與李德裕同時得罪德裕自開成初量移至二年夏爲淮南節度使而宗閔尚在貶所只如殷侑與韓盍奏官及章服成以韓益前年犯贓不可知鄭覃云幸且勿論孰爲黨比李珏曰拾小過掩微瑕但量與一官亦無妨帝曰三度左遷與一郡無

妨卿等悉出帝名左右史周殷復魏謨向前適來宰臣如此爭論去就得否對曰臣等以爲不可然鄭覃等各竭盡忠誠不覺如此亦非敢觸犯龍鱗帝曰鄭覃僻直嗣復疎雋卿可商量宰臣所奏同爲一狀將來丁酉以衡州司馬外置同置員李宗閔爲杭州刺史

陳夷行爲工部侍郎平章事楊嗣復李珏繼入輔政夷行介特素惡其所爲每文宗前議政語侵嗣復遂至往復珏不能堪上表稱疾辭位詔不許

盧攜爲平章事與鄭畋同在中書黃巢之起攜以浙

西觀察使高駢素有軍功奏爲淮南節度使令扼賊衝尋以駢爲諸道行營都統及巢奏請廣南朝議有請假節以紓患者畋採羣議欲以南海節度縻之攜以始用高駢欲其立功以圖勝攜曰高駢將畧無雙淮土甲兵甚銳今諸道之師方集蕞爾餓寇不足平殄何事捨之示怯而令諸軍解體邪畋曰巢賊之亂本因饑歲人以利合乃至寔繁江淮以南薦食殆半國家久不用兵士皆忘戰所在節將閉門自守尙不能支不如釋咎苞容權降恩澤彼本以饑年利合一遇豐歲孰不懷思鄉土其衆一離巢則几上肉耳是

冊府元龜　宰輔部　不協　卷之三百三十七　七

所謂不戰而屈人之兵也若此際不以計攻全恃兵力恐天下之憂未艾也羣議然之而左僕射于琮曰南海有市舶之利歲貢珠璣如今妖賊所有國藏漸當廢竭僖宗亦望駢成功乃依攜議及中書商量出勑畋曰妖賊百萬橫行天下高公遷延玩寇無意翦除又從而保之彼得計矣國祚安榮在我輩三四人畫度公倚淮南用兵吾不知稅駕之所矣攜怒拂衣而起袂染於硯因投之帝聞之怒曰大臣相詬何以表儀四海二人俱罷知政事

後唐任圜爲平章事時議命相樞密使孔循意不欲河朔人居相位圜欲相李琪而宰臣鄭珏素與琪不協循亦惡琪謂樞密使安重誨曰李琪非無藝學但不廉耳朝論莫若崔協重誨然之因奏擇相明宗曰誰可乃以協對任圜奏曰重誨被人欺賣如崔協者少識文字時人謂之沒字碑臣比不知書無才而進已爲天下笑何容中書之內更益笑端朝退宰臣樞密使休於中興殿之廡下孔循拂衣而去曰天下事一則任圜二則任圜崔協暴死則已不死會居此位重誨私謂圜曰今相位闕人協且可乎圜曰朝廷有李琪者學際天人奕葉軒冕論才較藝可敵時輩百

冊府元龜　宰輔部　不協　卷之三百三十七　八

人而讒夫巧沮忌害其能必捨琪而相協如棄蘇合之丸取蛣蜣之轉也

李琪事梁爲平章事與蕭頃同在中書頃性畏慎深密琪倜儻負氣不拘小節中書奏覆多行其志而頃專掎摭其咎

李愚爲平章事與劉昫俱在中書時馮道已出鎮同州而昫與道爲婚家而愚性太峻或因舊事不便要釐革者對論不愜愚必曰此事賢家翁所爲更之不亦便乎昫憾其言切於是每言必相詰難或至喧呼無幾兩人俱罷相

晉桑維翰爲平章事少帝微有不豫維翰曾密遣中使達意於太后請爲皇弟重睿擇師傅以教導之少帝繇此疑其有他俄而馮玉作相同在中書會舍人盧價秩滿玉乃下筆除價爲工部侍郎維翰曰詞臣除此官稍優恐外有所議因不署名屬維翰休假玉竟除之自此維翰與玉尤不相協俄因少帝以重睿擇師傅事言於玉遂以詞激少帝尋出維翰爲開封尹

徇私

粵若寅亮天工協和民紀仰成大化亶哉惟清斯宰

相之職也若乃居具瞻之任秉中立之誠始務營私詎聞盡節公忠靡著怨欲是行或昔有違言或暫失微旨既舉奪以私意遂好惡之有乖或異己以見傷或改法以更事徇故人之末節忘有國之至公加以狙入是貪兒女嬰慮小猶損於政治大或蔽於聰明而冀庶事咸康邪慝不作雖曰愚者未之信也歷代之下咸可明懲苟異中道則有斯蔽矣

漢田蚡武帝時爲丞相元光中河決瓠子蚡奉邑食鄃鄃居河北（鄃清河之縣也）河決而南則鄃無水菑邑收入多蚡言於帝曰江河之決皆天時未易以人力彊塞彊塞之未必應天而望氣用數者亦以爲然是以久不復塞也

霍光昭帝時爲大將軍輔政以光外孫上官氏爲皇后光欲后擅寵有子時帝體不安左右及醫皆阿意言宜禁內雖宮人使令皆爲窮袴多其帶（窮袴有前後不得交通也使令所使之人也窮袴即今之緄袴襠也）後宮莫有進者其後宣帝既立帝微時許妃爲皇后光妻顯愛小女成君欲貴之私使乳醫淳于衍行毒藥殺許后（乳醫視產乳之疾者）因勸光內成君代立爲后始許后暴終吏捕諸醫劾衍侍疾亡狀不道獄吏薄問急顯恐事敗即以實語光光大

驚欲自發舉不忍猶與（猶與不決也）會奏上因署衍勿論（署者題其奏後）光薨後語稍泄（事具外戚傳）

翟方進成帝時爲丞相持法刻深舉奏牧守九卿峻文深詆（詆毀也丁禮反）中傷者尤多如陳咸朱博蕭育逢信孫閎之屬皆京師世家以材能少歷牧守列卿知名當世而方進特立後起十餘年間至宰相據法以彈咸等皆罷退之初咸最先進自元帝初爲御史中丞顯名朝廷矣成帝初即位擢爲部刺史歷楚國北海東郡太守陽朔中京兆尹王章譏切大臣而薦琅琊太守馮野王可代大將軍王鳳輔政東郡太守陳咸

可御史大夫是時方進甫從博士爲刺史（刺始也）後方進爲京兆尹咸從南陽太守入爲少府與方進厚善先是逢信已從高帝郡守歷京兆太僕爲卿俱在選中而方進得之會丞相薛宣有事與方進相連帝使五二千石雜問丞相御史（六臣獄重故以使二千石五人詰責之）咸詰責方進與得其處方進心恨劾大將軍鳳奏除陳湯爲郎中與從事（每有政事皆與謀之而行）鳳薨後從弟車騎將軍音代鳳輔政亦厚湯逢信陳咸皆與湯善湯數稱之於鳳音所久之音薨鳳弟成都侯商復爲大司馬衛將軍輔政商素憎陳湯白其罪過下有司案驗遂免

湯徙敦煌時方進新爲丞相陳咸內懼不安廼令小冠杜子夏往觀其意微自解說（解說猶日分疏）子夏既過方進揣知其指不敢發言（揣謂揣求之）居無何（無何猶言無幾謂少時）方進奏咸與逢信邪枉貪汚營私多欲皆知陳湯姦佞傾覆利口不軌而親交賄遺以求薦舉後爲少府數饋遺湯信咸幸得備九卿不思盡忠正身內自知行辟亡功效而官媚邪臣欲以徼幸苟得亡耻孔子曰鄙夫可與事君也與哉（謂鄙夫不可與事君也與讀曰歟）咸信之謂也過惡暴見不宜處位臣請免以示天下奏可後二歲舉方正直言之士紅陽侯立舉咸等冊拜爲光祿大夫給事中方進復奏咸前爲九卿坐爲貪邪免自知罪惡暴陳依託紅陽侯立徼幸有司莫敢舉奏冒濁苟容不顧耻辱不當蒙方正舉備內朝臣并劾紅陽侯立選舉故不以實有詔免咸勿劾立後數年皇太后姊子侍中衛尉定陵侯淳于長有罪帝以太后故免官勿治罪有司奏請遣長就國長以金錢與立立上封事爲長求留曰陛下既託文以皇太后故（謂託於詔文）誠不可更有他計（言不宜遣長就國）後長陰事遂發下獄方進劾立懷姦邪亂朝政欲傾誤要主上狡猾不道請下獄帝曰紅陽侯朕之舅不忍致法遣就國

於是方進復奏立黨友曰立素行積爲不善衆人所共知邪臣自結附託爲黨庶幾立與政事欲獲其利今立斥逐就國所交結尤著者不宜備大臣爲郡守案後將軍朱博鉅鹿太守孫閎故光祿大夫陳咸與立交通厚善相與爲腹心有背公死黨之信（死黨盡死於朋黨）欲相攀援死而後已（援引也已止也）皆內有不仁之信而外有雋材過絕人倫勇猛果敢處事不疑所居皆尚殘賊酷虐苛刻慘毒以立威而亡纖介愛利之風（愛利謂仁愛而欲安利人也）天下所共知愚者猶惑孔子曰人而不仁如禮何人而不仁如樂何（言用不仁之人則禮樂廢壞）言不仁

之人亡所施用不仁而多材國之患也此三人皆內懷姦邪國之所患而滨相與交信於貴戚姦臣此國家大憂大臣所宜沒身而爭也沒盡昔季孫行父有言曰見有善於君者愛之若孝子之養父母也見不善者誅之若鷹鸇之逐鳥爵也鸇似鷂而小今謂之上鸇翅翼雖傷不避也貴戚彊黨之衆誠難犯之犯之衆敵並怨善惡相冐冐覆蔽也臣幸得備宰相不敢不盡死請免博閎咸歸故郡以銷姦雄之黨絕羣邪之望奏可咸知廢錮復徙故郡以憂死

張禹成帝時爲丞相以老疾罷就第位特進見禮如

丞相置從事史五人禹每病車駕自臨問之禹頓首謝恩歸誠言老臣有四男一女愛女甚於男遠嫁爲張掖太守蕭咸妻不勝父子私情思與相近帝即時徙咸爲弘農太守

後漢許馘爲太尉靈帝光和五年詔公卿以謠言舉刺史二千石爲民蠹害者時馘與司空張濟承望內官受取賄賂其宦者子弟賓客雖貪汙穢濁皆不敢問而虛糾邊遠小郡清修有惠化者二十六人

魏曹爽齊王時以大將軍輔政揚州刺史王陵奏廬江太守文欽貪殘不宜撫邊求免官治罪由是銜欽還爽以欽鄉里厚養待之不治欽事復遣還廬江加冠軍貴寵踰前欽以故益驕爽以何晏等爲腹心因共分割雒陽野王典農部桑田數百頃及壞湯沐地以爲產業承勢切取官物因緣求欲州郡有司望風莫敢忤旨晏等與廷尉盧毓素有不平因毓吏微過深文致毓法使主者先收毓印綬然後奏聞其作威如此

晉汝南王亮爲太宰錄尚書事論賞誅楊駿之功過差欲以苟悅衆心由是失望

魏舒爲司徒左長史傅咸在位多所執政豫州大中

正夏侯俊上言魯國小中正司空司馬孔毓四移病所不能接賓求以上書郎曹馥代毓旬日俊上毓爲中正司徒三却俊故據正咸以俊與奪惟意乃奏免俊大中正舒俊之姻屬屢却不署咸據正甚若舒終不從咸遂獨上舒奏咸激訕不直詔轉咸爲車騎司馬

後魏崔光爲車騎大將軍儀同三司光自從貴達罕所申薦曾啟其女壻彭城劉敬徽云敬徽爲荆州五龍戍主女隨夫行嘗慮寇抄南北分張乞爲徐州長史兼別駕暫集京師孝明許之時人比之張禹

北齊孫滕世居北邊因亂離亡一女及貴遠加推訪終亦不得疑其爲人婢賤及爲司徒奴婢許良者未研虛實率皆免之願免千人與得其女時高祖入朝左右有言之者高祖大怒解其司徒後遷太保劾博陵崔孝芬取貧家子賈氏以爲養女孝芬死其妻元更適鄭伯猷攜賈於鄭氏賈有姿色騰納之始以爲妾其妻袁氏死騰以賈有子正以爲妻詔封丹陽郡君復請以袁氏爵迴授其女違禮肆情多此類也

趙彥深爲司徒諷朝廷以叔堅爲中書侍郎頗招物議時馮子琮子慈明祖班子君信並相繼居中書故

時語云馮祖及趙穢我鳳池然堅身材最劣

司馬子如執政尉瑾娶其外孫皮氏女緣此擢瑾中書舍人隋蘇威爲納言開府儀同三司威治身淸儉以廉愼見稱然每至公議惡人異己雖或小事必固爭之時人以爲無大臣之體

唐許圉師爲左相龍朔中圉師子靜福府果毅文思奉輦直自然因田獵踐百姓苗稼地主忿怒更相搶捉自然遂以髐箭射之圉師杖自然一百竟不聞奏地主又詣司憲告司憲大夫揚德裔不爲推究西臺舍人袁公瑜遣人改姓名上封告之詔特免官

李義甫爲中書令自言本出趙郡始與諸李敘昭穆而無賴之徒苟合籍其權勢拜伏爲兄叔者甚衆給事中李崇德初亦與同譜敘昭穆及義甫出爲普州刺史遂即除削義甫聞而銜之及重爲宰相乃令人誣搆其罪竟下獄自殺初貞觀中太宗命吏部尚書高士廉御史大夫韋挺中書侍郎岑文本禮部侍郎令狐德棻等及四方士大夫諳練門閥者修氏族志勒成百卷昇降去取時稱允當頒下諸州藏爲永式義甫恥其家代無名乃奏改此書專委禮部郎中孔志約著作郎揚仁卿太子洗馬史玄道太常丞呂才

重修志約等遂立格云皇朝得五品官者皆昇士流於是兵卒以軍功致五品者盡入書限更名爲姓氏錄繇是縉紳士大夫多恥被甄敘皆號此書爲勳格義甫仍奏收天下氏族志焚之關東魏齊舊姓雖皆淪替猶相矜尚自爲婚姻義甫爲子求婚不得乃奏隴西李等十家不得相與爲婚劉幽求爲侍中幽求妻李氏本幽州故將軍李謹行嫁賤妾也幽求往爲館客通而妻焉謹行孫璡見幽求達用事遂以爲親璡任燕州刺史與幽州都督薛訥有隙幽求遂進孫佺爲幽州都督幽州鎭守經略使節度請軍以代之

佺無將材欲令遠討衆知其必敗也
張嘉貞爲中書令駕幸東都有雒陽主簿王均爲嘉貞修宅將以求御史因受贓事發玄宗特令朝堂決殺嘉貞從所繇連其刑以滅口乃歸罪於御史大夫韋杬等皆貶之
姚崇爲紫微令縱其子光祿少卿彝等廣引賓客受納饋遺繇是爲時所譏時有中書主書趙誨如崇所親信受蕃人珍異遺事發帝親加鞫問下獄處死崇結奏其罪復營救之帝繇是不悦其冬曲赦京城勅文特標誨名令決杖一百配流嶺南崇自是憂懼頻

面請避相位薦宋璟自代俄受開府儀同三司罷知政事
蘇頲爲相開元五年正月太廟四室壞伊闕人孫平子上封事以爲去年禘孝和於別室太廟之際未祭孝和先祭太上皇所致詔下禮官太常博士陳貞節與馮宗蘇獻等議以爲平子狂瞽危言玄宗令平子與禮官對定可否平子口辨所引咸有經據獻等又不能屈之頲以博士蘇獻是從祖兄頗黨之議竟不行平子上論不已遂貶平子爲康州都成縣尉議者以平子議爲是

張説爲中書令車駕東巡行封禪之禮説自定侍從升山之官多引兩省錄事主書及己之所親攝官而上遂加特進階超授五品及中書舍人張九齡草詔九齡言於説曰今登封霈澤千載一遇清流高品不沐殊恩胥吏末班先加章紱但恐制出之後四方失望今進草之際事猶可改唯令公審疇之無貽後悔也説曰事已決矣悠悠之談何足慮也竟不從制出外内甚咎於説果爲御史中丞宇文融所劾
李元紘爲中書侍郎平章事素重宋璟引爲中書舍人與給事中嚴挺之等同考吏部等事璟與挺之好

尚不同璟言於元紘元紘詰挺之挺之曰明公位尊國相情溺小人乃有憎惡甚爲不取也詞色俱厲元紘曰小人爲誰挺之曰即宋璟也因出爲登州刺史
李林甫爲右相兵部侍郎李彭年與林甫善慕山東著姓爲婚姻引就活以大其門典銓官七年竟以贓貶
吕諲上元初爲相引妻父程楚賓爲衛尉少卿妻兄震爲侍御史員外郎
王璵代宗朝爲相時韓滉出爲通州刺史彭王府諮議鄧景山爲淮南節度表滉爲賓佐未行除殿中侍

御史追赴京師先是滉兄泫知制誥草王璵拜官之詞不加虛美璵頗銜之及其秉政諸使奏滉兄弟者必以冗官授之璵免相羣議稱其屈故名拜焉

楊琰德宗初爲相專意報恩復鮮道州錄事參軍王洺有微恩於炎炎舉洺爲監察御史咸元載恩專務行載之舊事

盧杞德宗初爲相建中三年李納反叛淮南觀察陳少游以師收徐海等州尋棄之退軍盱眙又加簡較左僕射賜實封三百戶其年就加同平章事時宰相關播嘗爲少游賓僚杞早年與之同在僕固懷恩使

府故驟加其官秩初播爲給事中杞以播柔緩與其易制驟薦之尋改吏部侍郎未幾拜中書侍郎平章事時政事決在杞播但斂衽取容而已

李泌德宗初爲中書侍郎平章事以王緯爲給事中數月又遷潤州刺史浙西觀察使初緯與泌並爲露嗣恭江西觀察判官嗣恭將陷害泌緯救解獲免及是遂權用焉

竇參董晉貞元中俱在相府參驕盈多犯帝漸惡之參風晉奏給事中竇申爲吏部侍郎帝正色曰豈不是竇參遣卿奏也晉不敢隱諱因問參過失晉具奏之旬日參貶官晉憂懼累上表辭官

李吉甫憲宗初爲相元和三年二月勅許新除官及刺史等假於宣正門外謝便進狀辭其授官於朝堂禮謝並不須候假開國朝舊制凡命都督刺史皆臨軒冊拜特示恩禮近歲雖不冊拜而牧守受命之後皆便殿口對賜衣蓋以親人之官恩禮不可廢也時吉甫之舅新除河南少尹裴復求速之任適遇寒食假吉甫特奏請遂兼刺史同有是命非舊典也又裴垍初罷相以太子賓客卒時吉甫復入相以宿嫌怒垍不加贈官給事中劉伯芻疏論贈垍太子少傅伯

芻妻其從姨也或言吉甫以此奏論伯芻懼亟請散地因出爲虢州刺史

元載爲門下侍郎平章事載初爲侍中苗晉卿引用濩德之見晉卿子壻張延賞厚遇之薦爲給事中御史中丞中書舍人會河南尹缺特奏爲河南尹時河雒兵戈之後邑里丘墟延賞政尚易簡東郡甚理大曆年御史大夫缺上封人李少良潛以載陰事聞載知之乃奏少良狂妄詔下御史臺訊鞫載遂以延賞爲大夫實有所屬也

崔羣爲相元和十四年七月鹽鐵福建院官權長孺

坐賦一萬三百餘貫詔付京兆府杖殺之其母劉求哀於宰相羣因對言之帝愍其母老乃曰朕將捨長孺之死何如羣對曰陛下即捨之當速使人往若待正勑不及矣上乃使品官馳往止之翌日詔杖八十長流康州議者以長孺坐賦鉅萬宜處死以懲惡今以其母而貸其生是爲人子者皆可以爲大惡因母老而不死矣帝惻然捨之仁也宰相救免之非也

段文昌穆宗初爲相文昌好古書畫於所嗜求取不擇其人故刑部侍郎楊憑兄弟三人皆以文學知名於貞元中四方之士樂慕之憑亦好古故鍾王展鄭

之蹟在書斷畫品者頗積其家憑孽子渾之徃險干進盡有獻於文昌又翰林學士李紳好惡頗乖有進士周漢賓者倚以求事長慶元年春禮部侍郎錢徽入貢院日文昌及紳懇言二人繼以私書中書舍人李宗閔與翰林學士元稹早以才雋相友稹項自拾遺御史坐宣貶出久之懲爲省郎乃大改前志以徼富貴宗閔亦急於進取二人遂有隙楊汝士與徽有舊會宗閔子壻蘇朝與右補闕楊汝士季弟殷士俱及第遂搆成其事時文昌已除西州節度使面辭日首其事指摘牓內鄭郎等十四人謂之子弟不當在選中穆宗以其事訪於翰林學士稹紳等奏與文昌同遂內出題目重試之郎等惶駭就試不能成其文遂考落郎等十人而貶錢徽爲江州刺史宗閔劒州刺史汝士爲開州臨江縣令

元稹爲工部侍郎平章事長慶二年以新授楚州刺史李景儉爲少府少監分司東都初景儉兩爲諫議大夫以險躁縱酗再黜遠地素與稹暱狎及稹作相景儉未達貶所據遷大郡議者紛起方以散位處之

賈餗文宗朝爲相太和九年七月貶侍御史李甘爲封州司馬殿中侍御史蘇特爲潘州司戶蘇特非與

李甘爲比者賈餗爲他事虐用朝典耳

鄭珏爲相崔貽孫自貶所遇赦還京珏以嬰戚之分復擬吏部侍郎天官任重昏旄罔知復除禮部尚書致仕

梁末帝乾化初于兢爲司空平章事四月罷爲工部侍郎尋貶萊州司馬以其挾私與軍較還往故也

後唐韋說與豆盧革作相革說之子俱授拾遺父子同官爲人所刺遂改授員外郎革請說之子濤爲弘文館學士說請革之子昇爲集賢學士交致阿私有同市井識者醜之初說在江陵與高季興相知及入

中書亦嘗通信幣自討西蜀季興請攻峽內莊宗許之如能得三州俾為八郡兩川既定季興無尺寸之功洎明宗纘承季興頻請三郡朝廷不得已而與之革議方在中書亦豫其議及季興占據獨歸其罪

豆盧革莊宗時為相以樞密使郭崇韜父名弘乃奏改弘文館為崇文館至明宗天成二年正月勅三館重事歷代通呼只自先朝偶更舊制因近臣之避忌易大國之規模今屬維新理宜仍舊其崇文館宜却改為弘文館

崔協為相天成二年五月御史中丞盧文紀奏今月

一日廊下就食權知左丞崔居儉使大吏怪食無次第文紀以賜食出於御廚又非室中指縱為居儉騰越近條故舉之奉勅臺司舉奏務肅班行若鞠端繇且開飲餞縱令引證亦是小瑕並放時協在中書與居儉有私憾及有是舉人亦非之

馮道初為中書侍郎平章事吏部侍郎劉岳以道形神庸陋一旦為丞相人士多竊笑道自月華門赴班岳與工部侍郎任贊偶語見道行而復顧贊曰新相回顧何也岳曰定是忘持兔冊來道之鄉人在朝者聞之告道因授岳秘書監任贊散騎常侍

趙鳳為中書侍郎平章事長興元年八月壬寅明宗御中興殿對鳳奏曰一日已來臣等竊知有姦人熒惑陛下誣陷大臣未知信否上曰聞事卿勿復言朕已處置訖鳳堅奏曰所聞之事不小陛下不得以為閑自數日已來眾口籍籍言安重誨幾傾家族因指殿以諭之曰此殿宏壯所以不騫不撓者棟梁柱石之所扶持也如狂人折一柱壞一棟則殿危矣重誨歷艱險經危難事陛下致君為中興主人欲誣構陷之是壞陛下棟梁柱石也上因改容報曰予雖不信然生此讒隙者此兇徒也遽命族誅勅曰捧聖都軍

使李德行十將張儉等擿求虛事誣告重臣奏陳而頗駭聽聞詰驗而乃明讒謗間予心腹傾我棟梁為臣盡以異常罪一身而未塞宜誅家族懲彼姦兇仰全家處斬其年九月甲戌樞密使安重誨進第三表乞解機務初進第一表上謂曰朕與兄無間兒輩厚誣尋以誅戮卿此後更無在懷翌日宰臣入對馮道等奏曰臣竊聞安重誨乞辭機務此事不可輕議乞陛下特掛宸襟以安中外上曰朕已面諭之無所改易至是重誨復面奏云臣以孤賤事陛下今日位重人臣忽被無名誣構若非聖鑒至明察臣忠懇則已

膏於斧鑕矣以臣才輕位重終恐難鎮流言且乞與臣一鎮暫解機衡以息浮謗聖旨不俛重誨奏不已帝怒謂之曰放卿出所自有人使范延光奏曰自中興以來重誨參掌機務況無過失顯濟國家如重誨辭退誰可爲代上曰卿豈不得延光奏曰重誨事陛下三十年爲陛下無不陳力大臣伏事日近幸逢與運叨竊寵靈此德較功不可與重誨同年而語臣固才力不逮也帝遣促爲之因令武德使孟漢瓊至中書宣問宰臣商量重誨事執政疑其對惟馮道楊言曰諸人苟諳安令紓其禍難則解樞務爲便也趙鳳

爭曰大臣不宜輕動公失言也道等因附漢瓊奏曰此斷在宸旨然重臣不可輕議移改繇是兼命延光爲樞密重誨如故

樹黨

君子無黨先聖之格言私臣不忠往哲之明戒況夫秉鈞巖廊之上高議槐鼎之私股肱大君師表多士固宜總釐百揆經濟遠圖以啟沃爲憂以裁成爲任豈有庸回蒐慝毀信廢忠朋附寵臣樹任私黨或交通於近職或締結於貴親務固寵榮廣布心腹上則蔽虧於王政下則毒痡於生民宜乎閱實典刑以謝天下焉

後漢袁逢爲司空後卒於執金吾弟隗少歷顯官先隗爲三公時中常侍袁赦隗之宗也用事於中以逢隗世宰相家推崇以爲外援故袁氏貴寵於世富奢甚不與他公族同

劉熹爲太尉與太傅馮石以阿黨貴免

魏曹爽爲大將軍時南陽何晏鄧颺李勝沛國丁謐東平畢軌咸有聲利進趣於時明帝以其浮華皆抑黜之及爽秉政乃復進敘任爲心腹爽以司馬宣王年德竝高嘗父事之不敢專行及晏颺謐等進用咸

共推戴說爽以權重不宜委之於人乃以晏颺謐爲尚書晏典選舉軌司隸較尉勝河南尹諸事希復由宣王宣王遂稱疾避爽又云爽執政秉權將樹其黨徙吏部尚書盧毓爲僕射以侍中何晏代毓

吳濮陽興爲丞相與景帝寵臣左將軍張布共相表裏邦內失望

南齊王儉高帝時爲左僕射儀曹郎孔逷常謀議幃幕每及選用頗失鄉曲情儉從容啟帝曰臣有孔逷猶陛下之有臣也時人呼孔逷何憲王儉爲三公

後魏崔浩太武時爲司徒述成國記時著作令史閔

湛爲浩信任見浩所注詩論書易遂上疏言馬鄭王賈雖著述六經竝名疏謬不如浩之精微乞收境内諸書藏之秘府班浩所注命天下習業竝求勅浩注禮傳令後生得覩正義浩亦表薦湛有著述之才

于忠孝明時爲侍中秉朝政與直閤將軍章初瓌千牛備身楊保元爲斷金之交李世哲求寵於忠私以金帛貨賂初瓌保元等初瓌保元談之遂被賞愛引爲腹心忠擅權昧進爲崇訓之繇皆世哲計也（忠既尊靈太后居崇訓宮忠爲儀同三司尚書令太后臨朝解忠侍中領軍崇訓衞尉正）

元乂爲領軍將軍執政擅權樹結親黨車騎將軍侯

剛張子乂之妹夫乃引剛爲侍中左衞將軍還領尚食典御以爲枝援俄加車騎大將軍及乂之解領軍也靈太后以乂腹心尚多恐難卒制故權以剛代之示安其意尋出爲散騎常侍冀州刺史

北齊祖珽爲侍中時武明皇后姊子段孝言爲吏部尚書珽執政將廢趙彥深引孝言爲助除侍中入内省典機密

後周晉公護爲大冢宰以中大夫吐羅協竭忠於已每提奬之頻考上中賞以粟帛遷少保轉少傅進位大將軍爵南陽郡公兼營作副監宮室既成以功賜爵雒邑縣公

隋蘇威爲侍中其子夔以公子盛名引致賓客四海士大夫多歸之時義樂夔與國子博士何妥各有所持於是夔妥各爲一議使百僚署其所同朝廷多附威同夔者十八九妥曰吾席間函丈四十餘年反爲昨暮兒之所屈也遂奏威與禮部尚書盧愷吏部侍郎薛道衡尚書右丞王弘考工部侍郎李同和等爲朋黨省中呼王弘爲子李同和爲叔言二人如威子弟後言威以曲道任其從父弟蕭徹等罔冒爲官又國子請黎陽人王孝逸爲書學博士威屬盧愷以爲

其府參軍帝令蜀王秀上柱國盧慶則等推案之事皆驗帝以宋書謝晦傳中朋黨事令威讀之威惶懼免冠頓首帝曰謝已晚矣於是免威官爵以開府就第知名之士坐威得罪者百餘人未幾帝曰蘇威頃者但爲人誤耳命之通籍歲餘復爵邴公

高熲高祖受禪拜尚書左僕射兼納言與内史令李德林于翼同修律令蘇威又言廢郡德林語之云修令時公何不論廢郡爲便今令纔出其可改乎然高熲同威之議奏稱德林狠戾將所固執由是高祖竟依威議

唐宗楚客中宗時爲中書令雖跡附韋氏而與侍中紀處訥共爲朋黨故時人號爲宗紀

宇文融玄宗時爲黄門侍郎平章事時禮部尚書信安王禕爲朔方節度殿中侍御史李宙劾之驛名將下獄禕既申訴得理融坐阿黨李宙出爲汝州刺史裴光庭兼御史大夫又彈融處遊朋黨及男受贓貶眙州平樂尉

呂諲肅宗時爲黄門侍郎同中書門下三品官馬上言以宣傳詔命諲親暱之有納錢買官者諲爲奏藍田尉帝使御史敬羽劾之得其實上言決殺之以其

肉賜從官食之遂罷諲相爲太子賓客

元載代宗時爲門下侍郎平章事載自爲相已後嘗選擢朝官之有文學才望者一人厚遇之將以代已初引領吏部侍郎劉單單卒又引禮部侍郎薛邕邕卒又引楊炎故當時親重之者無與炎比載敗炎坐貶道州司馬

竇參德宗時爲中書侍郎平章事貞元中戸部侍郎竇覦無他能爲吏粗有幹用初以韓滉子壻爲節將辟奏及參秉政多樹私黨以從父之故極口薦論擢戸部數月又除淮南節度既非德舉不爲羣情所伏又有竇申者參之同族參特愛申每議除授多語於申申或泄之以招權受賂每所至人謂之喜鵲帝頗聞其事數謂參曰卿他日必爲申所累不如出之以厭衆參曰臣無強子姪申雖疎屬臣親之不忍出請保無他犯帝曰卿雖自保如衆人何參固如前對由聞之不悛參爲相無學術但多引用親黨使居要職以爲耳目四方節度使皆畏憚之

李泌爲平章事有房式者宰相琯之姪舉進士泌爲陝州觀察使時辟爲從事泌入相累遷起居郎出入泌門爲其耳目及泌卒再除忠州刺史

杜佑德宗末爲門下侍郎平章事濠州刺史杜兼性浮險豪侈矜氣憲宗元和初入爲刑部吏部郎中拜給事中除金商防禦使旋受河南尹知府事尋正拜尹皆佑在相位所借護也

李訓文宗時爲平章事太和元年以刑部郎中兼侍御史知雜事李孝本爲權知御史中丞自李固言繇御史大夫作相銜元輿以知雜事爲中丞及元輿入相復以孝本爲中丞皆訓之所擢用

後唐豆盧革莊宗同光初爲門下侍郎平章事革引薦韋說爲相與諸事體與已同功說既登庸復事旋

品舉止輕脫怨歸於革
孔循爲樞密使同平章事明宗天成初宰相豆盧革
韋說得罪執政相與議宰相時經始之初言事者衆
咸以循少侍宮禁諳故實知朝廷人士之才行樞密
使安重誨多聽之循意不欲河朔人居相位初巳援
引鄭珏入中書至是任圜欲相李琪而鄭珏與其步
梁時同在翰林爲學士二人不相善居嘗切齒循旣
以珏爲門人亦排斥李琪謂重誨曰李琪非無藝學
但不廉耳宰相人士之表儀但得身端有器度足以
輔弼矣朝論所與莫若崔協重誨以爲然後重誨內

殿奏中書闕人欲擇丞相帝曰誰可相者乃以崔協
對任圜曰重誨未諳朝中人物被人欺賣如崔協者
天下皆知少識文字時人呼爲無字碑臣以陛下藩
邸之年卽廻天聰無才幸進此不知書一旦驟塵輔
弼終朝若負芒刺以臣一人取笑足矣何容中書之
內更益笑端帝曰宰相重位卿等更自審詳然吾在
藩時識易州刺史韋肅人言名家待我嘗厚置於此
位何如肅苟未可則馮書記先朝判官稱爲長者多
才博學與物無競可以相矣書記卽馮道人也嘗爲
莊宗霸府書記帝素欽顏偶不記名但云書記朝退
宰臣樞密使休於中興殿廊舍循不揖拂衣徑去曰
天下事一則任圜二則任圜圜乃何者崔協暴死則
巳不死會居此位重誨私謂圜曰今政闕人協且備
員可乎圜曰公言何恢哉今朝廷有李琪者學際天
人奕葉軒冕論才較藝可敵時輩百人而讒夫巧沮
忌害其能必捨琪而相協如棄蘇合之丸取蛣蜣之
轉也重誨笑而止然與循同職循日言琪之短協之
長月餘下制以馮道崔協同平章事物論醜之
范延光明宗時爲樞密使長興中新授許州節度使
孟鵠謝退帝目送之顧謂侍臣曰孟鵠掌三司幾年

得至方鎮大奇事延光奏曰鵠於同光世巳爲三司
句官天成初爲三司副使出刺相州入判三司又三
年帝曰鵠實幹事人以至此方鎮爭不勉旃鵠與延
光俱魏人鵠在相州延光自鎮州歸朝鵠厚相結託
暨延光掌樞密援引判三司又致節鉞帝心知其圖
要有諷勸故延光委曲陳述帝所以云爭不勉旃
漢蘇逢吉爲中書侍郎平章事初與李濤論舊相得
甚歡濤之入相逢吉有力焉會濤上章請出兩樞密
爲方鎮帝怒罷濤相勒歸私第時論疑濤承逢吉之
風旨也　終

冊府元龜

巡按福建監察御史臣李嗣京 訂正

知閩縣事臣曹學臣叅閱

知建陽縣事臣黃國琦較釋

宰輔部

奢侈 貪黷 專恣

奢侈

奢則不遜著乎格言蒲乃掐損垂於前誥故君子所以去其泰甚守其節儉而保終吉者焉乃有雍容廊廟之上表式搢紳之列忘約已之道昧素履之旨因

府滿志席寵自恣繇是殖其貨利安其逸豫極耳目之玩窮嗜好之味肝衡長敖始終無悔以是遺世譏而冒邦憲者往往而有次之編簡足以為戒

漢田蚡為丞相治宅甲諸第（言為諸第之最也以甲乙次之言甲則為上矣）田園極膏腴（膏腴謂肥厚之處）市買郡縣器物相屬於道（屬遠及也音之欲反）前堂羅鍾鼓立曲旃（旃旗之名也通帛曰旃曲旃僭也）後房婦女以百數諸奏珍物狗馬玩好不可勝數（奏晉也）

張禹為丞相禹家以田為業及富貴多買田至四百頃皆涇渭溉灌極膏腴上賈（賈讀曰價）它財物稱是禹性習知音聲內奢淫身居大第後堂理絲竹筦絃弟子沛郡戴崇每候禹責師宜置酒設樂與弟子相娛禹將崇入後堂飲食婦女相對優人筦絃鏗鏘極樂昏夜乃罷

魏曹爽為大將軍錄尚書事爽飲食車服擬於乘輿尚方珍玩充牣其家妻妾盈後庭又私取先帝才人七八人及將吏師工鼓吹良家子女三十三人皆以為伎樂作窟室綺疏四周數與何晏等會其中縱酒作樂

吳步騭為丞相門內妻妾服飾奢綺頗以此見譏

晉何曾為太宰性奢豪務在華侈帷帳車服窮極綺

麗廚膳滋味過於王者每燕見不食太官所設帝輒命取其食蒸餅上不拆十字不食日食萬錢猶曰無下箸處人以小紙為書者勅記室勿報劉毅等數劾奏曾侈汰無度帝以其重臣一無所問何劭曾之子也為司徒驕奢簡貴亦有父風衣裘服玩新故巨積食必盡四方珍異一日之供以錢二萬為限時論以為太官御膳無以加之

謝安為太傅性好音樂及為相於土山營墅樓館林竹甚盛每攜中外子姪往來游集肴饌亦屢費百金世頗以此譏焉而安殊不以屑意

宋劉穆之晉末爲尚書左僕射摠朝政性豪奢食必方丈又且輒爲十人饌穆之既好賓客未嘗獨食每至食時客上十人以還者帳下依常下食以此爲常

後魏廣陽王嘉爲衞大將軍尚書令除儀同三司性好儀飾車服鮮華既居儀同又任端首出入容衞道路榮之

隋楊素爲左僕射家僮千數後庭妓妾曳綺羅者以千數第宅華侈制擬宫禁

唐李林甫爲右僕射京城邸第田園水磑利盡上腴城東有薛王别墅林亭幽邃甲於都邑玄宗特以賜

之及女樂二部天下珍玩前後賜與不可勝紀

楊國忠爲右相於宣陽里連構甲第土木被緹繡棟宇之盛兩都莫比

裴冕爲左僕射兼掌兵權留守之任俸錢每月二千餘貫性本侈靡好尚車服乃營珍饌名馬在櫪價盈數百金者常十數每會賓友滋味品類坐客有昧於名者

元載爲中書侍郎平章事城中開南北二甲第室宇宏麗冠絶當時又於近郊起亭榭所至之處帷幔什器皆如宿設儲不改供城南膏腴别墅連疆接畛凡數十所婢僕曳綺羅亦百餘人恣爲不法侈僭無度

李吉甫爲中書侍郎平章事服物食味必極珍美

段文昌爲中書侍郎平章事出入將相幾二十年其服飾玩好歌鍾妓女苟悦於心無所愛惜遂至奢侈過度物議貶之

漢蘇逢吉爲司空平章事性多侈靡好鮮衣美食中書公膳鄙而不食私庖供饌務盡甘珍嘗於私第大張酒樂以召權貴所費千餘緡

周和凝初仕晉爲右僕射平章事性好修整自釋褐至登輔相車服僕從必加華楚

貪黷

夫謀謨廟堂鎭撫夷狄苟非命清愼之士秉公正之心則何以表率百僚儀刑四海若乃任或匪人惟恣貪黷陰施威惠内殖貨財遣僮僕以經營狎姦織而聚斂獄以貨免官以賄成逞志多岐罔知紀極至有自治塋塚敢望於園寢家厭珠金靡恤於宗黨豈惟悖亂於彝倫信亦顛覆於國家者也

漢李蔡爲丞相坐詔賜冢地陽陵當得二十畝蔡盜取二頃頗賣得四十餘萬又盜取神道外壖地一畝葬其中（壖音人掾切）當下獄自殺

張禹爲丞相封安昌矦禹爲人謹厚內殖貨財家以田爲業及富貴多買田至四百頃皆涇渭溉灌極膏腴上賈（賈讀曰價）宅財物稱是禹性習知音聲內奢淫身居大第後堂理絲竹管絃禹年老自治冢塋起祠室好平陵肥牛亭部處也（肥牛亭名欲得置亭處之地爲冢塋）又近延陵奏請求之成帝以賜禹詔令平陵徙亭它所曲陽矦根（根王根也）聞而爭之此地當平陵寢廟衣冠所出游道禹爲師傅不遵謙讓至求衣冠所繇之道又徙壞舊亭重非所宜（重直用反）孔子稱賜愛其羊我愛其禮（論語云子貢欲去告朔之餼羊孔子曰爾愛其羊我愛其禮故引之也）宜更賜禹他地根雖

爲舅帝敬重之不如禹根言雖切猶不見從卒以肥牛亭地賜禹

匡衡爲丞相有司奏衡專地盜土衡竟坐免初衡封矦之樂安鄉（屬臨淮郡）鄉本田提封三千一百頃（提封舉其封界內之摠數）南以閩伯爲界（伯者田之東界也閩者伯之名也伯莫客反）初元年元郡圖誤以閩伯爲平陵伯積十餘歲衡封（平陵伯在閩伯南誤十餘歲衡乃始封此鄉）臨淮郡遂封眞平陵伯以爲界多四百頃至建始元年郡乃定國界上計簿更定圖言丞相府衡謂所親吏趙殷曰（所親素所親任者）主簿陸賜故居奏曹習事曉知國界署集曹掾明年治計時衡問殷國界事曹欲奈何殷曰賜以爲舉計令郡實之（舉法上計之簿令郡改從平陵伯以爲定實）恐郡不肯從實可令家丞上書衡曰顧當得不耳何至上書（顧念也）亦不告曹使舉也聽曹爲之後賜與屬明舉計曰案故圖樂安鄉南以平陵伯爲界不足故以閩伯爲界解何（不足故者不依故圖而滿足也解何者以分解此時意猶今言分數也）郡卽復以四百頃付樂安國衡遣從史之僮收取所還田租穀千餘石入衡家司隷校尉駿少府中行庭尉事劾奏衡監臨盜所主守直十金以上（十金以上當時律定罪之次若以律條言一人以上以下）春秋之義諸矦不專地所以一統尊法制也衡位三公輔國政領

計簿知郡實政國界計簿巳定而背法制專地盜土以自益及賜明阿承衡意猥舉郡計辭減縣界（猥曲也）附下罔上擅以地附益大臣皆不可道於是帝可其奏勿治丞相免爲庶人終於家

晉王戎爲司徒性好興利廣收八方田園水碓周徧天下聚積錢不知紀極每自執牙籌晝夜算計常若不足而又儉嗇不自奉養天下人謂之膏肓之疾

後魏咸陽王禧加侍中正太尉雖爲宰輔之首而從容推委無所是非而潛受賄賂陰爲威惠以致奴婢千數田業鹽鐵遍於遠近官吏僮隷相繼經營宣武

頗惡之

北海王詳爲錄尚書時高雙坐貪濁免官雙多納金寶除司空長史未幾遷太尉長史

元乂爲侍中輔政時崔暹爲都督討武川鎮爲賊所敗禁於廷尉以女妓園田貨乂獲免

北齊孫騰爲太保尚書令求納財賄不知紀極生官死贈非貨不行飾藏銀器盜爲親狎小人專爲聚斂

司馬子如爲左僕射知朝政簿領之務與奪任情公然受納無所顧憚後爲尚書令義旗之始身不參預直以孝文故舊遂當委重意氣高矜聚斂不息時文

襄入輔朝政內稍嫌之尋以贓賄爲憲司所劾詔削官爵

高隆之爲太保時文襄作宰風俗肅清隆之時有受納文襄於尚書省大加責辱

隋楊素爲尚書令貪冒財貨營求產業東西兩京居宅侈麗朝毀夕復營繕無已爰及諸方都會處邸店水磑并私田宅以千百數時議以此鄙之

虞世基煬帝時專典朝政其繼室孫氏性驕淫世基惑之恣其奢靡雕飾器服無復素士之風孫復攜前夫子夏侯儼入世基舍而頑鄙無賴爲其聚斂鬻官賣獄賄賂公行其門如市金寶盈積其弟世南素爲國士而清貧不立未曾有所贍由是爲論者所譏朝野咸共疾怨

唐許敬宗爲右相高宗龍朔三年冊拜太子太傅同東西臺三品監修國史敬宗嫁女與左監門大將軍錢九隴本皇家隸人敬宗貪財與婚又爲子娶尉遲寶琳孫女爲妻多得賂遺白州人龐孝恭蠻酋凡品率兵從征高麗賊知其懦襲破之敬宗又納其寶貨稱孝恭頻破賊徒斬獲數萬

李義府爲中書令貪冒無厭賣官鬻獄廣樹朋黨有

占候人言義府宅有獄氣積錢二千萬可壓勝遣其子津名長孫無忌之孫延謂曰相爲得一官數日詔書當出五日果拜司監津乃取延錢七百貫

李迥秀爲夏官侍郎同鳳閣鸞臺三品長安四年坐贓貶授廬州刺史

紀處訥爲侍中與兵部尚書宗楚客及楚客弟將作大匠晉卿咸專權共爲朋黨贓奸很籍先是娑葛以阿史那忠節頻侵暴邊境奏請徙于內地楚客取忠節金二千兩處訥取七百兩竟不納其奏娑葛知而大怒遂舉兵入寇甚爲邊患

崔湜爲中書侍郎平章事鄭愔爲吏部侍郎平章事景龍三年俱坐贓湜貶襄州刺史愔貶江州司馬

蕭志忠爲中書令與太平公主謀逆伏誅籍沒其家未名之寶不可勝記

楊國忠爲相有康謙者本商胡玄宗天寶中爲安南都護賂遺國忠官至將軍

李林甫爲中書令集賢殿大學士久典樞衡天下威權竝歸於已京城邸第田園水磑利盡上腴宰相用事之盛開元以來未有其比

裴冕代宗大曆中爲宰相兼掌兵權畱守之任俸錢

每月二千餘貫小吏以俸錢文簿白之冕顧子弟喜見於色其嗜財若此

元載大曆中爲相以誅魚朝恩計就特蒙任遇接視百寮頗有德色遂肆志貪饕徐浩任廣州以賂聞竭南方珍產納于載楊綰爲吏部廉簡自處不附於載乃奏浩代綰至德乾元中天下多戰伐功敘奏塡委故官賞紊雜及永泰後四方旣定而載秉政公道隘塞官田賄成中書主書卓倩李榮輩用事勢傾朝列天下官爵大者出載小者自倩榮四方齎金帛求官者道路相屬各稱而去

王縉爲相溺於釋教捨道政坊宅爲嬖妾李氏奏造寶應寺每節度觀察使朝覲皆延至佛寺諷令出財助已修繕四方賂遺畢集縉又縱弟妹女尼得廣納財賂貪狼之跡如市賈焉廣德中蕭復爲太子僕屬連歲不稔穀價翔貴復家累百口無以自給將鬻昭應別業時縉聞其林泉之美心欲之乃使弟紞誘焉紞謂復曰足下之才固宜居右職姑以別業奉吾兄當以要地處足下矣復對曰僕之鬻舊業以拯孀孤儻以美職售之姑姊弟姪受凍餒非鄙夫之願也縉旣憾之受代廢居者數年復處之自若

楊炎爲門下侍郎平章事大曆中路嗣恭討舒晃于廣州商舶之徒多因晃事誅之沒其財寶數百萬盡入私室不將貢獻代宗心甚銜之故嗣恭雖有平方面功止轉檢較尚書東都畱守

竇參德宗貞元中爲相淄青節度使李納旣憚參饋遺畢至外示敬參實陰間之帝所親信屢排毀參竇申又與吳通玄過犯事覺然參任情好惡恃權貪利不知紀極亦以此敗

杜黃裳憲宗元和初爲相有經畫之才達於權變然性頗貪黷簡身律物寡廉潔之譽言以居鼎職不久

又除受不分流品或官以賂遷殆後貨賂事發八年二月御史臺奏永樂令吳憑爲僧鑑虛受記與故邠寧節度使高崇文處納賂錢四萬五千貫並附杜黄裳男載鞫訊引伏勅曰吳憑曾佐使府忝履官途自宜畏法慎身豈得爲人掌貨事關非道理合懲愆宜配流昭州其付杜載錢物宰輔之任寵寄實深致滋賂財不能拒絶已令勘問悉合懲收貴全終始之恩俾引寛大之典其所用錢物特宜矜免杜載等並釋放黄裳爲近代名相然其家擁富貲於廉隅無所顧君子惜之

李逢吉爲右僕射門下侍郎平章事特澤潞節度使劉悟卒遺表請以其子從諫繼纘戎事敬宗下大臣議僕射李絳以澤潞内地與三鎭事理不同不可許逢吉與中尉王守澄受其賂曲爲奏請從諫自將作監主簿起復雲麾將軍守金吾衛大將軍同正簡較左散騎常侍兼御史大夫充昭義節度使副大使觀察等留後

王涯爲相以甘露事與李訓等同誅凡十一家資貨悉爲軍人百姓所刼唯涯家資財人人得以隨意取之竟日不竭涯好畜圖籍數倖書府前代法書名畫爲家所寶金帛不能置者必先以好爵美職以鈎焉廣後爲垣廞而藏之重復秘固若不可窺及是爲坊市少年斤斵毁裂取函奩金寶之飾與其軸玉而已

後唐韋說爲禮部侍郎平章事貨賄公行時有王修者能以多岐取事納賂於說說以其名犯祖諱遂兴之爲掾擬宰近甸同光四年二月荆南節度使高季興奏請峽内夔忠萬等州割歸當道依舊管係又請雲安監初荆南以本朝時管荆澧朗硤歸夔忠萬涪等州乾寧中雷蒲據澧朗自稱節度雷蒲敗地入馬殷天祐初成汭失荆襄王建乘虚收歸夔峽等州朱

梁以高季興鎭荆州與王建爭夔峽竟不能復王建於夔州置鎭江軍節度以夔忠萬爲屬郡又割黔南之施州隷之雲安縣舊置雲安監權鹽之利爲安邑解縣胡雒鹽池之亞王建既得之兩川大獲其利乃昇雲安縣爲安州以刺史領監務初帝舉軍平蜀詔高季興率本軍泝峽自收元管屬郡荆南軍未進僞蜀夔萬連年率以州降繼岌三川既平季興數遣使請峽内三州依舊爲屬又請雲安監務朝廷未之許季興數賂劉皇后與說及宰臣豆盧革時樞密使張居翰年暮性昏不酌可否私相款昵曲爲奏之内外

附叶因喻其請

漢蘇逢吉爲司空平章事與蘇禹珪俱在中書逢吉尤貪財貨無所顧避求仕人稍有物力者卽遣人微露風旨許以美秩故鳳翔秦王從儼子永吉初至闕下逢吉謂其侯王之裔必有重貨乃遣人求先人玉帶且以一郡許之永吉辭以素無此物縱有者不堪奉獻逢吉下令市一玉帶償數千緡使永吉償其直又前客省使王筠受晉命使於湖湘漢初復命逢吉重邀其賂許酬名郡筠不得已分橐裝以奉然俱不能踐其言其貪詐如此

周盧文紀司空致仕平生積財巨萬其卒爲其子龜齡所費不數年間以至蕩盡由是多藏者以爲戒焉

專恣

書云惟辟作福惟辟作威故臣之有作福作威必害於而家凶於而國又曰無依勢作威無依法以削況乃處衡軸之寄當登翼之任故宜內則衷告外則順行使賞罰之柄發於上循謹之行率於下此乃爲臣之大節矣至有據廊廟之重擅高明之勢威赫天下權傾一時改易制度剪削宗室盜取兵器詐爲詔書或違衆以出師或逞欲而凌上思引用之自已致遷序之失倫則削讓之所加誅戮之繼至固其宜矣

漢晁錯景帝時爲御史大夫請諸侯之罪過削其支郡（支郡在國之西邊）奏上帝令公卿列侯宗室雜議莫敢難獨嬰爭之繇此與錯有隙（繇讀與由同）錯所更令三十章諸侯讙譁（更改也）

張湯武帝時爲御史大夫每朝奏事語國家用至日旰（旰晚也論事既多至於日晚旰音幹）天子忘食丞相取充位（但充其位而已無所造設也）天下事皆決湯百姓不安其生騷動縣官所興未獲其利姦吏並侵漁（竝室也）於是痛繩以辠自公卿以下至於庶人咸指湯

後漢董卓爲相國使司隸校尉劉囂籍吏民有爲子不孝爲臣不忠爲吏不清爲弟不順有應此者皆身誅財物沒官於是愛憎互起民多冤死

魏曹爽爲大將軍錄尚書事私取先帝才人七八人及將吏師工鼓吹良家子女三十三人皆以爲妓樂詐作詔書發才人五十七人送鄴臺使先帝倢伃教習爲技擅取太官樂器武庫禁兵作窟室綺疏四周數與何晏等會其中縱酒作樂齊王正始八年司馬宣王爲太傅大將軍爽用何晏鄧颺丁謐之謀遷太后於永寧宮專擅朝政兄弟並典禁兵多樹親黨屢

攺制度宜王不能禁於是與爽有隙稱疾不與政事

吳諸葛恪爲太傅廢帝建興二年春欲出軍諸大臣以爲數出罷勞同辭諫恪恪不聽中散大夫蔣延㦤以固爭扶出恪乃著論諭衆衆議莫敢復難於是違衆出軍二十萬衆圍魏新城連月不拔病者大半死傷塗地恪晏然自若詔去相銜徐乃旋師軍還陳兵導從歸入府舘卽名中書令孫嘿厲聲謂曰卿等何敢妄數作詔嘿惶懼辭出因病還家恪征行之後曹所奏署令長職司一罷官更選愈治威嚴多所罪責當進見者無不竦息又攺易宿衛用其親近

晉楊駿惠帝時爲太傅大都督假黃鉞錄朝政百官總巳慮左右間巳乃以其甥段廣張劭爲近侍之職凡有詔命帝省訖入呈太后然後乃出駿知賈后情性難制甚畏憚之又多樹親黨皆領禁軍於是公室怨望天下憤然矣

庾亮爲中書令成帝初太后臨朝政事一決於亮先是王導輔政以寛和得衆亮任法裁物頗以此失人心又先帝遺詔褒進大臣而陶侃祖約不在其列侃約疑亮刪除遺詔並流怨言亮懼亂於是出溫嶠爲江州以廣聲援修石頭以備之會南頓王宗復謀廢執政亮殺宗而廢宗兄羕宗帝室近屬羕國族元老又先帝保傅天下咸以亮翦削宗室瑯邪人卞咸宗之黨也與宗俱誅咸兄闡亡奔蘇峻亮符峻送闡而峻保匿之峻又多納亡命專用威刑亮知峻必爲禍亂徵爲大司農舉朝謂之不可平南將軍溫嶠亦累書止之皆不納峻遂與祖約俱舉兵反

梁徐勉爲僕射權重自遇吏部郎江蒨與杭禮勉因蒨門客翟景爲第七子繇求蒨女婚蒨不答景再言之乃杖景四十繇此與勉有忤除散騎常侍不拜是時勉又爲求蒨弟葺及王泰女二人並拒之葺爲吏

部郎坐杖曹中幹免官泰以疾假出宅仍遷散騎常侍皆勉意也初天監六年詔以侍中常侍並侍帷幄分門下二局入集書其官品視侍中而非華胄所悅固勉勑泰爲之蒨尋還司徒左長史初王泰出閤高祖謂勉云江蒨資歷應居選部勉對曰蒨有眼疾又不悉人物高祖乃止

後魏劉潔爲尚書令朝夕在樞密深見委悉性旣剛直恃寵自專太武心稍不平潔旣居勢要擅作威福諸阿附者登進忤恨者黜免內外憚之側目而視

于忠孝明卽位爲侍中領軍將軍旣居門下又總禁

衛遂秉朝政權傾一時嘗白高陽王雍自云宣武本許優轉雍憚忠威權便順其意加忠車騎大將軍忠旣尊靈太后爲皇太后居崇訓宮忠爲儀同三司尚書令領崇訓宮衛尉侍中領軍如故

崔浩爲司徒薦冀定相幽幷五州之士數十人各起家郡守孝莊謂浩曰先召之人亦州郡選也在職已久勤勞未答今何不先補前召外任郡縣以新名者代爲郎吏又守令宰民使便事者浩因爭而遣之高允聞之謂東宮博士管恬曰崔公其不免乎苟逞其非而較勝於上何以勝濟

元乂爲相時高陽王雍摠攝內外與乂同決庶政及淸河王懌之死又專政天下大責歸焉

爾朱世隆爲尚書令嘗使尚書郎宋游道邢昕在其宅聽視事東西列坐受納訴訟稱命施行其專恣如此旣摠朝政生殺自繇公行淫泆無復畏避兄弟群從各擁強兵割剝四海極其暴虐姦諂蛆酷多見信用溫良名士罕豫腹心於是天下之人莫不懷毒

高肇爲尚書令旣當衡軸每事任己本無學識動違禮制好改先朝舊制出情妄任減削封秩抑黜勳人由是怨聲盈路矣

北齊孫騰初任東魏爲太保與高岳高隆之司馬子如號爲四貴非法專恣騰爲甚焉高祖世宗屢加誚讓終不悛改朝野深非笑之

高敖曹神武時爲司徒嘗詣相府將直入門門者止之敖曹怒引弓射門者神武不之罪爭爲西魏所殺

唐邕爲尚書令錄尚書事旣被任遇意氣漸高其未經府寺陳訴起覽辭牒條甚多俱爲憲臺及左丞彈劾竝御注放免司空從事中郎封長業太尉記室參軍平濤竝爲徵官錢違限邕各杖背三十齊時宰相未有撻捷朝士至是大駭物望

隋楊素爲左僕射有鮑亨者善屬文殷胄者工草隸竝江南士人因高智慧沒爲家奴時朝臣有違忤雖至誠體國如賀若弼史萬歲李剛柳彧等素皆陰中之若有附會及親戚雖無財用必加進擢朝廷靡然莫不畏附

唐李昭德爲簡較內史專權用事頗爲朝野所惡前魯王府功曹參軍丘愔上疏言其罪狀又長上果毅鄧注著石論數千言備述昭德得專權之狀鳳閣舍人逢弘敏奏之則天乃惡昭德謂納言姚濤曰昭德身爲內史備荷殊榮誠如所言實負於國以延載初左

遷欽州南房尉

李義府爲中書令時改葬其祖父營墓於永康陵側三原令李孝節私課丁夫車牛爲其載土築墳晝夜不息於是高陵櫟陽富平雲陽華原同官涇陽等七縣以孝節之故俱不得已悉課丁車赴役高陵令張敬業恭勤怯懦不堪其勞死於作所王公以下爭致贈遺其羽儀導從轜輴器服並窮極奢侈會葬車馬祖奠供帳自灞橋屬於三原七十里間相繼不絕武德以來王公葬送之盛未始有也

張嘉貞爲中書令玄宗開元十年車駕幸東都有雒

陽主簿王鈞爲嘉貞修宅將以求御史因受贓事發帝特令朝堂集衆決殺之嘉貞促所繇速其刑以滅口乃歸罪於御史大夫韋杭中丞韋虛心皆貶出之其冬秘書監姜皎犯罪嘉貞又附會王守一奏請杖之皎遂死於路俄而廣州都督裴伷先下獄帝召侍臣問當何罪嘉貞又請杖之兵部尚書張說進曰臣聞刑不上大夫以其近於君也故曰士可殺不可辱今秋受詔巡邊中途聞姜皎以罪於朝堂決杖配流而死皎官是三品亦有微功若其有犯應死即殺應流即流不宜決杖廷辱以卒伍待之且律有八議勳貴在焉皎事已往不可追悔伷先抵宜據狀流貶不可輕又決罰帝然其言嘉貞不悅退謂說曰何言事之深也說曰宰相者時來即爲豈能長據若貴臣盡當可杖恐吾等行當及之此言非爲伷先乃爲天下士君子也

李林甫爲右相天寶四載以左散騎常侍兼陝郡太守江淮租庸轉運使韋堅爲刑部尚書蓋堅爲林甫所惡外示崇秩以奪勢内實去其權也

楊國忠貴妃從父之子天寶中代李林甫爲相國忠素疎躁自賢強力有口辨乃以便佞取宰相慢易機

務處之不疑立朝輒攘袂扼腕自公卿已下皆頤指氣使無不讋憚

元載爲中書侍郎平章事恣爲不法僭侈無度江淮方面京輦要司皆排去忠良引用貪猥士有求進者不結子弟則謁主書貨賂公行近年以來未有其比載又奏條應緣別勑授六品已下勑出後堂令禮部兵部使附甲團奏不得簡勘時功狀奏擬結銜多謬載欲權歸於己慮有司駁正會有上封人李少良密以載醜跡聞載知之奏於代宗前少良等數人悉斃於公府繇是道路側目不敢議載之短

楊炎初爲中書舍人代宗末坐元載黨貶道州司馬德宗即位崔祐甫薦炎拜門下侍郎平章事蒞事數月屬崔祐甫疾病不視事喬琳文罷免炎遂獨當國政頗疾祐甫之恩顧祐甫所制作炎多隳之初炎附會元載時議已薄之後坐載貶官憤恚益甚旣而得政睚眦必讎險害之性附於心本唯其愛憎不復更顧公道

常袞大曆中爲門下侍郎平章事與楊綰同掌樞務先是百官俸料寡薄綰與袞奏請加之時劉晏判度支袞與晏各騁私懷所加俸料厚薄由已時少列各

定身俸爲三十五千晏怒司業張參惟止給三十千袞惡少詹事趙甚遂給三十五千又太子洗馬實司經局長官文學爲之貳袞有親戚任文學者給二十千而給洗馬十千其輕重任情不通時政多如此類後綰卒中書舍人崔祐甫領省事袞以爲同中書門下平章事兼得揔中書省遂管揔中書胥吏省視去就及其案牘祐甫不能平之累至忿競遂令祐甫分知吏部選事所擬官又多駁下

竇參初爲知雜侍御史時鮑防爲禮部侍郎嘗於通衢與參相遇防道騎不時引避參大怒捕防僕人鞭之以讁及參秉政防年未老乃遽表令致仕防謂親友曰吾與蕭昕之子齒類而同日懸車非朽邁之致也以隆忿見廢耳時議以防文學舊人嘗著功績不因罪戾爲俗吏之所陷籍竟以憤終衆頗閔之又穆贊爲侍御史分司東都時故陝州盧岳妾裴氏以有子岳妻分財不及訴於官贊鞫其事御史中丞盧佋佑岳之家令深繩裴罪贊持平不許參與佋恃權怒贊以小事不受指使遂下贊獄侍御史杜倫希其意誣贊受裴金鞭其走使以成獄及急贊弟賞馳詣闕撾登聞鼓詔三司覆理無驗出爲郴州刺史

皇甫鎛爲中書侍郎平章事頗排故相李絳罷河中節度爲防禦使而命絳爲之

李宗閔爲中書侍郎平章事與牛僧儒文宗時同爲相裴度罷後牛李之權赫於天下

李德裕會昌中爲太尉門下侍郎平章事同列于悰罷後中人頗於武宗前言其專

後唐盧程爲平章事使晉陽宮冊皇太后山路險阻徃復綿邈程安坐肩輿所置州縣驅率丁夫長吏迎謁拜伏其前少有忤意因加笞辱

趙光胤爲平章事朝廷每有禮樂制度沿革擬議必

徵求故實緣飾所行豆盧革雖籍餘緒然本朝時仕宦尚微久從使府朝章典禮未能深悉光裔每有所陳唯唯而已光裔由是自負傲視諸公每見草奏議或當謂群官曰豆盧革公漸觧學者其可已乎

王建立天成三年爲右僕射中書侍郎平章事判三司四月明宗幸西莊名建立會食中人廻建立附奏三司事忙遂止

漢蘇逢吉爲左僕射平章事先是高祖踐祚之後逢吉與蘇禹珪俱在中書有所除拜多違舊制用捨升降率意任情至有自白丁而升宦路由流外而除令

錄者不可勝數物論諠然高祖方倚信二相莫敢言者

周王峻爲左僕射平章事以大理卿劇可久爲太僕卿留司西京以左庶子張仁瑑爲大理卿先是御史推鄭州防禦判官楊瑛斷犯鹽人深刻法寺定楊瑛罪失入減三等以官當徒案入峻怒曰罪人輕重在法官之口夫死者不可復生楊瑛悞斷殺人而罪止徒屬則官高者要殺使殺罪則可以官高免矣名可久謂之曰楊瑛罪重安得從輕可別簡重條斷殺可久曰法寺以律文失入別無重條峻曰簡若有條公當何罪可久曰若藏正條是亦甘心如彊生節目安可鉗口信宿勅依省寺詳斷峻終含怒或有言張仁瑑漢隱帝時斷史在德曾用條法仰以仁瑑代可久

冊府元龜終

巡按福建監察御史臣李嗣京　訂正
知甌寧縣事臣孫以敬　叅閱
知建陽縣事臣黄國琦　較釋

宰輔部三十二

邪佞　忌害　不忠

邪佞

夫秉國鈞以維四方財物宜而貞百度佐佑乃辟朝夕納誨者宰輔之任也自漢氏而下居其位者乃有體異忠懃性恣便佞徒苟患於失位罔以道而事君

乃至專為從諛以順上指姑務朋比以為身謀惡直醜正而事先媮合苟容而為念巧言令色曾靡於顧憚脅肩諂笑惟事於詭隨以至王綱日頹厲階斯構大或崩於禍亂次或罹於譴黜蓋夫謀猷回遹周雅之所譏方命圮族堯誅之首及顧豈可處承弼之重哉

漢公孫弘武帝時為丞相嘗與公卿約議至帝前皆背其約以順帝旨主爵都尉汲黯庭詰曰齊人多詐而無情始與臣等建此議乃今皆背約不忠帝問弘弘謝曰夫知臣者以臣為忠不知臣者以臣為不忠帝然弘言左右幸臣每毀弘帝益厚遇之弘治春秋不如董仲舒而弘希世用事位至公卿仲舒以弘為從諛弘嫉之

孔光為丞相光雅恭謹知哀帝欲尊寵大司馬董賢及聞賢當來也光警戒衣冠出門待望見賢車乃卻入賢至中門光入閤既下車乃出拜謁送迎甚謹不敢以賓客鈞敵之禮賢歸帝聞之喜立拜光兩兄子諫大夫常侍賢繇是權與人主侔矣

晉荀顗為司空無質直之操唯阿意苟合於荀勗賈充之間初皇太子將納妃顗上言賈充女子資德淑

茂可以參選以此獲譏於世

賈充武帝時為尚書令侍中充無方正之操不能正身率下專以諂媚取容侍中任愷中書令庾純等剛直守正咸共疾之

荀勗為侍中尚書監時侍中尚書令賈充將鎮關中朝之賢良欲進忠規獻替者皆幸充此舉望隆維新之化充既外出自以為失職深銜任愷計無所從將之鎮百寮餞於夕陽亭勗私焉充以憂告勗曰公國之宰輔而為一夫所制不亦鄙乎然是行也辭之實難獨有結昏太子不頓駕而自留矣充曰然孰可寄

懷昴曰昴請言之俄而侍宴論太子婚姻事昴因言曰女才質令淑宜配儲宮而楊皇后及荀顗亦並稱之帝納其言會京師大雪平地二尺軍不得發既而皇儲當婚遂不西行詔充居本職當時甚爲正直者所疾而獲佞媚之譏焉

陳江總爲尚書令後主之世總當權宰不持政務但日與後主游宴後庭共陳瑄孔範王瑳等十餘人當時謂之狎客繇是國政日頹紀綱不立有言之者輒以罪斥之君臣昏亂以至於滅亡

北齊和士開後主武成初爲尚書令錄尚書事士開

稟性庸鄙不閱書傳發言吐論唯以諂媚自資

隋楊素高祖時爲尚書右僕射專掌朝政帝令素監營仁壽宮素遂夷山堙谷督役嚴急作者多死宮側時聞鬼哭之聲及宮成帝令高熲前視奏稱頗傷綺麗大損人丁高祖不悅素憂懼計無所出即於北門啟獨孤皇后曰帝王法有離宮別館今天下太平造此一宮何足損費后以此理諭帝帝意乃解於是賜錢百萬錦絹三千段及太子勇敗長子長寧王儼亦坐廢黜上表乞宿衛辭情哀切高祖覽而憫然素進曰伏願聖心同於螫手不宜復留意

虞世基煬帝時爲內史侍郎專典朝政于時天下大亂世基知帝不可諫正又以高熲張衡等相繼誅戮懼禍及己雖居近侍惟欲取容不敢忤意盜賊日甚郡縣多沒世基知帝惡數聞之後有告敗者乃抑損表狀不以實聞是後外間有變帝弗知之也嘗遣太僕楊義臣捕盜於河北降賊數十萬列狀上聞帝歎曰我初不聞賊頓如此義臣降賊其多也世基對曰鼠竊雖多未足爲慮義臣克之擁兵不少久在閫外此最亦宜帝曰卿言是也遽追義臣放其兵散又越王侗遣太常丞元善達間行賊中詣江都奏事稱李

密有衆百萬圍逼京都入據敖倉城內無倉若陛下速還烏合必散不然則東都必敗因歔欷嗚咽帝爲之改容世基見帝色變進曰越王年小此輩誑之若如所言善達何緣而至帝乃勃然怒曰善達小人敢廷辱我因使經賊中向東陽催運善達遂爲羣盜所此後外人杜口莫敢以聞奏世基貌沉審言多合意是以特見親愛朝臣無與於此

唐封倫太宗即位初無右僕射倫素險詖與左僕射蕭瑀商量可奏者至太宗前盡易之

李勣高宗時爲司空永徽末將廢皇后王氏立昭儀

武氏爲皇后尙書右僕射同中書門下三品褚遂良扣頭流血言不可糜費日帝謂勣曰册立武昭儀之事遂良固執不從遂良旣是受顧命大臣事若不可當且止也勣對曰此乃陛下家事不合問外人帝乃立昭儀爲皇后

姚璹則天時爲納言證聖九年正月辛巳詔賜大酺三日丙申明堂火左拾遺劉承慶諫曰明堂宗祀之所今忽被焚陛下宜輟朝以答天譴后然其言欲責躬避正殿璹進曰此實人火非天災也至如成周宣榭火卜代愈隆漢武建章宫災盛德彌永今明堂

乃是布政之所非宗廟之地陛下將避正殿於大禮有乖后又從之乃御端門縱觀而罷

楊再思則天時爲鳳閣鸞臺平章事累爲內史知政十餘年未嘗有所薦達爲人巧佞邪媚能得人主微旨主意不欲必因而毁之主意所欲必因而譽之長安末張昌宗爲法司所鞫司刑少卿桓彦範斷解其職昌宗抗表稱寃則天意將申理昌宗廷問宰臣曰昌宗於國有功否再思對曰昌宗往因合鍊神丹聖躬服之有效此實莫大之功則天甚悅昌宗意以復職時人貴彦範而賤再思也時左補闕戴令言作兩脚野狐賦以譏刺之再思聞之甚怒出令言爲長社令朝士尤加嗤笑張易之兄司禮少卿同休嘗奏請公卿大臣宴於司禮寺預其會者皆盡醉極歡同休戲曰楊內史面似高麗再思欣然請剪紙自帖於巾却被紫袍爲高麗舞縈頭舒手舉動合節滿座嗤笑又昌宗以姿貌見寵倖再思又諛之曰人言六郎面似蓮花再思以爲蓮花似六郎非六郎似蓮花也其傾巧取媚如此

宗楚客中宗時爲兵部尙書令神龍三年節愍太子死後楚客率百僚上表加后號爲順天翊聖皇后

趙彦昭中宗時爲中書侍郎景龍四年金城公主出降吐蕃贊普帝初謂侍中紀處訥曰昔文成公主出降則江夏王送之入蕃卿雅識蕃情有安邊之略可爲朕充此使也處訥拜謝旣而以不練邊事固辭帝遂令彦昭代行彦昭以爲旣充外使恐失其寵殊不悅司農卿趙履温私之曰公國之宰輔而爲一介之使不亦鄙耶彦昭曰計將安出履温因爲陰託安樂公主密留之帝乃遣楊矩代彦昭而往

韋巨源中宗時爲尙書左僕射韋皇后衣箱中裙上有五色雲起久而方歇巨源以爲非常嘉瑞請布告

天下許之

崔湜睿宗時因太平公主爲中書侍郎同中書門下三品公主即武攸暨妻當延秀伏辜諸武並流嶺外湜以公主故徙於嶺北授以州縣官

竇懷貞爲侍中睿宗爲金仙玉眞二公主創立兩觀料功甚多時議皆以爲不可惟懷貞贊成其事躬自監役後懷貞族弟詹事司直維鑒金謂懷貞曰兄位極台衮當思獻可替否以輔明主奈何較量瓦木厠跡工匠之間欲令海内何所瞻仰懷貞不能對而監作如故時人謂之語曰竇僕射前爲韋氏國爹者今

作公主邑丞言懷貞伏事公主同於邑官也

李林甫玄宗時爲禮部尚書同中書門下三品林甫面柔而有狡計能伺候人主意故驟列清班爲時委任而中官妃家皆厚結託伺帝動靜皆豫知之故出言進奏動必稱旨

李揆代宗時爲中書侍郎平章事自以山東甲族位居台輔見李輔國執子弟之禮謂之五父

崔損德宗時爲諫議大夫平章事爲相過爲恭遜接見便辟不止於容身而已自建中以後居相位者數皆罷黜損用此中帝意竊大任者八年帝知物議不叶然憐而原之

皇甫鎛爲戶部侍郎判度支與鹽鐵使程异同日以本官平章事鎛雖有吏才素無公望特以聚斂媚上刻削希恩

後唐豆盧革莊宗時爲平章事同光元年魏州興建革奏曰皇子之職故事合帶宮使革因進擬以興聖爲名授皇子繼岌議者以古之王者稱孤寡不穀以示其謙本朝宮名罕有帶聖字者豆盧革謟事希寵識者罪之三年大水戶口流亡軍士乏食革依阿徇旨竟無所陳但云陛下威德冠天下今西蜀平定珍

貨甚多可以給軍水旱作沴天之常道不足以貽聖憂又以同列郭崇韜父名弘希其意奏改弘文館爲崇文館至明宗天成二年乃復焉

安重誨明宗時爲樞密使天成二年十月請于諸道州府自同光二年已前所欠秋粮夏稅租幷主持務局敗闕課利幷沿河舟船折欠天成元年殘欠夏稅並特與除放時重誨既構任圜之禍恐人非之思市恩于衆以掩已過乃奏曰三司積欠二百萬貫虛係帳額請並蠲放帝重違其意故有是詔時議民以蠲隔年之賦或惠民場院課利一槩除之得不啓奸倖之門乎

范延光爲樞密使長興三年二月明宗顧謂侍臣曰朕昨日以雨霽暫觀緣野遙望西南山坡之下初謂羣羊俯而察之乃貧民耦耕朕甚憫焉范延光對曰陛下輕徭薄賦所以村落之間日勤於稼穡也是時帝哀疲民多無耕牛劃地以種延光以爲勤於稼穡豈主上憂民之意歟

孔循爲樞密使性柔而狡安重誨初不察其爲人多從其言重誨嘗受詔以秦王從榮兄弟欲娶重誨女爲妻循謂重誨曰不可公爲樞密侍臣不宜與皇子婚媾乃止明宗幸汴州循爲雒京留守時重誨門人

或言循之難測愛間諜人事不可令居樞密循知之卽令人結託方便聞奏言願以息女妃皇子帝卽以鄂王許之重誨繇是大怒因奏落樞密出鎭爲許州節度復移鎭滄州及重誨將失勢內庭論樞密使帝曰孔循舊嘗爲之不亦可乎循在滄州聞上言卽治行裝將入朝會從榮以鄂王妻父尤忌疾之初聞帝有徵循之言正人無不憂之咸以爲將來無益於社稷俄而循卒

晉馮玉爲右僕射平章事開運末張彥澤引契丹陷京城軍士爭湊其第家財巨萬一夕罄空翼日玉假蓋而出猶繞指以諂彥澤且請引送玉璽於虜主將利其復用少帝蒙塵終無一言勸之以死其欲偸其視息深爲士大夫所恥

忌害

夫懷強忮之心蓄回遹之計以蔽賢爲念搆害能之禍忌前而固寵惡直而醜正斯人倫之凶德天罰之不宥者也其或以小人之質秉君子之器竊據台鼎躬握鈞樞啟納乃歟進退多士而乃秉乎威勢恣其愛憎巧誣善良中傷才彥或擁隔於外俾蹈乎禍機或交搆於中驅致於吏議或沮其覲見之禮或遏其

柄用之命至使耆德棄遠吉士幽憤悖王化之紀致國家之敗爲嘗不繇是哉

漢公孫弘武帝時爲御史大夫遷丞相其性意忌外寬內深諸嘗與弘有隙無近遠雖陽與善後竟報其過殺主父偃徙董仲舒膠西皆弘力也

張湯爲御史大夫臣瓚若等曰漢初丞相太尉御史大夫同爲三公也河東人李文故常與湯有隙已而爲御史中丞薦數從中文事有可以傷湯者不能爲地薦音在見反數音所角反言數數在中有文書事可用傷湯者不爲作道地也湯有所愛史魯謁居知湯弗平使人上飛變告文姦事飛變猶急變也事下湯湯沾殺文

後漢梁冀爲大將軍輔政時太后臨朝有日食地震之變詔公卿舉賢良方正光祿勲杜喬少府房植舉荀淑淑對策譏刺貴倖爲冀所忌補朗陵侯相又南郡太守馬融有事忤冀冀諷有司奏融在郡貪濁免官髠徙朔方

晋賈充武帝時爲尚書令侍中任愷惡充之爲人也不欲令久執朝政每裁抑焉充疾之不知所爲後承間言愷忠貞局正宜在東宮使護太子帝從之以爲太子少傅而侍中如故充計畫不行或爲充謀曰愷總門下樞要得帝與親接宜啟令典選便得漸疎此

一部令史事耳且九流難精間隙易乘充因稱愷才能宜在官人之職帝不之疑謂充舉得其才即日以愷爲吏部尚書愷既在尚書選舉公平盡心所職然侍覲轉希充與荀勗乘間浸潤謂愷豪侈用御食器充遣尚書左僕射高陽王珪奏愷免官有司收太官宰人簡嚴是愷妻齊長公主得賜魏時御器也愷既免而毁謗益至帝漸薄愷後爲光祿勲在公勤恪甚得朝野稱舉而充朋黨又諷有司奏愷與立進令劉友交關事下尚書愷對不伏尚書杜友廷尉劉良竝公忠士也知愷爲充所抑與申理之故遲留而未斷以是愷及友良皆免官

荀勗爲中書監侍中與散騎侍郎阮咸論音律自以爲遠不及也疾之出補始平太守

傅亮爲尚書令輔政自以爲義之美一時莫及太子舍人顔延之負其才辭不爲之下亮甚疾焉少帝即位延之自員外常侍出爲始安太守領軍將軍謝晦謂延之曰昔荀勗忌阮咸斥爲始平郡今卿又爲始安可謂二始黄門郎殷景仁亦謂之曰所謂俗惡俊異世疵文雅

南齊王儉爲尚書令輔政時太祖用張緒爲右僕射

以問儉儉曰南士繇來少居此職褚之在座咨帝曰儉年少或不盡憶江左用陸玩顧和皆南人也儉曰晋時衰政不可以爲準帝乃止

後魏高肇宣武時遷司徒忌衞尉卿于忠朴厚少言欲客出之乃言於帝稱中山要鎮作捍須才以重器能宜居其位於是出忠授安北將軍定州刺史

隋虞世基爲内史侍郎叅掌朝政時納言蘇威坐事除名爲民從幸江都宫煬帝將復用威世基與裴藴奏言威昏老羸疾乃止

唐李義府高宗永徽中爲中書侍郎同中書門下三

品其狀貌溫恭與人語必嬉怡微笑而褊忌陰賊既處權要欲人附己微忤意者輒加傾陷故時人言義府笑中有刀又以其柔而害物亦謂之李猫

許敬宗高宗顯慶中爲中書令初皇后武氏以長孫無忌害重賜而不助己也深啣之又韋寧預聞廢立之謀獨無言以持兩端亦不悅無忌以敬宗希旨附會嘗正面折之踪是敬宗嘗伺無忌將因事搆陷之會有雒陽人李奉節上封告太子洗馬韋季方監察御史李巢交通朝貴有朋黨之事詔敬宗與侍中辛茂將命鞫之敬宗按之甚急季方事迫自刺不死又

搜奉節得秘書有題與趙師者遂奏言趙師即無忌也隱爲陰語擬陷忠良伺隙謀反帝驚曰豈當有此或容惡人間構小生疑阻至于即反猶恐不然敬宗奏曰臣始末推勘自奉節有趙師之言又得僞書是季方所作即疑無忌欲反使其潛行構間斥除忠臣近戚此計若行自然權歸無忌蹤跡已露陛下猶有所疑恐非社稷之福帝泣曰我家不幸親戚中頻有惡事往年高陽公主與朕同氣遂共其夫叶計謀反今阿舅復作惡心近親如此使我慙見百姓此事若實當如之何敬宗奏曰房遺愛乳臭小兒與女子謀反寧能成事豈如無忌當今姦雄天下之所畏伏若一旦竊發陛下遣誰當之此是宗廟有靈皇天疾惡因推小事發其大罪豈非天下之慶臣恐無忌知季方自刺即爲急計攘袂一呼嘯命同惡必爲宗廟之憂臣往見宇文化及其父述爲煬帝所委地居親婭身執國權十有餘年勢傾天下父終子繼化及典禁兵遂於江都作亂初夜宮城門閉即稱驍果欲叛矯制集人先殺不同己者臣家亦即被破蘇威裴矩雀君肅等皆於馬前舞蹈比至天明即傾墮室故事不遠誠願陛下决之帝又令審加按問翌日敬宗又奏

曰昨夜臣聞季方與無忌與國至親累葉恩任何恨而反荅云韓瑗嘗語無忌云柳奭褚遂良等勸舅立梁王爲太子今梁王既廢帝又疑舅故遣高履行外出自安之計兒長孫祥又出及瑗得罪即日夜共季方等圖謀覓便即反臣參驗辭伏並相符合請即收捕拄法破家帝又泣曰阿舅果爾我决不忍殺之若處分與罪後代書史道我不知和其親戚使至于此天下將謂我何敬宗曰漢文帝漢室之明主薄昭即是阿舅從代來日亦有元勳于後唯坐無辜殺人帝惜國之法紀遂令朝臣喪服就宅哭而殺之良史不

以爲失今無忌忘先朝之大德捨陛下至親聽受邪謀遂懷悖道意在移社稷傾宗廟撓亂天下塗炭生靈若此薄貽罪惡未可同日而語按諸刑典合誅五族願速即處分以安天下臣聞當斷不斷反受其亂大機之事間不容髮若少遲延恐即生變且無忌先朝謀取天下天下伏其智作宰相三十年百姓畏其威可謂威能伏物智能動衆有同漢之王莽魏之司馬懿今反從首露逆黨自承陛下何疑不即斷決帝竟不引問無忌便下詔廷斥之仍發道次州府兵援送於黔州其子秘書監駙馬都尉冲等並除名配流

嶺表

李敬玄爲中書令高宗咸亨中聞朱敬則之名召見與語大悅將加擢用敬玄深毀之遂受洹水縣

張說爲中書令玄宗開元十三年車駕東封回陳州刺史李邕於汴州謁獻詞賦甚稱帝旨頗自矜衒說甚惡之

李林甫開元末爲中書令躭固權寵已自封植朝望稍著必陰計中傷之初韋堅登朝以堅皇太子妃兄引居要職示結恩信實圖傾之乃潛令御史中丞楊慎矜陰伺堅隙會正月望夜皇太子出遊與堅相見慎矜知之奏帝帝大怒以爲不軌黜堅林甫因是奏李適之與韋堅昵狎及裴寛韓朝宗並曲附適之帝以爲然賜堅自盡後慎矜權位漸盛林甫又忌之乃引王鉷爲御史中丞托以心腹鉷希林甫意遂誣罔密奏慎矜左道不法遂夷其家天寶八載太府趙奉章告林甫罪狀一十餘條告書未上林甫知之諷御史臺逮捕以爲妖言重杖決殺

李揆肅宗時爲中書侍郎平章事修國史矜能護短以工部侍郎于休烈修國史與已齊列嫉之力奏改爲國子祭酒權留史館修撰以下之

元載爲戸部侍郎同中書門下平章事引用私黨懼朝臣論奏其短乃請百官凡欲論事皆先白長官長官白宰相然後上聞簡較刑部尚書知省事顔真卿上疏論之具言如今日之事曠古未有雖李林甫楊國忠不敢公然如此後真卿攝上公享太廟以祭器不修抗詞白于執政載怙權真卿素不附載載因是訕陷之貶真卿陜州員外別駕又李栖筠爲工部侍郎公望充積爲載所出爲嘗州刺史

盧杞爲門下侍郎平章事德宗建中時詔徵汾州刺史劉暹暹剛腸嫉惡歷典數州皆爲廉史畏憚杞恐

遷爲御史大夫沮巳之所見遠稱薦前河南尹于頎爲御史大夫以其柔佞易制也又太常卿韋倫奉使稱旨西蕃歛服朝廷得失上疏言之爲杞所惡改太子少保德宗幸奉天右僕射崔寧流涕論時事杞聞惡之譖於德宗言寧與朱泚盟誓故至遲迴寧遂見殺又宰相張鎰忠正有才德宗所委信杞頗惡之鎰尋罷相杞專權忌害又罷顔眞卿禮儀使改太子太師仍諭之曰方面之任何處爲便眞卿候杞於中書曰眞卿以褊性爲小人所憎竄逐非一今已羸老幸相公庇之相公先中丞傳首至平原面上血眞卿不

敢衣拂以舌舐之相公忍不相容乎杞矍然而拜含怒於心會李希烈陷汝州杞乃奏曰顔眞卿四方所信使諭之可不勞師旅帝從之朝廷失色李勉聞之以爲失一元老貽朝廷羞密表請留又遣逆於路不及後眞卿爲希烈所害

竇參爲中書侍郎平章事德宗貞元中趙景爲尚書左丞綱轄省務清勤奉職參惡其能請出爲同州刺史德宗不從八年四月參罷黜憬與陸贄竝拜中書侍郎同平章事初參不悅李翰白宗正卿左授雅王傅及廷對自陳爲悅所排又言事合旨及黜號王則之德宗命參以翰代之參不時下詔書翰未之知也帝口授翰金吾大將軍遽令中使送至金吾仗視事除書令方下

陸贄爲中書侍郎平章事素惡于公異于邵既輔政而逐之談者亦以爲隘

皇甫鎛憲宗元和中自度支使戶部侍郎爲平章事初鎛陰結權倖以求宰相崔羣累疏其奸邪憲宗終用鎛爲宰相無何羣臣議上尊號而鎛欲加孝德兩字羣曰有睿聖則孝德在中矣竟爲鎛所構出爲湖南觀察使

李逢吉憲宗朝爲門下侍郎平章事時用兵討淮蔡帝以兵機委裴度逢吉慮其成功密沮之繇是相惡穆宗長慶初逢吉爲兵部尚書時裴度自太原入朝以招懷河朔功度復與工部侍郎元稹相次拜平章事度在太原時表論元稹姦邪及同居相位逢吉以爲勢必相傾乃遣人告和王傅于方結客欲爲稹刺度及捕于方鞫之無狀稹度俱罷相位逢吉代爲門下侍郎平章事自是寖以恩澤結朝臣之不逞者作謗言百端中傷度賴學士李紳韋處厚於帝前言度爲逢吉排斥而度有功不宜擯棄故得以僕射在朝

李紳有寵逢吉惡之乃除爲中丞又欲出於外乃以吏部侍郎韓愈爲京兆尹兼御史大夫仍放臺參以紳褊直必與愈爭及制出紳果移牒往來乃罷愈爲兵部侍郎紳爲江西觀察使

後唐郭崇韜爲樞密使兼中書令莊宗同光中幽州節度使李存審痼疾屢作堅求入覲求豎以情告崇韜在晉陽之時功名在存審之下既權寵時重人士輻輳不欲加己每陰沮之存審妻郭氏與崇韜宗姓泣訴於崇韜曰公不垂保惜恐令死棄北荒崇韜愈懷慙忿明年春存審疾甚上章數四乞生覲天顔又

不之許存審伏枕而歎曰老夫歷事二主垂四十年不敢言功幸而無過今日天下一統遠夷近塞皆得面覲形庭射鈎斬袪之人孰不奉觴丹陛獨予擁隔豈非命哉自是漸增危惙斃於幽州

安重誨爲樞密使兼中書令天成中任圜以功拜平章事判三司重誨忌之嘗會于私第有妓善歌重誨求之不得嫌隙漸深先是使人食券皆出於戶部重誨止之俾須內出爭於御前往復數四竟爲所沮求罷三司俄除太子少保致仕出居磁州駕幸夷門至鄭門聞朱守殷叛重誨接便慮爲結構立遣人稱制就害之又符習爲邢洺節度使初習與霍彥威畫赴難之謀重誨名位猶下二人既藉宿望議論多抗重誨銜之習在鎮以軍政委判官劉摶性褊而猾物論惡之有言於重誨者重誨具以聞天成四年召習京師復授宣武軍節度使重誨心猶不悅會汴人言習厚賦錢以代納藁及軍租加省耗繇是罷歸京師私第授太子太師致仕又皇甫立代北人也明宗之刺代州署爲牙較從歷藩鎮性純謹明宗委信之王建立安重誨策名委質皆在立後明宗踐祚以立爲忻州刺史頻詣安重誨授一藩鎮重誨奏曰立嘗中意

於臣且願舊地繇是遷改留滯蓋重誨扼之也

不忠

輔弼之任邦家之攸賴忠藎之節大臣之所守故同底于道寔相以濟若乃蘊經綸之器居承弼之列高秩官師之上訏謨帷扆之地天工佽其寅亮百姓希其安附則有邪慝自任榮利是視忘社稷之重而計其家忽縉紳之言而逞乎志熒惑乎視聽附嚴乎兇醜靡思赴難之舉聚成構亂之際以致爲時大憝貽笑永世先民有言曰不令之臣天下之所惡也故忠身覆族者悠悠相繼著之方策以垂戒於後者焉

漢張禹成帝時以特進爲太師國家每有大政必與
定議永始元延之間日蝕地震尤數吏民多上書言
災異之應譏切王氏專政所致帝懼變異數見意頗
然之未有以明迺車駕至禹第辟左右問禹以天變
因用吏民所言王氏事示禹禹自見年老子孫弱又
與曲陽侯王根不平恐爲所怨禹則謂帝曰春秋二
百四十二年間月蝕三十六地震五或爲諸侯相殺
或爲夷狄侵中國災異之意深遠難見故聖人罕有
言命不語怪神性與天道自子貢之屬不得聞何況
淺見鄙儒之所言陛下宜修政事以善應之與下同

其福善此經義意新學小生亂道誤人宜無信用以
經術斷之帝雅信愛禹繇此不疑王氏後曲陽侯根
及諸王子弟聞知禹言皆喜悅遂親就禹
後漢梁冀冲帝時以太后兄爲大將軍與太傅趙峻
太尉李固叅錄尚書事固以清河王蒜年長有德欲
立之謂冀曰今當立帝宜擇長年高明有德任親政
事者願將軍審詳大計察周霍之立文宣（周勃立文帝霍光立宣帝）
戚鄧閻之利幼弱（鄧太后立殤帝誕育百餘日又立安帝時年十餘歲閻大后立北鄉侯其年薨）
冀不從乃立樂安王子纘年八歲是爲質帝
南齊褚淵初仕宋朝明帝爲中書令護軍將軍與尚
書令袁粲受顧命輔幼主及蒼梧暴虐稍甚太祖與
淵粲言世事粲曰主上幼年微過易改伊霍之事非
季世所行縱使功成亦終無全地淵默然歸心太祖
王晏武帝永明末爲右僕射領太孫右衛率帝遺旨
以尚書付晏及除孝嗣令久於其職太孫即位（即鬱林王）
轉左僕射尋加侍中明帝謀廢立晏便響應推奉明
帝帝與晏宴於東府語及時事晏抵掌曰公常言晏
怯今定何如
北齊唐邕以晉昌王錄尚書事與高阿那肱有隙後
主平陽敗後張狽鄴都邕懼那肱譖之恨斛律孝卿

輕已遂留晉陽與莫婁敬顯等崇樹安德王爲帝信
宿城陷邕遂降周
隋鄭譯初仕後周宣帝爲内史上大夫領内史事初
高祖與譯有同學之舊譯又素知高祖相表有奇傾
心相結宣帝不愈遂與御正下大夫劉昉謀引高祖
入受顧託既而譯宣詔文武百官皆受高祖節度時
御正中大夫顔之儀與宦者謀引大將軍宇文仲輔
政仲已至御座譯知之遽率開府楊惠及劉昉皇甫
績柳裘俱入仲與之儀見譯等愕然逡巡欲出高祖
因執之於是矯詔復以譯爲内史大夫及高祖爲大

冢宰總百揆以譯兼領天府都府司總六府事史臣曰晏嬰有言一心可以事百君百心不可事一君於譯見之矣

楊素高祖開皇中爲尚書右僕射與高熲專掌朝政二十年晉王廣爲靈朔道行軍元帥素爲長史王卑躬以交素及爲太子素之謀也仁壽末高祖不愈素與兵部尚書柳述黃門侍郎元巖等入閤侍疾時皇太子入居大寶殿乃手自爲書封出問素素條錄事狀以報太子宮人悞進高祖所高祖覽而大恚欲名庶人勇太子謀之於素素矯詔追東宮兵士帖上臺

宿衞門禁出入竝取宇文述郭衍節度又令張衡侍疾緣是頗有異論史臣曰素謀廢嫡致國於傾危終使宗廟丘墟市朝霜露究其禍敗之源乃素之繇也

蘇威爲納言開府儀同三司煬帝大業末年爲猶多征役至於論功行賞威每承望風旨輒寢其事時羣盜蜂起郡縣有表奏詣闕者又訶詰使人令減賊數故出師攻討多不克捷緣是爲物議所譏從幸江都宇文化及之弒逆也以威爲光祿大夫開府儀同三司化及敗歸於李密未幾密敗歸於東都越王侗以爲上柱國邳國公王世充僭號署太師威自以隋室舊臣遭逢喪亂所經之處皆與時消息求容免及大唐秦王平世充坐於東都閶闔門內威請謁見稱老病不能拜起王遣人讓之曰公隋朝宰輔政亂不能扶救遂令品物塗炭君弒國亡見李密王世充皆拜伏舞蹈今既老病無勞相見尋歸長安至朝堂請見又不許遂卒於家

唐楊再思中宗神龍中爲侍中太子重俊誅武三思時再思與宰相蘇瓌李嶠兵部尚書宗楚客左衞將軍紀處訥等竝在太極殿前統兵二千餘人君閉正門及左右延明門以自固竟不能犯難赴救惟子是

以㴱咎之

趙彥昭景龍末爲中書侍郎同中書門下三品是時金城公主出降吐蕃贊普中宗命彥昭充使彥昭既充外使恐失其寵殊不悅司農卿趙履溫私謂曰公國之宰輔而爲一介之使不亦鄙乎彥昭曰計將安出履溫因爲陰託安樂公主密奏留之帝乃遣驍衞大將軍楊矩代彥昭而往

宗楚客景龍末爲中書令中宗遺韋庶人輔少主知政事司于國相王太尉參謀輔政楚客謂宰相韋溫曰今順請皇太后臨朝宜停相王輔政且皇太后於

相王居嫂叔不通問之地甚難爲儀注理全不可右
僕射同中書門下三品蘇瓌獨正色拒之謂楚客等
曰遺制定先帝意安可更改楚客及韋溫大怒遂削
相王輔政而宣行焉及韋氏敗楚客伏誅
李嶠景龍末爲兵部尚書同中書門下三品韋庶人
臨朝嶠密表請置相王諸子勿令在京及玄宗踐祚
獲其表以示侍臣嶠自懷州刺史令隨子虔州刺史
暢赴任
崔胤昭宗天復初爲司空平章事兼領度支鹽鐵三
司等使明年夏汴師朱全忠攻陷河中晉絳至同華

中尉韓全誨以胤交結全忠慮汴京逼京師請罷胤
知政事落使務其年冬全忠挾帝幸鳳翔胤怨帝廢
黜不邑從遺使告全忠請於岐迎駕令太子太師盧
知猷率百官迎全忠入京師及全忠岐下還河中胤
迎謁於渭橋捧卮上壽持板爲全忠唱歌仍自撰歌
詞贊功業
後唐鄭珏初任梁末帝時爲平章事同光元年莊宗
敗王彥章於中都長驅趨汴梁帝聞梁師將至召宰
相李振敬翔等號哭謀所向皆猶預不決珏對曰臣
有一策可以緩外寇不知陛下能行乎梁帝曰卿意
如何珏曰願得陛下傳國寶臣懷之以入晉軍可以
緩其師以俟段凝梁帝曰事急矣此物固無惜但卿
此行得事了不卿更籌之珏俛首曰了則不了左右
縮頭恥笑翼日莊宗入汴州珏率僞百官迎謁是日
謫授萊州司戶參軍
孔循明宗時爲樞密使天成二年以荊南高季興謀
叛不恭安重誨任圖同謀討伐季興夙與循同爲朱
友讓之隷義如兄弟及議興師循心不欲以爲水潦
將降懼不成功及劉訓進兵果不克捷兵不能退帝
即令循往軍前循既至遣門客李混入荊州見季興

且遣循意即時師旋
安重誨明宗時爲樞密使誘河中副都指揮使楊彥
溫乘潞王閱馬於皇龍莊據城謀叛王遣人詰之曰
吾善待汝何苦爲叛彥溫報曰某非敢負恩緣奉樞
密院宣頭令某拒命請相公但歸朝廷數日詔潞王
歸朝明宗疑其詐不欲興兵授彥溫絳州刺史重誨
堅請出師即命西京留守索自通侍衛步軍都指揮
使藥彥稠等帥兵攻之五日而拔自閏門及敗凡十
三日初彥稠出師明宗戒之曰與朕生致彥溫吾將
自訊之及收城斬首傳送明宗深怒彥稠等時四海

恬然五兵載戢滿非邊郡近在國門而彥温安能狂
悖皆以爲重誨方弄國權尤忌末帝之名故巧作窺
圖莫能傾陷也彥温愚昧爲人所嗾故烕其族焉

册府元龜